2. Aufl. 2001

Emmerich/Habersack
Aktienkonzernrecht

Aktienkonzernrecht

Kommentar
zu den §§ 15–22 und 291–328 AktG

von

Prof. Dr. Volker Emmerich
Universität Bayreuth
Richter am OLG Nürnberg

Prof. Dr. Mathias Habersack
Universität Regensburg

Verlag C. H. Beck München 1998

Die Deutsche Bibliothek – CIP-Einheitsaufnahme

Emmerich, Volker:
Aktienkonzernrecht : Kommentar zu den §§ 15 – 22
und 291 – 328 AktG / von Volker Emmerich und
Mathias Habersack. – München : Beck, 1998
  ISBN 3 406 44281 1

ISBN 3 406 44281 1
Satz und Druck: Appl, Wemding
„Gedruckt auf säurefreiem, alterungsbeständigem Papier
(hergestellt aus chlorfrei gebleichtem Zellstoff)"

Vorwort

Das vorliegende Werk enthält eine Kommentierung der aktienrechtlichen Vorschriften über verbundene Unternehmen. Im einzelnen handelt es sich um die Definitionsnormen der §§ 15 bis 19, die Vorschriften der §§ 20 bis 22 über Mitteilungspflichten und diejenigen der §§ 291 bis 328 AktG über Unternehmensverträge, einfache Abhängigkeit, Eingliederung und wechselseitige Beteiligungen. Von einer Kommentierung des in §§ 290 ff. HGB geregelten Konzernbilanzrechts und des an diese Vorschriften anknüpfenden § 337 AktG haben wir dagegen abgesehen. Den von uns erläuterten Vorschriften kommt große praktische Bedeutung zu. Dies gilt insbesondere für die §§ 15 bis 22 AktG; sie sind rechtsformneutral gefaßt und beanspruchen deshalb für sämtliche Unternehmen gleich welcher Rechtsform Geltung. Aber auch die §§ 291 bis 328 AktG über Unternehmensverträge, einfache Abhängigkeit und wechselseitige Beteiligungen sind, was das herrschende Unternehmen betrifft, rechtsformneutral formuliert und gelangen deshalb immer dann zur Anwendung, wenn eine Aktiengesellschaft von einem Unternehmen abhängig oder mit einem Unternehmen durch einen Unternehmensvertrag verbunden ist. Die Kommentierung beschränkt sich freilich nicht auf die Erläuterung der genannten Vorschriften. Die Vorbemerkungen zu § 311 AktG enthalten vielmehr eine eingehende Darstellung sowohl des Rechts des sogenannten qualifizierten faktischen Aktienkonzerns als auch der praktisch besonders bedeutsamen Problematik einer Konzernbildungskontrolle auf der Ebene des herrschenden und des abhängigen Unternehmens.

Der Kommentar befindet sich auf dem Stand vom 1. Juni 1998. Die zahlreichen Änderungen, die das AktG in jüngster Zeit erfahren hat und die auch das Recht der verbundenen Unternehmen nicht unwesentlich geändert haben, sind berücksichtigt. Um den Benutzern des Werkes die Möglichkeit eines direkten Zugriffs auch auf die anderen, von uns in Bezug genommenen Vorschriften des Aktiengesetzes zu bieten, haben wir uns dazu entschlossen, das AktG in seiner aktuellen Fassung vollständig abzudrucken.

Bayreuth und Regensburg, im Juni 1998

Volker Emmerich
Mathias Habersack

Inhaltsverzeichnis

	Seite
Abkürzungsverzeichnis	IX
Einleitung	1

Aktiengesetz
vom 6. September 1965 (BGBl. I S. 1089) zuletzt geändert durch Gesetz vom 22. Juni 1998 (BGBl. I S. 1474)

BGBl. III/FNA 4121-1

Erstes Buch. Aktiengesellschaft
Erster Teil. Allgemeine Vorschriften

§ 15	Verbundene Unternehmen	9
§ 16	In Mehrheitsbesitz stehende Unternehmen und mit Mehrheit beteiligte Unternehmen	16
§ 17	Abhängige Unternehmen	21
§ 18	Konzern und Konzernunternehmen	30
§ 19	Wechselseitig beteiligte Unternehmen	38
§ 20	Mitteilungspflichten	43
§ 21	Mitteilungspflichten der Gesellschaft	52
§ 22	Nachweis mitgeteilter Beteiligungen	54

Drittes Buch. Verbundene Unternehmen
Erster Teil. Unternehmensverträge
Erster Abschnitt. Arten von Unternehmensverträgen

Vorbemerkungen zu § 291	55
§ 291	Beherrschungsvertrag. Gewinnabführungsvertrag	56
§ 292	Andere Unternehmensverträge	71

Zweiter Abschnitt. Abschluß, Änderung und Beendigung von Unternehmensverträgen

§ 293	Zustimmung der Hauptversammlung	84
§ 293 a	Bericht über den Unternehmensvertrag	94
§ 293 b	Prüfung des Unternehmensvertrags	101
§ 293 c	Bestellung der Vertragsprüfer	105
§ 293 d	Auswahl, Stellung und Verantwortlichkeit der Vertragsprüfer	108
§ 293 e	Prüfungsbericht	110
§ 293 f	Vorbereitung der Hauptversammlung	117
§ 293 g	Durchführung der Hauptversammlung	118
§ 294	Eintragung. Wirksamwerden	125
§ 295	Änderung	132
§ 296	Aufhebung	141
§ 297	Kündigung	148
§ 298	Anmeldung und Eintragung	161
§ 299	Ausschluß von Weisungen	163

Dritter Abschnitt. Sicherung der Gesellschaft und der Gläubiger

| § 300 | Gesetzliche Rücklage | 165 |
| § 301 | Höchstbetrag der Gewinnabführung | 172 |

Inhalt

§ 302	Verlustübernahme	176
§ 303	Gläubigerschutz	189

Vierter Abschnitt. Sicherung der außenstehenden Aktionäre bei Beherrschungs- und Gewinnabführungsverträgen

§ 304	Angemessener Ausgleich	197
§ 305	Abfindung	219
§ 306	Verfahren	237
§ 307	Vertragsbeendigung zur Sicherung außenstehender Aktionäre	247

Zweiter Teil. Leitungsmacht und Verantwortlichkeit bei Abhängigkeit von Unternehmen

Erster Abschnitt. Leitungsmacht und Verantwortlichkeit bei Bestehen eines Beherrschungsvertrags

§ 308	Leitungsmacht	249
§ 309	Verantwortlichkeit der gesetzlichen Vertreter der herrschenden Unternehmens	264
§ 310	Verantwortlichkeit der Verwaltungsmitglieder der Gesellschaft	275

Zweiter Abschnitt. Verantwortlichkeit bei Fehlen eines Beherrschungsvertrags

	Vorbemerkungen	282
§ 311	Schranken des Einflusses	305
§ 312	Bericht des Vorstands über Beziehungen zu verbundenen Unternehmen	328
§ 313	Prüfung durch den Abschlußprüfer	343
§ 314	Prüfung durch den Aufsichtsrat	353
§ 315	Sonderprüfung	357
§ 316	Kein Bericht über Beziehungen zu verbundenen Unternehmen bei Gewinnabführungsvertrag	363
§ 317	Verantwortlichkeit des herrschenden Unternehmens und seiner gesetzlichen Vertreter	365
§ 318	Verantwortlichkeit der Verwaltungsmitglieder der Gesellschaft	373

Dritter Teil. Eingegliederte Gesellschaften

§ 319	Eingliederung	378
§ 320	Eingliederung durch Mehrheitsbeschluß	392
§ 320a	Wirkungen der Eingliederung	399
§ 320b	Abfindung der ausgeschiedenen Aktionäre	401
§ 321	Gläubigerschutz	408
§ 322	Haftung der Hauptgesellschaft	410
§ 323	Leitungsmacht der Hauptgesellschaft und Verantwortlichkeit der Vorstandsmitglieder	417
§ 324	Gesetzliche Rücklage. Gewinnabführung. Verlustübernahme	421
§ 325	(aufgehoben)	424
§ 326	Auskunftsrecht der Aktionäre der Hauptgesellschaft	424
§ 327	Ende der Eingliederung	425

Vierter Teil. Wechselseitig beteiligte Unternehmen

§ 328	Beschränkung der Rechte	431
Anhang:	Aktiengesetz	437
Sachverzeichnis		549

Abkürzungsverzeichnis

A/D/S	Adler/Düring/Schmaltz, Rechnungslegung und Prüfung der Unternehmen, 6. Aufl. 1995 ff.
aA	anderer Ansicht
aaO	am angegebenen Ort
abgedr.	abgedruckt
abl.	ablehnend
ABl.	Amtsblatt
ABl. EG	Amtsblatt der Europäischen Gemeinschaften
Abs.	Absatz
Abschn.	Abschnitt
abw.	abweichend
abwM	abweichende Meinung
AcP	Archiv für civilistische Praxis
ADHGB	Allgemeines Deutsches Handelsgesetzbuch
aE	am Ende
aF	alte Fassung
AG	Aktiengesellschaft; Die Aktiengesellschaft (Zeitschrift); auch: Amtsgericht
AGB	Allgemeine Geschäftsbedingungen
AGBG	Gesetz zur Regelung der Allgemeinen Geschäftsbedingungen
AHK	Alliierte Hohe Kommission
ähnl.	ähnlich
AktG	Aktiengesetz
AktG 1937	Aktiengesetz 1937
AktR	Aktienrecht
allg.	allgemein
allgM	allgemeine Meinung
Alt.	Alternative
aM	anderer Meinung
amtl.	amtlich
Amtl. Begr.	Amtliche Begründung
AnfG	Anfechtungsgesetz
Anh.	Anhang
Anm.	Anmerkung
AO	Abgabenordnung
AöR	Archiv für öffentliches Recht
AP	Arbeitsrechtliche Praxis, Nachschlagewerk des BAG
AR	Aufsichtsrat
AR-Vorsitzender	Aufsichtsratsvorsitzender
arg.	argumentum
Art.	Artikel
Assmann/Schneider WpHG	Assmann/Schneider, Wertpapierhandelsgesetz, Kommentar, 1995
AT	Allgemeiner Teil
Aufl.	Auflage
ausdr.	ausdrücklich
ausführl.	ausführlich
AusschußB	Ausschußbericht
AWD	siehe RIW
BAG	Bundesarbeitsgericht
BAGE	Entscheidungen des Bundesarbeitsgerichts
BankBiRiLiG	Bank-Bilanzrichtliniengesetz
BAnz.	Bundesanzeiger
Baumbach/Hefermehl WG bzw. ScheckG bzw. WPR	Baumbach/Hefermehl, Wechselgesetz und Scheckgesetz, Kommentar, 20. Aufl. 1997
Baumbach/Hopt HGB	Baumbach/Hopt, Handelsgesetzbuch, 29. Aufl. 1995
Baumbach/Hueck	Baumbach/Hueck, Aktiengesetz, Kommentar, 13. Aufl. 1968
Baumbach/Hueck/Bearbeiter GmbHG	Baumbach/Hueck, GmbH-Gesetz, 16. Aufl. 1996

Abkürzungen

Abkürzungsverzeichnis

Baumbach/Lauterbach ZPO	Baumbach/Lauterbach, Zivilprozeßordnung, 55. Aufl. 1997
BayObLG	Bayerisches Oberstes Landesgericht; auch Sammlung von Entscheidungen des
BayObLGZ	BayObLG in Zivilsachen
BB	Der Betriebs-Berater (Zeitschrift)
Bd.	Band (Bände)
bearb.	bearbeitet
Bearb.	Bearbeiter, Bearbeitung
Begr.	Begründung
Beil.	Beilage
Bek.	Bekanntmachung
Beschl.	Beschluß
betr.	betreffend
BetrVG	Betriebsverfassungsgesetz vom 15.1.1972
BetrVG 1952	Betriebsverfassungsgesetz vom 11.10.1952
BeurkG	Beurkundungsgesetz
BFH/BFHE	Bundesfinanzhof; auch Sammlung der Entscheidungen und Gutachten des BFH
BGB	Bürgerliches Gesetzbuch
BGBl.	Bundesgesetzblatt
BGE	Entscheidungen des Schweizerischen Bundesgerichts
BGH/BGHZ	Bundesgerichtshof; auch Entscheidungen des BGH in Zivilsachen
BGHSt.	Entscheidungen des BGH in Strafsachen
BiRiLiG	Bilanzrichtlinien-Gesetz
BMF	Bundesminister(ium) der Finanzen
BMJ	Bundesminister(ium) der Justiz
BörsG	Börsengesetz
BR-Drucks.	Drucksache des Bundesrats
BRAGO	Bundesrechtsanwaltsgebührenordnung
Bsp.	Beispiel(e)
BStBl.	Bundessteuerblatt
BT	Bundestag
BT-Drucks./BT-Dr.	Drucksache des Deutschen Bundestages
BVerfG/BVerfGE	Bundesverfassungsgericht; auch Entscheidungen des BVerfG
BVerwGE	Entscheidungen des BVerwG
bzgl.	bezüglich
bzw.	beziehungsweise
c.i.c.	culpa in contrahendo
DB	Der Betrieb (Zeitschrift)
Dehmer UmwR	Dehmer, Umwandlungsgesetz, Umwandlungsteuergesetz, 2. Aufl. 1996
demgem.	demgemäß
DepotG	Depotgesetz
ders.	derselbe
dgl.	dergleichen
dh.	das heißt
dies.	dieselbe
Diss.	Dissertation
DJ	Deutsche Justiz (Zeitschrift)
DJT	Deutscher Juristentag
DJZ	Deutsche Juristen-Zeitung
DNotZ	Deutsche Notar-Zeitschrift
DStR	Deutsches Steuerrecht (Zeitschrift)
DWiR	Deutsche Zeitschrift für Wirtschaftsrecht
ebd.	ebenda
EG	Europäische Gemeinschaften
eG	eingetragene Genossenschaft
EG-RL	EG-Richtlinien
EGAktG	Einführungsgesetz zum Aktiengesetz
EGInsO	Einführungsgesetz zur Insolvenzordnung
Einf.	Einführung
einhM	einhellige Meinung
Einl.	Einleitung
einschl.	einschließlich
einschr.	einschränkend
Emmerich/Sonnenschein	Emmerich/Sonnenschein, Konzernrecht, 6. Aufl. 1997
Erl.	Erläuterungen, Erlaß

Abkürzungsverzeichnis **Abkürzungen**

Erman/Bearbeiter	Erman, Handkommentar zum Bürgerlichen Gesetzbuch mit Einführungsgesetz, 9. Aufl. 1993
EU	Europäische Union
EuGH	Europäischer Gerichtshof
EuroEG	Gesetz zur Einführung des Euro
EuZW	Europäische Zeitschrift für Wirtschaftsrecht
eV	eingetragener Verein
evtl.	eventuell
EWiR	Entscheidungen im Wirtschaftsrecht
f., ff.	folgend(e)
Flume JurPerson	Flume, Allgemeiner Teil des Bürgerlichen Rechts, Bd. I/2: Die juristische Person, 1983
Flume Personenges.	Flume, Allgemeiner Teil des Bürgerlichen Rechts, Bd. I/1: Die Personengesellschaft, 1977
Fn.	Fußnote
FS	Festschrift
FusionskontrollVO	Fusionskontroll-Verordnung
G	Gesetz (in Zusammensetzungen)
GbR	Gesellschaft bürgerlichen Rechts
gem.	gemäß
Bearbeiter in Geßler/Hefermehl	Geßler/Hefermehl/Eckardt/Kropff Aktiengesetz, Kommentar, 1973 ff.
ggf.	gegebenenfalls
GmbH	Gesellschaft mit beschränkter Haftung
GmbHG	Gesetz betreffend die Gesellschaften mit beschränkter Haftung
GmbHR	GmbH-Rundschau (Zeitschrift)
Godin/Wilhelmi	v. Godin/Wilhelmi, Aktiengesetz, Kommentar, 4. Aufl. 1971
Großkomm AktG Bearbeiter	Großkommentar zum Aktiengesetz, 3. Aufl. 1970 ff. Soweit die 4. Aufl. zitiert wird, ist dies kenntlich gemacht
Bearbeiter in Hachenburg GmbHG	Hachenburg, Gesetz betreffend die Gesellschaften mit beschränkter Haftung, Großkommentar, 8. Aufl. 1989 ff.
Hdb.	Handbuch
Heymann	Heymann, HGB, Kommentar (ohne Seerecht), 2. Aufl., 1995 ff.
HFA	Hauptfachausschuß des Instituts der Wirtschaftsprüfer
HGB	Handelsgesetzbuch
hL	herrschende Lehre
hM	herrschende Meinung
Hrsg.	Herausgeber
Hüffer	Hüffer, Aktiengesetz, Kommentar, 3. Aufl. 1997
i. e.	im einzelnen
idF	in der Fassung
idR	in der Regel
idS	in diesem Sinne
IDW	Institut der Wirtschaftsprüfer in Deutschland e. V.
iErg.	im Ergebnis
ieS	im engeren Sinne
insbes.	insbesondere
InsO	Insolvenzordnung
iS (d.; v.)	im Sinne (des, der; von)
iVm.	in Verbindung mit
iwS	im weiteren Sinne
jew.	jeweils
JR	Juristische Rundschau
Jura	Jura; Juristische Ausbildung (Zeitschrift)
JuS	Juristische Schulung (Zeitschrift)
JW	Juristische Wochenschrift
JZ	Juristenzeitung
KapErhG	Kapitalerhöhungsgesetz
KapErhStG	Gesetz über steuerrechtliche Maßnahmen bei Erhöhung des Nennkapitals aus Gesellschaftsmitteln
KG	Kommanditgesellschaft; Kammergericht
KGaA	Kommanditgesellschaft auf Aktien
KGJ	Jahrbuch für Entscheidungen des Kammergerichts in Sachen der freiwilligen Gerichtsbarkeit
Kilger/Schmidt	Kilger/Karsten Schmidt, Konkursordnung mit Gesamtvollstreckungsordnung, Kommtar, 17. Aufl. 1997

Abkürzungen

Abkürzungsverzeichnis

KO	Konkursordnung
Bearbeiter in Kölner Kommentar	Aktiengesetz, Kommentar, 1970–1984; – in 2. Aufl., 1989 ff.: §§ 1–94 AktG, §§ 238–289, 316–330, 340–340o HGB, §§ 150, 152, 170–176, 179–240; 291–328, 339–361 AktG.
Komm.	Kommentar
KonTraG	Gesetz zur Kontrolle und Transparenz im Unternehmensbereich
krit.	kritisch
Kropff	Kropff, Aktiengesetz. Textausgabe des Aktiengesetzes vom 6.9.1965 mit Begründung des Regierungsentwurfes und Bericht des Rechtsausschusses des Deutschen Bundestages
KStG	Körperschaftsteuergesetz
KTS	Zeitschrift für Konkurs-, Treuhand- und Schiedsgerichtswesen; ab 1989: KTS Zeitschrift für Insolvenzrecht – Konkurs, Treuhand, Sanierung –
Kübler	Kübler, Gesellschaftsrecht, 4. Aufl. 1994
Kuhn/Uhlenbruck	Kuhn/Uhlenbruck, Konkursordnung, Kommentar, 11. Aufl. 1994; siehe auch Mentzel/Kuhn/Uhlenbruck (für 9. Aufl.)
lfd.	laufend
LG	Landgericht
Lit.	Literatur
lit.	litera
LM	Nachschlagewerk des Bundesgerichtshofes, herausgegeben von Lindenmaier, Möhring u.a.
LöschG	Gesetz über die Auflösung und Löschung von Gesellschaften und Genossenschaften
LS	Leitsatz
Lutter UmwG	Lutter, Umwandlungsgesetz, 1996
Lutter/Hommelhoff	Lutter/Hommelhoff, GmbH-Gesetz, Kommentar, 14. Aufl. 1995
LZ	Leipziger Zeitschrift für Deutsches Recht
maW	mit anderen Worten
MDR	Monatsschrift für Deutsches Recht
Mio.	Million(en)
MitbestG	Mitbestimmungsgesetz
mN	mit Nachweisen
MünchHdb AG	Münchener Handbuch des Gesellschaftsrechts, Bd. 4, Aktiengesellschaft, herausgegeben von Hoffmann-Becking, 1988
MünchKommBGB/ Bearbeiter	Münchener Kommentar zum Bürgerlichen Gesetzbuch, 3. Aufl. 1992 ff.
mwN	mit weiteren Nachweisen
NachhBG	Nachhaftungsbegrenzungsgesetz
nF	neue Fassung
NJW	Neue Juristische Wochenschrift
NJW-RR	NJW-Rechtsprechungs-Report Zivilrecht
Nr.	Nummer
NZG	Neue Zeitschrift für Gesellschaftsrecht
o.	ordentlich
OHG	offene Handelsgesellschaft
OLG	Oberlandesgericht; auch Entscheidungen der OLG in Zivilsachen einschließlich der freiwilligen Gerichtsbarkeit (seit 1965) bzw. Die Rechtsprechung der OLG auf dem Gebiete des Zivilrechts (bis 1928)
OLGR	Die Rechtsprechung der OLG auf dem Gebiet des Zivilrechts
OLGZ	Entscheidungen der OLG in Zivilsachen einschließlich der freiwilligen Gerichtsbarkeit
Palandt/Bearbeiter	Palandt, Bürgerliches Gesetzbuch, Kommentar, 56. Aufl. 1997
Prot.	Protokoll
pVV	positive Vertragsverletzung
Raiser	Raiser, Recht der Kapitalgesellschaften, 2. Aufl. 1992
Rdnr.	Randnummer
RegE	Regierungsentwurf
RG	Reichsgericht; auch Entscheidungen des RG in Zivilsachen
RGZ	Entscheidungen des Reichsgerichts in Zivilsachen
RIW	Recht der internationalen Wirtschaft (Außenwirtschaftsdienst des Betriebs-Beraters)
ROHG	Reichsoberhandelsgericht
ROHGE	Entscheidungen des Reichsoberhandelsgerichts
Roth/Altmeppen	Roth/Altmeppen, GmbH-Gesetz, Kommentar, 3. Aufl. 1997
Rowedder/Bearbeiter	Rowedder, GmbH-Gesetz, Kommentar, 3. Aufl. 1996

Abkürzungen

Rpfleger	Der Rechtspfleger (Zeitschrift)
RPflG	Rechtspflegergesetz
Rspr.	Rechtsprechung
S.	Satz; Seite
s.	siehe
s.a.	siehe auch
s.o.	siehe oben
s.u.	siehe unten
Schlegelberger/Bearbeiter	Schlegelberger, Handelsgesetzbuch, Kommentar, 5. Aufl. 1973 ff.
K. Schmidt GesR	K. Schmidt, Gesellschaftsrecht, 3. Aufl., 1997
K. Schmidt HandelsR	K. Schmidt, Handelsrecht, 4. Aufl. 1994
Bearbeiter in Scholz	Scholz, GmbH-Gesetz, Kommentar, 8. Aufl., Bd. 1 1993, Bd. 2 1995
SeuffA	Seufferts Archiv für Entscheidungen der obersten Gerichte in den deutschen Staaten
SJZ	Süddeutsche Juristenzeitung
Soergel/Bearbeiter	Soergel, Kommentar zum Bürgerlichen Gesetzbuch mit Einführungsgesetz und Nebengesetzen, 12. Aufl. 1987 ff.
sog.	sogenannt
Staub/Bearbeiter	Staub, Großkommentar zum HGB, 4. Aufl. 1983 ff. (3. Aufl. s GroßkommHGB)
Staudinger/Bearbeiter	Staudinger, Kommentar zum Bürgerlichen Gesetzbuch mit Einführungsgesetz und Nebengesetzen, 12. Aufl. 1979 ff.; 13. Bearbeitung 1993 ff. (als solche kenntlich gemacht)
str.	streitig
stRspr.	ständige Rechtsprechung
StückaktienG	Gesetz über die Zulassung von Stückaktien
u.	und; unter; unten
u.a.	unter anderem; und andere(s)
u.ä.	und ähnliche(s)
u.a.m.	und andere(s) mehr
Übers.	Übersicht
überwM	überwiegende Meinung
umfangr.	umfangreich
umstr.	umstritten
UmwBerG	Gesetz zur Bereinigung des Umwandlungsrechts vom 28. 10. 1994 (BGBl. I 3210)
UmwG	Umwandlungsgesetz; früher: Gesetz über die Umwandlung von Kapitalgesellschaften
UmwR	Umwandlungsrecht
UmwStG	Umwandlungssteuergesetz
unstr.	unstreitig
unzutr.	unzutreffend
usw.	und so weiter
uU	unter Umständen
v.	vom; von
Verf.	Verfasser
VerglO	Vergleichsordnung
VersR	Versicherungsrecht
vgl.	vergleiche
VglO	Vergleichsordnung
VO	Verordnung
Vorb., Vorbem.	Vorbemerkung(en)
Vors.	Vorsitzender
WiB	Wirtschaftsrechtliche Beratung (Zeitschrift)
Wiedemann	Wiedemann, Gesellschaftsrecht, Bd. 1, 1980
WM	Wertpapier-Mitteilungen
wN	weitere Nachweise
WP	Wirtschaftsprüfer
WP-Handb.	Wirtschaftsprüfer-Handbuch, Band I 11. Aufl. 1996; Band II 10. Aufl. 1992
WPg	Die Wirtschaftsprüfung (Zeitschrift)
WpHG	Gesetz über den Wertpapierhandel und zur Änderung börsenrechtlicher und wertpapierrechtlicher Vorschriften (Zweites Finanzmarktförderungsgesetz) vom 26. 7. 1994 (BGBl. I 1749)
WPK-Mitt.	Wirtschaftsprüferkammer-Mitteilungen
WuB	Entscheidungssammlung zum Wirtschafts- und Bankrecht
Würdinger	Würdinger, Aktienrecht und das Recht der verbundenen Unternehmen, 4. Aufl. 1981

Abkürzungen

zB	zum Beispiel
ZBB	Zeitschrift für Bankrecht und Bankwirtschaft
ZBH	Zentralblatt für Handelsrecht
ZfbF	Schmalenbachs Zeitschrift für betriebswirtschaftliche Forschung
ZGR	Zeitschrift für Unternehmens- und Gesellschaftsrecht
ZHR	Zeitschrift für das gesamte Handelsrecht und Wirtschaftsrecht
Ziff.	Ziffer
ZIP	Zeitschrift für Wirtschaftsrecht
zit.	zitiert
ZPO	Zivilprozeßordnung
ZRP	Zeitschrift für Rechtspolitik
zust.	zustimmend
zutr.	zutreffend

Einleitung

Übersicht

	Rdnr.		Rdnr.
I. Gegenstand der Kommentierung	1–12	2. AktG 1937	14
1. Begriff des Konzernrechts	1	3. AktG 1965	15
2. Die konzernrechtlichen Regelungen des AktG im Überblick	2–6	4. Weitere Entwicklung	16
a) Allgemeine Vorschriften	2, 3	**III. Einfluß der jüngsten Aktienrechtsreformen**	17–21
b) Unternehmensverträge	4, 5	1. KonTraG	17
c) Einfache Abhängigkeit	6	2. StückaktienG	18
d) Eingliederung	7	3. Drittes Finanzmarktförderungsgesetz	19
e) Wechselseitige Beteiligung	8	4. EGInsO	20
f) Sonstige	9	5. EuroEG	21
3. Im AktG nicht geregelte Fragen des Konzernrechts	10–12	**IV. Gemeinschaftsrecht**	22, 23
a) Konzernbildungskontrolle auf der Ebene der abhängigen Gesellschaft	10	1. Überblick	22
b) Qualifizierte faktische Unternehmensverbindung	11	2. Realisierte und bevorstehende Maßnahmen der Rechtsangleichung	23
c) Konzernbildungs- und Konzernleitungskontrolle auf der Ebene des herrschenden Unternehmens	12	**V. Der Konzern im Steuer- und Bilanzrecht**	24, 25
II. Historische Entwicklung des Konzernrechts	13–16	1. Steuerrecht	24
1. Entwicklung bis zum AktG 1937	13	2. Bilanzrecht	25

I. Gegenstand der Kommentierung

1. Begriff des Konzernrechts. Das dritte Buch des AktG handelt von den verbundenen Unternehmen. Es versteht darunter Unternehmen, die zwar rechtlich selbständig, auf der Grundlage bestimmter *gesellschaftsrechtlicher Instrumentarien* aber miteinander verbunden sind. Paradigma ist der Erwerb einer Mehrheitsbeteiligung an einer Gesellschaft durch ein anderes Unternehmen. Die mit einer solchen Beteiligung verbundenen Herrschaftsbefugnisse auf der einen Seite und das anderweitig verfolgte unternehmerische Interesse des Mitglieds auf der anderen Seite begründen die Gefahr, daß das Eigeninteresse der Gesellschaft durch mit ihm nicht parallel laufende Partikularinteressen überlagert und in Frage gestellt ist. Das *Recht der verbundenen Unternehmen* fragt nach der Zulässigkeit und den gesellschaftsrechtlichen Voraussetzungen für die Entstehung solcher Unternehmensverbindungen, vor allem aber nach den Schranken, die der Verfolgung der spezifischen Interessen des Mehrheitsgesellschafters gesetzt sind, schließlich nach den Auswirkungen der Unternehmensverbindung auf die Verfassung der an ihr beteiligten Gesellschaften. Es wird verbreitet und auch im folgenden als Konzernrecht bezeichnet, mag dies auch im Hinblick auf § 18 Abs.1 S.1 AktG, dem zufolge der Konzern nur eine von mehreren Formen der Unternehmensverbindung ist, unscharf sein. Konzernrecht ist mithin ein Sammelbegriff für die durch bestimmte Formen der Unternehmensverbindung aufgeworfenen *gesellschaftsrechtlichen Fragen*. 1

2. Die konzernrechtlichen Regelungen des AktG im Überblick. a) Allgemeine Vorschriften. Die §§ 15 bis 19 definieren, gleichsam im Sinne eines Allgemeinen Teils des Konzernrechts, den Begriff der verbundenen Unternehmen (§ 15) und die wesentlichen 2

Einleitung 3–6

Formen der Unternehmensverbindung, nämlich Mehrheitsbeteiligung (§ 16), Abhängigkeit (§ 17), Konzern (§ 18) und wechselseitige Beteiligung (§ 19). Die durch Unternehmensvertrag im Sinne der §§ 291 ff. oder durch Eingliederung gem. §§ 319 ff. hergestellte Unternehmensverbindung ist dagegen als solche nicht in §§ 16 ff. geregelt. § 15 bezeichnet zwar immerhin die Vertragsteile eines Unternehmensvertrags als verbundene Unternehmen; die Eingliederung dagegen ist auch in § 15 nicht genannt und geht insoweit in dem Begriff der Abhängigkeit auf. Allein § 18 Abs. 1 S. 2 bestimmt, daß Unternehmen, zwischen denen ein Beherrschungsvertrag iSd. § 291 Abs. 1 S. 1 besteht oder von denen das eine in das andere eingegliedert ist, als unter einheitlicher Leitung zusammengefaßt anzusehen sind und damit einen Konzern iSd. § 18 Abs. 1 S. 1 bilden. Die Vorschriften der **§§ 15 bis 19 sind rechtsformneutral gefaßt**; § 19 betreffend wechselseitig beteiligte Unternehmen setzt freilich die Rechtsform einer Kapitalgesellschaft voraus.

3   Von anderem Zuschnitt sind die Vorschriften der **§§ 20 bis 22**. Sie verpflichten Kapitalgesellschaften zur Mitteilung über das Bestehen einer 25% übersteigenden Beteiligung und sanktionieren die Verletzung dieser Pflichten mit dem Ruhen der Mitgliedschaftsrechte. Deutlich über §§ 20 ff. hinausgehende **Mitteilungspflichten** sind in §§ 21 ff. WpHG vorgesehen. Die diesbezügliche Abstimmung ist durch das Dritte Finanzmarktförderungsgesetz (Rdnr. 19) erfolgt. Danach finden §§ 20 ff. nur noch auf nicht börsennotierte Gesellschaften Anwendung; börsennotierte Gesellschaften sind dagegen nach Maßgabe der §§ 21 ff. WpHG mitteilungspflichtig.

4   b) **Unternehmensverträge.** Die §§ 291 bis 310 handeln von den Unternehmensverträgen, dh. Verträgen, die den Charakter eines *Organisationsvertrags* haben und sich dadurch von einem gewöhnlichen Austauschvertrag unterscheiden. Im Vordergrund des praktischen Interesses stehen der Beherrschungs- und der Gewinnabführungsvertrag. Der Abschluß eines Unternehmensvertrags macht die Vertragsteile nach § 15 zu verbundenen Unternehmen (Rdnr. 2). Während aber §§ 15 ff. rechtsformneutral ausgestaltet sind, beziehen sich die §§ 291 ff. auf Unternehmensverträge, bei denen eine **AG oder KGaA als abhängiges oder verpflichtetes Unternehmen** beteiligt ist. Darüber hinaus enthalten diese Vorschriften zwar auch Vorschriften für den Fall, daß das herrschende oder aus dem Unternehmensvertrag berechtigte Unternehmen seinerseits AG oder KGaA ist; im übrigen sind die §§ 291 ff. aber auch anwendbar, wenn das herrschende Unternehmen eine andere Rechtsform aufweist.

5   Was den Inhalt der §§ 291 bis 310 im einzelnen betrifft, so regeln die §§ 291, 292 zunächst die *Arten von Unternehmensverträgen*, die das AktG zur Verfügung stellt. Der Abschluß, die Änderung und die Beendigung von Unternehmensverträgen sind Gegenstand der §§ 293 bis 299. Der mit dem Abschluß eines Unternehmensvertrags verbundenen **Gefährdung der Interessen** *der abhängigen oder verpflichteten AG, ihrer außenstehenden Aktionäre und ihrer Gläubiger* wird durch die §§ 300 bis 307 Rechnung getragen; von besonderer Bedeutung sind insoweit die in § 302 vorgesehene Verpflichtung des herrschenden Unternehmens zum Verlustausgleich und die in §§ 304, 305 geregelten Ausgleichs- und Abfindungsrechte der außenstehenden Aktionäre. §§ 308 bis 310 schließlich regeln die Leitungsmacht und die Verantwortlichkeit des herrschenden Unternehmens bei Bestehen eines *Beherrschungsvertrags*. Der Abschluß eines solchen Vertrags begründet nach § 18 Abs. 1 S. 2 einen Konzern.

6   c) **Einfache Abhängigkeit.** Die Vorschriften der §§ 311 bis 318 regeln ihrem Wortlaut nach den – in § 17 allgemein und rechtsformneutral definierten – Fall der *Abhängigkeit* einer AG oder KGaA von einem anderen Unternehmen. Ihr Anwendungsbereich umfaßt aber auch die nicht auf Beherrschungsvertrag oder Eingliederung beruhende *Konzernierung* einer AG oder KGaA. Während das herrschende Unternehmen infolge des Abschlusses eines Beherrschungsvertrags (Rdnr. 5) berechtigt ist, dem Vorstand der beherrschten Gesellschaft Weisungen zu erteilen, geht mit der Abhängigkeit oder einfachen Konzernierung **keine Konzernleitungsmacht** einher. Die Organisationsverfassung der Gesellschaft wird

also durch die Abhängigkeit oder Konzernierung grundsätzlich nicht berührt. Der Vorstand der Gesellschaft *darf* allerdings einer aus Sicht der Gesellschaft nachteiligen Einflußnahme unter der Voraussetzung nachgehen, daß es zum *Nachteilsausgleich* durch das herrschende Unternehmen kommt. Die §§ 311 ff. nehmen somit eine punktuelle Überlagerung des Eigenwillens der abhängigen oder konzernierten Gesellschaft in Kauf: Dem herrschenden Unternehmen sind nachteilige Einflußnahmen gestattet, sofern es nur die *Vermögensinteressen* der abhängigen oder konzernierten Gesellschaft wahrt.

d) Eingliederung. Die Eingliederung ist in §§ 319 bis 327 geregelt. Sie ist dadurch gekennzeichnet, daß die eingegliederte Gesellschaft zwar als juristische Person fortbesteht, der Hauptgesellschaft aber nach § 323 ein Weisungsrecht erwächst, das über das mit einem Beherrschungsvertrag verbundene Weisungsrecht hinausgeht und der eingegliederten Gesellschaft den Charakter einer **„rechtlich selbständigen Betriebsabteilung"** verleiht. Das Konzernverhältnis, das nach § 18 Abs. 1 S. 2 durch die Eingliederung begründet wird, kommt deshalb in seinen Wirkungen einer Verschmelzung iSd. §§ 2 ff. UmwG durchaus nahe. Im einzelnen unterscheiden §§ 319 ff. zwischen der Eingliederung einer hundertprozentigen Tochter und der Mehrheitseingliederung; im letzteren Fall kommt es nach §§ 320a, b zum Ausscheiden und zur Abfindung der außenstehenden Aktionäre. Die Gläubiger werden vor allem durch § 322 geschützt, dem zufolge die Hauptgesellschaft für sämtliche Verbindlichkeiten der eingegliederten Gesellschaft haftet. 7

e) Wechselseitige Beteiligung. Die wechselseitige Beteiligung von Unternehmen in der Rechtsform einer Kapitalgesellschaft ist in §§ 19, 328 geregelt. Unternehmensverbindungen dieser Art bergen aus Sicht der Gläubiger und Aktionäre die Gefahr der **Kapitalverwässerung** und des Aufbaus von **Verwaltungsstimmrechten**. § 19 unterscheidet zwischen der sog. qualifizierten und der einfachen wechselseitigen Beteiligung. Während nach § 19 Abs. 2 und 3 bei qualifizierter wechselseitiger Beteiligung die Vorschriften über abhängige Unternehmen und damit insbesondere §§ 71b ff., 311 ff. zur Anwendung gelangen, begrenzt § 328 Abs. 1 für die einfache wechselseitige Beteiligung die Ausübung der Rechte aus solchen Beteiligungen auf 25% aller Anteile des jeweils anderen Unternehmens. 8

f) Sonstige. Das AktG enthält schließlich zahlreiche Einzelvorschriften mit konzernrechtlichem Bezug. Diese Vorschriften bezwecken, die Umgehung allgemeiner Ge- und Verbote durch Hinzuziehung abhängiger Unternehmen zu verhindern und Organisations- und Zuständigkeitsregeln konzernweit fortzuschreiben. Zu nennen sind namentlich die §§ 56 Abs. 2, 71d, 90 Abs. 3 S. 1, 100 Abs. 2 Nr. 2, 115 Abs. 1 S. 2, 131 Abs. 1 S. 2, 134 Abs. 1 S. 4, 145 Abs. 3, 337. Diese Vorschriften stehen jeweils im Zusammenhang mit für die *unverbundene AG* geltenden Normen und lassen einen Bezug zu den genuin konzernrechtlichen Vorschriften der §§ 15 ff., 291 ff. vermissen; sie werden deshalb in dem vorliegenden Kommentar nicht erläutert (s. noch Rdnr. 12, 23, 24). 9

3. Im AktG nicht geregelte Fragen des Konzernrechts. a) Konzernbildungskontrolle auf der Ebene der abhängigen Gesellschaft. Die §§ 311 ff. enthalten Vorschriften zum Schutz der bereits abhängigen oder konzernierten Gesellschaft, ihrer Gläubiger und der außenstehenden Aktionäre. Dagegen enthalten sie keine Vorschriften über einen vorbeugenden Schutz gegen abhängigkeits- oder konzernbegründende Maßnahmen. Grundsätzlich haben deshalb die Aktionäre solche Maßnahmen hinzunehmen. In Betracht kommen freilich satzungsmäßige Vorkehrungen (vor § 311 Rdnr. 10). Auch unterliegt der Mehrheitsaktionär grundsätzlich einem *Wettbewerbsverbot* (vor § 311 Rdnr. 11). Im übrigen aber hat es de lege lata bei dem System des Einzelausgleichs und dem repressiven Schutz über §§ 311, 317 zu bewenden (s. noch vor § 311 Rdnr. 12). 10

b) Qualifizierte faktische Unternehmensverbindung. Der durch §§ 311 ff. bezweckte Schutz der abhängigen Gesellschaft, ihrer Gläubiger und der außenstehenden Aktionäre (Rdnr. 6) steht und fällt mit der **Funktionsfähigkeit des Systems des Nachteilsausgleichs**. Er läßt sich nicht verwirklichen, wenn das herrschende Unternehmen die abhängige Ge- 11 sellschaft in einer Weise leitet, daß sich einzelne nachteilige Maßnahmen nicht mehr isolieren und nach § 311 ausgleichen lassen. Nimmt das herrschende Unternehmen Leitungsmacht in Anspruch, die jenseits der Funktionsvoraussetzungen der §§ 311 ff. liegt, so ist der dadurch begründeten Gefährdung der abhängigen Gesellschaft und ihrer Außenseiter durch entsprechende Anwendung der Vorschriften über den Vertragskonzern (Rdnr. 4, 5) Rechnung zu tragen. Tatbestand und Rechtsfolgen einer solchen „qualifizierten faktischen Unternehmensverbindung" sind in den Vorbemerkungen zu § 311 (Rdnr. 20 ff.) dargestellt.

12 c) **Konzernbildungs- und Konzernleitungskontrolle auf der Ebene des herrschenden Unternehmens.** Die aktienrechtlichen Vorschriften über verbundene Unternehmen verstehen sich in erster Linie als Vorschriften zum *Schutz der abhängigen AG* oder KGaA. Immerhin tragen aber §§ 293 Abs. 2, 319 Abs. 2 dem Umstand Rechnung, daß der Abschluß eines Beherrschungs- oder Gewinnabführungsvertrags ebenso wie die Eingliederung auch aus Sicht des herrschenden Unternehmens und seiner Mitglieder ein außergewöhnlicher und mit wirtschaftlichen Risiken verbundener Vorgang ist. So ist es denn heute auch weithin anerkannt, daß die Perspektive des AktG zu eng ist und der Ergänzung um Regeln über die Konzernbildungs- und Konzernleitungskontrolle auf der Ebene des herrschenden Unternehmens bedarf. Diese Fragen werden in den Vorbemerkungen zu § 311 (Rdnr. 13 ff.) angesprochen. Darüber hinausgehende Überlegungen, das Konzernrecht von einem bloßen Schutzrecht zu einem umfassenden **Organisationsrecht** des Konzerns als eines rechtlich gegliederten Unternehmens fortzuentwickeln,[1] setzen vor allem bei den Befugnissen und Pflichten der Organwalter des herrschenden Unternehmens, also beim „Konzernvorstand" und „Konzernaufsichtsrat" an und können im Rahmen der vorliegenden, auf die §§ 15 bis 22, 291 bis 328 beschränkten Kommentierung nicht im einzelnen aufgegriffen werden (s. noch vor § 311 Rdnr. 7, 13 ff.).[2]

II. Historische Entwicklung des Konzernrechts

13 1. **Entwicklung bis zum AktG 1937.** Ungeachtet der bereits in der zweiten Hälfte des 19. Jahrhunderts zu verzeichnenden Unternehmenskonzentration wurden die mit der Abhängigkeit von Gesellschaften verbundenen Rechtsfragen erst nach dem Ende des 1. Weltkriegs erörtert.[3] Der Entwicklung auf dem Gebiet des Kartellrechts vergleichbar, ja durch die grundsätzliche Erlaubnis der Kartellierung und Konzentration nachgerade gefördert,[4] standen freilich die organisationsrechtlichen Fragen im Zusammenhang mit dem Aufbau von Unternehmensgruppen ganz im Vordergrund des Interesses. Aufgabe der Kautelarjurisprudenz war es, die Rechts- und Beteiligungsformen des Gesellschaftsrechts für die Konzentrations- und Kartellierungsbestrebungen fruchtbar zu machen.[5] Auch die Notverordnung v. 19. 9. 1931 beschränkte sich auf die Regelung einiger Randfragen des Konzernrechts.[6]

14 2. **AktG 1937.** Auch das AktG 1937 verzichtete auf eine umfassende Regelung des Konzernrechts; es beschränkte sich vielmehr auf die Regelung von Einzelfragen. Hervorzuhe-

---

[1] Grundlegend *Lutter*, Festschrift für Westermann, 1974, S. 347 ff.; ihm folgend und weiterführend *Hommelhoff,* Die Konzernleitungspflicht, 1982, S. 35 ff.; *U. H. Schneider* BB 1981, 249 ff.; *Timm* AG 1980, 172 ff.
[2] Näher dazu neben den in Fn. 1 Genannten *Amstutz* Konzernorganisationsrecht, 1993; *Ehricke* ZGR 1996, 300 ff.; *Mülbert,* Aktiengesellschaft, Unternehmensgruppe und Kapitalmarkt, 2. (unveränderte) Aufl. 1996, S. 17 ff.; s. ferner *Frühauf, Hoffmann-Becking* und *Götz*, ZGR 1998, 407 ff., 497 ff., 524 ff.
[3] Vgl. namentlich *Haussmann*, Die Tochtergesellschaft, 1923; *ders.*, Grundlegung des Rechts der Unternehmenszusammenfassungen, 1926; *Friedländer* Konzernrecht, 1. Aufl. 1927; *Hamburger,* Festschrift für Seckel, 1927, S. 261 ff.; *Kronstein*, Die abhängige juristische Person, 1931; zuvor bereits *Isay*, Das Recht am Unternehmen, 1910, S. 96 ff. Eingehend zum Ganzen *Hommelhoff* (Fn. 1) S. 1 ff.; *Nörr* ZHR 150 (1986), 155, 168 ff.; *Spindler*, Recht und Konzern, 1993, passim.
[4] Eingehend *Emmerich* Kartellrecht, 7. Aufl. 1994, S. 30 ff. mit weit. Nachw.
[5] *Nörr* ZHR 150 (1986), 150, 168 ff., dort auch zu dem vom Steuerrecht (Rdnr. 24) ausgehenden Einfluß.
[6] Notverordnung des Reichspräsidenten über Aktienrecht v. 19. 9. 1931, RGBl. I, S. 493.

III. Einfluß der jüngsten Aktienrechtsreformen **15–17 Einleitung**

ben sind die Konzerndefinition des § 15 und die Vorschrift des § 256, der zufolge insbesondere der Abschluß eines Gewinnabführungsvertrags der Zustimmung der Hauptversammlung der verpflichteten Gesellschaft mit qualifizierter Mehrheit bedurfte.[7] Der Einflußnahme des herrschenden Unternehmens auf die abhängige Gesellschaft wurden dagegen allein durch die – dem heutigen § 117 entsprechende – Vorschrift des § 101 Grenzen gesetzt.[8]

3. AktG 1965. Schon bald nach dem Ende des 2. Weltkrieges setzte sich die Überzeugung durch, daß es einer umfassenden Reform und Kodifizierung des Konzernrechts bedürfe.[9] Inhaltlich herrschte weitgehend Einvernehmen darüber, daß Konzerninteressen eine Schädigung der abhängigen Gesellschaft, ihrer Gläubiger und der außenstehenden Aktionäre nicht zu rechtfertigen vermögen.[10] Der 1958 vorgelegte Referentenentwurf verfolgte die Tendenz, faktische, also nicht durch Beherrschungsvertrag legitimierte Leitungsmacht nach Möglichkeit zurückzudrängen; eine dem Interesse der abhängigen Gesellschaft zuwider laufende Geschäftsführung sollte mit anderen Worten grundsätzlich verboten sein.[11] Aus diesem Grund sah der Entwurf in seinem § 284 eine scharfe **Erfolgshaftung** desjenigen vor, der als gesetzlicher Vertreter, Inhaber oder Angestellter des herrschenden Unternehmens die abhängige Gesellschaft durch Weisung zu einer Maßnahme der Geschäftsführung bestimmt. Der Regierungsentwurf hat diese Grundhaltung aufgegeben und sich für das Modell des **Nachteilsausgleichs** entschieden, das im weiteren Verlauf des Gesetzgebungsverfahren noch um die Zulässigkeit des gestreckten Nachteilsausgleichs ergänzt worden ist (vor § 311 Rdnr. 5). Was die Vorschriften über Unternehmensverträge betrifft, so konnte der Gesetzgeber des Jahres 1965 nicht nur auf die Vorschrift des § 256 AktG 1937 betreffend den Gewinnabführungsvertrag, sondern auch auf ein reichhaltiges Schrifttum zum – in der Praxis vor 1965 einen Bestandteil des Gewinnabführungsvertrags bildenden – Beherrschungsvertrag und zu sonstigen Unternehmensverträgen zurückgreifen.[12] Die in §§ 319 ff. geregelte Eingliederung ist dagegen eine Neuschöpfung des Gesetzgebers des Jahres 1965. 15

4. Weitere Entwicklung. In der Folgezeit sind die §§ 291 ff., 319 ff. vor allem durch das **Gesetz zur Bereinigung des Umwandlungsrechts** vom 28. Oktober 1994 geändert worden.[13] Mit ihm sind insbesondere die §§ 293 a bis 293 g eingefügt und damit die aus dem Recht der Verschmelzung bekannten Berichts- und Prüfungspflichten auf den Abschluß von Unternehmensverträgen erstreckt worden (s. noch § 293 a Rdnr. 1 ff.). Des weiteren sind die §§ 319 ff. nicht unerheblich geändert worden (§ 319 Rdnr. 1). Zu sonstigen Änderungen s. die Einzelerläuterungen, ferner Rdnr. 17 ff. 16

III. Einfluß der jüngsten Aktienrechtsreformen

1. KonTraG. Eine Reihe von Änderungen haben die §§ 15 ff., 291 ff. durch die jüngsten Reformen des Aktienrechts erfahren. Was zunächst das Gesetz zur Kontrolle und Transparenz im Unternehmensbereich vom 27. 4. 1998[14] betrifft, so ist in **§§ 293 b Abs. 1, 320 Abs. 3 S. 1** klargestellt worden, daß die Prüfung des Unternehmensvertrags und der Eingliederung 17

---

[7] Zur Frage der Fortgeltung der unter Geltung des AktG 1937 geschlossenen Verträge s. BGH NJW 1960, 721, 722; für den in § 256 AktG 1937 nicht ausdrücklich genannten Beherrschungsvertrag s. OLG Karlsruhe NJW 1967, 831 f.; OLG Frankfurt/M. AG 1988, 267, 271.
[8] Eingehend *Geßler*, Festschrift für W. Schmidt, 1959, S. 247, 256 ff.
[9] Näher *Geßler* (Fn. 8) S. 257 ff.; *Hommelhoff* (Fn. 1) S. 29 ff.; *Dettling*, Die Entstehungsgeschichte des Konzernrechts im Aktiengesetz von 1965, 1997, insbes. S. 83 ff.
[10] Vgl. namentlich *Filbinger*, Die Schranken der Mehrheitsherrschaft im Aktienrecht und Konzernrecht, 1942, S. 57 ff.; *v. Godin/Wilhelmi* AktG,

2. Aufl., § 101 Anm. 6; s. ferner Begr. RegE bei *Kropff* S. 407.
[11] Umfassend zur Entstehungsgeschichte des Aktienkonzernrechts *Dettling* (Fn. 9), insbes. S. 132 ff., 213 ff.; vgl. dazu auch die Besprechung von *Kropff* ZHR 161 (1997), 857 ff.
[12] Vgl. namentlich *Flume* DB 1956, 457 und 672; *Duden* BB 1957, 49 und 1230; *A. Hueck* DB 1959, 223.
[13] BGBl. I, S. 3210; s. dazu auch die Begr. des RegE, BT-Drucks. 12/6699.
[14] BGBl. I, S. 786; s. dazu auch Begr. RegE, BR-Drucks. 872/97; ferner Beschlußempfehlung des Rechtsausschusses, ZIP 1998, 487 ff.

auch durch einen gemeinsamen Prüfer aller beteiligten Unternehmen erfolgen kann. Damit im Zusammenhang steht der neue **§ 293c Abs.1 S.2**, dem zufolge der Vorstand der abhängigen Gesellschaft die Vertragsprüfer für alle vertragsschließenden Unternehmen gemeinsam bestellen kann. Die Entscheidung nach **§ 293c Abs.1 S.4** n.F. erläßt nunmehr der Vorsitzende der KfH. Des weiteren ist in **§ 315 S.2** ein neuer Sonderprüfungstatbestand aufgenommen worden. Schließlich ist **§ 328** um einen neuen Abs.3 ergänzt worden; danach kann in der Hauptversammlung einer börsennotierten Gesellschaft ein Unternehmen, dem die wechselseitige Beteiligung gemäß § 328 Abs.1 bekannt ist, sein Stimmrecht zur Wahl von Mitgliedern in den Aufsichtsrat nicht ausüben. Die durch das KonTraG herbeigeführten Änderungen des AktG sind am 1.5.1998 in Kraft getreten.

18   **2. StückaktienG.** Die durch Gesetz über die Zulassung von Stückaktien vom 25.3. 1998[15] erfolgte Zulassung (unechter) nennwertloser Aktien hat zu einer Reihe von **Folgeänderungen** in §§ 15ff., 291ff. geführt. Betroffen sind §§ 16 Abs.2 S.1 und 2, 19 Abs.1 S.1, 20 Abs.3, 21 Abs.1 S.1, 304 Abs.1 S.1, Abs.2 S.2 und 3 und 320 Abs.1 S.1. Ganz überwiegend handelt es sich um Änderungen, die den auf die Nennbetragsaktie abstellenden Wortlaut der genannten Vorschriften der nunmehr eröffneten Möglichkeit zur Einführung von nennwertlosen Aktien anpassen. Anderes gilt für die Änderung der §§ 16, 19 bis 21; sie tragen dem Umstand Rechnung, daß es die Rechtsform der bergrechtlichen Gewerkschaft nicht mehr gibt.[16] Das StückaktienG ist am 1.4.1998 in Kraft getreten.

19   **3. Drittes Finanzmarktförderungsgesetz.** Das Gesetz zur weiteren Fortentwicklung des Finanzplatzes Deutschland vom 24.3.1998[17] hat die Vorschriften der **§§ 20, 21** betr. die Mitteilungspflichten (Rdnr.3) nicht unerheblich geändert. Davon betroffen sind zunächst die Vorschriften der §§ 20 Abs.7, 21 Abs.4 über die Rechte aus Aktien, die einem mitteilungspflichtigen Unternehmen gehören. Vor allem aber ist der Anwendungsbereich der §§ 20, 21 dahin gehend eingeschränkt worden, daß *börsennotierte* Gesellschaften iSd. § 21 Abs.2 WpHG nunmehr ausschließlich nach Maßgabe der §§ 21ff. WpHG mitteilungspflichtig sind. Die Änderungen sind am 1.4.1998 in Kraft getreten.

20   **4. EGInsO.** Das Einführungsgesetz zur Insolvenzordnung vom 5.10.1994[18] hat den Wortlaut der §§ 302 Abs.3 S.2, 303 Abs.2, 309 Abs.3 S.2, Abs.4 S.5 und 321 Abs.2 der Terminologie der Insolvenzordnung angepaßt. Diese Änderungen treten nach Art.110 Abs.1 EGInsO am **1.1.1999** in Kraft. Auf sie wird im Rahmen der Erläuterungen der betroffenen Vorschriften hingewiesen.

21   **5. EuroEG.** Das Gesetz zur Einführung des Euro vom 9.6.1998[19] enthält die zum Beginn der dritten Stufe der Europäischen Währungsunion am 1.1.1999 für die dann laufende dreijährige Übergangszeit erforderlichen Rechtsänderungen zur reibungslosen Einführung des Euro. Insbesondere das Gesellschafts- und Bilanzrecht werden für die Verwendung des Euro geöffnet.[20] Aus dem Bereich des Rechts der verbundenen Unternehmen ist allein die durch das KonTraG eingefügte Vorschrift des **§ 315 S.2** (Rdnr.17) betroffen. Die darin enthaltenen Wörter „einer Million Deutsche Mark" werden durch die Angabe „500 000 Euro" ersetzt. Diese Änderung tritt nach Art.16 EuroEG am 1.1.1999 in Kraft. Von diesem Zeitpunkt an läuft die dreijährige Übergangszeit; die Einzelheiten der Umstellung des Grundkapitals sind in §§ 1ff. EGAktG geregelt.

---

[15] BGBl. I, S.590; s. dazu auch Begr. RegE, BR-Drucks. 871/97.

[16] Vgl. Art.2 Gesetz über den Sozialplan im Konkurs- und Vergleichsverfahren und des Bundesberggesetzes vom 20.12.1988, BGBl. I, S.2450.

[17] BGBl. I, S.529; s. ferner Begr. RegE, BR-Drucks. 605/97.

[18] BGBl. I, S.2911.

[19] BGBl. I, S.1242; dazu Begr. RegE, BR-Drucks. 725/97.

[20] Eingehend *Seibert* ZGR 1998, 1ff.; *Ihrig/Streit* NZG 1998, 201ff.; *Ernst* ZGR 1998, 20ff.

IV. Gemeinschaftsrecht

1. Überblick. Das Konzernrecht war schon wiederholt Gegenstand von Rechtsangleichungs- und Rechtsvereinheitlichungsbemühungen der Kommission. Der im Jahre 1984 vorgelegte **Vorentwurf einer neunten Richtlinie** auf dem Gebiet des Gesellschaftsrechts (vor § 311 Rdnr. 3) hat freilich keine Chance auf Realisierung. Entsprechendes gilt wohl für das – gleichfalls konzernrechtliche Dimensionen aufweisende – Projekt einer **Europäischen Aktiengesellschaft**.[21] Auch der jüngst vorgelegte *Davignon*-Report[22] wird aller Voraussicht nach nichts daran ändern, daß das Projekt einer Europäischen AG an der Frage der Mitbestimmung scheitert. Vor diesem Hintergrund ist künftig allenfalls mit punktuellen Maßnahmen der Angleichung des Konzernrechts zu rechnen.

2. Realisierte und bevorstehende Maßnahmen der Rechtsangleichung. Ungeachtet zahlreicher Richtlinien mit konzernrechtlichen Bezügen[23] sehen sich die §§ 15 ff., 291 bis 328 derzeit keinen Vorgaben des Europäischen Sekundärrechts ausgesetzt. Insbesondere eine richtlinienkonforme Auslegung der §§ 15 ff., 291 ff. ist also nicht veranlaßt. Dies gilt auch hinsichtlich der §§ 20 ff.; der sich aus der **Transparenzrichtlinie**[24] ergebenden Verpflichtung zur Einführung von Meldepflichten ist der deutsche Gesetzgeber – wenn auch mit reichlicher Verspätung – mit Erlaß der §§ 21 ff. WpHG nachgekommen (Rdnr. 19). Auch das durch die 7. Richtlinie über den **konsolidierten Abschluß**[25] angeglichene Konzernbilanzrecht ist in Deutschland außerhalb des AktG, nämlich in §§ 290 ff. HGB geregelt (Rdnr. 25). Eine Europäisierung des Aktienkonzernrechts kann sich freilich aufgrund der sich abzeichnenden Verabschiedung der 13. Richtlinie über **Übernahmeangebote** (vor § 311 Rdnr. 12) ergeben. Sollte nämlich der nationale Gesetzgeber auf die Einführung eines Pflichtangebots verzichten und statt dessen – entsprechend der in Art. 3 Abs. 1 des Entwurfs vorgesehenen Gleichwertigkeitsklausel – auf den Schutz der Minderheitsaktionäre durch das deutsche Konzernrecht verweisen, so hätte dies eine Überlagerung insbesondere der §§ 311 ff. durch die take-over-Richtlinie zur Folge.[26]

V. Der Konzern im Steuer- und Bilanzrecht

1. Steuerrecht. Von erheblichem Einfluß auf das Konzernrecht ist das Steuerrecht. Es hat nicht nur die Unternehmenskonzentration im allgemeinen gefördert,[27] sondern auch die *Form* der Unternehmenszusammenschlüsse in bestimmte Richtungen gelenkt. Von herausragender Bedeutung ist insoweit die sog. **Organschaft**.[28] Sie ist vor allem für das Körperschaft- und Gewerbesteuerrecht von Bedeutung. Was zunächst die Organschaft nach **§§ 14 ff. KStG** betrifft, so ermöglicht sie den Gewinn- und Verlustausgleich innerhalb des Organschaftsverhältnisses. Voraussetzung ist die finanzielle, wirtschaftliche und – durch Abschluß eines *Beherrschungsvertrags* oder Eingliederung iSd. §§ 319 ff. gewährleistete – organisatorische „Eingliederung" der Organgesellschaft in das Unternehmen des Organträgers, ferner der Abschluß eines *Gewinnabführungsvertrags* zwischen Organgesellschaft und Organträger; nicht zuletzt daraus erklärt sich die große praktische Bedeutung dieser Art von Un-

---

[21] Vgl. namentlich den Dritten geänderten Vorschlag v. 16. 5. 1991, ABl.EG Nr. C 176 (8. 7. 1991) S. 1 ff.; näher zum Ganzen *Lutter*, Europäisches Unternehmensrecht, 4. Aufl. 1995, S. 715 ff.; zu neueren Entwicklungen *Monti* WM 1997, 607.

[22] Abschlußbericht der Sachverständigengruppe „European Systems of Worker Involvement (with regard to the European Company Statute and the other pending proposals)" v. 15. 5. 1997. Zur jüngsten Entwicklung s. FAZ v. 6. 6. 1998 (Nr. 129), S. 14.

[23] Guter Überblick bei *Neye* ZGR 1995, 191 ff.

[24] Richtlinie des Rates vom 12. Dezember 1988 über die bei Erwerb und Veräußerung einer bedeutenden Beteiligung an einer börsennotierten Gesellschaft zu veröffentlichenden Informationen (88/627/EWG), ABl.EG Nr. L 348 (17. 12. 1988) S. 62 ff.

[25] Vom 13. Juni 1983 (83/349/EWG), ABl.EG Nr. L 193 (18. 7. 1983) S. 1 ff.

[26] Näher dazu *Habersack/Mayer* ZIP 1997, 2141, 2143 ff.; s. noch § 315 Rdnr. 6.

[27] *Lenel*, Ursachen der Konzentration, 2. Aufl. 1968, S. 311, 403 ff.; für die Schweiz *Druey* ZSR 121 II (1980), 273, 331 ff.

[28] Näher dazu *Emmerich/Sonnenschein* § 10 (S. 154 ff.) mit weit. Nachw.

ternehmensverträgen (s. noch § 323 Rdnr. 3; § 324 Rdnr. 5). Die Organschaft nach **§ 2 Abs. 2 S. 2 GewStG** hat gleichfalls zur Folge, daß der Gewerbeertrag der Organgesellschaft dem Organträger zugerechnet wird; die Organgesellschaft gilt nach § 2 Abs. 2 S. 2 GewStG als *Betriebsstätte* des Organträgers. Voraussetzung für das Vorliegen einer gewerbesteuerrechtlichen Organschaft ist nach § 2 Abs. 2 S. 2 GewStG iVm. § 14 Nr. 1 und 2 KStG die finanzielle, wirtschaftliche und – wiederum durch Beherrschungsvertrag oder Eingliederung iSd. §§ 319 ff. gewährleistete – Eingliederung der Organgesellschaft in das Unternehmen des Organträgers; der Abschluß eines Gewinnabführungsvertrags ist dagegen nicht erforderlich.

25 2. **Bilanzrecht.** Mit Ausnahme des § 337 enthält das AktG keine Vorschriften über die Rechnungslegung im Konzern. Der nationale Gesetzgeber hat vielmehr mit dem Gesetz zur Durchführung der Vierten, Siebenten und Achten Richtlinie des Rates der Europäischen Gemeinschaften zur Koordinierung des Gesellschaftsrechts vom 19. Dezember 1985[29] das Bilanzrecht neu konzipiert und als Drittes Buch in das HGB eingefügt. Darunter befinden sich die – zwischenzeitlich insbesondere durch das am 24. 4. 1998 in Kraft getretene KapitalaufnahmeerleichterungsG[30] erheblich geänderten – Vorschriften der **§§ 290 ff. HGB** betreffend den **Konzernabschluß und den Konzernlagebericht**.[31] Die Vorschriften der §§ 329 ff. AktG 1965 über die Rechnungslegung im Konzern wurden bis auf § 337 im Zuge der Neuordnung des gesamten Bilanzrechts aufgehoben. Von einer Kommentierung der §§ 290 ff. HGB und des an diese Vorschriften anknüpfenden § 337 haben wir abgesehen.

---

[29] Sog. Bilanzrichtliniengesetz, BGBl. I, S. 2355.
[30] Gesetz zur Verbesserung der Wettbewerbsfähigkeit deutscher Konzerne an Kapitalmärkten und zur Erleichterung der Aufnahme von Gesellschafterdarlehen v. 20. 4. 1998, BGBl. I, S. 707.

[31] Näher dazu *Emmerich/Sonnenschein* §§ 30, 31 (S. 465 ff.).

Aktiengesetz

vom 6. September 1965 (BGBl. I S. 1089)
zuletzt geändert durch Gesetz vom 22. Juni 1998, BGBl. I S. 1474
BGBl. III/FNA 4121-1

Erstes Buch. Aktiengesellschaft
Erster Teil. Allgemeine Vorschriften

§ 15 Verbundene Unternehmen

Verbundene Unternehmen sind rechtlich selbständige Unternehmen, die im Verhältnis zueinander in Mehrheitsbesitz stehende Unternehmen und mit Mehrheit beteiligte Unternehmen (§ 16), abhängige und herrschende Unternehmen (§ 17), Konzernunternehmen (§ 18), wechselseitig beteiligte Unternehmen (§ 19) oder Vertragsteile eines Unternehmensvertrags (§§ 291, 292) sind.

Schrifttum: Unternehmensrechtskommission, Bericht über die Verhandlungen, 1980, Tz. 1296 ff. (S. 667 ff.); *Adler/Düring/Schmaltz* (ADS), Rechnungslegung und Prüfung der Unternehmen Bd. 4, 6. Aufl. 1997, AktG §§ 15–18 (S. 23 ff.); *Bachelin*, Der konzernrechtliche Minderheitenschutz, 1969; *H. Baumann/ W. Reiss*, Satzungsergänzende Vereinbarungen, ZGR 1989, 157; *Beuthien*, Konzernbildung und Konzernleitung kraft Satzung, ZIP 1993, 1589; *Binnewies*, Die Konzerneingangskontrolle in der abhängigen Gesellschaft, 1996; *Boëtius*, Großaktionäre als außenstehende Aktionäre, DB 1972, 1220; *Brauksiepe*, Zum Unternehmensbegriff des neuen Aktienrechts, BB 1966, 869; *Dierdorf*, Herrschaft und Abhängigkeit einer AG auf schuldvertraglicher und tatsächlicher Grundlage, 1978; *Emmerich/Sonnenschein* Konzernrecht § 2; *Fabricius*, Gesellschaftsrechtliche Unternehmensverbindungen und Abhängigkeitsbegriff in der betrieblichen Krankenversicherung, 1971; *Flume*, Grundfragen der Aktienrechtsreform, 1960; *Gansweid*, Gemeinsame Tochtergesellschaften im deutschen Konzern- und Wettbewerbsrecht, 1976; *Geßler*, Probleme des neuen Konzernrechts, DB 1965, 1691, 1729; *ders.*, Das „Unternehmen" im AktG, Festschrift Knur, 1972, S. 145; *Haesen*, Der Abhängigkeitsbericht im faktischen Konzern, 1970; *Hefermehl*, Der Aktionär als „Unternehmer" iS des Konzernrechts, Festschrift Geßler, 1971, S. 203; *Joussen*, Gesellschafterabsprachen neben Satzung und Gesellschaftsvertrag, 1995; *ders.*, Die konzernrechtlichen Folgen von Gesellschaftervereinbarungen in einer Familien-GmbH, GmbHR 1996, 574; *Karehnke*, Zum Stand der Erörterungen über den Unternehmensbegriff im Recht der verbundenen Unternehmen, AG 1972, 161; *Krieger* Handbuch § 68 (S. 705 ff.); *Koppensteiner*, Internationale Unternehmen im deutschen Gesellschaftsrecht, 1971; *ders.*, Unternehmergemeinschaften im Konzern-Gesellschaftsrecht, ZHR 131 (1968), 289; *ders.*, Definitionsprobleme im Konzern-Gesellschaftsrecht, SchweizAG 1985, 74; *ders.*, Über wirtschaftliche Abhängigkeit, Festschrift Stimpel, 1985, S. 811; *ders.*, Bankenaufsicht und Bankengruppen, 1991; *Kort*, Der „private" Großaktionär als Unternehmer?, DB 1986, 1909; *Kropff*, Das Konzernrecht des AktG 1965, BB 1965, 1281; *ders.*, „Verbundene Unternehmen" im AktG und im BilanzrichtlG, DB 1986, 364; *Luchterhandt*, Der Begriff „Unternehmen" im AktG 1965, ZHR 132 (1969), 149; *M. Lutter*, Zur Herrschaft mehrerer Unternehmen über eine AG, NJW 1973, 113; *ders.*, 100 Bände BGHZ: Konzernrecht, ZHR 151 (1987), 444; *Kl.-P. Martens*, Die existentielle Wirtschaftsabhängigkeit, 1979; *Mertens*, Zur Berücksichtigung von Treuhandverhältnissen und Stimmbindungsverträgen bei der Feststellung von Mehrheitsbeteiligungen und Abhängigkeit, Festschrift Beusch, 1993, S. 583; *Mestmäcker*, Gemeinschaftsunternehmen im deutschen und europäischen Konzern- und Kartellrecht, in ders./Blaise/Donaldson, Gemeinschaftsunternehmen im Konzern- und Kartellrecht, 1979, S. 9; *Milde*, Der Gleichordnungskonzern im Gesellschaftsrecht, 1996; *H.P. Müller/Rieker*, Der Unternehmensbegriff des AktG, Wpg 1967, 197; *B. Nagel/B. Riess/G. Theis*, Der faktische Just-in-Time-Konzern, DB 1989, 1505; *Nordmeyer*, Der Unternehmensbegriff im Konzernrecht, 1970; *Paehler*, Die Zulässigkeit des faktischen Konzerns, 1972; *Kl. Peters/H. Werner*, Banken als herrschendes Unternehmen?, AG 1978, 297; *Pöppel*, Aktienrechtlicher Minderheitsschutz durch den „Abhängigkeitsbericht", 1972; *Prühs*, Die tatsächliche Abhängigkeit aus aktienrechtlicher Sicht, DB 1972, 2001; *ders.*, Grundprobleme der aktienrechtlichen Abhängigkeit im Spiegel neuer Literatur, AG 1972, 308; *Raiser*, Recht der Kapitalgesellschaften, § 51 I; *ders.*, Konzernhaftung und Unterkapitalisierungshaftung, ZGR 1995, 156; *Fr. Rittner*, Die Beteiligung als Grund der Abhängigkeit einer AG, DB 1976, 1465, 1513; *Ruwe*, Die BGB-Gesellschaft als Unternehmen iS des Aktienkonzernrechts, DB 1988, 2037; *Schießl,* Die beherrschte Personengesellschaft, 1985; *K.Schmidt* Gesellschaftsrecht § 31 II; *ders.,* „Unternehmen" und „Abhängigkeit", ZGR 1980, 277; *ders.,* Abhängigkeit, faktischer Konzern, Nichtaktienkonzern und Divisionalisierung im Bericht der Unternehmensrechtskommission, ZGR 1981, 455; *ders.,* Die wundersame Karriere des Unternehmensbegriffs im Reich der Konzernhaftung, Die AG 1994, 189; *ders.,* Konzernhaftung von freiberuflichen Mehrfachgesellschaftern?, ZIP 1994, 1741; *Schulze-Osterloh,* Die verbundenen Unternehmen nach dem Bilanzrichtlinien-Gesetz, Festschrift Fleck, 1988, S.313; *Sura,* Fremdeinfluß und Abhängigkeit im Aktienrecht, 1980; *ders.,* Die Behandlung des Fremdeinflusses in Unternehmensverbindungen, ZHR 145 (1981), 432; *Timm,* Gebrauchsüberlassungsverhältnisse und Konzernhaftung, in: Priester/Timm, Abschied von der Betriebsaufspaltung?, 1991, S.27; *P.Ulmer,* Aktienrechtliche Beherrschung durch Leistungsaustauschbeziehungen?, ZGR 1978, 457; *ders.,* Begriffsvielfalt im Recht der verbundenen Unternehmen als Folge des BilanzrichtlG, Festschrift Goerdeler, 1987, S.623; *ders.* (Hrsg), Probleme des Konzernrechts, 1989; *M.Weber,* Vormitgliedschaftliche Abhängigkeitsbegründung, ZIP 1994, 878; *H.Werner,* Der aktienrechtliche Abhängigkeitstatbestand, 1979; *ders.,* Die Grundbegriffe der Unternehmensverbindungen im Konzerngesellschaftsrecht, JuS 1977, 141; *ders./Kl.Peters,* Zwei Probleme konzernrechtlicher Abhängigkeit, BB 1976, 393; *Würdinger,* Der Begriff Unternehmen im AktG, Festgabe Kunze, 1969, S.177; *Ziegler,* Kapitalersetzende Gebrauchsüberlassungsverhältnisse und Konzernhaftung bei der GmbH, 1989; *Zöllner,* Zum Unternehmensbegriff der §§ 15ff AktG, ZGR 1976, 1.

Übersicht

	Rdnr.		Rdnr.
I. Überblick	1, 2	V. Einzelfragen	12–21
II. Zweck	3, 4	1. Maßgebliche Beteiligung . . .	13, 14
III. Anwendungsbereich	5	2. Holdinggesellschaften	15–17
IV. Unternehmensbegriff	6–11	3. Weitere Einzelfälle	18, 19
1. Bedeutung	6, 7	4. Abhängige Gesellschaften . . .	20, 21
2. Funktioneller oder institutioneller Unternehmensbegriff?	8–11	VI. Öffentliche Hand	22–26
		1. Meinungsstand	23, 24
		2. Folgerungen	25, 26

I. Überblick

1 § 15 leitet mit einer Definition des Begriffs der verbundenen Unternehmen den ersten Teil der Vorschriften des Gesetzes über verbundene Unternehmen ein (§§ 15 bis 22). Der zweite Teil findet sich in den §§ 291 bis 328 sowie § 337. Zusammenfassend werden diese Vorschriften meistens auch (ungenau) als das „Konzernrecht" des AktG bezeichnet. Die §§ 15 bis 22 bilden hiervon sozusagen „den allgemeinen Teil", da sie eine Definition der wichtigsten konzernrechtlichen Begriffe bringen (§§ 15 bis 19) und außerdem verschiedene Mitteilungspflichten begründen (§§ 20 bis 22 AktG).

2 Der Charakter der §§ 15 ff als „allgemeiner Teil" des Konzernrechts wird dadurch unterstrichen, daß der Gesetzgeber häufig in anderen Gesetzen auf diese Vorschriften verweist. Beispiele sind § 5 MitbestG von 1976, § 51a Abs.2 S.1 GmbHG sowie die Verbundklausel des § 36 Abs.2 S.1 GWB. Daneben findet sich freilich in anderen Gesetzen mit Rücksicht auf die gemeinschaftsrechtlichen Vorgaben in wachsendem Maße auch eine von den §§ 15 bis 19 abweichende Begriffsbildung, so zB im KWG[1] sowie in den Bilanzvorschriften des HGB.[2]

II. Zweck

3 Verbundene Unternehmen sind nach § 15 in Mehrheitsbesitz stehende und mit Mehrheit beteiligte Unternehmen (§ 16), abhängige und herrschende Unternehmen (§ 17), Konzernunternehmen (§ 18), wechselseitig beteiligte Unternehmen (§§ 19, 328) sowie die Vertragsteile eines Unternehmensvertrages iS der §§ 291 und 292. Zu ergänzen sind

---

[1] S. die §§ 1 Abs.6 bis 9, 2b, 10a, 12a, 13a und 19 Abs.2 KWG.

[2] S. insbes. die §§ 290 und 311 HGB; wegen der Einzelheiten s. *Adler/Düring/Schmaltz* Vorbem zu § 15–18 Rdnr.1 ff.; *Kropff* DB 1986, 364; *Liebs,* Gedächtnisschrift Rödig, 1978, S.286; *P.Ulmer,* Festschrift Goerdeler, S.623; *Schulze-Osterloh,* Festschrift Fleck, S.313.

noch die an einer Eingliederung beteiligten Unternehmen, die nur deshalb in § 15 nicht gesondert aufgeführt worden sind, weil sie ohnehin ausnahmslos unter die §§ 16 bis 18 fallen.

Diese Aufzählung macht deutlich, daß der Begriff der verbundenen Unternehmen im AktG (§ 15) lediglich die Aufgabe hat, als zusammenfassende Bezeichnung für die vom Gesetz geregelten Unternehmensverbindungen in denjenigen Vorschriften zu dienen, die für sämtliche Unternehmensverbindungen zugleich gelten sollen.[3] Die wichtigsten dieser Vorschriften sind § 90 Abs.1 S.2 Halbs. 2 und Abs.3 S.1 über die Berichtpflicht des Vorstandes, § 131 Abs.1 S.2 über das Auskunftsrecht der Aktionäre, § 145 Abs.4 S.2 über den Bericht der Sonderprüfer sowie die Strafvorschrift des § 400 Abs.1. § 15 hat außerdem die Aufgabe klarzustellen, daß an Unternehmensverbindungen iS des Konzernrechts allein Unternehmen im Gegensatz zu Privatpersonen beteiligt sein können. Daher rührt die zentrale Bedeutung, die der Unternehmensbegriff im Konzernrecht erlangt hat (u. Rdnr. 3 ff.).

III. Anwendungsbereich

Die Definitionsnormen der §§ 15 bis 18 gelten schlechthin für rechtlich selbständige Unternehmen ohne Rücksicht auf ihre Rechtsform und Nationalität. Sie finden daher auch Anwendung auf andere Kapitalgesellschaften, auf Personengesellschaften, auf Vereine und Stiftungen sowie auf Einzelkaufleute. Unerheblich ist außerdem, ob es sich um in- oder ausländische Unternehmen handelt. Der Anwendungsbereich der konzernrechtlichen Vorschriften des AktG ist dagegen durchweg enger, weil er in jedem Fall zusätzlich voraussetzt, daß an der Unternehmensverbindung wenigstens eine deutsche AG oder KGaA beteiligt ist, meistens zudem in der Rolle der abhängigen Gesellschaft. Der Anwendungsbereich der §§ 19 und 328 beschränkt sich sogar auf inländische Kapitalgesellschaften unter Ausklammerung der Personengesellschaften und von ausländischen Unternehmen.

IV. Unternehmensbegriff

1. Bedeutung. Aus § 15 folgt ebenso wie aus den übrigen einschlägigen Vorschriften des AktG, daß an Unternehmensverbindungen im Sinne des Gesetzes grundsätzlich (nur) Unternehmen beteiligt sein können; Ausnahmen finden sich lediglich in umstrittenem Umfang in § 292 Abs.1 Nr.2 und 3. Die Gesetzesverfasser haben mit dieser Regelung ganz bewußt sämtliche Vorschläge abgelehnt, den Anwendungsbereich des Konzernrechts auf jede herrschende Person zu erstrecken, weil sie der Meinung waren, allein bei einem *Unternehmensgesellschafter* im Gegensatz zu *Privataktionären* bestehe die Gefahr, daß er die Rechte aus der Beteiligung zum Nachteil der Gesellschaft für seine sonstigen unternehmerischen Interessen ausnützen werde.[4]

Diese grundsätzlich zu respektierende Entscheidung der Gesetzesverfasser hat es nötig gemacht, *Kriterien* zu entwickeln, an Hand derer eine Abgrenzung zwischen Unternehmens- und Privatgesellschaften im Konzernrecht möglich ist.[5]

2. Funktioneller oder institutioneller Unternehmensbegriff? Die Auseinandersetzung um den konzernrechtlichen Unternehmensbegriff stand in den ersten Jahren nach Inkrafttreten des neuen Gesetzes im Zeichen des Gegensatzes zwischen dem funktionellen und dem institutionellen Unternehmensbegriff. Diese Diskussion ist heute im wesentlichen

---

[3] Vgl. die Begründung zum RegE, bei *Kropff* AktG S.27; Aufzählung bei *Geßler* in Geßler/Hefermehl Rdnr. 69; *K. Schmidt* Gesellschaftsrecht § 31 II 2 b.

[4] Ausschußbericht zu den §§ 20 und 21, bei *Kropff* AktG S.41 und 42; dagegen insbes. *Flume* Grundfragen S.45 f.; Unternehmensrechtskommission Bericht Tz. 296 ff. (S.667 ff.).

[5] Zum gegenwärtigen Stand der Diskussion s. zuletzt ADS Rdnr.1 ff. (S.23 ff.); *Emmerich/Sonnenschein* § 2 III; *Geßler* in Geßler/Hefermehl Rdnr. 6–52; *Hüffer* Rdnr.8–12; *Koppensteiner* in Kölner Kommentar Rdnr.6–38; *Kort* DB 1986, 1909; *Krieger* Handbuch § 68 Rdnr.5–13; *K. Schmidt* § 31 II 1 a.

9 Hinter der gesetzlichen Regelung steht, wie gezeigt (o. Rdnr. 6 f.), die Entscheidung der Gesetzesverfasser, den Anwendungsbereich der konzernrechtlichen Vorschriften des Gesetzes grundsätzlich auf solche Gesellschafter zu beschränken, bei denen anders als bei Privatgesellschaftern wegen ihrer unternehmerischen Betätigung *außerhalb* der Gesellschaft die *Gefahr eines Interessenkonflikts* und damit einer Schädigung der Gesellschaft im Interesse anderer Unternehmen besteht.[6] Folglich ist das Gesetz immer, aber auch nur dort anzuwenden, wo solcher *Interessenkonflikt* und damit eine Schädigung der Gesellschaft *droht*.

10 Dies ist heute auch im wesentlichen der Ausgangspunkt der **Rechtsprechung**, namentlich des *BGH*, nach der es grundsätzlich für die Bejahung der Unternehmensqualität eines Gesellschafters genügt, wenn er sich *außerhalb* der Gesellschaft ebenfalls noch unternehmerisch betätigt, weil bereits daraus typischerweise die Konfliktlagen resultieren, denen das Konzernrecht begegnen soll. Als Unternehmen iS des Konzernrechts wird dementsprechend jeder Gesellschafter angesehen, bei dem zu seiner Beteiligung an der Gesellschaft *wirtschaftliche Interessenbindungen* außerhalb der Gesellschaft hinzukommen, die *stark genug* sind, um die ernste *Besorgnis* zu begründen, der Gesellschafter könne um ihretwillen seinen Einfluß zum Nachteil der Gesellschaft geltend machen. Oder anders gewendet: Unternehmensqualität besitzt jeder Gesellschafter, der nicht nur in der Gesellschaft, sondern auch außerhalb der Gesellschaft unternehmerische Interessen verfolgt.[7] Dieser Praxis des BGH haben sich mittlerweile das BAG,[8] das BSG[9] sowie die übrigen Gerichte angeschlossen.[10]

11 Die *Rechtsform* des Gesellschafters spielt keine Rolle (o. Rdnr. 5).[11] Unternehmen iS des Konzernrechts sind daher *zB* auch BGB-Gesellschaften einschließlich Stimmrechtskonsortien, über die mehrere Personen verschiedene Gesellschaften beherrschen,[12] sowie Stiftungen und Idealvereine als Konzernspitzen.[13] Dasselbe gilt für *Einzelpersonen*, sofern sie nur noch an einer weiteren Gesellschaft maßgeblich beteiligt sind.[14] Selbst eine freiberufliche Tätigkeit außerhalb der Gesellschaft, zB als Architekt, reicht für die Bejahung der Unternehmensqualität aus.[15] Lediglich die Tätigkeit als Geschäftsführer in der Komplementär-GmbH einer GmbH und Co. KG soll nicht genügen, um die Unternehmenseigenschaft

---

[6] Kritisch aber *K. Schmidt* AG 1994, 198 und ZIP 1994, 1741.

[7] BGHZ 69, 334, 337 f. = NJW 1978, 104 „VEBA/Gelsenberg"; BGHZ 74, 359, 364 f. = NJW 1979, 2401 „WAZ"; BGHZ 80, 69, 72 = NJW 1981, 1512 „Süssen"; BGHZ 85, 84, 90 f. = NJW 1983, 569 „ADAC"; BGHZ 95, 330, 337 = NJW 1986, 188 „Autokran"; BGHZ 114, 203, 210 f. = NJW 1991, 2765; BGHZ 115, 187, 189 ff. = NJW 1991, 3142 „Video"; BGHZ 117, 8, 18 = NJW 1992, 1702; BGHZ 135, 107, 113 = NJW 1997, 1855, 1856 = LM AktG § 17 Nr. 12 = WM 1997, 967 „VW".

[8] BAGE 76, 79, 83 f. = NJW 1994, 3244 = AG 1994, 510; BAG AG 1996, 369.

[9] BSGE 75, 82, 89 f. = NJW-RR 1995, 730 = AG 1995, 279, 282.

[10] KG AG 1980, 78; WuW/E OLG 1967, 1971 f.; OLG Düsseldorf AG 1991, 106, 108; 1995, 85, 86 = WM 1995, 756; OLG Saarbrücken ZIP 1992, 1623, 1624 = AG 1993, 183; LG Münster WM 1997, 672, 673.

[11] Ausführlich *ADS* Rdnr. 9 ff.

[12] KG AG 1980, 78 „Dresdner Bank"; *ADS* Rdnr. 11; enger für ein Aktionärskonsortium und die zu diesem gehörenden Stiftungen LG Heidelberg AG 1998, 47, 48 „SAP"; s. *Joussen* AG 1998, 329.

[13] BGHZ 85, 84, 90 f. = NJW 1983, 569 „ADAC"; *Emmerich/Sonnenschein* Konzernrecht § 29 a II; anders offenbar LG Heidelberg (Fn. 12).

[14] S. im einzelnen u. Rdnr. 13; BGHZ 95, 330, 337 = NJW 1986, 188 „Autokran"; BGHZ 115, 187, 189 ff. = NJW 1991, 3142 „Video"; BGHZ 122, 123, 127 f. = NJW 1993, 1200 „TBB"; BGH LM AktG § 17 Nr. 11 = NJW 1994, 446 = AG 1994, 179 „EDV-Peripherie"; LM § 302 AktG Nr. 8 = NJW 1994, 3288 = AG 1995, 35, 36; LM BGB § 826 (Gg) Nr. 10 = NJW 1996, 1283 = AG 1996, 221; LM AktG § 302 Nr. 10 = NJW 1997, 943 = AG 1997, 180 = WM 1997, 316; BAGE 76, 79, 83 f. = NJW 1994, 3244 = AG 1994, 510; BAG AG 1996, 369; NJW 1996, 1491 = AG 1996, 222, 223; BSGE 75, 82, 87, 89 f. = NJW-RR 1995, 730 = AG 1995, 279, 282; OLG Düsseldorf AG 1991, 106, 108; OLG Köln BB 1997, 169 f. = GmbHR 1997, 220; OLG Bamberg NJW-RR 1997, 1190 = AG 1998, 191; enger OLG Oldenburg, GmbHR 1998, 286; dagegen aber BGH, bei *Goette*, DStR 1997, 1937.

[15] BGH LM AktG § 302 Nr. 8 = NJW 1994, 3288 = AG 1995, 35, 36; LM BGB § 276 (Fa) Nr. 141 = NJW 1995, 1544 = AG 1995, 326; LG Münster WM 1997, 672, 673 = AG 1997, 474 (Arzt).

des Kommanditisten der GmbH und Co.KG zu begründen,[16] wohl aber die Übernahme der Geschäftsführung in einer anderen OHG.[17]

V. Einzelfragen

Nach dem Gesagten (o. Rdnr. 6 ff.) reicht selbst eine maßgebliche Beteiligung an *einer* Gesellschaft allein nicht aus, um die Unternehmenseigenschaft des betreffenden Gesellschafters im Sinne des Konzernrechts zu begründen, auch wenn er unternehmerischen Einfluß auf die Gesellschaft ausübt.[18] Auf der anderen Seite steht außer Frage, daß ein derartiger Aktionär Unternehmenseigenschaft im Sinne des Konzernrechts besitzt, wenn er noch ein beliebiges anderes Unternehmen betreibt, wobei es auf dessen Rechtsform ebensowenig wie zB auf die Frage ankommt, ob es sich um ein inländisches oder ausländisches Unternehmen handelt, ob das andere Unternehmen mit Gewinnerzielungsabsicht betrieben wird sowie ob der fragliche Gesellschafter Kaufmann oder etwa „nur" Freiberufler ist. Auch für die öffentliche Hand wird heute unter diesen Voraussetzungen keine Ausnahme mehr anerkannt (u. Rdnr. 22 ff.). Umstritten ist hingegen die Rechtslage nach wie vor, wenn der fragliche Gesellschafter das andere Unternehmen nicht allein betreibt, sondern an der betreffenden Gesellschaft „lediglich" maßgeblich beteiligt ist.

1. Maßgebliche Beteiligung. In der Rechtsprechung ist bisher nicht endgültig geklärt, *wie stark* die „wirtschaftliche Interessenbindung" eines Gesellschafters außerhalb der Gesellschaft sein muß, damit wegen der Gefahr kollidierender Interessen zwischen den verschiedenen Beteiligungsunternehmen das Konzernrecht angewandt werden kann. In dieser Frage lassen sich heute im wesentlichen zwei Meinungen unterscheiden:[19] Während es nach der einen darauf ankommen soll, ob der betreffende Gesellschafter *tatsächlich leitend* (etwa iS des § 18 Abs. 1) auf das andere Unternehmen einwirkt,[20] begnügt sich die andere bereits mit einer bloßen Beteiligung des Gesellschafters, die so stark ist, daß sie die *Möglichkeit* solcher Einflußnahme eröffnet.[21] Richtig kann nur die zweite Meinung sein, da der Interessenkonflikt, dem das Konzernrecht begegnen soll, bereits in dem zuletzt genannten Fall gegeben ist, während die erste Meinung den Unternehmensbegriff ohne Not in allzu enge Nachbarschaft zum Konzernbegriff des § 18 Abs. 1 rückt. Auch die Übernahme der persönlichen Haftung in einer anderen Gesellschaft genügt aus diesem Grund.

Eine maßgebliche Beteiligung in diesem Sinne ist in jedem Fall bei einer *Mehrheitsbeteiligung* an wenigstens einer weiteren Gesellschaft anzunehmen. Aber auch eine *geringere* Beteiligung genügt, wenn sie, etwa wegen einer traditionell niedrigen Hauptversammlungspräsenz oder aufgrund von Stimmbindungsverträgen, die Möglichkeit eröffnet, die Leitungsorgane der anderen Gesellschaft zu besetzen und damit dort die Herrschaft zu übernehmen. Der Begriff der maßgeblichen Beteiligung dürfte jedoch enger als der der Abhängigkeit in § 17 sein.[22]

2. Holdinggesellschaften. Unter Holdinggesellschaften versteht man Gesellschaften, meist in der Rechtsform einer Personengesellschaft, durch die ein oder mehrere Gesellschafter ihren Anteilsbesitz an anderen Gesellschaften verwalten.[23] Ihre praktische Bedeutung ist offenbar erheblich. Im vorliegenden Zusammenhang werfen Holdinggesellschaften vor allem zwei Fragen auf, zunächst die nach der Unternehmenseigenschaft der Gesellschafter, die ihren Anteilsbesitz in der Holding zusammengefaßt haben, und sodann die Frage nach der Unternehmensqualität der Holding selbst.

---

[16] BSGE 75, 82, 89 f. = NJW-RR 1995, 730 = AG 1995, 279, 282; sehr str.
[17] BSG (Fn. 16).
[18] Statt aller *ADS* Rdnr. 3, 7 ff.; *Koppensteiner* in Kölner Kommentar Rdnr. 13 ff.
[19] Noch weiter differenzierend *ADS* Rdnr. 7.
[20] *ADS* Rdnr. 8 (S. 28 ff.); *Geßler* in Geßler/Hefermehl Rdnr. 21, 25 ff.; *Kort* DB 1986, 1909, 1911 f.
[21] OLG Köln BB 1997, 169 f. = GmbHR 1997, 220; *Koppensteiner* in Kölner Kommentar Rdnr. 21–29; *Krieger* Handbuch § 68 Rdnr. 8.
[22] S. *ADS* Rdnr. 8 (S. 30).
[23] S. dazu ausführlich *Lutter* (Hrsg.) Holding-Handbuch, 3. Aufl. 1998.

16 Die Frage nach der Unternehmensqualität der *Gesellschafter* der Holding beurteilt sich danach, auf welcher Ebene die Verwaltung des Beteiligungsbesitzes tatsächlich stattfindet. Bleibt die Verwaltung de facto bei den Gesellschaftern, so behalten diese – ungeachtet der Einschaltung der Holding – ihre Unternehmensqualität. Andernfalls, dh. wenn die Holding selbst den Beteiligungsbesitz verwaltet, kann sie selbst – neben oder an Stelle ihrer Gesellschafter – Unternehmensqualität erwerben (u. Rdnr. 17).[24]

17 Die Holdinggesellschaft ist jedenfalls dann als Unternehmen im Sinne des Konzernrechts anzusehen, wenn sie an *mehreren* anderen Gesellschaften maßgeblich beteiligt ist *und* ihren Beteiligungsbesitz selbst verwaltet.[25] Noch nicht endgültig geklärt ist die Rechtslage hingegen, wenn sich die Holding auf die Verwaltung ihrer Beteiligung an *einer* einzigen Gesellschaft beschränkt. Für diesen Fall wird nach wie vor verbreitet ihre Unternehmensqualität geleugnet.[26] Dieser Meinung kann indessen jedenfalls dann nicht zugestimmt werden, wenn eine Holding über eine andere zwischengeschaltete Gesellschaft *mehrere* Tochtergesellschaften leitet, weil in diesem Fall – trotz formaler Beteiligung der Holding an nur einer einzigen anderen Gesellschaft – tatsächlich genau diejenigen Minderheits-Mehrheitskonflikte entstehen, denen das Konzernrecht begegnen soll.[27]

18 **3. Weitere Einzelfälle.** Dieselben Kriterien wie bei Holdinggesellschaften (o. Rdnr. 16 f.) sind maßgebend, wenn ein *Verein* oder eine *Stiftung* die Aufgabe der Konzernspitze übernimmt.[28] In allen derartigen Fallgestaltungen muß vor allem verhindert werden, daß durch beliebige, jederzeit mögliche gesellschaftsrechtliche Konstruktionen wie die *Aufteilung des Beteiligungsbesitzes* auf verschiedene Personen, die als Treuhänder fungieren, oder durch die Einschaltung von Zwischenholdings und Vorschaltgesellschaften die Unternehmenseigenschaft der letztlich entscheidenden Gesellschafter künstlich eliminiert und damit die Beteiligten dem Anwendungsbereich des Konzernrechts entzogen werden.[29] In solchen Fällen ist daher zum Schutze der abhängigen Gesellschaft, ihrer Gesellschafter und ihrer Gläubiger weniger auf die gesellschaftsrechtliche Konstruktion als auf die tatsächlichen Machtverhältnisse abzustellen. Ergibt sich dabei, daß der fragliche Gesellschafter, um dessen Einflußnahme auf die Gesellschaft es geht, auch an anderen Unternehmen unmittelbar oder mittelbar maßgeblich beteiligt ist, sollte man nicht zögern, das Konzernrecht entsprechend seinem Schutzzweck anzuwenden.

19 Unternehmensqualität besitzen aufgrund ihres vielfältigen bedeutenden Beteiligungsbesitzes außerdem die Gewerkschaften sowie die frühere Treuhandanstalt und ihre Nachfolgerin, die Bundesanstalt für vereinigungsbedingte Sonderlasten.[30] Stimmrechtskonsortien werden hingegen nur erfaßt, wenn die beteiligten Aktionäre auch außerhalb der Gesellschaft unternehmerische Interessen verfolgen.[31] Arbeitsgemeinschaften mehrerer Unternehmen dürften in aller Regel gleichfalls keine Unternehmensqualität besitzen.[32] Dasselbe gilt für das Leitungsorgan eines Gleichordnungskonzerns (s. u. § 18 Rdnr. 20 ff.). Umstritten ist schließlich die Behandlung der *Formkaufleute* des Handelsrechts (s. § 6 Abs. 2 HGB, § 13 Abs. 3 GmbHG, §§ 3, 278 Abs. 2 AktG und § 17 Abs. 2 GenG): Nach überwiegender Mei-

---

[24] ZB *Hüffer* Rdnr. 9 m. Nachw.; *Koppensteiner* in Kölner Kommentar Rdnr. 35, 37.
[25] Ebenso wohl BGH LM AktG § 17 Nr. 11 = NJW 1994, 446 „EDV-Peripherie".
[26] BGH AG 1980, 342; OLG Saarbrücken AG 1980, 26, 28; *Assmann* in Lutter/Ulmer/Zöllner, 100 Jahre GmbHG, 1992, S. 657, 711 ff.; *W. Müller* AG 1981, 306; *Priester* Konzernrechtstage S. 223, 230 ff.; *Stimpel* ZGR 1991, 445, 446; *Ziegler* Gebrauchsüberlassungsverhältnisse S. 179 ff.; wohl auch BGHZ 114, 203, 210 f. = NJW 1991, 2765.
[27] LG Stuttgart AG 1990, 445, 446; *ADS* Rdnr. 4 (S. 26 f.); *Geitzhaus* GmbHR 1989, 455, 456 f.; *Lutter*, Festschrift Steindorff, 1990, S. 125, 130 f.; *ders.* ZHR 151, 1987, 444, 452; *Raiser* Kapitalgesellschaften § 51 Rdnr. 6; *Roth/Altmeppen* GmbHG § 13 Anhang Rdnr. 7 f.; *Rowedder/Koppensteiner* GmbHG § 52 Anhang Rdnr. 8; *Ruwe* AG 1980, 21, 22 f.; *ders.* DB 1988, 2037, 2041 f.; *Sonnenschein* Organschaft S. 263 ff.; *ders./Holdorf* JZ 1992, 715, 724.
[28] Wegen der Einzelheiten s. *Emmerich/Sonnenschein* Konzernrecht § 29 a.
[29] Ebenso treffend *Koppensteiner* in Kölner Kommentar Rdnr. 36–38.
[30] S. im einzelnen *Emmerich/Sonnenschein* Konzernrecht 5. Aufl., § 2 IV 4; *K. Schmidt* § 31 II 16 (S. 943).
[31] *ADS* Rdnr. 11; *Geßler* in Geßler/Hefermehl Rdnr. 44–47; *Joussen* AG 1998, 329; noch enger LG Heidelberg AG 1998, 47, 48 „SAP".
[32] *ADS* Rdnr. 11 (S. 33).

nung sind sie gleichfalls nur dann auch Unternehmen im Sinne des Konzernrechts, sofern sie zugleich die übrigen genannten Voraussetzungen des Unternehmensbegriffs erfüllen. Dem ist indessen nicht zu folgen; sie sind vielmehr in jedem Fall als Unternehmen zu behandeln.[33]

4. Abhängige Gesellschaften. Die Anwendung des Konzernrechts auf Unternehmensverbindungen setzt voraus, daß außer der herrschenden Person auch die Beteiligungsgesellschaft Unternehmensqualität besitzt (s. §§ 15 ff). Die Prüfung dieser Frage bereitet jedoch in aller Regel keine Schwierigkeiten, da Einigkeit darüber besteht, daß der Unternehmensbegriff jedenfalls insoweit in der denkbar umfassendsten Weise zu interpretieren ist.[34]

Erforderlich ist lediglich, daß es sich um ein *rechtlich selbständiges Unternehmen* im Sinne des § 15 handelt, das vom herrschenden Unternehmen in rechtlicher Hinsicht unterschieden werden kann, wofür nicht notwendig eine gesonderte juristische Persönlichkeit erforderlich ist. Auch die Rechtsform der abhängigen Gesellschaft spielt grundsätzlich keine Rolle, mag sich auch der Anwendungsbereich der konzernrechtlichen Vorschriften des *AktG* im wesentlichen auf abhängige Aktiengesellschaften und KG aA beschränken (o. Rdnr. 5). Daher können in Ausnahmefällen selbst Unternehmen in öffentlich-rechtlicher Form von anderen privatrechtlichen oder öffentlich-rechtlichen Unternehmen abhängig sein.[35]

VI. Öffentliche Hand

Schrifttum: *ADS* Rdnr. 12 ff. (S. 33 ff.); *Dielmann,* Die Beteiligung der öffentlichen Hand an Kapitalgesellschaften und die Anwendbarkeit des Rechts der verbundenen Unternehmen, 1977; *Ehlers,* Verwaltung in Privatrechtsform, 1984; *Ellerich,* Zur Bedeutung und den Auswirkungen der aktienrechtlichen Unternehmenseigenschaft der öffentlichen Hand unter Berücksichtigung ökonomischer Gesichtspunkte, 1980; *Emmerich,* Das Wirtschaftsrecht der öffentlichen Unternehmen, 1969; *ders.* AG 1976, 225; *ders./Sonnenschein* Konzernrecht § 2 IV; *Gratzel* NJW 1995, 373; *ders.* BB 1998, 175; *Hohrmann,* Der Staat als Konzernunternehmer, 1983; *Koppensteiner* ZGR 1979, 90; *Kropff* ZHR 144 (1980), 74; *ders.* Festschrift Hefermehl 1976, S. 327; *Luchterhand* ZHR 132 (1969), 149; *Lutter* ZHR 151 (1987), 444; *ders./Timm* BB 1978, 836; *Lutter/Grunewald* WM 1984, 385; *Mertens* AG 1996, 241; *Paschke* ZHR 152 (1988), 263; *Pfeifer,* Möglichkeiten und Grenzen der Steuerung kommunaler Aktiengesellschaften durch ihre Gebietskörperschaften, 1991; *Säcker,* Rechtliche Grundlagen kommunaler Eigengesellschaften, Festschrift Lieberknecht, 1997, S. 107; *W. Schön* ZGR 1996, 429; *Sina* AG 1991, 1; *Wiedemann/Martens* AG 1976, 197, 232; *Würdinger* DB 1976, 613; *Zöllner* AG 1978, 40.

Bund, Länder und Gemeinden sind an zahlreichen privatrechtlichen Unternehmen beteiligt. Deshalb stellt sich die Frage, ob die Beziehungen der öffentlichen Hand zu diesen Unternehmen dem Konzernrecht unterworfen werden können. Gesetzliche Regelungen des Fragenkreises finden sich nur sporadisch und lassen sich nicht verallgemeinern.[36]

1. Meinungsstand. Im Schrifttum ist die Anwendbarkeit des privaten Konzernrechts auf die Beziehungen der öffentlichen Hand zu ihren Beteiligungsunternehmen in privater Rechtsform früher überwiegend verneint worden, letztlich aus der Erwägung heraus, daß dem öffentlichen Recht, das in erster Linie zur Gestaltung dieser Beziehungen berufen sei, der Vorrang vor dem privaten Konzernrecht gebühre.[37] Tatsächlich gibt es indessen *keinen* derartigen *Vorrang* des öffentlichen Rechts vor dem Privatrecht und deshalb erst recht keine Befugnis des Staates, sich bei der Verfolgung öffentlicher Interessen in beliebiger

---

[33] *ADS* Rdnr. 4; *Emmerich/Sonnenschein* § 2 III 2 c.
[34] *ADS* Rdnr. 2 (S. 24); *Geßler* in Geßler/Hefermehl Rdnr. 59; *Koppensteiner* in Kölner Kommentar Rdnr. 53; *Krieger* Handbuch § 68 Rdnr. 12 f.; *Raiser* Kapitalgesellschaften § 51 Rdnr. 3; *Würdinger,* Festgabe Kunze, S. 177, 178 ff.
[35] Vgl. für die Landesbank Berlin *Bezzenberger/Schuster* ZGR 1996, 481; *Emmerich/Sonnenschein* § 2 IV; *Th. Raiser* ZGR 1996, 458, 465 ff.; anders zu Unrecht LAG Berlin AG 1996, 140.
[36] S. insbes. die §§ 394 und 395 AktG, §§ 53 ff Haushaltsgrundsätzegesetz, §§ 65 f. BHO sowie die Wirtschaftsbestimmungen der Ländergemeindeordnungen.
[37] So zuletzt *Borggräfe* DB 1978, 1433; *Luchterhand* ZHR 132, 149, 156 ff.; *Rittner,* Festschrift Flume Bd. II, 1978, S. 241; *Wiedemann/Martens* AG 1976, 197, 232; *Zöllner* ZGR 1976, 1, 23 ff.; *ders.* AG 1978, 40; zurückhaltend auch *ADS* Rdnr. 14 ff.; *Geßler* in Geßler/Hefermehl Rdnr. 53 ff.; *Kropff* ZHR 144 (1980), 74; *Mertens* AG 1994, 241, 243 ff.; in der Tendenz übereinstimmend *Brohm* NJW 1994, 281; *ders.* in Mestmäcker (Hrsg.), Kommunikation ohne Monopole II, 1995, S. 253.

Weise über die von ihm selbst gesetzte, für alle geltende Rechtsordnung hinwegzusetzen. Infolgedessen ist zur Lösung der Konflikte, die zwischen den Gebietskörperschaften und ihren privaten Mitgesellschaftern sowie den Gläubigern auftreten können, allein das private Konzernrecht bestimmt und geeignet.[38]

24   Auf demselben Standpunkt steht heute die **Rechtsprechung**.[39] Nach ihr ist der Unternehmensbegriff hier sogar zum Schutz der privaten Minderheit gegen politisch motivierte Einflußnahmen der öffentlichen Hand auf „ihre" Unternehmen noch **weiter** als sonst schon zu interpretieren. Deshalb soll es für die Anwendung des Konzernrechts bereits genügen, wenn die öffentliche Hand nur *ein* in privater Rechtsform betriebenes Unternehmen beherrscht.[40] Auf die zusätzliche Verfolgung unternehmerischer Interessen außerhalb der Gesellschaft kommt es also nicht mehr an. Folgerichtig geht neuerdings auch die Staatspraxis im wachsendem Maße von der grundsätzlichen Anwendbarkeit des Konzernrechts aus.[41]

25   **2. Folgerungen.** Schließt die öffentliche Hand mit einem ihrer Unternehmen in Privatrechtsform einen Vertrag ab, durch den sie sich einen bestimmenden Einfluß auf die Verwaltung der Gesellschaft sichert, so handelt es sich der Sache nach um einen Beherrschungsvertrag iS des § 291, der der Zustimmung der Hauptversammlung bedarf und ins Handelsregister einzutragen ist (§§ 293 ff).[42] Anwendbar sind dann auch die Schutzvorschriften der §§ 302 f und 304 ff.

26   Wenn der Staat ohne Abschluß eines Beherrschungsvertrages durch nachteilige Weisungen in die Verwaltung seiner Gesellschaften eingreift, richtet sich seine Verpflichtung zum Nachteilsausgleich bei einer AG nach den §§ 311 bis 318.[43] Selbst zur Aufstellung eines Abhängigkeitsberichtes sind die von den Gebietskörperschaften abhängigen Unternehmen in diesem Fall verpflichtet,[44] mag auch der genaue Umfang der Berichtspflicht abhängiger öffentlicher Unternehmen noch nicht endgültig geklärt sein.[45]

§ 16 In Mehrheitsbesitz stehende Unternehmen und mit Mehrheit beteiligte Unternehmen

(1) Gehört die Mehrheit der Anteile eines rechtlich selbständigen Unternehmens einem anderen Unternehmen oder steht einem anderen Unternehmen die Mehrheit der Stimmrechte zu (Mehrheitsbeteiligung), so ist das Unternehmen ein in Mehrheitsbesitz stehendes Unternehmen, das andere Unternehmen ein an ihm mit Mehrheit beteiligtes Unternehmen.

(2) Welcher Teil der Anteile einem Unternehmen gehört, bestimmt sich bei Kapitalgesellschaften nach dem Verhältnis des Gesamtnennbetrags der ihm gehörenden Anteile zum Nennkapital, bei Gesellschaften mit Stückaktien nach der Zahl der Aktien. Eigene Anteile sind bei Kapitalgesellschaften vom Nennkapital, bei Gesellschaften

---

[38] Nachw. bei *Emmerich/Sonnenschein* § 2 IV 2.
[39] Grdl. BGHZ 69, 334, 338 ff. = NJW 1978, 104 „VEBA/Gelsenberg"; BGHZ 135, 107 = NJW 1997, 1855, 1856 „VW"; OLG Köln AG 1978, 171, 172; OLG Hamburg AG 1980, 163; 1988, 23 = WM 1987, 1163, 1166 f „HSW"; OLG Braunschweig AG 1996, 271, 272 f „VW"; ebenso i. Erg. BGHZ 105, 168, 174 ff. = NJW 1988, 3143 „HSW"; LG Köln AG 1976, 224; 1985, 252; LG Essen AG 1976, 136.
[40] BGHZ 135, 107, 113 f. = NJW 1997, 1855, 1856 = WM 1997, 967 = LM AktG § 17 Nr. 12 „VW", ebenso schon *Hachenburg/P. Ulmer*, GmbHG, § 77 Anhang Rdnr. 22.
[41] S. die ausführlichen Hinweise des Bundesfinanzministers für die Verwaltung von Bundesbeteiligungen vom 10. 7. 1978, Ministerialblatt des BFM 1978, 314, 316 ff.; *Kropff* ZHR 144 (1980), 74.
[42] *Sina* AG 1991, 1; anders zB *ADS* Rdnr. 15.
[43] OLG Hamburg AG 1980, 163.
[44] BGHZ 69, 334, 338 ff., 343 = NJW 1978, 104 „Veba/Gelsenberg"; BGHZ 135, 107, 113 ff. = NJW 1997, 1855 „VW"; OLG Köln AG 1978, 171 = BB 1978, 421; OLG Braunschweig AG 1996, 271 „VW"; LG Köln AG 1976, 224; 1985, 252; AG Köln AG 1975, 330; *Th. Raiser* ZGR 1996, 458, 471 f.; *Weimar/Bartscher* ZIP 1991, 69, 77 ff.; anders zB *Mertens* AG 1996, 241.
[45] S. dazu *Mertens* und *Th. Raiser* (Fn. 44); zur Bedeutung der Konzernvermutung des § 18 Abs. 1 S. 3 für die öffentliche Hand s. *Emmerich/Sonnenschein* § 2 IV 3 c.

mit Stückaktien von der Zahl der Aktien abzusetzen. Eigenen Anteilen des Unternehmens stehen Anteile gleich, die einem anderen für Rechnung des Unternehmens gehören.

(3) Welcher Teil der Stimmrechte einem Unternehmen zusteht, bestimmt sich nach dem Verhältnis der Zahl der Stimmrechte, die es aus den ihm gehörenden Anteilen ausüben kann, zur Gesamtzahl aller Stimmrechte. Von der Gesamtzahl aller Stimmrechte sind die Stimmrechte aus eigenen Anteilen sowie aus Anteilen, die nach Absatz 2 Satz 3 eigenen Anteilen gleichstehen, abzusetzen.

(4) Als Anteile, die einem Unternehmen gehören, gelten auch die Anteile, die einem von ihm abhängigen Unternehmen oder einem anderen für Rechnung des Unternehmens oder eines von diesem abhängigen Unternehmens gehören und, wenn der Inhaber des Unternehmens ein Einzelkaufmann ist, auch die Anteile, die sonstiges Vermögen des Inhabers sind.

Schrifttum: S. o. bei § 15 sowie *Adler/Düring/Schmaltz* (ADS) Rechnungslegung Bd. 4 § 16 AktG (S. 43 ff.).

Übersicht

	Rdnr.		Rdnr.
I. Überblick	1–3	III. Anteilsmehrheit	8–16
1. Normzweck	1	1. Berechnung	9, 10
2. Kapitalmehrheit und Stimmenmehrheit	2, 3	2. Zuordnung	11, 12
		3. Zurechnung	13–16
II. Anwendungsbereich	4–7	IV. Stimmenmehrheit	17–19

I. Überblick

1. Normzweck. § 16 definiert den Begriff der Mehrheitsbeteiligung, die vor allem von der Abhängigkeit iS des § 17 unterschieden werden muß. Die Trennung zwischen diesen beiden Formen von Unternehmensverbindungen (§ 15) geht auf die Ausschußberatungen zurück.[1] Dahinter stand die Überlegung, daß in Ausnahmefällen Mehrheitsbeteiligung und Abhängigkeit nicht korrelieren, weshalb die Vermutung der Abhängigkeit im Falle der Mehrheitsbeteiligung (§ 17 Abs. 2) anders als noch im Regierungsentwurf zum AktG vorgesehen *widerleglich* ausgestaltet wurde. Dies ändert indessen nichts daran, daß nach wie vor die an die Mehrheitsbeteiligung geknüpfte Vermutung der Abhängigkeit (§ 17 Abs. 2) die wichtigste Rechtsfolge der Mehrheitsbeteiligung ist.[2] Weitere Rechtsfolgen ergeben sich namentlich noch aus den §§ 56 Abs. 2 S. 1 und 71 d S. 2. Die geltende Fassung des § 16 beruht auf dem Gesetz über die Zulassung von Stückaktien, dem sogenannten Stückaktiengesetz von 1998[3], durch das in § 16 die frühere Bezugnahme auf die 1988 abgeschafften bergrechtlichen Gewerkschaften gestrichen und die Fassung des Gesetzes zugleich der Einführung von Stückaktien angepaßt wurden.

2. Kapitalmehrheit und Stimmenmehrheit. § 16 unterscheidet **zwei** Formen der Mehrheitsbeteiligung, die Anteilsmehrheit (auch Kapitalmehrheit genannt) sowie die Stimmenmehrheit (§ 16 Abs. 1). Die Abs. 2 und 3 der Vorschrift enthalten Bestimmungen über die Berechnung der Anteilsmehrheit (§ 16 Abs. 2) und der Stimmenmehrheit (§ 16 Abs. 3). Abs. 4 ergänzt die Regelung durch eine Zurechnungsvorschrift für das mehrheitlich *beteiligte* Unternehmen. Vergleichbare Zurechnungsvorschriften für das andere Unternehmen (*an dem* die Mehrheitsbeteiligung besteht) finden sich in § 16 Abs. 2 S. 3 und Abs. 3 S. 2.

---

[1] S. ausführlich den Ausschußbericht, bei *Kropff* AktG S. 28 ff.
[2] Wegen der Einzelheiten s. u. § 17 Rdnr. 26 ff.
[3] BGBl. 1998 I, S. 590; s. dazu die Begr. zu dem RegE, BR-Dr. 871/97, S. 36.

3 Die Anteils- oder Kapitalmehrheit wird in der Regel mit der Stimmenmehrheit zusammenfallen. Notwendig ist dies indessen nicht. Abweichungen sind selbst bei einer AG denkbar, zB im Falle der Ausgabe von Mehrstimmrechtsaktien (§ 12 Abs. 2 S. 2 a. F.), soweit heute gemäß § 5 EGAktG idF des KonTraG von 1998[4] noch zulässig, bei Ausgabe stimmrechtsloser Vorzugsaktien (§§ 12 Abs. 1 S. 2, 139 ff.) oder bei Einführung von Stimmrechtsbeschränkungen durch die Satzung (§ 134 Abs. 1 S. 2–4 und Abs. 2 S. 2). Auch Ausübungsverbote aufgrund der §§ 20 Abs. 7, 21 Abs. 4 und 328 Abs. 1 können zu diesem Ergebnis führen.[5] Weitere Abweichungen können sich bei der GmbH und den Personengesellschaften aufgrund der Satzung ergeben.

II. Anwendungsbereich

4 Der Anwendungsbereich des § 16 beschränkt sich ebensowenig wie der des § 15[6] auf Aktiengesellschaften und KG a. A. oder auf Kapitalgesellschaften, sondern umfaßt prinzipiell Unternehmen *jeder* Rechtsform, sofern nur bei ihnen überhaupt eine Anteils- oder Stimmenmehrheit denkbar ist.[7] Die Übertragung der Vorschrift des § 16 auf Unternehmen anderer Rechtsformen wie Personengesellschaften, Vereine, Stiftungen und Einzelkaufleute wirft freilich je spezifische zusätzliche Probleme auf, die noch keineswegs vollauf befriedigend gelöst sind.

5 Bei den Personengesellschaften kommt eine *Anteilsmehrheit* jedenfalls in Betracht, wenn der Gesellschaftsvertrag feste Kapitalanteile vorsieht. Aber auch die Beibehaltung variabler Kapitalanteile entsprechend den §§ 120 ff. HGB steht der Annahme einer Anteilsmehrheit nicht notwendig entgegen, nur daß dann die Beteiligungsverhältnisse zu jedem Bilanzstichtag neu ermittelt werden müssen.[8] Eine *Stimmenmehrheit* ist hingegen hier nur denkbar, wenn der Gesellschaftsvertrag von dem Einstimmigkeitsprinzip abgeht und etwa eine Abstimmung nach Kapitalanteilen vorsieht (s. § 119 Abs. 2 HGB).

6 Zusätzliche Schwierigkeiten tauchen hier auf, wenn der Gesellschaftsvertrag *weitere Organe* einführt, denen unter Verdrängung der Gesellschafterversammlung einzelne Beschlußkompetenzen übertragen werden, oder wenn das Stimmrecht der Gesellschafter je nach Art des Beschlußgegenstandes *unterschiedlich* ist. Eine Mehrheitsbeteiligung im Sinne des § 16 kann in solchen Fällen nur angenommen werden, wenn sie gerade hinsichtlich desjenigen Organs oder derjenigen Beschlußgegenstände besteht, die für die Stellung der Beteiligungsgesellschaft am Markt von zentraler Bedeutung sind, in erster Linie also hinsichtlich der Bestellung der Geschäftsführer und der grundlegenden Fragen der Geschäftspolitik.[9] Das gilt auch, wenn die Satzung einer GmbH vergleichbare Regelungen enthält.[10]

7 Bei **Genossenschaften** sind Anteils- und Stimmenmehrheiten nur in Ausnahmefällen denkbar.[11] Ganz ausgeschlossen sind sie im Regelfall bei Idealvereinen und **Stiftungen,** während bei wirtschaftlichen **Vereinen** Mehrheitsbeteiligungen durchaus vorstellbar sind.[12] Bei **Einzelkaufleuten** kommt eine Mehrheitsbeteiligung allenfalls in Gestalt einer atypischen stillen Gesellschaft in Betracht.[13]

---

[4] BGBl. 1998 I, S. 786.
[5] S. *ADS* Rdnr. 7.
[6] S. o. § 15 Rdnr. 5.
[7] S. im einzelnen *ADS* Rdnr. 12–15; *Geßler/Hefermehl* Rdnr. 8 ff.; *Hüffer* Rdnr. 3 ff.; *Koppensteiner* in Kölner Kommentar Rdnr. 9 ff.
[8] Ebenso *ADS* Rdnr. 13; *Koppensteiner* in Kölner Kommentar Rdnr. 10.
[9] S. *ADS* Rdnr. 7, 20; *Emmerich/Sonnenschein* § 3 I 1; *Emmerich* in Scholz GmbHG § 44 Anh. Rdnr. 36; *Koppensteiner* in Kölner Kommentar Rdnr. 14 f.; *Krieger* Handbuch § 68 Rdnr. 29.
[10] *Emmerich* in Scholz (Fn. 9).
[11] S. im einzelnen OLG Frankfurt AG 1998, 139; *Emmerich/Sonnenschein* Konzernrecht § 29 III 1; *Großfeld/Berndt* AG 1998, 116; *A. Reul,* Das Konzernrecht der Genossenschaften, 1997.
[12] *ADS* Rdnr. 14.
[13] Dagegen zB *ADS* Rdnr. 15.

III. Anteilsmehrheit

Eine Anteilsmehrheit liegt nach § 16 Abs. 1 vor, wenn einem Unternehmen beliebiger Rechtsform die Mehrheit der Anteile eines anderen rechtlich selbständigen Unternehmens gehört. Die Berechnung richtet sich nach § 16 Abs. 2. Welche Anteile einem Unternehmen in diesem Sinne an einem anderen Unternehmen gehören, ergibt sich im einzelnen aus der Zurechnungsvorschrift des § 16 Abs. 4.

1. Berechnung. Der Anteilsbesitz eines Unternehmens bestimmt sich bei Kapitalgesellschaften gemäß § 16 Abs. 2 S. 1 nach dem Verhältnis des Gesamtnennbetrages der ihm gehörenden Anteile zum Nennkapital der Gesellschaft, bei einer AG also zum Grundkapital und bei einer GmbH zum Stammkapital. Hat die Gesellschaft Stückaktien ausgegeben, so beurteilt sich der Anteilsbesitz eines Unternehmens einfach nach dem Verhältnis der Zahl der ihm gehörigen Aktien zur Gesamtzahl der ausgegebenen Aktien (§ 16 Abs. 1 S. 1 i.d.F. des StückAG von 1998). Eigene Anteile der Beteiligungsgesellschaft sind hierbei vom Grund- oder Stammkapital (Nennkapital) sowie bei Gesellschaften mit Stückaktien von der Gesamtzahl der Aktien abzusetzen (§ 16 Abs. 2 S. 2); gleich stehen solche Anteile, die einem anderen für Rechnung der Beteiligungsgesellschaft (dh. der Gesellschaft, an der die Mehrheitsbeteiligung besteht) gehören (S. 3 a.a.O.).

Keine Anwendung findet im Rahmen des § 16 Abs. 2 mangels Bezugnahme die Zurechnungsvorschrift des § 16 Abs. 4, so daß einem abhängigen Unternehmen gehörende Anteile nicht abzuziehen sind.[14] Den eigenen Anteilen der Gesellschaft stehen nach § 16 Abs. 2 S. 3 vielmehr nur solche gleich, die einem anderen *für Rechnung* der Gesellschaft gehören. Damit sind in erster Linie solche Anteile gemeint, die zwar formal einem anderen gehören, deren Risiko jedoch die Gesellschaft trägt und deren Übereignung sie jederzeit verlangen kann. Wichtigster Fall ist die Treuhand; ein weiteres Beispiel ergibt sich aus § 56 Abs. 3. Durch diese Regelung soll sonst naheliegenden Umgehungsmöglichkeiten vorgebeugt werden.[15]

2. Zuordnung. Das Gesetz stellt darauf ab, wem die Mehrheit der Anteile an der fraglichen Gesellschaft „gehört" (§ 16 Abs. 1). In erster Linie ist damit natürlich derjenige gemeint, der nach Zivilrecht die fraglichen Anteile innehat, also der Eigentümer der Aktien sowie bei den sonstigen Gesellschaften der Gesellschafter, zu dessen Vermögen die Anteile gehören.

Dingliche *Belastungen* stehen nicht entgegen.[16] Unstreitig ist das für das Pfandrecht, weil der Pfandgläubiger kein Stimmrecht erwirbt (§ 1277 BGB),[17] gilt aber auch für den Nießbrauch, selbst wenn man (zu Unrecht) annimmt, daß der Nießbraucher das Stimmrecht ausüben darf.[18] Denn diese Frage spielt nur im Rahmen des § 16 Abs. 4 eine Rolle, ändert aber nichts an der dinglichen Zuordnung der Anteile. Umstritten ist die Rechtslage bei der *Treuhand* einschließlich namentlich der Sicherungsübereignung. Sicher ist hier nur, daß die Anteile dem Treuhänder als dem formal Berechtigten gehören,[19] während fraglich ist, ob sie daneben auch dem Treugeber (als dem wirtschaftlichen Eigentümer) zuzuordnen sind. Überwiegend wird die Frage heute bejaht, jedenfalls im Wege der Zurechnung nach § 16 Abs. 4.[20]

3. Zurechnung. Nach § 16 Abs. 4 Halbsatz 1 gelten als Anteile, die einem Unternehmen gehören (o. Rdnr. 11 f.), auch solche Anteile, die einem von ihm abhängigen Unternehmen (s. § 17) oder einem anderen für seine Rechnung oder für Rechnung eines von ihm abhängigen Unternehmens gehören. Ist der Inhaber des Unternehmens ein *Einzelkaufmann,* so

---

[14] *ADS* Rdnr. 16; *Geßler/Hefermehl* Rdnr. 30; *Hüffer* Rdnr. 9; *Koppensteiner* in: Kölner Kommentar Rdnr. 18; str.

[15] *Geßler* in Geßler/Hefermehl Rdnr. 29; *Hüffer* Rdnr. 8.

[16] *Geßler,* in Geßler/Hefermehl Rdnr. 17; *Hüffer* Rdnr. 7; *Koppensteiner* in Kölner Kommentar Rdnr. 20.

[17] S. *Heymann/Emmerich* HGB § 135 Rdnr. 23 f.

[18] *ADS* Rdnr. 21; s. *Heymann/Emmerich* HGB § 105 Rdnr. 68.

[19] ZB BGHZ 104, 66, 74 f. = NJW 1988, 1844 = LM GmbHG § 46 Nr. 24.

[20] S.u. Rdnr. 14; BGHZ 107, 7, 15 = NJW 1989, 1800 = LM GmbHG § 30 Nr. 27 = AG 1989, 243 „Tiefbau"; BGH LM GmbHG § 30 Nr. 36 = NJW 1992, 1167 = AG 1992, 123; *Mertens,* Festschrift Beusch, 1993, S. 583; anders *ADS* Rdnr. 8.

wird außerdem nicht unterschieden, ob die Anteile zu seinem Geschäfts- oder Privatvermögen gehören (§ 16 Abs. 4 Halbs. 2).[21] Einzelkaufleuten gleich stehen sonstige Gewerbetreibende, zB Freiberufler,[22] sowie die öffentliche Hand, so daß Anteile im Finanzvermögen der öffentlichen Hand mit Anteilen von ihr abhängiger Unternehmen zusammenzurechnen sind.[23] Hingegen ist die Regelung nicht, auch nicht entsprechend auf *Personengesellschaften* anwendbar, so daß die Anteile, die die Gesellschaft an einem anderen Unternehmen hält, nicht mit den Anteilen im Privatvermögen der Gesellschafter addiert werden können.[24]

14 Ein Halten für Rechnung des Unternehmens bedeutet, daß dieses und nicht der haltende Dritte im wesentlichen die mit dem Anteilsbesitz verbundenen Risiken und Kosten trägt. Eine bloße Option genügt hierfür wohl nicht (s. § 20 Abs. 2 Nr. 1). Wichtigster Fall ist die *Treuhand*. Bei ihr führt § 16 Abs. 4, wie bereits ausgeführt (o. Rdnr. 12), dazu, daß, jedenfalls im Regelfall, die Anteile gleichermaßen dem Treuhänder wie dem Treugeber zuzurechnen ist. Ebenso behandelt werden sollten – entgegen der herrschenden Meinung – *Stimmbindungsverträge* und *Stimmrechtskonsortien*, weil sie gleichfalls dazu führen, daß neben dem Anteilsinhaber weitere Personen über das Stimmrecht verfügen können.[25]

15 Die wichtigste Folge des § 16 Abs. 4 besteht darin, daß für die Ermittlung einer Mehrheitsbeteiligung im Sinne des § 16 die Anteile eines herrschenden und eines von ihm abhängigen Unternehmens, zB einer Mutter- und einer Tochtergesellschaft *zusammenzurechnen* sind. Ist zB die Muttergesellschaft mit 25 % an einer dritten Gesellschaft beteiligt, während die Tochtergesellschaft an dieser eine Beteiligung von 30 % hält, so ist die Muttergesellschaft aufgrund des § 16 Abs. 4 als mehrheitlich an der Enkelgesellschaft beteiligt anzusehen. Unberührt von der Zurechnung bleibt eine etwaige (direkte) Mehrheitsbeteiligung der Tochtergesellschaft an der Enkelgesellschaft.[26]

16 Die Zurechnung nach § 16 Abs. 4 AktG setzt nicht voraus, daß die Muttergesellschaft selbst unmittelbar an der Enkelgesellschaft beteiligt ist. Für die Annahme einer Mehrheitsbeteiligung genügt vielmehr bereits eine mehrheitliche Beteiligung *allein* der abhängigen Tochtergesellschaft.[27] Die Zurechnung kann daher zur Folge haben, daß gleichzeitig Mutter- *und* Tochtergesellschaft an der Enkelgesellschaft mehrheitlich beteiligt sind, so daß dann i. Zw. die Enkelgesellschaft von beiden Unternehmen abhängig ist (sogenannte *mehrfache Abhängigkeit;* s. u. § 17 Rdnr. 23 ff.).

IV. Stimmenmehrheit

17 Neben der Anteils- oder Kapitalmehrheit (o. Rdnr. 5 ff.) läßt § 16 Abs. 1 auch eine Stimmenmehrheit zur Begründung einer Mehrheitsbeteiligung genügen, weil beides im Einzelfall auseinanderfallen kann (o. Rdnr. 3). Die Berechnung richtet sich nach § 16 Abs. 3 und Abs. 4. Da zu § 16 Abs. 4 bereits Stellung genommen worden ist (o. Rdnr. 13 ff.), ist im folgenden allein noch auf die Berechnungsvorschrift des § 16 Abs. 3 einzugehen.

18 Nach § 16 Abs. 3 S. 1 bestimmt sich der Anteil der Stimmrechte eines Unternehmens nach dem Verhältnis der Zahl der Stimmrechte aus den ihm gehörenden Anteilen (einschließlich der ihm nach § 16 Abs. 4 zugerechneten Anteile) zur Gesamtzahl aller Stimmrechte der Beteiligungsgesellschaft. Hiervon sind nach S. 2 der Vorschrift Stimmrechte aus eigenen Antei-

---

[21] Wegen der Einzelheiten s. ADS Rdnr. 22 ff. (S. 52 ff.); *Emmerich/Sonnenschein* § 3 I 2; *Geßler* in Geßler/Hefermehl Rdnr. 42 ff.; *Mertens*, Festschrift Beusch, 1993, S. 583; *Koppensteiner* in Kölner Kommentar Rdnr. 21 ff.
[22] ZB *Koppensteiner* in Kölner Kommentar Rdnr. 21.
[23] *Geßler* in Geßler/Hefermehl Rdnr. 49 f.; *Hüffer* Rdnr. 13; *Koppensteiner* in Kölner Kommentar Rdnr. 25; enger *ADS* Rdnr. 25.
[24] *ADS* Rdnr. 32.

[25] *Emmerich/Sonnenschein* (Fn. 21); *Mertens* (Fn. 21), S. 589 ff.; anders zB *ADS* Rdnr. 8; *Geßler* in Geßler/Hefermehl Rdnr. 52 f.
[26] Ebenso *ADS* Rdnr. 28; *Koppensteiner* in Kölner Kommentar Rdnr. 27; *Krieger* Handbuch § 68 Rdnr. 27.
[27] *ADS* Rdnr. 24; *Geßler* in Geßler/Hefermehl Rdnr. 44; *Koppensteiner* in Kölner Kommentar Rdnr. 26; *Krieger* Handbuch § 68 Rdnr. 26; *E. Rehbinder* ZGR 1977, 581, 587 f.

len sowie aus Anteilen abzusetzen, die einem anderen für Rechnung des Unternehmens gehören. Auszugehen ist folglich bei der Beteiligungsgesellschaft von der Gesamtzahl der Stimmen, die sich aus der Summe der Anteile ergibt, abzüglich der Stimmrechte aus eigenen Anteilen und aus solchen Anteilen, die einem anderen für Rechnung des betreffenden Unternehmens gehören (§ 16 Abs. 3 iVm. Abs. 2 S. 3). *Nicht* abzuziehen sind hingegen die Stimmrechte aus Anteilen, die abhängigen Unternehmen gehören (o. Rdnr. 10), sowie sonstige Stimmrechtsbeschränkungen, die von Fall zu Fall einzelne Anteile betreffen können.[28]

Bei der Ermittlung des Anteils der Stimmrechte, die dem (möglicherweise) mit Mehrheit beteiligten Unternehmen *zustehen* (oder nach Absatz 4 des § 16 zuzurechnen sind), stellt das Gesetz in § 16 Abs. 3 S. 1 darauf ab, wieviele Stimmrechte es aus seinen und aus den ihm zuzurechnenden Anteilen „*ausüben*" kann. Hier sind folglich Stimmrechtsbeschränkungen oder -ausschlüsse, zB nach § 20 Abs. 7 zu berücksichtigen.[29] Umstritten ist lediglich die Behandlung *vertraglicher* Stimmrechtsbeschränkungen oder -ausschlüsse (dazu o. Rdnr. 13). **19**

§ 17 Abhängige Unternehmen

(1) Abhängige Unternehmen sind rechtlich selbständige Unternehmen, auf die ein anderes Unternehmen (herrschendes Unternehmen) unmittelbar oder mittelbar einen beherrschenden Einfluß ausüben kann.

(2) Von einem in Mehrheitsbesitz stehenden Unternehmen wird vermutet, daß es von dem an ihm mit Mehrheit beteiligten Unternehmen abhängig ist.

Schrifttum: S. o. bei § 15 sowie *Adler/Düring/Schmaltz* (ADS) Rechnungslegung Bd. 4 § 17 AktG (S. 59 ff.); *Dierdorf,* Herrschaft und Abhängigkeit, 1978; *Ebenroth,* Die verdeckten Vermögenszuwendungen im transnationalen Unternehmen, 1979, S. 97 ff.; *Emmerich/Sonnenschein* Konzernrecht § 3; *Götz,* Der Entherrschungsvertrag im Aktienrecht, 1992; *Joussen,* Gesellschafterabsprachen neben Satzung und Gesellschaftsvertrag, 1995, S. 164 ff.; *Koppensteiner,* Über wirtschaftliche Abhängigkeit, Festschrift Stimpel, 1985, S. 811; *Krieger* Handbuch § 68 Rdnr. 37 ff.; *Kronstein,* Die abhängige juristische Person, 1931; *Martens,* Die existentielle Wirtschaftsabhängigkeit, 1979, S. 53 ff.; *Noack,* Gesellschaftervereinbarungen bei Kapitalgesellschaften, 1994, S. 87 ff.; *Oechsler,* Die Anwendung des Konzernrechts auf Austauschverträge mit organisationsrechtlichem Bezug, ZGR 1997, 464; *Peters/Werner,* Banken als herrschende Unternehmen?, AG 1978, 297; *Raiser* Kapitalgesellschaften § 51 III; *Rittner,* Die Beteiligung als Grund der Abhängigkeit, DB 1976, 1465, 1513; *K. Schmidt* Gesellschaftsrecht § 31 II 3 (S. 945 ff.); *Sura,* Fremdeinfluß und Abhängigkeit, 1980; *P. Ulmer,* Aktienrechtliche Beherrschung durch Leistungsaustauschbeziehungen, ZGR 1978, 457; *H. Werner,* Der aktienrechtliche Abhängigkeitstatbestand, 1979.

Übersicht

	Rdnr.		Rdnr.
I. Überblick	1–3	2. Negative Beherrschung?	19
II. Begriff	4–16	3. Unmittelbare und mittelbare Abhängigkeit	20, 21
1. Grundsätzliche Überlegungen	4–11	4. Banken	22
a) Rechtsprechung	4	**IV. Mehrfache Abhängigkeit, Gemeinschaftsunternehmen**	23–25
b) Personalpolitik	5, 6	1. Voraussetzungen	23, 24
c) Umfang	7–9	2. Rechtsfolgen	25
d) Blickpunkt	10	**V. Vermutung**	26–32
e) Zeitpunkt	11	1. Widerlegung	27–30
2. Mittel	12–16	2. Entherrschungsverträge	31, 32
a) Keine tatsächliche Abhängigkeit	13		
b) Stimmenmehrheit	14		
c) Unternehmensverträge	15, 16		
III. Besondere Erscheinungsformen	17–22		
1. Minderheitsbeteiligung	17, 18		

---

[28] *ADS* Rdnr. 19; *Geßler* in Geßler/Hefermehl Rdnr. 35; *Koppensteiner* in Kölner Kommentar Rdnr. 31.

[29] *ADS* Rdnr. 20.

I. Überblick

1 § 17 Abs. 1 definiert den für das ganze Konzernrecht zentralen Begriff der Abhängigkeit. Ein rechtlich selbständiges Unternehmen ist hiernach als von einem anderen Unternehmen abhängig anzusehen, wenn das letztere unmittelbar oder mittelbar einen beherrschenden Einfluß auf das erstere auszuüben vermag. § 17 Abs. 2 fügt hinzu, daß bei Vorliegen einer Mehrheitsbeteiligung im Sinne des § 16 die Abhängigkeit des in Mehrheitsbesitz stehenden Unternehmens von dem an ihm mehrheitlich beteiligten anderen Unternehmen vermutet wird.

2 Das Gesetz knüpft an den Tatbestand der Abhängigkeit an zahlreichen Stellen unterschiedlichste Rechtsfolgen, die insgesamt zeigen, daß heute der Zentralbegriff des „Konzernrechts" nicht etwa der Konzern (§ 18), sondern die Abhängigkeit (als potentieller Konzern) ist § 17. Die wichtigsten dieser Rechtsfolgen sind die Konzernvermutung des § 18 Abs. 1 S. 3 sowie das Verbot der Nachteilszufügung aufgrund der §§ 311 bis 318 im sogenannten faktischen Konzern. Hervorzuheben sind außerdem noch die §§ 56 Abs. 2 und 71 b S. 2 über das Verbot der Zeichnung und des Erwerbs von Aktien des herrschenden Unternehmens durch das abhängige Unternehmen sowie § 71 d S. 4, aus dem sich in Verbindung mit § 71 b ergibt, daß das abhängige bei dem herrschenden Unternehmen kein Stimmrecht besitzt.[1]

3 Auch außerhalb des AktG findet sich häufig eine Verweisung auf den Abhängigkeitsbegriff des AktG (§ 17). Ein Beispiel ist § 36 Abs. 2 S. 1 GWB, nach dem herrschende und abhängige Unternehmen in der Fusionskontrolle eine sogenannte wettbewerbliche Einheit bilden. Offen ist, ob der Abhängigkeitsbegriff in sämtlichen genannten Vorschriften einheitlich im Sinne des § 17 zu verstehen ist oder ob der Begriff innerhalb und außerhalb des AktG je nach dem Zweck der betreffenden Vorschrift zu differenzieren ist. Für den hier allein interessierenden Anwendungsbereich des AktG überwiegt heute die Ansicht, daß der Abhängigkeitsbegriff grundsätzlich **einheitlich** im Sinne des § 17 Abs. 1 zu interpretieren ist, schon, weil § 17 offenbar den Zweck einer Definitionsnorm zumindest für den Anwendungsbereich des AktG hat.[2] Aber auch, soweit andere Gesetze auf § 17 verweisen, sollte nach Möglichkeit dasselbe Begriffsverständnis wie im Aktienrecht zugrundegelegt werden.[3]

II. Begriff

4 **1. Grundsätzliche Überlegungen. a) Rechtsprechung.** Das Reichsgericht hatte den Abhängigkeitbegriff unter § 15 AktG von 1937, dem Vorläufer des § 17, noch ganz eng gefaßt und auf Fälle beschränkt, in denen ein Unternehmen einem anderen seinen Willen geradezu „aufzwingen", diesen bei ihm „durchsetzen" kann.[4] Die heutige Rechtsprechung begnügt sich hingegen für die Annahme von Abhängigkeit in der Regel damit, daß das herrschende Unternehmen über *gesicherte rechtliche* Möglichkeiten verfügt, dem abhängigen Unternehmen (besser: dessen Verwaltung) Konsequenzen für den Fall anzudrohen, daß es dem Willen des herrschenden Unternehmens nicht Folge leistet, so daß sich das abhängige Unternehmen letztlich dem Einfluß des herrschenden Unternehmens nicht zu entziehen vermag.[5] Nicht erforderlich ist hierbei, daß das herrschende Unternehmen von seinen Einflußmöglichkeiten tatsächlich Gebrauch macht; zur Begründung der Abhängigkeit genügt

---

[1] OLG München NJW-RR 1995, 1066 = AG 1995, 383; ebenso schon nach früherem Recht RGZ 103, 64, 67 f.; 115, 246, 253; 149, 305, 308 ff.

[2] ZB *Geßler* in Geßler/Hefermehl § 311 Rdnr. 86; *Hüffer* Rdnr. 2 f.; *Koppensteiner* in Kölner Kommentar Rdnr. 10 f., 59 f., 65.

[3] Vgl. insbes. BKartA AG 1995, 429 = WuW/E BKartA 2669, 2672; *Emmerich* AG 1995, 481, 484 f.

[4] RGZ 167, 40, 49 ff. „Thega"; dazu *Dietrich* DR 1941, 1937; zustimmend noch heute *K. Schmidt* Gesellschaftsrecht § 31 II 3 b.

[5] Grdlg. BGHZ 121, 137, 146 = NJW 1993, 2114 „WAZ/IKZ"; OLG Düsseldorf AG 1994, 36, 37 f. = ZIP 1993, 1791 „Feldmühle Nobel (Feno)"; BKartA (Fn. 3).

vielmehr bereits die bloße *Möglichkeit* zur Herrschaft in der abhängigen Gesellschaft.[6] Konkret wird Abhängigkeit einer Gesellschaft von einem anderen Unternehmen vor allem dann angenommen, wenn das letztere aufgrund seiner Herrschaft über die *Personalpolitik* der Gesellschaft in der Lage ist, deren Geschäftspolitik in den entscheidenden Punkten zu beeinflussen.[7]

b) Personalpolitik. Die Herrschaft über die Personalpolitik (o. Rdnr. 4) bildet in der Tat den entscheidenden Ansatzpunkt zur Konkretisierung des § 17 Abs. 1. Dies zeigt folgende Überlegung: Angesichts des offenkundigen Zusammenhangs der Definition der Abhängigkeit in § 17 Abs. 1 mit den beiden Vermutungen des § 17 Abs. 2 und des § 18 Abs. 1 S. 3 kann es im Grunde nicht zweifelhaft sein, daß, jedenfalls nach der Vorstellung der Gesetzesverfasser, die Begriffe der Mehrheitsbeteiligung, der Abhängigkeit und des Konzerns ganz eng miteinander verknüpft sind. Zur weiteren Konkretisierung dessen, was das Gesetz in § 17 Abs. 1 unter einem beherrschenden Einfluß eines Unternehmens auf eine Gesellschaft versteht, ist deshalb in erster Linie von den *Befugnissen eines Mehrheitsaktionärs* und seinem möglichen Einfluß auf die Geschäftspolitik der Gesellschaft auszugehen.[8]

Ein Mehrheitsaktionär besitzt nun zwar keinen unmittelbaren, wohl aber einen um so wirksameren mittelbaren Einfluß auf die Führung der Geschäfte der Gesellschaft. Denn obwohl er dem Vorstand keine Weisungen zu erteilen vermag (§§ 76, 119 Abs. 2), ist er doch über die Wahl von ihm abhängiger Aufsichtsratsmitglieder (§ 101) in der Lage, die Zusammensetzung des Vorstands zu beeinflussen und damit für die Bestellung von Vorstandsmitgliedern zu sorgen, die sich im Zweifel nach seinen Vorstellungen richten werden (§ 84). An dieser Abhängigkeit der Verwaltung von dem Mehrheitsgesellschafter hat auch die Einführung der (quasi-)paritätischen Mitbestimmung der Arbeitnehmer im Aufsichtsrat im Jahre 1976 im Ergebnis nichts geändert.[9] Folglich reicht es für die Annahme von Abhängigkeit grundsätzlich aus, wenn ein Gesellschafter in der Lage ist, die maßgebenden Gesellschaftsorgane mit „seinen Leuten" zu besetzen, wenn er eben einen *maßgeblichen Einfluß* auf die Personalpolitik auszuüben vermag, so daß sichergestellt ist, daß sich die Verwaltung der abhängigen Gesellschaft in Zweifelsfällen, schon im Interesse ihrer Wiederwahl und ihres Fortkommens nach seinen Vorstellungen richten wird.

c) Umfang. Noch nicht endgültig geklärt ist die Frage, welchen Umfang die (mögliche) Einflußnahme eines Unternehmens auf eine andere Gesellschaft haben muß, um Abhängigkeit der letzteren bejahen zu können. Überwiegend wird verlangt, daß die Einflußnahme grundsätzlich den gesamten Tätigkeitsbereich der abhängigen Gesellschaft erfassen müssen.[10] Dem kann jedoch, wie der Zusammenhang zwischen § 17 Abs. 1 und der Konzernvermutung des § 18 Abs. 1 S. 3 zeigt, nicht zugestimmt werden. Denn ein Konzern wird heute meistens bereits angenommen, wenn das herrschende Unternehmen (nur) in **einem** der zentralen Unternehmensbereiche wie Einkauf, Verkauf, Organisation oder Finanzierung die Entscheidungen durch einheitliche Planung für die verbundenen Unternehmen an sich zieht.[11]

Wenn nun das Gesetz in § 18 Abs. 1 S. 3 an das Vorliegen von Abhängigkeit für den Regelfall die Vermutung eines Konzerns knüpft, muß es auch für die Abhängigkeit grundsätz-

---

[6] BGHZ 62, 193, 201 = NJW 1974, 855 „Seitz"; OLG Düsseldorf (Fn. 5); OLG München AG 1995, 383 = NJW-RR 1995, 1066.

[7] BAGE 53, 187 = WM 1987, 1551, 1553 = AG 1988, 106; KG WuW/E OLG 1993, 1994 = AG 1979, 158; OLG Düsseldorf AG 1994, 36, 37 = ZIP 1993, 1791; OLG München AG 1995, 383 = NJW-RR 1995, 1066; ebenso, wenn auch in anderem Zusammenhang BGH LM BGB § 652 Nr. 41 = NJW 1971, 1839; LM aaO Nr. 50 = NJW 1974, 1130.

[8] Ebenso im Ansatz *ADS* Rdnr. 13, 29 ff.; *Emmerich/Sonnenschein* § 3 II 1; *Geßler* in Geßler/Hefermehl Rdnr. 25 ff.; *J. Götz* Entherrschungsverträge S. 18 ff.; *Hüffer* Rdnr. 5; *Koppensteiner* in Kölner Kommentar Rdnr. 18 f.; *Raiser* Kapitalgesellschaften § 51 Rdnr. 13 ff.; ganz anders zB *Peters/K. Werner* AG 1978, 197; *H. Werner* Abhängigkeitstatbestand S. 30 ff.

[9] *ADS* Rdnr. 55 ff.; *Dierdorf* Herrschaft S. 57 ff.; *Koppensteiner* in Kölner Kommentar Rdnr. 55; *Sura* Fremdeinfluß S. 54.

[10] S. *Geßler* Rdnr. 17 ff.; *Hüffer* Rdnr. 7; wohl auch BGHZ 135, 107, 114 = LM AktG § 17 Nr. 12 = NJW 1997, 1855 „VW"; widersprüchlich *Koppensteiner* in Kölner Kommentar Rdnr. 24 ff., 58.

[11] S. u. § 18 Rdnr. 13 f.

lich ausreichen, wenn ein Gesellschafter in der Lage ist, über seinen Einfluß auf die Besetzung der Organe der betreffenden Gesellschaft deren Entscheidungen wenigstens in **einem** der genannten zentralen Unternehmensbereichen zu beeinflussen.[12] Besonderes Gewicht kommt hierbei dem Bereich der Finanzierung zu. Eine Gesellschaft, die nicht frei über ihre Mittel verfügen kann, ist abhängig.

9   Möglicherweise muß man sogar noch weiter gehen, wie der Umstand zeigt, daß das Gesetz die Vermutung der Abhängigkeit in den §§ 17 Abs. 2 und 16 Abs. 1 auch schon an eine bloße Kapitalmehrheit ohne Stimmenmehrheit knüpft. Diese Frage ist indessen noch nicht ausdiskutiert. Nicht erforderlich ist jedenfalls eine bestimmte **Dauer** der Einflußmöglichkeit, schon, weil operationale Kriterien zur Abgrenzung der in Betracht kommenden Zeitspanne fehlen.[13] Auf der anderen Seite genügt freilich auch nicht eine bloße momentane Zufallsmehrheit (u. Rdnr. 11), so daß die Einflußmöglichkeit zumindest eine gewisse Beständigkeit (iS einer verläßlichen Basis) aufweisen muß.[14]

10   **d) Blickpunkt.** Ob diese Voraussetzungen erfüllt sind, beurteilt sich allein aus der Sicht der **abhängigen** Gesellschaft.[15] Daher kann die Abhängigkeit durchaus auch von **mehreren** anderen Unternehmen bestehen, sofern nur eine sichere Grundlage für eine gemeinsame Herrschaft der beteiligten Unternehmen gegeben ist (u. Rdnr. 23 ff.).

11   **e) Zeitpunkt.** Erforderlich ist, daß die Einflußmöglichkeit *gesichert* ist (o. Rdnr. 9, u. Rdnr. 14). Eine nur zufällige oder von der freiwilligen Mitwirkung Dritter abhängige Einflußmöglichkeit vermag keine Abhängigkeit im Rechtssinne zu begründen.[16] Aus diesem Grunde genügt der bloße Abschluß eines *Kaufvertrages* über ein selbst erhebliches Aktienpaket noch nicht zur Begründung der Abhängigkeit der betreffenden Gesellschaft von dem zukünftigen Aktionär, sofern nicht besondere Abreden wie zB ein Stimmbindungsvertrag mit dem Veräußerer hinzukommen; Abhängigkeit tritt vielmehr grundsätzlich erst mit Übergang der Aktien auf den Käufer ein.[17]

12   **2. Mittel.** Das Gesetz sagt in § 17 Abs. 1 nicht ausdrücklich, *worauf* der beherrschende Einfluß eines Unternehmens auf eine andere Gesellschaft beruhen muß, um Abhängigkeit im Sinne des Gesetzes begründen zu können. Der Fragenkreis hat verschiedene Aspekte, die sorgfältig getrennt werden müssen. Zunächst geht es um die Frage, ob der Einfluß gesellschaftsrechtlich vermittelt sein muß oder ob auch eine sogenannte tatsächliche Abhängigkeit im Einzelfall den Tatbestand des § 17 Abs. 1 zu erfüllen vermag.

13   **a) Keine tatsächliche Abhängigkeit.** Nach heute überwiegender Meinung, muß der Einfluß eines Unternehmens auf eine Gesellschaft *gesellschaftsrechtlich* vermittelt sein, um Abhängigkeit im Sinne des § 17 Abs. 1 zu begründen, so daß eine tatsächliche, dh. nicht auch gesellschaftsrechtlich abgesicherte Abhängigkeit, zB aufgrund bloßer Liefer- oder Kreditbeziehungen, zur Begründung der Abhängigkeit nicht ausreicht.[18] Andernfalls droh-

---

[12] Ebenso *Dierdorf* Herrschaft S. 32, 41, 66 ff.; *Koppensteiner* in Kölner Kommentar Rdnrn. 17 ff.; *Krieger* Handbuch § 68 Rdnr. 38; *Sura* Fremdeinfluß S. 52, 64 ff.; *Rittner* DB 1976, 1465, 1513; wesentlich weiter hingegen *H. Werner* Abhängigkeitsbestand S. 30 ff.

[13] S. OLG Köln AG 1991, 140 = GmbHR 1990, 456 = WM 1993, 1993; *Geßler* in Geßler/Hefermehl Rdnr. 31 ff.; *Krieger* Handbuch Rdnr. 39; *Koppensteiner* in Kölner Kommentar Rdnr. 23, 33.

[14] *ADS* Rdnr. 16 ff., 33; in diesem Sinne auch BGHZ 135, 107, 114 = NJW 1997, 1855, 1856: Möglichkeit der Einflußnahme muß „beständig", umfassend und gesellschaftsrechtlich vermittelt sein; s. u. Rdnr. 11, 14.

[15] BGHZ 62, 193, 197 = NJW 1974, 855 „Seitz"; BGHZ 135, 107, 114 = NJW 1997, 1855, 1856 „VW"; OLG Düsseldorf AG 1994, 36; OLG München AG 1995, 383 = NJW-RR 1995, 1066.

[16] RGZ 167, 40, 49 ff. „Thega"; BGHZ 80, 69, 73 = NJW 1981, 1512 „Süssen"; OLG Frankfurt NZG 1998, 229 = AG 1998, 193 = OLGR Frankfurt 1997, 269; LG Oldenburg ZIP 1992, 1632, 1636.

[17] OLG Düsseldorf AG 1994, 36, 37 f. = ZIP 1993, 1791 „Feno"; *ADS* Rdnr. 18, 34; *Hüffer* Rdnr. 9; *Krieger*, Festschrift Semler, 1993, S. 503, 507 ff.; *K. Schmidt* § 31 II 3 b; anders *Lutter*, Festschrift Steindorff, 1990, S. 125, 133; *Noack*, Gesellschaftervereinbarungen bei Kapitalgesellschaften, 1994, S. 90; *M. Weber* ZIP 1994, 678, 683 ff.

[18] BGHZ 90, 381, 395 ff. = NJW 1984, 1893 „BuM"; BGHZ 121, 137, 145 = NJW 1993, 2114 „WAZ/IKZ"; BGHZ 135, 107, 114 = NJW 1997, 1855, 1856 „VW"; *ADS* Rdnr. 21–28 (S. 68 ff.); *J. Götz* Entherrschungsvertrag S. 25 ff.; *Koppensteiner*, Festschrift Stimpel, 1985, S. 811 ff.; *H. Köhler* NJW 1978, 2473; *Martens* Wirtschaftsabhängigkeit S. 53 ff.; *Oechsler* ZGR 1997, 464; *K. Schmidt* § 31 II 3 b; *Sura*

te der Begriff der Abhängigkeit in der Tat uferlos zu werden, zumal die §§ 311 ff. ohnehin wenig geeignet erscheinen, den mit tatsächlichen Abhängigkeitsverhältnissen im heutigen Wirtschaftsleben verbundenen Gefahren zu begegnen. Zusammen mit einer Minderheitsbeteiligung können derartige Umstände jedoch durchaus zur Abhängigkeit führen.[19]

b) Stimmenmehrheit. Wichtigste Grundlage der Abhängigkeit ist nach dem Gesagten (o. Rdnr. 13) bei allen Gesellschaften die Stimmenmehrheit in der Haupt- oder Gesellschafterversammlung der abhängigen Gesellschaft. Folgerichtig knüpft das Gesetz in § 17 Abs. 2 an den Bestand einer Mehrheitsbeteiligung im Sinne des § 16 die Vermutung der Abhängigkeit.[20] Es spielt hierbei keine Rolle, worauf die Stimmenmehrheit eines Gesellschafters beruht. Selbst wenn er die Mehrheit nur aufgrund der Stimmen anderer Gesellschafter zu erreichen vermag, führt die Mehrheit zur Abhängigkeit, vorausgesetzt, daß er über die Stimmen der anderen Gesellschafter sicher verfügen kann, wobei in erster Linie an Stimmbindungsverträge und Stimmrechtskonsortien zu denken ist.[21] Eine ungesicherte Mitwirkung Dritter, die zur Folge hat, daß es vom Zufall abhängt, ob der Gesellschafter im Einzelfall seinen Willen durchzusetzen vermag, schafft dagegen keine Abhängigkeit.[22]

c) Unternehmensverträge. Ein Beherrschungsvertrag begründet immer einen Unterordnungskonzern (§ 18 Abs. 1 S. 2) und damit zugleich Abhängigkeit. Gewinnabführungsverträge, die ohnehin vorwiegend steuerrechtliche Bedeutung haben (s. § 14 KStG), werden gleichfalls grundsätzlich nur zwischen voneinander abhängigen Unternehmen abgeschlossen und sind daher zumindest ein starkes Indiz für das Vorliegen eines Abhängigkeitsverhältnisses. Bei den anderen Unternehmensverträgen des § 292 ist die Frage hingegen umstritten, ob durch sie eine Abhängigkeit begründet wird.[23]

Nach dem Konzept des Gesetzes ist die Frage der Abhängigkeitsbegründung aufgrund des Abschlusses eines anderen Unternehmensvertrages zu verneinen, da das Gesetz in **§ 292** davon ausgeht, daß es sich bei den anderen Unternehmensverträgen um normale Austauschverträge zwischen voneinander unabhängigen Unternehmen handelt. Tatsächlich werden jedoch auch die anderen Unternehmensverträge schon mit Rücksicht auf die nötigen Mehrheitsverhältnisse (s. § 293 Abs. 1) jedenfalls in der Mehrzahl der Fälle zwischen voneinander abhängigen Unternehmen abgeschlossen. Der Bestand eines derartigen Vertrages ist daher zumindest ein **Indiz** für das Vorliegen von Abhängigkeit.

III. Besondere Erscheinungsformen

1. Minderheitsbeteiligung. Eine Minderheitsbeteiligung kann zur Begründung von Abhängigkeit ausreichen, vorausgesetzt, daß sie in Verbindung mit verläßlichen Umständen rechtlicher oder tatsächlicher Art dem beteiligten Unternehmen den nötigen Einfluß auf die Personalpolitik der abhängigen Gesellschaft sichert.[24] Eine wichtige Rolle spielt in die-

---

Fremdeinfluß S. 54 ff.; *P. Ulmer* ZGR 1978, 457; *H. Werner* Abhängigkeitstatbestand S. 140 ff.; weiter aber zB *Lutter*, Festschrift Steindorff., 1990, S. 125, 132 ff.; anders insbes. LG Oldenburg ZIP 1992, 1632; *Dierdorf* Herrschaft S. 38 ff.; *Nagel/Riess/Theis* DB 1989, 1505, 1508 ff.

[19] OLG Düsseldorf AG 1994, 26, 37 = ZIP 1993, 1791 „Feno"; BFHE 95, 215, 218; 145, 165, 169 f.; *Geßler* in Geßler/Hefermehl § 311 Rdnr. 88; *ADS* Rdnr. 91–94 (S. 95 f.); ebenso BGHZ 135, 107, 115 = NJW 1997, 1855, 1857 „VW" für Entsenderechte in den Aufsichtsrat.

[20] S. u. Rdnr. 26 ff.; ebenso zB *ADS* Rdnr. 29 ff.; *Geßler* in Geßler/Hefermehl Rdnr. 46 ff.; *Koppensteiner* in Kölner Kommentar Rdnr. 30 ff.; BFHE 95, 215, 217 f.; 145, 169.

[21] S. dazu schon o. Rdnr. 9, 11 sowie § 16 Rdnr. 13 f.; *Joussen* GmbHR 1996, 574; *ADS* Rdnr. 32.

[22] O. Rdnr. 9, 11; RGZ 167, 40, 49 ff. „Thega"; BGHZ 69, 334, 347 = NJW 1978, 104 „Veba/Gelsenberg"; LG Oldenburg ZIP 1992, 1632, 1636.

[23] S. *ADS* Rdnr. 57 ff.; *Emmerich/Sonnenschein* Konzernrecht § 3 II 3 d; *Geßler* in Geßler/Hefermehl Rdnr. 53 ff.; *Hüffer* Rdnr. 12; *Koppensteiner* in Kölner Kommentar Rdnr. 46 f.

[24] BGHZ 69, 334, 347 = NJW 1978, 104 „VEBA/Gelsenberg"; BGHZ 124, 366, 369 = NJW 1994, 1801; BGHZ 135, 107, 114 f. = NJW 1997, 1855, 1856 f. „VW"; OLG Düsseldorf AG 1994, 36, 37 = ZIP 1993, 1791 „Feno"; OLG München AG 1995, 383 = NJW-RR 1995, 1066; OLG Braun-

sem Zusammenhang die durchschnittliche *Hauptversammlungspräsenz.* Bewegt sie sich üblicherweise auf einer Höhe, die dazu führt, daß bereits die Minderheitsbeteiligung eine sichere Hauptversammlungsmehrheit gewährt, so ist die Folge die Abhängigkeit der betreffenden Gesellschaft.[25] In Verbindung mit personellen Verflechtungen oder einem Recht zur Entsendung von Aufsichtsratsmitgliedern (§ 104 Abs. 2) können Minderheitsbeteiligungen ebenfalls zur Abhängigkeit der Beteiligungsgesellschaft führen.[26] Abhängigkeit ist hingegen zu verneinen, wenn der Minderheitsaktionär in jedem Fall auf die freiwillige und deshalb nicht gesicherte Mitwirkung anderer Aktionäre angewiesen ist, wenn er seinen Willen in der Gesellschaft durchsetzen will.[27]

18 Im Einzelfall kann außerdem durch besondere **Satzungsbestimmungen** die Position eines Minderheitsgesellschafters so sehr verstärkt werden, daß er einen beherrschenden Einfluß auf die Gesellschaft auszuüben vermag.[28] Bei einer AG kommen hierfür freilich mit Rücksicht auf § 23 Abs. 5 grundsätzlich nur Mehrstimmrechtsaktien in Betracht, soweit noch zulässig (§ 12 Abs. 2 S. 2 a. F. iVm. § 5 EG). Anders ist die Rechtslage hingegen insoweit bei der **GmbH,** weil bei dieser das Gesetz (§ 45 GmbHG) der Satzung einen weit größeren Spielraum als bei der AG für die Gestaltung des Innenverhältnisses beläßt, so daß zahlreiche Satzungsgestaltungen denkbar sind, die zusammen mit einer beliebigen Beteiligung einen maßgeblichen Einfluß auf die Geschäftsführung der Gesellschaft verleihen. Ebenso verhält es sich bei den Personengesellschaften.[29] Auch besondere Abreden der Gesellschafter neben und in Ergänzung zu dem Gesellschaftsvertrag, wie sie namentlich bei der GmbH verbreitet zu sein scheinen, können die Stellung einzelner Gesellschafter so verstärken, daß die Folge eine Abhängigkeit der Gesellschaft von dem betreffenden Gesellschafter oder der betreffenden Gesellschaftergruppe ist.[30]

19 **2. Negative Beherrschung?** Unter einer negativen Beherrschung versteht man die bereits mit einer bloßen Sperrminorität verbundene Rechtsmacht, Grundlagenentscheidungen bei der Beteiligungsgesellschaft zu verhindern (s. § 179 Abs. 2 S. 1; § 53 Abs. 2 S. 1 GmbHG). Nach manchen soll diese Möglichkeit zur Begründung von Abhängigkeit ausreichen, weil die Beteiligungsgesellschaft jetzt nicht mehr in der Lage sei, Grundlagenentscheidungen frei im eigenen Interesse zu treffen.[31] Indessen verleiht eine Sperrminorität allein noch *keinen* Einfluß auf die Zusammensetzung der Organe der Beteiligungsgesellschaft, so daß der Begriff der negativen Beherrschung dem AktG fremd ist.[32]

20 **3. Unmittelbare und mittelbare Abhängigkeit.** Unmittelbare und mittelbare Abhängigkeit stehen nach § 17 Abs. 1 gleich. Unmittelbare Abhängigkeit liegt vor, wenn das fragliche Unternehmen allein in der Lage ist, einen beherrschenden Einfluß auf die abhängige Gesellschaft auszuüben, mittelbare Abhängigkeit hingegen, wenn es sich hierzu der Mitwirkung Dritter bedienen muß (vgl. schon § 16 Abs. 4). Beispiele sind die Mitwirkung von Tochtergesellschaften, von Treuhändern oder anderen Gesellschaftern, über deren

---

schweig AG 1996, 271, 272 f. „VW/Niedersachsen"; OLG Frankfurt NZG 1998, 229 = OLGR Frankfurt 1997, 269 = AG 1998, 193; LG Berlin AG 1996, 230; 1997, 183 „Brau und Brunnen AG I und II".
[25] BGH, OLG München und LG Berlin (Fn. 24).
[26] Str.; wie hier RGZ 167, 40, 54 „Thega"; BGHZ 135, 107, 114 f. = NJW 1997, 1855, 1857 „VW"; BAG AP BGB § 242 – Ruhegehalt – Konzerne Nr. 1; OLG München AG 1995, 383 = NJW-RR 1995, 1066; *ADS* Rdnr. 64; anders die hM, zB *Koppensteiner* in Kölner Kommentar Rdnr. 52; *Krieger* Handbuch § 68 Rdnr. 47; *Dierdorf* Herrschaft S. 196, 213 ff.; zT anders *J. Götz* Entherrschungsverträge S. 30 ff.
[27] OLG Frankfurt NZG 1998, 229 = OLGR Frankfurt 1997, 269 = AG 1998, 193.
[28] *Beuthien* ZIP 1993, 1589.

[29] Wegen der Einzelheiten s. *ADS* Rdnr. 69 ff.; *Emmerich/Sonnenschein* Konzernrecht § 3 II 4 und 5; *Emmerich* in Scholz, GmbHG § 44 Anh. Rdnr. 43 ff.; *Emmerich* in Heymann HGB § 105 Anh. Rdnr. 4 f.; *ders.,* Festschrift Stimpel, 1985, S. 743.
[30] Wegen der Einzelheiten s. *Joussen* Gesellschafterabsprachen S. 164 ff.; *ders.* GmbHR 1996, 574; *Noack* Gesellschaftervereinbarungen S. 87 ff.
[31] Vgl. *Peters/Werner* AG 1978, 297; *H. Werner* Abhängigkeitstatbestand S. 43, 107 ff.; *ders./Peters* BB 1976, 393.
[32] Ebenso *ADS* Rdnr. 36–38; *Hüffer* Rdnr. 10; *Koppensteiner* in Kölner Kommentar Rdnr. 22, 38, 58; *Krieger* Handbuch § 68 Rdnr. 38; *Rasch* BB 1977, 412; *Kittner* DB 1976, 1513 f.; *Raiser* Kapitalgesellschaften § 51 Rdnr. 15.

Abhängige Unternehmen 21–24 § 17

Stimmen der fragliche Gesellschafter aufgrund von Stimmbindungsverträgen oder im Rahmen von Stimmrechtskonsortien verfügen kann.³³

Ist eine Muttergesellschaft an einer Tochtergesellschaft und diese wiederum an einer dritten Gesellschaft mehrheitlich beteiligt, so ist die letztere nach dem Gesagten (o. Rdnr. 20) nicht nur von der Tochtergesellschaft, sondern ebenso von der Muttergesellschaft (mittelbar) abhängig (§§ 17, 16). Die Folge ist also eine mehrfache Abhängigkeit der Enkelgesellschaft.³⁴ Die für die Abhängigkeit geltenden Vorschriften sind in derartigen Fällen gleichermaßen auf das Verhältnis der Enkelgesellschaft zu der Tochtergesellschaft wie zu der Muttergesellschaft anzuwenden (u. Rdnr. 23 ff.). 21

4. Banken. Selbst die wiederholte Unterstützung eines Aktionärs durch die Banken mit ihrem Depotstimmrecht begründet im Regelfall noch keine Abhängigkeit, weil auf diese Unterstützung kein dauernder Verlaß ist.³⁵ Anders zu beurteilen ist die Rechtslage hingegen insoweit hinsichtlich der Banken selbst: Da die Aktionäre von ihrem Weisungsrecht nach § 135 Abs. 5 nur selten Gebrauch machen, kann das Depotstimmrecht in Verbindung mit eigenem Anteilsbesitz einer Bank durchaus einen beherrschenden Einfluß auf eine andere Gesellschaft verschaffen.³⁶ Hieran dürfte auch das KonTraG von 1998 nichts geändert haben. 22

IV. Mehrfache Abhängigkeit, Gemeinschaftsunternehmen

Schrifttum: *ADS* Rdnr. 40–47 (S. 75 ff.); *Barz* Festschrift Kaufmann, 1972, S. 59; *Eckstein* BB 1972 Beil. Nr. 1; *Emmerich/Gansweid* JuS 1975, 294; *Emmerich/Sonnenschein* § 3 III; *W.Exner*, Beherrschungsvertrag und Vertragsfreiheit, 1984; *Gansweid*, Gemeinsame Tochtergesellschaften; *Geßler* ZGR 1974, 476; *Hommelhoff*, Festschrift Goerdeler, 1987, S. 221; *G.Marchand*, Abhängigkeit und Konzernzugehörigkeit von Gemeinschaftsunternehmen, 1985; *Mestmäcker/Blaise/Donaldson*, Gemeinschaftsunternehmen im Konzern- und Kartellrecht, 1979; *Noack*, Gesellschaftervereinbarungen bei Kapitalgesellschaften, 1994; *Raupach/S.Klotz* WiB 1994, 137; *Rottnauer* DB 1991, 27; *Säcker* NJW 1980, 801.

1. Voraussetzungen. Zu einer mehrfachen Abhängigkeit kann es, wie schon ausgeführt (o. Rdnr. 21), zunächst im Falle mittelbarer Abhängigkeit kommen (s. § 16 Abs. 4). Einen weiteren hierher gehörenden Fall bilden die verbreiteten Gemeinschaftsunternehmen, sofern die Mütter gemeinsam einen beherrschenden Einfluß auf ihre Tochter ausüben (ebenso § 23 Abs. 1 S. 2 Halbs. 2 GWB).³⁷ 23

Die mehrfache Abhängigkeit der Gesellschaft setzt in diesem Fall lediglich voraus, daß ihre gemeinsame Beherrschung durch die beteiligten Unternehmen, die sogenannten Mütter oder Muttergesellschaften, auf Dauer gesichert ist. Als *Mittel* hierzu kommen außer der Gründung einer Gesellschaft der Mütter vor allem ihre Zusammenfassung in einem Gleichordnungskonzern sowie Konsortial- und Stimmbindungsverträge in Betracht. Aber auch tatsächliche Verhältnisse können hierfür ausreichen, sofern sie nur auf Dauer eine gemeinsame Interessenverfolgung der Mütter gewährleisten, so daß je nach den Umständen des Falles sogar eine personelle Verflechtung der Mütter oder deren gemeinsame Beherr- 24

---

³³ S. *ADS* Rdnr. 88–90; *Geßler* in Geßler/Hefermehl Rdnr 64 ff.; *Koppensteiner* in Kölner Kommentar Rdnr. 27 ff.; *ders.*, Internationale Unternehmen, S. 297 ff.; *Kronstein* BB 1967, 637; *Krieger* Handbuch § 68 Rdnr. 48 f.; *E. Rehbinder* ZGR 1977, 581, 588 ff.; *Werner* Abhängigkeitstatbestand S. 180 ff.

³⁴ Ebenso BAGE 22, 390; KG WuW/E OLG 1993, 1994 = AG 1979, 158; *Emmerich/Sonnenschein* Konzernrecht § 3 II 3 b.

³⁵ *ADS* Rdnr. 31; *Koppensteiner* in Kölner Kommentar Rdnr. 41; *Krieger* Handbuch § 68 Rdnr. 43; *Raiser* Kapitalgesellschaften § 51 Rdnr. 15; weiter *H.Werner* Abhängigkeitstatbestand S. 211 ff.

³⁶ *J. Götz* Entherrschungsvertrag S. 55 ff.; *Koppensteiner* in Kölner Kommentar Rdnr. 32, 42; s. LG Berlin AG 1996, 230, 231 f.; 1997, 183; aA *Hüffer* Rdnr. 10; *Geßler* in Geßler/Hefermehl Rdnr. 50.

³⁷ BGHZ 62, 193, 196 ff. = NJW 1974, 855 „Seitz"; BGHZ 74, 359, 363 ff. = NJW 1979, 2401 „WAZ"; BGHZ 80, 69, 73 = NJW 1981, 1512; BGHZ 95, 330, 349 = NJW 1986, 188 „Autokran"; BGH LM AktG § 302 Nr. 8 = NJW 1994, 3288 = AG 1995, 35, 36; BAGE 22, 390 = AP BetrVerfG 1953 § 76 Nr. 20; BAGE 53, 187 = AG 1988, 106; BAG AG 1996, 367, 368 = NJW 1996, 1691; OLG Karlsruhe BB 1972, 979; AG 1991, 144 „ASEA/BBC"; *Emmerich/Gansweid* JuS 1975, 294; *Gansweid* Tochtergesellschaften S. 86 ff.

schung durch dieselbe Familie die Abhängigkeit des Gemeinschaftsunternehmens zu begründen vermögen.[38]

25 **2. Rechtsfolgen.** Mehrfache Abhängigkeit des Gemeinschaftsunternehmens bedeutet, daß dieses in konzernrechtlich relevanten Beziehungen zu *jeder* einzelnen der ihm gegenüber als Einheit auftretenden Mütter steht und nicht etwa nur zu einer zwischen den Müttern anzunehmenden BGB-Gesellschaft.[39] Folglich finden die an die Abhängigkeit anknüpfenden Rechtsinstitute auf die Beziehungen des Gemeinschaftsunternehmens zu jeder der Mütter Anwendung. Dies gilt gleichermaßen für faktische wie für Vertragskonzerne.[40] Dies bedeutet zB, daß in einem faktischen Konzern das Gemeinschaftsunternehmen Abhängigkeitsberichte über seine Beziehungen zu jeder Mutter aufstellen muß (§ 312), während im Vertragskonzern Abfindung und Ausgleich (§§ 304, 305) von jeder Mutter gesamtschuldnerisch geschuldet werden.[41]

V. Vermutung

Schrifttum: *ADS* Rdnr. 95–127 (S. 96 ff.); *Bachelin* Minderheitenschutz, 1969, S. 14 ff.; *R. Liebs,* Gedächtnisschrift Rödig, 1978, S. 286; *Krieger* Handbuch § 68 Rdnr. 55–61; *B. Richter* AG 1982, 261; *H. Werner* Abhängigkeitstatbestand S. 167 ff.

26 Nach § 17 Abs. 2 wird von einem in Mehrheitsbesitz stehendem Unternehmen vermutet, daß es von dem an ihm mit Mehrheit beteiligten Unternehmen abhängig ist. Mehrheitsbeteiligung führt folglich *im Zweifel* zur Abhängigkeit, so daß das Gegenteil derjenige beweisen muß, der behauptet, tatsächlich seien beide verbundenen Unternehmen voneinander unabhängig. Das gilt gleichermaßen für eine Anteils- wie für eine Stimmenmehrheit (§ 16). Lediglich im Falle einer wechselseitigen Beteiligung zieht die Mehrheitsbeteiligung in jedem Fall die Abhängigkeit nach sich, so daß hier eine Widerlegung der Vermutung ausscheidet (§ 19 Abs. 2 und 3).[42]

27 **1. Widerlegung.** Bei der AG ist die wichtigste Grundlage der Abhängigkeit einer Gesellschaft die Fähigkeit eines anderen Unternehmens, aufgrund seiner maßgeblichen Beteiligung die Zusammensetzung des Aufsichtsrats und damit mittelbar die des Vorstandes der Gesellschaft zu bestimmen, weshalb hier § 17 Abs. 2 folgerichtig an die Mehrheitsbeteiligung die Vermutung der Abhängigkeit knüpft (o. Rdnr. 4 ff.). An diesem Punkt muß daher auch eine etwaige Widerlegung der Vermutung ansetzen.[43] Nicht erforderlich ist hingegen, daß darüber hinaus auch noch das Vorhandensein *anderer* Einflußmöglichkeiten widerlegt wird;[44] vielmehr besteht dann entsprechend dem Wortlaut der §§ 16 und 17 Abs. 2 keine Abhängigkeitsvermutung mehr, so daß die Abhängigkeit jetzt positiv von Fall zu Fall von dem nachgewiesen werden muß, der sich darauf beruft.

28 Bei der Widerlegung der Abhängigkeitsvermutung im Falle einer **Mehrheitsbeteiligung** muß zwischen einer Anteils- und einer Stimmenmehrheit unterschieden werden. Zur Widerlegung der Vermutung bei einer bloßen *Anteils-* oder Kapitalmehrheit genügt bereits der Nachweis, daß sie nach den Umständen keine Stimmenmehrheit verleiht.[45] Bei einer *Stimmenmehrheit* muß hingegen noch hinzukommen, daß sie aufgrund besonderer Umstände ausnahmsweise auf Dauer nicht die Möglichkeit begründet, die Zusammenset-

---

[38] BGHZ 62, 193, 199 ff. = NJW 1974, 855 „Seitz"; BGHZ 74, 359, 363 ff. = NJW 1979, 2401 „WAZ"; BGHZ 80, 69, 73 = NJW 1981, 1512; BGHZ 90, 330, 349 = NJW 1986, 188; BGHZ 122, 122, 125 f. = NJW 1993, 1200, 1202 „TBB"; BGH LM AktG § 302 Nr. 8 = NJW 1994, 3288 = AG 1995, 35; BAG AG 1996, 367, 368 = NJW 1996, 1691; Gansweid Tochtergesellschaften S. 119 ff.; Koppensteiner in Kölner Kommentar Rdnr. 74; enger *ADS* Rdnr. 43 ff.

[39] *ADS* Rdnr. 41; *Geßler* in Geßler/Hefermehl Rdnr. 76 ff.; *Hüffer* Rdnr. 14; *Koppensteiner* in Kölner Kommentar Rdnr. 71 f.; *Raupach/Klotz* WiB 1994, 137, 139; früher str.

[40] Wegen der Einzelheiten s. *Emmerich/Sonnenschein* § 3 III 2 und 3.

[41] S. u. § 304 Rdnr. 8, § 305 Rdnr. 15.

[42] S. u. § 19 Rdnr. 8, 12 ff.

[43] Ebenso *ADS* Rdnr. 103 ff.; *Koppensteiner* in Kölner Kommentar Rdnr. 77, 82 f.

[44] So eine verbreitete Meinung, zB *ADS* Rdnr. 97 f.; *Geßler* in Geßler/Hefermehl Rdnr. 99; *Hüffer* Rdnr. 19.

[45] Anderer Ansicht zB *Hüffer* Rdnr. 20.

zung des Aufsichtsrats und damit mittelbar die des Vorstandes zu beeinflussen. Solche Umstände können neben dem Abschluß eines Entherrschungsvertrages (u. Rdnr. 31 ff.) noch sein: Die Stimmenmehrheit reicht aufgrund besonderer Satzungsbestimmungen nicht für die Wahl der Aufsichtsratsmitglieder aus; die Satzung sieht einschneidende Stimmrechtsbeschränkungen gerade hinsichtlich derjenigen Gegenstände vor, die für die Abhängigkeitsbegründung relevant sind; durch Stimmbindungsverträge mit anderen Aktionären hat der Mehrheitsaktionär auf die Ausübung des Stimmrechts aus einem wesentlichen Teil seiner Aktien verzichtet oder sich doch an die Zustimmung anderer Aktionäre gebunden, auf deren Abstimmungsverhalten er keinen Einfluß hat.[46]

Bei einer **mittelbaren** Abhängigkeit in mehrstufigen Unternehmensverbindungen, namentlich aufgrund der Zurechnung von Anteilen einer Tochtergesellschaft zu einer Muttergesellschaft nach § 16 Abs. 4, ist zur Widerlegung der Abhängigkeitsvermutung in erster Linie an das Verhältnis zwischen der Enkel- und der Tochtergesellschaft anzuknüpfen. Ist hier die Widerlegung gelungen, so gilt dasselbe auch für das Verhältnis zur Muttergesellschaft, sofern diese nicht allein bereits einen beherrschenden Einfluß auszuüben vermag.[47] Ein Beherrschungsvertrag zwischen der Tochter- und der Enkelgesellschaft schließt hingegen die Vermutung der Abhängigkeit von der Muttergesellschaft nicht aus; anders dagegen bei einem Beherrschungsvertrag zwischen der Mutter- und der Enkelgesellschaft im Verhältnis zur (zwischengeschalteten) Tochtergesellschaft.[48]

Grundsätzlich ungeeignet zur Widerlegung der Vermutung sind *tatsächliche* Verhältnisse, da die Abhängigkeit nach § 17 Abs. 1 nicht voraussetzt, daß aufgrund der Mehrheitsbeteiligung wirklich ein beherrschender Einfluß auf die Gesellschaft ausgeübt wird, und da sich die bloße Möglichkeit einer Einflußnahme allein aufgrund äußerer Umstände wohl niemals ausschließen läßt.[49] Insgesamt wird daher eine Widerlegung der Vermutung nur selten in Betracht kommen.[50]

2. Entherrschungsverträge

Schrifttum: *ADS* Rdnr. 116–120 (S. 104 ff.); *Barz,* Festschrift Bärmann, 1975, S. 186; *J. Götz,* Der Entherrschungsvertrag im Aktienrecht, 1992; *Hentzen* ZHR 157 (1993), 65; *Hommelhoff* Konzernleitungspflicht S. 80 ff.; *Hüttemann* ZHR 156 (1992), 314; *Möhring,* Festschrift Westermann, 1974, S. 427; *H. Werner* Abhängigkeitstatbestand S. 175 ff.

Abhängigkeitsausschluß- oder Entherrschungsverträge sind Verträge, durch die das mit Mehrheit beteiligte Unternehmen auf die Ausübung eines Teils seiner Stimmrechte gegenüber der Beteiligungsgesellschaft verzichtet, um sicherzustellen, daß von dem Mehrheitsbesitz nicht mehr mit dem Ziel der Abhängigkeitsbegründung Gebrauch gemacht werden kann. Solche Verträge werden heute überwiegend als zulässig angesehen.[51] Jedoch sind die Zulässigkeitsvoraussetzungen noch nicht endgültig geklärt.[52]

Erforderlich ist auf jeden Fall, daß der Vertrag mindestens auf fünf Jahre fest abgeschlossen wird (vgl. § 102 AktG); eine vorherige Kündigung des Vertrages darf nur aus wichtigem Grunde möglich sein, wobei die Gründe im Vertrag ausdrücklich genannt sein müssen. Außerdem muß das Stimmrecht aus mindestens so vielen Aktien ausgeschlossen sein, daß der Aktionär bei Berücksichtigung der durchschnittlichen Präsenz in der Hauptversammlung in keinem Fall mehr über die Hälfte der Stimmrechte verfügen kann. Unab-

---

[46] Ausführlich *ADS* Rdnr. 103, 106 ff. (S. 99 ff.).
[47] *ADS* Rdnr. 121 ff.; *Geßler* in Geßler/Hefermehl Rdnr. 110; *Hüffer* Rdnr. 23; *Koppensteiner* in Kölner Kommentar Rdnr. 102.
[48] *ADS, Hüffer* und *Koppensteiner* (Fn. 47).
[49] *ADS* Rdnr. 101 f.; *Geßler* in Beiträge zum Aktienrecht 1965 I, S. 5, 10; *Koppensteiner* in Kölner Kommentar Rdnr. 100; anders *Möhring* NJW 1967, 1, 2; *Wilhelmi* AG 1965, 247 f.
[50] Ebenso *B. Richter* AG 1982, 261, 264.

[51] OLG Köln AG 1993, 86, 87 = ZIP 1993, 110 „Winterthur/Nordstern"; LG Köln AG 1992, 238; LG Mainz AG 1991, 30, 32; *Hentzen* ZHR 157 (1993), 65, 67 f.; dagegen *Hüttemann* ZHR 156 (1992), 314, 324 ff.
[52] S. ausführlich *ADS* Rdnr. 126 ff.; *J. Götz* Entherrschungsvertrag S. 46 ff.; *Hentzen* ZHR 157 (1993), 65, 69, 71; *Koppensteiner* in Kölner Kommentar Rdnr. 89 ff.; *Krieger* Handbuch § 68 Rdnr. 58 ff.

dingbar ist schließlich, um die Ernstlichkeit des Vertrags sicherzustellen, die schriftliche Abfassung des Vertrags mit ausdrücklicher Regelung der genannten Punkte. Hingegen ist wohl nicht erforderlich, daß zusätzlich auch die Hauptversammlungen der beteiligten Gesellschaften dem Vertragsabschluß mit qualifizierter Mehrheit zustimmen.[53]

§ 18 Konzern und Konzernunternehmen

(1) Sind ein herrschendes und ein oder mehrere abhängige Unternehmen unter der einheitlichen Leitung des herrschenden Unternehmens zusammengefaßt, so bilden sie einen Konzern; die einzelnen Unternehmen sind Konzernunternehmen. Unternehmen, zwischen denen ein Beherrschungsvertrag (§ 291) besteht oder von denen das eine in das andere eingegliedert ist (§ 319), sind als unter einheitlicher Leistung zusammengefaßt anzusehen. Von einem abhängigen Unternehmen wird vermutet, daß es mit dem herrschenden Unternehmen einen Konzern bildet.

(2) Sind rechtlich selbständige Unternehmen, ohne daß das eine Unternehmen von dem anderen abhängig ist, unter einheitlicher Leitung zusammengefaßt, so bilden sie auch einen Konzern; die einzelnen Unternehmen sind Konzernunternehmen.

Schrifttum: S. o. bei den §§ 15 und 17 sowie *Abeltshauser,* Leitungshaftung im Kapitalgesellschaftsrecht, 1998, S. 39 ff.; *Adler/Düring/Schmaltz (ADS)* Rechnungslegung Bd. 4, 1997, § 18 AktG (S. 109 ff.); *M. Amstutz* Konzernorganisationsrecht 1995; *U. Bälz,* Einheit und Vielheit im Konzern, Festschrift Raiser, 1974, S. 287; *Druey* (Hrsg.), Das St. Galler Konzernrechtsgespräch, 1988; *ders.,* Aufgaben eines Konzernrechts, ZSR 121 II (1980), 273; *Emmerich/Sonnenschein* Konzernrecht § 4; *Eschenbruch* Konzernhaftung 1996; *L. Handschin,* Der Konzern im geltenden schweizerischen Privatrecht, 1993; *Holtmann,* Personelle Verflechtungen auf Konzernführungsebene, 1989; *Hommelhoff,* Gesellschaftsformen als Organisationselemente im Konzernaufbau, in Mestmäcker/Behrens, Das Gesellschaftsrecht der Konzerne im internationalen Vergleich, 1991, S. 91; *v. Hoyningen-Huene,* Der Konzern im Konzern, ZGR 1978, 515; *R. Jula,* Die Bildung besonderer Konzernorgane, 1995; *Kleindiek,* Strukturvielfalt im Personengesellschafts-Konzern, 1991; *Lutter* Holding-Handbuch 1995; *Martens,* Die Organisation des Konzernvorstands, Festschrift Heinsius, 1991, S. 523; *E. Rehbinder,* Gesellschaftsrechtliche Probleme mehrstufiger Unternehmensverbindungen, ZGR 1977, 581; *R. Ruedin,* Vers un droit des groupes de sociétés?, ZSR 121 II (1980), 147; *Scheffler,* Zur Problematik der Konzernleitung, Festschrift Goerdeler, 1987, S. 469; *Schießl,* Gesellschafts- und mitbestimmungsrechtliche Probleme der Spartenorganisation, ZGR 1992, 64; *U. Schneider,* Das Recht der Konzernfinanzierung, ZGR 1984, 497; *ders.,* Die Gründung von faktischen GmbH-Konzernen, in Hommelhoff., Entwicklungen im GmbH-Konzernrecht, 1986, S. 121; *E. Schwark,* Spartenorganisation in Großunternehmen und Unternehmensrecht, ZHR 142 (1978), 203; *J. Semler,* Leitung und Überwachung der AG, 2. Aufl. 1996; *Slongo* Der Begriff der einheitlichen Leitung, 1980; *Strohn,* Die Verfassung der AG im faktischen Konzern, 1977; *G. Teubner,* Unitas multiplex, ZGR 1991, 189; *S. Wanner,* Konzernrechtliche Probleme mehrstufiger Unternehmensverbindungen nach Aktienrecht, 1998; *H. Wiedemann,* Die Unternehmensgruppe im Privatrecht, 1988.

Überblick

	Rdnr.		Rdnr.
I. Überblick	1–6	3. Mittel	16
1. Bedeutung	2	4. Konzern im Konzern?	17–19
2. Einteilung	3–5	**IV. Gleichordnungskonzern**	20–26
3. Perspektiven	6	1. Erscheinungsformen	21–23
II. Mehrseitiges Verhältnis	7	2. Gründung	24
III. Unterordnungskonzern	8–19	3. Schädigungsverbot	25, 26
1. Einheitliche Leitung	9–14	**V. Konzernvermutung**	27–30
a) Meinungsstand	10–12	1. Anwendungsbereich	28
b) Stellungnahme	13, 14	2. Widerlegung	29, 30
2. Zusammenfassung	15		

---

[53] LG Mainz AG 1991, 30, 32; *ADS* Rdnr. 119; *J. Götz* Entherrschungsvertrag S. 85 ff., 91; anders zB *Hentzen* ZHR 157 (1993), 63, 70.

I. Überblick

§ 18 definiert in Abs. 1 S. 1 den Unterordnungskonzern und in Abs. 2 den Gleichordnungskonzern. Wichtigstes Merkmal des Konzerns ist danach die Zusammenfassung mehrerer rechtlich selbständiger Unternehmen unter einheitlicher Leitung. Unterordnungs- und Gleichordnungskonzerne unterscheiden sich „lediglich" dadurch, daß im Unterordnungskonzern die unter einheitlicher Leitung zusammengefaßten Unternehmen voneinander im Sinne des § 17 abhängig sind (§ 18 Abs. 1 S. 1), während im Gleichordnungskonzern solche Abhängigkeit der verbundenen Unternehmen fehlt (§ 18 Abs. 2). Ergänzt wird die Regelung durch eine unwiderlegliche und eine widerlegliche Vermutung des Vorliegens eines Konzerns. Unwiderleglich ist die Vermutung nach § 18 Abs. 1 S. 2 bei Bestehen eines Beherrschungsvertrages (§ 291 Abs. 1 S. 1) sowie im Falle der Eingliederung nach den §§ 319 f, widerleglich hingegen gemäß § 18 Abs. 1 S. 3 in den sonstigen Fällen der Abhängigkeit im Sinne des § 17 Abs. 1.

1. Bedeutung. Die Bestimmung des § 18 geht auf § 15 AktG von 1937 zurück. Vergleichbare Bestimmungen finden sich im österreichischen und im schweizerischen Recht (§ 15 Abs. 1 öAktG; § 115 Abs. 1 öGmbHG; Art. 663 e Abs. 1 schweizOR). Die praktische Bedeutung der Konzerndefinition des § 18 ist im AktG gering, weil das Gesetz in der überwiegenden Mehrzahl der Fälle die Rechtsfolgen bereits an die bloße Abhängigkeit des § 17 knüpft. Hervorzuheben sind hier lediglich die §§ 97 Abs. 1 S. 1 und 100 Abs. 1 S. 2. Größere Bedeutung hat die Konzerndefinition des § 18 dagegen außerhalb des AktG, namentlich bei der Konzernrechnungslegung nach § 290 Abs. 1 HGB (s. aber auch § 290 Abs. 2 HGB) sowie im Mitbestimmungsrecht (§ 5 MitbestG von 1976). Die Zusammenfassung mehrerer Unternehmen in einem Konzern im Sinne des § 18 bildet außerdem (neben der Abhängigkeit) die Grundlage der wettbewerblichen Einheit im Rahmen der Fusionskontrolle (§ 36 Abs. 2 S. 1 GWB). Ob der Konzernbegriff in allen genannten Vorschriften im selben Sinne zu verstehen ist, ist offen und eher zweifelhaft.[1]

2. Einteilung. Die Konzerne werden in vielfältiger Weise eingeteilt. Wichtig ist neben der schon in § 18 angelegten Einteilung in Unterordnungs- und Gleichordnungskonzerne zunächst die Unterscheidung zwischen Vertrags- und faktischen Konzernen. *Vertragskonzerne* werden allein durch einen Beherrschungsvertrag im Sinne des § 291 Abs. 1 S. 1 oder durch eine Eingliederung im Sinne der §§ 319 f. begründet (vgl. § 18 Abs. 1 S. 2). Alle anderen Konzerne sind hingegen *faktische* Konzerne, mögen sie nun auf einem der anderen Unternehmensverträge der §§ 291 und 292, zB auf einen Betriebspacht- oder Betriebsüberlassungsvertrag, oder allein auf tatsächlichen Verhältnissen beruhen. Innerhalb der faktischen Konzerne unterscheidet man sodann weiter je nach dem Ausmaß der einheitlichen Leitung einfache und qualifizierte faktische Konzerne. Die letzteren stehen heute im Brennpunkt einer ausgebreiteten Diskussion, in der es in erster Linie um die Zulässigkeit solcher Konzerne und um ihre Haftungsverfassung geht.[2]

Unter einem anderen Gesichtspunkt unterscheidet man weiter *einstufige und mehrstufige* Konzerne, je nachdem, ob die von dem herrschenden Unternehmen einheitlich geleiteten Unternehmen nebeneinander auf einer Stufe oder auf mehreren Stufen hintereinander angeordnet sind (Paradigma: Mutter-, Tochter-, Enkelgesellschaft). Die gesetzliche Regelung ist in erster Linie auf einstufige Konzerne zugeschnitten, so daß ihre Anwendung auf mehrstufige Unternehmensverbindungen zusätzliche Schwierigkeiten bereitet, die noch keineswegs vollauf befriedigend gelöst sind.[3]

---

[1] Zu dem Problem des Konzerns im Konzern s. u. Rdnr. 17
[2] Wegen der Einzelheiten s. Vor § 311 Rdnr. 20 ff.
[3] S. zuletzt *Pentz,* Die Rechtsstellung der Enkel-AG in einer mehrstufigen Unternehmensverbindung, 1994; *S. Wanner,* Konzernrechtliche Probleme mehrstufiger Unternehmensverbindungen nach Aktienrecht, 1998.

5 Im wirtschaftswissenschaftlichen Schrifttum wird außerdem je nach der Konzernorganisation noch zwischen zentral, dezentral und divisional aufgebauten Konzernen unterschieden.[4] Ohne Rücksicht darauf wird der Konzern hier jedoch durchweg zugleich als wirtschaftliche **Einheit,** dh. als einheitliches Unternehmen verstanden, in dem die unternehmerische Planung ohne Rücksicht auf die rechtliche Selbständigkeit der Konzernglieder für den gesamten Konzern und nicht gesondert für die einzelnen Konzerngesellschaften vorgenommen wird.[5] Die wichtigste Streitfrage bei der Anwendung des § 18 lautet folgerichtig, ob dem Gesetz hier dasselbe (enge) Konzernverständnis zugrundeliegt oder ob es in § 18 von einem weiteren Begriff ausgeht (u. Rdnr. 10 ff.).[6]

6 **3. Perspektiven.** Das Phänomen Konzern fasziniert – trotz seiner spärlichen gesetzlichen Regelung (o. Rdnr. 2) – nach wie vor Rechts- und Wirtschaftswissenschaften in gleichem Maße. Stichworte sind Konzernbildungs- und Konzernleitungskontrolle sowie Konzernorganisations- oder Konzernverfassungsrecht.[7] Bei der Konzernbildungskontrolle geht es um die Frage, wie die Gesellschafter der abhängigen Gesellschaft gegen die Einbindung ihrer Gesellschaft in einen Konzern (mit allen seinen problematischen Auswirkungen) geschützt werden können, bei der Konzernleitungskontrolle hingegen um die Frage, wie die Gesellschafter der Obergesellschaft an den auf den Konzern insgesamt bezüglichen Entscheidungen ihrer Verwaltung beteiligt werden können. Die Einzelheiten sind noch weithin ungeklärt (s. u. Vor § 311 Rdnr. 9 ff.). Dasselbe gilt für die unter dem Stichwort Konzernorganisations- oder Konzernverfassungsrecht diskutierte Frage, ob und in welchem Maße es geboten ist, aus der wirtschaftlichen Einheit des Konzerns rechtliche Konsequenzen zu ziehen, etwa im Handelsrecht, im Vertragsrecht oder im Arbeitsrecht.

II. Mehrseitiges Verhältnis

7 Sämtliche in einem Unterordnungs- oder Gleichordnungskonzern zusammengefaßten Unternehmen sind Konzernunternehmen (§ 18 Abs. 1 S. 1 Halbs. 2 und Abs. 2 Halbs. 2). Der Konzern ist mithin – im Gegensatz zu den übrigen Unternehmensverbindungen der §§ 15 bis 17 – kein zweiseitiges, sondern ein mehrseitiges Verhältnis, so daß die einzelnen Konzernglieder nicht nur mit der Konzernspitze, sondern auch untereinander verbunden sind. Die Folge ist zB, daß bei Zusammentreffen eines Unterordnungskonzerns mit einem Gleichordnungskonzern, gebildet aus der Obergesellschaft des Unterordnungskonzerns und einem anderen Unternehmen, der Unterordnungskonzern gleichsam in dem Gleichordnungskonzern aufgeht und sämtliche beteiligten Unternehmen konzernverbunden sind. Die an den Konzern anknüpfende Vorschriften wie zB § 100 Abs. 2 S. 2 sind dann von Fall zu Fall entsprechend anzuwenden.[8]

III. Unterordnungskonzern

8 Aus dem Zusammenhang der §§ 18 Abs. 1 und 17 Abs. 1 folgt, daß der Unterordnungskonzern durch drei Merkmale gekennzeichnet ist. Diese drei Merkmale sind die Zusammenfassung von mehreren rechtlich selbständigen, aber voneinander abhängigen Unternehmen unter einheitlicher Leitung, wobei die größte Bedeutung dem zuletzt genannten Merkmal der einheitlichen Leitung der verbundenen Unternehmen zukommt, demgegenüber das weitere Merkmal der Zusammenfassung der Unternehmen inzwischen bis zur Bedeutungslosigkeit verblaßt ist (u. Rdnr. 15). Das dritte Merkmal, die rechtliche Selbstän-

---

[4] S. *Emmerich/Sonnenschein* § 4 I 1 mit Nachw.
[5] S. *Arbeitskreis Krähe* Konzernorganisation 1964; ADS Rdnr. 6; *Binder,* Beteiligungsführung in der Konzernunternehmung, 1994; *Mestmäcker* Verwaltung S. 302 ff.; *E. Rehbinder* Konzernaußenrecht; *Theisen,* Der Konzern, 1991.
[6] Zum ganzen s. auch *Emmerich/Sonnenschein* § 4 I 2.
[7] S. Vor § 311 Rdnr. 9 ff. sowie statt aller *Emmerich/Sonnenschein* § 4 a mit Nachw.
[8] S. *Emmerich/Sonnenschein* § 4 II 4; *Geßler* in Geßler/Hefermehl Rdnr. 35, 40, 79; *Hüffer* Rdnr. 15; *Koppensteiner* in Kölner Kommentar Rdnr. 24; *Krieger* Handbuch § 68 Rdnr. 83; *Milde* Gleichordnungskonzern, 1996, S. 132 ff.; *K. Schmidt* ZHR 155 (1991), 417, 443 ff.

digkeit der voneinander abhängigen Unternehmen, ergibt sich aus den §§ 15 und 17 Abs. 1 und ist daher hier nicht weiter zu verfolgen (vgl. auch § 18 Abs. 2).

1. Einheitliche Leitung. Mit der Betonung der einheitlichen Leitung als des zentralen Tatbestandsmerkmals des Unterordnungskonzerns haben die Gesetzesverfasser in § 18 Abs. 1 an § 15 Abs. 1 AktG von 1937 angeknüpft, dabei jedoch auf eine nähere Definition des Begriffs wegen der großen Vielfalt der in der Praxis anzutreffenden Konzerngestaltungen verzichtet.[9]

a) Meinungsstand.[10] Im Schrifttum unterscheidet man einen engeren und einen weiteren Begriff der einheitlichen Leitung (s. schon o. Rdnr. 5). Der engere Begriff geht von dem (wirtschaftswissenschaftlichen) Vorverständnis des Konzerns als wirtschaftlicher Einheit aus (o. Rdnr. 3) und bejaht dementsprechend das Vorliegen eines Konzerns im Rechtssinne nur (§ 18 Abs. 1), wenn die Konzernspitze für die zentralen unternehmerischen Bereiche eine einheitliche Planung aufstellt und bei den Konzerngliedern ohne Rücksicht auf deren Selbständigkeit durchsetzt. Zu den zentralen unternehmerischen Bereichen in diesem Sinne wird in erster Linie das *Finanzwesen* gezählt. Die Folge ist, daß ein Konzern nach dieser Sicht der Dinge grundsätzlich nur angenommen werden kann, wenn für die Gesamtheit der verbundenen Unternehmen einheitlich festgelegt wird, welchen Beitrag jedes Unternehmen zum Konzernerfolg leisten muß, über welche Mittel es verfügen darf und wie diese aufzubringen sind (Paradigma: zentrales Cash-Management).[11] Dahinter steht vor allem die Überlegung, daß nur bei solchem Konzernverständnis eine einheitliche Rechnungslegung (§ 290 Abs. 1 HGB) Sinn macht und daß auch nur dann Raum für die Entwicklung einer Konzernverfassung im Sinne eines rechtlichen Rahmens für die wirtschaftliche Einheit Konzern ist (Stichwort: Konzernorganisationsrecht; s. o. Rdnr. 6). Im selben engen Sinne wird der Konzernbegriff überwiegend in Österreich[12] und in der Schweiz verstanden.[13]

Der **weitere** Konzernbegriff stimmt mit dem engeren nur im Ausgangspunkt überein: Erfolgt die Finanzplanung zentral für den ganzen Konzern durch die Konzernspitze, so handelt es sich nach ihm gleichfalls ohne Ausnahme um einen Konzern iS des § 18 Abs. 1. Die Vertreter dieses Konzernbegriffs begnügen sich indessen für die Annahme eines Konzerns unter Umständen auch mit einer einheitlichen Planung in einem der *anderen* zentralen Unternehmensbereiche wie etwa Einkauf, Organisation, Personalwesen und Verkauf, vorausgesetzt freilich, daß die Koordinierung der Unternehmen in den genannten Bereichen Ausstrahlungen oder Rückwirkungen auf das Gesamtunternehmen hat.[14]

Die **Rechtsprechung** tendiert offenbar, soweit bisher erkennbar, überwiegend zu dem weiteren Konzernbegriff (o. Rdnr. 11).[15] Namentlich sieht auch sie als besonders wichtiges *Indiz* für das Vorliegen eines Konzerns die einheitliche Finanzplanung für die zusammengefaßten Unternehmen an, die sich etwa darin äußert, daß Kredite für den Konzern insgesamt aufgenommen und durch das Vermögen aller Konzernglieder gesichert werden.[16]

---

[9] Begr. z. RegE, bei *Kropff* AktG S. 33.
[10] S. die Übersichten bei *ADS* Rdnr. 16 ff (S. 117 ff.); *Druey* ZSR 121 II (1980), 273, 336 ff.; *Emmerich/Sonnenschein* § 4 II 1; *Geßler* in Geßler/Hefermehl Rdnr. 7, 29 ff.; *Hüffer* Rdnr. 9 ff.; *Koppensteiner* in Kölner Kommentar Rdnr. 12 ff.
[11] So zuletzt *ADS* Rdnr. 31 ff.; *Hüffer* und *Koppensteiner* (Fn. 10); *Milde*, Der Gleichordnungskonzern im Gesellschaftsrecht, 1996, S. 70 ff.; *Möhring*, Festschrift Westermann, 1974, S. 427, 439; *D. Marchand* Abhängigkeit S. 89 ff.
[12] S. *Koppensteiner* öGmbHG § 115 Rdnr. 15.
[13] S. *Handschin* Konzern § 4 II; *Neuhaus* in H. Honsell/Vogt/Watter Obligationenrecht Bd. II, 1993, Art. 663 e Rdnr. 8 ff.; anders aber *Slongo*, Der Begriff der einheitlichen Leitung, 1980; *Zünd* in Druey Konzernrechtsgespräch S. 77; wohl auch *Druey* und *Ruedin* ZSR 121 II (1980), 336 und 254 ff.

[14] In diesem Sinne *Dierdorf* Herrschaft S. 70 ff.; *Ellerich* Bedeutung S. 133 ff.; *Emmerich/Sonnenschein* § 4 II 1; *Geßler* in Geßler/Hefermehl Rdnr. 29 ff.; *Hommelhoff* Konzernleitungspflicht S. 220 ff.; *v. Hoyningen-Huene* ZGR 1978, 515, 524 ff.; *Kleindiek* Strukturvielfalt S. 37 ff.; *Krieger* Handbuch § 68 Rdnr. 67 ff.; *Raiser* Kapitalgesellschaften § 51 Rdnr. 29; *Strohn* Verfassung S. 98 ff.; *H. Werner* Abhängigkeitstatbestand S. 35 ff.; s. auch *ADS* Rdnr. 34.
[15] Ausdrücklich BayObLGZ 1998 Nr. 24 (für § 5 MitbestG); OLG Düsseldorf AG 1979, 318, 319 = WM 1979, 956; LG Stuttgart AG 1989, 445, 447; vgl. auch BAG AP BGB § 242 – Ruhegehalt – Konzern Nr. 1.
[16] LG Oldenburg ZIP 1992, 1632, 1636 „TBB".

Aber auch eine sonstige planmäßige Koordinierung der zusammengefaßten Unternehmen, zB in organisatorischen Fragen oder hinsichtlich der Kontrolle der Verwirklichung der einheitlich festgesetzten Unternehmensziele, wurde bereits als ausreichend für die Annahme eines Konzerns bezeichnet.[17] Das Bild ist freilich nicht einheitlich,[18] die Entwicklung daher letztlich noch offen.

13 **b) Stellungnahme.** Das Gesetz knüpft in § 18 Abs. 1 S. 3 an den Tatbestand der Abhängigkeit die Vermutung der einheitlichen Leitung der verbundenen Unternehmen in einem Konzern (u. Rdnr. 27 ff.). Zwischen den Begriffen der einheitlichen Leitung (§ 18), der Abhängigkeit (§ 17 Abs. 1) und damit des beherrschenden Einflusses in § 17 Abs. 1 und der Mehrheitsbeteiligung (§ 17 Abs. 2) besteht mithin ein enger Zusammenhang, der auch dahin ausgedrückt werden kann, daß einheitliche Leitung im Sinne des § 18 Abs. 1 S. 1 nichts anderes als der *aktualisierte beherrschende Einfluß* im Sinne des § 17 Abs. 1 ist, dessen Vorliegen wiederum *im Falle einer Mehrheitsbeteiligung* vom Gesetz vermutet wird (§ 17 Abs. 2).

14 Wie schon ausgeführt (o. § 17 Rdnr. 4 ff.), äußert sich der beherrschende Einfluß eines Unternehmens in erster Linie in dessen Einflußnahme auf die Personalpolitik der abhängigen Gesellschaft, bei der AG über die Besetzung des Aufsichtsrats mit Vertrauensleuten des herrschenden Unternehmens (s. die §§ 84 und 101). Daraus folgt, daß ein Konzern im Sinne des § 18 Abs. 1 S. 1 entsteht, wenn das herrschende Unternehmen *tatsächlich Einfluß auf die Personalpolitik* der abhängigen Gesellschaft nimmt, und zwar mit dem Ziel, die Politik der verbundenen Unternehmen zu koordinieren (Stichwort: „einheitliche" Leitung). Entscheidend ist mit anderen Worten die Einflußnahme des herrschenden Unternehmens zu dem Zweck, über Leute seines Vertrauens in den verbundenen Unternehmen eine einheitliche Konzernpolitik, zumal im Finanzbereich durchzusetzen. Diese Überlegung spricht letztlich ebenso für den *weiten* Konzernbegriff wie die, daß es nur auf seinem Boden möglich ist, den wenigen Vorschriften, die an den Konzerntatbestand anknüpfen, einen möglichst großen Anwendungsbereich zu sichern. Im übrigen bleibt zu beachten, daß es sich bei den verschiedenen Konzernbegriffen (o. Rdnr. 10 ff.) ohnehin nur um unterschiedliche Akzentsetzungen handelt.

15 **2. Zusammenfassung.** Das Gesetz verlangt in § 18 Abs. 1 S. 1 neben der einheitlichen Leitung als weiteres Merkmal des Unterordnungskonzerns noch eine „Zusammenfassung" der Konzernunternehmen. Ob diesem Merkmal eigenständige Bedeutung zukommt, ist zweifelhaft.[19] Überwiegend wird die Frage heute verneint, weil bereits durch die einheitliche Leitung der verbundenen Unternehmen ihre Zusammenfassung (Stichwort: neue wirtschaftliche Einheit) gewährleistet ist.[20] Ebensowenig ist eine bestimmte **Dauer** der Zusammenfassung erforderlich.[21] Wann immer mehrere verbundene Unternehmen unter einheitlicher Leitung zusammengefaßt werden, bilden sie, gegebenenfalls nur vorübergehend, einen Konzern (§ 18 Abs. 1 S. 1).[22] Eine bloße einmalige Koordinierung der Politik mehrerer Unternehmen reicht dafür – mangels Zusammenfassung „unter" der Leitung eines von ihnen – freilich nicht aus.

16 **3. Mittel.** Die Mittel der einheitlichen Leitung sind unerheblich.[23] Neben ausdrücklichen Weisungen, die ohnehin nur bei Abschluß eines Beherrschungsvertrages oder im Falle der Eingliederung zulässig sind (§§ 308, 323 Abs. 1 AktG), stehen Formen der informellen Einflußnahme wie bloße Wünsche, Ratschläge oder Empfehlungen.[24] Weitere Mittel sind personelle Verflechtungen (s. § 100 Abs. 2 S. 2),[25] Richtlinien für die gemeinsam zu verfolgende Politik, die Einrichtung sogenannter Konzernarbeitskreise und dergleichen

---

[17] LG Mainz AG 1991, 30, 31; BayObLG (Fn. 15).
[18] Enger offenbar BGH LM GmbHG § 30 Nr. 36 = NJW 1992, 1167.
[19] Bejahend insbesondere *Geßler* in Geßler/Hefermehl Rdnr. 15 ff.
[20] *ADS* Rdnr. 24; *Dierdorf* Herrschaft S. 86 f.; *Hüffer* Rdnr. 7; *Koppensteiner* in Kölner Kommentar Rdnr. 3.
[21] *ADS* Rdnr. 40 ff.; auch insoweit aM *Geßler* in Geßler/Hefermehl Rdnr. 22 f.
[22] Ebenso *Koppensteiner* in Kölner Kommentar Rdnr. 3.
[23] Begr. z. RegE, bei *Kroff* AktG S. 33; LG Mainz AG 1991, 30, 31; LG Oldenburg ZIP 1992, 1632, 1636.
[24] So schon die Begr. z. RegE (Fn. 23).
[25] Dazu ausführlich *ADS* Rdnr. 25 ff.; *Holtmann,* Personelle Verflechtungen; *Martens,* Festschrift Heinsius, S. 523.

mehr. Die größte praktische Bedeutung dürften hiervon die verbreiteten personellen Verflechtungen auf der Ebene des Vorstands wie des Aufsichtsrates haben.

4. Konzern im Konzern? Das Gesetz geht in § 18 Abs.1 S.1 offenkundig von der Vorstellung aus, daß im Unterordnungskonzern typischerweise mehrere abhängige Gesellschaften unter der einheitlichen Leitung *einer* Obergesellschaft (als Konzernspitze) zusammengefaßt sind (ebenso § 290 HGB und § 5 Abs.1 MitbestG). Deshalb ist umstritten, ob es auch eine *mehrfache* Konzernzugehörigkeit und damit gegebenenfalls sogar einen Konzern im Konzern geben kann.

Für den Sonderfall des **Gemeinschaftsunternehmens** ist mittlerweile – vor allem mit Rücksicht auf die Notwendigkeit einer umfassenden Konzernpublizität – die Möglichkeit einer mehrfachen Konzernzugehörigkeit im positiven Sinne geklärt, sofern nur die Mütter gegenüber ihrer gemeinsamen Tochter koordiniert auftreten.[26] Die Möglichkeit eines Konzerns im Konzern wird außerdem verbreitet in der Praxis zu § 5 Abs.1 MitbestG bejaht, um der Mitbestimmung der Arbeitnehmer einen möglichst breiten Anwendungsbereich zu sichern.[27]

Die Richtigkeit dieser mitbestimmungsrechtlichen Erwägungen kann hier dahinstehen. Gesellschaftsrechtlich besteht jedenfalls **kein** Anlaß, die Möglichkeit eines Konzerns im Konzern anzuerkennen.[28] Das Gesetz sieht in § 18 Abs.1 S.1 das Wesen des Konzerns in der den gesamten Konzern umfassenden und von der Konzernspitze ausgehenden einheitlichen Leitung. Damit ist die Vorstellung selbständiger Teilkonzerne unter der Konzernspitze kaum zu vereinbaren, die zudem etwa im Rahmen des § 290 HGB zu ganz unsinnigen Konsequenzen führen müßte.

IV. Gleichordnungskonzern

Schrifttum: *ADS* Rdnr. 77 bis 85 (S.142 ff.); *Drygala,* Der Gläubigerschutz bei der typischen Betriebsaufspaltung, 1991; *Emmerich/Sonnenschein* § 4 III; *Exner,* Beherrschungsvertrag und Vertragsfreiheit, 1985, S.115 ff.; *Geßler,* Atypische Beherrschungsverträge, Festschrift Beitzke, 1979, S.923; *Gromann,* Die Gleichordnungskonzerne im Konzern- und Wettbewerbsrecht, 1979; *Heermann,* Der Deutsche Fußballbund im Spannungsfeld von Kartell- und Konzernrecht, ZHR 161 (1997), 665; *C. Hösch,* Konzernbildung und zwingende gesetzliche Kompetenzverteilung in der AG, der GmbH und bei Personengesellschaften, WiB 1997, 231; *Koppensteiner,* Internationale Unternehmen im deutschen Gesellschaftsrecht, 1971, S.67, 332 ff.; *Klippert,* Die wettbewerbsrechtliche Beurteilung von Konzernen, 1984; *Krieger* Handbuch § 68 Rdnr. 77 bis 91; *M. Lutter,* Die Rechte der Gesellschafter bei Abschluß fusionsähnlicher Unternehmensverbindungen, DB 1973 Beil. Nr. 21; *ders./Drygala,* Grenzen der Personalverflechtung und Haftung im Gleichordnungskonzern, ZGR 1995, 757; *Th. Milde,* Der Gleichordnungskonzern im Gesellschaftsrecht, 1996; *Raiser* Kapitalgesellschaften § 56; *K. Schmidt,* Konzentrationsprivileg und Gleichordnungsvertragskonzern, Festschrift Rittner, 1991, S.561; *ders.,* Gleichordnung im Konzern: terra incognita?, ZHR 155 (1991), 417; *ders.,* Konzernhaftung von freiberuflichen Mehrfachgesellschaftern?, ZIP 1994, 1741; *Timm,* Die Aktiengesellschaft als Konzernspitze, 1980; *L. Wellkamp,* Der Gleichordnungskonzern – Ein Konzern ohne Abhängigkeit?, DB 1993, 2517.

Das entscheidende Merkmal des Gleichordnungskonzerns ist nach § 18 Abs.2 ebenso wie bei dem Unterordnungskonzern die Zusammenfassung mehrerer Unternehmen unter einheitlicher Leitung. Der Unterschied zum Unterordnungskonzern besteht „lediglich" darin, daß die Konzernunternehmen hier **nicht** voneinander abhängig, sondern gleichberechtigt sind. Aus § 291 Abs.2 folgt außerdem, daß ein Vertrag, durch den die einheitliche Leitung der in einem Gleichordnungskonzern zusammengefaßten Unternehmen begründet wird, keinen Beherrschungsvertrag iS des § 291 Abs.1 darstellt (u. Rdnr. 21). Daneben

---

[26] S.o. § 17 Rdnr. 25; BAGE 53, 187 = AG 1988, 106; *ADS* Rdnr. 45 bis 59.
[27] OLG Düsseldorf AG 1979, 318; OLG Zweibrücken AG 1984, 80; OLG Frankfurt AG 1987, 55; LG Frankfurt AG 1987, 53, 54; LG Hamburg AG 1996, 89 f.; LG München I AG 1996, 186, 187; BAGE 34, 230 = AG 1982, 227; offengelassen aber von OLG Düsseldorf AG 1997, 129.
[28] Ebenso *ADS* Rdnr. 19; *Birk* ZGR 1984, 23, 56; *Emmerich/Sonnenschein* § 4 II 5; *v. Hoyningen-Huene* ZGR 1978, 515, 528 ff.; *Hüffer* Rdnr. 14; *Koppensteiner* in Kölner Kommentar Rdnr. 22 f.; *Krieger* Handbuch § 68 Rdnr. 74; *D. Marchand* Abhängigkeit S.95 ff.

erwähnt das Gesetz in § 292 Abs. 1 Nr. 1 noch mit der Gewinngemeinschaft eine jedenfalls früher offenbar recht verbreitete Sonderform des Gleichordnungskonzerns.

21 **1. Erscheinungsformen.** Ebenso wie bei den Unterordnungskonzernen unterscheidet man vertragliche und faktische Gleichordnungskonzerne. Ein *vertraglicher* Gleichordnungskonzern liegt vor, wenn die einheitliche Leitung der verbundenen Unternehmen auf einem Vertrag beruht, durch den sich die Beteiligten freiwillig einer einheitlichen Leitung unterstellen, sei es durch eines der beteiligten Unternehmen, sei es durch ein zu diesem Zweck geschaffenes gemeinsames Leitungsorgan, häufig in einem Gemeinschaftsunternehmen verselbständigt. Durch einen derartigen Vertrag, der kein Beherrschungsvertrag ist (§ 291 Abs. 2), wird zwischen den beteiligten Unternehmen eine BGB-Gesellschaft begründet (§ 705 BGB). Meistens sind die beteiligten Unternehmen außerdem vielfältig personell und kapitalmäßig verflochten, um ihre einheitliche Leitung abzusichern. Im Einzelfall können derartige Vertragswerke durchaus gegen § 1 GWB oder Art. 85 Abs. 1 EGV verstoßen.

22 Die Grenze zum Unternehmenskonzern ist in den genannten Fällen häufig flüssig, da die Entscheidung über die Annahme eines Unterordnungs- oder eines Gleichordnungskonzerns hier letztlich davon abhängt, ob man das Leitungsorgan als Unternehmen im Sinne des Konzernrechts qualifiziert oder nicht, vorausgesetzt, daß im zuerst genannten Fall noch eine Abhängigkeit von der als Leitungsorgan fungierenden Gesellschaft hinzukommt, woran es bei einem Gemeinschaftsunternehmen freilich im Regelfall fehlt.[29] Besonders deutlich wird diese Problematik an dem Grenzfall des Privatgesellschafters mit multiplem Beteiligungsbesitz. Sieht man in ihm wegen der Verfolgung unternehmerischer Interessen in verschiedenen Gesellschaften ein Unternehmen im Sinne des Konzernrechts, so liegt ein Unterordnungskonzern vor, andernfalls hingegen ein Gleichordnungskonzern, sofern er die verschiedenen Gesellschaften, an denen er beteiligt ist, einheitlich leitet.[30]

23 Von einem *faktischen* Gleichordnungskonzern im Gegensatz zu einem vertraglichen spricht man, wenn sich eine an sich unabhängige Gesellschaft rein tatsächlich auf Dauer der Leitung eines anderen Unternehmens unterstellt.[31] Die Annahme eines Gleichordnungskonzerns setzt in derartigen Fällen weder die Schaffung gemeinschaftlicher Leitungsorgane noch besondere Absprachen der Beteiligten voraus.[32] Es genügt vielmehr das bloße Faktum ihrer einheitlichen Leitung, abgesichert meistens freilich durch eine enge personelle Verflechtung der beteiligten Unternehmen.[33] Auch in solchen Fällen kommt die Anwendung der §§ 1 Abs. 1 und 25 Abs. 1 GWB sowie des Art. 85 Abs. 1 EGV unter dem Gesichtspunkt der verbotenen Verhaltensabstimmung in Betracht.[34]

24 **2. Gründung.** Die Gesellschafter der beteiligten Unternehmen müssen dem Vertragsabschluß mit qualifizierter Mehrheit zustimmen, wenn es zu einer Vermögensübertragung kommt (§ 179 a)[35] oder eine Gewinngemeinschaft begründet wird (§§ 292 Abs. 1 Nr. 1, 293 Abs. 1). Eine Zustimmung aller Gesellschafter ist erforderlich, falls zu den beteiligten Unternehmen Gesellschaften mbH oder Personengesellschaften gehören.[36] Jenseits dieser Fälle wird hingegen bei der AG bisher überwiegend mit Rücksicht auf § 291 Abs. 2 die Notwendigkeit einer Zustimmung der Gesellschafter der beteiligten Unternehmen verneint.[37] Hierbei wird jedoch übersehen, daß mit der Gründung von Gleichordnungskon-

---

[29] S. *Emmerich* AG 1993, 529, 532; *Milde* Gleichordnungskonzern S. 9 ff.; *Lutter/Drygala* ZGR 1995, 557 f.; *K. Schmidt* ZIP 1994, 1741, 1743.

[30] S. *Geßler* in Geßler/Hefermehl Rdnr. 74; *K. Schmidt* (Fn. 29).

[31] BGHZ 121, 137, 146 ff. = NJW 1993, 2114 „WAZ/IKZ"; BKartA AG 1996, 477 „Tukan/Deil"; *Hüffer* Rdnr. 21; *Krieger* Handbuch § 68 Rdnr. 82; *Raiser* Kapitalgesellschaften § 56 Rdnr. 2; *K. Schmidt* ZHR 155 (1991), 417.

[32] BGH und BKartA (Fn. 31).

[33] ADS Rdnr. 83.

[34] Wegen der Einzelheiten s. *Emmerich* in Immenga/Mestmäcker, EG-Wettbewerbsrecht Bd. I, 1997, Art. 85 Rdnr. A 65, B 377 m. Nachw..

[35] BGHZ 82, 188 = NJW 1982, 933 „Hoesch/Hoogovens".

[36] *Gromann* Gleichordnungskonzerne S. 33 ff.; *Raiser* Kapitalgesellschaften § 56 Rdnr. 7; *Milde* Gleichordnungskonzern S. 230 ff.

[37] ADS Rdnr. 81; *Gromann* Gleichordnungskonzerne S. 33 ff.; *Hüffer* Rdnr. 34 f.; *Krieger* Handbuch § 68 Rdnr. 84 f.; *Koppensteiner* in Kölner Kommentar Rdnr. 78 und § 291 Rdnr. 78; *Milde* Gleichordnungskonzern S. 229 f.

zernen ebenso schwere Gefahren für die beteiligten Gesellschaften, ihre Gesellschafter und ihre Gläubiger verbunden sein können wie mit der von Unterordnungskonzernen. Deshalb ist auch bei der AG entsprechend § 293 Abs. 1 die Zustimmung der Gesellschafter mit qualifizierter Mehrheit für einen Vertrag nötig, der auf die Gründung eines Gleichordnungskonzerns hinausläuft (vgl. § 292 Abs. 1 Nr. 1).[38]

3. Schädigungsverbot. Nach überwiegender Meinung sind nachteilige Weisungen des Leitungsorgans in Gleichordnungskonzernen generell verboten (§ 76).[39] Tatsächlich muß man jedoch unterscheiden: Haben die Gesellschafter der Gründung des Gleichordnungskonzerns mit qualifizierter Mehrheit zugestimmt (o. Rdnr. 24), so ist die Situation im Grunde mit der in einem Vertragskonzern vergleichbar. Dies bedeutet, daß dann nachteilige Weisungen zwar grundsätzlich zulässig sind (entsprechend § 308), jedoch analog den §§ 302 und 303 eine Verlustausgleichspflicht der verbundenen Gesellschaften nach sich ziehen.[40]

Ohne Zustimmung der Gesellschafter mit der jeweils erforderlichen Mehrheit ist der Gleichordnungskonzern hingegen unzulässig (o. Rdnr. 24) mit der Folge, daß die Verwaltungen der einzelnen Gesellschaften an einer Koordinierung der Geschäftspolitik der Unternehmen nicht mitwirken dürfen (§ 76).[41] Werden gleichwohl nachteilige Weisungen erteilt, so müssen ebenso wie in faktischen Unterordnungskonzernen die damit verbundenen Nachteile und Schäden ausgeglichen werden (§§ 242, 705 BGB; §§ 311, 317 analog).[42]

V. Konzernvermutung

Um im Einzelfall namentlich den Abschlußprüfern den Nachweis der einheitlichen Leitung mehrerer Unternehmen zu erleichtern, hat der Gesetzgeber die Konzerndefinition des § 18 Abs. 1 um zwei Konzernvermutungen, eine widerlegliche und eine unwiderlegliche, ergänzt. Unwiderleglich ist die Vermutung nach S. 2 des § 18 Abs. 1, wenn zwischen den verbundenen Unternehmen ein Beherrschungsvertrag besteht (§ 291 Abs. 1 S. 1) oder wenn das eine Unternehmen in das andere eingegliedert ist (§§ 319 f.), widerleglich hingegen in den sonstigen Fällen der Abhängigkeit (§ 18 Abs. 1 S. 3). Vermutet wird in beiden Fällen immer nur das Vorliegen eines Unterordnungskonzerns; eine Vermutung des Bestehens eines Gleichordnungskonzerns gibt es nicht.

1. Anwendungsbereich. Der wichtigste Anwendungsbereich der beiden Konzernvermutungen (o. Rdnr. 27) liegt heute bei der Konzernrechnungslegung und im Mitbestimmungsrecht. In den ersten Jahren nach Inkrafttreten des MitbestG von 1976 ist zwar vielfach die These vertreten worden, aufgrund der paritätischen Mitbestimmung der Arbeitnehmer im Aufsichtsrat abhängiger Kapitalgesellschaften sei für die Konzernvermutungen kein Raum mehr.[43] Diese Auffassung ist jedoch überholt.[44] Dabei ist zu beachten, daß die Konzernvermutungen selbst auf Gemeinschaftsunternehmen angewandt werden.[45]

2. Widerlegung. Die widerlegliche Konzernvermutung des § 18 Abs. 1 S. 3 greift nur ein, wenn Abhängigkeit besteht. Für ihre Anwendung ist mithin kein Raum, wenn den

---

[38] Ebenso *Raiser* Kapitalgesellschaften § 56 Rdnr. 7; *K. Schmidt*, Festschrift Rittner, S. 561, 576 f.; *ders.* ZHR 155, 417 (1991), 427 ff.; *Timm* Aktiengesellschaft S. 151 ff.; *Wellkamp* DB 1993, 2517, 2518 f.; s. auch u. Rdnr. 25 f.

[39] *Gromann* Gleichordnungskonzern S. 56 ff.; *Hommelhoff* Konzernleitungspflicht S. 389; *C. Hösch* WiB 1997, 291, 292; *Krieger* Handbuch § 68 Rdnr. 68; *Milde* Gleichordnungskonzern S. 161, 237 ff.; *Lutter/Drygala* ZHR 1995, 557, 559 ff.; aA insbes. *Koppensteiner* in Kölner Kommentar § 291 Rdnr. 77; zum Teil anders offenbar auch *Wellkamp* DB 1993, 2517, 2519 ff.

[40] *Emmerich/Sonnenschein* § 4 III 4; anders zB *C. Hösch* (Fn. 39).

[41] Ähnlich *Drygala* Gläubigerschutz S. 120 ff.; *Raiser* Kapitalgesellschaften § 56 Rdnr. 7.

[42] Ebenso *Milde* Gleichordnungskonzern S. 161 ff.; *Lutter/Drygala* ZGR 1995, 557, 565 ff.; s. im einzelnen *Emmerich/Sonnenschein* § 4 III 4; noch weitergehend AG Eisenach AG 1995, 519 = GmbHR 1995, 445.

[43] *M. Lutter*, Mitbestimmung im Konzern, 1975, S. 54 ff.; *H. Werner* ZGR 1976, 447, 470 ff.; *Sonnenschein* Organschaft S. 208, 220 ff.

[44] BAGE 53, 187 = AG 1988, 106; *Giese* Wpg 1974, 464; *Hüffer* Rdnr. 17 f.; *Koppensteiner* in Kölner Kommentar Rdnr. 32; *Liebs*, Gedächtnisschrift Rödig, S. 286; *Richter* AG 1982, 261; *Hanau/P. Ulmer* MitbestG § 5 Rdnr. 26; *Th. Raiser* MitbestG § 5 Rdnr. 13.

[45] BAG (Fn. 44); *Koppensteiner* in Kölner Kommentar Rdnr. 33; *Krieger* Handbuch § 68 Rdnr. 75, str.

verbundenen Unternehmen bereits die Widerlegung der Abhängigkeitsvermutung des § 17 Abs. 2 gelungen ist.[46] Steht hingegen die Abhängigkeit des einen Unternehmens von dem anderen fest, so ist zur Widerlegung der Konzernvermutung (§ 18 Abs. 1 S. 3) der Nachweis erforderlich, daß trotz der Abhängigkeit seitens des herrschenden Unternehmens *tatsächlich* keine einheitliche Leitung praktiziert wird. Dazu müssen Umstände behauptet und gegebenenfalls bewiesen werden, die die Annahme einer einheitlichen Leitung ausschließen.

30 Die Anforderungen an den Beweis fehlender einheitlicher Leitung sind naturgemäß davon abhängig, wie weit der Konzernbegriff jeweils gefaßt wird. Bei dem hier zugrundegelegten weiten Konzernbegriff (o. Rdnr. 9 ff.) wird eine Widerlegung der Konzernvermutung nur in Ausnahmefällen in Betracht kommen.[47] Als grundsätzlich ausgeschlossen ist jedenfalls die Möglichkeit ihrer Widerlegung anzusehen, wenn zwischen den verbundenen Unternehmen ein Gewinnabführungsvertrag besteht, schon, weil er als Grundlage der körperschaftsteuerlichen Organschaft nach § 14 KStG zusätzlich in jedem Fall die finanzielle und wirtschaftliche Eingliederung der abhängigen Gesellschaft in den Organträger voraussetzt.[48] Ebenso wird es sich, jedenfalls im Regelfall, beim Abschluß eines der anderen Unternehmensverträge des § 292 oder bei einer personellen Verflechtung auf der Geschäftsleitungsebene verhalten.[49]

§ 19 Wechselseitig beteiligte Unternehmen

(1) Wechselseitig beteiligte Unternehmen sind Unternehmen mit Sitz im Inland in der Rechtsform einer Kapitalgesellschaft, die dadurch verbunden sind, daß jedem Unternehmen mehr als der vierte Teil der Anteile des anderen Unternehmens gehört. Für die Feststellung, ob einem Unternehmen mehr als der vierte Teil der Anteile des anderen Unternehmens gehört, gilt § 16 Abs. 2 Satz 1, Abs. 4.

(2) Gehört einem wechselseitig beteiligten Unternehmen an dem anderen Unternehmen eine Mehrheitsbeteiligung oder kann das eine auf das andere Unternehmen unmittelbar oder mittelbar einen beherrschenden Einfluß ausüben, so ist das eine als herrschendes, das andere als abhängiges Unternehmen anzusehen.

(3) Gehört jedem der wechselseitig beteiligten Unternehmen an dem anderen Unternehmen eine Mehrheitsbeteiligung oder kann jedes auf das andere unmittelbar oder mittelbar einen beherrschenden Einfluß ausüben, so gelten beide Unternehmen als herrschend und als abhängig.

(4) § 328 ist auf Unternehmen, die nach Absatz 2 oder 3 herrschende oder abhängige Unternehmen sind, nicht anzuwenden.

Schrifttum: *M. Adams,* Die Usurpation von Aktionärsbefugnissen mittels Ringverflechtung in der „Deutschland AG", AG 1994, 148; *Th. Baums,* Die Macht der Banken, ZBB 1994, 86; *A. Cahn/S. Farrenkopf,* Abschied von der qualifizierten wechselseitigen Beteiligung?, AG 1984, 178; *Emmerich,* Zur Problematik der wechselseitigen Beteiligungen, Festschrift H. Westermann, 1974, S. 55; *Emmerich/Sonnenschein* § 5; *Gromann* Die Gleichordnungskonzerne im Konzern- und Wettbewerbsrecht, 1979; *Havermann,* Die verbundenen Unternehmen und ihre Pflichten nach dem AktG, Wpg 1966, 66; *Hettlage,* Darf sich eine Kapitalgesellschaft durch die Begründung einer wechselseitigen Beteiligung an der Kapitalaufbringung ihrer eigenen Kapitalgeber beteiligen?, AG 1967, 259; *ders.,* Die AG als Aktionär, AG 1981, 92; *R. Klix,* Wechselseitige Beteiligungen, 1981; *Koppensteiner,* Internationale Unternehmen im deutschen Gesellschaftsrecht, 1971; *ders.,* Wechselseitige Beteiligungen im Recht der GmbH, WiBl. 1990, 1; *Krieger* Handbuch § 68 Rdnr. 92–110; *Kronstein,* Die abhängige juristische Person, 1931; *Luchterhandt,* Deutsches Konzernrecht bei grenzüberschreitenden Konzern-

---

[46] S. dazu o. § 17 Rdnr. 27 ff.
[47] Ebenso *Giese* Wpg 1974, 464; *Krieger* Handbuch § 68 Rdnr. 72; *Richter* AG 1982, 261; enger hingegen *Hüffer* Rdnr. 19; *Koppensteiner* in Kölner Kommentar Rdnr. 34; *ADS* Rdnr. 73 ff.
[48] S. u. § 291 Rdnr. 40; ebenso *Koppensteiner* in Kölner Kommentar Rdnr. 30; *Hüffer* § 291 Rdnr. 27.
[49] *ADS* Rdnr. 74.

verbindungen, 1971; *Lutter,* Kapital, Sicherung der Kapitalaufbringung und Kapitalerhaltung, 1964; *Mestmäcker,* Verwaltung, Konzerngewalt und Rechte der Aktionäre, 1958, S.113 ff.; *Raiser* Kapitalgesellschaften § 51 V; *Kerstin Schmidt,* Wechselseitige Beteiligungen im Gesellschafts- und Kartellrecht, 1995; *Verhoeven,* GmbH-Konzernrecht: Der Erwerb von Anteilen der Obergesellschaft, GmbHR 1977, 97; *U. Wastl/Fr. Wagner,* Das Phänomen der wechselseitigen Beteiligungen aus juristischer Sicht, 1997; *dies.,* Wechselseitige Beteiligungen im Aktienrecht, AG 1997, 241; *H. Winter,* Die wechselseitige Beteiligung von Aktiengesellschaften, 1960; *Zöllner,* Die Schranken mitgliedschaftlicher Stimmrechtsmacht, 1963.

Übersicht

	Rdnr.		Rdnr.
I. Überblick	1–3	V. Beiderseitige qualifizierte wechselseitige Beteiligungen (§ 19 Abs. 3)	12–14
II. Zweck	4	1. Voraussetzungen	12
III. Begriff	5–7	2. Rechtsfolgen	13, 14
IV. Einseitige qualifizierte wechselseitige Beteiligungen (§ 19 Abs. 2)	8–11	VI. Die nicht geregelten Fälle	15, 16
1. Voraussetzungen	8		
2. Rechtsfolgen	9–11		

I. Überblick

§ 19 regelt zusammen mit § 328 (idF des KonTraG von 1998) die wechselseitigen Beteiligungen, freilich unter Beschränkung auf Kapitalgesellschaften mit Sitz im Inland (§ 19 Abs. 1 S.1), wobei hier unter Kapitalgesellschaften allein die AG, die KGaA und die GmbH verstanden werden. Für bei Inkrafttreten des neuen AktG von 1965 bereits bestehende wechselseitige Beteiligungen findet sich eine Übergangsregelung in den §§ 6 und 7 EGAktG.[1] Ein enger Zusammenhang besteht weiter mit den Vorschriften über Mitteilungspflichten (§§ 20 bis 22), die nicht zuletzt den Zweck haben, wechselseitige Beteiligungen aufzudecken. Ergänzend sind schließlich noch die 1978 und 1998 neugefaßten §§ 71 bis 71 e zu beachten, deren Verhältnis zu § 19 noch nicht endgültig geklärt ist (u. Rdnr. 11, 13 f.). 1

Aufgrund der gesetzlichen Regelung in den §§ 19 Abs. 2 und 3 und 328 hat man zwei verschiedene Formen wechselseitiger Beteiligungen zu unterscheiden, für die sich die Bezeichnungen einfache und qualifizierte wechselseitige Beteiligungen eingebürgert haben. Eine **qualifizierte** wechselseitige Beteiligung liegt nach den Abs. 2 und 3 des § 19 vor, wenn wenigstens ein Unternehmen an dem anderen mehrheitlich iS des § 16 beteiligt ist oder wenn zwischen den verbundenen Unternehmen Abhängigkeitsbeziehungen iS des § 17 bestehen. Sind diese Voraussetzungen erfüllt, so greifen allein die Rechtsfolgen der Mehrheitsbeteiligung oder der Abhängigkeit ein (§ 19 Abs. 4). Fehlen hingegen die genannten zusätzlichen Voraussetzungen, so handelt es sich um eine **einfache** wechselseitige Beteiligung, für die das AktG in § 328 eine komplizierte Sonderregelung enthält. 2

Unter einem anderen Gesichtspunkt unterscheidet man außerdem zweiseitige und mehrseitige wechselseitige Beteiligungen, für die unterschiedliche Bezeichnungen üblich sind. Meistens spricht man von ringförmigen oder zirkulären Beteiligungen oder auch von Dreiecksbeteiligungen. Sie sind gekennzeichnet durch die Zwischenschaltung weiterer Unternehmen. Eine ringförmige Beteiligung liegt zB vor, wenn A an B, B an C und C sodann wiederum an A beteiligt ist. Auf derartige ringförmige Beteiligungen ist § 19 nicht generell, sondern nur von Fall zu Fall bei Erfüllung der Voraussetzungen der Abs. 2 oder 3 anwendbar (s. u. Rdnr. 7).[2] 3

---

[1] S. dazu ausführlich die Begründung und den Ausschußbericht, bei *Kropff* AktG S. 519 ff.

[2] Zur Verbreitung wechselseitiger Beteiligungen s. *M. Adams* AG 1994, 148; *Th. Baus* ZBB 1990, 86; *Emmerich/Sonnenschein* § 5 II; *Wastl/Wagner,* Das Phänomen der wechselseitigen Beteiligungen, 1997; *dies.* AG 1997, 241.

II. Zweck

4 Von wechselseitigen Beteiligungen drohen verschiedene Gefahren.³ Im Vordergrund des Interesses haben bisher die mit ihnen verbundenen Risiken für die Kapitalaufbringung und -erhaltung gestanden (s. § 57 Abs.1 S.1). In der Tat liegt hier ein Problem. Wichtiger noch dürfte indessen die mit wechselseitigen Beteiligungen verbundene Gefahr von Verwaltungsstimmrechten sein, dh. die Gefahr, daß die Verwaltung in beiden Gesellschaften über ihren Einfluß auf die jeweils andere, wechselseitig beteiligte Gesellschaft die Herrschaft in der eigenen Hauptversammlung übernimmt. Vor allem die auf diese Weise zu erreichende Verselbständigung der Verwaltungen gegenüber ihren Gesellschaftern steht in der Mehrzahl der Fälle mit einiger Sicherheit hinter dem planmäßigen Aufbau zumal ringförmiger Beteiligungen. Vornehmlicher Zweck der §§ 19, 71 ff. und 328 ist daher die Bekämpfung der genannten Gefahren wechselseitiger Beteiligungen. Es steht jedoch fest, daß dieser Zweck angesichts der Mängel der gesetzlichen Regelung bisher auch nicht ansatzweise erreicht wurde.

III. Begriff

5 Der Begriff der wechselseitigen Beteiligungen ergibt sich aus § 19 Abs.1 S.1. Unter wechselseitig beteiligten Unternehmen sind hiernach (nur) Kapitalgesellschaften mit Sitz im Inland zu verstehen, die dadurch verbunden sind, daß jedem Unternehmen *mehr als 25% der Anteile* des anderen Unternehmens gehören. Maßgeblich ist mithin allein die Höhe des Anteils am Kapital der anderen Gesellschaft im Sinne des § 16 Abs.2, während der Stimmenanteil (s. § 16 Abs.3) hier, dh. bei der Bestimmung des Begriffs der wechselseitigen Beteiligungen (anders als im Rahmen des § 16 Abs.2 und 3), unberücksichtigt bleibt.⁴

6 Das Gesetz verweist aus diesem Grund in § 19 Abs.1 S.2 zur Berechnung lediglich auf § 16 Abs.2 S.1 und auf § 16 Abs.4. Dies bedeutet im einzelnen: Die Höhe des Anteils einer Gesellschaft an der anderen Gesellschaft berechnet sich nach dem Verhältnis des gesamten Nennbetrags der dieser Gesellschaft gehörenden Anteile zum Nennkapital der anderen Gesellschaft (§ 16 Abs.2 S.1),⁵ wobei die Zurechnungsvorschrift des § 16 Abs.4 zu berücksichtigen ist, so daß zu den einer Gesellschaft gehörenden Anteile namentlich auch die hinzuzurechnen sind, die den von ihm abhängigen Unternehmen gehören.⁶ Keine Anwendung finden hingegen die Sätze 2 und 3 des § 16 Abs.2, so daß hier eigene Anteile und gleichstehende Anteile bei der Berechnung des Nennkapitals der anderen Gesellschaft nicht abzuziehen sind.⁷

7 Die Anwendung der Zurechnungsvorschrift des *§ 16 Abs.4* setzt hier ebensowenig wie im eigentlichen Anwendungsbereich des § 16 Abs.4 eine unmittelbare Beteiligung des herrschenden Unternehmens neben der abhängigen Gesellschaft an der dritten Gesellschaft voraus.⁸ Die Folge ist, daß § 19 – unter den Voraussetzungen des § 16 Abs.4 – durchaus auch ringförmige Beteiligungen erfaßt.⁹ Ist zB A an B, B an C und C wieder an A beteiligt, so kann es sich um eine wechselseitige Beteiligung iS des § 19 handeln, *sofern* B von A abhängig ist. Sind an der ringförmigen Beteiligung noch weitere Unternehmen beteiligt, so müssen auch in den weiteren Gliedern der Kette mit Ausnahme der letzten Abhängigkeitsbeziehungen zu den bloßen Kapitalbeteiligungen hinzutreten, damit § 19 anwendbar wird.¹⁰

---

³ S. die Begründung zum RegE, bei *Kropff* AktG S.34f.; *Emmerich*, Festschrift Westermann, S.55, 60ff.; *ders./Sonnenschein* § 5 II; *Klix* Beteiligungen S.18, 23ff.; *Koppensteiner* WiBl. 1990, 1; *Kerstin Schmidt*, Wechselseitige Beteiligungen, S.51ff.; *Wastl/Wagner* (Fn.2).
⁴ S. *Geßler* in Geßler/Hefermehl Rdnr.17ff.; *Koppensteiner* in Kölner Kommentar Rdnr.12ff.
⁵ Wegen der Einzelheiten s.o. § 16 Rdnr.9.
⁶ Wegen der Einzelheiten s.o. § 16 Rdnr.13ff.
⁷ *Geßler* in Geßler/Hefermehl Rdnr.18; *Koppensteiner* in Kölner Kommentar Rdnr.14.
⁸ S.o. § 16 Rdnr.16.
⁹ *Geßler* in Geßler/Hefermehl Rdnr.12ff.; *Koppensteiner* in Kölner Kommentar Rdnr.17f.; s. schon o. Rdnr.3.
¹⁰ S. außer den Genannten (Fn.9) *Emmerich*, Festschrift Westermann S.55, 69f.; *Emmerich/Sonnenschein* § 5 IV 1; *Krieger* Handbuch § 68 Rdnr.96.

IV. Einseitige qualifizierte wechselseitige Beteiligungen (§ 19 Abs. 2)

1. Voraussetzungen. Eine einseitige qualifizierte wechselseitige Beteiligung liegt nach § 19 Abs. 2 vor, wenn es sich um wechselseitig beteiligte Unternehmen im Sinne des § 19 Abs. 1 handelt, dh. um Kapitalgesellschaften mit Sitz im Inland, die aneinander mit mehr als 25% der Anteile beteiligt sind (o. Rdnr. 5 ff.), **und** das eine Unternehmen an dem anderen mehrheitlich nach § 16 beteiligt ist oder das eine von dem anderen abhängig im Sinne des § 17 ist. Zu der wechselseitigen Beteiligung nach Maßgabe des § 19 Abs. 1 muß folglich hier noch eine Mehrheitsbeteiligung im Sinne des § 16 oder ein beherrschender Einfluß im Sinne des § 17 Abs. 1 hinzutreten.[11] Zu beachten ist, daß insoweit der *ganze* § 16 anwendbar ist mit der Folge, daß *hier* eigene und gleichstehende Anteile abzuziehen sind (§ 16 Abs. 2 S. 2 und 3) und daß neben einer Kapitalmehrheit auch eine Stimmenmehrheit nach § 16 Abs. 3 für die Anwendung des § 19 Abs. 2 ausreicht. Ringförmige Beteiligungen werden hier wiederum unter der zusätzlichen Voraussetzung des § 16 Abs. 4 erfaßt.[12]

2. Rechtsfolgen. Nach § 19 Abs. 2 sind unter den hier genannten Voraussetzungen (o. Rdnr. 8) die wechselseitig beteiligten Unternehmen als voneinander abhängig anzusehen. § 19 Abs. 2 stellt eine *unwiderlegliche Vermutung* dar, die, soweit sie an die Abhängigkeit des einen Unternehmens von dem anderen anknüpft, tautologisch ist. Für den Fall einer Mehrheitsbeteiligung enthält die gesetzliche Regelung hingegen eine Abweichung von § 17 Abs. 2, für die ein sachlicher Grund nicht erkennbar ist.

Die Folge der eigenartigen Regelung des § 19 Abs. 2 ist, daß auf wechselseitig beteiligte Unternehmen unter den hier genannten Voraussetzungen die Vorschriften über verbundene und über abhängige Unternehmen anzuwenden sind (§§ 15, 17).[13] Anwendbar ist außerdem die Konzernvermutung des § 18 Abs. 1 S. 3, die hier wiederum in aller Regel nicht widerlegbar sein dürfte.[14] Zu beachten ist weiter § 160 Abs. 1 Nr. 7, nach dem die wechselseitige Beteiligung im Anhang zum Jahresabschluß (§ 264 Abs. 1 S. 1 HGB) offenzulegen ist. Die wichtigsten Rechtsfolgen ergeben sich jedoch aus den §§ 71 ff. in der Fassung von 1978.

Die **§§ 71 bis 71e** idF des KonTraG von 1998 gelten auch für wechselseitig beteiligte Unternehmen.[15] Folglich *ruhen* im Falle des § 19 Abs. 2 gemäß § 71d S. 4 iVm. § 71b sämtliche Mitgliedschaftsrechte aus dem Anteilsbesitz der *abhängigen* wechselseitig beteiligten Gesellschaft an der anderen herrschenden Gesellschaft, wodurch vor allem der Ausschluß von Verwaltungsstimmrechten erreicht wird.[16] Außerdem muß die über 10% hinausgehende Beteiligung der abhängigen wechselseitig beteiligten Gesellschaft binnen eines Jahres *abgebaut* und dadurch die wechselseitige Beteiligung wieder beseitigt werden (§ 71d S. 2 und 4 iVm. §§ 71 und 71c Abs. 1).[17] Insoweit hat auch das neue Gesetz zur Kontrolle und Transparenz im Unternehmensbereich (KonTraG) von 1998[18] keine ins Gewicht fallenden Änderungen gebracht.[19]

V. Beiderseitige qualifizierte wechselseitige Beteiligungen (§ 19 Abs. 3)

1. Voraussetzungen. Eine beiderseitige qualifizierte wechselseitige Beteiligung liegt nach § 19 Abs. 3 vor, wenn es sich um wechselseitig beteiligte Unternehmen im Sinne des

---

[11] S. *Geßler* in Geßler/Hefermehl Rdnr. 28 ff.; *Hüffer* Rdnr. 4; *Koppensteiner* in Kölner Kommentar Rdnr. 19.
[12] *Hüffer* Rdnr. 5; *Koppensteiner* in Kölner Kommentar Rdnr. 21.
[13] Wegen der Einzelheiten s.o. § 15 Rdnr. 4, § 17 Rdnr. 2; *K. Schmidt,* Wechselseitige Beteiligungen, S. 63 ff.
[14] Ebenso *Geßler* in Geßler/Hefermehl Rdnr. 38 f.
[15] ZB *Emmerich/Sonnenschein* § 5 IV 2b; *Hüffer* Rdnr. 6; *Koppensteiner* in Kölner Kommentar Rdnr. 7; *K. Schmidt* (Fn. 13).
[16] S. außer den Genannten (Fn. 15) noch *Lutter* in Kölner Kommentar § 71b Rdnr. 18, § 71d Rdnr. 47.
[17] *Emmerich/Sonnenschein* (Fn. 15); *Bungeroth* in Geßler/Hefermehl § 71d Rdnr. 7, 49 ff.; *Klix* Beteiligungen S. 36 ff.; *Krieger* Handbuch § 68 Rdnr. 107; *Lutter* in Kölner Kommentar § 71d Rdnr. 43, 47; *Raiser* Kapitalgesellschaften § 52 Rdnr. 39; *K. Schmidt* (Fn. 13) S. 68 ff.; anders *Cahn/Farrenkopf* AG 1984, 178.
[18] BGBl. I, S. 786.
[19] Ebenso schon *Wastl/Wagner* AG 1997, 241, 246 f.

§ 19 Abs. 1 handelt *und jedem* der beiden wechselseitig beteiligten Unternehmen an dem anderen Unternehmen eine *Mehrheitsbeteiligung* gemäß § 16 gehört oder jedes auf das andere einen beherrschenden Einfluß im Sinne des § 17 Abs. 1 auszuüben vermag. Da der zuletzt genannte Fall nicht vorstellbar ist,[20] hat § 19 Abs. 3 Bedeutung lediglich für die Fälle der wechselseitigen Mehrheitsbeteiligungen im Sinne des (ganzen) § 16. Für diese Fälle enthält die Vorschrift (ebenso wie § 19 Abs. 2) eine unwiderlegliche Vermutung, so daß jedes Unternehmen zugleich als herrschendes und als abhängiges Unternehmen anzusehen ist.

13   **2. Rechtsfolgen.** Die Rechtsfolgen der beiderseitigen qualifizierten wechselseitigen Beteiligung (o. Rdnr. 12) entsprechend im wesentlichen denen der einseitigen qualifizierten wechselseitigen Beteiligung (s. deshalb schon o. Rdnr. 9 ff.), nur mit dem Unterschied, daß hier die Vorschriften über abhängige Unternehmen auf **beide** wechselseitig beteiligte Unternehmen anzuwenden sind. Hinzu treten wiederum die §§ 71 ff.[21]

14   Die Folge ist zunächst, daß sich sämtliche verbundenen Gesellschaften die schon erwähnten (o. Rdnr. 11) Beschränkungen für abhängige Unternehmen gefallen lassen müssen, so daß *keine* von ihnen aus ihren Aktien nach den §§ 71 d S. 4 und 71 b Mitgliedschaftsrechte bei der anderen besitzt.[22] Bei *ringförmigen* Beteiligungen erfaßt das Verbot sicher die Muttergesellschaften, von ihnen abhängige Tochter- und Enkelgesellschaften hingegen wohl nur, wenn sie ihrerseits an der anderen Gesellschaft mit Mehrheit beteiligt sind oder diese von ihnen sonst abhängig ist. Anwendbar sind außerdem § 71 d S. 2 und 4 und § 71 c, so daß der beiderseitige Anteilsbesitz binnen eines Jahres bis auf die Obergrenze von 10 % abgebaut werden muß.[23]

VI. Die nicht geregelten Fälle

15   Der Anwendungsbereich der §§ 19 und 328 beschränkt sich auf wechselseitige Beteiligungen zwischen Kapitalgesellschaften mit Sitz im Inland, wobei bei § 328 noch hinzukommen muß, daß wenigstens eine der beteiligten Gesellschaften eine deutsche AG oder KG aA ist. Andere wechselseitigen Beteiligungen, namentlich also wechselseitige Beteiligungen mit ausländischen Unternehmen und mit Personengesellschaften sowie einfache wechselseitige Beteiligungen zwischen Kapitalgesellschaften mit Ausnahme von Aktiengesellschaften werden hingegen von den §§ 19 und 328 nicht erfaßt. Die Behandlung dieser Fälle ist bisher wenig geklärt.[24]

16   Bei wechselseitigen Beteiligungen mit **ausländischen** Unternehmen kommt zunächst die Anwendung der §§ 15 bis 18 in Betracht, vorausgesetzt, daß die an der Unternehmensverbindung beteiligte deutsche AG im Mehrheitsbesitz einer ausländischen Gesellschaft steht oder von dieser abhängig ist. Die Rechtsfolgen entsprechen dann weitgehend denen in den §§ 19 Abs. 2 und 3.[25] In weiteren Fällen ist an die Anwendung des § 57 Abs. 1 S. 1 (Verbot der Einlagenrückgewähr) zu denken und die wechselseitige Beteiligung deshalb als *unzulässig* zu behandeln. Dies sollte überhaupt die Leitlinie bei der Behandlung der vielen ungeregelten Fälle sein.[26]

---

[20] *Emmerich/Sonnenschein* § 5 IV 3 a; zustimmend *Koppensteiner* in Kölner Kommentar Rdnr. 22.
[21] S. *Emmerich/Sonnenschein* § 5 IV 3.
[22] *Hüffer* § 19 Rdnr. 10; *Klix* Beteiligungen S. 37; *Lutter* in Kölner Kommentar § 71 d Rdnr. 49; *K. Schmidt* (Fn. 13).
[23] *K. Schmidt* (Fn. 13), S. 68 ff.; anders *Lutter* in Kölner Kommentar § 71 d Rdnr. 48 f.; ebenso *Hüffer* Rdnr. 8.
[24] Wegen der Einzelheiten s. *Emmerich*, Festschrift Westermann, S. 55; *ders.* in Scholz, GmbHG § 44 Anh. Rdnr. 77 ff.; *Emmerich/Sonnenschein* § 5 VI; Hettlage AG 1967, 259; 1981, 92; *Klix* Beteiligungen S. 38, 44 ff.; *Koppensteiner* in Kölner Kommentar Rdnr. 23 ff.; *ders.* WiBl. 1990, 1; *Krieger* Handbuch § 68 Rdnr. 105 f.; *K. Schmidt* (Fn. 13), S. 80 ff.; *Verhoeven* GmbHR 1977, 97.
[25] *Geßler* in Geßler/Hefermehl Rdnr. 9; *Koppensteiner* in Kölner Kommentar Rdnr. 26.
[26] *Emmerich/Sonnenschein* (Fn. 24); dagegen zB *Wastl/Wagner* AG 1997, 241, 247 f.; anders auch für Personengesellschaften BGHZ 119, 346, 356 f. = NJW 1993, 1265.

§ 20 Mitteilungspflichten

(1) Sobald einem Unternehmen mehr als der vierte Teil der Aktien einer Aktiengesellschaft mit Sitz im Inland gehört, hat es dies der Gesellschaft unverzüglich schriftlich mitzuteilen. Für die Feststellung, ob dem Unternehmen mehr als der vierte Teil der Aktien gehört, gilt § 16 Abs. 2 Satz 1, Abs. 4.

(2) Für die Mitteilungspflicht nach Absatz 1 rechnen zu den Aktien, die dem Unternehmen gehören, auch Aktien,

1. deren Übereignung das Unternehmen, ein von ihm abhängiges Unternehmen oder ein anderer für Rechnung des Unternehmens oder eines von diesem abhängigen Unternehmens verlangen kann;

2. zu deren Abnahme das Unternehmen, ein von ihm abhängiges Unternehmen oder ein anderer für Rechnung des Unternehmens oder eines von diesem abhängigen Unternehmens verpflichtet ist.

(3) Ist das Unternehmen eine Kapitalgesellschaft so hat es, sobald ihm ohne Hinzurechnung der Aktien nach Absatz 2 mehr als der vierte Teil der Aktien gehört, auch dies der Gesellschaft unverzüglich schriftlich mitzuteilen.

(4) Sobald dem Unternehmen eine Mehrheitsbeteiligung (§ 16 Abs. 1) gehört, hat es auch dies der Gesellschaft unverzüglich schriftlich mitzuteilen.

(5) Besteht die Beteiligung in der nach Absatz 1, 3 oder 4 mitteilungspflichtigen Höhe nicht mehr, so ist dies der Gesellschaft unverzüglich schriftlich mitzuteilen.

(6) Die Gesellschaft hat das Bestehen einer Beteiligung, die ihr nach Absatz 1 oder 4 mitgeteilt worden ist, unverzüglich in den Gesellschaftsblättern bekannt zu machen; dabei ist das Unternehmen anzugeben, dem die Beteiligung gehört. Wird der Gesellschaft mitgeteilt, daß die Beteiligung in der nach Absatz 1 oder 4 mitteilungspflichtigen Höhe nicht mehr besteht, so ist auch dies unverzüglich in den Gesellschaftsblättern bekanntzumachen.

(7) Rechte aus Aktien, die einem nach Absatz 1 oder 4 mitteilungspflichtigen Unternehmen gehören, bestehen für die Zeit, für die das Unternehmen die Mitteilungspflicht nicht erfüllt, weder für das Unternehmen noch für ein von ihm abhängiges Unternehmen oder für einen anderen, der für Rechnung des Unternehmens oder eines von diesem abhängigen Unternehmens handelt. Dies gilt nicht für Ansprüche nach § 58 Abs. 4 und § 271, wenn die Mitteilung nicht vorsätzlich unterlassen wurde und nachgeholt worden ist.

(8) Die Absätze 1 bis 7 gelten nicht für Aktien einer börsennotierten Gesellschaft im Sinne des § 21 Abs. 2 des Wertpapierhandelsgesetzes.

Schrifttum: *Austmann,* Pflichten zur Offenlegung von Aktienbesitz, WiB 1994, 143; *Bernhardt,* Mitteilungs-, Bekanntmachungs- und Berichtspflichten, BB 1966, 678; *Burgard,* Die Offenlegung von Beteiligungen, Abhängigkeits- und Konzernlagen bei der Aktiengesellschaft, 1990; *ders.,* Die Offenlegung von Beteiligungen bei der AG, AG 1992, 41; *Emmerich/Sonnenschein* § 6; *v. Falkenhausen,* Abhängige Unternehmen und Mitteilungspflicht, BB 1966, 875; *Geßler,* Verlust oder nur Ruhen der Aktionärsrechte nach § 20 Abs. 7 AktG?, BB 1980,217; *W. Groß,* Informations- und Auskunftsrecht des Aktionärs, AG 1997, 97; *Heinsius,* Rechtsfolgen der Verletzung der Mitteilungspflichten nach § 20 AktG, Festschrift R. Fischer, 1979, S. 215; *ders.,* Bekanntmachungs- und Berichtspflichten über Beteiligungen nach neuem Aktienrecht, BB 1966, 678; *Hüffer,* Verlust oder Ruhen von Aktionärsrechten bei Verletzung aktienrechtlicher Mitteilungspflichten?, Festschrift Boujong, 1996, S. 277; *Joussen,* Die Treuepflicht des Aktionärs bei feindlichen Übernahmen, AG 1997, 1075; *Junge,* Anzeigepflichten und Publizität bei Beteiligungserwerb, Festschrift Semler, 1993, S. 473; *Knoll,* Die Übernahme von Kapitalgesellschaften, 1992; *Koppensteiner,* Internationale Unternehmen im deutschen Gesellschaftsrecht, 1971; *ders.,* Einige Fragen zu § 20 AktG, Festschrift Rowedder, 1994, S. 213; *Krieger* Handbuch § 68 Rdnr. 111–154; *Kropff,* 25 Jahre Aktiengesetz – Was waren die Ziele, was wurde erreicht?, in 25 Jahre Aktiengesetz, 1991, S. 19; *Luchterhandt,* Deutsches Konzernrecht bei grenzüberschreitenden Konzernverbindungen, 1971; *Maul,* Mitteilungspflichten über qualifizierte Beteiligungsverhältnisse, BB 1985, 479; *Pentz,* Mitteilungspflichten gegenüber einer mehrstufig verbundenen AG, AG 1992, 55; *ders.,* Die Rechtsstellung der Enkel-AG in mehrstufigen Unternehmensverbindungen, 1996; *Priester,* Die Beteiligungspublizität bei Gründung der Gesellschaft, AG 1974, 212; *Quack,* Mitteilungspflichten des § 20 AktG, Festschrift Semler,

1993, S. 581; *Raiser* Kapitalgesellschaften § 52 I; *Schäfer*, Aktuelle Probleme des neuen AktG, BB 1966, 229; *U. Schneider*, Die kapitalmarktrechtlichen Offenbarungspflichten von Konzernunternehmen nach §§ 21 ff. WpHG, Festschrift Brandner, 1996, S. 565; *Siebel*, Zur Auskunftspflicht des Aktionärs, Festschrift Heinsius, 1991, S. 771; *Vonnemann*, Mitteilungspflichten gemäß §§ 20 I, 21 AktG, AG 1991, 352; *Vossel*, Auskunftsrechte im Aktienkonzern, 1996; *H. Wiedemann*, Minderheitenschutz und Aktienhandel, 1988; *Witt*, Vorschlag für eine Zusammenfügung der §§ 21 ff. WpHG und des § 20 AktG zu einem einzigen Regelungskomplex, AG 1998, 171; *R. Wolframm*, Mitteilungspflichten familiär verbundener Aktionäre nach § 20 AktG, 1998.

Übersicht

	Rdnr.		Rdnr.
I. Überblick	1–3	V. Mitteilung	15–17
II. §§ 21 ff. WpHG	4	VI. Bekanntmachung	18, 19
III. Verpflichteter	5–7	VII. Sanktionen	20–29
IV. Die einzelnen Fälle	8–14	1. Ausübungsverbot	21–24
1. § 20 Abs. 1	8–10	2. Einzelfälle	25–29
2. § 20 Abs. 3	11, 12		
3. § 20 Abs. 4	13		
4. § 20 Abs. 5	14		

I. Überblick

1 Die §§ 20 und 21 regeln verschiedene Mitteilungspflichten von Unternehmen im Falle einer Beteiligung an einer deutschen Aktiengesellschaft. Eine Mitteilungspflicht besteht hiernach zunächst nach § 20 bei einer Beteiligung von mehr als 25% sowie bei einer Mehrheitsbeteiligung an einer inländischen AG oder KGaA, während § 21 noch eine Mitteilungspflicht für Aktiengesellschaften und KGaA bei einer vergleichbaren Beteiligung an einer anderen Kapitalgesellschaft mit Sitz im Inland begründet. Treffen die §§ 20 und 21 zusammen wie zB im Falle der Beteiligung einer AG an einer anderen inländischen AG, so hat der strengere § 20 den Vorrang vor § 21.[1] Nach § 22 kann der Adressat der Mitteilung außerdem jederzeit den Nachweis der Beteiligung verlangen. Die Regelung wird ergänzt durch eine besondere Mitteilungspflicht bei wechselseitigen Beteiligungen aufgrund des § 328 Abs. 3, weiter durch eine eng begrenzte Strafvorschrift in § 405 Abs. 3 Nr. 5 sowie durch eine Übergangsvorschrift in § 7 EGAktG.

2 Mit den Vorschriften der §§ 20 bis 22 wird ein doppelter **Zweck** verfolgt.[2] Im Vordergrund steht ihre Aufgabe, im Interesse der betroffenen Gesellschaften, ihrer Gesellschafter und der Öffentlichkeit die Machtverhältnisse in den Gesellschaften offenzulegen. Hinzu tritt als weiterer Zweck die Förderung der Rechtssicherheit, da ohne genaue Kenntnis der jeweiligen Beteiligungsverhältnisse große Teile des Konzernrechts nicht praktikabel sind. In besonderem Maße gilt das für die verwickelten Vorschriften über gegenseitige Beteiligungen (§§ 19, 328).

3 Beide Zwecke der §§ 20 und 21 AktG (o. Rdnr. 2) wurden weitgehend verfehlt.[3] Der Gesetzgeber hat deshalb in den letzten Jahren an mehreren Stellen weitere, zum Teil deutlich über die §§ 20 und 21 hinausgehende Anzeige- und Mitteilungspflichten statuiert. Hervorzuheben sind namentlich die §§ 21 ff. WpHG (u. Rdnr. 4). Die §§ 20 und 21 AktG sind an diese Vorschriften erst 1998 durch das 3. Finanzmarktförderungsgesetz, in Kraft getreten am 1. April 1998, angepaßt worden.[4] Zu diesem Zweck wurden die Vorschriften der §§ 20 Abs. 8 und 21 Abs. 5 in das Gesetz eingefügt, die bestimmen, daß die aktienrechtlichen Mitteilungs-

---

[1] S. u. § 21 Rdnr. 2.
[2] Begründung zum RegE, bei *Kropff* AktG S. 38; BGHZ 114, 203, 215 = NJW 1991, 2765; KG AG 1990, 500, 501; *Burgard* Offenlegung S. 44; *Siebel*, Festschrift Heinsius, S. 771, 783 ff.
[3] Monopolkommission, 7. Hauptgutachten 1986/87, Tz. 827, 832; *Emmerich/Sonnenschein* § 6 I; *Burgard* Offenlegung S. 18 ff.; *ders.* AG 1992, 41 ff.
[4] BGBl. I, S. 529, 567; s. dazu *Austmann* WiB 1994, 143; *Burgard* Offenlegung S. 69 ff.; *ders.* AG 1992, 41, 44 ff.; *Emmerich/Sonnenschein* § 6 II; *Neye* ZIP 1996,

pflichten nicht mehr für Aktien einer börsennotierten Gesellschaft im Sinne des § 21 Abs. 2 WpHG gelten. Die Mitteilungspflichten hinsichtlich Beteiligungen an börsennotierten Gesellschaften richten sich mithin fortan *allein* nach den §§ 21 ff. WpHG, so daß es insoweit nicht mehr zu Überschneidungen mit den §§ 20 f. AktG kommen kann.[5] Zu beachten bleibt freilich, daß die Mitteilungspflichten nach den §§ 21 ff. WpHG in einzelnen Punkten hinter denen nach dem AktG zurückbleiben, vor allem, weil § 21 WpHG (im Gegensatz zu den §§ 20 und 21 AktG) allein auf Stimmrechte (und nicht auch auf Kapitalanteile) abstellt. Die damit verbundene, geringfügige Einschränkung der Mitteilungspflichten hielt man indessen für hinnehmbar.[6] Bei dieser Gelegenheit wurden zugleich die Sanktionen für einen Verstoß gegen die aktienrechtlichen Mitteilungspflichten (§§ 20 Abs. 7 und 21 Abs. 4 AktG) dem § 28 WpHG angepaßt und damit im Ergebnis deutlich abgemildert (s. u. Rdnr. 20 ff.).

II. §§ 21 ff. WpHG

Schrifttum: *Claussen*, Bank- und Börsenrecht, 1996, § 9 Rdnr. 102 ff.; *Hopt* ZHR 159 (1995), 135; *Hüffer* § 22 Anh.; *Kümpel*, Bank- und Kapitalmarktrecht, 1995, Tz. 14, 40 ff.; *Nottmeier/H. Schäfer* AG 1997, 87; *U. Schneider* in Assmann/U. Schneider WpHG, 1995, §§ 21 ff.; *ders.*, Festschrift Brandner, 1996, S. 565; *ders.* AG 1997, 81; *M. Weber* NJW 1994, 2849; *Witt* AG 1998, 171.

Aufgrund der §§ 21 ff. des WpHG vom 26. 7. 1994,[7] zuletzt geändert durch das 3. Finanzmarktförderungsgesetz von 1998,[8] ist bei *börsennotierten* Gesellschaften seit 1995 jeder Vorgang mitteilungspflichtig, durch den ein (beliebiger) Aktionär 5%, 10%, 25%, 50% oder 75% der Stimmrechte an der Gesellschaft erreicht, überschreitet oder unterschreitet; zu den Stimmrechten des Aktionärs werden hierbei auch solche gezählt, die einem Unternehmen gehören, das der Aktionär iS des § 27 Abs. 3 WpHG „kontrolliert" (§ 22 Abs. 1 Nr. 2 WpHG).[9] Die Mitteilungen werden veröffentlicht, um die gebotene Publizität der Beteiligungsverhältnisse sicherzustellen (§ 25 WpHG). Bei einem Verstoß gegen diese Mitteilungspflichten greifen dieselben Sanktionen wie nach Aktienrecht ein (§ 28 WpHG nF; s. u. Rdnr. 20 ff.).

III. Verpflichteter

Die aktienrechtliche Mitteilungspflicht trifft nach § 20 Abs. 1 (nur) **Unternehmen,** die an einer AG oder KG aA (s. § 278 Abs. 3) mit Sitz im Inland in einer bestimmten Höhe beteiligt sind. Der Unternehmensbegriff ist hier derselbe wie in § 15,[10] so daß die Mitteilungspflicht im Falle ihrer Beteiligung an einer inländischen AG oder KG aA auch die öffentliche Hand trifft.[11] Keine Rolle spielt der Sitz des beteiligten Unternehmens; § 20 gilt namentlich auch für *ausländische* Unternehmen im Falle ihrer Beteiligung an einer inländischen AG oder KG aA.[12]

Den Gegensatz zum Unternehmensaktionär bildet der **Privataktionär.**[13] Nach hM besteht deshalb für Privataktionäre keine Mitteilungspflicht aufgrund der §§ 20 und 21, wohl aber gegebenenfalls aufgrund der §§ 21 ff. WpHG, da dieses Gesetz die (überholte) Unterscheidung zwischen Privat- und Unternehmensaktionären aufgegeben hat.[14] Die Folge der Unterscheidung zwischen Unternehmens- und Privataktionären in § 20 ist zB,

---

1853, 1856; *Pötzsch* WM 1998, 949, 957; *Siebel*, Festschrift Heinsius, S. 771; *U. Schneider* AG 1997, 81, 82.

[5] S. die Begr. zum RegE des 3. Finanzmarktförderungsgesetzes BT-Dr. 13 (1997)/8933, S. 59, 174.

[6] S. die Begr. zu dem 3. Finanzmarktförderungsgesetz (Fn. 5) S. 148.

[7] BGBl. I, S. 1749.

[8] BGBl. I, S. 529, 538; s. dazu die Begr. zum 3. Finanzmarktförderungsgesetz, BT-Dr. 13(1997)/8933, S. 94 f.

[9] S. *U. Schneider*, Festschrift Brandner, S. 565, 568 ff.; *ders.* AG 1997, 81, 83 ff.; *Nottmeier/Schäfer* AG 1997, 87.

[10] S. deshalb im einzelnen o. § 15 Rdnr. 6 ff.

[11] S. o. § 15 Rdnr. 22 ff.; *Geßler* BB 1980, 217, 220; *Heinsius*, Festschrift R. Fischer, S. 215, 218 f.; *Siebel*, Festschrift Heinsius, S. 771, 800; ebenso für die §§ 21 ff. WpHG *Nottmeier/Schäfer* AG 1997, 87, 90.

[12] Dazu ausführlich *Koppensteiner*, Internationale Unternehmen, S. 284 ff.; *Luchterhand* Konzernrecht S. 195 ff.

[13] S. o. § 15 Rdnr. 6 ff.

[14] *Hüffer* § 22 Anh. § 21 WpHG Rdnr. 4; *Nottmeier/Schäfer* AG 1997, 87, 89 f.; *U. Schneider* in Assmann/U. Schneider WpHG § 21 Rdnr. 5 ff.; *ders.*, Festschrift Brandner, S. 565, 567.

daß bei Stimmrechtskonsortien sowie in vergleichbaren Fällen die Frage, wen die Mitteilungspflicht trifft, davon abhängt, ob im Einzelfall die die Aktien haltende BGB-Gesellschaft oder ihre Gesellschafter Unternehmensqualität besitzen.[15] Man sollte heute jedoch nicht mehr zögern, von Fall zu Fall auch bei Privataktionären aufgrund ihrer *Treuepflicht* eine Mitteilungspflicht anzuerkennen, jedenfalls, wenn sie dabei sind, ein Aktienpaket aufzubauen, von dem ein spürbarer Einfluß auf die Gesellschaft ausgehen kann.[16]

7 Unter den genannten Voraussetzungen (o. Rdnr. 5 f.) trifft die Mitteilungspflicht denjenigen Aktionär, dem die Aktien „*gehören*" (s. § 20 Abs. 1 S. 1 und Abs. 4), dh. den Eigentümer der Aktien sowie denjenigen, dem nach § 16 Abs. 4 (s. § 20 Abs. 1 S. 2 und Abs. 4 AktG) die Aktien, die im Eigentum Dritter stehen, zugerechnet werden. Die Zurechnung setzt hier ebensowenig wie sonst eine eigene Beteiligung des Mitteilungspflichtigen neben der des Dritten voraus (s. u. Rdnr. 9). Anders verhält es sich lediglich im Falle des § 20 Abs. 2. Hier erfordert die Zurechnung des fremden Aktienbesitzes eigenen Aktienbesitz des betreffenden Unternehmens; diese Regelung ändert indessen nichts an der eigenen Mitteilungspflicht des Eigentümers der zugerechneten Aktien.[17]

IV. Die einzelnen Fälle

8 **1. § 20 Abs. 1.** Mitteilungspflichtig ist zunächst nach § 20 Abs. 1 S. 1 die *Kapitalbeteiligung* eines Unternehmens (o. Rdnr. 5) in Höhe von mehr als *25%* an einer AG oder KGaA mit Sitz im Inland, während die bloße Innehabung von mehr als 25% der *Stimmrechte*, etwa aufgrund von Mehrstimmrechtsaktien, keine Mitteilungspflicht nach dem AktG, wohl aber gegebenenfalls nach dem WpHG (§ 21) auslöst.[18] Ausgenommen sind jedoch nach dem neuen, erst 1998 in das Gesetz eingefügten § 20 Abs. 8 AktG Aktien einer börsennotierten Gesellschaft, worunter nach § 21 Abs. 2 WpHG Gesellschaften mit Sitz im Inland zu verstehen sind, deren Aktien zum amtlichen Handel an einer Börse in einem Mitgliedstaat der Europäischen Union (oder des Europäischen Wirtschaftsraums) zugelassen sind.[19] Bei der *Berechnung* der Kapitalquote von mehr als 25% sind eigene Aktien der Gesellschaft sowie gleichstehende Aktien nicht abzuziehen, weil das Gesetz in § 20 Abs. 1 S. 2 allein auf S. 1, nicht hingegen auf S. 2 und 3 des § 16 Abs. 2 verweist.[20] Zu berücksichtigen sind bei der Berechnung außerdem stimmrechtslose Vorzugsaktien sowie vinkulierte Namensaktien, so daß auch deren Erwerb gegebenenfalls mitteilungspflichtig ist.[21] Maßgebend ist mithin allein das Verhältnis des Gesamtnennbetrages der dem fraglichen Unternehmen gehörenden oder ihm nach § 16 Abs. 4 oder § 20 Abs. 2 zuzurechnenden Aktien zu dem Grundkapital der Gesellschaft. Gleich steht eine entsprechende Beteiligung an einer Vor-AG, namentlich also die Übernahme von mehr als 25% des Kapitals der neuen Gesellschaft, vorausgesetzt, daß der Übernehmer Unternehmensqualität besitzt (vgl. in diesem Zusammenhang auch den neuen § 21 Abs. 1a WpHG von 1998).[22]

9 Bei der Berechnung der Kapitalquote von mehr als 25% ist nach § 20 Abs. 1 S. 2 die Zurechnungsvorschrift des **§ 16 Abs. 4** zu beachten. Hierunter fallen namentlich Abhängigkeits- und Treuhandverhältnisse.[23] Wie bereits ausgeführt (o. Rdnr. 7), setzt diese Zurech-

---

[15] BGHZ 114, 203, 210 f. = LM AktG § 20 Nr. 1 = NJW 1991, 2765; *Geßler* in Geßler/Hefermehl Rdnr. 5 ff.; *Hüffer* Rdnr. 2; *Koppensteiner* in Kölner Kommentar Rdnr. 30.
[16] *Burgard* Offenlegung S. 47, 64 ff.; *ders.* AG 1992, 41, 47 ff.; *Emmerich/Sonnenschein* § 6 III; *Siebel*, Festschrift Heinsius, S. 771, 787; dagegen *Joussen* BB 1992, 1075.
[17] *Geßler* in Geßler/Hefermehl Rdnr. 20, 23; *Koppensteiner* in Kölner Kommentar Rdnr. 26.
[18] BGHZ 114, 203, 216 = NJW 1991, 2765.
[19] Wegen der Einzelheiten s. *Hüffer* § 22 Anh.: § 21 WpHG Rdnr. 12; *U. Schneider* in Assmann/U. Schneider WpHG § 21 Rdnr. 48 ff.
[20] *Burgard* Offenlegung S. 49.
[21] KG AG 1990, 500 = WM 1990, 1546 „Springer/Kirch"; *Siebel*, Festschrift Heinsius, S. 777, 787 f.
[22] *Eckardt* in Geßler/Hefermehl § 23 Rdnr. 53; *Hüffer* Rdnr. 2; *Priester* AG 1994, 212; zu § 21 Abs. 1a WpHG s. die Begr. zum 3. Finanzmarktförderungsgesetz BT-Dr. 13(8933), S. 94 f.
[23] BGHZ 114, 203, 217 = NJW 1991, 2765; LG Hannover AG 1993, 187, 188 f. = WM 1992, 1232; dazu *Koppensteiner*, Festschrift Roweder, S. 213 ff.

nung keine eigene Beteiligung des fraglichen Unternehmens an der anderen Gesellschaft vor; außerdem wird dadurch nicht die eigene Beteiligung etwa des abhängigen Unternehmens oder des Treuhänders an der Gesellschaft absorbiert, so daß die Mitteilungspflicht gegebenenfalls *beide,* also Treuhänder wie Treugeber oder herrschendes wie abhängiges Unternehmen trifft.[24]

Ergänzend findet sich noch in *§ 20 Abs. 2* allein für die Mitteilungspflichten nach § 20 Abs. 1 eine besondere Zurechnungsnorm. Danach sind den dem Unternehmen schon gehörenden Aktien solche hinzuzurechnen, auf deren Übereignung es einen Anspruch hat oder zu deren Abnahme es verpflichtet ist. Hierfür genügt zB der Abschluß eines Pool- oder Stimmbindungsvertrages, aufgrund dessen das Unternehmen letztlich wirtschaftlich über die fraglichen Aktien verfügen kann. Gleich zu stellen sind Optionen sowie bindende Angebote, um andernfalls naheliegende Umgehungsmöglichkeiten auszuschließen.[25]

2. § 20 Abs. 3. Um wechselseitige Beteiligungen aufdecken zu können, ordnet § 20 Abs. 3 eine Mitteilungspflicht weiter dann an, wenn einer Kapitalgesellschaft bereits **ohne** die besondere Zurechnung aufgrund des § 20 Abs. 2 (o. Rdnr. 10) mehr als 25 % der Anteile an einer inländischen AG oder KGaA gehören, immer vorbehaltlich der Ausnahme für Aktien an börsennotierten Gesellschaften nach § 20 Abs. 8 AktG iVm. § 21 Abs. 2 WpHG (o. Rdnr. 8). Der Grund für die Sonderregelung des § 20 Abs. 3 ist, daß die speziellen Zurechnungen aufgrund des § 16 Abs. 4 in dem Tatbestand der wechselseitigen Beteiligungen nach § 19 Abs. 1 nicht berücksichtigt werden.

Eine Mitteilung nach § 20 Abs. 3 enthält notwendigerweise zugleich eine nach § 20 Abs. 1 S. 1. Das ist wichtig für die Bekanntmachungspflicht nach § 20 Abs. 6, die sich allein auf die Fälle des Abs. 1, nicht auch auf die des Abs. 3 bezieht (s. u. Rdnr. 17).

3. § 20 Abs. 4. Eine Mitteilungspflicht ist in § 20 Abs. 4 vorbehaltlich des § 20 Abs. 8 (o. Rdnr. 8) außerdem für den Fall einer *Mehrheitsbeteiligung* vorgesehen, worunter hier (anders als bei § 20 Abs. 1) gleichermaßen eine Kapital- wie eine Stimmenmehrheit zu verstehen ist. Obwohl das Gesetz dabei nur auf § 16 Abs. 1 verweist, ist doch anzunehmen, daß damit der ganze § 16 in Bezug genommen werden sollte, so daß hier ebenfalls die Zurechnungsvorschrift des § 16 Abs. 4 zu beachten ist.[26] Keine Anwendung findet hingegen hier die besondere Zurechnungsvorschrift des § 20 Abs. 2. Mitzuteilen ist nach dem Wortlaut des § 20 Abs. 4 nur das *Bestehen* einer Mehrheitsbeteiligung, nicht deren Art, dh, ob es sich um eine Anteils- oder Stimmenmehrheit handelt (s. u. Rdnr. 17).

4. § 20 Abs. 5. Endet eine mitteilungspflichtige Beteiligung iS des § 20 Abs. 1, 3 oder 4, so löst dies gleichfalls eine Mitteilungspflicht aus (§ 20 Abs. 5), sofern es sich nicht um eine börsennotierte Gesellschaft im Sinne des § 21 Abs. 1 WpHG handelt (§ 20 Abs. 8; s. o. Rdnr. 8). Die Pflicht ist unabhängig von der vorausgegangen Mitteilung der Beteiligung nach § 20 Abs. 1, 3 oder 4. Ein Interesse der Gesellschaft wie der Öffentlichkeit an der Information über derartige Dekonzentrationsvorgänge besteht auch dann, wenn sie zuvor über den korrespondierenden Konzentrationsvorgang nicht ordnungsgemäß informiert worden ist.[27]

---

[24] BGHZ 114, 213, 217 = LM AktG § 20 Nr. 1 = NJW 1991, 2765; LG Berlin AG 1998, 195; *Burgard* Offenlegung S. 50; *Hüffer* Rdnr. 3; *Koppensteiner* in Kölner Kommentar Rdnr. 27 f.; *Krieger* Handbuch § 68 Rdnr. 114; *Pentz* AG 1992, 55, 57 f.; anders *Schäfer* BB 1966, 229, 230; *Vonnemann* AG 1991, 352; enger auch *Siebel*, Festschrift Heinsius, S. 771, 802, 805.

[25] KG AG 1990, 500 = WM 1990, 1546; LG Hannover AG 1993, 187, 188 f.; *Burgard* Offenlegung S. 50; *Geßler* in Geßler/Hefermehl Rdnr. 20; *Hüffer* Rdnr. 3; *Koppensteiner* in Kölner Kommentar Rdnr. 11.

[26] *Burgard* Offenlegung S. 51 f.; *Hüffer* Rdnr. 4; *Koppensteiner* in Kölner Kommentar Rdnr. 13; *Krieger* Handbuch § 68 Rdnr. 118; *Raiser* Kapitalgesellschaften § 52 Rdnr. 5.

[27] *Burgard* Offenlegung S. 52 f.; *Emmerich/Sonnenschein* § 6 IV 5; *Krieger* Handbuch § 68 Rdnr. 119; anders *Geßler* in Geßler/Hefermehl Rdnr. 43; *Hüffer* Rdnr. 5.

V. Mitteilung

15 Die Mitteilung muß nach § 20 Abs. 1 S. 1 sowie Abs. 3 bis 5 unverzüglich nach Erfüllung der gesetzlichen Voraussetzungen schriftlich erfolgen. Das Gesetz verweist damit auf die §§ 121 und 126 BGB, so daß eine mündliche Mitteilung unwirksam ist (§ 125 BGB). Die gesetzliche Regelung ist zwingend, so daß die Beteiligten nicht wirksam auf die Mitteilung einer qualifizierten Beteiligung nach § 20 verzichten können.[28] Die Mitteilungspflicht trifft außerdem auch einen Alleinaktionär.[29] Die Mitteilung ist selbst dann nicht entbehrlich, wenn der Gesellschaft die Beteiligung bereits aus anderen Quellen *bekannt* ist.[30]

16 Der **Inhalt** der Mitteilung ist nicht gesetzlich geregelt und läßt sich daher nur mittelbar aus Wortlaut und Zweck des § 20 erschließen. Mitzuteilen ist danach jeweils „dies" (§ 20 Abs. 1 S. 1, Abs. 3 bis 5); damit ist gesagt, daß sich aus der Mitteilung (mindestens) ergeben muß, ob es sich um eine solche gerade nach § 20 Abs. 1, Abs. 3, Abs. 4 oder Abs. 5 handelt, wobei lediglich die Mitteilung nach § 20 Abs. 3 zugleich die nach § 20 Abs. 1 umfaßt (o. Rdnr. 12). Mitzuteilen ist außerdem, *wem* die mitgeteilte Beteiligung gehört (s. § 20 Abs. 6 S. 1 Halbs. 2). Die Mitteilung muß schließlich in jedem Fall so *eindeutig* erfolgen, daß die Gesellschaft sie anschließend ohne weitere Aufklärung oder Korrekturen unverzüglich nach § 20 Abs. 6 S. 1 bekannt machen kann.[31] Nicht ausreichend ist daher zB ein bloßer Antrag auf Umschreibung von Namensaktien als Mitteilung im Sinne des § 20.[32]

17 **Nicht** mitteilungspflichtig sind die genaue **Höhe** der Beteiligung sowie im Falle der Mehrheitsbeteiligung deren *Art* (o. Rdnr. 13). Unklar ist die Situation in den Zurechnungsfällen (§§ 16 Abs. 4 und 20 Abs. 2). Der Zweck der Regelung (o. Rdnr. 2) verlangt hier jedoch zusätzlich die Mitteilung, daß die Beteiligung ganz oder teilweise auf einer *Zurechnung* nach § 16 Abs. 4 oder § 20 Abs. 2 beruht, schon, um sonst naheliegende Mißverständnisse zu verhindern, wenn zugleich eine Mitteilung von dem Inhaber der zugerechneten Anteile erfolgt.[33]

VI. Bekanntmachung

18 In den Fällen des § 20 Abs. 1, 4 und 5 AktG (o. Rdnr. 8 ff.) ist das Bestehen der mitgeteilten Beteiligung sowie deren Beendigung von der Gesellschaft, an der die Beteiligung besteht und an die infolgedessen die Mitteilung gerichtet war (s. § 22), nach § 20 Abs. 6 S. 1 und 2 unverzüglich in den Gesellschaftsblättern (§ 25) bekannt zu machen, um auch die Aktionäre und die Öffentlichkeit über die Beteiligungsverhältnisse zu unterrichten (vgl. auch § 160 Abs. 1 Nrn. 7 und 8). In der Bekanntmachung ist das beteiligte Unternehmen, nicht jedoch die Beteiligungshöhe zu bezeichnen (§ 20 Abs. 6 S. 1 Halbs. 2). Auch insoweit geht das WpHG heute deutlich über das AktG hinaus (§ 25 WpHG). Ein Verstoß gegen die Bekanntmachungspflicht aus § 20 Abs. 6 löst zwar nicht die Rechtsfolgen des § 20 Abs. 7 aus (u. Rdnr. 21 f.), wohl aber möglicherweise Schadensersatzansprüche (§ 823 Abs. 2 BGB).[34]

19 Ohne ordnungsmäßige Mitteilung der Beteiligung entsprechend § 20 besteht keine Bekanntmachungspflicht, auch dann nicht, wenn der Gesellschaft die fragliche Beteiligung aus anderen Quellen bekannt ist.[35] Die Gesellschaft ist freilich auch nicht an der Bekannt-

---

[28] ZB *Koppensteiner* in Kölner Kommentar Rdnr. 7.
[29] *Geßler* in Geßler/Hefermehl Rdnr. 47, 87; *Koppensteiner* (Fn. 28); *Leo* AG 1965, 353.
[30] BGHZ 114, 203, 213 f. = NJW 1991, 2765; KG AG 1990, 500, 501 = WM 1990, 1546; LG Berlin AG 1979, 109 = WM 1978, 1086; LG Oldenburg AG 1994, 137; *Hüffer* Rdnr. 6; wohl auch OLG Oldenburg AG 1994, 415, 416.
[31] BGHZ 114, 203, 215 = NJW 1991, 2765; s. u. Rdnr. 19.
[32] KG AG 1990, 500 = WM 1990, 1546; *Geßler* in Geßler/Hefermehl Rdnr. 48; *Hüffer* Rdnr. 16; *Koppensteiner* in Kölner Kommentar Rdnr. 16.
[33] Enger die hM, zB *Geßler* in Geßler/Hefermehl Rdnr. 48; *Hüffer* Rdnr. 6; *Koppensteiner* in Kölner Kommentar Rdnr. 16.
[34] S. u. Rdnr. 21; LG Mannheim AG 1988, 248, 252; *Hüffer* Rdnr. 7; *Koppensteiner* in Kölner Kommentar Rdnr. 58 f.
[35] BGHZ 114, 203, 215 = NJW 1991, 2765.

machung der ihr anderweit bekanntgewordenen Beteiligung gehindert, nur, daß dadurch nichts an den Sanktionen nach § 20 Abs. 7 für die Unterlassung der Mitteilung geändert wird.

VII. Sanktionen

Nach § 20 Abs. 7 aF konnten Rechte aus Aktien, die einem nach § 20 Abs. 1 oder 4 mitteilungspflichtigen Unternehmen gehören, für die Zeit, für die das Unternehmen die Mitteilung nicht gemacht hatte, durch das Unternehmen, ein von ihm abhängiges Unternehmen oder einen anderen für Rechnung eines dieser Unternehmen nicht ausgeübt werden.[36] Unter der Geltung dieser Vorschrift war vor allem umstritten, ob die Rechte des Aktionärs aus seinen Aktien während der Zeit, in der er seiner Mitteilungspflicht nicht nachgekommen war, lediglich ruhten, so daß sie bei einer Nachholung der Mitteilung wieder auflebten, oder endgültig erloschen; in erster Linie ging es dabei um den Anspruch der Aktionäre auf Dividenden und auf das Bezugsrecht bei Kapitalerhöhungen gegen Einlagen.[37] Die Frage ist nunmehr durch das 3. Finanzmarktförderungsgesetz von 1998 übereinstimmend für das AktG (§§ 20 Abs. 7 und 21 Abs. 4) sowie für das WpHG (§ 28) geregelt worden. § 20 Abs. 7 S. 1 bestimmt seitdem, daß Rechte aus Aktien, die einem nach Abs. 1 oder 4 mitteilungspflichtigen Unternehmen gehören, für die Zeit, für die das Unternehmen die Mitteilungspflicht nicht erfüllt, weder für das Unternehmen noch für ein von ihm abhängiges Unternehmen oder für einen anderen, der für Rechnung des Unternehmens oder eines von diesem abhängigen Unternehmens handelt, *bestehen*. Der neue S. 2 des § 20 Abs. 7, auf den § 21 Abs. 4 S. 2 Bezug nimmt, fügt hinzu, daß das Gesagte nicht für Ansprüche nach § 58 auf Dividenden und aus § 271 auf den Liquidationserlös gilt, vorausgesetzt, daß die Mitteilung nicht vorsätzlich unterlassen wurde und später nachgeholt worden ist (ebenso § 28 S. 2 WpHG i. d. F. von 1998). Verstöße gegen die Mitteilungspflichten aus den §§ 20 Abs. 3, 20 Abs. 5 und 21 Abs. 3 bleiben hingegen ebenso wie Verstöße gegen die Bekanntmachungspflicht aus § 20 Abs. 6 weiterhin ohne besondere gesetzliche Sanktionen. Hier kommen daher nur von Fall zu Fall Schadensersatzansprüche der Gesellschaft und Dritter aufgrund allgemeiner Bestimmungen in Betracht (§ 93 AktG und § 823 Abs. 2 BGB).[38]

1. Ausübungsverbot Das Ausübungsverbot betrifft nach dem neugefaßten § 20 Abs. 7 S. 1 nicht allein die Aktien, die dem mitteilungspflichtigen Unternehmen gehören, sondern auch solche, die einem von ihm abhängigen Unternehmen (§ 17) *oder* einem anderen gehören, der für Rechnung des mitteilungspflichtigen Unternehmens oder eines von diesen abhängigen Unternehmens handelt. Gemeint sind damit Aktien, die zwar formal im Eigentum eines Dritten stehen, bei denen jedoch das mitteilungspflichtige Unternehmen oder ein von ihm abhängiges Unternehmen im Innenverhältnis die wirtschaftlichen Chancen und Risiken trägt, so daß es im Zweifel auch ein Weisungsrecht hinsichtlich der Ausübung der Rechte aus diesen Aktien hat, bei denen folglich wirtschaftlich seine Stellung mit der eines Eigentümers vergleichbar ist.[39] Nicht erfaßt werden hingegen solche Aktien, die dem mitteilungspflichtigen Unternehmen lediglich für die Zwecke der Mitteilungspflicht nach § 20 Abs. 2 zugerechnet werden. Alle genannten Unternehmen können somit ebenso wie bisher schon, solange sie ihrer Mitteilungspflicht nicht nachgekommen sind, aus ihren Aktien keine Rechte mehr ausüben.[40]

---

[36] S. dazu insbes. *Burgard* Offenlegung S. 55 ff.; *Emmerich/Sonnenschein* § 6 V; *Hüffer*, Festschrift Boujong, S. 277; *Heinsius*, Festschrift Fischer, S. 215; *Koppensteiner*, Festschrift Rowedder, S. 213; *ders.* in Kölner Kommentar Rdnr. 35 bis 60; *Quack*, Festschrift Semler, S. 581.

[37] Wegen der Einzelheiten s. *Emmerich/Sonnenschein* § 6 V 2 (S. 109 f.).

[38] Vgl. o. Rdnr. 19; LG Hamburg AG 1996, 233; *Heinsius*, Festschrift Fischer, S. 215, 235.

[39] So die Begr. zum RegE des 3. FinanzmarktförderungsG BT-Dr. 13/8933, S. 95, 147.

[40] LG Hannover AG 1993, 187, 189; *Burgard* Offenlegung S. 56 f.; *Hüffer* Rdnr. 8; ausführlich *Koppensteiner*, Festschrift Rowedder, S. 213, 225 ff.

22 Das Ausübungsverbot betrifft gleichermaßen die Mitverwaltungsrechte wie die Vermögensrechte des Aktionärs, namentlich also das Stimmrecht, das Auskunftsrecht, das Anfechtungsrecht, die verschiedenen Minderheitenrechte, das Dividendenrecht (§ 58 Abs. 4), das Bezugsrecht bei Kapitalerhöhungen gegen Einlagen, die Ansprüche auf Abfindung und Ausgleich (§§ 304, 305) sowie den Anspruch auf den Liquidationserlös (§ 271).[41] Dasselbe gilt für das Entsendungsrecht in den Aufsichtsrat, vorausgesetzt, daß es mit bestimmten Aktien verbunden ist. Nicht betroffen sind hingegen das Recht auf Teilnahme an einer Kapitalerhöhung aus Gesellschaftsmitteln sowie Organrechte wie die Mitgliedschaft im Aufsichtsrat oder im Vorstand.[42]

23 Das Verbot der Ausübung der genannten Mitgliedschaftsrechte (o. Rdnr. 22) ist eine gesetzliche Sanktion, die allein an die Unterlassung der durch § 20 Abs. 1 und 4 (§ 21 Abs. 1 und 2) vorgeschriebenen Mitteilungen geknüpft ist (§§ 20 Abs. 7, 21 Abs. 4). Weitere Voraussetzungen bestehen nicht, so daß namentlich *kein Verschulden* erforderlich ist. Aus der mittelbaren Bezugnahme auf § 121 BGB in § 20 Abs. 1 S. 1 und Abs. 4 („unverzüglich") kann nichts anderes gefolgert werden.[43] Eine Ausnahme besteht freilich seit 1998 für die Ansprüche auf Dividenden und auf den Liquidationserlös (§§ 58 Abs. 4, 271) nach dem neuen § 20 Abs. 7 S. 2, auf den außerdem in § 21 Abs. 4 S. 2 Bezug genommen wird (ebenso § 28 S. 2 WpHG nF; s. im einzelnen u. Rdnr. 27 ff.).

24 Das gesetzliche Ausübungsverbot für die Zeit, für die die Mitteilung pflichtwidrig unterlassen wurde (§§ 20 Abs. 7, 21 Abs. 4), bedeutet, daß für den fraglichen Zeitraum die genannten Mitverwaltungs- und Vermögensrechte des Aktionärs (o. Rdnr. 22) *nicht mehr bestehen* und nicht etwa lediglich ruhen. Die Rechte *erlöschen* vielmehr für den fraglichen Zeitraum endgültig, so daß sie auch grundsätzlich nicht bei einer späteren Nachholung der Mitteilung wieder aufleben, soweit nicht seit dem 1. 4. 1998 der neue § 20 Abs. 7 S. 2 eingreift (s. u. Rdnr. 27 ff.). Die Frage war früher sehr streitig.[44] Der Gesetzgeber von 1998 hat deshalb die ohnehin nötige Anpassung der §§ 20 und 21 an das WpHG zum Anlaß genommen, durch eine entsprechende Änderung der §§ 20 Abs. 7 S. 1 und 21 Abs. 4 S. 1 klarzustellen, daß der Verstoß gegen die Mitteilungspflicht für den fraglichen Zeitraum grundsätzlich „zu einem endgültigen Rechtsverlust führt",[45] freilich nur, soweit nicht jetzt die Ausnahme für Ansprüche nach den §§ 58 Abs. 4 und 271 eingreift (§§ 20 Abs. 7 S. 2 und 21 Abs. 4 S. 2). Das muß schon deshalb so sein, weil andernfalls für die Unternehmen endgültig jeder Anlaß entfiele, ihren (ungeliebten) Mitteilungspflichten nachzukommen. Aus demselben Grund erfaßt das Ausübungsverbot in jedem Fall den *gesamten* Aktienbesitz des mitteilungspflichtigen Aktionärs, nicht etwa nur denjenigen Teil der Aktien, der die jeweils relevante Schwelle (25% und 50%) nach § 20 Abs. 1 und Abs. 4 übersteigt.[46] Von daher gesehen ist auch die 1998 eingeführte Ausnahme für Ansprüche auf Dividenden und auf den Liquidationserlös aufgrund der §§ 58 Abs. 4 und 271 keineswegs unbedenklich (§§ 20 Abs. 7 S. 2 und 21 Abs. 4 S. 2 in Übereinstimmung mit § 28 S. 2 WpHG).

25 **2. Einzelfälle.** Das Ausübungsverbot der §§ 20 Abs. 7 und 21 Abs. 4 bedeutet für das *Stimmrecht* in der Hauptversammlung, daß die Aktien des betroffenen Aktionärs und der anderen betroffenen Personen (o. Rdnr. 23) bei der Berechnung der Kapital- und Stim-

---

[41] Ebenso ausdrücklich die Begr. zu dem RegE des 3. FinanzmarktförderungsG (Fn. 39).
[42] Begr. (Fn. 41); *Geßler* in Geßler/Hefermehl Rdnr. 71 f.; *Koppensteiner* in Kölner Kommentar Rdnr. 42 f., 46.
[43] Str., wie hier *Koppensteiner* in Kölner Kommentar Rdnr. 36; *Krieger* Handbuch § 68 Rdnr. 133; anders *Burgard* Offenlegung S. 55 f.; *Hüffer* Rdnr. 8; *Kropff* ZHR 144 (1980), 74, 86; offengelassen in KG AG 1990, 500, 501 = WM 1990, 1546; LG Berlin AG 1998, 195, 196 f.

[44] Ebenso früher schon *Geßler* in Geßler/Hefermehl Rdnr. 74 ff.; *Hüffer*, Festschrift Boujong, S. 277 ff., 280 ff.; *Koppensteiner* in Kölner Kommentar Rdnr. 37.
[45] So wörtlich die Begr. zum 3. FinanzmarktförderungsG BT-Dr. 13/8933, S. 96 (l. Sp. o.), 147.
[46] Unstr., zB *Koppensteiner* in Kölner Kommentar Rdnr. 39.

menmehrheit nicht mitgerechnet werden dürfen; kommt es auf das bei der Abstimmung vertretene Grundkapital an, so ist es so anzusehen, als ob die fraglichen Anteile nicht vertreten wären.[47]

Stimmt der Aktionär gleichwohl ab, so ist der Beschluß lediglich *anfechtbar* (§ 243 Abs. 1), nicht etwa nichtig (§ 241 Nr. 3), vorausgesetzt, daß er auf den trotz des Ausübungsverbots abgegebenen Stimmen beruht.[48] Hieran ändert auch eine etwaige spätere Nachholung der Mitteilung nichts, da das Stimmrecht ebenso wie etwa das *Auskunftsrecht* immer nur in einer bestimmten Hauptversammlung ausgeübt werden können und mit deren Ende erlöschen.[49] Ebenso zu behandeln ist der Antrag auf Einberufung der Hauptversammlung (§ 122).[50] Das 3. Finanzmarktförderungsgesetz hat insoweit keine Änderung gebracht, weil sich der neue § 20 Abs. 7 S. 2 lediglich auf die Ansprüche der Aktionäre nach den §§ 58 Abs. 4 und 271 bezieht, ausdrücklich jedoch nicht auf die anderen Rechte aus den Aktien. 26

Der **Dividendenanspruch** der Gesellschafter entsteht mit der Fassung des Gewinnverwendungsbeschlusses durch die Hauptversammlung (§§ 58 Abs. 4, 174). War der Aktionär bis zum Ende der Hauptversammlung seiner Mitteilungspflicht nicht nachgekommen, so entsteht der Anspruch folglich nicht;[51] eine gleichwohl bezogene Dividende muß der Gesellschaft erstattet werden (§ 62 Abs. 1 S. 2).[52] Umstritten war früher, ob sich hieran durch eine spätere Nachholung der Mitteilung etwas ändern kann.[53] Nunmehr bestimmt jedoch in sachlicher Übereinstimmung mit § 28 S. 2 WpHG der neue § 20 Abs. 7 S. 2, auf den auch § 21 Abs. 4 S. 2 Bezug nimmt, daß die Sanktion des § 20 Abs. 7 S. 1 nicht für die Ansprüche des Aktionärs auf Dividenden und auf den Liquidationserlös aus den §§ 58 Abs. 4 und 271 gilt, wenn die Mitteilung nicht vorsätzlich unterlassen wurde und nachgeholt worden ist. Damit wurde der Zweck verfolgt, dem mitteilungspflichtigen Unternehmen die Möglichkeit zu erhalten, den Verlust der genannten Ansprüche zu vermeiden, wenn es darlegt und beweist, daß die Mitteilung ohne Vorsatz unterblieb und (mittlerweile) nachgeholt worden ist; in diesem Fall sollen ausnahmsweise die genannten Ansprüche nicht endgültig verloren gehen.[54] Unklar ist, *bis wann* die Mitteilung nachgeholt worden sein muß. Früher wurde zum Teil die Auffassung vertreten, daß die Mitteilung so lange nachgeholt werden kann, bis der Anspruch auf Dividenden oder auf den Liquidationserlös verjährt ist.[55] In diesem Sinne dürfte jetzt auch das Gesetz zu verstehen sein, weil es schon bisher ausreichte, wenn die Mitteilung nur bis zum Ende der Hauptversammlung erfolgte, in der über die Ansprüche auf Dividenden oder den Liquidationserlös beschlossen wurde. 27

Noch nicht endgültig geklärt ist, was mit den Gewinnanteilen zu geschehen hat, die auf den Aktienbesitz entfallen, der entgegen § 20 endgültig nicht mitgeteilt worden ist. Zum Teil wird angenommen, daß sich der Gewinn, der unter die übrigen Aktionäre zu verteilen ist, um diese Beträge erhöht, während nach anderen die fraglichen Beträge als außerordentlicher Ertrag der Gesellschaft zu verbuchen sind, so daß sie in den nächsten Jahresüberschuß eingehen. Aus praktischen Gründen dürfte die zweite Meinung vorzuziehen sein.[56] Ebenso wie hinsichtlich des Dividendenanspruchs dürfte außerdem noch hinsichtlich des 28

---

[47] *Burgard* Offenlegung S. 58; *Geßler* in Geßler/Hefermehl Rdnr. 74, 78; *Emmerich/Sonnenschein* § 6 V 1 c; *Koppensteiner* in Kölner Kommentar Rdnr. 44.

[48] LG Hannover AG 1993, 187, 188; LG Berlin AG 1998, 195; *Burgard* Offenlegung S. 59; *Hüffer,* Festschrift Boujong, S. 277, 295; anders *Geßler* BB 1980, 217, 219; *Quack,* Festschrift Semler, S. 581, 589.

[49] *Emmerich/Sonnenschein* § 6 V 2 a; ebenso ausdrücklich die Begr. zum RegE des 3. FinanzmarktförderungsG BT-Dr. 13/8933, S. 96 (l.Sp.o.), 147.

[50] KG AG 1980, 78; LG Berlin AG 1979, 109 = WM 1978, 1086.

[51] Ebenso ausdrücklich die Begr. zu dem 3. FinanzmarktförderungsG (aaO), S. 96, 147.

[52] *Burgard* Offenlegung S. 60 f.; *Hüffer,* Festschrift Boujong, S. 277, 290 ff.; *Koppensteiner,* Festschrift Rowedder, S. 213, 225; *ders.* in Kölner Kommentar Rdnr. 47 ff.; *Raiser* Kapitalgesellschaften § 52 Rdnr. 8.

[53] Verneinend *Emmerich/Sonnenschein* § 6 V 2 b; anders zB *Heinsius,* Festschrift Fischer, S. 215, 224 ff.

[54] S. die Begr. zu dem RegE des 3. FinanzmarktförderungsG (aaO), S. 95 f., 147.

[55] *Heinsius,* Festschrift Fischer, S. 215, 224 ff.

[56] Ebenso *Geßler* in Geßler/Hefermehl Rdnr. 84; *ders.* BB 1980, 217, 219 f.; *Hüffer* Rdnr. 9; *ders.,* Festschrift Boujong, S. 277, 291; *Krieger* Handbuch § 68 Rdnr. 135, 141 ff.; anders *Koppensteiner* in Kölner Kommentar Rdnr. 49; *Raiser* Kapitalgesellschaften § 52 Rdnr. 8.

Anspruchs auf den Liquidationserlös sowie hinsichtlich eines etwaigen Abfindungs- oder Auseinandersetzungsanspruchs zu verfahren sein.[57]

29 Das **Bezugsrecht** eines mitteilungspflichtigen Aktionärs bei einer Kapitalerhöhung gegen Einlage erlischt, wenn der Aktionär seiner Mitteilungspflicht nicht bis zur Fassung des Kapitalerhöhungsbeschlusses nachgekommen ist (§§ 20 Abs. 7 S. 1, 21 Abs. 4, 182). Dabei bleibt es auch im Falle der späteren Nachholung der Mitteilung bis zum Ablauf der Bezugspflicht. Die Frage war früher sehr streitig,[58] ist jetzt aber im Sinne des Textes geklärt, da sich der neue § 20 Abs. 7 S. 2 allein auf die Ansprüche aus den §§ 58 Abs. 4 und 271 bezieht. Zu Unrecht bezogene junge Aktien müssen daher der Gesellschaft zurückgewährt werden (§ 812 Abs. 1 S. 1 BGB.). Die weiteren Rechtsfolgen sind umstritten. Während nach den einen das Ausübungsverbot der §§ 20 Abs. 7 S. 1 und 21 Abs. 4 S. 1 hier zur Folge hat, daß sich die Bezugsquote der übrigen Aktionäre entsprechend erhöht, stehen nach den anderen die fraglichen Aktien der Gesellschaft zu und können von ihr (unter Berücksichtigung des § 53 a) verwertet werden.[59] Zu folgen ist aus praktischen Erwägungen wiederum der zweiten Meinung.

§ 21 Mitteilungspflicht der Gesellschaft

(1) Sobald der Gesellschaft mehr als der vierte Teil der Anteile einer anderen Kapitalgesellschaft mit Sitz im Inland gehört, hat sie dies dem Unternehmen, an dem die Beteiligung besteht, unverzüglich schriftlich mitzuteilen. Für die Feststellung, ob der Gesellschaft mehr als der vierte Teil der Anteile gehört, gilt § 16 Abs. 2 Satz 1, Abs. 4 sinngemäß.

(2) Sobald der Gesellschaft eine Mehrheitsbeteiligung (§ 16 Abs. 1) an einem anderen Unternehmen gehört, hat sie dies dem anderen Unternehmen unverzüglich schriftlich mitzuteilen.

(3) Besteht die Beteiligung in der nach Absatz 1 oder 2 mitteilungspflichtigen Höhe nicht mehr, hat die Gesellschaft dies dem anderen Unternehmen unverzüglich schriftlich mitzuteilen.

(4) Rechte aus Anteilen, die einer nach Absatz 1 oder 2 mitteilungspflichtigen Gesellschaft gehören, bestehen nicht für die Zeit, für die sie die Mitteilungspflicht nicht erfüllt. § 20 Abs. 7 Satz 2 gilt entsprechend.

(5) Die Absätze 1 bis 4 gelten nicht für Aktien einer börsennotierten Gesellschaft im Sinne des § 21 Abs. 2 des Wertpapierhandelsgesetzes.

Schrifttum: S. o. bei § 20.

I. Überblick

1 § 21 ergänzt den § 20 für Mitteilungspflichten einer inländischen AG oder KGaA (s. § 278 Abs. 3) hinsichtlich sogenannter Schachtelbeteiligungen an anderen inländischen Kapitalgesellschaften (§ 21 Abs. 1) sowie für Mehrheitsbeteiligungen an Unternehmen beliebiger Rechtsform (§ 21 Abs. 2). Ausgenommen sind aufgrund des 3. Finanzmarktförderungsgesetzes mit Wirkung vom 1. April 1998 ab Beteiligungen an börsennotierten Gesellschaften im Sinne des § 21 Abs. 2 WpHG, um Überschneidungen mit den Mitteilungspflichten

---

[57] Teilweise abweichend *Hüffer*, Festschrift Boujong, S. 277, 285 ff., 288; *Koppensteiner* in Kölner Kommentar Rdnr. 50.
[58] Wie hier *Hüffer* (Fn. 57) S. 288 f.; *Koppensteiner* in Kölner Kommentar Rdnr. 45.
[59] S. *Geßler* in Geßler/Hefermehl Rdnr. 81; *ders.* BB 1980, 217, 220; *Hüffer*, Festschrift Boujong, S. 277, 292 ff.; *Koppensteiner* in Kölner Kommentar Rdnr. 45, 55; *Krieger* Handbuch § 68 Rdnr. 144 ff.; *Quack*, Festschrift Semler, S. 581, 590; *Raiser* Kapitalgesellschaften § 52 Rdnr. 8; offengelassen im BGHZ 114, 203, 218 = NJW 1991, 2765.

nach dem WpHG zu vermeiden.¹ Durch dieses Gesetz ist zugleich § 21 Abs. 4 dem neuen § 20 Abs. 7 sowie dem § 28 WpHG angeglichen worden. Außerdem wurde durch das Stückaktiengesetz in Abs. 1 ebenso wie in § 20 Abs. 3 die obsolete Bezugnahme auf bergrechtliche Gewerkschaften gestrichen.²

§ 21 **Abs. 1** steht in engem Zusammenhang mit den §§ 19 und 328 Abs. 3, während **Abs. 2** der Vorschrift vor allem der Aufdeckung von Abhängigkeitsverhältnissen dient (s. §§ 16, 17 Abs. 2). Im einzelnen entspricht die gesetzliche Regelung weitgehend derjenigen des § 20, so daß wegen der Einzelheiten auf die Ausführungen zu § 20 verwiesen werden kann. Lediglich von einer Bekanntmachung der mitgeteilten Beteiligungen ist hier – abweichend von § 20 Abs. 6 – abgesehen worden, weil es dem AktG nur um den Schutz von Aktiengesellschaften (§ 20 Abs. 6), nicht um den von Unternehmen anderer Rechtsform geht (§ 21).

Im Falle der Beteiligung einer AG oder KGaA an einem anderen Unternehmen dieser Rechtsformen treffen die **§§ 20 und 21** zusammen. In diesem Fall geht der strengere § 20 dem § 21 vor, schon mit Rücksicht auf § 20 Abs. 6.³ Im Falle der Mitteilung der Beteiligung muß daher klargestellt werden, ob die Mitteilung nach § 20 oder nach § 21 erfolgt. Jedoch enthält eine Mitteilung nach § 21 Abs. 1 oder 2 zugleich eine solche nach § 20 Abs. 3 oder 4, so daß dann auch die Rechtsfolgen des § 20 zu beachten sind.⁴

II. § 21 Abs. 1

Die Vorschrift begründet eine Mitteilungspflicht für eine AG oder KGaA mit Sitz im Inland, sofern ihr mehr als der vierte Teil der Anteile an einer anderen **Kapitalgesellschaft** (AG, KGaA oder GmbH) mit Sitz im Inland gehört, vorausgesetzt, daß es sich nicht um eine börsennotierte Gesellschaft im Sinne des § 21 Abs. 2 WpHG handelt (§ 21 Abs. 5). Die Vorschrift entspricht im wesentlichen dem § 20 Abs. 3. Ebenso wie dort werden nur Kapitalanteile erfaßt. Die Berechnung richtet sich nach § 16 Abs. 2 S. 1 und § 16 Abs. 4 (§ 21 Abs. 1 S. 2), so daß namentlich die Anteile von herrschenden und abhängigen Gesellschaften zusammenzurechnen sind. Die Beschränkung der Mitteilungspflicht auf Aktiengesellschaften und KGaA mit Sitz im Inland folgt aus dem Zusammenhang mit § 19 Abs. 1.⁵

III. § 21 Abs. 2

Die Vorschrift entspricht weitgehend dem § 20 Abs. 4. Sie erfaßt *Mehrheitsbeteiligungen* einer AG oder KGaA mit Sitz im Inland an einem Unternehmen beliebiger Rechtsform, aber gleichfalls mit Sitz im Inland,⁶ weil der Schutz ausländischer Unternehmen nicht Aufgabe des deutschen AktG ist. Auch hier ist die Ausnahme für börsennotierte Gesellschaften zu beachten (§ 21 Abs. 5).

IV. § 21 Abs. 3

Mitteilungspflichtig ist außerdem nach § 21 Abs. 3 die *Beendigung* einer Beteiligung im Sinne des § 21 Abs. 1 oder 2. Die Vorschrift deckt sich mit § 20 Abs. 5. Bei einem Verstoß gegen diese Mitteilungspflicht bestehen keine besonderen Sanktionen (s. § 21 Abs. 4). In Betracht kommen lediglich Schadensersatzpflichten nach § 93 oder § 823 Abs. 2 BGB.

V. § 21 Abs. 4

Ein Verstoß gegen die Mitteilungspflichten aufgrund des § 21 Abs. 1 oder 2 zieht ebenso wie im Falle des § 20 eine **Ausübungssperre** entsprechend § 20 Abs. 7 nach sich. Die Einzelheiten ergeben sich aus § 21 Abs. 4, der durch das 3. Finanzmarktförderungsgesetz dem

---

¹ S.o. § 20 Rdnr. 8.
² BGBl. 1998 I, S. 590.
³ S.o. § 20 Rdnr. 1.
⁴ Ebenso *Geßler* in Geßler/Hefermehl Rdnr. 7.
⁵ Ebenso *Geßler* in Geßler/Hefermehl Rdnr. 4; *Hüffer* Rdnr. 2.
⁶ Anders nur *Koppensteiner* in Kölner Kommentar Rdnr. 3.

neuen § 20 Abs. 7 und dem § 28 WpHG angepaßt worden ist, so daß jetzt hier auch die Ausnahme für die Ansprüche der Aktionäre aus den §§ 58 Abs. 4 und 271 zu beachten ist (§ 21 Abs. 4 S. 2). Die Ausübungssperre gilt für jedermann, also namentlich auch für abhängige Unternehmen, Treuhänder und sonstige Bevollmächtigte.[7] Wegen der Einzelheiten ist auf die Ausführungen zu § 20 Abs. 7 zu verweisen.[8]

§ 22 Nachweis mitgeteilter Beteiligungen

Ein Unternehmen, dem eine Mitteilung nach § 20 Abs. 1, 3 oder 4, § 21 Abs. 1 oder 2 gemacht worden ist, kann jederzeit verlangen, daß ihm das Bestehen der Beteiligung nachgewiesen wird.

1   Die Mitteilungspflichten aufgrund der §§ 20 und 21 bestehen gegenüber dem Beteiligungsunternehmen. Wegen der weitreichenden Auswirkungen, die für dieses die Mitteilung einer Beteiligung von mehr als 25 % (§ 20 Abs. 1 und 3 sowie § 21 Abs. 1) oder einer Mehrheitsbeteiligung (§ 20 Abs. 4 und § 21 Abs. 2) haben kann, ist das Beteiligungsunternehmen befugt, auf die Mitteilung hin „jederzeit" den Nachweis des Bestandes (einschließlich des Fortbestandes) der Beteiligung zu verlangen. Es handelt sich dabei um einen klagbaren Anspruch; die Vollstreckung richtet sich nach § 888 ZPO.[1]

2   Die Nachweispflicht des mitteilenden Unternehmens bezieht sich nur auf den *Bestand* einer Beteiligung von mehr als 25 % oder einer Mehrheitsbeteiligung, so daß die genaue Höhe der Beteiligung nicht nachgewiesen zu werden braucht. Der Nachweis kann in jeder möglichen Form geführt werden, namentlich durch die Vorlage der Aktien, durch Bankbescheinigungen oder Depotauszüge, weiter durch Vorlage von Gesellschaftsverträgen oder Abtretungsurkunden und dergleichen mehr.[2] Im Falle der Zurechnung von Anteilen nach den §§ 16 Abs. 2 und 20 Abs. 2 kann außerdem der Nachweis für das Vorliegen der Voraussetzungen der Zurechnung gefordert werden.[3] Dabei ist die Vermutung des § 17 Abs. 2 zu beachten.

3   Eine **Frist** für die Forderung des Nachweises besteht nicht, da der Nachweis nach § 22 jederzeit verlangt werden kann. Hat das Beteiligungsunternehmen Zweifel am Fortbestand der Beteiligung von mehr als 25 % oder der Mehrheitsbeteiligung, so kann es, gegebenenfalls erneut, einen Nachweis der Beteiligung verlangen.[4] Dem steht nicht entgegen, daß § 22 nicht auf die §§ 20 Abs. 5 und 21 Abs. 3 Bezug nimmt.

---

[7] *Geßler* in Geßler/Hefermehl Rdnr. 12; *Hüffer* Rdnr. 4; *Koppensteiner* in Kölner Kommentar Rdnr. 5.
[8] S. o. § 20 Rdnr. 21 ff.
[1] *Hüffer* Rdnr. 1.
[2] *Geßler* in Geßler/Hefermehl Rdnr. 3.
[3] *Geßler* (Fn. 2); *Koppensteiner* in Kölner Kommentar Rdnr. 1.
[4] *Geßler* in Geßler/Hefermehl Rdnr. 7; *Hüffer* Rdnr. 2; zweifelnd *Koppensteiner* in Kölner Kommentar Rdnr. 3.

Drittes Buch. Verbundene Unternehmen

Erster Teil. Unternehmensverträge

Erster Abschnitt. Arten von Unternehmensverträgen

Vorbemerkungen zu § 291

I. Überblick

Die konzernrechtlichen Vorschriften des AktG sind im wesentlichen auf die §§ 15 bis 22 und §§ 291 bis 328 aufgeteilt. Die ursprünglich im Anschluß an § 328 geregelte Konzernrechnungslegung ist durch das Bilanzrichtliniengesetz von 1985 ins HGB verwiesen worden (s. jetzt §§ 290 ff. HGB); geblieben ist lediglich die Vorschrift des § 337 über die Pflicht des Vorstandes zur Vorlage des Konzernabschlusses, des Konzernlageberichts und des Prüfungsberichts an Aufsichtsrat und Hauptversammlung.

Den §§ 291 bis 328 liegt zwar nicht äußerlich, wohl aber der Sache nach eine klare Gliederung in allgemeine Vorschriften über Unternehmensverträge (§§ 291 bis 299) sowie Vorschriften über Vertragskonzerne (§§ 300 bis 310), über faktische Konzerne (§§ 311 bis 318) und über die Eingliederung (§§ 319 bis 327) zugrunde. Angehängt ist in § 328 eine weithin mißglückte Sonderregelung über einfache wechselseitige Beteiligungen in Ergänzung zu § 19.

Die hier zunächst allein interessierenden allgemeinen Vorschriften über Unternehmensverträge (§§ 291 bis 299) haben durch das **Umwandlungsrechtbereinigungsgesetz von 1994,** durch das die §§ 293 a bis 293 g in das Gesetz eingefügt worden sind, eine erhebliche Ausweitung erfahren. Vorangestellt ist in den §§ 291 und 292 eine Definition der Unternehmensverträge, wobei das Gesetz vor allem deutlich zwischen dem Beherrschungsvertrag (§ 291 Abs. 1 S. 1) und den anderen Unternehmensverträgen des § 292 unterscheidet. Während der Beherrschungsvertrag als Grundlage des Vertragskonzerns – neben der Eingliederung – primär konzernrechtliche Bedeutung hat, sieht das Gesetz im scharfen Gegensatz hierzu in den anderen Unternehmensverträgen des § 292 grundsätzlich normale schuldrechtliche Austauschverträge, deren Abschluß daher nur mit geringfügigen Schutzmaßnahmen zugunsten der Gesellschaft, ihrer Gesellschafter und ihrer Gläubiger verbunden ist (s. insbesondere §§ 300 Nr. 2 und 302 Abs. 2). Der zusätzlich in § 291 Abs. 1 S. 1 geregelte Gewinnabführungsvertrag hat als Grundlage der körperschaftsteuerlichen Organschaft (§ 14 KStG) in erster Linie steuerrechtliche Bedeutung. Die schließlich noch in § 291 Abs. 1 S. 2 erwähnten Geschäftsführungsverträge sind ohne praktische Bedeutung.

II. Altverträge

Die Vorschriften über Unternehmensverträge (§§ 291 bis 310) sind im wesentlichen eine Neuschöpfung des AktG von 1965. Das alte AktG von 1937 enthielt in § 256 lediglich die Bestimmung, daß die Hauptversammlung einem Gewinnabführungs- oder Betriebspachtvertrag mit qualifizierter Mehrheit zustimmen muß.[1] Trotz dieser Bestimmung war unter dem alten AktG zuletzt lebhaft umstritten, ob Gewinnabführungs- und Beherrschungsverträge zulässig oder wegen des Verstoßes gegen die (heutigen) §§ 57 f. und 76 nichtig sind. Die Frage sollte ursprünglich im EGAktG im positiven Sinne geklärt werden.[2] Diese Vorschrift ist jedoch später gestrichen worden und durch die Übergangsvorschrift des § 22 EGAktG ersetzt worden, um die Frage der Wirksamkeit der Altverträge der Rechtsprechung

---

[1] Ähnlich heute noch § 238 öAktG und dazu zB *Koppensteiner* öGmbHG, 1994, § 49 Rdnr. 18 ff.

[2] S. § 19 des RegE zum EGAktG, bei *Kropff* AktG S. 534 f.

zu überlassen.³ Im Anschluß hieran hat sich inzwischen allgemein die Meinung durchgesetzt, daß die Altverträge, nachdem sie nunmehr zum Teil bereits seit Jahrzehnten praktiziert worden sind, jedenfalls dann als wirksam zu behandeln sind, wenn ihnen die Hauptversammlung gemäß § 256 AktG von 1937 mit qualifizierter Mehrheit zugestimmt hat und sie außerdem eine angemessene Dividendengarantie (im Sinne des heutigen § 304) für die außenstehenden Aktionäre vorsehen.⁴

§ 291 Beherrschungsvertrag. Gewinnabführungsvertrag

(1) Unternehmensverträge sind Verträge, durch die eine Aktiengesellschaft oder Kommanditgesellschaft auf Aktien die Leitung ihrer Gesellschaft einem anderen Unternehmen unterstellt (Beherrschungsvertrag) oder sich verpflichtet, ihren ganzen Gewinn an ein anderes Unternehmen abzuführen (Gewinnabführungsvertrag). Als Vertrag über die Abführung des ganzen Gewinns gilt auch ein Vertrag, durch den eine Aktiengesellschaft oder Kommanditgesellschaft auf Aktien es übernimmt, ihr Unternehmen für Rechnung eines anderen zu führen.

(2) Stellen sich Unternehmen, die voneinander nicht abhängig sind, durch Vertrag unter einheitliche Leistung, ohne daß dadurch eines von ihnen von einem anderen vertragschließenden Unternehmen abhängig wird, so ist dieser Vertrag kein Beherrschungsvertrag.

(3) Leistungen der Gesellschaft auf Grund eines Beherrschungs- oder eines Gewinnabführungsvertrags gelten nicht als Verstoß gegen die §§ 57, 58 und 60.

Schrifttum: Bundesminister der Justiz (Hrsg.), Bericht über die Verhandlungen der Unternehmensrechtskommission, 1980, Tz. 1312 ff. (S. 675 ff.); *Acher*, Vertragskonzern und Insolvenz, 1987; *Bachelin*, Der konzernrechtliche Minderheitenschutz, 1969; *U. Bälz*, Verbundene Unternehmen, AG 1992, 277; *Bärwaldt/Schacker*, Wirksamkeitserfordernisse grenzüberschreitender Unternehmensverträge im Sinne des § 291 AktG, AG 1998, 182; *Walter Bayer*, Der grenzüberschreitende Beherrschungsvertrag, 1988; *ders.*, Herrschaftsveränderungen im Vertragskonzern, ZGR 1993, 599; *Wilhelm Bayer*, Mehrstufige Unternehmensverträge, Festschrift Ballerstedt, 1975, S.157; *ders.*, Europäische Vertragskonzerne und europäisches Gesellschaftsrecht, Feschrift Geßler, 1970, S.227; *Ebenroth*, Die verdeckten Vermögenszuwendungen im transnationalen Unternehmen, 1979; *Emmerich*, Bestandsschutz im GmbH-Vertragskonzern, in Hommelhoff, Entwicklungen im GmbH-Konzernrecht, 1986, S.64; *Emmerich/Sonnenschein* Konzernrecht §§ 8–10; *Erlinghagen*, Der Organschaftsvertrag mit Ergebnisausschlußklausel im Aktienrecht, 1960; *W. Exner*, Beherrschungsvertrag und Vertragsfreiheit, 1984; *Flume*, Grundfragen der Aktienrechtsreform, 1960; *ders.*, Die konzernrechtliche Gestaltung im Aktienrecht, in: Zur großen Aktienrechtsreform, 1962, S.65; *Geßler*, Probleme des neuen Konzernrechts, DB 1965, 1691, 1729; *ders.*, Atypische Beherrschungsverträge, Festschrift Beitzke, 1979, S.923; *Großfeld*, Multinationale Unternehmen als Regelungsproblem, AG 1975, 1; *Hirte*, Bezugsrechtsausschluß und Konzernbildung, 1986; *ders.*, Grenzen der Vertragsfreiheit bei Unternehmensverträgen, ZGR 1994, 644; *Hommelhoff*, Die Konzernleitungspflicht, 1982; *ders.*, Eigenkapitalersatz im Konzern und in Beteiligungsverhältnissen, WM 1984, 1105; *Hüchting*, Abfindung und Ausgleich im aktienrechtlichen Beherrschungsvertrag, 1972; *Kleindiek*, Strukturvielfalt im Personengesellschafts-Konzern, 1991; *ders.*, Fehlerhafte Unternehmensverträge im GmbH-Recht, ZIP 1988, 613; *Koppensteiner*, Internationale Unternehmen im deutschen Gesellschaftsrecht, 1971; *Kort*, Der Abschluß von Beherrschungs- und Gewinnabführungsverträgen im GmbH-Recht, 1986; *ders.*, Zur Vertragsfreiheit bei Unternehmensverträgen, BB 1988, 79; *Krieger* Handbuch § 70; *Kronstein*, Die abhängige juristische Person, 1931; *M. Lutter*, Zur Binnenstruktur des Konzerns, Festschrift Westermann, 1974, S.347; *G. Marchand*, Abhängigkeit und Konzernzugehörigkeit von Gemeinschaftsunternehmen, 1985; *Kl.-P. Martens*, Die existentielle Wirtschaftsabhängigkeit, 1978; *Maser*, Betriebspacht- und Betriebsüberlassungsverhältnisse in Konzernen, 1985; *Mestmäcker*, Verwaltung, Konzerngewalt und Rechte der Aktionäre, 1958; *ders.*, Zur Systematik des Rechts der verbundenen Unternehmen, Festgabe Kronstein, 1967, S.129; *J. Oesterreich*, Die Betriebsüberlassung zwischen Vertragskonzern und faktischem Konzern, 1979; *A. Pentz*, Die Rechtsstellung der Enkel-AG in einer mehrstufigen Unternehmensverbindung, 1994; *Praël*, Eingliederung und Beherrschungsvertrag als körperschaftliche Rechtsgeschäfte, 1978; *Priester*, Herrschaftswechsel beim Unternehmensvertrag, ZIP 1992,

---

³ S. den Ausschußbericht zu § 22 EGAktG, bei *Kropff* AktG S. 535 f.
⁴ OLG Karlsruhe NJW 1967, 831; OLG Frankfurt AG 1988, 267, 271; Ballerstedt DB 1956, 813, 837; *Emmerich/Sonnenschein* § 1 II 3; *Flume* DB 1956, 454; *Geßler* in Geßler/Hefermehl § 291 Rdnr. 102; *Hüffer* § 291 Rdnr. 22; *Koppensteiner* Vorbem. 76.

293; *Raiser* Kapitalgesellschaften § 54; *E.Rehbinder*, Gesellschaftsrechtliche Probleme mehrstufiger Unternehmensverbindungen, ZGR 1977, 581; *K.Schmidt* Gesellschaftsrecht § 31 III 1 (S. 952 ff.); *U.Schneider*, Konzernleitung als Rechtsproblem, BB 1981,244; *ders.*, Das Recht der Konzernfinanzierung, ZGR 1984, 493; *ders.*, Die vertragliche Ausgestaltung der Konzernverfassung, BB 1986, 1993; *ders.* (Hrsg), Beherrschungs- und Gewinnabführungsverträge in der Praxis der GmbH, 1989; *W.Schön*, Deutsches Konzernprivileg und europäischer Kapitalschutz, ein Widerspruch?, Festschrift Kropff, 1997, S.285; *Sonnenschein*, Organschaft und Konzerngesellschaftsrecht, 1976; *ders.*, Der aktienrechtliche Vertragskonzern im Unternehmensrecht, ZGR 1981, 429; *Timm*, Die Aktiengesellschaft als Konzernspitze, 1980; *Veelken*, Der Betriebsführungsvertrag im deutschen und amerikanischen Aktien- und Konzernrecht, 1975; *van Venrooy*, Isolierte Unternehmensverträge nach § 291 AktG?, BB 1986, 612; *S.Wanner*, Konzernrechtliche Probleme mehrstufiger Unternehmensverbindungen nach Aktienrecht, 1998; *H.Wilhelm*, Die Beendigung des Beherrschungs- und Gewinnabführungsvertrags, 1976; *M.Winter*, Mitgliedschaftliche Treuebindungen im GmbH-Recht, 1988.

Übersicht

	Rdnr.		Rdnr.
I. Überblick	1, 2	2. Gesetzliche Regelung	39, 40
II. Beherrschungsvertrag	3–35	3. Anwendungsbereich	41
1. Gesetzliche Regelung	3–5	4. Rechtsnatur	42
2. Begriff	6–15	5. Inhalt	43, 44
a) Parteien	7–9	6. Besondere Erscheinungsformen	45–51
b) Unterstellung unter fremde Leitung	10–13	a) Gemeinschaftsunternehmen	45
c) Notwendigkeit weiterer Abreden?	14	b) Vertrag zugunsten Dritter	46, 47
d) Vertragsfreiheit?	15	c) Isolierte Gewinnabführungsverträge	48, 49
3. Sonderfälle	16–21	d) Verlustdeckungszusage	50, 51
a) Teilbeherrschungsverträge?	16, 17	7. Gewinnermittlung	52, 53
b) Ausschluß des Weisungsrechts?	18, 19	IV. Geschäftsführungsvertrag	54–59
c) Atypische Beherrschungsverträge	20, 21	1. Begriff	54, 55
4. Rechtsnatur	22–24	2. Abgrenzung	56, 57
a) Organisationsvertrag	22, 23	3. Rechtliche Behandlung	58, 59
b) Leistungspflichten	24	V. Verträge über die Bildung von Gleichordnungskonzernen (§ 291 Abs. 2)	60, 61
5. Fehlerhafte Verträge	25–29		
6. Internationale Verträge	30–33	VI. Aufhebung der Vermögensbindung (§ 291 Abs. 3)	62
7. Mehrstufige Unternehmensverbindungen	34, 35		
III. Gewinnabführungsvertrag	36–53		
1. Begriff	36–38		

I. Überblick

§ 291 steht an der Spitze der Vorschriften über Unternehmensverträge (§§ 291 bis 307). **1**
Seine Bedeutung beruht vor allem auf der in Abs.1 S.1 enthaltenen Definition des Beherrschungsvertrags und des Gewinnabführungsvertrags. Ein Vertrag, durch den ein Gleichordnungskonzern im Sinne des § 18 Abs.2 gegründet wird, ist jedoch, wie Abs.2 der Vorschrift zu entnehmen ist, kein Beherrschungsvertrag iS des Gesetzes. § 291 Abs.3 fügt noch hinzu, daß Leistungen der Gesellschaft aufgrund eines Beherrschungs- oder eines Gewinnabführungsvertrags nicht als Verstoß gegen die §§ 57, 58 und 60 gelten. Eine vergleichbare Durchbrechung des § 76 für den Fall des Abschlusses eines Beherrschungsvertrages findet sich ergänzend in § 308 Abs.1. Die durch § 291 Abs.1 S.2 schließlich noch den Gewinnabführungsverträgen gleichgestellten Geschäftsführungsverträge sind ohne praktische Bedeutung.

Im Mittelpunkt der gesetzlichen Regelung der §§ 291 bis 310 steht der Beherrschungsvertrag, den § 291 Abs.1 S.1 als einen Vertrag definiert, durch den eine AG oder KGaA **2**
ihre Leitung einem (beliebigen) anderen Unternehmen unterstellt. Der Beherrschungsver-

trag bildet daher „als Rechtsgrundlage der Konzernleitungsmacht den herrschaftsrechtlichen Angelpunkt des Konzernrechts",[1] da nach dem Grundkonzept des Aktienkonzernrechts neben der Eingliederung der §§ 319 ff. allein der Abschluß eines Beherrschungsvertrages dem anderen Vertragsteil ein rechtlich gesichertes Weisungsrecht (s. §§ 308 Abs. 1, 323 Abs. 1) verleiht.

II. Beherrschungsvertrag

3 **1. Gesetzliche Regelung.** Der Begriff des Beherrschungsvertrages ergibt sich aus § 291 Abs. 1 S. 1 (s. u. Rdnr. 6 ff.). An seinen Abschluß knüpfen sich die unterschiedlichsten Rechtsfolgen. Zunächst hat er nach den §§ 15, 18 Abs. 1 S. 2 und 17 Abs. 1 zur Folge, daß auf die Vertragsparteien die Vorschriften über verbundene Unternehmen, über abhängige Unternehmen und über Konzernunternehmen Anwendung finden.[2] Weitere Rechtsfolgen ergeben sich namentlich aus den §§ 300 bis 303 sowie 304 und 305. Hervorzuheben sind die Pflicht des herrschenden Unternehmens zum Verlustausgleich (§ 302), zur Sicherheitsleistung bei Vertragsbeendigung (§ 303) sowie zur Leistung von Ausgleich und Abfindung (§§ 304 und 305). Diese auf den ersten Blick vielleicht beeindruckende Regelung weist gleichwohl bedenkliche *Schutzlücken* auf, vor allem, weil sie keinen Schutz der abhängigen Gesellschaft und ihrer Gesellschafter für den Fall der Vertragsbeendigung vorsieht. § 303 betrifft allein den Schutz der Gesellschaftsgläubiger.[3]

4 Das AktG regelt den Beherrschungsvertrag in den §§ 291 und 293 ff. allein unter *gesellschaftsrechtlichen* Aspekten. Daneben findet sich verstreut über die ganze Rechtsordnung noch eine Vielzahl weiterer Vorschriften, deren Aufgabe die Regelung anderer mit Beherrschungsverträgen zusammenhängender Fragen ist. Das Spektrum reicht von der Fusionskontrolle[4] über das Mitbestimmungs- und das Steuerrecht[5] bis zum Aufsichtsrecht der Banken und Versicherungen, wo sich vielfältige weitere Anzeige- und Genehmigungspflichten für Beherrschungs- und Gewinnabführungsverträge finden. Auf dieser Grundlage entwickelt sich in der Aufsichtspraxis langsam ein eigenständiges, branchenspezifisches „Konzernrecht".[6]

5 Obwohl für Beherrschungsverträge Registerpublizität besteht (§ 294), ist bisher über die *Verbreitung* und den Inhalt solcher Verträge nur wenig bekannt geworden. Sicher ist lediglich, daß sich die Hoffnung des Gesetzgebers von 1965 nicht erfüllt hat, in der Praxis werde sich der Beherrschungsvertrag als Konzerngrundlage allgemein durchsetzen, da nach wie vor die meisten Konzerne faktische Konzerne sind. Soweit (ausnahmsweise) Beherrschungsverträge abgeschlossen werden, sind sie häufig aus steuerlichen Gründen mit Gewinnabführungsverträgen zu Organschaftsverträgen verbunden. Daneben finden sich jedoch auch isolierte Beherrschungsverträge, wofür wiederum in erster Linie steuerliche Erwägungen maßgebend sein dürften.[7]

6 **2. Begriff.** Die Begriffsmerkmale eines Beherrschungsvertrages ergeben sich aus § 291 Abs. 1 S. 1 unter ergänzender Berücksichtigung der §§ 18 Abs. 1 S. 2, 291 Abs. 2, 304 Abs. 3 S. 1 und 308 Abs. 1. Ein Beherrschungsvertrag ist danach ein Vertrag, durch den eine AG oder KGaA mit Sitz im Inland die Leitung ihrer Gesellschaft einem anderen Unternehmen beliebiger Rechtsform unterstellt (§ 291 Abs. 1 S. 1). Diese Unterstellung findet ihren Ausdruck namentlich in dem Weisungsrecht des anderen Vertragsteils (§ 308 Abs. 1). Das Ge-

---

[1] Begr. zum RegE, bei *Kropff* AktG S. 374.
[2] S. zB *Geßler* in Geßler/Hefermehl Rdnr. 59; *Koppensteiner* in Kölner Kommentar Rdnr. 8.
[3] Wegen der Einzelheiten s. Emmerich/Sonnenschein § 16 I.
[4] S. § 37 Abs. 1 Nr. 2 lit. b GWB; Art. 3 Abs. 1 lit b Fall 2 FusionskontrollVO.
[5] S. § 5 MitbestG und §§ 14, 17 KStG.
[6] Vgl. *Dreher* ZVersWiss 1988, 619; *ders.* DB 1992, 2605; *Groman* AG 1981, 241; *A. Müller-Wiedenhorn,* Versicherungsvereine auf Gegenseitigkeit im Unternehmensverbund, 1993; *Sasse,* Festschrift Sieg, 1976, S. 435; *U. Schneider* ZGR 1996, 225.
[7] Ein noch nicht ausgeglichener Verlustvortrag der Tochter aus vororganschaftlicher Zeit darf nicht das dem Organträger zuzurechnende Einkommen mindern (§ 15 Nr. 1 KStG) und ginge daher bei sofortiger Begründung einer Organschaft verloren.

Beherrschungsvertrag. Gewinnabführungsvertrag   7–11 § 291

setz hat daraus den Schluß gezogen, daß die beiden Vertragsteile in jedem Fall einen Unterordnungskonzern bilden (§ 18 Abs. 1 S. 2).

a) Parteien. Beherrschungsverträge im Sinne des § 291 Abs. 1 S. 2 können (nur) zwischen einer AG oder KGaA mit Sitz im Inland als abhängiger Gesellschaft und einem in- oder ausländischen Unternehmen beliebiger Rechtsform als herrschendem Unternehmen abgeschlossen werden.[8] Hierdurch wird natürlich nicht der Abschluß von Beherrschungsverträgen mit Gesellschaften *anderer* Rechtsform, namentlich mit GmbHs und mit Personengesellschaften, ausgeschlossen. Jedoch sind auf solche Verträge die §§ 291 ff. nicht unmittelbar, sondern immer nur von Fall zu Fall entsprechend anwendbar.[9]   7

aa) Herrschendes Unternehmen kann nach § 291 Abs. 1 S. 1 jedes beliebige Unternehmen sein.[10] Sein Sitz und seine Rechtsform sind ohne Belang. Als herrschende Unternehmen kommen daher außer der öffentlichen Hand[11] zB auch Einzelkaufleute, Personengesellschaften, Stiftungen oder Vereine in Betracht. Ein Beherrschungsvertrag mit einem Privatmann wäre hingegen, sollte er tatsächlich einmal vorkommen, wegen Verstoßes gegen § 76 nichtig (§ 134 BGB).[12]   8

bb) Das Gesetz erfaßt in § 291 Abs. 1 S. 1 nur Beherrschungsverträge mit einer AG oder KGaA mit Sitz im **Inland,** weil der Schutz ausländischer abhängiger Gesellschaft nicht Aufgabe des deutschen AktG ist. Abhängigkeit der Gesellschaft ist hingegen keine Voraussetzung für den Abschluß eines Beherrschungsvertrages, wird jedoch in aller Regel im Augenblick des Vertragsabschlusses bereits vorliegen (s. § 293 Abs. 1 iVm. § 17 Abs. 2). In jedem Fall wird durch den Abschluß des Beherrschungsvertrags die Abhängigkeit der Gesellschaft begründet (§ 18 Abs. 1 S. 2 iVm. § 17).   9

b) Unterstellung unter fremde Leitung. aa) Ein Beherrschungsvertrag liegt nur vor, wenn durch ihn der eine Vertragsteil, die (in der Regel bereits abhängige) AG oder KGaA, die Leitung ihrer Gesellschaft dem anderen Vertragsteil, dem herrschenden Unternehmen, unterstellt (§ 291 Abs. 1 S. 1). Diese Unterstellung unter fremde Leistung ist das zentrale Tatbestandsmerkmal des Beherrschungsvertrages, durch das er sich von anderen Verträgen unterscheidet. Die Folge ist die *Unterordnung* der abhängigen Gesellschaft unter das herrschende Unternehmen, die vor allem in dem Weisungsrecht des letzteren zum Ausdruck kommt (§ 308 Abs. 1). Ein Vertrag, der an der Gleichberechtigung der Vertragsteile nichts ändert, ist aus diesem Grunde kein Beherrschungsvertrag, selbst wenn durch ihn ein Gleichordnungskonzern begründet wird (§ 18 Abs. 2). Dies hebt zur Klarstellung § 291 Abs. 2 nochmals ausdrücklich hervor (u. Rdnr. 60 f.).   10

bb) Was das Gesetz in § 291 Abs. 1 S. 1 und in § 308 Abs. 1 mit der „*Leitung*" der Gesellschaft meint, ergibt sich aus § 76 Abs. 1.[13] Die Annahme eines Beherrschungsvertrages setzt folglich voraus, daß die abhängige AG oder KGaA gerade hinsichtlich der Leitungsfunktion des Vorstandes (§ 76 Abs. 1) einem anderen Unternehmen, genauer: dessen Weisungsrecht unterstellt wird, so daß in diesen Fragen letztlich der Wille des herrschenden Unternehmens und nicht mehr der des Vorstands der abhängigen Gesellschaft maßgebend ist (§ 308 Abs. 1). Noch nicht endgültig geklärt ist, ob daraus zu folgern ist, daß der Vorstand stets hinsichtlich seiner gesamten Leitungsfunktion dem Weisungsrecht des herrschenden Unternehmens unterworfen werden muß, wenn ein Beherrschungsvertrag im Sinne des   11

---

[8] Zu den internationalen Beherrschungsverträgen s. im einzelnen unten Rdnr. 30 ff.
[9] Wegen der Einzelheiten vgl. für die GmbH *Emmerich* in Scholz GmbHG § 44 Anh. Rdnr. 230 bis 322; *Emmerich/Sonnenschein* § 25; für die Personengesellschaften *Emmerich* in Heymann HGB § 105 Anh. Rdnr. 19–24; *Emmerich/Sonnenschein* § 27 III.
[10] ZB *Hüffer* Rdnr. 8; *Koppensteiner* in Kölner Kommentar Rdnr. 6; wegen der Einzelheiten s. o. § 15 Rdnr. 6 ff.
[11] S. o. § 15 Rdnr. 24.

[12] Ebenso *Geßler* in Geßler/Hefermehl Rdnr. 7; *Koppensteiner* in Kölner Kommentar Rdnr. 7.
[13] S. im einzelnen *Emmerich* in Hommelhoff, Entwicklungen im GmbH-Konzernrecht, S. 64 ff.; *Emmerich/Sonnenschein* § 8 V; *Exner* Beherrschungsvertrag S. 83 ff.; *Geßler* in Geßler/Hefermehl Rdnr. 39 ff.; *ders.*, Festschrift Beitzke, S. 923; *ders.* DB 1965, 1693; *Hommelhoff* Konzernleitungspflicht S. 304 ff.; *Hüffer* Rdnr. 10 f.; *Koppensteiner* in Kölner Kommentar Rdnr. 12 ff.; *Krieger* Handbuch § 70 Rdnr. 4 ff.; *van Venrooy* BB 1986, 612.

§ 291 Abs. 1 S. 1 vorliegen soll, oder ob auch die Unterstellung nur hinsichtlich einzelner Funktionen oder Betriebe genügt (dazu u. Rdnr. 16 f.).

12 cc) Aus der Bezugnahme auf § 76 in § 291 Abs. 1 S. 1 und in § 308 Abs. 1 folgt außerdem, daß die beiden *anderen* Organe der abhängigen Gesellschaft, dh. Aufsichtsrat und Hauptversammlung in ihren Funktionen grundsätzlich weisungsfrei bleiben; die einzige Ausnahme findet sich in § 308 Abs. 3.

13 dd) Die Unterstellung einer Gesellschaft unter fremde Leitung ist immer nur für die Zukunft möglich. Der **rückwirkende** Abschluß von Beherrschungsverträgen scheidet aus, schon, weil es andernfalls möglich wäre, nachträglich durch Abschluß eines Beherrschungsvertrages Ansprüchen, die auf die §§ 311 und 317 gestützt werden, die Grundlage zu entziehen.[14]

14 c) **Notwendigkeit weiterer Abreden?** Die Unterstellung der abhängigen AG oder KGaA unter fremde Leitung (o. Rdnr. 10 ff.) ist der notwendige Inhalt eines Beherrschungsvertrags. Unabdingbar ist außerdem gemäß § 304 Abs. 3 S. 1 eine Bestimmung über Ausgleichsleistungen des herrschenden Unternehmens. Umstritten ist hingegen, ob der Vertrag, wenn er wirksam sein soll, noch weitere Abreden enthalten muß, namentlich über den Umfang des etwaigen Weisungsrechts des herrschenden Unternehmens oder über dessen Schranken. Überwiegend wird die Frage bisher verneint.[15]

15 d) **Vertragsfreiheit?** Nach Meinung des BGH[16] besteht für Beherrschungsverträge ebenso wie für sonstige Verträge (§ 305 BGB) grundsätzlich Vertragsfreiheit, so daß die Parteien in dem Vertrag beliebige weitere Regelungen treffen können, soweit dem nicht im Einzelfall zwingende gesetzliche Regelungen entgegenstehen. Dieser Meinung ist für den Beherrschungsvertrag nur mit Einschränkungen zu folgen.[17] Vertragliche Ergänzungen und Abänderungen der gesetzlichen Regelung können vielmehr jenseits der ausdrücklich geregelten Fälle (s. §§ 305 Abs. 2 Nr. 2, 308 Abs. 1 S. 2) grundsätzlich nur zugelassen werden, soweit dadurch nicht die Rechte der Gläubiger oder der außenstehenden Aktionäre über den gesetzlichen Rahmen hinaus verkürzt werden. Danach verbietet sich vor allem die Einführung zusätzlicher Kündigungs- und Rücktrittsrechte zugunsten des herrschenden Unternehmens über den engen Rahmen der §§ 296 und 297 hinaus.[18]

16 3. **Sonderfälle. a) Teilbeherrschungsverträge?** Nach § 308 Abs. 1 S. 2 können in einem Beherrschungsvertrag nachteilige Weisungen des herrschenden Unternehmens ausgeschlossen werden. Dies hat Anlaß zu der Frage gegeben, ob mit dem Gesetz auch sogenannte Teilbeherrschungsverträge vereinbar sind, dh. Verträge, durch die die abhängige Gesellschaft ihre Leitung nur hinsichtlich *einzelner* Funktionen, zB nur hinsichtlich des Finanzwesens, des Einkaufs oder der Personalpolitik, nicht aber insgesamt auf ein anderes Unternehmen überträgt.

17 Die Frage ist umstritten.[19] Entsprechend § 308 Abs. 1 S. 2 ist indessen nicht recht einzusehen, warum das Weisungsrecht im Beherrschungsvertrag nicht auch in **anderer** Hinsicht

---

[14] OLG Hamburg NJW 1990, 3024 = AG 1991, 21; AG 1991, 23; OLG München AG 1991, 358, 359; OLG Karlsruhe AG 1994, 283; LG Ingolstadt AG 1991, 24, 26; *Hüffer* Rdnr. 11; *Knepper* DStR 1994, 377, 380; offengelassen in BGHZ 122, 211, 223 f. = NJW 1993, 1976 „SSI"; *Emmerich/Sonnenschein* § 13 VII 3 b; *K. Schmidt* § 31 III 1 a; zur abweichenden Rechtslage bei Gewinnabführungsverträgen s. u. Rdnr. 43.

[15] *Hüffer* Rdnr. 13 f.; *Koppensteiner* in Kölner Kommentar Rdnr. 36 ff.; dagegen *Emmerich* in Hommelhoff, Entwicklungen im GmbH-Konzernrecht, S. 69; *Emmerich/Sonnenschein* § 8 V 1; *Hommelhoff* Konzernleitungspflicht S. 304 ff.

[16] BGHZ 119, 1, 5 ff. = NJW 1992, 2760 „ASEA/BBC" (für den Beitritt zu einem Beherrschungsvertrag); BGHZ 122, 211, 217 ff. = NJW 1993, 1976 „SSI"; ebenso OLG München AG 1991, 358, 361 „SSI"; *Exner* Eingliederung S. 20, 65 ff.; *K. Schmidt* § 31 III 1 a.

[17] *W. Bayer* ZGR 1993, 599; *Emmerich/Sonnenschein* § 8 II 3; *Geßler* in Geßler/Hefermehl Rdnr. 24; *Hirte* ZGR 1994, 643, 648 ff.; *Koppensteiner* in Kölner Kommentar Rdnr. 34 f.

[18] Anders BGH (Fn. 16).

[19] Für die Zulässigkeit zB *Exner* Beherrschungsvertrag S. 109 ff.; *Geßler* in Geßler/Hefermehl Rdnr. 49 ff.; *Hüffer* Rdnr. 15; *Krieger* Handbuch § 70 Rdnr. 4; dagegen zB *Koppensteiner* in Kölner Kommentar Rdnr. 30 ff.

beschränkt werden kann. Voraussetzung ist lediglich, daß immer noch eine einheitliche Leitung der verbundenen Unternehmen iS des § 18 Abs.1 S.1 möglich bleibt. Wird das Weisungsrecht so weit eingeschränkt, daß sich im Ergebnis an der Selbständigkeit der abhängigen Gesellschaft nichts ändert, so liegt, wie den §§ 18 Abs.1 S.2 und 291 Abs.2 zu entnehmen ist, kein Beherrschungsvertrag mehr vor, sondern höchstens ein Gleichordnungsvertrag.

b) Ausschluß des Weisungsrechts? Das Gesetz sieht, wie ausgeführt (o. Rdnr.10ff.), den Kern eines Unternehmensvertrages in der Unterstellung der abhängigen Gesellschaft unter das Weisungsrecht des herrschenden Unternehmens (§§ 291 Abs.1 S.1, 308 Abs.1). Deshalb ist fraglich, ob es auch Beherrschungsverträge *ohne* die Begründung eines Weisungsrechts für einen der Beteiligten gibt. Die Frage wird zum Teil mit der Begründung bejaht, das Weisungsrecht des herrschenden Unternehmens (§ 308 Abs.1) sei kein wesentlicher Bestandteil des Beherrschungsvertrages, sondern lediglich das regelmäßige, aber eben nicht notwendige Mittel zur Unterstellung der abhängigen Gesellschaft unter die Leitung des herrschenden Unternehmens.[20] Für die Beteiligten hätte das den Vorteil, daß für ihre Beziehungen trotz fehlender Abhängigkeit das System der gesetzlichen Vermögensbindung aufgehoben wäre (s. § 291 Abs.3 in Verbindung mit den §§ 57, 58 und 60 AktG).

Diese Meinung ist offenkundig mit den §§ 18 Abs.1 S.2, 291 und 308 Abs.1 unvereinbar.[21] Ein Vertrag, durch den das Weisungsrecht des herrschenden Unternehmens generell ausgeschlossen wird, ist kein Beherrschungsvertrag mehr, sondern stellt einen normalen Gesellschaftsvertrag dar, durch den gegebenenfalls ein Gleichordnungskonzern begründet wird (§§ 18 Abs.2, 291 Abs.2).

c) Atypische Beherrschungsverträge? Unter dem Stichwort „atypische Beherrschungsverträge" werden unterschiedliche Fragestellungen diskutiert. Zunächst geht es um die Selbstverständlichkeit, daß sich die Rechtsnatur eines Vertrages als Beherrschungsvertrag nicht nach seinem Wortlaut oder gar seiner Bezeichnung, sondern nach seinem notfalls durch Auslegung zu ermittelnden wirklichen Inhalt richtet (§§ 133, 157 BGB). Führt der Vertrag danach zur Unterstellung der einen Gesellschaft unter die Leitung des anderen Vertragsteils im Sinne der §§ 291 Abs.1 S.1 und 308 Abs.1, so handelt es sich bei ihm um einen Beherrschungsvertrag, selbst wenn die Parteien bei Abschluß des Vertrages hieran nicht gedacht haben sollten. Der Vertrag ist folglich nur wirksam, wenn er (auch) sämtlichen Wirksamkeitsvoraussetzungen eines Beherrschungsvertrages nach den §§ 293ff. und 304f. genügt.[22]

Hieraus ergibt sich die weitere Frage, wie zu verfahren ist, wenn sich hinter einem der anderen Unternehmensverträge des § 292, namentlich hinter einem Betriebspacht- oder Betriebsführungsvertrag (§ 292 Abs.1 Nr.3), in Wirklichkeit ein Beherrschungsvertrag verbirgt, weil der Vertrag nach den ganzen Umständen zur Unterstellung der Gesellschaft unter die Leitung des anderen Vertragsteils führt. Nach dem Gesagten (o. Rdnr.20) kann die Antwort nicht zweifelhaft sein: Wenn der Vertrag in Wirklichkeit ein Beherrschungsvertrag ist, so ist er auch, schon im Interesse der Gesellschaft, ihrer Gesellschafter und ihrer Gläubiger, als solcher zu behandeln und daher nur wirksam, wenn er (zugleich) den Wirksamkeitsvoraussetzungen eines Beherrschungsvertrages entspricht.[23]

4. Rechtsnatur.[24] **a) Organisationsvertrag. aa)** Beherrschungsverträge werden heute meistens ebenso wie Gewinnabführungsverträge als Organisationsverträge bezeichnet.[25]

---

[20] *Exner* Beherrschungsvertrag S.109, 115ff.; *Geßler* in Geßler/Hefermehl Rdnr.53; *ders.,* Festschrift Beizke, S.923, 928ff.

[21] *Emmerich/Sonnenschein* § 8 V 3 a; *Hüffer* Rdnr.11; *Koppensteiner* in Kölner Kommentar Rdnr.13.

[22] *Geßler* in Geßler/Hefermehl Rdnr.29ff.; *Hüffer* Rdnr.14; *Koppensteiner* in Kölner Kommentar Rdnr.18.

[23] Sehr str., s. im einzelnen u. § 292 Rdnr.46ff. sowie *Emmerich/Sonnenschein* § 12 V 2 m. Nachw.; *Hüffer* Rdnr.14; *Koppensteiner* in Kölner Kommentar Rdnr.15ff.

[24] S. zum folgenden eingehend *Bälz* AG 1992, 277, 285ff.; *W. Bayer* Beherrschungsvertrag S.13ff.; *Emmerich/Sonnenschein* § 8 II; *Exner* Beherrschungsvertrag S.35, 49ff.; *Koppensteiner* in Kölner Kommentar Vorbem. 68ff. zu § 291; *Praël* Eingliederung S.65ff.

[25] BGHZ 103, 1, 4f. = NJW 1988, 1326 „Familienheim"; BGHZ 105, 324, 331 = NJW 1989, 295

Damit soll zum Ausdruck gebracht werden, daß das Schwergewicht ihrer Wirkungen nicht in der Begründung wechselseitiger Rechte und Pflichten der Vertragsparteien, sondern in der Gestaltung der gesellschaftsrechtlichen Beziehungen zwischen ihnen sowie zwischen der abhängigen Gesellschaft und den außenstehenden Gesellschaftern besteht.

23 **bb)** Die Frage nach der Rechtsnatur des Beherrschungsvertrages läßt sich zutreffend nur an Hand seiner rechtlichen Wirkungen beurteilen. Unter diesem Aspekt erlangen nun vor allem § 291 Abs. 1 und 3 sowie § 308 Abs. 1 Bedeutung, die zeigen, daß durch einen Beherrschungsvertrag in der Tat die Verfassung der abhängigen Gesellschaft geändert wird. Ohne Rücksicht auf die verfehlte Bestimmung des § 293 Abs. 1 S. 4, die allein rechtstechnische Bedeutung hat, läuft damit der Beherrschungsvertrag (ebenso wie namentlich noch der Gewinnabführungsvertrag [u. Rdnr. 42]) der Sache nach auf eine *Satzungsänderung* bei der abhängigen Gesellschaft hinaus.[26] Vor allem die Notwendigkeit eines Zustimmungsbeschlusses der Hauptversammlung der abhängigen Gesellschaft mit qualifizierter Mehrheit (§ 293 Abs. 1) erklärt sich unmittelbar aus diesem Umstand (vgl. § 179).

24 **b) Leistungspflichten.** Das Gesagte (o. Rdnr. 23) ändert nichts daran, daß sich aus einem Beherrschungsvertrag auch beiderseitige Leistungspflichten ergeben (zB §§ 302 Abs. 1 und 309 Abs. 1). Der Beherrschungsvertrag begründet mithin nicht nur Zuständigkeiten, etwa des herrschenden Unternehmens zur Erteilung von Weisungen (§ 308),[27] sondern auch ein *Schuldverhältnis* mit beiderseitigen Leistungspflichten, auf die ohne weiteres die §§ 273, 276 und 320 anwendbar sind.[28] Die Anwendung der §§ 273 oder 320 BGB kommt namentlich in Betracht, wenn das herrschende Unternehmen gegen seine Verpflichtung zur Verlustübernahme verstößt (§ 302).[29] Die abhängige Gesellschaft kann außerdem Schadensersatz verlangen, wenn das herrschende Unternehmen die aus einem Beherrschungsvertrag resultierenden Pflichten zur Wahrung der Interessen der abhängigen Gesellschaft verletzt.[30]

5. Fehlerhafte Verträge

Schrifttum: *Autenrieth* GmbHR 1990, 113; *Ebenroth/A. Müller* BB 1991, 358; *Emmerich* JuS 1992, 102; *Emmerich/Sonnenschein* § 8 III; *Kleindieck* ZIP 1988, 613; *Korth* ZIP 1989, 1309; *H. Köhler* ZGR 1985, 307; *Krieger* ZHR 158 (1994), 35; *B. Mertens* BB 1995, 1417; *Praël,* Eingliederung und Beherrschungsvertrag, S. 89 ff.; *Priester* in U. Schneider, Beherrschungs- und Gewinnabführungsverträge, 1989, S. 37; *E. Rehbinder,* Festschrift Fleck, 1988, S. 235; *I. Stolzenberger-Wolters,* Fehlerhafte Unternehmensverträge im GmbH-Recht, 1990; *E. Strobl* in U. Schneider, Beherrschungs- und Gewinnabführungsverträge, S. 65; *Timm* GmbHR 1989, 11; 1992, 213; *ders.,* Festschrift Kellermann, 1991, S. 461; *P. Ulmer* BB 1989, 10.

25 Als fehlerhaft bezeichnet man einen Beherrschungsvertrag, bei dessen Abschluß nicht sämtliche gesetzlichen Voraussetzungen beachtet worden sind oder der inhaltliche Mängel

„Supermarkt"; BGHZ 116, 37, 43 = NJW 1992, 505 „Stromlieferung"; BGH LM AktG § 293 Nr. 2 = NJW 1992, 1452 = AG 1992, 192, 193 f. „Siemens/NRG"; BFHE 127, 56 = AG 1980, 309; OLG Hamm WM 1988, 1164, 1168 f.; BayObLGZ 1988, 201 = AG 1988, 367; BayObLGZ 1992, 367 = NJW 1993, 1804 = AG 1993, 177 „BSW"; OLG Frankfurt AG 1988, 267, 270; OLG Karlsruhe AG 1994, 283; LG Konstanz ZIP 1992, 1736, 1737 = AG 1993, 237; ebenso überwiegend das Schrifttum, zB *Bälz,* Festschrift Raiser, 1974, S. 278, 323 ff.; *ders.* AG 1992, 277, 286 f.; *W. Bayer* Beherrschungsvertrag S. 13 ff.; *Ebenroth* Vermögenszuwendungen S. 371 ff.; *Geßler* in Geßler/Hefermehl Rdnr. 24, 77; *Hüffer* Rdnr. 17; *Kropff* BB 1965, 1282; *Maser* Betriebsüberlassungsverhältnisse S. 33 ff.; *Mestmäcker* Verwaltung S. 337 ff.; *Praël* Eingliederung S. 72 ff.; *Raiser* Kapitalgesellschaften § 54 Rdnr. 6; *K. Schmidt* Gesellschaftsrecht § 31 III 1 a.

[26] Ebenso OLG Karlsruhe NJW 1967, 831, 832; LG Ingoldstadt AG 1991, 24, 25; *Bälz* AG 1992, 277, 285, 299 f.; *W. Bayer* Beherrschungsvertrag S. 13 f.; *Emmerich/Sonnenschein* § 8 II 2 a; *Exner* Beherrschungsvertrag S. 53 ff.; *Koppensteiner* in Kölner Kommentar Vorbem. 69 f. vor § 291; *Oesterreich* Betriebsüberlassung S. 61 ff.; *Praël* Eingliederung S. 69, 79 ff.; *Raiser* Kapitalgesellschaften § 54 Rdnr. 6.

[27] So zB *Bälz* AG 1992, 277, 287; *W. Bayer* Beherrschungsvertrag S. 17 f.; *Praël* Eingliederung S. 93.

[28] *Emmerich/Sonnenschein* § 8 II 4; *Geßler* in Geßler/Hefermehl Rdnr. 25; *Hüffer* Rdnr. 17; *Koppensteiner* in Kölner Kommentar Vorbem. 68 vor § 291, § 308 Rdnr. 43.

[29] S. u. § 308 Rdnr. 56.

[30] Wegen der Einzelheiten s. u. § 309 Rdnr. 17 f. sowie *Emmerich/Sonnenschein* §§ 8 II 5, 28 III; *Emmerich* in Hommelhoff, Entwicklungen im GmbH-Konzernrecht, S. 64, 94 ff.

aufweist (§§ 134, 138 BGB). Im einzelnen hat man zwischen Mängeln des Vertrages und Mängeln der beiden Zustimmungsbeschlüsse (§ 293 Abs. 1 und 2) zu unterscheiden, wobei innerhalb der letzteren weiter danach zu trennen ist, ob die Mängel die Nichtigkeit oder lediglich die Anfechtbarkeit des Beschlusses nach sich ziehen (§§ 241, 243). Sind die genannten Mängel nicht in der Zwischenzeit, etwa durch Zeitablauf, geheilt (s. §§ 242, 244 und 246 Abs. 1; § 140 BGB), so stellt sich die Frage, wie zu verfahren ist, wenn der Vertrag trotz seiner Mängel vollzogen wird, dh., wenn die Parteien in der Praxis nach ihm verfahren, wofür es bereits genügt, daß das herrschende Unternehmen Verluste der abhängigen Gesellschaft ausgeglichen oder in deren Geschäftsführung eingegriffen hat (§§ 302 Abs. 1, 308 Abs. 1).

Die Praxis tendiert dazu, in den genannten Fällen (o. Rdnr. 25) den Beherrschungsvertrag trotz der Mängel als **wirksam** zu behandeln, vor allem wohl, um soweit wie möglich den Gläubigerschutz nach den §§ 302 und 303 sicherzustellen.[31] Im Schrifttum wird hingegen ja nach Art und Schwere des Mangels in vielfältiger Weise differenziert. In der Tat ist es ausgeschlossen, sämtliche Mängel des Vertrags und der Zustimmungsbeschlüsse (§ 293) trotz ihres unterschiedlichen Gewichts über einen Kamm zu scheren. Dies zeigt schon § 304 Abs. 3 S. 1, nach dem der Vertrag bei Fehlen einer Ausgleichsregelung unheilbar nichtig ist.

Mindestvoraussetzung für die Anerkennung eines fehlerhaften Beherrschungsvertrages ist zunächst, daß der Vertrag im Handelsregister eingetragen worden ist, da ein nichteingetragener Beherrschungsvertrag unter keinen Umständen Anerkennung finden kann (§ 294 Abs. 2)[32] Ebenso zu behandeln sind Mängel der Zustimmungsbeschlüsse (§ 293 Abs. 1 und 2),[33] da es nicht vertretbar erscheint, die außenstehenden Aktionäre in derartigen Fällen um ihre Rechte aus den §§ 241, 243 und 306 zu bringen. Schließlich ist auch dann kein Raum für die Anerkennung des Beherrschungsvertrages, wenn ein Zustimmungsbeschluß der abhängigen Gesellschaft ganz fehlt (§ 293 Abs. 1).

Etwaige *Vertragsmängel* können gleichfalls nicht einheitlich behandelt werden;[34] vielmehr gibt es offenkundig so schwere Fehler, daß es vor allem der Schutz der außenstehenden Gesellschafter erfordert, an der Nichtigkeit des Vertrags festzuhalten (s. § 304 Abs. 3 S. 1).[35] Zu denken ist hier vor allem an Vertragsklauseln, durch die die Rechte der außenstehenden Aktionäre entgegen dem Gesetz in schwerwiegender Weise beschränkt werden (§§ 134, 138 BGB).

Auch wenn der einmal vollzogene Vertrag trotz seines Mangels für die Vergangenheit anerkannt wird (o. Rdnr. 26), ändert dies doch nichts an seiner fortbestehenden Fehlerhaftigkeit. Die Folge ist, daß die bloße faktische Geltung des Vertrages von beiden Parteien jederzeit *für die Zukunft beendet* werden kann.[36] Dies geschieht durch einfache Berufung auf die Nichtigkeit des Vertrages, während die überwiegende Meinung hier ohne Not eine außerordentliche Kündigung aus wichtigem Grunde verlangt (§ 297 Abs. 1 S. 1). Fristen bestehen dafür nicht.[37] Die Zuständigkeit liegt beim Vorstand.[38] Außerdem können die Gesell-

---

[31] BGHZ 103, 1, 5 = NJW 1988, 1326 = AG 1988, 133 „Familienheim"; BGHZ 105, 168, 182 = NJW 1988, 3143 = AG 1989, 27 „HSW"; BGHZ 116, 37, 39 ff. = NJW 1992, 505 = AG 1992, 83 „Stromlieferungen/Hansa-Feuerfest"; OLG Koblenz AG 1991, 142 = WM 1991, 227; OLG München AG 1991, 358, 361; LG Bochum AG 1987, 323 = GmbHR 1987, 24; LG Ingolstadt AG 1991, 24, 25; ablehnend zB *Köhler* ZGR 1985, 307, 310 ff.; *Koppensteiner* in Kölner Kommentar § 297 Rdnr. 37, Vorbem. 11 vor § 300.

[32] *Hüffer* Rdnr. 21; *Krieger* ZHR 158 (1994), 35, 41.

[33] Anders aber *Kley*, Die Rechtsstellung der außenstehenden Aktionäre bei der vorzeitigen Beendigung von Unternehmensverträgen, 1986, S. 65 ff.; *Krieger* ZHR 158 (1994), 35, 37 ff.; *ders.* in U. Schneider, Beherrschungs- und Gewinnabführungsverträge in der Praxis der GmbH, 1989, S. 99, 110; dagegen zutreffend *Gerth* BB 1978, 1497, 1499; *Hüffer* Rdnr. 21; *H. Wilhelm*, Die Beendigung des Beherrschungs- und Gewinnabführungsvertrages, 1976, S. 26 ff.

[34] So aber offenbar BGHZ 116, 37, 39 ff. = NJW 1992, 505.

[35] LG Ingolstadt AG 1991, 24, 25; *Emmerich/Sonnenschein* § 8 III 3; *Kleindiek* ZIP 1988, 613; *Priester* in U. Schneider, Beherrschungs- und Gewinnabführungsverträge, S. 37, 46 ff.; ganz anders hingegen zB *Timm*, Festschrift Kellermann, S. 461, 479 ff.

[36] Ebenso offenbar für einen Organschaftsvertrag BFH BStBl. 1998 II, 33 = NZG 1998, 227.

[37] *B. Mertens* BB 1995, 1417, 1419; str.

[38] *Emmerich* in Scholz GmbHG § 44 Anh. Rdnr. 304.

schafter noch den Zustimmungsbeschluß (§ 293) in den kurzen Fristen des § 246 wegen der Mängel des Vertrages anfechten.[39]

6. Internationale Verträge

Schrifttum: Unternehmensrechtskommission Bericht Tz. 1356 ff. (S. 694 ff.); *Bache,* Der internationale Unternehmensvertrag nach deutschem Kollisionsrecht, 1969; *Bänwaldt/Schabacker* AG 1998, 182; *W. Bayer,* Der grenzüberschreitende Beherrschungsvertrag, 1988; *ders.* ZGR 1993, 599; *Becker* GmbHR 1997, 1136; *Bernstein/Koch* ZHR 143 (1979), 522; *Däubler* RabelsZ 39 (1975), 444; *Duden* ZHR 141 (1977), 145; *Ebenroth,* Konzernkollisionsrecht im Wandel außenwirtschaftlicher Ziele, 1978; *ders.* Vermögenszuwendungen S. 334 ff.; *Eisele* ZGR 1996, 40; *Emmerich/Sonnenschein* § 8 IV; *Feddersen,* Beherrschungs- und Gewinnabführungsverträge über die Grenze, in U. Schneider, Beherrschungs- und Gewinnabführungsverträge in der Praxis der GmbH, 1989, S. 127; *Immenga/Klocke* ZSR 114 (1973), 29; *Klocke,* Deutsches Konzernkollisionsrecht und seine Regelungsprobleme, 1974; *Koppensteiner,* Internationale Unternehmen im deutschen Gesellschaftsrecht, 1971; *ders.* in Kölner Kommentar Vorbem. 78 ff. vor § 291; *Kösters* NZG 1998, 241; *Kronke* ZGR 1989, 473; *Luchterhandt,* Deutsches Konzernrecht bei grenzüberschreitenden Konzernverbindungen, 1971; *Fr. Mann,* Festschrift Barz, 1974, S. 219; *K. Neumayer* Zeitschrift für vergleichende Rechtswissenschaft (ZVglRWiss) 83 (1984), 129; *Prühs* AG 1973, 395; *Rohr,* Der Konzern im IPR unter besonderer Berücksichtigung des Schutzes der Minderheitsaktionäre und der Gläubiger, 1983; *M. Schubert,* Unternehmensmitbestimmung und internationale Wirtschaftsverflechtung, 1984; *H. P. Westermann* ZGR 1975, 68; *Wiedemann* Gesellschaftsrecht Bd. I S. 799 ff.; *ders.,* Festschrift Kegel, 1977, S. 187.

30 Als international bezeichnet man Beherrschungsverträge zwischen einem deutschen und einem ausländischen Unternehmen. Die Eigenschaft einer Gesellschaft als deutsche oder ausländische, ihre sogenannte *Nationalität,* beurteilt sich hierbei nach ihrem wirklichen Verwaltungssitz, nicht nach dem Ort ihrer Gründung (sogenannte Sitztheorie im Gegensatz zur Gründungstheorie).[40]

31 Nur verhältnismäßig unbedeutende, kollisionsrechtliche Probleme tauchen in internationalen Unterordnungskonzernen auf, wenn an ihnen das deutsche Unternehmen in der Rolle des **herrschenden** Unternehmens beteiligt ist, da in solchen Fällen allein diejenigen Normen Anwendung finden, die wie etwa § 71 d die Verhältnisse der inländischen Obergesellschaft regeln,[41] während sich die Rechtsverhältnisse der ausländischen abhängigen Gesellschaft ausschließlich nach ihrem Heimatrecht richten.[42] Unanwendbar ist nach hM außerdem § 293 Abs. 2, weil diese Vorschrift nach ihrem Sinn und Zweck nur die Beziehungen zwischen inländischen Gesellschaften im Auge hat.[43]

32 Ist umgekehrt eine deutsche Gesellschaft von einem ausländischen Unternehmen **abhängig,** so sind grundsätzlich alle Vorschriften, die das deutsche Recht zum Schutze der abhängigen Gesellschaft, ihrer Gesellschafter und ihrer Gläubiger vorsieht, auf das ausländische Unternehmen anzuwenden, so daß dieses im Inland gegenüber einer AG namentlich die Pflichten aus den §§ 302 bis 305 zu beachten hat.[44] Abweichende Vereinbarungen sind nicht möglich.[45] Unberührt bleibt das Personalstatut der ausländischen Obergesellschaft. Die Beziehungen der Obergesellschaft zu ihren Gesellschaftern und Gläubigern richten sich daher weiter nach ihrem Heimatrecht.[46] Im übrigen beurteilt sich jedoch der Abschluß des Vertrages nach deutschem Recht, dh. nach den §§ 291, 293 ff., weil und so-

---

[39] *B. Mertens* BB 1995, 1417 ff.
[40] BGHZ 97, 269, 271 f. = NJW 1986, 2194; OLG Frankfurt AG 1990, 494, 495; KG DB 1997, 1124; *Becker* GmbHR 1997, 1136; *Eidenmüller/G. Rehm* ZGR 1997, 89; *Kösters* NZG 1998, 241.
[41] OLG Frankfurt AG 1988, 267, 272; *Koppensteiner,* Internationale Unternehmen, S. 103, 266 ff.; *Luchterhandt* Konzernrecht S. 160 ff.
[42] OLG Hamburg MDR 1976, 402 Nr. 54; ebenso für das Schweiz BGE 80 II (1954), 53, 59 "Shell".
[43] S. u. § 293 Rdnr. 6.
[44] BGHZ 65, 15 = NJW 1976, 191 = WM 1975, 1152 „ITT" (ohne Begründung); *W. Bayer* Beherrschungsvertrag S. 57, 66 f.; *Bernstein/Koch* ZHR 143 (1979), 522, 529 f.; *Ebenroth* AG 1990, 188, 195; *Einsele* ZGR 1996, 40; *Feddersen* in U. Schneider, Beherrschungs- und Gewinnabführungsverträge, S. 127, 135 ff.; *Hüffer* Rdnr. 8, 13; *Kronke* ZGR 1989, 473; *Koppensteiner,* Internationale Unternehmen, S. 136, 170, 245 ff.; *ders.* in Kölner Kommentar Vorbem. 83 f., 88 ff. vor § 291; *Luchterhandt* Konzernrecht S. 127 ff.; *Mann,* Festschrift Barz, S. 219, 223 ff.; *Wiedemann,* Festschrift Kegel, S. 187, 203 ff.
[45] *W. Bayer* Beherrschungsvertrag S. 64 ff.; anders nur *Neumayer* ZVglRWiss. 83 (1984), 129.
[46] *Einsele* ZGR 1996, 40, 49 f.

fern die fraglichen Vorschriften des AktG in erster Linie den Schutz der abhängigen deutschen Gesellschaft bezwecken.[47]

Die Durchsetzung deutschen Konzernrechts gegen ausländische herrschende Unternehmen (o. Rdnr. 32) ist keineswegs gesichert. Die daraus zum Teil hergeleiteten Bedenken gegen die Zulässigkeit internationaler Beherrschungsverträge[48] sind indessen unbegründet; im Rahmen der Europäischen Union steht solchen Vorbehalten bereits das Diskriminierungsverbot des Art. 6 EGV entgegen.[49]

7. Mehrstufige Unternehmensverbindungen

Schrifttum: *W.Bayer*, Festschrift Ballerstedt, 1975, S.157; *Emmerich/Sonnenschein* § 8 VI; *Hommelhoff* WM 1984, 1105; *Koppensteiner* in Kölner Kommentar Rdnr. 44 bis 52; *Kronstein* BB 1967, 637; *Paschke* AG 1988, 196; *A.Pentz*, Die Rechtsstellung der Enkel-AG in einer mehrstufigen Unternehmensverbindung, 1994; *E.Rehbinder* ZGR 1977, 581; *Sonnenschein* BB 1975, 1088; *ders.* AG 1976, 147; *Timm* Aktiengesellschaft S.170 ff.; *S.Wanner*, Konzernrechtliche Probleme mehrstufiger Unternehmensverbindungen nach Aktienrecht, 1998.

In mehrstufigen Unternehmensverbindungen, wie sie in der Praxis die Regel bilden, sind Beherrschungsverträge auf allen Stufen möglich. In einer dreistufigen Unternehmensverbindung kann daher zB die Muttergesellschaft Beherrschungsverträge gleichermaßen mit der Tochter- wie mit der Enkelgesellschaft abschließen; ebenso ist es aber auch möglich, daß ein Beherrschungsvertrag allein zwischen der Tochter- und der Enkelgesellschaft oder nur zwischen der Mutter- und der Enkelgesellschaft abgeschlossen wird. Steht hingegen die Enkelgesellschaft in vertraglichen Beziehungen gleichzeitig zur Mutter- *und* zur Tochtergesellschaft, so muß zugleich Sorge dafür getragen werden, daß einander widersprechende Weisungen ausgeschlossen sind.[50] In denjenigen Beziehungen, in denen kein Beherrschungsvertrag vorliegt, bleiben im übrigen die §§ 311 bis 318 anwendbar (str.).

Die Rechtsfolgen, die das Gesetz an den Abschluß von Beherrschungsverträgen knüpft, sind durchweg auf einstufige Unternehmensverbindungen zugeschnitten, so daß sie sich häufig nicht ohne Modifikationen auf mehrstufige Beherrschungsverträge übertragen lassen. In besonderem Maße gilt dies für die Berechnung von Ausgleich und Abfindung (§§ 304 und 305). Das Gesetz nimmt hierauf nur in § 305 Abs.2 Nr.2 Rücksicht. Die Schwierigkeiten vervielfältigen sich noch, wenn unterschiedliche Unternehmensverträge oder Unternehmensverträge mit einer Eingliederung auf anderen Stufen kombiniert werden. Die Fülle der hier auftauchenden Probleme kann nur von Fall zu Fall unter Berücksichtigung des Schutzzweckes der jeweils betroffenen Normen gelöst werden.[51]

III. Gewinnabführungsvertrag

Schrifttum: *H.Bacher/H.-A.Braun*, Zeitpunkt der steuerlichen Wirksamkeit eines Gewinnabführungsvertrages, BB 1978, 1177; *Emmerich/Sonnenschein* §§ 9–10; *Forster*, Überlegungen zur Bildung von Rückstellungen für drohende Verluste aus Gewinnabführungsverträgen, Festschrift Stimpel, 1985, S.759; *Knepper*, Bedeutung, Anwendungsformen und steuerliche Wirkungen von Unternehmensverträgen, BB 1982, 2061; *Koppensteiner*, Zum Gewinnabführungsvertrag der GmbH, öRdW 1985, 170; *Kort*, Zur Vertragsfreiheit bei Unternehmensverträgen, BB 1988, 79; *Krieger* Handbuch § 71; *H.-P.Müller*, Zur Gewinn- und Verlustermittlung bei aktienrechtlichen Gewinnabführungsverträgen, Festschrift Goerdeler, 1987, S.375; *M.Müller*, Die Mindestlaufzeit des Ergebnisabführungsvertrages bei der Organschaft, GesRZ 1989, 91; *Raiser* Kapitalgesellschaften § 54

---

[47] S.u. § 293 Rdnr. 5; *W.Bayer* Beherrschungsvertrag S.66, 71 ff.; *Koppensteiner* in Kölner Kommentar Vorbem. 88 ff. vor § 291.

[48] ZB *Bernstein/Koch* ZHR 143 (1979), 522, 531 ff.; *Däubler* RabelsZ 39 (1975), 444; *Duden* ZHR 141 (1977), 145; *Ebenroth* Vermögenszuwendungen S.420 f.; *M.Schubert* Unternehmensmitbestimmung 1984; *Lutter/Hommelhoff* GmbHG § 13 Anh. Rdnr. 63, *Roth/Altmeppen* GmbH § 13 Anh. Rdnr. 197 f.

[49] *W.Bayer* Beherrschungsvertrag S.96 ff.; *ders.* ZGR 1993, 599, 612 f.; *Einsele* ZGR 1996, 40, 47 ff.; *Feddersen* in U.Schneider, Beherrschungs- und Gewinnabführungsverträge, S.127, 138 ff.; *Koppensteiner* in Kölner Kommentar Vorbem. 94 f. vor § 291; *Wiedemann*, Festschrift Kegel, S.187, 206 f.

[50] Anders *Pentz* Enkel-AG S.172 ff., der solche Gestaltungen als unzulässig ansieht.

[51] S. zuletzt *Pentz* Enkel-AG; *S.Wanner*, Konzernrechtliche Probleme; zu dem Sonderfall der Gemeinschaftsunternehmen s. schon o. § 17 Rdnr. 25.

VIII; *K. Schmidt*, Die konzernrechtliche Verlustübernahmepflicht als gesetzliches Dauerschuldverhältnis, ZGR 1983, 513; *ders.*, Die isolierte Verlustdeckungszusage unter verbundenen Unternehmen als Insolvenzabwendungsinstrument, Festschrift Werner, 1984, S. 777; *U. Schneider*, Das Recht der Konzernfinanzierung, ZGR 1984, 497; *Sonnenschein*, Organschaft und Konzerngesellschaftsrecht, 1976; *ders.*, Der Gewinnabführungsvertrag zugunsten Dritter, AG 1976, 147; *van Venrooy*, Weisungen im Rahmen von Geschäftsführungs- und Gewinnabführungsverträgen, DB 1981, 675; *ders.*, Isolierte Unternehmensverträge nach § 291 AktG?, BB 1986, 612.

36 **1. Begriff.** Ein Gewinnabführungsvertrag ist nach § 291 Abs. 1 S. 1 AktG ein Vertrag, durch den sich eine AG oder KGaA verpflichtet, ihren ganzen Gewinn an ein anderes Unternehmen abzuführen. Gleich steht nach S. 2 der Vorschrift der Geschäftsführungsvertrag, durch den es eine AG oder KGaA übernimmt, ihr Unternehmen für Rechnung eines anderen Unternehmens zu führen (dazu u. Rdnr. 52 ff.).

37 Von dem Gewinnabführungsvertrag ist vor allem der **Teilgewinnabführungsvertrag** zu unterscheiden, den das Gesetz in § 292 Abs. 1 Nr. 2 als einen Vertrag definiert, durch den sich eine AG oder KGaA verpflichtet, lediglich *einen Teil* ihres Gewinnes oder (nur) den Gewinn *einzelner* ihrer Betriebe ganz oder teilweise an einen anderen abzuführen. Ein derartiger Teilgewinnabführungsvertrag ist auch dann nicht als Gewinnabführungsvertrag im Sinne des § 291 Abs. 1 S. 1 zu behandeln, wenn er der Sache nach auf die Abführung (fast) des gesamten Gewinns der Gesellschaft hinausläuft, da der Teilgewinnabführungsvertrag vom Gesetz als Austauschvertrag konzipiert ist, so daß seine Wirksamkeit voraussetzt, daß die Gesellschaft eine angemessene Gegenleistung erhält.[52] Hingegen kann sich unter einer **Gewinnbeteiligung** im Sinne des § 292 Abs. 2 durchaus ein (dann in der Regel wohl nichtiger) Gewinnabführungsvertrag verbergen, sofern die Gewinnbeteiligung im Ergebnis den gesamten Gewinn der Gesellschaft erfaßt.[53] Ebenso zu behandeln ist schließlich ein stiller Gesellschaftsvertrag unter der genannten Voraussetzung.[54]

38 Die Bedeutung des Gewinnabführungsvertrages liegt vornehmlich auf **steuerlichem** Gebiet, da er, wenn er mindestens auf fünf Jahre abgeschlossen und während dieser Zeit durchgeführt wird, nach § 14 KStG die Grundlage der körperschaftsteuerlichen Organschaft bildet. Wegen der Einzelheiten ist auf das steuerrechtliche Schrifttum zu verweisen.[55]

39 **2. Gesetzliche Regelung.** Die Regelung des Gewinnabführungsvertrages im AktG folgt in ihren Grundzügen derjenigen des Beherrschungsvertrages, so daß wegen der meisten Einzelheiten auf die Ausführungen zum Beherrschungsvertrag Bezug genommen werden kann (o. Rdnr. 3 ff.). Namentlich finden auch bei Abschluß allein eines Gewinnabführungsvertrages die §§ 302 bis 307 Anwendung. Ein wichtiger Unterschied besteht jedoch insofern, als der Gewinnabführungsvertrag im Gegensatz zum Beherrschungsvertrag allein *kein* Weisungsrecht des herrschenden Unternehmens begründet. An die Stelle der §§ 308 bis 310 tritt hier vielmehr die Regelung der §§ 311 bis 318, freilich mit der Besonderheit, daß nach § 316 bei Abschluß eines Gewinnabführungsvertrages die Notwendigkeit zur Aufstellung eines Abhängigkeitsberichts entfällt (zur Zulässigkeit derartiger isolierter Gewinnabführungsverträge s. u. Rdnr. 48 f.).

40 Sondervorschriften für Gewinnabführungsverträge finden sich außer in dem bereits erwähnten § 316 (o. Rdnr. 39) namentlich noch in den §§ 300 Nr. 1, 301 und 324 Abs. 2. Der Abschluß eines Gewinnabführungsvertrages hat außerdem zur Folge, daß die Vertragsparteien verbundene Unternehmen im Sinne des § 15 sind. Der Gewinnabführungsvertrag setzt aber keine Abhängigkeit voraus und begründet auch formal allein noch keine Abhängigkeit, so daß sich an seinen Abschluß nicht die unwiderlegliche Konzernvermutung des § 18 Abs. 1 S. 2 knüpft. Tatsächlich kommen jedoch Gewinnabführungsverträge wohl ausschließlich in Abhängigkeitsverhältnissen vor, so daß bei Vorliegen einer Mehrheitsbeteili-

---

[52] Wegen der Einzelheiten s. u. § 292 Rdnr. 16 ff.
[53] Ebenso *Hüffer* Rdnr. 29; *Koppensteiner* in Kölner Kommentar Rdnr. 67; anders *Geßler* in Geßler/Hefermehl Rdnr. 81; s. auch u. § 292 Rdnr. 8.
[54] *Koppensteiner* in Kölner Kommentar Rdnr. 62.
[55] S. statt aller *Emmerich/Sonnenschein* § 10; *Sonnenschein* Organschaft.

gung und zusätzlichem Abschluß eines Gewinnabführungsvertrages die Vermutungen der §§ 17 Abs. 2 und 18 Abs. 1 S. 3 kaum jemals widerleglich sein dürften.[56]

3. Anwendungsbereich. Der Anwendungsbereich der aktienrechtlichen Vorschriften über den Gewinnabführungsvertrag beschränkt sich auf Verträge, an denen eine AG oder KGaA als abhängiges Unternehmen beteiligt ist. Gewinnabführungsverträge mit Unternehmen anderer Rechtsform, namentlich also mit einer abhängigen GmbH, haben bislang keine gesellschaftsrechtliche, sondern lediglich eine eigenartige steuerrechtliche Regelung in § 17 KStG gefunden,[57] so daß auf derartige Verträge die Vorschriften des AktG nur von Fall zu Fall entsprechend angewandt werden können.[58]

4. Rechtsnatur. Der Gewinnabführungsvertrag wird ebenso wie der Beherrschungsvertrag allgemein als Organisationsvertrag bezeichnet.[59] Besonderheiten gelten insoweit nicht, so daß wegen der Einzelheiten auf die Ausführungen zum Beherrschungsvertrag zu verweisen ist (o. Rdnr. 22 ff.). Hervorzuheben ist lediglich, daß auch der Gewinnabführungsvertrag schuldrechtliche Elemente enthält (s. o. Rdnr. 24). Für die Parteien des Vertrages und für die Behandlung fehlerhafter Gewinnabführungsverträge gilt gleichfalls dasselbe wie für Beherrschungsverträge (s. deshalb o. Rdnr. 7, 25 ff.).

5. Inhalt. Der gesellschaftsrechtliche Mindestinhalt eines Gewinnabführungsvertrages ergibt sich aus den §§ 291 Abs. 1 S. 1 und 304 Abs. 3 S. 1. Verbreitet sind jedoch, schon aus steuerlichen Gründen (s. §§ 14 ff. KStG), zusätzliche Abreden. Als Beispiel nennt das Gesetz in § 301 selbst Vereinbarungen über die Berechnung des abzuführenden Gewinns (s. u. Rdnr. 53). Weitere Beispiele sind Abreden über die Bildung von Rücklagen (s. § 300 Nr. 1 AktG), über Investitionen oder über die Verpflichtung der abhängigen Gesellschaft, ihren Betrieb tatsächlich mit dem Ziel der Gewinnerzielung weiterzuführen. Anders als ein Beherrschungsvertrag (o. Rdnr. 13) kann ein Gewinnabführungsvertrag schließlich auch mit Rückwirkung für das bei Abschluß des Vertrages noch laufende Geschäftsjahr vereinbart werden.[60]

Die große Mehrzahl der Unternehmensverbindungen sind heute **mehrstufige** Verbindungen, häufig sogar über die Grenzen hinweg. In derartigen Konzernen sind Gewinnabführungsverträge auf allen Stufen möglich, wodurch schwierige zusätzliche Fragen aufgeworfen werden, weil die gesetzliche Regelung des Gewinnabführungsvertrages deutlich auf zweistufige Verhältnisse zugeschnitten ist.[61]

6. Besondere Erscheinungsformen. a) Gemeinschaftsunternehmen. Gewinnabführungsverträge können auch mit mehreren Unternehmen abgeschlossen werden, jedenfalls bei Gründung eines Gemeinschaftsunternehmens.[62] Gesellschaftsrechtlich sind in diesem Fall ohne Rücksicht auf die Abreden der Parteien die Mütter als die eigentlichen Vertragspartner anzusehen, so daß auch nur diese die Pflichten aus den §§ 302 f. und 304 f. treffen, während steuerrechtlich als Vertragspartner allein eine zwischen den Müttern gegründete BGB-Gesellschaft in Betracht kommt.

b) Vertrag zugunsten Dritter. In mehrstufigen Unternehmensverbindungen wird gelegentlich an Stelle eines direkten Gewinnabführungsvertrages zwischen der Enkel- und der Muttergesellschaft ein Gewinnabführungsvertrag zwischen der Enkel- und der Tochtergesellschaft zugunsten der Muttergesellschaft abgeschlossen (§ 328 BGB). Die Zulässigkeit solcher Verträge ist umstritten. Soweit sie bejaht wird, ist dafür vor allem die Überle-

---

[56] S. o. § 18 Rdnr. 30.
[57] Wegen der Einzelheiten s. *Emmerich/Sonnenschein* § 10 II 4 b.
[58] S. *Emmerich* in Scholz GmbHG § 44 Anh. Rdnr. 323–335; *Emmerich/Sonnenschein* §§ 25 V, 27 IV.
[59] ZB *Geßler* in Geßler/Hefermehl Rdnr. 77; *Hüffer* Rdnr. 23.
[60] BGHZ 122, 211, 223 f. = NJW 1993, 1976 „SSI"; OLG Düsseldorf AG 1996, 473, 474; LG Kassel NJW-RR 1996, 1510; zur steuerrechtlichen Seite s. *Emmerich/Sonnenschein* § 8 V 2.
[61] S. o. Rdnr. 34 f.; *E. Rehbinder* ZGR 1977, 581, 601 ff.; *A. Pentz* Enkel-AG, 1994; *Sonnenschein* AG 1976, 147; *S. Wanner*, Konzernrechtliche Probleme, 1998; zu den Gewinnabführungsverträgen zugunsten Dritter s. u. Rdnr. 46 f.
[62] Wegen der Einzelheiten s. o. § 17 Rdnr. 25; gegen die Zulässigkeit in anderen Fällen *Pentz* Enkel-AG S. 172 ff.

gung maßgebend, daß für den erforderlichen Schutz der Aktionäre und Gläubiger auf sämtlichen Stufen des Konzerns bereits die Anwendung der §§ 302 f., 304 f. und 311 ff. ausreiche.[63]

47 Ein Gewinnabführungsvertrag zugunsten eines Dritten ist jedoch mit der Regelung, die der Gewinnabführungsvertrag im AktG gefunden hat, nur schwer in Einklang zu bringen.[64] Dies zeigt ein Blick auf § 302, in dem das Gesetz offenkundig davon ausgeht, daß derjenige, der aufgrund des Vertrages den Gewinn bezieht, zugleich auch zum Verlustausgleich verpflichtet sein soll. Gewinnbezugsrecht und Verlustausgleichspflicht müssen sich mit anderen Worten decken.

48 **c) Isolierte Gewinnabführungsverträge.** Als isolierte Gewinnabführungsverträge bezeichnet man Gewinnabführungsverträge, die *nicht* mit einem Beherrschungsvertrag zu einem Organschaftsvertrag verbunden sind. Ihre Zulässigkeit ist umstritten. Soweit sie verneint wird, steht die Überlegung im Vordergrund, ohne gleichzeitigen Abschluß eines Beherrschungsvertrages verstoße die Veranlassung der abhängigen Gesellschaft zur Abführung ihres gesamten Gewinns gegen § 311 und sei deshalb in jedem Fall verboten (s. § 317 Abs.1).[65]

49 Diese Meinung ist indessen unhaltbar, da sowohl das AktG (§§ 300 Nrn. 1 und 3, 316, 324 Abs.2) als auch das KStG (§§ 14, 17) eindeutig von der grundsätzlichen *Zulässigkeit* isolierter Gewinnabführungsverträge ausgehen, so daß dem § 291 Abs.1 S.1 insoweit der Vorrang vor § 311 zugebilligt werden muß.[66] Für die Anwendung des § 311 ist daher hier nur Raum, wenn das herrschende Unternehmen von seinem Einfluß gerade mit dem Ziel Gebrauch macht, die abhängige Gesellschaft zur Abführung eines *überhöhten*, dh. mit dem Gesetz und den Grundsätzen ordnungsmäßiger Buchführung nicht mehr zu vereinbarenden Gewinns zu veranlassen.

50 **d) Verlustdeckungszusage.** Der Pflicht der abhängigen Gesellschaft zur Abführung ihres gesamten Gewinns (§ 291 Abs.1 S.1) korrespondiert die Verpflichtung des herrschenden Unternehmens zur Übernahme der Verluste der abhängigen Gesellschaft (§ 302), so daß es sich bei dem Gewinnabführungsvertrag der Sache nach um einen Ergebnisübernahmevertrag handelt. Dies hat Anlaß zu der Frage gegeben, ob auch **reine** Verlustdeckungszusagen, wie sie in Konzernen gelegentlich zur Vermeidung der Konkursantragspflicht überschuldeter Töchter vorkommen, den Regeln über Gewinnabführungsverträge zu unterstellen sind.

51 Die Frage wird heute zu Recht überwiegend verneint, weil eine bloße Verlustübernahme nicht mit der Abführung des Gewinns einer AG verglichen werden kann. Auf derartige Verträge finden daher die §§ 291 und 293 keine Anwendung. Für das herrschende Unternehmen hat dies den Vorteil, daß sein Vorstand eine Verlustdeckungszusage für Tochtergesellschaften auch ohne Mitwirkung seiner Hauptversammlung abgeben kann (§§ 76, 78, 82 Abs.1 AktG).[67]

52 **7. Gewinnermittlung.** Ein Gewinnabführungsvertrag im Gegensatz zu einem Teilgewinnabführungsvertrag liegt nur vor, wenn die abhängige Gesellschaft verpflichtet ist, ihren „ganzen Gewinn" an das andere Unternehmen abzuführen (§§ 291 Abs.1 S.1, 292 Abs.1

---

[63] S. *Koppensteiner* in Kölner Kommentar Rdnr. 70; *Raiser* Kapitalgesellschaften § 54 Rdnr. 84.

[64] *Emmerich/Sonnenschein* § 9 II 1; *Geßler* in Geßler/Hefermehl Rdnr. 80; *Hüffer* Rdnr. 25; *A. Pentz* Enkel-AG S. 178 ff.; *E. Rehbinder* ZGR 1977, 581, 628; *Sonnenschein* AG 1976, 147 ff.

[65] *Ebenroth* Vermögenszuwendungen S. 402 f.; *Kort*, Beherrschungs- und Gewinnabführungsverträge, S. 83 ff.; *Sonnenschein* Organschaft S. 379 f.; *ders.* AG 1976, 147 f.; *Theisen*, Der Konzern, 1991, S. 83 ff.; *van Venrooy* BB 1986, 612.

[66] *Emmerich/Sonnenschein* § 9 II 2; *Ebenroth/Parche* BB 1989, 637, 638; *Eschenbruch* Konzernhaftung, 1996, Tz. 3014 (S. 185); *Geßler* in Geßler/Hefermehl Rdnr. 71 f.; *Hüffer* Rdnr. 24; *Kort* BB 1988, 79; *Krieger* Handbuch § 71 Rdnr.1; *Mutze* AG 1967, 254, 258; *H.-P. Müller*, Festschrift Goerdeler, S. 375, 382 ff.; *Raiser* Kapitalgesellschaften § 54 Rdnr.84; ebenso für die GmbH LG Kassel NJW-RR 1996, 1510.

[67] OLG Celle AG 1984, 266, 268 = WM 1984, 494 „Pelikan AG"; *Emmerich/Sonnenschein* § 9 II 3; *Hüffer* Rdnr. 28; *Koppensteiner* in Kölner Kommentar Rdnr. 55; *K. Schmidt*, Festschrift Werner, S. 777 ff.; teilweise anders *Krieger* Handbuch § 72 Rdnr. 3.

Beherrschungsvertrag. Gewinnabführungsvertrag   53–56 § 291

Nr. 2). Gemeint ist damit der Bilanzgewinn⁶⁸ Dieser wird unter Berücksichtigung der §§ 300 Nr. 1 und 301 sowie etwaiger Vereinbarungen der Parteien über die Berechnung des Gewinns (o. Rdnr. 43) in einer Vorbilanz nach den handelsrechtlichen Bilanzierungsvorschriften ermittelt und entspricht hier dem Jahresüberschuß iS des § 275 Abs. 2 Nr. 20/ Abs. 3 Nr. 19 HGB. Hingegen wird in der endgültigen Handelsbilanz der abhängigen Gesellschaft ein Gewinn nicht mehr ausgewiesen; vielmehr erscheint der abzuführende Betrag hier als Verbindlichkeit gegenüber verbundenen Unternehmen auf der Passivseite der Bilanz (§ 266 Abs. 3 Nr. C 6 HGB), nachdem er in der Gewinn- und Verlustrechnung als Aufwendung verbucht worden ist (§ 277 Abs. 3 S. 2 HGB).⁶⁹ Umgekehrt wird bei einem Fehlbetrag (aufgrund der Vorbilanz) der Anspruch aus § 302 auf Verlustübernahme in der Handelsbilanz als Aktivposten (§ 266 Abs. 2 Nr. B II 2 HGB), in der Gewinn- und Verlustrechnung hingegen als Ertrag ausgewiesen (§ 277 Abs. 3 S. 2 HGB).

Die Ermittlung von Gewinn und Verlust nach den handelsrechtlichen Vorschriften unter Beachtung der §§ 300 Nr. 1 und 301 (o. Rdnr. 52) ist an sich Sache des Vorstandes der *abhängigen* Gesellschaft. Das Gesetz eröffnet dem herrschenden Unternehmen hierbei jedoch vielfältige Möglichkeiten zur Einflußnahme auf den Vorstand der abhängigen Gesellschaft.⁷⁰ Das gilt nicht nur, wenn die Parteien entsprechende Vereinbarungen getroffen haben (s. § 301 S. 1), sondern auch sonst, im besonderen Maße natürlich, wenn, wie in der Regel, der Gewinnabführungsvertrag mit einem Beherrschungsvertrag zu einem Organschaftsvertrag verbunden ist (s. § 308 Abs. 1).   53

IV. Geschäftsführungsvertrag

1. Begriff. Ein Geschäftsführungsvertrag liegt nach § 291 Abs. 1 S. 2 vor, wenn sich eine AG oder KGaA verpflichtet, ihr (ganzes) Unternehmen fortan für Rechnung eines anderen Unternehmens zu führen, so daß die Gewinne und Verluste nicht mehr bei ihr, sondern bei dem anderen Unternehmen anfallen (s. §§ 667, 670 BGB). In seinen Wirkungen entspricht ein derartiger Vertrag einem Gewinnabführungsvertrag, so daß das AktG beide Verträge folgerichtig gleich behandelt (§ 291 Abs. 1). Ein Unterschied besteht lediglich insoweit, als bei dem eigentlichen Gewinnabführungsvertrag Gewinn und Verlust zunächst für das verpflichtete Unternehmen entstehen und erst anschließend aufgrund des Vertrages von dem anderen Unternehmen übernommen werden, während sie hier von vornherein bei dem anderen Unternehmen anfallen.⁷¹   54

Nach überwiegender Meinung ist § 291 Abs. 1 S. 2 auch anwendbar, wenn sich die abhängige Gesellschaft verpflichtet, ihr Unternehmen zugleich *im Namen* des anderen Vertragsteils zu betreiben.⁷² Der Vertrag muß jedoch *unentgeltlich* sein; entgeltliche Geschäftsführungsverträge, die gelegentlich vorkommen mögen, werden nicht erfaßt, weil bei ihnen der Gesellschaft eine Gegenleistung verbleibt, so daß der Vertrag mit einem Gewinnabführungsvertrag nicht mehr vergleichbar ist.⁷³   55

2. Abgrenzung. Der Geschäftsführungsvertrag muß vor allem von dem Betriebsführungsvertrag des § 292 Abs. 1 Nr. 3 unterschieden werden. Von einem Betriebsführungsver-   56

---

⁶⁸ S. *Geßler* in Geßler/Hefermehl Rdnr. 75 f.; *Hüffer* Rdnr. 25; *H.-P. Müller*, Festschrift Goerdeler, S. 377 ff.; *Koppensteiner* in Kölner Kommentar Rdnr. 53; *Raiser* Kapitalgesellschaften § 54 Rdnr. 85.
⁶⁹ S. *Geßler* in Geßler/Hefermehl Rdnr. 75 f.; *Koppensteiner* in Kölner Kommentar Rdnr. 60.
⁷⁰ S. BGHZ 135, 374, 378 = NJW 1997, 2242 = LM AktG § 305 Nr. 3 = AG 1997, 515 = WM 1997, 1288, 1290 „Guano"; *Emmerich/Sonnenschein* § 9 IV 2; *H.-P. Müller*, Festschrift Goerdeler, S. 375, 380 ff.; *Krieger* Handbuch § 71 Rdnr. 4; *Raiser* Kapitalgesellschaften § 54 Rdnr. 85.
⁷¹ *Geßler* in Geßler/Hefermehl Rdnr. 89; *Hüffer* Rdnr. 31; *Koppensteiner* in Kölner Kommentar Rdnr. 57; *Krieger* Handbuch § 71 Rdnr. 9; *Oesterreich* Betriebsüberlassung S. 58 ff.; *Schulze-Osterloh* ZGR 1974, 427, 452 f.
⁷² *Geßler* in Geßler/Hefermehl Rdnr. 90; *Koppensteiner* in Kölner Kommentar Rdnr. 58.
⁷³ *Emmerich/Sonnenschein* § 9 V 1 c; *Hüffer* Rdnr. 31; *Koppensteiner* in Kölner Kommentar Rdnr. 59; *Schulze-Osterloh* ZGR 1974, 427, 453, 455; *van Venrooy* DB 1981, 675, 678; anders *Geßler* in Geßler/Hefermehl Rdnr. 92; *ders.*, Festschrift Ballerstedt, 1975, S. 219, 222 f.; wieder anders *Krieger* Handbuch § 71 Rdnr. 8 (Fall des § 292 Abs. 1 Nr. 3 AktG).

trag spricht man, wenn eine Gesellschaft ein anderes Unternehmen beauftragt, ihre Betriebe für *ihre* eigene Rechnung zu führen. Bei diesen Verträgen ist die Situation folglich genau umgekehrt wie bei einem Geschäftsführungsvertrag. Während nämlich bei dem letzteren die Gesellschaft ihr Unternehmen *selbst*, aber für Rechnung eines Dritten führt, verpflichtet sich bei dem Betriebsführungsvertrag ein *anderes* Unternehmen dazu, die Betriebe der Gesellschaft für deren Rechnung zu betreiben.[74]

57 In der wirtschaftlichen Praxis mag es noch andere Vertragsgestaltungen geben, die auf den ersten Blick Ähnlichkeiten mit Geschäftsführungsverträgen aufweisen. Ein Beispiel ist die sogenannte Produktion für fremde Rechnung.[75] Bei derartigen Verträgen kann immer nur im Einzelfall entschieden werden, welchem Vertragstyp sie letztlich zuzuordnen sind. Sorgfältiger Prüfung bedarf dabei durchweg namentlich die Frage, ob sich nicht unter ihnen in Wirklichkeit ein Beherrschungsvertrag verbirgt.

58 **3. Rechtliche Behandlung.** Das Gesetz stellt in § 291 Abs. 1 S. 2 den Geschäftsführungsvertrag dem Gewinnabführungsvertrag gleich, so daß für ihn grundsätzlich dieselben Regeln wie für Gewinnabführungsverträge gelten. In einzelnen Fällen ist freilich mit Rücksicht auf die Eigenart von Geschäftsführungsverträgen zweifelhaft, ob die Vorschriften für Gewinnabführungsverträge hier passen.[76] Hingegen dürfte sich bilanztechnisch die Behandlung beider Verträge wieder im wesentlichen decken, da in beiden Fällen die Geschäfte zunächst mit ihren Ergebnissen bei der abhängigen Gesellschaft erfaßt werden müssen und erst zum Ende des Geschäftsjahres der sich daraus ergebende Gewinn oder Verlust an das herrschende Unternehmen „abgeführt" werden kann. Das folgt unmittelbar aus § 59, der durch § 291 Abs. 3 nicht aufgehoben ist.[77]

59 Zivilrechtlich gesehen handelt es sich bei einem Geschäftsführungsvertrag um einen *Auftragsvertrag*, so daß ergänzend auf ihn die §§ 662 bis 674 BGB anzuwenden sind. Daraus ergibt sich namentlich die Verpflichtung der abhängigen Gesellschaft, ihr Unternehmen tatsächlich im Interesse des herrschenden Unternehmens zu führen, so daß es schließlich in der Lage ist, einen möglichst hohen Gewinn „abzuführen".[78] Unanwendbar ist jedoch § 665 BGB über das Weisungsrecht des anderen Teils, weil ein solches Weisungsrecht nur durch einen Beherrschungsvertrag, nicht aber durch einen anderen Unternehmensvertrag wie den Geschäftsführungsvertrag begründet werden kann (§§ 291 Abs. 1 S. 1, 308 Abs. 1).[79] **Steuerrechtlich** werden Geschäftsführungsverträge nicht anerkannt, so daß sie als Basis der körperschaftsteuerlichen Organschaft ausscheiden.[80] Die Folge ist, daß Geschäftsführungsverträge offenbar ausgesprochen selten sind.

V. Verträge über die Bildung von Gleichordnungskonzernen (§ 291 Abs. 2)

60 Nach § 291 Abs. 2 handelt es sich nicht um einen Beherrschungsvertrag, wenn sich mehrere voneinander unabhängige Unternehmen durch Vertrag unter einheitliche Leitung stellen, ohne daß dadurch eines der beteiligten Unternehmen von einem anderen abhängig wird. Durch einen derartigen Vertrag wird vielmehr, wie dem § 18 Abs. 2 zu entnehmen ist, ein **Gleichordnungskonzern** begründet. Der Vertrag stellt sich daher als Gesellschaftsvertrag im Sinne der §§ 705 ff. BGB dar, durch den im einzelnen die Modalitäten und der Umfang der einheitlichen Leitung der beteiligten Unternehmen geregelt wird.[81] Einen Sonderfall bildet die in § 292 Abs. 1 Nr. 1 erwähnte Gewinngemeinschaft.

---

[74] Wegen der Einzelheiten s. u. § 292 Rdnr. 42 ff.
[75] S. dazu *Geßler* in Geßler/Hefermehl Rdnr. 96 f.; *Hüffer* Rdnr. 33.
[76] S. für die §§ 300, 301 und 302 u. § 300 Rdnr. 16, § 301 Rdnr. 6 und § 302 Rdnr. 20.
[77] *Emmerich/Sonnenschein* § 9 V 1; *Hüffer* Rdnr. 30; *van Venrooy* DB 1981, 675, 676 f.; anders zB *Koppensteiner* in Kölner Kommentar Rdnr. 60.
[78] Ebenso *Koppensteiner* in Kölner Kommentar Rdnr. 61.

[79] Ebenso *Hüffer* Rdnr. 32; *Geßler* in Geßler/Hefermehl Rdnr. 94; *Koppensteiner* in Kölner Kommentar Rdnr. 62 f.; anders offenbar OLG Karlsruhe NJW 1967, 831, 832.
[80] *Knepper* BB 1982, 2061, 2062; *Krieger* Handbuch § 71 Rdnr. 1; *Raiser* Kapitalgesellschaften § 54 Rdnr. 83.
[81] Wegen der Einzelheiten s.o. § 18 Rdnr. 20 ff.

Andere Unternehmensverträge **§ 292**

Die überwiegende Meinung folgt aus dem Wortlaut des § 291 Abs. 2, daß Verträge 61
über die Bildung eines Gleichordnungskonzerns, häufig auch Gleichordnungskonzern-
oder kürzer Gleichordnungsverträge genannt, von dem Fall des § 292 Abs. 1 Nr. 1 abgesehen, *keine* Unternehmensverträge seien, so daß ihr Abschluß in die ausschließliche Zuständigkeit des Vorstandes falle. Dem ist jedoch, wie bereits ausgeführt,[82] nicht zu folgen; vielmehr ist, auch wenn die Voraussetzungen der §§ 179a oder 292 Abs. 1 Nr. 1 nicht erfüllt sind, in jedem Fall entsprechend § 293 Abs. 1 eine Zustimmung der Hauptversammlung der beteiligten Gesellschaften mit qualifizierter Mehrheit erforderlich. Nur unter dieser Voraussetzung können auch nachteilige Weisungen des Leitungsorgans an einzelne der beteiligten Gesellschaften zugelassen werden.[83]

VI. Aufhebung der Vermögensbindung (§ 291 Abs. 3)

Nach § 291 Abs. 3 gelten Leistungen der Gesellschaft aufgrund eines Beherrschungs- 62
oder eines Gewinnabführungsvertrages nicht als Verstoß gegen die §§ 57, 58 und 60. Die Leistung der Gesellschaft aufgrund eines Gewinnabführungsvertrages ist die Abführung des gesamten Bilanzgewinns an das herrschende Unternehmen (o. Rdnr. 52), während mit Leistungen aufgrund eines Beherrschungsvertrags Vermögenszuwendungen der abhängigen Gesellschaft an das herrschende Unternehmen infolge rechtmäßiger Weisungen des letzteren nach § 308 gemeint sind. Ist das herrschende Unternehmen wie in der Regel Aktionär der abhängigen Gesellschaft, so könnten darin gegen die §§ 57, 58 und 60 Abs. 3 verstoßende verdeckte Gewinnabführungen gesehen werden. Die Vorschrift des § 291 Abs. 3 soll den sich daraus ergebenden Bedenken gegen die Zulässigkeit derartiger Verträge begegnen.[84] Unzulässig bleiben hingegen Vermögenszuwendungen der abhängigen Gesellschaft an das herrschende Unternehmen aufgrund rechtswidriger Weisungen. Eine jedenfalls im Ergebnis vergleichbare Durchbrechung des § 76 enthält außerdem § 308 Abs. 1.

§ 292 Andere Unternehmensverträge

(1) Unternehmensverträge sind ferner Verträge, durch die eine Aktiengesellschaft oder Kommanditgesellschaft auf Aktien
1. sich verpflichtet, ihren Gewinn oder den Gewinn einzelner ihrer Betriebe ganz oder zum Teil mit dem Gewinn anderer Unternehmen oder einzelner Betriebe anderer Unternehmen zur Aufteilung eines gemeinschaftlichen Gewinns zusammenzulegen (Gewinngemeinschaft),
2. sich verpflichtet, einen Teil ihres Gewinns oder den Gewinn einzelner ihrer Betriebe ganz oder zum Teil an einen anderen abzuführen (Teilgewinnabführungsvertrag),
3. den Betrieb ihres Unternehmens einem anderen verpachtet oder sonst überläßt (Betriebspachtvertrag, Betriebsüberlassungsvertrag).

(2) Ein Vertrag über eine Gewinnbeteiligung mit Mitgliedern von Vorstand und Aufsichtsrat oder mit einzelnen Arbeitnehmern der Gesellschaft sowie eine Abrede über eine Gewinnbeteiligung im Rahmen von Verträgen des laufenden Geschäftsverkehrs oder Lizenzverträgen ist kein Teilgewinnabführungsvertrag.

(3) Ein Betriebspacht- oder Betriebsüberlassungsvertrag und der Beschluß, durch den die Hauptversammlung dem Vertrag zugestimmt hat, sind nicht deshalb nichtig,

---

[82] S. o. § 18 Rdnr. 24.
[83] S. o. § 18 Rdnr. 25; alles str.
[84] Begründung zum RegE, bei *Kropff* AktG S. 379 f.; *Geßler* in Geßler/Hefermehl Rdnr. 109; *Hüffer* Rdnr. 36; *Koppensteiner* in Kölner Kommentar Rdnr. 79; wegen der Einzelheiten s. u. § 308 Rdnr. 48.

weil der Vertrag gegen die §§ 57, 58 und 60 verstößt. Satz 1 schließt die Anfechtung des Beschlusses wegen dieses Verstoßes nicht aus.

Schrifttum zu § 292 Abs. 1 Nrn. 1 und 2: Bericht über das Ergebnis einer Untersuchung der Konzentration in der Wirtschaft, BT-Dr. IV (1964)/2320 mit Anlagenband *zu* BT-Dr. IV/2320; *Dierdorf,* Herrschaft und Abhängigkeit einer AG auf schuldvertraglicher und tatsächlicher Grundlage, 1978; *Ebenroth,* Die verdeckten Vermögenszuwendungen im transnationalen Unternehmen, 1979; *Emmerich/Sonnenschein* Konzernrecht § 11; *Kl. Eyber,* Die Abgrenzung zwischen Genußrecht und Teilgewinnabführungsvertrag im Recht der AG, 1997; *Fikentscher,* Die Interessengemeinschaft, 1966; *Friedländer* Konzernrecht, 2. Aufl., 1954; *Haussmann,* Das Recht der Unternehmenszusammenfassungen, 1932; *Hirte,* Genußrecht oder verbotener Gewinnabführungsvertrag?, ZBB 1992, 50; *Hommelhoff,* Die Konzernleitungspflicht, 1982; *Joost,* Grundlagen und Rechtsfolgen der Kapitalerhaltungsregeln im Aktienrecht, ZHR 149 (1985), 419; *Kastner,* Interessengemeinschaftsverträge als Mittel der Konzentration, ÖJZ 1969, 533; *Knepper,* Bedeutung, Anwendungsformen und steuerliche Wirkungen von Unternehmensverträgen, BB 1982, 2061; *Krieger* Handbuch § 72; *Martens,* Die existentielle Wirtschaftsabhängigkeit, 1978; *Mestmäcker,* Zur Systematik des Rechts der verbundenen Unternehmen, Festgabe Kronstein, 1967, S. 129; *Raiser* Kapitalgesellschaften § 57 (S. 646 ff.); *Rosendorff,* Die rechtliche Organisation der Konzerne, 1927; *K. Schmidt,* Konzernrechtliche Wirksamkeitsvoraussetzungen für typische stille Beteiligungen an Kapitalgesellschaften?, ZGR 1984, 295; *U. Schneider,* Die Mitverwaltungsrechte der Gesellschafter in der verbundenen GmbH, in Der GmbH-Konzern, 1976, S. 78; *Schulze-Osterloh,* Das Recht der Unternehmensverträge und die stille Beteiligung an einer AG, ZGR 1974, 427; *Veit,* Unternehmensverträge und Eingliederung als aktienrechtliche Instrumente der Unternehmensverbindung, 1974, S. 33 ff.

Schrifttum speziell zu § 292 Abs. 1 Nr. 3: *Birk,* Betriebsaufspaltung und Änderung der Konzernorganisation im Arbeitsrecht, ZGR 1984, 23; *Emmerich/Sonnenschein* Konzernrecht § 12; *Th. Frisch,* Die Behandlung von Betriebsführungsverträgen in der Fusionskontrolle, AG 1995, 362; *Geßler,* Atypische Beherrschungsverträge, Festschrift Beitzke, 1979, S. 923; *U. Huber,* Betriebsführungsverträge zwischen selbständigen Unternehmen, ZHR 152 (1988), 1; *ders.,* Betriebsführungsverträge zwischen konzernverbundenen Unternehmen, ZHR 152 (1988), 123; *W. Joachim,* Der Managementvertrag, DWiR 1992, 397, 455; *Krieger* Handbuch § 71 IV und V; *H. Maser,* Betriebspacht- und Betriebsüberlassungsverhältnisse in Konzernen, 1985; *J. Oesterreich,* Die Betriebsüberlassung zwischen Vertragskonzern und faktischen Konzern, 1979; *Schlüter,* Management- und Consulting-Verträge, 1987; *U. Schneider,* Vertragsrechtliche, gesellschaftsrechtliche, arbeitsrechtliche Probleme von Betriebspachtverträgen, Betriebsüberlassungsverträgen und Betriebsführungsverträgen, JbFStR 1982/83, S. 387; *Veelken,* Der Betriebsführungsvertrag im deutschen und amerikanischen Aktien- und Konzernrecht, 1975; *Windbichler,* Betriebsführungsverträge zur Bindung kleiner Unternehmen an große Ketten, ZIP 1987, 825; *Zeiger,* Der Management-Vertrag als internationales Kooperationsinstrument, 1984; *Zöllner,* Betriebs- und unternehmensverfassungsrechtliche Fragen bei konzernrechtlichen Betriebsführungsverträgen, ZfA 1983, 93.

Übersicht

	Rdnr.
I. Überblick	1–4
II. Parteien	5
III. Gewinngemeinschaft (§ 292 Abs. 1 Nr. 1)	6–15
1. Begriff	6–11
a) Gewinn	7
b) Aufteilung	8
c) Andere Zwecke	9
d) BGB-Gesellschaft	10
e) Verwaltungsgemeinschaft	11
2. Anwendungsbereich	12
3. Höhe der Gegenleistung	13–15
IV. Teilgewinnabführungsvertrag (§ 292 Abs. 1 Nr. 2, Abs. 2)	16–28
1. Begriff	16–21
a) Abgrenzung	17
b) Gewinn	18, 19
c) Gegenleistung	20, 21
2. Beispiele	22, 23
a) Stille Gesellschaft	22
b) Genußrechte	23
3. Rechtsfolgen	24
4. Ausnahmen	25–28
V. Betriebspacht- und Betriebsüberlassungsverträge (§ 292 Abs. 1 Nr. 3, Abs. 3)	29–41
1. Begriff	30–36
a) Betriebspachtvertrag	30–32
b) Betriebsüberlassungsvertrag	33, 34
c) Verbindung mit anderen Unternehmensverträgen	35, 36
2. Rechtsfolgen	37
3. Gegenleistung	38–41
a) Maßstab	39
b) § 292 Abs. 3	40
c) §§ 311, 317	41
VI. Betriebsführungsvertrag	42–45
1. Begriff	42, 43
2. Vereinbarkeit mit AktG	44
3. Anwendbarkeit des § 292 Abs. 1 Nr. 3	45
VII. Umgehungsproblematik	46–50

Andere Unternehmensverträge 1–5 § 292

I. Überblick

§ 292 regelt im Anschluß an § 291 die sogenannten „anderen Unternehmensverträge", worunter das Gesetz die Gewinngemeinschaft (§ 292 Abs. 1 Nr. 1), den Teilgewinnabführungsvertrag (aaO Nr. 2) sowie den Betriebspacht- und den Betriebsüberlassungsvertrag versteht (aaO Nr. 3). Vorläufer des § 292 war § 256 des AktG von 1937, der die genannten Verträge noch unterschiedslos erfaßt hatte (ebenso heute noch § 238 öAktG und § 115 öGmbHG). 1

Die Abgrenzung der in § 292 Abs. 1 geregelten Unternehmensverträge von den Verträgen des § 291 und von anderen, vom Gesetz überhaupt nicht erfaßten Verträgen bereitet mitunter Schwierigkeiten. Das Gesetz nimmt darauf nur in den Abs. 2 und 3 zu § 292 Rücksicht. Abs. 2 bringt eine weitere Präzisierung des Begriffs der Teilgewinnabführungsverträge durch den Ausschluß bestimmter Abreden über Gewinnbeteiligungen Dritter, während Abs. 3 mit Rücksicht auf vermutete Abwicklungsschwierigkeiten[1] bei Betriebspacht- und Betriebsüberlassungsverträgen schließlich noch die Nichtigkeit des Zustimmungsbeschlusses bei einem Verstoß gegen die §§ 57, 58 und 60 durch die bloße Anfechtbarkeit des Beschlusses ersetzt. 2

Mit der Qualifizierung der genannten Verträge als Unternehmensverträge verfolgt das Gesetz in erster Linie den **Zweck,** ihren Abschluß dem Regime der §§ 293 bis 299 zu unterstellen. Im übrigen trennt das Gesetz jedoch deutlich zwischen den Verträgen des § 291 und des § 292, da nur der Abschluß der ersteren, nicht jedoch der der Verträge des § 292 mit besonderen Kautelen zugunsten der Gesellschaft, ihrer Gesellschafter und ihrer Gläubiger verbunden ist (§§ 300 ff., 304 f.). Systemwidrige Ausnahmen finden sich lediglich in den §§ 300 Nr. 2 und 3, 301 und 302 Abs. 2.[2] 3

Hintergrund der gesetzlichen Regelung ist die Vorstellung der Gesetzesverfasser, bei den Verträgen des § 292 handele es sich grundsätzlich um normale *schuldrechtliche Austauschverträge* zwischen voneinander unabhängigen Unternehmen, so daß sich bei ihnen weitere Schutzmaßnahmen zugunsten der Gesellschaft, ihrer Gesellschafter und ihrer Gläubiger erübrigten.[3] Dabei ist jedoch übersehen worden, daß sich auch die in § 292 geregelten Verträge durchaus zum Aufbau von Konzernen eignen. Betriebspacht- und Betriebsüberlassungsverträge dürften sogar überwiegend zwischen voneinander *abhängigen* Unternehmen abgeschlossen werden und dienen dann als Mittel zur „Eingliederung" des Unternehmens des Verpächters in den Konzern des Pächters oder Übernehmers. Das Gesetz nimmt hierauf nur in den bereits erwähnten §§ 292 Abs. 3 und 302 Abs. 2 Rücksicht. 4

II. Parteien

Die Anwendung des § 292 auf die hier genannten Verträge setzt voraus, daß an ihnen wenigstens eine inländische AG oder KGaA beteiligt ist, und zwar in der Rolle derjenigen Gesellschaft, die die jeweils vertragstypischen, dh. den Vertrag kennzeichnenden Leistungen erbringt. Das sind im Falle des Teilgewinnabführungsvertrages die zur Gewinnabführung verpflichtete Gesellschaft sowie im Falle des Betriebspacht- oder Betriebsüberlassungsvertrages die verpachtende oder überlassende Gesellschaft. Anderer Vertragsteil kann hingegen jedes beliebige inländische oder ausländische Unternehmen sein. In den Fällen der Nrn. 2 und 3 des § 292 Abs. 1 braucht der andere Vertragsteil nach dem Wortlaut des Gesetzes noch nicht einmal Unternehmensqualität im Sinne des § 15 zu besitzen.[4] Diese Regelung ist um so auffälliger, als § 15 davon ausgeht, daß die Vertragsbeteiligten in jedem Fall zu verbundenen „Unternehmen" werden. Dies wird zwar überwie- 5

---

[1] S. die Begründung zum RegE, bei *Kropff* AktG S. 379.
[2] S. u. § 300 Rdnr. 3, § 302 Rdnr. 5, § 302 Rdnr. 21, 45 ff.
[3] Begründung zum RegE, bei *Kropff* AktG S. 378 f.
[4] S. *Koppensteiner* in Kölner Kommentar Rdnr. 5 f.

gend bestritten;[5] unabhängig davon steht jedoch die Anwendbarkeit zumindest der §§ 293 ff. auch auf den Abschluß von Verträgen des § 292 mit Nichtunternehmen fest (o. Rdnr. 3).

III. Gewinngemeinschaft (§ 292 Abs. 1 Nr. 1)

6   **1. Begriff.** Nach § 292 Abs. 1 Nr. 1 AktG liegt eine Gewinngemeinschaft vor, wenn eine AG oder KGaA sich verpflichtet, ihren Gewinn oder den Gewinn einzelner ihrer Betriebe ganz oder zum Teil mit dem Gewinn anderer Unternehmen oder einzelner Betriebe anderer Unternehmen zur Aufteilung eines gemeinschaftlichen Gewinns zusammenzulegen. Der Vertrag muß folglich darauf gerichtet sein, die Gewinne der Beteiligten mit dem Ziel der Bildung eines gemeinschaftlichen Gewinns *und* dessen anschließender Aufteilung unter den Beteiligten zusammenzulegen. Die Vereinbarung kann auf den gesamten Gewinn erstreckt oder auf beliebige Teile des Gewinns beschränkt werden. Die Gewinngemeinschaft ist daher ein Sonderfall der sogenannten Interessengemeinschaften, die jedenfalls früher recht verbreitet waren, während ihre praktische Bedeutung heute nur noch gering zu sein scheint, da sie nicht mehr als Grundlage der körperschaftsteuerlichen Organschaft anerkannt werden (§ 14 KStG).[6]

7   **a) Gewinn.** Umstritten ist, was das Gesetz in § 292 Abs. 1 Nr. 1 unter dem „Gewinn" der Gesellschaft oder einzelner ihrer Betriebe versteht. Sinnvollerweise kann damit jedoch nur das Ergebnis einer *periodischen* Abrechnung, in erster Linie also der Jahresüberschuß (§ 275 Abs. 2 Nr. 20 Abs. 3 Nr. 19 HGB), der Bilanzgewinn oder der Rohertrag gemeint sein, weil sich andernfalls unlösbare Abgrenzungsprobleme ergäben.[7] Folglich liegt keine Gewinngemeinschaft iS des Gesetzes vor, wenn sich die Vereinbarung auf die Vergemeinschaftung des Gewinns aus einem oder mehreren *Geschäften* beschränkt.[8] Ein Beispiel sind die vor allem in der Bauwirtschaft verbreiteten Arbeitsgemeinschaften.

8   **b) Aufteilung.** Die Annahme einer Gewinngemeinschaft im Sinne der Nr. 1 des § 292 Abs. 1 setzt voraus, daß der zunächst vergemeinschaftete Gewinn anschließend wieder unter den Beteiligten aufgeteilt wird. Bereits im Vertrag selbst muß deshalb ein **Verteilungsschlüssel** festgelegt werden, der zur Folge hat, daß *jedes* beteiligte Unternehmen wieder einen Teil des Gewinns erhält. Sieht der Vertrag hingegen lediglich einen Ausgleich für die außenstehenden Aktionäre einer beteiligten AG oder KGaA dar, so stellt er keine Gewinngemeinschaft, sondern im Zweifel einen Gewinnabführungsvertrag dar.[9]

9   **c) Andere Zwecke.** Zweifelhaft ist die Rechtslage, wenn der vergemeinschaftete Gewinn nicht wieder aufgeteilt, sondern anderen gemeinsamen Zwecken zugeführt werden soll. Mit Rücksicht auf den Wortlaut des § 292 Abs. 1 Nr. 1 wird dann häufig die Annahme einer Gewinngemeinschaft abgelehnt.[10] Jedoch kommt auch in derartigen Fällen letztlich der vergemeinschaftete Gewinn zumindest mittelbar den Beteiligten wieder zugute, so daß gegen eine entsprechende Anwendung des § 292 Abs. 1 Nr. 1 auf solche Verträge keine Bedenken bestehen.[11]

10 **d) BGB-Gesellschaft.** Durch eine Gewinngemeinschaft wird zwischen den beteiligten Unternehmen eine Gesellschaft iS des § 705 BGB mit dem gemeinsamen Zweck der Ver-

---

[5] *Hüffer* Rdnr. 12.
[6] *Emmerich/Sonnenschein* § 11 III 1; *Knepper* BB 1982, 2061, 2063; *Theisen,* Der Konzern, 1991, S. 85; Beispiel in BGHZ 24, 279 = NJW 1957, 1279 „IG Farben AG/Riebeck Montan-AG"; zu diesem Fall s. außerdem BGH LM AktG § 305 Nr. 1 = AG 1974, 53 = WM 1973, 858; OLG Frankfurt AG 1987, 43; ein weiteres Beispiel in OLG Frankfurt AG 1988, 267 „IG Farben AG/Interhandel AG".
[7] Vgl. *Emmerich/Sonnenschein* § 11 II 3; *Geßler* in Geßler/Hefermehl Rdnr. 11; *Hüffer* Rdnr. 7 f.; *Kop-*
pensteiner in Kölner Kommentar Rdnr. 12, 30 ff., 37 f.; *Krieger* Handbuch § 72 Rdnr. 10; *Raiser* Kapitalgesellschaft § 57 Rdnr. 10; anders zB *Fikentscher* Interessengemeinschaft S. 19, 41.
[8] Vgl. für Vertriebsverträge mit Tochtergesellschaften LG Mainz AG 1978, 320, 322.
[9] *Koppensteiner* in Kölner Kommentar Rdnr. 33.
[10] *Geßler* in Geßler/Hefermehl Rdnr. 16; *Hüffer* Rdnr. 9; *Krieger* Handbuch § 72 Rdnr. 11.
[11] *Emmerich/Sonnenschein* § 11 II 3 b; *Koppensteiner* in Kölner Kommentar Rdnr. 33; *Raiser* Kapitalgesellschaft § 57 Rdnr. 9.

gemeinschaftung und der anschließende Wiederaufteilung des Gewinns begründet.[12] Folglich findet die Gewinngemeinschaft von selbst ihr Ende, wenn die Erreichung des gemeinsamen Zwecks dauernd unmöglich wird (§ 726 BGB).[13] Außerdem kommt eine Kündigung aus wichtigem Grunde in Betracht (§ 723 BGB), sobald eine der beteiligten Gesellschaften aufgelöst wird.[14]

e) Verwaltungsgemeinschaft. In der Gewinngemeinschaft haben sämtliche Beteiligten, ihre Gleichberechtigung vorausgesetzt, ein Interesse an der Erzielung eines möglichst hohen Gesamtgewinns. Die Gewinngemeinschaft tendiert deshalb zur Verwaltungsgemeinschaft durch Zusammenfassung der Geschäftsführung der beteiligten Unternehmen zumindest in Teilbereichen (§§ 709 ff. BGB). Geht dies so weit, daß es – ohne gegenseitige Abhängigkeit der Beteiligten – zur einheitlichen Leitung der verbundenen Unternehmen kommt, so begründet die Gewinngemeinschaft nach § 18 Abs. 2 einen Gleichordnungskonzern unter den Beteiligten.[15]

2. Anwendungsbereich. Die Anwendung des § 292 Abs. 1 Nr. 1 setzt voraus, daß der Vertrag gerade den *eigenen* Gewinn der Gesellschaft betrifft. § 292 Abs. 1 Nr. 1 findet hingegen nach seinem Wortlaut keine Anwendung, wenn Gegenstand des Vertrags nicht der Gewinn der Gesellschaft selbst, sondern zB der ihrer Tochtergesellschaften ist. Daraus ergibt sich die Frage, ob der Vorstand bei der Vergemeinschaftung des Gewinns von Tochtergesellschaften freie Hand genießt (§ 76)[16] oder ob in diesen Fällen, zumindest, wenn es sich um bedeutsame Tochtergesellschaften handelt, Raum für die entsprechende Anwendung des § 292 Abs. 1 Nr. 1 ist.[17] Die besseren Gründe sprechen nach wie vor für die zuletzt genannte Meinung, weil nur so über die §§ 293 ff. der dringend gebotene Schutz der Aktionäre gegen derartige Praktiken sichergestellt werden kann.

3. Höhe der Gegenleistung. Die gesetzliche Regelung der Gewinngemeinschaft in den §§ 292 Abs. 1 Nr. 1 und 293 ff. beruht auf der Prämisse, daß bei dem Abschluß des zugrundeliegenden Vertrages die prinzipielle Gleichberechtigung der Vertragspartner im Regelfall für ein ausgewogenes Verhältnis von Leistung und Gegenleistung und damit vor allem dafür sorgen werde, daß der schließlich den einzelnen Gesellschaften wieder zugeteilte Gewinnanteil im wesentlichen ihrem Beitrag zu dem vergemeinschafteten Gewinn entspricht (o. Rdnr. 4). Sind die Vertragsparteien voneinander unabhängig, so wird diese Voraussetzung auch in der Regel zutreffen. Anders hingegen, wenn sie voneinander **abhängig** sind. In derartigen Fällen sind daher zusätzliche Schutzvorkehrungen für die abhängige Gesellschaft und ihre Gesellschafter unverzichtbar, wobei danach zu unterscheiden ist, ob wenigstens eines der begünstigten anderen Unternehmen an der benachteiligten Gesellschaft beteiligt ist oder nicht.

In dem zuerst genannten Fall (*Aktionärseigenschaft* eines der anderen beteiligten Unternehmen) greift im Falle der Benachteiligung der Gesellschaft bei der Gewinnverteilung das Verbot verdeckter Gewinnausschüttungen ein (§§ 57, 58, 60), so daß der Vertrag, durch den die Gewinngemeinschaft begründet wurde, ebenso wie der Zustimmungsbeschluß der Hauptversammlung wegen des Verstoßes gegen ein gesetzliches Verbot nichtig sind (§ 134 BGB; §§ 241 Nr. 3, 293 Abs. 1).[18] Das gilt auch in Abhängigkeitsverhältnissen, da die §§ 57, 58 und 60 durch die §§ 311 ff. nicht verdrängt werden.

---

[12] BGHZ 24, 279, 293 = NJW 1957, 1279; OLG Frankfurt AG 1988, 267, 269 f.; *Raiser* Kapitalgesellschaften § 57 Rdnr. 7.
[13] BGH (Fn. 12); OLG Frankfurt AG 1987, 43, 45.
[14] BGHZ 24, 279, 294 f. = NJW 1957, 1279.
[15] *Dierdorf* Herrschaft S. 105; *Hüffer* Rdnr. 5.
[16] So zB *Hüffer* Rdnr. 6; *Koppensteiner* in Kölner Kommentar Rdnr. 41; offengelassen in BGH NJW 1982, 933, 936 = AG 1982, 129 (insoweit nicht in BGHZ 82, 188, 200 abgedruckt).

[17] Dafür *Emmerich/Sonnenschein* § 11 II 5; *Krieger* Handbuch § 72 Rdnr. 13; *M. Lutter*, Festschrift Barz, 1974, S. 199, 212 ff.; *U. Schneider*, Der GmbH-Konzern, S. 78, 99 f.
[18] *Dierdorf* Herrschaft S. 102 ff.; *Ebenroth* Vermögenszuwendungen S. 421 ff.; *Hüffer* Rdnr. 10 f.; *Koppensteiner* in Kölner Kommentar Rdnr. 23 f., 47; *Krieger* Handbuch § 72 Rdnr. 13; *Raiser* Kapitalgesellschaften § 57 Rdnr. 9; anders offenbar nur *Joost* (ZHR 149 [1985], 419) mit Rücksicht auf § 62.

15 Für die Anwendung der §§ 57, 58 und 60 ist hingegen kein Raum, wenn *keine* der anderen Vertragsparteien an der benachteiligten Gesellschaft *beteiligt* ist. In solchen Fällen bietet allein die Organhaftung von Vorstand und Aufsichtsrat aufgrund der §§ 93 und 116 der benachteiligten Gesellschaft einen gewissen Schutz.[19] In Abhängigkeitsverhältnissen kommt daneben noch die Anwendung des § 317 in Betracht.

IV. Teilgewinnabführungsvertrag (§ 292 Abs. 1 Nr. 2, Abs. 2)

16 **1. Begriff.** Ein Teilgewinnabführungsvertrag liegt nach § 292 Abs. 1 Nr. 2 vor, wenn sich eine AG oder KGaA verpflichtet, einen Teil ihres Gewinnes oder den Gewinn einzelner ihrer Betriebe ganz oder zum Teil an einen anderen abzuführen. Jedoch sind Verträge über eine Gewinnbeteiligung mit Verwaltungsmitgliedern oder mit einzelnen Arbeitnehmern der Gesellschaft ebenso wie Abreden über eine Gewinnbeteiligung im Rahmen von Verträgen des laufenden Geschäftsverkehrs oder von Lizenzverträgen ausdrücklich ausgenommen (§ 292 Abs. 2 AktG).

17 **a) Abgrenzung.** Eine Obergrenze für den abzuführenden Gewinn ergibt sich lediglich aus § 291 Abs. 1 S. 1, nach dem bei Verpflichtung zur Abführung des *ganzen* Gewinns ein Gewinnabführungsvertrag anzunehmen ist. Wird die Abführungsverpflichtung hingegen auf einen *Teil* des Gewinns beschränkt, so liegt in jedem Fall ein Teilgewinnabführungsvertrag im Sinne der Nr. 2 des § 292 Abs. 1 vor, selbst wenn dieser Teil fast den gesamten Gewinn der Gesellschaft umfaßt.[20] Ebensowenig besteht eine Untergrenze für den abzuführenden Gewinn, da dem Gesetz keine Bagatellgrenze entnommen werden kann; Ausnahmen ergeben sich lediglich aus § 292 Abs. 2 (u. Rdnr. 31 ff.). Das Gesagte schließt nicht aus, in offenkundigen Umgehungsfällen doch § 291 Abs. 1 S. 1 anzuwenden, so, wenn der abzuführende Gewinn von vornherein so hoch angesetzt wird, daß er auf Dauer den gesamten Gewinn der Gesellschaft erfassen muß.[21]

18 **b) Gewinn.** Nach hM ist der Gewinnbegriff hier derselbe wie bei der Nr. 1 des § 292 Abs. 1 (s. o. Rdnr. 7), so daß § 292 Abs. 1 Nr. 2 ebenso wie die Nr. 1 der Vorschrift allein Verträge erfaßt, die den aufgrund einer *periodischen* Abrechnung ermittelten Gewinn betreffen, mag es sich dabei um den Bilanzgewinn, den Jahresüberschuß, die Umsatzerlöse oder den Rohertrag handeln.[22] Nach anderen soll hingegen auch die Beteiligung Dritter am Gewinn der Gesellschaft aus *einzelnen* bedeutenden *Geschäften* unter § 292 Abs. 1 Nr. 2 fallen.[23]

19 Die Frage ist noch nicht endgültig geklärt. Die Parallele zu § 291 Abs. 1 S. 1 sowie zur Nr. 1 des § 292 Abs. 1 spricht aber dafür, auch hier an der Notwendigkeit eines *periodisch* ermittelten Gewinns als Abgrenzungskriterium zwischen Teilgewinnabführungsverträgen und anderen vergleichbaren Vertragsgestaltungen festzuhalten. Dem steht § 292 Abs. 2 AktG nicht notwendig entgegen, da nichts hindert, den Gewinnbegriff hier ebenso wie im Abs. 1 der Vorschrift zu verstehen (u. Rdnr. 31 f.).

20 **c) Gegenleistung.** Das Gesetz unterscheidet in der Nr. 2 des § 292 Abs. 1 nicht zwischen entgeltlichen und unentgeltlichen Verträgen.[24] Es liegt jedoch auf der Hand, daß unentgeltliche Teilgewinnabführungsverträge ebenso wie solche Verträge, bei denen die Gesellschaft keine angemessene, dh. keine vollwertige Gegenleistung für den abgeführten Gewinn erhält, eine ernste *Gefahr* für die Gesellschaft darstellen. Bei der Beurteilung derartiger Verträge muß deshalb nach der Person des Vertragspartners unterschieden werden. Wird durch den Vertrag ein *Aktionär* der Gesellschaft begünstigt, so ist der Vertrag als ver-

---

[19] *Hüffer* Rdnr. 11.
[20] *Emmerich/Sonnenschein* § 11 III 1 b; *Hüffer* Rdnr. 13; *Koppensteiner* in Kölner Kommentar Rdnr. 48; anders *Geßler* in Geßler/Hefermehl Rdnr. 33; *ders.*, Festschrift Ballerstedt, S. 219, 226 f.
[21] S. *Geßler* in Geßler/Hefermehl Rdnr. 42.
[22] *Kl. Eyber* Abgrenzung S. 20 ff.; *Geßler* in Geßler/Hefermehl Rdnr. 35; *Hüffer* Rdnr. 13; *Koppensteiner* Handbuch Rdnr. 49; *Krieger* § 72 Rdnr. 15; *Raiser* Kapitalgesellschaften § 57 Rdnr. 10.
[23] *Schulze-Osterloh* ZGR 1974, 427, 431 ff.; *K. Schmidt* ZGR 1984, 295, 300 ff.
[24] *Geßler* in Geßler/Hefermehl Rdnr. 43; *Hüffer* Rdnr. 14.

botene verdeckte Gewinnausschüttung ebenso wie der Zustimmungsbeschluß der Hauptversammlung nichtig (§§ 52, 58, 60, 241 Nr. 3 AktG; § 134 BGB).[25] Gleichwohl von der Gesellschaft abgeführte Gewinne müssen ihr nach § 62 erstattet werden.[26] Wenn die Gesellschaft von dem Aktionär *abhängig* ist, ergibt sich dasselbe auch aus den §§ 311 und 317. Kein Raum ist hingegen hier für die Anwendung der §§ 304 ff., deren Geltungsbereich sich auf die Verträge des § 291 beschränkt.[27]

Andere Regeln gelten, wenn der Vertragspartner *nicht* an der Gesellschaft beteiligt ist. Auch in diesem Fall ist die Gesellschaft aber keineswegs schutzlos; vielmehr kommen dann bei Fehlen einer angemessenen Gegenleistung neben der Anwendung der §§ 311 und 317 in Abhängigkeitsverhältnissen noch die Strafbarkeit des Vorstands (§ 266 StGB) sowie dessen persönliche Haftung in Betracht (§ 93, §§ 823 Abs. 2, 826 BGB).[28] Schon deshalb wird wohl kein Vorstand jemals einen derartigen Vertrag abschließen.

2. Beispiele. a) Stille Gesellschaft. Den wichtigste Anwendungsfall des Teilgewinnabführungsvertrages bilden stille Gesellschaften mit Aktiengesellschaften im Sinne des § 230 HGB. Sie fallen in jedem Fall zugleich unter § 292 Abs. 1 Nr. 2, da sie immer eine Beteiligung des Stillen an dem periodisch ermittelten Gewinn der Gesellschaft zum Gegenstand haben.[29] Die Vertragsgestaltung im einzelnen spielt dabei keine Rolle, so daß auch atypische stille Gesellschaften erfaßt werden. Die unerwartete Folge ist, daß stille Gesellschaften hier zu ihrer Wirksamkeit der Eintragung im Handelsregister bedürfen (§ 294 Abs. 2).[30] Weitere Beispiele sind je nach der Ausgestaltung der Gegenleistung der Gesellschaft partiarische Darlehen,[31] Betriebsführungsverträge, wenn die Gegenleistung der Gesellschaft in einer Gewinnbeteiligung des Betriebsführers besteht,[32] sowie unter Umständen auch eine Verlustübernahmepflicht der Gesellschaft, sofern sie ihrer Verpflichtung nur aus ihren laufenden periodischen Gewinnen nachkommen kann.[33]

b) Genußrechte. Umstritten ist die Rechtslage bei Genußrechten iS des § 221 Abs. 3. Das Problem rührt daher, daß sie im Regelfall zugleich die Merkmale des § 292 Abs. 1 Nr. 2 erfüllen, in § 221 Abs. 3 jedoch einer abweichenden Regelung zugeführt sind.[34] Die überwiegende Meinung billigt deshalb hier dem § 221 Abs. 3 den Vorrang vor § 292 Abs. 1 Nr. 2 zu, vor allem wohl, um die sonst notwendige Eintragung der Genußrechte im Handelsregister zu vermeiden (s. § 294 Abs. 2).[35] Dem ist indessen zum Schutz der Aktionäre und der Gläubiger nicht zu folgen, da Genußrechte ebenso wie sonstige Teilgewinnabführungsverträge der Sache nach auf die Abführung eines Teils des Gewinns der Gesellschaft an die jeweils Begünstigten hinauslaufen.[36]

3. Rechtsfolgen. Der Teilgewinnabführungsvertrag des § 292 Abs. 1 Nr. 2 ist ein Unternehmensvertrag, so daß die Vertragsparteien verbundene Unternehmen im Sinne des § 15 sind, jedenfalls wenn sie ohnehin Unternehmensqualität besitzen, nach der hier vertrete-

---

[25] *Dierdorf* Herrschaft S. 115 ff.; *Ebenroth* Vermögenszuwendungen S. 425 ff.; *Geßler* in Geßler/Hefermehl Rdnr. 33, 43 ff.; *Hüffer* Rdnr. 16; *Koppensteiner* in Kölner Kommentar Rdnr. 23 ff., 48, 61; *Krieger* Handbuch § 72 Rdnr. 22; *Raiser* Kapitalgesellschaften § 57 Rdnr. 12.
[26] *Hüffer* Rdnr. 16.
[27] OLG Düsseldorf AG 1996, 473.
[28] *Hüffer* Rdnr. 16; *Raiser* Kapitalgesellschaften § 57 Rdnr. 12.
[29] OLG Düsseldorf AG 1996, 473 f.; OLG Celle AG 1996, 370; *Kl. Eyber* Abgrenzung S. 19 f.; *Hüffer* Rdnr. 12, 15; *Koppensteiner* in Kölner Kommentar Rdnr. 53 ff.; *Krieger* Handbuch § 72 Rdnr. 14 u. 17; *Raiser* Kapitalgesellschaften § 57 Rdnr. 11; *K. Schmidt* ZGR 1984, 295, 297 ff.; *ders.* Gesellschaftsrecht § 30 IV 3a (S. 930); *Schulze-Osterloh* ZGR 1974, 427, 440 ff.; zur Unanwendbarkeit des § 292 Abs. 2 s. u. Rdnr. 33.

[30] S. zB OLG Celle (Fn. 29).
[31] *Kl. Eyber* Abgrenzung S. 13 ff.; *Koppensteiner* in Kölner Kommentar Rdnr. 59; anders offenbar *Geßler* in Geßler/Hefermehl Rdnr. 35.
[32] *Koppensteiner* in Kölner Kommentar Rdnr. 59 f.; zur Anwendbarkeit des § 292 Abs. 1 Nr. 3 s. u. Rdnr. 42 ff.
[33] *Koppensteiner* in Kölner Kommentar Rdnr. 58.
[34] Ausführlich *Eyber* Abgrenzung S. 68 ff.
[35] *Eyber* Abgrenzung S. 69, 163 ff.; *Koppensteiner* in Kölner Kommentar Rdnr. 52; wohl auch *Geßler* in Geßler/Hefermehl Rdnr. 36; ebenso im Ergebnis ohne Begründung BGHZ 120, 141 = NJW 1993, 400 = AG 1993, 134 „Bankverein Bremen".
[36] *Emmerich/Sonnenschein* § 11 III 2 b; ebenso für Genußrechte, die einem herrschenden Unternehmen eingeräumt werden, *Hirte* ZBB 1992, 50, 51 ff.; für Partizipationsscheine *D. Reuter*, Festschrift R. Fischer, 1979, S. 605, 617.

nen Meinung aber auch sonst (o. Rdnr. 5).³⁷ Auf jeden Fall anwendbar sind auf den Abschluß des Vertrages die §§ 293 ff. Weitere Sondervorschriften für den Teilgewinnabführungsvertrag finden sich in den §§ 300 Nr. 2 und 301. Ergänzend gelten die §§ 311 bis 318, wenn zwischen den Parteien ein Abhängigkeitsverhältnis besteht. Allein durch den Abschluß eines Teilgewinnabführungsvertrags wird jedoch noch keine Abhängigkeit der einen Partei von der anderen begründet.³⁸ Steuerrechtlich wird der Teilgewinnabführungsvertrag heute nicht mehr als Grundlage der Organschaft anerkannt (§ 14 KStG), so daß seine praktische Bedeutung meistens als gering eingestuft wird.³⁹

25 **4. Ausnahmen.** Nach § 292 Abs. 2 ist ein Vertrag über eine Gewinnbeteiligung mit Mitgliedern von *Vorstand* und Aufsichtsrat oder mit *einzelnen* Arbeitnehmern der Gesellschaft ebensowenig wie eine Abrede über eine Gewinnbeteiligung im Rahmen von Verträgen des laufenden Geschäftsverkehrs oder im Rahmen von Lizenzverträgen ein Teilgewinnabführungsvertrag iS der Nr. 2 des § 292 Abs. 1. Diese gesetzliche Regelung ist abschließend, so daß ihre entsprechende Anwendung auf andere Fälle, namentlich auf sogenannte Bagatellfälle nicht in Betracht kommt.⁴⁰

26 Die erste Ausnahme betrifft Verträge über eine Gewinnbeteiligung mit Mitgliedern von Vorstand und Aufsichtsrat oder mit einzelnen Arbeitnehmern der Gesellschaft. Gedacht ist hier in erster Linie an Abreden über **Tantiemen** iS der §§ 86 und 113 Abs. 3. Gleich stehen vergleichbare Abreden über die Vergütung mit „einzelnen" Arbeitnehmern, dh. mit individuell bestimmten Arbeitnehmern im Gegensatz zur Gesamtheit der Arbeitnehmer oder mit nach generellen Merkmalen gebildeten Arbeitnehmergruppen, so daß Abreden über die Gewinnbeteiligung der gesamten Arbeitnehmerschaft oder einzelner Gruppen von ihnen der Zustimmung der Hauptversammlung bedürfen (§ 292 Abs. 1 Nr. 2 iVm. § 293 Abs. 1).⁴¹

27 Die zweite Ausnahme betrifft Abreden über eine Gewinnbeteiligung im Rahmen von Verträgen des laufenden Geschäftsverkehrs. Dieser Begriff wird allgemein iS des § 116 Abs. 1 HGB interpretiert, so daß hier nur für die Gesellschaft typische Verträge im Gegensatz zu ungewöhnlichen Geschäften (§ 116 Abs. 2 HGB) gemeint sind.⁴² Unter den Ausnahmetatbestand dürften daher zwar häufig partiarische Darlehen fallen (o. Rdnr. 22), nicht aber im Regelfall die Aufnahme stiller Gesellschafter,⁴³ die folglich grundsätzlich der Zustimmung der Hauptversammlung bedarf (§§ 292 Abs. 1 Nr. 2, 293 Abs. 1).⁴⁴

28 Als letzte Ausnahme erwähnt § 292 Abs. 2 Abreden über eine Gewinnbeteiligung im Rahmen von *Lizenzverträgen*. Eine Beschränkung auf Patentlizenzverträge kann dem Gesetz nicht entnommen werden, so daß auch Lizenzverträge über Know-how oder über Erfindungsideen erfaßt werden, sofern (ausnahmsweise) die Gegenleistung der Gesellschaft für die Einräumung der Lizenz in einer Gewinnbeteiligung im Sinne der Nr. 2 des § 292 Abs. 1 besteht.

V. Betriebspacht- und Betriebsüberlassungsverträge (§ 292 Abs. 1 Nr. 3, Abs. 3).

29 Als dritte Gruppe der anderen Unternehmensverträge erwähnt das Gesetz in § 292 Abs. 1 Nr. 3 noch den Betriebspacht- und den Betriebsüberlassungsvertrag. Gleich gestellt wird diesen Verträgen außerdem häufig der Betriebsführungsvertrag (dazu u. Rdnr. 42 ff.). Das Gesetz sieht in den genannten Verträgen, wie aus ihrer Einreihung unter den anderen Unternehmensverträgen des § 292 zu schließen ist, für den Regelfall normale (schuldrecht-

---

³⁷ Anders *Eyber* Abgrenzung S. 12 f.
³⁸ *Geßler* in Geßler/Hefermehl Rdnr. 48.
³⁹ *Knepper* BB 1982, 2061, 2063; *Krieger* Handbuch § 72 Rdnr. 14.
⁴⁰ *Hüffer* Rdnr. 26; *Koppensteiner* in Kölner Kommentar Rdnr. 52.
⁴¹ *Geßler* in Geßler/Hefermehl Rdnr. 38; *Hüffer* Rdnr. 27; *Koppensteiner* in Kölner Kommentar Rdnr. 51.

⁴² *Emmerich* in Heymann HGB § 116 Rdnr. 2 ff.; *Eyber* Abgrenzung S. 23 ff.; *Geßler* in Geßler/Hefermehl Rdnr. 39; *Hüffer* Rdnr. 28; *Koppensteiner* in Kölner Kommentar Rdnr. 51.
⁴³ *Emmerich* (Fn. 42) Rdnr. 5; anders *Eyber* (Fn. 42).
⁴⁴ S. o. Rdnr. 23; ebenso *Hüffer* Rdnr. 28; *Koppensteiner* in Kölner Kommentar Rdnr. 55.

liche) Austauschverträge (o. Rdnr. 4), so daß es – über die §§ 293 ff. hinaus – nur wenige spezielle Schutzvorschriften für derartige Verträge enthält (§§ 292 Abs. 3, 302 Abs. 2). Tatsächlich eignen sich jedoch Betriebspacht- und Betriebsüberlassungsverträge in kaum geringerem Maße als Beherrschungs- und Gewinnabführungsverträge zur „Eingliederung" der abhängigen Gesellschaft in den Konzern des herrschenden Unternehmens (sogenannte konzerninterne Pachtverträge). In der Praxis werden deshalb Betriebspachtverträge häufig von vornherein mit Beherrschungs- oder Gewinnabführungsverträgen kombiniert.[45] Betriebsüberlassungs- und Betriebsführungsverträge können gleichfalls ohne weiteres Konzernierungszwecken dienstbar gemacht werden.[46]

1. Begriff. a) Betriebspachtvertrag. aa) Ein Betriebspachtvertrag iS des § 292 Abs. 1 Nr. 3 ist nach § 581 BGB ein Vertrag, durch den sich eine AG oder KGaA verpflichtet, dem anderen Teil die Nutzung des Betriebs ihres *ganzen* Unternehmens für die Dauer der Pachtzeit zu gewähren, wogegen der Pächter verpflichtet ist, den vereinbarten Pachtzins zu zahlen. Kennzeichnend für den Betriebspachtvertrag ist mithin, daß die Verpächterin, also die AG oder die KGaA, ihre gesamten betrieblichen Anlagen gegen Entgelt dem Pächter überläßt, der darin den Betrieb im eigenen Namen und für eigene Rechnung weiterführt, während sich die AG fortan auf den Einzug des Pachtzinses, auf die Verwaltung ihres nichtbetriebsnotwendigen Vermögens, namentlich ihres Beteiligungsbesitzes, sowie auf die Ausübung ihrer sonstigen vertraglichen Rechte beschränkt, so daß sie sich im Ergebnis in eine Rentnergesellschaft verwandelt.[47] Hingegen handelt es sich nicht mehr um einen Betriebspachtvertrag iS des AktG, wenn die Gesellschaft lediglich *einzelne* (nicht alle) Betriebe verpachtet, während sie andere noch selbst weiter betreibt,[48] oder wenn der Vertrag unentgeltlich abgeschlossen wird;[49] in dem zuletzt genannten Fall ist jedoch immer noch die Annahme eines sonstigen Betriebsüberlassungsvertrages möglich (u. Rdnr. 39). 30

Als *Verpächterin* kommt in § 292 Abs. 1 Nr. 3 nur eine AG oder KGaA in Betracht, so daß die gesetzliche Regelung auf Betriebspachtverträge mit Gesellschaften anderer Rechtsform nur von Fall zu Fall entsprechend angewandt werden kann.[50] Unerheblich ist hingegen die Rechtsform des Pächters. Nach dem Wortlaut des § 292 Abs. 1 Nr. 3 braucht er noch nicht einmal ein Unternehmen im Sinne des § 15 zu sein (s. o. Rdnr. 3). Im Regelfall erwirbt freilich der Pächter spätestens durch die Fortführung des Unternehmens der verpachtenden Gesellschaft im eigenen Namen und für eigene Rechnung die Unternehmensqualität (s. aber auch u. Rdnr. 32).[51] 31

Das Pachtrecht des BGB ist weithin dispositiv (§ 305 BGB). Die Folge ist, daß sich in der Praxis verschiedene Abwandlungen des geschilderten Grundtypus eines Betriebspachtvertrages herausgebildet haben (o. Rdnr. 30). Ein Beispiel ist die auf den Vertragsabschluß folgende Beauftragung der Verpächterin durch den Betriebspächter, ihren Betrieb mit ihrer Belegschaft fortan in seinem, des Pächters Namen und für seine Rechnung weiterzubetreiben. Der Sache nach liegt dann die Kombination eines Betriebspachtvertrages mit einem Betriebsführungsvertrag vor.[52] Unanwendbar ist die gesetzliche Regelung hingegen 32

---

[45] S. *Emmerich/Sonnenschein* § 12 I; *Maser* Betriebsüberlassungsverhältnisse S. 126, 205, 215 ff.; *Knepper* BB 1982, 2061, 2064 f.; *Krieger* Handbuch § 71 Rdnr. 24, 38, 53 ff.; *Oesterreich* Betriebsüberlassung S. 25 ff.; *U. Schneider* JbFStR 1982/83, S. 387, 390 ff.

[46] S. *U. Huber* ZHR 152 (1988), 123; *W. Joachim* DWiR 1992, 397, 455.

[47] BVerwGE 34, 56, 60; *Raiser* Kapitalgesellschaften § 57 Rdnr. 15; *Theisen*, Der Konzern, 1991, S. 85.

[48] *Raiser* (Fn. 47); zu den daraus resultierenden Abgrenzungsproblemen s. zB *Koppensteiner* in Kölner Kommentar Rdnr. 64 (Abs. 2); *Maser* Betriebsüberlassungsverhältnisse S. 56.

[49] Str., wie hier *Hüffer* Rdnr. 18; anders zB *Koppensteiner* in Kölner Kommentar Rdnr. 65.

[50] S. *Emmerich* in Scholz GmbHG § 44 Anhang Rdnr. 341 ff.

[51] Ebenso *Maser* Betriebsüberlassungsverhältnisse S. 44 f.; Beispiele für Betriebspachtverträge in RGZ 142, 223; BVerwGE 34, 56; OLG Frankfurt AG 1973, 136 = WM 1973, 348; LG Berlin AG 1992, 91 = ZIP 1991, 1180 „Interhotel".

[52] Vgl. *Dierdorf* Herrschaft S. 123 f.; *Geßler* in Geßler/Hefermehl Rdnr. 62; *Hüffer* Rdnr. 21; *Koppensteiner* in Kölner Kommentar Rdnr. 71, 76; *U. Schneider* JbFStR 1982/83, S. 387, 389 f.; *Sonnenschein* in Staudinger BGB § 581 Rdnr. 101 ff.

auf Liefer- und Kreditverträge,⁵³ selbst wenn sie pachtähnliche Züge aufweisen, und zwar deshalb, weil die aktienrechtlichen Schutzvorschriften wenig geeignet erscheinen, die sich aus tatsächlichen wirtschaftlichen Abhängigkeitsverhältnissen ergebenden Probleme zu lösen.⁵⁴

33 **b) Betriebsüberlassungsvertrag.** Der Betriebsüberlassungsvertrag unterscheidet sich von dem Betriebspachtvertrag im Grunde lediglich dadurch, daß bei ihm der Übernehmer den Betrieb der überlassenden Gesellschaft nicht im eigenen Namen, sondern im Namen der verpachtenden Gesellschaft aufgrund einer entsprechenden Vollmacht führt (§ 54 HGB).⁵⁵ Im Gegensatz zum Betriebsführungsvertrag (u. Rdnr. 47 ff.) handelt der Pächter hier jedoch weiterhin auf eigene Rechnung (u. Rdnr. 40). Der Vertrag kann entgeltlich oder unentgeltlich abgeschlossen werden. Weitere Unterschiede zur Betriebspacht bestehen nicht, so daß in diesem Fall häufig auch von einer *Innenpacht* gesprochen wird.⁵⁶ Rechtlich gesehen handelt es sich indessen wohl eher um einen sonstigen (unbenannten) Gebrauchsüberlassungsvertrag in Verbindung mit einem Auftrag oder einer Geschäftsbesorgung (§§ 598, 662, 675 BGB).

34 Bei dem Betriebsüberlassungsvertrag gehen ebenso wie bei dem Betriebspachtvertrag die Geschäfte letztlich auf Rechnung des *Übernehmers*, so daß er gegen die überlassende Gesellschaft einen Anspruch auf Abführung des Geschäftsergebnisses erwirbt (vgl. § 667 BGB). Als Kehrseite trifft ihn die Pflicht zur Freistellung der überlassenden Gesellschaft von den eingegangenen Verbindlichkeiten sowie zum Ersatz der gemachten Aufwendungen (§ 670 BGB).⁵⁷ Im übrigen entspricht die rechtliche Behandlung des Betriebsüberlassungsvertrages der des Betriebspachtvertrages.

35 **c) Verbindung mit anderen Unternehmensverträgen.** aa) Wie schon erwähnt (o. Rdnr. 32), kann ein Betriebspachtvertrag ohne weiteres auch mit einem anderen Unternehmensvertrag kombiniert werden. Hervorzuheben ist die Verbindung mit einem Beherrschungs- oder Gewinnabführungsvertrag. In diesem Fall muß der Vertrag gleichermaßen den Gültigkeitsvoraussetzungen eines Beherrschungs- oder Gewinnabführungsvertrages wie denen eines Betriebspachtvertrages genügen; namentlich sind getrennte Zustimmungsbeschlüsse der Hauptversammlung sowie eine entsprechende Eintragung im Handelsregister erforderlich (§§ 293 Abs. 1, 294). Lediglich die besonderen Schutzvorschriften für Betriebspachtverträge (insbesondere § 302 Abs. 2) werden in diesem Fall durch die weitergehenden Schutzvorschriften für Beherrschungs- und Gewinnabführungsverträge überlagert.⁵⁸ Problematisch sind derartige Vertragsgestaltungen vor allem, weil sie im Ergebnis zur Verdrängung des Prüfungsrechts des Vorstands der abhängigen Gesellschaft gegenüber den Weisungen des herrschenden Unternehmens aufgrund des § 308 führen können.⁵⁹

36 bb) Auch mit einem Teilgewinnabführungsvertrag im Sinne des § 292 Abs. 1 Nr. 2 können Betriebspacht-, Betriebsüberlassungs- und Betriebsführungsverträge verbunden werden (s.o. Rdnr. 16 ff.). Für derartige Fälle wird häufig angenommen, die speziellen Vorschriften für Betriebspachtverträge, namentlich also § 292 Abs. 3, verdrängten dann die allgemein für Teilgewinnabführungsverträge geltenden Regeln.⁶⁰ Hierfür fehlt indessen jede

---

⁵³ Ebenso *Hüffer* Rdnr. 22; *Koppensteiner* in Kölner Kommentar Rdnr. 70 m. Nachw.
⁵⁴ S. schon o. § 17 Rdnr. 13.
⁵⁵ Eine Prokura (§ 48 HGB) kommt nur in Betracht, wenn der Pächter eine natürliche Person ist (*Sonnenschein* in Heymann HGB § 48 Rdnr. 13).
⁵⁶ *Dierdorf* Herrschaft S. 125 f.; *Emmerich/Sonnenschein* § 12 III; *Hüffer* Rdnr. 19; *Koppensteiner* in Kölner Kommentar Rdnr. 66; *Maser* Betriebsüberlassungsverhältnisse S. 42; *Raiser* Kapitalgesellschaften § 57 Rdnr. 16; *Oesterreich* Betriebsüberlassung S. 4 f.; *U. Schneider* JbFStR 1982/83, S. 387, 389.

⁵⁷ *Geßler* DB 1965, 1691, 1692; *Haussmann* Unternehmenszusammenfassungen, 1932, S. 106 ff., 119; *Krieger* Handbuch § 71 Rdnr. 27 ff.; ein Beispiel bei *Schulze-Osterloh* ZGR 1974, 427, 453 ff.
⁵⁸ S. *Geßler* in Geßler/Hefermehl Rdnr. 105 ff.; *Hüffer* Rdnr. 21.
⁵⁹ S. u. § 308 Rdnr. 41 f., 53.
⁶⁰ *Hüffer* Rdnr. 29; *Koppensteiner* in Kölner Kommentar Rdnr. 73.

Begründung. Ein Betriebspachtvertrag, der mit einem Teilgewinnabführungsvertrag verbunden ist und keine angemessene Gegenleistung für die Verpächterin vorsieht, ist mithin ebenso wie der Zustimmungsbeschluß (§ 293 Abs. 1) wegen des Verstoßes gegen die §§ 57, 58 und 60 nichtig, sofern der Pächter Aktionär der Verpächterin ist.

2. Rechtsfolgen. Die Parteien eines Betriebspacht- oder Betriebsüberlassungsvertrages sind verbundene Unternehmen im Sinne des § 15, jedenfalls, wenn sie Unternehmensqualität im Sinne des § 15 besitzen (s. o. Rdnr. 5). Auf den Abschluß des Vertrages finden die §§ 293 ff. Anwendung. Wenn die Gegenleistung des anderen Teils hinter dem angemessenen Entgelt zurückbleibt, sind außerdem die §§ 292 Abs. 3 und 302 Abs. 2 zu beachten. In Abhängigkeitsverhältnissen gelten schließlich ergänzend die §§ 311 bis 318. Im übrigen richtet sich die Behandlung dieser Verträge nach dem BGB.[61]

3. Gegenleistung. Ein Betriebspachtvertrag setzt begrifflich nach § 581 BGB die Vereinbarung einer Gegenleistung voraus (o. Rdnr. 30), während Betriebsüberlassungsverträge auch als unentgeltliche Verträge vorstellbar sind (o. Rdnr. 33). Die ganze gesetzliche Regelung, namentlich aber die §§ 292 Abs. 3 und 302 Abs. 2 lassen indessen erkennen, daß das Gesetz gegen Betriebspacht- und Betriebsüberlassungsverträge – als schuldrechtliche Austauschverträge (o. Rdnr. 4) – nur dann keine Bedenken hat, wenn die verpachtende Gesellschaft zumindest die Chance hatte, eine angemessene Gegenleistung durchzusetzen.[62] Hieran fehlt es indessen von vornherein bei *konzerninternen* Betriebspacht- und Betriebsüberlassungsverträgen, so daß in diesen Fällen eine Überprüfung der der Gesellschaft geschuldeten Gegenleistung auf ihre Angemessenheit erforderlich ist (u. Rdnr. 39 f.). Eine weitere Frage ist dann, welche Rechtsfolgen sich ergeben, wenn die Gegenleistung nicht angemessen ist oder, wie zB bei einem Betriebsüberlassungsvertrag vorstellbar, sogar ganz fehlt.

a) Maßstab. Das Gesetz (§§ 292 Abs. 3 und 302 Abs. 2) sagt nicht, an Hand welchen Maßstabs die Angemessenheit des der Gesellschaft geschuldeten Entgelts, der Gegenleistung, zu beurteilen ist. Dementsprechend umstritten ist die Frage.[63] Richtig kann aber nur, wenn man die gesetzliche Konzeption des Betriebspacht- und des Betriebsüberlassungsvertrages als schuldrechtliche Austauschverträge ernst nimmt, die Orientierung am *Marktpreis*, in erster Linie also an dem am Markt üblichen Pachtzins sein.[64] Notfalls ist dieser zu schätzen (§ 287 ZPO).

b) § 292 Abs. 3. Ist die vereinbarte Gegenleistung niedriger als der angemessene Pachtzins (o. Rdnr. 39), so bleibt dies nur dann ohne Folgen für die Wirksamkeit des Vertrags, wenn der andere Vertragsteil an der Gesellschaft *nicht* beteiligt ist, sofern nicht ausnahmsweise § 138 BGB eingreift. Als Sanktionen kommen hier im Regelfall allein Schadensersatzansprüche gegen die Verwaltungsmitglieder in Betracht (§§ 93, 116).[65] Anders hingegen im Falle des Vertragsabschlusses mit einem *Aktionär*, weil dann das Verbot der verdeckten Gewinnausschüttung aufgrund der §§ 57, 58 und 60 eingreift. Die deshalb an sich gebotene Nichtigkeit des Vertrags und des Zustimmungsbeschlusses (§ 134 BGB und § 241 Nr. 3) ist jedoch vom Gesetz (§ 292 Abs. 3) aus schwer nachvollziehbaren Gründen[66] durch die bloße *Anfechtbarkeit* des Zustimmungsbeschlusses nach § 243 Abs. 1 und Abs. 2 ersetzt worden, bei deren Erfolg auch der Vertrag – mangels wirksamen Zustimmungsbeschlusses (§ 293 Abs. 1) – nichtig ist. Anfechtungsbefugt sind namentlich der Vorstand, der Aufsichtsrat und die Aktionäre (§ 245), freilich nur binnen der kurzen Klagefrist von einem Monat (§ 246 Abs. 1). Die Anfechtungsbefugnis entfällt zudem, sofern der Beschluß den außenste-

---

[61] S. *Sonnenschein* in Staudinger BGB § 581 Rdnr. 87 ff.
[62] *Emmerich/Sonnenschein* § 12 II 4; *Oesterreich* Betriebsüberlassung; *U. Schneider* JBFStR 1982/83, S. 387, 391, 397 ff.
[63] S. zB *Geßler* in Geßler/Hefermehl Rdnr. 91 (bisherige Ertragslage); *Koppensteiner* in Kölner Kommentar Rdnr. 80 (hypothetische Ertragslage ohne Vertragsabschluß).
[64] S. im einzelnen u. § 302 Rdnr. 46; *Emmerich/Sonnenschein* § 12 II 4.
[65] *Geßler* in Geßler/Hefermehl Rdnr. 92.
[66] S. die Begründung zum RegE bei *Kropff* AktG S. 379 (Abwicklungsschwierigkeiten).

henden Aktionären einen angemessenen Ausgleich für ihren Schaden gewährt (§ 243 Abs. 2 S. 2).[67]

41 c) §§ 311, 317. Anwendbar sind außerdem in Abhängigkeitsverhältnissen, und zwar ohne Rücksicht auf die Anfechtungsfrist des § 246, die §§ 311 und 317, so daß der Pächter als herrschendes Unternehmen zum Schadensersatz verpflichtet ist, wenn er ohne Ausgleich die Verpächterin zum Abschluß eines für sie nachteiligen Pachtvertrages veranlaßt.[68] Der Schaden der abhängigen Gesellschaft besteht dann (mindestens) in der Differenz zwischen dem vereinbarten und dem angemessenen Pachtzins (§§ 249, 252 BGB). Liegen, wie es bei Abschluß eines Betriebspacht- oder Betriebsüberlassungsvertrages häufig der Fall sein dürfte, außerdem die Voraussetzungen eines qualifizierten faktischen Konzerns vor, so kommt außerdem die Anwendung der §§ 302 und 303 in Betracht. Der Sondervorschrift für Betriebspachtverträge in § 302 Abs. 2 hat daneben nur marginale praktische Bedeutung.

VI. Betriebsführungsvertrag

42 **1. Begriff.** Von einem Betriebsführungsvertrag spricht man, wenn eine Gesellschaft ein anderes Unternehmen beauftragt, ihr Unternehmen für *ihre* Rechnung und (so in der Regel) in *ihrem* Namen zu führen.[69] Häufig werden derartige Verträge auch als Managementverträge bezeichnet, weil sie der Sache nach auf den „Einkauf" von Managementleistungen durch Gesellschaften hinauslaufen, die selbst nicht über ausreichende Managementkapazitäten verfügen.[70] Daneben gibt es noch Vertragsgestaltungen, bei denen der Betriebsführer im eigenen Namen tätig wird, zum Ausgleich aber im Innenverhältnis einen Anspruch auf Freistellung von den eingegangenen Verbindlichkeiten und auf Ersatz seiner Aufwendungen gegen die ihn beauftragende Eigentümergesellschaft hat (§§ 675, 611, 667 BGB).[71]

43 Entgeltliche Betriebsführungsverträge sind *Geschäftsbesorgungsverträge* mit Dienstvertragscharakter (§§ 675, 611 BGB).[72] Folglich hat die Eigentümergesellschaft grundsätzlich ein Weisungsrecht gegenüber dem Betriebsführer (§ 665 BGB), das jedoch vertraglich eingeschränkt werden kann,[73] soweit dem nicht § 76 entgegensteht (s. u. Rdnr. 44). Einen Ausgleich für die häufig starke Stellung des Betriebsführers bildet das Kündigungsrecht der Eigentümergesellschaft aus § 627 BGB. Außerdem kommt eine Kündigung aus wichtigem Grunde in Betracht, wenn der Betriebsführer schwerwiegend gegen die Interessen der Eigentümergesellschaft verstößt.[74]

44 **2. Vereinbarkeit mit AktG.** Aktienrechtlich wird vor allem die Frage diskutiert, ob Betriebsführungsverträge mit der durch § 76 vorgeschriebenen eigenverantwortlichen Lei-

---

[67] S. im einzelnen OLG Frankfurt AG 1973, 136 = WM 1973, 348; *Emmerich/Sonnenschein* § 12 II 4; *Ebenroth* Vermögenszuwendungen S. 428 ff.; *Geßler* in Geßler/Hefermehl Rdnr. 93 ff.; *Hüffer* Rdnr. 29 bis 31; *Koppensteiner* in Kölner Kommentar Rdnr. 19 ff.; *Krieger* Handbuch § 71 Rdnr. 31; *Martens* AG 1974, 9; *Maser* Betriebsüberlassungsverhältnisse S. 65 f.; *Oesterreich* Betriebsüberlassung S. 83 ff.; *Raiser* Kapitalgesellschaften § 57 Rdnr. 25; *Rasch* BB 1973, 856.

[68] Begr. zum RegE des § 302, bei *Kropff* AktG S. 391; *Emmerich/Sonnenschein* (Fn. 67); *Geßler* in Geßler/Hefermehl Rdnr. 96; *Hüffer* Rdnr. 31; *Koppensteiner* in Kölner Kommentar Rdnr. 25 ff., 79; *Raiser* Kapitalgesellschaften § 57 Rdnr. 27; anders nur *Österreich* Betriebsüberlassung S. 102 ff.

[69] Beispiele in RFHE 40, 185; BGH LM HGB § 114 Nr. 7 = NJW 1982, 1817 = WM 1982, 894 „Holiday-Inn"; OLG München AG 1987, 380 „Holiday-Inn"; s. im einzelnen *Birk* ZGR 1984, 23; *Damm* BB 1976, 294; *Emmerich/Sonnenschein* § 12 IV; *Frisch* AG 1995, 362; *Geßler*, Festschrift Hefermehl, 1976, S. 263; *U. Huber* ZHR 152 (1988), 1, 123; *W. Joachim* DWiR 1992, 397, 455; *Krieger* Handbuch § 71 Rdnr. 42 ff.; *Martens* Wirtschaftsabhängigkeit S. 25 ff.; *Maser*, Betriebspacht und Betriebsüberlassungsverhältnisse im Konzern, 1985, S. 43 f., 72 f.; *Mestmäcker* Verwaltung S. 106 ff.; *Schlüter*, Management- und Consultingverträge, 1987; *K. Schmidt* § 17 I 3 d; *Veelken* Betriebsführungsvertrag; *Windbichler* ZIP 1987, 825.

[70] *W. Joachim* DWiR 1992, 397, 455; *Raiser* Kapitalgesellschaften § 57 Rdnr. 17.

[71] *W. Joachim* DWiR 1992, 397 f.; *Hüffer* Rdnr. 20; *K. Schmidt* § 17 I 3 d.

[72] OLG München AG 1987, 380 (382); *U. Huber* ZHR 152 (1988), 1, 31 ff.; *W. Joachim* DWiR 1992, 397 ff.; *Windbichler* ZIP 1987, 825.

[73] BGH LM HGB § 114 Nr. 7 = NJW 1982, 1817 = WM 1982, 894 „Holiday-Inn"; kritisch *U. Huber* ZHR 152 (1988), 1, 11 ff.

[74] BGH (Fußn. 73); OLG München AG 1987, 380; *Joachim* DWiR 1992, 397 (403).

tung der Gesellschaft durch den Vorstand vereinbar sind.[75] Die Frage ist jedenfalls dann zu bejahen, wenn dem Betriebsführer nur die laufende Geschäftsführung übertragen wird, während dem Vorstand der Eigentümergesellschaft die grundsätzlichen Entscheidungen der Unternehmenspolitik verbleiben.[76] Anders ist die Rechtslage hingegen zu beurteilen, wenn dem Betriebsführer durch den Vertrag so weitgehende Rechte eingeräumt worden sind, daß es sich in Wirklichkeit um einen Beherrschungsvertrag handelt (s. u. Rdnr. 47).[77]

3. Anwendbarkeit des § 292 Abs. 1 Nr. 3. Der Betriebsführungsvertrag unterscheidet sich als Dienstvertrag mit Geschäftsbesorgungscharakter (o. Rdnr. 43) deutlich von einem Betriebspacht- oder Betriebsüberlassungsvertrag. Deshalb ist umstritten, ob auf ihn § 292 Abs. 1 Nr. 3 angewandt werden kann. Überwiegend wird die Frage jedoch heute zum Schutze der Aktionäre (s. § 293 Abs. 1) bejaht.[78] Dem ist jedenfalls bei Abhängigkeit der Eigentümergesellschaft unbedenklich zuzustimmen.[79] Besteht die Gegenleistung der Eigentümergesellschaft in einem Gewinnanteil, so handelt es sich bei dem Vertrag zugleich um einen Teilgewinnabführungsvertrag iS des § 292 Abs. 1 Nr. 2 (s. o. Rdnr. 28, 36). Wenn es sich jedoch bei dem Vertrag wegen der starken Stellung des Betriebsführers in Wirklichkeit um einen Beherrschungsvertrag handelt (o. Rdnr. 44, u. Rdnr. 47), sind allein die für diesen Vertrag geltenden Regeln anzuwenden (u. Rdnr. 48).

VII. Umgehungsproblematik

Die Grenze zwischen den anderen Unternehmensverträgen des § 292 Abs. 1 und den Verträgen des § 291 Abs. 1 ist häufig flüssig. Wird deshalb einer der anderen Unternehmensverträge des § 292 Abs. 1 von vornherein mit einem Beherrschungs- oder Gewinnabführungsvertrag verbunden, so muß dieser kombinierte Vertrag, wie bereits ausgeführt (o. Rdnr. 35), in jeder Hinsicht den Anforderungen beider im Einzelfall zusammentreffenden Vertragstypen genügen. Wichtig ist das vor allem für die offenbar recht häufige Verbindung eines Betriebspachtvertrages mit einem Beherrschungsvertrag.

Andere Fragen stellen sich, wenn sich hinter einem der anderen Unternehmensverträge des § 292 Abs. 1, namentlich also hinter einem Betriebspacht-, Betriebsüberlassungs- oder Betriebsführungsvertrag, in Wirklichkeit ein Beherrschungs- oder Gewinnabführungsvertrag verbirgt, wie es namentlich in Abhängigkeitsverhältnissen vorstellbar ist. Bei einem Betriebspachtvertrag liegt diese Annahme besonders nahe, wenn sich der Pächter Weisungsrechte auch hinsichtlich der pachtfreien Unternehmenssphäre der Verpächterin ausbedingt, so daß dieser keine eigene Unternehmenspolitik mehr möglich ist.[80] Ebenso verhält es sich bei einem Betriebsführungsvertrag, wenn der Betriebsführer herrschendes Unternehmen ist und durch den Vertrag die Kontroll- und Einflußrechte der Eigentümergesellschaft weitgehend beschnitten werden (s. schon o. Rdnr. 44, 45).[81] Häufig wird sogar angenommen, daß in Fällen dieser Art das Vorliegen eines Beherrschungsvertrages zu vermuten sei.[82]

---

[75] Vgl. dazu *Damm* BB 1976, 294; *Hommelhoff* Konzernleitungspflicht, 1981, S. 284 ff.; *Veelken* Betriebsführungsvertrag; *K. Schmidt* §§ 17 I 3 d, 31 III 1 b.

[76] S. *U. Huber* ZHR 152 (1988), 1, 30 ff.; 152 (1988), 123, 156 ff.; *Krieger* Handbuch § 71 Rdnr. 48; *Joachim* DWiR 1992, 455, 457; *Raiser* Kapitalgesellschaften § 57 Rdnr. 17; *Zöllner* ZfA 1983, 93, 101.

[77] *Emmerich/Sonnenschein* § 12 IV 2; *K. Schmidt* §§ 17 I 3 d, 31 III 1 b.

[78] *Geßler* in Geßler/Hefermehl Rdnr. 78 ff.; *ders.* DB 1965, 1691, 1692 ff.; *U. Huber* ZHR 152 (1988), 1, 32 f.; *Hüffer* Rdnr. 20; *Joachim* DWiR 1992, 455,

457; *Koppensteiner* in Kölner Kommentar Rdnr. 68; *Krieger* Handbuch § 71 Rdnr. 43.

[79] *Emmerich/Sonnenschein* § 12 IV 3; gegen diese Unterscheidung *Koppensteiner* (Fn. 78).

[80] S. *Dierdorf* Herrschaft S. 117 ff.; *Emmerich/Sonnenschein* § 12 V 1; *Geßler,* Festschrift Ballerstedt, S. 219, 227 ff.; *Hüffer* Rdnr. 24; ausführlich *Koppensteiner* in Kölner Kommentar Rdnr. 18 ff.; *Krieger* Handbuch § 71 Rdnr. 35; *Maser* S. 71 f.; *Joachim* DWiR 1992, 455, 457 f.

[81] Eingehend *U. Huber* ZHR 152 (1988), 123, 128, 135 ff.; *K. Schmidt* §§ 17 I 3 d, 31 III 1 b.

[82] *Hüffer* Rdnr. 24.

48 Für diese eigenartigen Fälle werden im Schrifttum unterschiedliche Lösungen diskutiert.[83] Wie schon weiter oben ausgeführt,[84] kann indessen richtig nur eine Lösung sein, die die Betonung auf den „wirklichen" Inhalt des Vertrages legt (§§ 137, 157 BGB).[85] Denn nach der ganzen Konzeption des Aktienkonzernrechts kann eben ein Vertragskonzern – von der Eingliederung abgesehen – allein durch den Abschluß eines Beherrschungsvertrages und unter den dafür im Gesetz vorgesehenen Kautelen begründet werden (§§ 291, 293 ff., 308). Daraus folgt, daß ein Ausweichen etwa auf Betriebspacht- oder Betriebsüberlassungsverträge mit ihren wesentlich hinter dem Standard des Beherrschungsvertrages zurückbleibenden Schutzvorkehrungen grundsätzlich *nicht* zugelassen werden kann. Ein anderer Unternehmensvertrag, namentlich also ein Betriebspacht- oder Betriebsüberlassungsvertrag, hinter dem sich in Wirklichkeit ein Beherrschungs- oder Gewinnabführungsvertrag verbirgt, muß daher als das, was er in Wirklichkeit ist, dh. als Beherrschungs- oder Gewinnabführungsvertrag behandelt werden, so daß der Vertrag nur wirksam ist, wenn er den besonderen Wirksamkeitsvoraussetzungen derartiger Verträge entspricht (§§ 291, 293 ff., 294, 304 f.).

49 Die Notwendigkeit hierzu folgt seit 1995 auch aus der sonst leerlaufenden Berichtspflicht des Vorstandes (§ 293 a) und der durch die §§ 293 b ff vorgeschriebenen Prüfung durch Vertragsprüfer. Denn dieser Bericht des Vorstandes und die anschließende Prüfung machen ebenso wie das besondere Auskunftsrecht der Aktionäre aufgrund des § 293 g Abs. 3 offenkundig nur Sinn, wenn die wahre Rechtsnatur des Vertrages von Anfang an offengelegt und der Vertrag auch als solcher im Handelsregister eingetragen wird (§ 294).

50 Der Vertrag ist folglich *nichtig,* wenn die Wirksamkeitsvoraussetzungen für Beherrschungs- oder Gewinnabführungsverträge nicht erfüllt sind. Wegen der unrichtigen Eintragung des Vertrages im Handelsregister (§ 294) ist in diesem Fall außerdem kein Raum für die Anwendung der Regeln über fehlerhafte Unternehmensverträge.[86] Der Schutz der abhängigen Gesellschaft richtet sich vielmehr in erster Linie nach den §§ 311 ff. sowie gegebenenfalls nach den besonderen Regeln über qualifizierte faktische Aktienkonzerne.

Zweiter Abschnitt.
Abschluß, Änderung und Beendigung von Unternehmensverträgen

§ 293 Zustimmung der Hauptversammlung

(1) Ein Unternehmensvertrag wird nur mit Zustimmung der Hauptversammlung wirksam. Der Beschluß bedarf einer Mehrheit, die mindestens drei Viertel des bei der Beschlußfassung vertretenen Grundkapitals umfaßt. Die Satzung kann eine größere Kapitalmehrheit und weitere Erfordernisse bestimmen. Auf den Beschluß sind die Bestimmungen des Gesetzes und der Satzung über Satzungsänderungen nicht anzuwenden.

(2) Ein Beherrschungs- oder ein Gewinnabführungsvertrag wird, wenn der andere Vertragsteil einer Aktiengesellschaft oder Kommanditgesellschaft auf Aktien ist, nur wirksam, wenn auch die Hauptversammlung dieser Gesellschaft zustimmt. Für den Beschluß gilt Absatz 1 Satz 2 bis 4 sinngemäß.

(3) Der Vertrag bedarf der schriftlichen Form.

(4) *(aufgehoben)*

---

[83] S. im einzelnen *Bälz,* Festschrift Raiser, 1974, S. 287; *Emmerich/Sonnenschein* § 12 V; *Geßler* DB 1965, 1691; *ders.,* Festschrift Ballerstedt, S. 219; *ders.* in Geßler/Hefermehl Rdnr. 99 ff.; *Dierdorf* Herrschaft S. 106 ff.; *U. Huber* ZHR 152 (1988), 123; *Koppensteiner* in Kölner Kommentar § 291 Rdnr. 15 ff.; *Krieger* Handbuch § 71 Rdnr. 34 ff., 51 f.; *Maser,* Betriebspacht- und Betriebsüberlassungsverhältnisse, S. 70 ff.; *Mestmäcker,* Festgabe Kronstein, S. 129; *Oesterreich* Betriebsüberlassung S. 14, 130 ff.

[84] § 291 Rdnr. 21.

[85] Ebenso *Emmerich/Sonnenschein, Geßler* und *Koppensteiner* jew. Fn. 83; *Hüffer* Rdnr. 23 f.

[86] Str., s.o. § 291 Rdnr. 27.

Zustimmung der Hauptversammlung § 293

Schrifttum: *Barz,* Beherrschungs- oder Gewinnabführungsvertrag mit ausländischer Aktiengesellschaft, BB 1966, 1168; *Bayer,* Mehrstufige Unternehmensverträge, Festschrift Ballerstedt, 1975, S.157; *Canaris,* Hauptversammlungsbeschlüsse und Haftung der Verwaltungsmitglieder im Vertragskonzern, ZGR 1978, 207; *Duden,* Zur Mitbestimmung in Konzernverhältnissen nach dem Mitbestimmungsgesetz, ZHR 141 (1977), 145; *Ebenroth/Müller,* Kündigung, Heilung und Mitwirkungspflichten bei fehlerhaften Organschaftsverhältnissen im GmbH-Konzernrecht, BB 1991, 358; *Ebenroth/Parche,* Konzernrechtliche Beschränkungen der Umstrukturierung des Vertragskonzerns, BB 1989, 637; *Emmerich* Konzernbildungskontrolle AG 1991, 303; *Emmerich/Sonnenschein* Konzernrecht §§ 4a, 13, 25; *Exner,* Vollmacht und Beherrschungsvertrag, AG 1981, 175; *Gansweid,* Gemeinsame Tochtergesellschaften im deutschen Konzern- und Wettbewerbsrecht, 1976; *Geßler,* Bestandsschutz der beherrschten Gesellschaft im Vertragskonzern?, ZHR 140 (1976), 433; *Grunewald,* Rückverlagerung von Entscheidungskompetenzen der Hauptversammlung auf den Vorstand, AG 1990, 133; *Hommelhoff,* Die Konzernleitungspflicht, 1982; *ders.,* Der Beitritt zum Beherrschungsvertrag, Festschrift Claussen, 1997, S.129; *Immenga,* Der Preis der Konzernierung, Festschrift Böhm, 1975, S.253; *Kamprad,* Ausgleichszahlungen nach § 304 AktG in einem mehrstufigen Konzern, AG 1986, 321; *Köhler,* Rückabwicklung fehlerhafter Unternehmensbeschlüsse ZGR 1985, 307; *Koppensteiner,* Unternehmergemeinschaften im Konzerngesellschaftsrecht, ZHR 131 (1968), 289; *Kort,* Der Abschluß von Beherrschungs- und Gewinnabführungsverträgen im GmbH-Recht, 1986; *ders.,* Zur Vertragsfreiheit bei Unternehmensverträgen, BB 1988, 79; *Krieger* Handbuch § 70 III; *ders.,* Inhalt und Zustandekommen von Beherrschungs und Gewinnabführungsverträgen im Aktien- und GmbH-Recht, DStR 1992, 432; *Kühn,* Probleme mit Minderheitsaktionären in der AG, BB 1992, 291; *Lutter,* Zur Binnenstruktur des Konzerns, Festschrift H.Westermann, 1974, S.347; *ders.,* Organzuständigkeiten im Konzern, Festschrift Stimpel, 1985, S.825; *Marchand,* Abhängigkeit und Konzernzugehörigkeit von Gemeinschaftsunternehmen, 1985; *Martens,* Die Entscheidungsautonomie des Vorstands und die „Basisdemokratie" in der AG, ZHR 147 (1983), 377; *Maser,* Betriebspacht- und Betriebsüberlassungsverhältnisse in Konzernen, 1985; *Pentz,* Die Rechtsstellung der Enkel-AG in einer mehrstufigen Unternehmensverbindung, 1996; *Praël,* Eingliederung und Beherrschungsvertrag als körperschaftliche Rechtsgeschäfte, 1978; *Priester,* Herrschaftswechsel beim Unternehmensvertrag, ZIP 1992, 293; *Raiser* Kapitalgesellschaften § 54 II; *E.Rehbinder,* Ausgründung und Erwerb von Tochtergesellschaften und Rechte der Aktionäre, Festschrift Coing II, 1982, S.423; *ders.,* Gesellschaftsrechtliche Probleme mehrstufiger Unternehmensverbindungen, ZGR 1977, 581; *ders.,* Zum konzernrechtlichen Schutz der Aktionäre einer Obergesellschaft, ZGR 1983, 92; *Sonnenschein,* Die Eingliederung im mehrstufigen Konzern, BB 1975, 1088; *ders.,* Organschaft und Konzerngesellschaftsrecht, 1976; *ders.,* Der aktienrechtliche Vertragskonzern im Unternehmensrecht, ZGR 1981, 429; *Timm,* Die Aktiengesellschaft als Konzernspitze, 1980; *ders.,* Die Mitwirkung des Aufsichtsrats bei unternehmensstrukturellen Entscheidungen, DB 1980, 1201; *ders.,* Zur Sachkontrolle von Mehrheitsentscheidungen im Kapitalgesellschaftsrecht, ZGR 1987, 403; *Vollmer,* Die Mitwirkungsrechte der Aktionäre beim Abschluß fusionsähnlicher Unternehmensverbindungen, BB 1977, Beil. 4; *S.Wanner,* Konzernrechtliche Probleme mehrstufiger Unternehmensverbindungen nach Aktienrecht, 1998; *Windbichler,* Die Rechte der Hauptversammlung bei Unternehmenszusammenschlüssen durch Vermögensübertragung, AG 1981, 169.

Übersicht

	Rdnr.
I. Überblick	1–3
II. Anwendungsbereich	4–12
1. § 293 Abs.1	5
2. § 293 Abs.2	6–9
3. Mehrstufige Unternehmensverbindungen	10–12
a) § 293 Abs.1	11
b) § 293 Abs.2	12
III. Vertragsabschluß	13–20
1. Zuständigkeit	13–16
a) Vorstandspflichten	14, 15
b) § 83	16
2. Inhalt	17, 18
a) Bezeichnung	17
b) Bedingung	18
3. Mängel	19, 20
IV. Form	21, 22
V. Die Zustimmung der Hauptversammlung der verpflichteten Gesellschaft (§ 293 Abs.1)	23–25
1. Bedeutung	24, 25
2. Gegenstand	26–28
3. Vorlagepflicht?	29
4. Die erforderliche Mehrheit	30
5. Anmeldung	31, 32
6. Verschärfung	33
7. Zustimmung des Aufsichtsrats	34
8. Inhaltskontrolle?	35
VI. Zustimmung der Hauptversammlung der herrschenden Gesellschaft (§ 293 Abs.2)	36, 37
VII. Beschlußmängel	38

I. Überblick

1   Die §§ 293 bis 299 regeln gleichermaßen für die Unternehmensverträge des § 291 wie für die des § 292 den Abschluß, die Änderung und die Beendigung des Vertrags. Zwischen beiden Vertragsarten wird daher im folgenden nicht weiter unterschieden. Die Einreihung der Verträge des § 292 unter die Unternehmensverträge hatte gerade in erster Linie den Zweck, ihren Abschluß dem Regime der §§ 293 bis 299 zu unterstellen.

2   Vorbild des § 293 Abs. 1 war die Vorschrift des § 256 des alten AktG von 1937. Neu ist neben dem Schriftformerfordernis des § 293 Abs. 3 vor allem die durch § 293 Abs. 2 eingeführte Mitwirkungspflicht der Hauptversammlung der herrschenden Gesellschaft im Falle des Abschlusses von Beherrschungs- oder Gewinnabführungsverträgen. Maßgebend waren dafür vor allem die mit dem Abschluß derartiger Verträge für die herrschende Gesellschaft verbundenen Belastungen aufgrund der §§ 302 f. und 304 f.[1]

3   Die Vorschrift des § 293 wurde erstmals 1994 mit Wirkung ab 1.1. 1995 durch das Gesetz zur Bereinigung des Umwandlungsrechts (UmwBerG) geändert.[2] Durch dieses Gesetz wurden in § 293 die früheren Abs. 3 S. 2 und 6 und Abs. 4 gestrichen; an ihre Stelle sind die sachlich und weithin auch wörtlich übereinstimmenden Vorschriften der §§ 293 f und 293 g getreten. Zugleich wurden durch das genannte Gesetz, weil Verschmelzung und Unternehmensvertrag im wesentlichen austauschbare rechtliche Instrumente seien, nach dem Vorbild des Verschmelzungsrechts die Berichtspflicht des Vorstandes (§ 293 a) und die Vertragsprüfung durch besondere Prüfer (§§ 293 b bis 293 e) eingeführt.[3] Diese Vorschriften wurden sodann erstmals 1998 durch das Gesetz zur Kontrolle und Transparenz im Unternehmensbereich (KonTraG) geändert.[4]

II. Anwendungsbereich

4   § 293 Abs. 1 verlangt für alle Unternehmensverträge mit einer AG oder KGaA die Zustimmung deren Hauptversammlung mit qualifizierter Mehrheit. Abs. 2 der Vorschrift fügt hinzu, daß, wenn auch „der andere Vertragsteil" eine AG oder KGaA ist, deren Hauptversammlung gleichfalls dem Vertrag mit qualifizierter Mehrheit zustimmen muß. Aus dieser Regelung folgt, daß § 293 Abs. 1 allein diejenige Gesellschaft in der Rechtsform einer AG oder KGaA im Auge hat, die in dem Vertrag die den Vertragstypus kennzeichnenden Verpflichtungen auf sich nimmt, während sich Abs. 2 der Vorschrift auf die herrschende Gesellschaft bezieht, die aus einem Beherrschungs- oder Gewinnabführungsvertrag nach § 291 Abs. 1 berechtigt wird.[5]

5   **1. § 293 Abs. 1:** Nach dem Gesagten (o. Rdnr. 4) betrifft § 293 Abs. 1 bei Beherrschungs- und Gewinnabführungsverträgen (einschließlich der Geschäftsführungsverträge des § 291 Abs. 1 S. 2) allein die Zustimmungspflicht der Hauptversammlung der *abhängigen* Gesellschaft, während er bei dem Teilgewinnabführungsvertrag des § 292 Abs. 1 Nr. 2 nur die zur Abführung eines Teils ihres Gewinnes verpflichtete Gesellschaft und bei dem Betriebspacht- und Betriebsüberlassungsvertrag lediglich die verpachtende oder überlassende Gesellschaft erfaßt (§ 292 Abs. 1 Nr. 3). Nur im Falle der Gewinngemeinschaft (§ 292 Abs. 1 Nr. 1) muß die Hauptversammlung jeder beteiligten AG oder KGaA zustimmen.[6] Außerdem ist erforderlich, daß es sich jeweils um eine *deutsche* AG oder KGaA handelt, weil der Schutz ausländischer abhängiger Gesellschaften keine Aufgabe des deutschen Gesellschaftsrechts ist.[7] Wie-

---

[1] S. die Begr. zum RegE, bei *Kropff* AktG S. 381; grdlg. BGHZ 105, 324, 334 ff. = NJW 1989, 295 = AG 1989, 31 = LM FGG § 19 Nr. 27 „Supermarkt"; BGH LM AktG § 293 Nr. 2 (Bl. 3) = NJW 1992, 1452 = AG 1992, 192 „Siemens/NRG"; *Hüffer* Rdnr. 17; *Koppensteiner* in Kölner Kommentar Rdnr. 37; *Pentz* Enkel-AG S. 125 ff.; str.; s. auch u. Rdnr. 8.
[2] BGBl. 1994 I S. 3210, 3260 f.; s. dazu die Begr. zum RegE, BT-Dr. 12 (1994)/6699, S. 178 f.
[3] S. die Begr. (Fn. 2).
[4] BGBl. 1998 I, S. 786, 788.
[5] *Emmerich/Sonnenschein* § 13 V 1.
[6] *Emmerich/Sonnenschein* (Fn. 5); *Hüffer* Rdnr. 3.
[7] S. o. § 291 Rdnr. 32; *Hüffer* Rdnr. 18.

weit § 293 Abs. 1 auf abhängige Gesellschaften anderer Rechtsform entsprechend anwendbar ist, läßt sich dagegen nicht allgemein beantworten, sondern hängt je nach der Rechtsform der abhängigen Gesellschaft von unterschiedlichen zusätzlichen Erwägungen ab.[8]

2. § 293 Abs. 2. Die Vorschrift verlangt (nur) für den Abschluß eines Beherrschungs- oder Gewinnabführungsvertrages im Sinne des § 291 Abs. 1 (einschließlich des Geschäftsführungsvertrages) die Zustimmung des „anderen Vertragsteils", wenn es sich bei diesem um eine AG oder KGaA handelt, womit, wie bereits ausgeführt (o. Rdnr. 4), die herrschende und aus dem Vertrag berechtigte Gesellschaft gemeint ist. Die anderen Unternehmensverträge des § 292 stehen nicht gleich, obwohl sich jedenfalls aus Betriebspacht- und Betriebsüberlassungsverträgen nach § 302 Abs. 2 im Einzelfall ebenfalls eine Verlustübernahmeverpflichtung der herrschenden Gesellschaft ergeben kann. Bei der herrschenden Gesellschaft muß es sich außerdem aus dem bereits genannten Grund (s. o. Rdnr. 5) um eine *deutsche* Gesellschaft handeln.[9]

Hat die herrschende Gesellschaft die Rechtsform einer **KGaA,** so muß nach § 285 Abs. 2 S. 1 noch die Zustimmung der persönlich haftenden Gesellschafter hinzukommen.[10] Bei einem **Gemeinschaftsunternehmen** trifft die Zustimmungspflicht schließlich jede Muttergesellschaft, ohne Rücksicht darauf, ob der Vertrag formal aus steuerlichen Gründen mit einer von den Müttern zu diesem Zweck gebildeten BGB-Gesellschaft oder direkt mit den Müttern abgeschlossen worden ist, weil in jedem Fall der Sache nach die Mütter Vertragspartner sind.[11]

§ 293 Abs. 2 bezweckt zwar den Schutz der Gesellschafter der herrschenden Gesellschaft gegen die mit dem Abschluß von Beherrschungs- und Gewinnabführungsverträgen verbundenen Belastungen namentlich aufgrund der §§ 302 und 303 (o. Rdnr. 2). Der Anwendungsbereich der Vorschrift hängt indessen nicht davon ab, ob der herrschenden Gesellschaft tatsächlich derartige Belastungen drohen. Die Vorschrift ist vielmehr zB auch anwendbar, wenn es sich bei der herrschenden Gesellschaft um einen Ein-Mann-Gesellschaft handelt, die in einen anderen Konzern eingegliedert ist.[12]

Die Vorschrift findet entsprechende Anwendung auf eine **GmbH** als herrschende Gesellschaft bei Abschluß eines Beherrschungs- oder Gewinnabführungsvertrages mit einer anderen Gesellschaft beliebiger Rechtsform, namentlich also auch auf derartige Verträge zwischen einer herrschenden GmbH und einer abhängigen AG.[13] Ebenso behandelt werden Beherrschungs- und Gewinnabführungsverträge zwischen Gesellschaften anderer Rechtsform mit einer GmbH oder einer AG.[14]

3. Mehrstufige Unternehmensverbindungen. Besondere Probleme ergeben sich in mehrstufigen Unternehmensverbindungen.[15] Aus der Vielzahl der hier in Betracht kommenden Fallgestaltungen sind die folgenden hervorzuheben:

a) **§ 293 Abs. 1.** Wenn eine Tochtergesellschaft als verpflichteter Teil einen Unternehmensvertrag mit einem Dritten abschließt, kann dies im Ergebnis für die Gesellschafter der Muttergesellschaft im wesentlichen dieselben Wirkungen wie der Abschluß eines entsprechenden Vertrages durch die Muttergesellschaft selbst haben, namentlich, wenn diese

---

[8] S. für GmbH, Personengesellschaften und Genossenschaften statt aller *Emmerich/Sonnenschein* §§ 25 II, 27 III und 29 IV; *Emmerich* in Scholz GmbHG § 44 Anh. Rdnr. 236 ff.; *ders.* in Heymann HGB § 105 Anh. Rdnr. 19 ff.
[9] S. o. § 291 Rdnr. 31; *Geßler* in Geßler/Hefermehl Rdnr. 65; *Hüffer* Rdnr. 18; *Emmerich/Sonnenschein* § 13 V 2 c; *Koppensteiner* in Kölner Kommentar Rdnr. 38; anders zB *Barz* BB 1966, 1168.
[10] *Hüffer* Rdnr. 3.
[11] S. o. § 17 Rdnr. 25; *Gansweid,* Gemeinsame Tochtergesellschaften, S. 92; *Marchand* Gemeinschaftsunternehmen S. 200; *Koppensteiner* ZHR 131 (1968), 289, 319.

[12] BGH LM AktG § 293 Nr. 2 (Bl. 3) = NJW 1992, 1452 = AG 1992, 1992 „Siemens/NRG".
[13] BGH (Fn. 12); BGHZ 105, 324, 333 ff. = NJW 1989, 295 „Supermarkt"; BGHZ 115, 187, 192 = NJW 1991, 3142 „Video".
[14] LG Mannheim AG 1995, 142 = Rechtspfleger 1994, 256; s. im einzelnen *Emmerich/Sonnenschein* § 25 II 5 m. Nachw.
[15] S. dazu § 311 Rdnr. 7–10; *Ebenroth/Parche* BB 1989, 637, 640 ff.; *Pentz* Enkel-AG S. 121 ff.; *E. Rehbinder* ZGR 1977, 581; *Priester* ZIP 1992, 293; *Sonnenschein* BB 1975, 1088; *S. Wanner,* Konzernrechtliche Probleme mehrstufiger Unternehmensverbindungen, 1998.

einen erheblichen Teil ihrer unternehmerischen Aktivitäten über die betreffende Tochtergesellschaft betreibt. Besonders deutlich ist das bei Gewinnabführungsverträgen, Teilgewinnabführungsverträgen und Gewinngemeinschaften einer wichtigen Tochter mit Dritten. Es liegt auf der Hand, daß die Gesellschafter der Muttergesellschaft an derartigen Entscheidungen auf der Ebene der Tochtergesellschaft ebenso beteiligt werden müssen, wie wenn die Muttergesellschaft selbst Vertragspartner wäre. Der Vorstand, der die Hauptversammlung der Tochtergesellschaft beherrscht, kann daher derartige Verträge auf der Ebene der Tochtergesellschaft nicht allein abschließen, sondern bedarf hierzu analog § 293 Abs. 1 der Zustimmung der Hauptversammlung der Muttergesellschaft, die freilich nur interne Wirkung hat.[16]

12 b) **§ 293 Abs. 2.** Eine entsprechende Anwendung des § 293 Abs. 2 wird gleichfalls in verschiedenen Fallgestaltungen diskutiert, vor allem, wenn *nach* Abschluß eines Beherrschungs- oder Gewinnabführungsvertrages zwischen einer Mutter- und einer Tochtergesellschaft diese Tochtergesellschaft ihrerseits einen derartigen Vertrag mit einer Enkelgesellschaft abschließt (sogenannter Aufbau von oben nach unten). Denn die dadurch entstehenden vermehrten Risiken der Muttergesellschaft aufgrund der §§ 302 und 303 sind dann nicht mehr durch den vorausgegangenen Zustimmungsbeschluß der Hauptversammlung der Muttergesellschaft gedeckt, so daß hier in der Tat gute Gründe für eine entsprechende Anwendung des § 293 Abs. 2 sprechen.[17] Auf den umgekehrten Fall (Aufbau des Konzerns von unten nach oben) sind diese Überlegungen hingegen nicht übertragbar.[18] Ebenso wenig bestehen im Regelfall Mitwirkungsrechte der Aktionäre einer Tochtergesellschaft, wenn die Enkelgesellschaft einen Vertrag direkt mit der Mutter abschließt.[19]

III. Vertragsabschluß

13 **1. Zuständigkeit.** Über den Abschluß von Unternehmensverträgen enthält das AktG nur wenige Sondervorschriften. Hervorzuheben sind im Grunde nur § 83 Abs. 1 S. 2 über die Verpflichtung des Vorstands zum Tätigwerden aufgrund eines Verlangens der Hauptversammlung (u. Rdnr. 16), § 293 Abs. 3 über das Schriftformerfordernis (u. Rdnr. 21 ff.), die Berichtspflicht des Vorstands gemäß § 293a, die Vertragsprüfung nach dem neuen § 293b sowie § 299 über den Ausschluß von Weisungen hinsichtlich der Änderung, der Aufrechterhaltung oder Beendigung von Unternehmensverträgen. Im übrigen bleibt es mithin bei der Geltung der allgemeinen Vorschriften über den Abschluß von Verträgen durch eine AG (§§ 145 ff. BGB, §§ 76 ff. AktG).

14 a) **Vorstandspflichten.** Zuständig für die Entscheidung, ob und mit welchem Inhalt ein Unternehmensvertrag abgeschlossen werden soll, ist grundsätzlich der Vorstand (§§ 76, 77). Er muß dabei mit der Sorgfalt eines ordentlichen und gewissenhaften Geschäftsleiters vorgehen (§ 93 Abs. 1 S. 1). Verletzt er diese Sorgfaltspflicht, zB durch die mangelhafte Prüfung der Bonität des anderen Vertragsteils, so macht er sich schadensersatzpflichtig (§ 93 Abs. 2). Eine Haftungsbefreiung nach § 93 Abs. 4 S. 1 kommt nur in Betracht, wenn der Vorstand nach § 83 Abs. 1 S. 2 zu dem Abschluß angewiesen worden ist (u. Rdnr. 16).[20]

15 § 293 Abs. 1 beschränkt lediglich die Vertretungsmacht des Vorstandes aufgrund des § 78, weil der Vertrag, solange ihm die Hauptversammlung nicht wirksam zugestimmt hat,

---

[16] Sehr str.; s. *Emmerich/Sonnenschein* § 13 V 1 f. m. Nachweisen; jedenfalls in der Tendenz übereinstimmend BGHZ 83, 122, 131 f. = NJW 1982, 1703 „Holzmüller"; LG Stuttgart AG 1992, 236, 237 f.; LG Frankfurt AG 1993, 287.

[17] S. *Emmerich/Sonnenschein* § 13 V 2 b; *Pentz* Enkel-AG S. 130; *Raiser* Kapitalgesellschaften § 54 Rdnr. 19; *E. Rehbinder* ZGR 1977, 581, 613; *Timm* Aktiengesellschaft S. 171; anders die nach wie vor überwiegende Meinung, zB *Hüffer* Rdnr. 20; *Krieger* Handbuch § 70 Rdnr. 17; *Koppensteiner* in Kölner Kommentar Rdnr. 40.

[18] *Pentz* Enkel-AG S. 131; wegen einer Ausnahme s. o. Rdnr. 11.

[19] *Pentz* Enkel-AG S. 131 ff. (dort auch zu weiteren Fallgestaltungen).

[20] *Hüffer* Rdnr. 23; *Koppensteiner* in Kölner Kommentar Rdnr. 14; anders zB *Canaris* ZGR 1978, 206, 214 ff.

schwebend unwirksam ist (u. Rdnr. 24). Nach Verweigerung der Zustimmung durch die Hauptversammlung ist er nichtig. Eine Haftung des Vorstandes aufgrund des § 179 BGB kommt jedoch nicht in Betracht (§ 179 Abs. 3 S. 1 BGB).

b) § 83. Der Abschluß von Unternehmensverträgen fällt unter § 83 Abs. 1 S. 2,[21] so daß die Hauptversammlung mit qualifizierter Mehrheit den Vorstand zur Vorbereitung und zum Abschluß von Unternehmensverträgen verpflichten kann (§§ 83 Abs. 1 S. 2 und 3, 293 Abs. 1). Der Vorstand **muß** folglich in diesem Fall tätig werden, widrigenfalls er sich ersatzpflichtig macht (§ 93 Abs. 2). Hingegen scheidet entsprechend § 299 eine Weisung des herrschenden Unternehmens aufgrund eines Beherrschungsvertrags zum Abschluß eines weiteren Unternehmensvertrages zwischen den Vertragsparteien aus; zulässig ist lediglich die Weisung zum Abschluß eines Unternehmensvertrages mit einem Dritten.[22]

2. Inhalt. a) Bezeichnung. Entgegen einer verbreiteten Meinung ist nicht erforderlich, daß in der Vertragsurkunde (§ 293 Abs. 3) die jeweilige Vertragsart ausdrücklich genannt wird, so daß zB ein Beherrschungsvertrag nur wirksam wäre, wenn er auch in der Urkunde gerade als solcher bezeichnet wird.[23] Ein derartiger Formalismus ist dem deutschen Recht fremd, wie nicht zuletzt durch die Problematik der atypischen Unternehmensverträge belegt wird.[24] Zudem muß seit 1995 der Unternehmensvertrags ohnehin „im einzelnen" in dem Bericht des Vorstandes erläutert werden (§ 293 a Abs. 1 S. 1). Dazu gehört natürlich auch die Erklärung seiner „wahren" Rechtsnatur.[25] Damit dürfte sich für die Zukunft das Problem ohnehin für alle praktischen Zwecke erledigen.

b) Bedingung. Umstritten ist, ob Unternehmensverträge unter einer Bedingung oder einer Befristung abgeschlossen werden können. Die Frage ist grundsätzlich zu bejahen.[26] Bei Vereinbarung einer aufschiebenden Bedingung, zB der Billigung des Vertrages durch die Kartellbehörden, scheidet jedoch eine Eintragung des Vertrags im Handelsregister vor Eintritt der Bedingung aus.[27]

3. Mängel. Für Unternehmensverträge gelten ebenso wie für sonstige Verträge die allgemeinen Nichtigkeits- und Anfechtungsgründe des Privatrechts, namentlich also die §§ 117, 119, 123, 125, 134 und 138 BGB. Ist ein Vertrag hiernach nichtig oder mit Erfolg angefochten, so wird der Mangel auch nicht durch die Zustimmung einer oder beider Hauptversammlungen nach § 293 geheilt.[28] Wichtig ist das namentlich für Verstöße gegen die durch § 293 Abs. 3 vorgeschriebene Schriftform (§ 125 BGB). Weitere Nichtigkeitsgründe ergeben sich aus dem AktG. Hervorzuheben sind die fehlende Zustimmung einer Hauptversammlung, soweit nach § 293 erforderlich, sowie das Fehlen einer Ausgleichsregelung in einem Beherrschungs- oder Gewinnabführungsvertrag (§ 304 Abs. 3 S. 1). Kein Nichtigkeitsgrund ist hingegen die fehlende oder unrichtige Bezeichnung des Vertragstyps in der Vertragsurkunde (o. Rdnr. 17).

Ist der Vertrag nur *teilweise* nichtig, zB, weil er einzelne unzulässige Abreden enthält (§ 134 BGB), so zieht dies grundsätzlich die Gesamtnichtigkeit des Vertrages nach sich (§ 139 BGB). Entgegen einer verbreiteten Meinung besteht kein Anlaß zur Einschränkung oder gar zur Umkehrung der Regel des § 139 BGB.[29] Wird der Vertrag trotz seiner Mängel von den beteiligten Unternehmen praktiziert, so finden die Regeln über fehlerhafte Unternehmensverträge Anwendung.[30]

---

[21] BGHZ 82, 188, 195 = NJW 1982, 933 = AG 1982, 129 „Hoesch/Hoogovens".
[22] S. u. § 299 Rdnr. 3; *Emmerich/Sonnenschein* § 13 II; *Geßler* in Geßler/Hefermehl Rdnr. 9.
[23] So zB *Geßler* in Geßler/Hefermehl Rdnr. 43; *Koppensteiner* in Kölner Kommentar Rdnr. 45.
[24] Dazu o. § 292 Rdnr. 46 ff.; wie hier zB *Hüffer* Rdnr. 22.
[25] S. u. § 293 a Rdnr. 15.
[26] BGHZ 122, 211, 219 f. = NJW 1993, 1976 „SSI".
[27] S. u. § 294 Rdnr. 24; ebenso im wesentlichen *Grunewald* AG 1990, 133, 138; *Geßler* in Geßler/Hefermehl Rdnr. 20 f.; *Koppensteiner* in Kölner Kommentar Rdnr. 11; *Krieger* Handbuch § 70 Rdnr. 14; *Raiser* Kapitalgesellschaften § 54 Rdnr. 22.
[28] *Koppensteiner* in Kölner Kommentar Rdnr. 54.
[29] Anders OLG München AG 1980, 272, 273; *Koppensteiner* in Kölner Kommentar Rdnr. 12.
[30] S. o. § 291 Rdnr. 25 ff.

IV. Form

21 Nach § 293 Abs. 3 bedarf jeder Unternehmensvertrag der Schriftform. Das Gesetz verweist damit auf die §§ 125 und 126 BGB, so daß die Vertragsurkunde grundsätzlich von beiden Parteien unterzeichnet werden muß (§ 126 Abs. 1 BGB). Ein Verstoß hiergegen führt zur Nichtigkeit des Vertrages (§ 125 BGB).

22 Das Schriftformerfordernis gilt für sämtliche Abreden der Parteien, aus denen sich nach ihrem Willen der Unternehmensvertrag zusammensetzen soll und die deshalb eine rechtliche Einheit im Sinne des § 139 BGB bilden. Hieran ändert sich auch dann nichts, wenn die Parteien ihre Abreden formal auf unterschiedliche Verträge aufteilen, selbst wenn an diesen verschiedene Personen beteiligt sind. Wann immer nach dem Willen der Beteiligten die Abreden eine Einheit bilden, müssen sie auch nach § 293 Abs. 3 ohne Ausnahme beurkundet werden.[31] Dies folgt schon aus der Notwendigkeit, der Anmeldung den (ganzen) Vertrag in Urschrift, Ausfertigung oder öffentlich beglaubigter Abschrift beizufügen (§ 294 Abs. 1 S. 2), und wird durch das Informationsinteresse der Hauptversammlung, der einzelnen Aktionäre und der Öffentlichkeit gerechtfertigt (§§ 293 f und 293 g).

V. Die Zustimmung der Hauptversammlung der verpflichteten Gesellschaft (§ 293 Abs. 1)

23 Von dem Unternehmensvertrag müssen der oder die Zustimmungsbeschlüsse der Hauptversammlungen der beteiligten Gesellschaften nach den Abs. 1 und 2 des § 293 unterschieden werden. Erforderlich ist zunächst nach § 293 Abs. 1 die Zustimmung der Hauptversammlung derjenigen AG oder KGaA, die die vertragstypischen Verpflichtungen übernimmt (o. Rdnr. 4), wozu bei einer KGaA noch die Zustimmung der persönlich haftenden Gesellschafter hinzukommen muß (§ 285 Abs. 2 S. 1). Der Zustimmungsbeschluß bedarf mindestens einer qualifizierten Kapitalmehrheit (§ 293 Abs. 1 S. 2). Durch die Satzung können diese Erfordernisse nur verschärft, nicht hingegen herabgesetzt werden (§§ 23 Abs. 5, 293 Abs. 1 S. 3). Das Gesetz bestimmt schließlich noch, daß auf den Zustimmungsbeschluß die Vorschriften des Gesetzes und der Satzung über Satzungsänderungen keine Anwendung finden (§ 293 Abs. 1 S. 4). Die Gesetzesverfasser wollten damit (ohne Not) eine alte Streitfrage des früheren Rechts entscheiden;[32] weitergehende Bedeutung kommt der Bestimmung nicht zu.[33]

24 **1. Bedeutung.** § 293 Abs. 1 bedeutet eine Beschränkung der Vertretungsmacht des Vorstandes mit Außenwirkungen (§ 78). Der Vertrag ist daher nichtig, wenn ihm nicht die Hauptversammlung mit der nötigen Mehrheit zustimmt (o. Rdnr. 15). Für die Anwendung der Regeln über fehlerhafte Beherrschungsverträge ist dann kein Raum, selbst wenn der Vertrag von den Beteiligten gleichwohl praktiziert wird.[34] Für die *Form* des Zustimmungsbeschlusses gilt nicht § 293 Abs. 3 (der sich allein auf den Vertrag als Gegenstand des Beschlusses bezieht), sondern § 130.

25 Das Gesetz verlangt eine **Zustimmung** der Hauptversammlung (§ 293 Abs. 1 S. 1). Zustimmung ist nach den §§ 182 bis 184 BGB der Oberbegriff für Einwilligung und Genehmigung. Folglich kann die Zustimmung der Hauptversammlung sowohl im voraus zu einem ihr vom Vorstand vorgelegten Vertragsentwurf als auch nachträglich zu dem bereits abgeschlossenen Vertrag erklärt werden.[35] In dem zuerst genannten Fall darf jedoch der von der Hauptversammlung gebilligte Vertragsentwurf von den Parteien später nicht

---

[31] BGHZ 82, 188, 196 f. = NJW 1982, 933 = AG 1982, 129 „Hoesch/Hoogovens".
[32] S. die Begr. zum RegE, bei *Kropff* AktG S. 381.
[33] Zur Rechtsnatur von Unternehmensverträgen s. schon o. § 291 Rdnr. 22 ff.
[34] S. o. § 291 Rdnr. 27, u. Rdnr. 38; ebenso *Koppensteiner* in Kölner Kommentar Rdnr. 52.
[35] *Emmerich/Sonnenschein* § 13 VII 2; *Geßler* in Geßler/Hefermehl Rdnr. 26; *Hüffer* Rdnr. 4; *Raiser* Kapitalgesellschaften § 54 Rdnr. 20; anders *Koppensteiner* in Kölner Kommentar Rdnr. 5.

mehr abgeändert werden. Tun sie dies doch, so ist die erneute Befassung der Hauptversammlung erforderlich.

2. Gegenstand. Gegenstand des Zustimmungsbeschlusses ist der (ganze) Unternehmensvertrag, so, wie er von den beteiligten Gesellschaften gewollt ist, also einschließlich aller Zusätze, Nebenabreden und ergänzenden Bestimmungen. Insoweit gilt dasselbe wie für das Schriftformerfordernis (o. Rdnr. 22). Der Vorstand hat nicht die Befugnis, irgendwelche ergänzenden Abreden der Hauptversammlung vorzuenthalten; ebensowenig kann die Hauptversammlung dem Vorstand ihrerseits die Ermächtigung zu ergänzenden Abreden erteilen (§ 23 Abs. 5); vielmehr müssen *alle* Abreden, die nach dem Willen der Parteien eine rechtliche Einheit im Sinne des § 139 bilden, selbst wenn sie formal auf unterschiedliche Verträge mit verschiedenen Parteien aufgeteilt sind, insgesamt der Hauptversammlung zur Billigung vorgelegt werden, widrigenfalls der gesamte Vertrag mangels Zustimmung der Hauptversammlung nichtig ist (§ 293 Abs. 1 S. 1).[36]

Werden entgegen dem Gesagten (o. Rdnr. 26) einzelne Zusatzabreden der Hauptversammlung nicht zur Billigung vorgelegt, so wird gelegentlich § 139 BGB angewandt.[37] Doch paßt hier § 139 BGB im Grunde nicht, weil es nicht um einen Fall der Teilnichtigkeit geht, sondern darum, daß der (ganze) von den Parteien geschlossene Vertrag nicht die Zustimmung der Hauptversammlung gefunden hat, so daß er (insgesamt) nichtig ist (o. Rdnr. 26). Hingegen ist – entgegen einer verbreiteten Meinung[38] – die zutreffende Bezeichnung des Vertrags in dem Zustimmungsbeschluß keine Wirksamkeitsvoraussetzungen, weil, wie schon ausgeführt (o. Rdnr. 17), ein derartiger Formalismus dem deutschen Privatrecht fremd ist.[39]

Wenn die Hauptversammlung dem Vertrag nur unter *Änderungen* zustimmt, hat jedenfalls der von den Gesellschaften abgeschlossene Unternehmensvertrag keine Billigung gefunden und ist deshalb nicht in Kraft getreten. Von Fall zu Fall kann jedoch in dem fraglichen Beschluß der Hauptversammlung zugleich die Aufforderung an den Vorstand nach § 83 Abs. 1 liegen, durch Verhandlungen eine entsprechende Abänderung des Unternehmensvertrags zu erreichen. Generell wird man dies jedoch nicht annehmen können.[40]

3. Vorlagepflicht? Zum Teil wird angenommen, der Vorstand sei nach Abschluß des Unternehmensvertrages dem anderen Teil gegenüber verpflichtet, den Vertrag der nächsten Hauptversammlung zwecks Zustimmung nach § 293 Abs. 1 vorzulegen; notfalls könne der andere Vertragsteil hierauf Klage erheben (§ 888 ZPO).[41] Dafür spricht nur auf den ersten Blick die Parallele zu Verträgen, die einer behördlichen Genehmigung bedürfen, wo vergleichbare Pflichten der Parteien noch vor Genehmigungserteilung aus c.i.c. hergeleitet werden.[42] Bei näherem Zusehen ist diese Parallele indessen nicht zwingend, weil die in § 293 Abs. 1 vorgeschriebene Zustimmung der Hauptversammlung und eine behördliche Genehmigung gänzlich unterschiedliche Zwecke verfolgen.[43] Auf keinen Fall kann jedenfalls angenommen werden, daß die Gesellschaft schadensersatzpflichtig wird, wenn ihre Hauptversammlung den Vertrag ablehnt. Diese Frage darf außerdem nicht mit der anderen verwechselt werden, ob **nach** dem Zustimmungsbeschluß der Hauptversammlung der Vorstand jetzt zur Anmeldung des Vertrags nach § 294 Abs. 1 verpflichtet ist (dazu u. Rdnr. 31).

4. Die erforderliche Mehrheit. Der Zustimmungsbeschluß bedarf nach § 293 Abs. 1 S. 2 einer Mehrheit, die mindestens drei Viertel des bei der Beschlußfassung vertretenen

---

[36] Grdlg. BGHZ 82, 188, 196 ff. = NJW 1982, 933 = AG 1982, 129 „Hoesch/Hoogovens"; *Geßler* in Geßler/Hefermehl Rdnr. 36 ff.; *Hüffer* Rdnr. 5, 12; *Grunewald* AG 1990, 133, 134 ff.; *Koppensteiner* in Kölner Kommentar Rdnr. 11, 32; *Krieger* Handbuch § 70 Rdnr. 18; *Windbichler* AG 1981, 168, 173.
[37] ZB *Hüffer* Rdnr. 12.
[38] *Geßler* in Geßler/Hefermehl Rdnr. 45; *Koppensteiner* in Kölner Kommentar Rdnr. 11, 34, 49.
[39] *Hüffer* Rdnr. 14; *Krieger* in Handbuch § 70 Rdnr. 24.
[40] S. *Hüffer* Rdnr. 13, 23; *Koppensteiner* in Kölner Kommentar Rdnr. 25.
[41] *Geßler* in Geßler/Hefermehl Rdnr. 14 bis 19, § 294 Rdnr. 23; *Koppensteiner* in Kölner Kommentar Rdnr. 15 bis 17.
[42] S. *Emmerich*, Das Recht der Leistungsstörungen, 4. Aufl. 1997, S. 22 m. Nachw.
[43] Ebenso *Emmerich/Sonnenschein* § 13 VII 2 d.

Grundkapitals umfaßt. Dies bedeutet, daß zu der einfachen Stimmenmehrheit noch eine qualifizierte Kapitalmehrheit hinzutreten muß, wodurch namentlich die Bedeutung von Mehrstimmrechtsaktien relativiert wird. Stimmrechtslose Vorzugsaktien müssen außerdem von dem vertretenen Grundkapital abgezogen werden.[44] Durch diese Regelung sollte ebenso wie schon durch § 256 AktG von 1937 die abhängige Gesellschaft geschützt werden. Tatsächlich ist dieses Ziel indessen nicht erreicht worden, weil der andere Vertragsteil mitstimmen darf.[45] Da dieser in aller Regel bereits allein oder zusammen mit verbundenen oder befreundeten Unternehmen über die erforderliche Mehrheit verfügt (sonst käme es nicht zu dem Unternehmensvertrag), handelt es sich tatsächlich bei dem Zustimmungsbeschluß in aller Regel um einen sachlich bedeutungslosen Formalakt.[46]

31   **5. Anmeldung.** Sobald die Hauptversammlung dem Unternehmensvertrag zugestimmt hat, ist, sofern in diesem Zeitpunkt der Vertrag bereits abgeschlossen war, der Vorstand nunmehr seiner Gesellschaft gegenüber verpflichtet, ihn zur Eintragung ins Handelsregister anzumelden, um ihm dadurch endgültig Wirksamkeit zu verleihen (§§ 83 Abs. 2, 294 BGB).[47] Hingegen besteht entgegen einer verbreiteten Meinung[48] eine derartige Pflicht nicht auch gegenüber dem anderen Vertragsteil. Davon zu trennen ist die Frage, ob sich der andere Vertragsteil von dem schwebend unwirksamen Vertrag lösen kann, wenn sich die Zustimmung der Hauptversammlung oder die Eintragung unzumutbar verzögern.[49] Diese Frage ist jedenfalls dann zu bejahen, wenn sich der andere Teil für einen derartigen Fall den Rücktritt vorbehalten hat.[50]

32   Überwiegend wird die geschilderte Rechtslage (o. Rdnr. 31) als zwingend angesehen, so daß die Hauptversammlung nicht etwa die Anmeldung des Vertrags zur Eintragung im Handelsregister in das Ermessen des Vorstandes stellen oder dem Vorstand sogar nachträglich durch einen weiteren Beschluß die Anmeldung untersagen kann.[51] Diese Auffassung erscheint ebenfalls nicht zwingend. Ebenso wie die Hauptversammlung dem Vertrag die Zustimmung von vornherein versagen kann, muß sie auch in der Lage sein, ihre Zustimmung einzuschränken oder später rückgängig zu machen. § 23 Abs. 5 steht nicht entgegen.[52]

33   **6. Verschärfung.** Nach § 293 Abs. 1 S. 3 kann die Satzung eine größere Kapitalmehrheit als drei Viertel des bei der Beschlußfassung vertretenen Grundkapitals und weitere Erfordernisse bestimmen. Unzulässig ist hingegen eine Herabsetzung der Anforderungen an den Zustimmungsbeschluß (§ 23 Abs. 5). **Beispiele** für eine danach zulässige Verschärfung der Anforderungen sind eine größere Stimmen- oder Kapitalmehrheit, das Erfordernis der Einstimmigkeit, die Verweisung auf die weitergehenden Satzungsbestimmungen über Satzungsänderungen sowie zusätzliche Formerfordernisse.[53] Hingegen soll nach überwiegender Meinung ein satzungsmäßiges *Verbot* des Abschlusses von Unternehmensverträgen an den §§ 23 Abs. 5 und 293 Abs. 1 scheitern.[54] Ein sachlicher Grund für diese Auffassung ist nicht erkennbar.

34   **7. Zustimmung des Aufsichtsrats.** Für die Frage, ob neben der Hauptversammlung auch der Aufsichtsrat dem Vertrag zustimmen muß, gilt allein § 111 Abs. 4 S. 2.[55] Verweigert der Aufsichtsrat die Zustimmung, so kann der Vorstand gemäß § 111 Abs. 4 S. 3 die Hauptversammlung anrufen. In diesem Fall bedarf der Zustimmungsbeschluß nach § 111 Abs. 4 S. 4 abweichend von dem Regelfall des § 293 Abs. 1 S. 1 zusätzlich auch einer qualifi-

---

[44] *Hüffer* Rdnr. 7; *Koppensteiner* in Kölner Kommentar Rdnr. 30; *Krieger* Handbuch § 70 Rdnr. 24.
[45] S. zu diesem Problem ausführlich schon die Begr. zum RegE, bei *Kropff* AktG S. 380 f.
[46] *Emmerich* AG 1991, 303, 307; *Emmerich/Sonnenschein* § 13 V 1 d.
[47] S. im einzelnen u. § 294 Rdnr. 25.
[48] *Geßler* in Geßler/Hefermehl Rdnr. 47; *Hüffer* Rdnr. 15; *Koppensteiner* Rdnr. 37; *Krieger* Handbuch § 70 Rdnr. 26.
[49] S.u. § 297 Rdnr. 31.
[50] BGHZ 122, 211, 225 f. = NJW 1993, 1976 = LM AktG § 83 Nr. 1 = AG 1993, 422 „SSI"; offen gelassen für andere Fälle in OLG Celle AG 1996, 370, 371.
[51] *Grunewald* AG 1990, 133, 138 f.; *Geßler* in Geßler/Hefermehl Rdnr. 48.
[52] S.u. § 294 Rdnr. 26.
[53] S. *Emmerich/Sonnenschein* § 13 V 1 c.
[54] *Geßler* in Geßler/Hefermehl Rdnr. 33; *Hüffer* Rdnr. 8; *Krieger* Handbuch § 70 Rdnr. 24.
[55] *Emmerich/Sonnenschein* § 13 IV m. Nachw.

Zustimmung der Hauptversammlung **35–38 § 293**

zierten *Stimmenmehrheit*. Diese Abweichung von § 293 Abs. 1 S. 1 ist mit Rücksicht auf das ablehnende Votum des Aufsichtsrats sachlich durchaus gerechtfertigt.[56] In mitbestimmten Gesellschaften ist außerdem § 32 MitbestG zu beachten[57]

8. Inhaltskontrolle? Da es sich bei dem Zustimmungsbeschluß der Hauptversammlung 35 nach § 293 Abs. 1 um nicht viel mehr als um einen bloßen Formalakt handelt (o. Rdnr. 30), läßt sich ein wirklicher Schutz der abhängigen Gesellschaft entgegen einer verbreiteten Meinung[58] im Grunde nur durch eine zusätzliche Inhaltskontrolle gegenüber dem Zustimmungsbeschluß auf seine Erforderlichkeit und Verhältnismäßigkeit erreichen.[59] Durch die Einführung der Vertragsprüfung (§ 293b) im Jahre 1994 hat der ganze Fragenkreis freilich einen neuen Akzent erhalten, da sich jetzt zusätzlich die Frage stellt, ob neben der Vertragsprüfung durch sachverständige Prüfer noch Raum für eine Inhaltskontrolle durch die Gerichte ist. Die Frage ist bisher nicht geklärt.

VI. Zustimmung der Hauptversammlung der herrschenden Gesellschaft (§ 293 Abs. 2)

Für Beherrschungs- und Gewinnabführungsverträge (§ 291 Abs. 1) schreibt § 293 Abs. 2 36 S. 1 auch die Zustimmung der Hauptversammlung der herrschenden Gesellschaft vor, wenn diese die Rechtsform einer AG oder KGaA hat. Für eine GmbH gilt die Regelung entsprechend (o. Rdnr. 9). Wegen der Einzelheiten verweist § 293 Abs. 2 S. 2 auf Abs. 1 S. 2 bis 4. Der Zustimmungsbeschluß der Hauptversammlung der herrschenden Gesellschaft bedarf also gleichfalls einer qualifizierten Kapitalmehrheit (§ 293 Abs. 1 S. 2). Durch die Satzung können diese Anforderungen nur verschärft, nicht hingegen herabgesetzt werden (§ 293 Abs. 1 S. 3). Wegen aller Einzelheiten kann auf die entsprechenden Ausführungen zu dem Zustimmungsbeschluß der abhängigen Gesellschaft verwiesen werden (o. Rdnr. 23 ff.). Der Beschluß hat ebenso wie der Zustimmungsbeschluß der abhängigen Gesellschaft Außenwirkungen (o. Rdnr. 24); seine Form richtet sich allein nach § 130; § 294 findet keine Anwendung.

Auch bei dem Zustimmungsbeschluß der herrschenden Gesellschaft stellt sich die Frage 37 nach der Möglichkeit einer *Inhaltskontrolle* (o. Rdnr. 35). Sie sollte hier gleichfalls bejaht werden.[60] Insoweit hat auch die Einführung der Vertragsprüfung durch § 293b keine Änderung gebracht.

VII. Beschlußmängel

Für die Nichtigkeit und die Anfechtung der beiden Zustimmungsbeschlüsse nach § 293 38 Abs. 1 und 2 gelten die allgemeinen Regeln (§§ 241 f., 243 ff.), soweit nicht das Gesetz wie in den §§ 291 Abs. 3, 292 Abs. 3, 304 Abs. 2 S. 3 bis 4 und 305 Abs. 5 in Verbindung mit § 306 Sonderregeln enthält.[61] Eine Anfechtung des Zustimmungsbeschlusses kommt namentlich bei einer Verletzung der Informations- und Auskunftsrechte der Aktionäre aufgrund der §§ 293f und 293g in Betracht (s. § 243 Abs. 4).[62] Wird der Unternehmensvertrag trotz der Nichtigkeit des Zustimmungsbeschlusses praktiziert, so ist kein Raum für die Anwendung der Regeln über fehlerhafte Beherrschungsverträge.[63]

---

[56] Ebenso *Hüffer* Rdnr. 25; *Krieger* Handbuch § 70 Rdnr. 12; anders *Geßler* in Geßler/Hefermehl Rdnr. 11; *Koppensteiner* in Kölner Kommentar Rdnr. 6.
[57] S. dazu *Emmerich/Sonnenschein* § 4 IV 3.
[58] S. *Hüffer* Rdnr. 6 f.; *Krieger* Handbuch § 70 Rdnr. 25; *Raiser* Kapitalgesellschaften § 54 Rdnr. 26.
[59] *Emmerich* AG 1991, 303, 307; *Emmerich/Sonnenschein* § 13 V 1 d; *Martens*, Festschrift Fischer, S. 437, 446; *Timm* BB 1981, 1491, 1495; *ders.* ZGR 1987, 403, 426 ff.

[60] S. *Koppensteiner* in Kölner Kommentar Rdnr. 51.
[61] S. statt aller *Koppensteiner* in Kölner Kommentar Rdnr. 48 ff.
[62] BGHZ 122, 211, 238 = NJW 1993, 1976 „SSI"; LG Heilbronn AG 1971, 372; LG Nürnberg-Fürth AG 1995, 141 „Hertel"; *Krieger* Handbuch § 70 Rdnr. 27; *Windbichler* AG 1981, 168, 173; s. u. § 304 Rdnr. 77 ff.
[63] S. o. Rdnr. 24 sowie § 291 Rdnr. 27.

§ 293 a Bericht über den Unternehmensvertrag

(1) Der Vorstand jeder an einem Unternehmensvertrag beteiligten Aktiengesellschaft oder Kommanditgesellschaft auf Aktien hat, soweit die Zustimmung der Hauptversammlung nach § 293 erforderlich ist, einen ausführlichen schriftlichen Bericht zu erstatten, in dem der Abschluß des Unternehmensvertrags, der Vertrag im einzelnen und insbesondere Art und Höhe des Ausgleichs nach § 304 und der Abfindung nach § 305 rechtlich und wirtschaftlich erläutert und begründet werden; der Bericht kann von den Vorständen auch gemeinsam erstattet werden. Auf besondere Schwierigkeiten bei der Bewertung der vertragsschließenden Unternehmen sowie auf die Folgen für die Beteiligungen der Aktionäre ist hinzuweisen.

(2) In den Bericht brauchen Tatsachen nicht aufgenommen zu werden, deren Bekanntwerden geeignet ist, einem der vertragsschließenden Unternehmen oder einem verbundenen Unternehmen einen nicht unerheblichen Nachteil zuzufügen. In diesem Falle sind in dem Bericht die Gründe, aus denen die Tatsachen nicht aufgenommen worden sind, darzulegen.

(3) Der Bericht ist nicht erforderlich, wenn alle Anteilsinhaber aller beteiligten Unternehmen auf seine Erstattung durch öffentlich beglaubigte Erklärung verzichten.

Schrifttum: Begründung zu dem Entwurf eines Gesetzes zur Bereinigung des Umwandlungsrechts, BT-Dr. 12 (1994)/6699; *W. Bayer,* Informationsrechte bei der Verschmelzung von Aktiengesellschaften, AG 1988, 323; *R. Becker,* Die gerichtliche Kontrolle von Maßnahmen bei der Verschmelzung von Aktiengesellschaften, AG 1988, 233; *Bermel* in Goutier/Knopf/Tulloch, Kommentar zum Umwandlungsrecht, 1995; *Bork,* Beschlußverfahren und Beschlußkontrolle nach dem Referentenentwurf eines Gesetzes zur Bereinigung des Umwandlungsrechts, ZGR 1993, 343; *Bungert,* Unternehmensvertragsbericht und Unternehmensvertragsprüfung gemäß §§ 293 a ff AktG, DB 1965, 1384, 1449; *Dehmer,* Umwandlungsgesetz, Umwandlungssteuerrecht, 2. Aufl. 1996; *Emmerich/Sonnenschein* § 13 VI 3 (S. 196); *E. Groß,* Informations- und Auskunftsrecht des Aktionärs, AG 1997, 97; *Grunewald/Winter,* Die Verschmelzung von Kapitalgesellschaften, in Lutter (Hrsg.), Kölner Umwandlungsrechtstage: Verschmelzung, Spaltung, Formwechsel, 1995, S. 19; *Heckschen,* Verschmelzung von Kapitalgesellschaften, 1989; *ders.,* Fusion von Kapitalgesellschaften im Spiegel der Rechtsprechung, WM 1990, 377; *Hommelhoff,* Minderheitenschutz bei Umstrukturierungen, ZGR 1993, 452; *Hügel,* Verschmelzung und Einbringung, 1993; *Humbeck,* Die Prüfung der Unternehmensverträge nach neuem Recht, BB 1995, 1893; *Kallmeyer,* Umwandlungsgesetz, 1997; *Keil,* Der Verschmelzungsbericht nach § 340 a AktG, 1990, S. 51 ff.; *Lutter* Umwandlungsgesetz, 1997; *Mertens,* Die Gestaltung von Verschmelzungs- und Verschmelzungsprüfungsbericht, AG 1990, 20; *Th. Möller,* Der aktienrechtliche Verschmelzungsbeschluß, 1991, S. 119 ff.; *Nirk,* Der Verschmelzungsbericht nach § 340 a AktG, Festschrift Steindorff, 1990, S. 187; *Priester,* Strukturänderungen – Beschlußvorbereitung und Beschlußfassung, ZGR 1990, 420; *J. Rodewald,* Zur Ausgestaltung von Verschmelzungs- und Verschmelzungsprüfungsbericht, BB 1992, 237; *Sagasser/Bula* Umwandlungen, 1995, Tz. G 63 ff.; *Vossel,* Auskunftsrecht im Konzern, 1996; *H. P. Westermann,* Die Zweckmäßigkeit der Verschmelzung als Gegenstand der Verschmelzungsberichts, der Aktionärsentscheidung und der Anfechtungsklage, Festschrift Semler, 1993, S. 651; *ders./Biesinger,* Die AG im Streit mit ihren Aktionären, DWiR 1992, 13.

Übersicht

	Rdn.		Rdn.
I. Überblick	1–3	2. Begründung des Vertrags	14, 15
II. Zweck	4–6	3. Art und Höhe des Ausgleichs und der Abfindung	16–18
III. Anwendungsbereich	7–9	4. Hinweispflicht	19, 20
1. AG und KGaA	7	V. Schranken	21–23
2. GmbH	8, 9	VI. Verzicht	24
IV. Inhalt des Berichts	10–20	VII. Rechtsfolgen	25, 26
1. Form, Verpflichteter	11–13		

I. Überblick

Durch § 293 a ist mit Wirkung vom 1. Januar 1995 ab (u. Rdnr. 3) nach dem Vorbild des Verschmelzungsberichts ein Unternehmensvertragsbericht eingeführt worden. Die Vorschrift steht in unmittelbarem Zusammenhang mit den gleichzeitig in Kraft getretenen §§ 293 b bis 293 g, nach denen zusätzlich noch eine Vertragsprüfung durch Wirtschaftsprüfer stattfindet (§§ 293 b Abs. 1, § 293 d Abs. 1 S. 1 iVm. § 319 HGB). Die Prüfer haben über das Ergebnis ihrer Prüfung ebenfalls schriftlich zu berichten (§ 293 e). Beide Berichte werden sodann, um die Information der Aktionäre zu verbessern, von der Einberufung der Hauptversammlung an, die über die Zustimmung zu einem Unternehmensvertrag zu beschließen hat, in den Geschäftsräumen der beteiligten Aktiengesellschaften sowie anschließend in der Hauptversammlung selbst ausgelegt (§§ 293 f Abs. 1 Nr. 3, 293 g Abs. 1). Jeder Aktionär kann eine Abschrift (§ 293 f Abs. 2) und zusätzliche Auskünfte verlangen (§ 293 g Abs. 3). 1

Vorbild der gesetzlichen Regelung sind die Vorschriften der §§ 8 bis 12 UmwG von 1994, die an die Stelle der früheren §§ 340 a bis 340 d AktG getreten sind. Die zuletzt genannten Vorschriften beruhten ihrerseits auf dem Gesetz vom 25. Oktober 1982,[1] durch das die Verschmelzungsrichtlinie vom 9. Oktober 1978[2] in deutsches Recht umgesetzt worden war. § 293 a geht damit letztlich auf Art. 9 dieser Richtlinie sowie auf § 340 a zurück und entspricht weitgehend dem heutigen § 8 UmwG. Eine vergleichbare Regelung findet sich noch für die Eingliederung in den §§ 319 Abs. 3 Nr. 3 sowie 320 Abs. 1 S. 3 und Abs. 3. 2

Die neuen Vorschriften sind am 1. Januar 1995 in Kraft getreten (Art. 20 UmwBerG). Sie sind seitdem auf alle neuen Abschlüsse von Unternehmensverträgen anwendbar. Umstritten ist hingegen, ob sie auch für Beschlüsse gelten, durch die nach dem 31. Dezember 1994 frühere anfechtbare Beschlüsse nach § 244 bestätigt werden.[3] Zweifelhaft war die Rechtslage außerdem hinsichtlich solcher Unternehmensverträge, die bis zum 31.12.1994 abgeschlossen, aber noch nicht wirksam geworden waren, weil das Gesetz insoweit keine Übergangsvorschriften enthält. Überwiegend wurde entsprechend § 318 UmwG angenommen, daß auf solche Altverträge das neue Recht noch nicht anzuwenden war.[4] Die Frage dürfte sich mittlerweile durch Zeitablauf erledigt haben. Unanwendbar sind die neuen Bestimmungen jedenfalls auf solche Unternehmensverträge, die bereits vor dem 1. Januar 1995 durch Eintragung im Handelsregister wirksam geworden sind (§ 294). 3

II. Zweck

Durch die §§ 293 a ff. werden die aus dem Umwandlungsrecht bekannten Rechtsinstitute des Verschmelzungsberichts und der Verschmelzungsprüfung auf die Unternehmensverträge der §§ 291 *und* 292 übertragen. Die Gesetzesverfasser haben dies damit gerechtfertigt, Unternehmensverträge und Verschmelzung seien im wesentlichen austauschbare rechtliche Instrumente; auch die Folgen beider Vorgänge bei den Aktionären ähnelten einander weitgehend, so daß in beiden Fällen dieselben Schutzmaßnahmen für die Aktionäre geboten seien; aus diesem Grund müsse die Information der Aktionäre vor und in der Hauptversammlung nach dem Vorbild des Verschmelzungsrechts verbessert werden.[5] Daraus folgt, daß mit der Einführung eines besonderen Unternehmensvertragsberichts der Zweck verfolgt wird, die Aktionäre durch rechtzeitige umfassende Information vor der Hauptversammlung zu schützen. Dazu sollen ihnen die maßgeblichen Vorgänge transparent ge- 4

---

[1] BGBl. 1982 I, S. 1425.
[2] ABl.EG 1978 Nr. L 295/38 = *Lutter* UmwG S. 2351.
[3] Verneinend OLG München AG 1997, 516, 518 f. „Rieter/SSI" gegen LG Ingolstadt AG 1997, 273.
[4] S. *Hüffer* Rdnr. 6; *Bungert* DB 1995, 1384, 1385; *Humbeck* BB 1995, 1893, 1895; dagegen aber LG Ingolstadt (Fn. 3).
[5] Begründung, BT-Dr. 12(1994)/6699 S. 178 (l. Sp.).

macht werden, so daß sie in der Lage sind, in der Hauptversammlung von ihrem Fragerecht (§ 293 g Abs. 3) sinnvoll Gebrauch zu machen und anschließend in Kenntnis aller relevanten Umstände sachgerecht über die Billigung des von dem Vorstand vorgeschlagenen Unternehmensvertrags zu entscheiden.[6] Dadurch soll zugleich nach Möglichkeit das spätere Spruchstellenverfahren (§ 306) entlastet werden.[7]

5 Die geschilderten Überlegungen der Gesetzesverfasser (o. Rdnr. 4) erscheinen gleich aus mehreren Gründen angreifbar.[8] Der wichtigste Grund ist, daß die von ihnen gezogene Parallele zur Verschmelzung allenfalls für die Eingliederung und für den Beherrschungsvertrag, von Fall zu Fall vielleicht auch noch für den Gewinnabführungsvertrag, auf keinen Fall aber für die anderen Unternehmensverträge des § 292 zutrifft, die, und zwar gerade nach der gesetzliche Konzeption, nichts anderes als normale schuldrechtliche Austauschverträge sind, so daß sie auf keinen Fall mit einer Verschmelzung auf eine Stufe gestellt werden können, jedenfalls, wenn sie zwischen voneinander unabhängigen Unternehmen abgeschlossen werden. Insoweit schießt die Regelung der §§ 293 a ff. daher deutlich über ihr Ziel hinaus.

6 Außerdem ist fraglich, ob der umfassende Schutz der Aktionäre, der mit den §§ 293 a ff. bezweckt wird, wirklich erforderlich ist, wenn man bedenkt, daß in der Mehrzahl der Fälle der Zustimmungsbeschluß jedenfalls der abhängigen Gesellschaft (§ 293 Abs. 1) infolge des Stimmrechts des anderen Vertragsteils einen bloßen Formalakt darstellt,[9] auf dessen Ausgang der Umfang der vorherigen Information der Aktionäre von vornherein keinen Einfluß haben kann. Anders mag es sich allenfalls einmal bei der Zustimmung der Aktionäre der Obergesellschaft nach § 293 Abs. 2 sowie bei den anderen Unternehmensverträgen verhalten, sofern die letzteren tatsächlich zwischen voneinander unabhängigen Gesellschaften abgeschlossen werden (§ 293 Abs. 1). Insgesamt muß jedoch der praktische Wert der Neuregelung für den Aktionärsschutz durchaus kritisch betrachtet werden.

III. Anwendungsbereich

7 **1. AG und KGaA.** Bei der AG und der KGaA richtet sich gemäß § 293 a Abs. 1 S. 1 der Anwendungsbereich der Berichtspflicht nach dem § 293: *Soweit* nach dieser Vorschrift ein Unternehmensvertrag der Zustimmung der Hauptversammlung mit qualifizierter Mehrheit bedarf, ist auch vom Vorstand ein Unternehmensvertragsbericht zu erstatten. Dies bedeutet, daß bei den Unternehmensverträgen des § 291 Abs. 1 (Beherrschungs-, Gewinnabführungs- und Geschäftsführungsvertrag) die Vorstände *beider* Vertragsparteien berichtspflichtig sind (§ 293 Abs. 1 und 2), während bei den anderen Unternehmensverträgen des § 292 die Berichtspflicht nur die Vorstände derjenigen Gesellschaften trifft, die jeweils die vertragstypischen Leistungen erbringen.[10] Der Wortlaut des Gesetzes ist insoweit eindeutig, so daß nicht etwa die anderen Unternehmensverträge mit Rücksicht auf den wesentlich engeren Zweck des Gesetzes (o. Rdnr. 4) von der Berichtspflicht ausgenommen werden können.[11] Voraussetzung ist aber in jedem Fall, daß es sich um eine deutsche Gesellschaft handelt.[12] Bei Vertragsänderungen ist außerdem noch § 295 Abs. 1 S. 2 zu beachten.

8 **2. GmbH.** Die Frage der entsprechenden Anwendbarkeit der §§ 293 a ff. auf die GmbH ist noch nicht geklärt.[13] Soweit es um eine *abhängige* GmbH geht, sprechen jedoch die besse-

---

[6] Vgl. für den Verschmelzungsbericht grdlg. BGHZ 107, 296, 302 f. = LM AktG § 340 a Nr. 1 = NJW 1989, 2689 = AG 1989, 399 „Koch's Adler/Dürrkopp"; BGH LM AktG § 340 a Nr. 2 = NJW-RR 1990, 350 = AG 1990, 259, 260 „DAT/Altana"; LG Frankenthal AG 1990, 549 f.; *Dehmer* UmwG § 8 Rdnr. 4; *Grunewald* in Geßler/Hefermehl § 340 a Rdnr. 2; *Lutter* UmwG § 8 Rdnr. 5; *Marsch-Barner* in Kallmeyer UmwG § 8 Rdnr. 1; *Mertens* AG 1990, 20, 22.

[7] LG Ingolstadt AG 1997, 273; s. u. § 293 b Rdnr. 2.
[8] Ebenso *Hüffer* Rdnr. 2 bis 4; *Bungert* DB 1995, 1384, 1385 f.
[9] S. im einzelnen o. § 293 Rdnr. 30.
[10] S. im einzelnen o. § 293 Rdnr. 5 ff.
[11] Anders zu Unrecht *Bungert* DB 1995, 1384, 1386.
[12] S. o. § 293 Rdnr. 5 ff.; *Bungert* DB 1995, 1384, 1385.
[13] S. *Emmerich/Sonnenschein* § 25 I 2 m. Nachw.

ren Gründe wohl gegen eine Analogie zu den §§ 293a ff.,[14] da nach zutreffender herrschender Meinung der Abschluß eines Unternehmensvertrags mit einer abhängigen GmbH abweichend von § 293 ohnehin der Zustimmung *aller* Gesellschafter bedarf, so daß fraglich ist, ob daneben weitergehende Schutzmaßnahmen überhaupt noch erforderlich sind. Das gilt dann wohl auch, wenn der andere Vertragsteil die Rechtsform einer AG hat.[15]

Anders ist die Rechtslage möglicherweise zu beurteilen, wenn sich die GmbH in der Rolle des **anderen** Vertragsteils gegenüber einer AG oder KGaA befindet.[16] Da hier die §§ 293a ff. schon unmittelbar für die AG oder KGaA als abhängige Gesellschaft gelten, sollten sie auch zusätzlich auf die herrschende GmbH angewandt werden. Wie die Rechtslage schließlich in reinen GmbH-Konzernen zu beurteilen ist, läßt sich im Augenblick noch nicht absehen. Dasselbe gilt für den Fall der Beteiligung von Gesellschaften anderer Rechtsformen an Unternehmensverträgen.

IV. Inhalt des Berichts

Nach § 293a Abs. 1, der insoweit weitgehend mit § 8 Abs. 1 S. 1 UmwG übereinstimmt, ist der Bericht vom Vorstand der beteiligten Gesellschaften in schriftlicher Form zu erstatten. Der Bericht muß außerdem ausführlich sein und den Abschluß des Unternehmensvertrages, den Vertrag selbst im einzelnen und insbesondere Art und Höhe des Ausgleichs und der Abfindung rechtlich und wirtschaftlich erläutern und begründen (s. auch schon Art. 9 der Verschmelzungsrichtlinie sowie § 340a von 1982).

1. Form, Verpflichteter. Die Berichtspflicht trifft nach § 293a Abs. 1 S. 1 den Vorstand jeder an dem Unternehmensvertrag beteiligten AG, und zwar in seiner Gesamtheit, so daß jedes Vorstandsmitglied durch Unterzeichnung des Berichts mitwirken muß (u. Rdnr. 13); Vertretung ist ausgeschlossen. Weigert sich ein Vorstandsmitglied, den Bericht zu unterschreiben, so bleibt nur seine Abberufung nach § 84 Abs. 3 S. 1 durch den Aufsichtsrat.[17] Bei der KGaA treten nach § 278 Abs. 2 an die Stelle des (gar nicht vorhandenen Vorstands) die persönlich haftenden Gesellschafter (§§ 278 Abs. 2, 283).

Sind beide Gesellschaften berichtspflichtig, so können die Vorstände nach § 293a Abs. 1 S. 1 Halbs. 2 den Bericht auch **gemeinsam** erstatten. Im Ergebnis genügt dann ein einziger Bericht, der jedoch von sämtlichen Vorstandsmitgliedern beider Vertragsparteien unterzeichnet werden muß. Handelt es sich schließlich um eine Gewinngemeinschaft, so ist ein Bericht von allen beteiligten AG oder KGaA erforderlich (§§ 292 Abs. 1 Nr. 1, 293 Abs. 1, 293a Abs. 1 S. 1).

Der Bericht muß **schriftlich** erstattet werden (§ 293a Abs. 1 S. 1 Halbs. 1). Das Gesetz nimmt damit auf § 126 BGB Bezug, so daß der Bericht von sämtlichen Vorstandsmitgliedern zu unterzeichnen ist (o. Rdnr. 11 f.). Fehlt es hieran, so muß es so angesehen werden, als sei kein Bericht erstattet worden (§ 125 BGB). Eine Eintragung des Vertrags im Handelsregister scheidet dann aus (§ 294; s. im übrigen u. Rdnr. 25 f.).

2. Begründung des Vertrags. In dem Bericht sind zunächst ausführlich der Abschluß des Unternehmensvertrages sowie der Vertrag selbst rechtlich und wirtschaftlich zu erläutern und zu begründen (ebenso für die Verschmelzung § 8 Abs. 1 S. 1 Halbs. 1 UmwG im Anschluß an den früheren § 340a). Dies bedeutet mit Rücksicht auf den Zweck der Regelung (o. Rdnr. 4), daß im einzelnen die rechtlichen und wirtschaftlichen *Gründe* zu diskutieren sind, die aus der Sicht des Vorstands bei Anwendung der Sorgfalt eines ordentlichen und gewissenhaften Geschäftsleiters (§ 93 Abs. 1 S. 1) *für und gegen* den Abschluß des Vertrages sprechen. Dazu gehört auch die Erörterung möglicher Alternativen, wobei vor allem an

---

[14] *Emmerich/Sonnenschein* (Fn. 13); *Hüffer* Rdnr. 5; *Roth/Altmeppen* GmbHG § 13 Anhang Rdnr. 42; *Zöllner* in Baumbach/Hueck GmbHG Schlußanhang I Rdnr. 43; anders zB *Humbeck* BB 1995, 1893 f.; *Rowedder/Koppensteiner* GmbHG § 52 Anh. Rdnr. 46a, 47a.

[15] *Bungert* DB 1995, 1449, 1452 f.

[16] Ebenso *Bungert* DB 1995, 1449, 1454 f.; *Hüffer* Rdnr. 5; *Humbeck* BB 1995, 1893, 1894.

[17] S. *Bungert* DB 1995, 1384, 1388; *Bermel* UmwG § 8 Rdnr. 5; *Grunewald* in Geßler/Hefermehl § 340a Rdnr. 18; *Hüffer* Rdnr. 8.

andere Unternehmensverträge zu denken ist, sowie die Darstellung der vermutlichen Auswirkungen des Vertrags auf die Aktionäre.[18] Außerdem hat der Vorstand anzugeben, auf wessen Initiative der Vertragsabschluß zurückgeht, namentlich, ob ihm ein Verlangen der Hauptversammlung nach § 83 Abs. 1 S. 2 zugrunde liegt.[19]

15 Außerdem muß der **Vertrag** selbst im einzelnen rechtlich und wirtschaftlich erläutert und begründet werden. Dafür genügt nicht die bloße Wiederholung des Wortlauts des ohnehin ausliegenden Vertrags (§ 293 f Abs. 1 Nr. 1 und § 293 g Abs. 1); vielmehr ist zusätzlich die rechtliche und wirtschaftliche Tragweite der einzelnen Vertragsbestimmungen in einer für die Aktionäre verständlichen Weise zu erläutern. Einen Teil dieser Erläuterung bildet die genaue Bezeichnung des Vertragstyps, etwa als Beherrschungsvertrag oder als Teilgewinnabführungsvertrag, sowie der Hinweis auf besondere und ungewöhnliche Regelungen, aus denen sich für die Aktionäre möglicherweise unerwartete Konsequenzen ergeben können; ein Beispiel sind zusätzliche Beendigungsgründe mit ihren oft bedenklichen Konsequenzen.[20] Dies alles muß schließlich *„ausführlich"* geschehen, dh. ins einzelne gehend und aus sich heraus verständlich, ohne daß die Aktionäre gezwungen wären, von ihrem Auskunftsrecht Gebrauch zu machen (§ 293 g Abs. 3), um den Sinn der Ausführungen des Vorstands überhaupt erfassen zu können.

16 **3. Art und Höhe des Ausgleichs und der Abfindung.** Als letzten (und wichtigsten) Punkt des Berichts nennt § 293 a Abs. 1 S. 1 Halbs. 1 die rechtliche und wirtschaftliche Erläuterung und Begründung von Art und Höhe des Ausgleichs nach § 304 und der Abfindung nach § 305. Bedeutung hat dies naturgemäß allein für Beherrschungs- und Gewinnabführungsverträge (§§ 291, 304 und 305). § 293 a Abs. 1 folgt auch insoweit seinen Vorbildern in § 340 a und in § 8 UmwG.

17 In der Praxis zu § 340 a und zu § 8 UmwG[21] ist mittlerweile anerkannt, daß sich die Erläuterung von Art und Höhe des Ausgleichs und der Abfindung nicht, wie früher weithin üblich, auf die bloße verbale Darstellung der angewandten Bewertungsgrundsätze beschränken darf.[22] Aus dem Zweck der jeweiligen Regelung, nach Möglichkeit ein späteres Spruchstellenverfahren zu vermeiden (o. Rdnr. 4), folgt vielmehr, daß der Bericht durch die Mitteilung von Tatsachen und Zahlen so weit konkretisiert werden muß, daß den Aktionären bereits vor der Hauptversammlung selbst die Prüfung möglich wird, ob Art und Höhe von Ausgleich und Abfindung sachlich gerechtfertigt erscheinen, damit sie die in dem Unternehmensvertrag vorgesehene Regelung nachvollziehen können (o. Rdnr. 4). Wird, wie heute allgemein üblich, der Bewertung der beteiligten Unternehmen die Ertragswertmethode zugrunde gelegt,[23] so müssen folglich im einzelnen für jede danach bewertete Gesellschaft folgende Punkte angegeben und begründet werden: die Erträge der der Berechnung zugrundegelegten, vorausgegangenen Jahre (s. § 293 f Abs. 1 Nr. 2), die Be-

---

[18] S. im einzelnen die Begründung zu § 8 UmwG (Fn. 5) S. 83 f.; *W. Bayer* AG 1988, 323, 327; *Bermel* UmwG § 8 Rdnr. 14; *Bungert* DB 1995, 1384, 1387; *Dehmer* UmwG § 8 Rdnr. 11; *Grunewald* in Geßler/ Hefermehl § 340 a Rdnr. 6 ff.; *Lutter* UmwG § 8 Rdnr. 15 ff.; *Marsch-Barner* in Kallmeyer, UmwG, § 8 Rdnr. 6 ff.; *Mertens* AG 1990, 22, 25; *H.P. Westermann,* Festschrift Semler, S. 651, 654 ff. m. Nachw. zum Streitstand; *Grunewald/Winter* Verschmelzung S. 19, 27 ff.

[19] S. o. § 293 Rdnr. 16; *Mertens* (Fn. 18).

[20] *Bungert* DB 1995, 1384, 1388; *Dehmer* UmwG § 8 Rdnr. 12 f.; *Hüffer* Rdnr. 13.

[21] S. im einzelnen BGHZ 107, 296, 302 f. = NJW 1989, 2689 = LM AktG § 340 a Nr. 1 = AG 1989, 399 („Koch's Adler/Dürrkopp" (Vorinstanz OLG Hamm AG 1989, 31 = WM 1988, 1164); BGH LM AktG § 340 a Nr. 2 = NJW-RR 1990, 350 = AG 1990, 259, 260 f. „DAT/Altana" (Vorinstanz OLG Köln AG 1989, 101); LM AktG § 340 a Nr. 3 = NJW-RR 1991, 358 = AG 1991, 102 f. „SEN" (Vorinstanz OLG Karlsruhe AG 1990, 35); LG Frankenthal AG 1990, 549 f. „Hypothekenbank-Schwestern"; *Bayer* AG 1988, 323, 327 ff.; *Bungert* DB 1995, 1384, 1387 f.; *Bermel* UmwG § 8 Rdnr. 17 ff.; *Dehmer* UmwG § 8 Rdnr. 10, 15 ff.; *Grunewald* in Geßler/Hefermehl § 340 a Rdnr. 10 ff.; *Heckschen* WM 1990, 377, 382 f.; *Hüffer* Rdnr. 15; *Hügel* Verschmelzung S. 148 ff.; *Keil* Verschmelzungsbericht S. 51 ff.; *Lutter* UmwG § 8 Rdnr. 20 ff.; *Marsch-Barner* in Kallmeyer, UmwG, § 8 Rdnr. 10 ff.; *Mertens* AG 1990, 22 ff.; *Möller* Verschmelzungsbeschluß S. 119 ff.; *Sagasser/Bula* Umwandlungen Tz. G 65 ff.; *H.P. Westermann/Bissinger* DWiR 1992, 13, 14 f.; *Grunewald/Winter* Verschmelzung S. 19, 29 f.

[22] So zB noch *Nirk*, Festschrift Steindorff, S. 187 ff.

[23] S. im einzelnen u. § 305 Rdnr. 37 ff.; *Emmerich/Sonnenschein* § 17 a IV und V.

reinigung dieser Erträge um Sondereinflüsse, weiter die der Bewertung zugrundegelegten Zukunftsperspektiven, Prognosen und Planzahlen, soweit nicht im Einzelfall § 293 a Abs. 2 eingreift, außerdem der Kapitalisierungszinsfuß einschließlich der angenommenen Zu- und Abschläge sowie schließlich die Bewertung des nicht betriebsnotwendigen Vermögens und die dabei angewandten Maßstäbe und Methoden. Weicht der ermittelte Unternehmenswert vom Börsenwert ab, so ist eine besonders ausführliche Begründung erforderlich, namentlich, wenn der Wert hinter dem Börsenwert zurückbleibt.

Auf der anderen Seite folgt aber auch aus der gleichzeitigen Einführung einer Vertragsprüfung durch § 293 b, daß die Angaben nicht so detailliert sein müssen, daß den Aktionären auf ihrer Grundlage eine eigene Bewertung möglich wäre; diese nachzuprüfen, ist vielmehr Aufgabe der Vertragsprüfer (s. § 293 e). Aber die Angaben müssen doch so ausführlich und ins einzelne gehend sein, daß sie einem Sachkundigen insgesamt zumindest eine **Plausibilitätsprüfung** ermöglichen.[24] Die Folge kann natürlich sein, daß der Bericht sehr umfangreich wird, wie die Praxis zu § 340a und zu § 8 UmwG bestätigt. Handelt es sich hingegen um einen der anderen Unternehmensverträge des § 292, so kann der Bericht in der Regel wohl wesentlich kürzer ausfallen.

4. Hinweispflicht. Nach § 293 a Abs. 1 S. 2 ist in dem Bericht außerdem noch auf besondere *Schwierigkeiten bei der Bewertung* der vertragsschließenden Unternehmen hinzuweisen (ebenso Art. 9 Abs. 2 der Verschmelzungsrichtlinie, § 340a S. 2 und § 8 Abs. 1 S. 2 UmwG). Gemeint ist damit die Fülle der Probleme, die sich in vielen Branchen bei der Anwendung namentlich der Ertragswertmethode wegen der Unsicherheit von Prognosen ergeben. Auf diese Probleme ist daher im einzelnen hinzuweisen unter Angabe der jeweils gewählten Lösung.[25] *Beispiele* für derartige Bewertungsprobleme sind ein plötzlicher, unerwarteter Ertragseinbruch bei einem der beteiligten Unternehmen, dessen Folgen noch nicht abzuschätzen sind,[26] eine besondere Unsicherheit hinsichtlich der Entwicklung der betreffenden Branche und des konkreten Unternehmens, weiter die oft unklare Abgrenzung des nichtbetriebsnotwendigen Vermögens sowie schließlich die besonders kritisch zu betrachtenden Zu- und Abschläge auf den Kapitalisierungszinsfuß.[27]

In dem Bericht ist zuletzt noch gesondert auf die *Folgen* des Unternehmensvertrages *für die Beteiligungen* der Aktionäre hinzuweisen. Das Gesetz folgt auch insoweit dem Vorbild des § 8 Abs. 1 S. 2 UmwG, obwohl gerade in diesem Punkt die Verhältnisse bei einer Verschmelzung grundverschieden von denen bei dem bloßen Abschluß eines Unternehmensvertrages sind.[28] Als Beispiele kommen hier neben den schon in § 293 a Abs. 1 S. 1 Halbs. 1 erwähnten Punkten Art und Höhe von Abfindung und Ausgleich insbesondere noch die Verlustübernahmepflicht des herrschenden Unternehmens aufgrund des § 302 sowie dessen Weisungsrecht nach § 308 in Betracht.

V. Schranken

Nach § 293 a Abs. 2 S. 1 brauchen im Anschluß an § 8 Abs. 2 S. 1 UmwG in den Bericht solche Tatsachen nicht aufgenommen zu werden, deren Bekanntwerden geeignet ist, einer der Vertragsparteien oder einem Unternehmen, das mit einer Partei verbunden ist, einen nicht unerheblichen Nachteil zuzufügen. Jedoch müssen in diesem Fall in dem Bericht im einzelnen die Gründe dargelegt werden, aus denen die Tatsachen nicht aufgenommen worden sind (§ 293 a Abs. 2 S. 2, vgl. § 8 Abs. 2 S. 2 UmwG).

Das Gesetz folgt mit der in § 293 a Abs. 2 getroffenen Regelung der Praxis zu dem früheren § 340a, die bereits durchweg von der entsprechenden Anwendbarkeit des **§ 131 Abs. 3 Nr. 1** auf den Verschmelzungsbericht ausgegangen war, so daß von Anfang an in diesem

---

[24] Ebenso zB *Marsch-Barner* in Kallmeyer, UmwG, § 8 Rdnr. 6.
[25] *Grunewald* in Geßler/Hefermehl § 340a Rdnr. 14; *Hüffer* Rdnr. 16; *Kraft* in Kölner Kommentar § 340a Rdnr. 18; *Lutter* UmwG § 8 Rdnr. 28.
[26] So BGH LM AktG § 340a Nr. 3 = NJW-RR 1991, 358 = AG 1991, 102, 103.
[27] Zahlreiche weitere Beispiele s.u. § 305 Rdnr. 37 ff.
[28] S. *Hüffer* Rdnr. 17.

keine Tatsachen genannt werden mußten, deren Offenlegung nach vernünftiger kaufmännischer Beurteilung geeignet erscheint, der Gesellschaft oder einem mit ihr verbundenen Unternehmen einen nicht unerheblichen Nachteil zuzufügen; Voraussetzung war aber auch nach dieser Praxis die Angabe konkreter Gründe für die Unterlassung bestimmter Angaben, während ein pauschaler Hinweis auf die Schädlichkeit der Publizität in keinem Fall ausreicht.[29] *Beispiele* für derartige gegebenenfalls geheimhaltungsbedürftige Tatsachen sind die steuerlichen Wertansätze und die Höhe der einzelnen Steuern (§ 131 Abs. 3 Nr. 2), stille Reserven (§ 131 Abs. 3 Nr. 3), die bevorstehende Erteilung wertvoller Schutzrechte, der Zugang zu besonders günstigen Bezugsquellen, die Investitionspläne sowie solche Planzahlen, aus denen Konkurrenten Rückschlüsse auf die Strategie des Unternehmens und die von ihm vorgesehenen Investitionen ziehen können.[30]

23   Die berichtspflichtige Vertragspartei kann sich nicht pauschal auf ein generelles Geheimhaltungsinteresse berufen, sondern muß nach dem Vorbild der Praxis zu § 340a[31] gemäß § 293 a Abs. 2 S. 2 in dem Bericht im einzelnen die *Gründe* darlegen, aus denen die fraglichen Tatsachen nicht aufgenommen worden sind. Gemeint sind damit die konkreten Umstände, aus denen sich schlüssig ergibt, warum die Offenlegung bestimmter Tatsachen nach vernünftiger kaufmännischer Beurteilung geeignet erscheint, einem der Vertragsbeteiligten oder einem mit diesen verbundenen Unternehmen einen nicht unerheblichen Schaden zuzufügen. Dazu ist erforderlich, daß die durch die Berufung auf § 293 a Abs. 2 entstandene *Lücke* in dem Bericht als solche gekennzeichnet wird und daß, natürlich ohne Offenlegung der fraglichen Tatsachen selbst, konkrete Tatsachen genannt werden, die es *plausibel* erscheinen lassen, daß zB die Geheimhaltung von Planzahlen geboten ist. Dies muß außerdem bereits in dem Bericht selbst geschehen (§ 293 a Abs. 2 S. 2); eine spätere Nachholung in der Hauptversammlung genügt nicht.[32] Diese Anforderungen sind ernst zu nehmen und lassen daher eine Berufung auf § 293 a Abs. 2 nur in sachlich begründeten Ausnahmefällen zu, wenn anders der Bericht seine Funktion (o. Rdnr. 4) überhaupt erfüllen soll.

VI. Verzicht

24   Der Bericht ist nach § 293 a Abs. 3 (in Übereinstimmung mit § 8 Abs. 3 UmwG) nicht erforderlich, wenn sämtliche Anteilsinhaber aller an dem Unternehmensvertrag beteiligten Unternehmen auf seine Erstattung durch öffentlich beglaubigte Erklärung verzichten. Es muß folglich von jedem in Betracht kommenden Aktionär eine Erklärung in dieser Form vorliegen, so daß selbst ein einstimmiger Beschluß der Hauptversammlungen der beteiligten Gesellschaften nicht genügt.[33] Praktisch bedeutet dies, daß ein Verzicht nur bei 100%igen Tochtergesellschaften in Betracht kommen wird.[34]

VII. Rechtsfolgen

25   Wenn der durch § 293 a vorgeschriebene Unternehmensvertragsbericht bei der nach § 293 erforderlichen Zustimmung der Hauptversammlung zu einem Unternehmensvertrag fehlt oder unvollständig ist, beruht der Zustimmungsbeschluß auf einer Gesetzesverletzung, so daß er nach § 243 Abs. 1 anfechtbar ist. Voraussetzung ist zwar Kausalität zwischen dem Berichtsmangel und dem Zustimmungsbeschluß (s. § 243 Abs. 4); die Kausalität

---

[29] Grdlg. BGHZ 107, 296, 305 f. = NJW 1989, 2689 „Koch's Adler/Dürrkopp"; BGH LM AktG § 340a Nr. 2 = NJW-RR 1990, 350 = AG 1990, 259, 261 „DAT/Altana"; *W. Bayer* AG 1988, 323, 329 f.; *Grunewald* in Geßler/Hefermehl § 340a Rdnr. 3 f.; *Lutter* UmwG § 8 Rdnr. 42; *Marsch-Barner* in Kallmeyer, UmwG, § 8 Rdnr. 30 f.
[30] *Bermel* UmwG § 8 Rdnr. 38; *Dehmer* UmwG § 8 Rdnr. 24 f.; *Hügel* Verschmelzung S. 149 f.; *Marsch-Barner* (Fn. 29); *Mertens* AG 1990, 22, 27 f.
[31] BGHZ 107, 296, 306 = NJW 1989, 2689 = AG 1989, 399; BGH LM AktG § 340a Nr. 2 = NJW-RR 1990, 350 = AG 1990, 259, 261; insbes. LM AktG § 340a Nr. 3 = NJW-RR 1991, 358 = AG 1991, 102, 103 „SEN".
[32] S. u. Rdnr. 26; ebenso ausdrücklich BGH LM AktG § 340a Nr. 3 = NJW-RR 1991, 358 = AG 1991, 102, 103 „SEN"; *Bungert* UmwG § 8 Rdnr. 40; *Bungert* DB 1995, 1384, 1389; *Hüffer* Rdnr. 20.
[33] *Hüffer* Rdnr. 21.
[34] *Bungert* DB 1995, 1384, 1388.

wird jedoch von der Praxis in aller Regel ohne weiteres bejaht, da ein objektiv urteilender Aktionär bei Kenntnis der Unvollständigkeit des Berichts einem Unternehmensvertrag grundsätzlich nicht zustimmen wird.[35] Ausnahmen sind freilich denkbar.[36]

Die Anfechtung zieht hier *keine Registersperre* nach sich, so daß sich die Frage der Eintragungsfähigkeit des Vertrages trotz Anfechtung des Zustimmungsbeschlusses nach § 127 FGG beurteilt.[37] Nicht möglich ist hingegen eine *Heilung* der Mängel des Berichts durch Nachholung der entsprechenden Angaben in der Hauptversammlung.[38] Dies folgt aus der einfachen Überlegung, daß der vollständige Bericht die Aktionäre überhaupt erst befähigen soll, in der Hauptversammlung sachkundige Fragen zu stellen (§ 293 g Abs. 3).

§ 293 b Prüfung des Unternehmensvertrags

(1) **Der Unternehmensvertrag ist für jede vertragsschließende Aktiengesellschaft oder Kommanditgesellschaft auf Aktien durch einen oder mehrere sachverständige Prüfer (Vertragsprüfer) zu prüfen, es sei denn, daß sich alle Aktien der abhängigen Gesellschaft in der Hand des herrschenden Unternehmens befinden.**

(2) **§ 293 a Abs. 3 ist entsprechend anzuwenden.**

Schrifttum: S. o. bei § 293 a sowie *Kl. Bitzer,* Probleme der Prüfung des Umtauschverhältnisses bei aktienrechtlichen Verschmelzungen, 1987; *H. Dirrigl,* Die Angemessenheit des Umtauschverhältnisses bei einer Verschmelzung als Problem der Verschmelzungsprüfung und der gerichtlichen Prüfung, Wpg 1989, 413, 454; *ders.,* Neue Rechtsprechung zur Verschmelzung und die Verschmelzungsprüfung, Wpg 1989, 617; *Emmerich/Sonnenschein* § 13 VI 4 (S. 196 f.); *Hoffmann-Becking,* Das neue Verschmelzungsrecht in der Praxis, Festschrift Fleck, 1988, S. 105; *H. Meyer zu Lösebeck,* Zur Verschmelzungsprüfung, Wpg 1989, 499; *J.-P. Schmitz,* Die Verschmelzungsprüfung gemäß § 340 b AktG, 1987; *Kl. Zimmermann,* Verschmelzungsprüfung bei der GmbH-Verschmelzung, Festschrift Brandner, 1996, S. 167.

Übersicht

	Rdnr.		Rdnr.
I. Überblick	1	3. Ausnahme	7
II. Zweck	2–4	4. Verzicht	8
III. Anwendungsbereich	5–8	IV. Gegenstand der Prüfung	9, 10
1. Wie bei § 293 a	5	V. Inhalt der Prüfung	11–14
2. Alle Unternehmensverträge	6	VI. Rechtsfolgen	15, 16

I. Überblick

§ 293 b beruht ebenso wie § 293 a auf dem Umwandlungsrechtbereinigungsgesetz von 1994. Er wurde erstmals im Jahre 1998 durch das Gesetz zur Kontrolle und Transparenz im Unternehmensbereich (KonTraG) geändert, und zwar durch Einfügung der Worte „einen oder mehrere" in Abs. 1.[1] Die Vorschrift führt für Unternehmensverträge im Sinne der §§ 291 und 292 erstmals eine Prüfung durch sachverständige Prüfer, sogenannte Vertragsprüfer ein, wofür nach § 293 d Abs. 1 (iVm. § 319 HGB) grundsätzlich nur Wirtschaftsprüfer in Betracht kommen. Die Prüfung muß für jede an einem Unternehmens-

---

[35] So BGHZ 107, 296, 307 f. = NJW 1989, 2689 = AG 1989, 399; BGH LM AktG § 340 a Nr. 2 = NJW-RR 1990, 350 = AG 1990, 259, 262; LM AktG § 340 a Nr. 3 = NJW-RR 1991, 358 = AG 1991, 102, 103 f.; *W. Baier* AG 1988, 323, 330; *Dehmer* UmwG § 8 Rdnr. 31 f.; *Grunewald* in Geßler/Hefermehl § 340 a Rdnr. 21; *Lutter* UmwG § 8 Rdnr. 51; *Marsch-Barner* in Kallmeyer, UmwG, § 8 Rdnr. 33 ff.

[36] S. LG Frankenthal AG 1990, 549, 550.

[37] *Bungert* DB 1995, 1449, 1455; s. schon o. Rdnr. 13.

[38] S. o. Rdnr. 23; *Bermel* UmwG § 8 Rdnr. 40; *Grunewald* in Geßler/Hefermehl § 340 a Rdnr. 22; *Heckschen* WM 1990, 377, 383; *Lutter* UmwG § 8 Rdnr. 52; *Marsch-Barner* in Kallmeyer, UmwG, § 8 Rdnr. 35; anders zB *W. Baier* AG 1988, 322, 330; *Mertens* AG 1990, 22, 29.

[1] BGBl. 1998 I, S. 786, 788.

vertrag beteiligte AG oder KG durchgeführt werden (§ 293 Abs. 1); bestellt werden die Prüfer jedoch allein durch den Vorstand der abhängigen Gesellschaft oder auf dessen Antrag vom Gericht (§ 293c Abs. 1 S. 1). Die Vertragsprüfer besitzen umfassende Einsichts- und Auskunftsrechte (§ 293d Abs. 1 S. 1 und 2 iVm. § 320 Abs. 1 S. 2 und Abs. 2 S. 1 HGB). Nach Abschluß ihrer Prüfung müssen sie einen Prüfungsbericht aufstellen, in dem sie insbesondere zu der Angemessenheit der Vorschläge des Vorstands für Ausgleich und Abfindung Stellung zu nehmen haben (§ 293e S. 2 und 3). Dieser Bericht wird den Aktionären zugänglich gemacht und zu diesem Zweck von der Einberufung der Hauptversammlung an in den Geschäftsräumen jeder beteiligten Gesellschaft sowie während der Hauptversammlung zur Einsicht der Aktionäre ausgelegt (§§ 293f Abs. 1 Nr. 3, 293g Abs. 1). Eine vergleichbare Regelung findet sich für die Eingliederung durch Mehrheitsbeschluß in § 320 Abs. 3, der ausdrücklich auf § 293a Abs. 3 und auf die §§ 293c bis 293e Bezug nimmt.

II. Zweck

2   Vorbild der neuen Vorschriften über die Vertragsprüfung (§§ 293b – 293e) sind die Bestimmungen über die 1982 aufgrund von Art. 10 der Verschmelzungsrichtlinie von 1978 eingeführte Verschmelzungsprüfung. Einschlägig war zunächst § 340b AktG, an dessen Stelle seit 1995 namentlich die §§ 9 bis 12, 30, 48 und 60 UmwG getreten sind. Zweck aller dieser Vorschriften war und ist ausschließlich der Schutz der Aktionäre gegen eine Beeinträchtigung ihrer Rechte (s. § 293e S. 2 und 3 sowie die §§ 12 Abs. 2 und 30 Abs. 2 S. 1 UmwG). Hierdurch soll zugleich das gerichtliche Spruchstellenverfahren nach § 306 entlastet werden.[2]

3   Die Unternehmensvertragsprüfung nach den §§ 293b bis 293e tritt als Schutzinstrument für die Aktionäre *neben* den Unternehmensvertragsbericht nach § 293a. Beide Rechtsinstitute ergänzen sich zu diesem Zweck, wobei die Prüfung des Vertrags den Aktionären vor allem die Gewähr dafür geben soll, daß die Vorschläge des Vorstands für Ausgleich und Abfindung angemessen sind.[3] Deshalb ist es nicht angängig, mit Rücksicht auf die Vertragsprüfung (§ 293b) die Berichtspflicht des Vorstandes aufgrund des § 293a einzuschränken.[4]

4   Die Verschmelzungsprüfung erstreckt sich nach den §§ 9, 12, 48 und 60 UmwG auf zwei Punkte, einmal darauf, ob der Verschmelzungsvertrag vollständig ist und ob die in ihm enthaltenen Angaben richtig sind, zum anderen auf das vorgeschlagene Umtauschverhältnis.[5] Diese doppelte Prüfung macht im Anwendungsbereich des UmwG Sinn, weil sich in dessen § 5 ein umfangreicher Katalog von Angaben findet, die der Verschmelzungsvertrag in jedem Fall enthalten muß.[6] Hingegen kennt das AktG im Gegensatz zum UmwG (§ 5) nur marginale Vorschriften über den Inhalt von Unternehmensverträgen (s. §§ 291 Abs. 1, 292 Abs. 1, 304 Abs. 3 S. 1 und 308), deren Einhaltung von Wirtschaftsprüfern im Rahmen der Vertragsprüfung kontrolliert werden könnte. Als eigentlicher Gegenstand der Prüfung bleibt daher hier nur die *Angemessenheit der Vorschläge* des Vorstandes für die Höhe von Abfindung und Ausgleich (§ 293e S. 2 und 3). Abfindung und Ausgleich werden freilich nur bei Abschluß eines Beherrschungs- oder Gewinnabführungsvertrages geschuldet (§§ 291, 304 und 305). Bei den anderen Unternehmensverträgen des § 292 gibt es dagegen weder einen gesetzlich vorgeschriebenen Mindestinhalt des Vertrags, noch kommen hier Ausgleichs- und Abfindungsregelungen in Betracht, so daß unklar ist, worauf sich bei

---

[2] S. die Begründung zu dem RegE des § 293b, BT-Dr. 12/6699, S. 178; *Hüffer* Rdnr. 1.
[3] Grdlg. BGHZ 107, 296, 303 = LM AktG § 340a Nr. 1 = NJW 1989, 2689 = AG 1989, 399 „Koch's Adler/Dürrkopp"; BGH LM AktG § 340a Nr. 2 = NJW-RR 1990, 350 = AG 1990, 259, 260 „DAT/Altana".
[4] BGH (Fn. 3).
[5] BGH (Fn. 3).
[6] S. im einzelnen die Stellungnahme des Instituts der Wirtschaftsprüfer (IdW), Wpg 1989, 43 und dazu zB *Dirrigl* Wpg 1989, 413, 454; *ders.* Wpg 1989, 617; *Meyer zu Lösebeck* Wpg 1989, 499.

ihnen eigentlich die Vertragsprüfung durch unabhängige sachverständige Prüfer beziehen soll.⁷ In der Praxis wird sich daher bei ihnen die „Prüfung" im Regelfall auf einige Angaben zu den Vertragsformalien beschränken können.

III. Anwendungsbereich

1. Wie bei § 293 a. Nach § 293 b Abs. 1 ist der Unternehmensvertrag grundsätzlich für jede vertragsschließende AG oder KGaA zu prüfen. Eine Beschränkung der Prüfungspflicht entsprechend § 293 a Abs. 1 S. 1 auf die Fälle, in denen nach § 293 Abs. 1 und 2 eine Zustimmung der Hauptversammlung erforderlich ist, enthält das Gesetz seinem Wortlaut nach nicht. Gleichwohl wird man daraus nicht der Schluß ziehen dürfen, daß im Gegensatz zum Vertragsbericht die Vertragsprüfung auch in solchen Fällen stattzufinden habe, in denen gar keine Zustimmung der Hauptversammlung erforderlich ist, also namentlich bei Beteiligung einer AG oder KG an einem der anderen Unternehmensverträge des § 292 Abs. 1 in der Rolle des anderen Vertragsteils, dh. desjenigen, der nicht die vertragstypischen Leistungen erbringt. In dieselbe Richtung weist der Sinnzusammenhang der §§ 293 b bis 293 e, da der Prüfungsbericht (§ 293 e) ebenso wie dessen Auslage von der Einberufung der Hauptversammlung an sowie in der Hauptversammlung (§§ 293 f, 293 g) offenkundig nur Sinn machen, wenn die Hauptversammlung überhaupt über den Unternehmensvertrag zu beschließen hat. Der Anwendungsbereich des § 293 b entspricht folglich im Ergebnis dem des § 293 a.⁸ Auch für die Frage der entsprechenden Anwendbarkeit des § 293 b auf Gesellschaften mbH werden deshalb dieselben Erwägungen wie bei § 293 a maßgebend sein.⁹ Zu beachten ist schließlich noch § 295 Abs. 1 S. 2, der heute die Unternehmensvertragsprüfung auch auf Änderungen solcher Verträge erstreckt.¹⁰

2. Alle Unternehmensverträge. § 293 b Abs. 1 spricht schlechthin von Unternehmensverträgen. Die Vorschrift gilt daher gleichermaßen für die Unternehmensverträge des § 291 wie für die des § 292. Obwohl eine Prüfung der anderen Unternehmensverträge des § 292 wenig Sinn macht (o. Rdnr. 4), ist es angesichts des eindeutigen Wortlauts des Gesetzes nicht angängig, diese Verträge aus dem Anwendungsbereich der Vertragsprüfung auszuklammern.¹¹

3. Ausnahme. Die Prüfungspflicht entfällt nach § 293 b Abs. 1 Halbs. 2 (entsprechend § 9 Abs. 2 UmwG), wenn sich sämtliche Aktien der abhängigen Gesellschaft in der Hand des herrschenden Unternehmens befinden. Da bei derartigen 100%-igen Tochtergesellschaften ein Schutz außenstehender Aktionäre nicht in Betracht kommt, so daß weder Ausgleich noch Abfindung erforderlich sind (s. §§ 304 Abs. 1 S. 3, 305 und 307), besteht auch keine Notwendigkeit zur Vertragsprüfung. Zu beachten ist, daß das Gesetz hier nicht auf § 16 Abs. 4 Bezug nimmt, so daß eine Zurechnung von Anteilen *nicht* stattfindet; die Ausnahme greift vielmehr nur ein, wenn sämtliche Anteile der abhängigen Gesellschaft dem herrschenden Unternehmen unmittelbar selbst gehören.¹² In Fällen eines Gemeinschaftsunternehmens ist jedoch eine entsprechende Anwendung der Ausnahmevorschrift geboten, wenn alle Anteile des Gemeinschaftsunternehmens den gemeinsam herrschenden Müttern gehören.¹³

4. Verzicht. Nach § 293 b Abs. 2 ist § 293 a Abs. 3 entsprechend anzuwenden, so daß die Vertragsprüfung entbehrlich ist, wenn sämtliche Anteilsinhaber der beteiligten Unternehmen auf die Vertragsprüfung durch öffentlich beglaubigte Erklärung verzichten.¹⁴ Dieser Fall dürfte ausgesprochen selten sein, da 100%-ige Tochtergesellschaften durch § 293 Abs. 1 Halbs. 2 ohnehin bereits vom Anwendungsbereich der Vertragsprüfung ausgeklammert sind (o. Rdnr. 7).

---

⁷ S. u. Rdnr. 6; *Hüffer* Rdnr. 5 f.; *Bungert* DB 1995, 1384, 1391.
⁸ S. deshalb im einzelnen o. § 293 a Rdnr. 4 ff.
⁹ S. o. § 293 a Rdnr. 8 f.; *Humbeck* BB 1995, 1893 f.
¹⁰ Wegen der Einzelheiten s. u. § 295 Rdnr. 21.

¹¹ Anders *Bungert* DB 1995, 1384, 1381.
¹² *Bungert* DB 1995, 1384, 1392; *Humbeck* BB 1995, 1893, 1895.
¹³ *Bungert* DB 1995, 1884, 1391.
¹⁴ S. im einzelnen o. § 293 a Rdnr. 24.

IV. Gegenstand der Prüfung

9 Gegenstand der Prüfung ist nach § 293 b Abs. 1 Halbs. 1 (nur) der Unternehmensvertrag. Das Gesetz folgt auch insoweit den Vorbildern des früheren § 340 b Abs. 1 und des jetzigen § 9 Abs. 1 UmwG, nach denen gleichfalls Prüfungsgegenstand allein der Verschmelzungsvertrag ist. Mit Rücksicht auf diesen Wortlaut des Gesetzes ist umstritten, ob sich die Prüfung tatsächlich auf den jeweiligen Vertrag oder Vertragsentwurf zu beschränken hat[15] oder ob sie sich darüber hinaus auch auf den Vertragsbericht nach § 293 a (bzw. nach § 8 UmwG und früher § 340 a) beziehen muß, während nach einer vermittelnden Meinung die Vertragsprüfer jedenfalls verpflichtet sein sollen, den Vertragsbericht ergänzend zu berücksichtigen und dabei insoweit auf seine Richtigkeit zu überprüfen, wie dies für ihre Prüfung erforderlich ist.[16]

10 Der Wortlaut des Gesetzes (§ 293 b Abs. 1) spricht zwar auf den ersten Blick für eine Beschränkung der Prüfung auf den Unternehmensvertrag. Der Zweck des Gesetzes (o. Rdnr. 2 f.) zwingt indessen doch wohl zu einer Erweiterung des Prüfungsgegenstandes auf den Vertragsbericht, weil nur dann der vom Gesetz beabsichtigte, umfassende Schutz der Aktionäre möglich erscheint, dies um so mehr, als sich die Prüfung hier ohnehin im wesentlichen auf die Prüfung der Angemessenheit von Abfindung und Ausgleich beschränkten dürfte (s. o. Rdnr. 4, u. Rdnr. 12 f.), die ohne zumindest ergänzende Prüfung des Berichts gar nicht vorstellbar ist.[17] Dies entspricht auch der jüngsten Rechtsprechung.[18]

V. Inhalt der Prüfung

11 Die Verschmelzungsprüfung, die als Vorbild für die Vertragsprüfung gedient hat, erstreckt sich einmal auf die Angemessenheit des Umtauschverhältnisses (§ 12 Abs. 2 UmwG) und gegebenenfalls der Abfindung (§ 30 Abs. 2 S. 1 UmwG), zum anderen auf die Vollständigkeit des Vertrages sowie die Richtigkeit der in ihm enthaltenen Angaben.[19] Dies wird jedoch allgemein nur im Sinen einer *Rechtmäßigkeitskontrolle*, nicht im Sinne einer Zweckmäßigkeitskontrolle verstanden, so daß die Verschmelzungsprüfer den Verschmelzungsvertrag allein auf seine Vollständigkeit nach § 5 UmwG und auf die Richtigkeit der danach erforderlichen Angaben zu überprüfen haben, während die wirtschaftliche Zweckmäßigkeit der Verschmelzung kein Prüfungsgegenstand ist.[20] Hinsichtlich der Einzelheiten folgt die Praxis dabei durchweg einem Vorschlag des Instituts der Wirtschaftsprüfer (IdW).[21]

12 Mangels abweichender gesetzlicher Vorgaben wird der Inhalt der Prüfung des Unternehmensvertrags bei § 293 b allgemein ebenso wie im Umwandlungsrecht (o. Rdnr. 11) definiert.[22] Tatsächlich bereitet jedoch die Übertragung der im Umwandlungsrecht entwickelten Grundsätze auf die neue Unternehmensvertragsprüfung nach § 293 b nicht unerhebliche Schwierigkeiten, vor allem, weil hier eine mit § 5 UmwG vergleichbare Regelung fehlt. Man wird deshalb zu unterscheiden haben: Bereits die Vorschrift des § 293 e S. 2 und 3 über den Inhalt des Prüfungsberichts zeigt, daß hier nicht anders als im Um-

---

[15] So die wohl überwiegende Meinung: *Dehmer* UmwG § 9 Rdnr. 1, 4; *Grunewald* in Geßler/Hefermehl § 340 b Rdnr. 10; *Humbeck* BB 1995, 1893, 1896; *Lutter* UmwG § 9 Rdnr. 12; *Mertens* AG 1990, 20, 31; *Meyer zu Lösebeck* Wpg 1989, 499; *Th. Möller* Verschmelzungsbeschluß S. 138; *Müller* in Kallmeyer, UmwG, § 9 Rdnr. 10; *Sagasser/Bula* Umwandlungen Tz. G 78; *Grunewald/Winter* Verschmelzung S. 19, 35.

[16] S. *Bungert* DB 1995, 1384, 1390; *Hoffmann-Becking*, Festschrift Fleck, S. 105, 122; *Zimmermann*, Festschrift Brandner, S. 167, 181; dagegen *Lutter* UmwG § 9 Rdnr. 13.

[17] *Dirrigl* Wpg 1989, 413, 417; 1989, 617 f.; *Hüffer* Rdnr. 3; *Kraft* in Kölner Kommentar § 340 b Rdnr. 7.

[18] Wie hier für die Eingliederung LG Berlin AG 1996, 230, 232 f. „Brau und Brunnen".

[19] BGHZ 107, 296, 303 = LM AktG § 340 a Nr. 1 = NJW 1989, 2689 = AG 1989, 399.

[20] *W. Bayer* AG 1988, 323, 328; *R. Becker* AG 1988, 223, 225; *Bitzer* Probleme S. 30 ff.; *Dehmer* UmwG § 9 Rdnr. 5; *Grunewald* in Geßler/Hefermehl § 340 b Rdnr. 10; *Hügel* Verschmelzung S. 151 f.; *Kraft* in Kölner Kommentar § 340 b Rdnr. 7; *Lutter* UmwG § 9 Rdnr. 12; *Grunewald/Winter* Verschmelzung S. 19, 35.

[21] IdW Wpg 1989, 44.

[22] *Bungert* DB 1995, 1384, 1390; *Hüffer* Rdnr. 4; *Humbeck* BB 1995, 1893, 1896.

wandlungsrecht die Prüfung der *Angemessenheit* des Vorschlags für die Höhe und die Art von Ausgleich und Abfindung den Schwerpunkt der Tätigkeit der Vertragsprüfer zu bilden hat, zumal insoweit der umfassende Schutz der Aktionäre auch am dringendsten ist und nur so die gewünschte Entlastung des Spruchstellenverfahrens (o. Rdnr. 2) erreicht werden kann. Anders als im Spruchstellenverfahren nach § 306 sind die Vertragsprüfer freilich nicht verpflichtet, die dazu erforderliche Bewertung der Unternehmen der Vertragsparteien erneut selbständig durchzuführen; § 293 e Abs. 1 S. 3 zeigt vielmehr, daß sie sich darauf beschränken können, die dem Vorschlag für Art und Höhe des Ausgleichs und der Abfindung zugrundeliegende Bewertung der Unternehmen einschließlich der verwandten Bewertungsgutachten auf ihre *Plausibilität* zu überprüfen.

Folglich müssen die Prüfer allein der Frage nachgehen, ob die zur Unternehmensbewertung herangezogenen Methoden vertretbar sind und ob sie richtig angewandt wurden, so daß sich die Ergebnisse im Rahmen des danach jeweils Vertretbaren halten, wozu freilich auch die Überprüfung des zugrundeliegenden Zahlenmaterials, zumindest stichprobenartig, gehört. Nur so kann in der Tat eine willkürliche Benachteiligung der außenstehenden Aktionäre verhindert und das Spruchstellenverfahren entlastet werden.[23]   **13**

Unklar ist hingegen, in welcher Richtung bei Unternehmensverträgen, zumal bei den anderen Verträgen des § 292, eine Prüfung auf *Vollständigkeit und Richtigkeit* der in den Verträgen enthaltenen *Angaben*[24] möglich sein sollte, da dem Gesetz nur ganz wenige Vorgaben für einen Mindestinhalt von Unternehmensverträgen entnommen werden können, die als Maßstäbe für eine derartige Prüfung in Betracht kämen.[25] Man könnte hier zwar daran denken, den Vertragsprüfern statt dessen die Aufgabe zu übertragen, die Verträge auf ihre rechtliche Zulässigkeit zu überprüfen. Eine derartige Kontrolle ist indessen ausschließlich Aufgabe der Gerichte und nicht von Wirtschaftsprüfern (§ 293 d Abs. 1 iVm. § 319 HGB). So bleibt hier nur die Prüfung der Vertragsformalien, der richtigen Bezeichnung des Vertrags sowie der Aufnahme von Ausgleichs- und Abfindungsregelungen, soweit erforderlich (s. § 304 Abs. 3 S. 1). Eine weitergehende Vertragsprüfung ist schwerlich vorstellbar.   **14**

VI. Rechtsfolgen

Wenn die Vertragsprüfung entgegen § 293 b unterblieben ist oder wenn in dem Prüfungsbericht die Angemessenheit von Ausgleich und Abfindung nicht bestätigt wird, darf das Registergericht den Unternehmensvertrag nicht ins Handelsregister eintragen (§ 294; § 12 FGG).[26] Denn dann entspricht das Verfahren nicht den gesetzlichen Vorschriften, ein Mangel, den auch das Registergericht ohne weiteres feststellen kann.   **15**

In den genannten Fällen (o. Rdnr. 15) ist der Zustimmungsbeschluß nach § 243 Abs. 1 anfechtbar.[27] Wird die Klage noch vor Eintragung des Vertrags ins Handelsregister erhoben (§ 294), so hat das Registergericht nach § 127 FGG zu verfahren.   **16**

§ 293 c Bestellung der Vertragsprüfer

(1) Die Vertragsprüfer werden von dem Vorstand der abhängigen Gesellschaft oder auf dessen Antrag vom Gericht bestellt. Sie können für alle vertragsschließenden Unternehmen gemeinsam bestellt werden. Zuständig ist das Landgericht, in dessen Be-

---

[23] Ebenso bei Unterschieden im einzelnen *Bitzer*, Probleme der Prüfung, S. 33 ff.; *Grunewald* in Geßler/Hefermehl § 340 b Rdnr. 10 Abs. 2; *Humbeck* BB 1995, 1893, 1896 f.; *Hoffmann-Becking*, Festschrift Fleck, S. 105, 122; *Kraft* in Kölner Kommentar § 340 b Rdnr. 8 f.; *Lutter* UmwG § 9 Rdnr. 11 f.; *Müller* in Kallmeyer, UmwG, § 9 Rdnr. 22 ff.; *Schmitz* Verschmelzungsprüfung S. 191 ff.; *Grunewald/Winter* Verschmelzung S. 19, 35; weitergehend aber zB *Dirrigl* Wpg 1989, 413, 454; 1989, 617.
[24] So BGHZ 107, 296, 303 = NJW 1989, 2689.
[25] S. *Bungert* DB 1995, 1384, 1391; *Hüffer* Rdnr. 5 f.
[26] Zutreffend *Humbeck* BB 1995, 1893, 1898.
[27] LG Berlin AG 1996, 230, 232 f. „Brau & Brunnen"; *Humbeck* (Fn. 26)

zirk die abhängige Gesellschaft ihren Sitz hat. Ist bei dem Landgericht eine Kammer für Handelssachen gebildet, so entscheidet deren Vorsitzender an Stelle der Zivilkammer. Für den Ersatz von Auslagen und für die Vergütung der vom Gericht bestellten Prüfer gilt § 318 Abs. 5 des Handelsgesetzbuchs.

(2) Die Landesregierung kann die Entscheidung durch Rechtsverordnung für die Bezirke mehrerer Landgerichte einem der Landgerichte übertragen, wenn dies der Sicherung einer einheitlichen Rechtsprechung dient. Die Landesregierung kann die Ermächtigung auf die Landesjustizverwaltung übertragen.

Schrifttum: S. o. bei den §§ 293a und 293b sowie *Bungert*, Zuständigkeit des Landgerichts bei Bestellung des Verschmelzungsprüfers im neuen UmwG, BB 1995, 1399; *T. Schöne*, Das Aktienrecht als „Maß aller Dinge" im neuen Umwandlungsrecht?, GmbHR 1995, 325.

Übersicht

	Rdnr.		Rdnr.
1. Überblick	1	3. Bestellung durch das Gericht	7–11
2. Bestellung durch den Vorstand	2–5	a) Zuständigkeit	7, 8
a) Der abhängigen Gesellschaft	2	b) Für den anderen Vertragsteil	9
b) Zahl, Bestellung	3, 4	c) Vergütung	10
c) Vertretungsmacht?	5	d) Verfahrenskonzentration	11

1 **1. Überblick.** § 293c regelt die Bestellung der Vertragsprüfer im Sinne des § 293b. Vorbild der Regelung ist § 10 UmwG,[1] der seinerseits auf § 340b Abs. 2 AktG in der Fassung von 1982 zurückgeht. § 293c ist 1998 durch das Gesetz zur Kontrolle und Transparenz im Unternehmensbereich (KonTraG) in zwei weiteren Punkten dem § 10 UmwG angepaßt worden. Gleichwohl bleiben wichtige Unterschiede. Hervorzuheben ist vor allem, daß das Gesetz hier die Bestellung der Vertragsprüfer allein dem Vorstand der „abhängigen Gesellschaft" (neben dem Gericht) überträgt, während nach § 10 Abs. 1 UmwG die Verschmelzungsprüfer von den Vertretungsorganen *aller* an dem Verschmelzungsvorgang beteiligten Rechtsträger bestellt werden. § 293c gilt entsprechend bei der Eingliederungsprüfung (§ 320 Abs. 3 S. 3).

2 **2. Bestellung durch den Vorstand. a) Der abhängigen Gesellschaft.** Nach § 293c Abs. 1 S. 1 werden die Vertragsprüfer entweder von dem Vorstand (nur) der abhängigen Gesellschaft oder auf dessen Antrag vom Gericht bestellt. Mit der ungenauen Bezeichnung „abhängige Gesellschaft" meint das Gesetz hier offenkundig diejenige Gesellschaft, die jeweils die vertragstypischen Leistungen erbringt, im Falle eines Beherrschungs- oder Gewinnabführungsvertrages also in der Tat die abhängige Gesellschaft, bei einem Teilgewinnabführungsvertrag (§ 292 Abs. 1 Nr. 2) die zur Abführung des Gewinns verpflichtete (abhängige oder unabhängige) Gesellschaft sowie im Falle eines Betriebspacht- oder Betriebsüberlassungsvertrages die verpachtende oder überlassende Gesellschaft (§ 292 Abs. 1 Nr. 3),[2] während bei einer Gewinngemeinschaft wohl der Vorstand jeder beteiligten AG zuständig sein dürfte (§ 292 Abs. 1 Nr. 1). Die ungenaue Wortwahl des Gesetzes macht deutlich, daß die gesetzliche Regelung tatsächlich in erster Linie auf Beherrschungs- und Gewinnabführungsverträge zugeschnitten ist und daher nur mit Mühe auf die anderen Unternehmensverträge des § 292 übertragen werden kann.

3 **b) Zahl, Bestellung.** Die Zahl der vom Vorstand der abhängigen Gesellschaft (o. Rdnr. 2) bestellten Vertragsprüfers ist nicht vorgeschrieben, so daß der Vorstand nach seinem Ermessen einen oder mehrere Prüfer bestellen kann.[3] Dies ist 1998 durch eine entsprechende Ergänzung des § 293b Abs. 1 ausdrücklich klargestellt worden. Die Bestellung erfolgt durch Vertrag (§ 78). Bei diesem Vertrag handelt es sich um einen Geschäftsbesor-

---

[1] S. die Begründung zu dem RegE des § 293c, BT-Dr. 12 (1994)/6699, S. 178 (r.Sp.u.).
[2] Ebenso *Hüffer* Rdnr. 2.
[3] So schon die Begründung zu dem RegE des § 10 UmwG, BT-Dr. 12/6699, S. 85; ebenso zB *Dehmer* UmwG § 10 Rdnr. 4; *Lutter* UmwG § 10 Rdnr. 9.

gungsvertrag mit überwiegend werkvertraglichen Elementen, da die Hauptleistungspflicht der Vertragsprüfer die Erstattung eines Berichts über ihre Prüfung ist (§ 293 e; §§ 675, 631 BGB). In ihm wird auch die Vergütung der Vertragsprüfer geregelt; hilfsweise gilt § 632 BGB.

Soweit die gesetzliche Regelung entsprechend auf die *GmbH* anwendbar ist,[4] treten an die Stelle des Vorstands die Geschäftsführer der GmbH (§ 37 GmbHG). Sie haben dabei jedoch nicht dasselbe Auswahlermessen wie der Vorstand einer AG (§ 76), sondern bleiben hinsichtlich der Zahl und der Auswahl der Vertragsprüfer von den Weisungen der Gesellschafterversammlung abhängig.[5]

c) Vertretungsmacht? Die Besonderheit der gesetzlichen Regelung besteht darin, daß nach dem Gesetz (§ 293 c Abs. 1 S. 1) allein der Vorstand der „abhängigen" Gesellschaft (s.o. Rdnr. 2) für die Bestellung der Vertragsprüfer zuständig ist, und zwar, wie S. 2 des § 293 c Abs. 1 seit 1998 hinzufügt auch für alle vertragsschließenden Unternehmen gemeinsam. Damit scheidet eine Bestellung der Vertragsprüfer im Falle des Abschlusses eines Beherrschungs- oder Gewinnabführungsvertrages durch den Vorstand oder die Geschäftsführer des anderen Vertragsteils, zB einer herrschenden AG oder GmbH aus, obwohl in diesen Fällen auch eine Prüfungspflicht gegenüber der herrschenden Gesellschaft besteht.[6] Hieraus ergeben sich einige rechtliche Schwierigkeiten.

Zum Teil wird angenommen, die gesetzliche Regelung (§ 293 c Abs. 1 S. 1 und 2) bedeute, daß der Vorstand der abhängigen Gesellschaft insoweit kraft Gesetzes eine (beschränkte) Vertretungsmacht auch für den anderen Vertragsteil besitze, so daß er in der Lage sei, für den anderen Vertragsteil gleichfalls einen Vertrag mit einem Wirtschaftsprüfer (§ 293 d) über dessen Bestellung zum Vertragsprüfer abzuschließen.[7] Darauf deutet auch der 1998 in das Gesetz eingefügte neue S. 2 des § 293 c Abs. 1 hin, nach dem der oder die Prüfer für alle vertragsschließenden Unternehmen gemeinsam bestellt werden können. Folgt man dem, so wird man freilich dem vom Vorstand der abhängigen Gesellschaft für den anderen Vertragsteil bestellten Vertragsprüfer auch einen Vergütungsanspruch gegen den anderen Vertragsteil zubilligen müssen.[8]

3. Bestellung durch das Gericht. a) Zuständigkeit. Nach § 293 c Abs. 1 S. 1 können die Vertragsprüfer auf Antrag (nur) des Vorstandes der „abhängigen" Gesellschaft auch vom Gericht bestellt werden. Diese Möglichkeit, die in anderer Form bereits in § 340 b Abs. 2 S. 2 vorgesehen war, ist von den Gesetzesverfassern deshalb hierher übernommen worden, weil erfahrungsgemäß den gerichtlich bestellten Prüfern ein größeres Vertrauen entgegengebracht wird als solchen Prüfern, die von den Vertragsbeteiligten bestellt werden.[9] Die Gesetzesverfasser erhofften sich davon auch eine Entlastung des Spruchstellenverfahrens nach § 306. Aus demselben Grunde wurde die Zuständigkeit für die Bestellung ebenso wie im Falle des Spruchstellenverfahrens (§ 306 Abs. 1 S. 1) dem Landgericht übertragen, in dessen Bezirk die abhängige Gesellschaft ihren Sitz hat (§§ 5, 293 c Abs. 1 S. 3).

Durch die geschilderte Regelung (o. Rdnr. 7) wird erreicht, daß in dem ganzen Verfahren zur Überprüfung des Vertrages nach Möglichkeit dasselbe Gericht tätig wird, zunächst bei der Bestellung der Vertragsprüfer (§ 293 c Abs. 1 S. 3) und sodann im Spruchstellenverfahren (§ 306 Abs. 1 S. 1). Dies ändert jedoch nichts daran, daß das Gericht in beiden Fällen eine gänzlich unterschiedliche Aufgabe hat, so daß es im Spruchstellenverfahren nicht etwa einfach auf die von ihm bestellten Vertragsprüfer und deren Prüfungsbericht (§§ 293 c, 293 e) zurückgreifen kann, weil dann eine neue Bewertung der beteiligten Unternehmen durch andere Sachverständige nötig ist.[10] Das *Verfahren* des Gerichts richtet sich

---

[4] S.o. § 293 a Rdnr. 8 f.; § 293 b Rdnr. 5.
[5] *Lutter* UmwG § 10 Rdnr. 7; *T. Schöne* GmbHR 1995, 325, 335.
[6] S.o. § 293 b Rdnr. 5 f.
[7] *Hüffer* Rdnr. 2.
[8] Anders *Hüffer* (Rdnr. 2); vgl. auch für das Auskunfts- und Prüfungsrecht der Prüfer u. § 293 d Rdnr. 7.
[9] S. die Begründung zu dem RegE des § 10 UmwG, BT-Dr. 12/6699 S. 85.
[10] Ausführlich *Lutter* UmwG § 10 Rdnr. 12 ff.

§ 293 d   3. Buch. 1. Teil. 2. Abschn. Abschluß v. Unternehmensverträgen

nach dem FGG.[11] Besteht bei dem Landgericht eine Kammer für Handelssachen, so entscheidet deren Vorsitzender (§ 293 c Abs. 1 S. 4 idF von 1998).

9   **b) Für den anderen Vertragsteil.** Ebenso wie im Falle der Bestellung der Prüfer durch den Vorstand der abhängigen Gesellschaft stellte sich hier ursprünglich das Problem, ob auf dessen Antrag hin das Gericht auch einen Prüfer für den anderen Vertragsteil bestimmen kann, da § 293 c abweichend von § 10 Abs. 1 S. 2 zunächst nicht die Bestimmung enthielt, daß die Prüfer für mehrere oder alle beteiligten Rechtsträger gemeinsam bestellt werden können. Durch das KonTraG von 1998 ist jedoch, wie bereits erwähnt, § 293 c insoweit ebenfalls dem § 10 Abs. 1 S. 2 UmwG angepaßt worden, da S. 2 des § 293 c Abs. 1 jetzt ausdrücklich bestimmt, daß die Bestellung durch das Gericht auf Antrag des Vorstandes der abhängigen Gesellschaft auch für alle vertragsschließenden Gesellschafter gemeinsam erfolgen kann. Man wird dies dahin verstehen dürfen, daß der Vorstand der abhängigen Gesellschaft insoweit ebenfalls Vertretungsmacht für den anderen Vertragsteil besitzt, so daß er den Antrag auf gerichtliche Bestellung zugleich im Namen des anderen Vertragsteils stellen kann.

10 **c) Vergütung.** Gemäß § 293 c Abs. 1 S. 4 gilt für den Ersatz von Auslagen und für die Vergütung des oder der vom Gericht bestellten Prüfer § 318 Abs. 5 HGB entsprechend. Nach dieser Vorschrift haben die vom Gericht bestellten Prüfer Anspruch auf Ersatz angemessener (barer) Auslagen und auf Vergütung für ihre Tätigkeit (§ 318 Abs. 1 S. 5 HGB). Beides wird vom Gericht festgesetzt, gegen dessen Entscheidung die sofortige Beschwerde zulässig ist (§ 318 Abs. 5 S. 2 und 3 HGB). Die Entscheidung des Gerichts bildet einen Vollstreckungstitel (§ 318 Abs. 5 S. 5 HGB). Schuldner der Auslagen und Vergütung bleibt aber – trotz der gerichtlichen Festsetzung – die abhängige Gesellschaft.[12] Deshalb kann die abhängige Gesellschaft mit den gerichtlich bestellten Prüfern auch einen Vertrag über deren Vergütung abschließen, der dann den Vorrang vor der nur hilfsweise eingreifenden gerichtlichen Festsetzung hat.[13]

11 **d) Verfahrenskonzentration.** § 293 c Abs. 2 sieht die Möglichkeit der Verfahrenskonzentration bei einem Landgericht durch Verordnung der Landesregierung oder der Landesjustizverwaltung vor. Diese Regelung entspricht gleichfalls der für das Spruchstellenverfahren (s. § 306 Abs. 1 S. 2 iVm. § 132 Abs. 1 S. 3). Für die Konzentration der Verfahren bei einem Landgericht ist aber in beiden Fällen (§§ 293 c und 306) eine gesonderte Verordnung erforderlich. Die bloße Verordnung nach § 306 Abs. 1 S. 2 iVm. § 132 Abs. 1 S. 3 und 4 reicht nicht für den Fall des § 293 Abs. 2 aus.[14]

§ 293 d Auswahl, Stellung und Verantwortlichkeit der Vertragsprüfer

(1) Für die Auswahl und das Auskunftsrecht der Vertragsprüfer gelten § 319 Abs. 1 bis 3, § 320 Abs. 1 Satz 2 und Abs. 2 Satz 1 und 2 des Handelsgesetzbuchs entsprechend. Das Auskunftsrecht besteht gegenüber den vertragsschließenden Unternehmen und gegenüber einem Konzernunternehmen sowie einem abhängigen und einem herrschenden Unternehmen.

(2) Für die Verantwortlichkeit der Vertragsprüfer, ihrer Gehilfen und der bei der Prüfung mitwirkenden gesetzlichen Vertreter einer Prüfungsgesellschaft gilt § 323 des Handelsgesetzbuchs entsprechend. Die Verantwortlichkeit besteht gegenüber den vertragsschließenden Unternehmen und deren Anteilsinhabern.

Schrifttum: S. o. bei § 293 a.

[11] *Hüffer* Rdnr. 4; *Sagasser/Bula* Umwandlung Tz. G 76.
[12] Vgl. *Hüffer* Rdnr. 5 und § 142 Rdnr. 31.
[13] *Grunewald* in Geßler/Hefermehl § 340 b Rdnr. 6; *Dehmer* UmwG § 10 Rdnr. 8; *Lutter* UmwG § 10 Rdnr. 16.
[14] *Hüffer* Rdnr. 6; ebenso für einen vergleichbaren Fall BGH NJW-RR 1987, 1058 = AG 1987, 377.

Auswahl, Stellung und Verantwortlichkeit der Vertragsprüfer 1–7 § 293 d

Übersicht

	Rdnr.		Rdnr.
1. Überblick	1	3. Prüfungs- und Auskunftsrecht	6–8
2. Auswahl	2–5	a) Prüfungsrecht	7
a) Nur Wirtschaftsprüfer	3	b) Auskunftsrecht	8
b) Ausschluß	4	4. Verantwortlichkeit	9–11
c) Rechtsfolgen	5	a) Pflichten	10
		b) Haftung	11

1. Überblick. Die Vorschrift regelt, in erster Linie durch eine Verweisung auf die §§ 319, 320 und 323 HGB, die Auswahl der Vertragsprüfer, ihr Prüfungs- und Auskunftsrecht sowie ihre Verantwortlichkeit. Die Vorschrift entspricht im wesentlichen dem § 11 UmwG, der seinerseits auf § 340 b Abs. 3 und 5 AktG von 1982 zurückgeht. Ergänzend sind die Strafvorschriften der §§ 403 und 404 Abs. 1 S. 2 zu beachten. § 293 d gilt entsprechend bei der Eingliederungsprüfung (§ 320 Abs. 3 S. 3). Eine vergleichbare Regelung findet sich noch in den §§ 144 und 145 für die Sonderprüfung. 1

2. Auswahl. Die Auswahl der Vertragsprüfer richtet sich gemäß § 293 d Abs. 1 S. 1 nach § 319 Abs. 1 bis 3 HGB. Während § 319 Abs. 1 HGB bestimmt, wer Vertragsprüfer sein kann, ergeben sich die Ausschlußgründe aus § 319 Abs. 2 und 3 HGB. 2

a) Nur Wirtschaftsprüfer. Gemäß § 319 Abs. 1 S. 1 HGB kommen als Vertragsprüfer bei einer AG oder KGaA nur Wirtschaftsprüfer und Wirtschaftsprüfungsgesellschaften in Betracht. Dasselbe gilt für eine große GmbH, soweit auf sie § 293 b entsprechend anwendbar ist.[1] Bei einer kleinen oder mittelgroßen GmbH können hingegen auch vereidigte Buchprüfer und Buchprüfungsgesellschaften Vertragsprüfer sein (§§ 319 Abs. 1 S. 2 und 267 Abs. 2 HGB).[2] 3

b) Ausschluß. Die Ausschlußgründe richten sich nach § 319 Abs. 2 und 3 HGB (§ 293 d Abs. 1 S. 1). Sie greifen nach allgemeiner Meinung auch ein, wenn der Ausschlußgrund nur in bezug auf den *anderen* Vertragsteil besteht, der nicht Auftraggeber des betreffenden Prüfers ist, in erster Linie also, wenn der Grund bei einem Beherrschungs- oder Gewinnabführungsvertrag im Verhältnis zu dem herrschenden Unternehmen besteht und die Bestellung gemäß § 293 c Abs. 1 S. 1 von der abhängigen Gesellschaft ausgeht.[3] Zu beachten ist, daß die vorausgegangene Tätigkeit des Prüfers als Abschlußprüfer eines der Vertragsbeteiligten keinen Ausschlußgrund bildet. 4

c) Rechtsfolgen. § 319 Abs. 2 und 3 HGB ist ein gesetzliches Verbot, so daß die Bestellung eines hiernach ausgeschlossenen Prüfers *nichtig* ist (§ 134 BGB). Anders nur, wenn die Bestellung gemäß § 293 c Abs. 1 S. 1 durch das Gericht unter Verletzung des § 319 Abs. 2 oder 3 HGB erfolgt; in diesem Fall ist der Beschluß lediglich mit der Beschwerde anfechtbar.[4] 5

3. Prüfungs- und Auskunftsrecht. Das Prüfungs- und Auskunftsrecht der Vertragsprüfer richtet sich gemäß § 293 d Abs. 1 S. 1 nach § 320 Abs. 1 S. 2 und Abs. 2 S. 1 und 2 HGB. § 293 d Abs. 1 S. 2 fügt hinzu, daß (nur) das Auskunftsrecht gleichermaßen gegenüber den Vertragsparteien wie gegenüber einem Konzernunternehmen und einem abhängigen oder herrschenden Unternehmen eines der Vertragsteile besteht (vgl. auch für die Sonderprüfung § 145 Abs. 1 bis 3). 6

a) Prüfungsrecht. Nach § 320 Abs. 1 S. 2 HGB haben die Vertragsprüfer in erster Linie das Recht, die Bücher und Schriften ihres Auftraggebers sowie die Vermögensgegenstände und Schulden, namentlich die Kasse und die Bestände an Wertpapieren und Waren zu prüfen. Überwiegend wird angenommen, dieses Prüfungsrecht bestehe gegenüber allen 7

---

[1] S. dazu o. § 293 b Rdnr. 5.
[2] S. *Grunewald* in Geßler/Hefermehl § 340 b Rdnr. 7; *Dehmer* UmwG § 11 Rdnr. 3 bis 11; *Kraft* in Kölner Kommentar § 340 b Rdnr. 23; *Lutter* UmwG § 11 Rdnr. 5.
[3] *Hüffer* Rdnr. 3; *Lutter* UmwG § 11 Rdnr. 6.
[4] S. *Hüffer* Rdnr. 3 und § 143 Rdnr. 6.

Vertragsteilen, also nicht nur gegenüber der abhängigen Gesellschaft als Auftraggeber.[5] Dies ist hier in der Tat, obwohl es das Gesetz nicht ausdrücklich sagt, die notwendige Folge der eigenartigen Regelung des § 293c Abs.1 S.1, durch die das Bestellungsrecht allein der abhängigen Gesellschaft zugebilligt wurde. Wie schon ausgeführt,[6] macht diese Regelung nur Sinn, wenn man sie als (beschränkte) Einräumung einer gesetzlichen Vertretungsmacht der abhängigen Gesellschaft auch für den anderen Vertragsteil interpretiert, da das Prüfungsrecht der Vertragsprüfer andernfalls gar nicht durchsetzbar wäre.

8 **b) Auskunftsrecht.** Zur Durchführung ihrer Prüfungsaufgabe haben die Vertragsprüfer außerdem das Recht, von den gesetzlichen Vertretern, dh. von Vorstand und Aufsichtsrat alle Aufklärungen und Nachweise zu verlangen, die für eine sorgfältige Prüfung notwendig sind (§ 320 Abs.1 S.1 HGB). Dieses Auskunftsrecht besteht nach § 293d Abs.1 S.2 ausdrücklich gegenüber beiden Vertragsteilen sowie gegenüber solchen Unternehmen, die mit einem Vertragsteil im Sinne der §§ 17 und 18 verbunden sind. Sie alle sind mithin den Vertragsprüfern gegenüber auskunftspflichtig, soweit die Auskunft für eine sorgfältige Prüfung notwendig ist.

9 **4. Verantwortlichkeit.** Die Verantwortlichkeit der Vertragsprüfer, ihrer Gehilfen und der bei der Prüfung mitwirkenden gesetzlichen Vertreter einer Prüfungsgesellschaft richtet sich gemäß § 293d Abs.2 S.1 nach **§ 323 HGB;** aus S.2 des § 293d Abs.2 folgt außerdem, daß die Verantwortlichkeit gegenüber beiden Vertragsparteien **und** deren Anteilsinhabern, in erster Linie also gegenüber den Aktionären der abhängigen und der herrschenden Gesellschaft besteht. Ergänzend sind die Strafvorschriften der §§ 403 und 404 Abs.2 zu beachten. Eine vergleichbare Regelung für die Sonderprüfung enthält § 144. Die Regelung gilt entsprechend bei der Eingliederungsprüfung nach § 320 Abs.3 S.3.

10 **a) Pflichten.** Aus § 323 Abs.1 S.1 und 2 HGB ergibt sich zunächst, daß die Vertragsprüfer zur gewissenhaften und unparteiischen Prüfung sowie zur Verschwiegenheit verpflichtet sind; sie dürfen außerdem nicht unbefugt Geschäfts- und Betriebsgeheimnisse verwerten, die sie bei ihrer Tätigkeit erfahren haben. Bedeutung hat das natürlich vor allem für die den Vertragsprüfern in voller Unabhängigkeit obliegende sachgerechte Prüfung der Angemessenheit von Ausgleich und Abfindung im Falle des Abschlusses eines Beherrschungs- oder Gewinnabführungsvertrages.[7]

11 **b) Haftung.** Verletzen die Vertragsprüfer schuldhaft (§ 276 BGB) die genannten Pflichten (o. Rdnr.10), so sind sie den Vertragsparteien und deren Anteilsinhabern, in erster Linie also den Aktionären der abhängigen Gesellschaft, schadensersatzpflichtig (§ 323 Abs.1 S.3 HGB iVm. § 293d Abs.2 S.2). Diese Regelung ist zwingendes Recht (§ 323 Abs.4 HGB); jedoch ist im Falle bloßer Fahrlässigkeit die Haftung summenmäßig beschränkt (§ 323 Abs.2 HGB). Praktische Bedeutung dürfte vor allem die Haftung der Vertragsprüfer gegenüber den Aktionären der abhängigen Gesellschaft erlangen, wenn sie schuldhaft ihre Pflichten bei der Prüfung der Angemessenheit von Ausgleich und Abfindung verletzen (o. Rdnr.10) und diese infolgedessen zum Nachteil der Aktionäre zu niedrig festgesetzt werden.[8] Abweichend von § 323 Abs.3 S.3 HGB besteht jedoch keine Ersatzpflicht gegenüber mit den Vertragsparteien verbundenen Unternehmen.[9]

§ 293e Prüfungsbericht

(1) Die Vertragsprüfer haben über das Ergebnis der Prüfung schriftlich zu berichten. Der Prüfungsbericht ist mit einer Erklärung darüber abzuschließen, ob der vor-

---

[5] *Dehmer* UmwG § 11 Rdnr.6; *Grunewald* in Geßler/Hefermehl § 340b Rdnr.9; dagegen *Lutter* UmwG § 11 Rdnr.8.
[6] S.o. § 293c Rdnr.5.
[7] S.o. § 293b Rdnr.12f.
[8] *Hüffer* Rdnr.5.
[9] Kritisch dazu *Lutter* UmwG § 11 Rdnr.10.

geschlagene Ausgleich oder die vorgeschlagene Abfindung angemessen ist. Dabei ist anzugeben,
1. nach welchen Methoden Ausgleich und Abfindung ermittelt worden sind;
2. aus welchen Gründen die Anwendung dieser Methoden angemessen ist;
3. welcher Ausgleich oder welche Abfindung sich bei der Anwendung verschiedener Methoden, sofern mehrere angewandt worden sind, jeweils ergeben würde; zugleich ist dazulegen, welches Gewicht den verschiedenen Methoden bei der Bestimmung des vorgeschlagenen Ausgleichs oder der vorgeschlagenen Abfindung und der ihnen zugrunde liegenden Werte beigemessen worden ist und welche besonderen Schwierigkeiten bei der Bewertung der vertragsschließenden Unternehmen aufgetreten sind.

(2) § 293a Abs. 2 und 3 ist entsprechend anzuwenden.

Schrifttum: S. o. bei §§ 293a und 293c.

Übersicht

	Rdnr.		Rdnr.
I. Überblick	1–3	b) Nr. 2	12
II. Zweck	4	c) Nr. 3	13–16
III. Inhalt	5–20	4. Zusätzliche Angaben?	17–19
1. Allgemeines	5–7	5. Vollständigkeit und Richtigkeit der in dem Unternehmensvertrag enthaltenen Angaben?	20
2. Form	8, 9		
3. Bericht über die Bewertungsmethoden (§ 293e Abs. 1 S. 3)	10–16	**IV. Ausnahmen, Schranken**	21–23
a) Nr. 1	10, 11	**V. Rechtsfolgen**	24, 25

I. Überblick

§ 293e Abs. 1 regelt den Mindestinhalt des Prüfungsberichtes, in dem die Vertragsprüfer (s. § 293c und § 293d) über das Ergebnis ihrer durch § 293b vorgeschriebenen Prüfung des Unternehmensvertrages zu berichten haben. Dieser Bericht wird den Aktionären von der Einberufung der Hauptversammlung an zugänglich gemacht, die über den Unternehmensvertrag entscheiden soll (s. § 293f Abs. 1 Nr. 3 und § 293g Abs. 1), damit sie sich unter anderem auf seiner Grundlage selbst ein Urteil über den Unternehmensvertrag bilden können.[1] Die Vorschrift ist entsprechend anwendbar auf die Eingliederungsprüfung (§ 320 Abs. 3 S. 3).

Schranken für die Berichtspflicht ergeben sich aus den nach § 293e Abs. 2 entsprechend anwendbaren Abs. 2 und 3 des § 293a. Die Pflicht zur Aufstellung eines schriftlichen Prüfungsberichts entfällt hiernach ganz, wenn sämtliche Anteilsinhaber aller beteiligten Unternehmen auf seine Erstattung durch öffentlich beglaubigte Erklärung verzichten (§ 293a Abs. 3 iVm. § 293e Abs. 2). Außerdem brauchen in den Bericht nicht solche Tatsachen aufgenommen zu werden, deren Bekanntwerden geeignet ist, einem der vertragsschließenden Unternehmen oder einem mit diesem verbundenen Unternehmen einen nicht unerheblichen Nachteil zuzufügen (§ 293a Abs. 2 S. 1 iVm. § 293e Abs. 2; s. u. Rdnr. 21 ff.).

Die Vorschrift des § 293e entspricht dem § 12 UmwG von 1994, der seinerseits auf § 340b Abs. 4 AktG von 1982 zurückgeht, mit dem der Gesetzgeber Art. 10 der Verschmelzungsrichtlinie von 1978 in deutsches Recht umgesetzt hatte. Wie der Wortlaut des Art. 293e Abs. 1 zeigt, der sich nahezu ausschließlich mit der Berichtspflicht über die Angemessenheit von Ausgleich und Abfindung im Sinne der §§ 304 und 305 beschäftigt, ist die Vorschrift im Grunde allein auf **Beherrschungs- und Gewinnabführungsverträge** im Sin-

---
[1] S. schon o. § 293b Rdnr. 1.

ne des § 291 zugeschnitten, da nur bei diesen eine Pflicht zur Leistung von Ausgleich und Abfindung besteht. Ihre Übertragung auf die anderen Unternehmensverträge des § 292 bereitet daher Schwierigkeiten.

II. Zweck

4 Zweck der durch § 293 e in Anlehnung an § 12 UmwG eingeführten Berichtspflicht der Vertragsprüfer ist allein der Schutz der Aktionäre, namentlich gegen eine zu niedrige Festsetzung von Ausgleich und Abfindung unter Verstoß gegen die §§ 304 und 305 (o. Rdnr. 3), wodurch zugleich nach Möglichkeit das nachfolgende Spruchstellenverfahren (§ 306) entlastet werden soll.[2] Dem Prüfungsbericht der Vertragsprüfer kommt in diesem Zusammenhang vor allem die Aufgabe zu, den Aktionären eine sachgerechte Entscheidung über den Unternehmensvertrag nach § 293 zu ermöglichen (s. o. Rdnr. 1). In erster Linie hiernach ist auch der im einzelnen umstrittene Umfang der Berichtspflicht der Vertragsprüfer zu bemessen (u. Rdnr. 5 ff.).

III. Inhalt

5   **1. Allgemeines.** Das Gesetz enthält in § 293 e Abs. 1 im Anschluß an § 12 UmwG und § 340 b Abs. 4 AktG von 1982 im wesentlichen drei Aussagen über den Inhalt des Prüfungsberichts. An der Spitze steht der Satz (§ 293 e Abs. 1 S.1), daß die Vertragsprüfer über das „Ergebnis der Prüfung" schriftlich zu berichten haben. Gemeint ist damit die Prüfung des Unternehmensvertrags nach § 293 b, die sorgfältig von einer durch das Gesetz seinem Wortlaut nach nicht verlangten zusätzlichen Prüfung des Vertragsberichts des Vorstands (§ 293 a) zu unterscheiden ist. Den (unstreitigen) Kern des Prüfungsberichts nach § 293 e bildet mithin die schriftliche Mitteilung des Ergebnisses, zu der die Vertragsprüfer bei ihrer Prüfung des Unternehmensvertrages hinsichtlich der Angemessenheit von Ausgleich und Abfindung gelangt sind. Bericht über das „Ergebnis" der Prüfung bedeutet zugleich, daß nicht etwa der gesamte Prüfungsvorgang mit allen Einzelheiten zu dokumentieren ist, sondern lediglich das *abschließende Urteil,* das sich die Vertragsprüfer über den Unternehmensvertrag und namentlich über die Angemessenheit von Ausgleich und Abfindung bei ihrer Prüfung gebildet haben.

6   Folgerichtig bestimmt § 293 e Abs. 1 S.2 des weiteren, daß der Prüfungsbericht mit einer Erklärung darüber abzuschließen ist, ob der vorgeschlagene Ausgleich *oder* die vorgeschlagene Abfindung angemessen ist. Dieses sogenannte **Testat** kann auch unterschiedlich für Ausgleich und Abfindung ausfallen.[3] Sein Inhalt ist im übrigen nicht im einzelnen gesetzlich vorgeschrieben. Bedeutung hat das Testat naturgemäß allein für Beherrschungs- und Gewinnabführungsverträge (s. §§ 304 und 305 sowie u. Rdnr. 20).

7   Streitig ist, ob sich der Prüfungsbericht auf die genannten Angaben (o. Rdnr. 5 f.) beschränken kann oder ob er gegebenenfalls, soweit erforderlich, noch weitere Ausführungen im Interesse der sachgerechten Information der Aktionäre enthalten muß, namentlich durch die Mitteilung einzelner Tatsachen, die für die Urteilsbildung der Vertragsprüfer maßgebend waren und die daher geeignet sind, ihr Urteil den Aktionären plausibel zu machen (u. Rdnr. 17 f.). Diese Frage hat vor allem im Zusammenhang mit der Bezugnahme auf die Schutzklausel des § 293 a Abs. 2 S.1 in § 293 e Abs. 2 Bedeutung erlangt.

8   **2. Form.** Für den Prüfungsbericht ist durch § 293 e Abs. 2 S.1 Schriftform vorgeschrieben. Dies bedeutet, daß der Prüfungsbericht grundsätzlich von dem oder den Vertragsprüfern unterschrieben werden muß (§ 126 Abs. 1 BGB). Eine mündliche Berichterstattung genügt hingegen nur, wenn sämtliche Anteilsinhaber aller beteiligten Unternehmen durch öffentlich beglaubigte Erklärung auf die schriftliche Abfassung des Berichts verzichten (§ 293 e Abs. 2 iVm. § 293 a Abs. 3). Da Auftraggeber der Vertragsprüfer die abhängige Ge-

---

[2] S. schon o. § 293 b Rdnr. 3.   [3] S. § 293 e Abs. 1 S.2; „...oder...".

sellschaft ist, und zwar letztlich auch, wenn die Vertragsprüfer vom Gericht bestellt worden sind (§ 293 c Abs. 1 S. 1), ist der schriftliche Bericht nach seiner Unterzeichnung der abhängigen Gesellschaft vorzulegen, die ihn sodann dem anderen Vertragsteil zuzuleiten hat.[4]

Für die äußere **Gliederung** des Prüfungsberichts, früher nach § 340 b Abs. 4 AktG und heute nach § 12 UmwG, sowie für den Text der Abschlußerklärung hat das Institut der Wirtschaftsprüfer (IdW) Vorschläge erarbeitet, die in der Praxis offenbar weitgehend befolgt werden.[5] Diese Vorschläge können auch im Rahmen des § 293 e (sinngemäß) herangezogen werden, jedenfalls, soweit es um die Prüfung von Beherrschungs- und Gewinnabführungsverträgen geht.

3. Bericht über die Bewertungsmethoden (§ 293 e Abs. 1 S. 3). a) Nr. 1. Wenn Prüfungsgegenstand ein Beherrschungs- oder Gewinnabführungsvertrag ist, muß in dem Prüfungsbericht zunächst angegeben werden, nach welchen „Methoden" Ausgleich und Abfindung in dem Vertrag ermittelt worden sind (vgl. auch § 12 Abs. 2 S. 2 Nr. 1 UmwG). Der Begriff „Methoden", der sonst der Gesetzessprache fremd ist, kann in verschiedener Weise interpretiert werden. Man kann darunter zunächst (nur) die sogenannte „Wertkategorie" verstehen, dh. die generelle Methode, nach der die Unternehmensbewertung, soweit erforderlich, erfolgt ist, wobei in erster Linie an den Gegensatz zwischen der Ertragswert-, der Substanzwert- oder der Liquidationswertmethode gedacht ist.[6] Bei solchem Verständnis des Begriffs liefe die Berichtspflicht indessen weitgehend leer, da heute im Rahmen der nach den §§ 304 und 305 erforderlichen Unternehmensbewertung die Ertragswertmethode nahezu ausschließlich das Feld behauptet.[7] Die Folge wäre nämlich, daß sich der Prüfungsbericht auf die – weithin selbstverständliche – Angabe beschränken könnte, daß (auch) im vorliegenden Fall die Ertragswertmethode angewandt worden sei, ohne daß damit für die Aktionäre irgend etwas gewonnen wäre.

Zu Recht wird deshalb überwiegend verlangt, den Begriff der Methode hier in einem anderen (weiteren) Sinne zu verstehen, nämlich im Sinne der *jeweiligen Vorgehensweise* in den vielen Zweifelsfragen, die auch die Ertragswertmethode nach wie vor aufwirft.[8] Beispiele sind die „Methoden", die bei der Abschätzung der zukünftigen Erträge angewandt wurden (pauschale oder analytische Methoden, Phasenmethoden), die Bestimmung der Zu- und Abschläge bei dem Kapitalisierungszinsfuß, die Abgrenzung des nichtbetriebsnotwendigen Vermögens, die Festlegung des Liquidationswerts als Untergrenze des Unternehmenswerts sowie die Berücksichtigung und gegenbenenfalls Ermittlung der sogenannten Synergieeffekte. Es liegt auf der Hand, daß sich die Aktionäre ein eigenes Urteil über die Angemessenheit von Ausgleich und Abfindung nur bilden können, wenn ihnen über diese grundlegenden Fragen gleichfalls in der gebotenen Kürze die nötigen Mitteilungen gemacht werden. Offenkundig geht auch das Gesetz hiervon aus, wie aus § 293 e Abs. 1 S. 3 Nr. 3 Halbs. 2 zu folgern ist, wo ausdrücklich bestimmt ist, daß im einzelnen darzulegen ist, welches Gewicht den verschiedenen Methoden bei der Bestimmung von Ausgleich und Abfindung *und* der ihnen zugrundeliegenden Werte beigemessen wurde; dies aber ist ohne Mitteilung dieser Werte unmöglich (s. u. Rdnr. 14). In dieselbe Richtung weist obendrein die Nr. 2 des § 293 e Abs. 1 S. 3 (u. Rdnr. 12).

b) Nr. 2. Nach der Nr. 2 des § 293 e Abs. 1 S. 3 (vgl. § 12 Abs. 2 S. 2 Nr. 2 UmwG) muß der Prüfungsbericht bei Beherrschungs- und Gewinnabführungsverträgen außerdem die Angabe enthalten, aus welchen Gründen die Anwendung dieser Methoden, dh. der Methoden zur Ermittlung von Ausgleich und Abfindung nach der Nr. 1 der Vorschrift (o.

---

[4] *Hüffer* Rdnr. 2.
[5] S. *Dehmer* UmwG § 12 Rdnr. 5; *Hannappel* in Goutier/Knopf/Tulloch Umwandlungsrecht § 12 Rdnr. 21 ff.; *Humbeck* BB 1995, 1893, 1897 f.; *Sagasser/Bula* Umwandlungen Tz. G 77 (S. 89).
[6] So zB *Grunewald* in Geßler/Hefermehl § 340 b Rdnr. 15; *Lutter* UmwG § 12 Rdnr. 8; *Rodewald* BB 1992, 237, 240 f.
[7] S. u. § 305 Rdnr. 37 ff.
[8] *Dirrigl* Wpg 1989, 454, 456 ff.; 1989, 618; *Hannappel* (Fn. 5) § 12 Rdnr. 12 bis 15; *Kraft* in Kölner Kommentar § 340 b Rdnr. 15; *Sagasser/Bula* Umwandlungen Tz. G 78 (S. 89 f.).

Rdnr. 10 f.), „angemessen" ist. Dies kann, wie schon ausgeführt (o. Rdnr. 10 f.), nicht bedeuten, daß sich der Prüfungsbericht (wieder einmal) zur Angemessenheit der ohnehin durchweg gewählten Ertragswertmethode äußern müßte; vielmehr ist damit gesagt, daß der Prüfungsbericht Angaben darüber zu enthalten hat, aus welchen Gründen in den Augen der Vertragsprüfer die einzelnen im Rahmen der Ertragswertmethode gewählten Bewertungsverfahren nach den Umständen des Falles angemessen, dh. sachgerecht sind, wobei insbesondere an die Erläuterung der Höhe des Kapitalisierungszinssatzes, der Prognose der zukünftigen Erträge, der Abgrenzung des nichtbetriebsnotwendigen (neutralen) Vermögens sowie der Berücksichtigung der Synergieeffekte zu denken ist (s. o. Rdnr. 11).[9]

13   c) **Nr. 3.** In der Nr. 3 des § 293 e Abs. 1 S. 3 verlangt das Gesetz in Übereinstimmung mit § 12 Abs. 2 Nr. 3 UmwG noch Angaben darüber, welcher Ausgleich oder welche Abfindung sich bei Anwendung verschiedener Methoden, sofern mehrere angewandt wurden, jeweils ergäbe; dabei ist zugleich darzulegen, welches Gewicht den verschiedenen Methoden bei der Bestimmung des vorschlagenen Ausgleichs oder der vorgeschlagenen Abfindung und der ihnen zugrundeliegenden Werte beigemessen worden ist und welche besonderen Schwierigkeiten bei der Bewertung der vertragsschließenden Unternehmen aufgetreten sind.

14   Auch die in der Nr. 3 des § 293 e Abs. 1 S. 3 geforderten Einzelangaben machen nur Sinn, wenn man den Begriff der Methoden in § 293 e Abs. 1 S. 3 in dem hier befürworteten weiteren Sinne versteht (o. Rdnr. 11). Denn da in der Praxis ohnehin fast nur noch die Ertragswertmethode angewandt wird, wäre andernfalls nicht verständlich, warum das Gesetz hier so ausführliche Angaben über die verschiedenen Methoden (Plural!) verlangt, die bei der Ermittlung von Ausgleich und Abfindung angewandt wurden. Folglich können damit nach dem Gesagten (o. Rdnr. 11 f.) sinnvollerweise nur die verschiedenen Bewertungsverfahren *innerhalb* der einen Ertragswertmethode gemeint sein, zB zur Bestimmung der Kapitalisierungszinssatzes oder zur Abschätzung der zukünftigen Erträge. Es liegt auf der Hand, daß die Aktionäre ein legitimes Interesse daran haben, über die Vorgehensweise bei der Unternehmensbewertung in diesen Fragen ebenso wie darüber informiert zu werden, welche Unterschiede sich für die Bestimmung von Ausgleich und Abfindung bei Anwendung der alternativen Methoden ergeben.

15   Umstritten ist, ob die Prüfer außerdem gegebenenfalls **Alternativrechnungen** vorzunehmen haben; überwiegend wird die Frage bisher verneint.[10] Tatsächlich läßt sich die Frage bei Berücksichtigung des Zwecks der Regelung (o. Rdnr. 4) nur im Einzelfall entscheiden; danach sind Alternativrechnung jedenfalls dann erforderlich, wenn die Vertragsprüfer nur auf ihrer Grundlage den Aktionären ihr Urteil über die Angemessenheit von Ausgleich und Abfindung plausibel machen können. Hierauf deutet auch der Umstand hin, daß das Gesetz in § 293 e Abs. 1 S. 3 Nr. 3 Halbs. 2 ausdrücklich die Darlegung verlangt, welches „Gewicht" den verschiedenen Methoden bei der Bestimmung von Ausgleich und Abfindung sowie bei der Bestimmung der zugrundeliegenden Werte beigemessen wurde.

16   Das Gesetz fordert schließlich noch Angaben darüber, welche besonderen **Schwierigkeiten** bei der Bewertung der vertragsschließenden Unternehmen aufgetreten sind (§ 293 e Abs. 1 S. 3 Nr. 3 Halbs. 2 zweite Alternative). Zu denken ist hier einmal an besondere (zusätzliche) Probleme, auf die die Anwendung der Ertragswertmethode in einzelnen Branchen oder bei einzelnen Unternehmen wegen ihrer ungesicherten Perspektiven treffen kann, zum anderen an Schwierigkeiten, auf die die Prüfer bei der Beschaffung der nötigen Informationen gestoßen sind.[11]

17   **4. Zusätzliche Angaben?** Das Gesetz verlangt in § 293 e Abs. 1 einen Bericht über das „Ergebnis der Prüfung" in Verbindung mit einer Erklärung der Prüfer über die Angemes-

---

[9] Ebenso *Dirrigl* WpG 1989, 454, 459 f.; 1989, 617, 620.
[10] *Dehmer* UmwG § 12 Rdnr. 9.
[11] S. *Dehmer* UmwG § 12 Rdnr. 9; *Lutter* UmwG § 12 Rdnr. 9.

senheit von Ausgleich und Abfindung (S. 1 und 2 aaO) und fügt sodann (S. 3 aaO) hinzu, daß „dabei" die bereits im einzelnen geschilderten Angaben über die Bewertungsmethoden zu machen sind (o. Rdnr. 10 ff.). Abweichend von vergleichbaren Bestimmungen fehlt in diesem Zusammenhang in § 293 e Abs. 1 indessen auffälligerweise der Zusatz „insbesondere". Deshalb ist umstritten, ob es sich bei dem Prüfungsbericht nach § 293 e um einen reinen Ergebnisbericht handelt, der sich auf die in Gesetz vorgeschriebenen Angaben beschränken kann,[12] oder ob es sich bei diesem um bloße Mindestangaben handelt, so daß die Prüfer in ihrem Bericht gegebenenfalls zu weiteren Erläuterungen, namentlich an Hand einzelner Planzahlen und sonstiger Daten, verpflichtet sind, soweit erforderlich, um den Aktionären ihr abschließendes Urteil über die Angemessenheit von Ausgleich und Abfindung plausibel zu machen.[13]

Die Beantwortung dieser Frage (o. Rdnr. 17) hängt letztlich davon ab, ob die Aktionäre **18** nach dem Zweck der gesetzlichen Regelung „blind" auf das Urteil der sachverständigen Prüfer über die Angemessenheit von Ausgleich und Abfindung vertrauen sollen – dann sind alle weiteren Angaben entbehrlich – oder ob der Prüfungsbericht darüber hinaus dieses Urteil der Prüfer ihnen wenigstens in seinen Grundzügen plausibel machen soll. Richtig kann nur die zweite weitergehende Meinung sein. Dies folgt bereits aus der einfachen Überlegung, daß andernfalls das Gesetz ohne weiteres in der Lage gewesen wäre, sich mit dem bloßen Testat der Prüfer nach § 293 e Abs. 1 S. 2 zu begnügen, etwa als Schlußerklärung zu dem Vertragsbericht des Vorstands gemäß § 293 a. Genau dies ist indessen nicht der Inhalt der gesetzlichen Regelung; das Gesetz verlangt vielmehr statt dessen einen eigenständigen Bericht der Prüfer über das „Ergebnis" ihrer Prüfung in Verbindung mit ausführlichen Angaben über die angewandten Methoden und deren Bedeutung (§ 293 e Abs. 1 S. 1 und 3). Solche Angaben machen jedoch offenkundig nur einen Sinn, wenn sie es den Aktionären ermöglichen sollen, sich ein *eigenes* Urteil über die Plausibilität der den Vorschlägen für Ausgleich und Abfindung zugrundeliegenden Unternehmensbewertungen zu bilden. Dazu gehört dann aber auch gegebenenfalls die Angabe von Daten einschließlich etwaiger Planzahlen, worauf das Gesetz selbst an zwei Stellen hindeutet, zunächst in § 293 e Abs. 1 S. 3 Nr. 3 Halbs. 2 durch die Bezugnahme auf die dem Vorschlag von Abfindung und Ausgleich zugrundeliegenden Werte und sodann durch die Schutzklausel des § 293 a Abs. 2 S. 1 in Verbindung mit § 293 e Abs. 2, die andernfalls entbehrlich wäre.

Soweit die hiernach (o. Rdnr. 18) erforderlichen zusätzlichen Angaben bereits in dem **19** Vertragsbericht des § 293 a enthalten sind (der seinerseits nicht Prüfungsgegenstand ist), können die Prüfer in ihrem Bericht ohne weiteres darauf verweisen.[14] Sofern jedoch die Prüfer erst aufgrund von ihnen selbst erhobener Daten zu demselben Ergebnis wie der Vorstand gelangt sind, liegt es auf der Hand, daß sie hierüber nach § 293 e die Aktionäre informieren müssen (s. auch u. Rdnr. 23).

5. Vollständigkeit und Richtigkeit der in dem Unternehmensvertrag enthaltenen **20**
Angaben? Anders als im Umwandlungsrecht (§ 12 UmwG) ist bei den Unternehmensverträgen der §§ 291 und 292 praktisch kein Raum für die zusätzliche Prüfung der Vollständigkeit und Richtigkeit der in dem Vertrag enthaltenen Angaben.[15] Folglich kann hierüber auch nicht in dem Bericht nach § 293 e berichtet werden.[16] Namentlich verbietet sich von selbst ein sogenanntes juristisches Testat nach § 293 e Abs. 1 S. 2, etwa über die Wirksam-

---

[12] So insbes. OLG Hamm AG 1989, 31, 33 = WM 1988, 1164 „Kochs Adler/Dürkopp Werke" (aufgehoben durch BGHZ 107, 296 = NJW 1989, 2689 aus anderen Gründen); *Dehmer* UmwG § 12 Rdnr. 11; *Grunewald* in Geßler/Hefermehl § 340 b Rdnr. 17; *Hüffer* Rdnr. 6; *Kraft* in Kölner Kommentar § 340 b Rdnr. 14; *Lutter* UmwG § 12 Rdnr. 10; *Meyer zu Lösebeck* Wpg 1989, 499, 500; *Rodewald* BB 1992, 237, 240.

[13] So OLG Karlsruhe AG 1990, 35, 37 f. = WM 1989, 1134 „SEN" (aufgehoben durch BGH LM AktG § 340 a Nr. 3 = NJW-RR 1991, 358 = AG 1991, 102 aus anderen Gründen); LG Frankenthal AG 1990, 549, 551 „Hypothekenbank-Schwestern"; LG Berlin AG 1996, 230, 232 „Brau & Brunnen"; *W. Bayer* AG 1988, 323, 328; vgl. auch *R. Becker* AG 1988, 223, 225 f.; *Müller* in Kallmeyer UmwG § 12 Rdnr. 3 ff.

[14] S. schon o. § 293 a Rdnr. 17.
[15] S. im einzelnen o. § 293 e Rdnr. 14.
[16] S. *Bungert* DB 1995, 1384, 1391; *Hüffer* Rdnr. 8.

keit eines Unternehmensvertrages oder die Zulässigkeit der in ihm enthaltenen einzelnen Vertragsklauseln. Die notwendige Folge ist, daß bei den anderen Unternehmensverträgen des § 292 die Berichtspflicht praktisch leerläuft. Die zum Teil geforderte Angabe, daß Ausgleich und Abfindung nicht geschuldet seien,[17] ist ohne Sinn. Auch die gelegentlich statt dessen angeregte Stellungnahme der Vertragsprüfer zu dem Vertragsbericht nach § 293 a[18] ist ohne Grundlage im Gesetz.

IV. Ausnahmen, Schranken

21 Keine Prüfungspflicht besteht nach § 293 b Abs. 1 Halbs. 2 bei 100 %igen Tochtergesellschaften.[19] Folglich entfällt bei Abschluß eines Unternehmensvertrags mit einer derartigen Tochtergesellschaft auch die Berichtspflicht nach § 293 e.

22 Ein besonderer schriftlicher Prüfungsbericht ist nach § 293 e Abs. 2 in Verbindung mit § 293 a Abs. 3 außerdem entbehrlich, wenn sämtliche Anteilsinhaber der beteiligten Unternehmen auf die schriftliche Erstattung eines besonderen Prüfungsberichts durch öffentlich beglaubigte Erklärung verzichten, etwa, weil ihnen ein mündlicher Bericht der Vertragsprüfer über das Ergebnis ihrer Prüfung genügt. Der Gesetzgeber wollte dadurch den Beteiligten einen Weg eröffnen, die oft erheblichen Kosten eines schriftlichen Prüfungsberichts einzusparen.[20]

23 Soweit der Prüfungsbericht zusätzlich tatsächliche Angaben enthält (o. Rdnr. 17 ff.), ist auch Raum für die Anwendung der **Schutzklausel** des § 293 a Abs. 2 (§ 293 e Abs. 2).[21] Solche Tatsachen brauchen daher in den Bericht nicht aufgenommen zu werden, wenn ihr Bekanntwerden geeignet ist, einem der vertragsschließenden Unternehmen oder einem mit diesem verbundenen Unternehmen einen nicht unerheblichen Nachteil zuzufügen; jedoch sind in diesem Fall die maßgeblichen Gründe für den Verzicht auf die Aufnahme der Tatsachen in dem Bericht im einzelnen darzulegen.

V. Rechtsfolgen

24 Die Aktionäre sind nicht an das Urteil der Vertragsprüfer über die Angemessenheit von Ausgleich und Abfindung gebunden. Selbst wenn die Prüfer die Angemessenheit verneinen, können die Aktionäre den Vertrag nach § 293 billigen. Die überstimmte Minderheit behält jedoch die Möglichkeit, ein Spruchstellenverfahren nach § 306 zu beantragen.[22] Der Zustimmungsbeschluß ist außerdem anfechtbar, wenn der Prüfungsbericht ganz fehlt oder dem Gesetz widerspricht, namentlich also, wenn er unvollständig ist (§ 243).[23]

25 Der Prüfungsbericht ist nicht dem Registergericht vorzulegen (s. § 294 Abs. 1 S. 2). Sein Fehlen oder seine Unvollständigkeit löst daher nicht automatisch eine Registersperre aus. Wenn jedoch das Registergericht aufgrund der ihm von Amts wegen obliegenden Ermittlungen (§ 12 FGG) feststellt, daß der Prüfungsbericht fehlt oder unvollständig ist, steht fest, daß das Verfahren bei der Beschlußfassung über den Unternehmensvertrag nicht dem Gesetz entsprach, so daß die Eintragung des Vertrags abzulehnen ist.[24] Die Prüfer machen sich außerdem ersatzpflichtig, wenn sie bei der Erstattung des Berichts gegen ihre gesetzlichen Pflichten verstoßen (§ 293 d Abs. 2 iVm. § 323 HGB).

---

[17] So *Hüffer* Rdnr. 8.
[18] So LG Berlin AG 1996, 230, 232 f. „Brau & Brunnen".
[19] S. o. § 293 b Rdnr. 7.
[20] S. im einzelnen o. § 293 a Rdnr. 24, § 293 b Rdnr. 8; *Dehmer* UmwG § 12 Rdnr. 16; *Hüffer* Rdnr. 10; *Lutter* UmwG § 12 Rdnr. 14.
[21] S. *Hüffer* Rdnr. 9; wegen der Einzelheiten s. o. § 293 a Rdnr. 21.
[22] S. *Dehmer* UmwG § 12 Rdnr. 17; *Kraft* in Kölner Kommentar § 340 b Rdnr. 17; *Lutter* UmwG § 12 Rdnr. 16.
[23] LG Berlin AG 1996, 230, 232 „Brau & Brunnen"; *Dehmer* UmwG § 12 Rdnr. 18; *Grunewald* in Geßler/Hefermehl § 340 b Rdnr. 21; *Humbeck* BB 1995, 1893, 1898; *Kraft* in Kölner Kommentar § 340 b Rdnr. 29; *Lutter* UmwG § 12 Rdnr. 16.
[24] *Humbeck* BB 1995, 1893, 1898.

§ 293 f Vorbereitung der Hauptversammlung

(1) Von der Einberufung der Hauptversammlung an, die über die Zustimmung zu dem Unternehmensvertrag beschließen soll, sind in dem Geschäftsraum jeder der beteiligten Aktiengesellschaften oder Kommanditgesellschaften auf Aktien zur Einsicht der Aktionäre auszulegen
1. der Unternehmensvertrag;
2. die Jahresabschlüsse und die Lageberichte der vertragsschließenden Unternehmen für die letzten drei Geschäftsjahre;
3. die nach § 293 a erstatteten Berichte der Vorstände und die nach § 293 e erstatteten Berichte der Vertragsprüfer.

(2) Auf Verlangen ist jedem Aktionär unverzüglich und kostenlos eine Abschrift der in Absatz 1 bezeichneten Unterlagen zu erteilen.

1. Überblick. Die Vorschrift regelt im Interesse der umfassenden Information der Aktionäre die Auslegungspflichten, die die beteiligten Gesellschaften zur Vorbereitung derjenigen Hauptversammlung treffen, die nach § 293 über die Zustimmung zu einem Unternehmensvertrag beschließen soll. Eine vergleichbare Regelung enthielt bereits seit 1965 § 293 Abs. 3 S. 2 und 3 aF, damals freilich noch auf den Vertrag beschränkt (heute Nr. 1 des § 293 f Abs. 1). Die Ausdehnung der Auslegungspflicht auf die weiteren in den Nrn. 2 und 3 des § 293 f Abs. 1 genannten Unterlagen durch das Umwandlungsrechtbereinigungsgesetz von 1994 folgt dem Vorbild des § 340 b Abs. 2 und 4 AktG in der Fassung von 1982, an dessen Stelle jetzt § 63 UmwG getreten ist, der wiederum seinerseits als Muster für den neuen § 293 f gedient hat. Die sich aus § 293 f ergebenden Pflichten der Vorstandsmitglieder der beteiligten Gesellschaften können nach § 407 Abs. 1 S. 1 vom Registergericht durch Festsetzung von Zwangsgeldern durchgesetzt werden. § 293 f ist zusammen mit § 293 g entsprechend anwendbar, wenn der Vorstand nach § 119 Abs. 2 die Billigung anderer Verträge der Hauptversammlung überträgt.[1]

2. Auslegungspflicht. § 293 f Abs. 1 regelt die Verpflichtung jeder beteiligten AG oder KGaA zur Auslegung bestimmter Unterlagen vom Tag der Einberufung der Hauptversammlung an, die nach § 293 über die Zustimmung zu einem Unternehmensvertrag beschließen soll.[2] Die *Einberufung* der Hauptversammlung richtet sich nach den §§ 121 ff., wobei besonders § 124 Abs. 2 S. 2 zu beachten ist, nach dem in der Einberufung mit der Tagesordnung auch der wesentliche Inhalt des Vertrags bekannt zu machen ist.[3]

a) Auslegung. Vom Tag der Einberufung an besteht die Auslegungspflicht aufgrund des § 293 f Abs. 1 in einem Geschäftsraum der Gesellschaft, dh. am Sitz der Gesellschaft (§ 5) in einem den Aktionären ohne weiteres zugänglichen Raum während der üblichen Geschäftsstunden.[4] In der Einberufung sollte zweckmäßigerweise auf die Auslegung der Unterlagen nach § 293 f Abs. 1 und auf die Möglichkeit, auf Verlangen Abschriften zu erhalten (§ 293 f Abs. 2), hingewiesen werden.[5] Statt dessen kann ein kurzer Vertragsbericht (§ 293 a) oder ein kurzer Prüfungsbericht (§ 293 e) auch gleich in der Einladung zur Hauptversammlung mit abgedruckt werden, wodurch jedenfalls den Anforderungen des § 293 f Abs. 2 Genüge getan sein dürfte.[6]

b) Verpflichtete. Die Pflichten aus § 293 f treffen eine an dem Unternehmensvertrag beteiligte AG oder KGaA und sind durch deren Vorstand zu erfüllen (§ 407 Abs. 1 S. 1). Gemeint sind damit diejenigen vertragsschließenden Gesellschaften, deren Hauptversammlungen nach § 293 Abs. 1 *oder* 2 zustimmen müssen (vgl. § 293 Abs. 3 S. 2 aF).[7] Dies sind

---

[1] OLG München NJW-RR 1997, 544, 545 = AG 1996, 327.
[2] Vgl. in diesem Zusammenhang auch § 175 Abs. 2.
[3] S. zB *Dehmer* UmwG § 63 Rdnr. 2; LG Hanau AG 1996, 184, 185.
[4] S. *Grunewald* in Lutter UmwG § 63 Rdnr. 2.
[5] S. *Humbeck* BB 1995, 1449, 1450.
[6] S. *Humbeck* (Fn. 5).
[7] S. *Geßler* in Geßler/Hefermehl § 293 Rdnr. 67; *Hüffer* Rdnr. 2; *Koppensteiner* in Kölner Kommentar § 293 Rdnr. 20.

in jedem Fall die abhängige Gesellschaft bzw. diejenige Gesellschaft, die die vertragstypischen Leistungen erbringt, sowie bei Abschluß eines Beherrschungs- oder Gewinnabführungsvertrages außerdem der andere Vertragsteil, sofern er die Rechtsform einer AG oder KGaA hat (§ 293 Abs. 2).

5   c) **Gegenstand.** Auszulegen ist nach § 293 f Abs. 1 Nr. 1 zunächst der *Unternehmensvertrag*, und zwar der gesamte Vertrag einschließlich aller Nebenabreden und Anlagen, die mit dem Vertrag eine rechtliche Einheit im Sinne des § 139 BGB bilden; vermeintlich unwesentlich Nebenabreden oder Anlagen dürfen nicht etwa weggelassen werden.[8] Auszulegen sind außerdem gemäß § 293 f Abs. 1 Nr. 2 die *Jahresabschlüsse* und die *Lageberichte* der vertragsschließenden Unternehmen für die letzten drei Geschäftsjahre, soweit es solche nach der Rechtsform der Vertragsparteien überhaupt gibt. Hieran fehlt es zB, wenn herrschendes Unternehmen ein eingetragener Verein oder eine Stiftung ist.[9]

6   Auszulegen ist schließlich nach § 293 f Abs. 1 Nr. 3 der *Vertragsbericht* nach § 293 a und der *Prüfungsbericht* nach § 293 e, vorausgesetzt, daß solche Berichte überhaupt erstattet worden sind, nicht zB in den Fällen der §§ 293 a Abs. 3, 293 b Abs. 2 und 293 e Abs. 2. Die Auslegung dieser Unterlagen ist in der Tat unerläßlich, wenn die mit der Einführung des Vertragsberichts und der Vertragsprüfung bezweckte Information der Aktionären erreicht werden soll. **Zweck** der ganzen Regelung ist folglich auch hier der umfassende Schutz der Aktionäre durch ihre Unterrichtung namentlich über die für die vorgeschlagene Höhe von Ausgleich und Abfindung maßgeblichen Umstände.

7   **3. Abschrift.** Nach § 293 f Abs. 2 ist jedem Aktionär auf Verlangen unverzüglich und kostenlos eine Abschrift der in § 293 f Abs. 1 Nrn. 1 bis 3 bezeichneten Unterlagen (o. Rdnr. 5 f.) zu erteilen. Hierauf hat jeder Aktionär einen Anspruch gegen die Gesellschaft, den er notfalls durch Klage durchsetzen kann.[10]

8   **4. Rechtsfolgen.** Ein Verstoß gegen § 293 f macht den Zustimmungsbeschluß der Hauptversammlung der betreffenden Gesellschaft anfechtbar (§ 243 Abs. 1).[11] Beispiele sind die Unterlassung der Auslegung von Vertragsteilen, die Verspätung der Auslegung oder die Verweigerung von Abschriften entgegen § 293 f Abs. 2. Hierbei dürfte grundsätzlich von der Kausalität des Gesetzesverstoßes für den Zustimmungsbeschluß auszugehen sein, weil niemals ausgeschlossen werden kann, daß die Aktionäre bei zutreffender umfassender Information über den Unternehmensvertrag anders als geschehen über die Zustimmung entschieden hätten.[12]

§ 293 g Durchführung der Hauptversammlung

(1) In der Hauptversammlung sind die in § 293 f Abs. 1 bezeichneten Unterlagen auszulegen.

(2) Der Vorstand hat den Unternehmensvertrag zu Beginn der Verhandlung mündlich zu erläutern. Er ist der Niederschrift als Anlage beizufügen.

(3) Jedem Aktionär ist auf Verlangen in der Hauptversammlung Auskunft auch über alle für den Vertragsschluß wesentlichen Angelegenheiten des anderen Vertragsteils zu geben.

Schrifttum: S. o. bei § 293 a sowie *W. Bayer*, Informationsrecht bei der Verschmelzung von Aktiengesellschaften, AG 1988, 323; *R. Becker*, Die gerichtliche Kontrolle von Maßnahmen bei der Verschmelzung von

---

[8] *Koppensteiner* in Kölner Kommentar § 293 Rdnr. 19.
[9] *Grunewald* in Lutter UmwG § 63 Rdnr. 3.
[10] *Grunewald* in Lutter UmwG § 63 Rdnr. 8; wegen Ausnahmen s. o. Rdnr. 3 und 6.
[11] OLG München NJW-RR 1997, 544, 545 f. = AG 1996, 327.
[12] OLG München (Fn. 11); ebenso im Ergebnis *R. Becker* AG 1988, 223, 228 f.; *Dehmer* UmwG § 63 Rdnr. 8; *Grunewald* in Geßler/Hefermehl § 340 d Rdnr. 10; *dies.* in Lutter UmwG § 63 Rdnr. 7; enger zB *Marsch-Barner* in Kallmeyer UmwG § 63 Rdnr. 9.

Aktiengesellschaften, AG 1988, 223; *Decher,* Information im Konzern und Auskunftsrecht der Aktionäre gemäß § 131 Abs. 4 AktG, ZHR 158 (1994), 473; *Ebenroth,* Das Auskunftsrecht des Aktionärs und seine Durchsetzung im Prozeß unter besonderer Berücksichtigung des Rechts der verbundenen Unternehmen, 1970; *ders.,* Die Erweiterung des Auskunftsgegenstandes im Recht der verbundenen Unternehmen, AG 1970, 104; *Emmerich/Sonnenschein* Konzernrecht § 13 VI 6/7; *Kort,* Das Informationsrecht des Gesellschafters der Konzernobergesellschaft, ZGR 1987, 46; *Spitze/Diekmann,* Verbundene Unternehmen als Gegenstand des Interesses von Aktionären, ZHR 158 (1994), 447; *Vossel,* Auskunftsrechte im Aktienkonzern, 1996; *Windbichler,* Die Rechte der Hauptversammlung bei Unternehmenszusammenschlüssen durch Vermögensübertragung, AG 1981, 169.

Übersicht

I. Überblick	1, 2
II. Auslegungspflicht (§ 293 g Abs. 2)	3–5
1. Gegenstand	3, 4
2. Auslegung	5
III. Erläuterungspflicht	
(§ 293 g Abs. 2 S. 1)	6–8
1. Zweck	6, 7
2. Ausnahmen	8
IV. Auskunftsrecht (§ 293 g Abs. 3) . .	9–23
1. Anwendungsbereich	9
2. Zweck	10
3. Verhältnis zu den §§ 131 und 132 .	11, 12
4. Beteiligte	13
5. Verpflichteter	14–17
a) Vorstand der Gesellschaft . . .	14, 15
b) Auskunftspflicht des anderen Teils	16
c) Keine Unmöglichkeit	17
6. Umfang	18–21
a) Alle Angelegenheiten	19
b) Beispiele	20, 21
7. Schranken	22
8. Art der Auskunftserteilung . . .	23
V. Anlage zur Niederschrift	24
VI. Rechtsfolgen	25

I. Überblick

Die Vorschrift regelt die Durchführung der Hauptversammlung einer AG oder KGaA, auf der nach § 293 Abs. 1 oder Abs. 2 über die Zustimmung zu einem Unternehmensvertrag zu entscheiden ist. **Zweck** der ganzen Regelung ist die umfassende Unterrichtung der Aktionäre über sämtliche Umstände, die für ihre Entscheidung über die Zustimmung zu dem Unternehmensvertrag relevant sein können.[1] Aus diesem Grunde bestimmt § 293 g Abs. 1 zunächst, daß die in § 293 f Abs. 1 Nr. 1 bis 3 genannten Unterlagen in der Hauptversammlung auszulegen sind, damit die Aktionäre auch noch in der Hauptversammlung in sie Einsicht nehmen können. Nach Abs. 2 S. 1 hat der Vorstand außerdem den Unternehmensvertrag zu Beginn der Verhandlung über den fraglichen Tagesordnungspunkt mündlich zu erläutern. Schließlich erweitert noch § 293 g Abs. 3 das Auskunftsrecht der Aktionäre aufgrund des § 131 auf alle für den Vertragsabschluß wesentlichen Angelegenheiten des anderen Vertragsteils.

§ 293 g ist 1994 mit Wirkung vom 1. Januar 1995 ab an die Stelle der früheren Vorschriften des § 293 Abs. 3 S. 4 bis 6 und Abs. 4 getreten. Unmittelbares Vorbild des § 293 g ist der gleichzeitig eingeführte § 64 des Umwandlungsgesetzes von 1994, der seinerseits den § 340 d Abs. 5 und 6 AktG von 1982 abgelöst hat. Eine entsprechende Regelung für die Eingliederung findet sich in den §§ 319 Abs. 3 S. 3 und 4 und 320 Abs. 4 S. 3. Praktische Bedeutung kommt namentlich der Ausdehnung des Auskunftsrechts der Aktionäre aus § 131 durch § 293 g Abs. 3 auf die für den Vertragsabschluß wesentlichen Angelegenheiten des anderen Vertragsteils zu, weil bei einer Verletzung dieses weitgehenden Auskunftsrechts der Aktionäre der Zustimmungsbeschluß anfechtbar ist (§ 243 Abs. 1; s. u. Rdnr. 25).

II. Auslegungspflicht (§ 293 g Abs. 1)

1. Gegenstand. Nach § 293 g Abs. 1 sind im Interesse der umfassenden Information der Aktionäre zunächst sämtliche in § 293 f Abs. 1 Nr. 1 bis 3 bezeichneten Unterlagen in der

---

[1] *Koppensteiner* in Kölner Kommentar § 293 Rdnr. 18.

Hauptversammlung auszulegen. Die Regelung geht erheblich über den früheren § 293 Abs. 3 S. 4 hinaus, nach dem sich die Auslegungspflicht noch auf den Unternehmensvertrag beschränkte, da jetzt außerdem die Jahresabschlüsse und Lageberichte der Vertragsparteien für die letzten drei Geschäftsjahre (§ 293 g Abs. 1 Nr. 2) sowie vor allem der Vertragsbericht des Vorstandes nach § 293 a und der Prüfungsbericht nach § 293 e auszulegen sind (Nr. 3 aaO). Die Pflicht zur Auslegung der genannten Unterlagen besteht in jeder Hauptversammlung, die nach § 293 Abs. 1 oder Abs. 2 über die Zustimmung zu einem Unternehmensvertrag iS des § 291 oder des § 292 zu beschließen hat, bei Abschluß eines Beherrschungs- oder Gewinnabführungsvertrages mithin auch in der Hauptversammlung der herrschenden Gesellschaft, sofern es sich bei dieser um eine AG oder KGaA handelt.

4   Auszulegen in der Hauptversammlung ist nach § 293 g Abs. 1 iVm. § 293 f Abs. 1 Nr. 1 in erster Linie „der *Unternehmensvertrag*", dh. sämtliche Abreden, aus denen sich nach dem Willen der Parteien der Vertrag zusammensetzt, einschließlich aller Neben- und Zusatzabreden, die mit dem Vertrag im Sinne des § 139 BGB eine rechtliche Einheit bilden.[2] Der Vorstand ist nicht befugt, Nebenabreden oder Zusätze als angeblich für die Aktionäre unwesentlich von der Auslegung auszuschließen. Auch die nach § 293 g Abs. 2 S. 1 vom Vorstand geschuldete Erläuterung des Unternehmensvertrags (u. Rdnr. 6 f.) ist kein Ersatz für die Auslegung des Vertrags, sondern stellt eine zusätzliche Verpflichtung des Vorstandes dar.[3]

5   **2. Auslegung.** Auslegung der in § 293 f Abs. 1 Nrn. 1 bis 3 genannten Unterlagen in der Hauptversammlung bedeutet, daß diese für sämtliche Teilnehmer an der Hauptversammlung ohne weiteres sofort zugänglich sein müssen, bei einer größeren Zahl von Aktionären gegebenenfalls in Gestalt einer ausreichenden Anzahl von Abschriften.[4] § 293 f Abs. 2 dürfte gleichfalls anwendbar sein, so daß die Aktionäre gegebenenfalls noch in der Hauptversammlung Abschriften verlangen können.[5] Die Auslegungspflicht wird nicht erfüllt, wenn die Unterlagen von einem Mitarbeiter verwahrt und nur auf Verlangen eines Aktionärs herausgegeben werden.[6] Ein Verstoß gegen die Auslegungspflicht führt zur Anfechtbarkeit des Zustimmungsbeschlusses (§ 243 Abs. 1).[7]

III. Erläuterungspflicht (§ 293 g Abs. 2 S. 1)

6   **1. Zweck.** Gemäß § 293 g Abs. 2 S. 1 hat der Vorstand (nur) den Unternehmensvertrag zu Beginn der Verhandlung der Hauptversammlung über den Tagesordnungspunkt „Zustimmung zu dem Unternehmensvertrag" mündlich zu erläutern. Die Erläuterungspflicht, die früher schon in § 293 Abs. 3 S. 5 vorgesehen war, ist an die Stelle der ursprünglich geplanten Verlesung des Unternehmensvertrages in der Hauptversammlung getreten, weil man zutreffend davon ausging, daß den Aktionären mit einer Erläuterung des möglicherweise komplizierten und umfangreichen Vertragswerks mehr gedient ist als mit der erneuten Wiedergabe des ihnen ohnehin bekannten Vertragstextes (s. § 293 f Abs. 1 Nr. 1).[8]

7   Durch die Reform von 1994 hat die Erläuterungspflicht ihre **Bedeutung** gewandelt, da sie heute im Zusammenhang mit der Berichtspflicht des Vorstands aufgrund des § 293 a und der Prüfung des Vertrags durch sachverständige Prüfer (§§ 293 b bis 293 e) gesehen werden muß. Denn weil der Vertragsbericht des Vorstandes den Aktionären bekannt ist (§ 293 f Abs. 1 Nr. 3), wird sich im Regelfall die zusätzlich vom Gesetz verlangte Erläuterung des Vertrags durch den Vorstand (§ 293 g Abs. 2 S. 1) auf eine kurze *Zusammenfassung* und *Aktualisierung* des Vertragsberichtes beschränken können. Dabei wird das Schwergewicht auf die wesentlichen Gründe für den Vertragsabschluß sowie auf die Angemessen-

---

[2] Grdlg. BGHZ 82, 188, 196 f. = NJW 1982, 933 = AG 1982, 129 „Hoesch/Hoogovens".
[3] BGHZ 82, 188, 198 = NJW 1982, 933.
[4] *Grunewald* in Lutter UmwG § 64 Rdnr. 2.
[5] *Dehmer* UmwG § 64 Rdnr. 2.
[6] OLG Frankfurt AG 1993, 185 = NJW-RR 1993, 298; *Emmerich/Sonnenschein* § 13 VI 6.
[7] BGHZ 82, 188, 199 f. = NJW 1982, 933; OLG Frankfurt (Fn. 6).
[8] Begründung zu dem RegE des § 293, bei *Kropff* AktG S. 382.

heit von Ausgleich und Abfindung bzw. bei den anderen Unternehmensverträgen auf die Angemessenheit von Leistung und Gegenleistung zu legen sein.[9]

2. Ausnahmen. Unklar ist, inwieweit sich der Vorstand im Rahmen seiner Erläuterungspflicht auf etwaige *Geheimhaltungsinteressen* der an dem Vertrag beteiligten Unternehmen berufen kann. Früher wurde insoweit häufig § 131 Abs. 3 entsprechend angewandt. Näher liegt indessen heute die Analogie zu § 293 a Abs. 2, wenn man bedenkt, daß es sich bei der vom Vorstand nach § 293 g Abs. 2 S. 1 geschuldeten Erläuterung des Unternehmensvertrages im Grunde um nichts anderes als um eine mündliche Präzisierung und Aktualisierung des ohnehin bereits vorliegenden Vertragsberichts des Vorstandes nach § 293 a handelt (o. Rdnr. 7).[10]

IV. Auskunftsrecht (§ 293 g Abs. 3)

1. Anwendungsbereich. Nach § 293 g Abs. 3 ist jedem Aktionär auf Verlangen in der Hauptversammlung, die nach § 293 Abs. 1 oder Abs. 2 über die Zustimmung zu einem Unternehmensvertrag zu beschließen hat, Auskunft „auch" über alle für den Vertragsabschluß wesentlichen Angelegenheiten des anderen Vertragsteils zu geben. Vorbild dieser Regelung war der frühere § 293 Abs. 4, dessen Anwendungsbereich sich indessen noch auf die Zustimmung zu Beherrschungs- und Gewinnabführungsverträgen im Sinne des § 291 beschränkte, während heute das erweiterte Auskunftsrecht der Aktionäre in jedem Fall des § 293 Abs. 1 und 2, also auch bei der Entscheidung über die Zustimmung zu einem der anderen Unternehmensverträge des § 292 eingreift.

2. Zweck. Zweck der Regelung ist die vollständige Unterrichtung der Aktionäre über die möglichen Auswirkungen des Unternehmensvertrages auf ihre Gesellschaft.[11] Den Aktionären soll mithin durch die Erweiterung des Auskunftsrechts auf die für den Vertragsabschluß wesentlichen Angelegenheiten auch des anderen Vertragsteils ermöglicht werden, ihr Mitverwaltungsrecht bei dem Abschluß von Unternehmensverträgen aufgrund des § 293 Abs. 1 und Abs. 2 sachgerecht in Kenntnis aller dafür relevanten Umstände auszuüben.[12]

3. Verhältnis zu den §§ 131 und 132. Bei der Regelung des § 293 g Abs. 4 handelt es sich ebenso wie bei § 64 Abs. 2 UmwG um eine bloße Präzisierung oder auch Erweiterung des allgemeinen Auskunftsrechts der Aktionäre aufgrund des § 131, das sich gleichfalls schon auf die rechtlichen und geschäftlichen Beziehungen der Gesellschaft *zu* einem verbundenen Unternehmen im Sinne des § 15 erstreckt. Ohne Rücksicht auf die umstrittene Frage, in welchem Umfang die Aktionäre bereits danach Auskunft über die Verhältnisse der verbundenen Unternehmen selbst verlangen können,[13] steht jedenfalls für den Anwendungsbereich des § 293 g Abs. 3 sowie des § 64 Abs. 2 UmwG fest, daß das Auskunftsrecht der Aktionäre hier zugleich die für den Vertragsabschluß wesentlichen Angelegenheiten des anderen Vertragsteils umfaßt.

Im übrigen bleibt es nach dem Gesagten (o. Rdnr. 11) bei der Anwendbarkeit der **§§ 131 und 132.** Hieraus folgt zB, daß auch im Rahmen des § 293 g Abs. 3 das Auskunftsrecht voraussetzt, daß die verlangte Auskunft zur sachgemäßen Beurteilung des fraglichen Tagesordnungspunktes (Zustimmung zu dem Unternehmensvertrag) erforderlich ist (§ 131 Abs. 1

---

[9] Wegen der Einzelheiten s. *Bayer* AG 1988, 323, 328 f.; *Dehmer* UmwG § 64 Rdnr. 3 f.; *Emmerich/Sonnenschein* § 13 VI 7; *Geßler* in Geßler/Hefermehl § 293 Rdnr. 71; *Grunewald* in Geßler/Hefermehl § 340 d Rdnr. 14; *dies.* in Lutter UmwG § 64 Rdnr. 3 f.; *Kraft* in Kölner Kommentar § 340 d Rdnr. 14; *Koppensteiner* in Kölner Kommentar § 293 Rdnr. 22; *Hüffer* Rdnr. 2.
[10] *Emmerich/Sonnenschein* (Fn. 9); wegen der Einzelheiten s. deshalb o. § 293 a Rdnr. 21 ff.
[11] S. die Begründung zu dem RegE des § 293, bei *Kropff* AktG S. 382.
[12] Grdlg. BGHZ 119, 1, 17 = NJW 1992, 2760 = AG 1992, 450 = LM AktG § 131 Nr. 3 „Asea/BBC"; BayObLGZ 1974, 208, 211 f. = NJW 1974, 2094 = AG 1974, 224; *Emmerich/Sonnenschein* § 13 VI 9 b; s. u. Rdnr. 19.
[13] S. dazu im einzelnen *Decher* ZHR 158 (1994), 473, bes. 491 ff.; *Kort* ZGR 1987, 46; *Spitze/Diekmann* ZHR 158 (1994), 447; *Vossel,* Auskunftsrechte im Konzern, 1996, bes. S. 55 ff.

S.1),¹⁴ sowie, daß sich die Durchsetzung des Auskunftsrechts nach § 132 richtet. Ein Beschluß, durch den die Gesellschaft zur Auskunftserteilung verpflichtet wird, ist daher nach § 888 ZPO zu vollstrecken.¹⁵ Unberührt hiervon ist die Möglichkeit der Aktionäre, den Zustimmungsbeschluß im Falle einer Verletzung ihres Auskunftsrechts anzufechten (§ 243 Abs. 1 und 4; s. u. Rdnr. 25). Umstritten ist lediglich die Anwendbarkeit auch des § 131 Abs. 3 im Rahmen des § 293 g Abs. 3 (s. dazu u. Rdnr. 22).

13   **4. Beteiligte.** Das Auskunftsrecht aufgrund der §§ 131 und 293 g Abs. 3 steht „jedem Aktionär" auf sein Verlangen hin zu. Auskunftsberechtigt ist mithin jeder Aktionär ohne Rücksicht auf die Höhe seines Aktienbesitzes. Selbst wenn er nur über eine einzige Aktie verfügt, kann die Gesellschaft seinem Auskunftsverlangen grundsätzlich nicht den Einwand des Rechtsmißbrauchs entgegenhalten.¹⁶

14   **5. Verpflichteter. a) Vorstand der Gesellschaft.** Das Auskunftsrecht der Aktionäre richtet sich allein gegen den Vorstand *ihrer* Gesellschaft und ist in der Hauptversammlung auszuüben, die über die Zustimmung zu dem Unternehmensvertrag beschließen soll. Die §§ 131 und 293 g Abs. 3 (§ 64 Abs. 2 UmwG) begründen nicht etwa ein Auskunftsrecht auch gegen den *anderen* Vertragsteil (u. Rdnr. 16). Die Gesetzesverfasser haben dies damit begründet, ein mit pflichtgemäßer Sorgfalt handelnder Vorstand müsse in der Lage sein, über alle für den Vertragsabschluß wesentlichen Angelegenheiten des anderen Vertragsteils von sich aus Auskunft zu geben.¹⁷ Der Vorstand der Gesellschaft muß sich deshalb bereits rechtzeitig vor der Hauptversammlung darum bemühen, sämtliche etwa erforderlichen Informationen über den anderen Vertragsteil zu erhalten (§ 93 Abs. 1 S. 1).¹⁸ Tut er dies nicht, so macht er sich schadensersatzpflichtig (§ 93 Abs. 2). Außerdem kann sich der Vorstand dann nicht in der nachfolgenden Vollstreckung nach § 888 ZPO auf eine etwaige Unmöglichkeit der Auskunftserteilung berufen.¹⁹

15   Unklar ist die Rechtslage, wenn der andere Vertragsteil trotz pflichtgemäßer Bemühungen des Vorstandes (o. Rdnr. 14) die erforderlichen Informationen verweigert. Zwei Fragen müssen hier unterschieden werden, einmal die Frage, ob der Vorstand namentlich der abhängigen Gesellschaft unter bestimmten Voraussetzungen doch einen Anspruch gegen das herrschende Unternehmen auf Auskunftserteilung hat, zum anderen die Frage, welche Auswirkungen die (berechtigte oder unberechtigte) Auskunftsverweigerung des anderen Vertragsteils auf das Auskunftsrecht der Aktionäre nach § 293 g Abs. 3 hat.

16   **b) Auskunftspflicht des anderen Teils.** Aus den §§ 131 und 293 g Abs. 3 folgt kein Auskunftsrecht der Gesellschaft oder ihrer Aktionäre gegen den anderen Vertragsteil (o. Rdnr. 14). Auch aus anderen Rechtsgrundlagen kann sich ein derartiges Recht nur im Einzelfall ergeben. Der wichtigste Fall ist der Abschluß eines Beherrschungsvertrages, jedenfalls für das Verhältnis des *herrschenden* Unternehmens zu der abhängigen Gesellschaft, da dann das herrschende Unternehmen der abhängigen Gesellschaft nach § 308 Abs. 1 auch die Weisung erteilen kann, ihm alle nötigen Informationen zu geben.²⁰ Freilich gilt dies erst nach Wirksamwerden des Vertrags durch Eintragung im Handelsregister (§ 294 Abs. 2), während vorher nur entsprechende Ansprüche aus c.i.c. in Betracht kommen (§§ 242, 276 BGB).²¹ Umgekehrt wird man dasselbe annehmen dürfen, so daß spätestens nach Abschluß eines Beherrschungs- oder Gewinnabführungsvertrages die *abhängige* Gesellschaft gleichfalls nach Treu und Glauben (§ 242 BGB) von dem herrschenden Unter-

---

¹⁴ ZB BayObLGZ 1974, 208, 210 = NJW 1974, 2094 = AG 1974, 224; BayObLGZ 1975, 239, 242 = WM 1975, 1016 = AG 1975, 325.
¹⁵ BayObLGZ 1974, 208, 214 = NJW 1974, 2094; BayObLGZ 1974, 484, 486f. = NJW 1975, 740 = AG 1975, 78; BayObLGZ 1975, 239, 243.
¹⁶ BGHZ 119, 1, 17 = NJW 1992, 2760 = AG 1992, 450 „Asea/BBC"; BayObLGZ 1974, 208, 213 = NJW 1974, 2094 = AG 1974, 224.

¹⁷ Begründung zu dem RegE des § 293, bei *Kropff* AktG S. 382 o.
¹⁸ Ebenso ausdrücklich BayObLGZ 1975, 239, 242 f. = WM 1975, 1016 = AG 1975, 325.
¹⁹ S. u. Rdnr. 17; BayObLG (Fn. 18).
²⁰ *Decher* ZHR 158 (1994), 473, 480 f.; *Dehmer* UmwG § 64 Rdnr. 6.
²¹ Wegen der Einzelheiten s. *Emmerich*, Das Recht der Leistungsstörungen, 4. Aufl. 1997, § 5 II.

nehmen die Erteilung aller Informationen verlangen kann, die es benötigt, um dem Auskunftsrecht der Aktionäre aufgrund der §§ 131 und 293 g Abs. 3 nachkommen zu können.[22] Bei den anderen Unternehmensverträgen des § 292 kann sich solches Auskunftsrecht einer Partei gegen die andere immer nur im Einzelfall aus besonderen Umständen ergeben, wobei wiederum in erster Linie an Auskunftspflichten aus c.i.c. zu denken sein dürfte. Unproblematisch ist dies jedenfalls bei der Gewinngemeinschaft des § 292 Abs. 1 Nr. 1 aufgrund der weitgehenden Treuepflicht der Gesellschafter untereinander (§§ 705, 242 BGB).

c) Keine Unmöglichkeit. Unklar ist, wie zu verfahren ist, wenn sich der Vorstand einer an dem Vertragsabschluß beteiligten Gesellschaft trotz aller pflichtgemäßen Bemühungen (o. Rdnr. 14) letztlich außerstande sieht, die erforderlichen Informationen über den anderen Vertragsteil zu erlangen, um dem Auskunftsrecht der Aktionäre nach § 293 g Abs. 3 nachkommen zu können. Häufig wird angenommen, in einem derartigen Fall stoße das Auskunftsrecht der Aktionäre auf immanente Schranken, so daß ebenso wie etwa bei einem sonst drohenden Verstoß gegen die Verschwiegenheitspflicht des Vorstandes (§ 93 Abs. 1 S. 2) das Auskunftsrecht der Aktionäre entfalle (§§ 242, 275 Abs. 2 BGB).[23] Dem ist indessen nicht zu folgen,[24] jedenfalls, sofern es sich um den Abschluß eines Beherrschungs- oder Gewinnabführungsvertrages handelt. Es liegt hier nach dem Gesagten (o. Rdnr. 16) ein Fall bloßen Unvermögens vor, das durch pflichtgemäße Bemühungen des Vorstands bei Berücksichtigung der durch den Abschluß der genannten Verträge geschaffenen oder doch zu schaffenden wirtschaftlichen Einheit der Vertragsparteien allemal überwindbar ist (§ 242 BGB). Zudem darf kein pflichtgemäß handelnder Vorstand seinen Aktionären die Zustimmung zu einem Unternehmensvertrag vorschlagen, wenn der andere Vertragsteil schon die Erteilung der zur Beurteilung des Vertrags erforderlichen Auskünfte verweigert (§ 93 Abs. 1).[25]

6. Umfang. Der Umfang des Auskunftsrechts der Aktionäre richtet sich nach § 131 Abs. 1 iVm. § 293 g Abs. 3. Bereits nach § 131 Abs. 1 S. 2 kann der Aktionär Auskunft über alle Angelegenheiten der Gesellschaft einschließlich der rechtlichen und geschäftlichen Beziehungen zu einem verbundenen Unternehmen im Sinne des § 15 verlangen, soweit zur sachgemäßen Beurteilung des Gegenstands der Tagesordnung erforderlich (s. schon o. Rdnr. 11 f.). Durch § 293 g Abs. 3 wird in Übereinstimmung mit den §§ 319 Abs. 3 S. 4 und 320 Abs. 4 S. 3 sowie § 64 Abs. 2 UmwG dieses Auskunftsrecht auf „alle" für den Vertragsabschluß wesentlichen Angelegenheiten des anderen Vertragsteils erstreckt, im Falle des Abschlusses eines Beherrschungs- oder Gewinnabführungsvertrages also des herrschenden Unternehmens.

a) Alle Angelegenheiten. Durch diese Erweiterung des Auskunftsrechts der Aktionäre sollen nicht nur ihre Vermögensinteressen gewahrt werden; vielmehr dient das umfassende Auskunftsrecht der Aktionäre der sachgemäßen Ausübung ihres Mitverwaltungsrechts bei dem Abschluß von Unternehmensverträgen (o. Rdnr. 10), so daß sich das Auskunftsrecht nicht etwa auf die Bonität des herrschenden Unternehmens beschränkt.[26] Aus demselben Grund brauchen sich die Aktionäre auch nicht mit der Beurteilung der Angemessenheit von Abfindung und Ausgleich durch den Vorstand abspeisen zu lassen, sondern können selbst einen umfassenden Einblick in die Verhältnisse des herrschenden Unternehmens an Hand von Fakten verlangen.[27] Insgesamt ist das Auskunftsrecht der Aktionäre aufgrund

---

[22] Str., wie hier ausdrücklich BayObLGZ 1974, 484, 488 = NJW 1975, 740 = AG 1975, 78; *Grunewald* in Lutter UmwG § 64 Rdnr. 7; wesentlich enger hingegen *Dehmer* UmwG § 64 Rdnr. 6.

[23] BayObLGZ 1974, 484, 486 f. = NJW 1975, 740 = AG 1975, 78; BayObLGZ 1975, 239, 243 = WM 1975, 1016 = AG 1975, 325; *Kort* ZGR 1987, 46, 70 ff.; *Marsch-Barner* in Kallmeyer UmwG § 64 Rdnr. 7.

[24] Ebenso *Emmerich/Sonnenschein* § 13 VI 9b; *Koppensteiner* in Kölner Kommentar § 293 Rdnr. 26; *Wälde* AG 1975, 328 ff.

[25] Unrichtig BayObLGZ 1974, 484; 1975, 239, 243.

[26] BGHZ 119, 1, 17 = NJW 1992, 2760 = AG 1992, 450 „Asea/BBC".

[27] BayObLGZ 1974, 208, 211 f. = NJW 1974, 2094 = AG 1974, 224.

der §§ 131 Abs. 1 und 293 g Abs. 3 daher ganz **weit** auszulegen, weil es vermutlich das wichtigste Schutzinstrument namentlich für die außenstehenden Aktionäre darstellt (Stichwort: Schutz der Aktionäre durch Information).[28] Das Gesetz bringt dies dadurch zum Ausdruck, daß es das Auskunftsrecht ausdrücklich auf „alle" für den Vertragsabschluß wesentlichen Angelegenheiten des anderen Vertragsteils erstreckt.

20 b) **Beispiele.** Das Auskunftsrecht erfaßt ohne Ausnahme sämtliche Angelegenheiten des anderen Vertragsteils, namentlich des herrschenden Unternehmens bei einem Beherrschungs- oder Gewinnabführungsvertrag, die in irgendeiner Hinsicht für eine sachgerechte Entscheidung der Aktionäre über den Unternehmensvertrag bedeutsam sein können.[29] Beispiele sind insbesondere die *Vermögenslage* des anderen Vertragsteils im weitesten Sinne einschließlich seiner satzungsmäßigen Kapitalverhältnisse sowie seiner Ertragslage, wozu auch die Ergebnisse der anderen Beteiligungsunternehmen gehören,[30] weiter die wichtigsten Bilanzpositionen der letzten Geschäftsjahre[31] sowie gegebenenfalls stille Reserven.[32] Im Ergebnis erstreckt sich damit das Auskunftsrecht im Grunde auf sämtliche Angaben, die nach den §§ 264 ff. HGB in den Anhang zum Jahresabschluß und in den Lagebericht aufzunehmen sind.[33]

21 Die Aktionäre können weiter Auskunft über sämtliche Punkte verlangen, die zur Beurteilung der *Angemessenheit* von Ausgleich und Abfindung bei Beherrschungs- und Gewinnabführungsverträgen sowie bei den anderen Unternehmensverträgen zur Beurteilung der Angemessenheit von Leistung und Gegenleistung erforderlich sind.[34] Dazu gehört bei einer Abfindung in Aktien des anderen Vertragsteils (§ 305 Abs. 2 Nr. 1) auch der Buchwert der Aktien.[35] Weitere Beispiele sind die Unternehmenspolitik des anderen Vertragsteils, seine mit dem Vertragsabschluß verfolgten unternehmerischen Ziele sowie überhaupt die Struktur und die Lage des Konzerns, zu dem der andere Vertragsteil gehört. Davon zu trennen sind jedoch die Verhältnisse der *Gesellschafter* des anderen Vertragsteils; auf ihre Verhältnisse erstreckt sich das Auskunftsrecht der Aktionäre nur, sofern sie sich zugleich ausnahmsweise in den Verhältnissen des anderen Vertragsteils niederschlagen.[36]

22 **7. Schranken.** Bei dem Auskunftsrecht der Aktionäre nach § 293 g Abs. 3 handelt es sich um eine bloße Erweiterung oder Präzisierung des Auskunftsrechts der Aktionäre aufgrund des § 131 Abs. 1 (o. Rdnr. 11). Daher rührt der Streit, ob auch im Rahmen des § 293 g Abs. 3 Raum für das *Auskunftsverweigerungsrecht* des Vorstands nach § 131 Abs. 3 ist.[37] Während der BGH heute deutlich zur Verneinung der Frage tendiert,[38] wird in der Begründung zu dem neuen § 64 Abs. 2 UmwG (= § 293 g Abs. 3) ausdrücklich die gegenteilige Auffassung vertreten.[39] Gleichwohl sprechen nach wie vor die besseren Gründe für die Unanwendbarkeit des § 131 Abs. 3 im Rahmen des § 293 g Abs. 3. Wichtig sind

---

[28] Ebenso *Ebenroth* Auskunftsrecht; *ders.* AG 1970, 104; *Emmerich/Sonnenschein* § 13 VI 9 b; *Geßler* in Geßler/Hefermehl § 293 Rdnr. 74; *Koppensteiner* in Kölner Kommentar § 293 Rdnr. 25, 28.

[29] Ebenso BayObLGZ 1974, 208, 212 f. = NJW 1974, 2094 = AG 1994, 224; BayObLGZ 1975, 239, 242 = WM 1975, 1016 = AG 1975, 326.

[30] Grdlg. BGHZ 119, 1, 15 f. = NJW 1992, 2760 = AG 1992, 450 „Asea/BBC"; BGHZ 122, 211, 238 f. = NJW 1993, 1976 = AG 1993, 422 „SSI"; BayObLGZ 1974, 208, 210 f. = NJW 1974, 2094; BayObLGZ 1975, 239, 242 = WM 1975, 1016 = AG 1975, 325; OLG Karlsruhe AG 1991, 144, 147 f. „Asea/BBC".

[31] BayObLGZ 1974, 208, 210.

[32] OLG Karlsruhe AG 1991, 144, 147 f.

[33] LG Frankfurt AG 1989, 331 „Nestlé".

[34] BGHZ 122, 211, 238 = NJW 1993, 1976 = AG 1993, 422 = LM AktG § 83 Nr. 1 „SSI".

[35] LG Hanau AG 1996, 184, 185 „Schwab Versand".

[36] BGHZ 122, 211, 237 = NJW 1993, 1976 = AG 1993, 422 „SSI"; LG Hanau (Fn. 35).

[37] Dafür zB BayObLGZ 1974, 208, 212 f. = NJW 1974, 2094 = AG 1974, 224; LG Frankfurt AG 1989, 231 „Nestlé"; *Bungert* DB 1995, 1449, 1451; *Geßler* in Geßler/Hefermehl § 293 Rdnr. 76; *Grunewald* in Lutter UmwG § 64 Rdnr. 8; *Kraft* in Kölner Kommentar § 340 d Rdnr. 15.

[38] Grdlg. BGHZ 119, 1, 16 f. = NJW 1992, 2760 = AG 1992, 450 „Asea/BBC"; zustimmend offenbar OLG München AG 1996, 327 = NJW-RR 1997, 544, 545; ebenso *Emmerich/Sonnenschein* § 13 VI 9 b; *Decher* ZHR 158 (1994), 473, 492; *Hüffer* Rdnr. 4; *Koppensteiner* in Kölner Kommentar § 293 Rdnr. 29; *Wälde* AG 1975, 329.

[39] S. die Begründung zu dem RegE des § 64 UmwG, BT-Dr. 12 (1994)/6699, S. 103 (l. Sp. u.).

vor allem die fehlende Bezugnahme auf § 131 Abs. 3 in § 293 g Abs. 3 sowie der umfassende Zweck des Auskunftsrechts der Aktionäre (o. Rdnr. 10), der in der Tat nur verwirklicht werden kann, wenn hier kein Raum für das Auskunftsverweigerungsrecht nach § 131 Abs. 3 ist. In krassen Fällen genügt die entsprechende Anwendung der §§ 93 Abs. 1 S. 2 und 293 a Abs. 2 S. 1.

8. Art der Auskunftserteilung. Für die Art der Auskunftserteilung gilt im Rahmen des § 293 g Abs. 3 dasselbe wie im Rahmen des § 131. Die Aktionäre haben daher nur Anspruch auf mündliche Erteilung der Auskunft im Rahmen der Hauptversammlung, dagegen nicht auf schriftliche Beantwortung ihrer Fragen. Ebensowenig steht ihnen ein Anspruch auf Vorlage von Urkunden oder auf Einsicht in Urkunden der Gesellschaft zu.[40] Derartiger Rechte bedürfen die Aktionäre auch nicht, da ohnehin von der Einberufung der Hauptversammlungen an alle wesentlichen Urkunden zu ihrer Einsichtnahme auszulegen sind (§§ 293 f Abs. 1, 293 g Abs. 1, o. Rdnr. 3 ff.).

V. Anlage zur Niederschrift

Nach § 293 g Abs. 2 S. 1 ist der Unternehmensvertrag, sofern ihm die Hauptversammlung mit der nötigen Mehrheit nach § 293 Abs. 1 oder 2 zugestimmt hat, der Niederschrift über die Hauptversammlung als Anlage beizufügen. Bei dieser Niederschrift handelt es sich immer um ein notarielles Protokoll (s. § 130 Abs. 1 S. 3 iVm. § 293 Abs. 1 und 2). Durch die Beifügung des Unternehmensvertrages soll sichergestellt werden, daß die Vertragsfassung, der die Hauptversammlung zugestimmt hat, eindeutig identifiziert werden kann.[41] Über § 294 Abs. 1 S. 2 iVm. § 9 Abs. 1 HGB wird auf diese Weise zugleich für die nötige Publizität der Unternehmensverträge gesorgt.[42]

VI. Rechtsfolgen

Wenn einem Aktionär entgegen § 293 g Abs. 3 eine Auskunft verweigert wird, kann er nach § 132 vorgehen (o. Rdnr. 12, 14). Unabhängig davon ist das Recht der Aktionäre, den Zustimmungsbeschluß (§ 293 Abs. 1 und 2) im Falle eines Verstoßes gegen § 293 g Abs. 1 bis 3 nach § 243 Abs. 1 anzufechten; das Verfahren nach § 132 verdrängt nicht etwa die Anfechtungsklage.[43] Voraussetzung ist jedoch, daß sich die Verweigerung der Auskunft gerade auf den betreffenden Tagesordnungspunkt der Hauptversammlung (Zustimmung zu dem Unternehmensvertrag) bezieht.[44] Ist diese Voraussetzung erfüllt, so ist die Kausalität der Auskunftsverweigerung für den Zustimmungsbeschluß grundsätzlich zu bejahen (s. § 243 Abs. 4).[45]

§ 294 Eintragung. Wirksamwerden

(1) Der Vorstand der Gesellschaft hat das Bestehen und die Art des Unternehmensvertrags sowie den Namen des anderen Vertragsteils, bei Teilgewinnabführungsverträgen außerdem die Vereinbarung über die Höhe des abzuführenden Gewinns, zur Ein-

---

[40] BGHZ 122, 211, 236 f. = NJW 1993, 1976 = AG 1993, 422 „SSI"; OLG Frankfurt AG 1989, 330; LG Ingolstadt AG 1991, 24 „SSI".
[41] BGH LM AktG § 293 Nr. 2 (Bl. 2) = NJW 1992, 1452 = AG 1992, 192 „Siemens/NRG" im Anschluß an die Begründung zu dem RegE des § 293, bei *Kropff* AktG S. 381 u.
[42] S. *Geßler* in Geßler/Hefermehl § 293 Rdnr. 72.
[43] Ganz hM, zB *Becker* AG 1988, 223, 228 f.; Nachw. aus der Rechtsprechung in den folgenden Fn.

[44] BGHZ 119, 1, 13 ff. = NJW 1992, 2760 = AG 1992, 450 „Asea/BBC".
[45] Str., ebenso wie hier im Ergebnis BGHZ 82, 188, 199 f. = NJW 1982, 933 „Hoesch/Hoogovens"; BGHZ 119, 1, 18 f. = NJW 1992, 2760 = AG 1992, 450 „Asea/BBC"; BGHZ 122, 211, 238 f. = NJW 1993, 1976 = AG 1993, 422 „SSI"; LG Frankfurt AG 1989, 331 „Nestle"; LG Hanau AG 1996, 184, 185; *W. Bayer* AG 1988, 323, 330.

tragung in das Handelsregister anzumelden. Der Anmeldung sind der Vertrag sowie, wenn er nur mit Zustimmung der Hauptversammlung des anderen Vertragsteils wirksam wird, die Niederschrift dieses Beschlusses und ihrer Anlagen in Urschrift, Ausfertigung oder öffentlich beglaubigter Abschrift beizufügen.

(2) Der Vertrag wird erst wirksam, wenn sein Bestehen in das Handelsregister des Sitzes der Gesellschaft eingetragen worden ist.

Schrifttum: S.o. bei §§ 291 bis 293 sowie *Emmerich/Sonnenschein* Konzernrecht § 13 VII; *Hommelhoff*, Die Konzernleitungspflicht, 1982; *Krieger* Handbuch § 70 III 3; *Th. Raiser* Kapitalgesellschaften § 54 II; *U. Schneider*, Die Fortentwicklung des Handelsregisters zum Konzernregister, WM 1986, 181.

Übersicht

	Rdnr.		Rdnr.
I. Überblick	1, 2	IV. Verfahren	17–21
II. Anwendungsbereich	3–5	1. Zuständigkeit	17
1. Abhängige Gesellschaft	3	2. Prüfung	18–20
2. Herrschende Gesellschaft?	4	a) Gegenstand	18
3. GmbH	5	b) Registersperre?	19
III. Anmeldung	6–16	c) Fusionskontrolle	20
1. Verpflichteter	6	3. Eintragung	21
2. Anmeldepflicht?	7	V. Wirksamkeit	22–28
3. Inhalt	8–12	1. Konstitutive Wirkung (§ 294 Abs.2)	22–24
a) Bestehen und Art des Vertrages	9, 10	2. Rechtslage vor Eintragung	25, 26
b) Name	11	3. Rückwirkung	27, 28
c) Teilgewinnabführungsvertrag	12		
4. Anlagen	13–16		

I. Überblick

1 Nach § 294 Abs.1 S.1 hat der Vorstand der Gesellschaft das Bestehen und die Art des Unternehmensvertrages sowie den Namen des anderen Vertragsteils zur Eintragung in das Handelsregister anzumelden. Der Anmeldung sind gemäß § 294 Abs.1 S.2 der Unternehmensvertrag sowie gegebenenfalls die Niederschrift über die Zustimmung der Hauptversammlung des anderen Vertragsteils nach § 293 Abs.2 beizufügen. Die Eintragung hat konstitutive Wirkung (§ 294 Abs.2).

2 Das AktG von 1937 enthielt noch keine vergleichbare Regelung, so daß nach damals überwiegender Meinung Unternehmensverträge keiner Eintragung ins Handelsregister bedurften. § 22 Abs.2 EGAktG ordnete deshalb für **Altverträge** eine nachträgliche Eintragungspflicht an. Mit der seitdem geltenden Registerpublizität für Unternehmensverträge ist vor allem die gebotene umfassende Information der Aktionäre, der Gläubiger und der Öffentlichkeit über den Bestand von Unternehmensverträgen wegen ihrer häufig weitreichenden Wirkungen (s. insbesondere die §§ 302 und 308) bezweckt (§ 9 HGB); zugleich wird durch die konstitutive Bedeutung der Eintragung (§ 294 Abs.2) die Rechtssicherheit gewährleistet.[1]

II. Anwendungsbereich

3 **1. Abhängige Gesellschaft.** § 294 Abs.1 regelt die Anmeldung von Unternehmensverträgen zur Eintragung ins Handelsregister durch den „Vorstand der Gesellschaft". Gemeint ist damit der Vorstand derjenigen AG oder KGaA, die jeweils die vertragstypischen Leistungen erbringt, im Falle des Abschlusses eines Beherrschungs- oder Gewinnabführungs-

---

[1] S. die Begr. zum RegE, bei *Kropff* AktG S.382; zustimmend BGHZ 105, 324, 344 = LM FGG § 19 Nr.27 = NJW 1989, 295 „Supermarkt"; *Emmerich/Sonnenschein* § 13 VII 1.

Eintragung. Wirksamwerden

vertrages also der Vorstand der abhängigen AG oder KGaA. Ebenso verhält es sich im Ergebnis bei Teilgewinnabführungsverträgen (§ 292 Abs. 1 Nr. 2). Bei Gewinngemeinschaften im Sinne des § 292 Abs. 1 Nr. 1 betrifft die Regelung hingegen jede an der Gewinngemeinschaft beteiligte AG oder KGaA, während sie sich bei Betriebspacht- oder Betriebsüberlassungsverträgen nach § 292 Abs. 1 Nr. 3 auf die verpachtende oder überlassende Gesellschaft bezieht. Geht auf eine AG oder KGaA im Wege der Gesamtrechtsnachfolge, zB durch Verschmelzung mit einer abhängigen oder überlassenden Gesellschaft, der Unternehmensvertrag über, so wird dadurch die Anmeldepflicht nach § 294 erneut ausgelöst.[2]

2. Herrschende Gesellschaft? Aus dem Gesagten (o. Rdnr. 3) folgt, daß aus § 294 Abs. 1 keine Anmelde- und Eintragungspflicht für den anderen Vertragsteil hergeleitet werden kann, selbst wenn es sich bei diesem um eine AG oder KGaA handelt und seine Hauptversammlung dem Vertragsabschluß nach § 293 Abs. 2 ebenfalls zustimmen mußte.[3] Die Frage ist freilich umstritten;[4] für die Richtigkeit der hM spricht indessen, daß die Gesetzesverfasser seinerzeit bei § 294 offenkundig nur an diejenige AG gedacht haben, die die vertragstypischen Leistungen erbringt, in erster Linie also an die abhängige Gesellschaft im Falle des § 291.[5] In dieselbe Richtung weist der systematische Zusammenhang der §§ 293 ff. Unabhängig hiervon bleiben jedoch die Vorschriften der §§ 293 g Abs. 2 S. 1 und 130 Abs. 5 zu beachten, aus denen sich ergibt, daß auch bei einer herrschenden AG oder KGaA im Falle des § 293 Abs. 2 der Vorstand unverzüglich nach der Hauptversammlung die Niederschrift über den Zustimmungsbeschluß der Hauptversammlung mit dem gebilligten Unternehmensvertrag als Anlage zum Handelsregister einzureichen hat.

3. GmbH. § 294 gilt ebenso wie die sonstigen Vorschriften der §§ 291 ff. unmittelbar nur für eine an einem Unternehmensvertrag beteiligte AG oder KGaA, nicht hingegen für Gesellschaften anderer Rechtsform, namentlich also nicht für eine abhängige GmbH. Deshalb ist früher nahezu einhellig die Eintragungspflicht für Unternehmensverträge mit GmbHs verneint worden. Seit dem sogenannten Supermarkt-Beschluß des BGH von 1988[6] finden jedoch auf die GmbH, in erster Linie in entsprechender Anwendung des § 54 GmbHG, weitgehend dieselben Regeln wie auf die AG nach § 294 Anwendung.[7]

III. Anmeldung

1. Verpflichteter. Die Anmeldung ist nach § 294 Abs. 1 S. 1 Sache des Vorstandes der jeweils anmeldepflichtigen AG (o. Rdnr. 3), an dessen Stelle bei einer KGaA die persönlich haftenden Gesellschafter treten (§ 283 Nr. 1). Die Anmeldung muß von so vielen Vorstandsmitgliedern ausgehen, wie nach § 78 iVm. der Satzung zur Vertretung der Gesellschaft erforderlich sind. Auch unechte Gesamtvertretung nach § 78 Abs. 3 S. 1 und Ermächtigung einzelner Gesamtvertreter nach § 78 Abs. 4 S. 1 sind möglich, ebenso eine Bevollmächtigung Dritter, sofern sie sich gerade auf die Anmeldung bezieht und § 12 Abs. 2 S. 1 HGB beachtet wird. Die Vorstandsmitglieder werden im Namen der AG tätig.[8] Für die Form der Anmeldung gilt § 12 HGB.

---

[2] *Koppensteiner* in Kölner Kommentar Rdnr. 2.
[3] So AG Erfurt AG 1997, 275 = GmbHR 1997, 75; *Emmerich/Sonnenschein* § 13 VII 1 a; *Geßler* in Geßler/Hefermehl Rdnr. 3; *Koppensteiner* in Kölner Kommentar Rdnr. 3; *Krieger* Handbuch § 70 Rdnr. 28.
[4] Anders insbes. *Hommelhoff* Konzernleitungspflicht S. 319 f.; *U. Schneider* WM 1986, 181, 186 f.; ebenso für die GmbH LG Bonn AG 1993, 521 = MittRhNotK 1993, 130; dagegen AG Duisburg AG 1994, 568 = GmbHR 1994, 811; AG Erfurt AG 1997, 275 = GmbHR 1997, 75; *Altmeppen* DB 1994, 1273.
[5] S. die Begründung und den Ausschußbericht zu § 293, bei *Kropff* AktG S. 382 ff.

[6] BGHZ 105, 324, 337 ff. = LM FGG § 19 Nr. 27 = NJW 1989, 295 = AG 1989, 91 auf Vorlage von BayObLGZ 1988, 201 = AG 1988, 379 = GmbHR 1988, 389.
[7] Wegen der Einzelheiten s. BGH und BayObLG (Fn. 6); BGHZ 116, 37, 39 = NJW 1992, 505 „Stromlieferung"; BGH LM AktG § 293 Nr. 2 = NJW 1992, 1452 = AG 1992, 192 „Siemens/NRG"; *Emmerich* in Scholz GmbHG § 44 Anh. Rdnr. 247 ff., 264; *ders.* JuS 1992, 102; *Emmerich/Sonnenschein* Konzernrecht § 25 II 2 und 5.
[8] BGHZ 105, 324, 327 f. = LM FGG § 19 Nr. 27 = NJW 1989, 295 „Supermarkt".

§ 294 7–12 3. Buch. 1. Teil. 2. Abschn. Abschluß v. Unternehmensverträgen

7   **2. Anmeldepflicht?** Aus der Formulierung des § 294 Abs. 1 S. 1 darf *keine* öffentlich-rechtliche, mit Zwangsgeldern nach § 14 HGB durchsetzbare Anmeldepflicht der Gesellschaft oder des Vorstands hergeleitet werden, wie sich aus § 407 Abs. 2 S. 1 ergibt (s. auch u. Rdnr. 22). Eine schuldrechtliche Anmeldepflicht obliegt dem Vorstand nur gegenüber seiner Gesellschaft aufgrund des § 83 Abs. 2 (s. u. Rdnr. 8).[9] Davon zu trennen ist die Frage, ob der Vorstand bzw. die von ihm vertretene Gesellschaft auch gegenüber dem anderen Vertragsteil zur Anmeldung verpflichtet sind (s. u. Rdnr. 25 f.).[10]

8   **3. Inhalt.** Den Inhalt der Anmeldung regelt im einzelnen § 294 Abs. 1 S. 1. Anzumelden sind danach das Bestehen und die Art des Unternehmensvertrages, weiter der Name des anderen Vertragsteils sowie bei Teilgewinnabführungsverträgen noch die Vereinbarung über die Höhe des abzuführenden Gewinns. Außerdem sind gemäß § 294 Abs. 1 S. 2 der Anmeldung der Unternehmensvertrag selbst sowie gegebenenfalls die Niederschrift über die Zustimmung der Hauptversammlung des anderen Vertragsteils mit ihren Anlagen beizufügen (dazu u. Rdnr. 13 ff.).

9   **a) Bestehen und Art des Vertrags.** Mit Bestand und Art des Unternehmensvertrages meint § 294 Abs. 1 S. 1, daß sich die Anmeldung ausdrücklich auf einen nach den §§ 291 ff. sowie dem BGB wirksam abgeschlossenen Unternehmensvertrag im Sinne der §§ 291 Abs. 1 oder 292 Abs. 1 beziehen muß. Der Vertrag muß folglich, wenn eine ordnungsgemäße Anmeldung vorliegen soll, sämtliche Wirksamkeitsvoraussetzungen nach den genannten Vorschriften, von § 294 Abs. 2 abgesehen, bereits erfüllen; und er muß außerdem nach seiner Bezeichnung in der Anmeldung einem der Vertragstypen des § 291 Abs. 1 oder des § 292 Abs. 1 zugeordnet sein, da ein Unternehmensvertrag nur unter dieser Bezeichnung ins Handelsregister eingetragen werden kann.[11]

10   Nach dem Gesagten (o. Rdnr. 9) muß jeder Vertrag, wie immer er sonst benannt sein mag, im Falle seiner Anmeldung nach § 294 **auch** nach einer der Vertragskategorien des § 291 Abs. 1 oder des § 292 Abs. 1 bezeichnet werden. Eine Interessengemeinschaft muß folglich auch als Gewinngemeinschaft, eine Verlustübernahmepflicht oder eine stille Gesellschaft zugleich als Teilgewinnabführungsvertrag[12] sowie ein Betriebsführungsvertrag als Betriebsüberlassungsvertrag qualifiziert werden, jeweils iVm. der genannten anderen Bezeichnung, damit die Rechtsnatur des Vertrages eindeutig festgelegt und durch seine Eintragung im Handelsregister verlautbart wird. Erfüllt ein konkreter Vertrag zugleich die Voraussetzungen verschiedener Kategorien von Unternehmensverträgen, etwa im Falle der Verbindung eines Betriebspachtvertrages mit einem Beherrschungsvertrag, so ist gleichfalls eine entsprechende Eintragung im Handelsregister erforderlich.[13] Würde in dem genannten Fall der Vertrag zB nur als Betriebspachtvertrag eingetragen, so wäre der zugleich vorliegende Beherrschungsvertrag mangels Eintragung im Handelsregister nichtig (§ 294 Abs. 2; § 139 BGB).[14]

11   **b) Name.** Anzumelden und infolgedessen im Handelsregister einzutragen ist weiter der Name des anderen Vertragsteils, in aller Regel also dessen Firma (§ 17 HGB). Schon mit Rücksicht auf § 30 HGB wird dazu wohl ausnahmslos außerdem die Angabe des Wohnorts oder des Sitzes des anderen Vertragsteils gehören, dies auch deshalb, um den Aktionären und den Gläubigern der Gesellschaft von vornherein zu verdeutlichen, mit wem sie es gegebenenfalls zu tun haben und an wen sie sich, namentlich in den Fällen der §§ 302 bis 305, zu halten haben.

12   **c) Teilgewinnabführungsvertrag.** Bei einem Teilgewinnabführungsvertrag nach § 292 Abs. 1 Nr. 2 ist außerdem die „Vereinbarung über die Höhe des abzuführenden Gewinns"

---

[9] S. o. § 293 Rdnr. 25; *Geßler* in Geßler/Hefermehl Rdnr. 4; *Hüffer* Rdnr. 2.
[10] S. dazu schon o. § 293 Rdnr. 29 und 31; u. Rdnr. 25 f.
[11] Ebenso *Geßler* in Geßler/Hefermehl Rdnr. 11; *Hüffer* Rdnr. 5; *Koppensteiner* in Kölner Kommentar Rdnr. 7.
[12] S. o. § 292 Rdnr. 28.
[13] S. o. § 292 Rdnr. 35, 46.
[14] S. zu dieser Umgehungsproblematik im einzelnen o. § 291 Rdnr. 21, § 292 Rdnr. 47 ff., 50.

anzumelden und gegebenenfalls einzutragen. Es genügt also nicht allein die Angabe der Quote des abzuführenden Gewinns; vielmehr sind die auf die Höhe des abzuführenden Gewinns bezüglichen Vertragsklauseln im einzelnen in der Anmeldung zu zitieren und ihrem wesentlichen Inhalt nach im Handelsregister einzutragen. Entgegen der wohl allgemeinen Meinung dürften dazu auch die Abreden über die Gegenleistung des anderen Teils gehören, da sich die wirkliche Höhe des abzuführenden Gewinns nur aus dem Zusammenspiel der Abreden über die Gewinnabführung und über die Gegenleistung ergibt.

4. Anlagen. Der Anmeldung sind gemäß § 294 Abs. 1 S. 2 der Vertrag selbst sowie, wenn dieser nach § 292 Abs. 2 nur mit Zustimmung der Hauptversammlung des anderen Vertragsteils wirksam wird, außerdem die Niederschrift dieses Beschlusses und ihre Anlagen, und zwar beides in Urschrift, Ausfertigung oder öffentlich beglaubigter Abschrift beizufügen.

Das Gesetz verlangt als erstes die Beifügung des **Vertrags** als Anlage zu der Anmeldung (§ 294 Abs. 1 S. 2). Zumindest im Regelfall dürfte diese Vorschrift indessen überflüssig sein, da bereits nach § 130 Abs. 5 iVm. § 293 g Abs. 2 S. 2 der Vorstand verpflichtet ist, unverzüglich nach der Hauptversammlung eine Abschrift der Niederschrift über den Zustimmungsbeschluß mit dem Vertrag als Anlage zum Handelsregister einzureichen, so daß in der nachfolgenden Anmeldung nach § 294 Abs. 1 eine bloße Bezugnahme auf diese schon eingereichten Unterlagen genügen dürfte.[15] Lediglich, wenn der Vorstand bisher nicht seiner Anmeldepflicht nach § 130 Abs. 5 nachgekommen ist, hat die Regelung des § 294 Abs. 1 S. 2 eigenständige Bedeutung.

Der Anmeldung ist außerdem nach § 294 Abs. 1 S. 2, wenn der Vertrag nach § 292 Abs. 2 nur mit **Zustimmung** der Hauptversammlung des anderen Vertragsteils wirksam wird, die Niederschrift dieses Beschlusses mit ihren Anlagen, wobei es sich wiederum um den Vertrag handelt, beizufügen. Auch hier sind die §§ 130 Abs. 5 und 293 g Abs. 2 S. 2 zu beachten. Die danach ohnehin erforderliche Einreichung der Niederschrift über den Zustimmungsbeschluß mit Anlagen macht die erneute Beifügung dieser Niederschrift mit Anlagen nach § 294 Abs. 1 S. 2 indessen nur entbehrlich, wenn zufällig beide an dem Vertrag beteiligten Gesellschaften ihren Sitz im selben Amtsgerichtsbezirk haben.

Sofern der Unternehmensvertrag ausnahmsweise einer staatlichen **Genehmigung** bedarf, ist (trotz des § 293 Abs. 1 S. 4) die Vorschrift des § 181 Abs. 1 S. 3 entsprechend anzuwenden, so daß der Anmeldung außerdem die Genehmigungsurkunde beizufügen ist.[16] Solche Fälle sind jedoch bisher nicht hervorgetreten. Selbst nach dem VAG und dem KWG gibt es keine Genehmigungsvorbehalte, sondern lediglich Beanstandungsrechte der Aufsichtsbehörden. Diese können nicht von sich aus ohne gesetzliche Grundlage, wie es teilweise geschieht, wirksam Genehmigungsvorbehalte einführen (s. im übrigen auch u. Rdnr. 20).

IV. Verfahren

1. Zuständigkeit. Sachlich und örtlich zuständig ist das Amtsgericht, in dessen Bezirk die Gesellschaft nach § 5 ihren Sitz hat (§ 14; § 8 HGB). Funktional zuständig ist beim Amtsgericht der Richter, nicht der Rechtspfleger (§ 17 Abs. 1 Nr. 1 lit. d RPflG).

2. Prüfung. a) Gegenstand. Das Registergericht hat die Anmeldung nicht nur in formeller, sondern auch in materieller Hinsicht zu prüfen, einfach, weil das Gericht an das geltende Recht gebunden ist und keinen danach unwirksamen Unternehmensvertrag ins Handelsregister eintragen darf.[17] Entspricht die Anmeldung nicht den gesetzlichen Vorschriften (§ 294 Abs. 1; § 12 HGB), so ist die Eintragung daher abzulehnen. Ergeben sich

---

[15] Ebenso *Geßler* in Geßler/Hefermehl Rdnr. 14; *Hüffer* Rdnr. 7; *Koppensteiner* in Kölner Kommentar Rdnr. 10.
[16] Ebenso *Hüffer* Rdnr. 9; *Koppensteiner* in Kölner Kommentar Rdnr. 11.
[17] S. im einzelnen *Baumbach/Hopt* HGB § 8 Rdnr. 6 ff.; *Heymann/Sonnenschein* HGB § 8 Rdnr. 12 ff.; *Bokelmann* in MünchKommHGB § 8 Rdnr. 56 ff.; *Staub/Hüffer* HGB § 8 Rdnr. 52 ff.

Bedenken gegen die materielle Wirksamkeit des Unternehmensvertrages und können diese bei der dem Gericht von Amts wegen obliegenden Ermittlung des Sachverhalts (§ 12 FGG) nicht ausgeräumt werden, so kann das Gericht nach seinem Ermessen die Eintragung ebenfalls ablehnen oder nach § 127 FGG verfahren. Beispiele sind die Formnichtigkeit oder die Gesetzwidrigkeit des Unternehmensvertrages (§§ 125, 134, 138 BGB), seine unrichtige Bezeichnung (o. Rdnr. 9 f.) sowie das Fehlen oder die Nichtigkeit eines nach § 293 Abs. 1 oder 2 erforderlichen Zustimmungsbeschlusses.[18] Sofern bei einem der anderen Unternehmensverträge des § 292 dessen Wirksamkeit von der Angemessenheit der Gegenleistung abhängt, gehört auch deren Prüfung zur Zuständigkeit des Registergerichts.[19]

19 b) **Registersperre?** Besondere Probleme ergeben sich im Falle der Anfechtung des Zustimmungsbeschlusses. Für diesen Fall war im Regierungsentwurf ursprünglich eine Registersperre vorgesehen gewesen (vgl. jetzt für die Eingliederung § 319 Abs. 5 und 6),[20] auf die jedoch später verzichtet wurde, um unzumutbare Verzögerungen der Eintragung von Unternehmensverträgen zu verhindern, namentlich bei mißbräuchlichen Anfechtungsklagen. Folglich hat das Registergericht auch in diesem Fall nach § 127 FGG zu verfahren.[21] In diesem Rahmen kann dann unbedenklich § 319 Abs. 6 S. 2 entsprechend angewandt werden. Nach Erhebung einer Anfechtungsklage wird daher die Eintragung des Unternehmensvertrages nur noch in Ausnahmefällen in Betracht kommen, namentlich, wenn die Klage unzulässig, offensichtlich unbegründet oder mißbräuchlich und die Eintragung im Interesse der Gesellschaft dringend erforderlich ist.[22]

20 c) **Fusionskontrolle.** Der Abschluß eines Unternehmensvertrages kann zu einem Unternehmenszusammenschluß führen (s. § 23 Abs. 2 Nr. 3 GWB aF bzw. § 37 Abs. 1 Nr. 2 S. 2 lit. b GWB nF; Art. 3 Abs. 1 lit. b Fusionskontrollverordnung). In derartigen Fällen greift entweder generell (Art. 7 Abs. 1 Fusionskontrollverordnung) oder unter bestimmten Voraussetzungen ein **Vollzugsverbot** ein (§ 24a Abs. 4 GWB aF bzw §§ 39 Abs. 1, 40 GWB aF), das auch vom Registergericht zu beachten ist, so daß es eine Eintragung des Unternehmensvertrages abzulehnen hat, solange ihm nicht die Beendigung des Vollzugsverbots nachgewiesen ist.[23] Ebenso ist zu verfahren, wenn sonst (ausnahmsweise) der Abschluß eines Unternehmensvertrags einer staatlichen Genehmigung bedürfen sollte und dem Registergericht nicht mit der Anmeldung entsprechend § 181 Abs. 1 S. 3 die Genehmigung nachgewiesen wird (o. Rdnr. 16).

21 3. **Eintragung.** Der Inhalt der Eintragung richtet sich nach dem Inhalt der durch § 294 Abs. 1 S. 1 vorgeschriebenen Anmeldung.[24] Handelt es sich um einen Unternehmensvertrag mit einem Gemeinschaftsunternehmen (Stichwort: Mehrmütterorganschaft), so sind konzernrechtlich sämtliche Mütter Vertragspartner und folglich als solche im Handelsregister einzutragen, selbst wenn steuerrechtlich zwischen die Mütter und das Gemeinschaftsunternehmen formal eine BGB-Gesellschaft eingeschoben ist.[25] Im Falle einer stillen Gesellschaft, die als Teilgewinnabführungsvertrag nach § 292 Abs. 1 Nr. 2 zu qualifizieren ist, ist der stille Gesellschafter der andere Vertragsteil und daher ebenfalls im Handelsregister einzutragen.[26] Für die Bekanntmachung der Eintragung gilt § 10 HGB, für die Einsicht in das Handelsregister und in die Handelsregisterakten (einschließlich des Unternehmensver-

---

[18] Ebenso *Hüffer* Rdnr. 11; *Koppensteiner* in Kölner Kommentar Rdnr. 13 bis 16, 18.
[19] Anders zu Unrecht *Geßler* in Geßler/Hefermehl Rdnr. 17.
[20] S. die Begr. zu dem RegE, bei *Kropff* AktG S. 383.
[21] S. den Ausschußbericht, bei *Kropff* AktG S. 383 f.
[22] Grdlg. BGHZ 112, 9, 23 ff. = NJW 1990, 2747 = AG 1990, 538 „Deutsche Hypothekenbank/ Pfälzische Hypothekenbank"; OLG Nürnberg AG 1996, 229, 230; s. *Bokelmann* in MünchKommHGB § 8 Rdnr. 74 f.; *Geßler* in Geßler/Hefermehl Rdnr. 18; *Hüffer* Rdnr. 12 ff.; *Koppensteiner* in Kölner Kommentar Rdnr. 19.
[23] *Mestmäcker* in Immenga/Mestmäcker GWB § 24a Rdnr. 35; *Windbichler,* Unternehmensverträge und Zusammenschlußkontrolle, 1977, S. 20 ff.; im einzelnen str.
[24] S. im einzelnen *Hüffer* Rdnr. 16.
[25] S.o. § 15 Rdnr. 25; ebenso *Hüffer* Rdnr. 4; *Koppensteiner* in Kölner Kommentar Rdnr. 8.
[26] S.o. § 292 Rdnr. 22, 27.

trages) § 9 HGB. Für Unternehmensverträge besteht mithin ein umfassende *Publizität*, da jedermann von ihrem Inhalt nach den §§ 130 Abs. 5, 293 g Abs. 2 S. 2 und 294 Abs. 1 S. 2 iVm. § 9 HGB Kenntnis nehmen kann.

V. Wirksamkeit

1. Konstitutive Wirkung (§ 294 Abs. 2). Der Unternehmensvertrag erlangt erst Wirksamkeit mit seiner Eintragung im Handelsregister (§ 294 Abs. 2). Maßgeblicher Zeitpunkt ist der der Eintragung, deren Datum jeweils im Handelsregister zu vermerken ist. Die Eintragung hat jedoch keine heilende Kraft, sofern der Vertrag nichtig ist, etwa, weil er gegen das Gesetz verstößt (§ 134 BGB) oder weil der Zustimmungsbeschluß fehlt oder nichtig ist.[27] Das Registergericht hat dann nach § 142 FGG das Amtslöschungsverfahren einzuleiten.[28] Bis zur Amtslöschung wird jedoch der Unternehmensvertrag nach seinem Vollzug in bestimmten Fällen als wirksam behandelt.[29] Einen weitergehenden Schutz Dritter in ihrem Vertrauen auf die Wirksamkeit des Unternehmensvertrages, etwa nach § 15 Abs. 3 HGB, gibt es nicht, da es sich bei Unternehmensverträgen nicht um eintragungspflichtige Tatsachen im Sinne des § 15 HGB handelt.[30]

Maßgeblich ist allein die Eintragung des Vertrages im Handelsregister derjenigen AG oder KGaA, die die vertragstypischen Leistungen erbringt, in erster Linie also bei der abhängigen Gesellschaft (o. Rdnr. 3), während im Handelsregister des anderen Vertragsteils keine Eintragung vorgenommen wird (o. Rdnr. 4). Eine scheinbare Ausnahme bilden nur Gewinngemeinschaften nach § 292 Abs. 1 Nr. 1 unter Beteiligung mehrerer AG oder KGaA, weil hier der Vertrag nach § 294 Abs. 2, und zwar in seiner Gesamtheit, erst mit der Eintragung bei der letzten beteiligten AG oder KGaA wirksam wird.[31]

Nach überwiegender Meinung ist es möglich, in dem Vertrag einen **nach** dem Zeitpunkt der Eintragung liegenden Zeitpunkt als Zeitpunkt der Wirksamkeit des Vertrags zu bestimmen.[32] Dies ist indessen ausgesprochen mißlich, so daß das Registergericht nach Möglichkeit gemäß § 127 FGG die Eintragung bis zum Eintritt dieses Zeitpunkts aufschieben sollte. Auf jeden Fall ist so zu verfahren, wenn der Vertrag unter einer aufschiebenden Bedingung abgeschlossen ist.[33]

2. Rechtslage vor Eintragung.[34] Das Gesetz schreibt keine bestimmte Reihenfolge von Vertragsabschluß und Zustimmungsbeschluß vor. Der Zustimmungsbeschluß kann vielmehr dem Vertragsabschluß sowohl vorausgehen wie nachfolgen.[35] Geht der *Zustimmungsbeschluß* (ausnahmsweise) dem Vertragsabschluß voraus, so muß freilich in der Hauptversammlung bereits der Entwurf eines Unternehmensvertrages vorliegen, weil sich die Hauptversammlung nur zu einem konkreten Vertrag äußern kann. Der Vorstand ist in diesem Falle der Gesellschaft gegenüber verpflichtet, einen entsprechenden Vertrag abzuschließen (§ 83 Abs. 2) und ihn, sobald dies geschehen ist, nach § 294 Abs. 1 zum Handelsregister anzumelden (o. Rdnr. 7). Für die zusätzlich vielfach angenommene Verpflichtung des Vorstandes auch gegenüber dem anderen Vertragsteil zur Anmeldung des Vertrags ist hingegen keine Rechtsgrundlage zu erkennen, da nach dem Gesamtzusammenhang der gesetzlichen Regelung (§§ 292 ff., 407 Abs. 2) die Gesellschaft in jedem Zeitpunkt frei darüber entscheiden können soll, ob sie den Unternehmensvertrag in Kraft treten lassen will oder nicht.[36]

Im umgekehrten Fall, dann also, wenn der *Vertragsabschluß* der Zustimmung der Hauptversammlung vorausgeht, hat der Vorstand bei Abschluß des Vertrages als Vertreter ohne

---

[27] *Hüffer* Rdnr. 17, 21; *Koppensteiner* in Kölner Kommentar Rdnr. 25.
[28] *Hüffer* Rdnr. 21.
[29] S. im einzelnen o. § 291 Rdnr. 25 ff.
[30] S. o. Rdnr. 7; ebenso im Ergebnis *Hüffer* Rdnr. 21; *Koppensteiner* in Kölner Kommentar Rdnr. 28.
[31] ZB *Geßler* in Geßler/Hefermehl Rdnr. 21.

[32] *Emmerich/Sonnenschein* § 17 VII 1 b; *Hüffer* Rdnr. 18; *Koppensteiner* in Kölner Kommentar Rdnr. 21.
[33] S. o. § 293 Rdnr. 18, u. § 297 Rdnr. 21 f.
[34] Zum folgenden ausführlich *Emmerich/Sonnenschein* § 13 VII 2 sowie o. § 293 Rdnr. 29 ff.
[35] S. o. § 293 Rdnr. 25.
[36] S. o. § 293 Rdnr. 31.

Vertretungsmacht gehandelt. In diesem Fall besteht gleichfalls keine Bindung der Gesellschaft bis zum Zeitpunkt der Eintragung des Unternehmensvertrages ins Handelsregister (§ 294 Abs. 2). Weder ist der Vorstand verpflichtet, nach Abschluß des Vertrages diesen der Hauptversammlung zur Genehmigung vorzulegen,[37] noch besteht eine Bindung der Hauptversammlung, so daß diese selbst nach ursprünglicher Zustimmung zu dem Vertrag bis zur Eintragung im Handelsregister immer noch einen gegenteiligen Beschluß fassen kann. Zustimmungsbeschlüsse erwachsen nicht in Rechtskraft.[38]

27 3. **Rückwirkung.** Die konstitutive Wirkung der Eintragung nach § 294 Abs. 2 schließt es nicht aus, daß sich der Unternehmensvertrag selbst schuldrechtlich Rückwirkung beilegt.[39] Die Frage, wieweit dies tatsächlich möglich ist, läßt sich indessen nicht einheitlich beantworten, sondern hängt von der Natur des Vertrages ab. Generell ausgeschlossen ist eine Rückwirkung lediglich bei dem Beherrschungsvertrag.[40]

28 Bei Gewinnabführungsverträgen bestehen hingegen jedenfalls gegen eine Rückwirkung bis zum Beginn des laufenden Geschäftsjahrs keine Bedenken, während die weitergehende steuerrechtliche Regelung in § 14 Nr. 4 KStG gesellschaftsrechtlich keine Anerkennung finden kann.[41] Ebenso zu beurteilen ist die Rechtslage schließlich bei den anderen Unternehmensverträgen des § 292, wo durchweg jedenfalls eine Rückwirkung für das laufende Geschäftsjahr unbedenklich ist.[42]

§ 295 Änderung

(1) **Ein Unternehmensvertrag kann nur mit Zustimmung der Hauptversammlung geändert werden. §§ 293 bis 294 gelten sinngemäß.**

(2) **Die Zustimmung der Hauptversammlung der Gesellschaft zu einer Änderung der Bestimmungen des Vertrags, die zur Leistung eines Ausgleichs an die außenstehenden Aktionäre der Gesellschaft oder zum Erwerb ihrer Aktien verpflichten, bedarf, um wirksam zu werden, eines Sonderbeschlusses der außenstehenden Aktionäre. Für den Sonderbeschluß gilt § 293 Abs. 1 Satz 2 und 3. Jedem außenstehenden Aktionär ist auf Verlangen in der Versammlung, die über die Zustimmung beschließt, Auskunft auch über alle für die Änderung wesentlichen Angelegenheiten des anderen Vertragsteils zu geben.**

Schrifttum: *W. Bayer,* Herrschaftsveränderungen im Vertragskonzern, ZGR 1993, 599; *Bungert,* Unternehmensvertragsbericht und Unternehmensvertragsprüfung gemäß §§ 293 a ff AktG, DB 1995, 1449; *Ebenroth/Parche,* Konzernrechtliche Beschränkungen der Umstrukturierung des Vertragskonzerns, BB 1989, 637; *Emmerich/Sonnenschein* Konzernrecht § 14; *Hommelhoff,* Die Konzernleitungspflicht, 1982, S. 437 ff.; *Hüchting,* Abfindung und Ausgleich im aktienrechtlichen Beherrschungsvertrag, 1972, S. 101 ff.; *Humbeck,* Die Prüfung der Unternehmensverträge nach neuem Recht, BB 1995, 1893; *Kley,* Die Rechtsstellung der außenstehenden Aktionäre bei der vorzeitigen Beendigung von Unternehmensverträgen, 1986; *Krieger* Handbuch § 70 Rdnr. 117, 130 ff. (S. 835, 842 ff.); *ders.,* Änderung und Beendigung von Beherrschungs- und Gewinnabführungsverträgen, in. U. Schneider (Hrsg.), Beherrschungs- und Gewinnabführungsverträge in der Praxis der GmbH, 1989, S. 99; *Pentz,* Die verbundene Aktiengesellschaft als außenstehender Aktionär, AG 1996, 97; *Priester,* Herrschaftswechsel beim Unternehmensvertrag, ZIP 1992, 293; *Th. Raiser,* Kapitalgesellschaften § 54 VI (S. 626 ff.); *Säcker,* Die Rechte der Aktionäre bei konzerninternen Umstrukturierungen gemäß §§ 304 f. AktG, DB 1988, 271; *Timm,* Rechtsfragen der Änderung und Beendigung von Unternehmensverträgen, Festschrift Kellermann, 1991, S. 461.

---

[37] S. o. § 293 Rdnr. 29 m. Nachw. zum Streitstand.
[38] S. o. Rdnr. 32 sowie *Emmerich/Sonnenschein* § 17 VII 2 d.
[39] So schon die Begründung und der Ausschußbericht, bei *Kropff* AktG S. 383 und 384.
[40] S. o. § 291 Rdnr. 13.

[41] S. o. § 291 Rdnr. 43; *Emmerich/Sonnenschein* § 17 VII 3 c/d; *Geßler* in Geßler/Hefermehl Rdnr. 30; *Hüffer* Rdnr. 20; *Koppensteiner* Kölner Kommentar Rdnr. 22.
[42] *Emmerich/Sonnenschein* § 13 VII 3 e; *Geßler* in Geßler/Hefermehl Rdnr. 31 f.

Übersicht

	Rdnr.		Rdnr.
I. Überblick	1–3	b) Auslegung	18
II. Vertragsänderung	4–14	c) Erläuterung, Auskunftsrecht	19, 20
1. Begriff	4, 5	3. Vertragsbericht und Vertragsprüfung	21
2. Änderungskündigung	6	IV. Sonderbeschluß der außenstehenden Aktionäre (§ 295 Abs. 2)	22–32
3. Tatsächliche Änderungen	7	1. Zweck	22
4. Änderung der Vertragsdauer	8, 9	2. Anwendungsbereich	23–25
5. Änderung des Vertragstypus	10	a) Ausgleich oder Abfindung	23
6. Parteiwechsel	11–14	b) Änderung	24–26
III. Zustimmungsbeschluß der Hauptversammlung (§ 295 Abs. 1)	15–21	3. Außenstehende Aktionäre	27–29
1. Hauptversammlung	15, 16	4. Verfahren	30, 31
2. Verfahren	17–20	5. Rechtsfolgen	32, 33
a) Einberufung	17	V. Wirksamwerden der Vertragsänderung	34–36

I. Überblick

§ 295 Abs. 1 regelt die Änderung von Unternehmensverträgen durch die Klarstellung, daß hierfür in sachlicher Übereinstimmung mit § 305 BGB grundsätzlich dieselben Erfordernisse wie für den Abschluß derartiger Verträge gelten.[1] Seit 1994 nimmt das Gesetz in § 295 Abs. 1 S. 2 außerdem Bezug auf die neuen §§ 293 a bis 293 g, so daß durch eine Vertragsänderung auch die Berichtspflicht des Vorstandes (§ 293 a) sowie die Pflicht zur Prüfung der Änderung durch sachverständige Prüfer nach den §§ 293 b bis 293 e ausgelöst werden. Für die Hauptversammlung, die über die Änderung des Unternehmensvertrages mit qualifizierter Mehrheit zu beschließen hat, gelten schließlich die §§ 293 f und 293 g entsprechend. 1

Wenn die Änderung eine Bestimmung des Vertrags über die Leistung von Ausgleich oder Abfindung an außenstehende Aktionäre betrifft, ist zusätzlich nach § 295 Abs. 2 iVm. § 293 Abs. 1 S. 2 und 3 ein Sonderbeschluß der außenstehenden Aktionäre im Sinne des § 138 mit qualifizierter Mehrheit erforderlich. Das Gesetz billigt hier den außenstehenden Aktionären außerdem nach dem Vorbild des § 293 g Abs. 3 ein erweitertes Auskunftsrecht zu (§ 295 Abs. 2 S. 3). 2

Vergleichbare Regelungen finden sich für die Aufhebung eines Unternehmensvertrages in § 296 Abs. 2 sowie für die ordentliche Kündigung des Unternehmensvertrages (nur) durch den Vorstand der abhängigen Gesellschaft in § 297 Abs. 2. Keines Sonderbeschlusses der außenstehenden Aktionäre bedürfen hingegen die ordentliche Kündigung durch den anderen Vertragsteil sowie eine außerordentliche Kündigung des Vertrags aus wichtigem Grunde, gleich durch welchen Vertragsteil (§ 297 Abs. 1).[2] Ergänzend ist **§ 299** zu beachten, nach dem aufgrund eines Beherrschungsvertrages der abhängigen Gesellschaft von dem herrschenden Unternehmen nicht die Weisung erteilt werden kann, den Vertrag zu ändern, aufrechtzuerhalten oder zu beendigen. Die entsprechende Anwendbarkeit des § 295 auf Unternehmensverträge mit einer **GmbH** ist umstritten. Um sonst naheliegende Umgehungsmöglichkeiten zu verhindern, sollte man hier ebenso wie für den Abschluß des Vertrages die Zustimmung aller Gesellschafter sowie die der Gesellschafter des anderen Vertragsteils mit qualifizierter Mehrheit verlangen.[3] 3

---

[1] S. *Emmerich/Sonnenschein* § 14 I 1.
[2] BGH LM AktG § 295 Nr. 1 = NJW 1979, 2103 = AG 1979, 289 „Salzgitter-Peine".
[3] Sehr str., s. *Emmerich/Sonnenschein* § 25 IV 1; *Emmerich* in Scholz GmbH § 44 Anh. Rdnr. 318 f.; *Hoffmann-Becking* WiB 1994, 57; *Krieger* in U. Schneider aaO; *Wirth* DB 1990, 2105.

II. Vertragsänderung

4 1. Begriff. Das Gesetz unterscheidet in den §§ 295 bis 297 die Änderung des Unternehmensvertrages von seiner Aufhebung und seiner Kündigung. Daraus folgt, daß dem § 295 derselbe Begriff der Vertragsänderung wie dem bürgerlichen Recht (§ 305 BGB) zugrunde liegt. Unter einer Änderung des Unternehmensvertrags im Sinne des § 295 Abs. 1 S. 1 ist daher jede einverständliche *inhaltliche* Abänderung des Vertrags zu verstehen, die noch *während* seiner Laufzeit wirksam werden soll, und zwar im weitesten Sinne.[4] Zwischen wesentlichen und unwesentlichen Änderungen wird dabei ebensowenig wie zwischen inhaltlichen und „bloß" redaktionellen Änderungen unterschieden, schon, weil für eine Abgrenzung dieser verschiedenen Fälle operationale Kriterien fehlen.[5] Eine Ausnahme ist lediglich für reine Textberichtigungen zu machen (u. Rdnr. 5).

5 Änderungen des Vertrages stellen namentlich die Aufhebung einzelner Bestimmungen,[6] die Änderung der Vertragsdauer (u. Rdnr. 8 ff.) sowie der Parteiwechsel dar (u. Rdnr. 11 ff.). Den Gegensatz bilden nach dem Gesagten (o. Rdnr. 4) die Aufhebung (§ 296) und die Kündigung des Vertrages (§ 297). Auch sonstige einseitige Rechtsgeschäfte, die auf den Vertragsinhalt einwirken wie namentlich die Anfechtung oder der Rücktritt, fallen nicht unter § 295. Aus praktischen Gründen sind von seiner Anwendbarkeit außerdem noch reine Textänderung ohne sachliche Bedeutung auszunehmen, wobei vor allem an die Änderung des Namens, der Firma oder des Sitzes einer der Parteien zu denken ist.[7]

6 2. Änderungskündigung. Die gesetzliche Regelung, die auf einer deutlichen Unterscheidung zwischen einerseits der Änderung oder Aufhebung des Vertrages und andererseits dessen Kündigung durch den anderen Vertragsteil beruht (s. die §§ 295 und 296 gegenüber § 297 Abs. 1), hat dazu geführt, daß die besonderen Kautelen namentlich für eine Vertragsänderung aufgrund des § 295 dadurch „umgangen" werden können, daß das herrschende Unternehmen an Stelle der an sich geplanten Änderung eines Unternehmensvertrags den Weg einer Kündigung (§ 297 Abs. 1) iVm. dem nachfolgenden *Neuabschluß* des Vertrags nach § 293 wählt, da im zweiten Fall jedenfalls ein Sonderbeschluß der außenstehenden Aktionäre entbehrlich ist. Überwiegend werden bislang gegen derartige Änderungskündigungen keine Bedenken erhoben, weil das Gesetz dem anderen Vertragsteil eben beide Wege zur Verwirklichung desselben wirtschaftlichen Ziels (Abänderung des Vertrags) zur Verfügung gestellt habe.[8] Tatsächlich muß man jedoch unterscheiden: Für die Anwendung des § 295 ist bei Lichte besehen nur dann kein Raum, wenn der andere Vertragsteil tatsächlich den Weg einer Kündigung iVm. dem nachfolgenden Neuabschluß des Vertrages wählt. Hingegen bleibt § 295 bereits nach seinem Wortlaut anwendbar, wenn er statt dessen die Kündigung des Vertrages unter der auflösenden Bedingung der Zustimmung der abhängigen Gesellschaft zu einer Vertragsänderung ausspricht.[9]

7 3. Tatsächliche Änderungen. Die streng formalisierten Anforderungen des Gesetzes an eine wirksame Vertragsänderung (§ 295) haben die weitere Frage aufgeworfen, wie zu verfahren ist, wenn die Vertragsparteien ohne Beachtung der Förmlichkeiten des § 295 „tatsächlich" ihre Vertragspraxis ändern. Die Antwort ergibt sich aus § 305 BGB: Beruht die

---

[4] BGH LM AktG § 295 Nr. 1 (Bl. 1 R) = NJW 1979, 2103 = AG 1979, 289 „Salzgitter-Peine"; LG Mannheim AG 1991, 26, 27 = ZIP 1990, 379 „Asea/BBC"; *Emmerich/Sonnenschein* § 14 I 2; *Hüffer* Rdnr. 3 f.; *Hüchting* Abfindung S. 102 f.
[5] Ebenso schon die Begründung zum RegE, bei *Kropff* AktG S. 384; LG Mannheim (Fn. 4); anders nur *Hommelhoff* Konzernleitungspflicht S. 440.
[6] S. u. § 296 Rdnr. 5; *Hüchting* Abfindung S. 102 f.
[7] *Emmerich/Sonnenschein* § 14 I 2; s. schon o. Rdnr. 5 am Ende.
[8] Grdlg. BGHZ 122, 211, 233 f. = NJW 1993, 1976 = AG 1993, 422 „SSI"; BGH LM AktG § 295 Nr. 1 = NJW 1979, 2103 = AG 1979, 289 „Salzgitter-Peine" (Vorinstanzen OLG Celle AG 1978, 218; LG Hildesheim AG 1978, 27); OLG Düsseldorf AG 1990, 490, 491 „DAB/Hansa"; *Ebenroth/Parche* BB 1989, 637, 641; *Hüffer* Rdnr. 7; *Krieger* Handbuch § 70 Rdnr. 118; *Priester* ZGR 1992, 293, 299; *Timm*, Festschrift Kellermann, S. 461, 462; *Kley* Rechtsstellung S. 93; zur Kritik s. zB *Hirte* ZGR 1994, 644, 655 ff.
[9] *Emmerich/Sonnenschein* § 14 I 2; *Windbichler*, Unternehmensverträge und Zusammenschlußkontrolle, 1977, S. 77 ff.

Änderung 8–11 § 295

geänderte Vertragspraxis auf dem Willen beider Parteien, so handelt es sich in Wirklichkeit um einen Änderungsvertrag (§ 305 BGB), der indessen wegen Verstoßes gegen § 295 iVm. den §§ 293 und 294 nichtig ist (§§ 125, 134 BGB). Ändert hingegen nur eine Partei ihre Praxis unter Verstoß gegen den fortbestehenden Vertrag, so greifen zunächst die üblichen Sanktionen des Gesetzes für Vertragsverletzungen ein (s. §§ 309, 310). Außerdem ist je nach Fallgestaltung an die Anwendung der §§ 93, 197 Abs. 1, 317 und 318 zu denken; schließlich kann solches Verhalten eines Unternehmens noch zur Einschränkung oder Versagung des Testats seitens der Abschlußprüfer führen.[10]

4. Änderung der Vertragsdauer. Zum Inhalt eines Vertrages gehören auch die Abreden über die Vertragsdauer. Eine Änderung dieser Abreden stellt daher gleichfalls eine Vertragsänderung im Sinne des § 295 dar und bedarf außerdem im Regelfall eines Sonderbeschlusses der außenstehenden Aktionäre nach § 295 Abs. 2, weil gleichermaßen durch eine Verkürzung wie durch eine Verlängerung der Vertragsdauer in die Abreden der Parteien über Ausgleich und Abfindung eingegriffen wird.[11] Unstreitig ist dies freilich nur für eine *Abkürzung* der Vertragsdauer oder für eine nachträgliche Befristung des Vertrages.[12] Hingegen sieht die überwiegende Meinung in einer nachträglichen *Verlängerung* der ursprünglich vorgesehenen Vertragsdauer im Ergebnis den Abschluß eines neuen Vertrages, der allein dem § 293 unterfalle, so daß ein Sonderbeschluß der außenstehenden Aktionäre entbehrlich sei.[13] 8

Dem ist nicht zu folgen.[14] Das Gesetz eröffnet den Parteien in den §§ 295 bis 297 die Wahl zwischen der Änderung der Vertragsdauer (§ 295) und der Aufhebung des alten Vertrages (§§ 296 und 297) iVm. dem Abschluß eines neuen Vertrages. Entscheiden sie sich für die bloße Änderung der Vertragsdauer durch deren Verlängerung, so müssen sie hierfür auch den gesetzlich vorgeschriebenen Weg des § 295 beachten. 9

5. Änderung des Vertragstypus. Ebenso wie eine Änderung der Vertragsdauer (o. Rdnr. 8 f.) ist eine Änderung des Vertragstypus zu beurteilen, zB die Ersetzung eines Betriebspachtvertrages durch einen Beherrschungsvertrag. Entgegen einer verbreiteten Meinung liegt hierin mitnichten in jedem Fall eine Aufhebung des alten Vertrags nach § 296 iVm. dem Abschluß eines neuen Vertrages gemäß § 293;[15] vielmehr ist zu unterscheiden: Die Parteien haben zwar die Wahl zwischen dem genannten Weg (Aufhebung des alten und Abschluß eines neuen Vertrages) oder der inhaltlichen Umgestaltung des alten Vertrages; im zweiten Fall müssen sie dann aber den § 295 beachten.[16] Der sachliche Unterschied beider Wege ist freilich gering, weil in beiden Fällen ein Sonderbeschluß erforderlich sein kann, entweder nach § 296 Abs. 2 oder nach § 295 Abs. 2. 10

6. Parteiwechsel.[17] Zum Inhalt eines Vertrages gehören ferner die Parteien, so daß ein Parteiwechsel auf einer oder beiden Seiten des Vertrages durchaus eine Vertragsänderung darstellen kann, die unter § 295 fällt.[18] Im einzelnen hat man die Vertragsübernahme und 11

---

[10] *Geßler* in Geßler/Hefermehl Rdnr. 18; *Hüffer* Rdnr. 4; *Hüchting* Abfindung S. 103; *Koppensteiner* in Kölner Kommentar Rdnr. 3.
[11] *Emmerich/Sonnenschein* § 14 I 2; zustimmend *Bungert* DB 1995, 1449.
[12] ZB *Raiser* Kapitalgesellschaften § 54 Rdnr. 68.
[13] *Geßler* in Geßler/Hefermehl Rdnr. 9; *Hüffer* Rdnr. 7; *Humbeck* BB 1995, 1893, 1894; *Koppensteiner* in Kölner Kommentar Rdnr. 9; *Krieger* Handbuch § 70 Rdnr. 117; *Raiser* Kapitalgesellschaften § 54 Rdnr. 67.
[14] *Emmerich/Sonnenschein* § 14 I 2.
[15] So zB *Geßler* in Geßler/Hefermehl Rdnr. 4; *Hüffer* Rdnr. 7; *Raiser* Kapitalgesellschaften § 54 Rdnr. 68; *Säcker* DB 1988, 271, 272.
[16] Ebenso *Koppensteiner* in Kölner Kommentar Rdnr. 4; s. u. § 296 Rdnr. 5.

[17] Vgl. zum folgenden insbes. *W. Bayer* ZGR 1993, 599; *Ebenroth/Parsche* BB 1989, 637; *Hommelhoff*, Festschrift Claussen, S. 129; *Pentz*, Festschrift Kropff, S. 225; *ders.* NZG 1998, 380; *Priester* ZIP 1992, 293; *Röhricht* ZHR 162 (1998), 249; *Säcker* DB 1988, 271; *Krieger* Handbuch § 70 Rdnr. 130 ff.
[18] BGHZ 119, 1, 6 ff., 16 = LM AktG § 131 Nr. 3 = NJW 1992, 2760 = AG 1992, 450 „Asea/BBC" (ebenso zuvor OLG Karlsruhe AG 1991, 144 = NJW-RR 1991, 553; LG Mannheim AG 1991, 26); OLG Karlsruhe AG 1997, 270, 271 f. „ASEA/BBC"; LG Essen AG 1996, 189, 190 „RAG Immobilien-AG"; LG Essen, Urteil vom 16.12. 1994–47 O. 238/94 „RAG-Technik AG" (insoweit nicht in AG 1995, 191 veröffentlicht).

den Vertragsbeitritt eines Dritten zu unterscheiden, wobei die rechtliche Konstruktion keine Rolle spielt.[19] Die Vertragsübernahme durch einen Dritten ist ebenso wie dessen Beitritt zu dem Vertrag neben einer Partei gleichermaßen durch Vertrag zwischen der alten und der neuen Partei mit Zustimmung des anderen Teils wie durch dreiseitigen Vertrag möglich (§ 305 BGB). In jedem Fall handelt es sich um eine Vertragsänderung im Sinne des § 295, solange der Vertrag nicht seine Identität ändert (s.u. Rdnr.12).[20] Gleich steht der Fall, daß bei einem Gemeinschaftsunternehmen ein Wechsel im Bestand der Mütter erfolgt, wobei es keine Rolle spielt, ob formal aus steuerlichen Gründen zwischen die Mütter und das Gemeinschaftsunternehmen eine BGB-Gesellschaft eingeschoben ist oder nicht, da konzernrechtlich der Sache nach immer nur die Mütter Vertragsparteien sind.[21] Umstritten ist in diesen Fällen nur, wann zusätzlich nach § 295 Abs.2 ein Sonderbeschluß der außenstehenden Aktionäre erforderlich ist und ob diese Vorgänge die erneute Anwendbarkeit der §§ 304 und 305 nach sich ziehen (s.u. Rdnr.26).

12 Anders ist die Rechtslage zu beurteilen, wenn die Parteien an Stelle einer Vertragsübernahme oder eines Vertragsbeitritts den ihnen ebenfalls zur Verfügung stehenden Weg der *Aufhebung* des alten Vertrags iVm. dem Abschluß eines neuen Unternehmensvertrages mit der oder den neuen Parteien wählen. In diesem Fall sind allein die §§ 296 und 293 anwendbar.[22]

13 Von den geschilderten Regeln (o. Rdnr.11 ff.) wird gelegentlich eine Ausnahme für sogenannte *konzerninterne* Umstrukturierungen gemacht, namentlich also für die Übertragung eines Beherrschungs- oder Gewinnabführungsvertrages mit einer Enkelgesellschaft von der Mutter- auf die Tochtergesellschaft oder umgekehrt.[23] Für eine derartige Einschränkung des § 295 fehlt indessen eine gesetzliche Grundlage.

14 Nach überwiegender Meinung ist kein Raum für eine Anwendung des § 295, wenn sich der Parteiwechsel auf einer Seite des Vertrages *kraft Gesetzes* vollzieht, namentlich also im Falle der Eingliederung, der Verschmelzung oder der übertragenden Umwandlung des herrschenden Unternehmens in oder auf ein drittes Unternehmen, weil dann der Unternehmensvertrag nicht durch Rechtsgeschäft, sondern kraft Gesetzes im Wege der Gesamtrechtsnachfolge auf die neue Partei übergeht (§ 322; § 20 UmwG).[24] Man muß auch hier mehrere Fragen unterscheiden: Einmal geht es um die Anwendbarkeit des § 295; davon zu trennen ist jedoch die Frage nach dem Schicksal des Unternehmensvertrages sowie der dadurch begründeten Ausgleichs- und Abfindungsansprüche der außenstehenden Aktionäre.[25] Hier interessiert allein die Anwendbarkeit des § 295, die angesichts der gesetzlichen Regelung der §§ 295 bis 297 wohl in der Tat in den fraglichen Fällen zu verneinen ist, da dem Gesetz eben gerade nicht der Grundsatz zugrunde liegt, daß die außenstehenden Aktionäre an *allen* Vorgängen im Wege eines Sonderbeschlusses zu beteiligen sind, durch die ihre Ansprüche auf Ausgleich und Abfindung tangiert werden, sondern lediglich dann, wenn gerade die besonderen Voraussetzungen der §§ 295 Abs.2, 296 Abs.2 und 297 Abs.2 vorliegen.

---

[19] S. ausführlich *Staudinger/Emmerich* BGB 13. Aufl. 1995, § 549 Rdnr.22 ff., 39; *Emmerich* JuS 1998, 495.
[20] BGH, OLG Karlsruhe, LG Mannheim und LG Essen (Fn.18) sowie außer den Genannten (Fn.17) zB noch *Hüffer* Rdnr.5; *Koppensteiner* in Kölner Kommentar Rdnr.5; *Krieger* Handbuch § 70 Rdnr.134; *Raiser* Kapitalgesellschaften § 54 Rdnr.68.
[21] Ebenso *Hüffer* Rdnr.5; *Koppensteiner* in Kölner Kommentar Rdnr.5; *Priester* ZIP 1992, 293, 301; s.o. § 17 Rdnr.25.
[22] LG Essen AG 1995, 189, 190 „RAG Immobilien-AG".

[23] Insbes. *Säcker* DB 1988, 271; zum Teil auch *Ebenroth/Parche* BB 1989, 637.
[24] LG Mannheim AG 1991, 26, 27 = ZIP 1990, 379 „Asea/BBC"; AG 1995, 89 = ZIP 1994, 1024 „Klöckner/SEN"; OLG Karlsruhe AG 1995, 139 = WM 1994, 2023; *Hüffer* Rdnr.6; *Koppensteiner* in Kölner Kommentar Rdnr.5; *Krieger* Handbuch § 70 Rdnr.33; *Priester* ZIP 1992, 293, 301; dagegen *W.Bayer* ZGR 1993, 599, 604 f.
[25] S. dazu u. § 296 Rdnr.17, § 297 Rdnr.27, 34 ff.

III. Zustimmungsbeschluß der Hauptversammlung (§ 295 Abs. 1)

1. Hauptversammlung. Liegt eine Vertragsänderung in dem genannten Sinne vor (o. Rdnr. 4 ff.), so gelten für den dann erforderlichen Änderungsvertrag im Sinne des § 305 BGB der Sache nach dieselben Wirksamkeitsvoraussetzungen wie für den Abschluß des ursprünglichen Vertrages (§ 295 Abs. 1 S. 1 und S. 2 iVm. den §§ 293 bis 294).[26] Dies bedeutet zunächst, daß der Vertragsänderung zumindest die Hauptversammlung derjenigen Gesellschaft mit qualifizierter Mehrheit zustimmen muß, die die vertragstypischen Leistungen erbringt, bei einem Beherrschungs- oder Gewinnabführungsvertrag also die Hauptversammlung der abhängigen AG oder KGaA (§§ 295 Abs. 1 iVm. § 293 Abs. 1). In dem zuletzt genannten Fall muß darüber hinaus noch die Zustimmung der Hauptversammlung der herrschenden Gesellschaft, ebenfalls mit qualifizierter Mehrheit hinzutreten, wenn diese die Rechtsform einer AG oder KGaA hat (§ 295 Abs. 1 S. 2 iVm. § 293 Abs. 2). Schließlich bedarf der Änderungsvertrag noch der Schriftform (§ 295 Abs. 1 S. 2 iVm. § 293 Abs. 3; §§ 125, 126 BGB).

Die Vertragsänderung wird erst mit ihrer **Eintragung** im Handelsregister wirksam (§ 295 Abs. 1 S. 2 iVm. § 294; s. im einzelnen u. Rdnr. 34 f.). In den Fällen des § 295 Abs. 2 (u. Rdnr. 22 ff.) muß außerdem noch der Sonderbeschluß der außenstehenden Aktionäre hinzutreten (s. u. Rdnr. 27 ff.).

2. Verfahren. a) Einberufung. Für die Einberufung, die Vorbereitung und die Durchführung der Hauptversammlung, in der über die Zustimmung zu der Vertragsänderung zu beschließen ist, verweist § 295 Abs. 1 S. 2 auf die §§ 293 f und 293 g; anwendbar ist außerdem § 124. Dies bedeutet im einzelnen: Bei der Einberufung der Hauptversammlung ist bereits nach § 124 Abs. 2 S. 2 der wesentliche Inhalt „des Vertrages" bekanntzumachen. Gemeint ist damit im vorliegenden Zusammenhang der Änderungsvertrag, nicht der ganze ursprüngliche Vertrag, so daß sich die Bekanntmachung grundsätzlich auf den wesentlichen Inhalt der vorgeschlagenen Änderung beschränken kann.[27] Eine weitergehende Bekanntmachungspflicht besteht nur, wenn sie zum Verständnis der vorgeschlagenen Änderung unerläßlich ist.[28]

b) Auslegung. Von der Einberufung der Hauptversammlung an ist außerdem die vorgeschlagene Änderung in dem Geschäftsraum jeder beteiligten AG oder KGaA zur Einsicht der Aktionäre auszulegen (§ 293 f Abs. 1 Nr. 1). Dazu gehört im Regelfall auch die Auslegung des ursprünglichen vollständigen Vertragstextes, um den Aktionären eine eigene Beurteilung der Tragweite der Änderung zu ermöglichen. Dasselbe gilt entsprechend für die Erteilung von Abschriften nach § 293 f Abs. 2.[29] Ebenso zu verstehen ist die Auslegungspflicht während der Hauptversammlung nach § 293 g Abs. 1. In allen diesen Beziehungen wird eine Beschränkung auf Textauszüge nur in Betracht kommen, wenn das Gesamtverständnis dadurch in keiner Hinsicht erschwert wird, in erster Linie also bei bloßen redaktionellen Änderungen.[30]

c) Erläuterung, Auskunftsrecht. Die vom Vorsand geschuldete Erläuterung der Vertragsänderung (§ 293 g Abs. 2 S. 1) muß sich vor allem auf den Grund und Zweck, den Inhalt und die Tragweite sowie die wirtschaftlichen Auswirkungen der vorgeschlagenen Vertragsänderung beziehen, um den Aktionären eine sachgerechte Entscheidung über sie zu ermöglichen. Entsprechend weit ist das Auskunftsrecht der Aktionäre aufgrund der §§ 131 Abs. 1 und 293 g Abs. 3 zu verstehen. Im Falle eines Parteiwechsels (o. Rdnr. 11 ff.) erstreckt es sich daher auch auf die Verhältnisse der neuen Vertragspartei.[31]

---

[26] S. im einzelnen *Emmerich/Sonnenschein* § 14 II bis IV.
[27] BGHZ 119, 1, 11 f. = NJW 1992, 2760 = AG 1992, 450 „Asea/BBC" (ebenso schon zuvor OLG Karlsruhe AG 1991, 144, 147 = NJW-RR 1991, 553); *Emmerich/Sonnenschein* § 14 IV 2 a.
[28] Offengelassen in BGH (Fn. 27).
[29] *Emmerich/Sonnenschein* § 14 IV 2 a; *Hüffer* Rdnr. 8; *Koppensteiner* in Kölner Kommentar Rdnr. 9.
[30] *Hüffer* Rdnr. 8.
[31] BGHZ 119, 1, 16 = NJW 1992, 2760 = AG 1992, 450 „Asea/BBC".

20 Der notariellen Niederschrift über den Zustimmungsbeschluß der Hauptversammlung (§ 130 Abs. 1 S. 3) ist nach § 293 g Abs. 2 S. 2 der Änderungsvertrag als Anlage beizufügen und nach § 294 Abs. 1 zum Handelsregister anzumelden (s. u. Rdnr. 34). In den Fällen des § 295 Abs. 2 (u. Rdnr. 22 ff.) erlangt der Zustimmungsbeschluß erst Wirksamkeit, wenn der Sonderbeschluß der außenstehenden Aktionäre vorliegt (u. Rdnr. 27 ff.).

21 **3. Vertragsbericht und Vertragsprüfung.** Seit der Änderung des § 295 Abs. 1 S. 2 durch das Umwandlungsrechtbereinigungsgesetz von 1994 verweist diese Vorschrift auch auf die §§ 293 a bis 293 e. Die Folge ist, daß die Vorstände derjenigen Gesellschaften, deren Hauptversammlungen dem Änderungsvertrag nach den §§ 295 Abs. 1 und 293 Abs. 1 und 2 zustimmen müssen (o. Rdnr. 15), einen Bericht über den vorgeschlagenen Änderungsvertrag erstatten müssen (§ 293 a) und daß der Änderungsvertrag außerdem durch sachverständige Prüfer zu prüfen ist (§ 293 b), die hierüber schriftlich zu berichten haben (§ 293 e). Dies stellt, zumal bei kleineren Vertragsänderungen, einen erheblichen, sachlich nur schwer zu rechtfertigenden Aufwand dar.[32] Dies ändert indessen nichts an der Verbindlichkeit der gesetzlichen Regelung; jedoch werden sich in derartigen Fällen der Vertragsbericht (§ 293 a) und der Prüfungsbericht (§ 293 e) häufig auf wenige Sätze beschränken können. Anders hingegen bei weitreichenden Änderungen, namentlich der Bestimmungen über Ausgleich und Abfindung.

IV. Sonderbeschluß der außenstehenden Aktionäre (§ 295 Abs. 2)

22 **1. Zweck.** Nach § 295 Abs. 2 S. 1 und 2 bedarf die Zustimmung der Hauptversammlung der Gesellschaft zu einer Änderung der Bestimmungen des Vertrags über Ausgleichs- oder Abfindungsleistungen an außenstehende Aktionäre eines Sonderbeschlusses der außenstehenden Aktionäre mit qualifizierter Mehrheit. Der Grund für diese eigenartige Regelung ist darin zu sehen, daß der Änderungsvertrag unter den genannten Voraussetzungen in Rechte der außenstehenden Aktionäre eingreift, die sie aufgrund der ursprünglichen Fassung des Unternehmensvertrags bereits erworben hatten (§ 328 BGB). An sich bedürfte die Änderung deshalb sogar der Zustimmung aller außenstehenden Aktionäre (§ 305 BGB); aus praktischen Gründen begnügt sich das Gesetz indessen hier mit einer *qualifizierten Mehrheit*, weil es sich auch bei den Ansprüchen auf Ausgleich und Abfindung (§§ 304 und 305) letztlich um Ansprüche handele, die aus der Mitgliedschaft der Aktionäre fließen und deshalb dem Mehrheitsprinzip unterliegen.[33] Das ist wenig überzeugend. Die Zweifel an der Sinnfälligkeit der gesetzlichen Regelung verstärken sich zudem noch, wenn man bedenkt, daß das Erfordernis eines Sonderbeschlusses der Aktionäre nach § 295 Abs. 2 leicht durch die Verbindung einer Kündigung des Vertrages durch das herrschende Unternehmen mit dem Abschluß eines neuen Unternehmensvertrages umgangen werden kann.[34]

23 **2. Anwendungsbereich. a) Ausgleich oder Abfindung.** Die Notwendigkeit eines Sonderbeschlusses der außenstehenden Aktionäre besteht nach § 295 Abs. 2 S. 1 nur, wenn der Unternehmensvertrag Bestimmungen enthält, die zur Leistung eines Ausgleichs an die außenstehenden Aktionäre der Gesellschaft oder zum Erwerb ihrer Aktien verpflichten. Gedacht ist hier natürlich in erster Linie an Beherrschungs- und Gewinnabführungsverträge (s. §§ 291, 304, 305). Der Anwendungsbereich der Vorschrift beschränkt sich indessen nicht streng auf diese Verträge, sondern erfaßt auch die anderen Unternehmensverträge, vorausgesetzt, daß sie ebenfalls Abreden der fraglichen Art enthalten. Ein Beispiel ist ein Betriebspachtvertrag (§ 292 Abs. 1 Nr. 3), der Ausgleichs- oder Abfindungsleistungen für

---

[32] Ablehnend deshalb *Bungert* DB 1995, 1449.
[33] S. die Begründung zum RegE, bei Kropff AktG S. 348 f.; zustimmend BGHZ 119, 1, 8 = NJW 1992, 2760 = AG 1992, 450 „Asea/BBC"; *Emmerich/Sonnenschein* § 14 IV 2 b; *Hüchting* Abfindung S. 105 f.; *Koppensteiner* in Kölner Kommentar Rdnr. 12 f.
[34] S. schon o. Rdnr. 6; gebilligt durch BGH LM AktG § 295 Nr. 1 = NJW 1979, 2103 = AG 1979, 289 „Salzgitter-Peine" (ebenso zuvor schon OLG Celle AG 1978, 318; LG Hildesheim AG 1978, 27); zur Kritik s. ausführlich *Emmerich/Sonnenschein* § 14 II 2 b.

die außenstehenden Aktionäre vorsieht, um eine Anfechtung des Zustimmungsbeschlusses nach § 243 Abs. 2 iVm. § 292 Abs. 3 S. 2 wegen der Unangemessenheit der Gegenleistung des Betriebspächters zu vermeiden.[35]

b) Änderung. Zweite Voraussetzung für die Notwendigkeit eines Sonderbeschlusses der außenstehenden Aktionäre ist nach § 295 Abs. 2 S. 1, daß gerade die Bestimmungen über die Leistung eines Ausgleichs oder einer Abfindung für die außenstehenden Aktionäre geändert werden sollen. Die Art der Änderung spielt hierbei keine Rolle. Ein Sonderbeschluß der außenstehenden Aktionäre ist auch erforderlich, wenn die Ausgleichs- oder Abfindungsleistungen verbessert werden sollen oder wenn es sich um (auf den ersten Blick) unwesentliche Änderungen handelt.[36] 24

Noch nicht endgültig geklärt ist die Frage, wann eine Änderung (o. Rdnr. 24) die Bestimmungen über die Leistung eines Ausgleichs oder einer Abfindung *betrifft*, so daß sie die Notwendigkeit eines Sonderbeschlusses auslöst. Diese Frage läßt sich nur vom Zweck der Regelung her beantworten. Er besteht, wie schon ausgeführt (o. Rdnr. 22), in dem umfassenden Schutz der außenstehenden Aktionäre gegen Eingriffe der Vertragsparteien in ihre Rechte. Dies bedingt eine weite Auslegung des § 295 Abs. 2, so daß auch nur mittelbare Auswirkungen einer Vertragsänderung auf die Ausgleichs- oder Abfindungsansprüche der außenstehenden Aktionäre zur Anwendbarkeit des § 295 Abs. 2 führen.[37] 25

Entscheidend ist folglich allein die materielle Veränderung der Rechtsstellung der außenstehenden Aktionäre durch die Vertragsänderung. Für den besonders umstrittenen Fall des *Parteiwechsels* (o. Rdnr. 11 ff.) bedeutet dies, daß jedenfalls die Vertragsübernahme durch ein neues herrschendes Unternehmen der Zustimmung der außenstehenden Aktionäre durch einen Sonderbeschluß bedarf (§ 295 Abs. 2), da es offenkundig einen (schwerwiegenden) Eingriff in ihre materielle Rechtsstellung bedeutet, wenn ihr Schuldner wechselt (vgl. § 415 Abs. 1 BGB); eine Ausnahme für sogenannte konzerninterne Umstrukturierungen kann nicht anerkannt werden.[38] Anders wird hingegen überwiegend der Fall des *Vertragsbeitritts* einer neuen Partei neben der bisherigen Vertragspartei beurteilt, weil die außenstehenden Aktionäre hierdurch „lediglich" zusätzlich einen weiteren Schuldner erhielten.[39] Das ist ebenso zweifelhaft wie die Verneinung der Notwendigkeit eines neuen Ausgleichs- und Abfindungsangebots an die außenstehenden Aktionäre in diesem Fall.[40] 26

3. Außenstehende Aktionäre. Zuständig für den nach § 295 Abs. 2 erforderlichen Sonderbeschluß sind die „außenstehenden Aktionäre". Denselben Begriff verwendet das Gesetz noch an mehreren anderen Stellen, namentlich in den §§ 296 Abs. 2 S. 1, 297 Abs. 2 S. 1 und in den §§ 304 und 305. Es handelt sich dabei mithin um einen zentralen Begriff des Aktienkonzernrechts; gleichwohl haben die Gesetzesverfasser wegen der sonst ihrer Meinung nach drohenden Gefahr einer kasuistischen Regelung auf eine Definition des Begriffs verzichtet.[41] Infolgedessen ist die genaue Abgrenzung des Kreises der außenstehenden Aktionäre umstritten.[42] 27

Hier genügen folgende Bemerkungen: Zu den außenstehenden Aktionären *im Sinne der §§ 295 Abs. 2, 296 Abs. 2 und 297 Abs. 2* gehören alle Aktionäre, die in dieser Eigenschaft An- 28

---

[35] S. o. § 292 Rdnr. 46; ebenso schon die Begründung zum RegE, bei *Kropff* AktG S. 384; seitdem unstreitig.

[36] *Emmerich/Sonnenschein* § 14 IV 2 b; *Ebenroth/Parche* BB 1989, 637, 639; *Priester* ZIP 1992, 293, 296 f.

[37] Ebenso *Geßler* in Geßler/Hefermehl Rdnr. 29; *Priester* ZIP 1992, 293, 296.

[38] Sehr str., wie hier *W.Bayer* ZGR 1993, 599, 608; *Hüffer* Rdnr. 11; anders offenbar *Priester* ZIP 1992, 293, 296 f.; *Säcker* DB 1988, 271.

[39] Grdlg. BGHZ 119, 1, 7 f. = NJW 1992, 2760 = AG 1992, 450 „ASEA/BBCI" (ebenso zuvor schon LG Mannheim AG 1991, 26 = ZIP 1990, 379;

OLG Karlsruhe AG 1991, 144, 145 f. = NJW-RR 1991, 553); wohl auch BGH NZG 1998, 379 = AG 1998, 286 „ASEA/BBCII"; *Hüffer* Rdnr. 11; *Priester* ZIP 1992, 293, 300 f.; dagegen zutreffend *Hommelhoff*, Festschrift Claussen, S. 129; vermittelnd *Pentz*, Festschrift Kropff, S. 225.

[40] So BGHZ 119, 1, 10 f. „ASEA/BBC"; BGH NZG 1998, 379, 380 = ZIP 1998, 690 gegen OLG Karlsruhe AG 1997, 270, 271 f. „ASEA/BBC II"; *Hommelhoff* (Fn. 39).

[41] S. die Begründung zum RegE, bei *Kropff* AktG S. 385.

[42] Wegen der Einzelheiten s. u. § 304 Rdnr. 13 ff.

sprüche auf Ausgleich oder Abfindung haben. Denn in *ihre* Ansprüche wird durch den Änderungsvertrag eingegriffen, so daß sie dem Eingriff durch einen Sonderbeschluß zustimmen müssen. Maßgebender Zeitpunkt ist dabei der der Abstimmung über den Sonderbeschluß.[43] Frühere Aktionäre der Gesellschaft, die bis zu diesem Zeitpunkt bereits gegen Abfindung aus der Gesellschaft ausgeschieden sind, nehmen an dem Sonderbeschluß nicht mehr teil. Umstritten ist die Rechtslage lediglich dann, wenn noch ein Spruchstellenverfahren nach § 306 anhängig ist, weil dieses auch zur Erhöhung der Abfindung für die bereits abgefundenen Aktionäre führen kann.[44] Infolge einer Änderung der Vertragsbestimmungen über die Abfindung kann es daher auch zu einem Eingriff in ihren Abfindungsergänzungsanspruch kommen. Dies mag für eine entsprechende Anwendbarkeit des § 295 Abs. 2 sprechen.[45] Die Frage ist indessen zweifelhaft, weil es ohne Rücksicht hierauf dabei bleibt, daß die bereits abgefundenen Aktionäre jetzt keine Aktionäre mehr sind.[46]

29 Es besteht keine Notwendigkeit, den Kreis der außenstehenden Aktionäre hier in jeder Hinsicht ebenso wie bei den §§ 304 und 305 abzugrenzen. Deshalb ist es nahezu allgemeine Meinung, daß im vorliegenden Zusammenhang (§ 295 Abs. 2) von den außenstehenden Aktionären diejenigen auszunehmen sind, die, selbst wenn sie Ausgleichs- oder Abfindungsansprüche haben, doch im weitesten Sinne von dem anderen Vertragsteil, rechtlich oder rein tatsächlich, *abhängig* sind, und zwar, um zu verhindern, daß dieser über solche Aktionäre entgegen dem Zweck der gesetzlichen Regelung doch Einfluß auf den Sonderbeschluß der außenstehenden Aktionäre erlangt.[47] Die genaue Abgrenzung des Kreises der hiernach von der Mitwirkung an dem Sonderbeschluß ausgeschlossenen, weil vom anderen Vertragsteil abhängigen Aktionäre ist freilich noch offen; es dürfte auf jeden Fall weiter sein als der Kreis der nach § 17 abhängigen Unternehmen.[48]

30 **4. Verfahren.** In den Fällen des § 295 Abs. 2 S. 1 (o. Rdnr. 22 ff.) bedarf der Sonderbeschluß der außenstehenden Aktionäre einer *qualifizierten* Mehrheit, wofür § 293 Abs. 1 S. 2 und 3 entsprechend gilt, so daß (mindestens) eine Mehrheit von drei Vierteln des bei der Beschlußfassung vertretenen Grundkapitals nötig ist, soweit es auf die außenstehenden Aktionäre entfällt. Die Satzung kann nur eine größere Kapitalmehrheit und weitere Erfordernisse bestimmen (§ 293 Abs. 1 S. 3 iVm. § 295 Abs. 2 S. 2).

31 Für den Sonderbeschluß gilt **§ 138**, so daß er entweder in einer gesonderten Versammlung der außenstehenden Aktionäre oder in einer gesonderten Abstimmung im Rahmen der ohnehin nach § 295 Abs. 1 erforderlichen Hauptversammlung zu fassen ist.[49] Auf jeden Fall steht den außenstehenden Aktionären hierbei nach dem Vorbild des § 293 g Abs. 3 das erweiterte *Auskunftsrecht* zu; auf Verlangen ist ihnen deshalb Auskunft auch über die für die Änderung wesentlichen Angelegenheiten des anderen Vertragsteils zu geben ist, wozu im Falle eines Parteiwechsels namentlich die Verhältnisse des neuen Vertragspartners gehören.[50] Diese Erweiterung des Auskunftsrechts ist ernst zu nehmen, da sie wohl das wichtigste Schutzinstrument für die außenstehenden Aktionäre gegen sie benachteiligende Vertragsänderungen darstellt.

32 **5. Rechtsfolgen.** Der Sonderbeschluß der außenstehenden Aktionäre mit qualifizierter Mehrheit ist in den Fällen des § 295 Abs. 2 *Wirksamkeitsvoraussetzung* für den Änderungsvertrag. Fehlt der Sonderbeschluß, so darf das Registergericht die Vertragsänderung nicht im

---

[43] Statt aller *Hüffer* Rdnr. 13.
[44] Zu diesem Abfindungsergänzungsanspruch s. u. § 305 Rdnr. 66.
[45] So *Emmerich/Sonnenschein* § 14 IV 2 b; *Geßler* in Geßler/Hefermehl Rdnr. 23 f.
[46] Anders mit guten Gründen *Hüffer* Rdnr. 13; *Koppensteiner* in Kölner Kommentar Rdnr. 26; *Raiser* Kapitalgesellschaften § 54 Rdnr. 66.
[47] Ebenso OLG Nürnberg AG 1996, 226, 227 „Tucherbräu"; LG Essen AG 1995, 189, 190 f. „RAG Immobilien-AG"; LG Essen, Urt. v. 16. 12. 1994-47

O. 238/94 „RAG Technik-AG"; *Geßler* in Geßler/Hefermehl Rdnr. 25 ff.; *Hüffer* Rdnr. 12; *Hüchting* Abfindung S. 110 f.; *Koppensteiner* in Kölner Kommentar Rdnr. 23; *Krieger* Handbuch § 70 Rdnr. 121; *Pentz* AG 1996, 97, 108 f.; *Priester* ZIP 1992, 293, 296.
[48] LG Essen (Fn. 47).
[49] S. *Emmerich/Sonnenschein* § 14 IV 2b; *Hüffer* Rdnr. 14.
[50] BGHZ 119, 1, 16 = NJW 1992, 2760 = AG 1990, 450 „Asea/BBC".

Handelsregister eintragen. Keine Rolle spielt die Reihenfolge von Sonderbeschluß und Hauptversammlungsbeschluß.[51] Notwendig sind vielmehr immer beide Beschlüsse, so daß der Anmeldung der Vertragsänderung zum Handelsregister (§ 294 Abs. 1 S. 1) die Niederschrift über den Sonderbeschluß entsprechend § 294 Abs. 1 S. 2 als Anlage beizufügen ist.[52] Gegebenenfalls muß das Registergericht von Amts wegen ermitteln, ob ein Sonderbeschluß erforderlich ist und tatsächlich gefaßt wurde (§ 12 FGG). Trägt das Registergericht die Vertragsänderung ein, obwohl der an sich erforderliche Sonderbeschluß der außenstehenden Aktionäre nicht vorliegt, so erlangt die Vertragsänderung keine Wirksamkeit, da die Eintragung im Handelsregister keine heilende Kraft hat.

Der Sonderbeschluß ist ebenso wie ein Hauptversammlungsbeschluß unter den Voraussetzungen des § 243 *anfechtbar* (§ 138 S. 2). Dies kommt namentlich bei einer Verletzung des Auskunftsrechts der außenstehenden Aktionäre aufgrund der §§ 131, 293 g Abs. 3 und 295 Abs. 2 S. 3 in Betracht. Hingegen kann nach überwiegender Meinung die Anfechtung entsprechend den §§ 304 Abs. 3 S. 2 und 305 Abs. 5 S. 1 nicht darauf gestützt werden, daß infolge der Vertragsänderung der Ausgleich oder die Abfindung zu niedrig seien; an die Stelle der Anfechtung tritt hier vielmehr entsprechend § 306 die Möglichkeit der außenstehenden Aktionäre, ein neues Spruchstellenverfahren zu beantragen.[53]

V. Wirksamwerden der Vertragsänderung[54]

Nach § 295 Abs. 1 S. 2 gilt auch § 294 sinngemäß. Dies bedeutet, daß der Vorstand der Gesellschaft die Änderung des Unternehmensvertrags zur Eintragung in das Handelsregister anzumelden hat. Der Anmeldung sind die in § 294 Abs. 1 S. 2 erwähnten Unterlagen sowie im Falle des § 295 Abs. 2 die Niederschrift über den Sonderbeschluß (o. Rdnr. 32) beizufügen. Die Vertragsänderung wird erst mit ihrer Eintragung in das Handelsregister wirksam (§ 294 Abs. 2); vorher ist die Vertragsänderung schwebend unwirksam.

Im Handelsregister wird nur die Tatsache der Vertragsänderung, nicht hingegen ihr Inhalt eingetragen.[55] Etwas anderes gilt nur, wenn es sich um einen Parteiwechsel handelt oder wenn bei einem Teilgewinnabführungsvertrag gerade die Vereinbarung über die Höhe des abzuführenden Gewinns geändert wurde (§ 294 Abs. 1 S. 1). Ebenso sollte entsprechend den §§ 295 Abs. 1 S. 2 und 294 Abs. 1 S. 1 in den Fällen der Gesamtrechtsnachfolge (o. Rdnr. 14) verfahren werden, da sich offenbar die Person der Vertragsparteien immer eindeutig aus dem Handelsregister ergeben muß.[56]

Die Parteien können einer Vertragsänderung unter den gleichen Voraussetzungen wie dem Vertragsabschluß rückwirkende Kraft beilegen.[57] Wird eine nach den gesellschaftsrechtlichen Regeln unwirksame Vertragsänderung von den Parteien de facto durchgeführt, so gelten für Beherrschungs- und Gewinnabführungsverträge die Regeln über die fehlerhafte Gesellschaft.[58]

§ 296 Aufhebung

(1) **Ein Unternehmensvertrag kann nur zum Ende des Geschäftsjahrs oder des sonst vertraglich bestimmten Abrechnungszeitraums aufgehoben werden. Eine rückwirkende Aufhebung ist unzulässig. Die Aufhebung bedarf der schriftlichen Form.**

---

[51] *Hüchting* Abfindung S. 106 f.
[52] Ebenso *Hüffer* Rdnr. 15.
[53] *Geßler* in Geßler/Hefermehl Rdnr. 37; *Hüffer* Rdnr. 15; *Hüchting* Abfindung S. 107; *Koppensteiner* in Kölner Kommentar Rdnr. 29; *Krieger* Handbuch § 70 Rdnr. 122; noch weitergehend offenbar BGH NZG 1998, 379 = AG 1998, 286, 287 (erneutes Wahlrecht der Aktionäre).
[54] S. dazu insbesondere *Emmerich/Sonnenschein* § 14 V.
[55] *Geßler* in Geßler/Hefermehl Rdnr. 15; *Hüffer* Rdnr. 9; *Koppensteiner* in Kölner Kommentar Rdnr. 9.
[56] Ebenso *Hüffer* Rdnr. 9; *Koppensteiner* in Kölner Kommentar Rdnr. 9.
[57] S. o. § 294 Rdnr. 27 ff.
[58] S. o. § 291 Rdnr. 25.

§ 296 1, 2

(2) Ein Vertrag, der zur Leistung eines Ausgleichs an die außenstehenden Aktionäre oder zum Erwerb ihrer Aktien verpflichtet, kann nur aufgehoben werden, wenn die außenstehenden Aktionäre durch Sonderbeschluß zustimmen. Für den Sonderbeschluß gilt § 293 Abs. 1 Satz 2 und 3, § 295 Abs. 2 Satz 3 sinngemäß.

Schrifttum: *Emmerich/Sonnenschein* Konzernrecht § 15 I und II; *Gerth*, Die Beendigung des Gewinnabführungs- und Beherrschungsvertrages, BB 1978, 1497; *Hüchting*, Abfindung und Ausgleich im aktienrechtlichen Beherrschungsvertrag, 1972; *Kley*, Die Rechtsstellung der außenstehenden Aktionäre bei der vorzeitigen Beendigung von Unternehmensverträgen, 1986; *Krieger* Handbuch § 70 III 2 a (S. 838 ff.); *ders.*, Änderung und Beendigung von Beherrschungs- und Gewinnabführungsverträgen, in U. Schneider (Hrsg.), Beherrschungs- und Gewinnabführungsverträge in der Praxis der GmbH, 1989, S. 99; *Werth*, Auswirkungen und Möglichkeiten bei der Aufhebung eines Ergebnisabführungsvertrages, DB 1975, 1140; *H. Wilhelm*, Die Beendigung des Beherrschungs- und Gewinnabführungsvertrages, 1976; *Chr. Windbichler*, Unternehmensverträge und Zusammenschlußkontrolle, 1977.

Übersicht

	Rdnr.		Rdnr.
I. Überblick	1–3	2. Keine Rückwirkung	14
II. Anwendungsbereich	4–7	3. Rechtsfolgen	15
III. Abschluß des Aufhebungsvertrages	8–11	V. Sonderbeschluß	16–22
		1. Anwendungsbereich	16, 17
1. Zuständigkeit	8	2. Verfahren	18
2. Keine Mitwirkung der Hauptversammlung	9, 10	3. Bedeutung	19–21
		4. Anfechtung	22
3. Form	11	VI. Rechtsfolgen	23–25
IV. Rückwirkungsverbot	12–15		
1. Termin	12, 13		

I. Überblick

1 § 296 leitet die verstreuten Vorschriften des AktG über die Beendigung von Unternehmensverträgen ein (s. §§ 296 bis 299, 303 und 307). Seinem Wortlaut nach kennt das Gesetz hiernach lediglich drei Beendigungsgründe, die einverständliche Aufhebung des Vertrages (§ 296), seine Kündigung (§ 297) sowie den Hinzutritt eines außenstehenden Aktionärs nach Abschluß eines Beherrschungs- oder Gewinnabführungsvertrages mit einer 100%igen Tochtergesellschaft (§ 307). § 299 fügt hinzu, daß sich ein etwaiges Weisungsrecht des anderen Teils nicht auf die Frage der Vertragsbeendigung bezieht. Nach § 298 ist die Beendigung des Unternehmensvertrages außerdem im Handelsregister einzutragen; anders als im Falle des § 294 hat die Eintragung hier indessen nur deklaratorische Bedeutung. Wegen der Rechtsfolgen der Beendigung ist schließlich noch § 303 zu beachten.

2 Die gesetzliche Regelung ist nicht erschöpfend. Als weitere Beendigungsgründe sind hervorzuheben der Zeitablauf bei einem befristeten Unternehmensvertrag, Rücktritt und Anfechtung des Vertrages, soweit zulässig, weiter die Insolvenz einer der Vertragsparteien, die Nichtigkeit oder die erfolgreiche Anfechtung des Zustimmungsbeschlusses einer der Vertragsparteien (s. §§ 241, 243, 293 Abs. 1 und 2), die Eingliederung einer der Parteien in die andere oder auch in ein drittes Unternehmen sowie je nach den Umständen des Falles die Umwandlung oder die Verschmelzung einer der Parteien mit der anderen oder mit einem dritten Unternehmen.[1] Ungeregelt geblieben sind außerdem, von § 303 abgesehen, die Rechtsfolgen der Beendigung eines Unternehmensvertrages.[2] Ungeklärt ist vor allem

---

[1] S. im einzelnen u. § 297 Rdnr. 27, 34 ff. sowie *Emmerich/Sonnenschein* § 15 IV; *Gerth* BB 1978, 1497; *Kley* Rechtsstellung S. 53, 119 f.; *H. Wilhelm* Beendigung S. 15 ff.; *Windbichler* Unternehmensverträge S. 67 ff.

[2] Übersicht bei *Emmerich/Sonnenschein* § 15 V 2; *H. Wilhelm* Beendigung S. 37 ff.

Aufhebung 3–7 § 296

die Frage, wie die Überlebensfähigkeit der abhängigen Gesellschaft im Falle der Vertragsbeendigung sichergestellt werden kann (s.u. Rdnr. 25).

Die einverständliche Aufhebung eines Unternehmensvertrages ist auf dem Boden der 3 Vertragsfreiheit (§ 305 BGB) an sich jederzeit möglich. Davon geht auch § 296 aus, der in Abs.1 lediglich im Interesse der Rechtssicherheit und Rechtsklarheit einige Restriktionen enthält und in Abs.2 nach dem Vorbild des § 295 Abs.2 das zusätzliche Erfordernis eines Sonderbeschlusses der außenstehenden Aktionäre aufstellt, wenn der aufzuhebende Unternehmensvertrag Ausgleichs- oder Abfindungsleistungen für die außenstehenden Aktionäre vorsah. Der damit bezweckte Schutz der außenstehenden Aktionäre kann jedoch mühelos durch eine ordentliche oder außerordentliche Kündigung des Unternehmensvertrages umgangen werden (s.u. Rdnr. 17). Die praktische Bedeutung des § 296 ist auch deshalb gering, weil sich sein Anwendungsbereich strikt auf die vertragliche Aufhebung von Unternehmensverträgen beschränkt, so daß er keine Anwendung findet, wenn die Beendigung eines Unternehmensvertrages die *gesetzliche* Folge eines anderen gesellschaftsrechtlichen Vorganges ist, zB der Eingliederung der einen Partei in die andere oder der Verschmelzung beider Parteien (s.u. Rdnr. 5)

II. Anwendungsbereich

Der primäre Anwendungsbereich des § 296 beschränkt sich auf die einverständliche 4 Aufhebung eines Unternehmensvertrages im ganzen durch die Vertragsparteien gemäß § 305 BGB, vorausgesetzt, daß an dem Vertrag eine AG oder KGaA beteiligt ist, und zwar in der Rolle derjenigen Gesellschaft, die die vertragstypischen Leistungen erbringt, bei einem Beherrschungs- oder Gewinnabführungsvertrag also als abhängige Gesellschaft. Andere Unternehmensverträge, namentlich solche mit einer abhängigen GmbH werden hingegen unmittelbar nicht erfaßt (s. aber u. Rdnr. 7).

Die Aufhebung des Vertrages insgesamt (o. Rdnr. 4) muß von der Aufhebung einzelner 5 Vertragsbestimmungen unter Aufrechterhaltung des Vertrages im übrigen unterschieden werden; sie fällt als Vertragsänderung ebenso unter § 295 wie – entgegen einer verbreiteten Meinung – die Änderung des Vertragstypus, zB die Umwandlung einer Betriebspacht in einen Beherrschungsvertrag.[3] Voraussetzung der Anwendbarkeit des § 296 ist schließlich noch, daß es sich gerade um eine *vertragliche* Aufhebung des Unternehmensvertrages handelt (§ 305 BGB), da gesetzliche Beendigungsgründe nicht erfaßt werden (o. Rdnr.3).[4]

In bestimmten Fällen ist die Wirksamkeit des Aufhebungsvertrages von einem **Sonder-** 6 **beschluß** der außenstehenden Aktionäre nach § 296 abhängig. Der Anwendungsbereich dieser Vorschrift deckt sich mit dem des § 295 Abs.2.[5] Der wichtigste hierher gehörende Fall sind Beherrschungs- und Gewinnabführungsverträge mit einer abhängigen AG oder KGaA (s.u. Rdnr.16).

Umstritten ist, ob § 296 entsprechend auf Unternehmensverträge mit einer abhängigen 7 **GmbH** angewandt werden kann. Die Folge wäre, daß zur Aufhebung solcher Verträge ebenfalls grundsätzlich eine Einigung der Vertragsparteien genügte (§ 305 BGB). Überwiegend wird die Frage heute bejaht,[6] indessen zu Unrecht, weil für die Aufhebung eines Unternehmensvertrages mit einer GmbH dieselben Regeln wie für den Abschluß des Vertrages gelten müssen, da beide Vorgänge dieselbe Bedeutung für die Gesellschaft haben.[7]

---

[3] S.o. § 295 Rdnr. 5, 10.
[4] Grdlg. BGH LM AktG § 320 Nr.4 (Bl. 3 R f) = AG 1974, 320, 323 = WM 1974, 713, 715; ebenso zuvor schon OLG Celle AG 1972, 283 = WM 1972, 1004.
[5] S. deshalb im einzelnen o. § 295 Rdnr.23.
[6] OLG Frankfurt AG 1994, 85 = NJW-RR 1994, 296; OLG Karlsruhe AG 1995, 38 = NJW-RR 1994, 1062; *Bungert* NJW 1995, 1118; *Eschenbruch* Konzernhaftung Tz. 3189 (S.237); *Kallmeyer* GmbHR 1995, 578; *Halsterkamp* AnwBl. 1994, 487, 491 ff.; *Roth/Altmeppen* GmbHG § 13 Anhang Rdnr. 75 f.; *Timm* GmbHR 1987, 8, 14; *Vetter* ZIP 1995, 345, 346 ff.
[7] S. im einzelnen *Emmerich/Sonnenschein* § 25 IV 3; *Ehlke* ZIP 1995, 355, 357 f.; *Ebenroth/Wilken* WM 1993, 1617; *Hoffmann-Becking* WIB 1994, 57, 62 f.; *Hachenburg/P.Ulmer* GmbHG § 77 Anhang Rdnr.154; *Lutter/Hommelhoff* GmbHG § 13 Anhang Rdnr. 60; *Schlögele* GmbHR 1995, 401, 403 ff.; ebenso

III. Abschluß des Aufhebungsvertrages

8 **1. Zuständigkeit.** Die Aufhebung eines Unternehmensvertrages nach § 296 setzt den Abschluß eines auf die vollständige Beendigung des Unternehmensvertrages zu einem zulässigen Termin (s. § 296 Abs. 1 S. 1 und 2 und dazu u. Rdnr. 12 ff.) gerichteten Vertrages zwischen den Vertragsparteien voraus (§ 305 BGB). Bei einer AG oder KGaA handelt es sich dabei um einen Akt der Geschäftsführung und Vertretung, so daß hierfür der Vorstand bzw. die persönlich haftenden Gesellschafter zuständig sind (§§ 77, 78, 283).[8] Lediglich in den Fällen des § 296 Abs. 2 (o. Rdnr. 6) ist die Vertretungsmacht des Vorstandes gesetzlich durch die Notwendigkeit eines zustimmenden Sonderbeschlusses der außenstehenden Aktionäre beschränkt, so daß der vom Vorstand abgeschlossene Aufhebungsvertrag so lange unwirksam ist, wie kein Zustimmungsbeschluß der außenstehenden Aktionäre vorliegt.[9]

9 **2. Keine Mitwirkung der Hauptversammlung.** Anders als der Abschluß oder die Änderung eines Unternehmensvertrages (s. §§ 293 Abs. 1 und 2 und 295 Abs. 1) bedarf der Abschluß eines Aufhebungsvertrages in keinem Fall der Zustimmung der Hauptversammlung einer an dem Vertrag beteiligten AG oder KGaA. Das gilt gleichermaßen für die AG oder KGaA, die die vertragstypischen Leistungen erbringt, wie für eine AG oder KGaA in der Rolle des anderen Vertragsteils. Die Gesetzesverfasser haben diese Abweichung damit gerechtfertigt, die Aufhebung des Vertrags berühre in wesentlich geringerem Maße als sein Abschluß die Interessen der Aktionäre.[10] Das erscheint keineswegs überzeugend, so daß die gesetzliche Regelung im Schrifttum mit Recht auf verbreitete Kritik gestoßen ist.[11]

10 Der Verzicht des Gesetzes auf die Mitwirkung der Hauptversammlung bei dem Abschluß eines Aufhebungsvertrages hat zur Folge, daß hier kein Raum für die Anwendung des § 83 ist, so daß die Hauptversammlung nicht den Vorstand zum Abschluß eines Aufhebungsvertrages verpflichten kann.[12] Der Vorstand ist jedoch nicht gehindert, von sich aus die Frage des Abschlusses eines Aufhebungsvertrages der Hauptversammlung nach § 119 Abs. 2 vorzulegen. Bei Abschluß eines Beherrschungsvertrages kann er zu solcher Vorlage außerdem vom herrschenden Unternehmen angewiesen werden (§ 308).[13] Offen ist, ob der Vorstand im Einzelfall auch nach der Holzmüller-Doktrin *verpflichtet* sein kann, die Frage des Abschlusses eines Aufhebungsvertrages von sich aus nach § 119 Abs. 2 der Hauptversammlung zu unterbreiten.[14] Ob der Abschluß eines Aufhebungsvertrages der Zustimmung des Aufsichtsrats bedarf, richtet sich nach § 111 Abs. 4 S. 2. Der Aufsichtsrat besitzt genausowenig wie die Hauptversammlung die Möglichkeit, den Vorstand zum Abschluß eines derartigen Vertrags zu verpflichten.

11 **3. Form.** Nach § 296 Abs. 1 S. 3 bedarf der Aufhebungsvertrag aus Gründen der Rechtssicherheit der Schriftform.[15] Das Gesetz verweist damit auf § 126 BGB. Wird die Schriftform nicht beachtet, so ist der Vertrag nichtig (§ 125 BGB).[16] Dadurch wird die Möglichkeit einer mündlichen oder gar konkludenten Aufhebung eines Unternehmensvertrages ausgeschlossen.[17]

---

zunächst LG Konstanz AG 1993, 237 = WM 1993, 953 (aufgehoben durch OLG Karlsruhe [Fn. 6]).
[8] S. die Begr. zum RegE, bei *Kropff* AktG S. 385; *Emmerich/Sonnenschein* § 15 II 2 a; *Hüffer* Rdnr. 5; *Koppensteiner* in Kölner Kommentar Rdnr. 4.
[9] S. u. Rdnr. 19; *Kley* Rechtsstellung S. 90.
[10] Bei *Kropff* AktG S. 385.
[11] S. *Emmerich/Sonnenschein* § 15 II 2 a; *Hüffer* Rdnr. 5; anders aber zB *Geßler* in Geßler/Hefermehl Rdnr. 4; *Kley* Rechtsstellung S. 77 ff.
[12] *Emmerich/Sonnenschein* § 15 II 2 a; *Geßler* in Geßler/Hefermehl Rdnr. 6; *Hüffer* Rdnr. 4; *Kley* Rechtsstellung S. 97 ff.
[13] S. u. § 299 Rdnr. 7.
[14] S. dazu *Kley* Rechtsstellung S. 72, 79 ff.
[15] S. die Begründung zum RegE, bei *Kropff* AktG S. 385.
[16] S. *Emmerich/Sonnenschein* § 15 II 2 c.
[17] *Koppensteiner* in Kölner Kommentar Rdnr. 3.

IV. Rückwirkungsverbot

1. Termin. Für den Inhalt eines Aufhebungsvertrages gilt an sich Vertragsfreiheit (§ 305 BGB). Aus Gründen der Rechtssicherheit und Rechtsklarheit enthält das Gesetz jedoch in § 296 Abs. 1 einige Restriktionen, mit denen auch ein Schutz der außenstehenden Aktionäre und der Gläubiger bezweckt wird.[18] Deshalb bestimmt zunächst § 296 Abs. 1 S. 1, daß der Unternehmensvertrag (frühestens) zum Ende des laufenden Geschäftsjahrs oder des sonst vertraglich bestimmten (laufenden) Abrechnungszeitraums aufgehoben werden kann, nicht hingegen zu einem früheren Zeitpunkt. Dies bedeutet im einzelnen:

Frühester zulässiger Beendigungszeitpunkt für einen Unternehmensvertrag ist im Falle des § 296 das Ende des laufenden *Geschäftsjahres* (im folgenden immer pars pro toto für Geschäftsjahr und sonstigen Abrechnungszeitraum im Sinne des § 296 Abs. 1 S. 1). Mit dem Geschäftsjahr ist dabei das Geschäftsjahr derjenigen Gesellschaft gemeint, die die vertragstypischen Leistungen erbringt, bei einem Beherrschungs- oder Gewinnabführungsvertrag mithin das Geschäftsjahr der *abhängigen* Gesellschaft.[19] Handelt es sich um eine Gewinngemeinschaft im Sinne des § 292 Abs. 1 Nr. 1, an der mehrere Aktiengesellschaften oder KGaA beteiligt sind, so kann hingegen das Ende des Geschäftsjahrs einer beliebigen beteiligten AG oder KGaA gewählt werden, sofern die Beteiligten nicht ein einheitliches Geschäftsjahr vereinbart haben.[20] Den Parteien steht es aber frei, einen *späteren* Beendigungstermin zu wählen, zB das Ende des nächsten oder des übernächsten Geschäftsjahrs.[21] Fehlt in dem Aufhebungsvertrag eine Angabe des Zeitpunkts, zu dem der Unternehmensvertrag sein Ende finden soll, so wird in aller Regel davon auszugehen sein, daß der nächste zulässige Termin, dh. das Ende des laufenden Geschäftsjahrs gemeint ist (§§ 133, 157 BGB).[22]

2. Keine Rückwirkung. Nach § 296 Abs. 1 S. 2 ist eine rückwirkende Aufhebung unzulässig. Dadurch soll verhindert werden, daß etwaigen Ansprüchen der Gesellschaft auf Verlustausgleich (§ 302) und der außenstehenden Aktionäre auf Abfindung und Ausgleich (§§ 304 und 305) nachträglich von den Vertragsparteien die Grundlage entzogen wird.[23] Die Reichweite des Rückwirkungsverbots des § 296 Abs. 1 S. 2 geht freilich weit über diesen an sich beschränkten Zweck der Regelung hinaus und erfaßt zB auch die Aufhebung eines der anderen Unternehmensverträge des § 292, selbst wenn ein Verlustausgleich nicht in Betracht kommt und der Vertrag auch keine Ausgleichs- oder Abfindungsleistung für außenstehende Aktionäre vorsieht.[24] Deshalb ist eine vorsichtige Einschränkung des Rückwirkungsverbots zu erwägen, vorausgesetzt, daß dadurch nicht in bereits begründete Rechte der Gesellschaft oder Dritter eingegriffen wird.[25]

3. Rechtsfolgen. Die Vorschriften des § 296 Abs. 1 S. 1 und S. 2 sind gesetzliche Verbote, so daß der Aufhebungsvertrag nichtig ist, wenn er unter Verstoß gegen § 296 Abs. 1 S. 1 einen zu frühen Beendigungszeitpunkt festsetzt oder sich entgegen § 296 Abs. 1 S. 2 rückwirkende Kraft beilegt (§ 134 BGB). Im Einzelfall kann jedoch nach § 140 BGB der an sich nichtige Vertrag in einen solchen mit einem gesetzlich zulässigen Inhalt umgedeutet werden. Voraussetzung ist, daß die Parteien die Aufhebung des Vertrags auf jeden Fall gewollt haben, ohne dem Zeitpunkt der Beendigung einer entscheidende Rolle beizumessen, so daß angenommen werden kann, daß sie bei Kenntnis der gesetzlichen Regelung eine Be-

---

[18] S. die Begründung zum RegE, bei *Kropff* AktG S. 385.
[19] *Emmerich/Sonnenschein* § 15 II 2 b; *Geßler* in Geßler/Hefermehl Rdnr. 7; *Koppensteiner* in Kölner Kommentar Rdnr. 6.
[20] *Geßler* in Geßler/Hefermehl Rdnr. 11; *Hüffer* Rdnr. 2; *Koppensteiner* in Kölner Kommentar Rdnr. 6.
[21] *Geßler* in Geßler/Hefermehl Rdnr. 7; *Hüffer* Rdnr. 2.
[22] Ebenso *Krieger* Handbuch § 70 Rdnr. 124; *Emmerich/Sonnenschein* § 15 II 2 b.
[23] S. die Begründung zum RegE, bei *Kropff* AktG S. 385.
[24] S. *Emmerich/Sonnenschein* § 15 II 2 b.
[25] S. *Koppensteiner* in Kölner Kommentar Rdnr. 7; *Werth* DB 1975, 1140.

endigung des Vertrages zu dem frühesten zulässigen Termin gewollt hätten.[26] Mit § 139 BGB hat dies nichts zu tun.[27]

V. Sonderbeschluß

16 **1. Anwendungsbereich.** Nach § 296 Abs. 2 kann ein Vertrag, der zur Leistung eines Ausgleichs an die außenstehenden Aktionäre oder zum Erwerb ihrer Aktien verpflichtet, nur aufgehoben werden, wenn die außenstehenden Aktionäre durch einen Sonderbeschluß zustimmen, für den die Vorschriften des § 293 Abs. 1 S. 2 und 3 über die erforderliche qualifizierte Mehrheit und des § 295 Abs. 2 S. 3 über das erweiterte Auskunftsrecht entsprechend gelten. Die Vorschrift hat denselben Anwendungsbereich wie § 295 Abs. 2 (s. o. Rdnr. 6). In diesen Fällen erfordert die Aufhebung des Unternehmensvertrages mithin als weitere Wirksamkeitsvoraussetzung einen positiven Zustimmungsbeschluß der außenstehenden Aktionäre mit qualifizierter Mehrheit.

17 Keine Anwendung findet § 296 Abs. 2 dagegen nach dem Gesamtzusammenhang der gesetzlichen Regelung bei **sonstigen** Beendigungsgründen (s. schon o. Rdnr. 5). Beispiele sind die Kündigung des Unternehmensvertrages, soweit nicht § 297 Abs. 2 eingreift,[28] weiter die Anfechtung oder der Rücktritt[29] sowie vor allem die Beendigung des Unternehmensvertrages kraft Gesetzes, etwa durch die Eingliederung der einen Partei in die andere oder durch die Verschmelzung der Parteien.[30] Die Folge dieser widersprüchlichen Regelung ist, daß der mit § 296 Abs. 2 bezweckte Schutz der außenstehenden Aktionäre nicht erreicht wurde, da die Parteien das Ziel einer Aufhebung des Vertrags jederzeit auch ohne Mitwirkung der außenstehenden Aktionäre erreichen können.[31]

18 **2. Verfahren.** § 296 Abs. 2 ist dem § 295 Abs. 2 nachgebildet. Der Begriff der außenstehenden Aktionäre ist deshalb hier derselbe wie in § 295 Abs. 2.[32] Auch die erforderliche qualifizierte Mehrheit berechnet sich ebenso wie im Falle des § 295 Abs. 2 (§ 296 Abs. 2 S. 2 iVm. § 293 Abs. 1 S. 2 und 3).[33] Für den Sonderbeschluß gilt § 138. Das erweiterte Auskunftsrecht der außenstehenden Aktionäre (§ 296 Abs. 2 S. 2 iVm. § 295 Abs. 2 S. 3) bezieht sich hier auf alle für die Vertragsaufhebung wesentlichen Angelegenheiten des anderen Vertragsteils.[34]

19 **3. Bedeutung.** Das Erfordernis eines Sonderbeschlusses der außenstehenden Aktionäre nach § 296 Abs. 2 S. 1 bedeutet eine gesetzliche Beschränkung der Vertretungsmacht des Vorstandes, so daß ein vom Vorstand abgeschlossener Aufhebungsvertrag so lange unwirksam ist, wie ihm nicht die außenstehenden Aktionäre durch Sonderbeschluß mit der erforderlichen Mehrheit zugestimmt haben (o. Rdnr. 8). Der Sonderbeschluß kann dem Aufhebungsvertrag vorausgehen oder nachfolgen. Liegt bei Abschluß des Aufhebungsvertrages durch den Vorstand noch kein Sonderbeschluß vor, so handelt der Vorstand als Vertreter ohne Vertretungsmacht mit der Folge, daß der Aufhebungsvertrag schwebend unwirksam ist (§ 177 BGB). Die Gesellschaft ist in diesem Fall durch den bereits abgeschlossenen, aber schwebend unwirksamen Aufhebungsvertrag nicht gebunden.[35] Es besteht nicht einmal eine Verpflichtung gegenüber dem anderen Vertragsteil, den Aufhebungsvertrag den außenstehenden Aktionären zur Billigung vorzulegen. Die außenstehenden Aktionäre können jedoch selbst nach § 138 S. 2 und 3 iVm. § 122 die Einberufung einer Sonderversammlung verlangen, um in dieser über den Aufhebungsvertrag abzustimmen.

---

[26] *Emmerich/Sonnenschein* § 15 II 2 b; *Krieger* in Handbuch § 17 Rdnr. 124; *Windbichler* Unternehmensverträge S. 65.
[27] So aber zu Unrecht *Hüffer* Rdnr. 3 f.; *Koppensteiner* in Kölner Kommentar Rdnr. 8.
[28] *Kley* Rechtsstellung S. 85 ff.
[29] *Kley* Rechtsstellung S. 82 ff.; s. u. § 297 Rdnr. 30 ff.
[30] S. schon o. Rdnr. 5 sowie im einzelnen u. § 297 Rdnr. 34 ff.; BGH LM AktG § 320 Nr. 1 (Bl. 3 R f) = AG 1974, 320, 323 = WM 1974, 713, 715 (insoweit nicht in NJW 1974, 1557 abgedruckt; ebenso zuvor schon OLG Celle AG 1972, 283 = WM 1972, 1004); *Hüffer* Rdnr. 7; *Koppensteiner* in Kölner Kommentar Rdnr. 12.
[31] *Emmerich/Sonnenschein* § 15 II 2 d.
[32] S. deshalb o. § 295 Rdnr. 27 ff.
[33] S. o. § 295 Rdnr. 30.
[34] S. o. § 295 Rdnr. 31.
[35] *Emmerich/Sonnenschein* § 15 II 2 d.

Der andere Vertragsteils ist gebunden, bis die außenstehenden Aktionäre eine Entschei- 20 dung getroffen haben. Billigerweise kann ihm diese Bindung freilich nur so lange zugemutet werden, wie mit einer Entscheidung der außenstehenden Aktionäre noch zu rechnen ist, dh. im Regelfall bis zur nächsten ordentlichen Hauptversammlung.[36] Lehnen die außenstehenden Aktionäre den Aufhebungsvertrag ab, so kann der andere Teil auch keinen Schadensersatz verlangen.[37]

Im Regelfall wird der Sonderbeschluß dem Aufhebungsvertrag nachfolgen. Umstritten 21 ist, ob die außenstehenden Aktionäre den Sonderbeschluß auch noch zu einem Zeitpunkt fassen können, der *nach* dem im Aufhebungsvertrag festgelegten Beendigungszeitpunkt für den Unternehmensvertrag liegt.[38] Überwiegend wird die Frage zu Recht verneint. Zwar bezieht sich das gesetzliche Rückwirkungsverbot des § 296 Abs. 1 S. 2 nur auf den Aufhebungsvertrag und nicht auf den Sonderbeschluß. Da jedoch der Aufhebungsvertrag erst mit dem Sonderbeschluß wirksam wird (o. Rdnr. 19), wäre auch das für den Aufhebungsvertrag geltende Rückwirkungsverbot verletzt, wenn der zunächst unwirksame Aufhebungsvertrag jetzt rückwirkend durch den nachfolgenden Sonderbeschluß Geltung erlangte. Der Vertrag kann jedoch wohl im Regelfall dahin umgedeutet werden, daß die Aufhebung zum nächsten zulässigen Beendigungszeitpunkt wirken soll (§ 140 BGB).

4. Anfechtung. Die Nichtigkeit und die Anfechtung des Sonderbeschlusses richten sich 22 gemäß § 138 S. 2 nach den §§ 241 und 243. Für eine Einschränkung der Anfechtbarkeit wie bei dem Sonderbeschluß nach § 295 Abs. 2[39] besteht hier kein Anlaß, weil im Falle der Aufhebung eines Unternehmensvertrages anders als in dem seiner bloßen Änderung ein Spruchstellenverfahren nach § 306 nicht mehr in Betracht kommt.[40]

VI. Rechtsfolgen

Im Falle des Abschlusses eines wirksamen Aufhebungsvertrages nach § 296 Abs. 1 endet 23 der Unternehmensvertrag zu dem im Vertrag vereinbarten Zeitpunkt.[41] Ist die eine Partei von der anderen abhängig, so gelten fortan für ihr Verhältnis die §§ 311 ff.[42] An die Stelle der Verlustübernahmepflicht des herrschenden Unternehmens nach § 302 tritt die Regelung des § 303. Soweit aber die Verluste während der Vertragsdauer entstanden sind, müssen sie noch ausgeglichen werden (§ 302).

Wenn der aufgehobene Vertrag eine **Ausgleichs- oder Abfindungspflicht** des einen 24 Vertragsteils zugunsten der außenstehenden Aktionäre des anderen Vertragsteils begründet hatte, enden diese Pflichten gleichfalls mit Aufhebung des Vertrags für die Zukunft. Bereits erbrachte Ausgleichs- und Abfindungsleistungen müssen jedoch nicht zurückerstattet werden, weil ihr Rechtsgrund nicht rückwirkend, sondern nur für die Zukunft entfällt.[43] Lediglich, wenn ausnahmsweise bei Aufhebung des Vertrages die Frist für die Annahme des Abfindungsangebots noch läuft (s. § 305 Abs. 4), endet auch diese Frist mit der Aufhebung des Unternehmensvertrages, so daß die außenstehenden Aktionäre fortan das nunmehr erloschene Abfindungsangebot des herrschenden Unternehmens nicht mehr annehmen können. Ein Verstoß gegen das Rückwirkungsverbot des § 296 Abs. 1 S. 2 liegt hierin nicht, weil die Rechtsfolgen nur für die Zukunft umgestaltet werden.[44]

Wie schon ausgeführt (o. Rdnr. 2), hat das Gesetz, von § 303 abgesehen, keine Vorsorge für 25 die Zeit nach Beendigung eines Unternehmensvertrages getroffen, obwohl die **Überlebens-**

---

[36] *Emmerich/Sonnenschein* (Fn 35.).
[37] *Kley* Rechtsstellung S. 94.
[38] Dafür *Hüffer* Rdnr. 8; *Koppensteiner* in Kölner Kommentar Rdnr. 12; dagegen *Emmerich/Sonnenschein* § 15 II 2d; *Geßler* in Geßler/Hefermehl Rdnr. 17; *Krieger* Handbuch § 70 Rdnr. 27; *Raiser* Kapitalgesellschaften § 54 Rdnr. 70.
[39] S. o. § 295 Rdnr. 33.
[40] *Geßler* in Geßler/Hefermehl Rdnr. 19; *Hüchting* Abfindung S. 113; *Hüffer* Rdnr. 7; *Koppensteiner* in Kölner Kommentar Rdnr. 10.
[41] S. *Emmerich/Sonnenschein* § 15 II 3.
[42] S. *Kley* Rechtsstellung S. 113 ff.
[43] S. *Emmerich/Sonnenschein* § 15 II 3; *Hüffer* Rdnr. 9; *Kley* Rechtsstellung S. 99 ff.
[44] Ebenso *Geßler* in Geßler/Hefermehl Rdnr. 20; *Hüffer* Rdnr. 9; *Koppensteiner* in Kölner Kommentar Rdnr. 9.

fähigkeit einer abhängigen Gesellschaft, namentlich nach Beendigung eines Beherrschungs- oder Gewinnabführungsvertrages, häufig zweifelhaft ist.[45] Im Schrifttum hat dies zu einer lebhaften Diskussion über die Frage geführt, ob und wie hier für Abhilfe gesorgt werden kann.[46] In Betracht kommen namentlich eine Beschränkung des Weisungsrechts des herrschenden Unternehmens (§ 308), die Verschärfung der Pflichten des herrschenden Unternehmens bei der Konzernleitung (Stichwort: Grundsätze ordnungsmäßiger Konzerngeschäftsführung) sowie die Begründung zusätzlicher Pflichten des herrschenden Unternehmens bei Vertragsende, in erster Linie in Gestalt von Wiederaufbauhilfen oder eines neuen Abfindungsangebots an die außenstehenden Aktionäre.[47] Von allen diesen Wegen verspricht jedoch angesichts der Gesetzeslage (§ 303) im Augenblick allein die Entwicklung substantieller Schranken des Weisungsrechts einen gewissen, wiewohl beschränkten Erfolg.[48]

§ 297 Kündigung

(1) Ein Unternehmensvertrag kann aus wichtigem Grunde ohne Einhaltung einer Kündigungsfrist gekündigt werden. Ein wichtiger Grund liegt namentlich vor, wenn der andere Vertragsteil voraussichtlich nicht in der Lage sein wird, seine auf Grund des Vertrags bestehenden Verpflichtungen zu erfüllen.

(2) Der Vorstand der Gesellschaft kann einen Vertrag, der zur Leistung eines Ausgleichs an die außenstehenden Aktionäre der Gesellschaft oder zum Erwerb ihrer Aktien verpflichtet, ohne wichtigen Grund nur kündigen, wenn die außenstehenden Aktionäre durch Sonderbeschluß zustimmen. Für den Sonderbeschluß gilt § 293 Abs. 1 Satz 2 und 3, § 295 Abs. 2 Satz 3 sinngemäß.

(3) Die Kündigung bedarf der schriftlichen Form.

Schrifttum: *Acher,* Vertragskonzern und Insolvenz, 1987; *Dehmer,* Umwandlungsgesetz, Umwandlungssteuergesetz, 2. Aufl. 1996; *Ebenroth/Parche,* Konzernrechtliche Beschränkungen der Umstrukturierung des Vertragskonzerns, BB 1989, 637; *Emmerich/Sonnenschein* Konzernrecht § 15 III – V; *Gerth,* Die Beendigung des Gewinnabführungs- und Beherrschungsvertrages, BB 1978, 1497; *Heesing,* Bestandsschutz des Beherrschungs- und Gewinnabführungsvertrages in der Unternehmenskrise und im Konkurs, 1988; *Hirte,* Grenzen der Vertragsfreiheit bei aktienrechtlichen Unternehmensverträgen, ZGR 1994, 644; *Hohner,* Beherrschungsvertrag und Verschmelzung, DB 1973, 1487; *Hüchting,* Abfindung und Ausgleich im aktienrechtlichen Beherrschungsvertrag, 1972; *Kley,* Die Rechtsstellung der außenstehenden Aktionäre bei der vorzeitigen Beendigung von Beherrschungsverträgen, 1986; *Krieger* Handbuch § 70 III (S. 838 ff.); *ders.,* Änderung und Beendigung von Beherrschungs- und Gewinnabführungsverträgen, in U. Schneider (Hrsg.), Beherrschungs- und Gewinnabführungsverträge in der Praxis der GmbH, 1989, S. 99; *Laule,* Die Beendigung eines Beherrschungsvertrages aus wichtigem Grund und korrespondierende Handlungspflichten der Verwaltung einer beherrschten AG, AG 1990, 145; *Lutter,* Umwandlungsgesetz, 1996; *Naraschewski,* Verschmelzung im Konzern: Ausgleichs- und Abfindungsansprüche außenstehender Aktionäre bei Erlöschen eines Beherrschungsvertrages, DB 1997, 1653; *Peltzer,* Die Haftung der Konzernmutter für die Schulden ihrer Tochter, AG 1975, 309; *Priester,* Herrschaftswechsel beim Unternehmensvertrag, ZIP 1992, 293; *Raiser* Kapitalgesellschaften § 54 VII (S. 728 ff.); *Riegger,* Wann muß der Vorstand einer beherrschten AG den Beherrschungsvertrag kündigen?, DB 1997, 1603; *Samer,* Beherrschungs- und Gewinnabführungsverträge gemäß § 291 Abs. 1 AktG im Konkurs und Vergleich der Untergesellschaft, 1990; *Scheel* Konzerninsolvenzrecht, 1995; *Timm,* Geklärte und offene Fragen im Vertragskonzernrecht der GmbH, GmbHR 1987, 8; *ders.,* Rechtsfragen der Änderung und Beendigung von Unternehmensverträgen, Festschrift Kellermann, 1991, S. 461; *H. Westermann,* Die Folgen von Verschmelzung und Umwandlung von Aktiengesellschaften für Beherrschungsverträge, Festschrift Schilling, 1973, S. 271; *H. Wilhelm,* Die Beendigung des Beherrschungs- und Gewinnabführungsvertrags, 1976; *Chr. Windbichler,* Unternehmensverträge und Zusammenschlußkontrolle, 1977.

---

[45] Ebenso schon die Begr. zum RegE des § 303 und des § 305, bei *Kropff* AktG S. 393 o., 397.
[46] S. *Emmerich/Sonnenschein* § 16 I; *Emmerich* in Hommelhoff, Entwicklungen im GmbH-Konzernrecht, 1986, S. 64 ff.; *Kleindiek,* Strukturvielfalt im Personengesellschafts-Konzern, 1991; *Kley* Rechtsstellung S. 108 ff.; *Priester* ZIP 1989, 1301; *H. Wilhelm* Beendigung S. 109 ff.; s. auch OLG Düsseldorf AG 1990, 490, 492 „DAB/Hansa".
[47] S. OLG Düsseldorf (Fn. 46); *Kleindiek* (Fn. 46) S. 209 ff.; *Krieger* Handbuch § 70 Rdnr. 145 f.; *H. Wilhelm* Beendigung S. 116 ff.; *Hüffer* Rdnr. 9; skeptisch *Koppensteiner* in Kölner Kommentar § 297 Rdnr. 40.
[48] S. deshalb im einzelnen u. § 308 Rdnr. 49 ff.

Kündigung **1, 2 § 297**

Überblick

	Rdnr.		Rdnr.
I. Überblick	1, 2	4. Kündigungserklärung . . .	25
II. Anwendungsbereich	3	5. Frist	26
III. Ordentliche Kündigung	4–14	V. Weitere vertragliche Beendigungsgründe	27–33
1. Voraussetzungen	4–6	1. Nichtigkeit	28
2. Zuständigkeit	7–9	2. Bedingung	29
a) Vorstand	7	3. Anfechtung	30
b) Sonderbeschluß	8, 9	4. Rücktritt	31, 32
3. Form	10	a) Gesetzliche Rücktrittsrechte .	31
4. Kündigungsfrist	11	b) Vertraglich vorbehaltene Rücktrittsrechte	32
5. Kündigungstermin	12	5. Zeitablauf	33
6. Teilkündigung	13	VI. Sonstige Beendigungsgründe .	34–50
7. Abweichende Vereinbarungen . .	14	1. Eingliederung	34, 35
IV. Außerordentliche Kündigung . .	15–26	2. Verschmelzung	36–41
1. Zwingendes Recht	16, 17	3. Formwechsel	42
a) Ausschluß	16	4. Spaltung	43
b) Ausdehnung	17	5. Vermögensübertragung	44
2. Sonderfälle	18	6. Mängel des Zustimmungsbeschlusses	45
3. Wichtiger Grund	19–24	7. Auflösung	46, 47
a) Begriff	19, 20	8. Vergleich	48
b) Beispiele	21–24	9. Verlust der Unternehmensgemeinschaft	49
aa) Unfähigkeit zur Erfüllung der Pflichten	21	VII. Rechtsfolgen	50–52
bb) Veränderung der wirtschaftlichen Verhältnisse .	22		
cc) Weitere Fälle	23		
dd) Veräußerung der Beteiligung	24		

I. Überblick

Das Gesetz regelt, wie bereits im einzelnen ausgeführt,[1] die Voraussetzungen und Folgen **1** der Beendigung von Unternehmensverträgen nur lückenhaft. Eine nähere Ordnung haben im Gesetz lediglich die vertragliche Aufhebung (§ 296) sowie die außerordentliche (fristlose) Kündigung eines Unternehmensvertrages aus wichtigem Grunde gefunden (s. die §§ 297 Abs. 1, 304 Abs. 5 und 305 Abs. 5 S. 4). Aus § 297 Abs. 2 kann man außerdem noch den Schluß ziehen, daß Unternehmensverträge unter im einzelnen freilich nicht geregelten Voraussetzungen auch ordentlich (mit Frist) gekündigt werden können. Alle anderen Fragen wurden hingegen bewußt offengelassen.[2]

Nach § 297 Abs. 1 S. 1 kann ein Unternehmensvertrag von jeder Partei fristlos gekündigt **2** werden, wenn ein wichtiger Grund vorliegt. Das Gesetz sagt aber nicht, wann dies anzunehmen ist, sondern beschränkt sich in § 297 Abs. 1 S. 2 auf die Bestimmung, daß eine Kündigung aus wichtigem Grunde namentlich dann in Betracht kommt, wenn der andere Vertragsteil voraussichtlich nicht in der Lage sein wird, seine aufgrund des Vertrages bestehenden Verpflichtungen (s. §§ 302 bis 305) zu erfüllen. § 297 Abs. 2 knüpft dagegen eine etwaige ordentliche Kündigung des Vertrages durch den Vorstand der Gesellschaft nach dem Vorbild der §§ 295 Abs. 2 und 296 Abs. 2 an einen Sonderbeschluß der außenstehenden Aktionäre mit qualifizierter Mehrheit. § 297 Abs. 3 fügt noch hinzu, daß die ordentliche wie die außerordentliche Kündigung der Schriftform bedarf. Die Beendigung des Unternehmensvertrages infolge der Kündigung ist nach § 298 zur Eintragung ins Handelsregister anzumelden. Jedoch kann das herrschende Unternehmen aufgrund eines Beherr-

---

[1] S.o. § 296 Rdnr. 1 f.

[2] S. die Begründung und den Ausschußbericht zu § 297, bei *Kropff* AktG S. 386 f.

schungsvertrages der abhängigen Gesellschaft nicht die Weisung erteilen, den Vertrag zu kündigen (§ 299).

II. Anwendungsbereich

3   Der unmittelbare Anwendungsbereich des § 297 entspricht dem der §§ 295 und 296.[3] Es muß sich mithin um einen Unternehmensvertrag im Sinne der §§ 291 und 292 handeln, an dem eine AG oder KGaA in der Rolle derjenigen Gesellschaft beteiligt ist, die die vertragstypischen Leistungen erbringt, bei einem Beherrschungs- oder Gewinnabführungsvertrag also als abhängige Gesellschaft. Allein diese Gesellschaft hat namentlich § 297 Abs. 2 im Auge, während die Rechtsform und der Sitz des anderen Vertragsteils ebenso wie durchweg im Anwendungsbereich der §§ 291 bis 299 keine Rolle spielen. § 297 ist außerdem auf Unternehmensverträge mit Gesellschaften anderer Rechtsform, namentlich mit einer abhängigen *GmbH* entsprechend anwendbar.[4]

III. Ordentliche Kündigung

4   **1. Voraussetzungen.** Das Gesetz hat die ordentliche, dh. nicht vom Vorliegen eines wichtigen Grundes abhängige und in der Regel fristgebundene Kündigung von Unternehmensverträgen bewußt nicht im einzelnen geregelt,[5] sondern beschränkt sich in § 297 Abs. 2 auf die Bestimmung, daß (nur) die ordentliche Kündigung eines Unternehmensvertrages seitens der abhängigen Gesellschaft, sofern der Vertrag Ausgleichs- oder Abfindungsleistungen zugunsten der außenstehenden Gesellschafter vorsieht (s. §§ 304 und 305), eines Sonderbeschlusses der außenstehenden Aktionäre mit qualifizierter Mehrheit bedarf. Hieraus folgt, daß das Gesetz von der Zulässigkeit einer ordentlichen Kündigung von Unternehmensverträgen ausgeht. Ungeregelt geblieben sind jedoch die Voraussetzungen und die Folgen einer derartigen Kündigung.

5   Nach überwiegender Meinung kommt die ordentliche Kündigung eines Unternehmensvertrages nur in Betracht, wenn das Kündigungsrecht ausdrücklich im Vertrag vorgesehen ist (s. § 293 Abs. 3) oder wenn es sich wie bei den meisten anderen Unternehmensverträgen des § 292 aus der gesetzlichen Regelung des betreffenden Vertragstypus ergibt.[6] Zu denken ist hier namentlich bei den Geschäftsführungsverträgen des § 291 Abs. 1 S. 2 an § 671 BGB,[7] bei der Gewinngemeinschaft des § 292 Abs. 1 Nr. 1 an § 723 Abs. 1 S. 1 BGB, bei den Betriebspacht- und Betriebsüberlassungsverträgen des § 292 Abs. 1 Nr. 3 an § 584 BGB sowie bei den Betriebsführungsverträgen, die entgeltliche Geschäftsbesorgungsverträge mit Dienstvertragscharakter sind,[8] an die §§ 675 und 621 BGB. Bei den Teilgewinnabführungsverträgen des § 292 Abs. 1 Nr. 2, die ganz unterschiedlichen Vertragstypen zuzuordnen sind,[9] kommt es hingegen darauf an, was im einzelnen vorliegt; handelt es sich zB um eine stille Gesellschaft, so gelten für die ordentliche Kündigung des Vertrages mangels abweichender Vereinbarungen der Parteien die §§ 132, 134 und 234 HGB sowie § 723 BGB.

6   Die Folge des geschilderten Gesetzesverständnisses (o. Rdnr. 5) ist vor allem, daß – jedenfalls nach hM – Beherrschungs- und Gewinnabführungsverträge, die keinem gesetzlich geregelten Vertragstypus zugeordnet werden können, ordentlich nur kündbar sind, wenn dies

---

[3] S. deshalb o. § 296 Rdnr. 4 und 7.
[4] OLG Düsseldorf AG 1995, 137, 138 = NJW-RR 1995, 233; LG Bochum AG 1987, 323 = GmbHR 1987, 24, 25; *Emmerich/Sonnenschein* § 25 IV 2; *Emmerich* in Scholz GmbHG § 44 Anh. Rdnr. 321; *Krieger* in U. Schneider, Beherrschungs- und Gewinnabführungsverträge in der Praxis der GmbH, S. 99; *Timm* GmbHR 1987, 8, 14 f.
[5] S. die Begründung zum RegE, bei *Kropff* AktG S. 386.
[6] So zB *Gerth* BB 1978, 1497, 1498; *Geßler* in Geßler/Hefermehl Rdnr. 6, 11; *Hüffer* Rdnr. 10–13; *Koppensteiner* in Kölner Kommentar Rdnr. 2; *Krieger* in U. Schneider, Beherrschungs- und Gewinnabführungsverträge, S. 99, 106; *Raiser* Kapitalgesellschaften § 54 Rdnr. 72.
[7] S. o. § 291 Rdnr. 59.
[8] S. o. § 292 Rdnr. 49.
[9] S. o. § 292 Rdnr. 28 f.

bereits in dem schriftlichen Vertrag vorgesehen ist (§ 293 Abs. 3).[10] Die Vertragspraxis hat sich offenbar hierauf eingestellt, so daß heute in der großen Mehrzahl der Fälle Beherrschungs- und Gewinnabführungsverträge, und zwar in der Regel nach Ablauf einer festen Vertragsdauer von fünf Jahren, ordentlich kündbar sind (s. u. Rdnr. 33). Unter diesen Umständen sprechen die besseren Gründe doch wohl dafür, grundsätzlich von der ordentlichen *Kündbarkeit* von Unternehmensverträgen auszugehen; der Wortlaut des § 297 Abs. 2 S. 1 ist hiermit ohne weiteres vereinbar (zur Kündigungsfrist s. u. Rdnr. 11).

2. Zuständigkeit. a) Vorstand. Die Kündigung ist Sache des Vorstandes der Gesellschaft (§§ 77, 78, 297 Abs. 2 S. 1).[11] Für die Zustimmung des Aufsichtsrats gilt § 111 Abs. 4 S. 2. Da durch den Unternehmensvertrag das ordentliche Kündigungsrecht auch ganz ausgeschlossen werden kann (u. Rdnr. 14), ist es außerdem zulässig, den Vorstand bei dem Ausspruch der Kündigung an die Mitwirkung anderer Organe, zB eines Beirats, oder an die Mitwirkung Dritter zu binden.[12]

b) Sonderbeschluß. Nach § 297 Abs. 2 S. 1 bedarf (nur) die ordentliche Kündigung des Unternehmensvertrages durch den Vorstand der abhängigen Gesellschaft der Zustimmung der außenstehenden Aktionäre durch einen Sonderbeschluß mit qualifizierter Mehrheit, sofern der Vertrag Ausgleichs- oder Abfindungsleistungen für die außenstehenden Aktionäre vorsieht. Die Regelung entspricht in jeder Hinsicht der der §§ 295 Abs. 2 und 296 Abs. 2, so daß wegen der Einzelheiten auf die Ausführungen zu diesen Vorschriften verwiesen werden kann.[13]

Die bewußt getroffene Beschränkung des Anwendungsbereichs des § 297 Abs. 2 auf die ordentliche Kündigung durch den Vorstand der abhängigen Gesellschaft hat zur Folge, daß eine derartige Kündigung durch den *anderen* Vertragsteil ebensowenig wie die *außerordentliche* Kündigung des Vertrags, gleich durch welche Partei, der Zustimmung der außenstehenden Aktionäre durch einen Sonderbeschluß bedarf.[14] Die unvermeidliche Folge ist, daß der mit § 297 Abs. 2 bezweckte Schutz der außenstehenden Aktionäre praktisch leerläuft, weil er jederzeit dadurch umgangen werden kann, daß die ordentliche Kündigung von dem anderen Vertragsteil ausgesprochen wird.[15] Im Ergebnis verhält es sich hier nicht anders wie mit der Zulässigkeit einer Änderungskündigung zur „Umgehung" des § 295, die gleichfalls überwiegend gebilligt wird.[16]

3. Form. Nach § 297 Abs. 3 bedarf die Kündigung der schriftlichen Form. Das Gesetz verweist damit auf § 126 BGB. Ein Verstoß gegen die vorgeschriebene Form hat die Nichtigkeit der Kündigung zur Folge (§ 125 BGB). Die Kündigung muß außerdem eindeutig und unbedingt sein und vom Vorstand ausgehen. Eine Begründung ist hingegen nicht erforderlich.[17] Die Kündigung wird wirksam mit Zugang bei dem anderen Vertragsteil (§ 130 BGB; s. u. Rdnr. 12).

4. Kündigungsfrist. Die Kündigungsfrist ist im Gesetz nicht geregelt, so daß sie sich in erster Linie nach den Abreden der Parteien richtet.[18] Fehlen Abreden hierüber, so bestimmt sie sich bei den anderen Unternehmensverträgen des § 292 nach den jeweils einschlägigen gesetzlichen Vorschriften (s. o. Rdnr. 5), während bei den Beherrschungs- und Gewinnabführungsverträgen lediglich eine Analogie zu § 584 Abs. 1 BGB, zu § 723 Abs. 1 S. 1 BGB oder zu § 132 HGB in Betracht kommt. Überwiegend wird das letztere ange-

---

[10] Anders aber *Emmerich/Sonnenschein* § 15 III 2 a; *Hüchting* Abfindung S. 115; *Kley* Rechtsstellung S. 57; *Timm*, Festschrift Kellermann, S. 461, 469 ff.; *Windbichler* Unternehmensverträge S. 68 ff.

[11] ZB *Emmerich/Sonnenschein* § 15 III 1 b; *Kley* Rechtsstellung S. 56, 58; *Windbichler* Unternehmensverträge S. 80.

[12] *Emmerich/Sonnenschein* § 15 III 1 b; anders offenbar *Timm*, Festschrift Kellermann, S. 461, 472 ff.

[13] S. o. § 295 Rdnr. 22 ff., § 296 Rdnr. 16 ff.; *Emmerich/Sonnenschein* § 15 III 2 d.

[14] BGHZ 122, 211, 232 „SSI" = NJW 1993, 1976 = AG 1993, 422; zB *Hüffer* Rdnr. 18.

[15] S. die Kritik bei *Emmerich/Sonnenschein* § 15 III 2 d; *Koppensteiner* in Kölner Kommentar Rdnr. 2; zustimmend aber zB *Hüchting* Abfindung S. 116 ff.; *H. Wilhelm* Beendigung S. 10 f.

[16] S. im einzelnen o. § 295 Rdnr. 6 m. Nachw.

[17] S. im einzelnen *Emmerich/Sonnenschein* § 15 III 1 b.

[18] S. die Begründung zum RegE, bei *Kropff* AktG S. 386.

nommen, so daß die Kündigung in diesem Fall nur mit halbjähriger Frist zum Ende des Geschäftsjahrs möglich ist.[19]

12 **5. Kündigungstermin.** Der Kündigungstermin sollte sich ebenso wie die Kündigungsfrist (o. Rdnr. 11) nach der Vorstellung der Gesetzesverfasser in erster Linie nach den Abreden der Parteien richten.[20] Eine verbreitete Meinung nimmt jedoch an, auf den Kündigungstermin sei *§ 296 Abs.1 S.1* entsprechend anzuwenden, so daß die ordentliche Kündigung grundsätzlich nur zum Ende des Geschäftsjahrs oder des sonst vertraglich bestimmten Abrechnungszeitraums ausgesprochen werden könnte.[21] Dieser Meinung ist indessen nicht zu folgen, da mangels einer Gesetzeslücke gar kein Raum für eine Analogie zu § 296 Abs.1 S.1 ist; maßgeblich ist vielmehr die jeweilige vertragliche oder gesetzliche Kündigungsfrist (o. Rdnr. 11), mit deren Ablauf der Vertrag daher sein Ende findet, gegebenenfalls daher auch während des laufenden Geschäftsjahrs.[22] Die vielfach berufenen Abwicklungsprobleme in diesem Falle sind zwar nicht zu leugnen, müssen aber auch in anderen Fällen, namentlich bei einer außerordentlichen fristlosen Kündigung oder bei einer gesetzlichen Beendigung des Vertrages bewältigt werden.

13 **6. Teilkündigung.** Obwohl das BGB in § 543 S.1 iVm. den §§ 469 bis 471 von der Möglichkeit einer Teilkündigung bei Miet- und Pachtverträgen ausgeht, wird doch heute überwiegend eine Teilkündigung grundsätzlich für unzulässig gehalten, weil sie der Sache nach auf eine einseitige Vertragsänderung gegen den Willen des anderen Teils hinausläuft.[23] Ausnahmen sind freilich denkbar.[24] Ebenso wird die Rechtslage für Unternehmensverträge zu beurteilen sein.[25] Jedenfalls bei den Unternehmensverträgen des § 291 scheidet daher mit Rücksicht auf die Regelung für Vertragsänderungen in § 295 grundsätzlich eine Teilkündigung aus, auch im Falle der Verbindung eines solchen Unternehmensvertrages mit einem anderen Vertrag. Anders kann die Frage nur im Einzelfall nach dem Willen der Parteien bei den anderen Unternehmensverträgen des § 292 zu beurteilen sein, soweit wie bei einer Gewinngemeinschaft oder einem Teilgewinnabführungsvertrag der Vertragsgegenstand hier von vornherein auf einen Teil des Unternehmens beschränkt werden kann.

14 **7. Abweichende Vereinbarungen.** Die ordentliche Kündbarkeit von Unternehmensverträgen ist durch das Gesetz nicht zwingend vorgeschrieben und kann deshalb durch den Vertrag ausgeschlossen oder beschränkt werden (s. schon o. Rdnr. 7). Ein Ausschluß liegt zB in der Vereinbarung einer festen Vertragsdauer (s.u. Rdnr. 33). Ebenso möglich ist die Beschränkung der ordentlichen Kündigung des Vertrages auf bestimmte Gründe.[26]

IV. Außerordentliche Kündigung.

15 Nach § 297 Abs.1 S.1 kann ein Unternehmensvertrag (außerordentlich) ohne Einhaltung einer Kündigungsfrist gekündigt werden, wenn ein wichtiger Grund vorliegt. S.2 der Vorschrift fügt hinzu, daß ein wichtiger Grund namentlich anzunehmen ist, wenn der andere Vertragsteil voraussichtlich nicht in der Lage sein wird, seine aufgrund des Vertrages bestehenden Verpflichtungen (s. die §§ 302 bis 305) zu erfüllen.

---

[19] S. *Emmerich/Sonnenschein* § 15 III 2 b; *Hüffer* Rdnr. 15; anders zB *Windbichler* Unternehmensverträge S. 75; s. auch u. Rdnr. 12.
[20] S. die Begr. zum RegE, bei *Kropff* AktG S. 386.
[21] S.o. § 296 Rdnr. 12 f.; in diesem Sinne etwa *Gerth* BB 1978, 1497, 1498; *Geßler/Hefermehl* Rdnr. 17; *Koppensteiner* in Kölner Kommentar Rdnr. 3; *Krieger* Handbuch § 70 Rdnr. 126; *ders.* in U. Schneider, Beherrschungs- und Gewinnabführungsverträge, S. 99, 106; *Raiser* Kapitalgesellschaften § 54 Rdnr. 72.
[22] BGHZ 122, 211, 228 ff. = NJW 1993, 1976 = AG 1993, 422 „SSI"; *Emmerich/Sonnenschein* § 15 III 2 b; *Hirte* ZGR 1994, 644, 654; *Hüffer* Rdnr. 16; *Timm*, Festschrift Kellermann, S. 461, 467, 469; *H. Wilhelm* Beendigung S. 71.
[23] BGH LM BRAGO § 51 Nr. 21 = NJW 1993, 1320 = WM 1993, 610, 614; *Staudinger/Emmerich* BGB § 543 Rdnr. 5.
[24] OLG Karlsruhe WuM 1997, 202 = NJW-RR 1997, 711 = ZMR 1997, 283.
[25] *Emmerich/Sonnenschein* § 15 III 1 c; *Windbichler* Unternehmensverträge S. 77.
[26] *Emmerich/Sonnenschein* § 15 III 2 c; zu der sachlich in jeder Hinsicht entsprechenden vertraglichen Ausdehnung der außerordentlichen Kündigung s. u. Rdnr. 17.

1. Zwingendes Recht.

a) Ausschluß. Die Vorschrift des § 297 Abs. 1 enthält zwingendes Recht, so daß weder ein vertraglicher Ausschluß des außerordentlichen Kündigungsrechts noch seine vertragliche Einschränkung in Betracht kommen (§ 134 BGB).[27] Beispiele sind die abschließende Aufzählung der wichtigen Gründe, die eine außerordentliche Kündigung zu rechtfertigen vermögen, die Umqualifizierung der außerordentlichen in eine ordentliche Kündigung durch die Bestimmung von Kündigungsfristen oder -terminen (s. u. Rdnr. 26) sowie die Bindung der außerordentlichen Kündigung an die Mitwirkung Dritter wie zB anderer Organe oder anderer Personen.[28]

b) Ausdehnung. Zweifelhaft ist die Zulässigkeit einer vertraglichen Ausdehnung der außerordentlichen fristlosen Kündigung auf beliebige sonstige Gründe, die an sich keinen wichtigen Grund im Sinne des § 297 Abs. 1 S. 1 darstellen. Die Problematik rührt daher, daß bei einer unbeschränkten Zulassung solcher Abreden die Mitwirkung der außenstehenden Aktionäre an einer ordentlichen Kündigung durch Sonderbeschluß nach § 297 Abs. 2 umgangen werden könnte (s. o. Rdnr. 9). Aus diesem Grund werden derartige Abreden vielfach für unzulässig gehalten.[29] Mit Rücksicht auf den Umstand, daß die Parteien aber auch bei einer ordentlichen Kündigung auf eine Kündigungsfrist verzichten können (o. Rdnr. 11), dürfte es wohl genügen, den zwingenden **§ 297 Abs. 2** immer dann ohne Rücksicht auf die Abreden der Parteien anzuwenden, wenn eine Kündigung aufgrund des Vertrags auf Gründe gestützt wird, die an sich keine wichtigen Gründe im Sinne des § 297 Abs. 1 darstellen.[30]

2. Sonderfälle.

Sonderfälle der Kündigung eines Unternehmensvertrages aus wichtigem Grunde finden sich in den (problematischen) Bestimmungen der §§ 304 Abs. 5 und 305 Abs. 5 S. 4.[31] Noch nicht geklärt ist, ob § 297 bei den anderen Unternehmensverträgen des § 292 den Vorrang vor denjenigen Bestimmungen hat, aus denen sich gleichfalls das Recht einer Partei ergibt, den betreffenden Vertrag fristlos zu kündigen. Zu denken ist hier in erster Linie bei der Gewinngemeinschaft an § 723 Abs. 1 S. 2 BGB sowie bei den Betriebspacht- und Betriebsüberlassungsverträgen an die §§ 581 Abs. 2, 553 bis 554a BGB. Da sich die Voraussetzungen und die Rechtsfolgen der genannten Vorschriften im wesentlichen decken, dürfte grundsätzlich von ihrer parallelen Anwendbarkeit auszugehen sein.

3. Wichtiger Grund.

a) Begriff. Die außerordentliche (fristlose) Kündigung eines Unternehmensvertrages setzt nach § 297 Abs. 1 S. 1 ebenso wie in vergleichbaren Fällen das Vorliegen eines wichtigen Grundes voraus (s. zB §§ 553, 554a, 626, 723 Abs. 1 S. 2 BGB; §§ 133, 140 HGB). Ein wichtiger Grund ist in allen diesen Fällen entsprechend § 626 Abs. 1 BGB grundsätzlich anzunehmen, wenn der kündigenden Vertragspartei die *Fortsetzung* des Vertrages nach den Umständen des Einzelfalles und unter Abwägung der Interessen der Parteien bis zum Ablauf der ordentlichen Kündigungsfrist bzw. bis zum vereinbarten Beendigungstermin *nicht mehr zuzumuten* ist, namentlich, wenn infolge einer unvorsehbaren, nachteiligen Veränderung der wirtschaftlichen Verhältnisse ihre wirtschaftliche Existenz bei Fortbestand des Vertrages bedroht wäre.[32] Vorausgesetzt wird dabei, daß die aufgetretenen Schwierigkeiten nicht auf eine andere, weniger einschneidende Weise behebbar sind und daß sie auch nicht zum Risikobereich der kündigenden Partei gehören.

---

[27] BGHZ 122, 211, 228 = NJW 1993, 1976 „SSI"; *Emmerich/Sonnenschein* § 15 III 3 b/e; *Geßler* in Geßler/Hefermehl Rdnr. 27.
[28] *Hüffer* Rdnr. 19.
[29] *Emmerich/Sonnenschein* § 15 III 3 e; *Koppensteiner* in Kölner Kommentar Rdnr. 10; wohl auch *Hirte* ZGR 1994, 644, 651 ff.
[30] Ebenso im Ergebnis BGHZ 122, 211, 227, 231 = NJW 1993, 1976 „SSI" (Vorinstanzen LG Ingolstadt AG 1991, 24; OLG München AG 1991, 358 = ZIP 1992, 327); *Hüffer* Rdnr. 8.
[31] Dazu u. § 304 Rdnr. 90 f.
[32] ZB BGHZ 122, 211, 232 = NJW 1993, 1976 „SSI"; LG Frankenthal AG 1989, 253, 254; *Emmerich/Sonnenschein* § 15 III 3 c; *Ebenroth/Parche* BB 1989, 637, 641; *Geßler* In Geßler/Hefermehl Rdnr. 30; *Koppensteiner* in Kölner Kommentar Rdnr. 10; *Krieger* Handbuch § 70 Rdnr. 127; *Laule* AG 1990, 145, 150 ff.; *Timm* GmbHR 1987, 8, 13.

20 Der Begriff des wichtigen Grundes wird im Kontext des § 297 Abs. 1 üblicherweise verhältnismäßig **weit** ausgelegt, in erster Linie, um die abhängige Gesellschaft bei Bestand eines Beherrschungs- oder Gewinnabführungsvertrages gegen übermäßige Risiken aus dem Bereich des anderen Vertragsteils, des herrschenden Unternehmens zu schützen.[33] Jedoch stellen eine allgemeine negative Entwicklung der wirtschaftlichen Verhältnisse, der bloße Nichteintritt der mit dem Vertragsabschluß verbundenen wirtschaftlichen Erwartungen der Parteien sowie der Umstand, daß sich der vereinbarte Ausgleich für die außenstehenden Aktionäre nachträglich als zu niedrig oder als zu hoch erweist (s. aber § 304 Abs. 5), in aller Regel noch keinen wichtigen Grund dar.[34]

21 b) **Beispiele. aa) Unfähigkeit zur Erfüllung der Pflichten.** Nach § 297 Abs. 1 S. 2 liegt ein wichtiger Grund namentlich vor, wenn der andere Vertragsteil voraussichtlich nicht in der Lage sein wird, seine aufgrund des Vertrages bestehenden Verpflichtungen zu erfüllen.[35] Zu denken ist hier in erster Linie an die Verpflichtungen eines herrschenden Unternehmens aufgrund eines Beherrschungs- oder Gewinnabführungsvertrages gegenüber der abhängigen Gesellschaft aufgrund der §§ 302 und 309, gegenüber den Gläubigern aufgrund des § 303 und gegenüber den außenstehenden Aktionären nach den §§ 304 und 305. Zeichnet sich die *dauernde* Unerfüllbarkeit dieser Verpflichtungen des herrschenden Unternehmens ab, so braucht der Vorstand der abhängigen Gesellschaft nicht den Zeitpunkt der Unerfüllbarkeit abzuwarten, sondern kann nach § 297 Abs. 1 S. 2 bereits fristlos kündigen, wenn es *voraussichtlich,* dh. nach einer vernünftigen Prognose zu dieser Situation kommen wird. In solcher Lage kann außerdem auch der andere Vertragsteil, dh. das herrschende Unternehmen selbst fristlos kündigen, jedenfalls, wenn es durch die fernere Erfüllung der genannten Verpflichtungen unmittelbar in seiner wirtschaftlichen Existenz bedroht wäre und der eingetretene bedrohliche Zustand nicht von ihm zu vertreten ist, sondern etwa auf einer allgemeinen wirtschaftlichen Entwicklung oder auf höherer Gewalt beruht (o. Rdnr. 19). Denn § 297 Abs. 1 gilt für beide Parteien gleichermaßen.[36]

22 **bb) Veränderung der wirtschaftlichen Verhältnisse.** Schwierig zu beantworten ist die Frage, wann eine sonstige negative Veränderung der wirtschaftlichen Verhältnisse einen wichtigen Kündigungsgrund darstellt.[37] Hier ist vor allem der allgemeine Grundsatz zu beachten, daß eine Entwicklung, die die kündigende Partei selbst im weitesten Sinne zu vertreten hat und die deshalb zu ihrem Risikobereich gehört, ihr kein Recht gibt, sich durch fristlose Kündigung von dem lästig gewordenen Vertrag zu lösen.[38] Deshalb reicht die bloße Verschlechterung der wirtschaftlichen Verhältnisse der abhängigen Gesellschaft, die im Zweifel von dem herrschenden Unternehmen selbst zu verantworten ist, allein nicht für eine fristlose Kündigung nach § 297 Abs. 1.[39] Eine andere Beurteilung kommt höchstens in Betracht, wenn sich die wirtschaftliche Situation allgemein negativ entwickelt oder wenn es sich um Fälle höherer Gewalt handelt und das weitere Festhalten an dem Vertrag für das betroffene Unternehmen unzumutbar, weil existenzbedrohend erscheint (s. schon o. Rdnr. 21).

23 **cc) Weitere Fälle.** Weitere Beispiele für einen wichtigen Grund sind je nach Umständen des Einzelfalls eine fortgesetzte schwere Vertragsverletzung des anderen Teils trotz Abmahnung, namentlich die wiederholte hartnäckige Überschreitung der gesetzlichen oder

---

[33] ZB *Laule* AG 1990, 145, 155; *Krieger* in U. Schneider, Beherrschungs- und Gewinnabführungsverträge, S. 99, 107.
[34] *Geßler* in Geßler/Hefermehl Rdnr. 38; *Hüffer* Rdnr. 7; *Koppensteiner* in Kölner Kommentar Rdnr. 7; viel weiter hingegen *Laule* und *Krieger* (Fn. 33).
[35] S. zu diesem Fall *Emmerich/Sonnenschein* § 15 III 3 c; *Geßler* in Geßler/Hefermehl Rdnr. 23 ff.; *Hüffer* Rdnr. 4; *Laule* AG 1990, 145, 146, 152 ff.; *Peltzer* AG 1975, 309, 310; *H. Wilhelm* Beendigung S. 13.

[36] *Emmerich/Sonnenschein* § 15 III 3 d; *Hüffer* Rdnr. 5; *Krieger* in U. Schneider, Beherrschungs- und Gewinnabführungsverträge, S. 99, 106 f.
[37] Ausführlich *Emmerich/Sonnenschein* § 15 III 3 c.
[38] S. o. Rdnr. 19 sowie zuletzt BGH LM BGB § 242 (Bb) Nr. 164 = NJW 1996, 714; ZMR 1996, 309, 311; *Staudinger/Emmerich* BGB § 553 Rdnr. 6 f.
[39] *Emmerich/Sonnenschein* (Fn. 36); *Timm* GmbHR 1997, 8, 13.

vertraglichen Grenzen des Weisungsrechts aufgrund eines Beherrschungsvertrages[40] sowie die ernsthafte und endgültige Verweigerung der Erfüllung wesentlicher vertraglicher Pflichten.[41] Schließlich gehören hierher noch die Auflösung des anderen Vertragsteils (s. § 262), sofern sie nicht bereits die automatische Beendigung des Vertrages nach sich zieht (s. u. Rdnr. 46 ff.), sowie Verfügungen der Kartellbehörden, durch die der mit dem Abschluß eines Unternehmensvertrags verbundene Unternehmenszusammenschluß untersagt oder seine Auflösung angeordnet wird (s. § 24 GWB aF; § 36 GWB nF; Art. 8 Abs. 3 und 4 der Fusionskontrollverordnung).[42]

dd) Veräußerung der Beteiligung. Zweifelhaft ist, wie, und zwar namentlich bei Abschluß eines Beherrschungs-, eines Gewinnabführungs- oder eines Betriebspachtvertrages, die Veräußerung der Beteiligung des herrschenden Unternehmens an der abhängigen Gesellschaft – ganz oder teilweise – zu beurteilen ist. Das Problem rührt vor allem daher, daß dem herrschenden Unternehmen infolge der Veräußerung seiner Aktien an außenstehende Dritte bei Verneinung einer Kündigungsmöglichkeit u. U. eine Vervielfältigung seiner Ausgleichs- und Abfindungsverpflichtungen droht.[43] Dies mag hier auf den ersten Blick für die Anwendbarkeit des § 297 Abs. 1 sprechen. Dabei würde jedoch übersehen, daß die bedrohliche Situation in diesen Fällen von dem herrschenden Unternehmen durch die Veräußerung der Anteile selbst aus freiem Stücken herbeigeführt worden ist, so daß schon deshalb ein Kündigungsrecht ausscheidet (o. Rdnr. 19). Zutreffend wird daher in derartigen Fallgestaltungen heute ein Recht des herrschenden Unternehmens zur fristlosen Kündigung des Unternehmensvertrages aus wichtigem Grunde überwiegend verneint.[44] Das herrschende Unternehmen ist vielmehr darauf angewiesen, sich rechtzeitig mit der abhängigen Gesellschaft über eine Aufhebung des Unternehmensvertrags nach § 296 zu einigen, wozu es in aller Regel in der Lage sein dürfte.

4. Kündigungserklärung. Bei einer AG ist für die Kündigung ausschließlich der Vorstand zuständig (§§ 77, 78, 297 Abs. 1). Eine Mitwirkung der Hauptversammlung oder der außenstehenden Aktionäre durch Sonderbeschluß ist nicht vorgesehen.[45] Die Kündigungserklärung bedarf der Schriftform (§ 297 Abs. 3 iVm. den §§ 125 und 126 BGB) und muß gegenüber dem anderen Vertragsteil erklärt werden; die Kündigung wird wirksam mit Zugang bei dem anderen Vertragsteil (§ 130 BGB). Eine Begründung der Kündigungserklärung ist hier ebensowenig wie etwa bei Miete und Pacht erforderlich, so daß im Rechtsstreit auch noch andere Kündigungsgründe nachgeschoben werden können.[46] Für die grundsätzliche Unzulässigkeit der Teilkündigung gilt hier im übrigen dasselbe wie bei der ordentlichen Kündigung (s. deshalb o. Rdnr. 13).

5. Frist. Die fristlose Kündigung nach § 297 Abs. 1 wird grundsätzlich mit Zugang der Kündigungserklärung bei dem anderen Vertragsteil wirksam (o. Rdnr. 25; § 130 Abs. 1 BGB). Der Kündigende ist jedoch nicht verpflichtet, die Kündigung tatsächlich fristlos zu erklären, sondern kann dem anderen Teil auch von sich aus eine Kündigungsfrist einräumen. In bestimmten Fällen ist eine außerordentliche *befristete* Kündigung außerdem schon

---

[40] S. u. § 308 Rdnr. 56.
[41] S. *Geßler* in Geßler/Hefermehl Rdnr. 36; *Hüffer* Rdnr. 6 f.
[42] Wegen der Einzelheiten s. *Emmerich/Sonnenschein* § 15 III 3 c und IV 6 f.; *Hüffer* Rdnr. 6; *Koppensteiner* in Kölner Kommentar Rdnr. 32; insbes. *Windbichler* Unternehmensverträge S. 84 ff.
[43] S. *H. Wilhelm* Beendigung S. 22 f.
[44] Insbes. OLG Düsseldorf NJW-RR 1995, 233 = AG 1995, 137, 138 = WM 1994, 2020 = GmbHR 1994, 805 „Rütgers Werke AG"; LG Duisburg AG 1994, 379; LG Dortmund AG 1994, 85, 86 = DB 1993, 1916 „Guano AG"; LG Frankenthal AG 1989, 253, 254 f.; *Emmerich/Sonnenschein* § 15 III 3 c und IV 6 a, § 25 IV 2; *Ebenroth/Parche* BB 1989, 637, 642 f.; *Hüffer* Rdnr. 7; *Timm* GmbHR 1987, 8, 14 f.; *Timm/Geuting* GmbHR 1996, 229, 236 ff.; *Scholz/Emmerich* GmbHG § 44 Anh. Rdnr. 321; *Kallmeyer* GmbHR 1995, 578, 580; *Heisterkamp* AnwBl 1994, 487, 490 f.; anders nur LG Bochum AG 1987, 323 = GmbHR 1987, 24, 25; *Schlögell* GmbHR 1995, 401, 408 ff.
[45] BGHZ 122, 211, 232 f. = NJW 1993, 1976 „SSI".
[46] *Krieger* Handbuch § 70 Rdnr. 127; Staudinger/*Emmerich* BGB § 553 Rdnr. 63; anders zu Unrecht *Koppensteiner* in Kölner Kommentar Rdnr. 11.

im Gesetz vorgesehen. Hervorzuheben sind bei den Betriebspacht- und Betriebsüberlassungsverträge des § 292 Abs. 1 Nr. 3 die Fälle der §§ 567 und 569 Abs. 1 BGB iVm. den §§ 581 Abs. 1 und 584 BGB.[47] Darüber hinaus kann jedoch vertraglich eine Frist für die außerordentliche Kündigung aus wichtigem Grunde nicht vorgesehen werden (o. Rdnr. 16).

V. Weitere vertragliche Beendigungsgründe

27   Ein Vertrag kann noch aus zahlreichen anderen Gründen als den §§ 296 und 297 nichtig sein oder vorzeitig sein Ende finden. Diese Gründe können einmal mit dem Vertrag selbst zusammenhängen (u. Rdnr. 28 ff.) oder ihren Grund in bestimmten gesellschaftsrechtlichen Vorgängen bei einer der Vertragsparteien haben (u. Rdnr. 34 ff.).

28   **1. Nichtigkeit.** Für Unternehmensverträge gelten die allgemeinen Nichtigkeitsgründe des bürgerlichen Rechts (s. insbesondere die §§ 125, 134, 138 und 306 BGB).[48] Gewisse Einschränkungen bei den Nichtigkeitsfolgen können sich lediglich von Fall zu Fall aus den Regeln über fehlerhafte Unternehmensverträge ergeben.[49]

29   **2. Bedingung.** Unternehmensverträge können ebenso wie andere Verträge unter einer aufschiebenden Bedingung abgeschlossen werden (§ 158 Abs. 1 BGB).[50] Hingegen wird die Zulässigkeit einer auflösenden Bedingung (§ 158 Abs. 2 BGB) bei Beherrschungs- und Gewinnabführungsverträgen wegen der damit verbundenen Rechtsunsicherheit überwiegend kritisch beurteilt.[51] Bei den anderen Unternehmensverträgen des § 292 ist jedoch auch die Vereinbarung einer auflösenden Bedingung unbedenklich. Soweit die Vereinbarung einer auflösenden Bedingung hiernach unzulässig ist, dürfte sie gewöhnlich in die eines ordentlichen Kündigungsrechts umzudeuten sein (§ 140 BGB).

30   **3. Anfechtung.** Unternehmensverträge können wegen eines Willensmangels nach den §§ 119, 120 und 123 BGB angefochten werden, nach ganz überwiegender Meinung freilich nur bis zum Wirksamwerden des Vertrages durch Eintragung im Handelsregister (§ 294 Abs. 2), dagegen nicht mehr später wegen der mit der Rückwirkung der Anfechtung (§ 142 BGB) verbundenen Abwicklungsprobleme.[52] Das ist freilich ebensowenig zwingend wie bei Miete und Pacht.[53] Es genügt vielmehr vollauf, von Fall zu Fall die Regeln über fehlerhafte Unternehmensverträge heranzuziehen[54]

31   **4. Rücktritt. a) Gesetzliche Rücktrittsrechte** ergeben sich namentlich aus den §§ 325 und 326 BGB, etwa bei einem Betriebspacht- oder Betriebsüberlassungsvertrag im Falle der Unmöglichkeit der Erfüllung oder des Verzugs einer Partei. Die Zulässigkeit eines auf solche Gründe gestützten Rücktritts, die die Gesetzesverfasser offengelassen haben,[55] ist nach denselben Regeln wie bei Miete und Pacht zu beurteilen,[56] wobei sich hier freilich Modifikationen aus § 294 Abs. 2 ergeben. *Vor* Wirksamwerden des Vertrages durch Eintragung im Handelsregister kommt daher nur eine entsprechende Anwendung des § 326 BGB in Betracht, namentlich, wenn sich die Zustimmung der Hauptversammlung des anderen Vertragsteils, ein Sonderbeschluß der außenstehenden Aktionäre oder die Eintragung des Vertrags im Handelsregister unvertretbar verzögern.[57] Danach sind die §§ 325 und 326 BGB jedenfalls *bis* zum *Vollzug* des Vertrages anwendbar. Erst danach, nicht schon

---

[47] *Emmerich/Sonnenschein* § 15 III 3a; *Hüffer* Rdnr. 9.
[48] S. *Wilhelm* Beendigung S. 28 f.
[49] Wegen der Einzelheiten s. o. § 291 Rdnr. 25 ff.
[50] BGHZ 122, 211, 219 f. = NJW 1993, 1976 „SSI"; s. aber o. § 294 Rdnr. 24.
[51] *Emmerich/Sonnenschein* § 15 IV 3; *Raiser* Kapitalgesellschaften § 54 Rdnr. 75; anders zB *Timm*, Festschrift Kellermann, S. 461, 468.
[52] *Emmerich/Sonnenschein* § 15 IV 4; *Geßler* in Geßler/Hefermehl Rdnr. 45; *Gerth* BB 1978, 1497, 1498;

Kley Rechtsstellung S. 62; *Wilhelm* Beendigung S. 24 ff.
[53] S. *Staudinger/Emmerich* Vorbem. 182 vor §§ 535, 536.
[54] S. o. § 291 Rdnr. 25 ff.
[55] S. den Ausschußbericht zu § 297, bei *Kropff* AktG S. 387 o.
[56] S. *Staudinger/Emmerich* § 553 Rdnr. 20 f.
[57] Offen gelassen in OLG Celle AG 1996, 370, 371.

ab Eintragung des Vertrages im Handelsregister (so die hM), wird das Rücktrittsrecht durch das Kündigungsrecht aus wichtigem Grunde aufgrund des § 297 Abs. 1 ersetzt.[58]

b) Vertraglich vorbehaltene Rücktrittsrechte können ebenfalls unbedenklich bis zum Vollzug des Vertrages ausgeübt werden (o. Rdnr. 31), nicht nur (so die hM) bis zur Eintragung des Vertrages im Handelsregister[59] Nach diesem Zeitpunkt ist ein vertraglich vorbehaltenes Rücktrittsrecht hingegen wohl durchweg in ein ordentliches Kündigungsrecht umzudeuten (§ 140 BGB).[60]

5. Zeitablauf. Ebenso wie andere Verträge, die ein Dauerschuldverhältnis begründen, können Unternehmensverträge auf bestimmte Zeit abgeschlossen werden.[61] Eine derartige Abrede bedeutet in der Regel die Vereinbarung einer Mindestdauer, so daß während des fraglichen Zeitraums die ordentliche Kündigung ausgeschlossen ist (s. o. Rdnr. 14), während der Vertrag mit Ablauf der vorgesehenen Vertragsdauer automatisch sein Ende findet. Solche Abreden sind schon aus steuerlichen Gründen verbreitet (s. § 14 Nr. 4 S. 1 KStG). Es bestehen auch keine Bedenken dagegen, die Mindestdauer des Vertrages mit einer Verlängerungsklausel zu verbinden, so daß sich der Vertrag nach Ablauf der Mindestzeit automatisch verlängert, falls nicht eine Partei rechtzeitig ordentlich kündigt.[62] Problematisch ist in diesem Fall freilich die Situation der außenstehenden Aktionäre, die den Ausgleich nach § 304 gewählt hat.[63]

VI. Sonstige Beendigungsgründe

1. Eingliederung. Die Eingliederung der abhängigen Gesellschaft in das *herrschende* Unternehmen nach den §§ 319 oder 320 beendet einen zwischen den beiden Unternehmen bestehenden Beherrschungsvertrag, weil dieser dadurch gegenstandslos wird.[64] Ein Gewinnabführungsvertrag, ein Teilgewinnabführungsvertrag oder eine Gewinngemeinschaft werden hingegen durch die nachfolgende Eingliederung der einen Gesellschaft in die andere nicht aufgehoben, wie aus § 324 Abs. 2 zu folgern ist. Unklar ist lediglich das Schicksal von Betriebspacht- und Betriebsüberlassungsverträgen; gegen ihren Fortbestand bestehen aber wohl gleichfalls keine Bedenken.

Durch die Eingliederung der abhängigen Gesellschaft in ein **drittes** Unternehmen wird ein Beherrschungsvertrag nur dann nicht beendet, wenn eine koordinierte Herrschaft beider Obergesellschaften sichergestellt ist. Ein Gewinnabführungsvertrag und die anderen Unternehmensverträge können hingegen auch hier bestehen bleiben. Da die Eingliederung der abhängigen Gesellschaft in ein drittes Unternehmen notwendigerweise mit der Veräußerung der Aktien durch das bisher herrschende Unternehmen verbunden ist, gelten hierfür die weiter oben entwickelten Regeln (o. Rdnr. 24). Wird eine Eingliederung nach § 327 beendet, so verliert schließlich ein Gewinnabführungsvertrag seine Wirksamkeit, sofern er unter den erleichterten Voraussetzungen des § 324 Abs. 2 abgeschlossen worden ist.[65] Die Eingliederung des **anderen** Vertragsteils in ein drittes Unternehmen hat dagegen keine Auswirkungen auf bestehende Unternehmensverträge.

---

[58] S. *Emmerich/Sonnenschein* § 15 IV 2 b; *Geßler* in Geßler/Hefermehl Rdnr. 43 f.; *Hirte* ZGR 1994, 644, 663; *Hüffer* Rdnr. 23; *Koppensteiner* in Kölner Kommentar Rdnr. 15 f.; *Kley* Rechtsstellung S. 61 f.; *H. Wilhelm* Beendigung S. 18.

[59] S. *Staudinger/Emmerich* § 535 Rdnr. 20 f.

[60] *Emmerich/Sonnenschein* § 15 IV 2 b; *Geßler* in Geßler/Hefermehl Rdnr. 43; *Hirte* ZGR 1994, 644, 663; *Hüffer* Rdnr. 23; *Koppensteiner* in Kölner Kommentar Rdnr. 15 f.; *Kley* Rechtsstellung S. 61 f.; *H. Wilhelm* Beendigung S. 18.

[61] OLG München AG 1991, 358, 360 = ZIP 1992, 327 „SSI"; *Emmerich/Sonnenschein* § 15 IV 1; *Wilhelm* Beendigung S. 19.

[62] *Emmerich/Sonnenschein* § 15 IV 1 b; anders zB *Geßler* in Geßler/Hefermehl Rdnr. 15.

[63] S. dazu u. § 304 Rdnr. 65.

[64] BGH LM AktG § 320 Nr. 1 (Bl. 3 R f) = NJW 1974, 1557 = AG 1974, 320 = WM 1974, 713 (Vorinstanz OLG Celle AG 1972, 283 = WM 1972, 1004); *Emmerich/Sonnenschein* § 15 IV 6 b; *Gerth* BB 1978, 1500; *Kley* Rechtsstellung S. 119 ff.; *Koppensteiner* in Kölner Kommentar Rdnr. 23 f.; *Krieger* Handbuch § 70 Rdnr. 132.

[65] *Sonnenschein* Organschaft S. 418.

36 **2. Verschmelzung.** Die Verschmelzung einer oder beider Parteien eines Unternehmensvertrages kann gleichfalls zur automatischen Beendigung des Vertrages führen, ohne daß in diesem Fall Raum für die Anwendung der §§ 296 und 297 wäre.[66] Im einzelnen hat man hier vor allem die folgenden Fallgestaltungen zu unterscheiden:

37 Verhältnismäßig einfache Frage tauchen auf, wenn die Parteien eines Unternehmensvertrages durch Aufnahme oder Neugründung nach den §§ 2 und 60 ff. UmwG verschmolzen werden. Ohne Rücksicht auf die Art des Unternehmensvertrages (§ 291 oder § 292) erlischt in diesem Fall der Vertrag mit Wirksamwerden der Verschmelzung.[67] Anders kann es sich nur bei mehrseitigen Verträgen verhalten, an denen auch dritte Parteien beteiligt sind, namentlich also im Falle einer Gewinngemeinschaft unter Beteiligung Dritter, bei der die Verschmelzung zweier Mitglieder lediglich zur Folge hat, daß sich die Zahl der Mitglieder verringert.[68]

38 Im Falle der Verschmelzung oder der übertragenden Umwandlung derjenigen Gesellschaft, der die vertragstypischen Leistungen erbringt, bei einem Beherrschungs- oder Gewinnabführungsvertrag also der **abhängigen** Gesellschaft mit einem **dritten** Rechtsträger muß man unterscheiden: Ein von ihr abgeschlossener Beherrschungs- oder Gewinnabführungsvertrag (§ 291) endet in diesem Fall mit Untergang der Gesellschaft, weil die Belastungen aus einem derartigen Vertrag auf den neuen Rechtsträger nicht gegen seinen Willen, vor allem ohne Mitwirkung seiner Gesellschafter (s. § 293 Abs. 1) erstreckt werden können.[69] In diesem Fall ist auch weder für die Anwendung des § 295 noch für die der §§ 296 und 297 Raum.[70]

39 Anders zu beurteilen ist die Rechtslage gegebenenfalls bei den *anderen* Unternehmensverträgen des § 292, bei denen wegen ihres schuldrechtlichen Austauschcharakters eine Gesamtrechtsnachfolge und damit ein Übergang des Vertrages auf den neuen Rechtsträger (trotz des § 293 Abs. 1) durchaus denkbar ist, jedenfalls, sofern dies nicht zu einer Erweiterung des Vertragsgegenstandes und damit zu einer Vertragsänderung im Sinne des § 295 führt. Ein Übergang des Vertrags kommt daher namentlich in Betracht bei einer betriebsbezogenen Gewinngemeinschaft oder einem entsprechenden Teilgewinnabführungsvertrag.[71] Betriebspacht- und Betriebsführungsverträge können gleichfalls auf den neuen Unternehmensträger übergehen. Weil sie dann nur noch betriebsbezogen sind, verlieren sie indessen ihren Charakter als Unternehmensverträge im Sinne des § 292 Abs. 1 Nr. 3 und bestehen deshalb als einfache bürgerlich-rechtliche Pachtverträge fort (im einzelnen str.).

40 Noch nicht geklärt ist die Rechtslage, die eintritt, wenn die abhängige Gesellschaft im Falle einer Verschmelzung oder übertragenden Umwandlung mit einem anderen Unternehmen der **übernehmende** Rechtsträger ist. Zum Teil wird in diesem Fall gleichfalls ein Erlöschen jedenfalls von Beherrschungs- und Gewinnabführungsverträgen angenommen;[72] nach anderen soll hingegen der Vertrag fortbestehen, jedoch gegebenenfalls nach § 297 Abs. 1 gekündigt werden können.[73] Man wird auch hier zwischen den Unternehmensverträgen des § 291 und denen des § 292 unterscheiden müssen. In dem zuletzt genannten Fall dürfte außerdem, jedenfalls im Regelfall, nur eine Kündigung des neuen

---

[66] ZB OLG Karlsruhe AG 1995, 139, 140 = NJW-RR 1995, 354 = WM 1994, 2023 „SEN/KHS".

[67] *Dehmer* UmwG § 20 Rdnr. 44; *Emmerich/Sonnenschein* § 15 IV 6c; *Grunewald* in Lutter UmwG § 20 Rdnr. 37; *Koppensteiner* in Kölner Kommentar Rdnr. 20; *H. Westermann,* Festschrift Schilling, S. 271, 279 f.

[68] *Emmerich/Sonnenschein* und *Grunewald* (Fn. 67).

[69] OLG Karlsruhe AG 1995, 139 f. = NJW-RR 1995, 354 = WM 1994, 2023 „SEN/KHS" (Vorinstanz LG Mannheim AG 1995, 89 = ZIP 1994, 1024); *Dehmer* UmwG § 20 Rdnr. 44; *Emmerich/Sonnenschein* § 15 IV 6c; *Geßler* in Geßler/Hefermehl Rdnr. 49; *Gerth* BB 1978, 1497, 1499; *Grunewald* in Lutter UmwG § 20 Rdnr. 34; *Koppensteiner* in Kölner Kommentar Rdnr. 21; *Krieger* Handbuch § 70 Rdnr. 130; *Raiser* Kapitalgesellschaften § 54 Rdnr. 76.

[70] S. o. § 295 Rdnr. 14; OLG Karlsruhe (Fn. 69).

[71] S. im einzelnen *Emmerich/Sonnenschein* § 15 IV 6c; *Grunewald* in Lutter UmwG § 20 Rdnr. 34.

[72] ZB *Dehmer* UmwG § 20 Rdnr. 45; *H. Westermann,* Festschrift Schilling, S. 231, 281 ff.; *H. Wilhelm* Beendigung S. 31.

[73] *Gerth* BB 1978, 1497, 1499; *Grunewald* in Lutter UmwG § 20 Rdnr. 33.

Rechtsträgers in Betracht kommen, weil der andere Vertragsteil, das herrschende Unternehmen, den Kündigungsgrund letztlich selbst zu vertreten hat.

Wieder anders zu beurteilen sind vergleichbare Vorgänge auf der Seite des **anderen** Vertragsteils, dh. des herrschenden Unternehmens bei einem Beherrschungs- oder Gewinnabführungsvertrag. Erlischt dieses Unternehmen infolge seiner Verschmelzung oder übertragenden Umwandlung mit einem anderen Unternehmen, so geht der Unternehmensvertrag im Wege der Gesamtrechtsnachfolge auf den neuen Rechtsträger über, kann aber gegebenenfalls von der abhängigen Gesellschaft nach § 297 gekündigt werden.[74] Ist der andere Vertragsteil hingegen der übernehmende Rechtsträger, der ein drittes Unternehmen im Wege der Verschmelzung oder der übertragenden Umwandlung aufnimmt, so hat dies keine Auswirkungen auf einen von ihm abgeschlossenen Unternehmensvertrag, da sich lediglich sein Vermögen vergrößert.[75] 41

3. Formwechsel. Die bloße formwechselnde Umwandlung einer der beiden Vertragsparteien nach den §§ 190, 202 und 226 ff. UmwG dürfte grundsätzlich ohne Einfluß auf einen von ihr abgeschlossenen Unternehmensvertrag sein. Der Grund ist einfach der, daß sich an solchen Verträgen, auch an denen des § 291, nach heutigem Verständnis auf beiden Seiten grundsätzlich Unternehmen jeder Rechtsform beteiligen können.[76] 42

4. Spaltung. Bei der Spaltung im Sinne der §§ 123 ff. UmwG stellt sich die schwierige Frage, ob Unternehmensverträge überhaupt im Wege der Spaltung auf einen neuen Rechtsträger übertragen werden können. Die Frage sollte jedenfalls für die Verträge des § 291 grundsätzlich verneint werden. Im Zweifel dürften deshalb Unternehmensverträge bei Spaltung des herrschenden Unternehmens oder der abhängigen Gesellschaft erlöschen.[77] Näher dazu für die Eingliederung § 327 Rdnr. 7 f. 43

5. Vermögensübertragung. Die Vermögensübertragung nach § 179 a ist auf beiden Seiten eines Unternehmensvertrags grundsätzlich ohne Folgen für den Vertrag, da der Rechtsträger bestehen bleibt. Macht er sich durch die Vermögensübertragung die Erfüllung des Vertrags selbst unmöglich, so kann dies lediglich für den anderen Teil ein Kündigungsrecht nach § 297 Abs. 1 begründen oder die allgemeinen Rechtsfolgen einer nachträglichen, zu vertretenden Unmöglichkeit auslösen (§§ 280, 325 BGB).[78] 44

6. Mängel des Zustimmungsbeschlusses. Wenn einer der nach § 293 Abs. 1 oder 2 erforderlichen Zustimmungsbeschlüsse nichtig ist (§ 241) oder nachträglich auf Anfechtungsklage hin für nichtig erklärt wird (§§ 243, 248), hat dies zur Folge, daß eine der Voraussetzungen für den Unternehmensvertrag fehlt, so daß dieser keine Wirksamkeit erlangt.[79] Für eine Anwendung der Regeln über fehlerhafte Unternehmensverträge ist hier selbst dann kein Raum, wenn der Vertrag bis zur rechtskräftigen Feststellung der Nichtigkeit des Zustimmungsbeschlusses bereits praktiziert worden sein sollte.[80] 45

7. Auflösung. Die Auflösung der Gesellschaft hat die Änderung ihres Zwecks zur Folge (§ 262 Abs. 1). Aus einer werbenden Gesellschaft wird eine Abwicklungsgesellschaft, die durch Abwickler geleitet wird (§§ 264 f.), deren Aufgabe in erster Linie darin besteht, das Vermögen zu versilbern und die Schulden zu tilgen (§ 268). Hieraus wird überwiegend der Schluß gezogen, daß Unternehmensverträge, abgesehen vielleicht von den Betriebspacht- und Betriebsüberlassungsverträgen, automatisch ihr Ende finden, wenn eine der bei- 46

---

[74] *Dehmer* UmwG § 20 Rdnr. 45; *Emmerich/Sonnenschein* § 15 IV 6c; *Grunewald* in Lutter UmwG § 20 Rdnr. 35; *Priester* ZIP 1992, 293, 301; *Krieger* Handbuch § 70 Rdnr. 130; *H. Westermann*, Festschrift Schilling, S. 271, 283.
[75] *Emmerich/Sonnenschein*, *Dehmer* und *Krieger* (Fn. 74); *Grunewald* in Lutter UmwG § 20 Rdnr. 33; *Koppensteiner* in Kölner Kommentar Rdnr. 19.
[76] Ebenso zB *Gerth* BB 1978, 1497, 1499; *Koppensteiner* in Kölner Kommentar Rdnr. 18; *Krieger* in Handbuch § 70 Rdnr. 131.
[77] S. im einzelnen *Dehmer* UmwG § 131 Rdnr. 65 bis 68; *Teichmann* in Lutter UmwG § 132 Rdnr. 30 f.
[78] *Emmerich/Sonnenschein* § 15 IV 6c; *Kley* Rechtsstellung S. 143 f.
[79] *Koppensteiner* in Kölner Kommentar Rdnr. 34 f.; *Kley* Rechtsstellung S. 65 ff.; *H. Wilhelm* Beendigung S. 26 ff.
[80] S. o. § 291 Rdnr. 27; anders zB *Krieger* in U. Schneider, Beherrschungs- und Gewinnabführungsverträge, S. 99, 110.

§ 297   47–50   3. Buch. 1. Teil. 2. Abschn. Abschluß v. Unternehmensverträgen

den Vertragsparteien, die herrschende oder die abhängige Gesellschaft, aufgelöst wird, weil sich die Pflichten der Abwickler nicht mit denen aufgrund eines Unternehmensvertrages vertragen.

47   Das Gesagte (o. Rdnr. 46) gilt namentlich bei Eröffnung des *Konkursverfahrens* (Insolvenzverfahrens) über das Vermögen einer der Parteien eines Beherrschungs- oder Gewinnabführungsvertrages (§ 262 Abs. 1 Nr. 3), weil ein Konkursverwalter – bei Konkurs der herrschenden Gesellschaft – nicht die Aufgabe hat, einen Konzern zu leiten (vgl. § 327 Abs. 1 Nr. 4), und weil er im anderen Falle nicht an die Weisungen des herrschenden Unternehmens gebunden werden kann.[81] Hiergegen wird zwar häufig eingewandt, selbst bei Abschluß eines Beherrschungsvertrages verblieben dem Vorstand neben dem Konkursverwalter gewisse Restzuständigkeiten, so daß in beiden Fällen, im Konkurs der herrschenden wie der abhängigen Gesellschaft, selbst ein Beherrschungsvertrag, wenn auch weitgehend suspendiert, fortbestehen und daher gegebenenfalls nach Aufhebung des Konkursverfahrens wiederaufleben könne.[82] Die besseren Gründe sprechen indessen doch wohl für die herrschende Meinung, dh. für die automatische Beendigung des Unternehmensvertrages in den genannten Fällen.

48   **8. Vergleich.** Die vorstehenden Überlegungen (o. Rdnr. 48) können nicht auf den Fall des Vergleichs übertragen werden. Abgesehen von dem Fall des Liquidationsvergleichs läßt die Eröffnung des gerichtlichen Vergleichsverfahrens den Bestand eines Unternehmensvertrages unberührt, und zwar ohne Rücksicht darauf, ob es die herrschende oder die abhängige Gesellschaft ist, über deren Vermögen das Vergleichsverfahren eröffnet wird. Von Fall zu Fall kann lediglich eine Kündigung des Vertrages nach § 297 Abs. 1 in Betracht kommen.[83]

49   **9. Verlust der Unternehmenseigenschaft.** Die meisten Unternehmensverträge können nur zwischen Unternehmen im Sinne des § 15 abgeschlossen werden (Ausnahmen in § 292 Abs. 1 Nrn. 2 und 3). Soweit in diesen Fällen eine der Vertragsparteien, aus welchen Gründen immer, die Unternehmenseigenschaft einbüßt, findet folglich der Unternehmensvertrag kraft Gesetzes sein Ende.[84]

VII. Rechtsfolgen

50   Die Rechtsfolgen der Beendigung eines Unternehmensvertrages sind im Gesetz nur bruchstückhaft geregelt (s. bes. §§ 298 und 303). Im übrigen sind daher die allgemeinen Regeln heranzuziehen, die für den jeweiligen Vertragstypus gelten.[85] Hervorzuheben sind folgende Punkte: Der Vertrag endet in dem jeweils maßgeblichen Zeitpunkt, sei es im Augenblick des Zugangs der Kündigung (§ 130 BGB) oder mit Ablauf der Kündigungsfrist, sei es mit Eintritt des sonstigen Beendigungsgrundes (o. Rdnr. 27 ff.). Die vertraglichen Rechte und Pflichten der Parteien finden in diesem Augenblick ihr Ende. Im Falle eines Beherrschungs- oder Gewinnabführungsvertrags tritt folglich an die Stelle der Verlustausgleichspflicht des herrschenden Unternehmens (§ 302) die Pflicht zur Sicherheitsleistung gegenüber den Gläubigern nach § 303. Kommt es zur Beendigung des Vertrages während

---

[81] Grdlg. BGHZ 103, 1, 6 f. = NJW 1988, 1326 = AG 1988, 133 „Familienheim" (Vorinstanz OLG Schleswig ZIP 1987, 1488 = AG 1988, 382); *Emmerich/Sonnenschein* § 15 IV 6 d; *Geßler* in Geßler/Hefermehl Rdnr. 46 f.; *Hüffer* Rdnr. 22; *Krieger* Handbuch § 70 Rdnr. 129; *ders.* in U. Schneider, Beherrschungs- und Gewinnabführungsverträge S. 99, 110; *Raiser* Kapitalgesellschaften § 54 Rdnr. 77; *Peltzer* AG 1975, 309, 310 f.; *H. Wilhelm* Beendigung S. 31 ff.
[82] So *Acher*, Vertragskonzern und Insolvenz, S. 95 ff.; *Heesing*, Bestandsschutz des Beherrschungs- und Gewinnabführungsvertrags in der Unternehmenskrise und im Konkurs, bes. S. 234 ff.; *Koppensteiner* in Kölner Kommentar Rdnr. 29 f.; *Samer*, Beherrschungs- und Gewinnabführungsverträge in Konkurs und Vergleich, S. 141 ff.
[83] BGHZ 103, 1, 8 = NJW 1988, 1326 = AG 1988, 133 „Familienheim"; *Emmerich/Sonnenschein* § 15 IV 6 d; *Hüffer* Rdnr. 6; *Krieger* Handbuch § 70 Rdnr. 129; *Peltzer* AG 1975, 309, 310; *Samer*, Beherrschungs- und Gewinnabführungsverträge in Konkurs und Vergleich, S. 295, 383 ff.
[84] *Emmerich/Sonnenschein* § 15 IV 6 d; *Hüffer* Rdnr. 22; *Koppensteiner* in Kölner Kommentar Rdnr. 33.
[85] S. o. Rdnr. 5; wegen der Einzelheiten s. im übrigen noch *Emmerich/Sonnenschein* § 15 V 2; *Scheel* Konzerninsolvenzrecht; *H. Wilhelm* Beendigung S. 37 ff.

des Laufs eines Geschäftsjahrs, so müssen aufgrund einer Stichtagsbilanz die bis dahin entstandenen Verluste ebenfalls noch übernommen werden.[86] Im Falle der Abhängigkeit der einen Gesellschaft von der anderen sind fortan die §§ 311 ff. zu beachten.

Entsprechende Regeln gelten für eine etwaige Verpflichtung des herrschenden Unternehmens zur Erbringung von Ausgleichsleistungen (§ 304). Sie werden ebenfalls nur bis zum Augenblick der Beendigung geschuldet. Auch eine Abfindung der außenstehenden Aktionäre nach § 305 kommt fortan nicht mehr in Betracht. 51

Umstritten war lange Zeit lediglich das Schicksal etwa anhängiger Spruchstellenverfahren nach § 306. Inzwischen ist jedoch geklärt, daß solche Verfahren ungeachtet der Beendigung des Unternehmensvertrages zum Schutz der außenstehenden Aktionäre fortzuführen sind.[87] In Betracht kommen schließlich noch gewisse nachwirkende Pflichten des herrschenden Unternehmens gegenüber der abhängigen Gesellschaft, um deren Überlebensfähigkeit sicherzustellen.[88] 52

§ 298 Anmeldung und Eintragung

Der Vorstand der Gesellschaft hat die Beendigung eines Unternehmensvertrags, den Grund und den Zeitpunkt der Beendigung unverzüglich zur Eintragung in das Handelsregister anzumelden.

Übersicht

	Rdnr.		Rdnr.
I. Überblick	1	2. Inhalt	7
II. Anwendungsbereich	2–5	3. Anlagen	8
III. Anmeldung	6–9	4. Verfahren	9
1. Verpflichteter	6	IV. Eintragung	10

I. Überblick

Die Vorschrift regelt als Gegenstück zu § 294 die Anmeldung und Eintragung der Beendigung eines Unternehmensvertrages. *Zweck* der Regelung ist einmal die Berichtigung des durch die Beendigung des Unternehmensvertrages unrichtig gewordenen Handelsregisters, zum andern die umfassende Information der Öffentlichkeit über den Bestand und die Aufhebung von Unternehmensverträgen.[1] Anders als die Eintragung des Bestehens eines Unternehmensvertrages (s. § 294 Abs.2) hat die Eintragung seiner Beendigung indessen keine konstitutive, sondern lediglich deklaratorische Bedeutung, weil die Beendigung unabhängig von der Eintragung bereits mit der Verwirklichung des jeweiligen Beendigungstatbestandes eingetreten ist.[2] 1

II. Anwendungsbereich

§ 298 gilt entsprechend seinem Wortlaut für jede Beendigung eines Unternehmensvertrages, nicht nur für die Beendigungstatbestände der §§ 296 und 297, sondern auch für die zahlreichen anderen Beendigungsgründe.[3] Von der nachträglichen Beendigung eines Unternehmensvertrages muß zwar an sich die von vornherein bestehende Nichtigkeit des 2

---

[86] S. im einzelnen u. § 302 Rdnr. 38.
[87] S. u. § 306 Rdnr. 37 ff.; insbes. BGHZ 135, 374, 377 ff. = LM AktG § 305 Nr. 3 = NJW 1997, 2242 = AG 1997, 515 = WM 1997, 1288, 1289 f. „Guano".
[88] S. o. § 296 Rdnr. 25.

[1] S. die Begr. zum RegE, bei *Kropff* AktG S.387; *Hüffer* Rdnr.1.
[2] BGHZ 116, 37, 43 f. = LM AktG § 302 Nr. 5 = NJW 1992, 505 = AG 1992, 83 „Stromlieferungen/Hansa-Feuerfest".
[3] Wegen der Einzelheiten s.o. § 297 Rdnr. 27 ff.

Vertrages unterschieden werden.⁴ Ist jedoch der Unternehmensvertrag trotz seiner Nichtigkeit bereits im Handelsregister eingetragen worden, so muß auf diesen Fall § 298 zumindest entsprechend angewandt werden, trotz der gleichzeitig gegebenen Möglichkeit der Amtslöschung nach § 142 FGG.⁵ Lediglich für die Anwendung des § 14 HGB (s. u. Rdnr. 6) dürfte hier kein Raum sein.

3 Nach überwiegender Meinung soll § 298 jedoch keine Anwendung finden, wenn ein Unternehmensvertrag dadurch sein Ende findet, daß eine der Parteien in ein anderes Unternehmen *eingegliedert oder* mit einem anderen Unternehmen *verschmolzen* oder umgewandelt wird, weil sich in diesem Fall die Beendigung des Unternehmesvertrages bereits aus der ohnehin erforderlichen Eintragung dieser Vorgänge im Handelsregister bei der betroffenen Vertragspartei ergebe (s. § 327 Abs. 2 sowie die §§ 16 und 17 UmwG).⁶ Dieser Auffassung ist nicht zu folgen. § 298 bezweckt auch die umfassende Information der Öffentlichkeit über das Bestehen und die Beendigung von Unternehmensverträgen (o. Rdnr. 1). Dieser Zweck wird in den hier interessierenden Fällen am besten dadurch verwirklicht, daß entsprechend dem Wortlaut des § 298 neben der Eingliederung, der Verschmelzung oder der Umwandlung auch die Beendigung des Unternehmensvertrages im Handelsregister eingetragen wird. Dabei ist zu beachten, daß bei dem anderen Vertragsteil der Vertrag ohnehin nicht eingetragen ist.⁷

4 Die Anmeldepflicht trifft nach § 298 den Vorstand „der Gesellschaft". Damit ist ebenso wie durchweg im Kontext der §§ 293 bis 299 der Vorstand derjenigen Gesellschaft gemeint, die die vertragstypischen Leistungen erbringt, bei einem Beherrschungs- oder Gewinnabführungsvertrag also der Vorstand der abhängigen AG oder KGaA.⁸ Dies bedeutet zugleich, daß den anderen Vertragsteil keine Anmeldepflicht trifft. Lediglich bei einer Gewinngemeinschaft nach § 292 Abs. 1 Nr. 1 obliegt die Anmeldepflicht jeder an der Gewinngemeinschaft beteiligten AG oder KGaA.

5 § 298 wird entsprechend auf die GmbH angewandt, soweit bei ihr für die Beendigung von Unternehmensverträgen vergleichbare Regeln wie bei der AG gelten.⁹ Streitig ist dies vor allem für die nachträgliche Aufhebung von Unternehmensverträgen.¹⁰

III. Anmeldung

6 **1. Verpflichteter.** Die Anmeldepflicht obliegt jedem Vorstandsmitglied der jeweils verpflichteten Gesellschaft sowie bei einer KGaA den persönlich haftenden Gesellschaftern (o. Rdnr. 4). Mitwirken müssen an der Anmeldung jeweils so viele Vorstandsmitglieder, wie zur Vertretung der Gesellschaft erforderlich sind.¹¹ Die Anmeldung hat unverzüglich zu erfolgen, dh. ohne schuldhaftes Zögern (§ 121 BGB). Kommt der Vorstand der betroffenen Gesellschaft dieser Verpflichtung nicht nach, so kann er zur Anmeldung vom Registergericht durch die Festsetzung von Zwangsgeld angehalten werden (§ 14 HGB). Insoweit unterscheidet sich die Rechtslage bei § 298 grundlegend von der bei § 294.¹² Für die Form der Anmeldung ist § 12 HGB zu beachten.

7 **2. Inhalt.** Der Inhalt der Anmeldung ergibt sich aus § 298. Danach sind anzumelden die Beendigung des Unternehmensvertrages, der Grund der Beendigung sowie der Zeitpunkt der Beendigung. Dabei ist der Unternehmensvertrag konkret entsprechend seiner Eintragung im Handelsregister zu bezeichnen. Der Grund der Beendigung, zB der Abschluß eines Aufhebungsvertrages (§ 296), die Kündigung des Vertrages (§ 297) oder seine Nichtig-

---

⁴ S. im einzelnen o. § 297 Rdnr. 28, 45.
⁵ Ebenso *Hüffer* Rdnr. 2; *Geßler* in Geßler/Hefermehl Rdnr. 4; *Koppensteiner* in Kölner Kommentar Rdnr. 5.
⁶ *Hüffer* Rdnr. 3; *Koppensteiner* in Kölner Kommentar Rdnr. 2.
⁷ S. o. § 294 Rdnr. 4.
⁸ *Hüffer* Rdnr. 2; *Koppensteiner* in Kölner Kommentar Rdnr. 2; wegen der Einzelheiten s. o. § 294 Rdnr. 3 f.
⁹ BGHZ 116, 37, 43 f. = NJW 1992, 505 = AG 1992, 83 „Stromlieferungen/Hansa-Feuerfest"; *Hüffer* Rdnr. 5.
¹⁰ S. im einzelnen o. § 296 Rdnr. 7.
¹¹ S. im einzelnen o. § 294 Rdnr. 6.
¹² S. o. § 294 Rdnr. 7.

Ausschluß von Weisungen | 1 § 299

keit sind gleichfalls konkret anzugeben, schon wegen der Prüfungspflicht des Registergerichts (u. Rdnr. 9). Der Zeitpunkt der Beendigung muß schließlich genannt werden, weil die Eintragung nur deklaratorische Wirkung hat.

3. Anlagen. Anders als § 294 Abs. 1 S. 2[13] sagt das Gesetz in § 298 nichts über die der Anmeldung beizufügenden Anlagen. Deshalb ist hier § 294 Abs. 1 S. 2 entsprechend anzuwenden.[14] Dies bedeutet, daß der Anmeldung die Urkunden, aus denen sich die Beendigung des Unternehmensvertrages ergibt, in Urschrift, Ausfertigung oder öffentlich beglaubigter Abschrift beizufügen sind (s. § 12 Abs. 1 HGB). Beispiele sind der Aufhebungsvertrag (s. § 296 Abs. 1 S. 3), das Kündigungsschreiben (s. § 297 Abs. 3) oder das Urteil, das die Nichtigkeit des Unternehmensvertrages feststellt, zB infolge wirksamer Anfechtung eines Zustimmungsbeschlusses (§§ 243, 248). Setzt die Beendigung einen Sonderbeschluß der außenstehenden Aktionäre nach den §§ 296 Abs. 2 oder 297 Abs. 2 voraus, so genügt hingegen die Bezugnahme auf die Niederschrift des Beschlusses, die sich ohnehin bei den Akten befinden muß (s. §§ 138 S. 2 und 130 Abs. 5).[15] Ist dies ausnahmsweise nicht der Fall, so muß der Anmeldung auch die Niederschrift über den Sonderbeschluß beigefügt werden. 8

4. Verfahren. Für die Zuständigkeit, das Verfahren und die Prüfungspflicht des Registergerichts gilt hier dasselbe wie bei § 294.[16] Namentlich hat auch hier das Registergericht bei Anhaltspunkten für die Unrichtigkeit der Anmeldung den Zweifeln nachzugehen und den Sachverhalt gegebenenfalls von Amts wegen zu ermitteln (§ 12 FGG).[17] Dies bedeutet, daß das Registergericht, wenn Anhaltspunkte für das Fehlen eines wichtigen Grundes bestehen, in die materielle Prüfung der Wirksamkeit der Kündigung eintreten muß.[18] 9

IV. Eintragung

Der Inhalt der Eintragung entspricht dem Inhalt der Anmeldung (o. Rdnr. 7). Einzutragen sind mithin die Beendigung des Unternehmensvertrages, der Grund der Beendigung sowie der Zeitpunkt der Beendigung. Die Eintragung wird nach § 10 HGB bekanntgemacht und löst die Fristen der §§ 302 Abs. 3 S. 1 und 303 Abs. 1 S. 1 aus. 10

§ 299 Ausschluß von Weisungen

Auf Grund eines Unternehmensvertrags kann der Gesellschaft nicht die Weisung erteilt werden, den Vertrag zu ändern, aufrechtzuerhalten oder zu beenden.

Übersicht

	Rdnr.		Rdnr.
1. Zweck	1	4. Hauptversammlung	6, 7
2. Anwendungsbereich	2, 3	5. Aufsichtsrat	8
3. Verbotene Weisungen	4, 5		

1. Zweck. Nach § 299 kann aufgrund eines Unternehmensvertrages der abhängigen Gesellschaft nicht die Weisung erteilt werden, den Vertrag zu ändern, aufrechtzuerhalten oder zu beenden. Die Gesetzesverfasser haben damit den Zweck verfolgt, der abhängigen Gesellschaft und ihrem Vorstand die freie und eigenverantwortliche Entscheidung über die Vertragsdauer zu ermöglichen.[1] Hierbei ist jedoch übersehen worden, daß bei Beherr- 1

---

[13] S. dazu o. § 294 Rdnr. 13 ff.
[14] Ebenso *Geßler* in Geßler/Hefermehl Rdnr. 6; *Hüffer* Rdnr. 4; *Koppensteiner* in Kölner Kommentar Rdnr. 3.
[15] Ebenso *Koppensteiner* in Kölner Kommentar Rdnr. 3; *Hüffer* Rdnr. 4.
[16] S. deshalb im einzelnen o. § 294 Rdnr. 18 f.
[17] OLG Düsseldorf AG 1995, 137, 138 = NJW-RR 1995, 233 = WM 1994, 2020.
[18] OLG Düsseldorf (Fn. 18).
[1] S. die Begr. zum RegE, bei *Kropff* AktG S. 387.

schungsverträgen, auf die sich der Sache nach der Anwendungsbereich des § 299 beschränkt (u. Rdnr. 2), das herrschende Unternehmen ohne Rücksicht auf § 299 doch immer in der Lage ist, seinen Einfluß hinsichtlich der Änderung, der Aufrechterhaltung oder der Beendigung des Vertrages geltend zu machen, notfalls auf dem Weg über die §§ 83 und 119 Abs. 2.[2] § 299 hat aus diesem Grund allenfalls begrenzte haftungsrechtliche Bedeutung, da sich der Vorstand, wenn er wegen einer für die Gesellschaft nachteiligen Änderung oder Beendigung eines Beherrschungsvertrages in Anspruch genommen wird (§§ 93 Abs. 2, 310 Abs. 1), zu seiner Entlastung mit Rücksicht auf § 299 nicht auf eine Weisung des herrschenden Unternehmens berufen kann (s. § 310 Abs. 3).[3]

2 **2. Anwendungsbereich.** § 299 spricht zwar ganz allgemein von Unternehmensverträgen, meint aber der Sache nach allein *Beherrschungsverträge* im Sinne des § 291 Abs. 1, da nur diese dem anderen Vertragsteil ein Weisungsrecht verleihen (§ 308).[4] Keine Rolle spielt, ob der Beherrschungsvertrag allein steht oder mit einem anderen Unternehmensvertrag zu einer rechtlichen Einheit im Sinne des § 139 BGB verbunden ist. Ihrem Sinn und Zweck nach muß die Vorschrift außerdem Anwendung finden, wenn zwischen den Parteien rechtlich unverbunden neben dem Beherrschungsvertrag noch andere Unternehmensverträge bestehen, weil die Reichweite des § 299 nicht davon abhängen kann, ob die Parteien die verschiedenen Verträge miteinander verbunden haben oder nicht.[5]

3 Der Beherrschungsvertrag muß außerdem gerade zwischen dem die Weisung aussprechenden Unternehmen und dem Adressaten der Weisung bestehen. Nicht erfaßt werden hingegen Unternehmensverträge, die die abhängige Gesellschaft (als Adressat der Weisung) mit *dritten* Unternehmen abgeschlossen hat, so daß das herrschende Unternehmen hinsichtlich solcher Verträge der abhängigen Gesellschaft durchaus Weisungen iS des § 299 erteilen kann.[6] Folglich kann zB in mehrstufigen Konzernen die Muttergesellschaft ihre Tochtergesellschaft durchaus anweisen, einen Unternehmensvertrag mit einer Schwester- oder Enkelgesellschaft zu ändern, aufrechtzuerhalten oder zu beendigen (§ 308 Abs. 1). Darin liegt kein Verstoß gegen § 299.

4 **3. Verbotene Weisungen.** In den genannten Fällen (o. Rdnr. 2 f.) verbietet § 299 Weisungen über die Änderung, die Aufrechterhaltung oder die Beendigung des zwischen den Parteien bestehenden Beherrschungsvertrages. Beispiele sind die Weisung an die abhängige Gesellschaft, mit dem herrschenden Unternehmen einen Aufhebungsvertrag im Sinne des § 296 abzuschließen,[7] oder das Verbot einer Kündigung des Vertrags nach § 297.

5 § 299 ist ein gesetzliches Verbot im Sinne des § 134 BGB, so daß entgegenstehende Weisungen *nichtig* sind und vom Vorstand nicht beachtet werden dürfen. Verstößt der Vorstand der abhängigen Gesellschaft durch die Befolgung der Weisung gegen dieses Verbot, so macht er sich nach den §§ 93 Abs. 2 und 310 Abs. 2 ersatzpflichtig.[8]

6 **4. Hauptversammlung.** Aufgrund eines Beherrschungsvertrages kann das herrschende Unternehmen allein dem Vorstand der abhängigen Gesellschaft Weisungen erteilen (§ 308 Abs. 1 S. 1). Die Hauptversammlung ist hingegen, soweit ihre Zuständigkeit reicht, weisungsfrei.[9] Wichtig ist dies namentlich für Vertragsänderungen, da diese nach den §§ 295 Abs. 1 S. 2 und 293 Abs. 1 und 2 der Zustimmung der Hauptversammlung bedürfen. Die Folge ist, daß hier Raum für die Anwendung des § 83 ist, so daß das herrschende Unternehmen über seine regelmäßige Hauptversammlungsmehrheit den Vorstand der abhängigen Gesellschaft dann doch anweisen kann, eine Änderung des Vertrages vorzubereiten

---

[2] S. u. Rdnr. 6 f.; *Emmerich/Sonnenschein* § 15 I 2; *Geßler* in Geßler/Hefermehl Rdnr. 2.
[3] Ebenso *Koppensteiner* in Kölner Kommentar Rdnr. 1.
[4] Ebenso zB *Geßler* in Geßler/Hefermehl Rdnr. 4; *Hüffer* Rdnr. 2.
[5] Ebenso *Emmerich/Sonnenschein* § 15 I 2; *Geßler* in Geßler/Hefermehl Rdnr. 5; *Hüffer* Rdnr. 2; *Koppensteiner* in Kölner Kommentar Rdnr. 2.

[6] Ebenso *Geßler* in Geßler/Hefermehl Rdnr. 19 f.; *Hüffer* Rdnr. 3; *Koppensteiner* in Kölner Kommentar Rdnr. 3; *Krieger* Handbuch § 70 Rdnr. 119, 123.
[7] S. schon o. § 296 Rdnr. 1.
[8] *Hüffer* Rdnr. 4.
[9] S. u. § 308 Rdnr. 31.

(§ 83 Abs.1 S.2) und durchzuführen (§ 83 Abs.2). Sollte der Hauptversammlungsbeschluß für die Gesellschaft nachteilig sein, so muß ihn der Vorstand freilich anfechten (§§ 243, 245 Nr.4), widrigenfalls er sich ersatzpflichtig macht (§ 93 Abs.2).[10]

Im Gegensatz zur Vertragsänderung (o. Rdnr.6) sind die Aufhebung und die Kündigung des Vertrags Geschäftsführungsmaßnahmen, die in die alleinige Zuständigkeit des Vorstands fallen (s. §§ 77, 296, 297). Folglich kann die Hauptversammlung insoweit dem Vorstand keine Weisungen erteilen. Der Vorstand ist jedoch nicht gehindert, von sich aus die Frage der Aufhebung oder der Kündigung des Vertrages der Hauptversammlung nach § 119 Abs.2 zur Entscheidung vorzulegen, so daß er anschließend an den Beschluß der Hauptversammlung gebunden ist (§ 83 Abs.2). Hierzu kann er auch von dem herrschenden Unternehmen nach § 308 Abs.1 angewiesen werden.[11]

5. **Aufsichtsrat.** Im Gegensatz zur Hauptversammlung (o. Rdnr. 6 f.) hat der Aufsichtsrat in keinem Fall ein Weisungsrecht gegenüber dem Vorstand. Er kann jedoch die Änderung, die Aufrechterhaltung oder die Beendigung von Unternehmensverträgen nach § 111 Abs.4 S.2 von seiner Zustimmung abhängig machen; auch dem steht § 299 nicht entgegen.[12]

Dritter Abschnitt
Sicherung der Gesellschaft und der Gläubiger

§ 300 Gesetzliche Rücklage

In die gesetzliche Rücklage sind an Stelle des in § 150 Abs. 2 bestimmten Betrags einzustellen,

1. wenn ein Gewinnabführungsvertrag besteht, aus dem ohne die Gewinnabführung entstehenden, um einen Verlustvortrag aus dem Vorjahr geminderten Jahresüberschuß der Betrag, der erforderlich ist, um die gesetzliche Rücklage unter Hinzurechnung einer Kapitalrücklage innerhalb der ersten fünf Geschäftsjahre, die während des Bestehens des Vertrags oder nach Durchführung einer Kapitalerhöhung beginnen, gleichmäßig auf den zehnten oder den in der Satzung bestimmten höheren Teil des Grundkapitals aufzufüllen, mindestens aber der in Nummer 2 bestimmte Betrag;

2. wenn ein Teilgewinnabführungsvertrag besteht, der Betrag, der nach § 150 Abs. 2 aus dem ohne die Gewinnabführung entstehenden, um einen Verlustvortrag aus dem Vorjahr geminderten Jahresüberschuß in die gesetzliche Rücklage einzustellen wäre;

3. wenn ein Beherrschungsvertrag besteht, ohne daß die Gesellschaft auch zur Abführung ihres ganzen Gewinns verpflichtet ist, der zur Auffüllung der gesetzlichen Rücklage nach Nummer 1 erforderliche Betrag, mindestens aber der in § 150 Abs. 2 oder, wenn die Gesellschaft verpflichtet ist, ihren Gewinn zum Teil abzuführen, der in Nummer 2 bestimmte Betrag.

Schrifttum: *Adler/Düring/Schmaltz* (ADS), Rechnungslegung und Prüfung von Unternehmen Bd. 4, 6.Aufl. 1997, AktG § 300 (S.669ff.); *Emmerich/Sonnenschein* Konzernrecht § 16 I – III; *Kleindiek*, Strukturvielfalt im Personengesellschafts-Konzern, 1991; *Krieger* Handbuch § 70 B I, § 71 IV 2 (S.802, 854f.); *R. Kohl*, Die Kompetenz zur Bildung von Gewinnrücklagen im Aktienkonzern, 1991; *Limmer*, Die Haftungsverfassung des faktischen GmbH-Konzerns, 1992; *Raiser* Kapitalgesellschaften § 54 IV 1 (S.612f.); *U. Schneider*, Das

---

[10] *Geßler* in Geßler/Hefermehl Rdnr.12; *Hüffer* Rdnr.6; *Koppensteiner* in Kölner Kommentar Rdnr.4; *Krieger* Handbuch § 70 Rdnr.119.

[11] S.o. § 296 Rdnr.10; *Emmerich/Sonnenschein* § 15 I 2; anders aber *Geßler* in Geßler/Hefermehl Rdnr.14; *Hüffer* Rdnr.6.

[12] Ebenso *Geßler* in Geßler/Hefermehl Rdnr.11; *Hüffer* Rdnr.5.

§ 300 1, 2   3. Buch. 1. Teil. 3. Abschn. Sicherung der Ges. u. der Gläubiger

Recht der Konzernfinanzierung, ZGR 1984, 493; *Veit*, Unternehmensverträge und Eingliederung als aktienrechtliche Instrumente der Unternehmensverbindung, 1974, S. 83 ff.; *ders.*, Die obligatorische Rücklagenbildung einer gewinnabführenden im Vergleich zu der einer selbständigen Aktiengesellschaft, DB 1974, 1245.

Übersicht

	Rdnr.		Rdnr.
I. Überblick	1–3	V. Geschäftsführungsvertrag	16
II. Zweck	4–6	VI. Teilgewinnabführungsvertrag (§ 300 Nr. 2)	17, 18
III. Anwendungsbereich	7, 8	VII. Beherrschungsvertrag (§ 300 Nr. 3)	19–22
IV. Gewinnabführungsvertrag (§ 300 Nr. 1)	9–15	1. Allgemeines	19
1. Allgemeines	9, 10	2. Isolierter (reiner) Beherrschungsvertrag	20, 21
2. Erste Untergrenze (§ 150 Abs. 2)	11	3. Beherrschungs- und Teilgewinnabführungsvertrag	22
3. Zweite Untergrenze (§ 300 Nr. 1)	12, 13		
4. Fristen	14, 15		

I. Überblick

1   Mit § 300 beginnen die Vorschriften des AktG zur Sicherung der Gesellschaft, ihrer Gläubiger und ihrer außenstehenden Aktionäre im Vertragskonzern (§§ 300 bis 307). Diese Vorschriften zerfallen deutlich in zwei Gruppen, wie auch die gesetzliche Gliederung zum Ausdruck bringt.[1] Den Anfang bildet die Regelung der §§ 300 bis 303, mit der in erster Linie der Zweck verfolgt wird, der Gesellschaft bei Abschluß eines Beherrschungs- oder Gewinnabführungsvertrages im Interesse ihrer Gläubiger ihr bilanzmäßiges Anfangsvermögen, vermehrt um die gesetzliche Rücklage des § 150, zu erhalten, wodurch das Gesetz einen Beitrag zur Sicherung der durch den Abschluß eines Beherrschungs- oder Gewinnabführungsvertrags allemal bedrohten Überlebensfähigkeit der Gesellschaft nach Beendigung dieser Verträge leisten will.[2] Aus diesem Grunde trifft das Gesetz in § 300 zunächst Vorsorge für die ordnungsmäßige Dotierung der gesetzlichen Rücklage des § 150 während der üblichen Dauer von Beherrschungs- und Gewinnabführungsverträgen von fünf Jahren. Im Anschluß hieran bestimmt § 301 eine Obergrenze für die Gewinnabführung aufgrund eines Gewinnabführungs- oder Teilgewinnabführungsvertrages, während § 302 das herrschende Unternehmen zur Übernahme jedes während des Bestandes des Vertrags entstehenden Jahresfehlbetrages verpflichtet, so daß die abhängige Gesellschaft während der Dauer des Vertrages stets mit einem zumindest ausgeglichenen Ergebnis abschließt.

2   Bereits den Gesetzesverfassern war klar gewesen, daß die geschilderten Maßnahmen (o. Rdnr. 1) schwerlich ausreichen dürften, tatsächlich die Überlebensfähigkeit der abhängigen Gesellschaft nach Beendigung eines Beherrschungs- oder Gewinnabführungsvertrages zu gewährleisten.[3] Der Grund hierfür ist in erster Linie darin zu sehen, daß das herrschende Unternehmen durch die §§ 300 bis 302 nicht daran gehindert wird, vorvertragliche stille Reserven der abhängigen Gesellschaft nach ihrer Auflösung an sich abzuführen oder deren Vermögenssubstanz zu ihrem Nachteil umzuschichten, solange nur eben das bilanzmäßige Anfangsvermögen erhalten bleibt. Es kommt hinzu, daß das Gesetz auch nicht für die Ausstattung der abhängigen Gesellschaft mit der erforderlichen Liquidität sowie für ihre Fortentwicklung, etwa durch die Bildung zusätzlicher Rücklagen oder die Vornahme von Investitionen, gesorgt hat.[4] Die Gesetzesverfasser haben sich vielmehr darauf beschränkt, in

---

[1] S. im einzelnen *Emmerich/Sonnenschein* § 16 I.
[2] Vgl. die Begr. zum RegE des § 300, bei *Kropff* AktG S. 388.
[3] S. die Begr. zum RegE des § 303 und des § 305, bei *Kropff* AktG S. 393 o., 397 o.; *Emmerich/Sonnenschein* § 16 I.
[4] S. BGHZ 105, 168, 182 ff. = NJW 1988, 3143 = AG 1989, 27 „HSW" (Vorinstanz OLG Hamburg AG 1988, 22, 24 = WM 1987, 1163, 1169); *Hommelhoff* WM 1984, 1105; *Kleindiek* Strukturvielfalt S. 162, 203 ff.; *Limmer* Haftungsverfassung S. 213 ff.; *Priester* ZIP 1989, 1301; *U. Schneider* ZGR 1984, 493.

Gesetzliche Rücklage

§ 303 zum Schutze der Gläubiger zusätzliche Schutzmaßnahmen zu ergreifen, während auf einen ergänzenden Schutz der noch verbliebenen außenstehenden Aktionäre, die den Ausgleich und nicht die Abfindung gewählt haben, bewußt verzichtet wurde.[5]

Der Anwendungsbereich der §§ 300 ff. beschränkt sich nicht strikt auf Beherrschungsverträge sowie auf die mit ihnen in der Regel zu Organschaftsverträgen verbundenen Gewinnabführungsverträge; vielmehr finden sich daneben in § 300 Nrn. 2 und 3 sowie in § 302 Abs. 2 auch noch Vorschriften für Teilgewinnabführungsverträge sowie für Betriebspacht- und Betriebsüberlassungsverträge, die gleich in mehrerer Hinsicht problematische Durchbrechungen des gesetzlichen Regelungskonzepts darstellen.[6] Denn entweder handelt es sich bei diesen Verträgen, wie die Gesetzesverfasser angenommen haben, um normale schuldrechtliche Austauschverträge, – dann sind die erwähnten Schutzmaßnahmen nicht nur entbehrlich, sondern sogar unverständlich –; oder diese Verträge sind eben doch regelmäßig Instrumente der Eingliederung der abhängigen Gesellschaft in den Konzern des herrschenden Unternehmens, – dann aber reichen die sporadischen gesetzlichen Schutzmaßnahmen in den §§ 300 und 300 Abs. 2 zugunsten der abhängigen Gesellschaft, ihrer Aktionäre und ihrer Gläubiger in keinem Fall aus.[7]

II. Zweck

Bei Abschluß eines Beherrschungs- oder Gewinnabführungsvertrages ist die regelmäßige Dotierung der gesetzlichen Rücklage des § 150 nicht mehr gewährleistet. Aus diesem Grunde trifft das Gesetz in § 300 durch besondere Regeln Vorsorge dafür, daß während der üblichen Dauer dieser Verträge von fünf Jahren (s. § 14 Nr. 4 S. 1 KStG) die gesetzliche Rücklage nach Möglichkeit aufgefüllt wird, um der abhängigen Gesellschaft wenigstens ihr bilanzmäßige Anfangsvermögen, vermehrt um die gesetzliche Rücklage, während der Vertragsdauer zu sichern (s. o. Rdnr. 1). Lediglich bei den Teilgewinnabführungsverträgen des § 292 Abs. 2 Nr. 2 verfolgt das Gesetz statt dessen den bescheideneren Zweck, jedenfalls die Erfüllung des § 150 sicherzustellen.[8]

Auch § 300 ist nur in sehr beschränktem Maße geeignet, seinen Zweck (o. Rdnr. 4) zu erreichen. Denn die Anwendung der Vorschrift setzt voraus, daß bei der abhängigen Gesellschaft (ohne den Vertrag) überhaupt ein Jahresüberschuß entsteht, aus dem die gesetzliche Rücklage dotiert werden kann. Genau dies ist indessen keineswegs gewährleistet, da das herrschende Unternehmen über zahlreiche Mittel verfügt, die Entstehung eines Jahresüberschusses bei der abhängigen Gesellschaft von vornherein zu verhindern, namentlich durch Weisungen hinsichtlich der Ausübung der verschiedenen Bilanzierungswahlrechte sowie durch nachteilige Konzernverrechnungspreise, Konzernumlagen und dergleichen mehr, wodurch gleichsam vorweg der Gewinn bei der abhängigen Gesellschaft abgeschöpft wird.[9] Die Folge ist, daß dann die gesetzliche Regelung weitgehend leerläuft (s. aber u. Rdnr. 21).

§ 300 ist **zwingendes Recht,** so daß abweichende Bestimmungen der Satzung nichtig sind (§ 134 BGB). Dasselbe gilt für entgegenstehende Weisungen. Ein Jahresabschluß, der auf einer Verletzung des § 300 beruht, ist gleichfalls nichtig (§ 256 Abs. 1 Nrn. 1 und 4).[10]

III. Anwendungsbereich

Der Anwendungsbereich des § 300 beschränkt sich auf Beherrschungs-, Gewinnabführungs- und Teilgewinnabführungsverträge mit einer deutschen AG oder KGaA, während

---

[5] S. schon o. § 296 Rdnr. 2, 25; zu den Gründen s. *Geßler* in Geßler/Hefermehl Vorbem. 6 zu § 300 (nicht überzeugend).
[6] Ebenso *Koppensteiner* in Kölner Kommentar, Vorbem. 3 ff. zu § 300.
[7] S. schon o. § 292 Rdnr. 3 f.

[8] S. im einzelnen *ADS* Rdnr. 1 ff.; *Emmerich/Sonnenschein* § 16 III 1; *Hüffer* Rdnr. 1.
[9] S. schon o. § 291 Rdnr. 53; *Emmerich/Sonnenschein* § 16 III 1.
[10] *Adler/Düring/Schmaltz* Rdnr. 5 f.

die Rechtsform und die Nationalität des herrschenden Unternehmens keine Rolle spielen.[11] Erfaßt werden insbesondere auch Verträge mit 100%igen Tochtergesellschaften.[12] Hingegen kann § 300 auf die GmbH nicht entsprechend angewandt werden, weil das deutsche GmbH-Recht (bisher) keine gesetzliche Rücklage kennt.[13]

8 § 300 unterscheidet im einzelnen vier Fälle, den Abschluß eines Gewinnabführungsvertrages, und zwar allein (Nr. 1 des § 300) oder zusammen mit einem Beherrschungsvertrag (Nrn. 1 und 3 des § 300), den Abschluß eines Teilgewinnabführungsvertrages (Nr. 2 des § 300) sowie die wohl ausgesprochen seltene Kombination eines Beherrschungs- mit einem Teilgewinnabführungsvertrag (Nr. 3 des § 300). Diese Fälle sind im folgenden der Reihe nach zu betrachten.

IV. Gewinnabführungsvertrag (§ 300 Nr. 1)

9 **1. Allgemeines.** Nach der Nr. 1 des § 300 ist im Falle des Abschlusses eines Gewinnabführungsvertrages an Stelle des in § 150 Abs. 2 bestimmten Betrages derjenige Betrag aus dem ohne die Gewinnabführung entstehenden, um einen Verlustvortrag aus dem Vorjahr geminderten Jahresüberschuß in die gesetzliche Rücklage einzustellen, der erforderlich ist, um diese unter Hinzurechnung einer Kapitalrücklage innerhalb der ersten fünf Geschäftsjahre, die während des Bestehens des Vertrags oder nach Durchführung einer Kapitalerhöhung beginnen, gleichmäßig auf den zehnten oder den in der Satzung bestimmten höheren Teil des Grundkapitals aufzufüllen, mindestens aber der in Nr. 2 bestimmte Betrag. Wie der Vergleich mit der Nr. 3 des § 300 ergibt, erfaßt das Gesetz hier *zwei* Fälle, einmal den häufigen Abschluß eines kombinierten Beherrschungs- und Gewinnabführungsvertrags (sogenannter Organschaftsvertrag; s. u. Rdnr. 19), zum andern den (ausgesprochen seltenen) Fall des Abschlusses eines isolierten Gewinnabführungsvertrages mit einer AG oder KGaA.[14]

10 Das Gesetz bestimmt in § 300 Nr. 1 für die beiden geregelten Fälle (o. Rdnr. 9), wie sich aus der Bezugnahme auf die Nr. 2 der Vorschrift und damit auf § 150 Abs. 2 ergibt, im einzelnen **zwei** Untergrenzen der Rücklagendotierung.[15] Die eine Untergrenze folgt aus dem stets anwendbaren § 150 Abs. 2 (s. die Nr. 1 des § 300 iVm. der Nr. 2), die andere aus der zusätzlich eingreifenden Vorschrift des § 300 Nr. 1. Maßgeblich ist die jeweils *höhere* Untergrenze. Die Folge ist, daß die Anwendung des § 300 Nr. 1 immer nur zu einer Verschärfung der Rücklagendotierung gegenüber der allgemeinen Regelung des § 150 Abs. 2 führen kann, niemals zu einer Abmilderung. Beide Vorschriften führen zu demselben Ergebnis, wenn bei Beginn des Vertrags noch keine gesetzliche Rücklage gebildet war und der (fiktive) Jahresüberschuß 40% des Grundkapitals beträgt. Bestand bereits bei Vertragsbeginn eine gesetzliche Grundlage, so verschiebt sich diese Grenze entsprechend nach unten.[16]

11 **2. Erste Untergrenze (§ 150 Abs. 2).** Ausgangspunkt ist nach dem Gesagten (o. Rdnr. 10) § 150 Abs. 2, wonach in die gesetzliche Rücklage der zwanzigste Teil (5%) des um einen Verlustvortrag aus dem Vorjahr geminderten sogenannten *berichtigten* Jahresüberschusses einzustellen ist, bis die gesetzliche Rücklage und die Kapitalrücklagen nach § 272 Abs. 2 Nr. 1 bis 3 HGB zusammen den zehnten oder den in der Satzung bestimmten höheren Teil des Grundkapitals erreichen.[17] Mit dem Begriff des um einen Verlustvortrag aus dem Vorjahr geminderten (berichtigten) Jahresüberschuß nimmt das Gesetz Bezug auf die Bi-

---

[11] S. *Emmerich/Sonnenschein* § 16 II.
[12] *Koppensteiner* in Kölner Kommentar Vorbem. 8 vor § 300.
[13] Z.B. *Raiser* Kapitalgesellschaften § 54 Rdnr. 36.
[14] Zur Zulässigkeit s. schon o. § 291 Rdnr. 48 f.; ebenso zB *ADS* Rdnr. 48; *Koppensteiner* in Kölner Kommentar Rdnr. 17.
[15] S. im einzelnen *Emmerich/Sonnenschein* § 16 III 2; *Hüffer* Rdnr. 9; *Koppensteiner* in Kölner Kommentar Rdnr. 12; *Veit* Unternehmensverträge S. 90 ff.; *ders.* DB 1974, 1245.
[16] S. im einzelnen die Berechnungen bei *Veit* Unternehmensverträge S. 90 ff.; *ders.* DB 1974, 1245 ff.
[17] Zur Vereinfachung der Darstellung wird im folgenden durchweg darauf verzichtet, zusätzlich auf die Kapitalrücklagen nach § 272 Abs. 2 Nrn. 1 bis 3 HGB sowie die gegebenenfalls höhere satzungsmäßige Rücklage hinzuweisen.

lanzpositionen des § 275 Abs. 2 Nr. 20 und Abs. 3 Nr. 19 HGB.[18] Bei Bestehen eines Gewinnabführungsvertrages weist die abhängige Gesellschaft freilich keinen derartigen Jahresüberschuß mehr aus, so daß das Gesetz hier letztlich einen *fiktiven Jahresüberschuß* im Auge hat, der in einer Vorbilanz ermittelt wird[19] Der zwanzigste Teil (5%) davon ist also gemäß § 150 Abs. 2 in jedem Fall (mindestens) in die gesetzliche Rücklage einzustellen (§ 300 Nrn. 1 und 2 iVm. § 150 Abs. 2).

3. Zweite Untergrenze (§ 300 Nr. 1). Für die Rücklagendotierung ist in § 150 Abs. 2 kein zeitlicher Rahmen vorgegeben, so daß die Auffüllung der gesetzlichen Rücklage nach § 150 Abs. 2 (o. Rdnr. 11), wenn die Gesellschaft keine oder nur sehr niedrige Gewinne ausweist, gegebenenfalls erhebliche Zeit in Anspruch nehmen kann. Diese Gefahr ist naturgemäß bei Abschluß eines Beherrschungs- oder Gewinnabführungsvertrages besonders groß. Deshalb enthält das Gesetz in der Nr. 1 des § 300 eine zweite Untergrenze für den in die gesetzliche Rücklage einzustellenden Betrag, die, wie gezeigt (o. Rdnr. 9) eingreift, wenn die Gesellschaft einen Gewinnabführungsvertrag allein oder zusammen mit einem Beherrschungsvertrag abgeschlossen hat.

Die zweite Untergrenze der Nr. 1 des § 300 knüpft gleichfalls an den fiktiven Jahresüberschuß an (o. Rdnr. 11) und beläuft sich auf den Betrag, der erforderlich ist, um die gesetzliche Rücklage des § 150 Abs. 2 (unter Hinzurechnung einer Kapitalrücklage) innerhalb der ersten fünf Geschäftsjahre während des Bestehens des Vertrages oder nach Durchführung einer Kapitalerhöhung gleichmäßig auf den zehnten (oder den in der Satzung bestimmten höheren) Teil des Grundkapitals aufzufüllen. Dies bedeutet im einzelnen: Besteht in dem maßgeblichen Zeitpunkt (erstes Geschäftsjahr während des Bestehens des Unternehmensvertrages; s. u. Rdnr. 14) überhaupt noch keine gesetzliche Rücklage, so beträgt der in die Rücklage einzustellende Betrag mindestens ein Fünftel der gesetzlichen Rücklage von 10% des Grundkapitals, dh. 2% des Grundkapitals, vorausgesetzt, daß der fiktive Jahresüberschuß mindestens die Höhe von 2% des Grundkapitals erreicht. Ist der fiktive Jahresüberschuß niedriger, so muß die Dotierung in den folgenden Geschäftsjahren entsprechend erhöht werden. Reicht auch dies nicht aus, um innerhalb der vom Gesetz als regelmäßige Vertragsdauer ins Auge gefaßten fünf Jahre die gesetzliche Rücklage auf den in § 150 Abs. 2 oder in der Satzung vorgeschriebenen Betrag aufzufüllen, so muß nach Sinn und Zweck der gesetzlichen Regelung in den Folgejahren so lange der **gesamte** Gewinn in die Rücklage eingestellt werden, bis diese die gesetzlich oder satzungsmäßig vorgeschriebene Höhe erreicht hat (sogenanntes Nachholungsgebot).[20]

4. Fristen. Das Gesetz verlangt die Auffüllung der Rücklage in § 300 Nr. 1 in den ersten fünf Geschäftsjahren, die während des Bestehens des Vertrages oder nach Durchführung einer Kapitalerhöhung beginnen. Schwierigkeiten ergeben sich hieraus zunächst, wenn der Vertragsbeginn, wozu es freilich aus steuerlichen Gründen nur selten kommen wird, nicht mit dem Beginn des Geschäftsjahres zusammenfällt, sondern *während* des Laufs eines Geschäftsjahres stattfindet. In diesem Fall muß entschieden werden, ob die Fünfjahresfrist sofort zu laufen beginnt, so daß die gegebenenfalls erhöhte Dotierungspflicht nach § 300 Nr. 1 bereits während des noch laufenden Rumpfgeschäftsjahres zu erfüllen ist,[21] oder ob die Fünfjahresfrist erst vom Beginn des nächsten ordentlichen Geschäftsjahres ab zu rechnen ist.[22] Dem Wortlaut des Gesetzes dürfte hier nur die zuerst genannte Meinung ent-

---

[18] S. zB *Koppensteiner* in Kölner Kommentar Rdnr. 5; *Veit* Unternehmensverträge S. 89; *ders.* DB 1974, 1245.
[19] S. im einzelnen schon o. § 291 Rdnr. 52 sowie *ADS* Rdnr. 14 ff.; *Geßler* in Geßler/Hefermehl Rdnr. 4 ff.; *Hüffer* Rdnr. 4; *Koppensteiner* in Kölner Kommentar Rdnr. 4.
[20] *ADS* Rdnr. 25; *Emmerich/Sonnenschein* § 16 III 2 a; *Geßler* in Geßler/Hefermehl Rdnr. 12, 14; *Koppensteiner* in Kölner Kommentar Rdnr. 11; *Raiser* Kapitalgesellschaften § 54 Rdnr. 35; *Veit* Unternehmensverträge S. 87 ff.; Berechnungsbeispiele bei *ADS* Rdnr. 22 ff.; *Geßler* in Geßler/Hefermehl Rdnr. 9 ff.; *Veit* Unternehmensverträge S. 85 ff.; *ders.* DB 1974, 1245 ff.
[21] So *Raiser* Kapitalgesellschaften § 54 Rdnr. 36.
[22] So aus praktischen Gründen die überwiegende Meinung, zB *ADS* Rdnr. 33; *Koppensteiner* in Kölner Kommentar Rdnr. 9; *Krieger* Handbuch § 70 Rdnr. 29, 71 Rdnr. 15.

sprechen. Tritt der Vertrag, wogegen bei Gewinnabführungsverträgen anders als bei Beherrschungsverträgen keine Bedenken bestehen,[23] hingegen *rückwirkend* in Kraft, so ist § 300 Nr. 1 ebenfalls rückwirkend anzuwenden[24]

15 Zusätzliche Probleme entstehen im Falle einer **Kapitalerhöhung.** Nach ihrer Durchführung, in erster Linie also nach ihrer Eintragung im Handelsregister (§§ 189, 203 Abs. 1),[25] beginnt nämlich nach dem Wortlaut der Nr. 1 des § 300 eine neue Fünfjahresfrist für die Auffüllung der jetzt erhöhten gesetzlichen Rücklage zu laufen. Dies gilt auch, wenn die Kapitalerhöhung während der ersten mit Vertragsabschluß begonnen Fünfjahresfrist (o. Rdnr. 14) durchgeführt worden ist, so daß diese sich dann entsprechend verlängert. Die Bedeutung der gesetzlichen Regelung in diesen Fällen ist umstritten. Dem Wortlaut des Gesetzes entspricht aber wohl am meisten die einheitliche Erhöhung des Auffüllungsbetrages während der neuen Fünfjahresfrist entsprechend dem erhöhten Grundkapital.[26] Wird das Grundkapital hingegen herabgesetzt, so ist für die Berechnung der gesetzlichen Rücklage das neue Grundkapital maßgebend. Läuft die Fünfjahresfrist noch, so sind die Auffüllungsbeträge entsprechend zu verringern.[27]

V. Geschäftsführungsvertrag

16 Der Geschäftsführungsvertrag wird durch § 291 Abs. 1 S. 2 in jeder Hinsicht dem Gewinnabführungsvertrag gleichgestellt.[28] Daraus kann nur der Schluß gezogen werden, daß auf ihn ebenfalls § 300 Nr. 1 anzuwenden ist. Entgegen einer verbreiteten Meinung bereitet dies zudem keine unüberwindlichen Schwierigkeiten, da bei den Geschäftsführungsverträgen nicht anders als bei den Gewinnabführungsverträgen der abzuführende Gewinn gleichfalls zunächst vorweg in einer Vorbilanz ermittelt werden muß, so daß hier ebenso wie bei den Gewinnabführungsverträgen (o. Rdnr. 11) ein fiktiver Jahresüberschuß zur Verfügung steht, aus dem dann der jeweilige Auffüllungsbetrag abgeleitet werden kann.[29] Zu beachten bleibt, daß sich der Anwendungsbereich des § 291 Abs. 1 S. 2 auf **unentgeltliche** Geschäftsführungsverträge beschränkt,[30] so daß bei entgeltlichen Geschäftsführungsverträgen kein Raum für die Anwendung des § 300 Nr. 1 ist.[31] Anders mag es sich nur in eindeutigen Umgehungsfällen verhalten.[32]

VI. Teilgewinnabführungsvertrag (§ 300 Nr. 2)

17 Für die Teilgewinnabführungsverträge des § 292 Abs. 1 Nr. 2[33] beschränkt sich das Gesetz in der Nr. 2 des § 300 auf die Bestimmung, daß in die gesetzliche Rücklage an Stelle des in § 150 Abs. 2 bestimmten Betrages der Betrag einzustellen ist, der nach § 150 Abs. 2 aus dem ohne die Gewinnabführung entstehenden, um einen Verlustvortrag aus dem Vorjahr geminderten (*fiktiven*) Jahresüberschuß einzustellen wäre. Der Regelungsgehalt der Vorschrift beschränkt sich mithin darauf, für die Berechnung der gesetzlichen Rücklage nach § 150 Abs. 2 den fiktiven Jahresüberschuß, dh. den Jahresüberschuß *ohne* den abzuführenden Gewinnanteil, für maßgeblich zu erklären (s. o. Rdnr. 11); eine weitergehende Bedeutung hat die Vorschrift nicht.[34] Vor allem ergibt sich für Teilgewinnabführungsverträge aus § 300 Nr. 2 *keine* gesetzliche Frist für die Auffüllung der gesetzlichen Rücklage.

---

[23] S. o. § 291 Rdnr. 13, 43.
[24] *ADS* Rdnr. 32; *Geßler* in Geßler/Hefermehl Rdnr. 13; *Hüffer* Rdnr. 7.
[25] S. *ADS* Rdnr. 29.
[26] Ebenso *Geßler* in Geßler/Hefermehl Rdnr. 16; *Krieger* Handbuch § 70 Rdnr. 19; anders zB *ADS* Rdnr. 27 ff.; *Hüffer* Rdnr. 8.
[27] *ADS* Rdnr. 30.
[28] S. im einzelnen o. § 291 Rdnr. 54 ff.
[29] S. o. § 291 Rdnr. 58; ebenso oder ähnlich *ADS* Rdnr. 17 f.; *Geßler* in Geßler/Hefermehl Rdnr. 26;

Hüffer Rdnr. 6; *Koppensteiner* in Kölner Kommentar Rdnr. 6; *Krieger* Handbuch § 71 Rdnr. 16.
[30] S. o. § 291 Rdnr. 55.
[31] Anders zB *ADS* Rdnr. 13.
[32] S. *Hüffer* Rdnr. 5.
[33] S. dazu o. § 292 Rdnr. 16 ff.
[34] *ADS* Rdnr. 42; *Emmerich/Sonnenschein* § 16 III 2b; *Geßler* in Geßler/Hefermehl Rdnr. 20; *Hüffer* Rdnr. 11; *Koppensteiner* in Kölner Kommentar Rdnr. 16.

Die Regelung des § 300 Nr. 2 erfaßt nach ihrem Wortlaut sämtliche Teilgewinnabführungsverträge im Sinne des § 292 Abs. 1 Nr. 2, mögen sie betriebsbezogen oder unternehmensbezogen sein.[35] Ebensowenig wird danach unterschieden, wie der abzuführende Gewinn zu berechnen ist, solange es sich dabei nur um das Ergebnis einer periodischen Abrechnung handelt.[36] § 300 Nr. 2 findet daher auch Anwendung, wenn sich der Vertrag auf den Bilanzgewinn bezieht.[37] Gleichfalls erfaßt werden entgeltliche Verträge, dies schon deshalb, weil unentgeltliche Teilgewinnabführungsverträge grundsätzlich unzulässig sind.[38] Für § 300 Nr. 2 folgt daraus, daß die von dem anderen Teil geschuldete Gegenleistung den fiktiven Jahresüberschuß erhöht, aus dem die gesetzliche Rücklage zu berechnen ist.[39]

VII. Beherrschungsvertrag (§ 300 Nr. 3)

1. Allgemeines. Die nur schwer durchschaubare Vorschrift der Nr. 3 des § 300 erfaßt drei verschiedene Fallgestaltungen. Der erste Fall ist die verbreitete Verbindung eines Beherrschungsvertrages mit einem Gewinnabführungsvertrag zu einem Organschaftsvertrag. In diesem Fall findet (unstreitig) allein die Nr. 1 des § 300 Anwendung (o. Rdnr. 9). Die anderen beiden Fälle sind der Abschluß eines isolierten Beherrschungsvertrages (u. Rdnr. 20 f.) sowie der eines kombinierten Beherrschungs- und Teilgewinnabführungsvertrages (u. Rdnr. 22). Für diese beiden Fälle verweist die Nr. 3 des § 300 wieder auf die Nrn. 1 und 2 der Vorschrift zurück. Dies bedeutet im einzelnen:

2. Isolierter (reiner) Beherrschungsvertrag. Bei Abschluß eines isolierten oder reinen Beherrschungsvertrages, dh. eines Beherrschungsvertrages, der weder mit einem Gewinnabführungs- noch mit einem Teilgewinnabführungsvertrag verbunden ist, verweist § 300 Nr. 3 auf die Nr. 1 der Vorschrift. Für die Dotierung der gesetzlichen Rücklage sind mithin hier ebenfalls die *beiden* Untergrenzen des § 300 Nr. 1 zu beachten, so daß in die Rücklage entweder ein Fünftel der Differenz zwischen der bei Vertragsbeginn vorhandenen und der gesetzlichen Rücklage (§ 300 Nr. 1) *oder* der sich aus § 150 Abs. 2 ergebende Betrag einzustellen ist.

Die Formulierung der Nr. 3 des § 300 weicht insofern von der der Nrn. 1 und 2 der Vorschrift ab, als hier auffälligerweise die Bezugnahme auf den fiktiven Jahresüberschuß als Berechnungsgrundlage für die Dotierungspflicht fehlt. Daraus wird zum Teil der Schluß gezogen, in dem hier interessierenden Fall des isolierten Beherrschungsvertrages sei die Verpflichtung zur Dotierung der Rücklage (ausnahmsweise) von dem Ausweis eines Jahresüberschusses unabhängig, so daß der gegebenenfalls durch die Auffüllung der gesetzlichen Rücklage entstehende Verlust nach § 302 von dem herrschenden Unternehmen zu übernehmen sei.[40] Diese Auffassung ist jedoch nicht haltbar. Nach dem Gesamtzusammenhang der §§ 150 und 300 setzt die Verpflichtung zur Auffüllung der Rücklage in jedem Fall einen zumindest fiktiven Jahresüberschuß bei der abhängigen Gesellschaft voraus.[41]

3. Beherrschungs- und Teilgewinnabführungsvertrag. Für den (wohl hypothetischen) Fall der Verbindung eines Beherrschungs- mit einem Teilgewinnabführungsvertrag enthält das Gesetz in § 300 Nr. 3 eine schwer verständliche Verweisung auf die Nr. 2 der Vorschrift. Dies kann in zweierlei Weise interpretiert werden, entweder dahingehend, daß ebenso

---

[35] Ebenso *ADS* Rdnr. 40; *Geßler* in Geßler/Hefermehl Rdnr. 17; *Hüffer* Rdnr. 10; *Veit* Unternehmensverträge S. 85; anders ohne ersichtlichen Grund die Begr. zum RegE, bei *Kropff* AktG S. 389; zustimmend *Koppensteiner* in Kölner Kommentar Rdnr. 13.
[36] S. o. § 292 Rdnr. 18.
[37] Ebenso *ADS* Rdnr. 41; *Geßler* in Geßler/Hefermehl Rdnr. 17; *Hüffer* Rdnr. 10; *Koppensteiner* in Kölner Kommentar Rdnr. 14.
[38] S. o. § 292 Rdnr. 20 f.
[39] Ebenso *ADS* Rdnr. 43; *Koppensteiner* in Kölner Kommentar Rdnr. 15.
[40] So *ADS* Rdnr. 49, 53; *Geßler* in Geßler/Hefermehl Rdnr. 2, 22 f.; *Hüffer* Rdnr. 13.
[41] *Emmerich/Sonnenschein* § 16 III 3; *Koppensteiner* in Kölner Kommentar Rdnr. 12; *Krieger* Handbuch § 70 Rdnr. 29; *Veit* Unternehmensverträge S. 93 f.

wie bei Abschluß eines isolierten Beherrschungsvertrages (o. Rdnr. 20 f.) die Nr. 1 **und** zusätzlich die Nr. 2 des § 300 zu beachten ist, wobei letztlich der jeweils höhere Betrag maßgebend ist,[42] **oder** daß allein die Nr. 2 des § 300 anzuwenden ist, so daß in diesem Falle letztlich § 150 Abs. 2, bezogen auf den fiktiven Jahresüberschuß (ohne Teilgewinnabführung), maßgebend wäre.[43] Zu folgen ist der erstgenannten Meinung, weil die Situation der abhängigen Gesellschaft bei zusätzlichem Abschluß eines Teilgewinnabführungsvertrages schwerlich schlechter als bei alleinigem Abschluß eines Beherrschungsvertrages (o. Rdnr. 20) sein kann.[44]

§ 301 Höchstbetrag der Gewinnabführung

Eine Gesellschaft kann, gleichgültig welche Vereinbarungen über die Berechnung des abzuführenden Gewinns getroffen worden sind, als ihren Gewinn höchstens den ohne die Gewinnabführung entstehenden Jahresüberschuß, vermindert um einen Verlustvortrag aus dem Vorjahr und um den Betrag, der nach § 300 in die gesetzliche Rücklage einzustellen ist, abführen. Sind während der Dauer des Vertrags Beträge in andere Gewinnrücklagen eingestellt worden, so können diese Beträge den anderen Gewinnrücklagen entnommen und als Gewinn abgeführt werden.

Schrifttum: *Emmerich,* Bestandsschutz im GmbH-Vertragskonzern, in Hommelhoff (Hrsg.), Entwicklungen im GmbH-Konzernrecht, 1986, S. 64; *Emmerich/Sonnenschein* Konzernrecht § 16 IV; *Geßler,* Rücklagenbildung bei Gewinnabführungsverträgen, Festschrift Meilicke, 1985, S. 18; *Krieger* Handbuch § 71 IV 3 (S. 854 ff.); *H.-P. Müller,* Zur Gewinn- und Verlustermittlung bei aktienrechtlichen Gewinnabführungsverträgen, Festschrift Goerdeler, 1987, S. 375; *Sonnenschein,* Der aktienrechtliche Vertragskonzern im Unternehmensrecht, ZGR 1981, 429; *E. Sünner,* Grenzen der Gewinnabführung von AG und GmbH aufgrund Gewinnabführungsvertrags nach dem Inkrafttreten des Bilanzrichtlinien-Gesetzes, AG 1989, 414; *Veit,* Unternehmensverträge und Eingliederung als aktienrechtliche Instrumente der Unternehmensverbindung, 1974, S. 96 ff.

Übersicht

	Rdnr.		Rdnr.
1. Zweck	1	5. Rücklagen	11–18
2. Überblick	2–4	a) Allgemeines	11, 12
3. Anwendungsbereich	5, 6	b) Andere Gewinnrücklagen	13–15
4. Höchstbetrag der Gewinn-		c) Gewinnvorträge	16
abführung	7–10	d) Sonstige Rücklagen	17
a) Vertragsfreiheit	7	e) Sonderposten mit Rücklagen-	
b) Obergrenze	8	anteil	18
c) Verlustvortrag	9	6. Stille Rücklagen	19
d) Rechtsfolgen	10		

1. Zweck. § 301 regelt die Obergrenze der aufgrund eines Gewinn- oder eines Teilgewinnabführungsvertrages bei der AG oder KGaA zulässigen Gewinnabführung. Das Gesetz überläßt zwar grundsätzlich die Definition und Ermittlung des abzuführenden Gewinns den Parteien (§ 305 BGB). Um jedoch zu verhindern, daß aufgrund derartiger Abreden letztlich die Substanz der abhängigen Gesellschaft an das herrschende Unternehmen ausgeschüttet und so entgegen dem Zweck der §§ 300 bis 302 doch ihr bilanzmäßiges Vermögen geschmälert würde, bestimmt das Gesetz zugleich eine zwingende Obergrenze für die Gewinnabführung.[1]

---

[42] S. *Emmerich/Sonnenschein* § 16 III 3; *Hüffer* Rdnr. 15; *Koppensteiner* in Kölner Kommentar Rdnr. 18; *Krieger* Handbuch § 70 Rdnr. 29; *Veit* Unternehmensverträge S. 92 f.

[43] So *ADS* Rdnr. 55; *Geßler* in Geßler/Hefermehl Rdnr. 25.

[44] Ebenso zutreffend *Koppensteiner* in Kölner Kommentar Rdnr. 19.

[1] S. die Begr. zum RegE, bei *Kropff* AktG S. 389 f.

Höchstbetrag der Gewinnabführung 2–7 § 301

2. Überblick. Zur Bestimmung der Obergrenze für die zulässige Gewinnabführung 2
knüpft das Gesetz in § 301 S.1 ebenso wie schon in § 300 an den fiktiven Jahresüberschuß
an, der grundsätzlich in einer Vorbilanz ermittelt werden muß, vermindert um einen Verlustvortrag aus dem Vorjahr sowie um die nach § 300 in die gesetzliche Rücklage einzustellenden Beträge.[2] Nur der sich bei dieser Rechenoperation ergebende Betrag kann nach
§ 301 S.1 *höchstens* aufgrund eines Gewinn- oder Teilgewinnabführungsvertrages an das
herrschende Unternehmen abgeführt werden. Eine Ausnahme findet sich lediglich in S.2
des § 301 für solche Beträge, die *während* der Dauer des Vertrags in andere Gewinnrücklagen eingestellt worden sind. Daraus folgt zugleich, daß sonstige Rücklagen grundsätzlich
von der Abführung an das herrschende Unternehmen ausgeschlossen sind (u. Rdnr.11 ff.).

Die praktische Bedeutung des § 301 wird allgemein als gering eingestuft.[3] Dies hängt vor 3
allem damit zusammen, daß das Gesetz die Gewinnermittlung – innerhalb der Grenzen
des § 301 S.1 – den Parteien überläßt (u. Rdnr.7) und außerdem keinen Schutz der abhängigen Gesellschaft gegen die Auflösung und Abführung stiller Rücklagen vorsieht (u. Rdnr.19).

§ 301 bietet keinen Ansatzpunkt für die Lösung des schwierigen Fragenkreises der 4
Rücklagenbildung im Konzern. Es geht dabei einmal um die Frage, wie die außenstehenden Aktionäre der abhängigen Gesellschaft, die den variablen Ausgleich nach § 304 Abs.2
S.2 gewählt haben, dagegen geschützt werden können, daß durch Thesaurierung der Gewinne bei der abhängigen Gesellschaft der an die Gewinne der herrschenden Gesellschaft
geknüpfte variable Ausgleich künstlich geschmälert wird, zum anderen um den Schutz
der Aktionäre der herrschenden Gesellschaft gegen eine übermäßige Rücklagenbildung
in den verbundenen Gesellschaften durch die Anwendung des § 58 Abs.2 auf sämtlichen
Konzernstufen.[4]

3. Anwendungsbereich. § 301 betrifft in erster Linie Gewinnabführungsverträge im 5
Sinne des § 291 Abs.1 S.1 mit einer abhängigen deutschen AG oder KGaA. Der Anwendungsbereich der Vorschrift umfaßt außerdem die Teilgewinnabführungsverträge des
§ 292 Abs.1 Nr.2, nach überwiegender Meinung freilich nur, wenn es sich um einen sogenannten unternehmensbezogenen Vertrag handelt, während die betriebsbezogenen Verträge nicht unter § 301 fallen sollen.[5] Der Wortlaut der Vorschrift bietet indessen für eine derartige Einschränkung ihres Anwendungsbereichs keine Grundlage.[6]

Vom Anwendungsbereich der Vorschrift werden weiter üblicherweise die **Geschäftsfüh-** 6
rungsverträge des § 291 Abs.1 S.2 ausgeklammert, weil hier von vornherein kein abzuführender Gewinn bei der abhängigen Gesellschaft entstehe.[7] Diese Einschränkung des
Anwendungsbereichs der Vorschrift entgegen § 291 Abs.1 S.2 ist indessen ebensowenig
überzeugend wie schon bei § 300.[8] Auf die **GmbH** kann die Vorschrift schließlich ebenfalls entsprechend angewandt werden, jedenfalls, soweit sie nicht auf § 300 verweist, weil
es bei der GmbH bisher keine gesetzliche Rücklage gibt.[9]

4. Höchstbetrag der Gewinnabführung. a) Vertragsfreiheit. In der Frage der Be- 7
stimmung und der Ermittlung des abzuführenden Gewinns besteht grundsätzlich Vertragsfreiheit (§ 305 BGB).[10] Zulässig sind namentlich Abreden, wie die abhängige Gesell-

---

[2] S.o. § 300 Rdnr.11.
[3] ZB *Emmerich/Sonnenschein* § 16 IV; *Koppensteiner* in Kölner Kommentar Rdnr.3.
[4] S. dazu insbes. *Geßler*, Festschrift Meilicke, S.18; ders. AG 1985, 257; *Götz* AG 1984, 85; *Gollnick*, Gewinnverwendung im Konzern, 1991; *R. Kohl*, Die Kompetenz zur Bildung von Gewinnrücklagen im Aktienkonzern, 1991; *Lutter*, Festschrift Goerdeler, 1997, S.327; *Theisen* ZHR 156 (1992), 174; *Thomas* ZGR 1985, 365; *K. Warschkow*, Schutz der Aktionäre der Konzernobergesellschaft, 1991, S.89ff.; *H.P. Westermann*, Festschrift Pleyer, 1986, S.421.
[5] So schon die Begr. zum RegE, bei *Kropff* AktG S.390; ebenso im Anschluß hieran *Geßler* in Geßler/Hefermehl Rdnr.24ff.; *Hüffer* Rdnr.2; *Koppensteiner* in Kölner Kommentar Rdnr.6.
[6] Ebenso *Veit* Unternehmensverträge S.96.
[7] *Hüffer* Rdnr.2; *Koppensteiner* in Kölner Kommentar Rdnr.4; *Krieger* in Handbuch § 71 Rdnr.21.
[8] S.o. § 300 Rdnr.16.
[9] Wegen der Einzelheiten s. *Emmerich* in Hommelhoff, Entwicklungen im GmbH-Konzernrecht, S.64, 81f.; ders. in Scholz GmbHG § 44 Anh. Rdnr.333; insbes. *Sünner* AG 1989, 414, 417ff.
[10] Ebenso ausdrücklich die Begr. zum RegE, bei *Kropff* AktG S.389; s.o. Rdnr.1.

schaft von etwaigen Bilanzwahlrechten Gebrauch zu machen hat.[11] Fehlen solche Abreden, so kann das herrschende Unternehmen außerdem, wenn (wie in aller Regel) der Gewinnabführungsvertrag mit einem Beherrschungsvertrag verbunden ist, von seinem Weisungsrecht (§ 308 Abs. 1) mit dem Ziel Gebrauch machen, die abhängige Gesellschaft – im Rahmen der Gesetze – zu einer bestimmten Bilanzierungspolitik zu veranlassen.[12]

8 b) **Obergrenze.** Die Vertragsfreiheit der Parteien (o. Rdnr. 7) ist indessen nicht schrankenlos; vielmehr zieht ihr das Gesetz in § 300 S.1 im Interesse der Erhaltung des bilanzmäßigen Vermögens der Gesellschaft durch Festsetzung einer zwingenden Obergrenze für den abzuführenden Gewinn eine unübersteigbare Schranke. Zur Bestimmung dieser Obergrenze knüpft das Gesetz ebenso wie in § 300 an den *fiktiven* Jahresüberschuß der abhängigen Gesellschaft an, der grundsätzlich in einer Vorbilanz zu ermitteln ist und den Positionen des § 275 Abs. 2 Nr. 20 und Abs. 3 Nr. 19 HGB in der Gewinn- und Verlustrechnung entspricht.[13] Dieser fiktive Jahresüberschuß muß außerdem um einen Verlustvortrag aus dem Vorjahr sowie um den nach § 300 in die gesetzliche Rücklage einzustellenden Betrag gekürzt werden. Erst der sich nach diesen Rechenoperationen ergebende sogenannte berichtigte, fiktive Jahresüberschuß kann dann, ohne Rücksicht auf die Abreden der Parteien, *höchstens* aufgrund eines Gewinn- oder Teilgewinnabführungsvertrages an das herrschende Unternehmen abgeführt werden.

9 c) **Verlustvortrag.** Ein Verlustvortrag ist bei einem Gewinnabführungsvertrag mit Rücksicht auf § 302 nur im ersten Geschäftsjahr nach Abschluß des Vertrages denkbar, weil die Gesellschaft später stets ein ausgeglichenes Ergebnis ausweisen muß. Anders kann es sich allein bei einem Teilgewinnabführungsvertrag verhalten (o. Rdnr. 5), weil auf diesen der § 302 keine Anwendung findet. Die Folge ist, daß ohne Rücksicht auf die Gegenleistung des anderen Teils eine Gewinnabführung bei den genannten Verträgen ausscheidet, wenn das Ergebnis der abhängigen Gesellschaft *insgesamt* negativ oder höchstens ausgeglichen ist, da eine Gewinnabführung aufgrund des § 301 S.1 erst in Betracht kommt, wenn die abhängige Gesellschaft ein positives Ergebnis erzielt hat.[14]

10 d) **Rechtsfolgen.** § 301 S.1 enthält zwingendes Recht, so daß entgegenstehende Abreden oder Weisungen des herrschenden Unternehmens nichtig sind (§ 134 BGB). Verstößt der Vorstand der abhängigen Gesellschaft gegen § 301 S.1, so macht er sich schadensersatzpflichtig (§ 93 Abs. 2). Das herrschende Unternehmen muß außerdem die zu Unrecht bezogenen Beträge zurückzahlen (§ 812 Abs. 1 S.1 BGB), ohne sich auf Entreicherung berufen zu können (§ 819 Abs. 1 BGB).[15]

11 5. **Rücklagen.** a) **Allgemeines.** Nach § 301 S.2 in der Fassung des Bilanzrichtliniengesetzes von 1985 können außer dem berichtigten fiktiven Jahresüberschuß (o. Rdnr. 8) noch solche Beträge als Gewinn abgeführt werden, die während der Dauer des betreffenden Gewinn- oder Teilgewinnabführungsvertrags in andere Gewinnrücklagen eingestellt worden sind. Welche Rücklagen das Gesetz damit im Auge hat, ergibt sich im einzelnen aus den §§ 272 und 273 HGB in der Fassung des Bilanzrichtliniengesetzes von 1985.

12 Nach den genannten Vorschriften des HGB hat man seit 1985 zwischen der Kapitalrücklage (§ 272 Abs. 2 HGB), den verschiedenen Gewinnrücklagen (§ 272 Abs. 3 HGB), der Rücklage für eigene Anteile (§ 272 Abs. 4 HGB) sowie den Sonderposten mit Rücklagenanteil (§ 273 HGB) unterschieden, wobei innerhalb der hier zunächst interessierenden Gewinnrücklagen nach § 272 Abs. 3 S.2 HGB weiter zwischen der gesetzlichen oder sat-

---

[11] Ausführlich *H.-P. Müller,* Festschrift Goerdeler, S.375, 385 ff.; *Koppensteiner* in Kölner Kommentar Rdnr. 8.
[12] *Müller* (Fn.11) S.380 ff.; grdlg. BGHZ 135, 374, 378 = NJW 1997, 2242 = LM AktG § 305 Nr. 3 = WM 1997, 1288, 1290 „Guano".
[13] S. schon o. § 300 Rdnr. 11 sowie im einzelnen *Koppensteiner* in Kölner Kommentar Rdnr. 8; *Krieger* Handbuch § 71 Rdnr. 17; *Sünner* AG 1989, 414, 415; *Veit* Unternehmensverträge S.98.
[14] *Hüffer* Rdnr. 5; *Veit* Unternehmensverträge S.98.
[15] Ebenso *Geßler* in Geßler/Hefermehl Rdnr. 9.

zungsmäßigen Rücklage (dazu § 300) und den anderen Gewinnrücklagen zu trennen ist, auf die sich § 301 S.2 allein bezieht.[16] Zum Verständnis der gesetzlichen Regelung muß man sich außerdem vergegenwärtigen, daß nach den Bilanzierungsvorschriften des Gesetzes die genannten Rücklagen ebensowenig wie etwa ein Gewinnvortrag einen Teil des Jahresüberschusses bilden, weil sie in der Gewinn- und Verlustrechnung gemäß § 158 Abs.1 S.1 Nrn. 1 und 4 erst auf den Jahresüberschuß folgen (ebenso § 275 Abs. 4 HGB). Entnahmen aus den Rücklagen erhöhen folglich grundsätzlich *nicht* den Jahresüberschuß, so daß sie auch nicht aufgrund eines Gewinn- oder Teilgewinnabführungsvertrags an das herrschende Unternehmen abgeführt werden können, da die Obergrenze für die Gewinnabführung nach § 301 S.1 der (fiktive berichtigte) Jahresüberschuß (ohne Entnahmen aus Rücklagen) ist.[17]

b) Andere Gewinnrücklagen. Das Gesagte (o. Rdnr.11) gilt ohne Einschränkung nur für die gesetzliche und die satzungsmäßige Rücklage sowie für die Rücklage für eigene Anteile. Hingegen macht § 301 S.2 für die anderen Gewinnrücklagen des § 272 Abs. 3 S.2 HGB eine Ausnahme, vorausgesetzt, daß sie *während* der Dauer des betreffenden Gewinn- oder Teilgewinnabführungsvertrags gebildet worden sind, wogegen vorvertragliche andere Gewinnrücklagen gleichfalls von der Abführung als Gewinn ausgeschlossen sind (u. Rdnr.15). Mit dieser Regelung soll ein Anreiz geschaffen werden, trotz Abschlusses eines Gewinnabführungsvertrages andere Gewinnrücklagen zu bilden und dadurch die Substanz der abhängigen Gesellschaft zu stärken.[18]

§ 301 S.2 regelt nicht die Frage, *ob* bei der abhängigen Gesellschaft andere Gewinnrücklagen zu bilden sind. Diese Frage richtet sich allein nach § 58 Abs. 2 sowie den Abreden der Parteien.[19] Nichts hindert außerdem das herrschende Unternehmen, von Fall zu Fall über den Vertrag hinaus auf die Abführung des Gewinns ganz oder teilweise zu verzichten, so daß dieser dann, wenn er nicht ausgeschüttet wird, als Gewinn vorzutragen oder in andere Gewinnrücklagen einzustellen ist, wobei sich das herrschende Unternehmen außerdem vorbehalten kann, die spätere Abführung dieser Beträge zu verlangen.[20]

Die **Auflösung** der anderen Gewinnrücklagen ist Sache des Vorstandes, der bei Bestehen eines Beherrschungsvertrages hierzu vom herrschenden Unternehmen auch angewiesen werden kann (§ 308 Abs.1).[21] Nach Auflösung sind die fraglichen Beträge in den Jahresüberschuß einzustellen und sodann mit diesem gegebenenfalls an das herrschende Unternehmen abzuführen. Voraussetzung ist aber immer, daß die anderen Gewinnrücklagen gerade während der Dauer des Vertrags gebildet worden sind; vorvertragliche andere Gewinnrücklagen können hingegen nicht abgeführt werden.[22]

c) Gewinnvorträge. Das Gesetz enthält keine Regelung für die Gewinnvorträge des § 158 Abs.1 S.1 Nr.1. Nach allgemeiner Meinung sind sie jedoch ebenso wie die anderen Gewinnrücklagen des § 272 Abs. 3 S.2 HGB zu behandeln, so daß auf sie § 301 S.1 entsprechend anzuwenden ist.[23]

d) Sonstige Rücklagen. Von den anderen Gewinnrücklagen (o. Rdnr.13 ff.) einschließlich der Gewinnvorträge (o. Rdnr.16) sind die übrigen Rücklagen des § 272 HGB zu unterscheiden. Die Kapitalrücklage, die gesetzliche oder die satzungsmäßige Rücklage sowie die Rücklage für eigene Anteile (§ 272 Abs. 2 bis 4 HGB) sind daher ohne Ausnahme von einer Abführung an das herrschende Unternehmen ausgeschlossen, und zwar auch, wenn

---

[16] Ebenso für die Bilanz § 266 Abs. 3 Nr. A III 4 HGB sowie für die Gewinn- und Verlustrechnung § 158 Abs.1 S.1 Nr.4 lit. a bis lit. d AktG; wegen der Einzelheiten s. *Raiser* Kapitalgesellschaften § 17 Rdnr.2; *Sünner* AG 1989, 414.

[17] Ebenso schon ausdrücklich die Begr. zum RegE, bei *Kropff* AktG S.390.

[18] So die Begr. zum RegE (Fn.17).

[19] *Geßler,* Festschrift Meilicke, S. 18 ff.; *ders.* in Geßler/Hefermehl Rdnr.19; *Hüffer* Rdnr.6; *Koppensteiner* in Kölner Kommentar Rdnr.15; *Krieger* Handbuch § 71 Rdnr.18.

[20] S. *Geßler* (Fn 19.).

[21] S. *Koppensteiner* in Kölner Kommentar Rdnr.16.

[22] S.o. Rdnr.13 sowie zB *Sünner* AG 1989, 414, 416.

[23] *Geßler* in Geßler/Hefermehl Rdnr.14 f.; *Hüffer* Rdnr.7; *Koppensteiner* in Kölner Kommentar Rdnr.18; *Krieger* Handbuch § 71 Rdnr.20; *Veit* Unternehmensverträge S.100.

sie erst während des Laufs des Vertrages gebildet worden sind. Werden Rücklagen für eigene Anteile wieder aufgelöst, etwa nach Veräußerung der eigenen Aktien, so müssen die freigewordenen Beträge statt dessen in die satzungsmäßige oder in andere Gewinnrücklagen eingestellt werden.[24]

18 e) **Sonderposten mit Rücklagenanteil.** Für die Sonderposten mit Rücklagenanteil wird überwiegend angenommen, daß ihre Auflösung den Jahresüberschuß beeinflußt, so daß die entsprechenden Beträge mit dem Jahresüberschuß abgeführt werden können.[25] Dafür kann man sich auf § 281 Abs. 2 S. 2 HGB stützen, nach dem Erträge aus der Auflösung des Sonderpostens mit Rücklagenanteil in dem Posten „sonstige betriebliche Erträge" der Gewinn- und Verlustrechnung auszuweisen sind, so daß sie in der Tat in den Jahresüberschuß eingehen (s. § 275 Abs. 2 Nr. 4 und Abs. 3 Nr. 6 HGB). Ebenso zu behandeln sind schließlich, jedenfalls nach Meinung der Finanzverwaltung, die **Zuzahlungen** in das Eigenkapital der Gesellschaft im Sinne des § 272 Abs. 2 Nr. 4 HGB.[26]

19 **6. Stille Rücklagen.** Das Gesetz enthält keine Regelung für die Behandlung der stillen Rücklagen oder Reserven. Namentlich § 301 ist auf sie nicht anwendbar. Daraus wird allgemein der Schluß gezogen, daß selbst vorvertragliche stille Rücklagen während des Bestehens eines Gewinn- oder Teilgewinnabführungsvertrages jederzeit, etwa durch Veräußerung unterbewerteter Grundstücke, aufgelöst und die dabei erzielten außergewöhnlichen Erträge zur Erhöhung des abgeführten Gewinns verwandt werden können.[27] Ein Schutz der außenstehenden Aktionäre hiergegen ist nach geltendem Recht allein durch die angemessene Berücksichtigung der stillen Rücklagen bei der Berechnung von Abfindung und Ausgleich möglich.[28]

§ 302 Verlustübernahme

(1) Besteht ein Beherrschungs- oder ein Gewinnabführungsvertrag, so hat der andere Vertragsteil jeden während der Vertragsdauer sonst entstehenden Jahresfehlbetrag auszugleichen, soweit dieser nicht dadurch ausgeglichen wird, daß den anderen Gewinnrücklagen Beträge entnommen werden, die während der Vertragsdauer in sie eingestellt worden sind.

(2) Hat eine abhängige Gesellschaft den Betrieb ihres Unternehmens dem herrschenden Unternehmen verpachtet oder sonst überlassen, so hat das herrschende Unternehmen jeden während der Vertragsdauer sonst entstehenden Jahresfehlbetrag auszugleichen, soweit die vereinbarte Gegenleistung das angemessene Entgelt nicht erreicht.

(3) Die Gesellschaft kann auf den Anspruch auf Ausgleich erst drei Jahre nach dem Tage, an dem die Eintragung der Beendigung des Vertrags in das Handelsregister nach § 10 des Handelsgesetzbuchs als bekanntgemacht gilt, verzichten oder sich über ihn vergleichen. Dies gilt nicht, wenn der Ausgleichspflichtige zahlungsunfähig ist und sich zur Abwendung oder Beseitigung des Konkursverfahrens mit seinen Gläubigern vergleicht. Der Verzicht oder Vergleich wird nur wirksam, wenn die außenstehenden Aktionäre durch Sonderbeschluß zustimmen und nicht eine Minderheit, deren Anteile zusammen den zehnten Teil des bei der Beschlußfassung vertretenen Grundkapitals erreichen, zur Niederschrift Widerspruch erhebt.

---

[24] *Sünner* AG 1989, 414, 416f.
[25] *Hüffer* Rdnr. 3; *Koppensteiner* in Kölner Kommentar Rdnr. 20; *Krieger* Handbuch § 71 Rdnr. 20.
[26] S. *Hüffer* Rdnr. 8 m. Nachw.
[27] Insbes. BGHZ 135, 374, 378f. = NJW 1997, 2242 = WM 1997, 1288, 1290 = ZIP 1997, 1193 „Guano"; OLG Düsseldorf AG 1990, 490, 493 „DAB/Hansa"; *Hüffer* Rdnr. 4; *Geßler* in Geßler/Hefermehl Rdnr. 20; *Koppensteiner* in Kölner Kommentar Rdnr. 21; *Krieger* Handbuch § 71 Rdnr. 20; *H.P. Müller*, Festschrift Goerdeler, S. 375, 389ff.
[28] *Sonnenschein* ZGR 1981, 429, 441f.; s.u. § 305 Rdnr. 33, 53f.

Verlustübernahme **§ 302**

Schrifttum: Unternehmensrechtskommission Bericht, 1980, Tz. 1340 ff. (S. 688 ff.); *Acher*, Vertragskonzern und Insolvenz, 1987; *M. Albers-Schönberg*, Haftungsverhältnisse im Konzern, 1980; *R. Bork*, Zurechnung im Konzern, ZGR 1994, 237; *Brandes*, Grundsätze der Kapitalerhaltung im Vertragskonzern, Festschrift Kellermann, 1991, S. 25; *Cahn*, Vergleichsverbote im Gesellschaftsrecht, 1996; *Drüke*, Die Haftung der Muttergesellschaft für Schulden der Tochtergesellschaft, 1990; *Emmerich*, Bestandsschutz im GmbH-Vertragskonzern, in Hommelhoff, Entwicklungen im GmbH-Konzernrecht, 1986, S. 64; *Emmerich/Sonnenschein* Konzernrecht § 16 V und VI; *Eschenbruch* Konzernhaftung, 1996, Tz. 3001 ff. (S. 179 ff.); *Exner*, Beherrschungsvertrag und Vertragsfreiheit, 1984; *Filbinger*, Die Schranken der Mehrheitsherrschaft im Aktienrecht und Konzernrecht, 1942; *Handschin*, Der Konzern im geltenden schweizerischen Privatrecht, 1994; *Hengeler*, Probleme der Verschmelzung bei Bestehen eines Organvertrages, (2.) Festschrift Möhring, 1975, S. 197; *ders./Hoffmann-Becking*, Insolvenz im Vertragskonzern, Festschrift Hefermehl, 1976, S. 283; *Hohner*, Beherrschungsvertrag und Verschmelzung, DB 1973, 1487; *Holtermann*, Verbotene Kapitalrückzahlung und verdeckte Gewinnausschüttung durch Dritte im Recht der AG, BB 1988, 1538; *Hommelhoff*, Eigenkapitalersatz im Konzern und in Beteiligungsverhältnissen, WM 1984, 1105; *ders.*, Der Verlustausgleich im Mehrmütter-Vertragskonzern, Festschrift Goerdeler, 1987, S. 221; *Kleindiek*, Strukturvielfalt im Personengesellschafts-Konzern, 1991; *Kort*, Die konzerngebundene GmbH in der Insolvenz, ZIP 1988, 681; *Krieger* Handbuch § 70 B II (S. 803 ff.); *Limmer*, Die Haftungsverfassung des faktischen GmbH-Konzerns, 1992; *Lutter*, Haftungsfragen in der Holding, in ders. (Hrsg.) Holding-Handbuch, 3. Aufl. 1998, S. 248; *ders.*, Haftung aus Konzernvertrauen? Gedächtnisschrift Knobbe-Keuk, 1997, S. 229; *Lwowski/Groeschke*, Die Konzernhaftung der §§ 302, 303 AktG als atypische Sicherheit?, WM 1994, 613; *W. Meister*, Der Ausgleichsanspruch nach § 302 Abs. 1 AktG bei Beherrschungs- und Gewinnabführungsverträgen als Kreditsicherheit, WM 1976, 1182; *Mestmäcker*, Verwaltung, Konzerngewalt und Rechte der Aktionäre, 1958; *H.-P. Müller*, Zur Gewinn- und Verlustermittlung bei aktienrechtlichen Gewinnabführungsverträgen, Festschrift Goerdeler, 1987, S. 375; *Kl. Müller*, Die Haftung der Muttergesellschaft für die Verbindlichkeiten der Tochtergesellschaft im Aktienrecht, ZGR 1977, 1; *Chr. Paulus*, Konzernrecht und Konkursanfechtung, ZIP 1996, 2141; *Peltzer*, Die Haftung der Konzernmutter für die Schulden ihrer Tochter, AG 1975, 309; *A. Pentz*, Die Rechtsstellung der Enkel-AG in einer mehrstufigen Unternehmensverbindung, 1994; *Priester*, Liquiditätsausstattung der abhängigen Gesellschaft und unterjährige Verlustdeckung bei Unternehmensverträgen, ZIP 1989, 1301; *Raiser* Kapitalgesellschaften § 54 IV 3 (S. 614 ff.); *Schanze*, Konzernspezifischer Gläubigerschutz, in Mestmäcker/Behrens, Das Gesellschaftsrecht der Konzerne im internationalen Vergleich, 1991, S. 473; *Hj. Scheel* Konzerninsolvenzrecht, 1995; *K. Schmidt*, Die konzernrechtliche Verlustübernahmepflicht als gesetzliches Dauerschuldverhältnis, ZGR 1983, 513; *ders.*, Zwingend gesamtschuldnerischer Verlustausgleich bei der Mehrmütterorganschaft?, DB 1984, 1181; *ders.*, Insolvenzrisiko und gesellschaftsrechtliche Haftung, JZ 1985, 301; *U. Schneider*, Das Recht der Konzernfinanzierung, ZGR 1984, 497; *J. Sonnenschein*, Organschaft und Konzerngesellschaftsrecht, 1976, S. 330 ff.; *ders.*, Der aktienrechtliche Vertragskonzern im Unternehmensrecht, ZGR 1981, 429; *Stimpel*, Bemerkungen zur BGH-Rechtsprechung zum Gläubigerschutz, in Hommelhoff, Entwicklungen im GmbH-Konzernrecht, 1986, S. 39; *Teubner*, Die „Politik des Gesetzes" im Recht der Konzernhaftung, Festschrift Steindorff, 1990, S. 261; *P. Ulmer*, Verlustübernahmepflicht des herrschenden Unternehmens als konzernspezifischer Kapitalerhaltungsschutz, AG 1986, 123; *Veit*, Unternehmensverträge und Eingliederung als aktienrechtliche Instrumente der Unternehmensverbindung, 1974, S. 102 ff.; *Wiechmann*, Verlustausgleich bei Mehrmütterorganschaft, DB 1985, 2031; *H. Wiedemann*, Die Unternehmensgruppe im Privatrecht, 1988; *H. Wilhelm*, Die Beendigung des Beherrschungs- und Gewinnabführungsvertrages, 1976; *J. Wilhelm*, Rechtsform und Haftung bei der juristischen Person, 1981.

Übersicht

	Rdnr.		Rdnr.
I. Einleitung	1–7	V. Verlustübernahmepflicht im Vertragskonzern (§ 302 Abs. 1)	27–44
II. Überblick über die Konzernhaftung außerhalb des § 302	8–15	1. Jahresfehlbetrag	28–31
1. Rechtsgeschäft	9–13	a) Begriff	28
a) Patronatserklärungen	10, 11	b) Höhe	29, 30
b) Liquiditätszusage	12	c) Verlustvorträge	31
c) Organschaftserklärungen	13	2. Ausgleich des Jahresfehlbetrags durch Entnahmen aus anderen Gewinnrücklagen	32–36
2. Gesetz	14, 15	a) Begriff	32, 33
III. Grundgedanke des § 302	16, 17	b) Andere Rücklagen	34, 35
IV. Anwendungsbereich	18–26	c) Zuständigkeit	36
1. § 302 Abs. 1	18–20	3. Dauer	37–39
a) Beherrschungs- und Gewinnabführungsverträge	18, 19	a) Beginn	37
b) Geschäftsführungsverträge	20	b) Ende	38
2. § 302 Abs. 2	21–24	c) Abwicklungsverluste	39
3. Gewinngemeinschaft und Teilgewinnabführungsvertrag	25	4. Entstehung und Fälligkeit des Anspruchs	40
4. Entsprechende Anwendung	26	5. Abschlagzahlungen	41
		6. Verjährung	42

	7. Geltendmachung	43, 44	VII.	Verzicht und Vergleich (§ 302 Abs. 3)	49–52
	a) Vorstand	43		1. Sperrfrist	49, 50
	b) Aktionäre und Gläubiger	44		2. Ausnahme	51
VI.	Verlustübernahme bei Betriebspacht- und Betriebsüberlassungsverträgen (§ 302 Abs. 2)	45–48		3. Sonderbeschluß der außenstehenden Aktionäre	52, 53
	1. Voraussetzungen	45, 46			
	2. Rechtsfolgen	47, 48			

I. Einleitung

1 § 302 Abs. 1 begründet eine mittelbare Haftung des herrschenden Unternehmens für die Verbindlichkeiten der abhängigen Gesellschaft bei Bestehen eines Beherrschungs- oder eines Gewinnabführungsvertrages mit einer deutschen AG oder KGaA. Grundlage ist die Verpflichtung des herrschenden Unternehmens (des anderen Vertragsteils) zum Ausgleich jedes während der Vertragsdauer sonst, dh. ohne § 302 Abs. 1 entstehenden Jahresfehlbetrags, vorausgesetzt, daß dieser nicht dadurch ausgeglichen wird, daß den anderen Gewinnrücklagen des § 272 Abs. 3 S. 2 HGB Beträge entnommen werden, die während der Vertragsdauer in sie eingestellt worden sind. Durch das Einführungsgesetz zur Insolvenzordnung vom 5. Oktober 1994[1] wird § 302 mit Wirkung vom 1. Januar 1999 an durch Änderung des § 302 Abs. 3 S. 2 der neuen Insolvenzordnung angepaßt. Die Vorschrift lautet dann wie folgt:

„Dies gilt nicht, wenn der Ausgleichspflichtige zahlungsunfähig ist und sich zur Abwendung des Insolvenzverfahrens mit seinen Gläubigern vergleicht oder wenn die Ersatzpflicht in einem Insolvenzplan geregelt wird."

Außerdem werden in § 302 Abs. 2 die Worte „des Konkurses" durch die Worte „des Insolvenzverfahrens" ersetzt.

2 § 302 Abs. 1 stellt die wichtigste Sicherung der abhängigen Gesellschaft, ihrer Aktionäre und ihrer Gläubiger während des Bestehens eines Beherrschungs- oder Gewinnabführungsvertrages dar, die an praktischer Bedeutung vor allem die §§ 300 und 301 weit überragt. Dies erklärt zugleich die wachsende Tendenz zur entsprechenden Anwendung des § 302 in anderen Fallgestaltungen (u. Rdnr. 26).

3 Durch § 302 Abs. 2 wird die Verpflichtung zum Verlustausgleich unter bestimmten Voraussetzungen auf Betriebspacht- oder Betriebsüberlassungsverträge im Sinne des § 292 Abs. 1 Nr. 3 erstreckt. Anders als § 302 Abs. 1 ist diese Vorschrift jedoch ohne praktische Bedeutung geblieben. Abs. 3 der Vorschrift zieht schließlich nach dem Vorbild anderer vergleichbarer Bestimmungen (s. besonders § 93 Abs. 4 S. 3 bis 4 und § 116) dem Verzicht der abhängigen Gesellschaft auf den Ausgleichsanspruch sowie einem Vergleich über ihn zum Schutze der abhängigen Gesellschaft enge Grenzen.

4 § 302 Abs. 1 und 2 begründet lediglich eine sogenannte *Innenhaftung* des herrschenden Unternehmens gegenüber der abhängigen Gesellschaft;[2] unmittelbare Ansprüche der Gläubiger der abhängigen Gesellschaft gegen das herrschende Unternehmen sind dem Gesetz fremd. Die Gläubiger haben nur die Möglichkeit, in den Ausgleichsanspruch der abhängigen Gesellschaft zu vollstrecken und sodann gegen das herrschende Unternehmen vorzugehen (u. Rdnr. 44). Außerdem billigt ihnen das Gesetz noch in § 303 nach Beendigung eines Beherrschungs- oder Gewinnabführungsvertrages einen Anspruch auf Sicherheitsleistung gegen das herrschende Unternehmen zu, der sich unter bestimmten Voraussetzungen ebenfalls in einen unmittelbaren Zahlungsanspruch verwandeln kann.[3]

---

[1] BGBl. 1994 I, S. 2911, 2931.
[2] Z.B. *Hüffer* Rdnr. 4.
[3] S. u. § 303 Rdnr. 22 ff.

Aus der geschilderten Regelung der Haftung im Vertragskonzern folgt ebenso wie namentlich aus § 322, daß eine generelle Einstandspflicht von Konzernunternehmen für die Verbindlichkeiten anderer Konzernunternehmen (Konzernhaftung) dem deutschen Recht grundsätzlich fremd ist. Dieses wird vielmehr von dem sogenannten **Trennungsprinzip** beherrscht, nach dem selbst im Vertragskonzern für die Verbindlichkeit der einzelnen Konzernglieder grundsätzlich nur diese, nicht hingegen die anderen Konzernunternehmen einschließlich der Muttergesellschaft haften.[4] Ebenso ist die Rechtslage in unseren Nachbarländern.[5]

Die unmittelbare Inanspruchnahme namentlich der Muttergesellschaft für Verbindlichkeiten einer Tochtergesellschaft ist infolgedessen in jedem Fall die besonders zu begründende **Ausnahme.** Eine Konzernhaftung kommt grundsätzlich nur aufgrund besonderer gesetzlicher Anordnung (s. insbesondere § 322) oder aufgrund entsprechender Abreden der Parteien (u. Rdnr. 9 ff.) sowie dann noch in Betracht, wenn ausnahmsweise die engen Voraussetzungen erfüllt sind, unter denen auch sonst ein Haftungsdurchgriff bei juristischen Personen auf die hinter ihnen stehenden Gesellschafter zugelassen wird, in erster Linie also in Mißbrauchsfällen sowie bei Vermögensvermischung.[6]

Im folgenden ist zunächst ein kurzer Überblick über die wichtigsten Fälle der Konzernhaftung jenseits der §§ 302, 303 und 322 zu geben, weil bei Beschränkung des Blickfeldes auf § 302 ein unvollständiges Bild entstände. Die allgemeine Durchgriffshaftung wird dabei ausgeklammert, weil sie keinen spezifisch konzernrechtlichen Bezug aufweist.[7] Erst im Anschluß hieran ist im einzelnen auf § 302 einzugehen.

II. Überblick über die Konzernhaftung außerhalb des § 302

Eine Haftung des herrschenden Unternehmens in einem Konzern für die Verbindlichkeiten der einzelnen Konzerngesellschaften kann sich von Fall zu Fall aus Gesetz oder Vertrag ergeben. Während auf rechtsgeschäftlichem Wege die Einbeziehung anderer Konzernunternehmen in den Haftungsverbund jederzeit möglich ist (u. Rdnr. 9 ff.), bildet eine gesetzliche Erstreckung der Haftung für die Verbindlichkeiten von Konzerngesellschaften auf das herrschende Unternehmen oder auf Schwestergesellschaften nach wie vor die Ausnahme (u. Rdnr. 14 f.).

1. Rechtsgeschäft. Auf rechtsgeschäftlichem Wege ist die Einbeziehung anderer Konzernunternehmen in den Haftungsverbund jederzeit möglich.[8] Als Mittel hierzu kommen neben der Bürgschaft (§ 765 BGB), dem Schuldbeitritt und der Garantie (§ 305 BGB)[9] vor allem noch Liquiditätszusagen, Patronatserklärungen und Organschaftserklärungen in Betracht.

---

[4] So insbes. BGHZ 81, 311, 317 = NJW 1982, 383 „Sonnenring"; BGH NJW 1979, 1823, 1828 „Herrstadt"; BAG AP GmbHG § 13 Nr. 2 = AG 1979, 108; AP BetrAVG § 7 – Widerruf Nr. 7 = AG 1994, 371, 372; OLG Köln AG 1978, 17, 18; LG Frankfurt AG 1977, 321; BSGE 75, 82, 87 ff. = AG 1995, 279 = NJW-RR 1995, 730; s. *R. Bork* ZGR 1994, 237, 250 ff.; *Drüke,* Haftung der Muttergesellschaft; *Emmerich* in Hommelhoff Entwicklungen S. 64, 85 ff.; *Emmerich/Sonnenschein* § 16 V 1; *Lutter* Holding-Handbuch Tz. F 1 ff. (S. 229 ff.); *Paschke* AG 1988, 196, 199 f.

[5] S. für Österreich OGH SZ Bd. 54 (1981) Nr. 94 S. 452 = JBl. 1982, 257; SZ Bd. 56 (1983) Nr. 101 S. 450, 454 = GesRZ 1983, 156; OGH GesRZ 1973, 82, 83, sowie für die Schweiz *Handschin,* Der Konzern, §§ 28 ff. (S. 283 ff.); *Schanze* in Mestmäcker/Behrens, Das Gesellschaftsrecht der Konzerne, S. 473; *Schluep,* Festschrift Mayer-Hayoz, 1982, S. 345, 359 f.

[6] BGH LM GmbHG § 13 Nr. 11 = NJW 1979, 2104; BSGE 75, 82, 84 ff. = AG 1995, 279; OLG Karlsruhe GmbHR 1990, 303; *Handschin,* Der Konzern, S. 311 ff.; *Lutter* ZGR 1982, 244, 247 f.; *ders.* Holding-Handbuch Tz. F 64 ff. (S. 279 ff.); *K. Schmidt* BB 1985, 2074; *U. Schneider* BB 1981, 249, 254 f.; *Wiedemann* Unternehmensgruppe S. 18 ff.; *J. Wilhelm* Rechtsform S. 285 ff.; kritisch *Teubner,* Festschrift Steindorff, S. 261, 265 ff.

[7] Wegen der Einzelheiten s. *Emmerich* in Scholz GmbHG § 13 Rdnr. 55 bis 97.

[8] S. dazu *Emmerich/Sonnenschein* § 16 V 2; *Habersack* ZIP 1996, 257; *Handschin,* Der Konzern, S. 284 ff.; *Michalski* WM 1994, 1229; *Lutter* Holding-Handbuch Tz. F 19 ff. (S. 234 ff.); *Kl. Müller* ZGR 1977, 1; *Peltzer* AG 1975, 309; *Rümker* WM 1974, 990; *Schaffland* BB 1977, 1021.

[9] Zur Garantie s. SchweizBGE 120 (1994) II, 331, 334 = AG 1996, 44 „Wibru-Holding/Swissair".

10 **a) Patronatserklärungen.** Als Patronatserklärungen bezeichnet man Erklärungen der Muttergesellschaft eines Konzerns, durch die sie verspricht, für die Erfüllung der Verbindlichkeiten eines Konzernunternehmens zu sorgen. Das rechtliche Gewicht solcher Erklärungen reicht je nach ihrer Formulierung von rechtsgeschäftlichen Garantieerklärungen bis zu bloßen unverbindlichen Absichtserklärungen. Im einzelnen unterscheidet man dementsprechend vor allem harte und weiche Patronatserklärungen.

11 *Harte* Patronatserklärungen sind der Sache nach Garantieverträge, so daß sie eine Einstandspflicht des herrschenden Unternehmens für die Verbindlichkeiten einer Tochtergesellschaft begründen (§ 305 BGB). *Weiche* Patronatserklärungen stellen hingegen nichts anderes als unverbindliche Absichtserklärungen des herrschenden Unternehmens zur Ausstattung der Tochtergesellschaft mit der erforderlichen Liquidität dar. Was im Einzelfall vorliegt, ist eine Frage der Auslegung der Parteierklärungen.[10]

12 **b) Liquiditätszusage.** Unter einer Liquiditätszusage versteht man die rechtlich bindende Erklärung der Muttergesellschaft gegenüber einer Tochtergesellschaft, sie in jedem Fall mit den Mitteln auszustatten, die eine vollständige Befriedigung aller Gläubiger erlauben.[11] In die sich aus solchen Erklärungen der Mutter ergebenden Ansprüche der Tochtergesellschaft können deren Gläubiger dann notfalls vollstrecken, so daß sich die Wirkungen einer Liquiditätszusage weitgehend mit denen des § 302 decken.

13 **c) Organschaftserklärungen.** Organschaftserklärungen haben im Gegensatz zu Patronatserklärungen (o. Rdnr. 10) ausnahmslos rechtsgeschäftlichen Charakter. Ihre Aufgabe ist es, die Adressaten der Erklärung dagegen zu sichern, daß die Muttergesellschaft Maßnahmen ergreift, durch die der Verlustausgleichsanspruch der Tochtergesellschaft aufgrund des § 302 beeinträchtigt werden könnte. Dadurch soll vor allem die Verwertbarkeit des Anspruchs der abhängigen Gesellschaft auf Verlustausgleich nach § 302 als Kreditsicherheit verbessert werden.[12]

14 **2. Gesetz.** Ein gesetzlicher Haftungsdurchgriff auf das herrschende Unternehmen kommt nur unter besonderen zusätzlichen Voraussetzungen in Betracht (o. Rdnr. 6, 8). In erster Linie ist hier natürlich an die §§ 302 und 322 zu denken. Aber auch jenseits des Anwendungsbereichs dieser beiden Vorschriften werden in zunehmendem Maße Rechtsinstitute entwickelt, die in der einen oder anderen Form einen „Durchgriff" der Gläubiger von Konzernunternehmen auf die Muttergesellschaft erlauben.[13] Das Spektrum möglicher Fallgestaltungen reicht von besonderen produzenten- und umwelthaftungsrechtlichen Tatbeständen[14] über die allgemeine Durchgriffshaftung bis hin zur Umqualifizierung von Darlehen der Muttergesellschaft an Tochtergesellschaften zu Gesellschafterdarlehen mit den entsprechenden haftungsrechtlichen Konsequenzen (s. §§ 32 a und 32 b GmbHG).[15]

15 Als weiterer Gesichtspunkt, der zumindest in bestimmten Fallgestaltungen einen Haftungsdurchgriff im Konzern auf das herrschende Unternehmen gestattet, hat das Schweizerische Bundesgericht[16] neuerdings den Gedanken einer **Konzernvertrauenshaftung** in

---

[10] S. BGHZ 117, 127, 130, 132 ff. = NJW 1992, 2093 = AG 1992, 447; OGH SZ Bd. 58 (1985) Nr. 127, S. 606, 609 ff. = JBl. 1986, 173 „Eumig"; OLG Düsseldorf NJW-RR 1989, 1116 = WM 1989, 1642; OLG Karlsruhe WM 1992, 2088 = AG 1993, 89; *Raiser* Kapitalgesellschaften § 54 Rdnr. 37.
[11] *Lutter* Holding-Handbuch Tz. F 20 (S. 255 f.).
[12] S. *Gerth* AG 1984, 94; *ders.*, Atypische Kreditsicherheiten, 2. Aufl. 1980; *Stützle* in U. Schneider (Hrsg), Beherrschungs- und Gewinnabführungsverträge in der Praxis der GmbH, 1989, S. 81, 86 ff.
[13] Übersicht bei *Emmerich* in Hommelhoff, Entwicklungen im GmbH-Konzernrecht, 1986, S. 64, 83 ff.; *Lutter* Holding-Handbuch Tz. F 13 ff. (S. 254 ff.).

[14] S. dazu *Oehler* ZIP 1990, 1445, 1450 ff.; *K. Schmidt* in Umweltschutz und technische Sicherheit im Unternehmen, Umwelt- und Technikrecht Bd. 26, 1993, S. 69, 80 ff.; *H. P. Westermann* ZHR 155 (1991), 223.
[15] Dazu zB *Jula/Breitbarth* AG 1997, 256; *R. Eichholz*, Das Recht der konzerninternen Darlehen, 1993; *U. Kühbacher*, Darlehen an Konzernunternehmen, Besicherung und Vertragsanpassung, 1993; *Lutter* Holding-Handbuch Tz. F 32 ff. (S. 263 ff.); *U. Wilken*, Kapitalsetzende Nutzungsüberlassungen im internationalen Unterordnungskonzern, 1993.
[16] BGE 120 (1994), II 331, 335 ff. = AG 1996, 44, 45 „Wibru-Holding/Swissair"; dagegen *Lutter*, Gedächtnisschrift Knobbe-Keuk, S. 229.

die Diskussion eingeführt. Die Muttergesellschaft eines Konzerns, die durch ihr Verhalten ein berechtigtes Vertrauen der Gläubiger einer Tochtergesellschaft in ihre „Konzernverantwortung" erweckt, soll hiernach, wenn sie später in treuwidriger Weise dieses Vertrauen enttäuscht, den Gläubigern der Tochtergesellschaft entsprechend den Grundgedanken über die Haftung aus c.i.c. zum Schadensersatz verpflichtet sein (§§ 249, 276 BGB). Ob sich entsprechende Gedanken in Deutschland durchsetzen werden, bleibt abzuwarten.

III. Grundgedanke des § 302

Nach § 302 Abs.1 ist das herrschende Unternehmen bei Bestehen eines Beherrschungs- oder Gewinnabführungsvertrages grundsätzlich verpflichtet, jeden während der Vertragsdauer bei der abhängigen Gesellschaft entstehenden Jahresfehlbetrag auszugleichen. Der innere Grund dieser Regelung ist bis heute umstritten geblieben. Die Frage hat nicht nur theoretische Bedeutung, sondern entscheidet letztlich über die Analogiefähigkeit des § 302 Abs.1 in anderen Fallgestaltungen.

Überwiegend wird in der Pflicht zur Verlustübernahme der Ausgleich für die weitgehenden Eingriffsrechte gesehen, die Gewinnabführungs- und Beherrschungsverträge dem herrschenden Unternehmen eröffnen.[17] Wichtiger dürfte indessen ein anderer Gedanke sein: Für Vertragskonzerne ist ebenso wie für Eingliederungskonzerne das Versagen des gesetzlichen Systems der Kapitalerhaltung kennzeichnend (s. §§ 291 Abs.3, 323 Abs.2). Die strikte Beachtung der Kapitalerhaltungsvorschriften ist jedoch die Voraussetzung für die Anerkennung der Haftungsbeschränkung bei juristischen Personen. Wo dies wie im Eingliederungs- und im Vertragskonzern für den Regelfall nicht mehr gewährleistet ist, ist auch kein Raum mehr für eine Beschränkung der Haftung auf das Vermögen der abhängigen juristischen Person. Die gesetzlichen Folgerungen hieraus ziehen – mit unterschiedlicher Akzentsetzung – die §§ 302, 303, 321 und 322 für den Vertrags- und den Eingliederungskonzern.[18] Dieser Gedanke läßt sich aber offenkundig auch in anderen Fallgestaltungen fruchtbar machen, worauf letztlich die wachsende Tendenz zur entsprechenden Anwendung des § 302 in vergleichbaren Situationen beruht.[19]

IV. Anwendungsbereich

1. § 302 Abs.1. a) Beherrschungs- und Gewinnabführungsverträge. § 302 Abs.1 findet seinem Wortlaut nach unmittelbar nur auf Beherrschungs- und Gewinnabführungsverträge im Sinne des § 291 Abs.1 S.1 mit einer abhängigen deutschen AG oder KGaA Anwendung. Die Rechtsform und die Nationalität des herrschenden Unternehmens spielen hingegen keine Rolle, so daß die Pflicht zur Verlustübernahme gegebenenfalls auch ein ausländisches Unternehmen oder die öffentliche Hand treffen kann.[20]

Handelt es sich bei der abhängigen Gesellschaft um ein *Gemeinschaftsunternehmen,* das in vertraglichen Beziehungen zu mehreren Muttergesellschaften steht, so führt § 302 Abs.1 zu einer gesamtschuldnerischen Haftung der Muttergesellschaften für den Ausgleich eines

---

[17] So die Begründung zum RegE, bei *Kropff* AktG S.391; BGHZ 116, 37, 41f. = NJW 1992, 505 = LM AktG § 302 Nr.5 = AG 1992, 83 „Stromlieferungen/Hansa-Feuerfest"; *Drüke,* Haftung der Muttergesellschaft, S.175ff.; *Hommelhoff,* Festschrift Goerdeler, S.221, 226ff.; *Koppensteiner* in Kölner Kommentar Rdnr.4; *ders.* in P.Ulmer (Hrsg.), Probleme des Konzernrechts, S.87, 94ff.; *Limmer* Haftungsverfassung S.295ff.; *Sonnenschein* Organschaft S.331; *W.Müller,* Festschrift Roweder, 1994, S.277, 279ff.; s. dazu *Zöllner* in 59. DJT 1992, S. R 35, 42ff.

[18] BGHZ 103, 1, 10 = NJW 1988, 1326 „Familienheim"; BGHZ 107, 7, 18 = NJW 1989, 1800 = AG 1989, 243 „Tiefbau"; BGHZ 115, 187, 197 = LM AktG § 302 Nr.4 = NJW 1991, 3142 = AG 1991, 429 „Video"; *Hüffer* Rdnr.3; *Kleindiek* Strukturvielfalt S.141ff.; *Mestmäcker* Verwaltung S.366ff.; *Raiser* Kapitalgesellschaften § 54 Rdnr.39; *K.Schmidt* in Konzernrechtstage S.109, 115ff.; *Sonnenschein/Holdorf* JZ 1992, 715, 718ff.; *Stimpel,* Festschrift Goerdeler, S.601, 614ff., 620; *ders.* ZGR 1991, 144, 151ff.; *P.Ulmer* NJW 1986, 1579; *ders.* AG 1986, 123; dagegen zB *B.Basten* GmbHR 1990, 442, 445ff.; *Koppensteiner* (Fn.17).

[19] S.u. Rdnr.25, kritisch *Kübler,* Festschrift Heinsius, 1991, S.397.

[20] S.o. § 15 Rdnr.24; *Koppensteiner* in Kölner Kommentar Rdnr.24.

etwaigen Jahresfehlbetrags ihrer gemeinsamen Tochter; eine bloße pro-rata – Haftung der Mütter je entsprechend ihrer Beteiligung an der gemeinsamen Tochter ist zum Schutz der Gläubiger abzulehnen.[21] Auf mehrstufige Unternehmensverbindungen lassen sich diese Überlegungen freilich nicht übertragen; hier bleibt alleiniger Schuldner des Verlustausgleichs der jeweilige Vertragspartner.[22]

20 b) **Geschäftsführungsverträge.** Durch § 291 Abs. 1 S. 2 werden an sich Geschäftsführungsverträge den Gewinnabführungsverträgen gleichgestellt. Dennoch soll nach überwiegender Meinung § 302 Abs. 1 auf diese Verträge keine Anwendung finden. Dies wird damit begründet, daß hier das herrschende Unternehmen bereits aufgrund des Vertrages zum Ausgleich aller Aufwendungen der abhängigen Gesellschaft verpflichtet sei (§ 670 BGB),[23] so daß für § 302 daneben kein eigener Anwendungsbereich mehr verbleibe. Diese Annahme ist indessen nicht zwingend, weil auch bei den Geschäftsführungsverträgen ein etwaiger Jahresfehlbetrag zunächst in einer Vorbilanz ermittelt werden muß,[24] woran dann § 302 Abs. 2 ohne weiteres anknüpfen könnte.

21 **2. § 302 Abs. 2.** Das Gesetz ordnet in § 302 Abs. 2 unter engen Voraussetzungen auch bei Betriebspacht- und Betriebsüberlassungsverträgen im Sinne des § 292 Abs. 1 Nr. 3 eine Verlustübernahmepflicht des herrschenden Unternehmens an. Für die beteiligten Gesellschaften gilt dabei dasselbe wie bei § 302 Abs. 1 (s. o. Rdnr. 18). Hinzu kommen muß hier aber, daß die überlassende AG oder KGaA von dem anderen Vertragsteil, dem herrschenden Unternehmen, *abhängig* im Sinne des § 17 ist *und* daß die von dem anderen Vertragsteil gezahlte Gegenleistung kein angemessenes Entgelt darstellt (dazu u. Rdnr. 45 f.).

22 Hintergrund der eigenartigen gesetzlichen Regelung ist die (naheliegende) Befürchtung der Gesetzesverfasser, daß unter den genannten Voraussetzungen (o. Rdnr. 21) keine Gewähr mehr für ein ausgewogenes Verhältnis von Leistung und Gegenleistung bestehe.[25] Daraus wird allgemein der Schluß gezogen, daß die Abhängigkeit der überlassenden Gesellschaft bereits im Augenblick des Vertragsabschlusses vorgelegen haben müsse.[26] Eine spätere Abhängigkeit führt hingegen nicht mehr zur Anwendung des § 302 Abs. 2.

23 Die gesetzliche Regelung ist prinzipiell *verfehlt* und daher auch ohne jede praktische Bedeutung. Denn nach der Grundkonzeption des Gesetzes sind Betriebspacht- und Betriebsüberlassungsverträge normale Austauschverträge, bei denen es zu der von § 302 Abs. 2 ins Auge gefaßten Situation eigentlich gar nicht kommen darf. Geschieht dies doch, so greifen ohnehin bereits die §§ 243 Abs. 2 und 293 Abs. 2 sowie die §§ 311 und 317 ein, die allemal weiter gehen als § 302 Abs. 2.[27]

24 Ist der Betriebspacht- oder Betriebsüberlassungsvertrag mit einem Beherrschungs- oder Gewinnabführungsvertrag verbunden, so gilt allein § 302 Abs. 1.[28] § 302 Abs. 2 findet außerdem keine Anwendung, wenn der Vertrag nicht mit dem herrschenden Unternehmen, sondern mit einer Schwestergesellschaft desselben Konzerns abgeschlossen wird.[29] Schließlich kann die Vorschrift auch nicht auf die **Betriebsführungsverträge** entsprechend angewandt werden, weil bei diesen die überlassende Gesellschaft nicht eine möglicherweise unangemessene Gegenleistung erhält, sondern ihrerseits zur Zahlung eines Entgelts an den anderen Teil verpflichtet ist.[30]

---

[21] S. o. § 17 Rdnr. 25; *Emmerich/Sonnenschein* § 16 VI 6; *Exner* Beherrschungsvertrag S. 285 ff.; *Hommelhoff,* Festschrift Goerdeler, S. 221 ff.; *Hüffer* Rdnr. 21; *Raiser* Kapitalgesellschaften § 54 Rdnr. 42; *Krieger* Handbuch § 70 Rdnr. 35; *Koppensteiner* in Kölner Kommentar Rdnr. 24; *Wiechmann* DB 1985, 2031; anders insbes. *K. Schmidt* DB 1984, 1181; *ders.* Gesellschaftsrecht § 31 III 2 d.
[22] *Hüffner* Rdnr. 21; *Pentz* Rechtsstellung S. 51 f.
[23] S. o. § 291 Rdnr. 59.
[24] S. o. § 291 Rdnr. 58.
[25] S. die Begr. zum RegE, bei *Kropff* AktG S. 391.
[26] *Hüffer* Rdnr. 23; *Koppensteiner* in Kölner Kommentar Rdnr. 30.
[27] S. o. § 292 Rdnr. 38 ff.
[28] *Geßler* in Geßler/Hefermehl Rdnr. 29; *Koppensteiner* in Kölner Kommentar Rdnr. 31.
[29] *Koppensteiner* in Kölner Kommentar Rdnr. 31; anders ohne Begründung *Geßler* in Geßler/Hefermehl Rdnr. 31.
[30] S. o. § 292 Rdnr. 42 ff.; *Hüffer* Rdnr. 22; *Koppensteiner* in Kölner Kommentar Rdnr. 31.

3. Gewinngemeinschaft und Teilgewinnabführungsvertrag. Auf die Unternehmens- 25
verträge des § 292 Abs. 1 Nrn. 1 und 2 ist weder Abs. 1 noch Abs. 2 des § 302 anwendbar.[31]
Dies ist nur problematisch, wenn ein Teilgewinnabführungsvertrag nahezu den gesamten
Gewinn der abhängigen Gesellschaft umfaßt, so daß jedenfalls in offenkundigen Umgehungsfällen an eine entsprechende Anwendung des § 302 Abs. 1 zu denken ist.[32] Im übrigen ist daran zu erinnern, daß Teilgewinnabführungsverträge grundsätzlich nur bei Vereinbarung einer angemessenen Gegenleistung zulässig sind.[33]

4. Entsprechende Anwendung. Die erhebliche praktische Bedeutung des § 302 beruht 26
nicht zuletzt darauf, daß er gemäß seinem Grundgedanken (o. Rdnr. 17) heute in wachsendem Maße in weiteren Fallgestaltungen entsprechende Anwendung findet. Nahezu unstreitig ist dies mittlerweile für Beherrschungs- und Gewinnabführungsverträge mit Gesellschaften anderer Rechtsform, namentlich also für derartige Verträge mit einer GmbH, mit
Personengesellschaften oder mit Genossenschaften.[34] Außerdem setzt sich immer mehr
die Auffassung durch, daß § 302 Abs. 1 mit Rücksicht auf seinen Grundgedanken auch in
qualifizierten faktischen Konzernen anzuwenden ist, weil hier im Regelfall die besonderen
Schutzvorkehrungen für die abhängige Gesellschaft aufgrund der §§ 311 und 317 versagen,
so daß der notwendige Ausgleich nur durch die entsprechende Anwendung des § 302
Abs. 1 (und des § 303) geschaffen werden kann.[35]

V. Verlustübernahmepflicht im Vertragskonzern
(§ 302 Abs. 1)

Nach § 302 Abs. 1 muß der andere Vertragsteil bei Abschluß eines Beherrschungs- oder 27
Gewinnabführungsvertrages jeden während der Vertragsdauer sonst entstehenden Jahresfehlbetrag ausgleichen, soweit dieser nicht durch Entnahmen aus anderen Gewinnrücklagen gedeckt werden kann, die während der Vertragsdauer gebildet wurden. Als erstes bedarf hier der Klärung, was das Gesetz in § 302 Abs. 1 mit dem „während der Vertragsdauer
sonst entstehenden Jahresfehlbetrag" meint, auf den sich die Ausgleichspflicht des herrschenden Unternehmens beschränkt.

1. Jahresfehlbetrag. a) Begriff. Mit der ungenauen Bezeichnung „sonst entstehender 28
Jahresfehlbetrag" meint das Gesetz in § 302 Abs. 1 den (fiktiven) Jahresfehlbetrag, der entstände, wenn es nicht die gesetzliche Verlustübernahmepflicht des herrschenden Unternehmens nach § 302 Abs. 1 gäbe. Der „sonst", dh. ohne § 302 Abs. 1 entstehende Jahresfehlbetrag ist mithin das Pendant zu dem fiktiven Jahresüberschuß, auf den das Gesetz in
§ 300 Nr. 1 und in § 301 S. 1 abstellt, dh. – genauer – der Betrag, der in der Gewinn- und
Verlustrechnung nach § 275 Abs. 2 Nr. 20 oder Abs. 3 Nr. 19 HGB ohne § 302 auszuweisen
wäre und der deshalb in einer *Vorbilanz* ermittelt werden muß.[36] In der endgültigen Ge-
winn- und Verlustrechnung sind die Erträge aus der Verlustübernahme sodann nach § 277
Abs. 3 S. 2 HGB gesondert unter entsprechender Bezeichnung *vor* den genannten Bilanzpositionen auszuweisen, so daß die abhängige Gesellschaft in jedem Fall (mindestens) mit
einem ausgeglichenen Ergebnis abschließt.[37]

b) Höhe. Der Höhe nach richtet sich die Ausgleichspflicht des herrschenden Unterneh- 29
mens nach der ordnungsgemäß aufgestellten Bilanz der abhängigen Gesellschaft.[38] Das

---

[31] ZB *Geßler* in Geßler/Hefermehl Rdnr. 7 f.
[32] S. o. § 292 Rdnr. 17.
[33] S. im einzelnen o. § 292 Rdnr. 20 f.
[34] S. im einzelnen *Emmerich/Sonnenschein* §§ 25 III 3, 27 III 6 und 29 IV; *Scholz/Emmerich* GmbHG § 44 Anh. Rdnr. 311 f., 334.
[35] Wegen der Einzelheiten s. u. die Vorbem. zu § 311 sowie zB *Emmerich/Sonnenschein* §§ 20 a III, 24 a I.
[36] S. schon o. § 300 Rdnr. 11, § 301 Rdnr. 8 sowie *Emmerich/Sonnenschein* § 16 VI 2 a; *Eschenbruch* Konzernhaftung Tz. 3016 (S. 185); *Hüffer* Rdnr. 11; *Koppensteiner* in Kölner Kommentar Rdnr. 9; *Krieger* Handbuch § 70 Rdnr. 30; *Limmer* Haftungsverfassung S. 328 ff.; *Lwowski/Groeschke* WM 1994, 613, 614; *Raiser* Kapitalgesellschaften § 54 Rdnr. 40; *Sonnenschein* Organschaft S. 331.
[37] S. *Hüffer* Rdnr. 11; *Koppensteiner* in Kölner Kommentar Rdnr. 10.
[38] LG Hamburg ZIP 1985, 805, 806; *Emmerich/Sonnenschein* § 16 VI 2 a; *Emmerich* in Hommelhoff Entwicklungen S. 64, 81 f.; *Meister* WM 1976, 1182,

herrschende Unternehmen kann zwar auf die Bilanzaufstellung durch die abhängige Gesellschaft vielfältig Einfluß nehmen und dadurch den Umfang der zu übernehmenden Verluste manipulieren.[39] Geradezu unrichtige Bilanzen können den Anspruch auf Verlustausgleich jedoch nicht verringern.[40] Ergibt sich der Fehlbetrag zB erst durch die Vornahme notwendiger Rückstellungen für ungewisse Verbindlichkeiten, so muß dieser Verlust ebenfalls von dem herrschenden Unternehmen übernommen werden.[41]

30 Die **Ursache** des Fehlbetrages spielt keine Rolle. Das herrschende Unternehmen kann sich daher der Verlustausgleichspflicht nicht durch den Nachweis entziehen, die Verluste seien nicht von ihm im Konzerninteresse verursacht worden; soweit § 302 (unmittelbar oder entsprechend) anwendbar ist, muß das herrschende Unternehmen vielmehr das volle Unternehmensrisiko der abhängigen Gesellschaft tragen.[42]

31 **c) Verlustvorträge.** Verlustvorträge aus der Zeit **vor** Abschluß des Vertrags braucht das herrschende Unternehmen nach § 302 Abs. 1 nicht zu übernehmen, da die Ausgleichspflicht ausdrücklich auf einen „während der Vertragsdauer" sonst entstehenden Jahresfehlbetrag begrenzt ist. Solche Verlustvorträge müssen jedoch nach § 301 S. 1 zunächst ausgeglichen werden, bevor aufgrund des Gewinnabführungsvertrages Gewinne an das herrschende Unternehmen abgeführt werden dürfen.[43] Außerdem hindert die Beteiligten nichts, eine gesetzliche oder satzungsmäßige Rücklage sowie andere Gewinnrücklagen zum Ausgleich des Verlustvortrags heranzuziehen, soweit dies nach § 150 Abs. 3 und 4 zulässig ist; § 302 Abs. 1 Hs 2 steht nicht entgegen (s. u. Rdnr. 32 f.) [44]

32 **2. Ausgleich des Jahresfehlbetrags durch Entnahmen aus anderen Gewinnrücklagen. a) Begriff.** Die Verlustübernahmepflicht des herrschenden Unternehmens entfällt nach § 302 Abs. 1 (nur), wenn der (fiktive) Jahresfehlbetrag dadurch ausgeglichen wird, daß den anderen Gewinnrücklagen Beträge entnommen werden, die während der Vertragsdauer in sie eingestellt worden sind. Unter den anderen Gewinnrücklagen sind hier ebenso wie in § 301 S. 2[45] die Rücklagen im Sinne des § 272 Abs. 3 S. 2 HGB und des § 158 Abs. 1 S. 1 Nr. 4 lit. d. zu verstehen, so daß allein diese Rücklagen zum Ausgleich des fiktiven Jahresfehlbetrags herangezogen werden dürfen und auch dies nur, wenn sie gerade *während* der Vertragsdauer gebildet worden sind; *vorvertragliche* andere Gewinnrücklagen dürfen hingegen hierfür nicht verwandt werden, wohl aber gegebenenfalls zum Ausgleich eines Verlustvortrags (o. Rdnr. 31).[46]

33 Ebenso wie im Rahmen des § 301[47] sind den anderen Gewinnrücklagen hier **Gewinnvorträge** gleichzustellen, wiederum unter der Voraussetzung, daß sie während der Vertragsdauer gebildet worden sind.[48] Vorvertragliche Gewinnvorträge dürfen nur zum Ausgleich von Verlustvorträgen verwandt werden (o. Rdnr. 31).

34 **b) Andere Rücklagen.** § 302 Abs. 1 hat den Vorrang vor § 150 Abs. 3 und 4, so daß bei Abschluß eines Beherrschungs- oder Gewinnabführungsvertrags der gesetzlichen Rücklage keine Beträge zum Ausgleich des Jahresfehlbetrages entnommen werden dürfen.[49] Ebenso zu behandeln sind satzungsmäßige Gewinnrücklagen im Sinne des § 272 Abs. 3

1184 f.; *Stützle* in U. Schneider, Beherrschungs- und Gewinnabführungsverträge, S. 81, 90; *Schöneberg* BB 1978, 1646.
[39] S. ausführlich *Lwowski/Groeschke* WM 1994, 613, 615 f.; *H.-P. Müller,* Festschrift Goerdeler, S. 375 ff., bes. 381, 388; *Koppensteiner* in Kölner Kommentar Rdnr. 11.
[40] *K. Schmidt* in Konzernrechtstage S. 109, 122; enger *Meister* WM 1976, 1182, 1184 f.
[41] BGH LM AktG § 152 Nr. 4 = NJW-RR 1989, 1198 = AG 1989, 358.
[42] BGHZ 116, 37, 41 f. = LM AktG § 302 Nr. 5 = NJW 1992, 505 = AG 1992, 83 „Stromlieferungen/Hansa-Feuerfest"; *K. Schmidt* in Konzernrechtstage S. 107, 119 f.

[43] S. o. § 301 Rdnr. 9.
[44] S. *Geßler* in Geßler/Hefermehl Rdnr. 13, 17 f.; *Hüffer* Rdnr. 12; *Koppensteiner* in Kölner Kommentar Rdnr. 12, 16.
[45] S. o. § 301 Rdnr. 11 ff.
[46] S. im einzelnen *Emmerich/Sonnenschein* § 16 VI 2 c; *Eschenbruch* Konzernhaftung Tz. 3018 (S. 185 f.); *Limmer* Haftungsverfassung S. 330 f.
[47] S. o. § 301 Rdnr. 16.
[48] *Geßler* in Geßler/Hefermehl Rdnr. 20; *Koppensteiner* in Kölner Kommentar Rdnr. 12; *K. Schmidt* in Konzernrechtstage S. 107, 122 ff.
[49] So schon die Begr. zum RegE, bei *Kropff* AktG S. 391; seitdem unstr., zB *Koppensteiner* in Kölner Kommentar Rdnr. 12.

S.2 HGB⁵⁰ sowie für bestimmte Zwecke bestimmte Rücklagen, da nach dem Grundgedanken des § 302 Abs. 1 alle diese Rücklagen nach Möglichkeit der abhängigen Gesellschaft zur Stärkung ihrer Substanz erhalten bleiben sollen.⁵¹

Bei Bestehen eines Beherrschungs- oder Gewinnabführungsvertrages kann der etwaige Jahresfehlbetrag auch nicht im Wege einer vereinfachten *Kapitalherabsetzung* nach den §§ 229 und 234 ausgeglichen werden. Das folgt unmittelbar aus § 240 und entspricht im übrigen allein dem Zweck der Vorschrift.⁵²

c) Zuständigkeit. Soweit nach dem Gesagten (o. Rdnr. 32 f.) andere Gewinnrücklagen sowie entsprechende Gewinnvorträge zum Ausgleich des Jahresfehlbetrags herangezogen werden dürfen, ist die Entscheidung hierüber Sache des Vorstands der abhängigen Gesellschaft (§ 77). Jedoch erstreckt sich auch hierauf das Weisungsrecht des herrschenden Unternehmens (§ 308 Abs. 1), wodurch die praktische Bedeutung des § 302 deutlich relativiert wird.⁵³

3. Dauer. a) Beginn. Die Verlustübernahmepflicht des herrschenden Unternehmens aufgrund des § 302 Abs. 1 beginnt mit Wirksamwerden des Beherrschungs- oder Gewinnabführungsvertrages durch dessen Eintragung im Handelsregister (§ 294 Abs. 2) und besteht während der ganzen Vertragsdauer. Kommt es zum Wirksamwerden des Vertrags während des Laufs des Geschäftsjahres, so muß das herrschende Unternehmen folglich nach § 302 Abs. 1 sämtliche Verluste ausgleichen, die in den nächsten Jahresfehlbetrag (o. Rdnr. 28) eingehen, und zwar ohne Rücksicht darauf, ob die betreffenden Verluste aus der Zeit vor oder nach Wirksamwerden des Vertrages stammen.⁵⁴ Ein Rumpfgeschäftsjahr ist in diesen Fällen nicht zu bilden.⁵⁵ Keine Rolle spielt auch, ob die Verluste vom herrschenden Unternehmen überhaupt veranlaßt sind (o. Rdnr. 30). Ist einem Gewinnabführungsvertrag in zulässiger Weise⁵⁶ rückwirkende Kraft beigelegt, so erweitert sich die Ausgleichspflicht des herrschenden Unternehmens entsprechend.

b) Ende. Endet der Vertrag wie in der Regel mit Ablauf eines Geschäftsjahres, so muß der in diesem Jahr entstandene Verlust insgesamt übernommen werden, ohne Rücksicht darauf, daß die Bilanz erst nach Vertragsende festgestellt wird, weil dies offenkundig keinen Einfluß auf die Verlustübernahmepflicht des herrschenden Unternehmens haben darf. Umstritten ist die Rechtslage lediglich, wenn der Vertrag **während** des Laufs eines Geschäftsjahres sein Ende findet, etwa durch Kündigung aus wichtigem Grunde nach § 297 Abs. 1 oder durch die Eröffnung des Konkursverfahrens über das Vermögen einer der Vertragsparteien. Für diesen Fall wurde früher häufig aus dem Wortlaut des § 302 der Schluß gezogen, die Verluste aus dem bei Vertragsende noch laufenden Geschäftsjahr bräuchten dann vom herrschenden Unternehmen insgesamt nicht mehr übernommen zu werden.⁵⁷ Indessen würde diesem hierdurch die Möglichkeit eröffnet, sich durch vorzeitige Beendigung des Vertrages während des Laufs eines (schlechten) Geschäftsjahres der Verpflichtung zur Übernahme der letztlich von ihm verursachten Verluste zu entziehen. Deshalb steht heute fest, daß in derartigen Fällen für das Rumpfgeschäftsjahr eine Zwischen- oder Stichtagsbilanz aufzustellen ist. Ergibt sich hierbei ein Fehlbetrag, so muß dieser vom herrschenden Unternehmen gleichfalls ausgeglichen werden.⁵⁸

---

⁵⁰ Anders nur *Krieger* Handbuch § 70 Rdnr. 33.
⁵¹ Ebenso schon die Begr. zum RegE, bei *Kropff* AktG S. 391.
⁵² Ebenso zB *Geßler* in Geßler/Hefermehl Rdnr. 25; *Koppensteiner* in Kölner Kommentar Rdnr. 13; *Krieger* Handbuch § 70 Rdnr. 33.
⁵³ Ebenso *Krieger* Handbuch § 70 Rdnr. 33; anders nur *Geßler* in Geßler/Hefermehl Rdnr. 24.
⁵⁴ *Geßler* in Geßler/Hefermehl Rdnr. 11; *Koppensteiner* in Kölner Kommentar Rdnr. 15; *Krieger* Handbuch § 70 Rdnr. 31; *Sonnenschein* Organschaft S. 335.
⁵⁵ So aber *Hüffer* Rdnr. 12.
⁵⁶ S.o. § 291 Rdnr. 13, 43.
⁵⁷ So zB OLG Schleswig AG 1988, 382 „Familienheim"; *Meister* WM 1976, 1182, 1184; *Peltzer* AG 1975, 308, 311 f.; *Werner* AG 1967, 124.
⁵⁸ S. schon o. § 297 Rdnr. 51; ebenso BGHZ 103, 1, 9 f. = NJW 1988, 1326 = AG 1988, 133 „Familienheim"; BGHZ 105, 168, 182 = NJW 1988, 3143 = AG 1989, 29 „HSW"; *Emmerich/Sonnenschein* § 16 VI 3 b; *Geßler* in Geßler/Hefermehl Rdnr. 14; *Hüffer* Rdnr. 13; *Koppensteiner* in Kölner Kommentar

39 **c) Abwicklungsverluste.** Die Auflösung einer der Vertragsparteien führt grundsätzlich zur Beendigung des Beherrschungs- oder Gewinnabführungsvertrages.[59] Folglich ist auf diesen Zeitpunkt ebenfalls eine Schlußbilanz aufzustellen, so daß das herrschende Unternehmen den sich dabei ergebenden Jahresfehlbetrag ausgleichen muß.[60] Umstritten ist allein die Behandlung der sogenannten Abwickungsverluste. Man versteht darunter die Unterbilanz, die sich **nach** Auflösung der Gesellschaft bei der Abwicklung ergibt und den endgültigen Vermögensverlust der Aktionäre anzeigt. Nach bisher überwiegender Meinung braucht das herrschende Unternehmen diesen Verlust nicht zu übernehmen, weil Abwicklungsverluste nicht mit dem Jahresfehlbetrag iS des § 302 Abs. 1 vergleichbar seien.[61] Die Gegenmeinung, die eine Verlustübernahmepflicht jedenfalls insoweit bejaht, wie die Verluste von vornherein in die Abwicklungseröffnungsbilanz aufzunehmen sind, gewinnt jedoch unverkennbar an Boden.[62] Auch § 303 deutet in diese Richtung.

40 **4. Entstehung und Fälligkeit des Anspruchs.** Der Anspruch der abhängigen Gesellschaft auf Ausgleich des (fiktiven) Jahresfehlbetrages gegen das herrschende Unternehmen ist auf Geldzahlung gerichtet, so daß sich die Vollstreckung nach den §§ 803 ff. ZPO richtet.[63] Der Anspruch *entsteht* mit Abschluß des Geschäftsjahres, in dem der Jahresfehlbetrag eingetreten ist, nicht erst mit Feststellung der Bilanz. Im selben Augenblick wird der Anspruch auch *fällig* (§ 271 BGB). Verbreitet wird zwar gelehrt, daß die Fälligkeit des Anspruchs erst mit Feststellung der Bilanz eintrete, weil der Anspruch vorher nicht beziffert werden könne, so daß auch eine Leistungsklage oder eine Vollstreckung in den Anspruch unmöglich seien.[64] Dem ist indessen nicht zu folgen, da hierdurch das herrschende Unternehmen die Möglichkeit erhielte, durch Verzögerung der Bilanzfeststellung den Verlustausgleich hinauszuzögern.[65] Von demselben Augenblick an ist der Anspruch außerdem nach den §§ 353 S. 1 und 352 Abs. 1 HGB zu verzinsen.[66]

41 **5. Abschlagszahlungen.** § 302 Abs. 1 begründet der Sache nach ein Dauerschuldverhältnis, dessen Besonderheit lediglich darin besteht, daß die hieraus entstehenden Ansprüche der abhängigen Gesellschaft immer erst mit Abschluß der jeweiligen Rechnungsperiode fällig werden (o. Rdnr. 40).[67] Daraus ist im Interesse des umfassenden Schutzes der Lebensfähigkeit der abhängigen Gesellschaft der Schluß zu ziehen, daß sie schon während des Laufs des Geschäftsjahres Abschlagszahlungen auf den mit Ende des Geschäftsjahres fällig werdenden Verlustausgleich verlangen kann, sofern ihre Zahlungsfähigkeit oder Kreditwürdigkeit ernsthaft bedroht ist.[68]

Rdnr. 18; *Krieger* Handbuch § 70 Rdnr. 32; *Limmer* Haftungsverfassung S. 331 ff.; *H.-P. Müller,* Festschrift Goerdeler, S. 375, 391 ff.; *Raiser* Kapitalgesellschaften § 54 Rdnr. 40; *K. Schmidt* in Konzernrechtstag S. 107, 121 f.; *Sonnenschein* Organschaft S. 336 f.; *Timm* GmbHR 1987, 9, 16 ff.; *H. Wilhelm* Beendigung S. 48 ff.

[59] S. o. § 297 Rdnr. 46 ff.

[60] *Geßler* in Geßler/Hefermehl Rdnr. 15; *Krieger* Handbuch § 70 Rdnr. 32.

[61] So wohl BFHE 90, 370 = WM 1968, 409; *Geßler* in Geßler/Hefermehl Rdnr. 15; *Koppensteiner* in Kölner Kommentar § 302 Rdnr. 19; *Lwowski/Groeschke* WM 1994, 613, 615 f.; offengelassen in BGHZ 105, 168, 183 = NJW 1988, 3143 „HSW".

[62] S. *Meister* WM 1976, 1182, 1186 ff.; *H.-P. Müller,* Festschrift Goerdeler, S. 375, 391 ff.; *Raiser* Kapitalgesellschaften § 54 Rdnr. 40; *K. Schmidt* ZGR 1983, 513, 531 ff.; *ders.,* Festschrift Werner, S. 777, 793 ff.; *H. Wilhelm* Beendigung S. 55 ff.

[63] ZB *Koppensteiner* in Kölner Kommentar Rdnr. 25.

[64] OLG Schleswig AG 1988, 382 = ZIP 1987, 1448 „Familienheim"; *Eschenbruch* Konzernhaftung Tz. 3019 (S. 186); *Koppensteiner* in Kölner Kommentar Rdnr. 26 f.; *Krieger* Handbuch § 70 Rdnr. 36; *Lwowski/Groeschke* WM 1994, 613, 614; *Raiser* Kapitalgesellschaften § 54 Rdnr. 42.

[65] So auch BFHE 127, 56 = AG 1980, 309; LG Bochum GmbHR 1987, 24, 26 = AG 1987, 323, 324; *Hüffer* Rdnr. 15.

[66] *Geßler* in Geßler/Hefermehl Rdnr. 43; *Hüffer* Rdnr. 16; *Koppensteiner* in Kölner Kommentar Rdnr. 28.

[67] BGHZ 103, 1, 10 = LM AktG § 291 Nr. 2 = NJW 1988, 1326 = AG 1988, 133 „Familienheim"; grdlg. *K. Schmidt* ZGR 1983, 513; *ders.* Gesellschaftsrecht § 31 III 2 d; zustimmend *Hüffer* Rdnr. 4; *Koppensteiner* in Kölner Kommentar Rdnr. 7.

[68] *Priester* ZIP 1989, 1301, 1307 f.; anders die überwiegende Meinung, zB *Lwowski/Groeschke* WM 1994, 613, 615.

6. Verjährung. Der Anspruch verjährt gemäß § 195 BGB in dreißig Jahren.[69] Eine im Gesetzgebungsverfahren erwogene Abkürzung der Verjährungsfrist auf drei Jahre nach Beendigung des Vertrags ist nicht Gesetz geworden.[70]

7. Geltendmachung. a) Vorstand. Der Anspruch steht der abhängigen Gesellschaft zu und ist von ihren Organen (spätestens) nach Ende des Geschäftsjahres unverzüglich geltend zu machen.[71] Verzögert der Vorstand die Verfolgung des Anspruchs, so macht er sich schadensersatzpflichtig (§ 93 Abs. 2). Entsprechende Weisungen des herrschenden Unternehmens sind rechtswidrig und deshalb unbeachtlich (§ 308; § 134 BGB).[72] In der Insolvenz der abhängigen Gesellschaft gehört der Anspruch zur Masse und ist vom Verwalter zu verfolgen.[73]

b) Aktionäre und Gläubiger. Wird der Anspruch von den Organen der abhängigen Gesellschaft pflichtwidrig nicht geltend gemacht, so können die §§ 317 Abs. 4 und 309 Abs. 4 entsprechend angewandt werden, so daß der Anspruch auch von den außenstehenden Aktionären mit dem Antrag auf Leistung an die Gesellschaft verfolgt werden kann.[74] Unmittelbare Ansprüche der Gläubiger der abhängigen Gesellschaft gegen das herrschende Unternehmen bestehen hingegen nicht; sie können lediglich aufgrund eines Titels gegen die Gesellschaft deren Anspruch gegen das herrschende Unternehmen auf Ausgleich des Fehlbetrages (o. Rdnr. 44) pfänden und sich überweisen lassen (§ 829 ZPO).[75] Eine **Abtretung** des Verlustübernahmeanspruchs durch die abhängige Gesellschaft an ihre Gläubiger ist gleichfalls möglich (§ 398 BGB), jedoch nur, wenn die abhängige Gesellschaft eine vollwertige Gegenleistung erhält, weil sonst der Zweck des § 302 gefährdet wäre (§ 134 BGB).[76] Auch eine Sicherungszession des Anspruchs ist unter der genannten Voraussetzung möglich, wobei die Gegenleistung in der Kreditgewährung besteht.[77]

IV. Verlustübernahme bei Betriebspacht- und Betriebsüberlassungsverträgen (§ 302 Abs. 2)

1. Voraussetzungen. Durch § 302 Abs. 2 wird die Pflicht zur Verlustübernahme unter engen Voraussetzungen auf Betriebspacht- und Betriebsüberlassungsverträge im Sinne des § 292 Abs. 1 Nr. 3 erstreckt. Erste Voraussetzung ist die *Abhängigkeit* der verpachtenden oder überlassenden Gesellschaft von dem anderen Vertragsteil bereits im Augenblick des Vertragsabschlusses (s. dazu o. Rdnr. 20 ff.). Hinzu kommen muß außerdem, daß die vereinbarte Gegenleistung das angemessene Entgelt nicht erreicht.

Das Gesetz sagt in § 302 Abs. 2 nicht, an Hand welches Maßstabs die Gegenleistung des herrschenden Unternehmens auf ihre *Angemessenheit* zu überprüfen ist.[78] In der Regel wird hierzu im Anschluß an eine Bemerkung der Gesetzesverfasser[79] auf eine angemessene Verzinsung des eingesetzten Eigenkapitals abgestellt.[80] Indessen gibt es keinen Rechtssatz, der einem Verpächter einen Anspruch auf die „angemessene" Verzinsung seines Kapitals zubilligte, ganz abgesehen davon, daß auch dafür jeder Maßstab fehlt. Maßgebend kann daher allein der *marktübliche Pachtzins* sein, der gegebenenfalls zu schätzen ist (§ 287 ZPO). Ein

---

[69] *Geßler* in Geßler/Hefermehl Rdnr. 55; *Hüffer* Rdnr. 16; *Koppensteiner* in Kölner Kommentar Rdnr. 42; *K. Schmidt* in Konzernrechtstage, S. 109, 123 f.; anders offenbar *D. Joost* das S. 133, 158 ff.

[70] S. den Ausschußbericht zu § 302, bei *Kropff* AktG S. 392.

[71] LG Bochum AG 1987, 324, 325; *K. Schmidt* (Fn. 67); *Hüffer* Rdnr. 18.

[72] ZB *Koppensteiner* in Kölner Kommentar Rdnr. 27.

[73] BGHZ 115, 187, 200 = NJW 1991, 3142 „Video"; *Hüffer* Rdnr. 18.

[74] *Koppensteiner* in Kölner Kommentar Rdnr. 22; *Krieger* Handbuch § 70 Rdnr. 35; *Stützle* in U. Schneider, Beherrschungs- und Gewinnabführungsverträge, S. 81, 91; *H. Wilhelm* Beendigung S. 54; dagegen *Hüffer* Rdnr. 20; *Geßler* in Geßler/Hefermehl Rdnr. 47.

[75] *Hüffer* Rdnr. 18; *Koppensteiner* in Kölner Kommentar Rdnr. 20, 23.

[76] *Geßler* in Geßler/Hefermehl Rdnr. 56; *Hüffer* Rdnr. 17; *Koppensteiner* in Kölner Kommentar Rdnr. 20; *Krieger* Handbuch § 70 Rdnr. 34; *Lwowski/Groeschke* WM 1994, 613, 617.

[77] S. *Hüffer* Rdnr. 17; *Koppensteiner* in Kölner Kommentar Rdnr. 20.

[78] S. schon o. § 292 Rdnr. 39.

[79] S. die Begr. zum RegE, bei *Kropff* AktG S. 391.

[80] *Geßler* in Geßler/Hefermehl Rdnr. 35; *Hüffer* Rdnr. 24.

anderer Maßstab kommt in einer marktwirtschaftlichen Ordnung nicht in Betracht. Bleibt die vereinbarte Gegenleistung hinter diesem Pachtzins zurück, so ist sie unangemessen mit der Folge, daß nach § 302 Abs. 2 die Pflicht des herrschenden Unternehmens zur Verlustübernahme ausgelöst wird. Dasselbe gilt, wenn das herrschende Unternehmen als Gegenleistung lediglich eine Dividendengarantie gegenüber den außenstehenden Aktionären übernommen hat, weil es dann im Sinne des § 302 Abs. 2 ganz an einer Gegenleistung des herrschenden Unternehmens fehlt.[81]

47 **2. Rechtsfolgen.** Unter den in § 302 Abs. 2 genannten Voraussetzungen (o. Rdnr. 45 f.) ist das herrschende Unternehmen zum Ausgleich des (fiktiven) Jahresfehlbetrages der abhängigen Gesellschaft verpflichtet, *soweit* die vereinbarte Gegenleistung das angemessene Entgelt, dh. den marktüblichen Pachtzins nicht erreicht. Die Ausgleichspflicht des herrschenden Unternehmens beschränkt sich folglich auf die *Differenz* zwischen dem vereinbarten und dem marktüblichen Pachtzins.[82] Eine Abwendung dieser eingeschränkten Ausgleichspflicht durch Entnahmen aus anderen Gewinnrücklagen wie im Falle des § 302 Abs. 1 (o. Rdnr. 32 ff.) ist hier merkwürdigerweise nicht möglich.[83]

48 § 302 Abs. 2 ist, wie bereits ausgeführt (o. Rdnr. 21 f.), ohne praktische Bedeutung, weil es bei richtiger Handhabung des Gesetzes zu der hier vom Gesetz ins Auge gefaßten Situation gar nicht kommen darf. Die Vorschrift schließt daher auch die übrigen Rechtsfolgen nicht aus, die an die Vereinbarung einer zu niedrigen Gegenleistung geknüpft sind. Hervorzuheben sind die Anfechtbarkeit des Zustimmungsbeschlusses nach den §§ 243 Abs. 2 und 293 Abs. 3 sowie die Schadensersatzpflicht des herrschenden Unternehmens aufgrund des § 317.[84]

VII. Verzicht und Vergleich (§ 302 Abs. 3)

49 **1. Sperrfrist.** Nach § 302 Abs. 3 S. 1 kann die Gesellschaft erst **drei Jahre** nach dem Tag auf den Ausgleichsanspruch verzichten oder sich über ihn vergleichen, an dem die Eintragung der Beendigung des Vertrags in das Handelsregister nach § 298 in Verbindung mit § 10 HGB als bekanntgemacht gilt. Stichtag ist daher gemäß § 10 Abs. 2 HGB der Ablauf des Tages, an dem das letzte der die Bekanntmachung enthaltenden Gesellschaftsblätter (§ 25) erschienen ist.[85] Damit wird bezweckt, die Gesellschaft an einer voreiligen Verfügung über ihren Anspruch gegen das herrschende Unternehmen zu hindern. Die gesetzliche Regelung stellt ein gesetzliches Verbot dar, so daß ein Verzicht oder Vergleich vor Ablauf der Sperrfrist von drei Jahren nichtig ist (§ 134 BGB).[86]

50 Mit einem **Verzicht** ist in § 302 Abs. 3 S. 1 in erster Linie ein Erlaßvertrag im Sinne des § 397 BGB gemeint. Darunter fällt aber auch jedes sonstige Verhalten der abhängigen Gesellschaft, das zu einem Verlust des Anspruchs führen kann, einschließlich namentlich des Verzichts auf die Klage nach Klageerhebung gegen das herrschende Unternehmen (§ 306 ZPO).[87] Unter einem **Vergleich** im Sinne des § 302 Abs. 3 S. 1 ist dagegen ein Vergleich im Sinne des § 779 BGB ebenso wie ein Prozeßvergleich zu verstehen. Unter beiden Gesichtspunkten erfaßt daher die gesetzliche Regelung auch die Rücknahme einer Klage auf Ausgleich des Jahresfehlbetrages gegen das herrschende Unternehmen aufgrund eines Vergleichs.[88]

---

[81] *Geßler* in Geßler/Hefermehl Rdnr. 38; *Hüffer* Rdnr. 24; *Koppensteiner* in Kölner Kommentar Rdnr. 33.
[82] *Geßler* in Geßler/Hefermehl Rdnr. 37.
[83] So schon die Begr. zum RegE, bei *Kropff* AktG S. 391 u.; *Hüffer* Rdnr. 26; *Koppensteiner* in Kölner Kommentar Rdnr. 32; anders nur *Geßler* in Geßler/Hefermehl Rdnr. 39.
[84] S. o. § 292 Rdnr. 40 f.

[85] So der Ausschußbericht zu § 351, bei *Kropff* AktG S. 395 Fn. 1; die Begr. zum RegE des § 351, das. S. 464.
[86] *Koppensteiner* in Kölner Kommentar Rdnr. 39.
[87] LG Bochum AG 1987, 324, 325 „Salzgitter/Still II".
[88] LG Bochum (Fn. 87); AG 1987, 323 = GmbHR 1987, 24 „Salzgitter/Still I"; wegen aller Einzelheiten s. *Cahn*, Vergleichsverbote im Gesellschaftsrecht, 1996.

Gläubigerschutz **§ 303**

2. Ausnahme. Die Sperrfrist des § 302 Abs. 3 S. 1 von drei Jahren findet nach S. 2 der 51
Vorschrift keine Anwendung, wenn der Ausgleichspflichtige, das herrschende Unternehmen, zahlungsunfähig ist und sich zur Abwendung oder Beseitigung des Konkursverfahrens (bzw. ab 1999 des Insolvenzverfahrens, s. o. Rdnr. 1) mit seinen Gläubigern vergleicht, so daß in diesem Fall ein Verzicht oder Vergleich bereits während des Laufs des Unternehmensvertrages oder unmittelbar danach zulässig ist.[89] Da zu den Konkursgläubigern auch die abhängige Gesellschaft gehört, bedarf der Vergleich zur Abwendung oder Beseitigung des Konkursverfahrens auch der Mitwirkung der abhängigen Gesellschaft, wobei § 302 Abs. 3 S. 3 zu beachten ist (u. Rdnr. 52 f.).[90]

3. Sonderbeschluß der außenstehenden Aktionäre. Für den Verzicht auf den Anspruch gegen das herrschende Unternehmen ist ebenso wie für den Abschluß eines Vergleichs bei der abhängigen Gesellschaft der Vorstand zuständig (§§ 77 f.). Seine Vertretungsmacht ist jedoch in beiden Fällen des § 302 Abs. 3 (o. Rdnr. 49 f., 51) gesetzlich beschränkt durch die Notwendigkeit einer Zustimmung der außenstehenden Aktionäre durch Sonderbeschluß nach § 138 (§ 302 Abs. 3 S. 2). Der Grund für diese eigenartige Regelung ist darin zu sehen, daß das herrschende Unternehmen in der Regel über die Mehrheit bei der abhängigen Gesellschaft verfügt, so daß es ohne die Notwendigkeit eines Sonderbeschlusses der außenstehenden Aktionäre letztlich selbst über den Verzicht oder den Vergleich entscheiden könnte.[91] Dem § 302 Abs. 3 S. 2 liegt damit letztlich derselbe Gedanke wie etwa § 136 Abs. 1 S. 1 zugrunde. 52

Der Begriff der außenstehenden Aktionäre ist hier derselbe wie in den §§ 295 Abs. 2, 53
296 Abs. 2 und 297 Abs. 2.[92] Für den Sonderbeschluß genügt die einfache Mehrheit der bei der Beschlußfassung vertretenen außenstehenden Aktionäre. Hinzu kommen muß jedoch, daß nicht eine Minderheit, deren Anteile zusammen den zehnten Teil des bei der Beschlußfassung vertretenen Grundkapitals erreichen, gegen den Sonderbeschluß Widerspruch zur Niederschrift erhebt. Geschieht dies, so ist der Sonderbeschluß unwirksam, ohne daß es einer besonderen Anfechtung des Beschlusses bedürfte.[93]

§ 303 Gläubigerschutz

(1) Endet ein Beherrschungs- oder ein Gewinnabführungsvertrag, so hat der andere Vertragsteil den Gläubigern der Gesellschaft, deren Forderungen begründet worden sind, bevor die Eintragung der Beendigung des Vertrags in das Handelsregister nach § 10 des Handelsgesetzbuchs als bekanntgemacht gilt, Sicherheit zu leisten, wenn sie sich binnen sechs Monaten nach der Bekanntmachung der Eintragung zu diesem Zweck bei ihm melden. Die Gläubiger sind in der Bekanntmachung der Eintragung auf dieses Recht hinzuweisen.

(2) Das Recht, Sicherheitsleistung zu verlangen, steht Gläubigern nicht zu, die im Falle des Konkurses ein Recht auf vorzugsweise Befriedigung aus einer Deckungsmasse haben, die nach gesetzlicher Vorschrift zu ihrem Schutz errichtet und staatlich überwacht ist.

(3) Statt Sicherheit zu leisten, kann der andere Vertragsteil sich für die Forderung verbürgen. § 349 des Handelsgesetzbuchs über den Ausschluß der Einrede der Vorausklage ist nicht anzuwenden.

---

[89] *Koppensteiner* in Kölner Kommentar Rdnr. 40.
[90] *Hüffer* Rdnr. 28.
[91] S. die Begr. zum RegE, bei *Kropff* AktG S. 392.
[92] S. deshalb im einzelnen o. § 295 Rdnr. 26 ff.; *Mertens*, Festschrift Fleck, 1988, S. 209, 217.
[93] *Geßler* in Geßler/Hefermehl Rdnr. 54; *Hüffer* Rdnr. 29; *Koppensteiner* in Kölner Kommentar Rdnr. 41.

§ 303 1, 2   3. Buch. 1. Teil. 3. Abschn. Sicherung der Ges. u. der Gläubiger

Schrifttum: S.o. bei § 302 sowie *Assmann*, Der faktische GmbH-Konzern, in Lutter/Ulmer/Zöllner (Hrsg.), Festschrift 100 Jahre GmbHG, 1992, S.657; *Dehmer* Umwandlungsgesetz, 2.Aufl. 1996; *Emmerich/Sonnenschein* Konzernrecht § 16 VII; *Eschenbruch* Konzernhaftung, 1996, Tz. 3133 ff. (S.221 ff.); *Jaeger*, Sicherheitsleistung für Ansprüche aus Dauerschuldverhältnissen bei Kapitalherabsetzung, Verschmelzung und Beendigung eines Unternehmensvertrages, DB 1996, 1069; *D.Joost*, Ausfallhaftung im qualifizierten faktischen GmbH-Konzern, in Hommelhoff/Stimpel/Ulmer (Hrsg.), Heidelberger Konzernrechtstage: Der qualifizierte faktische GmbH-Konzern, 1992, S.133; *Krieger* Handbuch § 70E III 4b (S.846f.); *ders.*, Sicherheitsleistung für Versorgungsrechte?, Festschrift Nirk, 1992, S.551; *Lutter* Umwandlungsgesetz, 1996; *Pentz*, Die Rechtsstellung der Enkel-AG in einer mehrstufigen Unternehmensverbindung, 1994, S.161ff.; *Raiser* Kapitalgesellschaften § 54 VII 5 (S.632ff.); *Rittner*, Die Sicherheitsleistung bei der ordentlichen Kapitalherabsetzung, Festschrift Oppenhoff, 1985, S.317; *K.Schmidt*, Gläubigerschutz bei Umstrukturierungen, ZGR 1993, 366; *Stimpel*, Bemerkungen zur BGH-Rechtsprechung zum Gläubigerschutz im faktischen GmbH-Konzern, in Hommelhoff, Entwicklungen im GmbH-Konzernrecht, 1986, S.37; *van Venrooy*, Probleme der Gläubigersicherung nach § 303 AktG, BB 1981, 1003; *Veit*, Unternehmensverträge und Eingliederung als aktienrechtliche Instrumente der Unternehmensverbindung, 1974, S.108ff.; *W.Werner*, Probleme der Anwendung des § 303 AktG im qualifizierten faktischen GmbH-Konzern, Festschrift Goerdeler, 1987, S.677.

Übersicht

	Rdnr.		Rdnr.
I. Überblick	1, 2	e) Stichtagsregelung	12, 13
II. Anwendungsbereich	3–5	f) Mehrmütterorganschaft	14
III. Voraussetzungen (§ 303 Abs.1)	6–17	3. Meldung	15–17
1. Vertragsbeendigung	7	IV. Sicherheitsleistung	18–22
2. Begründung der Forderung vor Bekanntmachung der Eintragung der Vertragsbeendigung	8–14	1. §§ 232ff. BGB	18
		2. Bürgschaft des herrschenden Unternehmens	19–21
a) Stichtag	8	3. Schutzgesetz?	22
b) Forderungen	9	V. Ausfallhaftung	23, 24
c) Begründung	10	VI. Ausnahmen	25, 26
d) Endloshaftung?	11		

I. Überblick

1 § 303 Abs.1 begründet für die Gläubiger einer abhängigen AG oder KGaA bei Beendigung eines Beherrschungs- oder Gewinnabführungsvertrages im Sinne des § 291 Abs.1 einen Anspruch auf Sicherheitsleistung nach den §§ 232ff. BGB gegen den anderen Vertragsteil, dh. gegen das herrschende Unternehmen. Vergleichbare Regelung finden sich für die ordentliche und die vereinfachte Kapitalherabsetzung in den §§ 225 und 233 Abs.2 sowie wie für die verschienen Formen der Umwandlung in den §§ 22, 125 und 204 UmwG von 1994. In dem speziellen Fall der Beendigung eines Beherrschungs- oder Gewinnabführungsvertrages rechtfertigt sich die vom Gesetzgeber gewählte Lösung aus der Überlegung, daß mit der Beendigung der genannten Verträge auch die Verlustübernahmepflicht des herrschenden Unternehmens aufgrund des § 302 ihr Ende findet,[1] so daß den Gläubigern der abhängigen Gesellschaft fortan wieder allein deren Vermögen haftet, ohne daß indessen die Überlebensfähigkeit dieser Gesellschaft gewährleistet wäre.[2]

2 Durch § 303 Abs.2 werden bestimmte Gläubiger, die bereits anderweitig ausreichend gesichert sind, von dem Anwendungsbereich des § 303 ausgenommen, um zu verhindern, daß sie zu Lasten der anderen Gläubiger eine doppelte Sicherheit erlangen. § 303 Abs.3 gestattet es dem herrschenden Unternehmen außerdem, die Sicherheitsleistung nach den §§ 232ff. BGB durch die Übernahme einer Bürgschaft abzuwenden. Damit wird der

---

[1] S.o. § 302 Rdnr. 37 f.
[2] So schon die Begr. zum RegE, bei *Kropff* AktG S.392f.; s. auch o. § 296 Rdnr.2, 22; Emmerich/Sonnenschein § 16 VII 1; *Koppensteiner* in Kölner Kommentar Rdnr.2.

Gläubigerschutz 3–7 § 303

Zweck verfolgt, das herrschende Unternehmen, das nicht in jedem Fall die Verantwortung für die Beendigung des Unternehmensvertrages trägt, vor unerwarteten übermäßigen Belastungen infolge der Sicherheitsforderungen der Gläubiger der abhängigen Gesellschaft zu bewahren.[3] Diese Überlegung ist wenig überzeugungskräftig, die Regelung daher insgesamt durchaus kritisch zu betrachten.[4]

II. Anwendungsbereich

Der Anwendungsbereich des § 303 deckt sich im wesentlichen mit dem des § 302, so daß wegen der Einzelheiten auf die Ausführungen zu § 302 verwiesen werden kann.[5] Hervorzuheben sind hier lediglich folgende Punkte: Der Anwendungsbereich des § 303 beschränkt sich auf die Beendigung eines Beherrschungs- oder Gewinnabführungsvertrages im Sinne des § 291 Abs.1 S.1; gleich stehen die Geschäftsführungsverträge des § 291 Abs.1 S.2.[6] Auf die anderen Unternehmensverträge des § 292 findet die Vorschrift hingegen keine entsprechende Anwendung. Auffällig ist das wegen der sachlich nicht zu erklärenden Abweichung von § 302 Abs.2 namentlich für die Betriebspacht- und Betriebsüberlassungsverträge.[7] 3

In **mehrstufigen** Unternehmensverbindungen kann § 303 nach seinem Wortlaut jeweils nur auf derjenigen Konzernstufe angewandt werden, auf der es gerade zur Beendigung eines Beherrschungs- oder Gewinnabführungsvertrages gekommen ist.[8] Wird zB ein Beherrschungsvertrag zwischen der Mutter- und einer Tochtergesellschaft beendet, so können die Gläubiger einer Enkelgesellschaft nicht auch von dem herrschenden Unternehmen Sicherheitsleistung verlangen. Eine andere Beurteilung kommt nur in Betracht, wenn auf sämtlichen Konzernstufen „hintereinander geschaltete" Verträge bestanden, weil dann auch § 302 eine mittelbare Einstandspflicht der Mutter- für die Schulden der Enkelgesellschaft (über die Haftung der Tochter aus § 302 Abs.1) begründet.[9] 4

Nach einer verbreiteten Meinung führen die Eröffnung des Insolvenzverfahrens über das Vermögen einer der Vertragsparteien sowie verschiedene andere Auflösungsfälle lediglich zu einer **Suspendierung** von Unternehmensverträgen, nicht jedoch zu deren Beendigung.[10] Soweit man dem folgt, muß für die Anwendung des § 303 in den genannten Fällen auch die bloße Suspendierung des Beherrschungs- oder Gewinnabführungsvertrages genügen.[11] 5

III. Voraussetzungen (§ 303 Abs.1)

Nach § 303 Abs.1 S.1 hat der Anspruch eines Gläubigers der abhängigen Gesellschaft gegen das herrschende Unternehmen auf Sicherheitsleistung drei Voraussetzungen, nämlich erstens die Beendigung eines Beherrschungs- oder Gewinnabführungsvertrages (o. Rdnr. 5; u. Rdnr. 7), zweitens die Begründung einer Forderung gegen die abhängige Gesellschaft, bevor die Eintragung der Beendigung des Vertrags in das Handelsregister gemäß § 298 nach § 10 Abs.2 des Handelsgesetzbuches als bekanntgemacht gilt (u. Rdnr. 8 ff.), sowie drittens die Meldung des Gläubigers binnen sechs Monaten nach dem Stichtag bei dem herrschenden Unternehmen (u. Rdnr. 15 ff.): 6

1. Vertragsbeendigung. Erste Voraussetzung des Anspruchs eines Gläubigers der abhängigen Gesellschaft gegen das herrschende Unternehmen auf Sicherheitsleistung ist die Beendigung eines Beherrschungs- oder Gewinnabführungsvertrages im Sinne des § 291 7

---

[3] So jedenfalls die Begr. zum RegE, bei *Kropff* AktG S.393.
[4] *Emmerich/Sonnenschein* § 16 VII 4; *van Venrooy* BB 1981, 1003.
[5] S.o. § 302 Rdnr. 18 ff.
[6] Für fehlerhafte Verträge s.o. § 291 Rdnr. 25 ff.; *Eschenbruch* Konzernhaftung Tz. 3137 (S.222).
[7] *Geßler* in Geßler/Hefermehl Rdnr. 2.

[8] Ebenso *Koppensteiner* in Kölner Kommentar Rdnr. 4; *Krieger* in Handbuch § 70 Rdnr. 140; *Pentz* Enkel-AG S.165 f.
[9] *Pentz* Enkel-AG S.161 ff.
[10] Dagegen o. § 297 Rdnr. 47; s. auch u. Rdnr. 7.
[11] Ebenso *Eschenbruch* Konzernhaftung Tz. 3135 (S.222); *Hüffer* Rdnr. 2; *Koppensteiner* in Kölner Kommentar Rdnr. 3.

Abs. 1, gleich aus welchem Rechtsgrund. Der Anwendungsbereich des § 303 beschränkt sich nicht etwa auf die Fälle der §§ 296 und 297, sondern umfaßt alle denkbaren Beendigungsgründe.[12] Richtiger Meinung nach gehört dazu auch die Auflösung einer der Vertragsparteien, namentlich durch Eröffnung des Insolvenzverfahrens über ihr Vermögen (s. o. Rdnr. 5). Der Anspruch der Gläubiger auf Sicherheitsleistung ist in diesen Fällen außerdem unabhängig davon, ob das herrschende Unternehmen zuvor seiner Ausgleichspflicht aufgrund des § 302 nachgekommen war oder nicht.[13]

8 **2. Begründung der Forderung vor Bekanntmachung der Eintragung. a) Stichtag.** Anspruch auf Sicherheitsleistung haben nach § 303 Abs. 1 S. 1 nur solche Gläubiger der abhängigen Gesellschaft, deren Forderungen begründet worden sind, bevor die Eintragung der Beendigung des Vertrags in das Handelsregister (§ 298) nach § 10 Abs. 2 HGB als bekanntgemacht gilt. Stichtag ist mithin hier ebenso wie im Falle des § 302 Abs. 3 S. 1 der Ablauf des Tages, an dem das letzte der die Bekanntmachung enthaltenden Gesellschaftsblätter (§ 25) erschienen ist.[14] Soweit § 303 entsprechend auf qualifizierte faktische Konzerne anwendbar ist, tritt als Stichtag an die Stelle der Bekanntmachung der Eintragung (die es hier nicht gibt) die tatsächliche Beendigung des fraglichen Beherrschungsverhältnisses.[15]

9 **b) Forderungen.** Anspruch auf Sicherheitsleistung haben nur die Gläubiger von „Forderungen". Überwiegend werden darunter schuldrechtliche Ansprüche (§ 241 BGB) ohne Rücksicht auf ihren Rechtsgrund verstanden, so daß vertragliche und gesetzliche Ansprüche gleichstehen.[16] Nicht erforderlich ist, daß die Forderung auf Geldzahlung geht, vielmehr müssen auch Lieferungs- und Dienstleistungsansprüche gegebenenfalls gesichert werden. Nicht erfaßt werden hingegen in der Regel dingliche Ansprüche, weil und sofern der Gläubiger hier bereits anderweitig gesichert ist (s. u. Rdnr. 26). Fehlt es daran, so steht nichts entgegen, auf derartige dingliche Ansprüche ebenfalls § 303 anzuwenden.[17] Mitgesichert sind außerdem die Nebenforderungen auf Zinsen und Kostenersatz, selbst wenn sie erst nach Vertragsbeendigung, aber eben vor dem Stichtag entstanden sind.[18]

10 **c) Begründung.** Weitere Voraussetzung für den Anspruch auf Sicherheitsleistung ist, daß die fragliche Forderung (o. Rdnr. 9) bereits vor dem Stichtag (o. Rdnr. 8) „begründet" worden ist. Entsprechende Bestimmungen enthalten namentlich noch § 160 Abs. 1 S. 1 HGB, § 225 Abs. 1 S. 1 AktG und § 22 Abs. 1 S. 1 UmwG. In allen diesen Vorschriften genügt es für die Begründung einer Forderung, wenn ihr **Entstehungsgrund** vor dem Stichtag im wesentlichen abgeschlossen ist, während es nicht erforderlich ist, daß die Höhe der Forderung bereits feststeht; erst recht spielt es keine Rolle, ob die Forderung schon fällig ist.[19] Deshalb muß das herrschende Unternehmen den Gläubigern der abhängigen Gesellschaft namentlich auch für aufschiebend und auflösend bedingte Forderungen, für betagte und befristete Forderungen sowie für Schadensersatzansprüche aus Delikt Sicherheit leisten, selbst wenn im zuletzt genannten Fall deren Höhe noch nicht feststeht oder – bei aufschiebend bedingten Forderungen – die Bedingung noch nicht eingetreten ist.[20] Ebensowe-

---

[12] Wegen der Einzelheiten s. o. § 297 Rdnr. 27 ff.
[13] BGHZ 115, 187, 202 = NJW 1991, 3142 „Video"; *Emmerich/Sonnenschein* § 16 VII.
[14] Wegen der Einzelheiten s. o. § 302 Rdnr. 49.
[15] BGHZ 95, 330, 347 = NJW 1986, 188 = LM GmbHG § 13 Nr. 15 = AG 1989, 15 „Autokran/Heidemann"; BGHZ 115, 187, 202 = NJW 1991, 3142 = LM AktG § 302 Nr. 2 = AG 1991, 429 „Video"; BAGE 76, 79, 88 = NJW 1994, 3244; *Emmerich/Sonnenschein* § 16 VII 2 a; *Eschenbruch* Konzernhaftung Tz. 3140 (S. 223).
[16] ZB *Dehmer* UmwG § 22 Rdnr. 5; *Geßler* in Geßler/Hefermehl Rdnr. 4; *Koppensteiner* in Kölner Kommentar Rdnr. 6; *Marsch-Barner* in Kallmeyer UmwG § 22 Rdnr. 2.

[17] Ebenso *Grunewald* in Lutter UmwG § 22 Rdnr. 24.
[18] BGHZ 115, 187, 202 = NJW 1991, 3142 „Video"; *Emmerich/Sonnenschein* § 16 VII.
[19] BGHZ 116, 37, 46 f. = NJW 1992, 505 = LM AktG § 302 Nr. 5 = AG 1992, 83 „Stromlieferungen/Hansa-Feuerfest"; BAG AG 1997, 268; LAG Frankfurt AG 1989, 256, 257; *Emmerich/Sonnenschein* § 16 VII 3; *Hüffer* Rdnr. 3; wegen aller Einzelheiten s. im übrigen *Heymann/Emmerich* HGB § 128 Rdnr. 50 ff.
[20] BGH, BAG und LAG Frankfurt (Fn. 19); BGHZ 115, 187, 202 = NJW 1991, 3142 „Video"; *Grunewald* in Lutter UmwG § 22 Rdnr. 6 ff.; *Hüffer* Rdnr. 3; *Koppensteiner* in Kölner Kommentar

Gläubigerschutz

d) Endloshaftung? Probleme ergeben sich aus dem Gesagten (o. Rdnr. 10) namentlich bei Dauerschuldverhältnissen sowie Ruhegeldzusagen, weil bei solchen Rechtsverhältnissen allgemein angenommen wird, daß die Anspruchsbegründung bereits im Vertragsabschluß liegt,[22] so daß die Gläubiger in diesen Fällen bei wörtlicher Auslegung des § 303 Abs. 1 für sämtliche möglicherweise erst Jahre oder Jahrzehnte nach Beendigung des Unternehmensvertrags fällig werdenden Forderungen aus dem Vertrag Sicherheit verlangen könnten. Dieser Problematik einer drohenden Endloshaftung ist der Gesetzgeber im Handelsrecht erst 1994 durch das sogenannte Nachhaftungsbegrenzungsgesetz entgegengetreten.[23] Obwohl dabei eine Anpassung des § 303 nicht einmal erwogen worden ist, kann dies doch nicht bedeuten, daß es deshalb im Rahmen des § 303 bei der Endloshaftung des herrschenden Unternehmens sein Bewenden haben soll;[24] vielmehr ist auch hier eine sachgerechte Beschränkung der Forthaftung des herrschenden Unternehmens zu erwägen, wobei in erster Linie an eine Analogie zu dem neuen § 160 Abs. 1 S. 1 HGB zu denken ist.[25] Der BGH tendiert hingegen offenbar zu einer noch stärkeren Einschränkung des Anspruchs der Gläubiger aus Dauerschuldverhältnissen auf Sicherheitsleistung.[26]

e) Stichtagsregelung. § 303 Abs. 1 enthält eine strenge Stichtagsregelung, die keine weitere Differenzierung zwischen den in Betracht kommenden Forderungen erlaubt. Deshalb spielt es keine Rolle, *wann* die Forderung des Gläubigers vor dem Stichtag begründet worden ist. Anspruch auf Sicherheitsleistung haben vielmehr auch solche Gläubiger, deren Forderungen noch aus der Zeit *vor* Abschluß des Unternehmensvertrages stammen,[27] oder die in der Zeitspanne zwischen der Vertragsbeendigung und dem Stichtag begründet worden sind, da eben das Gesetz allein auf die Begründung der Forderung vor dem Stichtag abstellt.[28]

Keine Rolle spielt außerdem, ob die Forderung des Gläubigers bereits **fällig** ist. Auch wenn er sich deshalb gleichzeitig an die abhängige Gesellschaft halten könnte, ändert dies unter den genannten Voraussetzungen (o. Rdnr. 6 ff.) doch nichts an seinem Anspruch auf Sicherheitsleistung gegen das herrschende Unternehmen nach § 303 Abs. 1.[29] Lediglich dann, wenn sich der Gläubiger ohne weiteres durch Aufrechnung gegenüber der abhängigen Gesellschaft selbst befriedigen könnte, sollte man eine Ausnahme machen, weil der Gläubiger in diesem Fall keines besonderen Schutzes nach § 303 bedarf.[30]

f) Mehrmütterorganschaft. In Fällen der Mehrmütterorganschaft trifft die Verpflichtung zur Sicherheitsleistung aus § 303 Abs. 1 sämtliche Mütter gesamtschuldnerisch gegenüber den Gläubigern der gemeinsamen Tochtergesellschaft.[31] Auch hier ist kein Raum für eine bloße pro-rata-Haftung der Mütter.

3. Meldung. Der Anspruch der Gläubiger der abhängigen Gesellschaft auf Sicherheitsleistung für ihre vor dem Stichtag begründeten Forderungen gegen das herrschende Unternehmen nach § 303 Abs. 1 S. 1 setzt als letztes voraus, daß sich die Gläubiger binnen sechs Monaten nach dem Stichtag, dh. nach der Bekanntmachung der Eintragung der Vertragsbe-

---

Rdnr. 8; *Krieger*, Festschrift Nirk, S. 551, 555; *Marsch-Barner* in Kallmeyer UmwG § 22 Rdnr. 3; enger *Dehmer* UmwG § 22 Rdnr. 7; vgl. auch *Geßler* in Geßler/Hefermehl Rdnr. 8.

[21] *Geßler* in Geßler/Hefermehl Rdnr. 7.
[22] Ebenso für § 303 ausdrücklich BGH LM KapErhG Nr. 3 = NJW 1996, 1539 = AG 1996, 321, 322; LAG Frankfurt AG 1989, 256.
[23] BGBl. 1994 I, S. 560.
[24] So aber offenbar LAG Frankfurt AG 1989, 256, 257; *Hüffer* Rdnr. 3; *Marsch-Barner* in Kallmeyer UmwG § 22 Rdnr. 3 (aE); vgl. auch *K. Schmidt* ZGR 1993, 366, 381 ff.
[25] *Jaeger* DB 1996, 1069, 1070 f.

[26] S. BGH LM KapErhG Nr. 3 = NJW 1996, 1539 = AG 1996, 321, 322: Dreijahresfrist.
[27] BGHZ 115, 187, 199 = NJW 1991, 3142 „Video"; *Assmann* in Lutter/Ulmer/Zöllner (Hrsg.), 100-Jahre GmbHG, 1992, S. 657, 732 f.; *Ebenroth/Wilken* BB 1991, 2229, 2233; *Sonnenschein/Holdorf* JZ 1992, 715, 720.
[28] *Eschenbruch* Konzernhaftung Tz. 3139 (S. 223); *Hüffer* Rdnr. 4; *Krieger* in Handbuch § 70 Rdnr. 141.
[29] *Geßler* in Geßler/Hefermehl Rdnr. 5; *Koppensteiner* in Kölner Kommentar Rdnr. 9.
[30] *Krieger* Handbuch § 70 Rdnr. 141; s. auch u. Rdnr. 26.
[31] *Geßler* in Geßler/Hefermehl Rdnr. 6; *Koppensteiner* in Kölner Kommentar Rdnr. 12.

endigung (o. Rdnr. 8), bei dem herrschenden Unternehmen „zu diesem Zweck" melden. In der Bekanntmachung der Eintragung sind die Gläubiger auf ihr Recht auf Sicherheitsleistung hinzuweisen (§ 303 Abs. 1 S. 2). Eine entsprechende Ausschlußfrist von sechs Monaten findet sich auch für die Fälle der Kapitalherabsetzung in den §§ 225 Abs. 1 und 233 Abs. 2 sowie für die Umwandlungsfälle in § 22 Abs. 1 UmwG. Anders als in den Umwandlungsfällen (s. § 22 Abs. 1 S. 2 UmwG) ist jedoch hier der Anspruch der Gläubiger auf Sicherheitsleistung unabhängig davon, ob sie glaubhaft machen, daß durch die Vertragsbeendigung die Erfüllung ihrer Forderungen gefährdet wird.

16 Die Sechsmonatefrist des § 303 Abs. 1 S. 1 ist eine *Ausschlußfrist,* die an dem Tag beginnt, der auf den Stichtag (o. Rdnr. 8) folgt (§ 187 Abs. 1 BGB) und deren Berechnung sich nach § 188 Abs. 2 BGB richtet. Keine Rolle spielt, ob der Gläubiger Kenntnis von dem Lauf der Frist hat; neben § 303 Abs. 1 mit seinem strengen Stichtagsprinzip ist für die Anwendung des § 15 Abs. 2 HGB kein Raum.[32] Auch wenn der Gläubiger ohne sein Verschulden keine Kenntnis von dem Ablauf der Sechsmonatefrist erlangt, verliert er doch in diesem Fall endgültig den Anspruch auf Sicherheitsleistung gegen das herrschende Unternehmen; eine Wiedereinsetzung in den vorigen Stand scheidet hier aus.[33] Das gilt selbst dann, wenn das Registergericht in der Bekanntmachung der Eintragung entgegen § 303 Abs. 1 S. 2 die Gläubiger nicht auf ihr Recht auf Sicherheitsleistung hingewiesen hat; in Betracht kommen in einem derartigen Fall vielmehr allein Amtshaftungsansprüche nach § 839 BGB iVm. Art. 34 GG.[34]

17 Die Meldung des Gläubigers ist *rechtzeitig,* wenn sie vor Fristablauf dem herrschenden Unternehmen zugeht (§ 130 Abs. 1 BGB).[35] Keine Rolle spielt, wann der Gläubiger vor Fristablauf die Meldung erstattet. Dies kann auch schon vor Fristbeginn, dh. zwischen Vertragsbeendigung und Stichtag geschehen.[36] Eine besondere *Form* ist für Meldung gleichfalls nicht vorgeschrieben, so daß sie sogar mündlich erfolgen kann.[37] Aus der Meldung muß sich jedoch nach § 303 Abs. 1 S. 1 ihr Zweck ergeben. Dies bedeutet, daß für das herrschende Unternehmen erkennbar sein muß, daß der meldende Gläubiger von ihm Sicherheitsleistung für eine bestimmte Forderung verlangt; nicht erforderlich ist, daß die Forderung hierbei der Höhe nach beziffert wird.[38]

IV. Sicherheitsleistung

18 **1. §§ 232 ff. BGB.** Die Art und Weise, in der das herrschende Unternehmen unter den Voraussetzungen des § 303 Abs. 1 Sicherheit leisten muß, richtet sich nach den §§ 232 ff. BGB.[39] Unter bestimmten Voraussetzungen kommt daher als Sicherheit auch die *Bürgschaft* eines tauglichen Dritten, zB einer Bank in Betracht (s. §§ 232 Abs. 2, 239 BGB). Der Anspruch des Gläubigers auf diese Sicherheitsleistung ist ein normaler schuldrechtlicher Anspruch, der notfalls durch Leistungsklage gegen das herrschende Unternehmen durchgesetzt werden muß.[40] § 306 findet hier keine Anwendung.[41] Die Vollstreckung des Urteils richtet sich nach § 887 Abs. 1 ZPO.[42]

19 **2. Bürgschaft des herrschenden Unternehmens.** Nach § 303 Abs. 3 kann das herrschende Unternehmen, anstatt Sicherheit zu leisten, sich auch selbst für die Forderung

---

[32] BGHZ 116, 37, 44 = NJW 1992, 505 = AG 1992, 83 „Stromlieferungen/Hansa-Feuerfest"; *Emmerich/Sonnenschein* § 16 VII 2a; *Dehmer* UmwG § 22 Rdnr. 12; *Geßler* in Geßler/Hefermehl Rdnr. 10; *Grunewald* in Lutter UmwG § 22 Rdnr. 19; *Koppensteiner* in Kölner Kommentar Rdnr. 10.
[33] *Marsch-Barner* in Kallmeyer UmwG § 22 Rdnr. 5.
[34] *Dehmer* UmwG § 22 Rdnr. 10 f.; *Hüffer* Rdnr. 5; *Grunewald* in Lutter UmwG § 22 Rdnr. 18; *Koppensteiner* in Kölner Kommentar Rdnr. 10; *Krieger* Handbuch § 60 Rdnr. 42, § 70 Rdnr. 143; *Marsch-Barner* in Kallmeyer UmwG § 22 Rdnr. 6.
[35] *Hüffer* Rdnr. 5.

[36] *Grunewald* in Lutter UmwG § 22 Rdnr. 18; *Krieger* Handbuch § 60 Rdnr. 42, § 70 Rdnr. 143.
[37] LAG Frankfurt AG 1989, 256, 257.
[38] Ebenso *Eschenbruch* Konzernhaftung Tz. 3140 (S. 223); anders die überwiegende Meinung, zB *Koppensteiner* in Kölner Kommentar Rdnr. 10.
[39] S. dazu ausführl. *Rittner,* Festschrift Oppenhoff, S. 317, 320 ff.
[40] OLG Düsseldorf AG 1996, 426; ein Beispiel in BGH LM KapErG Nr. 3 = NJW 1996, 1539 = AG 1996, 321.
[41] OLG Düsseldorf (Fn. 40); *Pentz* Enkel-AG S. 162.
[42] S. *Palandt/Heinrichs* § 232 Rdnr. 1.

des Gläubigers verbürgen; in diesem Fall findet nach S.2 der Vorschrift § 349 HGB keine Anwendung, so daß dem herrschenden Unternehmen die Einrede der Vorausklage verbleibt (§ 771 BGB). Diese Regelung, durch die das herrschende Unternehmen vor einer übermäßigen Belastung durch Sicherheitsleistungen geschützt werden soll (o. Rdnr.2), hat es mit sich gebracht, daß in der Gesellschaftspraxis mittlerweile die Sicherheitsleistung gemäß § 303 Abs.1 gänzlich von der Bürgschaft des herrschenden Unternehmens nach § 303 Abs.3 verdrängt worden ist.[43]

Auch im Falle des § 303 Abs.3 S.1 wird die Bürgschaft entsprechend § 765 Abs.1 BGB durch Vertrag zwischen dem herrschenden Unternehmen und dem Gläubiger begründet. Lehnt jedoch der Gläubiger das Bürgschaftsangebot des herrschenden Unternehmens ab, so verliert er seine Rechte aus § 303.[44] Der Bürgschaftsvertrag wird für das herrschende Unternehmen in aller Regel ein Handelsgeschäft sein (§ 343 HGB), so daß die Formvorschrift des § 766 BGB hier keine Anwendung findet (§ 350 HGB).

Die Entscheidung zwischen der Sicherheitsleistung (§ 303 Abs.1) und der Übernahme einer Bürgschaft (§ 303 Abs.3) ist allein Sache des herrschenden Unternehmens, so daß es sich dabei um eine *Wahlschuld* mit Wahlrecht des Schuldners im Sinne der §§ 262 ff. BGB handelt.[45] Das Wahlrecht geht folglich nur unter den engen Voraussetzungen des § 264 Abs.1 BGB auf den Gläubiger über.

3. Schutzgesetz? Die Parallelvorschrift des § 22 UmwG wird überwiegend als Schutzgesetz im Sinne des § 823 Abs.2 BGB interpretiert.[46] Das hat für den Gläubiger den Vorteil, daß er bei einem Verstoß des herrschenden Unternehmens gegen seine Pflicht zur Sicherheitsleistung auch gegen die verantwortlichen Organmitglieder des herrschenden Unternehmens direkt aufgrund des § 823 Abs.2 BGB mit der Forderung auf Schadensersatz vorgehen kann. Für § 303 wird die Frage bisher nicht diskutiert, kann hier aber schwerlich anders als bei § 22 UmwG beurteilt werden.

V. Ausfallhaftung

Eine bloße Sicherheitsleistung des herrschenden Unternehmens, sei es nach den §§ 232 ff. BGB (§ 303 Abs.1), sei es durch Übernahme einer Bürgschaft (§ 303 Abs.3), macht spätestens dann keinen Sinn mehr, wenn die Inanspruchnahme des herrschenden Unternehmens an Stelle der abhängigen Gesellschaft *endgültig* feststeht. Das ist (spätestens) der Fall, wenn die Eröffnung eines Insolvenzverfahrens über das Vermögen der abhängigen Gesellschaft mangels Masse abgelehnt oder das Verfahren aus diesem Grunde eingestellt worden ist oder wenn die Gesellschaft wegen Vermögenslosigkeit im Handelsregister gelöscht wurde. Entsprechend § 322 verwandelt sich dann der Anspruch des Gläubigers auf Sicherheitsleistung in einen direkten Zahlungsanspruch gegen das herrschende Unternehmen. Aus der regelmäßigen Innenhaftung des herrschenden Unternehmens gegenüber der abhängigen Gesellschaft (§ 302) wird mit anderen Worten in diesem Ausnahmefall eine echte Außenhaftung gegenüber den Gläubigern der abhängigen Gesellschaft.[47] Auch § 322 Abs.2 und 3 ist dann entsprechend anwendbar.[48]

---

[43] *Emmerich/Sonnenschein* § 16 VII 4; *Lwowski/Groeschke* WM 1994, 613, 618f.; *van Venrooy* BB 1981, 1003; *Werner,* Festschrift Goerdeler, S.677, 685f.

[44] *Geßler* in Geßler/Hefermehl Rdnr.20; *Koppensteiner* in Kölner Kommentar Rdnr.13.

[45] Ebenso *Dehmer* UmwG § 22 Rdnr.20.

[46] ZB *Dehmer* UmwG § 22 Rdnr.22; *Marsch-Barner* in Kallmeyer UmwG § 22 Rdnr.13; anders nur *Grunewald* in Lutter UmwG § 22 Rdnr.25.

[47] BGHZ 95, 330, 347 = NJW 1986, 188 = AG 1986, 15 „Autokran"; BGHZ 105, 168, 183 = NJW 1988, 3143 = AG 1989, 27 „HSW"; BGHZ 115, 187, 200 = NJW 1991, 3142 = AG 1991, 429 „Video"; BGHZ 116, 37, 42 = NJW 1992, 505 = AG 1992, 83 „Stromlieferungen/Hansa-Feuerfest"; BAGE 76, 79, 87 = NJW 1994, 3244 = AG 1994, 510; BAG NJW 1991, 2923 = AG 1991, 434, 437 = AP BetrVerfG 1972 § 113 Nr.21 „Hettler"; NJW 1996, 1491 = AG 1996, 222, 223 = GmbHR 1996, 113; OLG Köln AG 1991, 140 = GmbHR 1990, 456; OLG Koblenz WM 1991, 227 = AG 1991, 142; OLG Dresden GmbHR 1997, 215, 219; z WiB 1997, 466 = AG 1997, 330; LAG Frankfurt AG 1989, 256, 257; BSGE 75, 82, 87 = NJW-RR 1995, 730; *Assmann* in Lutter/Ulmer/Zöllner (Hrsg.), 100 Jahre GmbHG, 1992, S.657, 730ff.; *Emmerich/Sonnenschein* § 16 VII 5; *D. Joost* in Konzern-

24 Umstritten ist, ob dasselbe zu gelten hat, wenn die abhängige Gesellschaft noch eigene Ansprüche gegen das herrschende Unternehmen besitzt, sei es auf Verlustübernahme nach § 302, sei es auf Schadensersatz nach § 309 iVm. § 31 BGB.[49] Die Frage ist zu bejahen, da es einen unnötigen, lediglich kostenverursachenden Umweg bedeutete, den Gläubiger in einem derartigen Fall zu zwingen, zunächst in die Ansprüche der abhängigen Gesellschaft gegen das herrschende Unternehmen zu vollstrecken (§ 829 ZPO), um erst dann gegen das herrschende Unternehmen vorgehen zu können.

VI. Ausnahmen

25 Nach § 303 Abs. 2 steht das Recht auf Sicherheitsleistung solchen Gläubigern' nicht zu, die im Falle des Konkurses ein Recht auf vorzugsweise Befriedigung aus einer Deckungsmasse haben, die nach gesetzlicher Vorschrift zu ihrem Schutz errichtet und staatlich überwacht ist (ebenso §§ 225 Abs. 1 S. 3 und 233 Abs. 2 S. 3 sowie § 22 Abs. 2 UmwG). Gemeint sind damit die Inhaber der von Hypothekenbanken ausgegebenen Pfandbriefe (§ 35 Hypothekenbankgesetz) und der von Schiffspfandbriefbanken ausgegebenen Schiffspfandbriefe (§ 26 Schiffbankgesetz) sowie die Gläubiger der mit Versicherungsaktiengesellschaften abgeschlossenen Lebens-, Unfall- und Krankenversicherungen (§§ 77, 79 VAG).[50] Dahinter steht der Gedanke, daß Gläubiger, für deren Sicherheit im Insolvenzfall gesetzlich bereits auf andere Weise umfassend Sorge getragen ist, keines weiteren Schutzes durch Sicherheitsleistung nach § 303 bedürfen.

26 Bisher nicht endgültig geklärt ist die Frage, inwieweit der dem § 303 Abs. 2 zugrundeliegende Gedanke (o. Rdnr. 25) in anderen Fällen einer ausreichenden Sicherung des Gläubigers entsprechend anwendbar ist. Zu bejahen ist dies zumindest für unverfallbare Ruhegeldanwartschaften sowie für Ansprüche von Betriebsrentnern auf Ruhegelder, soweit sie Insolvenzschutz nach den §§ 7 f. BetrAVG genießen, dh, soweit ihre Ansprüche durch den Pensionssicherungsverein gedeckt sind.[51] Dasselbe muß für Gläubiger gelten, die bereits ausreichend durch Grundpfandrechte gesichert sind (s. o. Rdnr. 26); ihre Forderung nach zusätzlichen Sicherheiten aufgrund des § 303 wäre mißbräuchlich (§ 242 BGB).[52] Zweifelhaft ist, ob man noch weiter gehen kann und auch solchen Gläubigern, die über besondere Konkursvorrechte verfügen, einen Anspruch auf Sicherheitsleistung nach § 303 verweigern darf.[53] Die Frage dürfte jedenfalls zu bejahen sein, wenn das Konkursvorrecht dem Gläubiger bereits eine ausreichende Sicherheit für seine Forderung gewährt. Dasselbe gilt schließlich noch, wenn sich der Gläubiger ohne weiteres durch Aufrechnung gegen die abhängige Gesellschaft befriedigen kann (o. Rdnr. 13).

---

rechtstage S. 133; *Kleindiek* Strukturvielfalt S. 236 ff.; *Limmer* Haftungsverfassung S. 336 ff.; *Kübler* Festschrift Heinsius, 1991, S. 397, 419 ff.; *Lwowski/Groeschke* WM 1994, 613, 619; *Stimpel* in Hommelhoff Entwicklungen S. 39, 48 ff.; *ders., Festschrift Goerdeler*, S. 601, 616 ff.

[48] BGH LM AktG § 302 Nr. 8 = NJW 1994, 3288 = AG 1995, 35, 37.

[49] Bejahend *Eschenbruch* Konzernhaftung Tz. 3143 (S. 223); *Krieger* Handbuch § 70 Rdnr. 144; dagegen *Hüffer* Rdnr. 7.

[50] S. zB BAG AG 1997, 268, 269; *Eschenbruch* Konzernhaftung Tz. 3141; *Geßler* in Geßler/Hefermehl Rdnr. 10; *Grunewald* in Lutter UmwG § 22 Rdnr. 23; *Koppensteiner* in Kölner Kommentar Rdnr. 11; *Krieger*, Festschrift Nirk, S. 551, 558; *Marsch-Barner* in Kallmeyer UmwG § 22 Rdnr. 9 f.

[51] Grdlg. BAG AG 1997, 268 ff.; ebenso *Dehmer* UmwG § 22 Rdnr. 19; *Grunewald* in Lutter UmwG § 22 Rdnr. 23; *Krieger* Handbuch § 60 Rdnr. 38; *ders., Festschrift Nirk*, S. 551, 559 ff.; *Marsch-Barner* (Fn. 50); kritisch *Rittner*, Festschrift Oppenhoff, S. 317, 327 f.

[52] *Dehmer* UmwG § 22 Rdnr. 19; *Emmerich/Sonnenschein* § 16 VII 1; *Grunewald* in Lutter UmwG § 22 Rdnr. 24; *Lwowski/Groeschke* WM 1994, 613, 619 f.; *Krieger*, Festschrift Nirk, S. 551, 558; *Rittner*, Festschrift Oppenhoff, S. 317, 322, 324; anders zB *Geßler* in Geßler/Hefermehl Rdnr. 19; *Hüffer* Rdnr. 8.

[53] Dafür *Grunewald* in Lutter UmwG § 22 Rdnr. 24; *Koppensteiner* in Kölner Kommentar Rdnr. 11; dagegen *Eschenbruch* Konzernhaftung Tz. 3141; *Krieger* Handbuch § 60 Rdnr. 40; *Rittner*, Festschrift Oppenhoff, S. 317, 324 f.

Vierter Abschnitt
Sicherung der außenstehenden Aktionäre bei Beherrschungs- und Gewinnabführungsverträgen

§ 304 Angemessener Ausgleich

(1) Ein Gewinnabführungsvertrag muß einen angemessenen Ausgleich für die außenstehenden Aktionäre durch eine auf die Anteile am Grundkapital bezogene wiederkehrende Geldleistung (Ausgleichszahlung) vorsehen. Ein Beherrschungsvertrag muß, wenn die Gesellschaft nicht auch zur Abführung ihres ganzen Gewinns verpflichtet ist, den außenstehenden Aktionären als angemessenen Ausgleich einen bestimmten jährlichen Gewinnanteil nach der für die Ausgleichszahlung bestimmten Höhe garantieren. Von der Bestimmung eines angemessenen Ausgleichs kann nur abgesehen werden, wenn die Gesellschaft im Zeitpunkt der Beschlußfassung ihrer Hauptversammlung über den Vertrag keinen außenstehenden Aktionär hat.

(2) Als Ausgleichszahlung ist mindestens die jährliche Zahlung des Betrags zuzusichern, der nach der bisherigen Ertragslage der Gesellschaft und ihren künftigen Ertragsaussichten unter Berücksichtigung angemessener Abschreibungen und Wertberichtigungen, jedoch ohne Bildung anderer Gewinnrücklagen, voraussichtlich als durchschnittlicher Gewinnanteil auf die einzelne Aktie verteilt werden könnte. Ist der andere Vertragsteil eine Aktiengesellschaft oder Kommanditgesellschaft auf Aktien, so kann als Ausgleichszahlung auch die Zahlung des Betrags zugesichert werden, der unter Herstellung eines angemessenen Umrechnungsverhältnisses auf Aktien der anderen Gesellschaft jeweils als Gewinnanteil entfällt. Die Angemessenheit der Umrechnung bestimmt sich nach dem Verhältnis, in dem bei einer Verschmelzung auf eine Aktie der Gesellschaft Aktien der anderen Gesellschaft zu gewähren wären.

(3) Ein Vertrag, der entgegen Absatz 1 überhaupt keinen Ausgleich vorsieht, ist nichtig. Die Anfechtung des Beschlusses, durch den die Hauptversammlung der Gesellschaft dem Vertrag oder einer unter § 295 Abs. 2 fallenden Änderung des Vertrags zugestimmt hat, kann nicht auf § 243 Abs. 2 oder darauf gestützt werden, daß der im Vertrag bestimmte Ausgleich nicht angemessen ist. Ist der im Vertrag bestimmte Ausgleich nicht angemessen, so hat das in § 306 bestimmte Gericht auf Antrag den vertraglich geschuldeten Ausgleich zu bestimmen, wobei es, wenn der Vertrag einen nach Absatz 2 Satz 2 berechneten Ausgleich vorsieht, den Ausgleich nach dieser Vorschrift zu bestimmen hat.

(4) Antragsberechtigt ist jeder außenstehende Aktionär. Der Antrag kann nur binnen zwei Monaten seit dem Tage gestellt werden, an dem die Eintragung des Bestehens oder einer unter § 295 Abs. 2 fallenden Änderung des Vertrags im Handelsregister nach § 10 des Handelsgesetzbuchs als bekanntgemacht gilt.

(5) Bestimmt das Gericht den Ausgleich, so kann der andere Vertragsteil den Vertrag binnen zwei Monaten nach Rechtskraft der Entscheidung ohne Einhaltung einer Kündigungsfrist kündigen.

Schrifttum: *Unternehmensrechtskommission* Bericht, 1980, Tz. 1345 ff. (S. 690 ff.); *Chr. Aha*, Aktuelle Aspekte der Unternehmensbewertung im Spruchstellenverfahren, AG 1997, 26; *Bachelin*, Der konzernrechtliche Minderheitenschutz, 1969; *W. F. Bayer*, Mehrstufige Unternehmensverträge, Festschrift Ballerstedt, 1975, S. 157; *Beuthien*, Unternehmenskonzentration und Kleinaktionärsschutz, JuS 1970, 53; *Boëtius*, Großaktionäre als außenstehende Aktionäre, DB 1972, 1220; *T. Busch*, Der Zinsanspruch des Aktionärs bei unangemessenen Barkompensationsansprüchen gemäß §§ 304 Abs. 4 S. 3, 305 Abs. 5 S. 5 AktG, AG 1993, 1; *Ebenroth*, Die verdeckten Vermögenszuwendungen im transnationalen Unternehmen, 1979; *Emmerich/Sonnenschein* Konzernrecht § 17; *Eschenbruch* Konzernhaftung, 1996, Tz. 3105 (S. 213 ff.); *Exner*, Beherrschungsvertrag und Vertragsfreiheit, 1984; *M. Forst*, Zur Bemessung der Sicherung außenstehender Aktionäre gemäß §§ 304, 305 AktG, AG 1994, 321; *G. und A. Hartmann*, Zur Frage eines „Null-Ausgleichs" nach § 304 AktG, Festschrift Pleyer, 1986, S. 287; *R. Hecker/E. Wenger*, Der Schutz von Minderheiten im Vertragskonzern, ZBB 1995, 321; *Hüchting*, Abfindung

§ 304   3. Buch. 1. Teil. 4. Abschn. Sicherung der außenstehenden Aktionäre

und Ausgleich im aktienrechtlichen Beherrschungsvertrag, 1972; *Kley,* Die Rechtsstellung der außenstehenden Aktionäre bei der vorzeitigen Beendigung von Unternehmensverträgen, 1986; *Koppensteiner,* Ordentliche Kapitalerhöhungen und dividendenabhängige Ansprüche Dritter, ZHR 139 (1975), 191; *Krieger* Handbuch § 70 G (S. 806 ff.); *Kübler,* Gerichtliche Entscheidungen als Spielsteine der Konzernstrategie?, Festschrift Goerdeler, 1987, S. 279; *M. Lutter/Drygala,* Wie fest ist der feste Ausgleich?, AG 1995, 49; *Marchand,* Abhängigkeit und Konzernzugehörigkeit von Gemeinschaftsunternehmen, 1985; *H. Meilicke,* Konzentration durch Beherrschungs- und Ergebnisübernahmeverträge, in H. Arndt, Die Konzentration in der Wirtschaft, 2. Aufl., 1971, S. 645; *W. Meilicke,* Die Berechnung der Ausgleichszahlung nach § 304 Abs. 2 S. 1 AktG, DB 1980, 2121; *Mestmäcker,* Verwaltung, Konzerngewalt und Rechte der Aktionäre, 1958; *ders.,* Zur Systematik des Rechts der verbundenen Unternehmen, Festgabe Kronstein, 1967, S. 129; *Nonnenmacher,* Das Umtauschverhältnis bei der Verschmelzung von Kapitalgesellschaften, AG 1982, 153; *Pentz,* Die Rechtsstellung der Enkel-AG in der mehrstufigen Unternehmensverbindung, 1994; *ders.,* Die verbundene AG als außenstehender Aktionär, AG 1996, 97; *Raiser* Kapitalgesellschaften § 54 V (S. 616 ff.); *E. Rehbinder,* Gesellschaftsrechtliche Probleme mehrstufiger Unternehmensverbindungen, ZGR 1977, 581; *Säcker,* Die Rechte der Aktionäre bei konzerninternen Umstrukturierungen gemäß § 304 AktG, DB 1988, 271; *J. Schmidt,* Das Recht der außenstehenden Aktionäre, 1979; *Schulenberg,* Die Antragsberechtigung gemäß §§ 15, 305 UmwG, AG 1998, 74; *Seetzen,* Die Bestimmung des Verschmelzungswertverhältnisses im Spruchstellenverfahren, WM 1994, 45; *Stimpel,* Zum Verhältnis von Ausgleichs- und Barabfindungsansprüchen, AG 1998, 259; *Veit,* Unternehmensverträge und Eingliederung als aktienrechtliche Instrumente der Unternehmensverbindung, 1974, S. 113 ff.; *S. Wanner,* Konzernrechtliche Probleme mehrstufiger Unternehmensverbindungen nach Aktienrecht, 1998.

Übersicht

	Rdnr.		Rdnr.
I. Überblick	1–6	3. Gewinnanteil	45, 46
II. Zweck	7	4. Umrechnungsverhältnis	47–49
III. Anwendungsbereich	8–12	5. Mindestgarantie	50
1. Grundsatz	8	6. Fälligkeit	51
2. Andere Unternehmensverträge	9	VIII. Mehrstufige Konzerne	52–62
3. Fehlen außenstehender Aktionäre	10	1. Koordinierte Verträge zwischen allen Beteiligten	53, 54
4. GmbH	11	a) Aufbau von oben nach unten	53
5. Andere Gläubiger	12	b) Aufbau von unten nach oben	54, 55
IV. Außenstehende Aktionäre	13–19	2. Vertrag nur zwischen Mutter- und Enkelgesellschaft	56–58
1. Allgemeines	13, 14		
2. Begriff	15–18	3. Vertrag nur zwischen Tochter- und Enkelgesellschaft	59, 60
3. Zeitpunkt	19		
V. Verpflichteter	20, 21	4. Vertrag nur zwischen Mutter- und Tochtergesellschaft	61
VI. Fester Ausgleich	22–41		
1. Anwendungsbereich	22–25	5. Verträge der Enkelgesellschaft gleichzeitig mit Mutter- und Tochtergesellschaft	62
2. Berechnung	26–33		
a) Korrigierter Jahresüberschuß	27	IX. Anpassung	63–69
b) Zukünftige Erträge	28, 29	1. Grundsatz	63–65
c) Wertsicherung?	30	2. Kapitalerhöhung	66–68
d) Staffelung?	31	a) Bei der herrschenden Gesellschaft	66, 67
e) Null-Ausgleich	32		
f) Unterschiedliche Aktiengattungen	33	b) Bei der abhängigen Gesellschaft	68
3. Verhältnis zu § 305	34–36	3. Kapitalherabsetzung	69
a) Entsprechung	34, 35	X. Beendigung	70, 71
b) Unterschiede	36	XI. Mängel des Vertrages und des Zustimmungsbeschlusses	72–78
4. Stichtag	37, 38		
5. Fälligkeit	39	1. Nichtigkeit des Vertrags	72–76
6. Zinsen	40	a) Fehlen eines Ausgleichs	73
7. Abtretung	41	b) Gleichstehende Fälle	74
VII. Variabler Ausgleich	42–51	c) Sonstige Verstöße gegen § 304	75, 76
1. Anwendungsbereich	42, 43		
2. Problematik	44	2. Mängel des Zustimmungsbeschlusses	77, 78

	Rdnr.		Rdnr.
XII. Spruchstellenverfahren	79–89	2. Frist	84
1. Antragsberechtigung	80–83	3. Antrag	85, 86
a) Jeder außenstehende Aktionär	80	4. Entscheidung des Gerichts	87–89
b) Zeitpunkt	81, 82	XIII. Sonderkündigungsrecht	90, 91
c) Veräußerung	83		

I. Überblick

§ 304 leitet die Vorschriften über die Sicherung der außenstehenden Aktionäre bei Abschluß eines Beherrschungs- oder Gewinnabführungsvertrages ein (§§ 304 bis 307). Die Bestimmung muß vor allem im Zusammenhang mit § 305 gesehen werden, weil sich erst aus beiden Vorschriften zusammen ergibt, wie sich der Gesetzgeber einen angemessenen Schutz der außenstehenden Aktionäre namentlich im Vertragskonzern vorgestellt hat. Die Aktionäre haben danach die Wahl, ob sie gegen angemessenen Ausgleich für ihre Nachteile in der Gesellschaft verbleiben (§ 304) oder gegen volle Abfindung aus ihr ausscheiden wollen (§ 305). § 304 ist zuletzt durch das Gesetz über die Zulassung von Stückaktien von 1998 geändert worden.[1] Durch die Änderungen von Abs. 1 S. 1 und Abs. 2 S. 2 und 3 wurde die Vorschrift der Zulassung von Stückaktien angepaßt, die im Zusammenhang mit der bevorstehenden Einführung des Euro am 1. Januar 1999 zu sehen ist.[2]

Bereits vor Inkrafttreten des neuen AktG von 1965 hatten sich zuletzt Ausgleichszahlungen für die außenstehenden Aktionäre allgemein eingebürgert gehabt, seinerzeit meistens in der Form sogenannter Dividendengarantien.[3] Hieran hat das neue Gesetz in § 304 angeknüpft und als weitere Form der Entschädigung der außenstehenden Aktionäre durch § 305 die Abfindung in Aktien hinzugefügt. Entsprechende Regelungen finden sich für die Eingliederung durch Mehrheitsbeschluß heute in § 320b AktG sowie für Umwandlungsfälle zB in den §§ 15, 29 und 207 UmwG.

Für die in den genannten Vorschriften (o. Rdnr. 1 f.) zum Ausdruck gelangte kontinuierliche Verbesserung der Stellung der außenstehenden Aktionäre waren nicht zuletzt verfassungsrechtliche Überlegungen maßgebend. Denn wenn es die Rechtsordnung einem herrschenden Unternehmen schon gestattet, durch den Abschluß eines Beherrschungs- oder Gewinnabführungsvertrags in die Vermögens- und Mitverwaltungsrechte der anderen Aktionäre einzugreifen, muß sie zugleich mit Rücksicht auf Art. 14 Abs. 1 GG für eine volle Entschädigung der außenstehenden Aktionäre sorgen.[4] Als problematisch hat sich unter diesem Gesichtspunkt vor allem der variable Ausgleich des § 304 Abs. 2 S. 2 erwiesen (u. Rdnr. 44).

Die Situation der außenstehenden Aktionäre ist besonders kritisch bei Abschluß eines *Gewinnabführungsvertrages*, weil hier die abhängige Gesellschaft generell keine Gewinne mehr erwirtschaftet, aus denen Ausschüttungen an die außenstehenden Aktionäre vorgenommen werden könnten (§ 291 Abs. 1 S. 1). Folgerichtig leitet § 304 Abs. 1 S. 1 die gesetzliche Regelung mit der Bestimmung ein, daß der Vertrag in diesem Fall einen angemessenen Ausgleich für die außenstehenden Aktionäre durch eine auf die Anteile am Grundkapital bezogene wiederkehrende Geldleistung vorsehen muß. Fehlt es hieran, so ist der Vertrag unheilbar nichtig (§ 304 Abs. 3 S. 1). Die Einzelheiten regelt § 304 Abs. 2. Danach hat man zwei verschiedene Formen des Ausgleichs zu unterscheiden, für die sich die (sachlich nicht ganz zutreffenden) Bezeichnungen fester und variabler Ausgleich eingebürgert haben (s. § 304 Abs. 2 S. 1 und S. 2).

---

[1] BGBl. I 1998, S. 590.
[2] S. die Begr. zu dem RegE des StückAG, BR-Dr. 871/97.
[3] S. insbes. *Mestmäcker* Verwaltung S. 342, 354 ff.
[4] BVerfGE 14, 263, 276 ff. = NJW 1962, 1667 „Feldmühle"; BGHZ 119, 1, 10 = NJW 1992, 2760 = LM AktG § 131 Nr. 3 = AG 1992, 450 „Asea/BBC"; BGHZ 135, 374, 378 f. = NJW 1997, 2242 = LM AktG § 305 Nr. 3 = AG 1997, 515 = WM 1997, 1288, 1290 = ZIP 1997, 1193 „Guano"; BGH, ZIP 1998, 690 = NZG 1998, 379 = AG 1998, 286 „Asea/BBC II"; OLG Karlsruhe AG 1997, 270, 271 „Asea/BBC"; *Mestmäcker* JuS 1963, 417; *Emmerich/Sonnenschein* § 17 I und II.

5   Dieselben Regeln sind zu beachten, wenn mit dem Gewinnabführungsvertrag wie in aller Regel ein *Beherrschungsvertrag* verbunden ist. Besonderheiten gelten nach § 304 Abs. 1 S. 2 lediglich für isolierte Beherrschungsverträge, da es sich bei ihnen auch so verhalten kann, daß die abhängige Gesellschaft noch Gewinne ausschüttet. Da hierauf jedoch kein Verlaß ist, muß in diesem Fall den außenstehenden Aktionären durch den Unternehmensvertrag zusätzlich mindestens der Betrag garantiert werden, der bei Abschluß eines Gewinnabführungsvertrages als fester oder variabler Ausgleich geschuldet wäre (§ 304 Abs. 1 S. 2).

6   Sieht der Vertrag unter Verstoß gegen § 304 einen nicht angemessenen, weil zu niedrigen Ausgleich vor, so ändert dies zwar zunächst nichts an seiner Wirksamkeit (s. § 304 Abs. 3 S. 3). Jedoch kann jeder außenstehende Aktionär binnen einer Frist von zwei Monaten bei dem Landgericht am Sitze der Gesellschaft (s. § 306 Abs. 1 S. 1) die Festsetzung des angemessenen Ausgleichs beantragen (§ 304 Abs. 3 S. 3 und Abs. 4). Das Gericht ist dabei an die von den Vertragsparteien gewählte Form des Ausgleichs gebunden (§ 304 Abs. 3 S. 3 Halbs. 2), hat aber im übrigen die Angemessenheit des Ausgleichs von Amts wegen in vollem Umfang zu überprüfen (§ 306).

II. Zweck

7   § 304 bezweckt nach den vorstehenden Ausführungen (o. Rdnr. 1 ff.) eine **volle Entschädigung** der außenstehenden Aktionäre für ihre mit dem Abschluß von Beherrschungs- und Gewinnabführungsverträgen typischerweise verbundenen Verluste durch angemessene Ausgleichszahlungen (§ 304 Abs. 1 S. 1). Dadurch soll erreicht werden, daß die außenstehenden Aktionäre, sofern sie sich für den Verbleib in der Gesellschaft entscheiden, im Ergebnis so gestellt werden, wie wenn der Vertrag nicht zustande gekommen wäre, dh. *als ob* ihre Gesellschaft *unabhängig* geblieben wäre und weiter im gemeinsamen Interesse aller Aktionäre geführt würde.[5] Für den Regelfall wird dies durch feste Ausgleichszahlungen des herrschenden Unternehmens erreicht, die an die Stelle der früheren Gewinnausschüttung treten (§ 304 Abs. 2 S. 1). Nur im Falle des variablen Ausgleichs werden die außenstehenden Aktionäre statt dessen im Ergebnis so gestellt, als hätten die beteiligten Gesellschaften fusioniert (§ 304 Abs. 2 S. 2 und 3).

III. Anwendungsbereich

8   **1. Grundsatz.** Der Anwendungsbereich des § 304 entspricht grundsätzlich dem der §§ 291 ff. Er beschränkt sich mithin auf Beherrschungs- und Gewinnabführungsverträge im Sinne des § 291 Abs. 1 S. 1 mit einer abhängigen deutschen AG oder KGaA; gleich stehen Geschäftsführungsverträge im Sinne des § 291 Abs. 1 S. 2. Keine Rolle spielen hingegen die Rechtsform oder die Nationalität des herrschenden Unternehmens (letzteres streitig). Die Ausgleichspflicht trifft daher gegebenenfalls auch die öffentliche Hand oder ein ausländisches Unternehmen in der Rolle des herrschenden Unternehmens.[6] Wenn wie namentlich im Falle der Mehrmütterorganschaft an dem Vertragsabschluß mehrere Unternehmen als herrschende Unternehmen beteiligt sind, haften sie für den Ausgleich gesamtschuldnerisch.[7] Wird der Vertrag später hinsichtlich der Ausgleichsregelung geändert oder wird er aufgehoben oder gekündigt, so sind ergänzend die §§ 295 bis 297 zu beachten. Umstritten ist in diesem Zusammenhang vor allem die Behandlung des Beitritts einer neuen Partei zu dem Vertrag.[8]

9   **2. Andere Unternehmensverträge.** Keine Anwendung findet § 304 auf die anderen Unternehmensverträge des § 292, auch nicht auf Teilgewinnabführungsverträge im Sinne

---

[5] So die Begr. zum RegE, bei *Kropff* AktG S. 394 f.; ebenso zB BGH, NZG 1998, 379 = AG 1998, 286; OLG Düsseldorf AG 1977, 168, 171; *Exner* Beherrschungsvertrag S. 179 ff.; *Raiser* Kapitalgesellschaften § 54 Rdnr. 50.

[6] Ebenso zB *Koppensteiner* in Kölner Kommentar Rdnr. 19; wegen der Situation bei dem variablen Ausgleich s. auch u. Rdnr. 42 f.

[7] S. o. § 17 Rdnr. 25; u. Rdnr. 20.

[8] S. dazu o. § 295 Rdnr. 11, 26.

des § 292 Abs. 1 Nr. 2, selbst wenn sie im Ergebnis einem Gewinnabführungsvertrag gleichkommen.[9] Der sachliche Grund für diese auf den ersten Blick überraschende Regelung liegt darin, daß die anderen Unternehmensverträge grundsätzlich nur bei Leistung einer angemessenen Gegenleistung zulässig sind, aus der dann auch Gewinnausschüttungen an die außenstehenden Aktionäre möglich sind. Allenfalls in eindeutigen Umgehungsfällen kommt hier eine Anwendung des § 304 in Betracht.[10]

3. Fehlen außenstehender Aktionäre. Eine besondere Ausgleichsregelung zum Schutze außenstehender Aktionäre ist entbehrlich, wenn die abhängige Gesellschaft überhaupt keine außenstehenden Aktionäre hat (§ 304 Abs. 1 S. 3; vgl. auch § 305 Abs. 5). Jedoch endet in diesem Fall nach § 307 der Vertrag spätestens am Ende des Geschäftsjahrs, in dem erstmals wieder außenstehende Aktionäre an der abhängigen Gesellschaft beteiligt sind.[11]

4. GmbH. Wieweit § 304 auf Beherrschungs- und Gewinnabführungsverträge mit Gesellschaften anderer Rechtsform entsprechend angewandt werden kann, ist offen. Dies hängt mit der nach wie vor umstrittenen Frage zusammen, mit welcher Mehrheit etwa bei der GmbH die Gesellschafter dem Abschluß von Beherrschungs- und Gewinnabführungsverträgen zustimmen müssen. Verlangt man dafür richtigerweise Einstimmigkeit, so erübrigt sich die entsprechende Anwendung des § 304 ebenso wie die des § 305.[12] Denn die §§ 304 und 305 sind letztlich eine Konsequenz der in § 293 Abs. 1 zugunsten des Mehrheitsprinzips getroffenen Entscheidung.

5. Andere Gläubiger. Noch wenig geklärt ist die Behandlung anderer Gläubiger der abhängigen Gesellschaft, die ebenso wie die Aktionäre über gewinnabhängige Ansprüche verfügen. Beispiele sind die Inhaber gewinnabhängiger Schuldverschreibungen oder Genußrechte sowie Mitarbeiter der abhängigen Gesellschaft, denen Ansprüche auf Tantiemen zustehen. Überwiegend wird hier bisher eine Analogie zu § 304 abgelehnt mit der Folge, daß die genannten Gläubiger bei Abschluß von Beherrschungs- und Gewinnabführungsverträgen auf Ansprüche wegen positiver Vertragsverletzung oder wegen Wegfalls der Geschäftsgrundlage verwiesen sind.[13] Dies will indessen zumindest für Genußscheininhaber nicht recht einleuchten. Die besseren Gründe sprechen hier doch wohl für eine vorsichtige Analogie zu § 304.[14]

IV. Außenstehende Aktionäre

1. Allgemeines. Der Anspruch auf Ausgleich steht nach § 304 Abs. 1 S. 1 nur den „außenstehenden Aktionären" zu. Dasselbe bestimmt § 305 Abs. 1 für den Anspruch auf Abfindung. Diesen auch an mehreren anderen Stellen des Gesetzes verwandten Begriff hat das AktG von 1965 neu geprägt (s. außer den §§ 304 und 305 noch die §§ 295 Abs. 2, 296 Abs. 2, 297 Abs. 2, 302 Abs. 3 S. 3, 306 und 307). Wie der Zusammenhang der gesetzlichen Regelung ergibt, meint das Gesetz damit durchweg alle Aktionäre der abhängigen Gesellschaft mit der einen Ausnahme gerade des anderen Vertragsteils.[15] Auf eine nähere Umschreibung des Begriffs haben die Gesetzesverfasser jedoch zur Vermeidung einer kasuistischen Regelung verzichtet.[16] Daher ist die genaue Abgrenzung des Kreises der außenstehenden Aktionäre bis heute umstritten geblieben.[17]

---

[9] Ebenso *Geßler* in Geßler/Hefermehl Rdnr. 10.
[10] S. zu diesen Fällen o. § 292 Rdnr. 46 ff.
[11] Wegen der Einzelheiten s. u. Rdnr. 72 sowie § 307 Rdnr. 5.
[12] Wegen der Einzelheiten s. *Emmerich/Sonnenschein* §§ 25 II 6, 27 III 4, 29 IV und 29 a; *Scholz/Emmerich* GmbHG § 44 Anh. Rdnr. 335.
[13] *Geßler* in Geßler/Hefermehl Rdnr. 28; *Koppensteiner* in Kölner Kommentar Rdnr. 13; *Krieger* Handbuch § 70 Rdnr. 40; ebenso im Ergebnis BGHZ 119, 305, 309 ff. = NJW 1993, 400 = AG 1993, 125 „Klöckner".

[14] *Emmerich/Sonnenschein* § 17 III 2; *Konzen* RdA 1984, 65, 71, 80 ff.; *Martens*, 25 Jahre BAG, 1979, S. 367, 382 ff.
[15] So schon ausdrücklich die Begr. zum RegE des § 295, bei *Kropff* AktG S. 385.
[16] S. die Begr. zum RegE (Fn. 15).
[17] S. dazu insbes. *Bachelin* Minderheitenschutz S. 18 ff.; *Boëtius* DB 1972, 1220; *Emmerich/Sonnenschein* § 17 III 1; *Kley* Rechtsstellung S. 29 f.; *Pentz* Rechtsstellung S. 55 f.; *ders.* AG 1996, 97; *J. Schmidt*, Außenstehende Aktionäre, S. 36 ff.

14 Der Begriff der außenstehenden Aktionäre muß nicht in allen Vorschriften, in denen er vom Gesetz verwandt wird (o. Rdnr. 13), im selben Sinne verstanden werden; vielmehr kann der unterschiedliche Zweck der einschlägigen Vorschriften durchaus auch Differenzierungen nötig machen.[18] Im vorliegenden Zusammenhang interessiert allein die Abgrenzung des Kreises der außenstehenden Aktionäre gegenüber dem anderen Vertragsteil im Rahmen der §§ 304 bis 307. Wegen des abweichenden Verständnisses des Begriffes in den §§ 295 Abs. 2, 296 Abs. 2, 297 Abs. 2 und 302 Abs. 3 S. 3 ist auf die Ausführungen an anderer Stelle zu verweisen.[19]

15 **2. Begriff.** Da außenstehende Aktionäre in den §§ 304 bis 307 sämtliche Aktionäre der abhängigen Gesellschaft mit Ausnahme gerade des anderen Vertragsteils sind (o. Rdnr. 13), kann es sich im Grunde nur fragen, welche Aktionäre der abhängigen Gesellschaft rechtlich oder wirtschaftlich in so engen Beziehungen zu dem anderen Vertagsteil stehen, daß sie letztlich in bezug auf den Beherrschungs- oder Gewinnabführungsvertrag zu dessen „Lager" gerechnet werden müssen. Für die Beantwortung dieser Frage werden unterschiedliche Kriterien angeboten. Übereinstimmung besteht jedoch darüber, daß dem anderen Vertragsteil – im Gegensatz zu den außenstehenden Aktionären – jedenfalls solche Aktionäre gleichgestellt werden müssen, die gleichfalls von den Vorteilen des Vertrages profitieren, so daß es nicht gerechtfertigt wäre, ihnen ebenso wie den außenstehenden Aktionären Ansprüche auf Ausgleich und Abfindung zuzubilligen.

16 Von dieser Sicht der Dinge sind bereits die Gesetzesverfasser ausgegangen.[20] Sie haben daraus den Schluß gezogen, dem anderen Vertragsteil dürften (nur) diejenigen Aktionäre gleichgestellt werden, deren Vermögen wirtschaftlich mit dem Vermögen des anderen Vertragsteils eine Einheit bildet *oder* deren Erträge dem anderen Vertragsteil *oder* denen die Erträge des anderen Vertragsteils zufließen. *Nicht* außenstehende Aktionäre seien daher auch Aktionäre, die mit dem anderen Vertragsteil unmittelbar oder mittelbar durch den Besitz aller Anteile oder durch einen Gewinnabführungs- oder Beherrschungsvertrag verbunden sind.

17 Hieran hat die überwiegende Meinung bis heute festgehalten. Dem anderen Vertragsteil werden mithin im Rahmen der §§ 304 bis 307 (allein) diejenigen Aktionäre gleichgestellt, die an dem anderen Vertragsteil zu **100%** beteiligt sind oder an denen dieser seinerseits mit 100% beteiligt ist, sowie außerdem noch solche Aktionäre, die mit dem anderen Vertragsteil unmittelbar oder mittelbar durch einen Beherrschungs- oder Gewinnabführungsvertrag verbunden sind.[21] Außerdem können zu den außenstehenden Aktionären solche nicht gerechnet werden, die in den anderen Vertragsteil eingegliedert sind oder in die er seinerseits eingegliedert ist, weil die Eingliederung zu einer wirtschaftlichen und weithin auch rechtlichen Einheit der verbundenen Unternehmen führt.[22]

18 Die Folge dieses Begriffsverständnisses ist vor allem, daß hier – anders als im Rahmen der §§ 295 Abs. 2, 296 Abs. 2, 297 Abs. 2 und 302 Abs. 3 S. 3[23] – die Eigenschaft eines Aktionärs als außenstehender nicht dadurch beeinträchtigt wird, daß er mit dem anderen Vertragsteil sonst im Sinne der §§ 15 bis 18 *verbunden* ist. Weder eine Mehrheitsbeteiligung noch eine Abhängigkeits- oder Konzernbeziehung begründen für sich allein zwischen dem anderen Vertragsteil und dem mit ihm verbundenen Aktionär eine so enge Beziehung, daß es gerechtfertigt wäre, den fraglichen Aktionär *in bezug* auf die §§ 304 bis 307

---

[18] S. o. § 295 Rdnr. 28.
[19] S. o. § 295 Rdnr. 26 bis 28.
[20] S. die Begr. zum RegE des § 295, bei *Kropff* AktG S. 385.
[21] KG OLGZ 1971, 260, 264 = AG 1971, 158 = WM 1971, 764; OLG Nürnberg AG 1996, 228 f. „Tucherbräu"; *Bachelin* Minderheitsschutz S. 18 ff.; *W. Bayer* Festschrift Ballerstedt, 1975, S. 157, 171 ff.; *Boëtius* DB 1972, 1220; *Emmerich/Sonnenschein* § 17 III 1 a; *Eschenbruch* Konzernhaftung Tz. 3116; *Geßler* in Geßler/Hefermehl Rdnr. 14 ff.; *Hüffer* Rdnr. 2 f.; *Koppensteiner* in Kölner Kommentar, § 295 Rdnr. 17 ff.; *Krieger* Handbuch § 70 Rdnr. 41; *Raiser* Kapitalgesellschaften § 54 Rdnr. 46 ff.; *J. Schmidt* Außenstehende Aktionäre, S. 36 f.; wesentlich enger hingegen *Kley* Rechtsstellung S. 29 ff.; *Pentz* Enkel-AG S. 55 ff.; *ders.* AG 1996, 97 ff.
[22] S. *Kley* Rechtsstellung S. 37, 40.
[23] S. o. § 295 Rdnr. 26 bis 28.

mit dem anderen Vertragsteil zu identifizieren.[24] Hierfür spricht vor allem auch die Erwägung, daß bei einer anderen Grenzziehung mit Notwendigkeit nahezu unlösbare Abgrenzungsprobleme auftauchen müssen. Besonders deutlich wird dies in den intrikaten Fällen der mehrstufigen Unternehmensverbindungen (dazu u. Rdnr. 53 ff.). Im Extremfall können daher auch **alle** Aktionäre außenstehende sein, sofern nämlich der Beherrschungs- oder Gewinnabführungsvertrag mit einem Unternehmen abgeschlossen worden ist, das nicht unmittelbar an der abhängigen Gesellschaft beteiligt ist.[25] Ein Beispiel ist ein unmittelbarer Beherrschungs- oder Gewinnabführungsvertrag zwischen einer Enkel- und der an ihr nicht unmittelbar beteiligten Muttergesellschaft, vorausgesetzt freilich, daß zwischen Mutter- und Tochtergesellschaft nur ein Abhängigkeitsverhältnis besteht (s. u. Rdnr. 56 ff.).

3. Zeitpunkt. Keine Rolle spielt, wann der außenstehende Aktionär Gesellschafter der abhängigen Gesellschaft geworden ist.[26] Auch ein Aktionär, der seine Aktien erst **nach** Abschluß des Beherrschungs- oder des Gewinnabführungsvertrags erworben hat, ist nicht etwa vom Ausgleich ausgeschlossen, und zwar selbst dann nicht, wenn ihm der andere Vertragsteil, das herrschende Unternehmen, die Aktien veräußert hat.[27]

V. Verpflichteter

Anders als in § 305 Abs. 1 sagt das Gesetz in § 304 nicht ausdrücklich, wer zur Zahlung des Ausgleichs verpflichtet ist. Deshalb wurde früher gelegentlich die Auffassung vertreten, ausgleichspflichtig sei gegenüber den außenstehenden Aktionären die abhängige Gesellschaft, nicht hingegen das herrschende Unternehmen.[28] Diese Meinung ist indessen überholt. Mit Rücksicht auf § 57 Abs. 1 hat sich mittlerweile allgemein die Auffassung durchgesetzt, daß die Ausgleichspflicht ebenso wie die Abfindungspflicht nach § 305 Abs. 1 allein das **herrschende Unternehmen** trifft, so daß sich der Vertrag unter diesem Gesichtspunkt als echter Vertrag zugunsten der außenstehenden Aktionäre im Sinne des § 328 BGB erweist.[29] Im Falle *mehrfacher* Abhängigkeit trifft die Ausgleichspflicht alle herrschenden Unternehmen, und zwar gesamtschuldnerisch (o. Rdnr. 8).

Die Parteien werden hierdurch nicht gehindert, rein technisch in den Zahlungsvorgang die abhängige Gesellschaft einzuschalten, vorausgesetzt, daß dieser durch den Vertrag ein unbedingter Anspruch auf die für die Ausgleichsleistungen erforderlichen Mittel eingeräumt wird.[30] Ob freilich auf diese Weise auch der unmittelbare Anspruch der außenstehenden Aktionäre gegen das herrschende Unternehmen ausgeschlossen werden kann,[31] erscheint mit Rücksicht auf den zwingenden Charakter der gesetzlichen Regelung mehr als zweifelhaft (§ 134 BGB).

VI. Fester Ausgleich

1. Anwendungsbereich. Das Gesetz kennt, wie sich aus § 304 Abs. 2 ergibt, zwei verschiedene Formen des Ausgleichs, für die sich die (nicht ganz zutreffenden) Bezeichnun-

---

[24] Sehr str., wie hier *Emmerich/Sonnenschein* § 17 III 1 a; *Eschenbruch* Konzernhaftung Tz. 3116; *Geßler* in Geßler/Hefermehl Rdnr. 17 f.; *Kley* Rechtsstellung S. 36 ff., 39 f.; *Koppensteiner* in Kölner Kommentar Rdnr. 25; anders zB *J. Schmidt*, Außenstehende Aktionäre, S. 38 ff.
[25] OLG Nürnberg AG 1996, 228, 229.
[26] OLG Nürnberg AG 1996, 228, 229 „Tucherbräu"; *Emmerich/Sonnenschein* § 17 III 1 b.
[27] OLG Nürnberg (Fn. 26).
[28] *Möhring*, Festschrift Hengeler, 1972, S. 216 ff.; offengelassen in OLG Celle BB 1973, 721.
[29] BGHZ 135, 374, 380 = NJW 1997, 2242 = LM AktG § 305 Nr. 3 = AG 1997, 515 = WM 1997, 1288, 1290 „Guano" (für § 305); OLG Düsseldorf AG 1990, 490; 1992, 200, 201; 1998, 39; LG Karlsruhe AG 1995, 89, 90; *Emmerich/Sonnenschein* § 17 III 3; *Eschenbruch* Konzernhaftung Tz. 3118; *Exner* Beherrschungsvertrag S. 173 ff.; *Geßler* in Geßler/Hefermehl Rdnr. 29 ff., 56; *Hüffer* Rdnr. 4; *Hüchting* Abfindung S. 11 ff.; *Koppensteiner* in Kölner Kommentar Rdnr. 15; *Krieger* Handbuch § 70 Rdnr. 43; *U. Schneider* AG 1976, 19, 21; s. auch u. Rdnr. 24.
[30] *Geßler* in Geßler/Hefermehl Rdnr. 37, 57.
[31] So *Geßler* in Geßler/Hefermehl Rdnr. 57; *Hüchting* Abfindung S. 11 f.

gen fester und variabler Ausgleich eingebürgert haben. In beiden Fällen muß man weiter danach unterscheiden, welche Art eines Unternehmensvertrages vorliegt (§ 304 Abs. 1 S. 2).

23 Handelt es sich um einen reinen **Gewinnabführungsvertrag** oder um einen mit einem Beherrschungsvertrag zu einem Organschaftsvertrag verbundenen Gewinnabführungsvertrag, so besteht nach § 304 Abs. 1 S. 1 und Abs. 2 S. 1 der feste Ausgleich mindestens aus der jährlichen Zahlung desjenigen Betrages, der nach der bisherigen Ertragslage der Gesellschaft und ihren künftigen Ertragsaussichten unter Berücksichtigung angemessener Abschreibungen und Wertberichtigungen, jedoch ohne Bildung anderer Gewinnrücklagen im Sinne des § 272 Abs. 3 S. 2 HGB, voraussichtlich als durchschnittlicher Gewinnanteil auf die einzelne Aktie des außenstehenden Aktionärs verteilt werden könnte. Handelt es sich hingegen um einen **reinen** oder isolierten, dh. nicht mit einem Gewinnabführungsvertrag verbundenen **Beherrschungsvertrag**, so genügt es nach § 304 Abs. 1 S. 2, wenn der Vertrag den außenstehenden Aktionären lediglich einen bestimmten jährlichen Gewinnanteil nach der für die Ausgleichszahlung bestimmten (festen oder variablen) Höhe garantiert. Damit ist folgendes gemeint:

24 Bei isolierten Beherrschungsverträgen kann es sich durchaus so verhalten, daß die abhängige Gesellschaft immer noch Gewinne ausschüttet. Indessen hängt dies letztlich allein von dem Willen des herrschenden Unternehmens ab (§ 308). Deshalb muß den außenstehenden Aktionären hier zu ihrem Schutz durch den Beherrschungsvertrag *zusätzlich* mindestens derjenige Betrag garantiert werden, der bei Abschluß eines Gewinnabführungsvertrags als fester oder variabler Ausgleich geschuldet wäre. Auch diese *Garantie* muß zudem von dem herrschenden Unternehmen ausgehen (§ 305 BGB; s. o. Rdnr. 20) und hat zur Folge, daß bei einer Ausschüttung der abhängigen Gesellschaft, die hinter der Garantie zurückbleibt, die Differenz von dem herrschenden Unternehmen aufzufüllen ist.[32] Verteilt die abhängige Gesellschaft hingegen mehr als vom herrschenden Unternehmen garantiert, so hat es hierbei sein Bewenden, während eine höhere Ausschüttung der herrschenden Gesellschaft als garantiert allein deren Gesellschaftern zugute kommt. Mehr als die Garantie können folglich die außenstehenden Aktionäre der abhängigen Gesellschaft in keinem Fall von der herrschenden Gesellschaft verlangen.[33] Damit ist zugleich gesagt, daß sich auch in diesem Sonderfall die Bemessung der Garantiehöhe nach den Regeln für den festen oder variablen Ausgleich, dh. nach § 304 Abs. 2 richtet.

25 Die **Wahl** zwischen dem festen oder dem variablen Ausgleich ist allein Sache der Vertragsparteien. Die außenstehenden Aktionäre haben hierauf keinen Einfluß. Wie sich aus § 304 Abs. 3 S. 3 Halbs. 2 ergibt, ist selbst das Gericht im Spruchstellenverfahren nach § 306 an die einmal von den Vertragsparteien getroffene Wahl gebunden.[34] In der Praxis hat dies zu einer eindeutigen Bevorzugung des für das herrschenden Unternehmen in jeder Hinsicht vorteilhaften (und für die außenstehenden Aktionäre entsprechend nachteiligen) variablen Ausgleichs geführt (u. Rdnr. 42 ff.).

26 **2. Berechnung.** Als fester Ausgleich ist nach § 304 Abs. 2 S. 1 AktG vom herrschenden Unternehmen (o. Rdnr. 20) mindestens die jährliche Zahlung desjenigen Betrages zuzusichern, der nach der bisherigen Ertragslage der Gesellschaft und ihren zukünftigen Ertragsaussichten voraussichtlich als durchschnittlicher Gewinnanteil auf die einzelne Aktie verteilt werden könnte. Dabei sind zwar angemessene Abschreibungen und Wertberichtigungen, nicht jedoch die Bildung anderer Gewinnrücklagen iS des § 272 Abs. 3 S. 2 HGB zu berücksichtigen, so daß in der Regel der Ausgleich etwas höher als die bei fortbestehender Unabhängigkeit zu erwartende Dividende liegen dürfte.[35]

---

[32] *Hüchting* Abfindung S. 14 f.
[33] S. *Emmerich/Sonnenschein* § 17 II 2; *Geßler* in Geßler/Hefermehl Rdnr. 47 ff.; *Hüffer* Rdnr. 6; *Koppensteiner* in Kölner Kommentar Rdnr. 20.
[34] S. *Geßler* in Geßler/Hefermehl Rdnr. 44; *Hüffer* Rdnr. 14; *Koppensteiner* in Kölner Kommentar Rdnr. 21.

[35] S. im einzelnen *Emmerich/Sonnenschein* § 17 IV 1; *Geßler* in Geßler/Hefermehl Rdnr. 70, 79 ff.; *Hüffer* Rdnr. 8 ff.; *Koppensteiner* in Kölner Kommentar Rdnr. 32 ff.; *J. Schmidt*, Außenstehende Aktionäre, S. 62 ff.

a) **Korrigierter Jahresüberschuß.** Für die Berechnung des festen Ausgleichs sind nach § 304 Abs. 2 S. 1 AktG in erster Linie die bisherige Ertragslage sowie die zukünftigen Ertragsaussichten der Gesellschaft maßgebend, so daß der Berechnung des festen Ausgleichs der in der Vergangenheit, dh. in den letzten drei bis fünf Jahren tatsächlich erzielte Gewinn zugrunde zu legen ist, während der ausgeschüttete Gewinn unerheblich ist. Maßgeblich ist mit anderen Worten der im Jahresabschluß ausgewiesene Jahresüberschuß (§ 275 Abs. 2 Nr. 20 und Abs. 3 Nr. 19 HGB), korrigiert um außerordentliche Erträge und Verluste sowie die Nachteile der schon vor Vertragsabschluß bestehenden Abhängigkeit. Die Folge ist, daß Ausgleichs- und Schadensersatzansprüche der Gesellschaft aufgrund der §§ 311 und 317 AktG ebenfalls in die Berechnung eingehen müssen.[36] Dasselbe gilt für stille Rücklagen (Reserven), soweit sie aus dem Ertrag gebildet worden sind und nicht auf bloßen Wertsteigerungen beruhen.[37]

b) **Zukünftige Erträge.** Der sogenannte bereinigte oder korrigierte Jahresüberschuß (o. Rdnr. 27) dient sodann als Basis für die Schätzung der letztlich ausschlaggebenden zukünftigen Erträge, wobei für den Regelfall zur Vereinfachung der Berechnung ein tendenziell gleichbleibendes Ertragspotential der Gesellschaft unterstellt wird.[38] Denn § 304 bezweckt, wie gezeigt (o. Rdnr. 7), die außenstehenden Aktionäre im Ergebnis hinsichtlich des Gewinnbezugs so zu stellen, wie wenn der Vertrag nicht zustande gekommen wäre, dh. als ob ihre Gesellschaft unabhängig geblieben wäre und daher weiter im gemeinsamen Interesse aller Aktionäre geführt würde. Folglich ist – auf der Basis der Erträge der letzten drei bis fünf Jahre (o. Rdnr. 27) – zu ermitteln, welche Erträge die Gesellschaft vermutlich bei Unterstellung ihrer fortbestehenden Unabhängigkeit in Zukunft erzielt hätte.[39] Hierbei ist gemäß § 304 Abs. 2 S. 1 von der *Fiktion der Vollausschüttung,* dh. von dem Verzicht auf die Bildung anderer Gewinnrücklagen iS des § 272 Abs. 3 S. 2 HGB auszugehen; lediglich die zur Substanzerhaltung erforderlichen, angemessenen Abschreibungen sind im Rahmen der §§ 253, 279 ff. HGB abzusetzen.[40]

Diese Regelung ist nicht unproblematisch, weil sie, zumal bei einer langen Vertragsdauer, praktisch zur weitgehenden Entblößung der abhängigen Gesellschaft von den zum Überleben unerläßlichen anderen Gewinnrücklagen führen muß. Versuche zur Korrektur der gesetzlichen Regelung[41] müssen jedoch an dem insoweit eindeutigen Wortlaut des § 304 Abs. 2 S. 1 scheitern.[42]

c) **Wertsicherung?** Die gesetzliche Regelung beruht offenkundig auf der Vorstellung, daß die Prognose auf der Basis des maßgeblichen Stichtags (u. Rdnr. 37 f.) für die gesamte Vertragsdauer einheitlich zu erfolgen hat, ungeachtet der mit der Dauer der Prognose wachsenden Ungewißheit über die zukünftige Entwicklung. Daraus wird überwiegend der Schluß gezogen, daß die außenstehenden Aktionäre *keinen* Anspruch auf eine Wertsicherung des Ausgleichs haben, so daß sie namentlich die Inflationsgefahr allein tragen müssen.[43] Dies kann jedoch nicht uneingeschränkt gelten; vielmehr ist den außenstehenden Aktionären unter bestimmten Voraussetzungen zumindest ein Anspruch auf Anpas-

---

[36] OLG Hamburg AG 1980, 163, 164 „Hamburger Vekehrsbetriebe"; OLG Frankfurt AG 1989, 444, 445; OLG Düsseldorf AG 1991, 106, 107 f. „Wicküler-Küpper Brauerei"; *Hüffer* Rdnr. 9; *Meilicke/Heidel* AG 1989, 117, 121; anders LG Düsseldorf AG 1989, 138, 139.
[37] So jedenfalls die überwiegende Meinung, zB *Geßler* in Geßler/Hefermehl Rdnr. 82, 92; *Hüffer* Rdnr. 9; *Koppensteiner* in Kölner Kommentar Rdnr. 34; *J. Schmidt* Außenstehender Aktionäre S. 62.
[38] OLG Celle AG 1981, 234 f.; LG Hannover AG 1979, 234 f.; kritisch *Lutter/Drygala* AG 1995, 49, 54 ff.
[39] OLG Düsseldorf AG 1977, 168, 171; 1990, 397; 1990, 490 „DAB/Hansa".
[40] OLG Stuttgart AG 1994, 564, 565 „Schwaben Zell/Hannover Papier"; OLG Karlsruhe AG 1998, 288, 289 „SEN/KHS"; LG Frankfurt AG 1985, 310; 1996, 187, 189 f. „Nestlé"; s. dazu *Geßler* in Geßler/Hefermehl Rdnr. 87; *Koppensteiner* in Kölner Kommentar Rdnr. 34 f.; *J. Schmidt,* Außenstehende Aktionäre, S. 63.
[41] Insbes. *Geßler* in Geßler/Hefermehl Rdnr. 70.
[42] Ebenso *Koppensteiner* in Kölner Kommentar Rdnr. 30; *J. Schmidt,* Außenstehende Aktionäre, S. 65 f.
[43] *Geßler* in Geßler/Hefermehl Rdnr. 93; *Koppensteiner* in Kölner Kommentar Rdnr. 35.

sung des Ausgleichs an völlig veränderte wirtschaftliche Verhältnisse einzuräumen (u. Rdnr. 63 ff.).

31 d) **Staffelung?** Nach Treu und Glauben ist in Ausnahmefällen außerdem eine Staffelung des „festen" Ausgleichs geboten, wenn sich bei der Prognose in dem maßgeblichen Zeitpunkt unterschiedliche Gewinnperioden abzeichnen.[44] Anderfalls drohte nämlich den außenstehenden Aktionären bei späteren Gewinnsteigerungen, die am Stichtag (u. Rdnr. 37 f.) bereits erkennbar waren, eine erhebliche Benachteilung zugunsten des herrschenden Unternehmens, für die keine sachliche Rechtfertigung zu erkennen ist.

32 e) **Null-Ausgleich.** Sind die Ertragsaussichten der Gesellschaft negativ, so entfällt ein fester Ausgleich, da die Garantie einer Mindestdividende dem Gesetz nicht zu entnehmen ist (s. u. Rdnr. 50).[45] Freilich wird man in derartigen Fällen nach § 242 BGB zu verlangen haben, daß der „Null-Ausgleich" regelmäßig überprüft wird, namentlich, wenn sich in der Zukunft die Ertragsaussichten der Gesellschaft wieder deutlich verbessern (s. u. Rdnr. 63 ff.).[46]

33 f) **Unterschiedliche Aktiengattungen.** Hat die Gesellschaft unterschiedliche Aktiengattungen ausgegeben, die mit Vorzügen bei der Verteilung des Gewinns verbunden ist, so muß dies jedenfalls im Rahmen des Festausgleichs bei der Bemessung der Ausgleichshöhe berücksichtigt werden.[47] Anders mag es sich insoweit bei dem variablen Ausgleich verhalten.[48]

34 3. **Verhältnis zu § 305. a) Entsprechung.** Das Gesetz schreibt in § 304 Abs. 2 S. 1 für die Berechnung des festen Ausgleichs letztlich die *Ertragswertmethode* vor, wenn auch mit gewissen Modifikationen, namentlich hinsichtlich der Bildung von anderen Gewinnrücklagen. Wie später zu zeigen sein wird,[49] steht heute bei der Unternehmensbewertung im Rahmen des § 305 die Ertragswertmethode gleichfalls ganz im Vordergrund. Wegen der Einzelheiten kann daher ergänzend auf die Ausführungen zu § 305 verwiesen werden.[50] Das gilt etwa für die schwierige Frage, in welchem Umfang das Unternehmensrisiko im Rahmen des § 304 korrigierend zu berücksichtigen ist.[51]

35 Die notwendige Folge dieser Konvergenz der Bewertungsmethoden im Rahmen der §§ 304 und 305 ist, daß sich zumindest tendenziell der (kapitalisierte) feste Ausgleich des § 304 Abs. 2 S. 1 und die angemessene Abfindung nach § 305 wertmäßig decken werden.[52] Das muß schon deshalb so sein, weil die Aktionäre nach der Grundkonzeption des Gesetzes die freie Wahl zwischen Ausgleich und Abfindung haben sollen (§§ 304 und 305), von einer derartigen Wahlfreiheit indessen keine Rede sein könnte, wenn der Ausgleich tendenziell immer hinter der Abfindung zurückbliebe.[53]

36 b) **Unterschiede.** Trotz der prinzipiellen Deckung des festen Ausgleichs und der Abfindung (o. Rdnr. 35) bestehen gewisse Unterschiede, die einer der Gründe für die deutliche

---

[44] *Emmerich/Sonnenschein* § 17 IV 2 b; *Eschenbruch* Konzernhaftung Tz. 3110; *Exner* Beherrschungsvertrag S. 179 ff.; insbes. *Lutter/Drygala* AG 1995, 49, 54 ff.; aA LG Hamburg AG 1995, 517, 518.

[45] Str., wie hier BayObLG AG 1995, 509, 511 f. = WM 1995, 1580; LG Frankfurt AG 1996, 187, 189 „Nestlé"; *Eschenbruch* Konzernhaftung Tz. 3109; *G. und A. Hartmann,* Festschrift Pleyer, S. 287, 292 ff.; *Hüffer* Rdnr. 12; *Krieger* Handbuch § 70 Rdnr. 50; *Lutter/Drygala* AG 1995, 49, 51; *Raiser* Kapitalgesellschaften § 54 Rdnr. 50; anders insbes. *Geßler* in Geßler/Hefermehl Rdnr. 86; *Koppensteiner* in Kölner Kommentar Rdnr. 35; zur steuerlichen Seite s. noch OLG Nürnberg AG 1996, 137.

[46] Zutreffend *G. und A. Hartmann* (Fn. 45) S. 298 f.; *Weiss*, Festschrift Semler, S. 631, 646; *Lutter/Drygala* AG 1995, 49, 54 ff.; zustimmend *Emmerich/Sonnenschein* § 17 IV 1 b.

[47] *Geßler* in Geßler/Hefermehl Rdnr. 72; *Koppensteiner* in Kölner Kommentar Rdnr. 31; ebenso offenbar die Begr. zum RegE des § 306, bei *Kropff* AktG S. 401 (2. Abs.).

[48] OLG Frankfurt AG 1989, 442, 443.

[49] S. u. § 305 Rdnr. 38 ff.

[50] S. u. § 305 Rdnr. 41 ff.

[51] S. dazu zB OLG Celle AG 1981, 234 f.; *H. Forst* AG 1994, 321.

[52] LG Frankfurt AG 1983, 136, 138; LG Hamburg AG 1995, 517, 518; *Emmerich/Sonnenschein* § 17 IV 3; *Hüchting* Abfindung S. 55; *Koppensteiner* in Kölner Kommentar Rdnr. 32, 37, § 305 Rdnr. 48; *J. Schmidt,* Außenstehende Aktionäre, S. 70; anders LG Frankfurt AG 1985, 310, 311; 1996, 187, 189; *Weiss*, Festschrift Semler, S. 631, 647.

[53] Zu dem gerade unter diesem Gesichtspunkt problematischen variablen Ausgleich s. ergänzend aber u. Rdnr. 42 ff.

Vorzugswürdigkeit der Abfindung gegenüber dem Ausgleich aus der Sicht der außenstehenden Aktionäre sind. Diese Unterschiede finden ihren Grund vor allem darin, daß bei der Bemessung der Abfindung abweichend von der Berechnung des Ausgleichs auch noch andere Gesichtspunkte als der bloße Ertragswert berücksichtigt werden.[54] Hinzuweisen ist hier vor allem auf das sogenannte nichtbetriebsnotwendige Vermögen, dessen Wert zwar in die Berechnung der Abfindung, nicht jedoch in die des Ausgleichs eingeht.[55]

4. Stichtag. Der maßgebliche Zeitpunkt für die Schätzung der zukünftigen Ertragsaussichten der Gesellschaft ist der der Hauptversammlung der abhängigen Gesellschaft, die gemäß § 293 Abs.1 über die Zustimmung zu dem Unternehmensvertrag zu beschließen hat.[56] Eine Vorverlegung dieses Zeitpunkts ist nur zu erwägen, wenn bereits vor Abschluß des Vertrags zwischen den Vertragsparteien ein qualifizierter faktischer Konzern bestand. Denn dann kann es sich durchaus so verhalten, daß wegen der engen Verflechtung der Parteien eine Schätzung der Ertragsaussichten der als unabhängig gedachten (tatsächlich abhängigen) Gesellschaft zu dem Zeitpunkt der Hauptversammlung gar nicht mehr möglich ist.[57] In solchen Fällen ist zum Schutze der außenstehenden Aktionäre auf den letzten Zeitpunkt auszuweichen, an dem eine Schätzung der Ertragsaussichten der als unabhängig gedachten Gesellschaft möglich war. Über die damit verbundenen Schwierigkeiten darf man sich indessen keinen Illusionen hingeben, zumal auf dem Boden des sogenannten Stichtagsprinzips (u. Rdnr. 38).

Die gesetzliche Regelung beruht auf dem **Stichtagsprinzip.**[58] Dies bedeutet, daß bei der Prognose der zukünftigen Erträge (o. Rdnr. 28) nur solche positiven und negativen Entwicklungen berücksichtigt werden dürfen, die in dem fraglichen Zeitpunkt zumindest in ihrem Kern bereits angelegt und absehbar sind (sogenannte Wurzeltheorie). Hieraus ergeben sich erhebliche Schwierigkeiten im Spruchstellenverfahren nach § 306 AktG, da die Folge ist, daß Sachverständige und Gericht die Ertragsaussichten der abhängigen Gesellschaft häufig erst nach vielen Jahren rückblickend von einem längst vergangenen Zeitpunkt aus beurteilen müssen, ohne die zwischenzeitliche Entwicklung berücksichtigen zu dürfen.[59]

5. Fälligkeit. Der Ausgleich wird von dem Tag ab geschuldet, in dem der Vertrag durch Eintragung im Handelsregister wirksam geworden ist (§ 294 Abs.2).[60] Umstritten ist, wann der Ausgleichsanspruch nach diesem Tag fällig wird, weil dem Gesetz insoweit keine eindeutige Regelung zu entnehmen ist. Meistens wird auf den Zeitpunkt der Feststellung des Jahresabschlusses der abhängigen Gesellschaft abgestellt,[61] indessen zu Unrecht. Das Gesetz verlangt in § 304 Abs.2 S.1 die „jährliche Zahlung" eines bestimmten Betrages an die außenstehenden Aktionäre. Das Gesetz knüpft damit offenkundig an das Ende der jeweiligen Rechnungsperiode, des Geschäftsjahres der abhängigen Gesellschaft an, so daß mit deren Ende automatisch auch der von der Feststellung des Jahresabschlusses unabhängige Anspruch der außenstehenden Aktionäre auf die Ausgleichszahlungen gegen das herrschende Unternehmen fällig wird (§ 271 Abs.1 BGB). Der Vertrag kann grundsätzlich nichts anders bestimmen (§ 134 BGB). Allein in dem Sonderfall des § 304 Abs.1 S.2 kann eine abweichende Beurteilung in Betracht kommen (o. Rdnr. 24, u. Rdnr. 51).

---

[54] Ausführlich *Lutter/Drygala* AG 1995, 49, 50 ff.
[55] S. im einzelnen u. § 305 Rdnr. 53 ff.
[56] BGH, NZG 1998, 379, 380 = AG 1998, 286 „Asea/BBC II"; OLG Celle AG 1981, 234; OLG Stuttgart AG 1994, 564 „Schwäb. Zellstoff/Hannover Papier"; LG Hannover AG 1977, 346 f.; 1979, 234; LG München I AG 1990, 404; *Emmerich/Sonnenschein* § 17 IV 2a; *Koppensteiner* in Kölner Kommentar Rdnr. 30; anders zB *Geßler* in Geßler/Hefermehl Rdnr. 74.
[57] So zutreffend OLG Stuttgart (Fn. 56); *Hüffer* Rdnr. 10.
[58] Dazu ausführlich u. § 305 Rdnr. 41 ff.
[59] BGH (Fn. 56); OLG Karlsruhe AG 1998, 288, 289 „SEN/KHS"; LG München I AG 1990, 404, 405; ebenso zB *Eschenbruch* Konzernhaftung Tz. 3109; *Hüffer* Rdnr. 10; anders aber zB *J. Schmidt*, Außenstehende Aktionäre, S. 64 f.
[60] LG Hamburg AG 1991, 365, 366 = WM 1991, 1081 „Bauverein Hamburg".
[61] *Geßler* in Geßler/Hefermehl Rdnr. 52 f.; *Hüffer* Rdnr. 13; *Koppensteiner* in Kölner Kommentar Rdnr. 5 ff.

40 **6. Zinsen.** Im Regelfall ist der Fälligkeitszeitpunkt somit zumindest an Hand des Kalenders bestimmbar, so daß das herrschende Unternehmen in Verzug gerät, wenn es nicht sofort nach Abschluß des Geschäftsjahres der abhängigen Gesellschaft die Ausgleichszahlungen erbringt (§§ 284 Abs. 2 S. 1, 285 BGB).[62] Für die außenstehenden Aktionäre hat dies den Vorteil, daß sie bei jeder Verzögerung die Zahlung von Verzugszinsen verlangen können (§ 288 Abs. 1 S. 1 BGB), so daß sich die vieldiskutierte Frage, ob das herrschende Unternehmen Fälligkeitszinsen aufgrund der §§ 352 und 353 HGB schuldet, tatsächlich gar nicht stellt.[63]

41 **7. Abtretung.** Der Anspruch der Aktionäre auf die Ausgleichszahlungen des herrschenden Unternehmens stellt eine normale schuldrechtliche Forderung dar, die abgetreten, verpfändet und gepfändet werden kann. Dagegen erstreckt sich die Pfändung des Dividendenanspruchs eines Aktionärs nicht automatisch auf seine etwaigen späteren Ausgleichsforderungen, weil es sich dabei um unterschiedliche Forderungen handelt.[64] Der Anspruch auf die Ausgleichszahlungen *verjährt* nach § 197 BGB in vier Jahren.

VII. Variabler Ausgleich

42 **1. Anwendungsbereich.** Statt des festen Ausgleichs (o. Rdnr. 22 f.) können die Vertragsparteien in *beiden* Fällen des § 304 auch den variablen Ausgleich wählen, vorausgesetzt, daß der andere Vertragsteil, das herrschende Unternehmen, eine AG oder KGaA ist (§ 304 Abs. 2 S. 2). Keine Rolle spielt, ob es sich um eine deutsche oder ausländische Gesellschaft handelt, weil das Gesetz insoweit nicht unterscheidet.[65] Da gilt namentlich auch im Falle eines isolierten, dh. nicht mit einem Gewinnabführungsvertrag verbundenen Beherrschungsvertrags (o. Rdnr. 24), so daß dann die Höhe des variablen Ausgleichs jeweils die Höhe der vom herrschenden Unternehmen geschuldeten „Dividendengarantie" markiert (§ 304 Abs. 1 S. 2). Folglich muß das herrschende Unternehmen in diesem Fall Jahr für Jahr die Ausschüttungen der abhängigen Gesellschaft aus der Garantie bis zur wechselnden Höhe des variablen Ausgleichs auffüllen. Vor allem hieran wird deutlich, wie sehr der variable Ausgleich die außenstehenden Aktionäre letztlich von der Politik des herrschenden Unternehmens abhängig macht (u. Rdnr. 44). Lediglich bei mehrfacher Abhängigkeit, namentlich also in Fällen der Mehrmütterorganschaft, scheidet wohl wegen der dann endgültig unlösbaren Berechnungs- und Umrechnungsprobleme die Vereinbarung des variablen Ausgleichs aus, so daß hier nur der feste Ausgleich in Betracht kommt (§ 134 BGB).[66]

43 Der variable Ausgleich umfaßt gemäß § 304 Abs. 2 S. 2 idF von 1998 den Betrag, der „unter Herstellung eines angemessenen Umrechnungsverhältnisses" auf die Aktien der herrschenden Gesellschaft „jeweils als Gewinnanteil" entfällt. Wegen des „angemessenen Umrechnungsverhältnisses" verweist das Gesetz zugleich in S. 3 des § 304 Abs. 2 auf die Vorschriften über die Verschmelzung von Aktiengesellschaften, dh. auf die sogenannte *Verschmelzungswertrelation*. § 304 Abs. 2 S. 2 und 3 sind 1998 durch das StückAG der Zulassung von Stückaktien angepaßt worden (s. o. Rdnr. 1). Zuvor hatte das Gesetz auf Aktien der anderen Gesellschaft mit mindestens „dem entsprechenden Nennbetrag" abgestellt, wobei sich jedoch auch dieser „entsprechende" Nennbetrag der Aktien der herrschenden Gesellschaft nach der Verschmelzungswertrelation beurteilen mußte, so daß mit den Novellen von 1998 keine sachliche Änderung in der Frage der Bemessung des variablen Ausgleichs verbunden ist. Wirtschaftlich gesehen bedeutet die Regelung vielmehr nach wie vor, daß

---

[62] S. zu dieser umstrittenen Frage *Emmerich*, Das Recht der Leistungsstörungen, 4. Aufl. 1997, § 16 III 8 a.
[63] S. *T. Busch* AG 1993, 1, 4 f.; dagegen zB *Hüffer* Rdnr. 13.
[64] *Geßler* in Geßler/Hefermehl Rdnr. 60; *Koppensteiner* in Kölner Kommentar Rdnr. 14.

[65] *Geßler* in Geßler/Hefermehl Rdnr. 95; *Emmerich/Sonnenschein* § 17 V 1; *Hüffer* Rdnr. 14; anders zB *Koppensteiner* in Kölner Kommentar Rdnr. 28.
[66] *Eschenbruch* Konzernhaftung Tz. 3111; *Hüffer* Rdnr. 14; *Koppensteiner* in Kölner Kommentar Rdnr. 19, 22.

die außenstehenden Aktionäre bei Vereinbarung eines variablen Ausgleichs in einzelnen Beziehungen so gestellt werden, *als ob* es zu einer *Verschmelzung* der beiden Gesellschaften gekommen wäre.[67] Zu beachten bleibt freilich, daß anders als im Falle der Verschmelzung die außenstehenden Aktionäre der abhängigen Gesellschaft tatsächlich nicht Gesellschafter der herrschenden Gesellschaft werden und daher auch keinen Einfluß auf deren Dividendenpolitik erlangen. Genau hierauf beruht die Problematik des variablen Ausgleichs (u. Rdnr. 44).

2. Problematik. In der Praxis erfreut sich der variable Ausgleich offenbar großer Beliebtheit, weil er mit erheblichen Vorteilen für das herrschende Unternehmen (und entsprechenden Nachteilen für die außenstehenden Aktionäre) verbunden ist.[68] Dies hängt zunächst damit zusammen, daß die Berechnung des variablen Ausgleichs anders als die des festen Ausgleichs die Bewertung von *zwei* Unternehmen, der abhängigen *und* der herrschenden Gesellschaft erforderlich macht (u. Rdnr. 48 f.), woraus sich unmittelbar die häufig unerträgliche Dauer der sich anschließenden Spruchstellenverfahren nach § 306 erklärt, die in jedem Fall zu Lasten der außenstehenden Gesellschafter geht.[69] Erschwerend kommt hinzu, daß nach überwiegender Meinung (u. Rdnr. 45) der variable Ausgleich an die *Dividende* der herrschenden Gesellschaft gekoppelt ist, so daß diese durch eine strikte *Thesaurierungspolitik* die außenstehenden Aktionäre der abhängigen Gesellschaft buchstäblich „aushungern" kann. Unter diesen Umständen verwundert es nicht, daß der variable Ausgleich letztlich auf Vorschläge der Industrie zurückgeht.[70] 44

3. Gewinnanteil. Das Gesetz koppelt den variablen Ausgleich in § 304 Abs. 2 S. 2 an den Betrag, der „unter Herstellung eines angemessenen Umrechnungsverhältnisses" (dazu u. Rdnr. 47 f.) jeweils als „Gewinnanteil" auf Aktien der herrschenden Gesellschaft entfällt. Das Gesetz verwendet denselben Begriff namentlich noch in den §§ 60 Abs. 1 und 288 Abs. 1 S. 2, ohne ihn an einer Stelle zu definieren. Seine Auslegung ist daher umstritten. Im Rahmen des § 304 Abs. 2 S. 2 wird darunter meistens die von der herrschenden Gesellschaft tatsächlich ausgeschüttete *Dividende* verstanden.[71] Wie schon ausgeführt (o. Rdnr. 44), hat dies indessen für die außenstehenden Aktionäre die nachteilige Folge, daß sie von der Dividendenpolitik der herrschenden Gesellschaft abhängig werden, ohne jedoch hierauf Einfluß nehmen zu können. Aus diesem Grund soll nach anderen unter dem Gewinnanteil in § 304 Abs. 2 S. 2 der anteilige Jahresüberschuß,[72] der anteilige Bilanzgewinn[73] oder die langjährige durchschnittliche Dividende der herrschenden Gesellschaft zu verstehen sein.[74] 45

Richtig kann nur die Orientierung am anteiligen *Jahresüberschuß* der herrschenden Gesellschaft im Sinne des § 275 Abs. 2 Nr. 20 und Abs. 3 Nr. 19 HGB sein. Sie macht auf der einen Seite die außenstehenden Aktionäre der abhängigen Gesellschaft von einer strikten Thesaurierungspolitik der herrschenden Gesellschaft unabhängig und bietet auf der anderen Seite einen praktikablen Maßstab für die Berechnung des variablen Ausgleichs. Natürlich werden auch durch diese Interpretation des § 304 Abs. 2 S. 2 nicht alle Probleme gelöst, 46

---

[67] S. *Koppensteiner* in Kölner Kommentar Rdnr. 39.
[68] S. im einzelnen *Emmerich/Sonnenschein* § 17 V 1; *Eschenbruch* Konzernhaftung Tz. 3113; *Koppensteiner* in Kölner Kommentar Rdnr. 39 f.; ähnlich schon im Kern die Begr. zum RegE des § 305, bei *Kropff* AktG S. 397.
[69] Vgl. zB OLG Düsseldorf AG 1978, 283; 1984, 216 „ATH/Rheinstahl" (zehn Jahre); OLG Düsseldorf AG 1990, 397 = WM 1990, 1282 „EVA" (elf Jahre); OLG Düsseldorf AG 1986, 293; 1992, 200; 1993, 40 (zwölf Jahre); *T.Busch* AG 1993, 1, 2.
[70] S. zu der sogenannten Substanzkoppelung die Begr. zum RegE des § 305, bei *Kropff* AktG S. 397; *Geßler* in Geßler/Hefermehl Rdnr. 100.
[71] OLG Düsseldorf AG 1978, 238 = NJW 1978, 827; AG 1984, 216, 219 = WM 1984, 237; LG Frankfurt AG 1987, 315, 317 f. = WM 1987, 559; LG Dortmund AG 1981, 236, 239 f.; *Exner* Beherrschungsvertrag S. 184 ff.; *Hüffer* Rdnr. 15; *Mestmäcker*, Festgabe Kronstein, S. 129, 137; *Geßler* in Geßler/Hefermehl Rdnr. 101; *Pentz* Enkel-AG S. 67 ff.; *J. Schmidt*, Außenstehende Aktionäre, S. 61.
[72] *Emmerich/Sonnenschein* § 17 V 3; *Koppensteiner* in Kölner Kommentar Rdnr. 44; *Raiser* Kapitalgesellschaften § 54 Rdnr. 31.
[73] So *Hüchting* Abfindung S. 60 ff.
[74] So *J. Schmidt*, Außenstehende Aktionäre, S. 111 ff.; vgl. außerdem noch *Bachelin* Minderheitenschutz S. 38 ff.; *Exner* Beherrschungsvertrag S. 198 ff. sowie schon die Begr. zum RegE, bei *Kropff* AktG S. 395 (2 Abs.).

mit denen nun einmal der variable Ausgleich unvermeidlich belastet ist. Man denke nur an den Fall, daß die herrschende Gesellschaft ihre Gewinne nicht bei sich selbst, sondern bei der abhängigen Gesellschaft oder anderen Tochtergesellschaften thesauriert und selbst nur noch einen ganz geringen Jahresüberschuß ausweist. In solchen Fällen muß auf anderen Wegen geholfen werden (u. Rdnr. 50, 63 ff.).

47 **4. Umrechnungsverhältnis.** Der variable Ausgleich wird aus dem Gewinnanteil (o. Rdnr. 46) abgeleitet, der „unter Herstellung eines angemessenen Umrechnungsverhältnisses" auf Aktien der herrschenden Gesellschaft entfällt, wobei sich die „Angemessenheit der Umrechnung" nach dem Verhältnis bestimmt, in dem bei einer Verschmelzung auf eine Aktie der abhängigen Gesellschaft Aktien der herrschenden Gesellschaft zu gewähren wären (§ 304 Abs. 2 S. 2 und 3). Die jetzige Fassung der S. 2 und 3 des § 304 Abs. 2 beruht, wie bereits erwähnt (o. Rdnr. 1, 43), auf dem StückAG von 1998.[75] Früher stellte das Gesetz statt dessen auf den „entsprechenden Nennbetrag" ab. Die Textänderung hängt mit der Zulassung von Stückaktien zusammen. Eine sachliche Änderung ist mit ihr nicht verbunden; vielmehr ist dadurch im Grunde nur die Fassung der S. 2 und 3 des § 304 Abs. 2 an die der entsprechenden Bestimmungen des UmwG angepaßt worden (s. §§ 12 Abs. 2 S. 2 Nr. 2, 15 UmwG). Für die Umrechnung ist folglich nach wie vor die sogenannte **Verschmelzungswertrelation** zwischen den Aktien der beiden verbundenen Gesellschaften maßgebend.

48 Das Umtauschverhältnis der Aktien muß nach den S. 2 und 3 des § 304 Abs. 2 AktG n. F. ebenso wie bisher schon nach dem UmwG (s. §§ 12 Abs. 2 S. 2 Nr. 2, 15 UmwG) „*angemessen*" sein. Daraus wird allgemein der Schluß gezogen, daß für die Bemessung der Verschmelzungswertrelation und damit auch für das Umrechnungsverhältnis im Rahmen des § 304 Abs. 2 S. 3 von dem „wahren inneren Wert" beider Gesellschaften auszugehen ist, so daß die Festsetzung des variablen Ausgleichs neben der Bewertung der abhängigen Gesellschaft zusätzlich noch die des herrschenden Unternehmens erforderlich macht.[76]

49 Für die Unternehmensbewertung gelten hier dieselben Grundsätze wie im Rahmen des § 305.[77] Ist die Wertrelation zwischen den beiden Vertragsparteien ermittelt, so ergibt sich daraus zugleich das Umrechnungsverhältnis zwischen den Aktien beider Gesellschaften. Der variable Ausgleich besteht dann in dem „Gewinnanteil" (o. Rdnr. 46), der auf die (gemäß dem Umrechnungsverhältnis ermittelten) Aktien der herrschenden Gesellschaft entfällt (§ 304 Abs. 2 S. 2).

50 **5. Mindestgarantie?** Wegen der bereits erwähnten Mängel des variablen Ausgleichs (o. Rdnr. 44) wird im Schrifttum gelegentlich vorgeschlagen, die Vereinbarung eines variablen Ausgleichs in einem Beherrschungs- oder Gewinnabführungsvertrags nur zuzulassen, wenn die Parteien in dem Vertrag zugleich den außenstehenden Aktionären den festen Ausgleich des § 304 Abs. 2 S. 1 als Untergrenze des Ausgleichs garantieren.[78] Es ist nicht zu verkennen, daß auf diese Weise in der Tat zahlreiche Mängel des variablen Ausgleichs behoben werden könnten. Gleichwohl ist der Vorschlag mit dem Wortlaut des Gesetzes kaum zu vereinbaren, da in § 304 Abs. 2 S. 1 und 2 der feste und der variable Ausgleich deutlich als zwei verschiedene (alternative) Möglichkeiten des Ausgleichs geregelt sind.[79]

51 **6. Fälligkeit.** Der Gewinnanteil im Sinne des § 304 Abs. 2 S. 2 bemißt sich, wie gezeigt (o. Rdnr. 46), nach dem Jahresüberschuß der herrschenden Gesellschaft im Sinne des § 275 Abs. 2 Nr. 20 und Abs. 3 Nr. 19 HGB. Folglich kann der variable Ausgleich im Gegensatz zum festen Ausgleich (o. Rdnr. 39) erst in dem Augenblick fällig werden, in dem der Jahresüberschuß feststeht, dh. mit Feststellung des Jahresabschlusses der herrschenden

---

[75] BGBl. I, S. 590.
[76] OLG Düsseldorf AG 1984, 216 f. = WM 1984, 732; LG Frankfurt AG 1987, 315 = WM 1987, 559; *Emmerich/Sonnenschein* § 17 V 2; *Hoffmann-Becking* Festschrift Fleck S. 105, 114 ff.; *Hüchting* Abfindung S. 56 f.; *Nonnenmacher* AG 1982, 153.
[77] S. o. Rdnr. 34 ff. sowie im einzelnen u. § 305 Rdnr. 38 ff.
[78] So insbes. *Hüchting* Abfindung S. 62 ff.
[79] ZB *Koppensteiner* in Kölner Kommentar Rdnr. 42.

Gesellschaft, während die überwiegende Meinung (o. Rdnr. 45) gezwungen ist, auf den Gewinnverwendungsbeschluß abzustellen (§§ 172 und 174).[80] Von diesem Zeitpunkten ab schuldet die herrschende Gesellschaft auch Fälligkeitszinsen nach den §§ 352 und 353 HGB (str., s. o. Rdnr. 40).

VIII. Mehrstufige Konzerne

Schrifttum: *W. Bayer* Festschrift Ballerstedt, 1975, S. 157; *Bachelin* Minderheitenschutz S. 71, 80 ff.; *Emmerich/Sonnenschein* Konzernrecht § 17 VI; *Exner* Beherrschungsvertrag S. 193 ff.; *Hüchting* Abfindung S. 66, 131 ff.; *Kamprad* AG 1986, 321; *Koppensteiner* in Kölner Kommentar Rdnr. 23 ff.; *Krieger* Handbuch § 70 Rdnr. 56; *Pentz,* Die Rechtsstellung der Enkel-AG, S. 57 ff.; *ders.* AG 1996, 97; *E. Rehbinder* ZGR 1977, 581; *Säcker* DB 1988, 271; *J. Schmidt,* Das Recht der außenstehenden Aktionäre, S. 38, 116 ff.; *S. Wanner,* Konzernrechtliche Probleme mehrstufiger Unternehmensverbindungen nach Aktienrecht, 1998.

Die Berechnung des Ausgleichs bereitet besondere Schwierigkeiten in mehrstufigen Unternehmensverbindungen, wobei die unterschiedlichsten Fallgestaltungen denkbar sind. Außerdem spielt eine Rolle, in welcher Reihenfolge der Abschluß der Unternehmensverträge sich vollzogen hat. Üblicherweise unterscheidet man einen Aufbau „von oben nach unten" und einen solchen „von unten nach oben", je nachdem, ob in den durchweg als Modell dienenden dreistufigen Verhältnissen der Vertragsabschluß zwischen der Mutter- und der Tochtergesellschaft oder der zwischen der Tochter- und der Enkelgesellschaft vorausgegangen ist. Als besonders problematisch hat sich der Aufbau von unten nach oben erwiesen.

1. Koordinierte Verträge zwischen allen Beteiligten. a) Aufbau von oben nach unten. In mehrstufigen Unternehmensverbindungen kann es sich zunächst so verhalten, daß auf sämtlichen Konzernstufen koordinierte Beherrschungs- oder Gewinnabführungsverträge bestehen. Geht hier der Vertrag zwischen Mutter- und Tochtergesellschaft voran, so scheidet in dem nachfolgenden Vertrag zwischen der Tochter- und der Enkelgesellschaft jedenfalls die Vereinbarung eines *variablen* Ausgleichs nach den Gewinnen der Tochtergesellschaft aus, da diese dann in aller Regel gar keine Gewinne mehr ausschütten wird (§ 304 Abs. 3 S. 1 AktG; s. u. Rdnr. 74). Möglich bleibt daher hier nur die Vereinbarung eines festen Ausgleichs.[81] Statt dessen sollte aber auch die Orientierung des variablen Ausgleichs an den Gewinnen der Muttergesellschaft zugelassen werden, da hiermit nur die gebotenen Folgerungen aus der wirtschaftlichen Einheit des Konzerns gezogen würden (§§ 18 Abs. 1 S. 2, 304 Abs. 2 S. 2, 305 Abs. 2 Nr. 2 analog).[82] Der Wortlaut des § 304 Abs. 2 kann schon deshalb nicht entgegenstehen, weil der Gesetzgeber die Problematik der mehrstufigen Konzerne im Grunde – von dem Sonderfall des § 305 Abs. 2 Nr. 2 abgesehen – ungeregelt gelassen hat.[83]

b) Aufbau von unten nach oben. Zusätzliche Schwierigkeiten entstehen bei einem Aufbau des Konzerns von unten nach oben, dh., wenn der Beherrschungs- oder Gewinnabführungsvertrag zwischen der Enkel- und der Tochtergesellschaft vorangeht und erst anschließend zwischen Tochter- und Muttergesellschaft ein derartiger Vertrag abgeschlossen oder die Tochter- in die Muttergesellschaft eingegliedert wird.[84] Für diese Fälle steht nur fest, daß die Vereinbarung eines **festen** Ausgleichs in dem zuerst abgeschlossenen Vertrag zwischen Tochter- und Enkelgesellschaft durch den späteren Vertragsabschluß zwischen

---

[80] S. *Geßler* in Geßler/Hefermehl Rdnr. 54; *Hüffer* Rdnr. 15; *Koppensteiner* in Kölner Kommentar Rdnr. 5.

[81] So die überwiegende Meinung, zB *Eschenbruch* Konzernhaftung Tz 3114; *Geßler* in Geßler/Hefermehl Rdnr. 46 f.; *Hüffer* Rdnr. 17; *Hüchting* Abfindung S. 66 f.; *Koppensteiner* in Kölner Kommentar Rdnr. 23; *Pentz* Enkel-AG S. 67 f.; *S. Wanner* Probleme S. 68 ff.

[82] OLG Düsseldorf AG 1992, 200, 204 f.; *Emmerich/Sonnenschein* § 17 VI 2; *Exner* Beherrschungsvertrag S. 195 ff.; *Kamprad* AG 1984, 321, 325; *Krieger* Handbuch § 70 Rdnr. 58; *Raiser* Kapitalgesellschaften § 54 Rdnr. 53; *E. Rehbinder* ZGR 1977, 581, 605 ff.; *Wanner* Probleme S. 73 ff.

[83] Anders *Hüffer* Rdnr. 17; *Pentz* Enkel-AG S. 70 ff.; wieder anders *J. Schmidt,* Außenstehende Aktionäre, S. 116 ff.

[84] S. dazu o. § 297 Rdnr. 35.

Mutter- und Tochtergesellschaft nicht beeinflußt wird. Umstritten ist hingegen die Frage, was mit der Vereinbarung eines variablen Ausgleichs in dem vorangegangenen Vertrag zwischen Tochter- und Enkelgesellschaft wird.[85]

55 Am meisten spricht hier für die Annahme, daß der Beherrschungs- oder Gewinnabführungsvertrag zwischen der Enkel- und der Tochtergesellschaft im Falle der Vereinbarung eines variablen Ausgleichs analog § 307 sein Ende findet, sobald später ein derartiger Vertrag zwischen Tochter- und Muttergesellschaft abgeschlossen wird.[86] Die Tochtergesellschaft muß folglich jetzt den außenstehenden Aktionären ein neues Ausgleichs- und Abfindungsangebot machen, wobei wiederum vorrangig an die Orientierung eines etwaigen variablen Ausgleichs an den Gewinnen der Muttergesellschaft zu denken ist. Als anderer Ausweg kommt auch die Beteiligung der außenstehenden Aktionäre der Enkelgesellschaft an dem Vertragsabschluß zwischen Tochter- und Muttergesellschaft im Wege eines Sonderbeschlusses entsprechend § 295 Abs. 2 in Betracht.[87]

56 **2. Vertrag nur zwischen Mutter- und Enkelgesellschaft.** Wenn die Muttergesellschaft einen Beherrschungs- oder Gewinnabführungsvertrag allein mit der Enkelgesellschaft abschließt, werden die außenstehenden Aktionäre der *Tochtergesellschaft* zwar an sich bereits gegen für sie nachteilige Einwirkungen der Muttergesellschaft nach den §§ 311 und 317 geschützt.[88] Für zusätzliche Ausgleichsansprüche dieser Aktionäre entsprechend § 304 ist daneben nach der gesetzlichen Regelung wohl kein Raum.[89]

57 Umstritten ist, ob in diesem Fall die „übersprungene" Tochtergesellschaft auch zu den außenstehenden Aktionären der Enkelgesellschaft gehört, so daß die Muttergesellschaft ihrer Tochtergesellschaft gleichfalls nach § 304 ausgleichspflichtig würde.[90] Nach der hier vertretenen Meinung (o. Rdnr. 13 ff.) hängt dies davon ab, wie das Verhältnis zwischen Mutter- und Tochtergesellschaft gestaltet ist: Handelt es sich um eine 100 %ige Tochtergesellschaft oder ist sie in Mutter eingegliedert, so kann die Tochtergesellschaft nicht als außenstehender Aktionär der Enkelgesellschaft angesehen werden, sondern muß zusammen mit der Muttergesellschaft zum anderen Vertragsteil gerechnet werden.[91]

58 Wieder anders ist die Rechtslage zu beurteilen, wenn der Unternehmensvertrag zwischen Mutter- und Enkelgesellschaft aufgehoben und durch gesonderte Verträge zwischen Mutter- und Tochtergesellschaft sowie zwischen Tochter- und Enkelgesellschaft ersetzt wird. In diesem Fall sind auf beiden Stufen die §§ 304ff. erneut in vollem Umfang anwendbar, so daß jetzt auch wieder ein Spruchstellenverfahren nach § 306 möglich ist.[92]

59 **3. Vertrag nur zwischen Tochter- und Enkelgesellschaft.** Schließt allein die Tochtergesellschaft mit der Enkelgesellschaft einen Beherrschungs- oder Gewinnabführungsvertrag ab, so liegt im Verhältnis zwischen Tochter- und Muttergesellschaft – mangels Vertragsabschlusses – ein faktischer Konzern vor. In derartigen Fallgestaltungen kann ein Schutz der außenstehenden Aktionäre der *Enkelgesellschaft* gegen die schädlichen Auswirkungen einer nachteiligen Einflußnahme der Mutter- auf die Tochtergesellschaft nur dadurch bewerkstelligt werden, daß man eine Haftung der Mutter nach den §§ 311 und 317 auch gegenüber den außenstehenden Aktionären der Enkelgesellschaft annimmt.[93]

---

[85] S. im einzelnen *Pentz* Enkel-AG S. 88 ff.; *Wanner* Probleme S. 77 ff.

[86] Ebenso *Geßler* in Geßler/Hefermehl Rdnr. 96 f.; *Emmerich/Sonnenschein* § 17 VI 2; *Koppensteiner* in Kölner Kommentar Rdnr. 25; zum Teil auch *Raiser* Kapitalgesellschaften § 54 Rdnr. 53; *Hüchting* Abfindung S. 132 ff.; anders *Wanner* (Fn. 85).

[87] So *Pentz* Enkel-AG S. 88 ff.; wieder anders *Wanner* Probleme S. 84 ff.

[88] S. *Raiser* Kapitalgesellschaften § 54 Rdnr. 53; *E. Rehbinder* ZGR 1977, 581, 621 f.

[89] Str., wie hier *Eschenbruch* Konzernhaftung Tz. 3115; *Koppensteiner* in Kölner Kommentar Rdnr. 13.

[90] Generell bejahend *Pentz* Enkel-AG S. 66 ff.; *ders.* AG 1996, 97, 99 ff.

[91] *W. Bayer*, Festschrift Ballerstedt, S. 169 ff.; *Emmerich/Sonnenschein* § 17 VII 3a; *Hüffer* Rdnr. 18; *Koppensteiner* in Kölner Kommentar Rdnr. 20; *Krieger* Handbuch § 70 Rdnr. 57; *Raiser* Kapitalgesellschaften § 54 Rdnr. 54.

[92] OLG Düsseldorf AG 1992, 200, 201 f.

[93] *S. Bayer*, Festschrift Ballerstedt, S. 181 ff.; *Emmerich/Sonnenschein* § 17 VI 4; *Exner* Beherrschungsvertrag S. 205 f.; *Koppensteiner* in Kölner Kommentar Rdnr. 26; *Raiser* Kapitalgesellschaften § 54 Rdnr. 53; *E. Rehbinder* ZGR 1977, 581, 618 ff.; *Wanner* Probleme S. 152 ff.

Zweifelhaft ist die Rechtstellung der **Muttergesellschaft,** wenn sie – neben ihrer Tochtergesellschaft – an der Enkelgesellschaft beteiligt ist. Dann muß entschieden werden, ob sie ebenfalls zu den außenstehenden Aktionären gehört.[94] Die Frage ist nach denselben Kriterien zu entscheiden, die auch sonst für die Beurteilung dieser Frage maßgebend sind (s.o. Rdnr.13ff.). Entscheidend ist mithin, ob die Muttergesellschaft zu 100% (auch) an der Tochtergesellschaft beteiligt ist oder ob diese in die Muttergesellschaft eingegliedert ist. Nur unter diesen Voraussetzungen kann die Muttergesellschaft nicht als außenstehender Aktionär behandelt werden, sondern bildet aus dem Blickwinkel des § 304 eine wirtschaftliche Einheit mit der vertragsschließenden Tochtergesellschaft

4. Vertrag nur zwischen Mutter- und Tochtergesellschaft. Schließt die Muttergesellschaft einen Beherrschungs- oder Gewinnabführungsvertrag allein mit ihrer Tochtergesellschaft ab, so liegt im Verhältnis zu der Enkelgesellschaft lediglich ein faktischer Konzern vor, auf den die §§ 311 ff. anzuwenden sind.[95]

5. Verträge der Enkelgesellschaft gleichzeitig mit Mutter- und Tochtergesellschaft. Ein mehrstufiger Konzern kann auch dergestalt aufgebaut werden, daß die Muttergesellschaft gleichzeitig Beherrschungs- oder Gewinnabführungsverträge mit der Tochter- **und** mit der Enkelgesellschaft abschließt. Dann gelten die §§ 304 und 305 für beide Verhältnisse,[96] soweit nicht die Tochtergesellschaft zu 100% an der Enkelgesellschaft beteiligt ist (vgl. § 304 Abs.1 S.3).

IX. Anpassung

Schrifttum: *Bachelin* Minderheitenschutz S.77ff.; *Emmerich/Sonnenschein* § 17 VII; *Exner* Beherrschungsvertrag S.207ff.; *Hüchting* Abfindung S.121ff.; *Koppensteiner* in Kölner Kommentar Rdnr.46ff.; *Krieger* Handbuch § 70 Rdnr.61ff.; *J.Schmidt,* Außenstehende Aktionäre, S.107ff.

1. Grundsatz. Der feste wie der variable Ausgleich wird zum Stichtag (o. Rdnr.37) grundsätzlich für die gesamte Vertragsdauer gleichmäßig festgesetzt. Ein gestaffelter Ausgleich kommt nur in Ausnahmefällen in Betracht (o. Rdnr.31). Hieraus wird verbreitet der Schluß gezogen, daß das herrschende Unternehmen selbst bei einer grundstürzenden nachträglichen Veränderung der für die Bemessung des Ausgleichs maßgebenden Verhältnisse *nicht* zu einer Anpassung berechtigt oder verpflichtet sei. Denn das Risiko für sie nachträglicher Veränderungen der Verhältnisse hätten beide Parteien hier freiwillig übernommen, das herrschende Unternehmen durch Abschluß des Vertrags und die außenstehenden Aktionäre durch die ihnen freistehenden Wahl des Ausgleichs anstatt der Abfindung.[97]

Dem ist nur zuzustimmen, soweit sich die wirtschaftlichen Verhältnisse der Beteiligten nach Vertragsabschluß anders als vom *herrschenden* Unternehmen erwartet entwickeln, namentlich, wenn sich die Verhältnisse der Beteiligten wider Erwarten verschlechtern. Dieses Risiko muß in der Tat allein das herrschende Unternehmen tragen (§ 279 BGB).

Von diesen sozusagen normalen Risiken (o. Rdnr.64) müssen jedoch zum Schutze der *außenstehenden* Aktionäre solche grundstürzenden, völlig unvoraussehbaren Veränderungen der Verhältnisse unterschieden werden, die dazu führen, daß der feste oder der variable Ausgleich jetzt unter keinem Gesichtspunkt mehr als angemessen im Sinne des § 304 Abs.1 S.1 bezeichnet werden kann. In derartigen Fällen ist anzunehmen, daß die Geschäftsgrundlage des Vertrages entfallen ist (§ 242 BGB), so daß das herrschende Unternehmen schon aufgrund seiner Treuepflicht, um den Anforderungen des § 304 Abs.1 S.1 zu genügen, zu einer Anpassung des Ausgleichs an die veränderten Verhältnisse verpflich-

---

[94] Generell bejahend *Pentz* Enkel-AG S.57ff.; *ders.* AG 1996, 97, 99ff.
[95] S. *Wanner* Probleme S.169ff.
[96] Ebenso *Koppensteiner* in Kölner Kommentar Rdnr.27; *Wanner* Probleme S.133ff.
[97] OLG Frankfurt AG 1989, 442, 443; *Geßler* in Geßler/Hefermehl Rdnr.75f.

tet ist.⁹⁸ Auf jeden Fall ist so zu verfahren, wenn die Parteien zulässigerweise in dem Vertrag eine Verlängerungsklausel vorgesehen haben.⁹⁹ Deren Wirksamwerden ist wie eine Vertragsänderung im Sinne des § 295 zu behandeln, um zu verhindern, daß die außenstehenden Aktionäre durch praktisch auf unbegrenzte Dauer laufende Verträge übermäßig benachteiligt werden.¹⁰⁰ Anpassungspflichten bestehen außerdem bei Kapitalmaßnahmen auf der Ebene einer der beteiligten Gesellschaften (u. Rdnr. 66 ff.).

66   **2. Kapitalerhöhung. a) Bei der herrschenden Gesellschaft.** Durch eine Kapitalerhöhung bei der herrschenden Gesellschaft wird der feste Ausgleich in keinem Fall berührt.¹⁰¹ Anders verhält es sich hingegen mit dem variablen Ausgleich, wobei zwischen Kapitalerhöhungen aus Gesellschaftsmitteln und solchen gegen Einlagen zu unterscheiden ist.

67   Bei Kapitalerhöhungen aus Gesellschaftsmitteln besteht Übereinstimmung, daß der *variable* Ausgleich entsprechend erhöht werden muß, sei es aufgrund des § 216 Abs. 3 AktG, sei es nach dem Grundgedanken des § 304 AktG. Schwieriger zu beurteilen ist dagegen die Situation bei Kapitalerhöhungen gegen Einlagen, wenn der Ausgabekurs der jungen Aktien hinter dem Wert der alten Aktien zurückbleibt. Um hier eine Verwässerung des variablen Ausgleichs zu verhindern, muß angenommen werden, daß das Umrechnungsverhältnis für den variablen Ausgleich so zu verbessern ist, daß eine Benachteiligung der außenstehenden Aktionäre verhindert wird. Das folgt schon aus der ergänzenden Auslegung des Beherrschungsvertrages unter Berücksichtigung der Treuepflicht des herrschenden Unternehmens (§ 242 BGB).¹⁰²

68   **b) Bei der abhängigen Gesellschaft.** Bei einer Kapitalerhöhung gegen Einlagen sind die jungen Aktien ebenso ausgleichsberechtigt wie die alten Aktien (o. Rdnr. 19).¹⁰³ Bei einer Kapitalerhöhung aus Gesellschaftsmitteln kommt es hingegen nur zu einer nominellen Veränderung der Anzahl der Aktien in der Hand der außenstehenden Aktionäre. Dem müssen die Ausgleichszahlung, die sich insgesamt nicht ändern, im Verhältnis der neuen zu den alten Aktien angepaßt werden.¹⁰⁴

69   **3. Kapitalherabsetzung.** Eine Kapitalherabsetzung bei der herrschenden Gesellschaft verändert den Ausgleich nicht. Lediglich, wenn der Nennbetrag der Aktien herabgesetzt wird, muß im selben Verhältnis der variable Ausgleich angepaßt werden.¹⁰⁵ Kommt es bei der Untergesellschaft, etwa zur Deckung eines Verlustvortrags oder zur Kapitalrückzahlung, zu einer Kapitalherabsetzung, so bleibt dies gleichfalls ohne Einfluß auf den festen Ausgleich, während der variable Ausgleich gegebenenfalls der Veränderung der Aktiennennbeträge anzupassen ist.¹⁰⁶

X. Beendigung

70   Die Ausgleichsberechtigung der außenstehenden Aktionäre beruht auf dem Unternehmensvertrag und ihrer Aktionärseigenschaft. Der Ausgleichsanspruch erlischt mithin, sobald ein Aktionär seine Aktien veräußert, zB das Abfindungsangebot des herrschenden Unternehmens annimmt (§ 305), oder wenn der Unternehmensvertrag sein Ende findet (§§ 296, 297). Tritt die Beendigung des Unternehmensvertrags während des Laufs eines Geschäftsjahres ein, zB infolge der Kündigung des Vertrags durch den anderen Vertragsteil

---

⁹⁸ *Emmerich/Sonnenschein* § 17 VII 1; *Hüchting* Abfindung S. 121 ff.; *Raiser* Kapitalgesellschaften § 54 Rdnr. 52.
⁹⁹ S. o. § 297 Rdnr. 33.
¹⁰⁰ Ebenso *Geßler* in Geßler/Hefermehl Rdnr. 78; *Koppensteiner* in Kölner Kommentar Rdnr. 57; enger *Sonnenschein* ZGR 1981, 429, 439 f.
¹⁰¹ OLG Frankfurt AG 1989, 442, 443; *Hüffer* Rdnr. 19.
¹⁰² *Emmerich/Sonnenschein* § 17 VII 2; *Exner* Beherrschungsvertrag S. 211 ff.; *Geßler* in Geßler/Hefermehl Rdnr. 108; *Hüffer* Rdnr. 9; *Hüchting* Abfindung S. 136 f.; *H. Köhler* AG 1984, 197; *Koppensteiner* in Kölner Kommentar Rdnr. 50; vgl. auch schon RGZ 147, 42.
¹⁰³ Ebenso zB *Geßler* in Geßler/Hefermehl Rdnr. 111; *Hüchting* Abfindung S. 135; *Koppensteiner* in Kölner Kommentar Rdnr. 47.
¹⁰⁴ *Geßler* in Geßler/Hefermehl Rdnr. 111; *Koppensteiner* in Kölner Kommentar Rdnr. 46.
¹⁰⁵ *Geßler* in Geßler/Hefermehl Rdnr. 109; *Koppensteiner* in Kölner Kommentar Rdnr. 54.
¹⁰⁶ S. *Hüchting* Abfindung S. 139 ff.; *Koppensteiner* in Kölner Kommentar Rdnr. 48.

gemäß § 297 Abs. 1, so haben die außenstehenden Aktionäre für das Rumpfgeschäftsjahr einen anteiligen Anspruch auf Ausgleichszahlungen.[107]

Anders als die genannten Fälle ist die **Eingliederung** oder Verschmelzung der herrschenden Gesellschaft mit ihrer Muttergesellschaft oder mit einem anderen Unternehmen zu beurteilen, weil in diesem Fall der Unternehmensvertrag bestehen bleibt,[108] so daß auch die Verpflichtung zur weiteren Zahlung der Ausgleich nicht berührt wird. Im Falle der Eingliederung haftet vielmehr für die Ausgleichzahlungen jetzt neben der eingegliederten Tochtergesellschaft die Muttergesellschaft (§ 322 AktG). Ebenso verhält es sich im Ergebnis im Falle der Verschmelzung (§§ 20 ff. UmwG).[109]

XI. Mängel des Vertrages und des Zustimmungsbeschlusses

1. Nichtigkeit des Vertrags. Die gesetzliche Regelung des § 304 ist zwingend, so daß ein Beherrschungs- oder Gewinnabführungsvertrag, der in auch nur einem einzigen Punkt gegen § 304 verstößt, an sich nichtig sein müßte (§§ 134, 139 BGB). Die Gesetzesverfasser waren indessen der Meinung, daß mit diesem Ergebnis den Beteiligten regelmäßig nicht gedient sei.[110] Sie haben deshalb die Nichtigkeit auf den Fall beschränkt, daß der fragliche Vertrag entgegen Abs. 1 des § 304 überhaupt keinen Ausgleich für im Augenblick der Beschlußfassung tatsächlich vorhandene außenstehende Aktionäre vorsieht (s. § 304 Abs. 1 S. 2 und Abs. 3 S. 1 iVm. § 307 und o. Rdnr. 10). Ohne Einfluß auf die Wirksamkeit des Vertrages bleibt es hingegen, wenn der in dem Vertrag bestimmte Ausgleich nicht angemessen ist; an die Stelle der Nichtigkeit des Vertrages tritt in diesem Falle vielmehr die Befugnis des in § 306 bestimmten Gerichts, auf Antrag eines außenstehenden Aktionärs den vertraglich geschuldeten Ausgleich zu bestimmen (§ 304 Abs. 3 S. 3 und Abs. 4).

a) Fehlen eines Ausgleichs. Nichtigkeit des Beherrschungs- oder Gewinnabführungsvertrages wegen Verstoßes gegen § 304 tritt nach dem Gesagten (o. Rdnr. 72) nur ein, wenn in dem Vertrag entgegen § 304 Abs. 1 überhaupt kein Ausgleich für tatsächlich vorhandene außenstehende Aktionäre vorgesehen ist (§ 304 Abs. 1 S. 3 und 3 S. 1; § 134 BGB). Maßgebender Zeitpunkt, in dem diese Wirksamkeitsvoraussetzung (vertragliche Ausgleichsregelung) erfüllt sein muß, ist der des Wirksamwerdens des Vertrags durch Eintragung im Handelsregister (§ 294 Abs. 2). Sieht der Vertrag für die Zeit nach seinem Wirksamwerden eine Ausgleichsregelung vor, so beeinträchtigt es folglich seine Gültigkeit nicht, wenn er für vorausgegangene Geschäftsjahre entgegen § 304 keine Ausgleichsregelung enthalten hatte, da er in dieser Zeit überhaupt noch nicht in Kraft getreten war.[111]

b) Gleichstehende Fälle. Dem völligen Fehlen einer Ausgleichsregelung in dem Vertrag (§ 304 Abs. 3 S. 1) ist der Fall gleichzustellen, daß der Vertrag entgegen § 304 (s. o. Rdnr. 20 f.) die Ausgleichspflicht der abhängigen Gesellschaft und nicht dem herrschenden Unternehmen auferlegt, da in diesem Fall der Vertrag gleichfalls eine Ausgleichspflicht des herrschenden Unternehmens vermissen läßt.[112] Ebenso zu behandeln ist der Fall, daß in einem mehrstufigen Konzern eine Tochtergesellschaft, die durch einen Beherrschungs- oder Gewinnabführungsvertrag mit ihrer Muttergesellschaft verbunden oder in diese eingegliedert ist, anschließend einen Beherrschungs- oder Gewinnabführungsvertrag mit einer Enkelgesellschaft abschließt, in dem ein variabler Ausgleich nach § 304 Abs. 2 S. 2 vorgesehen wird. Denn eine solche Regelung läuft der Sache nach gleichfalls darauf hinaus, daß der Vertrag tatsächlich keine Ausgleichsregelung enthält (o. Rdnr. 53).

---

[107] *Koppensteiner* in Kölner Kommentar Rdnr. 8; wegen der Problematik s. im übrigen *Emmerich/Sonnenschein* § 17 VIII m. Nachw.
[108] S.o. § 297 Rdnr. 41.
[109] OLG Düsseldorf AG 1990, 490 f.; 1996, 475; zu den Auswirkungen dieser Vorgänge auf anhängige Spruchstellenverfahren s.u. § 306 Rdnr. 37 ff.

[110] S. die Begr. zum RegE, bei *Kropff* AktG S. 395.
[111] So jedenfalls LG Hamburg AG 1991, 365, 366 = WM 1991, 1081 „Bauverein Hamburg".
[112] *Geßler* in Geßler/Hefermehl Rdnr. 116; *Hüffer* Rdnr. 20; *Hüchting* Abfindung S. 69 f.; *Koppensteiner* in Kölner Kommentar Rdnr. 59.

75 **c) Sonstige Verstöße gegen § 304.** Bei sonstigen Verstößen gegen § 304 geht die überwiegende Meinung durchweg von der grundsätzlichen Wirksamkeit des Vertrages aus.[113] Dem kann nur für den Regelfall zugestimmt werden. § 304 Abs. 3 S. 1 ist hingegen, zumindest entsprechend, anwendbar, wenn der Vertrag eine vom Gesetz nicht zugelassene Form des Ausgleichs vorsieht, zB einen von § 304 Abs. 2 S. 2 abweichenden variablen Ausgleich oder einen variablen Ausgleich, obwohl das herrschende Unternehmen keine AG oder KGaA ist, weil dann in Wirklichkeit ebenfalls keine Ausgleichsregelung im Sinne des Gesetzes (§ 304) vorliegt. Unberührt bleiben außerdem die sonstigen Nichtigkeits- und Anfechtungsgründe des bürgerlichen Rechts (§§ 119, 123, 134, 138 und 306 BGB) und des Aktienrechts (zB § 293 Abs. 1 und 3).[114]

76 An der Nichtigkeit des Vertrages in den genannten Fällen (o. Rdnr. 73 ff.) ändert auch seine etwaige Eintragung im Handelsregister nichts (§ 294). Ebensowenig ist hier Raum für die Anwendung der Regeln über fehlerhafte Verträge.[115]

77 **2. Mängel des Zustimmungsbeschlusses.** Die Nichtigkeit oder Anfechtbarkeit des Zustimmungsbeschlusses der Hauptversammlung der abhängigen Gesellschaft richtet sich nach den §§ 241 und 243, soweit nicht § 304 Abs. 3 S. 2 eine abweichende Regelung enthält. Nach dieser Bestimmung kann die Anfechtung des Zustimmungsbeschlusses (§§ 293 Abs. 1, 295) nicht auf § 243 Abs. 2 oder darauf gestützt werden kann, daß der im Vertrag bestimmte Ausgleich nicht angemessen ist. Damit ist im Ergebnis namentlich eine Anfechtung des Zustimmungsbeschlusses mit der Begründung ausgeschlossen, der in dem Vertrag festgesetzte Ausgleich sei zu niedrig. Das gilt gleichermaßen für die Anfechtung nach § 243 Abs. 1 wie nach Abs. 2.[116] An die Stelle der Anfechtung tritt in diesen Fällen vielmehr das Spruchstellenverfahren nach § 306 (§ 304 Abs. 3 S. 3; s. u. Rdnr. 79 ff.).

78 Im übrigen bleiben die §§ 241 und 243 unberührt.[117] Wichtig ist das namentlich für die Anfechtung des Zustimmungsbeschlusses durch die außenstehenden Aktionäre wegen der Verletzung ihres Auskunftsrechts aufgrund der §§ 131 und 293 g,[118] wegen einer Verletzung der Auslagepflichten aufgrund der §§ 293 f Abs. 1 und 293 g Abs. 1 sowie wegen einer Verletzung der Erläuterungspflicht des Vorstandes aus § 293 g Abs. 2.

XII. Spruchstellenverfahren

79 Die Gesetzesverfasser haben aus praktischen Erwägungen sowohl die Anfechtung des Zustimmungsbeschlusses als auch die Nichtigkeit des Vertrages wegen der Festsetzung eines zu niedrigen Ausgleichs durch das besondere Spruchstellenverfahren (oder auch Spruchverfahren) nach § 306 ersetzt (s. o. Rdnr. 72). Der Vertrag ist und bleibt in diesem Fall folglich wirksam; jedoch geht die Befugnis zur Bestimmung des angemessenen Ausgleichs auf das Gericht über (§ 304 Abs. 3 S. 3). Das dabei zu beachtende Verfahren richtet sich nach § 306 und § 99 sowie ergänzend nach dem FGG (s. § 306 Abs. 2 iVm. § 99 Abs. 1).

80 **1. Antragsberechtigung. a) Jeder außenstehende Aktionär.** Antragsberechtigt ist nach § 304 Abs. 4 S. 1 jeder außenstehende Aktionär (zum Begriff s. o. Rdnr. 13 ff.). Die Höhe seines Anteilsbesitzes spielt keine Rolle; antragsberechtigt ist auch, wer nur über eine einzige Aktie verfügt (§ 304 Abs. 4 S. 1).[119] An der Antragsberechtigung des außenstehenden Aktionärs ändert es außerdem nichts, wenn er in der Hauptversammlung

---

[113] *Geßler* in Geßler/Hefermehl Rdnr. 121; *Hüchting* Abfindung S. 69; *Koppensteiner* in Kölner Kommentar Rdnr. 59; anders nur *Beyerle* BB 1978, 784, 787 f.
[114] S.o. § 293 Rdnr. 19 ff.
[115] S.o. § 291 Rdnr. 25 ff.
[116] *Koppensteiner* in Kölner Kommentar Rdnr. 60.
[117] *Geßler* in Geßler/Hefermehl Rdnr. 120.

[118] S.o. § 293 Rdnr. 38; grdlg. BGHZ 122, 211, 238 = LM AktG § 83 Nr. 1 = NJW 1993, 1976 = AG 1993, 422 „SSI"; LG Heilbronn AG 1971, 372; LG Nürnberg-Fürth AG 1995, 141 „Hertel"; *Hüffer* Rdnr. 21; anders *Hirte* ZGR 1994, 644, 659 f.
[119] Unstreitig, insbes. KG OLGZ 1971, 260, 268 f. = AG 1971, 158 = WM 1971, 764.

der abhängigen Gesellschaft dem Vertrag nach § 293 Abs.1 zugestimmt hatte oder wenn er zunächst den von ihm als zu niedrig gerügten Ausgleich widerspruchslos entgegengenommen hat.[120]

b) Zeitpunkt. In Literatur und Rechtsprechung ist umstritten, wann die Eigenschaft als außenstehender Eigenschaft gegeben sein muß, um das Antragsrecht eines Aktionärs auszulösen. Im wesentlichen drei Meinungen werden hierzu vertreten. Nach der engsten sind nur solche außenstehenden Aktionäre antragsberechtigt, die diese Eigenschaft bereits im Augenblick der Beschlußfassung nach § 293 Abs.1 besaßen; begründet wird dies damit, daß das Antragsrecht an die Stelle des sonst gegebenen Anfechtungsrechts nach § 243 Abs.1 getreten sei, das gleichfalls an die Aktionärseigenschaft bei der Beschlußfassung gebunden sei.[121] Nach anderen ist dagegen das Antragsrecht außerdem solchen Aktionären zuzusprechen, die der Gesellschaft spätestens bei Bekanntmachung des Wirksamwerdens des Unternehmensvertrages angehört haben (§ 294 Abs.2 iVm. § 10 HGB), gegebenenfalls unter zusätzlicher Anwendung des § 15 Abs.2 HGB.[122] Nach wieder anderen soll es schließlich schon genügen, wenn die Aktionäre ihre Aktien spätestens bis zum Ablauf der Zweimonatsfrist des § 304 Abs.4 S.2 (s.u. Rdnr.84) erworben haben.[123]

Nur die zuletzt genannte Meinung (o. Rdnr.81) kann richtig sein, weil das Gesetz in § 304 Abs.4 die Antragsberechtigung ohne Ausnahme sämtlichen außenstehenden Aktionären bis zum Ablauf der Frist des § 304 Abs.2 S.2 zubilligt. Es kommt hinzu, daß die in dem Spruchstellenverfahren ergehende Entscheidung ohnehin für und gegen alle wirkt (§ 306 Abs.2 iVm. § 99 Abs.5 S.2), also auch für und gegen solche Aktionäre, die ihre Aktien erst während des Laufs der Frist des § 304 Abs.2 S.2 erworben haben, so daß kein sachlicher Grund zu erkennen ist, ihnen das Antragsrecht zu verweigern.

c) Veräußerung. Das Antragsrecht nach § 304 Abs.4 S.1 ist an den Besitz einer Aktie geknüpft. Im Falle der Veräußerung der Aktie geht es mithin auf den Erwerber über.[124] Hieran ändert auch nichts die Anhängigkeit eines Spruchstellenverfahrens nach § 306. Dieses Verfahren hat nicht etwa eine Veräußerungssperre für die außenstehenden Aktionäre zur Folge, mögen sie selbst einen Antrag gestellt haben oder nicht (§ 265 Abs.1 ZPO). Veräußert ein Antragsteller seine Aktien, so tritt der Erwerber an Stelle des Veräußerers in das Verfahren als Antragsteller ein.[125] Die §§ 265 Abs.2 und 325 Abs.1 ZPO passen hier nicht.[126]

2. Frist. Für den Antrag auf Einleitung eines Spruchstellenverfahrens nach § 306 bestimmt das Gesetz in § 304 Abs.4 S.2 eine Ausschlußfrist von zwei Monaten, die an dem Tag zu laufen beginnt, der auf den Tag folgt, an dem die Eintragung des Bestehens oder einer unter § 295 Abs.2 fallenden Änderung des Vertrags im Handelsregister nach § 10 Abs.2 HGB als bekanntgemacht gilt (§ 187 Abs.1 BGB). Die Berechnung der Frist richtet sich nach § 188 Abs.2 BGB. Bei dieser Frist handelt es sich um eine materiellrechtliche Ausschlußfrist, gegen deren Versäumung es keine Wiedereinsetzung in den vorigen Stand gibt.[127]

3. Antrag. Für den Antrag schreibt das Gesetz keine besondere Form vor. Der Antrag braucht daher nicht begründet zu werden; es genügt vielmehr, daß der Antragsteller den Ausgleich als nicht angemessen rügt.[128]

---

[120] S. *Geßler* in Geßler/Hefermehl Rdnr.136; *Hüffer* Rdnr.23; *Hüchting* Abfindung S.72; *Koppensteiner* in Kölner Kommentar Rdnr.62; *J. Schmidt,* Außenstehende Aktionäre, S.43 f.

[121] KG OLGZ 1971, 260, 263 f. = WM 1971, 764 = AG 1971, 158.

[122] So OLG Frankfurt NJW 1972, 641, 643 f.; *Geßler* in Geßler/Hefermehl Rdnr.132 f.; *Hüffer* Rdnr.24; *Krieger* Handbuch § 70 Rdnr.84.

[123] So *Hüchting* Abfindung S.73 f.; *Koppensteiner* in Kölner Kommentar Rdnr.63; *J. Schmidt,* Das Recht der außenstehenden Aktionäre, S.40 f.; im wesentlichen auch *U. Schneider* NJW 1971, 1109.

[124] *Hüchting* Abfindung S.73; *Koppensteiner* in Kölner Kommentar Rdnr.63; *J. Schmidt,* Außenstehende Aktionäre, S.40 f.

[125] Str., wie hier *Geßler* in Geßler/Hefermehl Rdnr.134; *Hüffer* Rdnr.25; *Koppensteiner* in Kölner Kommentar Rdnr.63; *J. Schmidt,* Außenstehender Aktionär, S.44 f.

[126] S.u. § 306 Rdnr.1, 24 ff.

[127] OLG Düsseldorf AG 1993, 39, 40; *Emmerich/Sonnenschein* § 17 a VII 1 a; *Geßler* in Geßler/Hefermehl Rdnr.140; *Hüffer* Rdnr.26; *Koppensteiner* in Kölner Kommentar Rdnr.62.

[128] KG OLGZ 1971, 260, 265 = AG 1971, 158 = WM 1971, 764.

86 Ein gerichtlicher Vergleich ist in dem Spruchstellenverfahren nicht vorgesehen.[129] Dadurch werden die Antragsteller indessen nicht gehindert, sich außergerichtlich mit dem herrschenden Unternehmen zu einigen und anschließend ihren Antrag zurückzunehmen (s. § 306 Abs. 7 S. 4), wovon in der Praxis offenbar zum Nachteil der übrigen außenstehenden Aktionäre in großem Umfang Gebrauch gemacht wird.[130] Um dem zu begegnen, ist 1994 durch das Umwandlungsrechtbereinigungsgesetz ab 1995 § 306 geändert worden (s. § 306 Abs. 4 S. 10 iVm. § 308 Abs. 3 UmwG).

87 **4. Entscheidung des Gerichts.** Die Entscheidung des Landgerichts am Sitz der Gesellschaft (§ 306 Abs. 1) ergeht durch begründeten Beschluß, gegen den (nur) die sofortige Beschwerde an das OLG möglich ist (§ 306 Abs. 2 iVm. § 99 Abs. 3 S. 1 und 2). Die Beschwerde kann auf neue Tatsachen oder Beweise gestützt werden (§ 23 FGG). Eine weitere Beschwerde zum BGH ist ausgeschlossen.[131]

88 Die Entscheidung kann nur zugunsten, nicht zu Lasten der Antragsteller ausfallen, so daß eine Herabsetzung des Ausgleichs durch den Beschluß ausscheidet.[132] Das Gericht ist hierbei an die von den Parteien gewählte Art des Ausgleichs gebunden. Das sagt § 304 Abs. 3 S. 3 Halbs. 2 zwar nur für den variablen Ausgleich, muß aber sinngemäß auch für den festen Ausgleich gelten.[133] Haben die Parteien in dem Vertrag hingegen eine andere, vom Gesetz generell nicht zugelassene Form des Ausgleichs gewählt, so kann das Gericht nur den festen Ausgleich des § 304 Abs. 2 S. 1 als gesetzliche Regelform wählen.[134]

89 Wird der Unternehmensvertrag während des Verfahrens abgeändert, so erfaßt die Entscheidung automatisch auch den geänderten Vertrag.[135] Mit Rechtskraft wirkt die Entscheidung für und gegen jedermann (§ 306 Abs. 2 iVm. § 99 Abs. 5 S. 2), so daß sie rückwirkend den Beherrschungs- oder Gewinnabführungsvertrag umgestaltet, soweit durch sie der Ausgleich zum Vorteil der außenstehenden Aktionäre verändert wird. Hierauf können sich auch diejenigen außenstehenden Aktionäre berufen, die sich am Verfahren nicht beteiligt haben. Soweit die bisherigen Ausgleichszahlungen des herrschenden Unternehmens hinter dem gerichtlich festgesetzten Betrag zurückblieben, steht den außenstehenden Aktionären ein Nachzahlungsanspruch in Höhe der Differenz zu.[136] Das gilt auch im Falle der Kündigung des Vertrages durch das herrschende Unternehmen nach § 304 Abs. 5 (u. Rdnr. 91) und ist zwingendes Recht, so daß die Parteien in dem Vertrag nichts anderes vereinbaren können, etwa in Gestalt der Rückwirkung der Kündigung oder ihrer Ersetzung durch einen rückwirkenden Rücktritt (§ 134 BGB).[137]

XIII. Sonderkündigungsrecht

90 Nach § 304 Abs. 5 kann das herrschende Unternehmen den Vertrag binnen zweier Monate nach Rechtskraft der Entscheidung ohne Einhaltung einer Kündigungsfrist kündigen (vgl. § 297 Abs. 1), wenn das Gericht den Ausgleich neu, dh. höher als vereinbart (o. Rdnr. 88), bestimmt. Durch diese (problematische) Regelung, die dem herrschenden Un-

---

[129] Stellungnahme der BReg, bei *Kropff* AktG S. 401; BayObLGZ 1978, 209 = AG 1980, 76, 77; *Geßler* in Geßler/Hefermehl Rdnr. 129, § 306 Rdnr. 2, 39; *Hüffer* § 306 Rdnr. 18; *Koppensteiner* in Kölner Kommentar § 306 Rdnr. 18; anders zB *J. Schmidt,* Außenstehende Aktionäre, S. 103 ff.

[130] S. dazu *Emmerich/Sonnenschein* § 17 a VII 1 c m. Nachw.

[131] BGH AG 1986, 291, 292; *Emmerich/Sonnenschein* § 17 a VII 3.

[132] BayObLG AG 1996, 127 = WM 1996, 526 „Paulaner"; LG Dortmund AG 1977, 234, 235 „ATH/Rheinstahl"; *Geßler* in Geßler/Hefermehl Rdnr. 128, § 306 Rdnr. 40; *Koppensteiner* in Kölner Kommentar Rdnr. 65; *Krieger* Handbuch § 70 Rdnr. 92; *Hüchting* Abfindung S. 78.

[133] Begr. zum RegE, bei *Kropff* AktG S. 395 u.; *Geßler* in Geßler/Hefermehl Rdnr. 124; *Hüffer* Rdnr. 22; *Koppensteiner* in Kölner Kommentar Rdnr. 65.

[134] So schon die Begr. zum RegE, bei *Kropff* AktG S. 395 u.; *Geßler* in Geßler/Hefermehl Rdnr. 123; *Koppensteiner* in Kölner Kommentar Rdnr. 65.

[135] OLG Celle AG 1988, 141; OLG Karlsruhe AG 1991, 144 „Asea/BBC".

[136] *Emmerich/Sonnenschein* § 17 a VII 3; *Geßler* in Geßler/Hefermehl Rdnr. 130; *Koppensteiner* in Kölner Kommentar Rdnr. 66; s. u. § 305 Rdnr. 66.

[137] *Hüffer* Rdnr. 27; *Koppensteiner* in Kölner Kommentar Rdnr. 67.

Abfindung § 305

ternehmen strategische Verhaltensweisen zum Nachteil der außenstehenden Aktionäre ermöglicht,[138] wollten die Gesetzesverfasser dem herrschenden Unternehmen einen Weg eröffnen, sich von dem Beherrschungs- oder Gewinnabführungsvertrag wieder kurzfristig zu lösen, wenn sich aus ihm infolge des Spruchstellenverfahrens unerwartete Belastungen ergeben.[139]

Die Kündigungsfrist beträgt zwei Monate nach Rechtskraft der Entscheidung des LG oder OLG im Spruchstellenverfahren nach § 306 (s. §§ 187 Abs. 1, 188 Abs. 2 BGB). Die Kündigung wirkt ex nunc, so daß es für die Vergangenheit bei dem gerichtlich festgesetzten Ausgleich bleibt mit der weiteren Folge, daß die außenstehenden Aktionäre gegebenenfalls einen Nachzahlungsanspruch haben.[140] Das ist zwingendes Recht, so daß der Vertrag nichts anderes bestimmen kann (§ 134 BGB; s. o. Rdnr. 89). **91**

§ 305 Abfindung

(1) Außer der Verpflichtung zum Ausgleich nach § 304 muß ein Beherrschungs- oder ein Gewinnabführungsvertrag die Verpflichtung des anderen Vertragsteils enthalten, auf Verlangen eines außenstehenden Aktionärs dessen Aktien gegen eine im Vertrag bestimmte angemessene Abfindung zu erwerben.

(2) Als Abfindung muß der Vertrag,

1. wenn der andere Vertragsteil eine nicht abhängige und nicht in Mehrheitsbesitz stehende Aktiengesellschaft oder Kommanditgesellschaft auf Aktien mit Sitz im Inland ist, die Gewährung eigener Aktien dieser Gesellschaft,

2. wenn der andere Vertragsteil eine abhängige oder in Mehrheitsbesitz stehende Aktiengesellschaft oder Kommanditgesellschaft auf Aktien und das herrschende Unternehmen einer Aktiengesellschaft oder Kommanditgesellschaft auf Aktien mit Sitz im Inland ist, entweder die Gewährung von Aktien der herrschenden oder mit Mehrheit beteiligten Gesellschaft oder eine Barabfindung,

3. in allen anderen Fällen eine Barabfindung

vorsehen.

(3) Werden als Abfindung Aktien einer anderen Gesellschaft gewährt, so ist die Abfindung als angemessen anzusehen, wenn die Aktien in dem Verhältnis gewährt werden, in dem bei einer Verschmelzung auf eine Aktie der Gesellschaft Aktien der anderen Gesellschaft zu gewähren wären, wobei Spitzenbeträge durch bare Zuzahlungen ausgeglichen werden können. Die angemessene Barabfindung muß die Verhältnisse der Gesellschaft im Zeitpunkt der Beschlußfassung ihrer Hauptversammlung über den Vertrag berücksichtigen. Sie ist nach Ablauf des Tages, an dem der Beherrschungs- oder Gewinnabführungsvertrag wirksam geworden ist, mit jährlich zwei vom Hundert über dem jeweiligen Diskontsatz der Deutschen Bundesbank zu verzinsen; die Geltendmachung eines weiteren Schadens ist nicht ausgeschlossen.

(4) Die Verpflichtung zum Erwerb der Aktien kann befristet werden. Die Frist endet frühestens zwei Monate nach dem Tage, an dem die Eintragung des Bestehens des Vertrags im Handelsregister nach § 10 des Handelsgesetzbuchs als bekanntgemacht gilt. Ist ein Antrag auf Bestimmung des Ausgleichs oder der Abfindung durch das in § 306 bestimmte Gericht gestellt worden, so endet die Frist frühestens zwei Monate nach dem Tage, an dem die Entscheidung über den zuletzt beschiedenen Antrag im Bundesanzeiger bekanntgemacht worden ist.

---

[138] S. *Kübler*, Festschrift Goerdeler, 1987, S. 279; *Emmerich/Sonnenschein* § 17 a VII 4; *Hecker/Wenger* ZBB 1995, 321, 331 f.; *W. Meilicke* AG 1995, 181.

[139] So die Begr. zum RegE, bei *Kropff* AktG S. 396 o.

[140] *Geßler* in Geßler/Hefermehl Rdnr. 142; LG Stuttgart AG 1998, 103, 104 „Gestra/Foxboro".

§ 305 3. Buch. 1. Teil. 4. Abschn. Sicherung der außenstehenden Aktionäre

(5) Die Anfechtung des Beschlusses, durch den die Hauptversammlung der Gesellschaft dem Vertrag oder einer unter § 295 Abs. 2 fallenden Änderung des Vertrags zugestimmt hat, kann nicht darauf gestützt werden, daß der Vertrag keine angemessene Abfindung vorsieht. Sieht der Vertrag überhaupt keine oder eine den Absätzen 1 bis 3 nicht entsprechende Abfindung vor, so hat das in § 306 bestimmte Gericht auf Antrag die vertraglich zu gewährende Abfindung zu bestimmen. Dabei hat es in den Fällen des Absatzes 2 Nr. 2, wenn der Vertrag die Gewährung von Aktien der herrschenden oder mit Mehrheit beteiligten Gesellschaft vorsieht, das Verhältnis, in dem diese Aktien zu gewähren sind, wenn der Vertrag nicht die Gewährung von Aktien der herrschenden oder mit Mehrheit beteiligten Gesellschaft vorsieht, die angemessene Barabfindung zu bestimmen. § 304 Abs. 4 und 5 gilt sinngemäß.

Schrifttum: S. o. bei § 304 sowie Institut der Wirtschaftsprüfer (IdW), Grundsätze zur Durchführung von Unternehmensbewertungen, Wpg 1983, 468; *Bernhardt,* Die Abfindung von Aktionären nach neuem Recht; *Beyerle,* Zur Regelabfindung im Konzernrecht gemäß § 305 Abs. 2 Nr. 1 AktG, AG 1980, 317; *Böcking,* Das Verbundberücksichtigungsprinzip als Grundsatz ordnungsmäßiger Unternehmensbewertung, Festschrift Moxter, 1994, S. 1407; *Bodewig,* Abfindungsergänzungsanspruch bereits abgefundener Aktionäre aufgrund einer Gerichtsentscheidung nach § 305 Abs. 5 S. 2 AktG, BB 1978, 1694; *W. Busse von Colbe,* Berücksichtigung von Synergien versus Stand-alone-Prinzip, ZGR 1994, 595; *H. Dielmann/A. König,* Der Anspruch ausscheidender Minderheitsaktionäre auf angemessene Abfindung, AG 1984, 57; *Dörfler/Gahler/Unterstraßer/Wirichs,* Probleme der Wertermittlung von Abfindungsangeboten, BB 1994, 156; *Drukarczyk,* Zum Problem der angemessenen Barabfindung, AG 1973, 357; *ders.,* Unternehmensbewertung, 1996; *Emmerich/Sonnenschein* Konzernrecht § 17 a; *Eschenbruch* Konzernhaftung, 1996, Tz. 3179 ff. (S. 217 ff.); *Fleischer,* Die Barabfindung der außenstehenden Aktionäre: Stand-alone-Prinzip oder Verbundberücksichtigungsprinzip, ZGR 1997, 368; *Forster,* Zur Ermittlung der angemessenen Abfindung nach § 305 AktG, AG 1980, 45; *ders.,* Zur angemessenen Barabfindung, Festschrift Claussen, 1997, S. 91; *Gansweid,* Zur gerichtlichen Überprüfung der angemessenen Barabfindung nach § 305 AktG, AG 1977, 334; *Großfeld,* Unternehmens- und Anteilsbewertung in der Gesellschaftsrecht, 3. Aufl. 1994; *ders.,* Unternehmensbewertung als Rechtsproblem, JZ 1981, 641; *ders.,* Bewertung von Anteilen an Unternehmen, JZ 1981, 769; *Haase,* Das Recht des aktienrechtlichen Abfindungsergänzungsanspruchs, AG 1995, 7; *H. Hügel,* Verschmelzung und Einbringung, 1993; *Koppensteiner,* Abfindungsergänzungsansprüche bereits abgefundener Aktionäre aufgrund einer gerichtlichen Entscheidung gemäß § 305 Abs. 5 S. 2 AktG?, BB 1978, 769; *Korth* Unternehmensbewertung BB 1992, Beil. 19 zu H. 33; *Lutter,* Aktienerwerb von Rechtswegen: Aber welche Aktien?, Festschrift Mestmäcker, 1996, S. 943; *W. Meilicke,* Die Barabfindung der ausgeschlossenen oder ausscheidungsberechtigten Minderheitskapitalgesellschafter, 1975; *ders.,* Rechtsgrundsätze zur Unternehmensbewertung, DB 1980, 2121; *ders.,* Beendigung des Spruchstellenverfahrens nach Beendigung des Unternehmensvertrages?, AG 1995, 181; *ders./Th. Heidel,* Berücksichtigung von Schadensersatzansprüchen gemäß §§ 117, 317 AktG bei der Bestimmung der angemessenen Abfindung für ausscheidende Aktionäre, AG 1989, 117; *Mertens,* Zur Geltung des Stand-alone-Prinzips für die Unternehmensbewertung bei der Zusammenführung von Unternehmen, AG 1992, 321; *Piltz,* Die Unternehmensbewertung in der Rechtsprechung, 3. Aufl. 1994; *Ränsch,* Die Bewertung von Unternehmen als Problem der Rechtswissenschaften, AG 1984, 202; *Seetzen,* Die Bestimmung des Verschmelzungswertverhältnisses im Spruchstellenverfahren, WM 1994, 45; *Timm/Schöne,* Abfindung in Aktien: Das Gebot der Gattungsgleichheit, Festschrift Kropff, 1997, S. 315; *Vetter,* Zum Ausgleich von Spitzen(-beträgen) bei der Abfindung von Aktien, AG 1997, 6; *Weiss,* Die Berücksichtigung des nicht betriebsnotwendigen Vermögens, Festschrift Semler, 1993, S. 631; *Werner,* Die Behandlung von Verbundeffekten bei Abfindungen nach den §§ 305 und 320 AktG, Festschrift Steindorff, 1990, S. 303; *H.P. Westermann,* Zum Verhalten des Großaktionärs bei Umtauschangeboten gemäß § 305 AktG, AG 1976, 309; *H. Wiedemann,* Das Abfindungsrecht, ZGR 1978, 477; *D. Zimmermann,* Unternehmensverträge und körperschaftsteuerliches Anrechnungsverfahren, Festschrift Moxter, 1994, S. 1503.

Übersicht

	Rdnr.		Rdnr.
I. Überblick	1–7	2. Schuldner	19–21
II. Anwendungsbereich	8, 9	3. Vertrag zugunsten der außenstehenden Aktionäre	22
III. Abfindungsformen	10–15		
1. Abfindung in Aktien	11–14	4. Frist	23, 24
a) Anwendungsbereich	11, 12	5. Fälligkeit	25, 26
b) Wahlrecht	13, 14	6. Zinsen	27, 28
2. Barabfindung	15	7. Erlöschen	29
IV. Der Abfindungsanspruch	16–29	**V. Volle Entschädigung**	30–37
1. Gläubiger	16–18	1. Grundsatz	30–32

	Rdnr.		Rdnr.
2. Buchwert	33	5. Verbundvorteile	51, 52
3. Börsenkurs, Paketpreis	34–37	6. Neutrales Vermögen	53, 54
a) Unbeachtlichkeit	34	7. Liquidationswert	55
b) Kritik	35–37	8. Ableitung des Anteilswertes	56–58
VI. Unternehmensbewertung	38–58	a) Allgemeines	56
1. Vorrang der Ertragswertmethode	39, 40	b) Spitzenbeträge	57, 58
a) Betriebswirtschaftslehre	39	VII. Mehrstufige Unternehmensverbindungen	59–61
b) Rechtswissenschaft	40	VIII. Mängel des Vertrags und des Zustimmungsbeschlusses	62–66
2. Stichtagsprinzip	41–43	1. Keine Nichtigkeit	62, 63
a) Bedeutung	41, 42	2. Spruchstellenverfahren	64
b) Kritik	43	3. Kündigung	65
3. Schätzung der zukünftigen Erträge	44–46	4. Abfindungsergänzungsanspruch	66
4. Abzinsung der zukünftigen Erträge	47–50		

I. Überblick

Nach § 305 Abs. 1 muß ein Beherrschungs- oder Gewinnabführungsvertrag zusätzlich zu dem Ausgleich des § 304 eine angemessene Abfindung für die außenstehenden Aktionäre vorsehen. Maßgebend für diese Entscheidung des Gesetzes war die Überlegung, daß die außenstehenden Aktionäre in einem Vertragskonzern ihre Mitverwaltungsrechte weitgehend einbüßen (s. § 308) und daß die Zahlung eines bloßen Ausgleichs nach § 304 keine angemessene Entschädigung darstelle.[1] Deshalb wurde durch § 305 zwingend neben der Ausgleichspflicht eine Abfindungspflicht des herrschenden Unternehmens eingeführt, die es den außenstehenden Aktionären ermöglicht, entweder – bei der Abfindung in Aktien – wieder ihre Herrschaftsrechte in einer unabhängigen Gesellschaft auszuüben oder – bei der Barabfindung – über ihr Investment erneut frei zu entscheiden. **1**

Das Gesetz kennt nach § 305 Abs. 2 nur zwei verschiedene Formen der Abfindung. Es sind dies die Gewährung von Aktien der herrschenden Gesellschaft (Nr. 1 aaO) oder deren Muttergesellschaft (Nr. 2 aaO) sowie die Barabfindung (Nr. 3 aaO). Eine dieser beiden Abfindungsformen muß daher im Rahmen des § 305 Abs. 2 in jedem Fall gewählt werden. Dadurch werden die Parteien jedoch nicht gehindert, den außenstehenden Aktionären *zusätzlich* auch noch eine andere Abfindung anzubieten, etwa in Gestalt der zumindest früher häufigen Substanzkoppelung, die von den Gesetzesverfassern lediglich als Regelform der Abfindung abgelehnt wurde.[2] **2**

Die Höhe der Abfindung bemißt sich nach Abs. 1 in Verbindung mit Abs. 3 des § 305. § 305 Abs. 3 S. 2 ist erstmals durch das **Gesetz zur Bereinigung des Umwandlungsrechts** von 1994 geändert worden;[3] zugleich wurde S. 3 der Vorschrift eingefügt. In seiner ursprünglichen Fassung hatte § 305 Abs. 3 S. 2 bestimmt, daß die angemessene Barabfindung „die Vermögens- und Ertragslage der Gesellschaft" im Zeitpunkt der Beschlußfassung ihrer Hauptversammlung über den Vertrag berücksichtigen müsse. Daraus war früher zum Teil die Entscheidung der Gesetzesverfasser zugunsten einer Verbindung von Substanz- und Ertragswertmethode gefolgert worden. Um diesen Fehlschuß zu vermeiden, stellt das Gesetz jetzt nur noch ganz allgemein auf die „Verhältnisse der Gesellschaft" in dem genannten Zeitpunkt ab.[4] Mit der **3**

---

[1] So die Begr. zum RegE, bei *Kropff* AktG S. 397; ebenso BGH LM AktG § 305 Nr. 1 = AG 1974, 53; NZG 1998, 379 = AG 1998, 286 „Asea/BBC II"; OLG Düsseldorf AG 1990, 490, 494; 1996, 475; früher schon BGH LM AktG 1937 § 256 Nr. 1 = NJW 1960, 721, 722; zustimmend *Emmerich/Sonnenschein* § 17 a I; *Koppensteiner*, Festschrift Ostheim, S. 403, 421 f.; *Theisen*, Der Konzern, 1991, S. 83.

[2] S. die Begr. zum RegE, bei *Kropff* AktG S. 397; u. Rdnr. 11 f.

[3] BGBl. I, S. 3210.

[4] S. die Begr. zum RegE des Umwandlungsrechtbereinigungsgesetzes, BT-Dr. 12 (1994)/6699, S. 94.

Einfügung des S. 3 des § 305 Abs. 3 über die Verpflichtung zur Verzinsung der Barabfindung wurde zusätzlich der Zweck verfolgt, eine alte Streitfrage zu klären.[5]

4   Die Abfindung muß in jedem Fall **„angemessen** sein" (§ 305 Abs. 1). Dies setzt bei der Abfindung in Aktien voraus, daß sie der sogenannten Verschmelzungswertrelation entspricht (§ 305 Abs. 3 S. 1; vgl. auch § 304 Abs. 2 S. 2). Hinsichtlich der Barabfindung beschränkt sich das Gesetz hingegen heute, wie bereits ausgeführt (o. Rdnr. 3), auf die Bestimmung, daß die angemessene Barabfindung die Verhältnisse der Gesellschaft im Zeitpunkt der Beschlußfassung ihrer Hauptversammlung über den Vertrag (s. § 293 Abs. 1) berücksichtigen muß. Mit dieser Bestimmung ist zugleich das Stichtagsprinzip im Gesetz festgeschrieben ist.

5   Bei der Abfindung handelt es sich der Sache nach um einen **Kauf- oder Tauschvertrag** zwischen dem herrschenden Unternehmen und den außenstehenden Aktionären über deren Aktien, wobei die Gegenleistung des herrschenden Unternehmens entweder in anderen Aktien oder in Geld besteht (§ 305 Abs. 2). Den Abschluß eines derartigen Vertrages muß daher das herrschende Unternehmen den außenstehenden Aktionären in dem Beherrschungs- oder Gewinnabführungsvertrag anbieten (§ 328 BGB). Die Aktionäre erwerben dadurch das Recht, den Vertrag mit dem herrschenden Unternehmen durch ihre Annahmeerklärung zustande zu bringen. Nach § 305 Abs. 4 kann dieses Recht in dem Vertrag zugleich befristet werden.

6   § 305 Abs. 5 bestimmt die **Rechtsfolgen von Mängeln** des Vertrags oder des Zustimmungsbeschlusses. Danach zieht abweichend von § 134 BGB und auch anders als beim Ausgleich (s. § 304 Abs. 3 S. 1) sogar das völlige Fehlen einer Abfindungsregelung in dem Vertrag nicht dessen Nichtigkeit nach sich (§ 305 Abs. 5 S. 2); ebensowenig ist in diesem Fall eine Anfechtung des Zustimmungsbeschlusses nach § 243 möglich (§ 305 Abs. 5 S. 1). An die Stelle dieser Rechtsbehelfe tritt vielmehr ebenso wie bei fehlender Angemessenheit der vom herrschenden Unternehmen angebotenen Abfindung die Befugnis außenstehender Aktionäre, nach § 306 ein Spruchstellenverfahren einzuleiten, in dem dann die angemessene Abfindung festzusetzen ist (§ 305 Abs. 5 S. 2 und 3).

7   § 305 Abs. 5 S. 4 regelt schließlich noch durch Bezugnahme auf § 304 Abs. 4 und 5 die Antragsberechtigung der außenstehenden Aktionäre sowie das (problematische) Sonderkündigungsrecht des herrschenden Unternehmens bei einer Erhöhung der Abfindung durch das Gericht im Spruchstellenverfahren. Eine mit § 305 in jeder Hinsicht vergleichbare Regelung findet sich für die Eingliederung durch Mehrheitsbeschluß in § 320 b; außerdem kennt noch das neue UmwG verschiedene Abfindungsfälle (s. §§ 29 ff., 125, 207 UmwG).[6]

II. Anwendungsbereich

8   Der Anwendungsbereich des § 305 entspricht dem des § 304.[7] Eine entsprechende Anwendung des § 305 jenseits der gesetzlich geregelten Fälle, namentlich also im Recht der GmbH, wird bislang überwiegend abgelehnt.[8]

9   Die Abfindungspflicht aufgrund des § 305 bei Abschluß eines Beherrschungs- oder Gewinnabführungsvertrages mit einer abhängigen deutschen AG oder KGaA trifft *jedes* herrschende Unternehmen ohne Rücksicht auf seine Rechtsform und seinen Sitz, daher namentlich auch die öffentliche Hand oder ausländische Unternehmen. Lediglich die Pflicht zur Abfindung in Aktien ist durch § 305 Abs. 2 Nr. 1 und 2 auf Aktiengesellschaften und KGaA mit Sitz im Inland beschränkt worden, vor allem wohl deshalb, weil bei ausländischen herrschenden Gesellschaften die Nachprüfung der Angemessenheit der Abfindung im Spruchstellenverfahren auf erhebliche Schwierigkeiten stieße. Ob sich diese Entschei-

---

[5] S. die Begr. (Fn. 4) S. 88, 179.
[6] Zu den Grundgedanken s. BGH (Fn. 1); *Kübler*, Festschrift Goerdeler, S. 279, 281 ff.; *Wiedemann* ZGR 1978, 477, 484 ff.
[7] Wegen der Einzelheiten s. deshalb o. § 304 Rdnr. 8 ff.; *Hüffer* Rdnr. 2.
[8] OLG Stuttgart AG 1997, 136, 137.

dung des Gesetzgebers in der Europäischen Union nach Einführung des Euro aufrechterhalten läßt, ist mit Rücksicht auf das Diskriminierungsverbot des Art. 6 EGV durchaus zweifelhaft.

III. Abfindungsformen

Das Gesetz kennt in § 305 Abs. 2 Nr. 1 bis 3 nur zwei verschiedene Formen der Abfindung, nämlich die Abfindung in Aktien als Regelform sowie die subsidiär geschuldete Barabfindung. **10**

1. Abfindung in Aktien. a) Anwendungsbereich. Bei der Abfindung in Aktien muß man nach § 305 Abs. 2 Nr. 1 und 2 zwei verschiedene Fälle unterscheiden. Allein eine Abfindung in Aktien kommt in Betracht, wenn der andere Vertragsteil eine *unabhängige* inländische AG oder KGaA ist (Nr. 1 des § 305 Abs. 2). In diesem Fall **muß** also die Abfindung zumindest auch in Aktien der herrschenden Gesellschaft bestehen, wodurch die Parteien indessen nicht gehindert werden, den außenstehenden Aktionären zusätzlich eine andere Abfindung oder eine Barabfindung anzubieten.[9] Dies ist etwa dann sinnvoll, wenn die herrschende Gesellschaft nach Möglichkeit eine Abfindung der außenstehenden Aktionäre in eigenen Aktien vermeiden will. Hat eine der beteiligten Gesellschafter unterschiedliche *Aktiengattungen* ausgegeben, so müssen die als Abfindung angebotenen Aktien der Aktiengattung entsprechen, die die außenstehenden Aktionäre innehaben. Stammaktionäre der abhängigen Gesellschaft können nicht mit Vorzugsaktien der herrschenden Gesellschaft abgefunden werden; umgekehrt dürfte grundsätzlich dasselbe gelten.[10] **11**

Ist der andere Vertragsteil eine *abhängige* oder in Mehrheitsbesitz stehende AG oder KGaA und das herrschende oder mit Mehrheit beteiligte Unternehmen seinerseits eine inländische AG oder KGaA, so kommen als Abfindung entweder die Gewährung von Aktien dieser Gesellschaft *oder* eine Barabfindung in Betracht (Nr. 2 des § 305 Abs. 2). Auch in diesem Fall sind die Parteien nicht gehindert, den Aktionären zusätzlich noch andere Formen der Abfindung anzubieten. § 305 Abs. 2 Nr. 2 ist in vier- oder mehrstufigen Konzernen entsprechend anzuwenden, so daß dann jeweils Aktien der Muttergesellschaft des Konzerns oder eine Barabfindung anzubieten sind.[11] **12**

b) Wahlrecht. Anders als im Falle der Eingliederung durch Mehrheitsbeschluß (s. § 320 b Abs. 1 S. 3) bestimmt das Gesetz in § 305 Abs. 2 Nr. 2 (o. Rdnr. 12) nicht ausdrücklich, *wem* das Wahlrecht zustehen soll. In Betracht kommen die Vertragsparteien oder die außenstehenden Aktionäre. Billigt man das Wahlrecht den Vertragsparteien zu, so können sie sich in dem Vertrag darauf beschränken, entweder eine Abfindung in Aktien oder eine Barabfindung anzubieten, während sie im zweiten Fall stets beide Abfindungsformen nach Wahl der außenstehenden Aktionäre in dem Vertrag vorsehen müssen. **13**

Die heute überwiegende Meinung billigt das Wahlrecht den *Vertragsparteien* zu, wodurch der Sache nach das herrschende Unternehmen erheblich begünstigt wird.[12] Maßgebend sind dafür vor allem der von § 320 b Abs. 1 S. 3 abweichenden Wortlaut des § 305 Abs. 2 Nr. 2 sowie die in § 305 Abs. 5 S. 3 ausgesprochene Bindung des Gerichts an die Wahl einer der Abfindungsformen durch die Parteien in dem Vertrag. Mit dem Wortlaut des Gesetzes ist indessen ohne weiteres auch die abweichende Auffassung vereinbar, die das Wahlrecht den außenstehenden Aktionären zubilligt; für sie spricht vor allem die mit ihr verbundene erhebliche Verbesserung der Rechtsstellung der außenstehenden Aktionäre.[13] **14**

---

[9] S. o. Rdnr. 2; *Geßler* in Geßler/Hefermehl Rdnr. 21 und 27.
[10] *Timm/Schöne*, Festschrift Kropff, S. 314, 322 ff.; differenzierend *M. Lutter*, Festschrift Mestmäcker, S. 943 ff.; s. auch u. die Erläuterungen zu § 320 b.
[11] *Emmerich/Sonnenschein* § 17 a II 2; *Hüffer* Rdnr. 13; *Koppensteiner* in Kölner Kommentar Rdnr. 22; *Pentz* Enkel-AG S. 102 ff.; s. auch u. Rdnr. 59 ff.
[12] *Exner* Beherrschungsvertrag S. 239 ff.; *Geßler* in Geßler/Hefermehl Rdnr. 22; *Hüffer* Rdnr. 15; *Koppensteiner* in Kölner Kommentar Rdnr. 23; *Krieger* Handbuch § 70 Rdnr. 74; *Pentz* Enkel-AG S. 96.
[13] Ebenso *Hüchting* Abfindung S. 17 ff.

15 **2. Barabfindung.** Für sämtliche nicht durch die Nr. 1 und 2 des § 305 Abs. 2 erfaßten Fälle (o. Rdnr. 15 f.) sieht das Gesetz in der Nr. 3 des § 305 Abs. 2 allein eine Barabfindung vor, namentlich also, wenn weder der andere Vertragsteil noch die ihn beherrschende Gesellschaft eine inländische AG oder KGaA, sondern zB eine GmbH oder eine ausländische AG ist.[14] Hierher gehört außerdem der Fall, daß das herrschende Unternehmen eine Körperschaft des öffentlichen Rechts ist oder daß der andere Vertragsteil im Mehrheitsbesitz der öffentlichen Hand steht oder von dieser abhängig ist.[15] Gleich zu behandeln ist der Fall der mehrfachen Abhängigkeit, in erster Linie also der der *Mehrmütterorganschaft,* und zwar einfach wegen der im Grunde unlösbaren Umrechnungsprobleme bei einer Mehrzahl von herrschenden Gesellschaften.[16] Dies hindert die Parteien indessen nicht, dort, wo die Umrechnungsproblematik ausnahmsweise einmal lösbar ist, etwa, weil nur Aktien einer der verschiedenen Mütter als Abfindung angeboten werden sollen, *zusätzlich* diese Abfindungsform zu wählen

IV. Der Abfindungsanspruch

16 **1. Gläubiger.** Abfindung können nach § 305 Abs. 1 nur die außenstehenden Aktionäre verlangen. Der Begriff ist hier derselbe wie in § 304, so daß wegen der Einzelheiten auf die Erläuterungen zu § 304 verwiesen werden kann.[17] Hervorzuheben sind nur folgende Punkte: Die bloße Entgegennahme der Ausgleichsleistungen des anderen Vertragsteils stellt, solange die Frist für die Geltendmachung des Abfindungsrechts (§ 305 Abs. 4) noch läuft, in keinem Fall einen Verzicht auf die Abfindung dar.[18] Jeder Aktionär ist befugt, sich mit seiner Entscheidung zwischen Ausgleich und Abfindung bis zum Ende der Frist des § 305 Abs. 4 Zeit zu lassen.

17 *Veräußert* der Aktionär vor Ablauf der Frist seine Aktien, so geht das Wahlrecht zwischen Ausgleich und Abfindung auf den Erwerber über, sofern er ebenfalls außenstehender Aktionär ist.[19] Nur, wenn der Veräußerer sich zuvor schon für die Abfindung entschieden hatte, wodurch ein Kauf- oder Tauschvertrag mit dem anderen Vertragsteil zustande gekommen war (u. Rdnr. 22), ist auch der Erwerber der Aktien gebunden. Nach dem Gesamtzusammenhang der gesetzlichen Regelung muß man in diesem Fall wohl annehmen, daß der Aktienerwerber kraft Gesetzes an Stelle des Veräußerers in den Kauf oder Tauschvertrag eintritt.[20] Es handelt sich dabei um eine eigenartige Fallgestaltung, die von den Gesetzesverfassern offenkundig nicht bedacht worden ist (§ 242 BGB).

18 Das Abfindungsrecht steht jedem außenstehenden Aktionär ohne Rücksicht darauf zu, *wann* er die Aktien erworben hat. Selbst die Inhaber junger Aktien, die aus einer von der abhängigen Gesellschaft nach Wirksamwerden des Unternehmensvertrags durchgeführten Kapitalerhöhung gegen Einlagen stammen, können von dem Abfindungsrecht nicht ausgeschlossen werden (§ 53 a).[21] Dasselbe gilt von Aktionären, die nach dem genannten Zeitpunkt durch Eingliederung oder Verschmelzung Aktionäre der abhängigen Gesellschaft geworden sind.[22]

19 **2. Schuldner.** Die Abfindungspflicht trifft nach § 305 Abs. 1 den anderen Vertragsteil.[23] Angesichts dieser eindeutigen gesetzlichen Regelung ist die Frage hier anders als beim

---

[14] Zu der darin möglicherweise liegenden vertragswidrigen Diskriminierung von Aktiengesellschaften aus der Europäischen Union s. o. Rdnr. 9.
[15] Grdlg. BGHZ 69, 334, 335 ff. = NJW 1978, 104 „Veba/Gelsenberg".
[16] *Emmerich/Gansweid* JuS 1975, 294, 298; *Hüffer* Rdnr. 12; *Koppensteiner* in Kölner Kommentar Rdnr. 16, 21; anders *Geßler* in Geßler/Hefermehl Rdnr. 24.
[17] S.o. § 304 Rdnr. 13 ff.
[18] BGH, NZG 1998, 379, 380 = AG 1998, 286; OLG Celle AG 1974, 405; *Hüffer* Rdnr. 4; *Koppensteiner* in Kölner Kommentar Rdnr. 6; *Stimpel* AG 1998, 259, 260.
[19] *Geßler* in Geßler/Hefermehl Rdnr. 15; *Stimpel,* AG 1998, 259, 263.
[20] *Koppensteiner* in Kölner Kommentar Rdnr. 14; *Stimpel* (vorige Fn.); str.
[21] LG München I AG 1998, 147 „Paulaner/Hakker-Pschorr"; *Emmerich/Sonnenschein* § 17 a III 1 b.
[22] *Koppensteiner* in Kölner Kommentar Rdnr. 15.
[23] ZB OLG Hamm AG 1976, 19.

Ausgleich des § 304 nicht streitig.[24] Die Parteien können nichts abweichendes vereinbaren (§ 134 BGB). Wird gleichwohl in dem Vertrag die abhängige Gesellschaft als Schuldner der Abfindung bezeichnet, so ist es so anzusehen, als ob der Vertrag überhaupt keine Abfindungsregelung enthielte (§ 305 Abs. 5 S. 2). Die abhängige Gesellschaft kann in die Abwicklung daher nur als Bote oder Vertreter des herrschenden Unternehmens eingeschaltet werden.[25]

Es ist allein Sache des anderen Vertragsteils, wie er sich bei einer Abfindung in Aktien nach § 305 Abs. 2 Nrn. 1 und 2 (o. Rdnr. 11 f.) die erforderlichen Aktien verschafft. Im Fall der Abfindung in eigenen Aktien (Nr. 1 des § 305 Abs. 2) muß er dabei § 71 Abs. 1 Nr. 3 beachten.[26] Ist es der herrschenden Gesellschaft aus diesem Grunde nicht möglich, sich die erforderliche Anzahl eigener Aktien auf dem Markt zu beschaffen, so kommen als Auswege in erster Linie die Ausnutzung eines genehmigten Kapitals oder – so in der Regel – eine bedingte Kapitalerhöhung nach § 192 Abs. 2 Nr. 2 in Betracht.[27]

Im Falle des § 305 Abs. 2 Nr. 2 obliegt es gleichfalls allein dem anderen Vertragsteil, sich, gleichgültig auf welchem Wege, Aktien der Obergesellschaft in der nötigen Anzahl zu beschaffen. Hierbei ist § 71 d S. 2 zu beachten. Scheitert der Erwerb der nötigen Anzahl von Aktien der Obergesellschaft hieran, so bleibt nur die Barabfindung.

3. Vertrag zugunsten der außenstehenden Aktionäre. Der Beherrschungs- oder Gewinnabführungsvertrag stellt, soweit er den außenstehenden Aktionären den Erwerb ihrer Aktien gegen Aktien oder Barabfindung anbietet, einen Vertrag zugunsten Dritter im Sinne des *§ 328 BGB* dar, durch den die außenstehenden Aktionäre das Recht auf Abschluß eines Tausch- oder Kaufvertrags mit dem herrschenden Unternehmen durch Annahme des ihnen gemachten Vertragsantrags erwerben (sogenanntes Optionsrecht). Mit der Ausübung dieses Rechts kommt zwischen dem herrschenden Unternehmen und dem von seinem Recht Gebrauch machenden außenstehenden Aktionär daher ein unbedingter *Kauf- oder Tauschvertrag* über seine Aktien zustande.[28] Jede andere vertragliche Gestaltung ist mit § 305 Abs. 1 unvereinbar.[29] Besonderheiten gelten, wenn der Vertrag (entgegen § 305 Abs. 1) überhaupt keine Abfindungsregelung vorsieht. Da die Bestimmung von Art und Höhe der Abfindung dann – anders als beim Ausgleich (§ 304 Abs. 3 S. 1) – nach § 305 Abs. 5 S. 2 dem Gericht im Spruchstellenverfahren obliegt, nimmt der BGH[30] neuerdings an, daß der Abfindungsanspruch der außenstehenden Aktionäre in diesem Fall letzlich auf dem *Gesetz* beruht.

4. Frist. Nach § 305 Abs. 4 S. 1 kann die Verpflichtung des herrschenden Unternehmens zum Erwerb der Aktien der abhängigen Gesellschaft, dh. die Abfindung der außenstehenden Aktionäre, in dem Unternehmensvertrag befristet werden. Die Frist beträgt mindestens zwei Monate seit dem Tag, an dem die Eintragung des Bestehens des Vertrags im Handelsregister (§ 294 Abs. 2) nach § 10 Abs. 2 HGB als bekanntgemacht gilt (§ 305 Abs. 4 S. 2). Wird ein Spruchstellenverfahren nach § 306 eingeleitet, so endet die Frist nach S. 3 des § 305 Abs. 4 frühestens zwei Monate nach dem Tag, an dem die Entscheidung über den zuletzt beschiedenen Antrag auf Bestimmung von Ausgleich oder Abfindung im Bundesanzeiger bekanntgemacht worden ist (§ 306 Abs. 6 iVm. § 10 Abs. 2 HGB). Gleich steht eine Beendigung des Verfahrens durch Rücknahme des Antrags der Antragsteller

---

[24] S.o. § 304 Rdnr. 20 f.
[25] S. *Hüffer* Rdnr. 5.
[26] Hier ist außerdem zu beachten, daß durch das KonTraG von 1998 (BGBl. I, S. 786) der Erwerb eigener Aktien erheblich erleichtert worden ist (s. die neue Nr. 8 des § 71 Abs. 1).
[27] S. *Geßler* in Geßler/Hefermehl Rdnr. 28 f.; *Hüffer* Rdnr. 11; *Koppensteiner* in Kölner Kommentar Rdnr. 25.
[28] RGZ 147, 42, 47; BGHZ 135, 374, 380 = NJW 1997, 2242 = LM AktG § 305 Nr. 3 = WM 1997, 1288, 1290 = AG 1997, 515 „Guano"; BayObLGZ 1978, 209 = AG 1980, 76, 77; OLG Celle AG 1974, 405 = DB 1973, 1118; LG Stuttgart AG 1998, 103 „Gestra/Foxboro"; *Emmerich/Sonnenschein* § 17 a III 1 a; *Haase* AG 1995, 8, 10 ff.; *Hüffer* Rdnr. 3; *Koppensteiner* in Kölner Kommentar Rdnr. 4; s. auch u. Rdnr. 25 f.
[29] Anders nur *Geßler* in Geßler/Hefermehl Rdnr. 11.
[30] BGHZ 135, 374, 380 = NJW 1997, 2242 = LM AktG § 305 Nr. 3 = AG 1997, 515 = WM 1997, 1288, 1290 „Guano"; s. dazu *Emmerich* JuS 1997, 1045, 1046.

nach Abschluß eines außergerichtlichen Vergleichs.[31] Durch diese Regelung soll den außenstehenden Aktionären die Möglichkeit erhalten werden, sich erst in Kenntnis des Ausgangs des Spruchstellenverfahrens zwischen Ausgleich und Abfindung zu entscheiden. Aus ihr folgt zugleich, daß der Abfindungsanspruch, sobald er einmal rechtshängig geworden ist, auch im Falle der Beendigung des Vertrags nicht mehr wegfallen kann.[32] Bei der Frist des § 305 Abs. 4 handelt es sich um eine materiell-rechtliche Ausschlußfrist, so daß eine Wiedereinsetzung in den vorigen Stand bei Versäumung der Frist nicht möglich ist.[33]

24 Im Falle der Befristung des Abfindungsangebots nach § 305 Abs. 4 S. 1 genügt es zur *Fristwahrung*, wenn die Erklärung, durch die der außenstehende Aktionär das Abfindungsangebot annimmt, dem herrschenden Unternehmen binnen der Frist zugeht (§ 130 Abs. 1 BGB). Die Aktien brauchen hingegen nicht innerhalb der Frist beim herrschenden Unternehmen oder der von ihm bezeichneten Stelle eingereicht zu werden (s. u. Rdnr. 25). Eine bestimmte Form ist für die Ausübung des Abfindungsrechts nicht vorgeschrieben, so daß auch eine mündliche Annahme des Angebots genügt.

25 **5. Fälligkeit.** Der Anspruch eines außenstehenden Aktionärs gegen das herrschende Unternehmen auf Abnahme seiner Aktien *entsteht* mit Abschluß des Kauf- oder Tauschvertrags, dh. in dem Augenblick, in dem die Erklärung, durch die er das Abfindungsangebot des herrschenden Unternehmens annimmt und damit von seinem Wahlrecht Gebrauch macht, dem anderen Vertragsteil nach § 130 Abs. 1 zugeht (o. Rdnr. 24). Denn dadurch kommt zwischen den Parteien, dem herrschenden Unternehmen und dem außenstehenden Aktionär, ein Kauf- oder Tauschvertrag über seine Aktien gegen Aktien oder Barzahlung zustande (§§ 433, 515 BGB).[34]

26 Der Anspruch des außenstehenden Aktionärs auf Abfindung in Geld oder in Aktien wird fällig, sobald er nach Abschluß des Kauf- oder Tauschvertrags mit dem herrschenden Unternehmen (o. Rdnr. 22, 25) seine Aktien bei dem herrschenden Unternehmen oder der von diesem bezeichneten Stelle einreicht (§§ 433 Abs. 2, 515, 320 BGB).[35] Ist ein Spruchstellenverfahren anhängig, so hat das herrschende Unternehmen während dessen Laufs nicht etwa mit Rücksicht auf das Sonderkündigungsrecht aus den §§ 305 Abs. 5 S. 4 und 304 Abs. 6 ein Leistungsverweigerungsrecht (§ 273 BGB); es bleibt vielmehr bis zum Ablauf der Frist des § 305 Abs. 4 S. 3 zur Erfüllung aller Abfindungsanträge verpflichtet.[36] Dieser Pflicht kann es sich nur für die *Zukunft* durch eine Kündigung nach den genannten Vorschriften entziehen.[37]

27 **6. Zinsen.** Nach § 305 Abs. 3 S. 3 ist die Barabfindung (nur diese) nach Ablauf des Tages, an dem der Beherrschungs- oder Gewinnabführungsvertrag durch Eintragung im Handelsregister wirksam geworden ist (§ 294 Abs. 2), mit jährlich 2% über dem jeweiligen Diskontsatz der Deutschen Bundesbank zu verzinsen; die Geltendmachung eines weiteren Schadens ist nicht ausgeschlossen.

28 Durch diese erst 1994 in das Gesetz eingefügte Bestimmung ist eine alte Streitfrage geklärt worden. Zweck der Regelung ist es vor allem, einer Verzögerung des Spruchstellenverfahrens durch das herrschenden Unternehmen entgegenzuwirken.[38] Haben die außenstehenden Aktionäre zunächst Ausgleichszahlungen entgegengenommen, bevor sie sich für eine Barabfindung entschieden, so scheidet freilich eine Kumulierung von Ausgleichszah-

---

[31] BGHZ 112, 382, 384 ff. = LM AktG § 305 Nr. 2 = NJW 1991, 566 = AG 1991, 104 „Langenbrahm/Dr. Rüger".
[32] S. u. § 306 Rdnr. 37 f.
[33] *Hüffer* Rdnr. 28; *Koppensteiner* in Kölner Kommentar Rdnr. 7.
[34] S. o. Rdnr. 22; LG München I AG 1998, 147 „Paulaner"; LG Stuttgart AG 1998, 103 „Gestra/Foxboro"; *Hüffer* Rdnr. 7 f.; *Koppensteiner* in Kölner Kommentar Rdnr. 10.

[35] LG Stuttgart (Fn. 34); *Emmerich/Sonnenschein* § 17 a III 3; *Eschenbruch* Konzernhaftung Tz. 3122; *Geßler* in Geßler/Hefermehl Rdnr. 53; *Koppensteiner* in Kölner Kommentar Rdnr. 10; *Raiser* Kapitalgesellschaften § 54 Rdnr. 57; anders *Krieger* Handbuch § 70 Rdnr. 70.
[36] LG Stuttgart AG 1998, 103 „Gestra/Foxboro".
[37] S. o. § 304 Rdnr. 91 f.
[38] S. die Begr. zum RegE des Umwandlungsrechtbereinigungsgesetzes, BT-Dr. 12 (1994)/6699, S. 88, 179; *Emmerich/Sonnenschein* § 17 a III 3.

lungen und Verzinsung der Barabfindung aus; vielmehr ruht dann die Pflicht zur Zahlung von Zinsen auf die Barabfindung während der Zahlung des Ausgleichs, sofern der Ausgleich höher als die Zinsen ist;[39] andernfalls wird der Ausgleich einfach auf die Zinsen oder (so wohl richtiger) als Abschlagszahlungen auf die Abfindung angerechnet.[40] Befindet sich das herrschende Unternehmen in Verzug, so kann auch noch ein weitergehender Zinsschaden geltend gemacht werden (§ 305 Abs. 3 S. 3 Hs. 2 iVm. den §§ 284, 286 und 288 BGB).[41]

7. Erlöschen. Der Abfindungsanspruch der außenstehenden Aktionäre beruht letztlich auf dem ihnen im Beherrschungs- oder Gewinnabführungsvertrag gemachten Antrag des herrschenden Unternehmens. Er findet daher sein Ende mit Beendigung des Vertrages, sei es durch Zeitablauf, sei es durch Aufhebung oder Kündigung.[42] Die Einzelheiten sind streitig, vor allem im Falle der Beendigung des Vertrages während der Anhängigkeit eines Spruchstellenverfahrens nach § 306.[43] Ebenso umstritten ist die Rechtslage im Falle der Insolvenz der abhängigen Gesellschaft.[44] Richtigerweise wird man auch in diesem Fall von einer Beendigung des Unternehmensvertrages und damit des Abfindungsanspruchs der außenstehenden Aktionäre auszugehen haben.[45]

V. Volle Entschädigung

1. Grundsatz. Zur Höhe der Abfindung beschränkt sich das Gesetz in § 305 Abs. 1 auf die Bestimmung, daß die Abfindung „angemessen" sein muß; § 305 Abs. 3 S. 1 fügt noch hinzu, daß eine Abfindung in Aktien nur dann als angemessen anzusehen ist, wenn das Umtauschverhältnis der Verschmelzungswertrelation entspricht, während die Barabfindung gemäß § 305 Abs. 3 S. 2 die Verhältnisse der abhängigen Gesellschaft im Zeitpunkt der Beschlußfassung ihrer Hauptversammlung über den Vertrag (s. § 293 Abs. 1) zu berücksichtigen hat.

Aus diesen Bestimmungen sowie dem Zweck der Regelung (o. Rdnr. 1 ff.) wird heute bei Berücksichtigung der verfassungsrechtlichen Vorgaben[46] allgemein der Schluß gezogen, daß eine Abfindung nur dann als „angemessen" anzusehen ist, wenn sie den außenstehenden Aktionären eine *volle* Entschädigung für ihr Ausscheiden aus der abhängigen Gesellschaft bietet, so daß diese durch die Abfindung im Ergebnis wirtschaftlich so gestellt werden müssen, wie wenn sie weiter an der in ihrem Interesse betriebenen *unabhängigen* Gesellschaft beteiligt wären.[47] Nur diese Auffassung entspricht auch der Praxis zu den vergleichbaren Bestimmungen des Umwandlungsrechts (§ 29 UmwG)[48] und des Personengesellschaftsrechts (§ 738 BGB, § 138 HGB).[49]

Angemessen ist folglich nur eine Abfindung der außenstehenden Aktionäre in Höhe des wirklichen Wertes ihrer Beteiligung an dem lebenden (arbeitenden) Unternehmen ihrer Gesellschaft unter Einschluß namentlich der stillen Reserven und des inneren Geschäftswerts.[50]

---

[39] BayObLG AG 1995, 509, 511 = WM 1995, 1580; AG 1996, 127, 131 = WM 1996, 526; AG 1996, 176, 180; *Hüffer* Rdnr. 26 a.
[40] OLG München AG 1998, 239; LG München I AG 1998, 147 „Paulaner"; für die Behandlung als Abschläge *Stimpel* AG 1998, 259, 263; alles str.
[41] Beispiel in LG Stuttgart AG 1998, 103 „Gestra/Foxboro".
[42] *Emmerich/Sonnenschein* § 17 a VII 4 und 5; *Eschenbruch* Konzernhaftung Tz. 3124; *Hüffer* Rdnr. 4; *Koppensteiner* in Kölner Kommentar Rdnr. 12, 52.
[43] S. u. § 306 Rdnr. 37 ff.; grdgl. BGHZ 135, 374, 377 ff. = NJW 1997, 2242 = LM § 305 AktG Nr. 3 = AG 1997, 515 = WM 1997, 1288 „Guano"; s. *Emmerich* JuS 1997, 1045 f.
[44] Für Fortbestand des Abfindungsanspruchs dann *Beyerle* AG 1979, 306, 308 ff.; *Koppensteiner* in Kölner Kommentar Rdnr. 9; offengelassen aber in BayObLGZ 1978, 209 = AG 1980, 76, 77.

[45] S. o. § 297 Rdnr. 48 ff.
[46] S. o. § 304 Rdnr. 3 m. Nachw.
[47] Ausführlich *Emmerich/Sonnenschein* § 17 a IV 1; ebenso *Eschenbruch* Konzernhaftung Tz. 3121; *Geßler* in Geßler/Hefermehl Rdnr. 33; *Hüffer* Rdnr. 18, 26; *Hüchting* Abfindung S. 25, 27, 49 f.; *Koppensteiner* in Kölner Kommentar Rdnr. 27; *J. Schmidt,* Außenstehende Aktionäre, S. 68; allg. Meinung.
[48] S. BGH LM UmwG Nr. 2 = NJW 1967, 1464; statt aller *Grunewald* in Lutter UmwG § 30 Rdnr. 2.
[49] S. *Heymann/Emmerich* HGB § 138 Rdnr. 23 ff. m. Nachw.
[50] Ebenso BGHZ 71, 40, 51 = NJW 1978, 1316 = AG 1978, 196 = WM 1978, 401 „Kali & Salz"; BGH LM AktG § 305 Rdnr. 1 = AG 1974, 53; LM UmwG Nr. 2 = NJW 1967, 1464; BB 1977, 616; BayObLG AG 1995, 409 = WM 1995, 1580; AG 1996, 127 = WM 1996, 526; AG 1996, 176, 177; LG Dortmund AG 1996, 427, 428.

Das gilt gleichermaßen für die Abfindung in Aktien wie für die Barabfindung. Aus der unterschiedlichen Formulierung der Sätze 1 und 2 des § 305 Abs. 3 darf nichts gegenteiliges gefolgert werden, weil die Abfindung in beiden Fällen nach § 305 Abs. 1 zugleich „angemessen", dh. vollständig sein muß.

33 **2. Buchwert.** Aus dem Gesagten (o. Rdnr. 31 f.) folgt, daß die angemessene Abfindung der außenstehenden Aktionäre jedenfalls nicht aus dem Buch- oder Bilanzwert der abhängigen Gesellschaft abgeleitet werden kann, da die außenstehenden Aktionäre andernfalls von der Beteiligung an den oft hohen stillen Reserven ausgeschlossen würden.[51] Eine Abfindung zu Buchwerten hätte deshalb mit einer vollen Entschädigung der außenstehenden Aktionäre (o. Rdnr. 31 f.) nichts mehr zu tun.[52]

34 **3. Börsenkurs, Paketpreis. a) Unbeachtlichkeit.** Jedenfalls für einen außenstehenden Aktionär ohne nennenswerten Einfluß auf die Geschicke seiner Gesellschaft spiegelt normalerweise der Börsenkurs (wenn vorhanden) den Wert seiner Beteiligung exakt wider, da seine Aktien für ihn genau so viel wert sind, wie er dafür bei einer Veräußerung an der Börse erlösen kann. Gleichwohl wird es überwiegend abgelehnt, die Abfindung der außenstehenden Aktionäre am Börsenkurs ihrer Aktien zu orientieren, weil der Börsenkurs von zahlreichen Zufälligkeiten abhängig sei und sich zudem nur so verhindern lasse, daß interessierte Kreise, das herrschende Unternehmen oder Gruppen außenstehender Aktionäre, vor dem Stichtag (§ 305 Abs. 3 S. 2; s. u. Rdnr. 41 f.) gezielt die Börsenkurse manipulierten, um eine möglichst niedrige oder möglichst hohe Abfindung durchzusetzen.[53] Als ebensowenig maßgebend wird außerdem der sogenannte Paketpreis angesehen, dh. ein von dem herrschenden Unternehmen außerhalb der Börse an Dritte gezahlter, möglicherweise hoher Preis für größere Aktienpakete, um die für den Vertragsabschluß nötige Mehrheit zu erlangen (s. § 293 Abs. 1).[54]

35 **b) Kritik.** Diese Auffassung hat zu dem nur schwer erträgliche Ergebnis geführt, daß in der Mehrzahl der Fälle die von dem herrschenden Unternehmen angebotene Abfindung deutlich *hinter* dem Börsenkurs zurückbleibt.[55] Es kann nun aber nicht ernstlich zweifelhaft sein, daß der Börsenkurs das *mindeste* ist, was eine Aktie ihrem Inhaber wert ist, da er sie zu diesem Preis jederzeit zu Geld machen kann (o. Rdnr. 34). Dem Rechtssatz, daß der Börsenkurs für die Abfindung nicht maßgeblich ist, kann daher nur in dem Sinne zugestimmt werden, daß der Börsenkurs lediglich die *Untergrenze* markiert, die bei dem Angebot der Abfindung nicht unterschritten werden darf.[56]

36 Ebensowenig ist einzusehen, warum ein von dem herrschenden Unternehmen selbst gezahlter, *über* dem *Börsenkurs* liegender Preis – wiederum als Untergrenze der Abfindung – unbeachtlich sein soll. Denn damit hat das herrschende Unternehmen gezeigt, was ihm die Aktien der abhängigen Gesellschaft tatsächlich wert sind. Es geht nicht an, es dem herrschenden Unternehmen zu gestatten, unter der Hand hohe Preise für Aktienpakete zu bezahlen und sodann die letzten außenstehenden Aktionäre zu einem weit niedrigeren Kurs abzufinden (§ 53 a AktG; § 242 BGB).

---

[51] Allgemeine Meinung, zB *Hüffer* Rdnr. 20; *Hüchting* Abfindung S. 28 f., 30; *Koppensteiner* in Kölner Kommentar Rdnr. 37.

[52] Zur Notwendigkeit der Berücksichtigung der stillen Reserven s. schon o. § 301 Rdnr. 19.

[53] So schon der Ausschußbericht zu § 305, bei *Kropff* AktG S. 399; ebenso zB BGHZ 71, 40, 51 = NJW 1978, 1316 = AG 1978, 196 „Kali & Salz"; BGH LM UmwG Nr. 2 = NJW 1967, 1464; BayObLG AG 1996, 127, 128 = WM 1996, 526; AG 1996, 176, 177; OLG Düsseldorf AG 1977, 168 = DB 1977, 296; WM 1988, 1052 = AG 1988, 275; AG 1990, 490, 491 f.; 1995, 84; 1995, 85, 86 = WM 1995, 756; *Geßler* in Geßler/Hefermehl Rdnr. 34; *Eschenbruch* Konzernhaftung Tz. 3121; *Hüffer* Rdnr. 20 f.; *Hüchting* Abfindung S. 39, 44 ff.; *Kop-*

pensteiner in Kölner Kommentar Rdnr. 37; *Korth* BB 1992, Beil. 19, S. 4 f.; *Raiser* Kapitalgesellschaften § 54 Rdnr. 58; *J. Schmidt,* Außenstehende Aktionäre, S. 71 f.

[54] OLG Düsseldorf AG 1995, 85, 86 f. = WM 1995, 756; AG 1998, 236, 237; LG Stuttgart AG 1994, 136; *Hüffer* Rdnr. 21.

[55] S. zu dieser Entwicklung *Aha* AG 1997, 26, 27 f.; *Dörfler/Gahler/Unterstraßer/Wirichs* BB 1994, 156; *Emmerich/Sonnenschein* § 17 a IV 2; *H. N. Götz* DB 1996, 259; *Hecker/Wenger* ZBB 1995, 321, 326 f.; *Hügel,* Verschmelzung und Einbringung, S. 200 ff.

[56] Ebenso die Genannten (Fn. 55) sowie OLG Hamm AG 1963, 219; dagegen insbes. *Hüchting* Abfindung S. 44 ff.

Hinter dem Börsenkurs oder dem von dem herrschenden Unternehmen möglicherweise selbst gezahlten höheren Preis darf daher die Abfindung auf keinen Fall zurückbleiben. Die schwierige Bewertung der abhängigen Gesellschaft und bei der Abfindung in Aktien auch noch der anderen Gesellschaft ist folglich nur nötig, wenn eine *über* den genannten Kursen liegende Abfindung von den außenstehenden Aktionären gefordert wird.

VI. Unternehmensbewertung

Schrifttum: Institut der Wirtschaftsprüfer (IdW) Wpg 1983, 468; *Aha* AG 1997, 26; *Beyerle* AG 1980, 317; *Böcking* Festschrift Moxter, 1994, S. 1407; *W. Busse von Colbe* ZGR 1994, 595; *Dielmann/König* AG 1994, 57; *Dörfler/Gahler/Unterstraßer/Wirichs* BB 1994, 156; *Drukarczyk* Unternehmensbewertung, 1996, *Emmerich/Sonnenschein* Konzernrecht § 17a IV 3 und V; *Fleischer* ZGR 1997, 368; *Forster* AG 1980, 45; *Gansweid* AG 1977, 334; *H.N. Götz* DB 1996, 259; *Großfeld*, Unternehmens- und Anteilsbewertung im Gesellschaftsrecht, 3. Aufl. 1994; *ders.* JZ 1981, 641, 769; *R. Hecker/E. Wenger* ZBB 1995, 321; *Hüchting* Abfindung S. 30 ff.; *Hügel*, Verschmelzung und Einbringung, 1993, S. 184 ff.; *Jacobs*, Die Bedeutung der Unternehmenssubstanz und die Bedeutung der anderweitigen Kapitalanlage- und Kapitalaufnahmemöglichkeiten für den Wert eines Unternehmens, 1972; *Korth* BB 1992 Beil. 19 zu H. 33; *Meilicke*, Die Barabfindung für den ausgeschlossenen oder ausscheidungsberechtigten Minderheits-Kapitalgesellschafter, 1975; *Mertens* AG 1992, 321; *Moxter*, Grundsätze ordnungsmäßiger Unternehmensbewertung, 2. Aufl. 1983; *W. Müller*, Der Wert der Unternehmung, JuS 1973, 603, 745; 1974, 147, 288, 422, 558; 1975, 489, 553; *Piltz*, Die Unternehmensbewertung in der Rechtsprechung, 3. Aufl. 1994; *Ränsch* AG 1984, 202; *U. Seetzen* WM 1994, 45; *Sieben*, Festschrift Münstermann, 1969, S. 401.

Auch wenn man bei der Berechnung von Ausgleich und Abfindung nach den §§ 304 und 305 richtigerweise dem Börsenkurs der Anteile ebenso wie dem vom herrschenden Unternehmen selbst gezahlten Preis einen höheren Stellenwert als heute weithin üblich beimißt (o. Rdnr. 35 f.), wird doch häufig im Rahmen der §§ 304 und 305 nicht ohne die Ermittlung des Werts der abhängigen Gesellschaft sowie – beim variablen Ausgleich und bei der Abfindung in Aktien – außerdem des Werts einer weiteren Gesellschaft auszukommen sein. Der Wert einer Gesellschaft oder genauer: des von ihr betriebenen Unternehmens ist indessen keine Größe, die ohne weiteres an den auf einem Markt geforderten und gezahlten Preisen abgelesen werden könnte. Nahezu ausnahmslos ist daher die Unternehmensbewertung auf mittelbare Verfahren angewiesen, wodurch sich zugleich die häufig erhebliche Dauer ebenso wie die hohen Kosten der Spruchstellenverfahren erklären.[57]

1. Vorrang der Ertragswertmethode. a) Betriebswirtschaftslehre. Die Unternehmensbewertung wird vor allem dadurch belastet, daß in der hierzu in erster Linie berufenen Betriebswirtschaftslehre nach wie vor zahlreiche Methoden konkurrieren, wenn auch in jüngster Zeit unverkennbar immer mehr diejenigen Theorien die Oberhand gewinnen, die den (wie immer ermittelten) Ertragswert in den Vordergrund rücken.[58] Dahinter steht die einfache Überlegung, daß sich ein Unternehmenskäufer im Zweifel bei seinen Preisüberlegungen vorrangig daran orientieren wird, mit welchen Erträgen aus dem Unternehmen er in Zukunft rechnen kann. Daneben können jedoch in die Preisberechnung der Parteien noch zahlreiche andere Überlegungen einfließen. Wichtig sind häufig namentlich noch der Wert des sogenannten neutralen, dh. nicht betriebsnotwendigen Vermögens sowie die (angeblich) erwarteten Synergieeffekte, die offenbar häufig – aus naheliegenden Gründen – maßlos überschätzt werden.

b) Rechtswissenschaft. Diese Überlegungen haben – trotz des immer wieder betonten Vorrangs der gesetzlichen Vorgaben vor betriebswirtschaftlichen Überlegungen[59] –

---

[57] S. die Fallstudien bei *Dörfler/Gahler/Unterstraßer/Wirichs* BB 1994, 156; *H.N. Götz* DB 1996, 259; *Hecker/Wenger* ZBB 1995, 321; *Emmerich/Sonnenschein* § 17a VIII.
[58] Überblicke zB bei *Drukarczyk* Unternehmensbewertung S. 24, 209 ff.; *Hüchting* Abfindung S. 30 ff.; *Koppensteiner* in Kölner Kommentar Rdnr. 35 ff.; *Piltz* Unternehmensbewertung S. 7–63.

[59] BayObLG AG 1996, 127, 128 = WM 1996, 526; *Fleischer* ZGR 1997, 368, 374 ff.; *Großfeld* Anteilsbewertung S. 5 f.; *Hügel* Verschmelzung S. 184 ff.; *Mertens* AG 1992, 321; zum Teil abweichend *Piltz* Unternehmensbewertung S. 1 ff.

ihren Eindruck auch auf Literatur und Rechtsprechung zu den §§ 304 und 305 nicht verfehlt. Ursprünglich hatten es zwar die Gerichte, nicht zuletzt mit Rücksicht auf die frühere Fassung des § 305 Abs. 3 S. 2, wiederholt abgelehnt, einer der verschiedenen Bewertungsmethoden der Betriebswirtschaftslehre im Rahmen der §§ 304 und 305 den Vorrang zuzubilligen.[60] Inzwischen steht jedoch auch in der Praxis zu den §§ 304 und 305 die Ertragswertmethode ganz im Vordergrund, freilich ergänzt um die gesonderte Bewertung des Beteiligungsbesitzes und des sonstigen nicht betriebsnotwendigen (neutralen) Vermögens sowie mit dem Liquidationswert der Gesellschaft als Untergrenze, während der früher so sehr betonte Substanzwert daneben nur noch in eigenartigen Fallgestaltungen wie zB bei der Bewertung auf Dauer ertragsloser Gesellschaften eine gewisse Rolle spielt.[61] Dem hat sich das rechtswissenschaftliche Schrifttum nahezu einhellig angeschlossen,[62] so daß es sich heute – jedenfalls in der großen Mehrzahl der Fälle – nur noch fragen kann, in welcher ihrer verschiedenen Ausprägungen die Ertragswertmethode der Unternehmensbewertung zugrunde zu legen ist (wegen der Einzelheiten s.u. Rdnr. 44 ff.).

41 2. **Stichtagsprinzip. a) Bedeutung.** Nach § 305 Abs. 3 S. 2 muß die angemessene Barabfindung die Verhältnisse der Gesellschaft „im Zeitpunkt der Beschlußfassung ihrer Hauptversammlung über den Vertrag" nach § 293 Abs. 1 berücksichtigen. Hieraus wird ebenso wie im Rahmen des § 304[63] eine Entscheidung des Gesetzgebers zugunsten des Stichtagsprinzips gefolgert,[64] das besagt, daß bei der Bewertung namentlich der abhängigen Gesellschaft allein von den in dem maßgeblichen Zeitpunkt erkennbaren Verhältnissen auszugehen ist, während spätere abweichende Entwicklungen außer Betracht zu bleiben haben. Die Folge ist z. B., daß es in den Fällen der Nrn. 2 und 3 des § 305 Abs. 2 selbst dann bei einer bloßen Barabfindung bleibt, wenn später, noch während des Spruchstellenverfahrens nach § 306, die Abhängigkeit des anderen Vertragsteils von einem dritten Unternehmen wegfällt.[65]

42 Eine weitere Folge des Stichtagsprinzips ist, daß sich die Sachverständigen im Spruchstellenverfahren, selbst wenn sie erst Jahre später mit der Bewertung der Gesellschaften beauftragt werden, – rückblickend – auf den jeweils maßgeblichen Zeitpunkt stellen und von dort aus die Unternehmensbewertung vornehmen müssen. Dabei sind alle, aber auch nur diejenigen Entwicklungen zu berücksichtigen, die am Stichtag in ihren Ursprüngen zumindest bereits angelegt und deshalb für den „Fachmann" erkennbar waren, wobei freilich

---

[60] ZB BGH NJW 1978, 1316, 1317 = AG 1978, 196, 199 f. = WM 1978, 401, 405 ff. „Kali & Salz" (insoweit nicht in BGHZ 71, 40, 52 abgedruckt); BGHZ 129, 136, 165 = NJW 1995, 1739 „Girmes"; BayObLG AG 1995, 509 = WM 1995, 1580; AG 1996, 127 = WM 1996, 526 „Paulaner"; AG 1996, 176 „Hacker-Pschorr"; OLG Düsseldorf AG 1977, 168 = DB 1977, 296; LG Dortmund AG 1972, 354; 1996, 427, 428.

[61] BayObLG AG 1995, 509 = WM 1995, 1580; AG 1996, 127 = WM 1996, 526 „Paulaner"; AG 1996, 176, 177 „Hacker-Pschorr"; OLG Düsseldorf AG 1984, 216 = WM 1984, 732 = ZIP 1984, 596; WM 1988, 1052 = AG 1988, 275; AG 1990, 397, 398 f.; 1990, 490, 492 f.; 1991, 106; 1992, 200, 203; 1995, 85, 87 = WM 1995, 756; OLG Zweibrücken AG 1995, 421 = WM 1995, 980; OLG Frankfurt AG 1989, 442; 1989, 444; OLG Celle AG 1979, 230; OLG Hamburg AG 1980, 163 = DB 1980, 77; OLG Karlsruhe WM 1984, 656, 659 ff.; LG Berlin AG 1979, 207; 1983, 135; LG Frankfurt AG 1983, 136 = BB 1983, 1244; AG 1985, 58; 1985, 310; 1987, 315; 1996, 178, 188; 1998, 142 „Sinalco"; LG Hamburg AG 1995, 517, 518; LG Düsseldorf AG 1987, 50; 1989, 138; LG Dortmund AG 1982, 257; 1994, 85; 1996, 427, 428; LG München I AG 1990, 404, 405.

[62] *Aha* AG 1997, 26, 28 ff.; *Beyerle* AG 1980, 317, 324 ff.; *Dielmann/König* AG 1984, 57; *Forster* AG 1980, 45; *Gansweid* AG 1977, 334; *Geßler* in Geßler/Hefermehl Rdnr. 42; *Großfeld,* Unternehmens- und Anteilsbewertung, S. 21 ff.; *ders.* JZ 1981, 641, 769; *Hüffer* Rdnr. 19; *Hügel* Verschmelzung S. 191 ff.; *Koppensteiner* in Kölner Kommentar Rdnr. 35; *Korth* BB 1992 Beil. 19, S. 4 ff.; *Krieger* Handbuch § 70 Rdnr. 80 ff.; *W. Meilicke* Barabfindung, 1975; *ders.* DB 1980, 2121; *Piltz* Unternehmensbewertung S. 136 ff.; *Raiser* Kapitalgesellschaften § 54 Rdnr. 59; *Ränsch* AG 1984, 202; *Seetzen* WM 1994, 45; *J. Schmidt* S. 71.

[63] S.o. § 304 Rdnr. 37 f.

[64] BGH NZG 1998, 379, 380 = AG 1998, 286 „Asea/BBC II"; OLG Karlsruhe AG 1998, 288, 289 „SEN/KHS"; LG Frankfurt AG 1996, 187, 188; LG Dortmund AG 1998, 142, 143 „Sinalco"; *Geßler* in Geßler/Hefermehl Rdnr. 49; *Hüffer* Rdnr. 23; *Koppensteiner* in Kölner Kommentar Rdnr. 28.

[65] S. *Pentz* Enkel-AG S. 104 ff.; anders zB *Geßler* in Geßler/Hefermehl Rdnr. 49; s. auch u. Rdnr. 61.

auch erst später gewonnene Erkenntnisse rückblickend, gleichsam als Bestätigung, verwertet werden dürfen (sogenannte *Wurzeltheorie*).[66] Spätere Entwicklungen, die diese Voraussetzungen nicht erfüllen, bleiben hingegen außer Betracht, selbst wenn sie – an sich – aus heutiger Sicht zu einer ganz anderen Bewertung des Unternehmes nötigten.[67] Ein Beispiel ist eine „unerwartete", für die abhängige Gesellschaft überaus günstige Änderung der Steuergesetzgebung, die folglich nicht unternehmenswerterhöhend zugunsten der außenstehenden Aktionäre berücksichtigt werden darf.[68]

b) Kritik. Das zuletzt genannte Beispiel (o. Rdnr. 42) macht deutlich, daß das Stichtagsprinzip häufig zu wenig befriedigenden Ergebnissen führt, zumal die Abgrenzung der relevanten von den irrelevanten Entwicklungen angesichts der Interdependenz wirtschaftlicher Vorgänge oft nicht ohne Willkür möglich ist.[69] Dies sollte Anlaß geben, das Stichtagsprinzip kritisch zu überdenken, zumindest jedoch bei der Berücksichtigung späterer Entwicklungen wesentlich großzügiger als bisher üblich zu verfahren, wenn anders man eine gravierende Benachteiligung der außenstehenden Aktionäre ebenso wie gänzlich unrealistische Ergebnisse vermeiden will.

3. Schätzung der zukünftigen Erträge. Kern der Ertragswertmethode (o. Rdnr. 44) ist die Schätzung der vermutlichen zukünftigen Erträge der zu bewertenden Gesellschaft aus der Sicht des Stichtags (o. Rdnr. 41).[70] Wegen der großen Schwierigkeiten derartiger Prognosen orientiert sich die Praxis hierbei im Regelfall an den früheren Erträgen der Gesellschaft, meistens aus den letzten drei bis fünf Jahren, und schreibt diese einfach in die Zukunft fort, wobei gewöhnlich eine gleichmäßige Weiterentwicklung der Gesellschaft unter der Bedingung fortbestehender Unabhängigkeit unterstellt wird (zu den Ausnahmen s. u. Rdnr. 46).[71]

Die bisher von der Gesellschaft ausgewiesenen Erträge dürfen der Prognose freilich nicht unbesehen zugrunde gelegt werden, sondern müssen zunächst durch die Eliminierung außerordentlicher Erträge und Aufwendungen „bereinigt", d.h. auf ihr „Normalmaß" zurückgeführt werden. Außerdem sind bei der Prognose schon jetzt konkretisierte Unternehmensplanungen für einzelne Produkte und Produktbereiche zu berücksichtigen.[72] Von den danach projektierten Erträgen sind schließlich noch im Rahmen einer Investitionsrechnung (nur) die zur Substanzerhaltung notwendigen Abschreibungen abzuziehen, wobei – anders als nach Steuerrecht – Wiederbeschaffungswerte zugrunde zu legen sein dürften.[73]

Selbst bei Berücksichtigung dieser Grundsätze (o. Rdnr. 44 f.) bleibt die Abschätzung der zukünftigen Erträge der Gesellschaft mit erheblichen Unsicherheiten behaftet. In der Praxis der Unternehmensbewertung wird dem neuerdings häufig dadurch Rechnung getragen, daß die Schätzung für verschiedene **Phasen** erfolgt, naturgemäß mit abnehmender Genauigkeit,[74] oder daß gleichzeitig – je nach den unterschiedlichen Entwicklungsmöglichkeiten – mehrere Schätzungen aufgestellt und anschließend mit ihrer relativen Wahrscheinlichkeit gewichtet werden. Erst das gewogene Mittel der verschiedenen Schätzungs-

---

[66] BGH (Fn. 64); OLG Zweibrücken AG 1995, 421, 422 = WM 1995, 980 „Saint Gobain/Grünzweig und Hartmann".
[67] OLG Düsseldorf AG 1977, 168, 170; 1984, 216; WM 1988, 1052, 1055 = AG 1988, 275; OLG Celle AG 1979, 230, 231; 1981, 234; OLG Zweibrücken AG 1995, 421, 422 = WM 1995, 980; LG Frankfurt AG 1996, 187, 188 f. „Nestlé"; LG München I AG 1990, 404, 405; LG Dortmund AG 1996, 278, 279; *Korth* BB 1992 Beil. 19, S. 7; *Seetzen* WM 1994, 45, 46.
[68] LG Frankfurt AG 1996, 187, 189 „Nestlé".
[69] Ebenso *Koppensteiner* in Kölner Kommentar Rdnr. 31; *J. Schmidt*, Außenstehende Aktionäre, S. 64 f.
[70] S. zB *Emmerich/Sonnenschein* § 17 a V 1; *Hüchting* Abfindung S. 37 f.; *Koppensteiner* in Kölner Kommentar Rdnr. 38 ff.; wegen möglicher Ausnahmen, wenn heute Ertragsprognosen für die seit langem abhängige Gesellschaft nicht mehr möglich sind, s. OLG Düsseldorf AG 1990, 490, 492 f.
[71] OLG Celle AG 1981, 234; OLG Karlsruhe AG 1998, 96 f.; *Aha* AG 1997, 26, 29 ff.; *Seetzen* WM 1994, 45, 47 f.
[72] S. *Aha* AG 1997, 26, 30 f.
[73] *Hügel* Verschmelzung S. 192; *Korth* BB 1992, Beil. 19, S. 8.
[74] OLG Zweibrücken AG 1995, 421 = WM 1995, 980; LG Frankfurt AG 1996, 187, 188 f.; *Aha* AG 1997, 26, 30; *Drukarczyk* S. 221 ff.; *Seetzen* WM 1994, 45, 47.

reihen, gegebenenfalls für unterschiedliche Phasen, ergibt dann die Höhe der vermutlichen zukünftigen Erträge der Gesellschaft.[75]

47 **4. Abzinsung der zukünftigen Erträge.** Der zweite Schritt der Unternehmensbewertung besteht in der Ableitung des Ertragswertes aus der Summe der zukünftigen Erträge der Gesellschaft (o. Rdnr. 44 ff.) durch ihre Abzinsung (Diskontierung) nach der Rentenformel auf den Bewertungsstichtag. Hierbei werden die Erträge als Verzinsung des eingesetzten Kapitals betrachtet und geprüft, welches Kapital bei einer Anlage in langfristigen festverzinslichen Wertpapieren vermutlich dieselben Erträge wie berechnet erbrächte.[76] Da bei der Berechnung des festen Ausgleichs im Prinzip ebenso zu verfahren ist, muß sich zumindest tendenziell der kapitalisierte feste Ausgleich mit dem Ertragswert der abhängigen Gesellschaft im Rahmen des § 305 decken.[77]

48 Kern der Rentenformel[78] ist der **Kapitalisierungszinssatz,** der sich aus einem Basiszinssatz und verschiedenen Zu- und Abschlägen zusammensetzt. Dabei gilt, daß der Ertragswert um so niedriger ist, je höher der Kapitalisierungszinssatz angesetzt wird, und umgekehrt. Schon geringfügige Veränderungen des Kapitalisierungszinssatzes haben erhebliche Auswirkungen auf den Ertragswert.[79]

49 Der *Basiszinssatz* wird aus dem sog. landesüblichen Zinssatz abgeleitet. Man versteht darunter den durchschnittlichen Zinssatz für öffentliche Anleihen oder für langfristige festverzinsliche Wertpapiere in der Höhe von rund 7,5% bis 8%.[80] Dieser Basiszinssatz wird sodann gewöhnlich durch verschiedene Zu- und Abschläge „korrigiert". *Abschläge* (mit der Folge einer entsprechenden Erhöhung des Unternehmenswertes) sind namentlich üblich für das Inflations- oder Geldentwertungsrisiko in einer Größenordnung von etwa ein bis drei Prozent, da nach allgemeiner Meinung Unternehmenserträge dem Inflationsrisiko in geringerem Maße als bloße Geldrenten ausgesetzt sind.[81] Auf der anderen Seite wird das Konkursrisiko der Unternehmensgläubiger signifikant höher als das von Anleihegläubigern eingeschätzt, weshalb dem Abschlag für das Inflationsrisiko häufig ein *Zuschlag* für das Unternehmensrisiko in einer Größenordnung von gleichfalls ein bis zwei Prozent gegenübergestellt wird, so daß sich schließlich ein Kapitalisierungszinsfuß in einer Größenordnung zwischen 7,5 und 9% ergibt.[82]

50 Die geschilderte Bewertungspraxis (o. Rdnr. 49) ist unnötig kompliziert. Schon auf den ersten Blick ist erkennbar, daß sich die Zu- und Abschläge im Grunde ausgleichen, so daß auf beide ohne Bedenken verzichtet werden kann.[83] Abzulehnen sind auf jeden Fall die weithin üblichen Zuschläge für das allgemeine Unternehmensrisiko, weil dieses bereits bei der Prognose der Zukunftserträge berücksichtigt wird, so daß sein erneuter Ansatz bei dem Kapitalisierungszinssatz auf eine Doppelberücksichtigung zum Nachteil der außenstehenden Aktionäre hinausliefe.[84]

---

[75] S. *Korth* BB 1992 Beil. 19, S. 7 ff.
[76] OLG Düsseldorf AG 1992, 200, 203; *Emmerich/Sonnenschein* § 17 a V 2; *Koppensteiner* in Kölner Kommentar Rdnr. 40; *Korth* BB 1992, Beil. 19, S. 11 f.; *J. Schmidt,* Außenstehende Aktionäre, S. 70 f.; *Seetzen* WM 1994, 45, 48 f.
[77] Wegen der Einzelheiten s.o. § 304 Rdnr. 34 f.
[78] S. *Großfeld* Anteilsbewertung S. 58 ff.; *Korth* BB 1992 Beil. 19, S. 13.
[79] Eine Veränderung des Kapitalisierungszinssatzes um lediglich 2% hat bereits eine Verringerung oder Erhöhung des Ertragswertes um rund ein Viertel zur Folge. Überblick über die Bewertungspraxis bei *Aha* AG 1997, 26; *Dörfler/Gahler/Unterstraßer/Wirichs* BB 1994, 156; *Götz* DB 1996, 259; *Hecker/Wenger* ZBB 1995, 321.
[80] OLG Düsseldorf AG 1992, 200, 203; 1995, 84; 1995, 85, 87 = WM 1995, 756; BayObLG AG 1996, 127, 129 = WM 1996, 526; AG 1996, 176, 178; LG Dortmund AG 1996, 277, 279; 1996, 427, 429; 1998, 142, 143 f.; dagegen zB *Götz* DB 1996, 259, 263.
[81] BayObLG (Fn. 80); OLG Düsseldorf AG 1995, 84; 1995, 85, 87 = WM 1995, 756; LG Dortmund AG 1998, 142, 143 f.; anders LG Stuttgart AG 1994, 136; *Aha* AG 1997, 26, 32 f.; s. *Drukarczyk* S. 275 ff.
[82] BayObLG 1996, 127, 129; 1996, 176, 178; OLG Düsseldorf AG 1988, 275 = WM 1988, 1052, 1058 ff.; AG 1990, 397, 399 ff.; 1990, 490, 493 f.; 1995, 84; 1995, 85, 87 = WM 1995, 756; LG Düsseldorf AG 1989, 138 f.; 1990, 403; LG München I AG 1990, 404, 405; LG Frankfurt AG 1996, 187, 189; LG Dortmund AG 1996, 278, 280; 1996, 427, 429; 1998, 142, 144; Aufstellung bei *Piltz* Unternehmensbewertung S. 361–363.
[83] Ebenso OLG Zweibrücken AG 1995, 421, 423 = WM 1995, 980.
[84] Anders *Aha* AG 1997, 26, 33; *Seetzen* WM 1994, 45, 49.

5. Verbundvorteile. Lebhaft umstritten ist die Frage, ob und gegebenenfalls wie die von der Unternehmensverbindung erwarteten Verbundvorteile in die Bewertung einfließen müssen. Man versteht darunter die von der Unternehmensverbindung erhofften Synergieeffekte. Während die Betriebswirtschaftslehre zu ihrer generellen Berücksichtigung tendiert,[85] haben sich Rechtsprechung und Literatur zu den §§ 304 und 305 überwiegend *gegen* die Berücksichtigung der Verbundeffekte bei der Unternehmensbewertung im Rahmen der §§ 304 und 305 ausgesprochen. Das gilt namentlich auch für die steuerlichen Verbundvorteile.[86]

Für eine Berücksichtigung der Verbundvorteile ist im Rahmen der §§ 304 und 305 in der Tat *kein* Raum.[87] Der wichtigste Grund ist, daß nach der gesetzlichen Grundkonzeption die Bewertung von der Fiktion der fortbestehenden Unabhängigkeit der Gesellschaft auszugehen hat (sogenanntes Stand-alone-Prinzip; s.o. Rdnr. 30 ff.). Erschwerend kommt hinzu, daß sich die Synergieeffekte weithin einer Quantifizierung entziehen, daß für ihre Aufteilung auf die Beteiligten operationale Maßstäbe fehlen und daß die steuerlichen Verbundvorteile von den beteiligten Unternehmen in aller Regel auch ohne den Abschluß eines Beherrschungsvertrages realisiert werden könnten.

6. Neutrales Vermögen. In einem dritten Schritt muß der Ertragswert noch in verschiedenen Richtungen korrigiert werden. Die erste Korrektur besteht darin, daß zu dem Ertragswert der Veräußerungswert (Verkehrswert) des nicht betriebsnotwendigen, neutralen Vermögens hinzuzurechnen ist. Denn das sind Vermögenswerte, die zwar nur eine geringe Bedeutung für die zukünftigen Erträge der Gesellschaft haben, jedoch bei der Bewertung durch einen etwaigen Unternehmenskäufer häufig eine (ausschlaggebende) Rolle spielen.[88]

Die *Abgrenzung* ist schwierig.[89] Maßgebend sollte allein der Beitrag des fraglichen Vermögensgegenstandes zum Unternehmensertrag sein. Ist dieser im Verhältnis zu dem Verkehrswert des Gegenstandes gering, so ist der Gegenstand gesondert zu bewerten, um die sonst unvermeidliche Begünstigung des herrschenden Unternehmens auf Kosten der außenstehenden Aktionäre zu vermeiden. Der Begriff ist deshalb grundsätzlich *weit* auszulegen.[90] Beispiele sind Finanzanlagen, sonstige Beteiligungen, die für die Marktposition der Gesellschaft nicht wesentlich sind, sowie vor allem nicht betriebsnotwendige Grundstücke, zB bei einer Brauerei die Gaststättengrundstücke, weil der Getränkeabsatz über brauereieigene Gaststätten heute nur noch unbedeutend ist.[91]

7. Liquidationswert. Eine letzte Korrektur des Ertragswertes (o. Rdnr. 44 ff.) ergibt sich daraus, daß der Liquidationswert der Gesellschaft – ebenso wie der Börsenkurs und ein von dem herrschenden Unternehmen bereits gezahlter Preis (o. Rdnr. 34 ff.) – die Untergrenze der Bewertung bildet. Denn selbst eine Gesellschaft, deren Ertragsaussichten auf Dauer negativ sind, ist immer noch so viel wert wie die Summe ihrer einzelnen Vermögensgegenstände, abzüglich der Schulden und der Aufwendungen für ihre Veräußerung (letzteres str.), jedenfalls, sofern eine Liquidation der Gesellschaft überhaupt ernsthaft noch in Betracht kommt.[92]

56 **8. Ableitung des Anteilswertes. a) Allgemeines.** Der letzte Schritt, der zur Berechnung der Höhe von Abfindung und Ausgleich erforderlich ist, besteht in der Ableitung des Anteilswertes aus dem nach den vorstehenden Grundsätzen ermittelten Unternehmenswert. Dabei ist gemäß § 53 a von der grundsätzlichen Gleichberechtigung der Aktionäre ohne Rücksicht auf die Höhe ihrer Beteiligung auszugehen, so daß sich der jeweilige Anteilswert einfach aus dem Verhältnis der Aktiennennbeträge zum Grundkapital ergibt.[93] Ein Abschlag für den Minderheitsbesitz der außenstehenden Aktionäre (gleichsam als Kehrseite der Paketzuschläge für Großaktionäre) verbietet sich hierbei von selbst.[94] Lediglich dann, wenn verschiedene Aktiengattungen ausgegeben worden sind, kann es im Einzelfall gerechtfertigt sein, den Anteilsbesitz unterschiedlich zu bewerten, vorausgesetzt, daß die verschiedenen Aktiengattungen auf dem Markt unterschiedlich bewertet werden.[95] Die Quantifizierung der Auswirkungen, die die unterschiedliche Ausstattung der Aktien auf ihre Bewertung hat, ist freilich überaus schwierig und bisher nicht gelöst.

57 **b) Spitzenbeträge.** Bei der Abfindung in Aktien folgt aus dem Verhältnis zwischen den Wertansätzen für die beteiligten Gesellschaften außerdem die Relation, die dem Umtausch der Aktien der außenstehenden Aktionäre in die der herrschenden Gesellschaft oder der Konzernobergesellschaft gemäß § 305 Abs. 3 S. 1 zugrunde zu legen ist. Ergibt sich hierbei wie häufig kein glattes Umtauschverhältnis (wie zB 1:2 oder 1:3), so können nach § 305 Abs. 3 S. 1 Hs. 2 Spitzenbeträge durch bare Zuzahlungen ausgeglichen werden.[96]

58 Der Ausgleich von Spitzenbeträgen durch bare Zuzahlungen steht entgegen dem insoweit mißverständlichen Wortlaut des § 305 Abs. 3 S. 1 Hs. 2 nicht etwa in Belieben der Vertragsparteien, sondern stellt unter dem Postulat voller Entschädigung der außenstehenden Aktionäre (o. Rdnr. 30 f.) eine gesetzliche *Pflicht* des herrschenden Unternehmens dar.[97] Die Ausgleichspflicht trifft daher auch allein das herrschende Unternehmen, so daß nicht etwa in dem Vertrag statt dessen den außenstehenden Aktionären eine Verpflichtung zum Spitzenausgleich auferlegt werden kann, um den Aktienaustausch zu ermöglichen.[98] Viel spricht weiter dafür, das herrschende Unternehmen aufgrund seiner Treuepflicht für verpflichtet zu erachten, bei der Ausgabe junger Aktien zum Zwecke der Abfindung der außenstehenden Aktionäre auf eine Stückelung der Aktien zu achten, bei der ein Spitzenausgleich nach Möglichkeit vermieden wird.[99]

VII. Mehrstufige Unternehmensverbindungen.

59 Mehrstufige Unternehmensverbindungen werfen im Rahmen des § 305 prinzipiell dieselben Fragen wie im Rahmen des § 304 auf. Wegen der Einzelheiten ist deshalb auf die

---

[92] BayObLG AG 1995, 509, 510 = WM 1995, 1580; OLG Düsseldorf AG 1990, 397, 399; *Großfeld* Anteilsbewertung S. 99 ff.; *Geßler* in Geßler/Hefermehl Rdnr. 47; *Koppensteiner* in Kölner Kommentar Rdnr. 44; enger OLG Düsseldorf WM 1988, 1052, 1055 = AG 1988, 275, 279.
[93] *Emmerich/Sonnenschein* § 17 a V 4; *Hüffer* Rdnr. 24; *Koppensteiner* in Kölner Kommentar Rdnr. 47.
[94] *Geßler* in Geßler/Hefermehl Rdnr. 35; *Hüffer* Rdnr. 24; *Hüchting* Abfindung S. 35; *Koppensteiner* in Kölner Kommentar Rdnr. 48; anders zu Unrecht *Korth* BB 1992, Beil. 19, S. 12; *Großfeld* Anteilsbewertung S. 109 ff.

[95] OLG Düsseldorf BB 1973, 910; Begr. zum RegE des § 306, bei *Kropff* AktG S. 401; *Geßler* in Geßler/Hefermehl Rdnr. 48; *Koppensteiner* in Kölner Kommentar Rdnr. 49.
[96] Dazu ausführlich *Vetter* AG 1997, 6 ff.
[97] OLG Düsseldorf AG 1995, 85, 88 = WM 1995, 756; LG Berlin AG 1996, 230, 232; *Hüffer* Rdnr. 25.
[98] *Geßler* in Geßler/Hefermehl Rdnr. 51; *Koppensteiner* in Kölner Kommentar Rdnr. 19.
[99] LG Berlin AG 1996, 230, 232 „Brau & Brunnen"; *Geßler* in Geßler/Hefermehl Rdnr. 50; dagegen *Koppensteiner* in Kölner Kommentar Rdnr. 20.

Ausführungen zu § 304 zu verweisen.[100] Hier ist nur noch auf wenige zusätzliche Fragen einzugehen.

Wenn in einer drei- oder mehrstufigen Unternehmensverbindung *allein* zwischen der Tochter- und der Enkelgesellschaft ein Unternehmensvertrag abgeschlossen wird, stellt sich die schwierige Frage, ob dann die ebenfalls an der Enkelgesellschaft beteiligte Muttergesellschaft als außenstehende Aktionärin im Sinne des § 305 zu behandeln ist. Diese Frage ist nach denselben Kriterien wie sonst zu beurteilen.[101] Von den Ausnahmefällen einer 100%igen Beteiligung der Mutter- an der Tochtergesellschaft oder der Eingliederung abgesehen, ist die Frage daher zu bejahen, so daß auch der Mutter Ausgleichs- und Abfindungsansprüche zustehen. Ebenso ist zu entscheiden, wenn die Mutter- mit der Enkelgesellschaft unmittelbar einen Vertrag abschließt mit der Folge, daß dann in der Regel die Tochtergesellschaft im Falle ihrer Beteiligung an der Enkelgesellschaft gleichfalls zu den außenstehenden Aktionären zu rechnen ist, außer im Falle einer 100%igen Beteiligung der Mutter- an der Tochtergesellschaft oder im Falle der Eingliederung der Tochter. In beiden Fallgestaltungen scheitert freilich eine Abfindung in Aktien, im ersten Fall der Muttergesellschaft, im zweiten Fall der Tochtergesellschaft, an den §§ 71 und 71 d S. 2, so daß in diesem Fall lediglich eine Barabfindung nach § 305 Abs. 2 Nr. 3 in Betracht kommt.[102]

Zusätzliche Probleme tauchen ebenso wie im Anwendungsbereich des § 304 bei einem Aufbau des Konzern *von unten nach oben auf*, dh. dann, wenn der andere Vertragsteil nachträglich in Abhängigkeit von einem dritten Unternehmen gerät, so daß erst *jetzt* die Voraussetzungen des § 305 Abs. 2 Nr. 2 erfüllt sind.[103] Für diese Fälle werden zugunsten der noch verbliebenen außenstehenden Aktionäre der (neuen) Enkelgesellschaft unterschiedliche Lösungen erwogen. In Betracht kommen ein erneutes Abfindungsangebot, jetzt unter Beachtung des § 305 Abs. 2 Nr. 2, oder ihre Einschaltung in einen etwaigen Vertragsabschluß zwischen dem anderen Vertragsteil und dem neuen herrschenden Unternehmen entsprechend § 295 Abs. 2.

VIII. Mängel des Vertrags und des Zustimmungsbeschlusses

1. Keine Nichtigkeit. § 305 ist zwingendes Recht, so daß ein gegen § 305 verstoßender Beherrschungs- oder Gewinnabführungsvertrag an sich nichtig sein müßte (§ 134 BGB). Abweichend hiervon ordnet das Gesetz jedoch in § 305 Abs. 5 S. 2 an, daß das in § 306 bezeichnete Gericht auf Antrag eines außenstehenden Aktionärs die vertraglich zu gewährende Abfindung zu bestimmen hat, wenn der Vertrag entweder überhaupt keine oder eine dem § 305 Abs. 1 bis 3 widersprechende Abfindung vorsieht. Daraus folgt, daß das Gesetz auch in diesen Fällen von der *Wirksamkeit* des Beherrschungs- oder Gewinnabführungsvertrags ausgeht, da sonst die Anordnung eines Spruchstellenverfahrens nach § 306 keinen Sinn machte.[104] Folgerichtig scheidet in den genannten Fällen außerdem auch eine *Anfechtung* des Zustimmungsbeschlusses der abhängigen Gesellschaft nach § 243 Abs. 1 oder 2 aus, wie aus § 305 Abs. 1 zu folgern ist, der damit im Ergebnis dasselbe sagt wie § 304 Abs. 3 S. 2. Die Folge dieser eigenartigen Regelung kann sein, daß ein Beherrschungs- oder Gewinnabführungsvertrag trotz fehlender Abfindungsregelung wirksam wird und bleibt, sofern kein außenstehender Aktionär einen Antrag nach § 306 stellt.[105]

§ 305 Abs. 5 S. 1 schließt die Anfechtung des Zustimmungsbeschlusses nur aus, soweit sie auf einen Verstoß gegen § 305 Abs. 1 bis 3 gestützt wird. Eine Anfechtung aus *anderen*

---

[100] S. im einzelnen o. § 304 Rdnr. 52 bis 62; *Pentz* Enkel-AG S. 93 ff.; *S. Wanner*, Konzernrechtliche Probleme mehrstufiger Unternehmensverbindungen, 1998; wegen der entsprechenden Anwendbarkeit des § 305 Abs. 2 Nr. 2 auf vier- und mehrstufige Unternehmensverbindungen s. außerdem bereits o. Rdnr. 12.
[101] S.o. § 304 Rdnr. 13 ff., 59 ff.
[102] S. im einzelnen *Pentz* Enkel-AG S. 94, 97 ff.
[103] S. schon o. § 304 Rdnr. 54 ff. sowie *Pentz* Enkel-AG S. 104 ff.; zum umgekehrten Fall des nachträglichen Wegfalls der Abhängigkeit s. schon o. Rdnr. 41.
[104] Ebenso *Hüffer* Rdnr. 29; *Koppensteiner* in Kölner Kommentar Rdnr. 50.
[105] *Geßler* in Geßler/Hefermehl Rdnr. 10.

Gründen, zB wegen der Verletzung des Auskunftsrechts der außenstehenden Aktionäre aus den §§ 131 und 293 g bleibt hingegen möglich (§ 243 Abs. 1).[106]

64   **2. Spruchstellenverfahren.** Die Bestimmung der angemessenen Abfindung obliegt dem in § 306 Abs. 1 bezeichneten Gericht auf Antrag eines außenstehenden Aktionärs, wenn der Vertrag überhaupt keine Abfindungsregelung enthält oder die Abfindung nicht angemessen ist (§ 305 Abs. 5 S.2). Für die Antragsberechtigung der außenstehenden Aktionäre gilt § 304 Abs. 4 entsprechend (§ 305 Abs. 5 S. 4).[107] In den Fällen des § 305 Abs. 2 Nr. 2 ist das Gericht hierbei an die von den Vertragsparteien getroffene Wahl zwischen einer Abfindung in Aktien oder einer Barabfindung gebunden und kann nicht etwa eine Barabfindung durch eine Abfindung in Aktien ersetzen (§ 305 Abs. 5 S. 3).[108]

65   **3. Kündigung.** Kommt es in dem Spruchstellenverfahren zu einer Erhöhung der Abfindung, so steht nach der problematischen Regelung des § 305 Abs. 5 S.4 in Verbindung mit § 304 Abs. 5 dem herrschenden Unternehmen ein außerordentliches Kündigungsrecht zu.[109] Die Kündigung wirkt jedoch nur ex nunc und ändert daher nichts an den bereits entstandenen Abfindungsansprüchen außenstehender Aktionäre aufgrund des bis zum Wirksamwerden der Kündigung fortbestehenden Vertrages. Das ist zwingendes Recht, so daß abweichende Vereinbarungen nicht möglich sind, auch nicht in Gestalt eines schon im Vertrag vorbehaltenen Rücktrittrechts des herrschenden Unternehmens.[110] Seit dem Guano-Beschluß des BGH[111] kann das nicht mehr zweifelhaft sein.

66   **4. Abfindungsergänzungsanspruch.** Wenn einzelne Aktionäre gerichtlich eine höhere Festsetzung der Abfindung als im Unternehmensvertrag vorgesehen durchsetzen, andere jedoch zuvor schon das (zu niedrige) erste Abfindungsangebot des herrschenden Unternehmens angenommen hatten, stellt sich die Frage, ob die letzteren einen Anspruch auf nachträgliche Erhöhung der Barabfindung oder auf nachträgliche Gewährung weiterer Aktien besitzen. Die Frage ist im Gesetz nicht ausdrücklich geregelt. In den Unternehmensverträgen wird deshalb heute auf Druck der Banken hin meistens ausdrücklich ein Ergänzungsanspruch für den Fall vorgesehen, daß die Abfindung nachträglich erhöht wird. Aber auch in Fällen, in denen solche Regelung fehlt, ist den außenstehenden Aktionären der Ergänzungsanspruch zuzubilligen. Das folgt unmittelbar daraus, daß alle Aktionäre Anspruch auf angemessene Abfindung haben (§ 305 Abs. 1 S.1) und daß die gerichtliche Festsetzung der Abfindung für und gegen jedermann wirkt (§ 306 Abs. 2 iVm. § 99 Abs. 5 S.2), so daß letztlich erst mit der gerichtlichen Entscheidung feststeht, welche Abfindung überhaupt „angemessen" ist.[112]

---

[106] S. o. § 304 Rdnr. 78.
[107] Wegen der Einzelheiten s. deshalb o. § 304 Rdnr. 80 ff.
[108] S. *Hüffer* Rdnr. 30; *Koppensteiner* in Kölner Kommentar Rdnr. 54.
[109] Wegen der Einzelheiten s.o. § 304 Rdnr. 90 f.
[110] BayObLG AG 1996, 127, 130 = WM 1996, 526 „Paulaner"; LG Stuttgart AG 1998, 103 „Gestra/Foxboro"; *Hüffer* Rdnr. 33; anders zu Unrecht *Geßler* in Geßler/Hefermehl Rdnr. 82; *Koppensteiner* in Kölner Kommentar Rdnr. 57; zT auch *Krieger* Handbuch § 70 Rdnr. 94 f.
[111] BGHZ 135, 374, 377 ff. = NJW 1997, 2242 = LM AktG § 305 Nr. 3 = AG 1997, 415 = WM 1997, 1288.
[112] So jetzt auch die überwiegende Meinung, zB BayObLG AG 1996, 127, 130 = WM 1996, 526 „Paulaner"; AG 1996, 176, 180 „Hacker-Pschorr"; OLG Düsseldorf AG 1990, 397, 401 f.; OLG Celle AG 1979, 230, 233; LG Berlin AG 1979, 207; LG Dortmund AG 1996, 278, 280; *Bodewig* BB 1978, 1694; *Emmerich/Sonnenschein* § 17 a VI; *Exner* Beherrschungsvertrag S.249 ff.; *Eschenbruch* Konzernhaftung Tz. 3123; *Flume* DB 1969, 1047; *Geßler* in Geßler/Hefermehl Rdnr. 74; *Hüffer* Rdnr. 32; *Haase* AG 1995, 7, 18 ff.; *Hoffmann-Becking* ZGR 1990, 482, 499 f.; *Raiser* Kapitalgesellschaften § 54 Rdnr. 60; *J. Schmidt*, Außenstehende Aktionäre S.95 f.; *H.P. Westermann* AG 1976, 309; – aA *Hüchting* Abfindung S. 86 ff.; *Koppensteiner* BB 1978, 769; *ders.* in Kölner Kommentar Rdnr. 56; *Krieger* Handbuch § 70 Rdnr. 94.

§ 306 Verfahren

(1) Zuständig ist das Landgericht, in dessen Bezirk die Gesellschaft, deren außenstehende Aktionäre antragsberechtigt sind, ihren Sitz hat. § 132 Abs. 1 Satz 2 bis 4 sowie § 306 Abs. 2 Satz 2 und 3 des Umwandlungsgesetzes sind anzuwenden.

(2) § 99 Abs. 1, Abs. 3 Satz 1, 2, 4 bis 9, Abs. 5 gilt sinngemäß.

(3) Das Landgericht hat den Antrag in den Gesellschaftsblättern der Gesellschaft, deren außenstehende Aktionäre antragsberechtigt sind, bekanntzumachen. Außenstehende Aktionäre können noch binnen einer Frist von zwei Monaten nach dieser Bekanntmachung eigene Anträge stellen. Auf dieses Recht ist in der Bekanntmachung hinzuweisen.

(4) Das Landgericht hat die Vertragsteile des Unternehmensvertrags zu hören. Es hat den außenstehenden Aktionären, die nicht Antragsteller nach § 304 Abs. 4 oder § 305 Abs. 5 sind oder eigene Anträge nach Abs. 3 Satz 2 gestellt haben, zur Wahrung ihrer Rechte einen gemeinsamen Vertreter zu bestellen, der die Stellung eines gesetzlichen Vertreters hat. Werden die Festsetzung des angemessenen Ausgleichs und die Festsetzung der angemessenen Abfindung beantragt, so hat es für jeden Antrag einen gemeinsamen Vertreter zu bestellen. Die Bestellung kann unterbleiben, wenn die Wahrung der Rechte dieser außenstehenden Aktionäre auf andere Weise sichergestellt ist. Die Bestellung des gemeinsamen Vertreters hat das Landgericht in den Gesellschaftsblättern bekanntzumachen. Der Vertreter kann von der Gesellschaft den Ersatz angemessener barer Auslagen und eine Vergütung für seine Tätigkeit verlangen. Die Auslagen und die Vergütung setzt das Landgericht fest. Es kann der Gesellschaft auf Verlangen des Vertreters die Zahlung von Vorschüssen aufgeben. Aus der Festsetzung findet die Zwangsvollstreckung nach der Zivilprozeßordnung statt. § 308 Abs. 3 des Umwandlungsgesetzes ist anzuwenden.

(5) Das Landgericht hat seine Entscheidung den Vertragsteilen des Unternehmensvertrags sowie den Antragstellern nach § 304 Abs. 4, § 305 Abs. 5, den außenstehenden Aktionären, die eigene Anträge nach Absatz 3 Satz 2 gestellt haben, und, wenn ein gemeinsamer Vertreter bestellt ist, diesem zuzustellen.

(6) Der Vorstand der Gesellschaft hat die rechtskräftige Entscheidung ohne Gründe in den Gesellschaftsblättern bekanntzumachen.

(7) Für die Kosten des Verfahrens gilt die Kostenordnung. Für das Verfahren des ersten Rechtszugs wird das Doppelte der vollen Gebühr erhoben. Für den zweiten Rechtszug wird die gleiche Gebühr erhoben; dies gilt auch dann, wenn die Beschwerde Erfolg hat. Wird der Antrag oder die Beschwerde zurückgenommen, bevor es zu einer Entscheidung kommt, so ermäßigt sich die Gebühr auf die Hälfte. Der Geschäftswert ist von Amts wegen festzusetzen. Er bestimmt sich nach § 30 Abs. 1 der Kostenordnung. Schuldner der Kosten sind die Vertragsteile des Unternehmensvertrags. Die Kosten können jedoch ganz oder zum Teil einem anderen Beteiligten auferlegt werden, wenn dies der Billigkeit entspricht.

Schrifttum: S.o. bei §§ 304 und 305 sowie *Beyerle,* Erfahrungen mit dem Spruchstellenverfahren nach § 306 AktG, ZGR 1977, 650; *ders.,* Notwendige Änderungen im Verfahren der freiwilligen Gerichtsbarkeit nach § 306 AktG, BB 1978, 784; *ders.,* Der Konkurs des Antragsgegners während des aktienrechtlichen Spruchstellenverfahrens, AG 1979, 306; *Diekgräf,* Sonderzahlungen an opponierende Kleinaktionäre im Rahmen von Anfechtungs- und Spruchstellenverfahren, 1990; *Emmerich/Sonnenschein* Konzernrecht § 17 a VII; *Hoffmann-Becking,* Der materielle Gesellschafterschutz: Abfindung und Spruchverfahren, ZGR 1990, 482; *Happ/Pfeifer,* Der Streitwert gesellschaftsrechtlicher Klagen und Gerichtsverfahren, ZGR 1991, 103; *R. Hekker/E. Wenger,* Der Schutz von Minderheiten im Vertragskonzern, ZBB 1995, 321; *Hüchting,* Abfindung und Ausgleich, S. 71 ff.; *Kapp,* Die Sicherung der außenstehenden Aktionäre durch das Spruchstellenverfahren nach §§ 304 ff. AktG, BB 1973, 1514; *Kley,* Die Stellung des außenstehenden Aktionäre, 1986; *Kley/Lehmann,* Zur Stellung des gemeinsamen Vertreters im Verfahren nach §§ 304 ff. AktG, BB 1973, 1076; *Krieger* Handbuch § 70 IV (S. 823 ff.); *Martens,* Die Vergleichs- und Abfindungsbefugnis des Vorstands gegenüber opponierenden Aktionären, AG 1988, 118; *H. und W. Meilicke,* Die Rechtsstellung der nicht antragstellenden

§ 306 1–3 3. Buch. 1. Teil. 4. Abschn. Sicherung der außenstehenden Aktionäre

Aktionäre im Verfahren nach § 306 AktG, ZGR 1974, 296; *W. Meilicke,* Beendigung des Spruchstellenverfahrens nach Beendigung des Unternehmensvertrags?, AG 1995, 181; *Rowedder,* Der gemeinsame Vertreter gemäß § 306 Abs. 4 AktG – Rechtsstellung, Vertretungsmacht und Aufgabe –, Festschrift Rittner, 1991, S. 509; *J. Schmidt,* Das Recht der außenstehenden Aktionäre, 1979; *U. Schneider,* Antragsberechtigung des außenstehenden Aktionärs nach den §§ 304, 305 AktG, NJW 1991, 1109; *Timm* (Hrsg.), Mißbräuchliches Aktionärsverhalten, 1990; *ders.,* Treuepflichten im Aktienrecht, WM 1991, 481; *Wiesen,* Der materielle Gesellschafterschutz: Abfindung und Spruchverfahren, ZGR 1990, 503.

Übersicht

	Rdnr.		Rdnr.
I. Überblick	1–5	**V. Verfahren**	24–26
II. Zuständigkeit	6	**VI. Entscheidung**	27–31
III. Antragsteller	7–13	1. Inhalt	27
1. Rechtsschutzbedürfnis	8	2. Wirkung	28
2. Anschlußantragsteller	9–12	3. Zustellung	29
a) Frist	9, 10	4. Rechtsmittel	30, 31
b) Rechtsstellung	11, 12	**VII. Kosten**	32–36
3. Antragsrücknahme	13	1. Gerichtskosten	32–34
IV. Sonstige Verfahrensbeteiligte	14–23	a) Allgemeines	32
1. Vertragsparteien	14	b) Geschäftswert	33
2. Der gemeinsame Vertreter	15–23	c) Kostenschuldner	34
a) Bestellung	16, 17	2. Außergerichtliche Kosten	35, 36
b) Beschwerde	18	**VIII. Beendigung des Verfahrens**	37–40
c) Rechtsstellung	19–21		
d) Vergütung und Auslagen	22, 23		

I. Überblick

1   § 306 regelt das Verfahren, das anzuwenden ist, wenn außenstehende Aktionäre die gerichtliche Festsetzung des angemessenen Ausgleichs oder der angemessenen Abfindung beantragen. Eine vergleichbare Regelung findet sich in den §§ 305 bis 312 des UmwG von 1994. Durch die Anträge der außenstehenden Aktionäre wird danach ein eigenartiges Spruch- oder Spruchstellenverfahren ausgelöst (s. UmwG, 6. Buch: „Spruchverfahren"). Bei diesem handelt es sich letztlich um ein echtes **Streitverfahren der freiwilligen Gerichtsbarkeit,** auf das ergänzend die Vorschriften der ZPO anzuwenden sind, soweit nicht das AktG (§§ 99, 306) und das FGG Sonderregelungen enthalten (s. u. Rdnr. 24). Für die Kosten des Verfahrens gilt nach § 306 Abs. 7 ergänzend die Kostenordnung von 1957.[1]

2   Zuständig für das Verfahren ist ausschließlich das Landgericht, in dessen Bezirk die abhängige Gesellschaft ihren Sitz hat (§ 306 Abs. 1). Verfahrensbeteiligte sind der oder die Antragsteller (§§ 304 Abs. 4, 305 Abs. 5 S. 4), die sogenannten Folge- oder Anschlußantragsteller des § 306 Abs. 3 S. 2, die Vertragsparteien (§ 306 Abs. 4 S. 1) sowie der gemeinsame Vertreter der nicht am Verfahren beteiligten außenstehenden Aktionäre (§ 306 Abs. 4 S. 2 bis 9; s. § 308 UmwG).

3   Über die Anträge entscheidet das Landgericht durch begründeten Beschluß, gegen den die sofortige Beschwerde an das übergeordnete OLG stattfindet (§§ 306 Abs. 2 in Verb. § 99 Abs. 3 S. 1 und 2). Eine weitere Beschwerde zum BGH ist ausgeschlossen (§ 99 Abs. 3 S. 7). An ihre Stelle tritt das Vorlageverfahren nach § 28 Abs. 2 und 3 FGG (§ 99 Abs. 3 S. 6). Die rechtskräftige Entscheidung wirkt für und gegen jedermann (§ 306 Abs. 2 iVm. § 99 Abs. 5 S. 1 und 2) und gestaltet den Beherrschungs- oder Gewinnabführungsvertrag rückwirkend um, soweit das Landgericht oder das OLG dem Antrag stattgibt.[2] Zustel-

---

[1] BGBl. I, S. 960 mit späteren Änderungen; dazu *Korintenberg/Lappe/Bengel/Reimann* Kostenordnung, 18. Aufl. 1995.

[2] S. im einzelnen o. § 305 Rdnr. 66.

lung und Bekanntmachung der Entscheidung richten sich nach den Abs. 5 und 6 des § 306.

§ 306 ist erstmals durch das Umwandlungsrechtbereinigungsgesetz von 1994 **geändert** worden. Hervorzuheben ist die Verweisung auf § 308 Abs. 3 UmwG in § 306 Abs. 4 S. 10, durch die insgesamt die Position des gemeinsamen Vertreters der außenstehenden Aktionäre deutlich gestärkt wurde.

Der Ablauf der Spruchstellenverfahren in der Praxis ist in letzter Zeit auf verbreitete **Kritik** gestoßen.[3] Gerügt werden vor allem die übermäßige Dauer und die hohen Kosten der Verfahren, die weitgehende Abhängigkeit der Gerichte von den Sachverständigen sowie die verbreitete Unsitte, die antragstellenden Aktionäre „auszukaufen", um sie zu einer Rücknahme ihrer Anträge zu bewegen. Der Gesetzgeber des Umwandlungsrechtbereinigungsgesetzes hat hier durch die Einführung des neuen § 308 Abs. 3 UmwG, auf den in § 306 Abs. 4 S. 10 Bezug genommen wird, erstmals gegenzusteuern versucht.[4]

II. Zuständigkeit

Die Zuständigkeit richtet sich nach § 306 Abs. 1 iVm. § 132 Abs. 1 S. 2 bis 4 AktG und § 306 Abs. 2 S. 2 und 3 UmwG. Zuständig ist hiernach in erster Instanz das Landgericht, in dessen Bezirk die abhängige Gesellschaft ihren Sitz hat (§ 306 Abs. 1 S. 1 iVm. § 5). Diese Zuständigkeit ist eine ausschließliche mit der Folge, daß abweichende Vereinbarungen der Vertragsparteien nicht möglich sind.[5] Besteht bei dem Landgericht eine Kammer für Handelssachen, so tritt diese an die Stelle der Zivilkammer (§ 132 Abs. 1 S. 2). Auch diese Zuständigkeit ist eine ausschließliche, so daß ein bei einer Zivilkammer anhängiges Verfahren an die Kammer für Handelssachen zu verweisen ist.[6] § 98 GVG findet keine Anwendung. In den in § 306 Abs. 2 S. 2 und 3 UmwG genannten Fällen tritt schließlich an die Stelle der ganzen Kammer für Handelssachen der Vorsitzende, so daß dieser alleine entscheiden kann (§ 306 Abs. 1 S. 2).[7]

III. Antragsteller

Das Gesetz kennt zwei Gruppen von Antragstellern. Die erste Gruppe wird von denjenigen außenstehenden Aktionären gebildet, die durch ihre Anträge nach den §§ 304 Abs. 4 und 305 Abs. 5 S. 4 das Verfahren überhaupt erst auslösen,[8] die zweite Gruppe von den Anschlußantragstellern des § 306 Abs. 3 S. 2 (u. Rdnr. 9 ff.). Allein die Anträge der ersten Gruppe sind nach § 306 Abs. 3 S. 1 in den Gesellschaftsblättern der abhängigen Gesellschaft (§ 25) bekannt zu machen.

1. Rechtsschutzbedürfnis. Der Antrag muß zwar nicht begründet werden,[9] setzt jedoch wie jeder andere gerichtliche Antrag ein Rechtsschutzbedürfnis voraus.[10] Eine Verneinung des Rechtsschutzbedürfnisses kommt indessen wohl nur in groben Mißbrauchsfällen in Betracht, etwa wenn der Antrag eindeutig nur gestellt wurde, um sich anschließend dessen „Lästigkeitswert" vom herrschenden Unternehmen wieder abkaufen zu lassen (str.).

2. Anschlußantragsteller. a) Frist. Nach § 306 Abs. 3 S. 2 können außenstehende Aktionäre noch binnen einer Frist von zwei Monaten nach der Bekanntmachung der Anträge der ersten Antragsteller (o. Rdnr. 7) eigene Anträge stellen. Den außenstehenden Aktionä-

---

[3] S. insbes. *Beyerle* ZGR 1977, 560; *ders.* BB 1978, 784; *Dörfler/Gahler/Unterstraßer/Wirichs* BB 1994, 156; *Emmerich/Sonnenschein* § 17a VIII 1; *H.N. Götz* DB 1996, 259; *Hecker/Wenger* ZBB 1995, 321.
[4] S. die Begr. zum RegE des § 308 UmwG, BT-Dr. 12 (1994)/6699, S. 170.
[5] *Hüchting* Abfindung S. 72; *J. Schmidt,* Außenstehende Aktionäre, S. 32.
[6] Heute allgemeine Meinung, zB *Geßler* in Geßler/Hefermehl Rdnr. 5; *Hüffer* Rdnr. 3; *Koppensteiner* in Kölner Kommentar Rdnr. 5; *Krieger* Handbuch § 70 Rdnr. 83.
[7] Wegen der Konzentration der Verfahren bei einzelnen Landgerichten s. noch § 132 Abs. 1 S. 3 und 4.
[8] Dazu schon ausführlich o. § 304 Rdnr. 80 ff.
[9] S. o. § 304 Rdnr. 85.
[10] *Hüffer* Rdnr. 7; *Hüchting* Abfindung S. 74; *Koppensteiner* in Kölner Kommentar Rdnr. 4; *J. Schmidt* S. 34.

ren, die durch die etwaige Entscheidung im Spruchstellenverfahren unmittelbar betroffen werden (s. § 99 Abs. 5 S.2), soll hierdurch die Möglichkeit eröffnet werden, ihre Rechte in dem Verfahren selbst wahrzunehmen.[11] Die Anschlußfrist beträgt zwei Monate und beginnt mit Bekanntmachung der das Verfahren auslösenden Anträge (§ 306 Abs. 3 S.2), wofür § 10 Abs.2 HGB entsprechend gilt.[12] Deshalb sind die außenstehenden Aktionäre in der Bekanntmachung auf die Anschlußmöglichkeit hinzuweisen (§ 306 Abs.3 S.3). Die Frist beginnt freilich auch zu laufen, wenn in der Bekanntmachung dieser Hinweis fehlt; jedoch kommen dann gegebenenfalls Amtshaftungsansprüche nach § 839 BGB iVm. § 34 GG in Betracht.[13] Die Frist ist eine Ausschlußfrist; jedoch ist bei ihrer Versäumung, da es sich um eine Verfahrensfrist handelt, eine Wiedereinsetzung in den vorigen Stand möglich.[14]

10 Erfolgt die Bekanntmachung erst, nachdem die das Verfahren einleitenden Anträge bereits wieder zurückgenommen worden sind, so ist die Bekanntmachung gegenstandslos. Sie eröffnet jetzt folglich anderen außenstehenden Aktionären nicht mehr die Möglichkeit einer eigenen Antragstellung, weil dann kein Verfahren mehr anhängig ist, an dem sie sich beteiligen könnten.[15]

11 **b) Rechtsstellung.** Die Anschlußantragsteller sind in jeder Hinsicht selbständige Verfahrensbeteiligte, die insbesondere für sich antrags- und beschwerdebefugt sind.[16] Nach überwiegender Meinung ist es ihnen lediglich verwehrt, den Verfahrensgegenstand zu erweitern. Betreffen die ursprünglichen Anträge zB nur die Festsetzung des angemessenen Ausgleichs nach § 304, so können die Anschußantragsteller nicht auch die Festsetzung der angemessenen Abfindung nach § 305 beantragen.[17] Dieser Rechtssatz kann jedoch nicht auf den Fall übertragen werden, daß die ursprünglichen Antragsteller einer bestimmten Aktiengattung angehören; außenstehende Aktionäre einer anderen Aktiengattung werden hierdurch daher nicht an Folgeanträgen gehindert.

12 Als selbständige Verfahrensbeteiligte sind die Anschlußantragsteller nicht gehindert, ihre Anträge selbständig weiter zu verfolgen, wenn die ursprünglichen Antragsteller ihre Anträge zurücknehmen (u. Rdnr.13).[18] Dies gilt selbst dann, wenn sie ihre Aktien erst nachträglich, dh. nach Abschluß des Unternehmensvertrages erworben haben (§ 53 a).[19]

13 **3. Antragsrücknahme.** Ebenso wie die Einleitung eines Spruch- oder Spruchstellenverfahrens der Dispositionsmaxime unterliegt, gilt dies auch für die Durchführung des Verfahrens. Die Antragsteller können daher jederzeit ihre Anträge zurücknehmen mit der Folge, daß das Verfahren beendet wird.[20] Dies kann auch noch in der Beschwerdeinstanz geschehen.[21] Unberührt bleibt jedoch seit 1995 das Recht des gemeinsamen Vertreters der außenstehenden Aktionäre, das Verfahren gegebenenfalls selbständig weiter zu betreiben (§ 306 Abs. 4 S.10 iVm. § 308 Abs.3 UmwG; s.u. Rdnr.20).

IV. Sonstige Verfahrensbeteiligte

14 **1. Vertragsparteien.** An dem Spruchstellenverfahren sind außer den Antragstellern (o. Rdnr.7 ff.) weiter die Parteien des Beherrschungs- oder Gewinnabführungsvertrages betei-

---

[11] S. *Geßler* in Geßler/Hefermehl Rdnr.17.
[12] S. *Geßler* in Geßler/Hefermehl Rdnr.21; *Hüffer* Rdnr.11; *Koppensteiner* in Kölner Kommentar Rdnr.8.
[13] *Geßler* in Geßler/Hefermehl Rdnr.22; *Koppensteiner* in Kölner Kommentar Rdnr.8; *J. Schmidt* S.33.
[14] OLG Düsseldorf AG 1993, 39 f.; *Emmerich/Sonnenschein* § 17a VII a.
[15] *Krieger* Handbuch § 70 Rdnr.87.
[16] *Emmerich/Sonnenschein* § 17a VII 1b; *Hüffer* Rdnr.11.
[17] So jedenfalls *Geßler* in Geßler/Hefermehl Rdnr.17 f.; *Koppensteiner* in Kölner Kommentar Rdnr.8; *Krieger* Handbuch 70 Rdnr.88; *J. Schmidt* S.33.
[18] BGH AG 1986, 291, 292; OLG Celle AG 1986, 293 f.; OLG Düsseldorf AG 1993, 39, 40.
[19] OLG Frankfurt AG 1990, 393; OLG Düsseldorf AG 1990, 396.
[20] ZB KG OLGZ 1972, 64, 66 = NJW 1971, 2270; OLGZ 1974, 430, 432 = WM 1974, 1121; wohl auch OLG Düsseldorf AG 1986, 293 = ZIP 1986, 778; *Hüffer* Rdnr. 32.
[21] KG OLGZ 1972, 64 ff. = NJW 1971, 2270; *Hüchting* Abfindung S.82.

ligt, da es in dem Verfahren der Sache nach um *ihre* Verpflichtungen geht.[22] Das Gesetz bringt dies dadurch zum Ausdruck, daß nach § 306 Abs. 4 S. 1 in dem Verfahren die Vertragsparteien vom Gericht zu hören sind. Im Ergebnis erlangt dadurch das herrschende Unternehmen in dem Streitverfahren (o. Rdnr. 1) die Stellung eines Antragsgegners.[23] Materiell beteiligt sein können außerdem solche Unternehmen, die durch die Entscheidung in ihren Rechten und Pflichten unmittelbar betroffen werden, zB in mehrstufigen Unternehmensverbindungen die Konzernobergesellschaft, die die Leistungen des anderen Vertragsteils aus dem Beherrschungs- oder Gewinnabführungsvertrag garantiert.[24] Am Verfahren sind schließlich noch ein dem Unternehmensvertrag beitretendes Unternehmen[25] sowie der gemeinsame Vertreter beteiligt (u. Rdnr. 15 ff.).

2. Der gemeinsame Vertreter. Als regelmäßigen Verfahrensbeteiligten hat das Gesetz in § 306 Abs. 4 S. 2 bis 10 noch den gemeinsamen Vertreter derjenigen außenstehenden Aktionäre eingeführt, die sich nicht am Verfahren beteiligt haben, auch nicht durch Anschlußantrag nach § 306 Abs. 3 S. 2 (vgl. § 308 UmwG). Die Figur des gemeinsamen Vertreters, die aus dem alten Umwandlungsrecht stammt,[26] wurde in das aktienrechtliche Spruchstellenverfahren übernommen, um sicherzustellen, daß die nicht am Verfahren beteiligten außenstehenden Aktionäre, die von einer etwaigen Entscheidung in dem Verfahren letztlich ebenso wie die Antragsteller betroffen werden (s. § 99 Abs. 5 S. 1 und 2), rechtliches Gehör erhalten.[27] Der praktische Nutzen dieser Rechtsfigur wird gleichwohl bisher überwiegend gering veranschlagt.[28] Jedoch ist nicht auszuschließen, daß hierin durch die Änderung des § 306 im Jahre 1994 (Bezugnahme auf § 308 Abs. 3 UmwG in § 306 Abs. 4 S. 10) ein Wandel eintreten wird. 15

a) Bestellung. Die Bestellung des gemeinsamen Vertreters der nicht am Verfahren beteiligten außenstehenden Aktionäre obliegt dem Gericht von Amts wegen ohne Bindung an Anträge der Beteiligten (§ 306 Abs. 4 S. 2). Die Bestellung durch das Landgericht wirkt grundsätzlich auch für die zweite Instanz.[29] Betrifft das Verfahren gleichzeitig die Festsetzung des angemessenen Ausgleichs *und* der angemessenen Abfindung, so muß das Gericht für beide Anträge je einen gemeinsamen Vertreter der außenstehenden Aktionäre bestellen (§ 306 Abs. 4 S. 3), um möglichen Interessenkollisionen vorzubeugen.[30] Hingegen nötigt das Vorhandensein verschiedener Aktiengattungen das Gericht nicht zur Bestellung weiterer Vertreter, etwa für jede Aktiengattung gesondert;[31] dies wäre im Gegenteil höchst unzweckmäßig.[32] Ebenso wie das Gericht in der Auswahl und der Bestellung des gemeinsamen Vertreters frei ist, kann es diesen auch jederzeit wieder *abberufen,* wenn er sich als ungeeignet erweist oder sonst ein wichtiger Grund für seine Abberufung vorliegt, zB die Notwendigkeit für seine Bestellung endgültig entfallen ist (s. § 306 Abs. 4 S. 4).[33] 16

Die Bestellung kann nach § 306 Abs. 4 S. 4 (nur) *unterbleiben,* wenn die Wahrung der Rechte der nicht am Verfahren beteiligten außenstehenden Aktionäre auf andere Weise sichergestellt ist. Dies kommt nur in Ausnahmefällen in Betracht, etwa, wenn und solange sich das Verfahren auf bloße Verfahrensfragen beschränkt oder die Rechte der außenstehenden Aktionäre bereits durch einen Verein vertreten werden, der nach seiner Satzung die ausschließliche Aufgabe hat, die schutzbedürftigen Interessen der Aktionäre wahrzunehmen.[34] 17

---

[22] *Emmerich/Sonnenschein* § 17a VII 2a; *Hüffer* Rdnr. 12; *Koppensteiner* in Kölner Kommentar Rdnr. 15; *J. Schmidt* S. 57.
[23] Ebenso OLG Düsseldorf AG 1992, 200, 201.
[24] OLG Düsseldorf (Fn. 23); *Emmerich/Sonnenschein* § 17a VII 2a; *Hüffer* Rdnr. 12.
[25] S. BGHZ 119, 1, 9 f. = NJW 1992, 2760 = AG 1992, 450, 452 „Asea/BBC" BGH NZG 1998, 379 = AG 1998, 286 „Asea/BBC II".
[26] S. *Geßler* in Geßler/Hefermehl Rdnr. 25.
[27] BayObLGZ 1991, 358 = AG 1992, 59; *Emmerich/Sonnenschein* § 17a VII 2b; *J. Schmidt* S. 51.
[28] *Hoffmann-Becking* ZGR 1990, 482, 500; *Wiesen* ZGR 1990, 503, 509.
[29] BayObLGZ 1991, 358 = AG 1992, 59, 60.
[30] S. *Geßler* in Geßler/Hefermehl Rdnr. 27.
[31] So *Geßler* in Geßler/Hefermehl Rdnr. 28.
[32] Ebenso *Koppensteiner* in Kölner Kommentar Rdnr. 9; *Krieger* Handbuch § 70 Rdnr. 90; *J. Schmidt* S. 55.
[33] BayObLGZ 1991, 358 = AG 1992, 59, 60; *Hüffer* Rdnr. 13; *J. Schmidt* S. 52.
[34] BayObLGZ 1991, 358 = AG 1992, 59, 60; OLG Düsseldorf OLGZ 1971, 279, 281 f. = AG 1971, 121;

18 b) Beschwerde. Die Beschwerde gegen den Beschluß, durch den das Landgericht einen gemeinsamen Vertreter bestellt oder seine Bestellung abgelehnt hat, richtet sich nach den §§ 20 und 21 FGG. Ein Fall des § 306 Abs. 2 iVm. § 99 Abs. 3 S. 2 liegt hier nicht vor, so daß es sich um eine einfache Beschwerde handelt, die auf neue Beweise und Tatsachen gestützt werden kann (§ 23 FGG). Beschwerdebefugt sind gemäß § 20 Abs. 1 FGG nur die am Verfahren *nicht* beteiligten außenstehenden Aktionäre sowie die abhängige Gesellschaft, wie sich aus § 306 Abs. 4 S. 6 ergibt.[35] Kein Beschwerderecht steht hingegen dem herrschenden Unternehmen[36] sowie den am Verfahren beteiligten außenstehenden Aktionären zu, weil ihre Rechte durch die Bestellung oder die Unterlassung der Bestellung eines gemeinsamen Vertreters nicht beeinträchtigt werden können.[37] Die Beschwerde ist begründet, wenn das Landgericht zu Unrecht von der Bestellung eines gemeinsamen Vertreters abgesehen hat oder wenn es bei dessen Auswahl oder Abberufung sein Ermessen verletzt hat.[38]

19 c) Rechtsstellung. Die Aufgabe des gemeinsamen Vertreters beschränkt sich im wesentlichen darauf, die Rechte der nicht am Verfahren beteiligten außenstehenden Aktionäre im anhängigen Verfahren zu wahren. Zu diesem Zweck hat ihm das Gesetz in § 306 Abs. 4 S. 2 die Stellung eines gesetzlichen Vertreters dieser Aktionäre eingeräumt, so daß er sich im wesentlichen darauf beschränken muß, die prozessualen Rechte der nicht beteiligten außenstehenden Aktionäre auszuüben. Hingegen besitzt er nicht die Befugnis, Verpflichtungen zu ihren Lasten zu begründen.[39] In der Rechtsprechung wird daher seine Rechtsstellung gelegentlich mit der eines streitgenössischen Nebenintervenienten verglichen.[40]

20 Der gemeinsame Vertreter hat als Verfahrensbeteiligter Anspruch auf rechtliches Gehör und kann Anträge stellen. Außerdem hat er das Recht zur Mitwirkung bei der Beweisaufnahme. Umstritten war hingegen früher, ob er nach Rücknahme der Anträge der am Verfahren beteiligten außenstehenden Aktionäre (o. Rdnr. 13) das Verfahren selbständig **weiterbetreiben** darf. Überwiegend wurde die Frage verneint, so daß die Antragsteller einschließlich der Anschlußantragsteller des § 306 Abs. 3 S. 2 seiner Tätigkeit jederzeit ohne seine Mitwirkung den Boden entziehen konnten, namentlich, wenn sie sich zuvor außergerichtlich mit dem herrschenden Unternehmen geeinigt hatten.[41] Der Kritik an dieser Auffassung[42] hat sich 1994 auch der Gesetzgeber angeschlossen.[43] Seitdem bestimmt § 308 Abs. 3 UmwG, auf den das Gesetz in § 306 Abs. 4 S. 10 Bezug nimmt, daß der gemeinsame Vertreter das Verfahren auch nach Rücknahme des oder der Anträge der Antragsteller weiterführen kann und daß er in diesem Fall einem (selbständigen) Antragsteller gleichsteht.[44] Die Folge ist vor allem, daß er im Falle eines Vergleichsabschlusses zwischen dem herrschenden Unternehmen und den Antragstellern nicht mehr übergangen werden kann, wo-

---

OLG Frankfurt NJW 1972, 641, 644; *Hüffer* Rdnr. 13; *Koppensteiner* in Kölner Kommentar Rdnr. 12; *J. Schmid* S. 54 f.

[35] OLG Düsseldorf OLGZ 1971, 279, 280 f. = AG 1971, 121; BayObLGZ 1975, 305 = AG 1975, 276; KG OLGZ 1972, 146, 147 f. = AG 1972, 50 = DB 1972, 38; *Geßler* in Geßler/Hefermehl Rdnr. 24, 31; *Hüffer* Rdnr. 14; *Koppensteiner* in Kölner Kommentar Rdnr. 10; *Krieger* Handbuch § 70 Rdnr. 90; *J. Schmidt* S. 53.

[36] KG OLGZ 1972, 146, 148 f. = AG 1972, 50.

[37] BayObLGZ 1975, 305 = AG 1975, 276 f.

[38] BayObLG (Fn. 37).

[39] S. im einzelnen *Emmerich/Sonnenschein* § 17 a VII b; *Hüffer* Rdnr. 15; *Koppensteiner* in Kölner Kommentar Rdnr. 14; *J. Schmid* S. 56; weitergehend offenbar die Begr. zum RegE des § 308 UmwG, BT-Dr. 12 (1994)/6699, S. 170 (r.Sp.o.): Vergleichsbefugnis (?); wegen der Kosten s. außerdem u. Rdnr. 34.

[40] BVerfG NJW 1992, 2076, 2077; BayObLGZ 1991, 235 = AG 1991, 356; BayObLGZ 1992, 91 = AG 1992, 266, 267; KG OLGZ 1974, 430, 431 ff. = WM 1994, 1121.

[41] BayObLGZ 1973, 106, 108 f.; 1975, 305, 307 ff.; 1979, 364 = AG 1981, 51, 52; BayObLGZ 1991, 235 = AG 1991, 356; BayObLGZ 1992, 91 = AG 1992, 266, 267; OLG Düsseldorf AG 1972, 248; 1992, 200, 202; KG OLGZ 1974, 430, 431 ff. = WM 1974, 1121; OLG Celle AG 1979, 230, 231; OLG Hamburg AG 1980, 163; *Koppensteiner* in Kölner Kommentar Rdnr. 13 f.; *Krieger* Handbuch § 70 Rdnr. 91.

[42] *Diekgräf* Sonderzahlungen S. 280 ff.; *Hüchting* S. 82 f.; *Kropff* in 25 Jahre Aktiengesetz, S. 19, 42; *Rowedder*, Festschrift Rittner, S. 509; *J. Schmidt* S. 98 ff.

[43] S. die Begr. zum RegE des § 308 Abs. 3 UmwG, BT-Dr. 12 (1994)/6699, S. 170.

[44] S. *Hüffer* Rdnr. 16.

mit der Gesetzgeber erreichen wollte, daß die Vorteile aus solchem Vergleich den am Verfahren nicht beteiligten außenstehenden Aktionären gleichfalls zugute kommen.[45]

Im Anschluß an die geschilderte Neuregelung (o. Rdnr. 20) bedarf auch die herrschende Meinung der Überprüfung, die dem gemeinsamen Vertreter das selbständige **Beschwerderecht** verweigert.[46] Wenn ihm das Gesetz jetzt ausdrücklich die Rechtsstellung eines selbständigen Antragstellers im Falle der Rücknahme der anderen Anträge zubilligt (§ 306 Abs. 4 S. 10 iVm. § 308 Abs. 3 S. 2 UmwG), steht nichts mehr im Wege, ihm außerdem ein selbständiges Beschwerderecht nach § 20 Abs. 1 FGG einzuräumen (u. Rdnr. 31).[47]

d) **Vergütung und Auslagen.** Der gemeinsame Vertreter kann von der abhängigen Gesellschaft den Ersatz angemessener barer Auslagen sowie eine Vergütung für seine Tätigkeit verlangen (§ 306 Abs. 4 S. 6). Die Festsetzung der Vergütung und der Auslagen obliegt dem Landgericht und im zweiten Rechtszug dem Beschwerdegericht.[48] Die Gerichte können der abhängigen Gesellschaft auf Verlangen des gemeinsamen Vertreters auch die Zahlung von Vorschüssen aufgeben (§ 306 Abs. 4 S. 8). Die Festsetzung des Gerichts ist ein Vollstreckungstitel nach der ZPO (§ 306 Abs. 4 S. 9).[49]

Wenn es sich bei dem gemeinsamen Vertreter wie häufig um einen Rechtsanwalt handelt, so orientiert sich die Praxis bei der Festsetzung der Vergütung in der Regel an *§ 118 BRAGO*.[50] Maßgebend für die Bestimmung der Höhe sind namentlich der Umfang seiner Verantwortung, die von ihm geleistete Arbeit, deren Schwierigkeit sowie die Dauer des Verfahrens und die Verwertung seiner besonderen Kenntnisse, wobei die Praxis häufig von einem fiktiven Geschäftswert ausgeht.[51] Zu den ihm zu ersetzenden baren Auslagen (§ 306 Abs. 4 S. 6) gehören zB auch Honorare, die er für von ihm eingeholte Gutachten schuldet, vorausgesetzt, daß die Einholung der Gutachten notwendig war, sowie die Kosten der Beschaffung und Übersetzung von Urkunden.[52]

V. Verfahren

Das Verfahren richtet sich nach dem FGG und hilfsweise nach der ZPO (o. Rdnr. 1). Besonderheiten bestehen nicht. Hervorzuheben ist, daß das Gericht das Verfahren gemäß § 12 FGG ohne Bindung an die Anträge von Amts wegen zu betreiben und die nötigen Beweise zu erheben hat (s. auch u. Rdnr. 26). Die Beteiligten werden hierdurch jedoch nicht davon befreit, nach ihrer Möglichkeit an dem Verfahren mitzuwirken und die ihnen bekannten Tatsachen und Beweise dem Gericht zu unterbreiten.[53] Die Antragsteller trifft außerdem die materielle Beweislast (Feststellungslast). Ihre Anträge bleiben daher erfolglos, wenn ihnen in dem Verfahren nicht der Nachweis gelingt, daß der Ausgleich oder die Abfindung unangemessen sind.[54]

In dem Verfahren vor dem Landgericht besteht kein Anwaltszwang.[55] Sämtliche Beteiligte einschließlich des gemeinsamen Vertreters (o. Rdnr. 20) haben Anspruch auf rechtliches Gehör (Art. 103 Abs. 1 GG; § 306 Abs. 4 S. 1). Nach der Meinung der Praxis müssen hierbei freilich die legitimen Geheimhaltungsinteressen der Vertragsparteien berücksichtigt wer-

---

[45] Begr. zum RegE des § 308 Abs. 3 UmwG (o. Fn. 43).
[46] BayObLGZ 1992, 91 = AG 1992, 266, 267; KG OLGZ 1974, 430, 431 ff.
[47] Ebenso OLG Karlsruhe NJW-RR 1995, 354 = AG 1995, 139 = WM 1994, 2023 „SEN/KHS"; *Emmerich/Sonnenschein* § 17 a VII 2 b; *Diekgräf, Kropff* und *Rowedder* (Fn. 42); *Geßler* in Geßler/Hefermehl Rdnr. 36; *Koppensteiner* in Kölner Kommentar Rdnr. 25; *Krieger* Handbuch § 70 Rdnr. 93; anders nach wie vor *Hüffer* Rdnr. 19.
[48] § 306 Abs. 4 S. 7; BayObLG AG 1996, 183.
[49] Wegen der Einzelheiten s. *Hüffer* Rdnr. 17; *Koppensteiner* in Kölner Kommentar Rdnr. 29; *J. Schmidt* S. 57.
[50] S. zB OLG Hamburg AG 1980, 282; OLG Frankfurt AG 1987, 47; anders aber BayObLGZ 1992, 91 = AG 1992, 266, 267; BayObLG AG 1991, 241, 242; 1996, 183.
[51] BayObLG (Fn. 50).
[52] *Hüffer* Rdnr. 17; OLG Düsseldorf AG 1996, 426 (Übersetzungskosten).
[53] S. OLG Köln AG 1998, 37, 38; *Hüchting* Abfindung S. 16.
[54] *Geßler* in Geßler/Hefermehl Rdnr. 10; *Koppensteiner* in Kölner Kommentar Rdnr. 16.
[55] OLG Düsseldorf AG 1995, 85, 86.

den, so daß die anderen Verfahrensbeteiligten keinen Einblick in Geschäftsgeheimnisse verlangen können. Das gilt auch für die Bewertungsgutachten, soweit sie Geschäftsgeheimnisse enthalten.[56] Diese Praxis ist nicht unbedenklich, weil durch sie die Verteidigungsmöglichkeiten der außenstehenden Aktionäre im Einzelfall nachhaltig beschnitten werden können.[57] Zumindest sollte hier mehr als bisher üblich von der Möglichkeit Gebrauch gemacht werden, zur Verschwiegenheit verpflichtete Wissensmittler einzuschalten. Auf Antrag sind außerdem gerichtliche Sachverständige in der mündlichen Verhandlung zu befragen (BVerfG NSW 1998, 2273 = AG 1998, 334).

26 LG und OLG können analog § 148 ZPO das Verfahren wegen der Vorgreiflichkeit eines anderen Rechtsstreits aussetzen, sollten hiervon jedoch zum Schutze der außenstehenden Aktionäre nur sparsam Gebrauch machen.[58] § 91 a ZPO ist gleichfalls anwendbar, so daß das Gericht an übereinstimmende Erledigungserklärungen der Verfahrensbeteiligten gebunden ist und anschließend nur noch über die Kosten zu entscheiden hat.[59] Anwendbar sind weiter die Vorschriften über den Urkundenbeweis und § 258 HGB,[60] nicht hingegen § 240 ZPO, so daß die Eröffnung des Insolvenzverfahrens über das Vermögen einer Vertragspartei nicht zur Unterbrechung des Verfahrens führt.[61] Stellt sich später heraus, daß ein Sachverständigengutachten vorsätzlich unrichtig erstattet worden ist, so ist außerdem Raum für die entsprechende Anwendung der §§ 578 ff. ZPO.[62]

VI. Entscheidung

27 **1. Inhalt.** Die Entscheidung des Gerichts ergeht durch einen mit Gründen versehenen Beschluß (§ 306 Abs. 2 iVm. § 99 Abs. 3 S. 1). Das Gericht ist dabei zwar nicht an die Anträge der Verfahrensbeteiligten gebunden (o. Rdnr. 24), wohl aber an die von den Vertragsparteien gewählte Form des Ausgleichs und der Abfindung (§§ 304 Abs. 3 S. 3 Hs. 2, 305 Abs. 5 S. 3). Die Entscheidung kann nur auf Heraufsetzung des Ausgleichs bzw. der Abfindung oder auf Abweisung der Anträge lauten.[63] Soweit das Gericht den Anträgen stattgibt, setzt es den Ausgleich oder die Abfindung selbst neu fest.[64] Ausgeschlossen ist eine Herabsetzung der Abfindung oder des Ausgleichs, weil antragsberechtigt allein die außenstehenden Aktionäre sind, nicht hingegen die Vertragsteile.[65] Den Ausgleich bildet für das herrschende Unternehmen das Sonderkündigungsrecht des § 304 Abs. 5 iVm. § 305 Abs. 5 S. 4.[66]

28 **2. Wirkung.** Die Entscheidung erlangt Wirksamkeit erst mit ihrer Rechtskraft (§ 99 Abs. 5 S. 1). Rechtskraft tritt ein mit Ablauf der Beschwerdefrist (§ 99 Abs. 3 S. 2 iVm. § 22 Abs. 1 S. 1 FGG) oder mit Erlaß der Entscheidung des OLG als Beschwerdegericht. Eine vorläufige Vollstreckbarkeit gibt es nicht. Mit Rechtskraft wirkt die Entscheidung für und gegen jedermann (§ 99 Abs. 5 S. 2) und gestaltet daher rückwirkend den Unternehmensvertrag im Sinne der Entscheidung um.[67]

29 **3. Zustellung.** Die Entscheidung wird den Vertragsparteien, sämtlichen Antragstellern einschließlich der Anschlußantragsteller des § 306 Abs. 3 S. 2 sowie dem gemeinsamen Vertreter von Amts wegen zugestellt (§ 306 Abs. 5). Der Vorstand der abhängigen Gesellschaft hat anschließend die Entscheidung unverzüglich zum Handelsregister einzureichen (§ 306 Abs. 2 iVm. § 99 Abs. 5 S. 3) und ohne Gründe in den Gesellschaftsblättern bekannt zu machen (§§ 306 Abs. 6, 25). Das Registergericht kann die Erfüllung dieser Bekanntmachungspflicht durch die Festsetzung von Zwangsgeldern durchsetzen (§ 407 Abs. 1 S. 1).

---

[56] OLG Zweibrücken AG 1995, 421, 422 f. = WM 1994, 980; LG Frankfurt AG 1996, 187, 188.
[57] Deshalb zu Recht aA LG Düsseldorf AG 1998, 98.
[58] OLG Düsseldorf AG 1995, 467, 468.
[59] BayObLG AG 1997, 182.
[60] BayObLG AG 1993, 338 f.
[61] BayObLGZ 1978, 209 = AG 1980, 76, 77; *Beyerle* AG 1979, 306.
[62] LG Frankenthal AG 1997, 381, 382.

[63] LG Stuttgart AG 1998, 103.
[64] S. *Hüchting* Abfindung S. 79.
[65] BayObLG AG 1996, 127 = WM 1996, 526; LG Dortmund AG 1977, 234, 235; LG Stuttgart AG 1998, 103; *Emmerich/Sonnenschein* § 17 a VI 3; *Geßler* in Geßler/Hefermehl Rdnr. 40; *Hüchting* Abfindung S. 78; *Krieger* Handbuch § 70 Rdnr. 92.
[66] S. dazu o. § 304 Rdnr. 90 f., § 305 Rdnr. 65.
[67] S. im einzelnen o. § 304 Rdnr. 89, § 305 Rdnr. 66.

4. Rechtsmittel. Gegen die Entscheidung des Landgerichts findet unter den Voraussetzungen des § 20 FGG die sofortige Beschwerde des § 22 FGG an das OLG statt (§ 306 Abs. 2 iVm. § 99 Abs. 3 S. 2 und 5). Eine weitere Beschwerde an den BGH ist ausgeschlossen (§ 99 Abs. 3 S. 7).[68] An ihre Stelle tritt das Vorlageverfahren des § 28 Abs. 2 und 3 FGG (§ 99 Abs. 3 S. 6). Gemäß § 23 FGG kann die Beschwerde auf neue Tatsachen und Beweise gestützt werden.[69] Das OLG prüft daher den Sachverhalt von Amts wegen neu. Auch hier finden die Vorschriften der ZPO entsprechende Anwendung, so daß sich zB weitere Antragsteller der sofortigen Beschwerde eines von ihnen anschließen können.[70] Eine Erledigung des Verfahrens durch übereinstimmende Erledigungserklärungen der Verfahrensbeteiligten ist gleichfalls noch in der Beschwerdeinstanz möglich.[71] Die Entscheidung des OLG wird mit ihrer Zustellung (§ 306 Abs. 5) rechtskräftig und wirkt dann für und gegen jedermann (§ 99 Abs. 5 S. 2).[72]

Die **Beschwerdebefugnis** richtet sich nach § 20 Abs. 1 FGG, so daß die Beschwerde jedem Verfahrensbeteiligten zusteht, dessen Recht durch die Entscheidung des Landgerichts beeinträchtigt wird. Dazu gehören die Antragsteller und die Vertragsparteien[73] sowie richtiger Meinung nach auch der gemeinsame Vertreter der übrigen außenstehenden Aktionäre (str., s. o. Rdnr. 21).

VII. Kosten

1. Gerichtskosten. a) Allgemeines. Für die Gerichtskosten gilt nach § 306 Abs. 7 S. 1 die Kostenordnung von 1957.[74] In beiden Rechtszügen wird grundsätzlich das Doppelte der vollen Gebühr erhoben, auch wenn die Beschwerde Erfolg hat (§ 306 Abs. 7 S. 2 und 3). Bei Rücknahme der Beschwerde vor einer Entscheidung ermäßigt sich die Gebühr auf die Hälfte (§ 306 Abs. 7 S. 4). Der Geschäftswert bestimmt sich nach § 30 Abs. 1 Kostenordnung (§ 306 Abs. 7 S. 6) und wird von Amts wegen festgesetzt (§ 306 Abs. 7 S. 5) durch Beschluß nach § 31 KostenO, gegen den die Beschwerde nach § 31 Abs. 3 KostenO stattfindet.[75] Kostenschuldner sind grundsätzlich die Vertragsparteien (§ 306 Abs. 7 S. 7); jedoch können die Kosten ganz oder zum Teil einem anderen Beteiligten auferlegt werden, wenn dies der Billigkeit entspricht (§ 306 Abs. 7 S. 8).

b) Geschäftswert. Der Geschäftswert ist nach § 306 Abs. 7 S. 6 iVm. § 30 Abs. 1 Hs. 1 KostenO nach freien Ermessen zu bestimmen. Überwiegend wird, jedenfalls, wenn der Antrag der außenstehenden Aktionäre wenigstens teilweise Erfolg hatte, als Geschäftswert der Unterschiedbetrag zwischen den im Vertrag angebotenen Ausgleichs- und Abfindungsleistungen und den im Spruchstellenverfahren schließlich zugesprochenen Leistungen, multipliziert mit der Zahl der außenstehenden Aktionäre, bestimmt.[76] Dieses Verfahren versagt jedoch, wenn die Anträge der außenstehenden Aktionäre erfolglos bleiben. In diesem Fall muß auf das Volumen der beantragten Erhöhung von Abfindung und Ausgleich[77] oder auf andere Größen wie etwa das Nominalkapital der Anteile der außenstehenden Aktionäre abgestellt werden.[78]

c) Kostenschuldner. Grundsätzlich müssen die Kosten die *Vertragsparteien* tragen (§ 306 Abs. 7 S. 7). Den antragstellenden außenstehenden Aktionären können sie nach § 306 Abs. 7 S. 8 ganz oder teilweise nur dann auferlegt werden, wenn dies der Billigkeit ent-

---

[68] BGH AG 1986, 291, 292.
[69] S. die Begr. zum RegE, bei *Kropff* AktG S. 400.
[70] BayObLG AG 1996, 127 = WM 1996, 526.
[71] BayObLG AG 1997, 182; s. o. Rdnr. 26.
[72] Wegen der Einzelheiten s. außerdem noch *Hüchting* Abfindung S. 80 ff.; *J. Schmidt*, Außenstehende Aktionäre, S. 122 ff.
[73] ZB *Koppensteiner* in Kölner Kommentar Rdnr. 25.
[74] BGBl. I, S. 960 mit späteren Änderungen.
[75] OLG Düsseldorf AG 1987, 314.

[76] ZB BayObLG AG 1996, 275; 1996, 276 f.; OLG Karlsruhe AG 1995, 88; 1998, 96, 98; 1998, 141; OLG Düsseldorf AG 1987, 314; 1998, 236, 238; *Hüffer* Rdnr. 21; *Geßler* in Geßler/Hefermehl Rdnr. 47; *Koppensteiner* in Kölner Kommentar Rdnr. 27.
[77] So BayObLG (Fn. 76); OLG Karlsruhe AG 1998, 141; LG Dortmund AG 1998, 142, 144.
[78] So generell LG Hamburg AG 1994, 332; 1995, 517, 518; wieder anders OLG Düsseldorf AG 1998, 236, 238: freie Schätzung.

spricht. Von dieser Regelung wird in der Praxis zum Schutze der außenstehenden Aktionäre nur in Ausnahmefällen Gebrauch gemacht, etwa bei eindeutiger Unzulässigkeit oder Unbegründetheit des Antrags oder der Beschwerde.[79] Eine Auferlegung auf den gemeinsamen Vertreter oder die nicht am Verfahren beteiligten außenstehenden Aktionäre kommt nicht in Betracht.[80]

35 **2. Außergerichtliche Kosten.** Die Behandlung der außergerichtlichen Kosten ist umstritten.[81] Der Streit dreht sich in erster Linie um die Frage, ob auf sie § 306 entsprechend oder § 13a FGG anzuwenden ist. Für eine Analogie zu § 306 ist jedoch angesichts der gesetzlichen Regelung des Fragenkreises in § 13a FGG kein Raum, nach dem das Gericht anordnen kann, daß die zur zweckentsprechenden Erledigung der Angelegenheit notwendigen Kosten von einem Beteiligten ganz oder teilweise zu erstatten sind, wenn dies der Billigkeit entspricht (§ 13a Abs.1 S.1 FGG). Die Folge ist, daß die *Vertragsparteien* außer den gerichtlichen Kosten (o. Rdnr. 34) grundsätzlich auch die außergerichtlichen Kosten aller Verfahrensbeteiligten tragen müssen, sofern nicht der Ausnahmefall des § 13 a Abs.1 S.2 FGG vorliegt, der der Sache nach dem § 306 Abs.7 S.8 entspricht.[82]

36 *Erstattungsfähig* sind grundsätzlich die Anwaltskosten sowie sonstige notwendige Kosten einschließlich der Reisekosten sowie in Ausnahmefällen auch die Kosten eines Privatgutachtens.[83] Soweit es um die Anwaltsgebühren geht, ist umstritten, ob bei deren Festsetzung von demselben Geschäftswert wie für die Gerichtskosten auszugehen ist (s. o. Rdnr. 33),[84] jedenfalls wenn nur ein Antragsteller vorhanden ist,[85] oder ob für die einzelnen Antragsteller jeweils entsprechend ihrem Interesse ein gesonderter Geschäftswert festzusetzen ist, wobei unterschiedliche Maßstäbe Anwendung finden.[86] Für beide Meinungen lassen sich gute Gründe anführen. Einen vernünftigen Mittelweg weist der Vorschlag des BayObLG, den gerichtlichen Geschäftswert nach der Anzahl der antragstellenden außenstehenden Aktionäre auf diese aufzuteilen.[87]

VIII. Beendigung des Verfahrens

37 Das Verfahren wird beendet durch rechtskräftige Entscheidung des LG oder des OLG (o. Rdnr. 27), durch jederzeit mögliche Rücknahme des Antrags der Antragsteller oder der von einem Antragsteller eingelegten Beschwerde (o. Rdnr. 13, 30) sowie durch übereinstimmende Erledigungserklärungen der Beteiligten (o. Rdnr. 26, 30). Ein gerichtlicher Vergleich ist hingegen nicht möglich.[88]

38 Der Beherrschungs- oder Gewinnabführungsvertrag kann während des oft langwierigen Spruchstellenverfahrens auf unterschiedliche Weise sein Ende finden, zB durch Aufhebung (§ 296 AktG), durch Kündigung § (297 AktG), durch Eingliederung der abhängigen Gesellschaft in die herrschende Gesellschaft oder in ein anderes Unternehmen (§§ 319, 320 AktG) sowie durch Verschmelzung der Parteien.[89] Die Auswirkung dieser Vorgänge auf ein laufendes Spruchstellenverfahren waren lange Zeit umstritten.[90] Während sich nach

---

[79] OLG Düsseldorf AG 1996, 88; 1998, 236; OLG Karlsruhe AG 1998, 288, 289; LG Dortmund AG 1995, 468.
[80] *Geßler* in Geßler/Hefermehl Rdnr. 48; *Koppensteiner* in Kölner Kommentar Rdnr. 27; s. auch o. Rdnr. 19.
[81] Ausführlich *Krieger* in Lutter UmwG § 312 Rdnr. 6 ff.
[82] So OLG Düsseldorf AG 1996, 88; LG Frankfurt AG 1985, 310, 311; *Geßler* in Geßler/Hefermehl Rdnr. 49; *Hüffer* Rdnr. 22; *Koppensteiner* in Kölner Kommentar Rdnr. 28; *Krieger* Handbuch § 70 Rdnr. 96; *ders.* in Lutter UmwG § 312 Rdnr. 6; anders zB OLG Düsseldorf AG 1973, 282, 284.
[83] OLG Zweibrücken AG 1997, 182; *Krieger* in Lutter UmwG § 312 Rdnr. 8.
[84] So OLG Düsseldorf AG 1987, 314; LG Hamburg AG 1994, 332; 1995, 517, 518; *Koppensteiner* in Kölner Kommentar Rdnr. 28.
[85] Ausführlich BayObLGZ 1991, 84 = AG 1991, 239 ff.
[86] So für den Regelfall BayObLG (Fn. 85); KG AG 1986, 80 f.; OLG Frankfurt AG 1987, 47; OLG Karlsruhe AG 1990, 83; 1998, 288, 289; OLG Zweibrücken AG 1995, 41; OLG Düsseldorf AG 1998, 39 ff.; *Krieger* Handbuch § 70 Rdnr. 96; *ders.* in Lutter UmwG § 312 Rdnr. 7.
[87] BayObLGZ 1991, 84 = AG 1991, 239 ff.
[88] S.o. § 304 Rdnr. 86.
[89] S.o. § 297 Rdnr. 27, 34 ff.
[90] S. zuletzt *Hecker/Wenger* ZBB 1995, 321, 333 ff.; *W. Meilicke* AG 1995, 181.

der einen Meinung das Verfahren bei Vertragsbeendigung erledigte, weil die außenstehenden Aktionäre jetzt keinen Ausgleichs- und Abfindungsanspruch (mangels Fortbestandes des Unternehmensvertrages) mehr hätten,[91] wurde nach anderen das Verfahren fortgesetzt, wobei sich die Ansprüche der außenstehenden Aktionäre jetzt gegebenenfalls gegen dasjenige Unternehmen richten sollten, in das die herrschende Gesellschaft eingegliedert oder mit der sie verschmolzen wird.[92] Nachdem sich jedoch mittlerweile der BGH ebenfalls der zuletzt genannten Meinung angeschlossen hat,[93] dürfte der Streit für die Praxis erledigt sein.

Für die Richtigkeit dieser Meinung spricht vor allem, daß die gerichtliche Entscheidung im Spruchstellenverfahren für und gegen jedermann wirkt (§ 99 Abs. 5 S. 2 iVm. § 306 Abs. 2), so daß sie *rückwirkend* den Unternehmensvertrag umgestaltet. Deshalb bleibt die Entscheidung im Spruch- oder Spruchstellenverfahren auf jeden Fall für die Vergangenheit maßgebend, selbst wenn der Unternehmensvertrag durch die genannten Vorgänge für die Zukunft sein Ende finden sollte, so daß schon aus diesem Grund das Verfahren fortgesetzt werden muß. Es kommt hinzu, daß der Abfindungsanspruch, sobald einmal das Spruchstellenverfahren anhängig geworden ist, nicht mehr zur Disposition der Parteien steht, wie aus § 305 Abs. 4 S. 3 zu folgern ist.[94] Auch aus diesem Grunde muß das Verfahren fortgesetzt werden.

Schwierigkeiten ergeben sich aus der Fortsetzung des Spruchstellenverfahrens nur, wenn die genannten Vorgänge, etwa die Eingliederung der abhängigen Gesellschaft in die herrschende Gesellschaft oder ihre Verschmelzung, ihrerseits ein weiteres Spruchstellenverfahren nach sich ziehen. Die damit zusammenhängenden Fragen sind noch nicht ausdiskutiert. Am meisten dürfte es sich empfehlen, die Verfahren miteinander zu verbinden.[95]

§ 307 Vertragsbeendigung zur Sicherung außenstehender Aktionäre

Hat die Gesellschaft im Zeitpunkt der Beschlußfassung ihrer Hauptversammlung über einen Beherrschungs- oder Gewinnabführungsvertrag keinen außenstehenden Aktionär, so endet der Vertrag spätestens zum Ende des Geschäftsjahrs, in dem ein außenstehender Aktionär beteiligt ist.

Schrifttum: S. o. bei § 304 sowie *H. Wilhelm,* Die Beendigung des Beherrschungs- und Gewinnabführungsvertrags, 1976.

1. Überblick. § 307 enthält in Ergänzung zu den §§ 296 und 297 einen weiteren Beendigungsgrund (nur) für Beherrschungs- oder Gewinnabführungsverträge im Sinne des § 291 Abs. 1, sofern an der abhängigen Gesellschaft im Augenblick der Beschlußfassung ihrer Hauptversammlung über den Vertrag (§ 293 Abs. 1) kein außenstehender Aktionär beteiligt war. In diesem Fall endet der Vertrag nach § 307 spätestens zum Ende desjenigen Geschäftsjahres, in dem ein außenstehender Aktionär wieder an der abhängigen Gesellschaft beteiligt ist. Eine vergleichbare Regelung findet sich für die Eingliederung in § 327 Abs. 1 Nr. 3.

§ 307 muß im Zusammenhang mit § 304 Abs. 1 S. 3 und Abs. 3 S. 1 gesehen werden: Nach § 304 Abs. 3 S. 1 ist ein Beherrschungs- oder Gewinnabführungsvertrag grundsätzlich nichtig, wenn er überhaupt keinen Ausgleich für die außenstehenden Aktionäre vorsieht. Eine

---

[91] Zuletzt OLG Zweibrücken AG 1994, 563 = WM 1994, 1801; OLG Karlsruhe AG 1995, 139 = WM 1994, 2023 „SEN/KHS".
[92] OLG Celle AG 1973, 405 = DB 1973, 1118 OLG Düsseldorf AG 1990, 490 „DAB/Hansa"; AG 1995, 85, 86 = WM 1995, 756; AG 1996, 475 = ZIP 1996, 1610 „Guano"; *Emmerich/Sonnenschein* §§ 7 III 2 c, 17 a VII 5; *Hecker/Wenger* u. *W. Meilicke* (o. Fn. 90); *J. Schmidt* S. 49 ff.; differenzierend *Kley* S. 165 ff.
[93] BGHZ 135, 374, 377 ff. = LM AktG § 305 Nr. 3 = NJW 1997, 2242 = AG 1997, 515 = WM 1997, 1288 = ZIP 1997, 1193 „Guano"; s. dazu *Emmerich* JuS 1997, 1045 ff.
[94] BGH (vorige Fn.); s. o. § 305 Rdnr. 23.
[95] Anders zB *Kley* Rechtsstellung S. 166 ff.

Ausnahme gilt jedoch gemäß § 304 Abs. 1 S. 3, wenn die abhängige Gesellschaft im Zeitpunkt der Beschlußfassung ihrer Hauptversammlung über den Vertrag keinen außenstehenden Aktionär hatte. Auch auf eine Abfindungsregelung nach § 305 kann in diesem Fall unbedenklich verzichtet werden (s. § 305 Abs. 5 S. 2). Die Gesetzesverfasser hielten deshalb zum Schutze später hinzutretender außenstehender Aktionäre eine dem § 307 entsprechende Regelung für erforderlich, um die Vertragsparteien zum Abschluß eines neuen Vertrags zu veranlassen, der dann auch eine dem Gesetz (§§ 304 und 305) entsprechende Ausgleichs- und Abfindungsregelung enthält.[1] Trotz dieses Schutzzwecks ist die Regelung nicht unproblematisch, weil sie auch zur Folge hat, daß ein herrschendes Unternehmen sich ohne Rücksicht auf die §§ 296 f. jederzeit durch bloße Veräußerung einer einzigen Aktie von einem lästig gewordenen Beherrschungs- oder Gewinnabführungsvertrag lösen kann (s. § 302).[2] Die praktische Bedeutung des § 307 scheint freilich gering geblieben zu sein.

3 **2. Anwendungsbereich.** Der Anwendungsbereich des § 307 beschränkt sich auf Beherrschungs- und Gewinnabführungsverträge im Sinne des § 291 Abs. 1 einschließlich der Geschäftsführungsverträge des § 291 Abs. 1 S. 2. Nach Art. 22 Abs. 1 S. 1 EGAktG gilt die Vorschrift auch für Altverträge. Keine Anwendung findet sie hingegen auf die anderen Unternehmensverträge des § 292, sofern sich nicht hinter dem Vertrag in Wirklichkeit ein Beherrschungs- oder Gewinnabführungsvertrag verbirgt.[3]

4 **3. Voraussetzungen.** Erste Voraussetzung für die Anwendung des § 307 ist, daß der Vertrag zunächst durch seine Eintragung im Handelsregister wirksam geworden ist (§ 294 Abs. 2), während für die Anwendung des § 307 kein Raum ist, wenn der Vertrag schon aus anderen Gründen nichtig ist (s. § 304 Abs. 3 S. 1) oder wenn es bereits in der Zeit zwischen der Beschlußfassung der Hauptversammlung der abhängigen Gesellschaft und der Eintragung des Vertrags im Handelsregister zur Beteiligung eines außenstehenden Aktionärs kommt, weil in diesem Fall das Registergericht den Vertrag erst gar nicht eintragen darf.[4] Kommt es gleichwohl zur Eintragung des Vertrags, so endet er nach § 307 spätestens wieder mit Beendigung des laufenden Geschäftsjahres.

5 Zweite Voraussetzung für die Anwendbarkeit des § 307 ist, daß an der abhängigen Gesellschaft im Zeitpunkt der Beschlußfassung ihrer Hauptversammlung über den Vertrag nach § 293 Abs. 1 *kein* außenstehender Aktionär beteiligt war. Der Begriff ist hier derselbe wie in den §§ 304 und 305.[5] Keine Rolle spielt hingegen, ob der Vertrag entsprechend den §§ 304 Abs. 1 S. 3 und 305 Abs. 5 S. 2 tatsächlich keine Ausgleichs- oder Abfindungsregelung enthielt oder ob in ihn vorsorglich solche Regelung aufgenommen worden war. Auch im zweiten Fall führt die nachträgliche Beteiligung eines außenstehenden Aktionärs zur Nichtigkeit des Vertrages nach § 307, weil die ursprünglich im Vertrag vorgesehene Regelung mangels außenstehender Aktionäre nicht auf ihre Angemessenheit kontrolliert werden konnte.[6] Ebenso ist zu entscheiden, wenn der Vertrag zwar eine Ausgleichs-, jedoch keine Abfindungsregelung enthielt.[7]

6 Letzte Voraussetzung für die Anwendbarkeit des § 307 ist die **nachträgliche Beteiligung** eines außenstehenden Aktionärs. Unerheblich ist, wie es dazu gekommen ist. Denkbar ist gleichermaßen die Veräußerung einer Aktie durch das herrschende Unternehmen an einen außenstehenden Aktionär wie die Umwandlung der Rechtsstellung eines bisher „zu dessen Lager" gerechneten Aktionärs in einen außenstehenden Aktionär, etwa durch Beendigung des Beherrschungs- oder Gewinnabführungsvertrags zwischen ihm und dem herrschenden Unternehmen.[8]

---

[1] S. die Begr. zum RegE und den Ausschlußbericht, bei *Kropff* AktG S. 401 f.; zustimmend *Geßler* in Geßler/Hefermehl Rdnr. 2; *H. Wilhelm* Beendigung S. 21 f.; differenzierend *Koppensteiner* in Kölner Kommentar Rdnr. 5.
[2] *Emmerich/Sonnenschein* Konzernrecht § 17 II 4.
[3] Ebenso für Teilgewinnabführungsverträge OLG Düsseldorf AG 1997, 478; s. o. § 292 Rdnr. 46 ff.
[4] *Geßler* in Geßler/Hefermehl Rdnr. 4.
[5] S. deshalb im einzelnen o. § 304 Rdnr. 13 ff.
[6] S. o. § 304 Rdnr. 10, 72.
[7] *H. Wilhelm* Beendigung S. 21.
[8] S. o. § 304 Rdnr. 17 f.

4. Rechtsfolgen. Unter den Voraussetzungen des § 307 endet der Beherrschungs- oder Gewinnabführungsvertrag kraft Gesetzes „spätestens" zum Ende des Geschäftsjahres, in dem erstmals wieder ein außenstehender Aktionär an der abhängigen Gesellschaft beteiligt ist. Das ist zwingendes Recht, so daß abweichende Vereinbarungen nicht möglich sind. Die Regelung bedeutet zugleich, daß der Vertrag bis zu dem genannten Zeitpunkt (Ende des Geschäftsjahres) wirksam bleibt, so daß zB bei einem Gewinnabführungsvertrag noch der Gewinn für das laufende Geschäftsjahr an das herrschende Unternehmen abzuführen ist (§ 291 Abs. 1 S. 1).[9]

7

Nach § 307 endet der Vertrag „spätestens" zum Ende des fraglichen Geschäftsjahres (o. Rdnr. 7). Es ist unklar, was damit gesagt sein soll. Nach überwiegender Meinung will das Gesetz damit lediglich zum Ausdruck bringen, daß der Vertrag aus anderen Gründen (s. §§ 296 f.) auch schon früher sein Ende finden kann,[10] während nach anderen der fragliche Zusatz als Hinweis auf den sonstigen, vertraglich bestimmten Abrechnungszeitraum im Sinne des § 296 Abs. 1 S. 1 zu verstehen sein soll.[11] Das erstere ist indessen eine Selbstverständlichkeit, während für die zweite Interpretation des Zusatzes jeder Anhalt im Gesetz fehlt, so daß sich der Zusatz als sinnlos erweist.

8

Zweiter Teil
Leitungsmacht und Verantwortlichkeit bei Abhängigkeit von Unternehmen

Erster Abschnitt
Leitungsmacht und Verantwortlichkeit bei Bestehen eines Beherrschungsvertrags

§ 308 Leitungsmacht

(1) Besteht ein Beherrschungsvertrag, so ist das herrschende Unternehmen berechtigt, dem Vorstand der Gesellschaft hinsichtlich der Leitung der Gesellschaft Weisungen zu erteilen. Bestimmt der Vertrag nichts anderes, so können auch Weisungen erteilt werden, die für die Gesellschaft nachteilig sind, wenn sie den Belangen des herrschenden Unternehmens oder der mit ihm und der Gesellschaft konzernverbundenen Unternehmen dienen.

(2) Der Vorstand ist verpflichtet, die Weisungen des herrschenden Unternehmens zu befolgen. Er ist nicht berechtigt, die Befolgung einer Weisung zu verweigern, weil sie nach seiner Ansicht nicht den Belangen des herrschenden Unternehmens oder der mit ihm und der Gesellschaft konzernverbundenen Unternehmen dient, es sei denn, daß sie offensichtlich nicht diesen Belangen dient.

(3) Wird der Vorstand angewiesen, ein Geschäft vorzunehmen, das nur mit Zustimmung des Aufsichtsrats der Gesellschaft vorgenommen werden darf, und wird diese Zustimmung nicht innerhalb einer angemessenen Frist erteilt, so hat der Vorstand dies dem herrschenden Unternehmen mitzuteilen. Wiederholt das herrschende Unternehmen nach dieser Mitteilung die Weisung, so ist die Zustimmung des Aufsichtsrats nicht mehr erforderlich; die Weisung darf, wenn das herrschende Unternehmen einen Aufsichtsrat hat, nur mit dessen Zustimmung erteilt werden.

---

[9] *Geßler* in Geßler/Hefermehl Rdnr. 15 ff.
[10] So *Hüffer* Rdnr. 3; *Koppensteiner* in Kölner Kommentar Rdnr. 4.
[11] So *Geßler* in Geßler/Hefermehl Rdnr. 12.

§ 308 3. Buch. 2. Teil. 1. Abschn. Leitungsmacht u. Verantwortlichkeit

Schrifttum: Unternehmensrechtskommission Bericht Tz. 1324 ff. (S. 682 ff.); *Ballerstedt,* Schranken der Weisungsbefugnis aufgrund eines Beherrschungsvertrages, ZHR 137 (1973), 388; *W. Bayer,* Der grenzüberschreitende Beherrschungsvertrag, 1988; *Clemm,* Die Grenzen der Weisungsfolgepflicht des Vorstandes der beherrschten AG bei bestehendem Beherrschungsvertrag, ZHR 141 (1977), 197; *Decher,* Personelle Verflechtungen im Aktienkonzern, 1990; *Drüke,* Die Haftung der Muttergesellschaft für Schulden der Tochtergesellschaft, 1990; *Eichholz,* Das Recht konzerninterner Darlehen, 1993; *Emmerich,* Bestandsschutz im GmbH-Vertragskonzern, in Hommelhoff, Entwicklungen im GmbH-Konzernrecht, 1986, S. 64; *Emmerich/Sonnenschein* Konzernrecht §§ 8, 18; *Eschenbruch* Konzernhaftung, 1996, Tz. 3025 ff. (S. 187 ff.); *Exner,* Beherrschungsvertrag und Vertragsfreiheit, 1984; *Filbinger,* Die Schranken der Mehrheitsherrschaft im Aktienrecht und Konzernrecht, 1942; *Geßler,* Bestandsschutz der beherrschten Gesellschaft im Vertragskonzern?, ZHR 140 (1976), 433; *Großfeld,* Aktiengesellschaft, Unternehmenskonzentration und Kleinaktionär, 1968; *Hommelhoff,* Die Konzernleitungspflicht, 1982; *ders.,* Eigenkapital-Ersatz im Konzern und in Beteiligungsverhältnissen, WM 1984, 1105; *Immenga,* Bestandsschutz der beherrschten Gesellschaft im Vertragskonzern?, ZHR 140 (1976), 301; *ders.,* Schutz abhängiger Gesellschaften durch Bindung oder Unterbindung beherrschenden Einflusses?, ZGR 1978, 269; *Jula/Breitbarth,* Liquiditätsausgleich im Konzern, AG 1997, 256; *Kantzas,* Das Weisungsrecht im Vertragskonzern, 1988; *Krieger* Handbuch § 70 D (S. 828 ff.); *U. Kühbacher,* Darlehen an Konzernunternehmen, Besicherung und Vertragsanpassung, 1993; *Oesterreich,* Die Betriebsüberlassung zwischen Vertragskonzern und faktischem Konzern, 1979; *A. Pentz,* Die Rechtsstellung der Enkel-AG in einer mehrstufigen Unternehmensverbindung, 1994; *Priester,* Liquiditätsausstattung der abhängigen Gesellschaft und unterjährige Verlustdeckung bei Unternehmensverträgen, ZIP 1989, 1303; *E. Rehbinder,* Gesellschaftsrechtliche Probleme mehrstufiger Unternehmensverbindungen, ZGR 1977, 581; *Rowedder,* Die Rechte des Aufsichtsrats in der beherrschten Gesellschaft, Festschrift Duden, 1977, S. 501; *Scheffler* Konzernmanagement, 1992; *Semler,* Leitung und Überwachung der AG, 2. Aufl. 1996; *ders.,* Doppelmandats-Verbund im Konzern, Festschrift Stiefel, 1987, S. 719; *Sina,* Grenzen des Konzernweisungsrechts nach § 308 AktG, AG 1991, 1; *Sonnenschein,* Organschaft und Konzerngesellschaftsrecht, 1976; *ders.,* Der Schutz von Minderheitsgesellschaftern und Gläubigern der abhängigen Gesellschaft, in Mestmäcker/Behrens (Hrsg.), Das Gesellschaftsrecht der Konzerne im internationalen Vergleich, 1991, S. 49; *Streyl,* Zur konzernrechtlichen Problematik von Vorstands-Doppelmandaten, 1992; *Theisen,* Der Konzern, 1991; *Timm,* Mehrfachvertretung im Konzern, AcP 193 (1993), 423; *G. Turner,* Zur Stellung des Aufsichtsrats im beherrschten Unternehmen, DB 1991, 583; *Wellkamp,* Die Haftung von Geschäftsleitern im Konzern, WM 1993, 2155; *H. Wilhelm,* Die Beendigung des Beherrschungs- und Gewinnabführungsvertrages, 1976; *Zöllner,* Inhalt und Wirkungen von Beherrschungsverträgen bei der GmbH, ZGR 1992, 173.

Überblick

	Rdnr.		Rdnr.
I. Überblick	1–3	**VI. Umfang**	26–43
II. Anwendungsbereich	4–8	1. Allgemeines	26, 27
1. Wirksamer Beherrschungsvertrag	4, 5	2. Leitung der Gesellschaft	28, 29
2. Mehrstufige Unternehmensverbindungen	6	3. Innerkorporativer Bereich	30
3. Mehrmütterorganschaft	7	4. Andere Organe	31
4. GmbH	8	5. Gewinnabführung	32, 33
III. Weisungsberechtigter	9–12	6. Nachteilige Weisungen	34–42
1. Grundsatz	9	a) Begriff	34
2. Ausübung durch Dritte	10–12	b) Begünstigte Unternehmen	35, 36
a) Delegation	11	c) Vorteil	37, 38
b) Übertragung	12	d) Vorteile Dritter	39
IV. Adressat	13, 14	e) Verhältnismäßigkeit	40
1. Vorstand	13	f) Folgepflicht des Vorstandes	41, 42
2. Mitarbeiter	14	7. Weisungsfreier Raum	43
V. Weisung	15–25	**VII. Schranken**	44–53
1. Allgemeines	15, 16	1. Satzung	45, 46
2. Begriff	17, 18	2. Gesetz	47, 48
3. Rechtsnatur	19	3. Lebensfähigkeit der Gesellschaft	49–52
4. Besondere Erscheinungsformen	20–22	a) Grundsatz	49, 50
a) Vorstands-Doppelmandate	21	b) Beispiele	51
b) Mittelbare Einflußnahme	22	c) Bonität	52
5. Vertretungsmacht	23, 24	4. Prüfungspflicht	53
6. Keine Weisungspflicht	25	**VIII. Durchsetzung**	54–56
		1. Erfüllung	54
		2. Schadensersatz	55
		3. Zurückbehaltungsrecht	56
		IX. Zustimmungsbedürftige Geschäfte	57, 58

I. Überblick

Nach § 308 Abs.1 S.1 ist das herrschende Unternehmen bei Bestehen eines Beherrschungsvertrages berechtigt, dem Vorstand der abhängigen Gesellschaft hinsichtlich der Leitung seiner Gesellschaft iS des § 76 Weisungen zu erteilen. Wenn der Vertrag nichts anderes bestimmt, sind auch nachteilige Weisungen zulässig, vorausgesetzt, daß sie den Belangen des herrschenden Unternehmens oder der mit ihm und der Gesellschaft konzernverbundenen Unternehmen dienen (§ 308 Abs.1 S.2). Der Vorstand der abhängigen Gesellschaft ist verpflichtet, die Weisungen zu befolgen (§ 308 Abs.2 S.1); etwas anderes gilt nur unter den engen Voraussetzungen des § 308 Abs.2 S.2. § 308 Abs.3 enthält schließlich noch eine besondere Regelung für den Fall, daß das Zustimmungsrecht des Aufsichtsrats der abhängigen Gesellschaft aufgrund des § 111 Abs.4 S.2 mit dem Weisungsrecht des herrschenden Unternehmens aus § 308 Abs.1 kollidiert. Für die Eingliederung findet sich eine vergleichbare Regelung in § 323 Abs.1 S.1 und 2.

§ 308 muß im Zusammenhang namentlich mit den §§ 18 Abs.1 S.2, 291, 309 und 310 gesehen werden. Dann ergibt sich folgendes: § 291 Abs.1 S.1 definiert den Beherrschungsvertrag als einen Vertrag, durch den eine AG oder KGaA die Leitung ihrer Gesellschaft einem anderen Unternehmen unterstellt. § 18 Abs.1 S.2 fügt hinzu, daß die Parteien in diesem Fall als unter einheitlicher Leitung zusammengefaßt anzusehen sind. Aus § 308 Abs.1 folgt zugleich, daß das Gesetz als Mittel dieser einheitlichen Leitung allein die von dem herrschenden Unternehmen an den Vorstand der abhängigen Gesellschaft gerichtete Weisung hinsichtlich der Leitung seiner Gesellschaft kennt (vgl. auch § 323 Abs.1 S.1).

Die Weisungsbefugnis steht, wenn es sich bei dem herrschenden Unternehmen um ein einzelkaufmännisches Unternehmen handelt, dessen Inhaber und sonst den gesetzlichen Vertretern des Unternehmens zu (§ 309 Abs.1). Diese Personen haben bei der Erteilung von Weisungen die Sorgfalt eines ordentlichen und gewissenhaften Geschäftsleiters anzuwenden, widrigenfalls sie sich ersatzpflichtig machen (§ 309 Abs.1 und 2; vgl. die Parallele zu § 93 Abs.1 und 2). Dieselbe Sorgfalt müssen die Mitglieder des Vorstands und des Aufsichtsrats der abhängigen Gesellschaft beachten, soweit es um die Befolgung von Weisungen des herrschenden Unternehmens geht (§ 310 Abs.1). Durch die geschilderte Regelung wollten die Gesetzesverfasser in einem durch einen Beherrschungsvertrag begründeten Vertragskonzern insgesamt Leitungsmacht und Verantwortlichkeit in Übereinstimmung bringen.[1]

II. Anwendungsbereich

1. Wirksamer Beherrschungsvertrag. Der unmittelbare Anwendungsbereich des § 308 beschränkt sich auf den Fall, daß zwischen einer abhängigen deutschen AG oder KGaA und einem anderen Unternehmen ein Beherrschungsvertrag im Sinne des § 291 Abs.1 S.1 besteht. Sitz und Rechtsform des herrschenden Unternehmens spielen keine Rolle, so daß § 308 auch auf Beherrschungsverträge mit der öffentlichen Hand oder mit ausländischen Unternehmen anwendbar ist. Voraussetzung ist aber, daß der Beherrschungsvertrag (noch) besteht. Frühester Zeitpunkt, von dem ab § 308 angewandt werden kann, ist mithin die Eintragung des Vertrages im Handelsregister (§ 294 Abs.2), während die Anwendbarkeit des § 308 mit der Beendigung des Vertrages, zB durch Aufhebung (§ 296) oder Kündigung (§ 297) wieder ihr Ende findet. An seine Stelle treten in der Folgezeit bei Fortbestand der Abhängigkeit die §§ 311 ff.

Unerheblich ist, ob es sich um einen isolierten Beherrschungsvertrag handelt oder ob der Beherrschungsvertrag mit einem Gewinnabführungsvertrag oder mit einem der anderen Unternehmensverträge des § 292 verbunden ist. Auf Gewinnabführungsverträge und die anderen Unternehmensverträge allein ist hingegen § 308 nicht, auch nicht entspre-

---

[1] Vgl. die Begr. zum RegE Vorbem. zu § 308, bei *Kropff* AktG S.402.

chend anwendbar. Leitungsmacht des herrschenden Unternehmens im Vertragskonzern wird nach der Konzeption des AktG, von der Eingliederung abgesehen, allein durch den Abschluß eines Beherrschungsvertrages im Sinne des § 291 Abs.1 S.1 begründet.

6   **2. Mehrstufige Unternehmensverbindungen.** In mehrstufigen Unternehmensverbindungen besteht ein Weisungsrecht des herrschenden Unternehmens allein in denjenigen Beziehungen, die durch einen Beherrschungsvertrag geregelt sind. Das gilt selbst im Falle einer Aufeinanderfolge mehrerer Beherrschungsverträge. Hat zB eine Enkel- mit einer Tochtergesellschaft und zugleich diese mit ihrer Muttergesellschaft je einen Beherrschungsvertrag abgeschlossen, so folgt daraus nicht etwa ein direktes Weisungsrecht der Mutter- gegenüber der Enkelgesellschaft; die Muttergesellschaft ist vielmehr darauf beschränkt, die Tochtergesellschaft anzuweisen, ihrerseits der Enkelgesellschaft nach § 308 bestimmte Weisungen zu erteilen.[2] Hieran kann auch eine etwaige „Übertragung" des Weisungsrechts der Tochter- auf ihre Muttergesellschaft nichts ändern (s.u. Rdnr.10ff.). Will die Mutter ein eigenes Weisungsrecht gegenüber der Enkelgesellschaft erlangen, so muß sie deshalb mit dieser einen direkten Beherrschungsvertrag abschließen, gegebenenfalls zusätzlich zu einem entsprechenden Vertrag zwischen der Tochter- und der Enkelgesellschaft.

7   **3. Mehrmütterorganschaft.** Im Falle der Mehrmütterorganschaft steht das Weisungsrecht grundsätzlich den Müttern gemeinsam zu, so daß sie sich über dessen Ausübung zuvor verständigen müssen. Nichts hindert die Mütter jedoch, eine abweichende Regelung zu treffen und das Weisungsrecht im Verhältnis zum Gemeinschaftsunternehmen einer von ihnen *allein* einzuräumen.[3] Soweit es um die Zulässigkeit nachteiliger Weisungen geht, genügt es außerdem, wenn die Weisung den Belangen wenigstens einer der mehreren Mütter iS des § 308 Abs.1 S.2 dient.[4]

8   **4. GmbH.** § 308 ist entsprechend anwendbar auf Beherrschungsverträge mit Gesellschaften anderer Rechtsform, namentlich also auf Beherrschungsverträge mit abhängigen GmbHs.[5] Es liegt auf der Hand, daß das Weisungsrecht des herrschenden Unternehmens aufgrund eines Beherrschungsvertrages mit einer GmbH, mit einer Personengesellschaft oder mit einer Genossenschaft jedenfalls nicht weiter gehen kann als im Verhältnis zu einer AG oder KGaA.

III. Weisungsberechtigter

9   **1. Grundsatz.** Das Weisungsrecht steht als Mittel zur Durchsetzung der einheitlichen Leitung der verbundenen Unternehmen aufgrund des Beherrschungsvertrages gemäß § 308 Abs.1 S.1 dem anderen Vertragsteil zu, der dieses Recht bei einem einzelkaufmännischen Unternehmen durch seinen Inhaber und sonst durch seine gesetzlichen Vertreter ausübt (s. § 309 Abs.1). Der Begriff des gesetzlichen Vertreters ist dabei im weitesten Sinne zu verstehen und umfaßt jedes vertretungsberechtigte Organ des herrschenden Unternehmens einschließlich namentlich der vertretungsberechtigten Gesellschafter bei den Personengesellschaften und der Organe der Körperschaften des öffentlichen Rechts.[6] Bei der Ausübung des Weisungsrechts handelt es sich um einen Akt der Vertretung, der den Regeln über die Vertretungsmacht unterliegt, bei der OHG mithin den Bestimmungen der

---

[2] BGH LM GmbHG § 35 Nr.23 = NJW-RR 1990, 1313 = AG 1990, 459, 460; *Emmerich/Sonnenschein* § 18 II 1 c; *Eschenbruch* Konzernhaftung Tz.3047; *Exner* Beherrschungsvertrag S.161 ff.; *Hüffer* Rdnr.3; *Koppensteiner* in Kölner Kommentar Rdnr.4, 8; *Pentz* Enkel-AG S.114 ff.; *E.Rehbinder* ZGR 1977, 581, 609 ff.; *S.Wanner*, Konzernrechtliche Probleme mehrstufiger Unternehmensverbindungen nach Aktienrecht, 1998, S.50 ff.

[3] S.o. § 17 Rdnr.25; *Emmerich/Sonnenschein* § 18 II 1 a; *Hüffer* Rdnr.3; *Koppensteiner* in Kölner Kommentar Rdnr.4, 28.

[4] *Koppensteiner* (Fn.3).

[5] S. im einzelnen *Emmerich/Sonnenschein* §§ 25 III 1, 27 III 5, 29 IV 1 und 29a; *Scholz/Emmerich* GmbHG § 44 Anh. Rdnr.274 ff. m. Nachw.

[6] S. die Begr. zum RegE des § 309, bei *Kropff* AktG S.404; *Hüffer* Rdnr.3; *Koppensteiner* in Kölner Kommentar Rdnr.5.

§§ 125 und 126 HGB, bei der GmbH dem § 37 GmbHG sowie bei der AG dem § 78 AktG.

2. Ausübung durch Dritte. Die gesetzliche Regelung der §§ 308 Abs. 1 und 309 Abs. 1 hat Anlaß zu der Frage gegeben, ob und in welchem Umfang das herrschende Unternehmen bzw. seine gesetzlichen Vertreter (o. Rdnr. 9) befugt sind, ihr Weisungsrecht auf Dritte zu übertragen, wobei man zwei unterschiedliche Gestaltungen unterscheidet, für die sich die (wenig präzisen) Bezeichnungen Delegation und („echte") Übertragung des Weisungsrechts auf Dritte eingebürgert haben. Unter einer Delegation des Weisungsrechts versteht man hierbei die bloße Hinzuziehung Dritter zur Wahrnehmung des Weisungsrechts durch die eigentlich dazu nach § 309 Abs. 1 berufenen Personen (u. Rdnr. 11), während man mit Übertragung des Weisungsrechts die Ermächtigung Dritter zur Ausübung des Weisungsrechts an Stelle des herrschenden Unternehmens bezeichnet (u. Rdnr. 12).

a) Delegation. Die gesetzlichen Vertreter des herrschenden Unternehmens brauchen das Weisungsrecht nicht persönlich auszuüben, sondern können sich hierzu der *Mithilfe beliebiger Dritter* bedienen, wobei vor allem an Prokuristen und sonstige leitende Angestellte des herrschenden Unternehmens zu denken ist.[7] Diese Personen sind dann Erfüllungsgehilfen des herrschenden Unternehmens bei der Ausübung seiner Rechte aus dem Beherrschungsvertrag, so daß es für sie bei einer schuldhaften Verletzung des Beherrschungsvertrages haften muß (§ 309 iVm. den §§ 31 und 278 BGB). Umstritten ist, ob in diesen Fällen neben dem herrschenden Unternehmen gesamtschuldnerisch auch dessen gesetzlichen Vertreter selbst nach § 309 in Verbindung mit § 278 BGB haften oder ob diese Personen nur eine Haftung für Auswahlverschulden trifft.[8] Richtig kann angesichts der in § 309 angeordneten Organhaftung nur die zuerst genannte Meinung sein.[9]

b) Übertragung. Eine echte Übertragung des Weisungsrechts auf einen Dritten mit der Folge, daß der Dritte als Weisungsberechtigter an die Stelle des herrschenden Unternehmens tritt, scheidet aus, dies schon deshalb, weil das „Weisungsrecht" kein selbständiges subjektives Recht im Sinne der §§ 398 und 413 BGB ist.[10] Es kommt hinzu, daß die Zulassung solcher Übertragung zu einer mit der gesetzlichen Regelung (§§ 308 und 309) kaum vereinbaren Veränderung des Zusammenhangs zwischen Zuständigkeit und Verantwortlichkeit für die Ausübung des Weisungsrechtes führte. Bei der „Übertragung" des Weisungsrechts auf ein anderes selbständiges Unternehmen handelt es sich vielmehr der Sache nach um eine Auswechslung des herrschenden Unternehmens im Beherrschungsvertrag und damit um eine Vertragsänderung, die nur unter den Kautelen des § 295 möglich ist.[11] Dies gilt auch in mehrstufigen Konzernen, so daß zB im Falle des Abschlusses eines Beherrschungsvertrages allein zwischen Tochter- und Enkelgesellschaft die erstere ihr hieraus resultierendes Weisungsrecht nicht auf die Muttergesellschaft übertragen kann (o. Rdnr. 7).

IV. Adressat

1. Vorstand. Nach § 308 Abs. 2 S. 1 trifft die Verpflichtung zur Befolgung der Weisungen des herrschenden Unternehmens unmittelbar die Vorstandsmitglieder der abhängigen Gesellschaft. Dies ist deshalb überraschend, weil Vertragspartner des herrschenden Unternehmens nicht etwa diese Vorstandsmitglieder, sondern natürlich die von ihnen lediglich vertretene abhängige Gesellschaft ist (§ 291 Abs. 1 S. 1). Die eigenartige gesetzliche Regelung

---

[7] Anders nur *Geßler* in Geßler/Hefermehl Rdnr. 18, 27 f.
[8] In dem zuletzt genannten Sinne Koppensteiner in Kölner Kommentar Rdnr. 7.
[9] Ebenso die überwiegende Meinung, s. *Emmerich/Sonnenschein* § 18 II 1 b; *Eschenbruch* Konzernhaftung Tz. 3030; *Exner* Beherrschungsvertrag S. 154 ff.; *Hüffer* Rdnr. 5; *Kantzas* Weisungsrecht S. 80 ff.; *Krieger* Handbuch § 70 Rdnr. 102.
[10] Ebenso die heute nahezu einhellige Meinung, zB *Exner* Beherrschungsvertrag S. 163 ff.; *Geßler* in Geßler/Hefermehl Rdnr. 17; *Hüffer* Rdnr. 6; *Kantzas* Weisungsrecht S. 81 ff.; *Pentz* Enkel-AG S. 110 ff.; *Sina* AG 1991, 1, 4; *Veelken*, Der Betriebsführungsvertrag, 1975, S. 197 ff.
[11] S. o. § 295 Rdnr. 11 ff.; insbes. BGHZ 119, 1, 6 f. = LM AktG § 131 Nr. 3 = NJW 1992, 2760 = AG 1992, 450 „Asea/BBC".

hat zur Folge, daß neben den Beherrschungsvertrag zwischen dem herrschenden Unternehmen und der abhängigen Gesellschaft ein gesetzliches Schuldverhältnis zwischen diesem und den jeweiligen Vorstandsmitgliedern der abhängigen Gesellschaft tritt, aus dem bei einer Verletzung des Vertrags auch die Vorstandsmitglieder der abhängigen Gesellschaft neben dieser dem herrschenden Unternehmen ersatzpflichtig werden können (§§ 276, 249 BGB; s. u. Rdnr. 55). § 308 Abs. 2 S. 1 macht durch diese Regelung zum einen die Überlagerung des Normalstatuts der abhängigen Gesellschaft (s. § 76) durch den Beherrschungsvertrag deutlich und stellt zum anderen klar, daß der Beherrschungsvertrag allein in die Kompetenz des Vorstandes eingreift, während die anderen Gesellschaftsorgane im Rahmen ihrer gesetzlichen Zuständigkeiten weisungsfrei bleiben, soweit nicht ausnahmsweise § 308 Abs. 3 eingreift.[12]

14 **2. Mitarbeiter.** Aus der gesetzlichen Regelung des § 308 Abs. 2 S. 1 folgt, daß das herrschende Unternehmen *kein* direktes Weisungsrecht gegenüber den Mitarbeitern der abhängigen Gesellschaft besitzt.[13] Deshalb ist fraglich, ob der Vorstand der abhängigen Gesellschaft seinerseits seine Mitarbeiter anweisen kann, unmittelbar an sie gerichtete Weisungen des herrschenden Unternehmens zu befolgen.[14] Bedenken gegen eine derartige Regelung resultieren in erster Linie aus dem unverzichtbaren Prüfungsrecht des Vorstands (u. Rdnr. 53). Daraus folgt, daß eine Anweisung der Mitarbeiter zur Befolgung von Weisungen des herrschenden Unternehmens nur zugelassen werden kann, wenn zugleich Sorge für die Beachtung des Prüfungsrechts des Vorstands (u. Rdnr. 53) getragen wird, namentlich durch die Verpflichtung der Mitarbeiter zur unverzüglichen Information des Vorstands über die vom herrschenden Unternehmen an sie gerichteten Weisungen, um dem Vorstand, wo er dies für geboten hält, die Möglichkeit zur rechtzeitigen Intervention zu geben.[15]

V. Weisung

15 **1. Allgemeines.** Das Gesetz kennt in den §§ 308 und 323 Abs. 1 S. 1 als Mittel zur Unterstellung der Leitung der abhängigen Gesellschaft unter das herrschende Unternehmen allein die Weisung des letzteren an den Vorstand der abhängigen Gesellschaft. Das Gesetz enthält jedoch keine Definition der Weisung. Aus ihm folgt vielmehr nur, daß die Weisung von den gesetzlichen Vertretern des herrschenden Unternehmens ausgehen muß (§§ 308 Abs. 1 S. 1, 309 Abs. 1, 323 Abs. 1 S. 2) und an den Vorstand der abhängigen Gesellschaft zu richten ist, der grundsätzlich zu ihrer Befolgung verpflichtet ist (§§ 308 Abs. 2 S. 1, 323 Abs. 1 S. 2).

16 Die Weisung hat mithin im Ergebnis zur Folge, daß bei ihrem Ausspruch an die Stelle der Leitung der abhängigen Gesellschaft durch ihren Vorstand (§ 76 Abs. 1) die durch das herrschende Unternehmen tritt, um diesem die einheitliche Leitung des von ihm geführten Konzerns zu ermöglichen (§ 18 Abs. 1 S. 2). Soweit hingegen das herrschende Unternehmen von seinem Weisungsrecht keinen Gebrauch macht, bleibt es bei der Anwendbarkeit der §§ 76 ff. (u. Rdnr. 43).

17 **2. Begriff.** Obwohl das Gesetz keine Definition der Weisung enthält, ergibt sich doch aus der geschilderten gesetzlichen Regelung (o. Rdnr. 15 f.), daß nach der Vorstellung der Gesetzesverfasser unter den Begriff der Weisung offenbar jede Maßnahme des herrschenden Unternehmens zu subsumieren ist, durch die dieses über den Vorstand der abhängigen Gesellschaft *Einfluß* auf deren Leitung nehmen will (§§ 18 Abs. 1 S. 2, 291 Abs. 1 S. 1, 308 Abs. 1 S. 1, 323 Abs. 1 S. 1). Aus § 308 Abs. 2 S. 1 ist außerdem zu folgern, daß die fragliche Maßnahme für den Vorstand der abhängigen Gesellschaft zumindest faktisch in dem Sinne *verbindlich* sein muß, daß seine erneute Bestellung gefährdet ist, wenn er der Weisung des

---

[12] OLG Karlsruhe AG 1991, 144 „Asea/BBC"; *Kantzas* Weisungsrecht S. 83 ff.
[13] So schon die Begr. zum RegE, bei *Kropff* AktG S. 403; *Hüffer* Rdnr. 7.
[14] Bejahend noch die Begr. zum RegE (Fn. 13).
[15] *Ballerstedt* ZHR 137 (1973), 388, 399 ff.; *Exner* Beherrschungsvertrag S. 131 ff.; *Emmerich/Sonnenschein* § 18 II 2 b; *Hüffer* Rdnr. 8; *Kantzas* Weisungsrecht S. 85 f.; *Koppensteiner* in Kölner Kommentar Rdnr. 10.

herrschenden Unternehmens nicht nachkommt.[16] Denn das Gesetz spricht hier von einer „Verpflichtung" des Vorstands zur Befolgung der Weisungen. Bloße Empfehlungen und Ratschläge des herrschenden Unternehmens, die so gemeint und vom Vorstand der abhängigen Gesellschaft auch tatsächlich so verstanden werden, können aus diesem Grunde kaum als Weisungen im Sinne des § 308 interpretiert werden, eben, weil sie keine Folgepflicht des Vorstandes iS des § 308 Abs. 2 S. 1 auslösen sollen und auslösen können.[17]

Auf die äußere Einkleidung der Weisung kommt es nicht an; vielmehr stellen bloße „Ratschläge" oder „Empfehlungen" des herrschenden Unternehmens ebenfalls Weisungen im Sinne des § 308 dar, wenn sie als verbindlich gedacht und vom Vorstand der abhängigen Gesellschaft auch so verstanden werden. Entgegen der überwiegenden Meinung[18] können daher selbst bloße Zustimmungsvorbehalte der öffentlichen Hand aufgrund des Haushaltsrechts im Verhältnis zu ihren Unternehmen als Weisungen im Rahmen von Beherrschungsverträgen qualifiziert werden, jedenfalls, wenn sie eine solche Dichte annehmen, daß sie der öffentlichen Hand einen Einfluß auf die Geschäftspolitik (die Leitung) der von ihr abhängigen Gesellschaft eröffnen.[19]

3. Rechtsnatur. Weisungen sind zumindest geschäftsähnliche Handlungen, für die die Vorschriften über Rechtsgeschäfte unmittelbar oder entsprechend gelten.[20] Die Weisung wird daher erst wirksam mit Zugang bei einem der Vorstandsmitglieder der abhängigen Gesellschaft (§ 130 Abs. 1 S. 1 BGB); bis zu diesem Zeitpunkt kann sie noch widerrufen werden und ist dann unbeachtlich (§ 130 Abs. 1 S. 2 BGB). Eine bestimmte Form ist für sie gesetzlich nicht vorgeschrieben, kann aber durch den Beherrschungsvertrag eingeführt werden.[21] Dagegen dürfte eine Anfechtung von Weisungen nach den §§ 119 und 123 BGB schwerlich in Betracht kommen, dies auch mit Rücksicht auf § 309 Abs. 2.

4. Besondere Erscheinungsformen. Ein herrschendes Unternehmen verfügt neben der Weisung im Vertragskonzern noch über andere Mittel zur Gewährleistung der einheitlichen Leitung der verbundenen Unternehmen im Sinne des § 18 Abs. 1.[22] Das Spektrum solcher Lenkungsinstrumente reicht von personellen Verflechtungen, namentlich in Gestalt von Vorstands-Doppelmandaten, bis hin zur Einflußnahme über die Hauptversammlung oder den Aufsichtsrat der abhängigen Gesellschaft. Wieweit auch solche Formen der Einflußnahme auf die abhängige Gesellschaft zulässig sind und gegebenenfalls unter den Begriff der Weisung im Sinne der §§ 308, 309 und 323 subsumiert werden können, ist noch nicht endgültig geklärt.[23]

a) Vorstands-Doppelmandate. Es ist unübersehbar, daß in den genannten Fällen (o. Rdnr. 20) häufig nur noch mit Mühe die oben (Rdnr. 17 f.) genannten Merkmale einer Weisung des herrschenden Unternehmens an den Vorstand der abhängigen Gesellschaft im Sinne der §§ 308 und 309 ausgemacht werden können. Man wird deshalb, nicht zuletzt unter dem Gesichtspunkt des Prüfungsrechts des Vorstands (u. Rdnr. 53), unterscheiden müssen: Was zunächst die verbreiteten Vorstands-Doppelmandate angeht, so hindert hier tatsächlich nichts die auch von der Sache her gebotene Anwendung der §§ 308 und 309, da in der Tätigkeit eines Verwaltungsmitglieds des herrschenden Unternehmens in dem Vorstand der abhängigen Gesellschaft unbedenklich zugleich die generelle Weisung des

---

[16] Vgl. mit Unterschieden im einzelnen *Emmerich/Sonnenschein* § 18 III 1 a; *Eschenbruch* Konzernhaftung Tz. 3028 ff.; *Geßler* in Geßler/Hefermehl Rdnr. 12; *Hüffer* Rdnr. 10; *Koppensteiner* in Kölner Kommentar Rdnr. 13; *Wellkamp* WM 1993, 2155, 2156.
[17] Ebenso offenbar *Geßler* in Geßler/Hefermehl Rdnr. 12.
[18] *Hüffer* Rdnr. 10; *Koppensteiner* in Kölner Kommentar Rdnr. 14.
[19] *Emmerich/Sonnenschein* § 18 III 1 a; *Emmerich,* Das Wirtschaftsrecht der öffentlichen Unternehmen, 1969, S. 218 ff.; *Sina* AG 1991, 1 ff.
[20] *Hüffer* Rdnr. 11; *Koppensteiner* in Kölner Kommentar Rdnr. 12.
[21] *Exner* Beherrschungsvertrag S. 85; *Kantzas* Weisungsrecht S. 65 f.; *Koppensteiner* in Kölner Kommentar Rdnr. 38; *Sina* AG 1991, 1 f.
[22] S. o. § 18 Rdnr. 16.
[23] S. *Emmerich/Sonnenschein* § 18 III 2; *Eschenbruch* Konzernhaftung Tz. 3031 ff.; *Kantzas* Weisungsrecht S. 52, 148 ff.; *Streyl* Vorstands-Doppelmandate S. 28 ff.; *Wellkamp* WM 1993, 2155, 2156.

herrschenden Unternehmens an die abhängige Gesellschaft gesehen werden kann, die „Vorschläge" des „entsandten" Verwaltungsmitglieds zu befolgen.[24]

22 b) **Mittelbare Einflußnahme.** Schwieriger als Vorstands-Doppelmandate (o. Rdnr. 21) zu beurteilen ist die Einflußnahme des herrschenden Unternehmens auf die abhängige Gesellschaft über deren Hauptversammlung oder Aufsichtsrat. Häufig wird hier das Vorliegen auch einer mittelbaren Weisung des herrschenden Unternehmens verneint und dann für dessen Haftung statt dessen auf § 117 oder die Verletzung der Treuepflicht verwiesen.[25] Doch steht auch in diesen Fällen letztlich nichts der Annahme einer mittelbaren Weisung des herrschenden Unternehmens über die anderen Organe der abhängigen Gesellschaft an deren Vorstand entgegen.[26] Davon sind auch schon die Gesetzesverfasser ausgegangen.[27]

23 5. **Vertretungsmacht.** Aus dem Weisungsrecht folgt keine Vertretungsmacht des herrschenden Unternehmens für die abhängige Gesellschaft; diese wird vielmehr weiterhin aufgrund der §§ 76 und 78 allein durch ihre eigenen Organe tätig.[28] Daher ist umstritten, ob es zulässig ist, die besonderen Kautelen, mit denen das Gesetz in den §§ 308 und 309 die Ausübung des Weisungsrechts umgeben hat, durch das Ausweichen auf eine Bevollmächtigung des herrschenden Unternehmens zum Handeln an Stelle der abhängigen Gesellschaft zu umgehen.

24 Nach überwiegender Meinung muß man unterscheiden: Mit den §§ 308 und 309 unvereinbar ist zunächst mit Rücksicht auf das unabdingbare Prüfungsrecht des Vorstandes der abhängigen Gesellschaft (u. Rdnr. 53) eine generelle Bevollmächtigung des herrschenden Unternehmens durch die abhängige Gesellschaft, weil andernfalls die ganze gesetzliche Regelung zum Schutze der abhängigen Gesellschaft im Vertragskonzern leerliefe.[29] In Betracht kommt vielmehr solche Bevollmächtigung nur *im Einzelfall* aufgrund einer entsprechenden Weisung.[30] Wieder anders zu beurteilen ist die Rechtslage, wenn das herrschende Unternehmen als Vertreter *ohne* Vertretungsmacht für die abhängige Gesellschaft tätig geworden ist und anschließend den Vorstand der abhängigen Gesellschaft zur Genehmigung des Geschäfts nach § 177 BGB anweist. Derartige Praktiken können schon deshalb nicht geduldet werden, weil unter den gegebenen Verhältnissen die Genehmigung durch die abhängige Gesellschaft ein bloßer Formalakt wäre, so daß das herrschende Unternehmen hier der Sache nach eine ihm nicht zustehende Vertretungsmacht in Anspruch nimmt.[31]

25 6. **Keine Weisungspflicht.** Die Ausübung des Weisungsrechts liegt im unternehmerischen Ermessen des herrschenden Unternehmens. Weder die abhängige Gesellschaft noch Dritte haben im Regelfall einen Anspruch auf die Erteilung bestimmter Weisungen.[32] Ausnahmen können sich nur im Einzelfall aus § 309 AktG ergeben, wenn zur Vermeidung einer Haftung des herrschenden Unternehmens und seiner gesetzlichen Vertreter eine bestimmte (erneute) Weisung an die abhängige Gesellschaft unerläßlich ist.[33] Dies kommt namentlich in Betracht, wenn sich nachträglich die übermäßig nachteilige Wirkung einer

---

[24] *Decher,* Personelle Verflechtungen; *Emmerich/Sonnenschein* und *Eschenbruch* (Fn. 23); *Hoffmann-Becking* ZHR 150 (1986), 570; *Hommelhoff* in Druey, Das St. Galler-Konzernrechtsgespräch, 1988, S. 107, 121 ff.; *Lindermann* AG 1987, 225; *U. Schneider* ZHR 150 (1986), 609; *Semler,* Festschrift Stiefel, 1987, S. 719; *Streyl* Vorstands-Doppelmandate S. 26 ff. u. passim; *Wellkamp* (Fn. 23).

[25] *Eschenbruch* Konzernhaftung Tz. 3036 ff.

[26] *Emmerich/Sonnenschein* § 18 III 2; *Wellkamp* WM 1993, 2155, 2156.

[27] So ausdrücklich die Begr. zum RegE des § 310, bei *Kropff* AktG S. 406; s. aber auch u. Rdnr. 30.

[28] BGH LM GmbHG § 35 Nr. 23 = AG 1990, 459, 460 = NJW-RR 1990, 1313; *Kantzas* Weisungsrecht S. 67 f.

[29] *Berkenbrock* AG 1981, 69; *Emmerich/Sonnenschein* § 18 III 3; *Exner* Beherrschungsvertrag S. 117 ff.; *ders.* AG 1981, 175; *Hüffer* Rdnr. 9; *Michalski* AG 1980, 261; *Koppensteiner* in Kölner Kommentar Rdnr. 15 f.; anders *U. Huber* ZHR 152 (1988), 123, 128 f.; *Oesterreich* Betriebsüberlassung S. 55 ff.

[30] *Emmerich/Sonnenschein, Hüffer* und *Koppensteiner* (Fn. 29).

[31] Ebenso *Berkenbrock* AG 1981, 69; *Hüffer* Rdnr. 9; *Koppensteiner* in Kölner Kommentar Rdnr. 16; anders zu Unrecht OLG München AG 1980, 272, 273; wohl auch *Krieger* Handbuch § 70 Rdnr. 103.

[32] LAG Hamm AG 1977, 323 (für die Durchsetzung der Mitbestimmung bei einer Tochtergesellschaft); *Emmerich/Sonnenschein* § 18 III 4; *Geßler* in Geßler/Hefermehl Rdnr. 61 f.; *Kantzas* Weisungsrecht S. 73 f.; *Koppensteiner* in Kölner Kommentar Rdnr. 41; *Krieger* Handbuch § 70 Rdnr. 104.

[33] S. *Emmerich/Sonnenschein* (Fn. 32); *Wellkamp* WM 1993, 2154, 2155.

vorausgegangenen Weisung des herrschenden Unternehmens herausstellt, so daß sich die Weisung jetzt als unzulässig erweist und deshalb rückgängig gemacht werden muß (§ 309 Abs. 2 iVm. § 249 S. 1 BGB). Damit ist zugleich gesagt, daß die abhängige Gesellschaft in diesem Fall einen Anspruch auf Widerruf der Weisung hat (§ 249 S. 1 BGB; s.u. Rdnr. 38).

VI. Umfang

1. Allgemeines. Das Weisungsrecht des herrschenden Unternehmens erstreckt sich nach § 308 Abs. 1 S. 1 auf den gesamten weiten Bereich der Leitung der abhängigen Gesellschaft durch ihren Vorstand im Sinne des § 76 Abs. 1. Unerheblich ist grundsätzlich, ob die Weisung für die abhängige Gesellschaft vorteilhaft oder nachteilig ist, da auch nachteilige Weisungen gemäß § 308 Abs. 1 S. 2 erlaubt sind, vorausgesetzt, daß der Beherrschungsvertrag nichts anderes bestimmt *und* daß die nachteilige Weisung den Belangen des herrschenden Unternehmens oder der mit ihm und der Gesellschaft konzernverbundenen Unternehmen dient. Der Ausgleich besteht in den Pflichten, die sich für das herrschende Unternehmen namentlich aus den §§ 302 bis 305 ergeben.

In den Grenzen des § 308 richtet sich folglich der Umfang des Weisungsrechts des herrschenden Unternehmens in erster Linie nach dem Beherrschungsvertrag.[34] Weitere Schranken für das Weisungsrecht des herrschenden Unternehmens können sich aus der Satzung der abhängigen Gesellschaft sowie aus dem zwingenden Recht ergeben (§ 134 BGB; u. Rdnr. 44 ff.).

2. Leitung der Gesellschaft. Das Weisungsrecht erstreckt sich nach § 308 Abs. 1 S. 1 ebenso wie nach § 323 Abs. 1 S. 1 grundsätzlich auf die „Leitung" der abhängigen Gesellschaft durch ihren Vorstand. Das Gesetz verweist mit dieser Formulierung auf die §§ 76 bis 78, so daß die Leitung der Gesellschaft durch den Vorstand iS des § 308 Abs. 1 den gesamten weiten Bereich der Geschäftsführung und der Vertretung der Gesellschaft umfaßt.

§ 308 Abs. 1 (iVm. § 291 Abs. 1 S. 1) bedeutet mithin, daß das herrschende Unternehmen dem Vorstand der abhängigen Gesellschaft Weisungen hinsichtlich aller Fragen der Geschäftsführung und der Vertretung seiner Gesellschaft erteilen kann. Das Gesetz stellt auf diese Weise sicher, daß das herrschende Unternehmen über die nötigen Mittel verfügt, um im Konzern (§ 18 Abs. 1 S. 2) die von ihm gewünschte Geschäftspolitik bei denjenigen Tochtergesellschaften durchzusetzen, mit denen es einen Beherrschungsvertrag abgeschlossen hat.[35] Dasselbe bestimmt § 323 Abs. 1 S. 1 für den Eingliederungskonzern.

3. Innerkorporativer Bereich. Umstritten ist, ob zur Leitung der Gesellschaft im Sinne der §§ 76 Abs. 1, 291 Abs. 1 S. 1 und 308 Abs. 1 S. 1 auch Maßnahmen im innerkorporativen Bereich gehören. Man versteht darunter Maßnahmen wie die Einberufung der Hauptversammlung, die Ausübung von Bewertungswahlrechten bei der Aufstellung des Jahresabschlusses sowie die Bildung anderer Gewinnrücklagen im Sinne des § 272 Abs. 3 S. 2 HGB. Zu Recht wird die Frage überwiegend bejaht, so daß sich das Weisungsrecht des herrschenden Unternehmens auch auf diesen Bereich erstreckt.[36] Es ist außerdem nicht einzusehen, warum für die Vorbereitung solcher Maßnahmen, die wie Kapitalmaßnahmen oder der Abschluß von Unternehmensverträgen zur ausschließlichen Zuständigkeit der Hauptversammlung oder des Aufsichtsrats gehören, etwas anders gelten soll. § 83 kommt in diesem Zusammenhang keine Bedeutung zu.[37] Problematisch wäre hingegen

---

[34] S.o. § 291 Rdnr. 16 f.; die Begr. zum RegE, bei *Kropff* AktG S. 403; *Emmerich/Sonnenschein* § 18 IV; *Geßler* in Geßler/Hefermehl Rdnr. 33.
[35] S. *Emmerich/Sonnenschein* § 18 V 1; *Geßler* in Geßler/Hefermehl Rdnr. 39 ff.; *Hüffer* Rdnr. 12; *Koppensteiner* in Kölner Kommentar Rdnr. 17 f.
[36] BGHZ 135, 374, 377 f. = NJW 1997, 2242 = LM AktG § 305 Nr. 3 = AG 1997, 515 = WM 1997, 1288, 1290 „Guano" (für die Ausübung von Bewertungswahlrechten); eingehend *Exner* Beherrschungsvertrag S. 100 ff.; *Hüffer* Rdnr. 12 ff.; *Koppensteiner* in Kölner Kommentar Rdnr. 21; *Krieger* Handbuch § 70 Rdnr. 97; *Sina* AG 1991, 1, 7; enger hingegen *Geßler* in Geßler/Hefermehl Rdnr. 42 ff.; *Kantzas* Weisungsrecht S. 66 f.
[37] Wie hier OLG Karlsruhe AG 1991, 144 „Asea/BBC"; *Emmerich/Sonnenschein* § 18 V 1.

31 **4. Andere Organe.** Aus § 308 Abs. 1 folgt, daß der Beherrschungsvertrag dem herrschenden Unternehmen, von § 308 Abs. 3 abgesehen (dazu u. Rdnr. 57 f.), *keine* Möglichkeit eröffnet, in die zwingenden Zuständigkeiten von Aufsichtsrat und Hauptversammlung einzugreifen.[39] Deshalb sind namentlich Weisungen in Fragen ausgeschlossen, die der Zuständigkeit der Hauptversammlung und damit der Aktionäre unterliegen wie etwa der Abschluß, die Änderung oder die Aufhebung von Unternehmensverträgen (§§ 293, 295, 296), weil all dies nicht mehr zur „Leitung" der Gesellschaft iS der §§ 76 und 308 Abs. 1 gehört; das wird durch § 299 bestätigt.[40] Lediglich zur *Vorbereitung* solcher Maßnahmen kann nach dem Gesagten (o. Rdnr. 30) das herrschende Unternehmen den Vorstand der abhängigen Gesellschaft nach § 308 Abs. 1 anweisen.

32 **5. Gewinnabführung.** Ein letzter Streitpunkt betrifft die Frage, ob das herrschende Unternehmen aufgrund eines Beherrschungsvertrags die abhängige Gesellschaft zur Abführung ihres Gewinnes anweisen kann. Soweit es um die Abführung des Bilanzgewinns geht, ergibt sich die Verneinung der Frage bereits unmittelbar aus der zwingenden Zuständigkeit der Hauptversammlung aufgrund des § 174 (o. Rdnr. 31). Aber auch im übrigen ist für eine derartige Weisung kein Raum, wie aus der Trennung zwischen dem Beherrschungs- und dem Gewinnabführungsvertrag in den §§ 291 ff. folgt.[41] Sämtliche Kautelen, mit denen das Gesetz den Abschluß eines Gewinnabführungsvertrages umgibt, wären gegenstandslos und überflüssig, wenn das herrschende Unternehmen auch allein aufgrund eines Beherrschungsvertrages in der Lage wäre, den Gewinn der abhängigen Gesellschaft insgesamt abzusaugen.

33 Die Bedeutung der Streitfrage (o. Rdnr. 33) darf man nicht überbewerten. Zunächst ist nicht zu erkennen, was das herrschende Unternehmen nach Abschluß eines Beherrschungsvertrages an dem zusätzlichen Abschluß eines Gewinn- oder Teilgewinnabführungsvertrages hindern sollte (s. §§ 291 Abs. 1 S. 1, 292 Abs. 1 Nr. 2, 293). Vor allem aber verfügt ein herrschendes Unternehmen auch allein aufgrund des Abschlusses eines Beherrschungsvertrages über genügend Möglichkeiten, sich die Gewinne der abhängigen Gesellschaft verdeckt ausschütten zu lassen (§ 291 Abs. 3), wobei hier namentlich an Konzernverrechnungspreise, Konzernumlagen und dergleichen mehr zu denken ist, so daß im Ergebnis der Unterschied zwischen beiden Meinungen (o. Rdnr. 32) nur gering sein wird.

34 **6. Nachteilige Weisungen. a) Begriff.** Sofern der Beherrschungsvertrag nichts anderes bestimmt, sind nach § 308 Abs. 1 S. 2 auch nachteilige Weisungen zulässig, vorausgesetzt, daß sie den Belangen des herrschenden Unternehmens oder der mit ihm und der Gesellschaft konzernverbundenen Unternehmen dient, meistens kurz (ungenau) Konzerninteresse genannt. Der Begriff der Nachteiligkeit ist hier derselbe wie in den §§ 311 und 317 Abs. 2. Nachteilig sind daher solche Weisungen, die Maßnahmen betreffen, die der ordentliche und gewissenhafte Geschäftsleiter einer unabhängigen Gesellschaft, der sich ausschließlich an den Interessen seiner Gesellschaft orientiert, nicht vorgenommen hätte (§§ 76, 93 Abs. 1 S. 1, 311, 317 Abs. 2).[42]

---

[38] Ebenso *Geßler* in Geßler/Hefermehl Rdnr. 43; *Koppensteiner* in Kölner Kommentar Rdnr. 22; s. aber auch o. Rdnr. 22.

[39] OLG Karlsruhe AG 1991, 144, 146 „Asea/BBC"; *Hüffer* Rdnr. 12; *Eschenbruch* Tz. 3052; *Semler* Tz. 330.

[40] OLG Karlsruhe (Fn. 39); s. o. § 299 Rdnr. 4 ff.

[41] Ebenso *Geßler* in Geßler/Hefermehl Rdnr. 48; *Koppensteiner* in Kölner Kommentar Rdnr. 23; anders zB *Semler* Leitung Tz. 334.

[42] *Emmerich/Sonnenschein* §§ 18 V 2 a, 20 II 1; *Eschenbruch* Konzernhaftung Tz. 3025; *Hüffer* Rdnr. 15; *Kantzas* Weisungsrecht S. 98 ff.; *Sina* AG 1991, 1, 5; *Koppensteiner* in Kölner Kommentar Rdnr. 26.

b) Begünstigte Unternehmen.
Bei der Zulassung nachteiliger Weisungen ist der Gesetzgeber davon ausgegangen, daß sich im Konzern letztlich die Vor- und Nachteile derartiger Weisungen ausgleichen werden. Deshalb bestimmt § 308 Abs. 1 S. 2, daß die nachteilige Weisung, wenn sie zulässig sein soll, wenigstens mittelbar Vorteile für das herrschende Unternehmen oder für ein mit diesem (und der Gesellschaft)[43] konzernverbundenes Unternehmen haben muß. Das Gesetz verweist damit auf § 18 Abs. 1 S. 1, nach dem der Konzern im Gegensatz zu den anderen Unternehmensverbindungen der §§ 15 ff. ein mehrseitiges Verhältnis darstellt.[44]

Vorteile für andere Konzernunternehmen rechtfertigen folglich eine Schädigung der abhängigen Gesellschaft durch die Weisung jedenfalls dann, wenn das begünstigte Unternehmen mit dem herrschenden Unternehmen gleichfalls durch einen Beherrschungs- oder Gewinnabführungsvertrag verbunden ist, weil die konzernverbundenen Unternehmen dann in der Tat eine wirtschaftliche Einheit bilden (§ 18 Abs. 1 S. 2).[45] Eine bloße faktische Konzernbindung zwischen dem herrschenden Unternehmen und dem begünstigten anderen Konzernunternehmen genügt hingegen nicht, weil nach den §§ 311 und 317 solche Konzernunternehmen grundsätzlich wie selbständige Gesellschaften geführt werden müssen.[46]

c) Vorteil.
Ob die nachteilige Weisung in dem genannten Sinne dem Konzerninteresse dient, müssen die gesetzlichen Vertreter des herrschenden Unternehmens bei der Weisungserteilung nach pflichtgemäßem Ermessen beurteilen. Maßstab ist nach § 309 die Sorgfalt eines ordentlichen und gewissenhaften Geschäftsleiters, der namentlich auch die dem Weisungsrecht durch Gesetz und Satzung gezogenen Grenzen beachtet (u. Rdnr. 44 ff.).[47] Nur innerhalb dieser Grenzen sind nachteilige Weisungen zulässig, sofern sie außerdem im Konzerninteresse liegen.

Der Begriff des Vorteils der Weisung für den Konzern in § 308 Abs. 1 S. 2 dürfte genausoweit wie in § 311 Abs. 2 S. 1 zu verstehen sein.[48] Es genügt deshalb dafür jeder positive Effekt der Weisung auf die Vermögens- oder Ertragslage des herrschenden Unternehmens oder eines anderen mit ihm konzernverbundenen Unternehmens (o. Rdnr. 36), so daß sich der Konzern trotz der Schädigung der abhängigen Gesellschaft letztlich aufgrund der Weisung insgesamt besser oder doch zumindest ebensogut wie zuvor steht. Stellt sich nachträglich heraus, daß die nachteilige Weisung tatsächlich den Konzerninteressen nicht gedient hat, namentlich, weil die der abhängigen Gesellschaft zugefügten Nachteile größer als die Vorteile für den Konzern waren (s. u. Rdnr. 40), so bleibt das herrschende Unternehmen aufgrund des § 309 in Verbindung mit § 249 BGB zur Beseitigung der Folgen durch Widerruf der Weisung verpflichtet.[49]

d) Vorteile Dritter.
Da nur Konzerninteressen nachteilige Weisungen nach § 308 Abs. 1 S. 2 zu rechtfertigen vermögen, sind Weisungen unzulässig, die ausschließlich den Interessen beliebiger Dritter einschließlich namentlich des Mehrheitsgesellschafters des herrschenden Unternehmens dienen (u. Rdnr. 48). Solchen Interessen Dritter stehen bei Unternehmen, die von der öffentlichen Hand abhängig sind, öffentliche Interessen gleich, die daher ebenfalls als Rechtfertigungsgrund für eine Schädigung der abhängigen Gesellschaft und ihrer außenstehenden Aktionäre ausscheiden.[50]

e) Verhältnismäßigkeit.
Schließlich ist noch erforderlich, daß die Nachteile für die abhängige Gesellschaft in einem vernünftigen Verhältnis zu den Vorteilen für den Gesamt-

---

[43] Dieser Zusatz ist überflüssig und pleonastisch, wie aus § 18 Abs. 1 S. 1 folgt.
[44] S. o. § 18 Rdnr. 7.
[45] *Emmerich/Sonnenschein* § 18 V 2 a; *Geßler* in Geßler/Hefermehl Rdnr. 52; *Koppensteiner* in Kölner Kommentar Rdnr. 29; *Mestmäcker*, Festgabe Kronstein, S. 129, 134 f.
[46] Anders die hM, zB *Eschenbruch* Konzernhaftung Tz. 3054; *Hüffer* Rdnr. 18; *Kantzas* Weisungsrecht S. 100; *Krieger* Handbuch § 70 Rdnr. 98.
[47] *Sina* AG 1991, 1, 7 f.
[48] S. deshalb *Emmerich/Sonnenschein* § 20 IV.
[49] S. o. Rdnr. 25; anders *Immenga* ZHR 140 (1976), 301, 304 ff.
[50] Grdlg. BGHZ 135, 107, 113 f. = LM AktG § 17 Nr. 12 = NJW 1997, 1855, 1856 = AG 1997, 374 = WM 1997, 967 „VW/Niedersachsen"; str., anders zB *Koppensteiner* in Kölner Kommentar Rdnr. 27.

konzern stehen. Eine unverhältnismäßige Schädigung der abhängigen Gesellschaft, der keine vergleichbaren Vorteile für andere Konzernunternehmen gegenüberstehen, ist verboten (u. Rdnr. 50).[51]

41 **f) Folgepflicht des Vorstandes (§ 308 Abs. 2 S. 2).** Nachteilige Weisungen sind nur unter den Voraussetzungen des § 308 Abs. 1 S. 2 zulässig (o. Rdnr. 34 ff.). Der Vorstand der abhängigen Gesellschaft ist daher verpflichtet, nachteilige Weisungen darauf zu überprüfen, ob die genannten Voraussetzungen für ihre Zulässigkeit vorliegen (§§ 93, 310).[52] Gleichwohl darf er nach § 308 Abs. 2 S. 2 die Befolgung derartiger Weisungen, selbst wenn er zu einem negativen Ergebnis gelangt, nur verweigern, wenn die Weisung „offensichtlich" nicht den Belangen des herrschenden Unternehmens oder der mit diesem konzernverbundenen Unternehmen dient. Die Gesetzesverfasser haben diese eigenartige Regelung damit begründet, daß der Vorstand einer einzelnen abhängigen Konzerngesellschaft häufig nicht in der Lage sei zu beurteilen, ob eine Weisung tatsächlich den Belangen des herrschenden Unternehmens oder der mit ihm konzernverbundenen anderen Unternehmen dient.[53] Dies ist in mehr als einer Hinsicht zweifelhaft, so daß es geboten ist, die Bestimmung des § 308 Abs. 2 S. 2 restriktiv zu interpretieren. Das bedeutet im einzelnen:

42 Die Unvereinbarkeit einer nachteiligen Weisung mit dem Konzerninteresse ist bereits dann *offensichtlich* iS des § 308 Abs. 2 S. 2, wenn sie für jeden Sachkenner ohne weitere Nachforschungen auf der Hand liegt.[54] In diesem Fall darf der Vorstand der abhängigen Gesellschaft die nachteilige Weisung daher auf keinen Fall befolgen.[55] In anderen zweifelhaften Fällen ist er hingegen zumindest verpflichtet, das herrschende Unternehmen über seine Zweifel zu informieren.[56] Es ist dann Sache des herrschenden Unternehmens, die Zulässigkeit der Weisung im Konzerninteresse darzulegen und gegebenenfalls zu beweisen.[57]

43 **7. Weisungsfreier Raum.** § 308 bedeutet lediglich eine punktuelle Einschränkung des § 76. Soweit das herrschende Unternehmen von Weisungen absieht, bleibt es mithin bei der Maßgeblichkeit des § 76, so daß sich Vorstand der abhängigen Gesellschaft in dem weisungsfreien Raum weiterhin allein an den Interessen seiner Gesellschaft zu orientieren hat. Entgegen einer verbreiteten Meinung[58] braucht er hierbei auf das „Konzerninteresse" keine Rücksicht zu nehmen (§ 93).[59] Lediglich Maßnahmen, die direkt gegen das herrschende Unternehmen oder gegen mit diesem durch Beherrschungs- oder Gewinnabführungsverträge verbundene andere Konzernunternehmen gerichtet sind, dürften ihm nach dem Sinn des Beherrschungsvertrages verboten sein, so daß solche Maßnahmen die abhängige Gesellschaft schadensersatzpflichtig machen (§§ 276, 249, 252 BGB).

VII. Schranken

Schrifttum: *Clemm* ZHR 141 (1977), 197; *Eichholz,* Konzerninterne Darlehen, 1995; *Emmerich* in Hommelhoff Entwicklungen S. 64; *Emmerich/Sonnenschein* Konzernrecht § 18 V 4; *Eschenbruch* Konzernhaftung Tz. 3039, 3050 ff.; *Geßler* ZHR 140 (1976), 443; *Immenga* ZHR 140 (1976), 301; *Kantzas* Weisungsrecht S. 87 ff.; *Kühlbacher,* Darlehen an Konzernunternehmen, 1993; *Raiser* Kapitalgesellschaften § 54 Rdnr. 28; *Semler* Leitung Tz. 335 ff.; *Sina* AG 1991, 1; *Streyl* Vorstands-Doppelmandate S. 39 ff.; *Wellkamp* WM 1993, 2155; *Zöllner* ZGR 1992, 173.

---

[51] *Eschenbruch* Konzernhaftung Tz. 3055; *Emmerich* in Hommelhoff Entwicklungen S. 64, 69 f.; *Hüffer* Rdnr. 17; *Koppensteiner* in Kölner Kommentar Rdnr. 30, 46; *Kantzas* Weisungsrecht S. 101 f.; *Sina* AG 1991, 1, 7 f.; anders zu Unrecht *Geßler* in Geßler/Hefermehl Rdnr. 54.
[52] ZB *Koppensteiner* in Kölner Kommentar Rdnr. 45; s. u. Rdnr. 53.
[53] S. die Begr. zum RegE des § 308 und des § 310, bei *Kropff* AktG S. 403 und § 406; s. dazu *Emmerich/Sonnenschein* § 18 V 1; *Emmerich* in Hommelhoff Entwicklungen S. 64, 73 f.; *Kantzas* Weisungsrecht S. 126 ff.
[54] *Hüffer* Rdnr. 22.
[55] Ebenso schon die Begr. zum RegE, bei *Kropff* AktG S. 403.
[56] *Hüffer* Rdnr. 21.
[57] Str., wie hier *Geßler* in Geßler/Hefermehl Rdnr. 72; *Koppensteiner* in Kölner Kommentar Rdnr. 45; anders *Hüffer* Rdnr. 22.
[58] *Hüffer* Rdnr. 20; *Koppensteiner* in Kölner Kommentar Rdnr. 48 f.
[59] Ebenso *Geßler* in Geßler/Hefermehl Rdnr. 75 f.

Das Weisungsrecht des herrschenden Unternehmens aufgrund eines Beherrschungsvertrages ist nicht schrankenlos (s.o. Rdnr. 27); vielmehr zieht ihm bereits das AktG in den §§ 299 und 308 Abs. 1 S. 2 gewisse äußerste Grenzen (vgl. demgegenüber für die Eingliederung § 323 Abs. 1 S. 2). Weitere Schranken können sich aus dem Beherrschungsvertrag, aus der Satzung der abhängigen Gesellschaft sowie aus dem zwingenden Gesetzesrecht ergeben (§§ 134, 138 BGB). 44

1. Satzung. Die Geschäftsführungsbefugnis des Vorstandes beschränkt sich nach den §§ 76 Abs. 1 und 82 Abs. 2 auf den satzungsmäßigen Gegenstand der Gesellschaft, so daß eine Abweichung hiervon einer Satzungsänderung bedarf. Das gilt gleichermaßen für die Aufnahme von Tätigkeiten außerhalb ihres Gegenstandes wie für die Einstellung zentraler, zum bisherigen Gegenstand gehörender Tätigkeitsbereiche. Derartige Satzungsänderungen fallen in die alleinige Zuständigkeit der Hauptversammlung (§ 179) und sind damit dem Weisungsrecht des herrschenden Unternehmens entzogen.[60] Auch aufgrund des § 308 Abs. 1 ist mithin das herrschende Unternehmen nicht befugt, sich über die Satzung der abhängigen Gesellschaft hinwegzusetzen. 45

Das herrschende Unternehmen darf daher den Vorstand der abhängigen Gesellschaft nicht dazu anweisen, neue Tätigkeiten außerhalb ihres bisherigen Gegenstandes aufzunehmen oder umgekehrt wichtige derartige Tätigkeitsbereiche einzustellen, ohne daß zuvor die Satzung geändert wird.[61] Ebenso verboten sind Weisungen, die zur Folge haben, daß die abhängige Gesellschaft ihre Geschäftstätigkeit ganz oder im wesentlichen einstellen muß. Durch Weisung kann daher namentlich nicht eine bisher produktiv tätige Tochtergesellschaft in eine bloße Zwischenholding verwandelt werden.[62] 46

2. Gesetz. Gesetz- und sittenwidrige Weisungen sind nichtig (§§ 134, 138 BGB). Das herrschende Unternehmen ist nicht befugt, den Vorstand der abhängigen Gesellschaft zB zu Verstößen gegen Vorschriften etwa des Wettbewerbs-, des Kartell- oder des Steuerrechts anzuweisen. Ebenso verboten sind Weisungen, die gegen zwingende Vorschriften des AktG verstoßen.[63] Unbeachtlich wäre daher zB eine Weisung des herrschenden Unternehmens an die abhängige Gesellschaft, den Anspruch auf Verlustausgleich aus § 302 nicht geltend zu machen. Neben diesen für alle Unternehmen geltenden Schranken des Weisungsrechts können sich in einzelnen Wirtschaftszweigen zusätzliche Schranken aus dem *Aufsichtsrecht* ergeben. Bedeutung hat dies namentlich für Banken und Versicherungen, bei denen die Aufsichtsämter aufgrund des KWG und des VAG dem Weisungsrecht des herrschenden Unternehmens enge Schranken gezogen haben.[64] 47

Eine Ausnahme von der durchgängigen Gesetzesbindung des herrschenden Unternehmens bei der Ausübung seines Weisungsrechts aufgrund des § 308 Abs. 1 ergibt sich aus **§ 291 Abs. 3,** nach dem Leistungen der abhängigen Gesellschaft aufgrund eines Beherrschungsvertrages nicht als Verstoß gegen die §§ 57, 58 und 60 gelten (ebenso für den Eingliederungskonzern § 323 Abs. 2).[65] Das herrschende Unternehmen kann daher von der abhängigen Gesellschaft in den Grenzen des § 308 Abs. 1 S. 2 die verdeckte Ausschüttung von Gewinnen verlangen; die üblichen Mittel hierzu sind ungünstige Konzernverrechnungspreise oder Konzernumlagen. Indessen darf das herrschende Unternehmen aufgrund eines bloßen Beherrschungsvertrages nicht auf diese Weise ebenso wie bei einem Gewinn- 48

---

[60] OLG Düsseldorf AG 1990, 490, 492; *Eschenbruch* Konzernhaftung Tz. 3051; *Emmerich/Sonnenschein* § 18 V 4a; *Geßler* in Hommelhoff Entwicklungen S. 64, 70 f.; *Geßler* in Geßler/Hefermehl Rdnr. 56 ff.; *Koppensteiner* in Kölner Kommentar Rdnr. 36.
[61] S. außer den Genannten (Fn. 60) noch *Hommelhoff* Konzernleitungspflicht S. 149, 316 ff.; *Kantzas* Weisungsrecht S. 103 ff.
[62] *Kantzas* Weisungsrecht S. 106 f.
[63] *Geßler* in Geßler/Hefermehl Rdnr. 46; *Hüffer* Rdnr. 14; *Kantzas* Weisungsrecht S. 98; *Koppensteiner* in Kölner Kommentar Rdnr. 19; *Streyl* Vorstands-Doppelmandate S. 60; zu § 291 Abs. 3 s. sogleich u. Rdnr. 48.
[64] S. im einzelnen *Dreher* ZVersWiss 1988, 619; *ders.* DB 1992, 2605; *Gromann* AG 1981, 241; *Sasse* Festschrift Sieg, 1976, S. 435; *U. Schneider* in Büschgen/U. Schneider (Hrsg.), Der europäische Binnenmarkt 1992, 1990, S. 95, 107 ff.; *Streyl* Vorstands-Doppelmandate S. 145 f.
[65] S. schon o. § 291 Rdnr. 62; *Geßler* in Geßler/Hefermehl Rdnr. 47; *Hüffer* Rdnr. 17.

abführungsvertrag den gesamten Gewinn der abhängigen Gesellschaft absaugen (o. Rdnr. 32 f.). Unzulässig ist außerdem die Weisung, Gewinne verdeckt an *Dritte* auszuschütten, dh. an Personen, die nicht im Konzernverbund mit der abhängigen Gesellschaft stehen.[66] Zu den Dritten in diesem Sinne gehört namentlich auch der Mehrheitsgesellschafter des herrschenden Unternehmens (o. Rdnr. 39).

49 **3. Lebensfähigkeit der Gesellschaft. a) Grundsatz.** Umstritten ist, ob auch die Lebensfähigkeit der abhängigen Gesellschaft dem Weisungsrecht des herrschenden Unternehmens Schranken zieht. Es geht dabei um die Frage, ob Weisungen zulässig sind, durch die aktuell die Existenz der abhängigen Gesellschaft oder doch ihre Überlebensfähigkeit nach Beendigung des Beherrschungsvertrages bedroht wird, etwa durch Abzug der zum Weiterbetrieb der Geschäfte erforderlichen Liquidität, durch Entzug der wichtigsten Ressourcen und dergleichen mehr. Soweit solche Weisungen für zulässig gehalten werden, steht dahinter die Überlegung, daß eine juristische Personen keinen Eigenwert besitzt und daß in den Gesetzesberatungen ausdrücklich darauf verzichtet worden sei, durch zusätzliche Regelungen die Überlebensfähigkeit der abhängigen Gesellschaft nach Beendigung eines Beherrschungsvertrages sicherzustellen.[67]

50 Hierbei wird jedoch übersehen, daß das Gesetz in den §§ 302 bis 305 offenkundig von dem *Fortbestand* der abhängigen Gesellschaft trotz des Abschlusses eines Beherrschungs- oder Gewinnabführungsvertrages ausgeht und daß an dieser weiterhin außenstehende Aktionäre beteiligt sein können (s. § 304). Deshalb sind mit der Sorgfalt eines ordentlichen und gewissenhaften Geschäftsleiters im Sinne des § 309 Abs. 1 solche Weisungen unvereinbar, durch die die abhängige Gesellschaft übermäßig geschädigt würde (o. Rdnr. 40). Dies bedeutet, positiv gewendet, daß ihre Lebens- und Überlebensfähigkeit bei jeder Weisung gewährleistet bleiben muß und daß es kein denkbares Konzerninteresse gibt, das die willentliche Vernichtung einzelner Konzernglieder rechtfertigen kann, jedenfalls, solange an ihnen noch außenstehende Aktionäre beteiligt sind.[68] Für 100%ige Töchter mag etwas anderes gelten (§§ 302, 303, 307).

51 **b) Beispiele.** Beispiele für hiernach unzulässige, weil existenzbedrohende Weisungen sind je nach den Umständen des Falles der übermäßige Abzug von Liquidität,[69] der namentlich bei zentralen Cash-Management-Systemen droht,[70] die Einstellung lebenswichtiger Produktionen[71] oder vielversprechender Entwicklungen, die Übertragung der ertragreichsten Betriebszweige auf andere Konzernunternehmen sowie die Unterlassung der für den Fortbestand der Gesellschaft am Markt unerläßlichen Erneuerungsinvestitionen. Ebenso können von Fall zu Fall zu beurteilen sein ein die abhängige Gesellschaft besonders benachteiligender Effektenaustausch, Kredite an andere Konzernunternehmen ohne ausreichende Sicherheiten oder zu ganz ungünstigen Konditionen sowie die Aufnahme von Krediten unter Belastung des Gesellschaftsvermögens im Interesse anderer Konzernunternehmen.[72]

---

[66] *Eschenbruch* Konzernhaftung Tz. 3058.
[67] Vgl. die Begr. zu dem RegE der §§ 303 und 305, bei *Kropff* AktG S. 393 o., 397; in diesem Sinne insbes. *Koppensteiner* in Kölner Kommentar Rdnr. 32 ff.; *ders.* Festschrift Ostheim S. 403, 432; *ders.* AG 1995, 96; *Wellkamp* WM 1993, 2155, 2156 f.
[68] OLG Düsseldorf AG 1990, 490, 492 „DAB/Hansa"; *Autenrieth* GmbHR 1984, 198; *Clemm* ZHR 141 (1977), 197, 204 ff.; *Eschenbruch* Konzernhaftung Tz. 3056 ff.; *Geßler* ZHR 140 (1976), 443; *Emmerich* in Hommelhoff Entwicklungen, S. 64, 71 ff.; *Emmerich/Sonnenschein* § 18 V 4 c; *Geßler* in Geßler/Hefermehl Rdnr. 55; *Hommelhoff* Konzernleitungspflicht S. 148, 307 ff.; *Hüffer* Rdnr. 19; *Immenga* ZHR 140 (1976), 301; *Kantzas* Weisungsrecht S. 109 ff.; *Kleindiek,* Strukturvielfalt im Personengesellschafts-Konzern, 1991, S. 168 ff.; *Krieger* Handbuch § 70 Rdnr. 98; *Schulze-Osterloh* ZHR 142 (1978), 519, 523 f.; *Semler* Leitung Tz. 335 ff.; *ders.,* Festschrift Stiefel, S. 750 ff.; *Sina* AG 1991, 1, 7 f.; *Streyl* Vorstands-Doppelmandate S. 49 ff.; *H. Wilhelm* Beendigung S. 139 ff.; *Vanis* GesRZ 1987, 132, 141 f.
[69] *Hommelhoff* WM 1984, 1105, 1112 ff.; *Kantzas* Weisungsrecht S. 105 ff.; *Kleindiek* Strukturvielfalt (Fn. 68) S. 162, 186 ff.; *Priester* ZIP 1989, 1301, 1303 ff.
[70] Ausführlich *Eschenbruch* Konzernhaftung Tz. 3057; *Jula/Breitbarth* AG 1997, 256, 258 ff.
[71] OLG Düsseldorf AG 1990, 490, 492 „DAB/Hansa".
[72] Vgl. OLG München AG 1980, 272; OLG Düsseldorf (Fn. 71); *Autenrieth* GmbHR 1984, 198 f.; *Clemm* ZHR 141 (1977), 197; *Emmerich* in Hommelhoff Entwicklungen S. 64, 74 ff.; ausführlich zu diesem schwierigen Fragenkreis zuletzt zB *Eichholz,*

c) **Bonität.** Drohen aufgrund einer nachteiligen Weisung des herrschenden Unternehmens erhebliche Verluste, so sind solche Weisungen auch dann unzulässig, wenn der Verlustausgleich (§ 302) nicht mehr sichergestellt ist. Sobald der Vorstand der abhängigen Gesellschaft insoweit Zweifel hat, muß er daher entsprechend § 311 auf einem *vorherigen* Nachteilsausgleich seitens des herrschenden Unternehmens bestehen, bevor er die Weisung befolgen darf (§§ 93, 310).[73]

4. Prüfungspflicht. Der Vorstand der abhängigen Gesellschaft ist verpflichtet, die Weisungen des herrschenden Unternehmens zu befolgen (§ 308 Abs. 2 S. 1). Dies gilt jedoch nur für zulässige, nicht hingegen für unzulässige Weisungen (§ 76 AktG; §§ 134, 138 BGB).[74] Eine beschränkte Ausnahme besteht nur für nachteilige Weisungen aufgrund des § 308 Abs. 2 S. 2 (o. Rdnr. 41 f.). Daraus folgt, daß der Vorstand der abhängigen Gesellschaft die Weisungen des herrschenden Unternehmens vor ihrer Befolgung mit der Sorgfalt eines ordentlichen und gewissenhaften Geschäftsleiters (s. § 310 Abs. 1) auf ihre Zulässigkeit überprüfen muß.[75] Diese Prüfungspflicht des Vorstandes der abhängigen Gesellschaft ist im Grunde die einzige Garantie für die fortbestehende Lebensfähigkeit der abhängigen Gesellschaft. Auf sie kann daher auch dann nicht verzichtet werden, wenn das herrschende Unternehmen unter weitgehendem Verzicht auf ausdrückliche Weisungen zu anderen Lenkungsmitteln im Konzern greift (s. o. Rdnr. 20 ff.). Zu denken ist hier in erster Linie an personelle Verflechtungen, etwa in Gestalt der bereits erwähnten Vorstands-Doppelmandate.[76]

VIII. Durchsetzung

1. Erfüllung. Die abhängige Gesellschaft ist aufgrund des Beherrschungsvertrages zur Befolgung zulässiger Weisungen verpflichtet (§§ 291 Abs. 1 S. 1, 308 Abs. 1). Dieselbe Pflicht trifft die Mitglieder des Vorstandes der abhängigen Gesellschaft persönlich aufgrund des § 308 Abs. 2 S. 1. Folglich kann das herrschende Unternehmen, wenn der Vorstand der abhängigen Gesellschaft seinen Weisungen nicht nachkommt, von beiden, der abhängigen Gesellschaft wie den Mitgliedern des Vorstandes, Erfüllung durch Ausführung der Weisungen verlangen.[77] Die Vollstreckung eines etwaigen Leistungsurteils richtet sich nach § 888 ZPO.

2. Schadensersatz. Kommt der Vorstand der abhängigen Gesellschaft einer wirksamen Weisung nicht nach oder führt er diese schlecht aus, so kann das herrschende Unternehmen außerdem von der abhängigen Gesellschaft und von den Mitgliedern ihres Vorstandes persönlich Schadensersatz wegen Vertragsverletzung verlangen (§§ 276, 249, 252 BGB).[78] Vor allem hieran wird der auch schuldrechtliche Charakter des Beherrschungsvertrages deutlich.[79]

3. Zurückbehaltungsrecht. § 273 BGB findet gleichfalls auf die Beziehungen der abhängigen Gesellschaft zum herrschenden Unternehmen aufgrund des Beherrschungsvertrages Anwendung.[80] Die abhängige Gesellschaft und ihr Vorstand können mithin die Befolgung wirksamer Weisungen verweigern, wenn das herrschende Unternehmen seinerseits seinen Pflichten nicht nachkommt, zB entgegen § 302 keinen Verlustausgleich leistet

---

Konzerninterne Darlehen, 1993; *Kühlbacher,* Darlehen an Konzernunternehmen, 1993.

[73] *Eschenbruch* Tz. 3057; *Emmerich* in Hommelhoff Entwicklungen S. 64, 75 f.; *H. Wilhelm* Beendigung S. 140 ff.
[74] So schon die Begr. zum RegE, bei *Kropff* AktG S. 403; s. o. Rdnr. 41.
[75] *Emmerich/Sonnenschein* § 18 V 2; *Geßler* in Geßler/Hefermehl Rdnr. 65; *Hüffer* Rdnr. 20 bis 22; *Kantzas* Weisungsrecht S. 120 ff. *Sina* AG 1991, 1, 8 f.
[76] Anders *Streyl* Vorstands-Doppelmandate S. 41, 55, 60 ff.; ähnlich wie hier offenbar OLG Köln AG 1993, 86, 89 = ZIP 1993, 110 „Winterthur/Nordstern".

[77] *Emmerich/Sonnenschein* §§ 8 II 4, 18 VI 3; *Geßler* in Geßler/Hefermehl Rdnr. 24; *Kantzas* Weisungsrecht S. 45 ff.; *Koppensteiner* in Kölner Kommentar Rdnr. 43.
[78] Ebenso *Geßler* in Geßler/Hefermehl Rdnr. 22 ff.; *Koppensteiner* in Kölner Kommentar Rdnr. 43.
[79] S. o. § 291 Rdnr. 24; *Emmerich/Sonnenschein* § 8 II 4.
[80] *Emmerich/Sonnenschein* § 8 II 4.

oder die Schranken des Weisungsrechts in anderen Fällen nicht einhält.[81] In dem zuletzt genannten Fall ist die abhängige Gesellschaft außerdem befugt, den Beherrschungsvertrag nach § 297 Abs. 1 fristlos aus wichtigem Grunde kündigen, jedenfalls bei schwerwiegenden und wiederholten Verstößen des herrschenden Unternehmens gegen den Beherrschungsvertrag.[82]

IX. Zustimmungsbedürftige Geschäfte

57 In § 308 Abs. 3 enthält das Gesetz noch eine rechtspolitisch durchaus zweifelhafte Regelung für den Fall, daß das Weisungsrecht des herrschenden Unternehmens mit dem Zustimmungsrecht des Aufsichtsrats aufgrund des § 111 Abs. 4 S. 2 kollidiert.[83] Danach gilt folgendes: Wird die erforderliche Zustimmung des Aufsichtsrats zur Vornahme eines Geschäfts, zu dem das herrschende Unternehmen die abhängige Gesellschaft wirksam nach § 308 Abs. 1 angewiesen hat, nicht innerhalb einer angemessenen Frist erteilt oder verweigert der Aufsichtsrat seine Zustimmung, so hat der Vorstand der abhängigen Gesellschaft dies dem herrschenden Unternehmen unverzüglich mitzuteilen (§ 308 Abs. 3 S. 1). Das herrschende Unternehmen muß hierauf entscheiden, ob es an seiner Weisung festhalten will oder nicht. Im ersten Fall muß es die Weisung wiederholen mit der Folge, daß dann die Zustimmung des Aufsichtsrats der abhängigen Gesellschaft zu der angewiesenen Maßnahme nicht mehr erforderlich ist (§ 308 Abs. 3 S. 2 Hs. 1) und der Vorstand der abhängigen Gesellschaft die Weisung jetzt unbedingt befolgen muß (§ 308 Abs. 2 S. 1). Handelt es sich freilich bei dem herrschenden Unternehmen um ein solches, das kraft Gesetzes einen Aufsichtsrat hat, so bedarf die Wiederholung der Weisung dessen Zustimmung (§ 308 Abs. 3 S. 2 Hs. 2).

58 Durch **§ 308 Abs. 3 S. 2 Hs. 2** soll sichergestellt werden, daß in mitbestimmten Gesellschaften die Arbeitnehmer des Konzerns wenigstens auf der Ebene des herrschenden Unternehmens an der fraglichen Maßnahme mitwirken können. Wenn es sich bei dem herrschenden Unternehmen um ein ausländisches Unternehmen handelt, läuft freilich dieser merkwürdige Schutz der deutschen Mitbestimmung leer, ohne daß dies an der Weisungsbefugnis des herrschenden Unternehmens etwas änderte.[84] Ohnehin hat die Zustimmung des Aufsichtsrats des herrschenden Unternehmens (§ 308 Abs. 3 S. 2 Hs. 2) lediglich interne Bedeutung, so daß die Wirksamkeit der wiederholten Weisung des herrschenden Unternehmens im Außenverhältnis gegenüber der abhängigen Gesellschaft nicht davon abhängt, ob der Aufsichtsrat des herrschenden Unternehmens der wiederholten Weisung zugestimmt hat oder nicht.[85]

§ 309 Verantwortlichkeit der gesetzlichen Vertreter des herrschenden Unternehmens

(1) Besteht ein Beherrschungsvertrag, so haben die gesetzlichen Vertreter (beim Einzelkaufmann der Inhaber) des herrschenden Unternehmens gegenüber der Gesellschaft bei der Erteilung von Weisungen an diese die Sorgfalt eines ordentlichen und gewissenhaften Geschäftsleiters anzuwenden.

(2) Verletzen sie ihre Pflichten, so sind sie der Gesellschaft zum Ersatz des daraus entstehenden Schadens als Gesamtschuldner verpflichtet. Ist streitig, ob sie die Sorgfalt eines ordentlichen und gewissenschaften Geschäftsleiters angewandt haben, so trifft sie die Beweislast.

---

[81] S. o. § 291 Rdnr. 24.
[82] S. o. § 297 Rdnr. 23.
[83] Zur Kritik s. zB *Hüffer* Rdnr. 23; *Rowedder*, Festschrift Duden, S. 504 ff.; *Turner* DB 1991, 583.
[84] S. o. § 291 Rdnr. 30 ff.; *W. Bayer* Beherrschungsvertrag S. 106 ff.; *Emmerich/Sonnenschein* § 8 IV 4; *Geßler* in Geßler/Hefermehl Rdnr. 81; *Hüffer* Rdnr. 24; *Koppensteiner* in Kölner Kommentar Rdnr. 52.
[85] *Hüffer* Rdnr. 24.

Verantwortlichkeit der gesetzlichen Vertreter **§ 309**

(3) Die Gesellschaft kann erst drei Jahre nach der Entstehung des Anspruchs und nur dann auf Ersatzansprüche verzichten oder sich über sie vergleichen, wenn die außenstehenden Aktionäre durch Sonderbeschluß zustimmen und nicht eine Minderheit, deren Anteile zusammen den zehnten Teil des bei der Beschlußfassung vertretenen Grundkapitals erreichen, zur Niederschrift Widerspruch erhebt. Die zeitliche Beschränkung gilt nicht, wenn der Ersatzpflichtige zahlungsunfähig ist und sich zur Abwendung oder Beseitigung des Konkursverfahrens mit seinen Gläubigern vergleicht.

(4) Der Ersatzanspruch der Gesellschaft kann auch von jedem Aktionär geltend gemacht werden. Der Aktionär kann jedoch nur Leistung an die Gesellschaft fordern. Der Ersatzanspruch kann ferner von den Gläubigern der Gesellschaft geltend gemacht werden, soweit sie von dieser keine Befriedigung erlangen können. Den Gläubigern gegenüber wird die Ersatzpflicht durch einen Verzicht oder Vergleich der Gesellschaft nicht ausgeschlossen. Ist über das Vermögen der Gesellschaft das Konkursverfahren eröffnet, so übt während dessen Dauer der Konkursverwalter das Recht der Aktionäre und Gläubiger, den Ersatzanspruch der Gesellschaft geltend zu machen, aus.

(5) Die Ansprüche aus diesen Vorschriften verjähren in fünf Jahren.

Schrifttum: S. o. bei § 308 sowie *Abeltshauser,* Leitungshaftung im Kapitalgesellschaftsrecht, 1998, S. 243 ff.; *M. Becker,* Verwaltungskontrolle durch Gesellschafterrechte, 1998; *Beuthien,* Art und Grenzen der aktienrechtlichen Haftung herrschender Unternehmen für Leitungsmachtmißbrauch, DB 1969, 1781; *Canaris,* Hauptversammlungsbeschlüsse und Haftung der Verwaltungsmitglieder im Vertragskonzern, ZGR 1978, 207; *Emmerich,* Das Wirtschaftsrecht der öffentlichen Unternehmen, 1969; *Emmerich/Sonnenschein* Konzernrecht § 18 VI; *Eschenbruch* Konzernhaftung Tz. 3031 ff. (S. 190 ff.); *Kantzas,* Das Weisungsrecht im Vertragskonzern, 1988, S. 155 ff.; *Krieger* Handbuch § 70 D 3 (S. 832 ff.); *Langen,* Zur Haftung des herrschenden Unternehmens aus erteilter Weisung, DB 1977, 151; *Mertens,* Die Haftung wegen Mißbrauchs der Leitungsmacht nach § 309 AktG in schadensersatzrechtlicher Sicht, AcP 168 (1968), 225; *ders.,* Die gesetzliche Einschränkung der Disposition bei Ersatzansprüchen der Gesellschaft durch Verzicht und Vergleich in der aktien- und konzernrechtlichen Organhaftung, Festschrift Fleck, 1988, 209; *Mestmäcker,* Zur Systematik des Rechts der verbundenen Unternehmen, Festgabe Kronstein, 1967, S. 129; *Möhring,* Zur Systematik der §§ 311, 317 AktG, Festschrift Schilling, 1973, S. 253; *Pentz,* Die Rechtsstellung der Enkel-AG in einer mehrstufigen Unternehmensverbindung, 1996, S. 115 ff.; *Sonnenschein,* Der Schutz von Minderheitsaktionären, in Mestmäcker/Behrens (Hrsg.), Das Gesellschaftsrecht der Konzerne im internationalen Vergleich, 1991, S. 49; *Wellkamp,* Die Haftung von Geschäftsleitern im Konzern, WM 1993, 2155; *Zimmermann,* Vereinbarungen über die Erledigung von Ersatzansprüchen gegen Vorstandsmitglieder von Aktiengesellschaften, Festschrift Duden, 1977, S. 773.

Übersicht

	Rdnr.		Rdnr.
I. Überblick	1–5	IV. Haftungstatbestand	23–34
II. Anwendungsbereich	6–10	1. Bedeutung	24–26
1. GmbH	6	2. Maßstab	27–30
2. Mehrstufige Unternehmensverbindungen	7–9	a) Sorgfaltspflichtverletzung	28
		b) Unzulässige Weisungen	29
3. Mehrmütterorganschaft	10	c) Unterlassung von Weisungen	30
III. Verpflichteter	11–22	3. Kausalität	31
1. Gesetzliche Vertreter	12, 13	4. Schaden	32, 33
2. Aufsichtsrat	14	5. Beweislast	34
3. Öffentliche Hand	15	V. Verzicht und Vergleich	35–37
4. Einzelkaufmann	16	VI. Geltendmachung	38–42
5. Herrschendes Unternehmen	17, 18	1. Abhängige Gesellschaft	38
6. Organverflechtung	19–21	2. Aktionäre	39–41
a) Vorstands-Doppelmandate	20	3. Gläubiger	42
b) Sonstige Fälle	21	VII. Konkurrenzen	43
7. Sonstige Vertreter	22		

I. Überblick

1 § 309 regelt die Haftung der gesetzlichen Vertreter des herrschenden Unternehmens für die Erteilung von Weisungen aufgrund des § 308. Abs. 1 des § 309 konkretisiert zunächst den Sorgfaltsmaßstab, den die gesetzlichen Vertreter des herrschenden Unternehmens bei der Erteilung von Weisungen zu beachten haben. Abs. 2 der Vorschrift fügt sodann hinzu, daß sie bei einer Verletzung dieser Sorgfalt, vor allem also im Falle der grundlosen Erteilung nachteiliger Weisungen, der abhängigen Gesellschaft gesamtschuldnerisch zum Schadensersatz verpflichtet sind. Auf die Ersatzansprüche, die ihr hiernach zustehen, kann die abhängige Gesellschaft außerdem nur unter den engen Voraussetzungen des Abs. 3 der Vorschrift verzichten; dasselbe gilt für einen Vergleich. Die Ersatzansprüche sind an sich von der abhängigen Gesellschaft gegen das herrschende Unternehmen zu verfolgen. Da hiermit jedoch häufig nicht zu rechnen ist, bestimmt das Gesetz in § 309 Abs. 4 ergänzend, daß auch die Aktionäre der abhängigen Gesellschaft und ihre Gläubiger die Ersatzansprüche geltend machen können. Nach § 309 Abs. 5 verjähren die Ersatzansprüche schließlich in fünf Jahren. § 309 ist durch das Einführungsgesetz zur Insolvenzordnung vom 5. Oktober 1994[1] der neuen Insolvenzordnung angepaßt worden. Die Änderungen treten am 1. Januar 1999 in Kraft. Abs. 3 S. 2 der Vorschrift erhält dann folgenden Wortlaut:
Die zeitliche Beschränkung gilt nicht, wenn der Ersatzpflichtige zahlungsunfähig ist und sich zur Abwendung des Insolvenzverfahrens mit seinen Gläubigern vergleicht oder wenn die Ersatzpflicht in einem Insolvenzplan geregelt ist.
Eine entsprechende Änderung erfährt Abs. 4 S. 5 der Vorschrift, die vom 1. Januar 1999 an wie folgt lauten wird:
Ist über das Vermögen der Gesellschaft das Insolvenzverfahren eröffnet, so übt während dessen Dauer der Insolvenzverwalter oder der Sachwalter das Recht der Aktionäre und Gläubiger, den Ersatzanspruch der Gesellschaft geltend zu machen, aus.

2 Vorbild der gesetzlichen Regelung ist namentlich § 93 (vgl. außerdem die §§ 116 und 117). § 309 Abs. 3 S. 1 orientiert sich zusätzlich an § 302 Abs. 3 S. 3. Die Vorschrift des § 309 findet ihrerseits entsprechende Anwendung im Falle der Eingliederung (§ 323 Abs. 1 S. 2). Auf die Abs. 3 bis 5 des § 309 wird außerdem in den §§ 308 Abs. 4, 317 Abs. 4 und 310 Abs. 4 verwiesen. Besondere Bedeutung hat hiervon namentlich die Verweisung in § 317 Abs. 4. Im übrigen ist die praktische Bedeutung des § 309 bisher offenbar gering geblieben.

3 § 309 zieht die Konsequenzen aus dem Umstand, daß im Vertragskonzern die Leitung der abhängigen Gesellschaft zumindest partiell auf das herrschende Unternehmen übergeht, so daß die gesetzlichen Vertreter des herrschenden Unternehmens, soweit sie von dessen Weisungsrecht Gebrauch machen, in der Organisation der abhängigen Gesellschaft deren Vorstand verdrängen (§§ 291 Abs. 1 S. 1, 308 Abs. 1).[2] Um hier keine Schutzlücke entstehen zu lassen, mußte das Gesetz folgerichtig die Haftung des Vorstandes aus § 93 auf die gesetzlichen Vertreter des herrschenden Unternehmens ausdehnen. Dies ist durch § 309 geschehen, der deshalb häufig auch als weiterer Fall der Organhaftung (neben den §§ 93 und 116) interpretiert wird.[3]

4 Das Gesetz enthält keine ausdrückliche Regelung der Haftung des *herrschenden Unternehmens* selbst. Dies ist kein Zufall, sondern beruht darauf, daß sich nach Auffassung der Gesetzesverfasser die Haftung des herrschenden Unternehmens bereits „nach allgemeinen Rechtsgrundsätzen aufgrund des Vertrags" ergibt.[4] Deshalb steht heute die gesamtschuldnerische Haftung des herrschenden Unternehmens neben seinen gesetzlichen Vertretern aus § 309 Abs. 2 im Ergebnis außer Frage (u. Rdnr. 17 f.).

---

[1] BGBl. 1994 I, S. 2911, 2931.
[2] S. statt aller *Emmerich/Sonnenschein* § 18 VII 1; *Koppensteiner* in Kölner Kommentar Rdnr. 2.
[3] S. die Begr. zum RegE, bei *Kropff* AktG S. 404.
[4] So die Begr. zum RegE, bei *Kropff* AktG S. 405 o.; s.u. Rdnr. 17 f.

Seinem Zweck entsprechend (o. Rdnr. 3) enthält § 309 durchgängig **zwingendes Recht**, so daß in dem Beherrschungsvertrag nichts anderes bestimmt werden kann (§ 134 BGB).[5] Eine ergänzende Regelung für die Haftung der Organmitglieder der abhängigen Gesellschaft findet sich in § 310.

II. Anwendungsbereich

1. GmbH. Der Anwendungsbereich des § 309 deckt sich mit dem des § 308. Wegen der Einzelheiten ist deshalb auf die Ausführungen zu § 308 zu verweisen.[6] Bisher nicht untersucht ist die Frage, ob § 309 entsprechend auf Beherrschungsverträge mit Gesellschaften anderer Rechtsform, namentlich mit einer GmbH angewandt werden kann. Überwiegende Gründe sprechen für die Bejahung dieser Frage.

2. Mehrstufige Unternehmensverbindungen. Zusätzliche Probleme wirft die Anwendung des § 309 in mehrstufigen Unternehmensverbindungen auf.[7] Der Betrachtung bedarf zunächst der Fall *mehrerer* hintereinander geschalteter Beherrschungsverträge zwischen der Mutter- und der Tochtergesellschaft sowie zwischen der Tochter- und der Enkelgesellschaft. Weist in einem derartigen Fall die Muttergesellschaft, die hier kein direktes Weisungsrecht gegenüber der Enkelgesellschaft besitzt,[8] ihre Tochter an, der Enkelgesellschaft eine bestimmte Weisung zu erteilen, so stellt sich sowohl die Frage nach der Haftung der Tochtergesellschaft wie die nach der Haftung der Muttergesellschaft und ihrer gesetzlichen Vertreter. Die Haftung der Tochtergesellschaft wird zum Teil verneint, wenn die Weisung der Muttergesellschaft aufgrund des § 308 Abs. 2 sowie aufgrund des Beherrschungsvertrages für sie bindend war.[9] Folgt man dem, so ist die entsprechende Anwendung des § 309 auf die gesetzlichen Vertreter der Muttergesellschaft ebensowie auf diese selbst unabdingbar.[10]

Dasselbe muß im Ergebnis gelten, wenn die Weisung für die Tochtergesellschaft, etwa wegen eines Verstoßes gegen § 308 Abs. 1 S. 2, nicht bindend war. In diesem Fall tritt lediglich zu der Haftung der Muttergesellschaft und ihrer Vertreter (o. Rdnr. 7) die der Tochtergesellschaft und ihrer gesetzlichen Vertreter nach § 309 hinzu. Außerdem ist in beiden genannten Fällen der § 309 Abs. 4 auf die Aktionäre und Gläubiger der Enkelgesellschaft entsprechend anzuwenden, so daß sie ebenfalls die Ersatzansprüche der Enkelgesellschaft gegen die Muttergesellschaft und ihre gesetzlichen Vertreter verfolgen können.[11]

Ebenso wie im Falle mehrerer hintereinander geschaltete Verträge (o. Rdnr. 7 f.) wird die Rechtslage überwiegend beurteilt, wenn in dem Verhältnis zwischen der Mutter- und der Tochtergesellschaft kein Beherrschungsvertrag besteht, so daß es sich um ein sonstiges *Abhängigkeitsverhältnis* handelt.[12] Begründet wird dies mit der Unanwendbarkeit der §§ 311 und 317 in derartigen mehrstufigen Unternehmensverbindungen. Dem ist indessen nicht zu folgen,[13] so daß sich hier die Haftung des herrschenden Unternehmens unmittelbar aus den §§ 311 und 317 ergibt.[14] Für die Anwendung des § 309 ist daneben kein Raum.

3. Mehrmütterorganschaft. Im Falle der Mehrmütterorganschaft haften die gesetzlichen Vertreter sämtlicher Muttergesellschaften gesamtschuldnerisch, wenn sie gemeinsam Einfluß auf ihr Gemeinschaftsunternehmen nehmen.[15] Übertragen die Mütter hingegen die Ausübung des Weisungsrechts einer von ihnen zur ausschließlichen Wahrnehmung ge-

---

[5] So schon die Begr. zum RegE, bei *Kropff* AktG S. 404 u.; *Hüffer* Rdnr. 1; *Kantzas* Weisungsrecht S. 164.
[6] S. o. § 308 Rdnr. 4 ff.
[7] S. schon o. § 308 Rdnr. 7 f.; eingehend *Pentz* Enkel-AG S. 115 ff.; *S. Wanner*, Konzernrechtliche Probleme mehrstufiger Unternehmensverbindungen nach Aktienrecht, 1998, S. 57 ff.
[8] S. o. § 308 Rdnr. 7.
[9] *Koppsteiner* in Kölner Kommentar Rdnr. 19; *Pentz* Enkel-AG S. 116 ff.
[10] Ebenso *Koppsteiner* und *Pentz* (Fn. 9); zustimmend *Eschenbruch* Konzernhaftung Tz. 3047; *Hüffer* Rdnr. 7.
[11] *Koppsteiner* in Kölner Kommentar Rdnr. 36.
[12] *Hüffer* Rdnr. 7; *Koppsteiner* in Kölner Kommentar Rdnr. 19.
[13] S. o. § 291 Rdnr. 34.
[14] Ebenso *Pentz* Enkel-AG S. 119 f.; vermittelnd *S. Wanner*, Konzernrechtliche Probleme, S. 156 ff.
[15] S. o. § 308 Rdnr. 8.

genüber dem Gemeinschaftsunternehmen, so trifft die Haftung aus § 309 grundsätzlich nur die gesetzlichen Vertreter dieser Muttergesellschaft, während die der anderen Mütter wohl nur für Auswahlverschulden haften.[16]

III. Verpflichteter

11 Die Haftung gegenüber der abhängigen Gesellschaft wegen der Erteilung sorgfaltswidriger Weisungen obliegt nach § 309 Abs.1 in erster Linie den gesetzlichen Vertretern des herrschenden Unternehmens und ergänzend bei einem Einzelkaufmann diesem selbst.

12 **1. Gesetzliche Vertreter.** § 309 Abs.1 und 2 wendet sich in erster Linie an „die gesetzlichen Vertreter" des herrschenden Unternehmens.[17] Dieser Begriff umfaßt hier entsprechend dem Zweck der gesetzlichen Regelung (o. Rdnr. 3) im Grunde jedes vertretungsberechtigte Organ des herrschenden Unternehmens im weitesten Sinne, daher zB bei den Personengesellschaften auch deren vertretungsberechtigte Gesellschafter.[18] Nimmt diese Stellung wie bei einer GmbH und Co.KG eine juristische Person ein, so sind als gesetzliche Vertreter außerdem gleichermaßen diese juristische Person wie deren Geschäftsführer oder Vorstandsmitglieder anzusehen.[19]

13 Die sogenannte Delegation des Weisungsrechts auf Dritte ändert nichts an den Pflichten und der Haftung der gesetzlichen Vertreter des herrschenden Unternehmens, weil es sich dabei der Sache nach lediglich um die Hinzuziehung von Mitarbeitern des herrschenden Unternehmens bei der Ausübung dessen Weisungsrechts durch seine gesetzlichen Vertreter handelt (§§ 31, 278 BGB).[20] Unklar ist die Rechtslage hingegen im Falle der grundsätzlich unzulässigen *Übertragung* des Weisungsrechtes auf selbständige Dritte.[21] Solches Verhalten stellt jedenfalls eine Verletzung des Beherrschungsvertrages dar, die das herrschende Unternehmen ersatzpflichtig macht (§§ 276, 249, 252 BGB). Zum Schutze der abhängigen Gesellschaft ist daneben auch § 309 entsprechend anwendbar. Dasselbe gilt im Falle einer unzulässigen *Bevollmächtigung* des herrschenden Unternehmens durch die abhängige Gesellschaft.[22]

14 **2. Aufsichtsrat.** Die Mitglieder eines etwaigen Aufsichtsrates des herrschenden Unternehmens zählen grundsätzlich nicht zu den gesetzlichen Vertretern im Sinne des § 309 Abs.1. Nach überwiegender Meinung soll es sich so auch im Falle des § 308 Abs.3 S.2 Hs. 1 verhalten, dh. bei Zustimmung des Aufsichtsrats des herrschenden Unternehmens zur Wiederholung einer Weisung.[23] Dafür spricht, daß die Zustimmung des Aufsichtsrats des herrschenden Unternehmens in dem genannten Fall lediglich interne Bedeutung hat.[24]

15 **3. Öffentliche Hand.** Ist herrschendes Unternehmen eine Gebietskörperschaft oder eine sonstige Gliederung der öffentlichen Hand,[25] so ist nach bisher überwiegender Meinung kein Raum für die Anwendung des § 309 auf die für die öffentliche Hand gegenüber der abhängigen Gesellschaft tätig gewordenen Beamten oder Angestellten; vielmehr soll § 309 in diesem Fall durch die Regeln über die Amtshaftung verdrängt werden (§ 839 BGB mit Art. 34 GG).[26]

---

[16] S. zu diesen wenig geklärten Fragen *Hüffer* Rdnr. 7.
[17] Zum Einzelkaufmann s.u. Rdnr.16.
[18] S. schon o. § 308 Rdnr.9; ebenso zB *Kantzas* Weisungsrecht S.157 ff.; *Koppensteiner* in Kölner Kommentar Rdnr.15.
[19] Unstr., zB *Geßler* in Geßler/Hefermehl Rdnr.11; *Hüffer* Rdnr.3; *Kantzas* Weisungsrecht S.158 f.; *Koppensteiner* in Kölner Kommentar Rdnr.17.
[20] S. schon o. § 308 Rdnr.11; ebenso zB *Eschenbruch* Konzernhaftung Tz.3030; *Hüffer* Rdnr.4; *Mertens* AcP 168 (1968), 225, 227 f.; zur Haftung Dritter selbst s.u. Rdnr.22.
[21] S.o. § 308 Rdnr.12.
[22] S.o. § 308 Rdnr.23 f.; *Hüffer* Rdnr.12; *Koppensteiner* in Kölner Kommentar Rdnr. 5.
[23] *Eschenbruch* Konzernhaftung Tz.3036; *Hüffer* Rdnr. 4; *Koppensteiner* in Kölner Kommentar Rdnr.23; *Krieger* Handbuch § 70 Rdnr.110; anders zB *Geßler* in Geßler/Hefermehl Rdnr.15; *Kantzas* Weisungsrecht S.171.
[24] S.o. § 308 Rdnr. 58.
[25] S.o. § 15 Rdnr.22 ff.
[26] So schon *Emmerich* Wirtschaftsrecht S.220 f.; ebenso heute *Hüffer* Rdnr. 6; *Koppensteiner* in Kölner Kommentar Rdnr. 20.

4. Einzelkaufmann. Bei einem Einzelkaufmann tritt an die Stelle der (hier gar nicht **16** vorhandenen) gesetzlichen Vertreter nach einem Klammerzusatz in § 309 Abs.1 dessen Inhaber, dh. der Einzelkaufmann selbst. Die Regelung dürfte überflüssig sein,[27] jedenfalls, wenn man davon ausgeht, daß sich die Haftung des herrschenden Unternehmens selbst ebenfalls im Ergebnis nach § 309, insbesondere nach dessen Abs. 3 bis 5 richtet (u. Rdnr. 18). Die perfektionistische Regelung bestätigt im übrigen nur, daß (selbstverständlich) auch das herrschende Unternehmen selbst aus § 309 haftet (u. Rdnr. 17 f.).

5. Herrschendes Unternehmen. § 309 regelt allein die Haftung der gesetzlichen Vertre- **17** ter des herrschenden Unternehmens für sorgfaltswidrige Weisungen gegenüber der abhängigen Gesellschaft, nicht hingegen die (wohl wichtigere) Haftung des herrschenden Unternehmens selbst (s.o. Rdnr. 5). Die Gesetzesverfasser haben dies damit begründet, das herrschende Unternehmen hafte für sorgfaltswidrige Weisungen bereits nach allgemeinen Rechtsgrundsätzen aufgrund des Vertrages, so daß eine besondere aktienrechtliche Regelung entbehrlich sei.[28] In dieselbe Richtung weist die ausdrückliche Erstreckung des § 309 Abs.1 auf Einzelkaufleute (o. Rdnr. 16).

Im Anschluß an die erwähnte Bemerkung der Gesetzesverfasser (o. Rdnr. 17) ist aner- **18** kannt, daß das herrschende Unternehmen (einschließlich der Einzelkaufleute, o. Rdnr. 16) – neben seinen Vertretern (§ 309) – ebenfalls für sorgfaltswidrige Weisungen gegenüber der abhängigen Gesellschaft ersatzpflichtig ist.[29] Umstritten ist lediglich noch, ob diese Haftung auf Vertrag, auf Gesetz (als nicht geschriebener Fall der Organhaftung analog § 309) oder auf § 309 iVm. § 31 BGB beruht. In diesem Streit spricht in Übereinstimmung mit den Vorstellungen der Gesetzesverfasser[30] nach wie vor am meisten für die Heranziehung der Grundsätze über die positive Vertragsverletzung, worin nur der jedenfalls auch schuldrechtliche Charakter des Beherrschungsvertrags zum Ausdruck kommt.[31] Praktische Bedeutung kommt dem Streit heute nicht mehr zu, da ohne Rücksicht auf die dogmatische Einordnung der Haftung des herrschenden Unternehmens feststeht, daß sich seine Haftung auf jeden Fall nach dem unmittelbar oder entsprechend anwendbaren § 309, insbesondere nach dessen Abs. 3 bis 5 richtet.[32]

6. Organverflechtung. Zusätzliche Schwierigkeiten bereiten ebenso wie im Anwen- **19** dungsbereich des § 308[33] die Fälle der Organverflechtung (Paradigma: Vorstands-Doppelmandate). In ihnen ist die Haftung der „entsandten" Vertreter des herrschenden Unternehmens ebenso wie dessen eigene Haftung aus § 309 umstritten. Die Beurteilung dieser Fälle an Hand des § 309 hängt vor allem davon ab, ob es möglich ist, in ihnen von einer Weisung des herrschenden Unternehmens im Sinne des § 308 Abs. 1 zu sprechen.

a) Vorstands-Doppelmandate. In den Fällen der Vorstands-Doppelmandate bereitet **20** die Annahme einer Weisung im Sinne des § 308 Abs.1 keine Schwierigkeiten.[34] Die notwendige Folge ist die Haftung des entsandten Vorstandsmitglieds nach Maßgabe des § 309.[35] Anders verhält es sich nur, wenn bei der abhängigen Gesellschaft eine ordnungs-

---

[27] *Koppensteiner* in Kölner Kommentar Rdnr. 22; anders zB *Hüffer* Rdnr. 5.
[28] S. die Begr. zum RegE, bei *Kropff* AktG S. 404 f.
[29] *Bachelin,* Der konzernrechtliche Minderheitenschutz, 1969, S. 56; *Beuthien* JuS 1970, 53, 55; *Exner* Beherrschungsvertrag S. 85 ff.; *Emmerich* in Hommelhoff Entwicklungen S. 64, 78; *Emmerich/Sonnenschein* § 18 VI 2; *Geßler* in Geßler/Hefermehl Rdnr. 47 ff., 53; *Hüffer* Rdnr. 26 f.; *Kantzas* Weisungsrecht S. 188 ff.; *Koppensteiner* in Kölner Kommentar Rdnr. 25 ff.; *Mertens* AcP 168 (1968), 225, 228 f.; *Mestmäcker,* Festgabe Kronstein, S. 129, 135 f.; *Möhring,* Festschrift Schilling, S. 253, 257 f.; *P. Ulmer,* Festschrift Stimpel, S. 705, 712; *Wellkamp* WM 1993, 2155, 2157.
[30] Begr. zum RegE, bei *Kropff* AktG S. 404/405.

[31] S.o. § 291 Rdnr. 24.
[32] *Hüffer* Rdnr. 27.
[33] S.o. § 308 Rdnr. 21 f.
[34] S.o. § 308 Rdnr. 21.
[35] Ebenso die heute überwiegende Meinung, zB *Emmerich/Sonnenschein* § 18 VI 2 b; *Eschenbruch* Konzernhaftung Tz. 3033 ff.; *Geßler* in Geßler/Hefermehl Rdnr. 23; *Hüffer* Rdnr. 29; *Kantzas* Weisungsrecht S.160 f.; *Koppensteiner* in Kölner Kommentar Rdnr. 6; *Mestmäcker,* Verwaltung, Konzerngewalt und Rechte der Aktionäre, 1958, S. 259 f.; *ders.,* Festgabe Kronstein, S. 129, 135 f.; *Semler,* Festschrift Stiefel, S. 719, 739, 750; *Streyl* Vorstands-Doppelmandate S. 64 ff.; *P. Ulmer,* Festschrift Stimpel, S.705, 712; anders *Hoffmann-Becking* ZHR 150 (1986), 570, 577; *Lindermann* AG 1987, 225.

mäßige Geschäftsbereichsorganisation bestand, nach der das entsandte Vorstandsmitglied für die fraglichen Maßnahmen nicht zuständig war, vorausgesetzt, daß es auch tatsächlich hieran nicht mitgewirkt hat; dabei wird es sich jedoch um Ausnahmefälle handeln.[36] Unberührt bleibt die Haftung des entsandten Vorstandsmitglieds aus § 93. Neben dessen Haftung tritt schließlich noch die des herrschenden Unternehmens aus positiver Vertragsverletzung, ebenfalls entsprechend § 309, gegebenenfalls in Verbindung mit den §§ 31 und 278 BGB.[37]

21 b) **Sonstige Fälle.** Umstritten ist ferner die Rechtslage, die sich ergibt, wenn gesetzliche Vertreter des herrschenden Unternehmens im Aufsichtsrat oder in der Hauptversammlung der abhängigen Gesellschaft tätig werden. Nach einer verbreiteten Meinung ist dann kein Raum für die Anwendung des § 309, auch nicht in Verbindung mit den §§ 31 oder 278 BGB, so daß weder die Vertreter des herrschenden Unternehmens noch dieses selbst über § 309 (wohl aber gegebenenfalls aus anderen Gründen) haften.[38] Dieser Meinung ist indessen nicht zu folgen.[39] Denn nichts hindert auch hier die Annahme einer mittelbaren Weisung des herrschenden Unternehmens über die anderen Organe der abhängigen Gesellschaft an deren Vorstand.

22 7. **Sonstige Vertreter.** Im Falle der Delegation des Weisungsrechts an die Mitarbeiter des herrschenden Unternehmens ändert sich nichts an der Haftung dessen gesetzlicher Vertreter aus § 309 (o. Rdnr. 13). Diese Mitarbeiter selbst können hingegen für unzulässige Weisungen nur aus § 117 Abs. 3 oder aus unerlaubter Handlung (§ 823 Abs. 2 BGB iVm. § 266 StGB; § 826 BGB) persönlich in Anspruch genommen werden.[40]

IV. Haftungstatbestand

23 Die genannten Personen (o. Rdnr. 11 ff.), in erster Linie also die gesetzlichen Vertreter des herrschenden Unternehmens, müssen nach § 309 Abs. 1 bei der Erteilung von Weisungen an die abhängige Gesellschaft (§ 308 Abs. 1) die Sorgfalt eines ordentlichen und gewissenhaften Geschäftsleisters anwenden (vgl. § 93 Abs. 1 S. 1). Bei einer Verletzung dieser Pflicht sind sie der abhängigen Gesellschaft gemäß § 309 Abs. 2 S. 1 zum Schadensersatz verpflichtet (vgl. § 93 Abs. 2 S. 1). Ersatzpflichtig ist jeweils der durch die Erteilung einer Weisung tätig gewordene gesetzliche Vertreter;[41] mehrere gesetzliche Vertreter haften als Gesamtschuldner (§ 309 Abs. 2 S. 1).

24 1. **Bedeutung.** Die genaue Reichweite der durch § 309 Abs. 2 S. 1 angeordneten Haftung der gesetzlichen Vertreter des herrschenden Unternehmens (und dieses Unternehmens selbst) für die Erteilung von Weisungen unter Verletzung ihrer Sorgfaltspflicht ist umstritten. Nach einer Meinung regelt § 309 Abs. 1 lediglich den *Verschuldensmaßstab*. Folgt man dem, so setzte die Haftung zusätzlich voraus, daß die Erteilung der Weisung wegen der Verletzung des Beherrschungsvertrages, der Satzung oder des Gesetzes rechtswidrig ist.[42] Nach überwiegender Meinung hat § 309 Abs. 1 hingegen die weitergehende Bedeutung, daß auch die Erteilung an sich erlaubter Weisungen ersatzpflichtig macht, wenn die gesetzlichen Vertreter des herrschenden Unternehmens dabei die nach § 309 Abs. 1 *geschuldete Sorgfalt verletzen* und dadurch der abhängigen Gesellschaft Schaden zufügen.[43]

---

[36] *Eschenbruch* Konzernhaftung Tz. 3035; *Kantzas* Weisungsrecht S. 160 f.

[37] S. o. Rdnr. 17 f.; *Geßler* in Geßler/Hefermehl Rdnr. 54 f.; *Hüffer* Rdnr. 29; *Koppensteiner* in Kölner Kommentar Rdnr. 27; *Krieger* Handbuch § 70 Rdnr. 109; str.

[38] BGHZ 36, 296, 309 f. = NJW 1962, 864; BGHZ 90, 381, 397 f. = NJW 1984, 1893 m. Anm. *Fleck* LM AktG § 17 Nr. 5 „BuM"; BGH LM AktG § 116 Nr. 4 = NJW 1980, 1629 = AG 1980, 111; *Eschenbruch* Konzernhaftung Tz. 3036 ff.; *Hüffer* Rdnr. 28 f.

[39] S. o. § 308 Rdnr. 22; *Emmerich/Sonnenschein* § 18 VI 2 b; *Geßler* in Geßler/Hefermehl Rdnr. 24; *Kantzas* Weisungsrecht S. 161 f.; *Koppensteiner* in Kölner Kommentar Rdnr. 7.

[40] *Geßler* in Geßler/Hefermehl Rdnr. 56; *Hüffer* Rdnr. 4; *Koppensteiner* in Kölner Kommentar Rdnr. 24.

[41] *Kantzas* Weisungsrecht S. 169.

[42] So insbesondere *Koppensteiner* in Kölner Kommentar Rdnr. 8 f.; *ders.* AG 1995, 95, 96.

[43] So *Eschenbruch* Konzernhaftung Tz. 3041; *Geßler* in Geßler/Hefermehl Rdnr. 20; *Hüffer* Rdnr. 2, 13 ff.

25 Allein das zuletzt genannte Verständnis des § 309 Abs. 1 wird dem deliktsrechtlichen Charakter der Vorschrift gerecht und entspricht dem objektiven Fahrlässigkeitsbegriff des Zivilrechts (§ 276 Abs. 1 S. 2 BGB). Die Sorgfaltspflichtverletzung hat hier mithin eine *Doppelfunktion:* Sie begründet sowohl die Rechtswidrigkeit der Weisungserteilung als auch das Verschulden der gesetzlichen Vertreter des herrschenden Unternehmens. Eine sorgfaltswidrige und *deshalb* gegen § 309 Abs. 1 verstoßende Weisung ist ebenso verboten wie eine Weisung unter Verletzung des § 308, der Satzung oder des Beherrschungsvertrags.

26 Fraglich ist, ob man zum Schutze der abhängigen Gesellschaft noch weiter gehen kann.[44] Bisher ist § 309 Abs. 2 überwiegend nur im Zusammenhang mit § 309 Abs. 1 gesehen worden. Tatsächlich nimmt Abs. 2 jedoch nicht ausdrücklich Bezug auf Abs. 1 der Vorschrift, sondern ordnet ganz allgemein eine Haftung der gesetzlichen Vertreter des herrschenden Unternehmens bei einer Verletzung ihrer Pflichten aus dem Beherrschungsvertrag gegenüber der abhängigen Gesellschaft an. Nichts hindert deshalb, auch die immer wieder geforderte Haftung des herrschenden Unternehmens und seiner Vertreter für ordnungsmäßige Konzerngeschäftsführung[45] letztlich auf § 309 Abs. 2 S. 1 zu stützen.

27 **2. Maßstab.** Die gesetzlichen Vertreter des herrschenden Unternehmens haben bei der Erteilung von Weisungen nach § 309 Abs. 1 die Sorgfalt eines ordentlichen und gewissenhaften Geschäftsleiters anzuwenden. Das Gesetz zieht damit die Konsequenzen aus dem Umstand, daß im Vertragskonzern aufgrund der §§ 18 Abs. 1 S. 2, 291 Abs. 1 S. 1 und 308 Abs. 1 die Leitung der abhängigen Gesellschaft partiell auf das herrschende Unternehmen übergeht. Folgerichtig legt das Gesetz hier den gesetzlichen Vertretern des herrschenden Unternehmens dieselbe Verantwortlichkeit für ihre Leitungstätigkeit gegenüber der abhängigen Gesellschaft auf wie dem Vorstand in der unabhängigen Gesellschaft nach § 93 Abs. 1.

28 **a) Sorgfaltspflichtverletzung.** Eine Haftung der gesetzlichen Vertreter des herrschenden Unternehmens kommt vor allem in zwei Fällen in Betracht, zunächst bei einer Verletzung ihrer Sorgfaltspflichten bei der Erteilung von Weisungen (§ 309 Abs. 1; s. im übrigen u. Rdnr. 29). Ebenso wie im Rahmen des § 93 muß ihnen freilich hierbei – im Rahmen der allgemeinen Schranken des Weisungsrechts – wegen der prinzipiellen Ungewißheit der Zukunft ein breites geschäftspolitisches *Ermessen* eingeräumt werden.[46] Lediglich bei einer Überschreitung dieses Ermessens durch geschäftspolitisch in keiner Weise mehr zu rechtfertigende Maßnahmen, bei denen elementare kaufmännische Vorsichtsmaßnahmen und betriebswirtschaftliche Erkenntnisse vernachlässigt wurden, ist Raum für ihre Haftung nach § 309 Abs. 2 S. 1.[47]

29 **b) Unzulässige Weisungen.** Die gesetzlichen Vertreter des herrschenden Unternehmens haften außerdem, wenn sie bei der Erteilung von Weisungen die *Schranken,* die dem Weisungsrecht durch dem Beherrschungsvertrag, die Satzung der abhängigen Gesellschaft und das Gesetz gezogen werden, schuldhaft überschreiten.[48] Das ist namentlich anzunehmen, wenn nachteilige Weisungen nicht durch Belange des herrschenden Unternehmens oder der mit ihm konzernverbundenen Unternehmen gerechtfertigt werden können (§ 308 Abs. 1 S. 2) oder wenn durch solche Weisungen die Lebens- oder Überlebensfähigkeit der abhängigen Gesellschaft grundlos beeinträchtigt wird.[49] Dasselbe gilt, wenn nachteilige Weisungen gegen den Grundsatz der Verhältnismäßigkeit verstoßen,[50] etwa, weil sich dasselbe Ziel auch auf eine weniger nachteilige Weise für die abhängige Gesellschaft erzielen ließe.[51] § 308 Abs. 2 S. 2 hat in diesem Zusammenhang keine Bedeutung.

30 **c) Unterlassung von Weisungen.** Die von der überwiegenden Meinung angenommene Beschränkung des Anwendungsbereichs des § 309 auf die Erteilung unzulässiger oder sorg-

---

Kantzas Weisungsrecht S. 166 f.; *Mertens* AcP 168 (1968), 225, 229 f.
[44] S. *Emmerich/Sonnenschein* § 18 VI 1 b; ähnlich auch *Eschenbruch* Konzernhaftung Tz. 3039 ff.
[45] S. *Emmerich/Sonnenschein* § 28 IV m. Nachw.
[46] *Eschenbruch* Konzernhaftung Tz. 3042; *Mertens* AcP 168 (1968), 225, 232 f.
[47] Ebenso *Eschenbruch* Konzernhaftung Tz. 3041.
[48] S. im einzelnen o. § 308 Rdnr. 34, 44 ff.
[49] S. o. § 308 Rdnr. 49 ff.
[50] S. o. § 308 Rdnr. 40.
[51] *Geßler* in Geßler/Hefermehl Rdnr. 21.

faltswidriger Weisungen (o. Rdnr. 24) hat zur Folge, daß aus § 309 grundsätzlich keine Haftung für die Unterlassung von Weisungen seitens des herrschenden Unternehmens hergeleitet werden kann.[52] Ausnahmen kommen aber in Betracht, wenn sich erst nachträglich die Unzulässigkeit einer nachteiligen Weisung herausstellt und das herrschende Unternehmen deshalb jetzt zur Beseitigung der Folgen dieser Weisung verpflichtet ist (§ 309 Abs. 2 S. 1 iVm. § 249 S. 1 BGB), sowie allgemein, wenn das herrschende Unternehmen eine für die abhängige Gesellschaft nachteilige und schädliche Situation geschaffen hat, zu deren Bereinigung eine Weisung erforderlich ist.[53]

31 **3. Kausalität.** Die Haftung der gesetzlichen Vertreter des herrschenden Unternehmens setzt Kausalität zwischen der sorgfaltswidrigen Weisungserteilung und dem bei der abhängigen Gesellschaft eingetretenen Schaden voraus (§ 309 Abs. 2 S. 1). Die Beweislast hierfür liegt nach überwiegender Meinung beim Kläger, dh. entweder bei der abhängigen Gesellschaft oder bei ihren Aktionären und Gläubigern (§ 309 Abs. 4).[54] Über die erheblichen Schwierigkeiten, auf die namentlich außenstehende Aktionäre und Gläubiger bei dem Versuch dieses Beweises stoßen werden und die zu einem guten Teil die praktische Bedeutungslosigkeit des § 309 erklären, darf man sich freilich keinen Illusionen hingeben, da Außenstehende in aller Regel keinen Einblick in die sorgsam vor ihren Augen verborgenen Konzerninterna besitzen. Im Schrifttum wird deshalb mit guten Gründen verschiedentlich vorgeschlagen, die in § 309 Abs. 2 S. 2 angeordnete Beweislastumkehr (u. Rdnr. 34) auch auf die Kausalität zu erstrecken.[55]

32 **4. Schaden.** Letzte Haftungsvoraussetzung ist, daß der abhängigen Gesellschaft durch den Ausspruch der sorgfaltswidrigen Weisung ein Schaden entstanden ist (§ 309 Abs. 2 S. 1). Diese Frage beurteilt sich nach den §§ 249 bis 252 BGB. Entscheidend ist mithin, ob sich im jeweils maßgeblichen Zeitpunkt, im Rechtsstreit also im Augenblick der letzten mündlichen Verhandlung vor der letzten Tatsacheninstanz, bei einer Saldierung aller Vor- und Nachteile der fraglichen Weisung ein negatives Ergebnis zeigt, ob mit anderen Worten der jetzige tatsächliche Vermögensstand der Gesellschaft infolge der nachteiligen Weisung negativ von dem hypothetischen ohne Weisung abweicht (sog. Gesamtvermögensdifferenzhypothese).

33 Hieraus ergeben sich erhebliche Schwierigkeiten bei ergänzender Berücksichtigung des Anspruchs der abhängigen Gesellschaft auf Verlustausgleich nach § 302, die noch zunehmen, wenn wie in der Regel mit dem Beherrschungsvertrag ein Gewinnabführungsvertrag verbunden ist. Denn bei strenger Durchführung der Gesamtvermögensdifferenzhypothese beschränkten sich dann die Auswirkungen einer nachteiligen Weisung darauf, die Höhe des abzuführenden Gewinns zu vermindern oder die des Verlustausgleichs zu erhöhen. Die Folge wäre, daß § 309 infolge des regelmäßigen Fehlens eines Schadens der abhängigen Gesellschaft endgültig leerliefe.[56] Aus diesem Grund wird heute überwiegend eine Berücksichtigung der „Vorteile" der abhängigen Gesellschaft aufgrund des § 302 und eines Gewinnabführungsvertrags bei der Schadensermittlung abgelehnt (§ 242 BGB).[57]

34 **5. Beweislast.** Nach § 309 Abs. 2 S. 2 trifft im Rechtsstreit die gesetzlichen Vertreter des herrschenden Unternehmens die Beweislast, wenn streitig ist, ob sie bei der Erteilung der Weisung die Sorgfalt eines ordentlichen und gewissenhaften Geschäftsleiters angewandt haben (vgl. § 93 Abs. 2 S. 2). Wie schon ausgeführt (o. Rdnr. 31), wird hieraus überwiegend der Schluß gezogen, daß im übrigen die Kläger, die abhängige Gesellschaft oder im Rahmen des § 309 Abs. 4 ihre Aktionäre und Gläubiger, die Beweislast trifft, so daß diese zu-

---

[52] S. schon o. § 308 Rdnr. 25, 38; ebenso allgemein *Eschenbruch* Konzernhaftung Tz. 3028; *Kantzas* Weisungsrecht S. 165; *Krieger* Handbuch § 70 Rdnr. 109.
[53] Ebenso *Geßler* in Geßler/Hefermehl Rdnr. 17 f.; *Hüffer* Rdnr. 10; *Koppensteiner* in Kölner Kommentar Rdnr. 3.
[54] *Eschenbruch* Konzernhaftung Tz. 3044 Abs. 2.
[55] *Bachelin*, Der konzernrechtliche Minderheitenschutz, 1969, S. 62; *Kantzas* Weisungsrecht S. 170.
[56] So in der Tat *Koppensteiner* in Kölner Kommentar Rdnr. 10.
[57] *Eschenbruch* Konzernhaftung Tz. 3043; *Geßler* in Geßler/Hefermehl Rdnr. 26; *Hüffer* Rdnr. 18; *Mertens* AcP 168 (1968), 225, 231 f.

nächst den Beweis für die kausale Schädigung der abhängigen Gesellschaft durch eine für sie nachteilige Weisung führen müssen, bevor die Beweislastumkehr aus § 309 Abs. 2 S. 2 eingreift.[58] Dies betrifft sowohl die objektive Pflichtwidrigkeit der Weisung wie das Verschulden der gesetzlichen Vertreter des herrschenden Unternehmens (o. Rdnr. 24). Eine Beweislastumkehr findet außerdem statt, wenn sich das herrschende Unternehmen zur Rechtfertigung einer nachteiligen Weisung auf § 308 Abs. 1 S. 2 beruft.[59]

V. Verzicht und Vergleich

Nach § 309 Abs. 3 S. 1 kann die abhängige Gesellschaft erst drei Jahre nach der Entstehung des Anspruchs und nur dann auf Ersatzansprüche wegen sorgfaltswidriger nachteiliger Weisungserteilung verzichten oder sich über solche Ansprüche vergleichen, wenn die außenstehenden Aktionäre durch Sonderbeschluß zustimmen und nicht eine Minderheit, deren Anteile zusammen den zehnten Teil des bei der Beschlußfassung vertretenen Grundkapitals erreichen, Widerspruch zur Niederschrift erklärt. Die Sperrfrist von drei Jahren für Verzicht und Vergleich gilt gemäß § 309 Abs. 3 S. 2 nur dann nicht, wenn der ersatzpflichtige gesetzliche Vertreter des herrschenden Unternehmens zahlungsunfähig ist und sich zur Abwendung oder Beseitigung des Konkursverfahrens bzw. (ab 1.1.1999) des Insolvenzverfahrens mit seinen Gläubigern vergleicht.

Die Vorschrift des § 309 Abs. 3 ist dem § 93 Abs. 4 S. 3 und 4 nachgebildet, freilich mit dem Unterschied, daß an die Stelle der Zustimmung der Hauptversammlung (s. § 93 Abs. 4 S. 3) ein Sonderbeschluß der außenstehenden Aktionäre tritt. Diese Besonderheit wurde aus § 302 Abs. 3 S. 3 übernommen, um dem herrschenden Unternehmen mit seiner regelmäßigen Hauptversammlungsmehrheit bei der abhängigen Gesellschaft die Möglichkeit zu nehmen, sich letztlich selbst zu entlasten.[60] Die Regelung gilt entsprechend, soweit es um Ansprüche wegen sorgfaltswidriger Weisungserteilung gegen das herrschende Unternehmen selbst geht (o. Rdnr. 17 f.).

Wegen der Einzelheiten ist auf die Erläuterungen zu § 302 Abs. 3 S. 3 zu verweisen.[61] Hier genügt der Hinweis, daß die Sperrfrist von drei Jahren (§ 309 Abs. 3 S. 1) zwingendes Recht ist, so daß ein vorheriger Verzicht oder Vergleich einschließlich einer Abfindungsvereinbarung zwischen der abhängigen Gesellschaft und einem ausgeschiedenen gesetzlichen Vertreter *nichtig* ist (§ 134 BGB).[62] Das gilt auch für einen Prozeßvergleich oder für einen Verzicht nach § 306 ZPO.[63]

VI. Geltendmachung

1. Abhängige Gesellschaft. Der Schadensersatzanspruch aus § 309 Abs. 2 S. 1 steht der abhängigen Gesellschaft zu. Seine Geltendmachung ist daher Sache des Vorstandes der abhängigen Gesellschaft (§ 78), der insoweit kein Ermessen besitzt, so daß er sich schadensersatzpflichtig macht, wenn er pflichtwidrig die Geltendmachung des Ersatzanspruches gegen das herrschende Unternehmen unterläßt (§ 93 Abs. 2).[64] Eine in diese Richtung zielende Weisung des herrschenden Unternehmens wäre rechtswidrig und daher unbeachtlich (§ 134 BGB).

2. Aktionäre. Nach § 309 Abs. 4 S. 1 kann der Ersatzanspruch der Gesellschaft auch von jedem einzelnen Aktionär, nicht etwa nur von den außenstehenden Aktionären, geltend gemacht werden. Jedoch kann der Aktionär gemäß § 309 Abs. 4 S. 2 nur Leistung an die Gesellschaft fordern. Im Konkurs der Gesellschaft tritt der Konkursverwalter an die Stelle

---

[58] S. *Eschenbruch* Konzernhaftung Tz. 3044 ff.; *Hüffer* Rdnr. 16; *Koppensteiner* in Kölner Kommentar Rdnr. 13.
[59] S. o. § 308 Rdnr. 42; ebenso *Geßler* in Geßler/Hefermehl Rdnr. 30; *Koppensteiner* in Kölner Kommentar Rdnr. 13.
[60] S. die Begr. zum RegE, bei *Kropff* AktG S. 405.
[61] S. o. § 302 Rdnr. 52 f. sowie *Kantzas* Weisungsrecht S. 182 ff.; *Mertens,* Festschrift Fleck, S. 209 ff.
[62] *Mertens,* Festschrift Fleck, S. 209, 212 f.; kritisch *Zimmermann,* Festschrift Duden, S. 773.
[63] *Mertens* (Fn. 62) S. 213.
[64] *Kantzas* Weisungsrecht S. 171 f.

der Aktionäre (§ 309 Abs. 4 S. 5). Dies alles gilt entsprechend für die Geltendmachung von Ersatzansprüchen der abhängigen Gesellschaft gegen das herrschende Unternehmen selbst.[65]

40 Die in § 309 Abs. 4 getroffene Regelung (o. Rdnr. 39) enthält eine bemerkenswerte Abweichung von § 147 und erklärt sich aus dem üblichen Einfluß des herrschenden Unternehmens auf die Hauptversammlung der abhängigen Gesellschaft.[66] Der Sache nach handelt es sich bei ihr um einen gesetzlich geregelten Fall der actio pro societate und, da der Aktionär nur Leistung an die Gesellschaft verlangen kann (§ 309 Abs. 4 S. 2), zugleich um einen gesetzlichen Fall der Prozeßstandschaft.[67] Umstritten sind die Folgerungen, die sich hieraus für die Kostenverteilung ergeben. Teilweise wird angenommen, als Prozeßstandschafter sei der klagende Aktionär mit dem gesamten Kostenrisiko belastet, ohne von der Gesellschaft Ersatz verlangen zu können.[68] Diese Auffassung ist indessen gleichbedeutend mit der endgültigen Verurteilung der gesetzlichen Regelung zur praktischen Bedeutungslosigkeit. Als Ausweg wird deshalb im Schrifttum mit gutem Grund wenigstens die entsprechende Anwendung des § 247 Abs. 2 gefordert.[69]

41 Der Aktionär verfolgt als Prozeßstandschafter materiell einen Anspruch der Gesellschaft, so daß ein nach § 309 Abs. 3 wirksamer Verzicht oder Vergleich der Gesellschaft über den Anspruch auch ihn bindet (ebenso wohl § 309 Abs. 4 S. 4).[70] Die gesetzliche Regelung hat außerdem zur Folge, daß ein gegen die Gesellschaft ergangenes Urteil Rechtskraft gegen den Aktionär wirkt, nicht jedoch umgekehrt.[71] Daraus folgt zugleich, daß die Klage eines Aktionärs die Gesellschaft nicht an einer eigenen Klage hindert, wohl aber umgekehrt die Klage der Gesellschaft einen Aktionär an einer eigenen Klage.

42 **3. Gläubiger.** Die Gesetzesverfasser haben offenkundig in realistischer Einschätzung der Verhältnisse nicht mit einer Klage der Gesellschaft oder ihrer Aktionäre gegen das herrschende Unternehmen gerechnet (s. o. Rdnr. 40). Deshalb bestimmt § 309 Abs. 4 S. 3 ergänzend, daß der Ersatzanspruch der Gesellschaft auch von den Gläubigern der Gesellschaft geltend gemacht werden kann, *soweit sie von dieser keine Befriedigung zu erlangen vermögen*, und zwar in diesem Fall durch Antrag auf Leistung an sich selbst (vgl. § 93 Abs. 5 S. 1). Das Klagerecht der Gläubiger unterliegt außerdem nicht der Beschränkung des § 93 Abs. 5 S. 2. Ebensowenig wird es durch einen Verzicht oder Vergleich der Gesellschaft berührt (§ 309 Abs. 4 S. 4). Im Konkurs der abhängigen Gesellschaft wird es jedoch allein durch den Konkursverwalter ausgeübt (§ 309 Abs. 4 S. 5).[72] Ab 1. Januar 1999 tritt insoweit an die Stelle des Konkurses und des Konkursverwalters das Insolvenzverfahren und der Insolvenzverwalter oder der Sachwalter.[73]

VII. Konkurrenzen

43 § 309 verdrängt nicht andere Haftungstatbestände, weder im Verhältnis zu den gesetzlichen Vertretern des herrschenden Unternehmens noch im Verhältnis zu diesem selbst. Neben die Haftung der gesetzlichen Vertreter des herrschenden Unternehmens aus § 309 kann daher eine Haftung aus § 117 oder aus Delikt treten (§ 823 Abs. 2 BGB iVm. § 266

---

[65] S. o. Rdnr. 17 f.; zB *Koppensteiner* in Kölner Kommentar Rdnr. 30.
[66] So die Begr. zum RegE, bei *Kropff* AktG S. 405.
[67] *M. Becker*, Verwaltungskontrolle durch Gesellschafterrecht, 1998, S. 664 ff.; *Hüffer* Rdnr. 21; *Kantzas* Weisungsrecht S. 173.
[68] So die Begr. zum RegE, bei *Kropff* AktG S. 405; zustimmend *Hüffer* Rdnr. 22.
[69] *M. Becker*, Verwaltungskontrolle durch Gesellschafterrecht, S. 666; *Geßler* in Geßler/Hefermehl Rdnr. 40; *Kantzas* Weisungsrecht S. 176; *Koppensteiner* in Kölner Kommentar Rdnr. 32 f.; *Krieger* Handbuch § 70 Rdnr. 111; *Mertens* AcP 168 (1968), 225, 227.

[70] *Geßler* in Geßler/Hefermehl Rdnr. 38; *Kantzas* Weisungsrecht S. 174 f., 185; anders *Mertens*, Festschrift Fleck, S. 209, 218.
[71] *Mertens* (Fn. 70); anders *Kantzas* Weisungsrecht S. 179; s. *Heymann/Emmerich* HGB § 109 Rdnr. 25 a.
[72] Wegen der Einzelheiten s. *Kantzas* Weisungsrecht S. 177 ff.; zu dem ergänzenden Klagerecht des Konkursverwalters s. *Kantzas* S. 181 f.
[73] S. § 309 Abs. 4 S. 5 idF des Einführungsgesetzes zur Insolvenzordnung vom 5. 10. 1994, BGBl. 1994 I, S. 2911, 2931.

StGB und § 826 BGB). § 117 Abs. 7 Nr. 2 betrifft nur rechtmäßige Weisungen, die weder gegen § 308 noch gegen § 309 verstoßen.[74] Das herrschende Unternehmen kann außerdem wegen der Verletzung des Beherrschungsvertrages (§ 276 BGB) sowie wegen Verletzung seiner Treuepflicht von der abhängigen Gesellschaft und wohl auch entsprechend § 309 Abs. 4 von ihren Aktionären und Gläubigern in Anspruch genommen werden (§§ 242, 276 BGB).[75]

§ 310 Verantwortlichkeit der Verwaltungsmitglieder der Gesellschaft

(1) Die Mitglieder des Vorstands und des Aufsichtsrats der Gesellschaft haften neben dem Ersatzpflichtigen nach § 309 als Gesamtschuldner, wenn sie unter Verletzung ihrer Pflichten gehandelt haben. Ist streitig, ob sie die Sorgfalt eines ordentlichen und gewissenhaften Geschäftsleiters angewandt haben, so trifft sie Beweislast.

(2) Dadurch, daß der Aufsichtsrat die Handlung gebilligt hat, wird die Ersatzpflicht nicht ausgeschlossen.

(3) Eine Ersatzpflicht der Verwaltungsmitglieder der Gesellschaft besteht nicht, wenn die schädigende Handlung auf einer Weisung beruht, die nach § 308 Abs. 2 zu befolgen war.

(4) § 309 Abs. 3 bis 5 ist anzuwenden.

Schrifttum: S.o. bei den §§ 308 und 309 sowie *Canaris*, Hauptversammlungsbeschlüsse und Haftung der Verwaltungsmitglieder im Vertragskonzern, ZGR 1978, 207; *Emmerich/Sonnenschein* Konzernrecht § 18 VI 3; *Kantzas*, Das Weisungsrecht im Vertragskonzern, 1988, S. 195 ff.

Übersicht

	Rdnr.		Rdnr.
I. Überblick	1, 2	2. Sonstige Haftungsvoraussetzungen	10
II. Konkurrenzen	3	3. Beweislast	11–13
III. Anwendungsbereich	4	4. Kein Haftungsausschluß	14, 15
IV. Haftung des Vorstands	5–16	5. Mitarbeiter	16
1. Pflichtverletzung	6–9	V. Haftung des Aufsichtsrats	17, 18
a) § 310 Abs. 1	6–8		
b) § 93	9		

I. Überblick

§ 310 regelt im Anschluß an § 309 die gesamtschuldnerische Haftung der Verwaltungsmitglieder der abhängigen Gesellschaft bei Befolgung nachteiliger Weisungen des herrschenden Unternehmens. Die Vorschrift ist § 117 Abs. 2 nachgebildet[1] und entspricht sachlich weithin den §§ 93 und 116. Anders als im Falle des § 117 Abs. 2 S. 3 entfällt hier indessen die Haftung nicht bei Billigung der Handlung des Vorstandes oder des Aufsichtsrat durch die Hauptversammlung (u. Rdnr. 14 f.).

Die eigenständige Bedeutung des § 310 liegt in erster Linie in der Anordnung der gesamtschuldnerischen Haftung der Verwaltungsmitglieder der abhängigen Gesellschaft neben dem herrschenden Unternehmen und dessen gesetzlichen Vertretern durch § 310 Abs. 1 sowie in der Bestimmung der entsprechenden Anwendbarkeit der Abs. 3 bis 5 des § 309 durch § 310 Abs. 4, so daß die Ersatzansprüche der abhängigen Gesellschaft gegen ihre Verwaltungs-

---

[74] *Emmerich/Sonnenschein* § 18 VI 1 c; *Koppensteiner* in Kölner Kommentar Rdnr. 41.
[75] *Emmerich/Sonnenschein* § 18 VI 2 c; *Eschenbruch* Konzernhaftung Tz. 3095 ff.; *Henze*, Festschrift Kellermann, 1991, S. 141; *Sonnenschein* in Mestmäcker/Behrens, Das Gesellschaftsrecht der Konzerne S. 49, 83 ff.
[1] S. die Begr. zum RegE, bei *Kropff* AktG S. 406.

mitglieder auch von ihren Aktionären und ihren Gläubigern geltend gemacht werden können (s. § 309 Abs. 4 S. 1 und 3). Die praktische Bedeutung scheint jedoch gering geblieben zu sein.

II. Konkurrenzen

3   Aus der Entstehungsgeschichte der Vorschrift folgt, daß sie lex specialis zu § 117 Abs. 2 ist.[2] Soweit es um die Schädigung der abhängigen Gesellschaft durch die Befolgung unzulässiger Weisungen seitens ihrer Verwaltungsmitglieder geht, verdrängt die Vorschrift außerdem die §§ 93 und 116, die im übrigen jedoch anwendbar bleiben (u. Rdnr. 9, 18). Mit Ansprüchen aus § 310 können weiter von Fall zu Fall Deliktsansprüche konkurrieren (§ 823 Abs. 2 BGB iVm. § 266 StGB; § 826 BGB). Außerdem kommen noch Ansprüche aus dem Anstellungsvertrag gegen die Vorstandsmitglieder in Betracht, soweit man solche neben den §§ 93, 116 und 310 zuläßt.[3]

III. Anwendungsbereich

4   Der Anwendungsbereich des § 310 entspricht dem des § 309, wie aus dem Zusammenhang beider Vorschriften zu folgern ist.[4] Namentlich setzt daher auch § 310, obwohl die Vorschrift darüber schweigt, den Bestand eines Beherrschungsvertrags mit einem anderen Unternehmen voraus, aufgrund dessen das herrschende Unternehmen der abhängigen Gesellschaft eine (unzulässige) Weisung erteilt hat.[5]

IV. Haftung des Vorstands

5   Die Mitglieder des Vorstands sind bei Bestehen eines Beherrschungsvertrags (o. Rdnr. 4) ihrer (abhängigen) Gesellschaft neben den gesetzlichen Vertretern des herrschenden Unternehmens aufgrund des § 309 gesamtschuldnerisch zum Schadensersatz verpflichtet, wenn sie unter Verletzung ihrer Pflichten gehandelt haben (§ 310 Abs. 1 S. 1; vgl. § 93 Abs. 2 S. 1). Ihre Haftung setzt mithin der Reihe nach die Erteilung einer unzulässigen Weisung seitens der gesetzlichen Vertreter des herrschenden Unternehmens aufgrund eines bestehenden Beherrschungsvertrags (§§ 308, 309), die kausale Schädigung ihrer Gesellschaft durch die Befolgung dieser Weisung sowie die Verletzung der Sorgfalt eines ordentlichen und gewissenhaften Geschäftsleiters voraus (s. § 310 Abs. 1 S. 2; s. u. Rdnr. 6 ff.). Soweit diese Voraussetzungen nicht erfüllt sind, kommt immer noch ihre Haftung nach § 93 Abs. 2 in Betracht (u. Rdnr. 9).

6   **1. Pflichtverletzung. a) § 310 Abs. 1.** Seinem Wortlaut nach begründet zwar § 310 Abs. 1 in sachlicher Übereinstimmung mit § 93 Abs. 2 S. 1 ganz allgemein eine Ersatzpflicht der Vorstandsmitglieder der abhängigen Gesellschaft bei Verletzung ihrer Pflichten. Aus der Bezugnahme auf § 309 in § 310 Abs. 1 S. 1 sowie namentlich aus dem ausdrücklichen Haftungsausschluß in § 310 Abs. 3 bei Befolgung einer nach § 308 Abs. 2 bindenden Weisung folgt jedoch, daß sich tatsächlich der Anwendungsbereich des § 310 Abs. 1, soweit es um die Haftung der Vorstandsmitglieder der abhängigen Gesellschaft geht, auf die Fälle der Befolgung unzulässiger Weisungen des herrschenden Unternehmens beschränkt.[6] Dies bedeutet im einzelnen:

7   § 309 Abs. 2 begründet, wie gezeigt,[7] eine Haftung der gesetzlichen Vertreter des herrschenden Unternehmens (und dieses Unternehmens selbst) sowohl für die Erteilung unzulässiger Weisungen als auch für die Erteilung bloß pflichtwidriger Weisungen, wobei unter den letzteren solche Weisungen zu verstehen sind, die an sich durch § 308 gedeckt sind, bei deren Erteilung die gesetzlichen Vertreter des herrschenden Unternehmens jedoch im

---

[2] Ebenso *Geßler* in Geßler/Hefermehl Rdnr. 24; *Hüffer* Rdnr. 1; *Krieger* Handbuch § 70 Rdnr. 13; *Koppensteiner* in Kölner Kommentar Rdnr. 9.
[3] S. hierzu *Hüffer* § 93 Rdnr. 11 m. Nachw.
[4] S. deshalb o. § 309 Rdnr. 5 ff.
[5] *Kantzas* Weisungsrecht S. 199.
[6] Ebenso zB *Geßler* in Geßler/Hefermehl Rdnr. 1, 7 f.; *Kantzas* Weisungsrecht S. 196 ff.
[7] S. im einzelnen o. § 309 Rdnr. 24 ff.

Einzelfall die nach § 309 Abs. 1 geschuldete Sorgfalt verletzt haben. Die Besonderheit der zuletzt genannten Weisungen besteht nun gerade unter dem Gesichtspunkt des § 310 Abs. 1 darin, daß sie im Zweifel – trotz ihrer Pflichtwidrigkeit – nach § 308 Abs. 2 S. 1 und 2 für den Vorstand der abhängigen Gesellschaft doch bindend sein werden, woraus sodann wiederum für § 310 in Übereinstimmung mit Abs. 3 der Vorschrift der Schluß zu ziehen ist, daß ihre Befolgung die Vorstandsmitglieder nicht ersatzpflichtig machen kann. Nur so lassen sich offenbar widerspruchslos die §§ 308 Abs. 2, 309 Abs. 2 und 310 Abs. 1 in Einklang bringen. Im Ergebnis beschränkt sich mithin in der Tat der Anwendungsbereich der durch § 310 Abs. 1 S. 1 eingeführten Haftung der Vorstandsmitglieder der abhängigen Gesellschaft auf die Fälle einer pflichtwidrigen Befolgung unzulässiger Weisungen des herrschenden Unternehmens einschließlich offensichtlich nicht durch das Konzerninteresse gedeckter nachteiliger Weisungen.[8]

Unzulässige Weisungen des herrschenden Unternehmens (o. Rdnr. 7) darf der Vorstand der abhängigen Gesellschaft nicht befolgen, weil solche Weisungen unwirksam sind (§ 134 BGB). Aus diesem Grund ist der Vorstand der abhängigen Gesellschaft zur *Prüfung* jeder Weisung auf ihre Zulässigkeit verpflichtet.[9] Nach § 310 Abs. 1 macht er sich folgerichtig ersatzpflichtig, wenn er bei dieser Prüfung nicht die Sorgfalt eines ordentlichen und gewissenhaften Geschäftsleiters anwendet und infolgedessen die Unzulässigkeit der Weisung übersieht, vorausgesetzt, daß durch ihre Befolgung der Gesellschaft ein Schaden entsteht (u. Rdnr. 10). Es liegt auf der Hand, daß sich dasselbe ohne § 310 Abs. 1 bereits unmittelbar aus § 93 Abs. 2 ergäbe. **8**

b) **§ 93.** Jenseits des Anwendungsbereichs des § 310 bleibt § 93 anwendbar (o. Rdnr. 3). Eine Haftung der Vorstandsmitglieder nach § 93 Abs. 2 kommt namentlich im weisungsfreien Bereich in Betracht, in dem sich der Vorstand der abhängigen Gesellschaft weiterhin ausschließlich von den Interessen seiner Gesellschaft leiten lassen darf.[10] Weitere Beispiele für eine danach bestehende Haftung der Vorstandsmitglieder sind die schuldhafte Schädigung der abhängigen Gesellschaft bei der Durchführung zulässiger Weisungen[11] sowie die Unterlassung der gebotenen Unterrichtung des herrschenden Unternehmens über die von ihm verkannten, nachteiligen Auswirkungen einer Weisung.[12] **9**

2. Sonstige Haftungsvoraussetzungen. Für die Kausalität zwischen der Befolgung der Weisung und der Schädigung der abhängigen Gesellschaft, für das Verschulden der Vorstandsmitglieder (s. § 310 Abs. 1 S. 2) sowie für den Schaden der Gesellschaft gilt sinngemäß dasselbe wie bei § 309.[13] Namentlich entfällt auch hier nicht etwa der Schaden der abhängigen Gesellschaft, wenn gleichzeitig ein Gewinnabführungsvertrag besteht, so daß die Befolgung der unzulässigen Weisung „nur" zu einer Minderung des abzuführenden Gewinns führt; genausowenig kann mit Rücksicht auf die Verlustausgleichspflicht des herrschenden Unternehmens aufgrund des § 302 in derartigen Fällen ein Schaden verneint werden.[14] **10**

3. Beweislast. Die Beweislast für die Schädigung der abhängigen Gesellschaft seitens ihrer Vorstandsmitglieder durch die Befolgung einer unzulässigen Weisung des herrschenden Unternehmens trifft im Rechtsstreit den Kläger, dh. je nachdem die abhängige Gesellschaft, ihre Aktionäre oder ihre Gläubiger (s. § 310 Abs. 4 iVm. § 309 Abs. 4 S. 1 und S. 3).[15] Über die Schwierigkeit dieser Beweisführung namentlich für außenstehende Aktionäre und Gläubiger darf man sich freilich keinen Illusionen hingeben. **11**

Im Schrifttum wird deshalb mit gutem Grund immer wieder vorgeschlagen, im Vertragskonzern im Falle einer Schädigung der abhängigen Gesellschaft im Interesse der anderen **12**

---

[8] Wegen der Einzelheiten s. o. § 308 Rdnr. 34, 44 ff.
[9] S. o. § 308 Rdnr. 41, 53.
[10] S. o. § 308 Rdnr. 44.
[11] *Hüffer* Rdnr. 1; *Kantzas* Weisungsrecht S. 196, 215 f.; *Koppensteiner* in Kölner Kommentar Rdnr. 11.
[12] S. o. § 308 Rdnr. 42; *Geßler* in Geßler/Hefermehl Rdnr. 18; *Kantzas* Weisungsrecht S. 216; *Krieger* Handbuch § 70 Rdnr. 113.
[13] S. deshalb o. § 309 Rdnr. 28, 31 und 32 f.
[14] S. o. § 309 Rdnr. 32 f.; anders *Kantzas* Weisungsrecht S. 202.
[15] ZB *Geßler* in Geßler/Hefermehl Rdnr. 15.

Konzernglieder von einer Vermutung der Verursachung durch eine Weisung des herrschenden Unternehmens auszugehen.[16] In dieselbe Richtung weist § 18 Abs. 1 S. 2, nach dem bei Abschluß eines Beherrschungsvertrags das Vorliegen eines Vertragskonzerns unwiderleglich vermutet wird, woran deutlich wird, daß auch das Gesetz nach Abschluß eines Beherrschungsvertrags davon ausgeht, daß das herrschende Unternehmen von seinem Weisungsrecht tatsächlich Gebrauch machen wird.

13 Das Gesetz kennt nach § 310 Abs. 1 S. 2 eine Umkehr der Beweislast nur, soweit es um die Frage geht, ob die Vorstandsmitglieder der abhängigen Gesellschaft die Sorgfalt eines ordentlichen und gewissenhaften Geschäftsleiters angewandt haben. Jedenfalls, wenn die objektiven Haftungsvoraussetzungen feststehen, müssen sich folglich die Vorstandsmitglieder entlasten.

14 **4. Kein Haftungsausschluß.** Nach § 310 Abs. 2 wird die Ersatzpflicht der Vorstandsmitglieder nicht dadurch ausgeschlossen, daß der *Aufsichtsrat* die fragliche Handlung, dh. die pflichtwidrige Befolgung einer unzulässigen Weisung des herrschenden Unternehmens, gebilligt hat (vgl. §§ 93 Abs. 4 S. 2, 117 Abs. 2 S. 4). Die Regelung erklärt sich unmittelbar daraus, daß in dem genannten Fall die Mitglieder des Aufsichtsrats nach § 310 Abs. 1 S. 1 ebenfalls eine Ersatzpflicht treffen kann (u. Rdnr. 17 f.), so daß sie nicht gut zugleich ihre etwaige Haftung durch Billigung der Handlung des Vorstands wieder ausschließen können.[17] Es kommt hinzu, daß im Vertragskonzern der Aufsichtsrat der abhängigen Gesellschaft in der Regel von Vertretern des herrschenden Unternehmens dominiert sein dürfte.

15 § 310 wiederholt nicht § 117 Abs. 2 S. 3. Die Gesetzesverfasser wollten dadurch klarstellen, daß die etwaige Billigung der Befolgung der Weisung durch die *Hauptversammlung* auf Vorlage durch den Vorstand nach § 119 Abs. 2 gleichfalls keine haftungsausschließende Wirkung hat.[18] Dem hat sich die überwiegende Meinung zu Recht angeschlossen, da andernfalls mit Rücksicht auf die regelmäßige Hauptversammlungsmehrheit des herrschenden Unternehmens die gesetzliche Regelung endgültig leerliefe.[19]

16 **5. Mitarbeiter.** Soweit Mitarbeiter der abhängigen Gesellschaft aufgrund einer entsprechenden Anweisung des Vorstandes verpflichtet sind, Weisungen des herrschenden Unternehmens unmittelbar zu befolgen,[20] haften sie bei Befolgung unzulässiger Weisungen ihrer Gesellschaft nur aus dem Anstellungsvertrag und aus Delikt.[21] Unberührt bleibt die Haftung der Vorstandsmitglieder nach § 310 Abs. 1, da sie verpflichtet sind, auch sämtliche an ihre Mitarbeiter direkt erteilten Weisungen auf ihre Zulässigkeit zu überprüfen.[22]

V. Haftung des Aufsichtsrats

17 Nach § 310 Abs. 1 S. 1 haften neben den Mitgliedern des Vorstandes auch die des Aufsichtsrats der abhängigen Gesellschaft gesamtschuldnerisch im Falle der Schädigung der abhängigen Gesellschaft durch die Befolgung unzulässiger Weisungen des herrschenden Unternehmens. Hierbei bleibt jedoch zu berücksichtigen, daß der Aufsichtsrat der abhängigen Gesellschaft grundsätzlich nicht Adressat der Weisungen des herrschenden Unternehmens ist, so daß seine Haftung aufgrund des § 310 Abs. 1 tatsächlich nur in Ausnahmefällen in Betracht kommen dürfte.[23]

18 Die Haftung der Aufsichtsratsmitglieder beschränkt sich im wesentlichen auf zwei Fallgestaltungen, einmal auf Pflichtverstöße bei der allgemeinen Überwachung der Geschäftsführung des Vorstandes, wozu auch die Verhinderung der Befolgung unzulässiger Weisungen gehört (§ 111 Abs. 1), zum anderen auf Pflichtverletzungen bei der Erteilung der Zu-

---

[16] S. schon o. § 309 Rdnr. 31; *Kantzas* Weisungsrecht S. 201 f., 205 f.
[17] Ebenso *Kantzas* Weisungsrecht S. 209.
[18] S. die Begr. zum RegE, bei *Kropff* AktG S. 406.
[19] *Emmerich/Sonnenschein* § 18 VI 3 a; *Geßler* in Geßler/Hefermehl Rdnr. 11; *Hüffer* Rdnr. 5; *Kantzas* Weisungsrecht S. 208; *Krieger* Handbuch § 70 Rdnr. 113; *Koppensteiner* in Kölner Kommentar Rdnr. 8; anders nur *Canaris* ZGR 1978, 207, 211 ff.
[20] S. o. § 308 Rdnr. 14.
[21] *Hüffer* Rdnr. 2; *Koppensteiner* in Kölner Kommentar Rdnr. 4.
[22] S. o. § 308 Rdnr. 14, 53.
[23] S. o. § 308 Rdnr. 13.

Vorbemerkungen   **Vor § 311**

stimmung nach § 111 Abs. 4 S. 2 zu einem bestimmten Geschäft, zu dem das herrschende Unternehmen die abhängige Gesellschaft angewiesen hat, obwohl die Weisung unzulässig war und die Mitglieder des Aufsichtsrats dies bei Anwendung der gebotenen Sorgfalt (§ 310 Abs. 1 S. 2) erkennen konnten und mußten.[24] In den Fällen des § 310 Abs. 3 ist jedoch auch die Haftung der Aufsichtsratsmitglieder ausgeschlossen.[25] Im übrigen bleibt § 116 unberührt. Eine Haftung der Aufsichtsratsmitglieder hiernach kommt zB bei einer mangelhaften Kontrolle des Vorstands im weisungsfreien Raum oder bei der Durchführung unzulässiger Weisungen in Betracht.[26]

Zweiter Abschnitt. Verantwortlichkeit bei Fehlen eines Beherrschungsvertrags

Schrifttum (Auswahl): Abhängigkeit und einfacher faktischer Konzern: *Altmeppen,* Zur Vermögensbindung in der faktisch abhängigen AG, ZIP 1996, 693; *Bachmayr,* Der reine Verlustübernahmevertrag, ein Unternehmensvertrag im Sinne des Aktiengesetzes, BB 1967, 135; *Bälz,* Einheit und Vielheit im Konzern, Festschrift für L. Raiser, 1974, S. 287; *ders.,* Verbundene Unternehmen, AG 1992, 277; *W. F. Bayer,* Mehrstufige Unternehmensverträge, Festschrift für Ballerstedt, 1975, S. 157; *Becker/Grazé,* Schrifttum und Rechtsprechung zu den Verrechnungspreisen zwischen verbundenen Unternehmen, DB 1985, Beil. 15; *Beuthien,* Art und Grenzen der aktienrechtlichen Haftung herrschender Unternehmen für Leitungsmachtmißbrauch, DB 1969, 1781; *Bode,* Abhängigkeitsbericht und Kostenlast im einstufigen faktischen Konzern, AG 1995, 261; *Brüggemeier,* Die Einflußnahme auf die Verwaltung einer Aktiengesellschaft, AG 1988, 93; *Decher,* Personelle Verflechtungen im Aktienkonzern, 1990; *Dettling,* Die Entstehungsgeschichte des Konzernrechts im Aktiengesetz von 1965, 1997; *Döllerer,* Der Abhängigkeitsbericht und seine Prüfung bei einem Vorstandswechsel, Festschrift für Semler, 1993, S. 441; *Ehricke,* Gedanken zu einem allgemeinen Konzernorganisationsrecht zwischen Markt und Regulierung, ZGR 1996, 300; *Eschenbruch,* Konzernhaftung, 1996; *Flume,* Der Referentenentwurf eines AktG, 1958; *ders.,* Die abhängige AG und die Aktienrechtsreform, DB 1959, 190; *Gansweid,* Gemeinsame Tochtergesellschaften im deutschen Konzern- und Wettbewerbsrecht, 1976; *Geßler,* Der Schutz der abhängigen Gesellschaft, Festschrift für W. Schmidt, 1959, S. 247; *ders.,* Probleme des neuen Aktienrechts, DB 1965, 1729; *ders.,* Leitungsmacht und Verantwortlichkeit im faktischen Konzern, Festschrift für H. Westermann, 1974, S. 145; *ders.,* Überlegungen zum faktischen Konzern, Festschrift für Flume, Bd. II, 1978, S. 55; *ders.,* Schutz vor Fremdeinflüssen im Aktienrecht, ZHR 145 (1981), 457; *Goerdeler,* Geschäftsbericht, Konzerngeschäftsbericht und „Abhängigkeitsbericht" aus der Sicht des Wirtschaftsprüfers, Wpg 1966, 113; *Habersack,* Die Mitgliedschaft – subjektives und „sonstiges" Recht, 1996; *Haesen,* Der Abhängigkeitsbericht im faktischen Konzern, 1970; *Henze,* Die Treupflicht im Aktienrecht, BB 1996, 489; *Hommelhoff,* Die Konzernleitungspflicht, 1982; *ders.,* Zum revidierten Entwurf einer Konzernrechtsrichtlinie, Festschrift für Fleck, 1988, S. 125; *ders.,* Empfiehlt es sich, das Recht faktischer Unternehmensverbindungen neu zu regeln?, Gutachten G zum 59. DJT, 1992; *ders.,* Praktische Erfahrungen mit dem Abhängigkeitsbericht, ZHR 156 (1992), 295; *Jula/Breitbarth,* Liquiditätsausgleich im Konzern durch konzerninterne Darlehen, AG 1997, 256; *Kellmann,* Schadensersatz und Ausgleich im faktischen Konzern, BB 1969, 1509; *ders.,* Zum „faktischen Konzern", ZGR 1974, 220; *Kindler,* Hauptfragen des Konzernrechts in der internationalen Diskussion, ZGR 1997, 449; *Klussmann,* Einzelfragen zu Inhalt und Gliederung des Abhängigkeitsberichtes nach § 312 AktG 1965, DB 1967, 1487; *Köhler,* Der Schutz des abhängigen Unternehmens im Schnittpunkt von Kartell- und Konzernrecht, NJW 1978, 2473; *Koppensteiner,* Abhängige Gesellschaften aus rechtspolitischer Sicht, Festschrift für Steindorff, 1990, S. 79; *Krag,* Konzepte für die Durchführung von Sonderprüfungen gem. § 315 AktG, BB 1988, 1850; *Kronstein,* Die Anwendbarkeit der §§ 311 ff. über die Verantwortlichkeit im „faktischen" Konzern bei mehrstufigen Unternehmensverbindungen, BB 1967, 637; *ders.,* Aktienrechtliche und wettbewerbsrechtliche Aspekte der Konzentration, Festschrift für Geßler, 1971, S. 219; *Kropff,* Der „faktische Konzern" als Rechtsverhältnis, DB 1967, 2147, 2204; *ders.,* Zur Anwendung des Rechts der verbundenen Unternehmen auf den Bund, ZHR 144 (1980), 74; *ders.,* Zur Konzernleitungsmacht, ZGR 1984, 112; *ders.,* Konzerneingangskontrolle bei der qualifizierten Durchführung konzerngebundenen Aktiengesellschaft, Festschrift für Goerdeler, 1987, S. 259; *ders.,* Außenseiterschutz in der faktisch abhängigen „kleinen Aktiengesellschaft", ZGR 1988, 558; *ders.,* Benachteiligungsverbot und Nachteilsausgleich im faktischen Konzern, Festschrift für Kastner, 1992, S. 279; *Luchterhandt,* Leitungsmacht und Verantwortlichkeit im faktischen Konzern, ZHR 133 (1970), 1; *Lutter,* 100

---

[24] Ebenso *Geßler* in Geßler/Hefermehl Rdnr. 19; *Hüffer* Rdnr. 2 f.; *Kantzas* Weisungsrecht S. 209 ff.; *Koppensteiner* in Kölner Kommentar Rdnr. 5; *Krieger* Handbuch § 70 Rdnr. 113.

[25] *Geßler* in Geßler/Hefermehl Rdnr. 19; *Kantzas* Weisungsrecht S. 212.

[26] ZB *Kantzas* Weisungsrecht S. 213.

Bände BGHZ: Konzernrecht, ZHR 151 (1987), 444; *ders.,* Vermögensveräußerungen einer abhängigen AG, Festschrift für Steindorff, 1990, S.125; *ders.,* Haftung aus Konzernvertrauen?, Gedächtnisschrift für Knobbe-Keuk, 1997, S.229; *Lutter/Timm,* Zum VEBA/Gelsenberg-Urteil des Bundesgerichtshofs, BB 1978, 836; *Martens,* Die Organisation des Konzernvorstands, Festschrift für Heinsius, 1991, S.523; *Maul,* Der Abhängigkeitsbericht im künftigen Konzernrecht – Ein Vergleich zwischen der Regelung des Vorentwurfs zur 9. EG-Richtlinie und der des geltenden Aktienrechts, DB 1985, 1749; *A.Meier,* Inhalt und Prüfung des Abhängigkeitsberichts, Wpg. 1968, 64; *Mertens,* Die gesetzliche Einschränkung der Disposition über Ersatzansprüche der Gesellschaft durch Verzicht oder Vergleich in der aktien- und konzernrechtlichen Organhaftung, Festschrift für Fleck, 1988, S.209; *ders.,* Verpflichtung der Volkswagen AG, einen Bericht gemäß § 312 AktG über ihre Beziehungen zum Land Niedersachsen zu erstatten?, AG 1996, 241; *ders.,* Abhängigkeitsbericht bei „Unternehmenseinheit" in der Handelsgesellschaft KGaA, Festschrift für Claussen, 1997, S.297; *Mestmäcker,* Verwaltung, Konzerngewalt und Rechte der Aktionäre, 1958; *ders.,* Zur Systematik des Rechts der verbundenen Unternehmen im neuen Aktiengesetz, Festgabe für Kronstein, 1967, S.129; *Michalski,* Ungeklärte Fragen bei der Einlagenrückgewähr im Aktienrecht, AG 1980, 261; *Möhring,* Zur Systematik der §§ 311, 317, Festschrift für Schilling, 1973, S.253; *H.-P.Müller,* Zur Gewinn- und Verlustermittlung bei aktienrechtlichen Gewinnabführungsverträgen, Festschrift für Goerdeler, 1987, S.375; *K.Müller,* Die Haftung der Muttergesellschaft für die Verbindlichkeiten der Tochtergesellschaft im Aktienrecht, ZGR 1977, 1; *Neuhaus,* Die Grenzen der Konzernleitungsgewalt im faktischen Konzern und der Nachteilsbegriff des § 311 AktG 65, DB 1970, 1913; *ders.,* Die zivilrechtliche Organhaftung des Vorstandes einer beherrschten Aktiengesellschaft im sogenannten „faktischen" Konzern und im Vertragskonzern, 1970; *Noack,* Die konzernrechtliche Sonderprüfung nach § 315 AktG, Wpg. 1994, 225; *Paschke,* Rechtsfragen der Durchgriffsproblematik im mehrstufigen Unternehmensverbund, AG 1988, 196; *Paehler,* Die Zulässigkeit des faktischen Konzerns, 1972; *Pentz,* Die Rechtsstellung der Enkel-AG in einer mehrstufigen Unternehmensverbindung, 1994; *Pickardt,* Die zivilrechtliche Haftung des Vorstands abhängiger Aktiengesellschaften nach dem Aktiengesetz vom 6.9. 1965, 1973; *Pöppl,* Aktienrechtlicher Minderheitenschutz durch den „Abhängigkeitsbericht", 1972; *Rasner,* Der Abhängigkeitsbericht des § 312 des Aktiengesetzes, BB 1966, 1043; *Rehbinder,* Gesellschaftsrechtliche Probleme mehrstufiger Unternehmensverbindungen, ZGR 1977, 581; *Rittner,* Konzernorganisation und Privatautonomie, AcP 183 (1983), 295; *ders.,* Gesellschaftsrecht und Unternehmenskonzentration – Zu den Vorschlägen der Monopolkommission, ZGR 1990, 203; *Säcker,* Zur Problematik von Mehrfachfunktionen im Konzern, ZHR 151 (1987), 59; *Schilling,* Grundlagen eines GmbH-Konzernrechts, Festschrift für Hefermehl, 1976, S.383; *ders.,* Bemerkungen zum Europäischen Konzernrecht, ZGR 1978, 415; *K.Schmidt,* Abhängigkeit und faktischer Konzern als Aufgaben der Rechtspolitik, JZ 1992, 856; *Schön,* Deutsches Konzernprivileg und europäischer Kapitalschutz – ein Widerspruch?, Festschrift für Kropff, 1997, S.285; *Strohn,* Die Verfassung der Aktiengesellschaft im faktischen Konzern, 1977; *Ulmer,* Zur Haftung der abordnenden Körperschaft nach § 31 BGB für Sorgfaltsverstöße des von ihr benannten Aufsichtsratsmitglieds, Festschrift für Stimpel, 1985, S.705; *van Venrooy,* Erfüllungsgeschäfte im Abhängigkeitsbericht der Aktiengesellschaft, DB 1980, 385; *Wälde,* Die Anwendbarkeit des § 31 BGB und der Begriff des „gesetzlichen Vertreters" im Rahmen konzernrechtlicher Haftungstatbestände des faktischen Konzerns, DB 1972, 2289; *ders.,* Die Angemessenheit konzerninterner Transfergeschäfte bei mulitnationalen Unternehmen nach Konzernrecht, AG 1974, 370; *Wiedemann,* Die Unternehmensgruppe im Privatrecht, 1988; *Wiedemann/Strohn,* Die Zulässigkeit einer Konzernumlage im Aktienrecht, AG 1979, 113; *J.Wilhelm,* Rechtsform und Haftung bei der juristischen Person, 1981; *Wirtschaftsprüfer-Handbuch 1996,* Handbuch für Rechnungslegung, Prüfung und Beratung, Bd.I, 11.Aufl. 1996; *Zöllner,* Die Schranken mitgliedschaftlicher Stimmrechtsmacht bei den privatrechtlichen Personenverbänden, 1963; *ders.,* Empfiehlt es sich, das Recht faktischer Unternehmensverbindungen neu zu regeln?, Referat zum 59. DJT 1992, Bd.II (Sitzungsbericht), S. R 35; *ders.,* Schutz der Aktionärsminderheit bei einfacher Konzernierung, Festschrift für Kropff, 1997, S.333.; *ders.,* Treupflichtgesteuertes Aktienkonzernrecht, ZHR 162 (1998), 235.

Qualifizierte faktische Unternehmensverbindung:* *Altmeppen,* Die systematische Einordnung der Rechtsprechung zum qualifiziert faktischen Konzern nach „TBB", DB 1994, 1912; *Boujong,* Legitime richterliche Rechtsfortbildung im Recht des qualifizierten faktischen GmbH-Konzerns, Festschrift für Brandner, 1996, S.23; *Burgard,* Die Tatbestandsvoraussetzungen des qualifizierten faktischen GmbH-Konzerns und ihrer Konkretisierung nach „TBB", WM 1993, 925; *Decher,* Die Zulässigkeit des qualifizierten faktischen Aktienkonzerns, DB 1990, 2005; *Deilmann,* Die Entstehung des qualifizierten faktischen Konzerns, 1990; *Drygala,* Verhaltenshaftung im faktischen GmbH-Konzern, GmbH-Rdsch. 1993, 317; *Ebenroth,* Die qualifizierte faktische Konzernierung und ihre körperschaftsteuerrechtliche Auswirkung, AG 1990, 188; *Flume,* Das Video-Urteil als eine Entscheidung des II. Senats des BGH aus dessen Selbstverständnis der Innehabung gesetzgeberischer Gewalt, ZIP 1992, 817; *Goette,* Haftungsvoraussetzungen im qualifiziert faktischen Konzern, DStR 1993, 568; *Heyder,* Der qualifizierte faktische Aktienkonzern, 1996; *Hoffmann-Becking,* Der qualifizierte faktische AG-Konzern – Tatbestand und Abwehransprüche, in Ulmer (Hrsg.), Probleme des Konzernrechts, 1989, S.68; *Hommelhoff/Stimpel/Ulmer* (Hrsg.), Heidelberger Konzernrechtstage: Der qualifizierte faktische GmbH-Konzern, 1992; *Hommelhoff,* Die qualifizierte faktische Unternehmensverbindung: ihre Tatbestands-

---

*Zu weit. Nachw. betr. die qualifizierte faktische Unternehmensverbindung im GmbH-Recht s. die Zusammenstellung des einschlägigen Schrifttums bei *Ulmer* in Hachenburg GmbHG Anh. § 77, vor Rdnr. 97; *Emmerich/Sonnenschein* § 24 a.

Vorbemerkungen

merkmale nach dem TBB-Urteil und deren rechtsdogmatisches Fundament, ZGR 1994, 395; *Kleindiek,* Strukturkonzepte für den qualifizierten faktischen GmbH-Konzern, ZIP 1991, 1330; *ders.,* Haftung, freie Beweiswürdigung und Beweiserleichterung im qualifizierten faktischen GmbH-Konzern, GmbH-Rdsch. 1992, 574; *ders.,* Kurskorrektur im GmbH-Konzernrecht, DZWiR 1993, 177; *Koppensteiner,* Über die Verlustausgleichspflicht im qualifizierten AG-Konzern, in Ulmer (Hrsg.), Probleme des Konzernrechts, 1989, S. 87; *Krieger,* Kann die Praxis mit TBB leben?, ZGR 1994, 375; *Kropff,* Das TBB-Urteil und das Aktienkonzernrecht, AG 1993, 485; *ders.,* Konzerneingangskontrolle bei der qualifiziert konzerngebundenen Aktiengesellschaft, Festschrift für Goerdeler, 1987, S. 259; *Lutter,* Der qualifizierte faktische Konzern, AG 1990, 179; *ders.,* Gefahren persönlicher Haftung für Gesellschafter und Geschäftsführer einer GmbH, DB 1994, 129; *Scheffler,* Der qualifizierte faktische Konzern – Versuch einer betriebswirtschaftlichen Definition, AG 1990, 173; *Schlieper,* Leitungsintensität und Mehrfachfunktion im faktischen Aktienkonzern, 1996; *K. Schmidt,* Gleichordnung im Konzern – terra incognita?, ZHR 155 (1991), 417; *ders.,* „Konzernhaftung" nach dem TBB-Urteil – Versuch einer Orientierung, ZIP 1993, 549; *U. H. Schneider,* Neues zum qualifizierten faktischen GmbH-Konzern, WM 1993, 782; *Schulze-Osterloh,* Vermeidung der Konzernhaftung nach dem TBB-Urteil durch ordnungsgemäße Buchführung, ZIP 1993, 1838; *Semler,* Doppelmandats-Verbund im Konzern, Festschrift für Stiefel, 1987, S. 719; *U. Stein,* Konzernherrschaft durch EDV?, ZGR 1988, 163; *Stimpel,* Die Rechtsprechung des Bundesgerichtshofes zur Innenhaftung des herrschenden Unternehmens im GmbH-Konzern, AG 1986, 117; *ders.,* „Durchgriffshaftung" bei der GmbH: Tatbestände, Verlustausgleich, Ausfallhaftung, Festschrift für Goerdeler, 1987, S. 601; *ders.,* Haftung im qualifizierten faktischen GmbH-Konzern, ZGR 1991, 144; *Stodolkowitz,* Die Haftung im qualifizierten faktischen GmbH-Konzern nach der Rechtsprechung des Bundesgerichtshofes, ZIP 1992, 1517; *Timm,* Grundfragen des „qualifizierten" faktischen Konzerns im Aktienrecht, NJW 1987, 977; *Ulmer,* Verlustübernahmepflicht des herrschenden Unternehmens als konzernspezifischer Kapitalerhaltungsschutz, AG 1986, 123; *G. Weigl,* Die Haftung im (qualifizierten) faktischen Konzern, 1996; *Werner,* Probleme der Anwendung des § 303 AktG im qualifizierten faktischen GmbH-Konzern, Festschrift für Goerdeler, 1987, S. 677; *Westermann,* Das TBB-Urteil – ein Neuansatz bei der Haftung wegen qualifizierter faktischer Konzernierung?, ZIP 1993, 554; *Zöllner,* Qualifizierte Konzernierung im Aktienrecht, Gedächtnisschrift für Knobbe-Keuk, 1997, S. 369.

Konzernbildung: *Assmann/Bozenhardt,* Übernahmeangebote als Regelungsproblem zwischen gesellschaftsrechtlichen Normen und zivilrechtlich begründeten Verhaltensgeboten, in Assmann/Basaldua/Bozenhardt/Peltzer, Übernahmeangebote, 1990, S. 1; *B. Binnewies,* Die Konzerneingangskontrolle in der abhängigen Gesellschaft, 1996; *M. Geiger,* Wettbewerbsverbote im Konzernrecht, 1996; *Geßler,* Einberufung und ungeschriebene Hauptversammlungszuständigkeiten, Festschrift für Stimpel, 1985, S. 771; *Habersack,* Die Aktionärsklage – Grundlagen, Grenzen und Anwendungsfälle, DStR 1998, 533; *ders./Mayer,* Der neue Vorschlag einer Takeover-Richtlinie – Überlegungen zur Umsetzung in das nationale Recht, ZIP 1997, 2141; *Hirte,* Bezugsrechtsausschluß und Konzernbildung, 1986; *Hopt,* Europäisches und deutsches Übernahmerecht, ZHR 161 (1997), 368; *Kropff,* Über die „Ausgliederung", Festschrift für Geßler, 1971, S. 111; *Liebscher,* Konzernbildungskontrolle, 1995; *Lutter,* Zur Binnenstruktur des Konzerns, Festschrift für H. Westermann, 1974, S. 347; *ders.,* Teilfusionen im Gesellschaftsrecht, Festschrift für Barz, 1974, S. 199; *ders.,* Organzuständigkeiten im Konzern, Festschrift für Stimpel, 1985, S. 825; *ders./Leinekugel,* Kompetenzen von Hauptversammlung und Gesellschafterversammlung beim Verkauf von Unternehmensteilen, ZIP 1998, 225; *ders./Timm,* Konzernrechtlicher Präventivschutz in der GmbH, NJW 1982, 409; *Martens,* Die Entscheidungsautonomie des Vorstands und die „Basisdemokratie" in der Aktiengesellschaft, ZHR 147 (1983), 377; *Mecke,* Konzernstruktur und Aktionärsentscheid, 1992; *Michalski,* Abwehrmechanismen gegen unfreundliche Übernahmeangebote („unfriendly takeovers") nach deutschem Aktienrecht, AG 1997, 152; *Mülbert,* Aktiengesellschaft, Unternehmensgruppe und Kapitalmarkt, 2. (unveränderte) Aufl. 1996; *Raiser,* Wettbewerbsverbote als Mittel des konzernrechtlichen Präventivschutzes, Festschrift für Stimpel, 1985, S. 855; *Rehbinder,* Zum konzernrechtlichen Schutz der Aktionäre einer Obergesellschaft, ZGR 1983, 92; *Reul,* Die Pflicht zur Gleichbehandlung der Aktionäre bei privaten Kontrolltransaktionen, 1991; *U. H. Schneider,* Konzernleitung als Rechtsproblem, BB 1981, 249; *Seydel,* Konzernbildungskontrolle bei der Aktiengesellschaft, 1995; *Sünner,* Aktionärsschutz und Aktienrecht, AG 1983, 169; *Tieves,* Der Unternehmensgegenstand der Kapitalgesellschaft, 1998; *Timm,* Die Aktiengesellschaft als Konzernspitze, 1980; *Veil,* Aktuelle Probleme im Ausgliederungsrecht, ZIP 1998, 361; *Wahlers,* Konzernbildungskontrolle durch die Hauptversammlung der Obergesellschaft, 1995; *Westermann,* Organzuständigkeit bei Bildung, Erweiterung und Umorganisation des Konzerns, ZGR 1984, 352; *M. Wolf,* Konzerneingangsschutz bei Übernahmeangeboten, AG 1998, 212; *Wollburg/Gehling,* Umgestaltung des Konzerns – Wer entscheidet über die Veräußerung von Beteiligungen einer Aktiengesellschaft?, Festschrift für O. Lieberknecht, 1997, S. 133; *Ziemons/Jaeger,* Treupflichten bei der Veräußerung einer Beteiligung an einer Aktiengesellschaft, AG 1996, 358.

Vorbemerkungen

Übersicht

	Rdnr.
I. Einführung	1–5
1. Gegenstand und Zweck der §§ 311 ff.	1–3
2. Der Inhalt der §§ 311 ff. im Überblick	4
3. Entstehungsgeschichte	5
II. Die rechtliche Billigung des einfachen faktischen Konzerns	6–8
1. Grundsatz	6
2. Grenzen	7
3. Rechtspolitische Würdigung	8
III. Zur Frage einer Konzernbildungskontrolle	9–19
1. Überblick	9
2. Präventivschutz auf der Ebene der Untergesellschaft	10–12
a) Grundsatz	10
b) Wettbewerbsverbot	11
c) Verhaltenspflichten im Zusammenhang mit dem Anteilserwerb	12

	Rdnr.
3. Präventivschutz auf der Ebene der Obergesellschaft	13–19
a) Grundlagen	13
b) Reichweite	14–17
c) Rechtsfolgen	18, 19
IV. Die qualifizierte faktische Unternehmensverbindung	20–44
1. Grundsatz	20
2. Die Entwicklung im GmbH-Recht	21, 22
3. Tatbestand	23–38
a) Abhängigkeit iSv. § 17	23, 24
b) Qualifizierungselement	25–36
aa) Allgemeines	25, 26
bb) Präzisierung	27–36
c) Beweislast	37, 38
4. Rechtsfolgen	39–44
a) Ansprüche der abhängigen Gesellschaft	39
b) Ansprüche der Gläubiger	40–42
c) Ansprüche der außenstehenden Aktionäre	43, 44

I. Einführung

1 **1. Gegenstand und Zweck der §§ 311 ff.** Die §§ 311 ff. enthalten Vorschriften für den Fall der Abhängigkeit einer AG oder KGaA von einem Unternehmen. Sie knüpfen damit an die Vorschriften der §§ 15, 17 AktG an[1] und tragen dem Umstand Rechnung, daß es bei Bestehen eines Abhängigkeitsverhältnisses eines **besonderen Schutzes der abhängigen Gesellschaft sowie ihrer Gläubiger und außenstehenden Aktionäre** bedarf. Kann nämlich das herrschende Unternehmen auf die AG oder KGaA einen beherrschenden Einfluß ausüben, so ist nicht auszuschließen, daß es von diesem Einflußpotential tatsächlich Gebrauch macht und sein anderweitig verfolgtes unternehmerische Interesse innerhalb der abhängigen Gesellschaft zur Geltung bringt. Das Vorliegen eines Abhängigkeitstatbestands iSv. §§ 17, 311 AktG begründet mit anderen Worten die Gefahr einer Störung des – bei einer unabhängigen Gesellschaft typischerweise gegebenen – *Gleichlaufs von Gesellschafter- und Gesellschaftsinteresse* und damit die Gefahr eines Wegfalls der Richtigkeitsgewähr der Willensbildung innerhalb des Verbands und der unternehmerischen Autonomie der Gesellschaft; dies wiederum geht einher mit der Gefahr, daß das herrschende Unternehmen das Vermögen der abhängigen Gesellschaft zu deren Nachteil und zum Nachteil der Gesellschaftsgläubiger und der außenstehenden Aktionäre für seine eigenen Belange einsetzt. Die §§ 311 ff. AktG begegnen dem dadurch, daß sie dem herrschenden Unternehmen und seinen gesetzlichen Vertretern, aber auch den Mitgliedern des Vorstands und des Aufsichtsrats der abhängigen Gesellschaft, besondere Verhaltenspflichten auferlegen, deren Verletzung zum Schadensersatz verpflichtet (s. aber auch Rdnr. 2).

2 Freilich verbieten die §§ 311 ff. auch die der abhängigen Gesellschaft zum Nachteil gereichende Einflußnahme des herrschenden Unternehmens nicht schlechthin; vielmehr erlaubt § 311 die Durchführung von nachteiligen Rechtsgeschäften oder Maßnahmen, sofern nur der Nachteil ausgeglichen oder Nachteilsausgleich rechtsverbindlich versprochen wird.

---
[1] Zum Begriff des Unternehmens s. § 15 Rdnr. 6 ff.; zum Tatbestand der Abhängigkeit s. § 17 Rdnr. 4 ff.

Vorbemerkungen 3, 4 **Vor § 311**

Zudem hat der Gesetzgeber bewußt und mit gutem Grund darauf verzichtet, den (einfachen) *faktischen Konzern* vom Anwendungsbereich der – an das Bestehen eines *Abhängigkeitsverhältnisses* iSv. § 17 AktG anknüpfenden – §§ 311 ff. auszunehmen.[2] Dem in § 311 geregelten System des Nachteilsausgleichs läßt sich darüber hinaus sogar die Entscheidung des Gesetzgebers für die Zulässigkeit des einfachen faktischen Konzerns entnehmen (Rdnr. 6 f.): Sofern nur die *Vermögensinteressen* der abhängigen Gesellschaft gewahrt werden, ist es dem herrschenden Unternehmen gestattet, im Einvernehmen mit dem Vorstand der abhängigen Gesellschaft seine außerhalb der Gesellschaft verfolgten Interessen auch gegenüber einem gegenläufigen *Eigenwillen* der abhängigen Gesellschaft durchzusetzen. Neben ihrer Schutzfunktion (Rdnr. 1) kommt den §§ 311 ff. mithin jedenfalls insoweit, als es um die *Rechtsfolgen* nachteiliger Einflußnahme geht, eine **Privilegierungsfunktion** zu (s. ferner Rdnr. 7).[3] Diese versteht sich allerdings nur als Kehrseite der den §§ 311 ff. primär zukommenden Schutzfunktion (Rdnr. 1): Das herrschende Unternehmen darf von seinem Einfluß nur unter der Voraussetzung Gebrauch machen, daß sich die der abhängigen Gesellschaft entstehenden Nachteile isolieren und gem. § 311 AktG ausgleichen lassen (Rdnr. 7).

In der Erfassung sowohl von bloßen Abhängigkeitsverhältnissen als auch von Konzernlagen (Rdnr. 2) unterscheidet sich die Konzeption der §§ 311 ff. schon im Ansatz von dem Modell einer **organischen Konzernverfassung.** Letzteres lag noch dem zweiteiligen Vorentwurf einer Konzernrechtsrichtlinie der Kommission aus dem Jahre 1974 zugrunde[4] und zeichnet sich durch die Anknüpfung an den Tatbestand der *einheitlichen Leitung* aus. Konzernrechtliche Schutzvorschriften nach Art der §§ 302 f., 304 f. finden danach unabhängig davon Anwendung, ob es sich um einen faktischen Konzern oder um einen Vertragskonzern handelt. Demgegenüber unterscheidet das dritte Buch des AktG – ebenso wie der im Jahre 1984 vorgelegte revidierte Vorentwurf einer Konzernrechtsrichtlinie[5] – zwischen (1.) den Tatbeständen der Abhängigkeit und des einfachen faktischen Konzerns gem. §§ 311 ff., (2.) dem Vertragskonzern gem. §§ 291 ff. und (3.) der Eingliederung gem. §§ 319 ff. 3

2. Der Inhalt der §§ 311 ff. im Überblick. Der Schutz- und Privilegierungsfunktion der §§ 311 ff. AktG (Rdnr. 1 f.) tragen vor allem die Vorschriften der §§ 311, 317 Rechnung. Während § 311 nachteilige Einzelmaßnahmen erlaubt, sofern nur das herrschende Unternehmen **Nachteilsausgleich** gewährt oder rechtsverbindlich zusagt und damit die Vermögensinteressen der abhängigen AG wahrt, knüpft § 317 an die *Nichterfüllung der Ausgleichspflicht* an und begründet für diesen Fall die Verpflichtung des herrschenden Unternehmens und seiner gesetzlichen Vertreter zum **Schadensersatz** gegenüber der abhängigen Gesellschaft und der außenstehenden Aktionäre. In Ergänzung zu §§ 311, 317 bestimmen §§ 312–316, daß der Vorstand der abhängigen AG einen Bericht über die Beziehungen zwischen der Gesellschaft und dem herrschenden Unternehmen zu erstellen hat. Dieser **Abhängigkeitsbericht** ist Gegenstand der Prüfung durch den Abschlußprüfer und den Aufsichtsrat der abhängigen Gesellschaft und soll die Geltendmachung von Schadensersatzansprüchen gem. § 317 erleichtern. Als eine *fleet in being* soll er jedenfalls die Stellung 4

---

[2] Vgl. demgegenüber den Alternativvorschlag von *Geßler* (in: Bundesministerium der Justiz, Bericht über die Verhandlungen der Unternehmensrechtskommission, 1980, Tz. 1418 ff.; s. ferner *Geßler*, Festschrift für Flume, S. 55 ff.; *ders.* ZHR 145, 457, 465 ff.), § 311 ff. AktG auf bloße Abhängigkeitslagen zu beschränken und für Konzernsachverhalte weitergehende Schutzinstrumentarien (insbesondere das Erfordernis einer „Konzernierungserklärung", ferner die Verpflichtung des herrschenden Unternehmens zum Verlust- und „Ertragswertausgleich") zu entwickeln; dazu *Sura* ZHR 145 (1981), 436 ff.; *K. Schmidt* JZ 1992, 856, 858 f.; *Hommelhoff* Gutachten S. 28 ff.

[3] So auch *Koppensteiner* in Kölner Kommentar vor § 311 Rdnr. 3; *Hommelhoff* S. 124 f.

[4] Abdruck des zweiteiligen Vorentwurfs bei *Lutter*, Europäisches Gesellschaftsrecht, 2. Aufl. 1984, S. 187 ff.; dazu *Schilling* ZGR 1978, 415 ff. S. ferner VII. Hauptgutachten der Monopolkommission, BT-Drucks. 11/2677 v. 19. 7. 1988, Tz. 839 ff. (857); dazu *Rittner* ZGR 1990, 203, 211 ff.

[5] Abdruck in ZGR 1985, 444 ff. und bei *Lutter*, Europäisches Unternehmensrecht, 4. Aufl. 1996, S. 244 ff.; dazu *Hommelhoff*, Festschrift für Fleck, 1988, S. 125 ff.; *Maul* DB 1985, 1749 ff.

des Vorstands der abhängigen AG stärken und damit dazu beitragen, daß es erst gar nicht zur Verwirklichung des Tatbestands des § 317 kommt (näher § 312 Rdnr. 2 ff.). Nach § 318 sind schließlich die Mitglieder des Vorstands und des Aufsichtsrats der abhängigen AG dieser und den außenstehenden Aktionären gegenüber zum Schadensersatz verpflichtet, wenn sie ihre Berichts- und Prüfungspflicht schuldhaft verletzen.

5   **3. Entstehungsgeschichte.** Unter Geltung des AktG 1937 wurden der Einflußnahme des herrschenden Unternehmens auf die abhängige Gesellschaft allein durch die – im wesentlichen dem heutigen § 117 entsprechende – Vorschrift des § 101 Grenzen gesetzt.[6] Auch auf der Grundlage dieser Vorschrift hatte sich freilich die Ansicht durchgesetzt, daß eine nachteilige Einflußnahme rechtswidrig und allenfalls gegen Gewährung eines Ausgleichs zulässig sei.[7] Die Vorarbeiten zum AktG 1965 wurden denn auch durch die Vorstellung geprägt, daß nachteilige Einflußnahmen nur bei Vorliegen eines Beherrschungsvertrags gerechtfertigt seien.[8] Der Referentenentwurf aus dem Jahre 1958 sah gar noch eine strikte Erfolgshaftung des herrschenden Unternehmens vor (Einleitung Rdnr. 15). Doch hat die Bundesregierung im Anschluß insbesondere an *Flume*[9] von diesem Vorschlag Abstand genommen und nachteilige Einzelmaßnahmen unter der Voraussetzung erlaubt, daß sich das herrschenden Unternehmen vertraglich zum Nachteilsausgleich verpflichtet; zugleich wurde im Interesse der Transparenz die Verpflichtung zur Erstellung eines Abhängigkeitsberichts eingeführt. Im weiteren Verlauf des Gesetzgebungsverfahrens ist die Konzeption des Einzelausgleichs schließlich dahin gehend abgeändert worden, daß das herrschende Unternehmen auch noch am Ende des Geschäftsjahres, in dem der Nachteil zugefügt worden ist, Art und Zeitpunkt des Ausgleichs bestimmen kann. Mit dieser – sodann Gesetz gewordenen – Regelung des Nachteilsausgleichs hat der Gesetzgeber den §§ 311 ff. zwar ein hohes Maß an Flexibilität verliehen, zugleich aber die Interessen der Gesellschaft und der Außenseiter erheblichen Gefahren ausgesetzt.[10]

II. Die rechtliche Billigung des einfachen faktischen Konzerns

6   **1. Grundsatz.** Die §§ 311 ff. knüpfen zwar an das Bestehen eines Abhängigkeitsverhältnisses iSv. § 17 an, doch kann dies nicht dahin gehend interpretiert werden, daß der Gesetzgeber mit diesem Ansatz den Übergang von einfacher Abhängigkeit zu einheitlicher Leitung iSv. § 18 Abs. 1 S. 1 AktG mißbilligt habe. Der heute ganz hM ist vielmehr darin zu folgen, daß die §§ 311 ff. im Sinne des sog. „Faktizitätsprinzips"[11] zu verstehen sind und von der **Zulässigkeit (einfacher) faktischer Konzernierung** ausgehen (s. auch § 311 Rdnr. 4 f.).[12] Auf der Grundlage dieser Auffassung hat das herrschende Unternehmen demnach die *Wahl* zwischen (1.) der Begründung eines *faktischen Konzerns,* auf den dann die §§ 311 ff. Anwendung finden, (2.) dem Abschluß eines *Beherrschungsvertrags* gem. §§ 18 Abs. 1 S. 2, 291 Abs. 1, dessen Voraussetzungen und Rechtsfolgen sich nach §§ 293 ff. beur-

---

[6] Näher dazu *Emmerich/Sonnenschein* § 19 III; *Geßler,* Festschrift für W. Schmidt, S. 247, 256 ff.; *Zöllner* S. 86 ff.
[7] Vgl. *Geßler* (Fn. 6); *Mestmäcker* S. 275 ff.
[8] Näher zum Folgenden *Kropff* in *Geßler/Hefermehl* vor § 311 Rdnr. 5 ff.; eingehend zum Ganzen *Dettling,* passim, insbes. S. 132 ff.; dazu die Besprechung von *Kropff,* ZHR 161 (1997), 857 ff.
[9] Der Referentenentwurf S. 19 ff.; DB 1959, 190.
[10] Vgl. denn auch *Kropff,* Festschrift für Kastner, S. 279, 290 ff., und *Hommelhoff* Gutachten S. 49, die zu Recht für die Abschaffung des hinausgeschobenen Ausgleichs plädieren; s. ferner Rdnr. 8.
[11] Dazu sowie zum sog. „Vertragsprinzip", dem zufolge (im Unterschied zum „Faktizitätsprinzip") nur der Abschluß eines Beherrschungsvertrags zur Beherrschung und einheitlichen Leitung legitimiere, s. *Schilling,* Festschrift für Hefermehl, 1976, S. 383, 391.
[12] Vgl. namentlich OLG Hamm NJW 1987, 1030 („Banning"); LG Mannheim WM 1990, 760, 764; *Flume* I/2 S. 122; *Hommelhoff* S. 109 ff.; *Luchterhandt* ZHR 133 (1970), 1, 5 ff.; *Lutter* AG 1990, 179; *Mülbert* S. 285 ff.; *Scheffler* AG 1990, 173; *Schlieper* S. 79 ff.; *Timm* NJW 1987, 977, 982; *K. Schmidt* Gesellschaftsrecht § 31 IV 2 b; *Koppensteiner* in Kölner Kommentar Rdnr. 6 ff., § 311 Rdnr. 103; *Kropff* in *Geßler/Hefermehl* § 311 Rdnr. 10 ff.; *Hüffer* § 311 Rdnr. 6 f.; *Emmerich/Sonnenschein* § 19 VI; *Krieger* in MünchHdb. AG § 69 Rdnr. 13; im Sinne bloßer Duldung *Geßler,* Festschrift für H. Westermann, 1974, S. 145, 150 ff.; aA *Würdinger* in GroßKomm. zum AktG[3] § 311 Rdnr. 5; *Bälz,* Festschrift für Raiser, S. 287, 308 ff.; *ders.* AG 1992, 277, 303 f.; *Reuter* ZHR 146 (1982), 1, 10.

Vorbemerkungen

teilen, und (3.) der *Eingliederung* der abhängigen Gesellschaft gem. §§ 319 ff. Die §§ 311 ff. betr. die faktische Abhängigkeit auf der einen und die §§ 291 ff., 319 ff. betr. den Beherrschungsvertrag und die Eingliederung auf der anderen Seite begründen freilich einen strikten **numerus clausus** der Konzernierungsformen; Typenvermischungen sind nicht zulässig. Während also der Abschuß eines *Beherrschungsvertrags* und die Eingliederung nach §§ 308, 323 nicht nur die rechtliche Absicherung der Konzernleitungsmacht und damit die Möglichkeit zentraler Konzernleitung begründen, sondern – als Kehrseite dazu – das herrschende Unternehmen zu Ausgleichs- und Abfindungsleistungen nach §§ 302 ff. verpflichten bzw. der gesamtschuldnerischen Haftung nach § 322 unterstellen, kann im *faktischen Konzern* einheitliche Leitung nur nach Maßgabe der §§ 311 ff. ausgeübt werden; der nach diesen Vorschriften allein zulässigen dezentralen Konzernführung (s. Rdnr. 7) entspricht freilich – wiederum spiegelbildlich – eine abgeschwächte Verantwortlichkeit des herrschenden Unternehmens.

2. Grenzen. Die Vorschriften der §§ 311 ff. setzen der Konzernleitung durch das herrschende Unternehmen in verschiedener Hinsicht Grenzen. So darf faktische Konzernherrschaft zum einen nur im Rahmen der **Funktionsfähigkeit des Systems des Einzelausgleichs** ausgeübt werden. Insbesondere eine Einflußnahme, die sich nicht in Einzelmaßnahmen zerlegen läßt und damit auch dem Einzelausgleich nicht zugänglich ist, bewegt sich außerhalb des Bereichs erlaubter faktischer Konzernherrschaft und kann somit nur durch Abschluß eines Beherrschungsvertrags legalisiert werden; dies gilt namentlich für den sog. qualifizierten faktischen Konzern (Rdnr. 20 ff.; s. ferner § 311 Rdnr. 28, 37, 42). Zum anderen bewendet es auch innerhalb der abhängigen oder konzernierten AG bei Geltung des § 76 Abs. 1 und damit bei der *eigenverantwortlichen Leitung der Tochtergesellschaft durch deren Vorstand* (näher dazu § 311 Rdnr. 50 f.).[13] Unter den Voraussetzungen des § 311 ist der Vorstand deshalb zwar berechtigt, nicht aber verpflichtet, „Weisungen" des herrschenden Unternehmens zu befolgen, mögen sie für die abhängige Gesellschaft vorteilhaft oder nachteilhaft sein. Die Vorschriften der §§ 311 ff. begründen demnach **keine Konzernleitungsmacht** – und damit auch **keine Konzernleitungspflicht**[14] – des herrschenden Unternehmens *gegenüber der abhängigen Gesellschaft* in dem Sinne, daß das Konzerninteresse auch gegenüber widerstreitenden Interessen der abhängigen Gesellschaft und der Außenseiter durchgesetzt werden könnte.[15] Dem herrschenden Unternehmen, dem an einer weitergehenden, von §§ 76, 311 nicht mehr gedeckten Durchsetzung des Konzerninteresses gelegen ist, verbleibt nur die Möglichkeit des Abschlusses eines Beherrschungsvertrags oder der Eingliederung der Tochter-AG. Davon zu unterscheiden ist die Frage einer Konzernleitungspflicht des Vorstands einer herrschenden AG gegenüber seiner *eigenen Gesellschaft*.[16] Auch wenn man mit Rücksicht auf die Aktionäre der Obergesellschaft eine entsprechende Einschränkung des aus § 76 Abs. 1 folgenden Leitungsermessens des Vorstands annehmen wollte,[17] ließe sich die Frage allenfalls insoweit bejahen, als das Konzernrecht der abhängigen Gesellschaft die Möglichkeit der Konzernleitung begründet; im Fall einer

---

[13] Ganz hM, s. *Beuthien* DB 1969, 1781, 1793; *Emmerich/Sonnenschein* § 20 III 1; *Flume* I/2 S. 121; *Geßler,* Festschrift für Flume, S. 55, 65; *Kropff* in Geßler/Hefermehl § 311 Rdnr. 27; *Koppensteiner* in Kölner Kommentar § 311 Rdnr. 90; *Hüffer* § 311 Rdnr. 48; *Krieger* in MünchHdb. AG § 69 Rdn. 31, 34; aA *Luchterhandt* ZHR 133 (1970), 1, 8 ff. (12); *J. Wilhelm* S. 227, 243 ff. (auf der Grundlage einer Qualifizierung des faktischen Konzerns als Innengesellschaft bürgerlichen Rechts).
[14] Vgl. die Nachw. zur hM in Fn. 15; aA – für Konzernleitungspflicht gegenüber der abhängigen Gesellschaft – *U. H. Schneider* BB 1981, 249, 256 ff.
[15] Ganz hM, s. bereits *Mestmäcker,* Festgabe für Kronstein, S. 129, 145 ff.; *Geßler,* Festschrift für H. Westermann, S. 145, 146 ff.; ferner *Kropff* in Geßler/Hefermehl § 311 Rdnr. 27; *Koppensteiner* in Kölner Kommentar Rdnr. 6, 16; *Hüffer* § 311 Rdnr. 8; s. ferner *Ehricke* ZGR 1996, 300; aA – für Konzernleitungspflicht des herrschenden Unternehmens ggf. auch bei widerstreitenden Außenseiter-Interessen – *Luchterhandt* ZHR 133 (1970), 1, 6 ff., 13; mit Einschränkungen auch *Hommelhoff* S. 109 ff., 132 ff. (139): Konzernleitungsmacht nur im Rahmen der Funktionsfähigkeit des Systems des Einzelausgleichs.
[16] Dafür namentlich *Hommelhoff* S. 43 ff., 165 ff., 184 ff.; s. ferner *Timm* S. 95 ff.; s. ferner die Nachw. in Fn. 18; zurückhaltend bis ablehnend *Mertens* in Kölner Kommentar § 76 Rdnr. 55; *Hüffer* § 76 Rdnr. 17; *Martens,* Festschrift für Heinsius, S. 523, 531.
[17] Dagegen aber zutr. *Martens* (Fn. 16).

abhängigen AG stehen somit die §§ 311, 76 jedenfalls der Annahme einer Pflicht zur breitflächigen und intensiven Konzernleitung von vornherein entgegen.[18]

8 **3. Rechtspolitische Würdigung.** Waren das System des Einzelausgleichs und die Pflicht zur Erstellung eines Abhängigkeitsberichts über lange Zeit bevorzugter Gegenstand rechtspolitischer Kritik,[19] so lassen sich in jüngerer Zeit eine Reihe von Stimmen verzeichnen, die der Konzeption der §§ 311 ff. aufgeschlossen bis durchaus positiv gegenüber stehen.[20] In der Tat darf nicht übersehen werden, daß von den §§ 311 ff., macht man nur mit den ihnen immanenten Grenzen einheitlicher Leitung (Rdnr. 7, 20 ff.; § 311 Rdnr. 28, 37, 42) Ernst, eine Tendenz zur **dezentralen Konzernführung** ausgehen kann; dies ist aus Sicht der Außenseiter, aber vor allem auch aus wettbewerbspolitischer Sicht durchaus zu begrüßen.[21] Vor diesem Hintergrund ist systemimmanenten Korrekturen[22] der Vorzug vor einer Totalrevision des Rechts des einfachen faktischen Aktienkonzerns zu geben (s. noch § 312 Rdnr. 3, § 313 Rdnr. 3 f., § 318 Rdnr. 2). Zur Frage eines Präventivschutzes s. Rdnr. 9 ff., 13 ff.

III. Zur Frage einer Konzernbildungskontrolle

9 **1. Überblick.** Die Vorschriften der §§ 311 ff. setzen bei der bereits abhängigen oder konzernierten Gesellschaft an und suchen den in diesem Fall gebotenen Schutz der Gläubiger und außenstehenden Aktionäre (Rdnr. 1) durch ein System des Einzelausgleichs und ein Berichtssystem zu erreichen. Dagegen enthalten sie keine Vorschriften über einen vorbeugenden Schutz der Gesellschaft und der Aktionäre gegen abhängigkeits- und konzernbegründende Maßnahmen. Ob und inwieweit auf der Grundlage des geltenden AktG ein entsprechender Präventivschutz besteht, ist denn auch in den Einzelheiten umstritten (Rdnr. 10 ff.). Entsprechendes gilt für die vergleichbare Problematik auf der Ebene des *herrschenden Unternehmens*: Handelt es sich bei ihm um eine AG, so fragt sich, ob das Leitungsermessen des Vorstands mit Blick auf den Mediatisierungseffekt, der von konzernbildenden Maßnahmen ausgeht, Einschränkungen erleidet (Rdnr. 13 ff.).

10 **2. Präventivschutz auf der Ebene der Untergesellschaft. a) Grundsatz.** Nach geltendem Aktienrecht[23] haben die außenstehenden Aktionäre die Begründung der Abhängigkeit oder die einfache faktische Konzernierung ihrer Gesellschaft grundsätzlich hinzunehmen.[24] Ein vorbeugender Schutz auf der Ebene der abhängigen Gesellschaft ist in §§ 311 ff. nicht vorgesehen; mit Blick auf die Schranken, die §§ 311 ff., 76 der Ausübung einheitlicher Leitung ziehen (Rdnr. 7), erscheint dies im Grundsatz auch als angemessen.

---

[18] Nur unter diesem Vorbehalt eine Konzernleitungspflicht bejahend *Kropff* ZGR 1984, 112, 116; *Rittner* AcP 183 (1983), 295, 301 ff.; *Rehbinder* ZHR 147 (1983), 464, 467 ff.; weitergehend *Hommelhoff* (Fn. 4).

[19] S. insbes. Monopolkommission (Fn. 4) Tz. 842; *Großfeld*, Aktiengesellschaft, Unternehmenskonzentration und Kleinaktionär, 1968, S. 218 f.; *Kronstein*, Festschrift für Geßler, S. 219, 222; *Koppensteiner* ZGR 1973, 1, 11 f.; *Koppensteiner* in Kölner Kommentar § 312 Rdnr. 2 ff.; *Emmerich/Sonnenschein* § 21 II; *Reul* S. 278 ff.; s. ferner die Darstellung der Reformvorschläge bei *Koppensteiner*, Festschrift für Steindorff, S. 79 ff. – Vgl. ferner BGHZ 65, 15 und BGHZ 95, 330, 340, jew. betr. die Nichtübertragbarkeit der §§ 311 ff. auf die einfache faktische GmbH; zust. namentlich *Stimpel* AG 1986, 117, 119; *Westermann* GmbH-Rdsch. 1976, 77, 80.

[20] Insbesondere *Hommelhoff* Gutachten S. 19 ff.; *Hüffer* § 311 Rdnr. 9; *Kropff*, Festschrift für Kastner, S. 279, 283 ff.; *Lutter* ZHR 151 (1987), 444, 460; *Rittner* ZGR 1990, 203, 211 ff.; *K. Schmidt* JZ 1992, 856, 858 f.

[21] Zum zuletzt genannten Gesichtspunkt s. insbes. *Rittner* ZGR 1990, 203, 214 ff. in Auseinandersetzung mit dem Vorschlag der Monopolkommission betr. die organische Konzernverfassung (Fn. 4).

[22] Vgl. namentlich die Vorschläge von *Hommelhoff* Gutachten S. 48 ff.; s. ferner Fn. 10.

[23] Zu möglichen Maßnahmen de lege ferenda s. *Hommelhoff* Gutachten S. 43 ff.; zur Rechtsvergleichung s. den Überblick bei *Kindler* ZGR 1997, 449, 451 ff.

[24] BGHZ 119, 1, 7 = NJW 1992, 2760; *Emmerich/Sonnenschein* § 4 a IV 3 a; *Krieger* in MünchHdb. AG § 69 Rdnr. 10; näher dazu und mit weit. Nachw. *Mülbert* S. 453 ff.; *Zöllner*, Festschrift für Kropff, S. 333, 335 ff. (mit zutr. Hinweis auf die Schranken, die von dem satzungsmäßigen Unternehmensgegenstand der abhängigen Gesellschaft ausgehen; s. dazu noch Rdnr. 28, § 311 Rdnr. 27, 36). Zur Besetzung der Organe der abhängigen Gesellschaft s. noch § 311 Rdnr. 17, 23.

Vorbemerkungen **11 Vor § 311**

Was die Frage **satzungsmäßiger Vorkehrungen** betrifft, so kommen im wesentlichen nur die Anteilsvinkulierung gem. §§ 68 Abs.2, 180 Abs.2 und die Einführung von Höchststimmrechten gem. § 134 Abs.1 S.2 in Betracht.[25] Im übrigen unterliegt ein **Hauptversammlungsbeschluß,** der die Gefahr der Abhängigkeit oder Konzernierung der Gesellschaft begründet, einer gerichtlichen **Inhaltskontrolle.**[26] Soweit ein Hauptversammlungsbeschluß bereits im allgemeinen einer Inhaltskontrolle unterliegt, sind dabei die aus der Abhängigkeit resultierenden Gefahren gebührend zu berücksichtigen. Davon betroffen ist insbesondere der Beschluß über den *Ausschluß des Bezugsrechts*.[27] Begründet oder verstärkt der Bezugsrechtsausschluß die Gefahr der Abhängigkeit der Gesellschaft, so fehlt es ihm regelmäßig an der sachlichen Rechtfertigung;[28] umgekehrt kann der Bezugsrechtsausschluß insbesondere deshalb sachlich gerechtfertigt sein, weil er zur Erhaltung der Selbständigkeit der Gesellschaft und zur Abwehr von Fremdeinfluß eingesetzt wird.[29]

b) **Wettbewerbsverbot.** Noch nicht abschließend geklärt ist die Frage, ob und ggf. unter welchen Voraussetzungen der Mehrheitsaktionär einem Wettbewerbsverbot unterliegt. Ein solches Wettbewerbsverbot läßt sich auch außerhalb des Anwendungsbereichs des § 112 HGB aus der mitgliedschaftlichen **Treupflicht** ableiten[30] und kommt, da auch der Aktionär der Treupflicht unterliegt,[31] auch im Aktienrecht durchaus in Betracht. Die Vorschriften der §§ 311 ff. enthalten denn auch keine erschöpfende, einen Rückgriff auf die mitgliedschaftliche Treupflicht gänzlich ausschließende Regelung (§ 311 Rdnr. 54). Zwar bewendet es auch innerhalb der abhängigen oder konzernierten AG bei dem Leitungsermessen des Vorstands (Rdnr.7); der Einflußnahme des konkurrierenden Mehrheitsgesellschafters sind somit *de iure* Grenzen gesetzt. Indes ist es schon im allgemeinen fraglich, ob der Vorstand der abhängigen Gesellschaft tatsächlich in jeder Hinsicht von seinem Leitungsermessen Gebrauch macht und bei nachteiligen Maßnahmen auf Nachteilsausgleich besteht. Jedenfalls in den Fällen, in denen herrschendes Unternehmen und abhängige Gesellschaft konkurrieren, sind entsprechende Gefahren für die abhängige Gesellschaft nicht von der Hand zu weisen. Es kommt hinzu, daß die §§ 311 ff. nur den Gefahren Rechnung tragen, die der abhängigen Gesellschaft aus der Verfolgung eines *beliebigen unternehmerischen Interesses* durch das herrschende Unternehmen erwachsen; die besonderen Gefahren, die mit der Aufnahme einer *Konkurrenztätigkeit* durch das herrschende Unternehmen verbunden sind, werden dagegen von diesen Vorschriften nicht berücksichtigt. Es sprechen somit die besseren Gründe für die Ansicht, daß das *herrschende Unternehmen* einem Wettbewerbsverbot unterliegt; auf die

11

---

[25] Näher dazu *Michalski* AG 1997, 152 ff.; *Emmerich/Sonnenschein* § 4a IV 3a; zur Änderung des § 134 Abs.1 S.2 betreffend die Einführung von Höchststimmrechten (Zulässigkeit nur noch bei nichtbörsennotierten Gesellschaften), zur Aufhebung des § 12 Abs.2 S.2 betr. die Einführung von Mehrstimmrechten und zur Übergangsregelung in § 5 EGAktG s. Gesetz zur Kontrolle und Transparenz im Unternehmensbereich (KonTraG), BGBl. 1998 I, 786; dazu Einleitung Rdn.17. Zu Kapitalmaßnahmen zum Zwecke der Abwehr eines Übernahmeangebots s. *M.Wolf* AG 1998, 212 ff.

[26] So in Übertragung der in BGHZ 80, 69 = NJW 1981, 1512 („Süssen" – Befreiung von einem gesellschaftsvertraglichen Wettbewerbsverbot) für die GmbH entwickelten Grundsätze zutr. *Henze* BB 1996, 489, 497; *Krieger* in MünchHdb. AG § 69 Rdnr.10; *Emmerich/Sonnenschein* § 4a IV 3a; *Binnewies* S.381 ff.; *Seydel* S.183 ff.

[27] Vgl. BGHZ 71, 40 = NJW 1978, 1316; 83, 319 = NJW 1982, 2444; 120, 141 = NJW 1993, 400; 125, 239 = NJW 1994, 1410; s. nunmehr aber auch BGH ZIP 1997, 1499 – Siemens/Nold, dazu *Kindler* ZGR 1998, 35 ff.; ferner § 186 Abs.3 S.4 und dazu *Lutter* AG 1994, 429, 440 ff.

[28] Vgl. aber auch BGHZ 83, 319, 323 = NJW 1982, 2444; LG Heidelberg ZIP 1988, 1257, zum Einsatz des Bezugsrechtsausschlusses zu Sanierungszwecken; s. im übrigen die Nachw. in Fn.26.

[29] So im Ansatz bereits BGHZ 33, 175, 186 = NJW 1961, 26 (für den Fall der Vernichtung); wie im Text *Lutter/Timm* NJW 1982, 409, 415; *Lutter* in Kölner Kommentar § 186 Rdnr.71; *Martens*, Festschrift für R.Fischer, 1979, S.437, 452.; *Hüffer* § 186 Rdnr.32; *Krieger* in MünchHdb. AG § 69 Rdnr.10; aA *Hirte* S.50 ff.

[30] Vgl. für die GmbH & Co.KG BGHZ 89, 162, 165 ff. = NJW 1984, 1351 („Heumann/Ogilvy"); näher dazu *Raiser* in Hachenburg GmbHG § 14 Rdnr.62 ff. mit weit. Nachw.

[31] BGHZ 103, 184 = NJW 1988, 1579; 129, 136 = NJW 1995, 1739; *Lutter* ZHR 153 (1989), 446, 452 ff.; *ders.* ZHR 162 (1998), 164 ff.; *Henze,* Festschrift für Kellermann, 1991, S.141 ff.; *ders.* ZHR 162 (1998), 186 ff.; *Timm* WM 1991, 481 ff.

Realstruktur der abhängigen Gesellschaft kommt es dabei nicht an.[32] Gem. § 23 Abs. 5 S. 2 steht das Wettbewerbsverbot zur Disposition der Hauptversammlung.[33] Ein Beschluß über die *Befreiung* des herrschenden Unternehmens vom Wettbewerbsverbot ist einer Inhaltskontrolle zu unterziehen. Er ist nur unter der Voraussetzung rechtmäßig, daß die Befreiung im Interesse der Gesellschaft geboten ist.[34] Das herrschende Unternehmen ist bei der Beschlußfassung gem. § 136 Abs. 1 S. 1, 2. Fall vom Stimmrecht ausgeschlossen.[35] Hinsichtlich des Mehrheitserfordernisses findet § 179 Abs. 2 Anwendung. Sofern die Satzung nicht etwas anderes bestimmt, bedarf der Befreiungsbeschluß der ¾-Mehrheit.[36] Satzungsbestimmungen, die sich in der Konkretisierung des gesetzlichen Wettbewerbs erschöpfen, begegnen weder unter dem Gesichtspunkt der §§ 23 Abs. 5, 55 noch unter demjenigen des § 1 GWB Bedenken.[37]

12 c) **Verhaltenspflichten im Zusammenhang mit dem Anteilserwerb.** Ein auf Verhaltenspflichten im Zusammenhang mit dem Erwerb von Anteilen gestützter Präventivschutz läßt sich nach geltendem Aktienrecht nicht begründen. Insbesondere unterliegt der Anteilserwerb, auch wenn der Erwerber bereits an der Untergesellschaft beteiligt ist, nicht der – auf den Schutz des mitgliedschaftlichen Bereichs zielenden und damit nur verbandsintern wirkenden – *Treupflicht.*[38] Ein Schutz der Minderheit ist deshalb gegebenenfalls durch kapitalmarktrechtliche Regelungen zu verwirklichen. Die in §§ 20 ff., §§ 21 ff. WpHG geregelten Mitteilungspflichten vermögen freilich aus Sicht des Anlegers allenfalls einen präventiven Schutz zu bewirken; der Aktionär der vormals unabhängigen, nunmehr abhängigen Gesellschaft wird durch diese Vorschriften nicht geschützt. Demgegenüber bestimmt der geänderte **Vorschlag einer take-over-Richtlinie,**[39] daß derjenige, der eine Beteiligung an einer AG erwirbt, die ihm die Kontrolle über diese (Ziel-)Gesellschaft vermittelt, den außenstehenden Aktionären ein auf Übernahme ihrer Aktien gerichtetes Angebot zu unterbreiten hat. Dieses Pflichtangebot soll es den außenstehenden Aktionären ermöglichen, aus der – künftig unter dem Einfluß eines Großaktionärs stehenden – Gesellschaft unter Partizipation an einem etwaigen Paketzuschlag auszuscheiden. Freilich enthält

---

[32] Zutr. *Henze* BB 1996, 489, 497; *Geiger* S. 75 ff.; *Armbrüster* ZIP 1997, 1269, 1271; zumindest für die personalistisch strukturierte AG auch *Emmerich/Sonnenschein* § 4a IV 3b; *Krieger* in MünchHdb. AG § 69 Rdnr. 12; *Lutter/Timm* NJW 1982, 409, 419 f.; *Raiser*, Festschrift für Stimpel, 1985, S. 855, 864 f.; auch insoweit zurückhaltend die ablehnend *Binnewies* S. 340 ff.; *Immenga* JZ 1984, 578, 579 f.; *Seydel* S. 171 ff.; *U. H. Schneider* BB 1981, 249, 258; *ders.* BB 1995, 365, 367 f.; *Koppensteiner* in Kölner Kommentar Rdnr. 28.

[33] Näher dazu *Geiger* S. 146 ff.

[34] Vgl. die Nachw. in Fn. 26.

[35] Vgl. für das GmbH-Recht *Hüffer* in Hachenburg GmbHG § 47 Rdnr. 146.

[36] Vgl. BGH NJW 1981, 1512, 1513 (einfache Mehrheit den Fall, daß die Satzung die Möglichkeit der Befreiung vorsieht; insoweit in BGHZ 80, 69 nicht abgedruckt); näher dazu *M. Winter*, Mitgliedschaftliche Treubindungen im GmbH-Recht, 1988, S. 258 ff. mit weit. Nachw.

[37] Vgl. zu § 23 Abs. 5 AktG zutr. *Binnewies* S. 319 ff.; aA *Koppensteiner* in Kölner Kommentar Rdnr. 27; im Ergebnis auch *Seydel* S. 172 f., der §§ 54, 55 anführt, dabei aber nicht die Grundlage des Wettbewerbs in der mitgliedschaftlichen Treupflicht berücksichtigt. Zur Vereinbarkeit von treupflichtimmanenten Wettbewerbsverboten mit § 1 GWB s. BGHZ 38, 306, 314 f. = NJW 1963, 646; 70, 331, 335 = NJW 1978, 1001; 89, 162, 169 = NJW 1984, 1351; 120, 161, 166 = NJW 1993, 1710; BGH NJW 1994, 384; *Immenga* in Immenga/Mestmäcker GWB, 2. Aufl. 1992, § 1 Rdnr. 357 ff. mit weit. Nachw.

[38] Vgl. BGH NJW 1992, 3167, 3171; im Ergebnis zutr. auch BGH JZ 1976, 561; Großkomm-*Assmann* Einleitung Rdnr. 261; *Assmann/Bozenhardt* S. 1, 73 ff.; s. ferner *Lutter* ZHR 153 (1989), 446, 460 f.; aA *Ziemons/Jaeger* AG 1996, 358, 360 ff.; *Schwark* ZGR 1976, 271, 302. Näher zum Ganzen *Reul*, insbes. S. 251 ff.

[39] Vorschlag einer 13. Richtlinie des Europäischen Parlaments und des Rates auf dem Gebiet des Gesellschaftsrechts über Übernahmeangebote, Dok. KOM (95) 655 endg. (7. 2. 1996), auch abgedruckt in AG 1996, 217; ferner Änderungsvorschlag vom 17. 11. 1997 – KOM (97) 565 endg., auch abgedruckt in ZIP 1997, 2172; dazu *Habersack/Mayer* ZIP 1997, 2141 ff.; *Hopt* ZHR 161 (1997), 368 ff.; *Krause* AG 1996, 209 ff.; *ders.* WM 1996, 845 ff., 893 ff.; *Neye* DB 1996, 1121 ff.; *Roos* WM 1996, 2177 ff.; aus britischer Sicht *Andenas* 1996 Company Lawyer, 150 ff. Zum ursprünglichen Vorschlag einer 13. Richtlinie v. 16. 2. 1989 (ABl. EG Nr. C 64 v. 14. 3. 1989, S. 8) und zum geänderten Vorschlag v. 10. 9. 1990 (ABl. EG Nr. C 240 v. 26. 9. 1990, S. 7) s. *Lutter* (Fn. 5) S. 281 ff. mit weit. Nachw. – Zu dem (freilich unverbindlichen) Übernahmekodex (abgedruckt in AG 1995, 572 ff.) und zum Vollzug desselben durch die Börsensachverständigenkommission s. *Weisgerber* ZHR 161 (1997), 421 ff.; *Diekmann* WM 1997, 897 ff.; *Assmann* AG 1995, 563 ff.

Vorbemerkungen   13, 14 **Vor § 311**

Art. 3 Abs. 1 des Entwurfs eine sog. **Gleichwertigkeitsklausel,** wonach die Mitgliedstaaten das Zwangsangebot durch gleichwertige Mechanismen zum Schutz der außenstehenden Aktionäre ersetzen können.[40] Ausweislich der Begründung des Entwurfs ist dabei namentlich an die §§ 311 ff. gedacht, so daß für Deutschland auch nach Erlaß der Richtlinie nicht mit der Einführung eines Pflichtangebots zu rechnen ist (s. noch § 315 Rdnr. 6).[41]

3. Präventivschutz auf der Ebene der Obergesellschaft. a) Grundlagen. Handelt es sich bei dem herrschenden Unternehmen um einen Verband, so bestimmt das jeweils maßgebliche Organisationsrecht, ob und inwieweit die Verbandsmitglieder an der abhängigkeitsbegründenden bzw. konzernbildenden Maßnahme zu beteiligen sind und welche Rechtsfolgen eine Mißachtung ihrer Zuständigkeit nach sich zieht.[42] Auch für das Aktienrecht geht die hM zu Recht davon aus, daß der mit dem Beteiligungserwerb, einer Bargründung oder einer Ausgliederung von – bislang von der AG betriebenen – Unternehmenssparten verbundene **Mediatisierungseffekt** auch bei Existenz einer entsprechenden *allgemeinen Ermächtigung* des Vorstands durch die Satzung der AG[43] die Zuständigkeit der Hauptversammlung der herrschenden AG begründen kann.[44] Dies gilt zumal in den Fällen, in denen die AG Barvermögen oder sonstiges Vermögen in eine bereits bestehende Gesellschaft einbringt. Infolge der Einbringung des Gesellschaftsvermögens droht nämlich den Aktionären zum einen eine *Verwässerung ihrer Herrschaftsbefugnisse;* denn nunmehr ist es Sache des Vorstands, die Rechte aus der – an die Stelle des eingebrachten Vermögens getretenen – Beteiligung auszuüben. Zum anderen besteht die Gefahr einer *Vermögensverlagerung:* Erwirbt nämlich die AG die Anteile gegen eine den Anteilswert übersteigende Einlage, so geht mit dem Erwerb der Beteiligung eine Subventionierung der anderen Mitglieder der abhängigen Gesellschaft durch die AG und damit letztlich durch deren Aktionäre einher. Beim Fehlen von außenstehenden Mitgliedern, also bei Neugründung einer Gesellschaft durch die AG besteht diese Gefahr zwar nicht; auch in diesem Fall kommt es aber zu einer Mediatisierung der mitgliedschaftlichen Befugnisse.

b) Reichweite. Was die sachliche Reichweite des – im Ansatz zwar nicht auf Maßnahmen der Konzernbildung und -leitung beschränkten, insoweit aber besonders relevanten – Zustimmungserfordernisses betrifft, so konnte bislang freilich kein Konsens erzielt werden.[45] Für die Fälle der **Ausgliederung** von Unternehmensteilen haben zwar die §§ 123

---

[40] Näher dazu *Habersack/Mayer* ZIP 1997, 2141, 2143 ff.; *Hopt* ZHR 161 (1997), 368, 379 ff.

[41] Für Einführung eines Pflichtangebots aber *Baums* ZIP 1997, 1310 ff.; *Habersack/Mayer* ZIP 1997, 2141, 2143 ff. mit weit. Nachw.

[42] Vgl. für die GmbH und die Personengesellschaft als herrschendes Unternehmen *Emmerich/Sonnenschein* § 4a V 1 und 2; für die OHG ferner *Staub/Ulmer* HGB Anh. § 105 Rdnr. 83 ff.

[43] Eine solche Ermächtigung ist für Ausgliederung durch Einzelrechtsnachfolge und Beteiligungserwerb erforderlich, s. *Lutter,* Festschrift für Stimpel, S. 825, 847; *Martens* ZHR 147 (1983), 377, 389 f.; *Krieger* in MünchHdb. AG § 69 Rdnr. 4 ff.; eingehend dazu und mit weit. Nachw. *Koppensteiner* in Kölner Kommentar vor § 291 Rdnr. 18 ff.; *Tieves* S. 479 ff.; *Wahlers* S. 142 ff. Zur Frage, ob der Vorstand bei an sich gegebener Zuständigkeit der Hauptversammlung (Rdnr. 14) auch zur Vornahme der einzelnen Maßnahme vorab ermächtigt werden kann, s. *Lutter/Leinekugel* ZIP 1998, 805 ff.

[44] BGHZ 83, 122, 131 f. = NJW 1982, 1703; OLG Köln ZIP 1993, 110; LG Stuttgart WM 1992, 58, 61 f.; LG Frankfurt/M. WM 1993, 830, 832 ff. und ZIP 1997, 1698; grundlegend *Lutter,* Festschrift H. Westermann, S. 347 ff.; *ders.,* Festschrift für Barz, S. 199 ff.; *U. H. Schneider,* Festschrift für Bärmann, S. 873, 881 ff.; *Timm* S. 135 ff., 165 ff., dem BGH zust. *Geßler,* Festschrift für Stimpel, S. 771 ff.; *Hüffer* § 119 Rdnr. 18; *Rehbinder* ZGR 1983, 92, 98 f.; *Wahlers* S. 66 ff. (anschauliche Darstellung des Mediatisierungseffekts), ferner S. 93 ff.; *Wiedemann* S. 50 ff.; stark einschränkend *Mülbert* S. 416 ff. (Schutz nur bei Beeinträchtigung in vermögensrechtlicher Hinsicht; dazu *Habersack* S. 326 ff.); *Hirte* WM 1997, 1001, 1006 ff.); ablehnend namentlich *Martens* ZHR 147 (1983), 377, 404 ff.; *Sünner* AG 1983, 169, 171 f.; *Werner* ZHR 147 (1983), 429, 450 ff.; *Westermann* ZGR 1984, 352, 371 f. – Näher zur Entwicklung des in BGHZ 83, 122 anerkannten Rechts des Einzelaktionärs auf Entscheidungsteilhabe und zum Meinungsstand *Habersack* S. 297 ff.; *Tieves* S. 450 ff.; *Wahlers* S. 11 ff.

[45] Vgl. dazu im einzelnen *Lutter,* Festschrift für Stimpel, S. 825, 845 ff.; *Lutter/Leinekugel* ZIP 1998, 225 ff.; *Liebscher* S. 65 ff.; *Mecke* S. 144 ff.; *Mülbert* S. 374 ff., 426, 436 f.; *Seydel* S. 431 ff.; *Wahlers* S. 152 ff., 199 ff.; s. ferner die Nachw. in Fn. 51. Zur Frage der Zuständigkeit für den Antrag auf Delisting der Aktien s. *Schwark/Geiser* ZHR 161 (1997), 739, 758 ff.; zum umgekehrten Fall der Börseneinführung *Lutter/Drygala,* Festschrift für Raisch, 1995, S. 239, 240; *Vollmer/Grupp* ZGR 1995, 459 ff.

Abs. 3, 125, 13 UmwG eine klare gesetzliche Regelung der Problematik geschaffen; denn nach diesen Vorschriften bedarf es zur Wirksamkeit einer Ausgliederung im Wege der *partiellen Gesamtrechtsnachfolge* stets der Mitwirkung der Hauptversammlung. Daneben besteht aber weiterhin die Möglichkeit, die Ausgliederung im Wege der *Einzelrechtsnachfolge* und damit außerhalb des Anwendungsbereichs der §§ 123 Abs. 3, 125, 13 UmwG zu vollziehen.[46] In diesen Fällen kann sich die Zuständigkeit der Hauptversammlung aus dem *Grundlagencharakter* der konkreten Maßnahme ergeben.[47] Dies gilt auch für den Fall, daß die Satzung der Obergesellschaft eine umfassende *Konzernbildungsklausel* enthält, der zufolge die Gesellschaft nicht nur andere Gesellschaften gründen oder erwerben, sondern ihren Unternehmensgegenstand sogar ganz oder teilweise mittelbar als Holding verwirklichen kann.[48]

15 Eine die Zuständigkeit der Hauptversammlung begründende Strukturmaßnahme liegt freilich nur unter der Voraussetzung vor, daß die Konzernbildung einen nicht unerheblichen Teil des Gesellschaftsvermögens betrifft. Bagatellfällen dagegen ist zwar gleichfalls der erwähnte Mediatisierungseffekt eigen (Rdnr. 13); im Hinblick auf die aus Sicht der Gesellschaft nur untergeordnete wirtschaftliche Bedeutung derartiger Maßnahmen erscheint jedoch die Hinzuziehung der Hauptversammlung als verzichtbar.[49] Umstritten ist freilich, wo die **Bagatellgrenze** verläuft. Die Angaben schwanken insoweit zwischen 10 und 25 %, wobei allerdings schon die Bezugsgröße – genannt werden unter anderem das Aktivvermögen, der Umsatz und das Eigenkapital – umstritten ist.[50] Gute Gründe sprechen für eine analoge Anwendung des § 62 UmwG;[51] die Mitwirkung der Hauptversammlung wäre danach entbehrlich, wenn sich der Unternehmenswert der Untergesellschaft – bei Beteiligung Dritter: der Wert der erworbenen Beteiligung – auf weniger als 10 % des Gesamtwerts des Konzerns beläuft. Auch die Vorschrift des § 186 Abs. 3 S. 4 deutet in diese Richtung, ist doch die Ausgliederung einem Bezugsrechtsausschluß durchaus vergleichbar (Rdnr. 13).

16 Für den **Beteiligungserwerb** und die **Bargründung** gelten die Grundsätze über die Einbringung von Unternehmensteilen sinngemäß.[52] Die **Beteiligungsveräußerung** dagegen macht den Effekt der Mediatisierung rückgängig: Während bislang ein Teil des Gesellschaftsvermögens in der Beteiligung gebunden und durch den Vorstand namens der AG zu verwalten war, fließt nunmehr der Kaufpreis in das Gesellschaftsvermögen. Eine strukturändernde, die Zuständigkeit der Hauptversammlung begründende Maßnahme liegt deshalb nur unter der Voraussetzung vor, daß infolge der Veräußerung der satzungsmäßige *Unternehmensgegenstand nicht mehr ausgefüllt* wird und somit die Satzung durchbrochen wird.[53] Entsprechendes gilt für die **Vermögensveräußerung:** Vorbehaltlich einer mit ihr verbundenen „faktischen" Gegenstandsänderung bewirkt auch sie keinen Eingriff in die mitgliedschaftlichen Befugnisse der Aktionäre. Zwar bestimmt § 179 a, daß ein entsprechender Vertrag auch dann der Zustimmung der Hauptversammlung nach § 179 bedarf, wenn mit der Übertragung des ganzen Gesellschaftsvermögens eine Gegenstandsänderung nicht verbunden ist. Indes erklärt sich dies allein aus der wirtschaftlichen Bedeutung der fraglichen Maßnahme, nicht dagegen aus einer mit ihr verbundenen Verwässerung von

---

[46] Zur Frage der analogen Anwendung des UmwG s. aber Rdnr. 19.
[47] Vgl. die Nachw. in Fn. 44.
[48] Vgl. zu solchen Konzernbildungsklauseln *Lutter*, Festschrift für Stimpel, S. 825, 847; *Tieves* S. 409 ff.; *Wahlers* S. 152 ff.; zur Notwendigkeit einer satzungsmäßigen Ermächtigung s. die Nachw. in Fn. 43.
[49] Im Grundsatz wohl unstritig, s. BGHZ 83, 122, 131 f., 139 ff. = NJW 1982, 1703; eingehend *Lutter*, Festschrift für Stimpel, S. 825, 846 ff.; *Wahlers* S. 203 ff. mit umf. Nachw.
[50] Näher dazu *Mülbert* S. 436 f.; *Seydel* S. 433 ff.; *Liebscher* S. 88 ff.; weit. Nachw. in Fn. 51.
[51] Für Maßgeblichkeit der 10%-Grenze *Mülbert* S. 436 f., *Seydel* S. 433 ff. und *Emmerich/Sonnenschein* § 4 a V 3 a; vor Erlaß des UmwG bereits LG Frankfurt/M. ZIP 1993, 830, 832; s. ferner bereits *Kropff*, Festschrift für Geßler, S. 111, 124; *Lutter*, Festschrift für Fleck, 1988, S. 169, 179 f.; *Hefermehl/Bungeroth* in Geßler/Hefermehl § 182 Rdnr. 116.
[52] *Hirte* S. 177 f.; *Wahlers* S. 94 f.; *Wiedemann* S. 74; näher dazu und mit Nachw. *Koppensteiner* in Kölner Kommentar vor § 291 Rdnr. 24 ff.
[53] *Groß* AG 1994, 266, 271 f., 275 f.; *Habersack* DStR 1998, 533, 535 f.; *Wollburg/Gehling*, Festschrift für O. Lieberknecht, S. 133, 147 ff.; aA – für Zuständigkeit der Hauptversammlung auch unabhängig von einem Unterschreiten des Unternehmensgegenstands – namentlich *Lutter/Leinekugel* ZIP 1998, 225, 230 f.; *Krieger* in MünchHdb. AG § 69 Rdnr. 48.

Mitgliedschaftsrechten. Die Vorschrift des § 179 a betrifft mit anderen Worten eine – allerdings außergewöhnliche – *Geschäftsführungsmaßnahme;* für die Frage der Zuständigkeit der Hauptversammlung für die durchaus anders gelagerten Fälle der Ausgliederung im Wege der Einzelrechtsübertragung läßt sich ihr dagegen nichts entnehmen.

Sowohl bei Ausgliederung als auch bei Beteiligungserwerb kommt die Zuständigkeit der Hauptversammlung auch für den Fall in Betracht, daß die Gesellschaft bereits herrschendes Unternehmen iSv. § 17 Abs. 1 ist. Aus Sicht der Obergesellschaft geht es somit nicht um eine Kontrolle der **Konzernbildung** im engeren Sinne, sondern um die Mitwirkung bei Maßnahmen, die einen von der Satzung nicht gedeckten Mediatisierungseffekt zur Folge haben, mag die Obergesellschaft auch schon über eine Reihe von Tochtergesellschaften verfügen. Dementsprechend ist es auch denkbar, daß die Hauptversammlung der herrschenden AG an Maßnahmen zu beteiligen ist, die der Vorstand in einer *bereits ausgegliederten* oder im Wege des Anteilserwerbs konzernierten Gesellschaft ergreift.[54] Denn auch solche Maßnahmen der **Konzernleitung** können die Konzernstruktur nachhaltig verändern und in ihrer Wirkung gegenüber den Aktionären einer Ausgliederung oder einem Anteilserwerb gleichkommen. Allerdings stellt sich die Frage einer Mitwirkung der Aktionäre bei der Konzernleitung allein für den Fall, daß der Konzern aufgrund einer entsprechenden Satzungsermächtigung (und der gegebenenfalls erforderlichen Zustimmung der Hauptversammlung) gebildet wurde.[55] Ist aber die „Konzernbildung" durch die Satzung legitimiert, so gilt dies auch für *gewöhnliche* Maßnahmen der Konzernleitung; *wesentliche* Strukturentscheidungen auf der Ebene der beherrschten Gesellschaft lösen dagegen die Zuständigkeit der Hauptversammlung der herrschenden AG aus.[56]

c) Rechtsfolgen. Vor dem Hintergrund, daß jede Maßnahme der *Konzernbildung*[57] einer statutarischen Ermächtigung bedarf und „ungeschriebene" Mitwirkungserfordernisse deshalb nur insoweit in Betracht kommen, als die Maßnahme aufgrund ihres *strukturverändernden Charakters* von der Satzung nicht mehr gedeckt ist (Rdnr. 13), ergibt sich die nach Maßgabe der Ausführungen in Rdnr. 13 ff. bestehende Zuständigkeit der Hauptversammlung der Obergesellschaft aus einer entsprechenden Anwendung der §§ 123 Abs. 3, 125, 65 UmwG sowie der §§ 179 Abs. 1 und 2, 293 Abs. 2, 319 Abs. 2.[58] Demgemäß bedarf der Beschluß einer **qualifizierten Mehrheit** von $3/4$ des bei der Beschlußfassung vertretenen Grundkapitals.[59] Die Vorschrift des § 130 Abs. 1 S. 3 betr. die Entbehrlichkeit der notariellen Niederschrift findet mithin keine Anwendung. Außerhalb des Anwendungsbereichs

---

[54] Etwa Kapitalerhöhungen und sonstige Satzungsänderungen, aber auch Umstrukturierungen innerhalb der abhängigen Gesellschaft (vgl. dazu BGHZ 83, 122, 136 ff., 141 ff. = NJW 1982, 1703) sowie die Verpflichtung zur Übertragung des Vermögens der Tochtergesellschaft gem. § 179 a (s. LG Frankfurt/M. ZIP 1997, 1698). Dagegen geht es bei der Problematik der Gewinnverwendung im Konzern um die Frage einer Zurechnung der in der abhängigen Gesellschaft gebildeten Rücklagen gegenüber der herrschenden AG, s. dazu namentlich *Geßler* AG 1985, 257 ff.; *Lutter*, Festschrift für Goerdeler, 1987, S. 327 ff.; *Werner*, Festschrift für Stimpel, 1985, S. 935 ff.; *Westermann*, Festschrift für Pleyer, 1986, S. 421, 437 ff.; *Gollnick*, Gewinnverwendung im Konzern, 1991.

[55] Zu diesem Erfordernis s. Fn. 43.

[56] Zutr. *Lutter*, Festschrift für Stimpel, S. 825, 848 f., 850 f.; näher zur Problematik und jew. mit weit. Nachw. *Koppensteiner* in Kölner Kommentar vor § 291 Rdnr. 18 ff., 39 ff.; *Wiedemann* S. 52 ff., 72 ff.; *Hirte* S. 163 ff., 177 f.; *Mülbert* S. 364 ff.

[57] Soweit Maßnahmen der Konzernleitung die Zuständigkeit der Hauptversammlung der Obergesellschaft begründen (Rdnr. 17), beurteilt sich das Mehrheitserfordernis nach dem jeweiligen Gegenstand der Beschlußfassung in der Hauptversammlung der abhängigen Gesellschaft.

[58] Für entsprechende Anwendung der §§ 179, 293 Abs. 2, 319 Abs. 2 auch *Geßler*, Festschrift für Stimpel, S. 771, 786; *Lutter*, Festschrift für Fleck, S. 169, 182; *Rehbinder* ZGR 1983, 92, 98; *Timm* S. 66 ff.; *Wahlers* S. 177 ff.; s. ferner LG Frankfurt/M. ZIP 1997, 1698, 1701 f. AA – für Verpflichtung zur Vorlage gem. § 119 Abs. 2 – BGHZ 83, 112, 131; OLG Köln ZIP 1993, 110, 114; *Hüffer* § 119 Rdnr. 18; dagegen aber zutr. *Hommelhoff* ZHR 151 (1987), 493, 507; *Kropff* ZGR 1984, 112, 123; *Lutter* ZHR 151 (1987), 444, 453 f.

[59] HM, s. *Emmerich/Sonnenschein* § 4 a V 3 c; *Mecke* S. 196; *Raiser* Kapitalgesellschaften § 16 Rdnr. 15; *Wahlers* S. 190 ff.; *Altmeppen* DB 1998, 49, 50 f.; s. ferner BGHZ 83, 122, 140 = NJW 1982, 1703; aA – einfache Mehrheit bei Vorhandensein einer Konzernbildungsklausel – *Wiedemann* S. 57; *Lutter*, Festschrift für Stimpel, S. 825, 847 f. Zur Zulässigkeit eines konkreten Ermächtigungsbeschlusses s. *Lutter/Leinekugel* ZIP 1998, 805 ff.

der §§ 123 Abs. 3, 125, 13 UmwG sowie des § 179a soll es auch im Zusammenhang mit der Konzernbildung und -leitung bei dem Grundsatz der unbeschränkten und unbeschränkbaren **Vertretungsmacht** des Vorstands bewenden. Mißachtet also der Vorstand die an sich gebotene Zuständigkeit der Hauptversammlung, so soll dies die Wirksamkeit der von ihm vorgenommenen Rechtsgeschäfte unberührt lassen.[60] Vor dem Hintergrund, daß die Zuständigkeit der Hauptversammmlung dem strukturändernden Charakter der Maßnahme Rechnung trägt und somit der Bereich der Geschäftsführung verlassen ist, erscheint dies allerdings als zweifelhaft.[61] Auch nach Ansicht der hM ist allerdings jeder Aktionär zur Geltendmachung von **Abwehr- und Beseitigungsansprüchen** entsprechend den Ausführungen in Rdnr. 43 berechtigt. Schadensersatzansprüche der Gesellschaft können sich aus §§ 93, 116, 117 ergeben; sie setzen allerdings einen Vermögensschaden und damit den nachteiligen Charakter der Maßnahme voraus.

19 Umstritten ist, ob und, wenn ja, inwieweit die **Vorschriften des UmwG** über die Spaltung im Sinne des § 123 Abs. 3 UmwG auf die Ausgliederung im Wege der Einzelrechtsübertragung analog anzuwenden sind.[62] Die Vorschrift des § 1 Abs. 2 UmwG steht der analogen Anwendung einzelner Vorschriften des UmwG jedenfalls nicht entgegen; ihr geht es vielmehr allein darum, die im UmwG geregelten Umwandlungstatbestände im Wege der Analogie zu erweitern. Als zutreffend erscheint es denn auch, das UmwG insoweit analog anzuwenden, als das durch die jeweilige Vorschrift anerkannte Schutzbedürfnis auch bei der Ausgliederung im Wege der Singularsukzession begegnet und die beiden Sachverhalte auch im übrigen vergleichbar sind. Danach muß zunächst eine analoge Anwendung des § 133 UmwG betreffend die sog. **Spaltungshaftung** ausscheiden. Sie steht im Zusammenhang mit dem in § 131 Abs. 1 Nr. 1 UmwG angeordneten, ohne Mitwirkung des Gläubigers erfolgenden *Übergang der Verbindlichkeiten* auf den neuen Rechtsträger. Bei der Ausgliederung im Wege der Einzelrechtsübertragung bedarf es dagegen zur Übertragung der Verbindlichkeiten und ganzer Rechtsverhältnisse auf die Tochtergesellschaft der Zustimmung des Gläubigers. Erteilt er die Zustimmung, so ist kein Grund für eine Forthaftung der ausgliedernden Gesellschaft ersichtlich; es bewendet in diesem Fall vielmehr beim Übergang der Verbindlichkeit gem. §§ 414, 415 BGB. Auch die analoge Anwendung des § 325 UmwG betreffend die Beibehaltung der **Mitbestimmung** erscheint nicht veranlaßt; insoweit hat es vielmehr bei § 5 MitbestG zu bewenden. Anderes gilt dagegen für die **Berichtspflicht** nach §§ 127, 8 Abs. 1 S. 2 bis 4, Abs. 2 und 3 UmwG; für sie ist auch im Zusammenhang mit der Ausgliederung durch Einzelrechtsübertragung Raum.[63] Der Bericht ist nach Maßgabe der §§ 125 S. 1, 63 Abs. 1 Nr. 4 UmwG auszulegen. Mit ihm sollte anstelle der in § 63 Abs. 1 Nr. 2 und 3 UmwG für die Verschmelzung vorgesehenen, im Rahmen der Ausgliederung freilich wenig aussagekräftigen Bilanzen eine spezielle **Einbringungsbilanz** ausgelegt werden.[64] § 124 Abs. 2 S. 2 AktG schließlich gilt entsprechend.

IV. Die qualifizierte faktische Unternehmensverbindung

20 **1. Grundsatz.** Der durch das System des Einzelausgleichs (Rdnr. 7 f.; § 311 Rdnr. 38 ff.) bezweckte Schutz der abhängigen Gesellschaft und der Außenseiter kann naturgemäß

---

[60] BGHZ 83, 122, 128 ff., 132 = NJW 1982, 1703; näher dazu und mit weit. Nachw. *K. Schmidt* Gesellschaftsrecht § 28 V 2 b.

[61] Zur entsprechenden Einschränkung des § 126 HGB s. *Staub/Habersack* HGB § 126 Rdnr. 12 ff. mit weit. Nachw.

[62] Gegen analoge Anwendung LG Hamburg AG 1997, 238; *Aha* AG 1997, 345 ff.; *Bungert* NZG 1998, 367 ff.; *Kallmeyer* ZIP 1994, 1746, 1749; *ders.* UmwG, 1997, § 123 Rdnr. 18; *Lutter* UmwG, 1996, § 1 Rdnr. 21; *Nagel* DB 1996, 1221, 1225; *Zöllner* ZGR 1993, 334, 337; aA – für analoge Anwendung der Vorschriften des UmwG betr. die Ausgliederung – LG Karlsruhe ZIP 1998, 385, 387 ff.; tendenziell auch *Feddersen/Kiem* ZIP 1994, 1078, 1082 (Überlagerung des alten Rechts durch das neue sei möglich); *Veil* ZIP 1998, 361, 366 ff.; differenzierend *Reichert* in Habersack/Koch/Winter (Hrsg.), Die Spaltung nach dem neuen Umwandlungsrecht und ihre Rechtsfolgen, 1998, im Erscheinen.

[63] So zu Recht LG Frankfurt/M. ZIP 1997, 1698; *Groß* AG 1996, 111, 116; *Reichert* (Fn. 62), unter C IV.

[64] Zutr. *Reichert* (Fn. 62), unter C IV.

Vorbemerkungen

nicht verwirklicht werden, wenn das herrschende Unternehmen die abhängige Gesellschaft in einer Weise leitet, daß sich einzelne Nachteilszufügungen nicht mehr isolieren lassen. Jedenfalls für diesen (Unrechts-)Tatbestand der umfassenden faktischen Leitung der abhängigen Gesellschaft ist es weitgehend anerkannt, daß er sich allein durch Abschluß eines *Beherrschungsvertrags* legitimieren läßt (s. Rdnr. 43). Fehlt es an einer entsprechenden Legitimation, so fragt sich, ob die – im Vergleich zu §§ 311, 317 sehr viel schärferen – **Rechtsfolgen der §§ 302 ff.** dennoch zur Anwendung gelangen. Dafür spricht bereits die Überlegung, daß andernfalls das herrschende Unternehmen, das jenseits der Funktionsvoraussetzungen der §§ 311 ff. Leitungsmacht in Anspruch nimmt, gegenüber einem Unternehmen, das den gesetzlich vorgegebenen Weg des Abschlusses eines Beherrschungsvertrags mit all seinen Konsequenzen wählt (s. Rdnr. 6 f.), in unerträglicher Weise privilegiert würde.[65] Dem Zusammenhang zwischen den Funktionsvoraussetzungen des Systems des Einzelausgleichs und dem Eingreifen der §§ 302 ff. kommt denn auch bei der Herausbildung des Tatbestands der qualifizierten faktischen Unternehmensverbindung besondere Bedeutung zu. Aus ihm ergibt sich insbesondere, daß die entsprechende Anwendung der §§ 302 ff. schon bei (qualifizierter) *Abhängigkeit* in Betracht kommt (Rdnr. 23). Darüber hinaus spricht dieser Zusammenhang aber auch dafür, einen Mißbrauch der Leitungsmacht (Rdnr. 22, 27 ff.) nicht nur bei umfassender und dichter Leitung, sondern auch bei dezentraler, aber dem Einzelausgleich nicht zugänglicher Leitung in Betracht zu ziehen (Rdnr. 30 f., 36). Auch mit einer entsprechenden Anwendung der §§ 302 ff. geht freilich nicht die rechtliche Billigung dieses – nicht unternehmensvertraglich legitimierten – Beherrschungsverhältnisses einher. Vielmehr haben die abhängige Gesellschaft und jeder außenstehende Aktionär unabhängig vom Eingreifen der Rechtsfolgen der §§ 302 ff. das Recht, das herrschende Unternehmen auf **Unterlassung und Beseitigung** in Anspruch zu nehmen (Rdnr. 43).

2. Die Entwicklung im GmbH-Recht. Die qualifizierte faktische Unternehmensverbindung begegnet vor allem im Recht der GmbH und hat sich dort zu einem festen Bestandteil des konzernrechtlichen Gläubiger- und Außenseiterschutzes entwickelt.[66] Während im Schrifttum bereits in den siebziger Jahren eine lebhafte Diskussion über Berechtigung, Tatbestand und Rechtsfolgen der Kategorie des qualifizierten faktischen Konzerns aufkam,[67] war es die **Autokran-Entscheidung** des *II. Zivilsenats* des BGH vom 16. 9. 1985, die diesen Überlegungen zum praktischen Durchbruch verholfen hat.[68] In dieser Entscheidung bejahte der BGH in „entsprechender Anwendung" des § 303 AktG eine allein unter

---

[65] Für Übertragung der zum qualifizierten faktischen GmbH-Konzern entwickelten Grundsätze (Rdnr. 21 f.) denn auch die ganz hM, s. *Hommelhoff* Gutachten S. G 14 f., 32 f.; *Hüffer* § 302 Rdnr. 30, § 303 Rdnr. 7, § 311 Rdnr. 11; *Krieger* in MünchHdb. AG, § 69 Rdnr. 17 ff.; *Lutter* ZGR 1982, 244, 262 ff.; *K. Schmidt* Gesellschaftsrecht § 31 IV 4 a; *Stimpel* AG 1986, 117, 121 f.; *Timm* NJW 1987, 977, 978 ff.; *Wiedemann* S. 77 ff.; *Zöllner*, Gedächtnisschrift für Knobbe-Keuk, S. 369 ff.; *Deilmann* S. 125 ff.; *Heyder* S. 175 ff.; *Weigl* S. 179 ff.; wohl auch *Emmerich/Sonnenschein* § 20 a III 4 b; einschränkend – Verlustausgleich nur bei nachhaltiger und dauernder Einwirkung – *Kropff* AG 1993, 485, 493 f. (s. aber auch *ders.*, Festschrift für Goerdeler, S. 259, 265 f.); ferner *Mülbert* S. 476 ff., 487 ff. mit weit. Nachw.; aA – für Stärkung oder Modifizierung der §§ 311 ff. – *Bälz* AG 1992, 277, 291 ff.; *Koppensteiner* in Kölner Kommentar Rdnr. 24; *ders.* in Ulmer, Probleme des Konzernrechts, S. 87, 90 ff.; *W. Müller*, Festschrift für Rowedder, 1994, S. 277, 287 f.; s. ferner *Decher* DB 1990, 2005, 2006 f.

[66] Näher zur Entwicklung *Ulmer* in Hachenburg GmbHG Anh. § 77 Rdnr. 100 ff.; *Rowedder/Koppensteiner* GmbHG Anh. § 52 Rdnr. 68 ff.; *Emmerich/Sonnenschein* § 20 a II; *Holzwarth*, Konzernrechtlicher Gläubigerschutz bei der klassischen Betriebsaufspaltung, 1994, S. 135 ff.

[67] Vgl. namentlich den vom Arbeitskreis GmbH-Reform unterbreiteten Gesetzgebungsvorschlag (*Arbeitskreis GmbH-Reform*, Hueck/Lutter/Mertens/Rehbinder/Ulmer/Wiedemann/Zöllner, Thesen und Vorschläge zur GmbH-Reform, Bd. 2, 1972, S. 49 ff.); s. ferner *Schilling*, Festschrift für Hefermehl, S. 383, 393 f.; *Martens* DB 1970, 865, 868 f.; *Emmerich* AG 1975, 285, 288 f.

[68] BGHZ 95, 330, 339, 345 ff. = NJW 1986, 188; s. zuvor bereits BGH WM 1979, 937, 941 (Gervais): Verlustübernahmepflicht bei umfassender Eingliederung einer GmbH & Co. KG im Einvernehmen aller Gesellschafter. Zu BGHZ 95, 330 s. namentlich *Assmann* JZ 1986, 881 ff.; *Emmerich* GmbH-Rdsch. 1987, 213 ff.; *Lutter* ZIP 1985, 1425 ff.; *K. Schmidt* ZIP 1986, 146 ff.; *ders.* BB 1985, 2074 ff.; *Stimpel* AG 1986, 117 ff.; *ders.* Festschrift für Goerdeler, 1987, S. 601 ff.; *Ulmer* NJW 1986, 1579 ff.; *ders.* AG 1986, 123 ff.; *J. Wilhelm* DB 1986, 2113 ff.

dem Vorbehalt des Gedankens des § 317 Abs. 2 AktG stehende *Ausfallhaftung* des herrschenden Unternehmens gegenüber den Gläubigern der abhängigen und vermögenslosen GmbH für den Fall, daß das herrschende Unternehmen die Geschäfte der abhängigen GmbH dauernd und umfassend selbst geführt hat. Im **Tiefbau-Urteil** vom 20.2. 1989 präzisierte der *Senat* den Tatbestand der dauernden und umfassenden Leitung und bejahte zudem als Rechtsfolge die *Verlustübernahmepflicht* des herrschenden Unternehmens gegenüber der abhängigen (mehrgliedrigen) GmbH;[69] zugleich wurde der noch im Autokran-Urteil bemühte § 317 Abs. 2 durch einen neu eingeführten Kausalitätsgegenbeweis ersetzt und damit dem herrschenden Unternehmen der Einwand gestattet, daß die eingetretenen Verluste auf Umstände zurückzuführen sind, die mit der einheitlichen Leitung nichts zu tun haben.[70] Das **Video-Urteil** vom 23.9. 1991 erstreckte die Haftung gem. §§ 302, 303 AktG auf Sachverhalte, in denen der geschäftsführende Alleingesellschafter der GmbH zugleich ein einzelkaufmännisches Unternehmen betrieb und Beteiligungen an weiteren GmbHen hielt.[71] Ein zu weit formulierter Leitsatz,[72] vor allem aber einige weitreichende Vermutungsregeln lösten eine – nicht immer sachlich geführte – Diskussion aus,[73] deren Schlußpunkt das als bloße „Klarstellung" bezeichnete, in der Sache aber eine Wende einleitende TBB-Urteil vom 29.3. 1993 bildet (Rdnr. 22).

22 Die herausragende Bedeutung des **TBB-Urteils**[74] liegt in der *Auswechslung des die Qualifikation begründenden Tatbestands.* Danach gründet die Haftung entsprechend §§ 302, 303 AktG nicht auf der dauernden und umfassenden Leitung der abhängigen Gesellschaft (s. Rdnr. 37), sondern auf einem – grundsätzlich vom Kläger darzulegenden und ggf. zu beweisenden (Rdnr. 37 f.) – objektiven **Mißbrauch der Leitungsmacht** durch das herrschende Unternehmen. Ein solcher Mißbrauch liegt vor, „wenn der die GmbH beherrschende Unternehmensgesellschafter die Konzernleitungsmacht in einer Weise ausübt, die keine angemessene Rücksicht auf die eigenen Belange der abhängigen Gesellschaft nimmt, ohne daß sich der ihr insgesamt zugefügte Nachteil durch Einzelausgleichsmaßnahmen kompensieren ließe."[75] Dieser neue, vom Schrifttum geteilte[76] und auch für das Aktienrecht aufzugreifende (Rdnr. 26 ff.) Ansatz wurde zwischenzeitlich vom BGH mehrfach bestätigt[77] und hat sich zu Recht durchgesetzt.

---

[69] BGHZ 107, 7, 15 ff. = NJW 1989, 1800; dazu *Decher* DB 1989, 965 ff.; *K. Schmidt* ZIP 1989, 545 ff.; *Stimpel* ZGR 1991, 144 ff.; *Ziegler* WM 1989, 1041 ff., 1077 ff.

[70] BGHZ 107, 7, 18 = NJW 1989, 1800; ferner BGHZ 116, 37, 42 = NJW 1992, 505 (Stromlieferung); näher dazu *Hommelhoff* DB 1992, 309, 310, 314; *Ulmer* AG 1986, 123, 128; *Stimpel*, Festschrift für Goerdeler, 1987, S. 601, 618 f.

[71] BGHZ 115, 187, 189 = NJW 1991, 3142; dazu insbes. die Beiträge in *Hommelhoff/Stimpel/Ulmer*; ferner *Altmeppen* DB 1991, 2225 ff.; *Drygala* ZIP 1992, 1797 ff.; *Flume* ZIP 1992, 817 ff.; *Hommelhoff* Gutachten S. 69 ff.; *Kleindiek* ZIP 1991, 1330 ff.; *ders.* GmbHR 1992, 574 ff.; *K. Schmidt* ZIP 1991, 1325 ff.; *Stodolkowitz* ZIP 1992, 1517 ff.; *Westermann* DWiR 1992, 197 ff.; *Zöllner*, Sitzungsbericht 59. DJT, 1992, S. R 35, 41 ff. Zur Frage der Vereinbarkeit der Video-Doktrin mit der (nur die Einmann-GmbH betreffenden und damit vorliegend nicht interessierenden) 12. Richtlinie (Einpersonen-GmbH-Richlinie) vom 22.12. 1989 (89/667/EWG, ABl. EG Nr. L 395/40 v. 30.12. 1989, S. 40 f.) s. BGHZ 122, 123, 135 f. = NJW 1993, 1200; *Drygala* ZIP 1992, 1528 ff.; *Stodolkowitz* ZIP 1992, 1517, 1526 ff.; *Kindler* ZHR 157 (1993), 1 ff.; *W. H. Roth* ZIP 1992, 1054 ff. Zur Verfassungsmäßigkeit der Video-Entscheidung s. BVerfG NJW 1993, 2600 f.; aA *Altmeppen*, Abschied vom „qualifiziert faktischen" Konzern, 1991, S. 53 ff., 59 ff.; *Flume* ZIP 1992, 817, 818. Zum Ganzen auch *Boujong*, Festschrift für Brandner, S. 23 ff.

[72] Dazu *Stodolkowitz* ZIP 1992, 1517, 1523.

[73] Vgl. die Nachw. in Fn. 71.

[74] BGHZ 122, 123 = NJW 1993, 1200 = JZ 1993, 575 mit Anm. *Lutter*; Vorinstanzen: LG Oldenburg ZIP 1992, 1632 und OLG Oldenburg ZIP 1992, 1631 f.); näher zum TBB-Urteil *Altmeppen* DB 1994, 1912 ff.; *Burgard* WM 1993, 925 ff.; *Drygala* GmbH-Rdsch. 1993, 317 ff.; *Goette* DStR 1993, 568; *Hommelhoff* ZGR 1994, 395 ff.; *Krieger* ZGR 1994, 375 ff.; *Kleindiek* DZWiR 1993, 177 ff.; *K. Schmidt* ZIP 1993, 549; *U. H. Schneider* WM 1993, 782 ff.; *Westermann* ZIP 1993, 554 ff.

[75] BGHZ 122, 123, 130 = NJW 1993, 1200.

[76] Zust. namentlich *Ulmer* in Hachenburg GmbHG Anh. § 77 Rdnr. 130 ff.; *Emmerich/Sonnenschein* § 20 a III 2, § 24 a I; *Baumbach/Hueck/Zöllner* GmbHG Schlußanh. I Rdnr. 81 ff.; *Lutter/Hommelhoff* GmbHG Anh. § 13 Rdnr. 16 ff.; *Hommelhoff* ZGR 1994, 395 ff.; *Krieger* ZGR 1994, 375 ff.; ablehnend namentlich *Rowedder/Koppensteiner* GmbHG Anh. § 52 Rdnr. 74 ff.; *W. Müller*, Festschrift für Rowedder, 1994, S. 277, 287 ff.

[77] BGH NJW 1994, 446; 1994, 3288, 3290; NJW 1995, 1544, 1545; NJW 1995, 2989, 2990 (X. Zivilse-

Vorbemerkungen   23–25 **Vor § 311**

3. Tatbestand. a) Abhängigkeit iSv. § 17. Für das GmbH-Recht ist die wohl hM der 23
Auffassung, daß die Haftung entsprechend §§ 302, 303 (Rdnr. 21 f.) das Vorliegen eines
Konzerns iSv. § 18 voraussetzt und somit bei (qualifizierter) Abhängigkeit nicht in Betracht
kommt.[78] Jedenfalls *für das Aktienrecht* kann dem schon deshalb *nicht* gefolgt werden,[79] weil
die Gefährdung der außenstehenden Aktionäre und Gläubiger, der die §§ 311 ff. Rechnung
tragen wollen, allein auf der Verfolgung eines anderweitigen unternehmerischen Interesses
des herrschenden Gesellschafters (Rdnr. 1) und damit auf der Abhängigkeit beruht. Übt
aber das herrschende Unternehmen seine Leitungsmacht in einer Weise aus, daß der
Schutz der Außenseiter durch Einzelausgleich versagt, so kann dieser Gefährdungslage
nur durch Rückgriff auf die – für diese Art der Einflußnahme konzipierten – Vorschriften
der §§ 302 ff. begegnet werden. – Zum Sonderfall der **statutarischen Abhängigkeit** s.
Rdnr. 28, § 311 Rdnr. 27, 36.

Die Grundsätze über die qualifizierte faktische Abhängigkeit kommen auch in den 24
Fällen der **Einmann-AG** zur Anwendung.[80] Des weiteren gelten diese Grundsätze
auch gegenüber einer **natürlichen Person**, die neben ihrer Beteiligung an der AG ein
einzelkaufmännisches Unternehmen betreibt oder eine anderweitige unternehmerische
Beteiligung hält und damit als Unternehmen iSv. § 15 zu qualifizieren ist (dazu § 15
Rdnr. 11).[81] Die Annahme eines *Haftungsprivilegs* hinsichtlich des *Privatvermögens* der natürlichen
Person ist schon deshalb nicht veranlaßt, weil in den Fällen eines Mißbrauchs
der Leitungsmacht häufig auch die Schwestergesellschaften insolvent sind; es kommt
hinzu, daß sich ein solches Privileg ohnehin nicht auf den (konzernrechtlich relevanten)
Beteiligungsbesitz der natürlichen Person erstrecken würde und damit eine unter vollstreckungsrechtlichen
Gesichtspunkten gebotene Vermögensseparierung nicht gewährleistet wäre.[82] Auch durch **Zwischenschaltung einer Holding** kann der Gesellschafter die
persönliche Haftung nur unter der Voraussetzung abwenden, daß die Mitgliedschaftsrechte
rechtlich und tatsächlich durch die Holding selbst ausgeübt werden.[83] Daran
fehlt es regelmäßig, wenn der frühere Aktionär persönlich die Geschäfte der Holding
führt.

b) Qualifizierungselement. aa) Allgemeines. Für das **GmbH-Recht** hat das TBB-Urteil 25
(Rdnr. 22) hinsichtlich der Haftung aufgrund qualifizierter faktischer Unternehmens-

---

nat); NJW 1997, 943; s. ferner BAGE 76, 79, 86 ff. = NJW 1994, 3244; BAG NJW 1996, 1491, 1492; BSGE 75, 82, 90 f. = NJW-RR 1995, 730; OLG München NJW 1994, 2900, 2901; OLG Köln BB 1997, 169, 170; zur Vereinbarkeit der Rechtsprechung zur qualifizierten faktischen Unternehmensverbindung mit dem GG und der 12. Richtlinie s. Nachw. in Fn. 71.
[78] *Ulmer* in Hachenburg GmbHG Anh. § 77 Rdnr. 126; *Baumbach/Hueck/Zöllner* GmbHG Schlußanh. I Rdnr. 81; *Zöllner* (Fn. 71) S. R 35, 37 f., 52; *Krieger* in Hommelhoff/Stimpel/Ulmer S. 41, 43 f.; *Michalski/Zeidler* NJW 1996, 224, 225; aA *K. Schmidt* in Hommelhoff/Stimpel/Ulmer S. 109, 111 ff.; *ders.* ZIP 1989, 545, 548; *Drygala* GmbH-Rdsch. 1993, 317, 321 f.; *Hommelhoff* ZGR 1994, 395, 400; *Versteegen* DB 1993, 1225.
[79] Zutr. *Kropff* AG 1993, 485, 488; *Emmerich/Sonnenschein* § 20 a III 2; s. ferner die Nachw. in Fn. 78.
[80] So für die GmbH BGHZ 115, 187, 197 = NJW 1991, 3132; 122, 123, 130 = NJW 1993, 1200; *Goette* DStR 1993, 568, 570; s. dazu aber auch *Kleindiek* DWiR 1993, 177, 181, und *Ulmer* in Hachenburg GmbHG Anh. § 77 Rdnr. 135 f., jew. in Auseinandersetzung mit den in BGHZ 122, 123, 130 vorgenommenen Einschränkung, daß im Fall einer Einpersonengesellschaft ein Mißbrauch der Leitungsmacht erst dann anzunehmen sei, wenn die Gesellschaft infolge dessen ihren Verbindlichkeiten nicht nachkommen könne. Für die AG *Zöllner*, Gedächtnisschrift für Knobbe-Keuk, S. 369, 377.
[81] S. für die GmbH BGH NJW 1994, 446; NJW 1997, 943; OLG Köln BB 1997, 169, 170 f.; *Ulmer* in Hachenburg GmbHG Anh. § 77 Rdnr. 115; *Scholz/Emmerich* GmbHG Anh. Konzernrecht Rdnr. 28, 229; *Hüffer* § 302 Rdnr. 9; *Boujong*, Festschrift für Odersky, 1996, S. 739, 750 f.; offengelassen von BGHZ 122, 123, 128 = NJW 1993, 1200; 115, 187, 190 f. = NJW 1991, 3142; aA *K. Schmidt* ZHR 155 (1991), 417, 432 ff., 440 ff. (Verlustausgleich zwischen gleichstufigen Schwestergesellschaften); ähnlich bereits *Ehlke* DB 1986, 523, 526.
[82] Zu dem zuletzt genannten Gesichtspunkt s. BGH NJW 1994, 446; i. ü. vgl. die Nachw. in Fn. 81.
[83] In diesem Sinne die wohl hM, s. *Hüffer* § 15 Rdnr. 9; *Lutter* ZIP 1985, 1425, 1435 (s. aber *ders.* in Hommelhoff/Stimpel/Ulmer S. 183, 193 f.); *Priester* ZIP 1986, 137, 144 f.; *Stimpel* ZGR 1991, 144, 157; *Ulmer* NJW 1986, 1579, 1586; *Ulmer* in Hachenburg GmbHG Anh. § 77 Rdnr. 115 mit weit. Nachw.; aA – für persönliche Haftung auch in diesem Fall – *Emmerich* GmbH-Rdsch. 1987, 213, 215; *K. Schmidt* ZIP 1986, 146, 149; *Sigle* in Hommelhoff/Stimpel/Ulmer S. 167, 172.

verbindung auf die mißbräuchliche Ausübung der durch die Gesellschafterstellung begründeten Leitungsmacht abgestellt und damit eine **mit Strukturelementen versehene Verhaltenshaftung** des herrschenden Unternehmens begründet.[84] Dabei liegt das *Strukturelement* in der Anknüpfung der Haftung an die durch die qualifizierte faktische Unternehmensverbindung geschaffene Gefährdungslage. Das *Verhaltenselement* ist demgegenüber in der nachhaltigen Beeinträchtigung des Eigeninteresses der abhängigen Gesellschaft zu sehen (Rdnr. 22); auf ein *Verschulden* des herrschenden Unternehmens kommt es nicht an.[85] Die Haftung aus qualifizierter faktischer Unternehmensverbindung ist **subsidiärer Natur;** für sie ist kein Raum, wenn sich der der abhängigen Gesellschaft zugefügte Nachteil im Wege des Einzelausgleichs kompensieren läßt.[86] Diesem negativen, den Vorrang der Schadensersatzhaftung betonenden Tatbestandsmerkmal läßt sich zugleich entnehmen, daß die Haftung gem. §§ 302f. *nicht* bereits durch die *Unmöglichkeit des Einzelausgleichs als solche* begründet wird, sondern eine (nicht notwendigerweise schuldhafte) Verletzung der dem herrschenden Unternehmen obliegenden Verhaltenspflichten voraussetzt.[87] Umgekehrt kommt eine Haftung gem. §§ 302f. nicht nur bei breitflächiger, nicht mehr in Einzelmaßnahmen zerlegbarer Einflußnahme in Betracht; vielmehr können auch einzelne, als solche **isolierbare Maßnahmen,** insbesondere solche konzernintegrativer Art, kompensationsunfähig sein und damit die Verpflichtung zum Verlustausgleich und die Ausfallhaftung begründen.[88]

26 Die im **TBB-Urteil** herausgebildeten Tatbestandsvoraussetzungen sind im Grundsatz (und vorbehaltlich gewisser Modifikationen) **auch für das Aktienrecht maßgebend.** Insbesondere ist auch für das Aktienrecht das Eingreifen der Rechtsfolgen der §§ 302ff. von einem Mißbrauch der Leitungsmacht des herrschenden Unternehmens abhängig zu machen; die dauernde und umfassende Leitung der Gesellschaft ist mithin weder notwendige noch hinreichende Voraussetzung einer qualifizierten faktischen Abhängigkeit. Der Maßgeblichkeit der TBB-Grundsätze steht auch nicht entgegen, daß die Aktionäre, anders als die Gesellschafter einer GmbH, keinen Einfluß auf die Geschäftspolitik der Gesellschaft nehmen dürfen (Rdnr. 7) und deshalb das herrschende Unternehmen, das ohne beherrschungsvertragliche Legitimation Weisungen erteilt, seine in der Mitgliedschaft verkörperten Befugnisse überschreitet. Denn auch in der *GmbH* fällt die Erteilung von Weisungen in die Zuständigkeit der *Gesamtheit der Gesellschafter;* der Gesellschafter, der dem Geschäftsführer unmittelbar Weisungen erteilt, handelt mithin seinerseits der Zuständigkeitsordnung der GmbH zuwider.[89] Diese Kompetenzanmaßung ist derjenigen des herrschenden Aktionärs auch durchaus vergleichbar. Denn während der herrschende Aktionär die Verpflichtung des Vorstands auf das Gesellschafts- und Unternehmensinteresse aufhebt, vereitelt

---

[84] Vgl. bereits BGHZ 122, 123, 130 = NJW 1993, 1200; deutlich jetzt BGH NJW 1997, 943; zutr. Interpretation der TBB-Grundsätze bei *Baumbach/Hueck/Zöllner* GmbHG Schlußanh. I Rdnr. 89, *Ulmer* in *Hachenburg* GmbHG Anh. § 77 Rdnr. 113 mit weit. Nachw.; dort auch der zutr. Hinweis, daß es nicht um die Übernahme der namentlich von *Lutter* (JZ 1993, 580f.) *ders.* ZIP 1995, 1425, 1433ff.) propagierten Lehre geht, wonach Haftungsgrundlage die Verletzung der (angeblichen) Pflicht zur ordnungsgemäßen Konzerngeschäftsführung ist; s. dazu auch *Burgard* WM 1993, 925, 930; *Kropff* AG 1993, 485, 490; aA – „verbundspezifische Erfolgshaftung" – *Hommelhoff* ZGR 1994, 395, 415ff.

[85] Deutlich BGH NJW 1994, 3288, 3290; NJW 1997, 943; s. ferner *Ulmer* in *Hachenburg* GmbHG Anh. § 77 Rdnr. 113; *Baumbach/Hueck/Zöllner* GmbHG Schlußanh. I Rdnr. 86; *Hüffer* § 302 Rdnr. 8a.

[86] BGHZ 122, 123, 130, 131f. = NJW 1993, 1200; BGH NJW 1994, 3288, 3290; NJW 1995, 1544, 1545; s. ferner bereits BGHZ 95, 330, 341f. = NJW 1986, 188; dazu *Ulmer* in *Hachenburg* GmbHG Anh. § 77 Rdnr. 140f.; *Baumbach/Hueck/Zöllner* GmbHG Anh. § 13 Rdnr. 23; *Krieger* ZGR 1994, 375, 387; für das Aktienrecht *Kropff* AG 1993, 485, 492f.

[87] *Ulmer* in *Hachenburg* GmbHG Anh. § 77 Rdnr. 130, 141.

[88] So zu Recht *Ulmer* in *Hachenburg* GmbHG Anh. § 77 Rdnr. 137; *Burgard* WM 1993, 925, 928; s. ferner *U. H. Schneider* WM 1993, 782, 783; *Westermann* ZIP 1993, 554, 557; im Grundsatz auch *Krieger* ZGR 1994, 375, 385f.; vor Erlaß des TBB-Urteils bereits *Hommelhoff* in Hommelhoff/Stimpel/Ulmer S. 245, 248f.; *Kleindiek* GmbH-Rdsch. 1992, 574, 576; aA noch *Krieger* in Hommelhoff/Stimpel/Ulmer S. 41, 47ff.; s. ferner *Lutter* DB 1994, 129, 130; wohl auch *Michalski/Zeidler* NJW 1996, 224, 225.

[89] Vgl. statt aller *Baumbach/Hueck/Zöllner* GmbHG § 37 Rdnr. 10, 12.

Vorbemerkungen   27, 28   **Vor § 311**

der herrschende GmbH-Gesellschafter insbesondere die Möglichkeit der *Beschlußanfechtung;* diese aber soll nicht nur die nachträgliche Überprüfung des Beschlusses gewährleisten, sondern – im Sinne einer fleet in being – die Mehrheit von vornherein zur Rücksichtnahme auf die Interessen der Gesellschaft und der Minderheit veranlassen. Auch im Aktienrecht löst deshalb allein die Veranlassung einer nicht ausgleichsfähigen Maßnahme noch nicht die Rechtsfolgen der §§ 302 ff. aus.[90] Erforderlich ist vielmehr, daß die Maßnahme *auch inhaltlich unangemessen* ist. Unter dieser Voraussetzung können allerdings auch *Einzelmaßnahmen* die qualifizierte faktische Abhängigkeit und damit das Eingreifen der Rechtsfolgen der §§ 302 ff. begründen (s. Rdnr. 30 f.).[91]

bb) Präzisierung. α) Mißbrauch der Leitungsmacht. Was zunächst das Kriterium eines objektiven Mißbrauchs der Leitungsmacht betrifft, so ist es stets erfüllt, wenn das herrschende Unternehmen in einer Weise auf die Geschäftsführung einwirkt, die *keine angemessene Rücksicht* auf die eigenen Belange der abhängigen Gesellschaft nimmt (Rdnr. 22). Ganz allgemein kommt es deshalb darauf an, daß das herrschende Unternehmen sein anderweitiges unternehmerisches Interesse oder das Interesse einer anderen beherrschten Gesellschaft über das Eigeninteresse der abhängigen Gesellschaft stellt und sich somit die mit jeder Abhängigkeitslage gem. § 17 verbundene *Gefahr* für die Gesellschaft und die Außenseiter (Rdnr. 1) verwirklicht. Da die Ausübung der Leitungsmacht nicht durch Abschluß eines Beherrschungsvertrags oder durch Eingliederung legitimiert ist (Rdnr. 6, 20, 43), ist zur Ermittlung einer unangemessenen Benachteiligung des Eigeninteresses der abhängigen Gesellschaft zu fragen, ob diese zur Verwirklichung ihres *satzungsmäßigen Zwecks und Unternehmensgegenstands* (dazu noch Rdnr. 28, § 311 Rdnr. 27, 36) gleichfalls die durch das herrschende Unternehmen veranlaßte Maßnahme ergriffen hätte. 27

Vor diesem Hintergrund erscheint es jedenfalls für das Aktienrecht geboten, den Tatbestand eines Mißbrauchs der Leitungsmacht in **Übereinstimmung mit dem Nachteilsbegriff** des § 311 Abs. 1 zu bestimmen.[92] *Mißbräuchlich* ist danach jede auf die Abhängigkeitslage zurückzuführende Beeinträchtigung der Vermögens- oder Ertragslage der AG (§ 311 Rdnr. 25 f.), sofern diese nicht durch einen entsprechenden (und bewertbaren) Vorteil ausgeglichen wird.[93] Allerdings können auch solche nachteiligen Maßnahmen, die *nicht im Interesse des herrschenden Unternehmens* oder eines anderen abhängigen Unternehmens liegen und somit zur Haftung nach § 317 führen, den Tatbestand einer qualifizierten faktischen Abhängigkeit begründen.[94] Grundlage der qualifizierten faktischen Abhängigkeit ist deshalb eine Einflußnahme, die die durch §§ 311, 317 gesteckten Grenzen überschreitet, und damit letztlich das **Versagen der §§ 311 ff.** (s. noch Rdnr. 33 ff.). Wie für die Beurteilung des nachteiligen Charakters im allgemeinen kommt es auch für die Frage, ob ein die qualifizierte faktische Abhängigkeit begründender Mißbrauch der Leitungsmacht vorliegt, grundsätzlich auf die Interessen der konkret betroffenen Gesellschaft und damit vor allem auf deren **statutarischen Zweck und Unternehmensgegenstand** an (s. noch § 311 Rdnr. 27, 36). Die §§ 311 ff. erlauben es dem herrschenden Unternehmen allerdings nicht, der abhängigen Gesellschaft durch *Änderung* des vor Begründung des Abhängigkeitsverhältnisses bestehenden Zwecks oder Gegenstands eine dem Konzerninteresse oder den eigenen Interessen des herrschenden Unternehmens dienende Funktion zuzuweisen (s. auch § 311 Rdnr. 19, 53).[95] Auch bei Fehlen von Minderheitsaktionären (s. Rdnr. 32) läßt 28

---

[90] In diesem Sinne auch *Kropff* AG 1993, 485, 493 f.; *Emmerich/Sonnenschein* § 20a III 2; s. ferner *Mülbert* S. 487 ff.
[91] So bereits *Hoffmann-Becking* in Ulmer, Probleme des Konzernrechts, S. 68, 80; s. ferner *Emmerich/Sonnenschein* § 20 a III 2; *Mülbert* S. 487 ff.
[92] So auch *Emmerich/Sonnenschein* § 20 a III 2; *Zöllner,* Gedächtnisschrift für Knobbe-Keuk, S. 369, 375 f.; *Heyer* S. 39 ff., 53 ff.; zu entsprechenden Parallelen auch im GmbH-Recht s. *Kropff* AG 1993, 485, 489 f.; *Krieger* ZGR 1994, 375, 379 ff.; *Lutter* DB 1994, 129, 130; *Schulze-Osterloh* ZIP 1993, 1838, 1840.
[93] Näher dazu sowie zur Unbeachtlichkeit des allgemeinen (passiven) Konzerneffekts s. § 311 Rdnr. 25 ff.
[94] Vgl. § 311 Rdnr. 39; aA für das GmbH-Recht *Baumbach/Hueck/Zöllner* GmbHG Schlußanh. I Rdnr. 84.
[95] Zutr. *Kropff,* Festschrift für Semler, 1993, S. 520, 532; aA für die GmbH (für die freilich eine dem § 23 Abs. 5 entsprechende Vorschrift nicht existiert,

sich das Eigeninteresse der abhängigen Gesellschaft allein auf der Grundlage eines Beherrschungsvertrags ausschalten.

29 Das herrschende Unternehmen mißbraucht seine Leitungsmacht etwa dadurch, daß es die abhängige AG zu Lieferungen oder Leistungen veranlaßt, denen keine angemessenen Gegenleistungen gegenüberstehen,[96] dadurch, daß es der abhängigen Gesellschaft Liquidität entzieht, ferner dadurch, daß es die abhängige Gesellschaft zur Übernahme unangemessener Haftungsrisiken veranlaßt.[97] Regelmäßig sind Nachteilszufügungen dieser Art zwar einem *Einzelausgleich* zugänglich und haben *deshalb* nicht die Anwendbarkeit der Grundsätze über die qualifizierte faktische Abhängigkeit zur Folge (Rdnr. 33 ff.); der Annahme eines Mißbrauchs steht dies jedoch nicht entgegen. Aus der Anknüpfung an den Nachteilsbegriff des § 311 ergibt sich des weiteren, daß die **Vermögenslosigkeit oder Insolvenz** der abhängigen AG als solche weder notwendige noch hinreichende Voraussetzung für das Vorliegen einer qualifizierten faktischen Abhängigkeit ist; maßgebend ist vielmehr die unangemessene Einwirkung auf die abhängige Gesellschaft.[98] An einem Nachteil iSv. § 311 und damit an einer mißbräuchlichen Ausübung der Leitungsmacht fehlt es ferner bei **Veräußerung der Beteiligung** an der abhängigen AG und der dadurch bewirkten Beendigung des Abhängigkeitsverhältnisses;[99] eine vor der Veräußerung begründete Haftung aus qualifizierter faktischer Abhängigkeit wird dadurch allerdings nicht berührt. Auch **personelle Verflechtungen** (dazu noch § 311 Rdnr. 17, 23) begründen als solche noch keinen Nachteil; auf sie läßt sich somit die Annahme einer qualifizierten faktischen Abhängigkeit nicht stützen.[100] Zur Annahme eines Mißbrauchs bei Undurchsichtigkeit der Verhältnisse sowie bei fehlerhafter oder fehlender Buchführung s. Rdnr. 34 f.

30 Besonderer Betrachtung bedürfen **Maßnahmen der Umstrukturierung** der abhängigen Gesellschaft. Sie lassen sich zwar regelmäßig *als solche isolieren,* sind aber oftmals in ihren Folgen für die abhängige Gesellschaft nicht sicher zu beurteilen und in diesem Fall jedenfalls einem Nachteilsausgleich gem. § 311 nicht zugänglich (Rdnr. 36; § 311 Rdnr. 28, 37, 42). Davon betroffen sind etwa die Ausgliederung und Zentralisierung wichtiger Unternehmensfunktionen oder sonstige Maßnahmen zur Verringerung oder *Einstellung bestehender Aktivitäten,* ferner der *Abzug von Ressourcen,* die für den Fortbestand der AG als unabhängige oder einfach abhängige Gesellschaft von wesentlicher Bedeutung wären. Ob Maßnahmen dieser Art eine qualifizierte faktische Abhängigkeit begründen, beurteilt sich zunächst danach, ob sie auch vom Vorstand einer unabhängigen Gesellschaft ergriffen worden wären und damit *nachteiligen Charakter* iSv. § 311 haben (s. § 311 Rdnr. 26). Dies ist immer dann anzunehmen, wenn die Maßnahme bei vernünftiger kaufmännischer Beurteilung und unter Berücksichtigung des gebotenen unternehmerischen Ermessens eindeutig zu Lasten der abhängigen Gesellschaft geht, insbesondere weil den der Gesellschaft auferlegten Risiken oder entzogenen Chancen keine adäquaten Vorteile gegenüberstehen. Stellt also die Maßnahme den Bestand der Gesellschaft oder die Rentabilität des von dieser betriebenen Unternehmens ernsthaft in Frage[101] oder weist sie der Gesellschaft unkalkulierbare oder erhebliche Risiken zu, so rechtfertigt dies die Annahme einer qualifizierten faktischen Unter-

---

s. dazu auch *K. Schmidt* Gesellschaftsrecht § 39 II 1) *Hommelhoff* ZGR 1994, 395, 403 ff.; s. ferner *Lutter/Hommelhoff* GmbHG Anh. § 13 Rdnr. 20. Vgl. ferner § 311 Rdnr. 27.

[96] Vgl. BGH NJW 1995, 1544, 1545: Abtretung von Forderungen der abhängigen Gesellschaft an ein anderes Konzernunternehmen zur Sicherung von Ansprüchen, die diesem seinerseits gegen die abhängige Gesellschaft zustehen.

[97] Näher dazu BGHZ 122, 123, 131 ff. = NJW 1993, 1200; s. aber auch BGH NJW 1994, 3288, 3290 f.; ferner BGH DStR 1997, 1937: keine Haftung aus qualifizierter faktischer Konzernierung, wenn die abhängige Gesellschaft schon vor Beginn der Konzernlage in Vermögensverfall geraten war.

[98] So für die GmbH zutr. BGH NJW 1997, 943, 944; s. ferner BGH DStR 1997, 1937 (Fn. 97); OLG München DB 1998, 614; zum Sonderfall der Einmann-Gesellschaft s. noch Rdnr. 32.

[99] So für die GmbH zutr. BGH NJW 1997, 943, 944.

[100] Zutr. *Krieger* ZGR 1994, 375, 386; *Drygala* GmbH-Rdsch. 1993, 317, 322; *Kowalski* GmbH-Rdsch. 1993, 253, 255; aA *Emmerich/Sonnenschein* § 20 III 3 b; zum Stand der Diskussion vor BGHZ 122, 123 – TBB s. *Decher* S. 31 ff.; ferner *Krieger* in Hommelhoff/Stimpel/Ulmer S. 41, 49 ff.

[101] Zu einem besonders drastischen Fall s. BGH NJW 1996, 1283, 1284 (betr. die GmbH).

Vorbemerkungen

nehmensverbindung, sofern nicht ausnahmsweise ein Einzelausgleich nach § 317, ggf. auch unter Berücksichtigung der Möglichkeit der Schadensschätzung gem. § 287 ZPO, in Betracht kommt.[102] Der Umstand, daß entsprechende Maßnahmen unzulässig sind und das herrschende Unternehmen von der abhängigen Gesellschaft und den außenstehenden Aktionären auf Unterlassung und Beseitigung in Anspruch genommen werden kann (§ 317 Rdnr. 12f.), steht der Annahme einer qualifizierten faktischen Abhängigkeit weder im allgemeinen (s. Rdnr. 20, 43) noch im Zusammenhang mit der Vornahme einzelner Strukturmaßnahmen entgegen (s. noch § 311 Rdnr. 28).

31 Den strukturverändernden Maßnahmen stehen diejenigen **Einzelmaßnahmen** gleich, deren nachteilige Folgen für die abhängige Gesellschaft sich auch nicht unter Rückgriff auf § 287 ZPO erfassen lassen. Zu denken ist dabei insbesondere an die Veranlassung zur Übernahme übermäßiger, in ihren *Auswirkungen* auf Vermögenslage und Bestand der Gesellschaft nicht kalkulierbarer finanzieller Risiken,[103] sei es durch das Stellen von Sicherheiten,[104] durch die Verlagerung (nur) der Geschäftschancen auf das herrschende oder ein sonstiges abhängiges Unternehmen[105] oder durch unvertretbare Investitionsentscheidungen.[106] Sowohl für strukturverändernde Maßnahmen als auch für sonstige bestandsgefährdende Maßnahmen gilt, daß dem herrschenden Unternehmen der **Einwand rechtmäßigen Alternativverhaltens** versagt ist.[107] Zur Annahme eines Mißbrauchs bei Undurchsichtigkeit der Verhältnisse sowie bei fehlerhafter oder fehlender Buchführung s. Rdnr. 34, 35.

32 Für die **Einpersonen-AG** gelten keine Besonderheiten. Soweit der BGH für die Einmann-GmbH höhere Anforderungen an das Eingreifen der §§ 302 ff. stellt,[108] harmoniert dies mit der Auffassung, wonach sich *Treupflichten* des alleinigen Gesellschafters gegenüber „seiner" GmbH (angeblich) nur mit Einschränkungen begründen lassen.[109] Die §§ 311 ff. kommen dagegen auch im Fall der Einmann-AG uneingeschränkt zur Anwendung. Entsprechendes hat für die Grundsätze über die qualifizierte faktische Abhängigkeit zu gelten, tragen diese doch nur dem Umstand Rechnung, daß das Schutz- und Ausgleichssystem der §§ 311 ff. durch das herrschende Unternehmen außer Kraft gesetzt wird (Rdnr. 6, 20).

33 β) **Unmöglichkeit des Einzelausgleichs.** Die entsprechende Anwendung der §§ 302 ff. ist nur unter der Voraussetzung veranlaßt, daß die an sich anwendbaren Vorschriften der §§ 311 ff. infolge des besonderen Charakters der nachteiligen Einflußnahme durch das herrschende Unternehmen leerlaufen. Der Schutz der abhängigen Gesellschaft, der Gesellschaftsgläubiger und der außenstehenden Aktionäre gem. §§ 302 ff. (Rdnr. 39.) ist deshalb *subsidiärer Natur* (vgl. bereits Rdnr. 25). Die Schutzmechanismen der §§ 302 ff. haben also erst dann Platz zu greifen, wenn zwar eine *nachteilige Einflußnahme* vorliegt (Rdnr. 25, 27 ff.), diese aber einem Einzelausgleich gem. § 311, 317 (ggf. unter Berücksichtigung des § 287 ZPO, s. Rdnr. 36, § 317 Rdnr. 10) nicht zugänglich ist. Die Voraussetzungen, unter denen ein Einzelausgleich ausgeschlossen ist, differieren je nach Art der nachteiligen Maßnahme (Rdnr. 34f.). Allgemein gilt aber, daß die Unmöglichkeit eines Einzelausgleichs *als*

---

[102] Zutr. *Kropff* AG 1993, 485, 493; für das GmbH-Recht auch BGH NJW 1997, 943, 944 (obiter); NJW 1994, 446, 447; *Ulmer* in Hachenburg GmbHG Anh. § 77 Rdnr. 137; *Burgard* WM 1993, 925, 928; *Hommelhoff* ZGR 1994, 395, 413f.; *Westermann* ZIP 1993, 554, 557; vor BGHZ 122, 123 – TBB bereits *Hommelhoff* in Hommelhoff/Stimpel/Ulmer S. 245, 248 f.; *Kleindiek* GmbH-Rdsch. 1992, 574, 576; aA namentlich *Krieger* ZGR 1994, 375, 382 ff.; *ders.* in Hommelhoff/Stimpel/Ulmer S. 31, 47 ff. – Zur Frage des Einzelausgleichs s. Rdnr. 36.
[103] So auch *Kropff* AG 1993, 485, 493.
[104] Vgl. BGHZ 122, 123, 131f. = NJW 1993, 1200, wo freilich auf die nicht ordnungsgemäße Buchung (insbesondere auf die unterbliebene Bildung von Rückstellungen) abgestellt wird.

[105] In diesem Sinne BGH NJW 1994, 3288, 3290 f.; s. ferner BGH NJW 1994, 446, 447; NJW 1995, 1544, 1545.
[106] Dazu BGH NJW 1994, 446, 447.
[107] Näher dazu *Habersack* S. 330 f.; aA wohl *Krieger* ZGR 1994, 375, 385.
[108] BGHZ 122, 123, 130 = NJW 1993, 1200 (dazu bereits Rdnr. 25); s. ferner BGH NJW 1994, 3290 f.; NJW 1997, 943, 944; dazu *Ulmer* in Hachenburg GmbHG Anh. § 77 Rdnr. 135 f. mit weit. Nachw.
[109] Vgl. dazu aber auch *Emmerich* AG 1975, 287 f.; *Ulmer* ZHR 148 (1984), 391, 418; eingehend zum Ganzen und mit weit. Nachw. *M. Winter* ZGR 1994, 570 ff.

34 solche noch nicht zur Anwendbarkeit der §§ 302 ff. führt; erforderlich ist vielmehr in jedem Fall ein objektiver Mißbrauch der Leitungsmacht durch das herrschende Unternehmen (Rdnr. 25 ff.).

34 Wenig problematisch sind jedenfalls im Ansatz die Fälle, in denen sich die einzelnen nachteiligen Maßnahmen infolge der **Dichte der Einflußnahme** schon objektiv nicht mehr isolieren lassen und auch eine ordnungsgemäße Buchführung sowie die pflichtgemäße Erstellung des Abhängigkeitsberichts nicht zur vollständigen Erfassung der Nachteile beitragen können.[110] Entsprechendes gilt für die – treffend als „**Waschkorblage**" bezeichneten – Sachverhalte, bei denen der abhängigen Gesellschaft erwiesenermaßen Nachteile zugefügt worden sind und diese Nachteile an sich auch isolierbar und dem Einzelausgleich gem. §§ 311, 317 zugänglich sind, eine vollständige Kompensation der von der abhängigen Gesellschaft erlittenen Nachteile aber an der fehlenden oder nicht ordnungsgemäßen *Buchführung oder Dokumentation im Abhängigkeitsbericht* scheitert.[111] So liegt es insbesondere, wenn die abhängige Gesellschaft im Rahmen des konzerninternen[112] Geschäfts- und Abrechnungsverkehrs permanent unangemessene *Konzernverrechnungspreise oder Konzernumlagen* zu erbringen hat und nicht sämtliche Geschäftsvorfälle ordnungsgemäß verbucht oder dokumentiert sind. Entsprechendes kann bei zentralem *cash-management* anzunehmen sein. Soweit nicht bereits die Zentralisierung dieser Unternehmensfunktion als solche eine nachteilige Strukturveränderung darstellt (Rdnr. 30), kann jedenfalls die nicht ordnungsgemäß dokumentierte Durchführung eines solchen Systems *zum Nachteil der abhängigen Gesellschaft*[113] den Tatbestand der qualifizierten faktischen Unternehmensverbindung begründen.[114]

35 Lassen sich einzelne nachteilige Maßnahmen nicht mit Gewißheit feststellen und ist diese Ungewißheit auf die fehlerhafte oder gar fehlende **Buchführung** zurückzuführen, so wird man in Fortentwicklung der vom BGH im TBB-Urteil anerkannten Erleichterungen hinsichtlich der Substantiierungslast (Rdnr. 37 f.) vom Vorliegen einer qualifizierten faktischen Unternehmensverbindung auszugehen haben, wenn nur feststeht, daß es überhaupt zur Einflußnahme des herrschenden Unternehmens auf die abhängige Gesellschaft oder zum konzerninternen Leistungsaustausch gekommen ist.[115] Dem steht auch nicht entgegen, daß die nicht ordnungsgemäße Buchführung als solche keinen Nachteil iSv. § 311 begründet.[116] Entscheidend ist, daß das herrschende Unternehmen die Funktionsfähigkeit des Systems des Einzelausgleichs aufhebt und dadurch die – vor dem Hintergrund des allgemeinen Schutzzwecks der §§ 311 ff. (Rdnr. 1) durchaus naheliegende – Gefahr begründet, daß etwaige Nachteilszufügungen in dem von ihm zu verantwortenden Zustand der *Unkontrollierbarkeit* kompensationslos versickern. Entsprechendes gilt bei Fehlen oder nicht ordnungsgemäßer Erstellung des **Abhängigkeitsberichts,** sofern das Vorliegen der Voraussetzungen der §§ 312 ff., nämlich ein Abhängigkeitsverhältnis iSd. § 17, evident ist und infolge personeller Verflechtungen zwischen herrschendem Unternehmen und abhängiger Gesellschaft davon ausgegangen werden kann, daß die Nichterstellung des Abhängigkeitsberichts vom herrschenden Unternehmen veranlaßt worden ist.[117]

---

[110] Vgl. *Hommelhoff* ZHR 156 (1992), 295, 312 f.; *Kropff* AG 1993, 485, 488, 493; *Krieger* ZGR 1994, 375, 384 f.; *Schulze-Osterloh* ZIP 1993, 1838, 1841; *Weigl* S. 29, 183.

[111] Dazu *Kropff* AG 1993, 485, 493; für die GmbH *Drygala* GmbH-Rdsch. 1993, 317, 320; *Hommelhoff* in Hommelhoff/Stimpel/Ulmer S. 245, 252; zur Einordnung von BGHZ 122, 123 – TBB s. bereits Fn. 103, ferner Rdnr. 36.

[112] Zur Frage, ob es einer Konzernierung der abhängigen Gesellschaft bedarf, s. Rdnr. 23 f.

[113] Etwa infolge systematischen Entzugs von Geschäftschancen oder Anlagegewinnen.

[114] Dies räumt auch *Krieger* (ZGR 1994, 375, 386) ein; s. ferner *Timm* NJW 1987, 977, 983; *Weigl* S. 190 ff.; aA *Koppensteiner* in Kölner Kommentar Rdnr. 24; *ders.* in Ulmer, Probleme des Konzernrechts, S. 87, 92 f.

[115] In diesem Sinne bereits *Kleindiek* ZIP 1991, 1330, 1335; s. ferner *Drygala* GmbH-Rdsch. 1993, 317, 325 f.; im Ergebnis auch BGHZ 122, 123, 331 f. = NJW 1993, 1200.

[116] Insoweit aA *Drygala* GmbH-Rdsch. 1993, 317, 325 f.

[117] Weitergehend *Weigl* S. 195 ff., dem zufolge das Fehlen des Abhängigkeitsberichts stets eine Vermutung für das Vorliegen von nachteiligen Maßnahmen begründet.

Vorbemerkungen   36–38 **Vor § 311**

Was schließlich die Frage der Ausgleichsfähigkeit von nachteiligen **Einzelmaßnahmen** 36
(Rdnr. 30 f.) betrifft, so kommt es darauf an, ob sich die *Auswirkungen* der konkreten Maßnahme auf die *Vermögens- und Ertragslage* der abhängigen Gesellschaft ermitteln lassen. Wenn auch in diesen Fällen von der Möglichkeit der *Schadensschätzung* gem. § 287 ZPO Gebrauch gemacht werden kann (§ 317 Rdnr. 10), wird es gleichwohl oftmals an der Quantifizierbarkeit des der abhängigen Gesellschaft zugefügten Nachteils oder Schadens fehlen.[118] Die Annahme einer qualifizierten faktischen Unternehmensverbindung gründet dann letztlich auf der durch die (unangemessene, s. Rdnr. 25, 33) Einzelmaßnahme hervorgerufenen, in ihren möglichen Auswirkungen *nicht abzuschätzenden* und damit auch durch entsprechenden Vermögensausgleich nicht zu behebenden Beeinträchtigung der Entfaltungsmöglichkeiten der abhängigen Gesellschaft. Vor dem Hintergrund, daß die §§ 311 ff. die Ausübung von Leitungsmacht durch das herrschende Unternehmen nur insoweit legitimieren, als die Vermögensinteressen der abhängigen Gesellschaft gewahrt bleiben (Rdnr. 2), ist dies nur konsequent.

c) **Beweislast.** Die mit der TBB-Entscheidung eingeleitete Kurskorrektur (Rdnr. 22) hat 37
auch Auswirkungen auf die Verteilung der Darlegungs- und Beweislast. Während noch in der Video-Entscheidung (Rdnr. 21) eine an das Vorliegen dauernder und umfassender Ausübung der Leitungsmacht anknüpfende Schädigungsvermutung entwickelt wurde und damit de facto die dauernde und umfassende Leitung als das entscheidende qualifizierende Element anzusehen war, obliegt es nunmehr dem Kläger, die anspruchsbegründenden Umstände darzulegen und ggf. zu beweisen.[119] Allerdings trägt die neuere Rechtsprechung dem Umstand, daß insbesondere ein außenstehender Gläubiger – Entsprechendes hat für den außenstehenden Gesellschafter, nicht aber für den Konkurs- bzw. Insolvenzverwalter zu gelten[120] – kaum jemals in der Lage ist, seiner Darlegungs- und Beweislast voll zu genügen. Entsprechend allgemeinen Grundsätzen[121] können einem solchen Kläger deshalb **Erleichterungen hinsichtlich seiner Substantiierungslast** zugebilligt werden. Danach genügt es, daß der Kläger Umstände darlegt und ggf. beweist, „die die Annahme zumindest nahelegen, daß bei der Unternehmensführung im Hinblick auf das Konzerninteresse die eigenen Belange der GmbH über bestimmte, konkret ausgleichsfähige Einzeleingriffe hinaus beeinträchtigt worden sind."[122] Kennt der Beklagte die maßgebenden Tatsachen und ist ihm die Darlegung des Sachverhalts *zumutbar*,[123] so obliegt es ihm, seinerseits *substantiiert zu bestreiten* und auf diesem Weg nähere Angaben zu machen; die Verletzung dieser Obliegenheit hat zur Folge, daß das Vorbringen des Klägers, auch wenn es hinter den im allgemeinen bestehenden Anforderungen an die Substantiierung des Vortrags zurückbleibt, gem. § 138 Abs. 3 ZPO als zugestanden gilt. Eine Umkehr der Beweislast ist mit diesen Grundsätzen freilich nicht verbunden; ein non liquet geht deshalb zu Lasten des Klägers.

Für das *Aktienrecht* gelten die im TBB-Urteil entwickelten Grundsätze *entsprechend*.[124] 38
Grundsätzlich obliegt es somit dem Kläger, konkrete Anhaltspunkte für einzelne nachteilige und im Einzelausgleich nicht berücksichtigungsfähige Maßnahmen darzutun.[125] **Orga-**

---

[118] In diesem Sinne auch *Hüffer* § 311 Rdnr. 35; *Kropff* AG 1993, 485, 493; für die GmbH *Ulmer* in Hachenburg GmbHG Anh. § 77 Rdnr. 137; zu großzügig in der Annahme der Ausgleichsfähigkeit *Krieger* ZGR 1994, 375, 385. Vgl. auch BGH NJW 1996, 1284: An der Möglichkeit des Einzelausgleichs fehlt es stets mit Auflösung der Gesellschaft durch Abweisung des Antrags auf Eröffnung des Konkurs- bzw. Insolvenzverfahrens mangels Masse.
[119] BGHZ 122, 123, 132 f. = NJW 1993, 1200; s. dazu auch BGH NJW 1997, 943, 944 (kurze Dauer der faktischen Konzernierung spricht gegen einen Mißbrauch der Konzernleitungsmacht).
[120] Vgl. *Krieger* ZGR 1994, 375, 389; *Ulmer* in Hachenburg GmbHG Anh. § 77 Rdnr. 148; zur entsprechenden Geltung auch für das Aktienrecht s. Rdnr. 38.
[121] BGHZ 100, 190, 195 f. = NJW 1987, 2008; BGH NJW 1990, 3151.
[122] BGHZ 122, 123, 131, 132 f. = NJW 1993, 1200 im Anschluß an *Kleindiek* GmbH-Rdsch. 1992, 574, 578 ff.; s. ferner *Kowalski* ZIP 1992, 1637, 1638 ff.; *Stodolkowitz* ZIP 1992, 1517, 1522 ff.; näher dazu *Ulmer* in Hachenburg GmbHG Anh. § 77 Rdnr. 147 ff.
[123] Dazu *Krieger* ZGR 1994, 375, 389 f. mit zutr. Hinweis auf § 131 Abs. 3.
[124] So auch *Kropff* AG 1993, 485, 494 f.; zögernd *Hüffer* § 302 Rdnr. 30 a. E.
[125] *Lutter/Hommelhoff* GmbHG Anh. § 13 Rdnr. 27; *Drygala* GmbH-Rdsch. 1993, 317, 328.

nisatorische Maßnahmen, insbesondere *personelle Verflechtungen* (s. aber auch Rdnr. 35), lassen dagegen ebensowenig auf das Vorliegen eines Mißbrauchs schließen wie die dauernde und umfassende Leitung der abhängigen Gesellschaft durch das herrschende Unternehmen oder die **Insolvenz** der abhängigen AG; mit einem entsprechenden Vortrag kann der Kläger mithin seiner Substantiierungslast nicht nachkommen.[126] Ist der Kläger seiner Darlegungslast nachgekommen, obliegt es dem Beklagten, entweder den nachteiligen Charakter der Maßnahmen oder die Funktionsfähigkeit des Einzelausgleichs substantiiert zu bestreiten. Weitergehende Beweiserleichterungen erscheinen jedenfalls für das Aktienrecht[127] nur nach Maßgabe der Ausführungen in Rdnr. 35 veranlaßt.

39   **4. Rechtsfolgen. a) Ansprüche der abhängigen Gesellschaft.** Die Begründung eines qualifizierten faktischen Abhängigkeitsverhältnisses verpflichtet das herrschende Unternehmen[128] *in analoger Anwendung des § 302 Abs. 1* zur Übernahme der bei der abhängigen Gesellschaft entstehenden Verluste.[129] Die **Verlustausgleichspflicht** bezieht sich auf sämtliche Verluste, also auch auf solche, die nicht auf einen Mißbrauch der Leitungsmacht durch das herrschende Unternehmen zurückzuführen sind.[130] Gläubiger des Anspruchs auf Verlustausgleich ist nur die abhängige Gesellschaft selbst. Auch hinsichtlich des Inhalts, der Geltendmachung, der Übertragung, Belastung und Pfändung dieses Anspruchs sowie der Möglichkeit eines Verzichts oder Vergleichs bewendet es bei den im unmittelbaren Anwendungsbereich des § 302 Abs. 1 und 3 geltenden Grundsätzen (s. § 302 Rdnr. 27 ff.). Für das GmbH-Recht angestellte Überlegungen, die Höhe der Verlustausgleichspflicht jedenfalls im Fall einer abhängigen Einmann-GmbH auf den Ausgleich einer andernfalls entstehenden *Unterbilanz* zu beschränken,[131] tragen der nur abgeschwächt ausgeprägten Kapitalbindung Rechnung und lassen sich deshalb auf das Aktienrecht nicht übertragen. Die Pflicht zur Verlustübernahme *beginnt* mit Begründung der qualifizierten faktischen Unternehmensverbindung und *endet* mit Beendigung dieser Verbindung (näher dazu § 302 Rdnr. 37 ff.). Neben dem Anspruch auf Verlustausgleich hat die abhängige AG regelmäßig zwar noch **Schadensersatzansprüche** gegen ihre Vorstands- und ggf. auch Aufsichtsratsmitglieder. Da nämlich der Vorstand nur im Rahmen der §§ 311 ff. von seiner Pflicht zur eigenverantwortlichen Leitung der Gesellschaft suspendiert ist (Rdnr. 7), handelt er pflichtwidrig iSv. § 93 Abs. 1 und 2, wenn er es zur Entstehung einer qualifizierten, dem Einzelausgleich nicht mehr zugänglichen Unternehmensverbindung kommen läßt (s. § 311 Rdnr. 50 ff.).[132] Indes wird es auch insoweit kaum möglich sein, die schädigende Handlung und den Schaden zu isolieren. Dies gilt auch für etwaige Ansprüche gegen die Organwalter des herrschenden Unternehmens.[133]

40   **b) Ansprüche der Gläubiger.** Die Gläubiger der abhängigen Gesellschaft haben zunächst die Möglichkeit, die in Rdnr. 39 genannten Ansprüche der Gesellschaft gegen das herrschende Unternehmen zu pfänden[134] sowie gem. §§ 309 Abs. 4 S. 3, 317 Abs. 4, 318 Abs. 4 etwaige Einzelansprüche der Gesellschaft aus §§ 317, 318 geltend zu machen. In ent-

---

[126] *Kropff* AG 1993, 485, 494; *Krieger* ZGR 1994, 375, 392; *Ulmer* in *Hachenburg* GmbHG Anh. § 77 Rdnr. 151 f.; *Lutter/Hommelhoff* GmbHG Anh. § 13 Rdnr. 27; aA *U. H. Schneider* WM 1993, 782, 784; *Burgard* WM 1993, 925, 932 f.

[127] Zur Frage der Zulassung eines über Indizien zu führenden Anscheinsbeweises im GmbH-Recht dagegen *Ulmer* in *Hachenburg* GmbHG Anh. § 77 Rdnr. 149 f. mit weit. Nachw.; eingehend auch *Kleindiek* DZWiR 1993, 177, 179 f.; *Weigl* S. 143 ff.

[128] Zur Rechtslage bei mehrfacher Abhängigkeit sowie bei mehrstufigen Unternehmensverbindungen s. § 302 Rdnr. 19.

[129] Vgl. die Nachw. in Fn. 65.

[130] So mit Erlaß des TBB-Urteils die hM zum GmbH-Konzernrecht, s. *Ulmer* in *Hachenburg* GmbHG Anh. § 77 Rdnr. 138 f. mit weit. Nachw.; zur Rechtslage vor TBB s. Rdnr. 21.

[131] Vgl. *Ulmer* in *Hachenburg* GmbHG Anh. § 77 Rdnr. 163; *Baumbach/Hueck/Zöllner* GmbHG Schlußanh. I Rdnr. 96.

[132] *K. Schmidt* Gesellschaftsrecht § 31 IV 4 a; *Heyder* S. 222 f.

[133] Dazu *Heyder* S. 221 f., der eine Haftung aus § 117 Abs. 3 in Erwägung zieht, eine solche aus § 309 Abs. 2 analog dagegen (wohl zu Unrecht) schon im Ansatz verneint.

[134] Zur Frage, ob die Gläubiger entsprechend §§ 309 Abs. 4, 317 Abs. 4 zur Geltendmachung des Anspruchs berechtigt sind, s. § 302 Rdnr. 44.

sprechender Anwendung des § 303 Abs. 1 ist das herrschende Unternehmen zudem bei Beendigung der qualifizierten faktischen Unternehmensverbindung gegenüber den Gläubigern der abhängigen Gesellschaft zur **Sicherheitsleistung** verpflichtet.[135] Bei *Vermögenslosigkeit*[136] der abhängigen Gesellschaft macht allerdings die Leistung von Sicherheit keinen Sinn. Für das GmbH-Recht hat deshalb der BGH die Verpflichtung zur Sicherheitsleistung zu einer **Ausfallhaftung** des herrschenden Unternehmens gegenüber den Gläubigern der abhängigen Gesellschaft fortentwickelt.[137] Dies hat auch für das *Aktienrecht* zu gelten.[138] Wie im GmbH-Recht kommt es allerdings auch im Aktienrecht zur Ausfallhaftung des herrschenden Unternehmens nur unter der Voraussetzung, daß der Ausfall der Gläubiger *höhenmäßig feststeht,* etwa weil die abhängige Gesellschaft wegen Vermögenslosigkeit gelöscht oder die Eröffnung des Konkurs- bzw. Insolvenzverfahrens mangels Masse abgelehnt worden ist. Im *Konkurs* der abhängigen Gesellschaft haben die Gläubiger deshalb zunächst nur Anspruch auf Sicherheitsleistung.[139]

Anspruchsberechtigt sind entsprechend § 303 Abs. 1 S. 1 **sämtliche Altgläubiger,** dh. diejenigen Gläubiger, deren Forderungen *vor Beendigung* der qualifizierten faktischen Unternehmensverbindung *begründet* waren.[140] Dazu zählen auch die Gläubiger, deren Forderungen bereits *vor Beginn* des qualifizierten Abhängigkeitsverhältnisses begründet oder gar entstanden waren.[141] **Neugläubiger,** also Gläubiger, deren Forderungen erst nach Beendigung des qualifizierten Abhängigkeitsverhältnisses begründet worden sind, können dagegen grundsätzlich keine Rechte aus § 303 Abs. 1 S. 1 herleiten; anderes gilt nur insoweit, als es sich bei der Forderung um eine *Nebenforderung* zu einer Altforderung handelt.[142] Die Ausschlußfrist des § 303 Abs. 1 S. 1 findet in Ermangelung eines eindeutigen Stichtages und der Möglichkeit eines Hinweises gem. § 303 Abs. 1 S. 2 grundsätzlich[143] keine entsprechende Anwendung. Statt dessen steht dem herrschenden Unternehmen ggf. der Einwand der **Verwirkung** zu.[144] Zudem verjährt der Anspruch entsprechend § 327 Abs. 4 in fünf Jahren.[145]

41

Die Ausfallhaftung begründet keine Gesamtschuld. Im Grundsatz kann deshalb das herrschende Unternehmen die **Einwendungen und Einreden** der abhängigen Gesellschaft geltend machen, ohne daß dem Grundsatz der Einzelwirkung gem. § 425 BGB entgegensteht. Das herrschende Unternehmen kann demnach ggf. auch schon vor Ablauf von 5 Jahren (Rdnr. 41) einwenden, die Forderung des Gläubigers gegen die abhängige Gesellschaft sei bereits verjährt.[146] Der Vorschrift des § 303 Abs. 3 läßt sich entnehmen, daß das herrschende Unternehmen eine abgeleitete *Einrede* nicht durch *Verzicht* der abhängigen Gesellschaft verliert. Im übrigen aber steht die Möglichkeit zur Geltendmachung abgeleiteter Einreden gem. § 768 Abs. 1 S. 1, BGB, § 129 Abs. 1 HGB, § 322 Abs. 2 unter dem Vor-

42

---

[135] Vgl. die Nachw. in Fn. 65.
[136] Dies ist auch dann der Fall, wenn der Gesellschaft noch ein Anspruch auf Verlustausgleich zusteht, s. BGHZ 115, 187, 200 f. = NJW 1991, 3142; *Ulmer* in *Hachenburg* GmbHG Anh. § 77 Rdnr. 175; aA *Hüffer* § 303 Rdnr. 7.
[137] BGHZ 95, 330, 347 = NJW 1986, 188; 105, 168, 183 = NJW 1988, 3143; 115, 187, 200 = NJW 1991, 3142; 116, 37, 42 = NJW 1992, 505; BGH NJW 1997, 943, 944; näher dazu *Joost* in Hommelhoff/Stimpel/Ulmer S. 133 ff.
[138] Vgl. die Nachw. in Fn. 65.
[139] BGHZ 95, 330, 347 = NJW 1986, 188; 115, 187, 200 = NJW 1991, 3142; OLG Karlsruhe ZIP 1992, 1394, 1399; aA *Joost* in Hommelhoff/Stimpel/Ulmer S. 133, 149.
[140] Vgl. im einzelnen § 303 Rdnr. 8 ff.; zu den Voraussetzungen, unter denen eine Forderung „begründet" ist, s. auch *Staub/Habersack* HGB § 128 Rdnr. 62 ff.

[141] So für das GmbH-Recht zumindest tendenziell BGHZ 115, 187, 199 = NJW 1991, 3142; BGH NJW 1997, 943, 944 („nicht grundsätzlich ausgeschlossen"); aA *Joost* in Hommelhoff/Stimpel/Ulmer S. 133, 154.
[142] BGHZ 115, 187, 201 f. = NJW 1991, 3142.
[143] Vgl. aber auch *Werner,* Festschrift für Goerdeler, S. 677, 694 mit Hinweis auf die Möglichkeit der Ingangsetzung der Ausschlußfrist durch freiwilligen Gläubigeraufruf entsprechend § 303 Abs. 1 S. 2 oder gleichwertige Information der Gläubiger; zust. auch *Ulmer* in *Hachenburg* GmbHG Anh. § 77 Rdnr. 180.
[144] BGHZ 95, 330, 346 f. = NJW 1986, 188; 115, 187, 202 f. = NJW 1991, 3142; krit. *Werner,* Festschrift für Goerdeler, S. 677, 693 ff.
[145] Vgl. für den qualifizierten faktischen GmbH-Konzern *Ulmer* in *Hachenburg* GmbHG Anh. § 77 Rdnr. 181 (Verjährung entsprechend §§ 9 Abs. 2, 9b Abs. 2, 31 Abs. 5 GmbHG).
[146] Vgl. noch § 322 Rdnr. 11 f.; näher dazu *Staub/Habersack* HGB § 129 Rdnr. 6 ff.

behalt, daß auch die abhängige Gesellschaft noch zur Geltendmachung der Einrede befugt ist.[147] Entsprechendes hat für den Fall zu gelten, daß die Forderung des Gläubigers einer *Einwendung* ausgesetzt ist; ein Verzicht der abhängigen Gesellschaft geht also auch insoweit nicht zu Lasten des herrschenden Unternehmens. Auf *Gestaltungsrechte* der abhängigen Gesellschaft kann sich das herrschende Unternehmen nach Maßgabe des § 770 BGB berufen.

43   c) **Ansprüche der außenstehenden Aktionäre.** Die qualifizierte faktische Unternehmensverbindung begründet einen Zustand, der nach dem Regelungsmodell der §§ 291 ff., 311 ff., 319 ff. nur durch Abschluß eines *Beherrschungsvertrags* legitimiert werden kann (Rdnr. 6 f., 20);[148] eine solche Unternehmensverbindung ist deshalb ungeachtet der entsprechenden Anwendung der §§ 302 f. *rechtswidrig*.[149] Die außenstehenden Aktionäre können sich gegen die nicht durch Beherrschungsvertrag legitimierte Herbeiführung eines qualifizierten Abhängigkeits- oder Konzernverhältnisses durch Geltendmachung von **Abwehr- und Beseitigungsansprüchen**[150] zur Wehr setzen. Entsprechende Ansprüche basieren auf der Erwägung, daß die Begründung einer qualifizierten Unternehmensverbindung gem. § 293 Abs. 1 der Zustimmung der Hauptversammlung der abhängigen Gesellschaft bedarf, eine ohne Mitwirkung der Hauptversammlung herbeigeführte Verbindung mithin in die Kompetenz der Hauptversammlung und damit – entsprechend den in der „Holzmüller"-Entscheidung aufgestellten Grundsätzen[151] – in das *Individualrecht auf Entscheidungsteilhabe* eingreift.[152] Das herrschende Unternehmen und die abhängige Gesellschaft verstoßen demnach gegen ihre mitgliedschaftlichen Pflichten gegenüber den außenstehenden Aktionären der abhängigen[153] Gesellschaft und können von diesen auf der Grundlage des *mitgliedschaftlichen Rechtsverhältnisses* in Anspruch genommen werden.[154] Darüber hinaus ist die Mitgliedschaft in der AG „sonstiges" *Recht iSd. § 823 Abs. 1 BGB* und genießt deshalb auch im Verbandsinnenverhältnis quasi-negatorischen und deliktischen Schutz.[155] Auf der Grundlage der §§ 823 Abs. 1, 1004 BGB kann deshalb jeder außenstehende Aktionär sämtliche an dem Kompetenzübergriff beteiligte Personen – neben dem herrschenden Unternehmen und der abhängigen Gesellschaft mithin auch die Organwalter der abhängigen Gesellschaft sowie ggf. diejenigen des herrschenden Unternehmens – auf Unterlassung und Beseitigung in Anspruch nehmen.[156] Handelt es sich bei dem *herrschenden Unternehmen* um eine Gesellschaft, so haben auch deren Gesellschafter entsprechende Unterlassungs- und Beseitigungsansprüche.[157]

---

[147] Zutr. BGHZ 95, 330, 347 f. = NJW 1986, 188; s. ferner *Stimpel,* Festschrift für Goerdeler, S. 601, 620 f.; aA – gegen die im Text genannte Einschränkung – *Joost* in Hommelhoff/Stimpel/Ulmer S. 149 ff.; *K. Schmidt* BB 1985, 2074, 2079; *Werner,* Festschrift für Goerdeler, S. 677, 689 ff.; *Ulmer* in Hachenburg GmbHG Anh. § 77 Rdnr. 179. Allg. zu diesem Vorbehalt *Staub/Habersack* HGB § Rdnr. 14; MünchKomm-*Habersack* BGB § 768 Rdnr. 9.

[148] Zur Frage der Legalisierung durch zweckändernden Hauptversammlungsbeschluß analog § 293 Abs. 1 S. 1 s. (zu Recht verneinend) *Mülbert* S. 492 ff. mit weit. Nachw.

[149] Heute hM, s. OLG Hamm NJW 1987, 1030; *Deilmann* S. 82 ff.; *Emmerich/Sonnenschein* § 20 a IV; *Flume* I/2 S. 130; *Hommelhoff* Gutachten S. 35 ff.; *Kort* ZGR 1987, 46, 59; *Krieger* in MünchHdb. AG § 69 Rdnr. 24; *Lutter* ZGR 1982, 244, 265; *Mülbert* S. 489 ff.; *Schlieper* S. 222 ff.; *U. Stein* ZGR 1988, 163, 183 ff.; aA namentlich *Decher* S. 108 ff.; *ders.* DB 1990, 2005, 2006 f.; *Koppensteiner* in Kölner Kommentar § 311 Rdnr. 104.

[150] Zur Frage, ob der Anspruch aus § 302 (Rdnr. 39) von den Aktionären im Wege der actio pro socio geltend gemacht werden kann, s. § 302 Rdnr. 44.

[151] BGHZ 83, 122 = NJW 1982, 1703; s. dazu Rdnr. 13 mit Nachw. in Fn. 44.

[152] Vgl. *K. Schmidt* Gesellschaftsrecht § 31 IV 4 a; *Hommelhoff* Gutachten S. 34 ff.; ferner *Flume* I/2 S. 130; *Krieger* in MünchHdb. AG § 69 Rdnr. 24; *U. Stein* ZGR 1988, 163, 188 f.; *Heyder* S. 117 ff., 144 ff.; zweifelnd *Hoffmann-Becking* in Ulmer, Probleme des Konzernrechts, S. 68, 85 f. Näher zum Ganzen und mit weit. Nachw. *Habersack* S. 297 ff. (334 f.); *ders.* DStR 1998, 533, 535 ff.

[153] Zum Schutz der Gesellschafter des herrschenden Unternehmens s. Fn. 157.

[154] Zur vor dogmatischen Ansatz des BGH in BGHZ 83, 122, 133 f. = NJW 1982, 1703; s. dazu *Habersack* S. 305 ff. mit weit. Nachw.

[155] Vgl. für die Mitgliedschaft im Idealverein BGHZ 110, 323, 327 f. = NJW 1990, 2877; näher dazu (verbandstypenübergreifend) *Habersack* S. 117 ff., 171 ff. (allg. zum Schutz der Mitgliedschaft im Verbandsinnenverhältnis), S. 297 ff. (zur Verletzung der Mitgliedschaft bei Übergriffen in die Zuständigkeit der Hauptversammlung).

[156] Näher zu Inhalt und Geltendmachung des Anspruchs *Habersack* S. 355 ff.

[157] Zum Erfordernis der Mitwirkung der Gesellschafter der Obergesellschaft s. für die AG § 293 Abs. 2 S. 1 AktG; für die GmbH BGHZ 105, 324,

Die außenstehenden Aktionäre haben darüber hinaus in entsprechender Anwendung 44
des § 305 **Anspruch auf Abfindung** durch das herrschende Unternehmen.[158] Der Umstand, daß dieser Anspruch im unmittelbaren Anwendungsbereich des § 305 *vertraglicher Natur* ist,[159] steht der entsprechenden Anwendung dieser Vorschrift auf Sachverhalte, die nur durch Abschluß eines solchen Vertrags und damit durch Begründung einer Abfindungsverpflichtung des herrschenden Unternehmens legitimiert werden können, nicht entgegen.[160] *Inhaltlich* geht der Anspruch allerdings nur auf *Barabfindung* gem. § 305 Abs. 2 Nr. 3; einer entsprechenden Anwendung auch des § 305 Abs. 2 Nr. 1 und 2 steht das Fehlen einer Zustimmung der Aktionäre der Obergesellschaft gem. § 293 Abs. 2 entgegen.[161] Neben § 305 Abs. 2 Nr. 3 ist auch die Vorschrift des § 304 entsprechend anzuwenden, so daß die außenstehenden Aktionäre vom herrschenden Unternehmen **Ausgleich nach Maßgabe des § 304 Abs. 1 S. 2, Abs. 2** verlangen können.[162] Auch insoweit steht einer entsprechenden Anwendung des § 304 weder das Fehlen eines Beherrschungsvertrags noch die Vorschrift des § 304 Abs. 3 entgegen. Die Vorschrift des § 304 Abs. 3 spricht vielmehr für die Analogie, läßt sich ihr doch entnehmen, daß bei fehlender Übernahme einer Ausgleichsverpflichtung selbst der Abschluß eines Beherrschungsvertrags zur Begründung von Leitungsmacht des herrschenden Unternehmens nicht imstande ist. Was die *Geltendmachung* der Ansprüche aus §§ 304, 305 betrifft, so bedarf es zunächst der gerichtlichen Feststellung des Bestehens einer qualifizierten faktischen Unternehmensverbindung; auf der Grundlage eines entsprechenden Feststellungsurteils kann sodann in das Spruchstellenverfahren gem. 306 eingetreten werden.[163]

§ 311 Schranken des Einflusses

(1) Besteht kein Beherrschungsvertrag, so darf ein herrschendes Unternehmen seinen Einfluß nicht dazu benutzen, eine abhängige Aktiengesellschaft oder Kommanditgesellschaft auf Aktien zu veranlassen, ein für sie nachteiliges Rechtsgeschäft vorzunehmen oder Maßnahmen zu ihrem Nachteil zu treffen oder zu unterlassen, es sei denn, daß die Nachteile ausgeglichen werden.

(2) Ist der Ausgleich nicht während des Geschäftsjahrs tatsächlich erfolgt, so muß spätestens am Ende des Geschäftsjahrs, in dem der abhängigen Gesellschaft der Nachteil zugefügt worden ist, bestimmt werden, wann und durch welche Vorteile der Nachteil ausgeglichen werden soll. Auf die zum Ausgleich bestimmten Vorteile ist der abhängigen Gesellschaft ein Rechtsanspruch zu gewähren.

---

333 ff.; BGH ZIP 1992, 395, 396 f.; für die Personengesellschaft *Staub/Ulmer* HGB Anh. § 105 Rdnr. 83.
[158] HM, vgl. *Emmerich/Sonnenschein* § 20 a IV; *Krieger* in MünchHdb. AG § 69 Rdnr. 22; *Raiser* Kapitalgesellschaften § 53 Rdnr. 45; *Säcker* ZHR 151 (1987) 59, 64; *Zöllner*, Gedächtnisschrift für Knobbe-Keuk, S. 369, 379 ff.; *Ebenroth* AG 1990, 188, 193; *Decher* S. 117 f.; *Timm* NJW 1987, 977, 983 f.; *Deilmann* S. 131 f.; im Ergebnis auch *Mülbert* S. 494 ff. (s. Fn. 160); aA namentlich *Koppensteiner* in Kölner Kommentar Rdnr. 25; *Wiedemann* S. 69.
[159] Vgl. § 305 Rdnr. 22; *Koppensteiner* in Kölner Kommentar § 305 Rdnr. 4.
[160] AA *Mülbert* S. 494 ff., der statt dessen auf die Verletzung der mitgliedschaftlichen Treuepflicht abstellt, dabei aber weder das für Ansprüche wegen Treupflichtverletzung geltende Erfordernis schuldhaften Handelns berücksichtigt noch überzeugend zu begründen vermag, daß der einzelne Aktionär (neben oder anstelle der Gesellschaft?) einen Schadensersatzanspruch haben soll, der zudem gerade auf Abfindung gerichtet sein soll.
[161] Näher dazu *Geuting* BB 1994, 365, 370 f.; s. ferner *Ulmer* in Hachenburg GmbHG Anh. § 77 Rdnr. 167; *Scholz/Emmerich* GmbHG Anh. Konzernrecht Rdnr. 213.
[162] Vgl. *Emmerich/Sonnenschein, Säcker, Ebenroth* und *Decher*, jew. aaO (Fn. 158); aA *Koppensteiner* in Kölner Kommentar Rdnr. 25; *Deilmann* S. 132; *Mülbert* S. 500 f.
[163] Zutr. *Ebenroth* AG 1990, 188, 193 (Fn. 65); ihm zust. auch *Mülbert* S. 499 f.

Übersicht

	Rdnr.		Rdnr.
I. Einführung	1–3	c) Maßgebender Zeitpunkt	29
1. Inhalt und Zweck der Norm	1, 2	d) Nachteil, Schaden und Verlust	30
2. Grenzen legitimer Einflußnahme (Überblick)	3	e) Beispiele	31
II. Anwendungsbereich	4–11	2. Ermittlung des nachteiligen Charakters	32–37
1. Abhängigkeit iSv. § 17	4, 5	a) Problemstellung	32
2. Verhältnis zu §§ 291 ff., 319 ff.	6	b) Rechtsgeschäft	33–35
3. Mehrstufige Unternehmensverbindungen	7–10	c) Sonstige Maßnahme	36, 37
4. Internationaler Anwendungsbereich	11	**V. Nachteilsausgleich**	38–49
III. Veranlassung zu Rechtsgeschäft oder Maßnahme	12–24	1. Grundlagen	38–40
1. Begriff der Veranlassung	12, 13	2. Vorteil	41–43
2. Urheber und Adressat der Veranlassung	14–21	3. Erfüllung der Ausgleichsverpflichtung	44–48
a) Urheber	14, 15	a) Allgemeines	44
b) Adressat	16	b) Tatsächlicher Ausgleich	45, 46
c) Besondere Formen der Veranlassung	17–20	c) Begründung eines Rechtsanspruchs	47, 48
aa) Personelle Verflechtungen	17	4. Undurchsetzbarkeit der Ausgleichsverpflichtung	49
bb) Hauptversammlungsbeschluß	18, 19	**VI. Auswirkungen auf die Verfassung der abhängigen Gesellschaft**	50–55
cc) Bevollmächtigung des herrschenden Unternehmens	20	1. Pflichten des Vorstands	50, 51
3. Darlegungs- und Beweislast	21–23	2. Pflichten des Aufsichtsrats	52
4. Veranlassungswirkung	24	3. Verhältnis des § 311 zu § 243	53
IV. Nachteil	25–37	4. Haftung des herrschenden Unternehmens	54
1. Begriff	25–31	5. Kapitalerhaltung	55
a) Grundlagen	25–27		
b) Nicht quantifizierbare Nachteile	28		

I. Einführung

1 **1. Inhalt und Zweck der Norm.** Nach Abs. 1 ist es einem herrschenden Unternehmen untersagt, eine abhängige AG oder KGaA zu einer ihr nachteiligen Handlung oder Unterlassung zu veranlassen. Mit diesem umfassenden Verbot geht § 311 Abs. 1 über die allgemeine Vorschrift des § 117 hinaus, der zufolge nur bestimmte *vorsätzliche* Einflußnahmen zum Schaden der Gesellschaft verboten sind. Dahinter steht die Erwägung, daß es bei Abhängigkeit der Gesellschaft von einem Unternehmen eines **besonderen Schutzes der Gesellschaft und der Außenseiter** bedarf (Vorb. Rdnr. 1). Vor dem Hintergrund der mittlerweile erfolgten Anerkennung der *mitgliedschaftlichen Treupflicht* des Aktionärs[1] kommt dem *Verbot* der nachteiligen Einflußnahme freilich allenfalls insoweit eigenständige Bedeutung zu, als das Vorsatzerfordernis des § 117 auf die Haftung wegen Treupflichtverletzung zu erstrecken ist und somit auch letztere nur bei vorsätzlichem Handeln oder Unterlassen in Betracht kommt.[2]

---

[1] BGHZ 103, 184 = NJW 1988, 1579; 129, 136 = NJW 1995, 1739.

[2] So für die treuwidrige Stimmrechtsausübung BGHZ 129, 136, 162 = NJW 1995, 1739 (im übrigen offengelassen).

Schranken des Einflusses　　　　　　　　　　　　　　　　　　　2–4 § 311

Die wesentliche Funktion des § 311 liegt denn auch in der *Außerkraftsetzung* des Verbots nachteiliger Einflußnahme für den Fall, daß das herrschende Unternehmen den durch die nachteilige Maßnahme entstehenden Nachteil nach Maßgabe des Abs. 2 ausgleicht. Nach zutreffender Ansicht hat der **Nachteilsausgleich** die **Rechtfertigung der Maßnahme** zur Folge.[3] Der damit einhergehenden *Privilegierung* des herrschenden Unternehmens entspricht auf seiten der abhängigen Gesellschaft eine *punktuelle Überlagerung ihres Eigenwillens* durch ein anderweitiges unternehmerisches Interesse: Dem herrschenden Unternehmen sind nachteilige Einflußnahmen gestattet, sofern es nur die Voraussetzungen des § 311 Abs. 2 erfüllt und damit die *Vermögensinteressen* der abhängigen Gesellschaft wahrt. Liegen dagegen die Voraussetzungen des § 311 Abs. 2 nicht vor – sei es, daß eine dem Nachteilsausgleich zugängliche Maßnahme nicht ausgeglichen wird (Rdnr. 38 ff.) oder die nachteilige Maßnahme ihrer Art nach nicht ausgleichsfähig ist (Rdnr. 3, 28, 39, 42) –, so bewendet es bei der *Rechtswidrigkeit* der Maßnahme. Eine nicht durch Nachteilsausgleich gerechtfertigte Einflußnahme verpflichtet nach §§ 317 f. das herrschende Unternehmen und seine gesetzlichen Vertreter, unter Umständen aber auch die abhängige Gesellschaft und ihre Organwalter zum **Schadensersatz**, ohne daß es auf das Vorliegen der besonderen Voraussetzungen des § 117 ankommt.[4] 2

2. Grenzen legitimer Einflußnahme (Überblick). Die Vorschriften der §§ 311 ff. setzen der Einflußnahme auf die abhängige Gesellschaft in verschiedener Hinsicht Grenzen. So begründet § 311 **kein Weisungsrecht** und damit auch keine rechtlich abgesicherte Konzernleitungsmacht des herrschenden Unternehmens (s. auch Vorb. Rdnr. 6 f.). Der Vorstand der abhängigen Gesellschaft ist demnach nicht verpflichtet, eine vom herrschenden Unternehmen gewünschte Maßnahme zu ergreifen; vielmehr bewendet es auch im Anwendungsbereich der §§ 311 ff. bei der Geltung der §§ 76, 93 (Rdnr. 50 f.; Vorb. Rdnr. 7). Des weiteren kann nach § 311 eine nachteilige Einflußnahme nur unter der Voraussetzung gerechtfertigt werden, daß die **Vermögensinteressen** der abhängigen Gesellschaft gewahrt bleiben. Daraus folgt zunächst, daß eine dem Nachteilsausgleich nicht zugängliche Maßnahme stets *rechtswidrig* ist. Das herrschende Unternehmen ist in diesem Fall nach § 317 zum *Schadensersatz* verpflichtet (Rdnr. 28); bei fehlender Quantifizierbarkeit des *Schadens* kommen die Grundsätze über die qualifizierte faktische Unternehmensverbindung und damit die Vorschriften der §§ 302 ff. zur Anwendung (Rdnr. 28, 39, 42; Vorb. Rdnr. 20 ff., 39 ff.). Darüber hinaus handelt aber auch der Vorstand der abhängigen Gesellschaft pflichtwidrig, wenn er eine nicht dem Nachteilsausgleich zugängliche und nicht nach § 311 Abs. 2 ausgeglichene Maßnahme ergreift (Rdnr. 50 f.). Umstritten ist das Verhältnis des § 311 zum Grundsatz der **Vermögensbindung** gem. §§ 57 Abs. 3, 62 (Rdnr. 55), ferner das Verhältnis des § 311 zur Vorschrift des § 243 betreffend die **Beschlußanfechtung** (Rdnr. 53); auch aus diesen Vorschriften können sich also Schranken der Einflußnahme ergeben. 3

II. Anwendungsbereich

1. Abhängigkeit iSv. § 17. Die Vorschriften der §§ 311 ff. setzen voraus, daß eine *AG oder KGaA* von einem **Unternehmen** (§ 15 Rdnr. 6 ff.) abhängig ist. Die Voraussetzungen eines solchen Abhängigkeitsverhältnisses bestimmen sich nach § 17. Gem. § 17 Abs. 2 wird das Bestehen eines Abhängigkeitsverhältnisses bei Vorliegen einer Mehrheitsbeteiligung iSv. § 16 **vermutet**. Demjenigen, der sich auf die Nichtanwendbarkeit der §§ 311 ff. beruft, obliegt dann die Darlegung und ggf. der Nachweis, daß ein beherrschender Einfluß nicht ausgeübt werden kann (§ 17 Rdnr. 27 ff.). Dies ist nicht zwangsläufig das herrschende Unter- 4

---

[3] Heute hM, s. *Flume,* Juristische Person, § 4 IV; *Hüffer* Rdnr. 6 f., 42; *K. Schmidt* Gesellschaftsrecht § 31 IV 2 b; *Strohn* S. 109 ff.; *Seydel* S. 223 ff.; offengelassen von BGHZ 124, 111, 118 f. = NJW 1994, 520; aA namentlich *Würdinger* in GroßKomm. z. AktG[3] § 311 Anm. 5, 6, 9; *Bälz,* Festschrift für Raiser, S. 287, 308; *Kellmann* ZGR 1974, 220, 221 ff. S. ferner Vorb. Rdnr. 6 (mit Nachw. in Fn. 12) zur Frage der Zulässigkeit des einfachen faktischen Konzerns.
[4] Zum Verhältnis zwischen §§ 311, 317, 318 einerseits, § 117 andererseits s. Rdnr. 54.

nehmen. Will beispielsweise die in Mehrheitsbesitz stehende Gesellschaft keinen Abhängigkeitsbericht aufstellen, so hat *sie* die Abhängigkeitsvermutung zu widerlegen. Bilden die abhängige Gesellschaft und das herrschende Unternehmen einen sog. **faktischen Konzern** iSv. § 18 Abs.1 S.1, 3, Abs.2, so steht dies der Anwendbarkeit der §§ 311 ff. nicht entgegen (s. Vorb. Rdnr. 6 ff.). Keine Anwendung finden die §§ 311 ff. dagegen bei Bestehen eines Beherrschungsvertrags und bei Eingliederung der abhängigen Gesellschaft (Rdnr. 6). Besonderheiten gelten schließlich für die Treuhandanstalt und deren Nachfolgeorganisation; gem. **§ 28a EGAktG** sind die Vorschriften des AktG über herrschende Unternehmen und damit auch die §§ 311 ff. auf sie nicht anzuwenden (§ 312 Rdnr. 6). Zur Unzulässigkeit und zu den Rechtsfolgen qualifizierter faktischer Abhängigkeit und Konzernierung s. Rdnr. 3, 6, Vorb. Rdnr. 20 ff., 39 ff.

5   Bei **mehrfacher Abhängigkeit** der Gesellschaft, wie sie insbesondere im Fall eines Gemeinschaftsunternehmens begegnet, gelangen die §§ 311 ff. gegenüber jedem an der *koordinierten Beherrschung* beteiligten Unternehmen zur Anwendung.[5] In dem nach § 312 zu erstellenden *Abhängigkeitsbericht* ist dann über die Beziehungen zu beiden Muttergesellschaften zu berichten. *Nachteilsausgleich* gem. § 311 oder *Schadensersatz* gem. § 317 ist von demjenigen Unternehmen zu leisten, das die fragliche Maßnahme veranlaßt hat. Bei gemeinsamer Veranlassung sowie bei jeder durch die Grundvereinbarung (§ 17 Rdnr. 24) gedeckten Veranlassung durch ein Unternehmen haften die Mütter gesamtschuldnerisch.[6] Eine *eigenmächtige*, also erkennbar (Rdnr. 13, 15) nicht von der Grundvereinbarung gedeckte Veranlassung begründet dagegen schon deshalb keine Verpflichtung des an der Einflußnahme unbeteiligten herrschenden Unternehmens,[7] weil die Grundvereinbarung nur als Innengesellschaft bürgerlichen Rechts zu qualifizieren ist[8] und eine Zurechnung der Einflußnahme und damit eine Haftung der GbR und ihrer Mitglieder schon in Ermangelung eines Handelns für die GbR ausscheidet. Zu den Fällen mittelbarer und mehrstufiger Abhängigkeit s. Rdnr. 7.

6   **2. Verhältnis zu §§ 291 ff., 319 ff.** In § 311 Abs.1 ist ausdrücklich bestimmt, daß die Vorschrift des § 311 und damit auch die Folgevorschriften der §§ 312 bis 318 keine Anwendung finden, wenn zwischen dem herrschenden Unternehmen und der abhängigen Gesellschaft ein **Beherrschungsvertrag** besteht. Der Grund für die Nichtanwendbarkeit der §§ 311 ff. ist insbesondere in der Vorschrift des § 308 zu sehen, wonach der Abschluß eines Beherrschungsvertrags das herrschende Unternehmen zur Erteilung nachteiliger Weisungen und damit zur Konzernleitung berechtigt. Mit diesem Weisungsrecht wäre die Geltung des § 311 unvereinbar. Die Vorschriften der §§ 300 ff. tragen denn auch der Befugnis zur Konzernleitung durch ein von §§ 311 ff. abweichendes Schutzsystem Rechnung. Entsprechendes gilt gem. ausdrücklicher Anordnung in § 323 Abs.1 S.3 bei **Eingliederung** der Gesellschaft. Bei **qualifizierter faktischer Abhängigkeit** oder Konzernierung bewendet es zwar bei der Nichtgeltung des § 308 und damit bei dem Leitungsermessen des Vorstands der abhängigen Gesellschaft. Da jedoch eine solche Unternehmensverbindung durch das Versagen des Einzelausgleichssystems gekennzeichnet ist (Vorb. Rdnr. 28 ff.), treten die §§ 302–305 an die Stelle der außer Kraft gesetzten §§ 311, 317. Die §§ 312–316, 318 bleiben dagegen anwendbar. Besteht zwischen der abhängigen Gesellschaft und dem herrschenden Unternehmen ein **Gewinnabführungsvertrag,** so sind nach § 316 die §§ 312–315 betr. den Abhängigkeitsbericht und mit ihnen der § 318 (s. § 316 Rdnr. 5) unan-

---

[5] BGHZ 62, 193, 197 f. = NJW 1974, 855; 74, 359, 366 = NJW 1979, 2401; *Koppensteiner* in Kölner Kommentar Vorb. Rdnr. 31; *Kropff* in *Geßler/Hefermehl* Rdnr. 85; *Hüffer* Rdnr. 13. Näher zum Tatbestand der mehrfachen Abhängigkeit § 17 Rdnr. 23 f.

[6] Zutr. *Koppensteiner* in Kölner Kommentar § 317 Rdnr. 31; enger wohl *Kropff* in *Geßler/Hefermehl* Rdnr. 85 (gesamtschuldnerische Haftung nur bei gemeinsamer Veranlassung).

[7] *Koppensteiner* in Kölner Kommentar § 317 Rdnr. 31; *Marchand*, Abhängigkeit und Konzernzugehörigkeit von Gemeinschaftsunternehmen, 1985, S.144, 150 f.; aA *Gansweid* S.174 f.

[8] Vgl. MünchKommBGB – *Ulmer* vor § 705 Rdnr. 50.

wendbar; die §§ 311, 317 kommen dagegen auch in diesem Fall zur Anwendung. Der Abschluß eines anderen **Unternehmensvertrags iSv. § 292** steht dagegen der Anwendbarkeit der §§ 311 ff. insgesamt nicht entgegen.

3. Mehrstufige Unternehmensverbindungen. Gem. § 17 Abs. 1 liegt ein Abhängigkeitsverhältnis auch dann vor, wenn ein Unternehmen lediglich *mittelbar* einen beherrschenden Einfluß auf die Gesellschaft ausüben kann. Die §§ 311 ff. sind deshalb grundsätzlich auch bei **mittelbarer Abhängigkeit** anwendbar.[9] Ist der den beherrschenden Einfluß vermittelnde Dritte seinerseits von dem herrschenden Unternehmen abhängig iSv. § 17, so liegt ein **mehrstufiges Abhängigkeitverhältnis** vor. Die §§ 311 ff. kommen dann sowohl in den unmittelbaren Abhängigkeitsverhältnissen, also im Verhältnis zwischen Mutter und Tochter und in demjenigen zwischen Tochter und Enkel-AG, als auch in dem zwischen der Mutter und der Enkel-AG bestehenden mittelbaren Abhängigkeitsverhältnis zur Anwendung.[10]

Besteht innerhalb der mehrstufigen Unternehmensverbindung ein **Beherrschungsvertrag,** so steht dies der Anwendbarkeit der §§ 311 ff. nur insoweit entgegen, als der Vorrang der §§ 291 ff. (Rdnr. 6) reicht. Bei einer **durchgehenden Kette** von Beherrschungsverträgen sind die §§ 311 ff. *insgesamt* und damit auch im (vertragslosen) Verhältnis zwischen der Mutter und der Enkel-AG unanwendbar;[11] die Enkel-AG und ihre Gläubiger und außenstehenden Aktionäre werden in diesem Fall mittelbar, nämlich über die Ansprüche der Tochter gegen die Mutter, geschützt. Im übrigen gilt der Grundsatz, daß die *§§ 311 ff. nur zwischen den Parteien des Beherrschungsvertrags unanwendbar* sind.[12] Bei einem Beherrschungsvertrag zwischen *Mutter und Tochter-AG* bleiben deshalb die §§ 311 ff. sowohl im Verhältnis zwischen Mutter und Enkel-AG als auch in demjenigen zwischen Tochter und Enkel-AG anwendbar.[13] Ein Beherrschungsvertrag zwischen *Mutter und Enkel-AG* läßt im Verhältnis zwischen Mutter und Tochtergesellschaft die Anwendbarkeit der §§ 311 ff. unberührt;[14] im Verhältnis zwischen Tochter und Enkel-AG finden die §§ 311 ff. dagegen deshalb keine Anwendung, weil die Mutter das ihr nach § 308 zustehende Weisungsrecht auch über die Tochter ausüben kann.[15] Besteht zusätzlich zu dem Beherrschungsvertrag zwischen Mutter und Enkel-AG ein Beherrschungsvertrag zwischen *Mutter und Tochter,* so finden die §§ 311 ff. auch in diesem Verhältnis keine Anwendung. Ist die *Enkel-AG sowohl mit der Mutter als auch mit der Tochter* durch einen Beherrschungsvertrag verbunden,[16] so ist für die §§ 311 ff. nur im Verhältnis zwischen Mutter und Tochter Raum.[17]

Umstritten ist, ob ein **Beherrschungsvertrag zwischen Tochter und Enkel-AG** die §§ 311 ff. auch im *Verhältnis der Enkel-AG zur Mutter* verdrängt. Die hM bejaht dies unter Hinweis auf § 305 Abs. 2 Nr. 2 und auf das Übermaß an Schutz, das die Enkel-AG bei gleichzeitiger Anwendbarkeit der §§ 300 ff. (im Verhältnis zur Tochter) und §§ 311 ff. (im Verhältnis) zur Mutter erfahren würde.[18] Dem kann *nicht* gefolgt werden. Ist nämlich die Tochter zur Erfüllung ihrer Verpflichtungen aus §§ 302 f. nicht imstande, so wären die Enkel-AG und ihre Gläubiger bei Nichtgeltung der §§ 311 ff. weitgehend rechtlos gestellt.

---

[9] Vgl. statt aller *Hüffer* Rdnr. 13.
[10] Wohl unstr., s. *Kropff* in *Geßler/Hefermehl* Rdnr. 185 f.; zum Inhalt des Abhängigkeitsberichts in diesem Fall s. § 312 Rdnr. 7.
[11] Ganz hM, s. *Koppensteiner* in Kölner Kommentar Vorb. Rdnr. 34; *Kropff* in *Geßler/Hefermehl* Rdnr. 191; *Hüffer* Rdnr. 15; *A/D/S* Rdnr. 13; *Rehbinder* ZGR 1977, 581, 601 f.
[12] *Emmerich/Sonnenschein* § 19 V 3 a; *Koppensteiner* in Kölner Kommentar Vorb. Rdnr. 34; *Hüffer* Rdnr. 15; *Krieger* in MünchHdb. AG § 69 Rdnr. 57.
[13] Vgl. die Nachw. in Fn. 12.
[14] *Kropff* in *Geßler/Hefermehl* Rdnr. 189, 200; *Koppensteiner* in Kölner Kommentar Vorb. Rdnr. 34; *Hüffer* Rdnr. 15; *Krieger* in MünchHdb. AG § 69 Rdnr. 57.

[15] HM, s. Nachw. in Fn. 14; einschränkend *Pentz* S. 201 ff., 218 a. E.; differenzierend *Rehbinder* ZGR 1977, 581, 619 f. (Anwendbarkeit der §§ 311 ff. bei autonomer Einflußnahme durch die Tochter).
[16] Zur Zulässigkeit s. § 291 Rdnr. 34.
[17] *Kropff* in *Geßler/Hefermehl* Rdnr. 200.
[18] *Kropff* in *Geßler/Hefermehl* Rdnr. 192 ff.; *Koppensteiner* in Kölner Kommentar Vorb. Rdnr. 35; *A/D/S* Rdnr. 15; *Bayer,* Festschrift für Ballerstedt, S. 157, 181 f. (s. aber auch Fn. 19); *Rehbinder* ZGR 1977, 581, 628 ff. (s. aber auch Fn. 19); *Paschke* AG 1988, 196, 201 f.; zust. auch *Krieger* in MünchHdb. AG § 69 Rdnr. 57; *Hüffer* Rdnr. 15. AA – für Anwendbarkeit der §§ 311 ff. – *Kronstein* BB 1967, 637, 640; *Emmerich/Sonnenschein* § 19 V 3 b; *Haesen* S. 57 ff.; im Ergebnis auch *Pentz* S. 201, 208 ff.

Zwar mag es sein, daß der Tochter, wenn sie auf Veranlassung der Mutter auf die Enkel-AG einwirkt, ihrerseits Ausgleichs- oder Schadensersatzansprüche gegen die Mutter zustehen; auf diese Ansprüche könnten die Enkel-AG oder ihre Gläubiger im Wege der Pfändung zugreifen. Indes laufen in diesem Fall die Enkel-AG und die Gläubiger Gefahr, daß das im Verhältnis zwischen Tochter und Mutter anzuwendende Organisationsrecht hinter dem Schutzstandard der §§ 311 ff. zurückbleibt; dies kann insbesondere bei ausländischem Sitz der Tochter- und Muttergesellschaft der Fall sein (vgl. dazu auch Rdnr. 11). Vollends muß ein mittelbarer Schutz der Enkel-AG und ihrer Gläubiger ausscheiden, wenn die Mutter unmittelbaren Einfluß auf die Enkel-AG nimmt.[19] Auch der Vorschrift des § 305 Abs. 2 Nr. 2 lassen sich keine gegenteiligen Anhaltspunkte entnehmen; denn sie kommt auch in den Fällen zur Anwendung, in denen die Tochter nur in Mehrheitsbesitz (iSv. § 16 Abs. 1) steht oder ihrerseits beherrschungsvertraglich eingebunden ist.[20] Unzweifelhaft anwendbar sind die §§ 311 ff. im Verhältnis zwischen *Mutter und Tochter-AG*.

10 Bei **Eingliederung** einer Gesellschaft sowie bei Bestehen eines **Gewinnabführungsvertrags** gelten die in Rdnr. 8 f. getroffenen Feststellungen entsprechend (s. noch § 316 Rdnr. 4, § 323 Rdnr. 11). Der Vorrang der §§ 291 ff. bezieht sich allerdings gem. § 316 im Fall eines Gewinnabführungsvertrags nur auf die Vorschriften der §§ 312–315, 318 betreffend die Aufstellung eines Abhängigkeitsberichts (Rdnr. 6); die §§ 311, 317 finden dagegen stets Anwendung. Das Bestehen einer qualifizierten faktischen Unternehmensverbindung schließt die Anwendung der §§ 311, 317 (s. Rdnr. 6) stets nur für das unmittelbar betroffene Rechtsverhältnis aus.

11 **4. Internationaler Anwendungsbereich.** Die §§ 311 ff. bezwecken den Schutz der inländischen abhängigen Gesellschaft, ihrer Gläubiger und ihrer außenstehenden Aktionäre. Sie kommen deshalb nur unter der Voraussetzung zur Anwendung, daß die *abhängige Gesellschaft* ihren **Verwaltungssitz im Inland** hat; andernfalls ist ihr Schutz durch das deutsche Recht der Unternehmensverbindungen nicht veranlaßt.[21] Auf der Grundlage der herrschenden Sitztheorie und im Hinblick auf das nach § 311 bestehende Erfordernis eines inländischen Verwaltungssitzes handelt es sich bei der abhängigen Gesellschaft stets um eine nach deutschem Recht gegründete AG oder KGaA.[22] Sollte das Internationale Gesellschaftsrecht allerdings ausnahmsweise zur Anerkennung einer nach ausländischem Recht gegründeten und der deutschen AG oder KGaA entsprechenden Gesellschaft führen, so wäre auch sie – einen inländischen Verwaltungssitz unterstellt – nach §§ 311 ff. geschützt. Das *herrschende Unternehmen* unterliegt dagegen den §§ 311 ff. auch dann, wenn es seinen Sitz im Ausland hat; auch kommt es nicht auf die Rechtsform des herrschenden Unternehmens an.[23]

III. Veranlassung zu Rechtsgeschäft oder Maßnahme

12 **1. Begriff der Veranlassung.** Nach Abs. 1 darf das herrschenden Unternehmen seinen Einfluß nicht dazu benutzen, die abhängige Gesellschaft zur Vornahme eines nachteiligen Rechtsgeschäfts oder einer nachteiligen Maßnahme zu veranlassen. Damit trägt das Gesetz dem Umstand Rechnung, daß die AG oder KGaA unter dem beherrschenden Einfluß eines Unternehmens steht und es aus Sicht dieses Unternehmens naheliegt, unter Ausnutzung dieser Machtstellung seinen anderweit verfolgten Interessen auch innerhalb der AG

---

[19] Insoweit für Anwendung der §§ 311 ff. auch *Bayer*, Festschrift für Ballerstedt, S. 157, 181 f., und *Rehbinder* ZGR 1977, 581, 633.
[20] Dies wird auch von *Kropff* (in *Geßler/Hefermehl* Rdnr. 193) eingeräumt.
[21] Wohl einhM, s. *Kropff* in *Geßler/Hefermehl* Vorb. Rdnr. 39; *Hüffer* Rdnr. 12; *Krieger* in MünchHdb. AG § 69 Rdnr. 56; *Emmerich/Sonnenschein* § 19 V 4; s. ferner OLG Frankfurt a.M. AG 1988, 267, 272.
[22] Vgl. zum Ganzen *Staudinger/Großfeld* BGB, Internationales Gesellschaftsrecht, Rdnr. 33 ff., 82 ff., 552 ff., aber auch *V. Kruse* Sitzverlegung von Kapitalgesellschaften innerhalb der EG, 1997. Beachte auch den Vorschlag der Kommission für eine Vierzehnte Richtlinie des Europäischen Parlaments und des Rates über die Verlegung des Sitzes einer Gesellschaft in einen anderen Mitgliedstaat mit Wechsel des für die Gesellschaft maßgebenden Rechts (Stand: 22. 4. 1997), abgedruckt in ZIP 1997, 1721 ff.
[23] Vgl. die Nachw. in Fn. 21.

oder KGaA Geltung zu verschaffen. So wie der beherrschende Einfluß gem. § 17 Abs. 1 gesellschaftsrechtlich vermittelt sein muß (§ 17 Rdnr. 12 ff.), kann auch von einer Veranlassung iSd. Abs. 1 nur dann die Rede sein, wenn zwischen dem Einfluß des herrschenden Unternehmens auf die Gesellschaft und dem Verhalten der Gesellschaft (Rdnr. 24) eine **kausale Verknüpfung** besteht.[24] Eine Veranlassung setzt mithin voraus, daß das herrschende Unternehmen, gestützt auf seinen Einfluß, das Verhalten der abhängigen Gesellschaft zu bestimmen versucht. Im übrigen genügt **jede Form der Verlautbarung** des auf Vornahme der Maßnahme gerichteten Willens des herrschenden Unternehmens, mag dieser Wunsch in Form eines Ratschlags, einer Anregung, einer Weisung oder auf sonstige Weise zum Ausdruck gebracht werden.[25] Nicht erforderlich ist, daß die Einflußnahme mit einer gewissen Nachdrücklichkeit erfolgt oder der abhängigen Gesellschaft für den Fall der Nichtbefolgung gar Nachteile angedroht werden.[26] Die Veranlassung muß sich auch nicht auf eine Einzelmaßnahme beziehen; von Abs. 1 werden mithin auch **allgemeine Anweisungen** oder „Richtlinien" erfaßt.[27] Der Begriff der Veranlassung entspricht damit grundsätzlich (s. aber auch Rdnr. 16) demjenigen der Weisung iSd. § 308.[28] Die unterschiedliche Terminologie soll allein zum Ausdruck bringen, daß § 311 im Unterschied zu § 308 kein Weisungs*recht* des herrschenden Unternehmens und damit auch keine Befolgungspflicht der abhängigen Gesellschaft statuiert.

Maßgebend für das Vorliegen einer Veranlassung ist die **Perspektive der abhängigen Gesellschaft**. An einer Veranlassung fehlt es deshalb nur in den Fällen, in denen das herrschende Unternehmen auch aus Sicht der abhängigen Gesellschaft einen Vorschlag oder eine Anregung macht, ohne damit die Erwartung zu verbinden, die abhängige Gesellschaft werde sich dem Vorschlag entsprechend verhalten.[29] Ein „Veranlassungsbewußtsein" des herrschenden Unternehmens ist nicht erforderlich.[30] Die Veranlassung zielt im übrigen auf ein tatsächliches Verhalten und nicht auf die – von Rechts wegen ohnehin nicht bestehende (Rdnr. 3) – Bindung der abhängigen Gesellschaft; sie ist deshalb **nicht als Willenserklärung** zu qualifizieren.[31] Werden etwaige Willensmängel des herrschenden Unternehmens nicht im Wege des actus contrarius korrigiert, so sind sie unbeachtlich und stehen dem Eintritt der gesetzlichen Rechtsfolgen des § 311 nicht entgegen. 13

2. Urheber und Adressat der Veranlassung. a) Urheber. Die Veranlassung muß vom **herrschenden Unternehmen** ausgehen. Nicht erforderlich ist, daß der Inhaber oder der gesetzliche Vertreter des herrschenden Unternehmens handelt. Vielmehr kann die Einflußnahme auch von einer **nachgeordneten Stelle**, etwa einem Angestellten, von einem sonstigen Organ oder von einem außenstehenden Dritten ausgehen, sofern sie nur aus Sicht der abhängigen Gesellschaft (Rdnr. 13) dem herrschenden Unternehmen zuzurechnen ist.[32] Auf das Vorliegen einer (Anscheins-)Vollmacht kommt es schon in Ermangelung einer Willenserklärung nicht an.[33] Zu *personellen Verflechtungen* sowie zur Veranlassung durch *Hauptversammlungsbeschluß* s. Rdnr. 17 ff. 14

---

[24] Wohl unstr., s. *Koppensteiner* in Kölner Kommentar Rdnr. 2; *Hüffer* Rdnr. 16; rechtspolitische Kritik bei *Müller* ZGR 1977, 1, 17.

[25] Heute wohl einhM, vgl. neben *Koppensteiner* (Fn. 24) noch *Kropff* in Geßler/Hefermehl Rdnr. 90 („Kamingespräch"); *Hüffer* Rdnr. 16; *Krieger* in MünchHdb. AG § 69 Rdnr. 61.

[26] Heute hM, s. *Kropff* in Geßler/Hefermehl Rdnr. 91; *Koppensteiner* (Fn. 24); *Hüffer* (Fn. 25); aA noch *Leo* AG 1965, 352, 356.

[27] *Koppensteiner* in Kölner Kommentar Rdnr. 9; *Hüffer* Rdnr. 16; *Krieger* in MünchHdb. AG § 69 Rdnr. 61; *Haesen* S. 90.

[28] *Emmerich/Sonnenschein* § 20 I 1; *Koppensteiner* in Kölner Kommentar Rdnr. 2.

[29] *Koppensteiner* in Kölner Kommentar Rdnr. 2; *Krieger* in MünchHdb. AG § 69 Rdnr. 61.

[30] Umstr., wie hier *Koppensteiner* in Kölner Kommentar Rdnr. 3; *Hüffer* Rdnr. 16; aA *Neuhaus* DB 1970, 1913, 1915 f.; *Kropff* in Geßler/Hefermehl Rdnr. 94; wohl auch *A/D/S* Rdnr. 22, 28.

[31] *Koppensteiner* in Kölner Kommentar Rdnr. 5; *Hüffer* Rdnr. 16; aA *Kropff* in Geßler/Hefermehl Rdnr. 90.

[32] So oder ähnlich auch *Koppensteiner* in Kölner Kommentar Rdnr. 10; *Hüffer* Rdnr. 17; *Krieger* in MünchHdb. AG § 69 Rdnr. 62. Zur Veranlassung nachteiliger Maßnahmen durch den – als herrschendes Unternehmen zu qualifizierenden, s. § 15 Rdnr. 22 ff. – Bund oder eine sonstige Gebietskörperschaft s. *Kropff* ZHR 144 (1980), 74, 90 ff.

[33] Vgl. Rdnr. 13; aA konsequenterweise *Kropff* in Geßler/Hefermehl Rdnr. 92.

15 Bei **mehrfacher Abhängigkeit** (Rdnr. 5) kommt es darauf an, ob es sich um eine eigenmächtige oder im Einvernehmen der gemeinschaftlich herrschenden Unternehmen erfolgende Veranlassung handelt. Erfolgt die Veranlassung aus Sicht der abhängigen Gesellschaft (Rdnr. 13) in Vollzug der zwischen den Gesellschaftern bestehenden Grundvereinbarung, so sind sämtliche an der gemeinschaftlichen Beherrschung beteiligten Unternehmen als Urheber anzusehen.[34] Bei erkennbar eigenmächtigem Vorgehen eines herrschenden Unternehmens kommt eine Zurechnung dagegen nicht in Betracht. Bei **mehrstufiger Abhängigkeit** (Rdnr. 7 ff.) kann die *von der Tochter ausgehende Veranlassung* nicht ohne weiteres auch der Mutter zugerechnet werden.[35] Entscheidend ist vielmehr, ob die Enkel-AG im Hinblick auf die konkrete Führungsstruktur der Unternehmensverbindung davon ausgehen durfte, die Veranlassung durch die Tochter sei zugleich Ausdruck des Willens der Mutter. Umgekehrt kann eine unmittelbar von der Mutter ausgehende Veranlassung grundsätzlich nicht der Tochter zugerechnet werden. Zur Anwendbarkeit der §§ 311 ff. bei sonstigen mehrstufigen Unternehmensverbindungen s. Rdnr. 8 ff.

16 b) **Adressat.** Veranlassungsadressat ist die abhängige Gesellschaft. Allerdings muß sich eine Veranlassung iSd. Abs. 1 nicht zwangsläufig an den **Vorstand** der Gesellschaft richten. Eine Veranlassung liegt vielmehr, wie bereits ein Vergleich des Wortlauts des § 311 mit demjenigen des § 308 Abs. 1 S. 1 zeigt, auch dann vor, wenn sich das herrschende Unternehmen (Rdnr. 14 f.) an den **Aufsichtsrat** (s. Rdnr. 23) oder an eine dem Vorstand **nachgeordnete Stelle** wendet.[36] Der Vorstand der abhängigen Gesellschaft hat zwar sicherzustellen, daß er über die an nachgeordnete Stellen gerichteten Veranlassungen informiert wird, um gegebenenfalls deren Vollzug verhindern zu können (Rdnr. 51). Eine Verletzung dieser **Organisationspflicht** ändert jedoch nichts am Vorliegen einer Veranlassung iSd. § 311.

17 c) **Besondere Formen der Veranlassung. aa) Personelle Verflechtungen.** Es ist im Ergebnis unbestritten, daß eine Veranlassung auch durch einen Organwalter oder leitenden Angestellten der abhängigen Gesellschaft erfolgen kann, sofern dieser zugleich als Organwalter bzw. leitender Angestellter im herrschenden Unternehmen tätig oder gar mit diesem identisch ist.[37] Zwar begründen personelle Verflechtungen als solche nicht den Tatbestand einer qualifizierten faktischen Abhängigkeit (Vorb. Rdnr. 29). Ungeachtet dessen sind solche „von innen" kommende Veranlassungen aus Sicht der abhängigen Gesellschaft und ihrer Außenseiter besonders gefährlich, erlauben sie doch die unmittelbare Umsetzung des außerhalb der abhängigen Gesellschaft verfolgten unternehmerischen Interesses des herrschenden Unternehmens. Eine am Schutzzweck des § 311 orientierte Auslegung muß deshalb den Umstand berücksichtigen, daß im Fall personeller Verflechtungen der „entsandte" Organwalter oder Angestellte weiterhin Bindungen gegenüber dem herrschenden Unternehmen unterliegt, die seine Tätigkeit innerhalb der abhängigen Gesellschaft beeinflussen können. Es fragt sich denn auch allein, ob im Fall einer personellen Verflechtung unwiderleglich von einer Veranlassung der nachteiligen Maßnahme (Rdnr. 24) durch das herrschende Unternehmen auszugehen ist oder ob es auch insoweit bei den allgemeinen Grundsätzen der Darlegungs- und Beweislast bewendet (Rdnr. 23).

18 bb) **Hauptversammlungsbeschluß.** Eine Veranlassung iSd. § 311 kann auch durch Ausübung des Stimmrechts des herrschenden Unternehmens und damit durch Beschluß der Hauptversammlung erfolgen; die Vorschrift des § 117 Abs. 7 Nr. 1 findet keine entsprechende Anwendung (s. noch Rdnr. 53).[38] Dies gilt unzweifelhaft für den Fall, daß die

---

[34] So auch *Koppensteiner* in Kölner Kommentar Rdnr. 12; *Hüffer* Rdnr. 18; näher *Gansweid* S. 174 ff..

[35] So aber *Würdinger* in Großkomm. z. AktG³ § 312 Anm. 3 und *Kronstein* BB 1967, 637, 640, jew. unter Hinweis auf § 18 Abs. 1 S. 3; wie hier dagegen *Koppensteiner* in Kölner Kommentar Rdnr. 11; *Krieger* in MünchHdb. AG § 69 Rdnr. 64; *Hüffer* Rdnr. 18; *Rehbinder* ZGR 1977, 581, 589, 593.

[36] Wohl einhM, s. *Koppensteiner* in Kölner Kommentar Rdnr. 13; *Krieger* in MünchHdb. AG § 69 Rdnr. 62; *Hüffer* Rdnr. 19.

[37] Vgl. die Nachw. in Fn. 38.

[38] Wohl einhM, s. Begr. RegE bei *Kropff* S. 408; ferner *Kropff* in Geßler/Hefermehl Rdnr. 100 f.; *Koppensteiner* in Kölner Kommentar Rdnr. 16 f.; *Emmerich/Sonnenschein* § 20 I 2 a. Zur ohnehin gebotenen einschränkenden Auslegung des § 117 Abs. 7 Nr. 1,

Hauptversammlung über Fragen der *Geschäftsführung* entscheidet, also bei Beschlüssen gem. § 119 Abs. 2 sowie bei der Zustimmung zu einem Unternehmensvertrag iSd. § 292.[39] Des weiteren läßt sich dem § 351 aF entnehmen, daß unter Geltung des alten Umwandlungsrechts auch *Verschmelzungsbeschlüsse* vom Anwendungsbereich des § 311 erfaßt waren;[40] daran ist auch unter Geltung des UmwG 1994 festzuhalten. Da es für das Vorliegen einer Veranlassung nicht auf eine Ungleichbehandlung der Aktionäre oder eine Beeinträchtigung von Gläubigerinteressen ankommt, müssen aber auch *alle sonstigen Beschlüsse* als Veranlassung iSd. § 311 qualifiziert werden. Eine **Ausnahme** ist allein insoweit veranlaßt, als die Hauptversammlung der abhängigen Gesellschaft dem Abschluß eines Beherrschungs- oder Gewinnabführungsvertrags oder der Eingliederung der Gesellschaft zustimmt (s. Rdnr. 6).[41]

Um eine Veranlassung handelt es sich deshalb auch bei Vornahme eines **Gewinnverwendungsbeschlusses**,[42] ferner bei dem Beschluß über die **Auflösung** der Gesellschaft oder über die Änderung des **Unternehmensgegenstands**.[43] Eine andere Frage ist es, ob Maßnahmen dieser Art, sofern sie überhaupt auf die Einflußnahme des herrschenden Unternehmens beruhen (Rdnr. 24), *nachteiligen Charakter* haben. Dabei kann nicht unberücksichtigt bleiben, daß das AktG und das UmwG der Mehrheit der Aktionäre das Recht zugesprochen haben, auch unabhängig vom Vorliegen eines sachlichen Grundes die Auflösung oder Umwandlung der Gesellschaft zu beschließen und – im Rahmen der §§ 58 Abs. 3, 254 – frei über die Verwendung des Bilanzgewinns zu entscheiden; Auflösungs-, Umwandlungs- und Gewinnverwendungsbeschlüsse sind deshalb nach der Wertung des AktG und des UmwG *grundsätzlich nicht nachteilig*.[44] Anders liegt es, wenn sich mit der Auflösung eine Verletzung der mitgliedschaftlichen Treupflicht verbindet (Rdn. 1);[45] in diesen Fällen ist eine Maßnahme mit nachteiligem Charakter gegeben und damit das Eingreifen des § 311 denkbar (Rdn. 54). Eine andere Beurteilung kann des weiteren hinsichtlich des Beschlusses über die Änderung des Unternehmensgegenstands veranlaßt sein (s. Rdnr. 27). Zum Verhältnis zwischen § 311 und den Vorschriften über die Beschlußanfechtung, insbes. § 243 Abs. 2 s. Rdnr. 53.

cc) Bevollmächtigung des herrschenden Unternehmens. Eine Veranlassung kann auch dadurch erfolgen, daß die abhängige Gesellschaft dem herrschenden Unternehmen Vollmacht erteilt und dieses daraufhin ein für die abhängige Gesellschaft nachteiliges Rechtsgeschäft vornimmt.[46] In einem solchen Fall sind die im Namen der abhängigen Gesellschaft getätigten Rechtsgeschäfte *stets* durch das herrschende Unternehmen veranlaßt; unerheblich ist also, ob bereits die Erteilung der Vollmacht auf eine Veranlassung zurückzuführen ist.

---

der zufolge die Haftung nur insoweit ausgeschlossen ist, als die Möglichkeit der Beschlußanfechtung den Eintritt des Schadens verhindern kann, s. BGHZ 129, 136, 158 ff. im Anschluß an *Zöllner/Winter* ZHR 158 (1994), 59, 74; *Henssler* ZHR 157 (1993), 91, 121.
[39] Vgl. *Kropff, Koppensteiner* und *Emmerich/Sonnenschein*, jew. aaO (Fn. 38).
[40] Vgl. dazu auch *Immenga* BB 1970, 629, 632.
[41] So auch *Emmerich/Sonnenschein* § 20 I 2 a; s. ferner WP-Hdb., Bd. I, Rdnr. F 735.
[42] Wohl hM, s. *Kropff* in *Geßler/Hefermehl* Rdnr. 102; *Werner*, Festschrift für Stimpel, 1985, S. 935, 943; aA *Koppensteiner* in Kölner Kommentar Rdnr. 17 mit weit. Nachw.
[43] AA die hM, s. *Koppensteiner* in Kölner Kommentar Rdnr. 17; *Kropff* in *Geßler/Hefermehl* Rdnr. 102 mit weit. Nachw.
[44] Zur Wirksamkeit von Auflösungsbeschlüssen auch unabhängig vom Vorliegen eines sachlichen

Grundes (und damit zum Verzicht auf eine Inhaltskontrolle des Beschlusses) s. BGHZ 76, 352, 353 = NJW 1980, 1278; 103, 184, 190 = NJW 1988, 1579 mit Anm. *Timm*; s. ferner im Zusammenhang mit §§ 311, 317 LG Stuttgart AG 1993, 471; OLG Stuttgart AG 1994, 411, 412 f. Vgl. des weiteren OLG Stuttgart ZIP 1995, 1515 ff. betreffend die Übertragung des Vermögens auf den Mehrheitsgesellschafter unter gleichzeitiger Auflösung der übertragenden Gesellschaft; dazu *Henze* ZIP 1995, 1473 ff., aber auch *Lutter/Drygala*, Festschrift für Kropff, 1997, S. 191 ff. Zur Frage einer Inhaltskontrolle von Verschmelzungsbeschlüssen s. *Lutter* in *Lutter* UmwG, § 13 Rdnr. 31 ff.; zur Eingliederung s. § 320 b Rdnr. 21.
[45] Vgl. dazu BGHZ 103, 184, 193 ff. = NJW 1988, 1579; ferner *Lutter/Drygala* (Fn. 44).
[46] So bereits *Würdinger* in Großkomm. z. AktG³ Anm. 3; s. ferner *Koppensteiner* in Kölner Kommentar Rdn. 15; *Hüffer* Rdnr. 17.

21 3. Darlegungs- und Beweislast. Die §§ 311, 317 und damit der Schutz der abhängigen Gesellschaft, ihrer außenstehenden Aktionäre und ihrer Gläubiger drohten weitgehend leerzulaufen, würde es hinsichtlich des Tatbestandsmerkmals der Veranlassung bei den allgemeinen Grundsätzen der Darlegungs- und Beweislast bewenden. Denn häufig erfolgt die Einflußnahme durch das herrschende Unternehmen auf eher informellem Wege; insbesondere allgemein gehaltene Anweisungen oder Richtlinien (Rdnr. 12) können das Handeln der Organe der abhängigen Gesellschaft prägen, ohne daß eine außenstehende Person in der Lage wäre, die konkrete Ursache einer im fremden Interesse ergriffenen und damit für die abhängige Gesellschaft nachteiligen Maßnahme darzutun. Zu Recht geht deshalb die ganz hM davon aus, daß der abhängigen Gesellschaft, ihren Gläubigern und ihren außenstehenden Aktionären Beweiserleichterungen zugute kommen.[47]

22 Sämtliche Einzelheiten sind freilich umstritten. Dies gilt bereits hinsichtlich des *Mittels* der Beweiserleichterung. Insoweit sollte man nicht von einer Veranlassungsvermutung,[48] sondern – entsprechend der Rechtslage bei qualifizierter faktischer Unternehmensverbindung (Vorb. Rdnr. 37 f.) - von einem **Beweis des ersten Anscheins** ausgehen.[49] Dem herrschenden Unternehmen ist mithin zu gestatten, die ernsthafte Möglichkeit eines atypischen Geschehensablaufs, etwa eine „autonome", dh. nicht vom herrschenden Unternehmen veranlaßte Pflichtverletzung darzulegen und damit den Anscheinsbeweis durch einfachen Gegenbeweis zu erschüttern.[50] Des weiteren ist umstritten, ob die Beweiserleichterung bereits bei Vorliegen einer *nachteiligen* Maßnahme[51] oder nur unter der weiteren Voraussetzung eingreift, daß das herrschende Unternehmen oder ein anderes verbundenes Unternehmen **Vorteile** aus der Maßnahme gezogen hat.[52] Vor dem Hintergrund, daß die §§ 311 ff. dem herrschenden Unternehmen nicht die Verantwortung für jegliches Fehlverhalten der Organwalter der abhängigen Gesellschaft auferlegen, eine Beeinträchtigung der Vermögens- oder Ertragslage der abhängigen Gesellschaft aber auch auf einer „autonomen" Pflichtverletzung des Vorstands beruhen kann, sprechen die besseren Gründe dafür, das Eingreifen der Beweiserleichterung von einem Vorteil des herrschenden oder verbundenen Unternehmens abhängig zu machen. Der vom herrschenden oder einem verbundenen Unternehmen gezogene Vorteil ist danach das Indiz, auf dem der Anscheinsbeweis gründet. Der prima-facie-Beweis gilt schließlich bereits bei einfacher **Abhängigkeit;** auf das Vorliegen eines Konzerns kommt es nicht an.[53]

23 Bei Vorliegen personeller Verflechtungen (Rdnr. 17) auf der Geschäftsführungsebene und damit insbesondere im Fall sog. **Vorstandsdoppelmandate** geht die hM von einer *unwiderlegbaren Veranlassungsvermutung* aus; bereits das Vorliegen einer nachteiligen Maßnahme hat danach die Anwendung der §§ 311, 317 zur Folge.[54] Damit wird nun allerdings das Merkmal der Veranlassung für überflüssig erklärt. Aber auch in der Sache vermag die Auffassung der hM nicht zu überzeugen, läßt es sich doch auch bei Wahrnehmung eines Doppelmandats nicht ausschließen, daß die nachteilige Maßnahme schlicht auf sorgfaltswidriger Geschäftsführung innerhalb der abhängigen Gesellschaft beruht. Dem herrschenden Unternehmen ist deshalb der Gegenbeweis (Rdnr. 22) zu gestatten, daß die nachteilige Maßnah-

---

[47] Vgl. die Nachw. in Fn. 48 ff.; aA – gegen jegliche Beweiserleichterung – *Haesen* S. 90 f.; *Säcker* ZHR 151 (1987), 59, 63.

[48] So aber im Ausgangspunkt (d.h. mit Unterschieden hinsichtlich der Vermutungsbasis) die hM, s. *Emmerich/Sonnenschein* § 20 I 3; *Kropff* in Geßler/Hefermehl Rdnr. 97; *Krieger* in MünchHdb. AG § 69 Rdnr. 63; *Hüffer* Rdnr. 21.

[49] Zutr. *Koppensteiner* in Kölner Kommentar Rdnr. 6 f.

[50] Dazu BGHZ 100, 31, 34; *Rosenberg/Schwab/Gottwald* Zivilprozeßrecht § 115 III mit weit. Nachw.

[51] So *Emmerich/Sonnenschein, Krieger* und *Hüffer*, jew. aaO (Fn. 48).

[52] So *Kropff* in Geßler/Hefermehl Rdnr. 97; ähnlich *Koppensteiner* in Kölner Kommentar Rdnr. 6 f.

[53] So auch *Emmerich/Sonnenschein* § 20 I 4; *Würdinger* in Großkomm. z. AktG³ § 312 Anm. 3; *Koppensteiner* in Kölner Kommentar Rdnr. 6; aA *Kropff, Krieger* und *Hüffer*, jew. aaO (Fn. 48).

[54] In diesem Sinne *Koppensteiner* in Kölner Kommentar Rdnr. 18; *Hüffer* Rdnr. 22; *Neuhaus* DB 1970, 1913, 1916; s. ferner *Säcker* ZHR 151 (1987), 59, 65 ff.; *Semler*, Festschrift für Stiefel, S. 719, 760; *Ulmer*, Festschrift für Stimpel, S. 705, 712 ff.; wohl auch *Kropff* in Geßler/Hefermehl Rdnr. 99; *Würdinger* in Großkomm. z. AktG³ Anm. 4; *Decher* S. 174; *Paehler* S. 36; wohl auch *Krieger* in MünchHdb. AG § 69 Rdnr. 62, 63.

Schranken des Einflusses

me auf Umständen beruht, die mit dem Abhängigkeitsverhältnis nichts zu tun haben. Entsprechend verhält es sich bei **Verflechtungen über den Aufsichtsrat.** Ist das herrschende Unternehmen, ein Mitglied der Geschäftsleitung oder ein leitender Angestellter *im Aufsichtsrat der abhängigen Gesellschaft* vertreten, so verschafft ihm dies keine Möglichkeit der *unmittelbaren* Umsetzung der Interessen des herrschenden Unternehmens. Die Präsenz im Aufsichtsrat begründet deshalb als solche keine wesentliche Steigerung des Einflußpotentials des herrschenden Unternehmens, so daß es schon deshalb bei den allgemeinen Beweisregeln – nach der hier vertretenen Ansicht also bei dem Anscheinsbeweis (Rdnr. 22) – bewendet.[55] Nichts anderes gilt schließlich für den Fall, daß ein Mitglied des *Aufsichtsrats des herrschenden Unternehmens* als Mitglied des Vorstands oder als leitender Angestellter in der abhängigen Gesellschaft tätig ist. Soweit einer entsprechenden Verflechtung nicht bereits die Vorschrift des § 100 Abs. 2 S. 1 Nr. 2 entgegensteht, kommt die Annahme einer über den allgemeinen Anscheinsbeweis hinausgehenden Beweiserleichterung angesichts der fehlenden Geschäftsführungskompetenz des Aufsichtsrats innerhalb des herrschenden Unternehmens nicht in Betracht. Eine Veranlassung ist freilich auch in diesem Fall durchaus denkbar.[56]

4. Veranlassungswirkung. Nach Abs. 1 muß sich die Veranlassung durch das herrschende Unternehmen in der Vornahme eines Rechtsgeschäfts oder in dem Ergreifen oder Unterlassen einer Maßnahme manifestieren. Der Wortlaut der Vorschrift bringt nur unzureichend zum Ausdruck, daß es sich bei dem Begriff der **Maßnahme** um den **Oberbegriff** handelt; das Rechtsgeschäft ist mithin eine bestimmte Form der Maßnahme (s. noch § 312 Rdnr. 17).[57] Daraus, aber auch aus dem Schutzzweck des § 311 folgt, daß auch das **Unterlassen** eines *Rechtsgeschäfts* Gegenstand der Veranlassung sein kann.[58] Für §§ 311, 317 kommt es denn auch nicht auf die Abgrenzung zwischen Rechtsgeschäft und (sonstiger) Maßnahme an; anders verhält es sich im Zusammenhang mit § 312 (s. § 312 Rdnr. 17 ff.). Als „Maßnahme" iSv. §§ 311, 317 ist deshalb jeder Akt der Geschäftsführung anzusehen, der sich auf die Vermögens- oder Ertragslage der abhängigen Gesellschaft auswirken kann.[59] Eine von der abhängigen Gesellschaft getroffene Maßnahme wird nur unter der Voraussetzung von §§ 311 ff. erfaßt, daß sie auf der Veranlassung durch das herrschende Unternehmen beruht.[60] Zwischen der Veranlassung seitens des herrschenden Unternehmens und der Maßnahme muß deshalb **Kausalität** bestehen; *Mitursächlichkeit* genügt allerdings.[61] An der Kausalität der Veranlassung fehlt es deshalb nur in dem Fall, daß sich die abhängige Gesellschaft andernfalls genauso verhalten hätte.

IV. Nachteil

1. Begriff. a) Grundlagen. Nach Abs. 1 ist es dem herrschenden Unternehmen untersagt, die abhängige Gesellschaft zu einer *nachteiligen* Maßnahme zu veranlassen. Darin kommt der auf die Vermögensinteressen der abhängigen Gesellschaft bezogene Ansatz der §§ 311 ff. (Vorb. Rdnr. 2) zum Ausdruck: Das Gesetz nimmt die **Überlagerung des Eigenwillens** der Gesellschaft durch das anderweitig verfolgte unternehmerische Interesse des beherrschenden Aktionärs hin, soweit die *Vermögensinteressen* der abhängigen Gesellschaft und die daran anknüpfenden Interessen der außenstehenden Aktionäre und der Gläubiger unangetastet bleiben. Vor dem Hintergrund dieses Schutzzwecks des § 311 ist unter einem **Nachteil jede Minderung oder konkrete Gefährdung der Vermögens- oder Ertragslage**

---

[55] So auch *Hüffer* Rdnr. 23; aA wohl *Kropff* in *Geßler/Hefermehl* Rdnr. 98 mit weit. Nachw.
[56] AA *Koppensteiner* in Kölner Kommentar Rdnr. 20.
[57] *Kropff* in *Geßler/Hefermehl* Rdnr. 106; *Koppensteiner* in Kölner Kommentar Rdnr. 8; *Hüffer* Rdnr. 24; *Emmerich/Sonnenschein* § 20 I 4.
[58] Vgl. die Nachw. in Fn. 57.
[59] Vgl. die Nachw. in Fn. 57.
[60] *Kropff* in *Geßler/Hefermehl* Rdnr. 95; *Koppensteiner* in Kölner Kommentar Rdnr. 4; *Krieger* in Münch-Hdb. AG § 69 Rdnr. 61; *Hüffer* Rdnr. 24.
[61] Vgl. die Nachw. in Fn. 70; enger noch *Neuhaus* DB 1970, 1913, 1915, *A/D/S* Rdnr. 35, wonach es darauf ankommen soll, daß die Veranlassung durch das herrschende Unternehmen als Ursache überwiegt.

der Gesellschaft zu verstehen, soweit *sie auf die Abhängigkeit zurückzuführen* ist (Rdnr. 26).[62] Auf die *Quantifizierbarkeit* des Nachteils kommt es nicht an (Rdnr. 28, 39, 42).

26 Ein Nachteil iSv. Abs. 1 liegt nach dem in Rdnr. 25 Gesagten nur unter der Voraussetzung vor, daß die negativen Auswirkungen auf die Vermögens- oder Ertragslage der Gesellschaft ihre **Ursache in der Abhängigkeit** haben.[63] Nach heute ganz hM fehlt es deshalb an einem Nachteil, wenn ein ordentlicher und gewissenhafter Geschäftsleiter einer unabhängigen Gesellschaft sich ebenso verhalten hätte wie der Vorstand der abhängigen Gesellschaft.[64] Dem Begriff des Nachteils ist damit eine **Sorgfaltspflichtverletzung** iSd. § 93 Abs. 1 S. 1 immanent: Hätte auch der pflichtgemäß handelnde Vorstand einer unabhängigen Gesellschaft die Maßnahme (i. w. S., s. Rdnr. 24) getroffen, so entfällt nicht erst die Ersatzpflicht gem. § 317 Abs. 2, sondern bereits der nachteilige Charakter.[65] Die §§ 311 ff. setzen zwar dem Einfluß des herrschenden Unternehmens Schranken; das **allgemeine unternehmerische Risiko** ist dagegen von der abhängigen Gesellschaft, ihren Gläubigern und *sämtlichen Aktionären* gleichermaßen zu tragen. An einem *Nachteil* kann es demnach fehlen, obwohl das herrschende Unternehmen die abhängige Gesellschaft zur Vornahme einer die Vermögens- oder Ertragslage beeinträchtigenden Maßnahme *veranlaßt* hat; im Unterschied zum Erfordernis der *Kausalität* der Veranlassung (Rdnr. 24) geht es im Rahmen des Nachteilsbegriffs um die *Bewertung des Verhaltens* der abhängigen Gesellschaft und damit um die *am Schutzzweck orientierte Begrenzung* der Rechtsfolgen der §§ 311, 317.

27 Maßgeblich für das Vorliegen eines Nachteils ist das *fiktive Verhalten* einer – im Rahmen der Sorgfaltsanforderungen des § 93 Abs. 1 geführten – Gesellschaft, die zwar nicht in einem Abhängigkeitsverhältnis zu dem herrschenden Unternehmen steht, die aber über **denselben statutarischen Zweck und Unternehmensgegenstand** verfügt und sich zudem in **derselben wirtschaftlichen Lage** befindet wie die abhängige Gesellschaft (Vorb. Rdnr. 28). Der Begriff des Nachteils ist mit anderen Worten auf die besonderen Verhältnisse der abhängigen Gesellschaft zu beziehen. Ist die Gesellschaft von dem herrschenden Unternehmen auch *wirtschaftlich abhängig,* so mag es also sein, daß durch das herrschende Unternehmen veranlaßte Maßnahmen auch bei *rechtlicher* Unabhängigkeit getroffen worden wären und deshalb nicht als nachteilig angesehen werden können.[66] Freilich gilt dies nur unter dem Vorbehalt, daß die wirtschaftliche Abhängigkeit nicht gerade auf der rechtlichen Abhängigkeit beruht. Dem herrschenden Unternehmen ist es deshalb nicht nur verwehrt, der vormals unabhängigen Gesellschaft durch Zweck- oder Gegenstandsänderung eine den anderweitig verfolgten unternehmerischen Interessen dienende Funktion zuzuweisen (Rdnr. 36; Vorb. Rdnr. 28); vielmehr lassen auch entsprechende *tatsächliche Maßnahmen,* soweit sie nicht bereits als solche nachteilig iSd. § 311 sind, den Schutz der nunmehr auch wirtschaftlich abhängigen Gesellschaft und ihrer Außenseiter unberührt. Im übrigen gilt für durch das herrschende Unternehmen veranlaßte *Rechtsgeschäfte,* daß sie auch dann nachteilig sind, wenn der Vorstand einer unabhängigen Gesellschaft dieses Geschäft in berechtigter Erwartung eines **Kompensationsgeschäfts** nach § 93 Abs. 1 hätte vornehmen dürfen;[67] denn im Unterschied zum Geschäftspartner einer unabhängigen Gesellschaft ist das herrschende Unternehmen zur Fortsetzung der Geschäftsverbindung zur abhängigen Gesellschaft nicht auf die Gewährung einer Kompensation angewiesen.

---

[62] In diesem Sinne *Kropff* in *Geßler/Hefermehl* Rdnr. 107; *Koppensteiner* in Kölner Kommentar Rdnr. 28; *Hüffer* Rdnr. 25; *Krieger* in MünchHdb. AG § 69 Rdnr. 65.

[63] Vgl. die Nachw. in Fn. 64.

[64] *Kropff* in *Geßler/Hefermehl* Rdnr. 108; *Koppensteiner* in Kölner Kommentar Rdnr. 22; *Hüffer* Rdnr. 27; *Krieger* in MünchHdb. AG § 69 Rdnr. 65; *Emmerich/Sonnenschein* § 20 II 1 a; *Hommelhoff* S. 118 f.; *Köhler* NJW 1978, 2473, 2477 f.; *Wilhelm* S. 233 ff.; aA – für Entbehrlichkeit einer Pflichtverletzung – noch *Baumbach/Hueck* Rdnr. 8; *Kellmann* BB 1969, 1509, 1512 ff.; *ders.* ZGR 1974, 220, 222 ff.

[65] Näher zum Zusammenhang mit § 317 Abs. 2 *Kropff* und *Koppensteiner,* jew. aaO (Fn. 64); ferner § 317 Rdnr. 5.

[66] Zutr. *Koppensteiner* in Kölner Kommentar Rdnr. 25 f.; s. ferner *Wilhelm* S. 236; *Strohn* S. 73 ff.

[67] *Kropff* in *Geßler/Hefermehl* Rdnr. 157; *Koppensteiner* in Kölner Kommentar Rdnr. 42; *Hüffer* Rdnr. 27; s. dazu auch *Strohn* S. 82 f.

b) Nicht quantifizierbare Nachteile. Nach zutr. Ansicht entfällt der nachteilige Charakter einer Maßnahme nicht dadurch, daß der Nachteil nicht quantifiziert werden kann.[68] Solche nicht quantifizierbaren Nachteile sind allerdings im allgemeinen einem Ausgleich nach § 311 Abs. 2 nicht zugänglich (Rdnr. 32 ff., aber auch Rdnr. 42) und machen deshalb die Einflußnahme von vornherein *rechtswidrig*. Die Rechtsfolgen einer solchen Veranlassung bestimmen sich danach, ob ein etwaiger *Schaden* der Gesellschaft *bezifferbar ist*. Soweit dies der Fall ist, haften das herrschende Unternehmen nach Maßgabe des § 317 (Rdnr. 37 f.; § 317 Rdnr. 10 ff.) und der Vorstand der abhängigen Gesellschaft nach § 93 Abs. 2 (Rdnr. 50, § 318 Rdnr. 8 ff.) auf **Schadensersatz**. Läßt sich dagegen der (drohende) Schaden der Gesellschaft auch unter Berücksichtigung des § 287 ZPO nicht beziffern, so finden die Grundsätze über die **qualifizierte faktische Abhängigkeit** Anwendung (Vorb. Rdnr. 20 ff.). Etwaige Unterlassungs- und Beseitigungsansprüche der abhängigen Gesellschaft (§ 317 Rdnr. 12 f.) stehen dem nicht entgegen; mit Geltendmachung dieser Ansprüche und vollständiger Beseitigung der nachteiligen Folgen entfällt allerdings der Tatbestand der qualifizierten faktischen Abhängigkeit mit Wirkung ex nunc.

c) Maßgebender Zeitpunkt. Für die Beurteilung des nachteiligen Charakters ist der Zeitpunkt der **Vornahme** des Rechtsgeschäfts oder der Maßnahme maßgeblich. Dies läßt sich schon dem § 312 Abs. 3 S. 1 entnehmen, folgt aber jedenfalls aus dem Erfordernis einer Sorgfaltspflichtverletzung (Rdnr. 26): Auch der Geschäftsleiter einer unabhängigen Gesellschaft kann trotz Aufbringung aller erdenklichen Sorgfalt die Entscheidung über die Durchführung einer Maßnahme nur auf der Grundlage der zu diesem Zeitpunkt verfügbaren Informationen treffen. Demgemäß ist auch im Rahmen des § 311 eine **ex-ante-Prognose** anzustellen, wobei sämtliche Umstände zu berücksichtigen sind, die einem ordentlichen und gewissenhaften Geschäftsleiter zum damaligen Zeitpunkt erkennbar gewesen wären.[69] Durfte danach die Maßnahme getroffen werden, so wird sie auch dann nicht nachteilig iSd. § 311, wenn sich die entscheidungsrelevanten Umstände im nachhinein anders entwickeln und die Gesellschaft eine Vermögenseinbuße erleidet.[70] Umgekehrt entfällt der nachteilige Charakter einer Maßnahme nicht durch eine zugunsten der Gesellschaft verlaufende Entwicklung.[71] Ein Risikogeschäft, das ein gewissenhafter Geschäftsleiter nicht vorgenommen hätte, verliert somit seinen nachteiligen Charakter nicht dadurch, daß sich das Risiko nicht realisiert (s. noch Rdnr. 30, ferner § 317 Rdnr. 11).

d) Nachteil, Schaden und Verlust. Der Begriff des Nachteils deckt sich nach dem in Rdnr. 29 Gesagten nicht mit dem Begriff des Schadens.[72] Während die Bestimmung des auszugleichenden **Schadens ex post** und damit auf der Grundlage des nunmehr bekannten Geschehensablaufs zu erfolgen hat, bemißt sich die Höhe des Nachteils nach der im Zeitpunkt der Vornahme der Maßnahme (Rdnr. 29) abzusehenden Beeinträchtigung der Vermögens- oder Ertragslage der abhängigen Gesellschaft. Ein Nachteil kann deshalb gegeben sein, auch wenn es nicht zum Eintritt eines Schadens kommt oder dieser hinter dem Nachteil zurückbleibt; auch in diesem Fall ist der ex ante zu beurteilende Nachteil auszugleichen (s. ferner § 317 Rdnr. 11).[73] Umgekehrt geht ein nicht abzusehender oder den Nachteil übersteigender Schaden zu Lasten der abhängigen Gesellschaft; fehlt es an einem

---

[68] *Kropff* in *Geßler/Hefermehl* Rdnr. 41 f., 107; *Koppensteiner* in Kölner Kommentar Rdnr. 31; *Hüffer* Rdnr. 25; *Krieger* in MünchHdb. AG § 69 Rdnr. 65; *K. Schmidt* Gesellschaftsrecht § 31 IV 2 b; *Strohn* S. 83 f.; *Zöllner*, Festschrift für Kropff, S. 333, 345 f.; aA noch *Baumbach/Hueck* Rdnr. 8; *Haesen* S. 98 f., 103, 109 f.

[69] Ganz hM, s. *Kropff* in *Geßler/Hefermehl* Rdnr. 110; *Koppensteiner* in Kölner Kommentar Rdnr. 23; *Hüffer* Rdnr. 28; *Krieger* in MünchHdb. AG § 69 Rdnr. 65; *Emmerich/Sonnenschein* § 20 II 1 b; *Hommelhoff* S. 119 f.; *Wilhelm* S. 236 f.; aA *Kellmann* ZGR 1974, 220, 221 ff.; *Haesen* S. 102 ff.

[70] Vgl. die Nachw. in Fn. 69.

[71] *Krieger* in MünchHdb. AG § 69 Rdnr. 65; *Hüffer* Rdnr. 28.

[72] Heute ganz hM, s. *Kropff* in *Geßler/Hefermehl* Rdnr. 113 ff.; *Koppensteiner* in Kölner Kommentar Rdnr. 30; *Hüffer* Rdnr. 28; *Krieger* in MünchHdb. AG § 69 Rdnr. 65; *Strohn* S. 85; aA *Kellmann* ZGR 1974, 220, 222 f.; *Möhring*, Festschrift für Schilling, S. 253, 264 f.

[73] *Kropff* in *Geßler/Hefermehl* Rdnr. 115; einschränkend *Krieger* (Fn. 71): kein Nachteilsausgleich, wenn sich bereits zum Ende des Geschäftsjahres zeigt, daß ein Schaden nicht entstehen wird.

Nachteil oder wird der Nachteil ausgeglichen, so haben die abhängige Gesellschaft und die außenstehenden Aktionäre keinen Anspruch auf Schadensersatz gem. § 317 Abs. 1. Entsprechendes gilt für das Verhältnis zwischen Nachteil und Verlust. Eine Maßnahme, die zwar nicht zur Entstehung eines Verlusts führt, durch die aber der abhängigen Gesellschaft ein andernfalls erzielbarer (höherer) Gewinn entgeht, ist nachteilig iSd. § 311.[74] Umgekehrt sind verlustbringende Geschäfte nicht zwangsläufig nachteilig.[75]

31 e) **Beispiele.** Der Begriff des Nachteils ist so weit wie derjenige der Pflichtverletzung iSd. § 93 (s. Rdnr. 26) und läßt sich deshalb nur unzureichend präzisieren. Nachteiligen Charakter haben aber grundsätzlich solche Leistungen der abhängigen Gesellschaft, denen keine gleichwertige Leistung des herrschenden Unternehmens gegenübersteht. Dies gilt insbesondere für sog. **Konzernumlagen,**[76] für die Berechnung sog. **Konzernverrechnungspreise** oder sonstige Maßnahmen, durch die Konzernkosten auf die abhängige Gesellschaft abgewälzt werden sollen,[77] ferner für die **Veräußerung oder Belastung**[78] von Gegenständen des Anlage- oder Umlaufvermögens unter Wert oder ohne angemessene Provision.[79] Freilich kommt es für die Anwendbarkeit der §§ 311, 317 nicht auf eine Verminderung des Gesellschaftsvermögens an. Nachteilig kann deshalb auch eine Maßnahme sein, durch die das Gesellschaftsvermögen in seiner **Zusammensetzung** geändert wird.[80] Nachteiligen Charakter können Maßnahmen der **Personalpolitik** haben, etwa die „Abordnung" eines Vorstandsmitglieds der abhängigen Gesellschaft an das herrschende Unternehmen,[81] ferner **organisatorische Maßnahmen** (dazu auch Rdnr. 28, Vorb. Rdnr. 30) wie etwa die Übertragung der gesamten EDV auf ein verbundenes Unternehmen,[82] des weiteren Maßnahmen der **Bilanzierung**.[83] Ein Nachteil kann weiter in einer **Schadensersatz- oder Ausgleichsverpflichtung** der abhängigen Gesellschaft gesehen werden. Veranlaßt das herrschende Unternehmen etwa die abhängige Tochtergesellschaft, der von ihr abhängigen (Enkel-)Gesellschaft einen Nachteil zuzufügen, so sind die von der Tochter zu erbringenden Ausgleichs- oder Schadensersatzleistungen vom herrschenden Unternehmen nach Maßgabe der §§ 311, 317 auszugleichen.[84] Der sog. **passive Konzerneffekt** beruht dagegen auf der Begründung des Abhängigkeits- oder Konzernverhältnisses und damit nicht auf einer – in § 311 vorausgesetzten – Einwirkung auf die Willensbildung der bereits abhängigen Gesellschaft; er kann deshalb nicht als Nachteil angesehen werden.[85]

32 2. **Ermittlung des nachteiligen Charakters. a) Problemstellung.** Zur Ermittlung des nachteiligen Charakters eines Rechtsgeschäfts oder einer Maßnahme ist es erforderlich, das Verhalten des Vorstands der abhängigen Gesellschaft mit dem fiktiven Verhalten des Vorstands einer unabhängigen Gesellschaft zu vergleichen (Rdnr. 26). Die dabei auftretenden Probleme resultieren zum einen daraus, daß auf das fiktive Verhalten des Geschäftslei-

---

[74] *Kropff* in Geßler/Hefermehl Rdnr. 116.
[75] *Kropff* in Geßler/Hefermehl Rdnr. 116.
[76] *Wiedemann/Strohn* AG 1979, 113, 119; ausführlich *A/D/S* Rdnr. 18 mit weit. Nachw. S. ferner für den GmbH-Konzern BGHZ 65, 15, 18 ff. = NJW 1976, 791.
[77] Vgl. BGHZ 124, 111, 118 f. = NJW 1994, 520; *Emmerich/Sonnenschein* § 20 II 2. Näher zur Frage der Angemessenheit von Konzernverrechnungspreisen *Becker/Grazé* DB 1985, Beil. 15; *Krag* BB 1988, 1850, 1852 ff.
[78] Darunter auch die Verpfändung von Aktien zur Absicherung eines dem herrschenden Unternehmen gewährten Darlehens, s. LG Düsseldorf AG 1979, 290, 291 f. (aufgehoben durch OLG Düsseldorf AG 1980, 273 f.); s. ferner Rdnr. 55.
[79] Zur Veräußerung einer Beteiligung s. *Lutter,* Festschrift für Steindorff, S. 125, 135 ff. Zur Veräußerung an Dritte und zur damit verbundenen Frage, ob die nachteilige Maßnahme im Interesse des herr-

schenden Unternehmens liegen muß, s. noch Rdnr. 39.
[80] *Koppensteiner* in Kölner Kommentar Rdnr. 4 mit Hinweis auf die Aufgabe von Unternehmensfunktionen.
[81] OLG Stuttgart AG 1979, 200, 202.
[82] Vgl. LG Darmstadt AG 1987, 218, 220, das freilich einen Nachteil verneint aufgrund der mit der Übertragung verbundenen Kostenersparnis (aus anderen Gründen aufgehoben durch OLG Frankfurt AG 1988, 109); dagegen zutr. *Stein* ZGR 1988, 163, 181 ff.
[83] Vgl. im Zusammenhang mit der gewinnmaximierenden Ausübung von Bewertungswahlrechten *H.-P. Müller,* Festschrift für Goerdeler, S. 375, 384 f.; zust. auch *Hüffer* Rdnr. 26.
[84] *Rehbinder* ZGR 1977, 581, 595 ff. Zur mehrstufigen Abhängigkeit s. bereits Rdnr. 7.
[85] *Koppensteiner* in Kölner Kommentar Rdnr. 21; *Strohn* S. 81; *Kiehne* DB 1974, 321, 323.

ters einer Gesellschaft abzustellen ist, die sich, abgesehen vom Bestehen eines Abhängigkeitsverhältnisses, in der rechtlichen und wirtschaftlichen *Situation der abhängigen Gesellschaft* befindet (Rdnr. 27). Zum anderen kommt auch dem ordentlichen und gewissenhaften Geschäftsleiter einer unabhängigen Gesellschaft ein **unternehmerisches Ermessen** zu, so daß regelmäßig nicht nur eine, sondern *mehrere Verhaltensweisen sorgfaltsgemäß* sind. Aufgabe des Nachteilsbegriffs ist es deshalb in Fällen dieser Art, die pflichtgemäße von der pflichtwidrigen Ermessensausübung abzugrenzen. Dies bereitet oftmals große Schwierigkeiten; doch hat es de lege lata bei diesem Ansatz des § 311 zu bewenden.[86] Im übrigen laufen das herrschende Unternehmen und der Vorstand der abhängigen Gesellschaft Gefahr, bei zu Lasten der abhängigen Gesellschaft gehender Bewertung des nachteiligen Charakters aus §§ 317, 93 Abs. 2 in Anspruch genommen zu werden (Rdnr. 2, 46, 50); dies mag die Beteiligten zu sorgfältiger Bewertung der jeweiligen Maßnahme veranlassen.

b) **Rechtsgeschäft.** Ist der nachteilige Charakter eines Rechtsgeschäfts zu ermitteln, so können die steuerrechtlichen **Grundsätze über die sog. verdeckte Gewinnausschüttung** herangezogen werden.[87] Das Rechtsgeschäft ist somit einem *Drittvergleich* zu unterziehen; von einer verdeckten Gewinnausschüttung und damit auch von einem Nachteil iSd. § 311 ist auszugehen, wenn *zwischen Leistung und Gegenleistung ein Mißverhältnis* besteht.[88] Zwar geht es bei der Problematik der verdeckten Gewinnausschüttung um die Erfassung von *Vorteilen* auf seiten des *Gesellschafters,* während nach § 311 der von der abhängigen *Gesellschaft* erlittene *Nachteil* auszugleichen ist.[89] Indes ist dies nur eine Frage der Perspektive; auch im unmittelbaren Anwendungsbereich der Grundsätze über die verdeckte Gewinnausschüttung wird das *Rechtsgeschäft als solches* einem Drittvergleich unterzogen. Eine *sinngemäße Anwendung* dieser Grundsätze ist deshalb selbst dann geboten, wenn sich Vor- und Nachteil nicht decken sollten. Häufig aber entspricht der Nachteil der Gesellschaft dem Vorteil des Gesellschafters oder eines anderen verbundenen Unternehmens, zumal Maßnahmen, die zwar durch das herrschende Unternehmen veranlasst sind, aber einem Dritten zugute kommen, ohnehin dem Nachteilsausgleich nicht zugänglich sind (Rdnr. 39). 33

Besteht für die zu beurteilende Lieferung oder Leistung der abhängigen Gesellschaft oder des herrschenden Unternehmens ein **Marktpreis,** so bildet dieser den wesentlichen Vergleichsmaßstab; Entsprechendes gilt für den Fall, daß der Gesellschaft ein **Angebot eines Dritten** vorliegt.[90] Die Differenz zwischen dem Marktpreis bzw. dem vom Dritten gebotenen Preis und dem tatsächlich gezahlten oder vereinnahmten Preis ergibt dann den Nachteil. Freilich ermöglicht der Rückgriff auf einen etwaigen Marktpreis zumeist allenfalls eine erste Annäherung. Denn zum einen fehlt es häufig an einem *einheitlichen* Marktpreis. Zum anderen fließen in die Bemessung des Marktpreises die Nebenbedingungen des Geschäfts ein; eine diesbezügliche Abweichung vom typischen Inhalt des Vertrags kommt maW. in einem entsprechend niedrigeren oder höheren Endpreis zum Ausdruck und ist somit vom Marktpreis abzuziehen bzw. diesem hinzuzurechnen. Davon betroffen sind insbesondere Vereinbarungen über die Zahlungsmodalitäten, über den Transport und 34

---

[86] Zutr. *Koppensteiner* in Kölner Kommentar Rdnr. 33 ff. mit Hinweisen zu Alternativkonzeptionen (insbes. *Albach* NB 1966, 203; *Kirchner* ZGR 1985, 214, 233).
[87] HM, s. *Kropff* in Geßler/Hefermehl Rdnr. 159 ff.; *Koppensteiner* in Kölner Kommentar Rdnr. 37; *Krieger* in MünchHdb. AG § 69 Rdnr. 66; *Döllerer* BB 1967, 1437 ff.; *Neuhaus* DB 1970, 1913, 1918; im Grundsatz auch *Hüffer* Rdnr. 30. Skeptisch bis ablehnend *Emmerich/Sonnenschein* § 20 II 3 a; *A/D/S* Rdnr. 47; *Godin/Wilhelmi* Anm. 3; *Goerdeler* Wpg 1966, 113, 125.
[88] Vgl. zur verdeckten Gewinnausschüttung namentlich *Döllerer,* Verdeckte Gewinnausschüttungen und verdeckte Einlagen bei Kapitalgesellschaften, 1975; *Fiedler,* Verdeckte Vermögensverlagerungen bei Kapitalgesellschaften, 1994; *Lange,* Verdeckte Gewinnausschüttung, 5. Aufl. 1987; *Knobbe-Keuk,* Bilanz- und Unternehmensteuerrecht, 9. Aufl. 1993, § 19; *Schulze-Osterloh* StuW 1994, 131; *Wassermeyer* FR 1989, 218; ders. DStR 1990, 549; ders. GmbH-Rdsch. 1998, 157 ff.
[89] Vgl. nur *Kropff* und *Koppensteiner,* jew. aaO (Fn. 87).
[90] Vgl. dazu sowie zum Folgenden *Kropff* in Geßler/Hefermehl Rdnr. 167, *Koppensteiner* in Kölner Kommentar Rdnr. 38, jew. mit weit. Nachw.; s. ferner *A/D/S* Rdnr. 49; speziell zum Angebot eines Dritten s. *Emmerich/Sonnenschein* § 20 II 3 a aa; ferner OLG Frankfurt a. M. WM 1973, 348, 350 f.

Vertrieb der Ware und über die Gewährleistungshaftung. Aber auch abgesehen von diesen Schwierigkeiten im Zusammenhang mit der Ermittlung des „richtigen" Marktpreises kann sich bei Vorliegen besonderer Umstände – etwa dem Bestreben, einen Großkunden zu binden, aber auch bei wirtschaftlichen Schieflagen – auch ein gewissenhafter und ordentlicher Geschäftsleiter einer unabhängigen Gesellschaft (Rdnr. 26) veranlaßt sehen, zu anderen als zu Marktpreisen abzuschließen.[91] Dies läßt sich freilich auch umkehren: Auch ein Abschluß zu Marktpreisen kann nachteilig sein (s. Rdnr. 30).

35 Sind Marktpreise nicht vorhanden oder nicht zu ermitteln und läßt sich zudem nicht auf für *vergleichbare Leistungen* Dritter gezahlte Preise zurückgreifen, so kommen im wesentlichen zwei Berechnungsverfahren in Betracht.[92] Nach dem **Kostenaufschlagsverfahren** bestimmt sich die angemessene Gegenleistung nach den *Selbstkosten der Gesellschaft zuzüglich eines branchenüblichen Gewinnaufschlags*.[93] Das **Absatzpreisverfahren** setzt dagegen bei dem *Endverkaufspreis* des marktgängigen Produkts an und zieht von diesem die auf die zwischengeschalteten Konzernunternehmen entfallenden Anteile ab.[94] Beide Verfahren ermöglichen allenfalls die Ermittlung einer gewissen *Bandbreite* für die Angemessenheit der Gegenleistung. Zudem stehen sie unter dem *Vorbehalt,* daß auch der Vorstand einer unabhängigen Gesellschaft gelegentlich zu (oder gar unter) Selbstkosten leistet (Rdnr. 34). Regelmäßig ungeeignet zur Ermittlung des Nachteils ist dagegen der **Buchwert** des Vertragsgegenstands.[95]

36 c) **Sonstige Maßnahme.** Bei Veranlassung der abhängigen Gesellschaft zu einer sonstigen Maßnahme (Rdnr. 24) ist zunächst deren nachteiliger Charakter festzustellen. Zu fragen ist also, ob der Vorstand einer unabhängigen, im übrigen aber vergleichbaren Gesellschaft von der Maßnahme Abstand genommen hätte (Rdnr. 26 f.; s. ferner Vorb. Rdnr. 30). Schon diese Feststellung bereitet erhebliche Schwierigkeiten. Denn in einem wettbewerblich geprägten System handelt es sich bei Investitions-, Organisations- oder Personalmaßnahmen um unternehmerische Entscheidungen, die in der bloßen Hoffnung auf eine bestimmte künftige Entwicklung getroffen werden müssen und die deshalb naturgemäß Ausfluß des **unternehmerischen Ermessens** sind. Demgemäß können nur solche Maßnahmen als nachteilig angesehen werden, bei denen eine ex-ante-Betrachtung (Rdnr. 29) ergibt, daß die aus der Maßnahme resultierenden Chancen und Risiken in einem nicht mehr vertretbaren Verhältnis zueinander stehen und deshalb ein **Ermessensfehlgebrauch** vorliegt.[96] Davon betroffen sind zum einen unvertretbare *Investitionsentscheidungen,*[97] zum anderen Maßnahmen der Konzernintegration (Rdnr. 37), die den Bestand oder die Rentabilität der abhängigen Gesellschaft und damit deren Existenzfähigkeit nach Beendigung des Abhängigkeitsverhältnisses ernsthaft in Frage stellen.[98] Zu weiteren Beispielen s. Rdnr. 31.

37 Läßt sich im Einzelfall eine Ermessensüberschreitung feststellen (Rdnr. 36), so bereitet doch häufig die **Quantifizierung** des Nachteils erhebliche Probleme. Denn im Hinblick auf die Maßgeblichkeit einer ex-ante-Beurteilung (Rdnr. 29) bedarf es nicht nur der Ermittlung der möglichen Auswirkungen der getroffenen Maßnahme auf die Vermögens-

---

[91] Zutr. *Emmerich/Sonnenschein* § 20 II 3 a bb; *Hüffer* Rdnr. 31.
[92] Näher zum Folgenden *A/D/S* Rdnr. 50 ff.; WP-Hdb., Bd. I, Rdnr. F 751 ff.; *Koppensteiner* in Kölner Kommentar Rdnr. 40; *Kropff* in *Geßler/Hefermehl* Rdnr. 172 ff.; *Pöppl* S. 60 ff.; *Wälde* AG 1974, 370; s. ferner die Nachw. in Fn. 77.
[93] Vgl. die Nachw. in Fn. 92, ferner *Hüffer* Rdnr. 33; zur entsprechenden Konzernpraxis s. *Hommelhoff* ZHR 156 (1992), 295, 307.
[94] Vgl. die Nachw. in Fn. 92, 93.
[95] *Hüffer* Rdnr. 33; weitergehend („schon theoretisch ausgeschlossen") *Koppensteiner* in Kölner Kommentar Rdnr. 40.

[96] So oder ähnlich *Koppensteiner* in Kölner Kommentar Rdnr. 44 ff.; *Hüffer* Rdnr. 34 f.; *Krieger* in MünchHdb. AG § 69 Rdnr. 67; *A/D/S* Rdnr. 56; *Emmerich/Sonnenschein* § 20 II 4; *Paehler* S. 141 ff.; *Pöppl* S. 67 ff.
[97] Näher dazu *Kropff* in *Geßler/Hefermehl* Rdnr. 179 (Wirtschaftlichkeitsrechnung, bei der die Differenz der zu erwartenden Einnahmen und Ausgaben auf den Beurteilungszeitpunkt abgezinst wird).
[98] Dazu bereits Vorb. Rdnr. 30 mit Nachw.; s. ferner *Koppensteiner* in Kölner Kommentar Rdnr. 45; *Kropff* in *Geßler/Hefermehl.* Rdnr. 39; *Krieger* in MünchHdb. AG § 69 Rdnr. 67.

und Ertragslage der Gesellschaft; vielmehr ist zugleich festzustellen, wie sich die Gesellschaft entwickelt hätte, hätte der Vorstand sein Leitungsermessen nicht überschritten.[99] Dieses Verfahren stößt aber insbesondere bei *konzernintegrativen Maßnahmen* wie etwa dem vollständigen oder teilweisen Rückzug der abhängigen Gesellschaft vom Markt, der Aufgabe einzelner unternehmerischer Funktionen, aber auch der Aufnahme neuer Aktivitäten auf nahezu unüberwindliche Schwierigkeiten.[100] Dem Nachteilsausgleich iSd. § 311 nicht zugängliche Maßnahmen dieser Art sind rechtswidrig und haben entweder Schadensersatzverpflichtungen gem. §§ 93 Abs. 2, 317 oder – bei fehlender Quantifizierbarkeit des Schadens – das Eingreifen der Grundsätze über die qualifizierte faktische Abhängigkeit zur Folge (Rdnr. 28).

V. Nachteilsausgleich

1. Grundlagen. Nach § 311 Abs. 1 ist die nachteilige Einflußnahme durch das herrschende Unternehmen *gerechtfertigt* (s. Rdnr. 2), wenn die Nachteile (Rdnr. 25 ff.) durch Gewährung gleichwertiger Vorteile (Rdnr. 41 ff.) ausgeglichen und damit die Vermögensinteressen der abhängigen Gesellschaft gewahrt werden. Zeit und Form des Nachteilsausgleichs sind in § 311 Abs. 2 geregelt. Dem herrschenden Unternehmen obliegt es danach, die Nachteile noch innerhalb des Geschäftsjahres auszugleichen, und zwar entweder *tatsächlich* (Rdnr. 45 f.) oder dadurch, daß es der abhängigen Gesellschaft einen *Rechtsanspruch* auf Nachteilsausgleich einräumt (Rdnr. 47 f.). Kommt es nicht zum Nachteilsausgleich, so bewendet es bei der *Rechtswidrigkeit* der Nachteilszufügung; das herrschende Unternehmen haftet dann gem. § 317 auf Schadensersatz.[101] Künftigen nachteiligen Einflußnahmen darf der Vorstand der abhängigen Gesellschaft nur noch gegen die Verpflichtung des herrschenden Unternehmens zum Nachteilsausgleich nachgehen (Rdnr. 50). 38

Aus dem Zusammenhang zwischen § 311 und § 317 lassen sich auch die **Grenzen des Systems des Nachteilsausgleichs** ableiten. Von § 311 ist zunächst nur eine für die *abhängige Gesellschaft* nachteilige Maßnahme erfaßt. Demzufolge kommt ein Nachteilsausgleich gem. Abs. 2 nicht in Betracht, soweit die durch das herrschende Unternehmen veranlaßte Maßnahme einen **Nachteil zu Lasten eines Dritten** begründet und dieser Nachteil nicht lediglich als Reflex des der abhängigen Gesellschaft zugefügten Nachteils anzusehen ist. Ob und inwieweit der Dritte das herrschende Unternehmen auf Ausgleich oder Schadensersatz in Anspruch nehmen kann, bestimmt sich nach allgemeinen Regeln (s. auch § 317 Rdnr. 19). Umgekehrt muß die nachteilige Maßnahme entsprechend § 308 Abs. 1 S. 2 im **Interesse des herrschenden Unternehmens** oder eines mit diesem verbundenen Unternehmens liegen.[102] Die Schädigung der abhängigen Gesellschaft zugunsten eines Dritten ist nicht Ausfluß des anderweit verfolgten unternehmerischen Interesses des herrschenden Unternehmens und damit vom Zweck der Ausgleichsmöglichkeit nicht erfaßt; entsprechende Maßnahmen sind deshalb per se rechtswidrig und verpflichten das herrschende Unternehmen zum Schadensersatz gem. § 317. Schließlich kommt ein Nachteilsausgleich grundsätzlich nur bei **Quantifizierbarkeit** des Nachteils in Betracht (Rdnr. 28, 37, aber auch Rdnr. 42). 39

Das Zusammenspiel zwischen §§ 311, 317 (Rdnr. 38) gibt des weiteren Aufschluß über die **Rechtsnatur der Ausgleichspflicht.** Geht man nämlich davon aus, daß die Gewährung des Ausgleichs zur *Rechtfertigung der Einflußnahme* führt (Rdnr. 2), so ist es ausgeschlossen, 40

---

[99] *Koppensteiner* in Kölner Kommentar Rdnr. 47; näher *Pöppl* S. 67 ff.

[100] Vgl. neben den Nachw. in Fn. 99 noch *Krieger* in MünchHdb. AG § 69 Rdnr. 67; *Emmerich/Sonnenschein* § 20 II 4; *Zöllner*, Festschrift für Kropff, S. 333, 345 f.; s. ferner Vorb. Rdnr. 36 mit weit. Nachw.

[101] *Kropff* in Geßler/Hefermehl Rdnr. 156; *Koppensteiner* in Kölner Kommentar Rdnr. 76; *Emmerich/Sonnenschein* § 20 IV 1 a; *Krieger* in MünchHdb. AG § 69 Rdnr. 68.

[102] HM, s. *Kropff* in Geßler/Hefermehl Rdnr. 34; *Koppensteiner* in Kölner Kommentar Rdnr. 61; *Hüffer* Rdnr. 43; *K. Schmidt* Gesellschaftsrecht § 31 IV 2 b; *Beuthien* DB 1969, 1781, 1784; *Möhring*, Festschrift für Schilling, S. 253, 265 f.; aA *Würdinger* in Großkomm. z. AktG[3] Anm. 2 e; *Gansweid* S. 177; *Neuhaus* S. 30 ff.

den Nachteilsausgleich als Leistung auf eine *Schadensersatzverpflichtung* des herrschenden Unternehmens zu qualifizieren.[103] Zur Entstehung des Schadensersatzanspruchs gem. § 317 kommt es danach überhaupt nur unter der Voraussetzung, daß das herrschende Unternehmen nicht frist- und formgerecht Nachteilsausgleich gewährt. Erfolgt der Nachteilsausgleich nach Maßgabe des § 311 Abs. 2, so fehlt es mit anderen Worten an einer Schadensersatzverpflichtung, auf die die Leistung angerechnet werden könnte.[104] Es kommt hinzu, daß sich der Begriff des Nachteils und derjenige des Schadens nicht decken (Rdnr. 30): Auch unabhängig von der Frage der Rechtswidrigkeit der Einflußnahme nimmt § 311 dieselbe hin, sofern nur die Vermögensinteressen der abhängigen Gesellschaft gewahrt werden. Das herrschende Unternehmen kann mithin die drohende Schadensersatzverpflichtung dadurch abwenden, daß es die mit der Einflußnahme einhergehenden Nachteile kompensiert. So gesehen handelt es sich bei der Ausgleichspflicht um eine **Kompensationsleistung sui generis**.[105] Wenn auch die abhängige Gesellschaft *keinen Anspruch* auf Nachteilsausgleich hat (Rdnr. 49), so begründet § 311 doch **nicht lediglich** eine **Obliegenheit** des herrschenden Unternehmens. Vielmehr ist das herrschende Unternehmen, wenn es die abhängige Gesellschaft zur Vornahme nachteiliger Maßnahmen veranlaßt, zum Nachteilsausgleich *verpflichtet.* Diese Verpflichtung tritt dann an die Stelle der – durch § 311 verdrängten – allgemeinen und schadensersatzbewehrten Verpflichtung eines jeden Gesellschafters, sich jeder schädigenden Einflußnahme auf die Gesellschaft zu enthalten; darin kommt die Privilegierungsfunktion des § 311 (Rdnr. 2; Vorb. Rdnr. 2) zum Ausdruck.

41 **2. Vorteil.** Das herrschende Unternehmen kann seiner Ausgleichsverpflichtung (Rdnr. 40) nur dadurch nachkommen, daß es der abhängigen Gesellschaft einen Vorteil gewährt, der den erlittenen Nachteil zumindest aufwiegt. Unabhängig von der Art und Weise der Ausgleichsgewährung (Rdnr. 45 ff.) gilt, daß nur **konkrete Vorteile** zur Erfüllung der Ausgleichsverpflichtung geeignet sind. So wie die Abhängigkeit oder Konzernierung als solche und der mit ihnen einhergehende „passive" Abhängigkeits- oder Konzerneffekt noch keinen Nachteil begründen (Rdnr. 31), handelt es sich bei ihnen auch nicht um ausgleichsfähige Vorteile.[106] Entsprechendes gilt für die Kontrolle und Leitung der abhängigen Gesellschaft durch das herrschende Unternehmen. Im übrigen kann der Nachteil durch **jeden Vermögensvorteil** kompensiert werden; in Betracht kommen Sacheigentum, sonstige Rechte, aber auch Dienstleistungen. Der Vorteil muß **bewertbar** sein.[107] **Bilanzierungsfähigkeit** des Vorteils ist insoweit erforderlich, als die bilanziellen Auswirkungen des Nachteils zu neutralisieren sind, und zwar in dem Jahresabschluß, in dem sich auch der Nachteil bilanziell auswirkt (s. aber auch Rdnr. 42).[108] Hat der Nachteil keine bilanziellen Auswirkungen, kommt es demnach auf die Bilanzierungsfähigkeit des Vorteils nicht an. Unerheblich ist, ob der (konkrete) Vorteil vom herrschenden Unternehmen oder – auf dessen Veranlassung – von einem *Dritten,* insbesondere einem anderen verbundenen Unternehmen, gewährt wird.[109]

42 **Nicht quantifizierbare Nachteile** sind einem Nachteilsausgleich nicht zugänglich (Rdnr. 28, 37). Die Veranlassung zu einer entsprechenden Maßnahme hat deshalb grund-

---

[103] So aber die zunächst hL, s. *Würdinger* in Großkomm. z. AktG³ Anm. 5, 6, 9, und *Bälz,* Festschrift für Raiser, S. 287, 308 (Gedanke der Vorteilsanrechnung); *Kellmann* BB 1969, 1509, 1512 ff., und *Mertens* in Kölner Kommentar (1. Aufl.) § 117 Rdnr. 37 (Ersetzungsbefugnis); *Geßler,* Festschrift für Westermann, S. 145, 160 f. (vertragliche Vereinbarung einer Art Ersetzungsbefugnis). Näher dazu *Kropff* in *Geßler/Hefermehl* Rdnr. 120 ff. mit weit. Nachw.

[104] Zutr. *Kropff* in *Geßler/Hefermehl* Rdnr. 123 f.; *Hüffer* Rdnr. 37; s. ferner *Koppensteiner* in Kölner Kommentar Rdnr. 74.

[105] *Kropff* in *Geßler/Hefermehl* Rdnr. 125 f.; *Hüffer* Rdnr. 37.

[106] S. bereits Begr. RegE bei *Kropff* S. 409; ferner *Kropff* in *Geßler/Hefermehl* Rdnr. 137 f.; *Hüffer* Rdnr. 39; *Emmerich/Sonnenschein* § 20 IV 2; großzügiger *Leo* AG 1965, 357, 358 (Fn. 23 a).

[107] Vgl. die Nachw. in Fn. 108.

[108] Heute hM, s. *Koppensteiner* in Kölner Kommentar Rdnr. 68 ff.; *Krieger* in MünchHdb. AG § 69 Rdnr. 69; *Hüffer* Rdnr. 39; näher dazu und mit weit. Nachw. zum älteren Schrifttum *Kropff* in *Geßler/Hefermehl* Rdnr. 144 f., dem zufolge auch eine spätere Neutralisierung genügt; ferner *A/D/S* Rdnr. 66 f.

[109] Wohl einhM, s. *Kropff* in *Geßler/Hefermehl* Rdnr. 135; *Hüffer* Rdnr. 39; *Krieger* in MünchHdb. AG § 69 Rdnr. 69.

sätzlich das Eingreifen des § 317 oder der Grundsätze über die qualifizierte faktische Abhängigkeit zur Folge (Rdnr. 28). Nach hM besteht aber die Möglichkeit, einen nicht quantifizierbaren Nachteil durch einen *nicht quantifizierbaren Vorteil* auszugleichen.[110] Dem ist zu folgen. Voraussetzung ist allerdings, daß sich – ex-ante betrachtet – Chancen und Risiken nicht zu Lasten der abhängigen Gesellschaft verschieben und deshalb auch ein ordentlicher und gewissenhafter Geschäftsleiter (Rdnr. 26) einem entsprechenden Austausch hätte zustimmen können.[111] So liegt es etwa in dem Fall, daß die abhängige Gesellschaft eine konkrete Geschäftschance zugunsten einer gleichwertigen, ihr vom herrschenden Unternehmen zugewiesenen Geschäftschance aufgibt; auch wenn sich im nachhinein die zugewiesene Geschäftschance nicht realisieren sollte, ist doch der in der Aufgabe der zunächst erlangten Geschäftschance liegende Nachteil ausgeglichen. Entsprechendes hat aber auch im Zusammenhang mit strukturverändernden Maßnahmen zu gelten; auch die Aufgabe eines ganzen Produktionszweiges kann mithin durch Aufnahme eines gleichwertigen Zweiges ausgeglichen werden. In Fällen dieser Art ist zugleich eine Ausnahme von dem Erfordernis eines *bilanziellen Ausgleichs* des Nachteils (Rdnr. 41) anzuerkennen.[112] Eine weitere Möglichkeit, nicht quantifizierbare Nachteile auszugleichen, besteht darin, daß das herrschende Unternehmen *Ausgleich der später entstehenden Nachteile* zusagt. Voraussetzung ist freilich, daß sich der Nachteil später konkretisieren und ausgleichen läßt, so daß diese Form des Nachteilsausgleichs etwa bei der Bestellung von Sicherheiten, nicht aber bei strukturverändernden Maßnahmen in Betracht kommt.[113]

Was den **Wert des Vorteils** betrifft, so muß dieser zumindest dem Wert des Nachteils entsprechen. Bleibt der Wert des Vorteils hinter dem des Nachteils zurück, so ist das herrschende Unternehmen seiner Ausgleichspflicht auch dann nicht nachgekommen, wenn die bilanziellen Auswirkungen des Nachteils neutralisiert worden sind (Rdnr. 43). Es ist somit zunächst die Höhe des Nachteils zu ermitteln (Rdnr. 25 ff., 32 ff.); dabei ist auf den Zeitpunkt der Vornahme der Maßnahme abzustellen (Rdnr. 29). In einem zweiten Schritt ist der Vorteil zu bewerten und dem Nachteil gegenüberzustellen. Die Bewertung des Vorteils hat grundsätzlich nach Maßgabe der Ausführungen in Rdnr. 25 ff., 32 ff. betreffend die Bewertung des Nachteils zu erfolgen. Maßgebend für die Bewertung des Vorteils und die Kompensation des Nachteils ist allerdings der **Zeitpunkt der Vorteilsgewährung.**[114] Ein Nachteil, der nach Vornahme der Maßnahme und *vor Gewährung des Ausgleichs* (Rdnr. 44 ff.) eintritt, ist somit zu berücksichtigen; davon betroffen ist insbesondere auch der durch die „Vorleistung" der abhängigen Gesellschaft entstehende „Verzögerungsschaden". 43

3. Erfüllung der Ausgleichsverpflichtung. a) Allgemeines. Gem. § 311 Abs. 2 hat das herrschende Unternehmen die **Wahl** zwischen dem tatsächlichen Ausgleich des Nachteils (Rdnr. 45 f.) und der Begründung eines Rechtsanspruchs der abhängigen Gesellschaft auf Nachteilsausgleich (Rdnr. 47 f.). Sowohl der tatsächliche Ausgleich als auch die Begründung eines Rechtsanspruchs auf Nachteilsausgleich müssen bis zum Ende des Geschäftsjahres erfolgt sein, soll die Einflußnahme rechtmäßig sein. Bis zum Ende des Geschäftsjahres muß deshalb feststehen, ob Nachteilsausgleich erfolgt und welcher Art der Vorteil ist. Das herrschende Unternehmen hat die Möglichkeit der **Verrechnung von früher gewährten Vorteilen** mit später entstandenen Nachteilen,[115] sofern es sich anläßlich der Vorteilsgewährung das Recht einer entsprechenden Verrechnung vorbehalten hat.[116] 44

---

[110] Vgl. *Koppensteiner* in Kölner Kommentar Rdnr. 67; *Kropff* in *Geßler/Hefermehl* Rdnr. 143; *Krieger* in MünchHdb. AG § 69 Rdnr. 70; *Strohn* S. 91 ff.; aA *Müller* ZGR 1977, 1, 15.

[111] Zutr. *Koppensteiner* und *Krieger,* jew. aaO (Fn. 110).

[112] Zutr. *Koppensteiner* in Kölner Kommentar Rdnr. 69.

[113] Zutr. *Hommelhoff* S. 127 f.; *Kropff* in *Geßler/Hefermehl* Rdnr. 117, 40; *Krieger* in MünchHdb. AG § 69 Rdnr. 70; weitergehend – für entsprechenden Nachteilsausgleich auch bei Strukturmaßnahmen – *Koppensteiner* in Kölner Kommentar Rdnr. 86 ff.

[114] HM, s. *Kropff* in *Geßler/Hefermehl* Rdnr. 131 f.; *Koppensteiner* in Kölner Kommentar Rdnr. 63 f.; *Hüffer* Rdnr. 40; *Krieger* in MünchHdb. AG § 69 Rdnr. 69; *Möhring,* Festschrift für Schilling, S. 253, 265.

[115] Vgl. *Koppensteiner* in Kölner Kommentar Rdnr. 80; *Baumbach/Hueck* Rdnr. 10; *Hüffer* Rdnr. 41; *Krieger* in MünchHdb. AG § 69 Rdnr. 71.

45 **b) Tatsächlicher Ausgleich.** Ein tatsächlicher Ausgleich iSd. § 311 Abs. 2 S. 1, 1. Halbs. setzt voraus, daß der Vorteil (Rdnr. 41 ff.) spätestens zum Bilanzstichtag dem Vermögen der abhängigen Gesellschaft zugeführt wird. Nicht erforderlich ist, daß jeder einzelne Nachteil durch einen entsprechenden Vorteil ausgeglichen wird. Zulässig ist vielmehr auch die **kontokorrentartige Zusammenstellung** der während des Geschäftsjahres entstandenen Vor- und Nachteile.[117] Ein sich zu Lasten des herrschenden Unternehmens ergebender Negativsaldo kann durch einmalige Schlußzahlung ausgeglichen werden; der Begründung eines Rechtsanspruchs (Rdnr. 47 f.) bedarf es in diesem Fall nicht. Ein Überschuß zugunsten des herrschenden Unternehmens kann stehengelassen und nach Maßgabe der Ausführungen in Rdnr. 44 zur Verrechnung mit künftigen Nachteilen eingesetzt werden.

46 Die Modalitäten des Ausgleichs, insbesondere dessen Inhalt und Höhe, können vom herrschenden Unternehmen **einseitig bestimmt** werden.[118] Auf das *Einverständnis* der abhängigen Gesellschaft mit dem vom herrschenden Unternehmen angebotenen Ausgleich oder gar auf das Vorliegen eines *Vertrags* im zivilrechtlichen Sinne kann es schon mit Blick auf die Privilegierungsfunktion des § 311 nicht ankommen. Denn danach darf das herrschende Unternehmen, sofern es auf die Vermögensinteressen der abhängigen Gesellschaft Rücksicht nimmt, sein anderweit verfolgtes unternehmerisches Interesse auch *gegen den Eigenwillen* der abhängigen Gesellschaft verfolgen (Rdnr. 2; Vorb. Rdnr. 2); es muß deshalb auch Art und Weise des Ausgleichs bestimmen können. Maßgebend ist deshalb allein, ob der vom herrschenden Unternehmen gewährte Vorteil bei objektiver Betrachtung (Rdnr. 43) zur Kompensation des erlittenen Nachteils geeignet ist. Bleibt die Höhe des Vorteils hinter derjenigen des Nachteils zurück, so ist die Einflußnahme rechtswidrig und nach § 317 zu beurteilen.

47 **c) Begründung eines Rechtsanspruchs.** Werden die Nachteile nicht tatsächlich ausgeglichen (Rdnr. 45 f.), so muß nach § 311 Abs. 2 S. 1 bis zum Ende des Geschäftsjahres bestimmt werden, wann und durch welche Vorteile der Ausgleich erfolgen soll. Gem. § 311 Abs. 2 S. 2 ist der abhängigen Gesellschaft ein Rechtsanspruch auf Nachteilsausgleich einzuräumen. Dazu bedarf es des **Abschlusses eines Vertrags** zwischen der abhängigen Gesellschaft und dem herrschenden Unternehmen oder einem Dritten (Rdnr. 41).[119] Der Abschluß des Vertrags hat **spätestens am Bilanzstichtag** und damit vor Aufstellung und Prüfung des Abhängigkeitsberichts zu erfolgen.[120] Die *Erfüllung* des Vertrags durch das herrschende Unternehmen kann zu einem späteren Zeitpunkt erfolgen (Rdnr. 48; s. ferner Vorb. Rdnr. 5)

48 Was den **Inhalt des Vertrags** betrifft, so verlangt § 311 Abs. 2 S. 1 zunächst die Angabe der **Leistungszeit**. Der Fälligkeitszeitpunkt braucht freilich nicht kalendermäßig bestimmt zu sein; es genügt vielmehr jede Vereinbarung, der sich der Leistungszeitpunkt entnehmen läßt, mag dies auch nur unter Rückgriff auf äußere Umstände wie etwa die Realisierung eines näher bezeichneten Risikos möglich sein.[121] Bei der Bewertung des Vorteils ist der hinausgeschobene Fälligkeitszeitpunkt angemessen zu berücksichtigen.[122] Der tatsächlich zu-

---

[116] Zutr. *Krieger* MünchHdb. AG § 69 Rdnr. 71; aA – für Verrechnungsabrede – *Hüffer* Rdnr. 41, ferner die in Fn. 118 genannten, auch im allgemeinen ein Einvernehmen hinsichtlich der Art und Weise des Nachteilsausgleichs fordernden Gegenstimmen.

[117] *Kropff* in Geßler/Hefermehl Rdnr. 147 (mit zutr. Hinweis auf das Erfordernis der Nachprüfbarkeit); *Koppensteiner* in Kölner Kommentar Rdnr. 81; *Hüffer* Rdnr. 45.

[118] So die hM, s. *Würdinger* in Großkomm. z. AktG³ Anm. 10; *Hüffer* Rdnr. 41; *Krieger* in MünchHdb. AG § 69 Rdnr. 71; *Beuthien* DB 1969, 1781, 1783; *Kellmann* BB 1969, 1509, 1512 (Fn. 41); *Möhring*, Festschrift für Schilling, S. 253, 265; aA *Kropff* in Geßler/Hefermehl Rdnr. 151 f.; *ders.*, Festschrift für Kastner, S. 279, 287; *Geßler*, Festschrift für Westermann, S. 145, 161; *A/D/S* Rdnr. 69; *Altmeppen* ZIP 1996, 693, 696; hinsichtlich des Inhalts auch *Koppensteiner* in Kölner Kommentar Rdnr. 77 f.

[119] *Koppensteiner* in Kölner Kommentar Rdnr. 82.

[120] Ganz hM, s. *Kropff* in Geßler/Hefermehl Rdnr. 153; *Koppensteiner* in Kölner Kommentar Rdnr. 79; *Krieger* in MünchHdb. AG § 69 Rdnr. 71; aA *Kellmann* BB 1969, 1509, 1517.

[121] *Kropff* in Geßler/Hefermehl Rdnr. 141; *ders.* DB 1967, 2204, 2207; *Koppensteiner* in Kölner Kommentar Rdnr. 83; *A/D/S* Rdnr. 72; *Hüffer* Rdnr. 47.

[122] *Kropff* in Geßler/Hefermehl Rdnr. 142; *A/D/S* Rdnr. 72.

fließende Vorteil ist deshalb zumindest entsprechend abzuzinsen. Gegebenenfalls ist aber der hinausgeschobenen Fälligkeit durch weitergehende Abschläge Rechnung zu tragen.[123] Neben der Leistungszeit muß der Vertrag **Art und Umfang** der als Ausgleich zugesagten Vorteile bestimmen. Die Vereinbarung einer Wahlschuld, die gem. § 262 BGB der abhängigen Gesellschaft das Bestimmungsrecht beläßt, genügt diesen Anforderungen.[124] Eine Wahlschuld mit Bestimmungsrecht des herrschenden Unternehmens oder mit einvernehmlich auszuübendem Bestimmungsrecht verschafft dagegen der abhängigen Gesellschaft keine Planungssicherheit und vermag deshalb die Einflußnahme nicht zu rechtfertigen.[125]

4. Undurchsetzbarkeit der Ausgleichsverpflichtung. Wenn auch das herrschende Unternehmen zum Nachteilsausgleich verpflichtet ist (Rdnr. 40), so geht doch mit dieser Verpflichtung kein durchsetzbarer Anspruch der abhängigen Gesellschaft einher.[126] Vielmehr ist es nach § 311 Abs. 2 dem herrschenden Unternehmen gestattet, mit dem Nachteilsausgleich bis zum Ende des Geschäftsjahres zuzuwarten; mit Ablauf des Geschäftsjahres tritt aber die Verpflichtung zum Schadensersatz gem. § 317 an die Stelle der Ausgleichsverpflichtung (Rdnr. 38, 40), so daß schon aus praktischen Gründen die klagweise Geltendmachung eines etwaigen Anspruchs auf Nachteilsausgleich nicht in Betracht kommt. Vor allem aber steht die **Privilegierungsfunktion des § 311** der Annahme eines Anspruchs auf Nachteilsausgleich entgegen: Die Verpflichtung zum Nachteilsausgleich verdrängt zwar vorübergehend die – durch § 317 verschärfte – Schadensersatzhaftung des treuwidrig handelnden Aktionärs, gibt aber der abhängigen Gesellschaft keinen Anspruch gegen das herrschende Unternehmen auf Ausnutzung dieser Privilegierung. In Ermangelung eines Anspruchs der abhängigen Gesellschaft ist die Verpflichtung des herrschenden Unternehmens auch nicht einer Pfändung durch Gesellschaftsgläubiger zugänglich.[127]

VI. Auswirkungen auf die Verfassung der abhängigen Gesellschaft

1. Pflichten des Vorstands. Die §§ 311 ff. begründen keine Leitungsmacht des herrschenden Unternehmens (Vorb. Rdnr. 7); ungeachtet des Abhängigkeitsverhältnisses bewendet es vielmehr bei Geltung der §§ 76, 93 (s. auch § 318 Rdnr. 8 ff.). Der Vorstand der abhängigen Gesellschaft ist somit grundsätzlich *nicht verpflichtet,* einer Veranlassung durch das herrschende Unternehmen zu folgen. Anders kann es sich zwar bei einer für die abhängige Gesellschaft *vorteilhaften* Maßnahme verhalten. Doch besteht die Verpflichtung des Vorstands auch in diesem Fall allein im Verhältnis zur Gesellschaft, nicht dagegen im Verhältnis zum herrschenden Unternehmen. Einer *nachteiligen* Veranlassung *darf* der Vorstand unter den Voraussetzungen des § 311 nachgehen. Der Vorstand hat deshalb zu prüfen, ob der Nachteil ausgleichsfähig und das herrschende Unternehmen zum Ausgleich bereit und imstande ist.[128] Stellt der Vorstand fest, daß die begehrte Maßnahme nachteiligen Charakter hat und sich der Nachteil ausgleichen ließe, so hat er das herrschende Unterneh-

---

[123] *Kropff* in *Geßler/Hefermehl* Rdnr. 142.
[124] Wohl einhM, s. *Koppensteiner* in Kölner Kommentar Rdnr. 84; *Kropff* in *Geßler/Hefermehl* Rdnr. 139; *Hüffer* Rdnr. 47.
[125] AA die hM, s. *Kropff* in *Geßler/Hefermehl* Rdnr. 139 und *Koppensteiner* in Kölner Kommentar Rdnr. 84, freilich jeweils auf der Prämisse basierend, daß auch der Inhalt des tatsächlichen Ausgleich nur im Einvernehmen mit der abhängigen Gesellschaft festgelegt (dazu Rdnr. 46) und deshalb auch die Ausübung des Wahlrechts nur einvernehmlich erfolgen könne; s. ferner *Geßler* DB 1965, 1729, 1731; für Zulässigkeit eines gemeinsamen Bestimmungsrechts *Hüffer* Rdnr. 47.
[126] *Kropff* in *Geßler/Hefermehl* Rdnr. 156; *Koppensteiner* in Kölner Kommentar Rdnr. 76; *Krieger* in MünchHdb. AG § 69 Rdnr. 68; *Henze* BB 1996, 489, 499; *Luchterhandt* ZHR 133 (1970), 1, 38; *Kellmann* BB 1969, 1509, 1511; aA *Geßler,* Festschrift für Westermann, S. 145, 162.
[127] *Hüffer* Rdnr. 38, der im übrigen zu Recht darauf hinweist, daß auch bei Annahme eines Anspruchs eine Pfändung im Hinblick auf die Zweckbindung des Nachteilsausgleichs gem. § 399, 1. Fall BGB ausgeschlossen wäre.
[128] Vgl. *Geßler,* Festschrift für Westermann, S. 145, 156 f.; *Kropff* in *Geßler/Hefermehl* Rdnr. 56 f.; *Krieger* in MünchHdb. AG § 69 Rdnr. 34; *Emmerich/Sonnenschein* § 20 III. Zur Bewältigung des Interessenkonflikts bei Vorstands-Doppelmandaten s. *Hoffmann-Becking* ZHR 150 (1986), 570, 579 ff., 583 ff.

men auf den drohenden Nachteil hinzuweisen und sich die Bereitschaft zum Nachteilsausgleich erklären zu lassen. Bestreitet das herrschende Unternehmen den nachteiligen Charakter der Maßnahme oder erklärt es sich nicht ausgleichsbereit, so hat die Maßnahme zu unterbleiben; andernfalls macht sich der Vorstand schadensersatzpflichtig gem. § 93. Erklärt sich dagegen das herrschende Unternehmen zum Ausgleich bereit und ist auch mit dem Nachteilsausgleich zu rechnen, so darf der Vorstand die Maßnahme ergreifen; die Vorschrift des **§ 311 verdrängt insoweit** diejenige des § 93.[129] Der Begründung eines Rechtsanspruchs (Rdnr. 48 f.) vor Vollzug der Maßnahme bedarf es nicht, zumal sich der Inhalt der Ausgleichspflicht in diesem Stadium regelmäßig noch nicht bestimmen läßt. Kommt es nicht zum Nachteilsausgleich, so haftet das herrschende Unternehmen nach § 317. Der Vorstand der abhängigen Gesellschaft haftet in diesem Fall zwar nicht, doch darf er künftigen Veranlassungen zu nachteiligen Maßnahmen regelmäßig nur noch gegen die Verpflichtung des herrschenden Unternehmens zum Nachteilsausgleich nachgehen.[130] Zur Überlagerung des § 93 durch § 318 s. § 318 Rdnr. 9 f.

51   Vor dem Hintergrund, daß auch nachgeordnete Stellen Adressat nachteiliger Veranlassungen sein können (Rdnr. 16), obliegt dem Vorstand nach § 93 die Erfüllung von **Organisationspflichten**. Insbesondere hat der Vorstand sicherzustellen, daß er von sämtlichen Veranlassungen erfährt, die nachteiligen Charakter haben und bei denen die Bereitschaft zum Nachteilsausgleich nicht gesichert ist.[131] Des weiteren hat er dafür zu sorgen, daß sämtliche im Abhängigkeitsbericht darzustellenden Vorgänge (§ 312 Rdnr. 16 ff.) **dokumentiert** werden. Schließlich hat der Vorstand ggf. **Verhandlungen** über Art und Umfang des Nachteilsausgleichs zu führen und dabei auf die Gewährung des Ausgleichs hinzuwirken.[132]

52   **2. Pflichten des Aufsichtsrats.** Die Pflichten des Aufsichtsrats der abhängigen Gesellschaft werden **durch die §§ 311 ff. nicht berührt** (s. auch § 318 Rdnr. 8 ff., 12). Insbesondere hat der Aufsichtsrat darauf zu achten, daß nachteilige Maßnahmen nur unter den in Rdnr. 50 f. genannten Voraussetzungen ergriffen werden, daß also Nachteilsausgleich zu erwarten ist und dem Nachteilsausgleich nicht zugängliche Maßnahmen unterbleiben. Hat sich der Aufsichtsrat gem. § 111 Abs. 4 S. 2 die Zustimmung zu Geschäftsführungsmaßnahmen vorbehalten, so darf er nach Maßgabe der Ausführungen in Rdnr. 50 die Zustimmung erteilen; insoweit verdrängt also § 311 auch § 116.[133] Zur Überlagerung des § 116 durch § 318 s. § 318 Rdnr. 9 f., 12.

53   **3. Verhältnis des § 311 zu § 243.** Vor dem Hintergrund, daß eine nachteilige Veranlassung auch durch Hauptversammlungsbeschluß erfolgen kann (Rdnr. 18 f.), stellt sich die Frage nach dem Verhältnis des § 311 zur Möglichkeit der Beschlußanfechtung nach § 243. Der Frage kommt zunächst im Zusammenhang mit **§ 243 Abs. 2** Bedeutung zu. Insoweit rührt die Problematik daher, daß der in § 243 Abs. 2 S. 2 vorgesehene, zur Beseitigung der Anfechtbarkeit des Beschlusses führende Ausgleich zugunsten der Gesellschaft[134] bereits *im Beschluß selbst* festzuhalten ist; demgegenüber sieht § 311 die Möglichkeit des hinausgeschobenen Nachteilsausgleichs vor (Rdnr. 44 ff.). Bei Anwendbarkeit des § 243 Abs. 2 wäre mithin der Beschluß, sofern er nicht selbst eine Ausgleichsregelung enthält, stets anfechtbar; die nachteilige Maßnahme hätte zu unterbleiben. Ungeachtet der Privilegie-

---

[129] *Kropff* in *Geßler/Hefermehl* Rdnr. 59; *ders.* DB 1967, 2147, 2151 f.; *Koppensteiner* in Kölner Kommentar Rdnr. 106; *Hüffer* Rdnr. 48; *Strohn* S. 30 ff.; aA *Bälz*, Festschrift für Raiser, S. 287, 316; *Kronstein* BB 1967, 637, 642.

[130] *Emmerich/Sonnenschein* § 20 III 2; *Altmeppen* ZIP 1996, 693, 696 f.; weitergehend *Henze* BB 1996, 489, 499, dem zufolge das herrschende Unternehmen, das für das Vorjahr keinen Nachteilsausgleich geleistet hat, wegen Treupflichtverletzung (dazu Rdnr. 54) haftet, wenn es nicht sofort, also bereits vor Ablauf des Geschäftsjahres, ausgleicht.

[131] Näher *Koppensteiner* in Kölner Kommentar Rdnr. 95.

[132] *Geßler*, Festschrift für Westermann, S. 145, 156 f.; *Koppensteiner* in Kölner Kommentar Rdnr. 97.

[133] *Kropff* in *Geßler/Hefermehl* Rdnr. 64.

[134] Zu der diesbezüglichen Korrektur des Wortlauts des § 243 Abs. 2 S. 2 s. *Hüffer* § 243 Rdnr. 40; eingehend zu § 243 Abs. 2 S. 2 *Hüffer*, Festschrift für Kropff, 1997, S. 127 ff.

rungsfunktion des § 311 Abs. 2 (Rdnr. 2; Vorb. Rdnr. 2) erscheint dies freilich aus Gründen des Gesellschafts- und Aktionärsschutzes auch als geboten. Wollte man nämlich einen Sondervorteil iSd. § 243 Abs. 2 S. 1 nicht bereits darin sehen, daß das herrschende Unternehmen den Nachteil nicht sofort ausgleicht, so würde der für die Gesellschaft nachteilige Beschluß auch dann in *Bestandskraft* erwachsen, wenn das herrschende Unternehmen seiner Ausgleichspflicht gem. § 311 Abs. 2 nicht nachkommt. Es bliebe dann zwar die Haftung nach § 317. Ganz abgesehen davon, daß im Rahmen der Geltendmachung dieses Anspruchs eine *Inzidentkontrolle* des (bestandskräftigen) Beschlusses zu erfolgen hätte, käme jedenfalls ein Anspruch auf Beseitigung der Maßnahme nicht in Betracht (s. demgegenüber § 317 Rdnr. 10 ff.). Mit der hM[135] ist deshalb davon auszugehen, daß der Anfechtungsgrund des § 243 Abs. 2 nicht durch § 311 verdrängt wird, so wie umgekehrt die Möglichkeit zur Beschlußanfechtung nach § 243 Abs. 2 nicht der Anwendbarkeit des § 311 entgegensteht. Entsprechendes hat für die Beschlußanfechtung nach § 243 Abs. 1 zu gelten, soweit diese auf eine Verletzung der mitgliedschaftlichen **Treupflicht** gestützt wird.[136] Die Vorschrift des § 117 Abs. 7 Nr. 1 findet auch insoweit keine entsprechende Anwendung, als die Beschlußanfechtung den Eintritt eines Schadens oder Nachteils verhindert hätte (dazu Rdn. 18). Abweichend von den für die unabhängige AG geltenden Grundsätzen[137] bewendet es vielmehr auch bei Bestandskraft des Beschlusses bei §§ 311, 317.

4. Haftung des herrschenden Unternehmens. Die Veranlassung zu einer nachteiligen Maßnahme iSv. § 311 erfüllt regelmäßig zugleich den Tatbestand des **§ 117**. Die Anwendbarkeit dieser Vorschrift ließe freilich die Möglichkeit des gestreckten Nachteilsausgleichs gem. § 311 Abs. 2 weitgehend leerlaufen. Mit der hM ist deshalb davon auszugehen, daß die Vorschrift des § 311 den allgemeinen Haftungstatbestand des § 117 verdrängt.[138] Kommt es allerdings nicht zum Nachteilsausgleich gem. § 311 Abs. 2 (Rdnr. 28, 37, 39, 44 ff.), so haftet das herrschende Unternehmen nicht nur aus **§ 317**; vielmehr lebt dann auch die Haftung nach § 117 wieder auf.[139] Entsprechendes gilt für die Haftung des herrschenden Unternehmens aus **Treupflichtverletzung** (Rdnr. 1, 2, aber auch Rdn. 53). Auch auf sie kann im Anwendungsbereich der §§ 311 ff. nur insoweit zurückgegriffen werden, als es nicht zum Nachteilsausgleich kommt, sei es, daß die Maßnahme von vornherein nicht ausgleichsfähig ist (Rdnr. 28, 37, 39) oder das herrschende Unternehmen seiner Ausgleichspflicht nicht genügt (Rdnr. 44 ff.).[140] Was dagegen das aus der mitgliedschaftlichen Treupflicht abzuleitende *Wettbewerbsverbot* betrifft, so enthalten die §§ 311 ff. keine die Generalklausel verdrängende Spezialregelung (Vorb. Rdnr. 11); insoweit kommt es also nicht zu einer Verdrängung der Ansprüche aus der Treupflicht durch die §§ 311 ff. Eine allgemeine „Haftung aus Konzernvertrauen" ist prinzipiell, also unabhängig von ihrem Verhältnis zu §§ 311 ff., abzulehnen.[141]

---

[135] OLG Frankfurt a.M. WM 1973, 348, 350 f.; *Kropff* in Geßler/Hefermehl Rdnr. 103 ff.; *Hüffer* in Geßler/Hefermehl § 243 Rdnr. 106; *K. Schmidt* in Großkomm. z. AktG⁴ § 243 Rdnr. 58; *Zöllner* in Kölner Kommentar § 243 (Rdnr. 255 ff.*); Emmerich/Sonnenschein* § 20 I 2; *Raiser* Kapitalgesellschaften § 53 Rdnr. 20; aA OLG Stuttgart AG 1994, 411, 412; *Koppensteiner* in Kölner Kommentar Rdnr. 109 (unter Ausklammerung der in § 292 Abs. 1 Nr. 3 genannten Verträge, bei denen es freilich schon an der Quantifizierbarkeit des Nachteils fehlt); *Mülbert* S. 288 ff.; *Abrell* BB 1974, 1463, 1467.

[136] Dazu *K. Schmidt* in Großkomm. z. AktG⁴ § 243 Rdnr. 42, 45 ff.

[137] Zur Reichweite des Vorrangs der Anfechtungs- vor der Schadensersatzklage s. *Habersack* S. 225 ff., 232 ff.

[138] *Kropff* in Geßler/Hefermehl § 117 Rdnr. 48 f.; *ders.* DB 1967, 2147, 2150 ff.; *Koppensteiner* in Kölner Kommentar Rdnr. 108; *Mertens* in Kölner Kommentar § 117 Rdnr. 46; *Hüffer* Rdnr. 50, § 117 Rdnr. 14; *Strohn* S. 32 ff. mit weit. Nachw.; aA *Würdinger* in Großkomm. z. AktG³ Anm. 5.

[139] Vgl. *Kropff* in Geßler/Hefermehl § 117 Rdnr. 52 f.; *Koppensteiner* in Kölner Kommentar § 317 Rdnr. 41; *Mertens* in Kölner Kommentar § 117 Rdnr. 46; *Hüffer* (Fn. 138); aA *Brüggemeier* AG 1988, 93, 101 f.; *Leo* AG 1965, 352, 355.

[140] Weitergehend *Henze* BB 1996, 489, 499 (s. dazu Fn. 130); *Zöllner* ZHR 162 (1998), 235 ff., freilich unter Betonung solcher Sachverhalte, die nach hier vertretener Ansicht (Rdnr. 28, 37, 39) einem Nachteilsausgleich nicht zugänglich und *deshalb* nach Treupflichtgesichtspunkten zu beurteilen sind.

[141] *Lutter*, Gedächtnisschrift für Knobbe-Keuk, S. 229 ff.

55   **5. Kapitalerhaltung.** Die Veranlassung zu einer nachteiligen Maßnahme geht regelmäßig mit einer nicht durch einen Gewinnverwendungsbeschluß gedeckten und damit an sich gem. §§ 57, 60, 62 unzulässigen Vermögensverlagerung auf das herrschende Unternehmen einher. Die Anwendung dieser Vorschriften, darunter namentlich derjenigen des § 62 betr. die Verpflichtung des Aktionärs zur Rückgewähr entsprechender Zuwendungen, stünde zu der in § 311 Abs. 2 vorgesehenen Möglichkeit des hinausgeschobenen Nachteilsausgleichs in Widerspruch. Mit der hM ist deshalb davon auszugehen, daß die **§§ 57, 60, 62 durch § 311 verdrängt** werden.[142] Die §§ 57, 60, 62 sind also auch dann nicht anwendbar, wenn das herrschende Unternehmen nicht im unmittelbaren zeitlichen Zusammenhang mit der Einflußnahme, sondern erst am Ende des Geschäftsjahres Ausgleich gewährt (Rdnr. 44 ff.). Mit **Art. 15 und 16 der Zweiten Richtlinie**[143] ist dies durchaus vereinbar,[144] erlaubt doch § 311 eine Einflußnahme auf die abhängige Gesellschaft nur insoweit, als deren Vermögensinteressen gewahrt bleiben (Rdnr. 2). Der Schutz der Vermögensinteressen wird denn auch durch die Verpflichtung zum Nachteilsausgleich gewährleistet; solange Nachteilsausgleich geleistet werden kann, tritt diese Verpflichtung an die Stelle der Verpflichtung aus § 62. Die Freistellung vom Verbot der Einlagenrückgewähr steht und fällt allerdings mit der *Rechtfertigung* der nachteiligen Einflußnahme. Kommt es *nicht zum Nachteilsausgleich* gem. § 311 Abs. 2 (Rdnr. 44 ff.) oder handelt es sich um eine dem *Nachteilsausgleich nicht zugängliche Maßnahme* (Rdnr. 39), so finden die Vorschriften der §§ 57, 60, 62 mithin neben denjenigen der §§ 317, 117 (Rdnr. 54) Anwendung.[145] Für die Besicherung eines vom herrschenden Unternehmen gewährten Darlehens durch die abhängige Gesellschaft gelten diese Grundsätze entsprechend.[146] Zu den Pflichten des Vorstands der abhängigen Gesellschaft s. Rdnr. 50 f.

§ 312 Bericht des Vorstands über Beziehungen zu verbundenen Unternehmen

(1) Besteht kein Beherrschungsvertrag, so hat der Vorstand einer abhängigen Gesellschaft in den ersten drei Monaten des Geschäftsjahrs einen Bericht über die Beziehungen der Gesellschaft zu verbundenen Unternehmen aufzustellen. In dem Bericht sind alle Rechtsgeschäfte, welche die Gesellschaft im vergangenen Geschäftsjahr mit dem herrschenden Unternehmen oder einem mit ihm verbundenen Unternehmen oder auf Veranlassung oder im Interesse dieser Unternehmen vorgenommen hat, und alle anderen Maßnahmen, die sie auf Veranlassung oder im Interesse dieser Unternehmen im vergangenen Geschäftsjahr getroffen oder unterlassen hat, aufzuführen. Bei

---

[142] OLG Stuttgart AG 1994, 411, 412; LG Düsseldorf AG 1979, 290, 291 f.; *Kropff* in *Geßler/Hefermehl* Rdnr. 65, 103; *Koppensteiner* in Kölner Kommentar Rdnr. 107; *Hüffer* Rdnr. 49; *Krieger* in MünchHdb. AG § 69 Rdnr. 96; *Henze* BB 1996, 489, 498 f.; *Michalski* AG 1980, 261, 264 f.; *Strohn* S. 24 ff.; aA *Würdinger* in Großkomm. z. AktG³ Anm. 5; *Flume* I/1 S. 127; *Bälz*, Festschrift für Raiser, S. 287, 314 f.; *Altmeppen* ZIP 1996, 693, 695 ff. Eingehend zum Ganzen jetzt *Cahn* Kapitalerhaltung im Konzern, 1998, passim.

[143] Zweite Richtlinie auf dem Gebiet des Gesellschaftsrechts (Kapitalrichtlinie) vom 13.12. 1976 (77/191/EWG), ABl. EG Nr. L 26 v. 31.1. 1977, S. 1 ff.; geändert durch die Richtlinie 92/101/EWG v. 23.11. 1992.

[144] AA *Schön*, Festschrift für Kropff, S. 285, 295 ff.

[145] OLG Frankfurt a. M. AG 1996, 324, 327; OLG Hamm AG 1995, 512, 516; *Koppensteiner* in Kölner Kommentar § 317 Rdnr. 40; *Hüffer* Rdnr. 49; *Krieger* in MünchHdb. AG § 69 Rdnr. 96; aA *Michalski* AG 1980, 261, 264 (unter Hinweis darauf, daß die Anwendung des § 62 neben § 317 überflüssig sei, was freilich schon im Hinblick auf die unterschiedlichen Anspruchsvoraussetzungen nicht zutrifft).

[146] Zutr. *Sonnenhol/Groß* ZHR 159 (1995), 388, 410; *Hüffer* Rdnr. 49; aA *Schön* ZHR 159 (1995), 351, 371 f.; s. ferner LG Dortmund EWiR 1994, 1049. Näher zur Problematik der Besicherung von Gesellschafterverbindlichkeiten durch die Gesellschaft neben *Sonnenhol/Groß* und *Schön* insbes. *Mülbert* ZGR 1995, 578 ff.; *Jula/Breitbarth* AG 1997, 256, 258 ff.; ferner BGH ZIP 1998, 793, 795 f. – Zur umgekehrten Problematik, nämlich zur Gewährung eines Darlehens an die abhängige Gesellschaft durch das herrschende Unternehmen (bzw. zur Besicherung eines Drittdarlehens der abhängigen Gesellschaft durch das herrschende Unternehmen) und zur Anwendung der Regeln über den Eigenkapitalersatz im Konzern s. *Hommelhoff* WM 1984, 1105, 1110 ff.; *Jula/Breitbarth* AG 1997, 256, 264 f.

den Rechtsgeschäften sind Leistung und Gegenleistung, bei den Maßnahmen die Gründe der Maßnahme und deren Vorteile und Nachteile für die Gesellschaft anzugeben. Bei einem Ausgleich von Nachteilen ist im einzelnen anzugeben, wie der Ausgleich während des Geschäftsjahrs tatsächlich erfolgt ist, oder auf welche Vorteile der Gesellschaft ein Rechtsanspruch gewährt worden ist.

(2) Der Bericht hat den Grundsätzen einer gewissenhaften und getreuen Rechenschaft zu entsprechen.

(3) Am Schluß des Berichts hat der Vorstand zu erklären, ob die Gesellschaft nach den Umständen, die ihm in dem Zeitpunkt bekannt waren, in dem das Rechtsgeschäft vorgenommen oder die Maßnahme getroffen oder unterlassen wurde, bei jedem Rechtsgeschäft eine angemessene Gegenleistung erhielt und dadurch, daß die Maßnahme getroffen oder unterlassen wurde, nicht benachteiligt wurde. Wurde die Gesellschaft benachteiligt, so hat er außerdem zu erklären, ob die Nachteile ausgeglichen worden sind. Die Erklärung ist auch in den Lagebericht aufzunehmen.

Übersicht

	Rdnr.		Rdnr.
I. Einführung	1–5	2. Berichtspflichtige Vorgänge (S. 2)	17–26
1. Inhalt und Zweck der Vorschrift	1–3	a) Verhältnis zwischen „Rechtsgeschäft" und „Maßnahme"	17
2. Zur Frage der Publizität des Berichts	4, 5	b) Rechtsgeschäfte	18–24
a) Grundsatz	4	aa) Begriff	18, 19
b) Auskunftsrecht des Aktionärs	5	bb) Vornahme durch abhängige Gesellschaft	20
II. Voraussetzungen der Berichtspflicht	6–10	cc) Beteiligung, Veranlassung durch oder Interesse des herrschenden oder eines mit ihm verbundenen Unternehmens	21–23
1. Abhängigkeit	6, 7		
2. Abhängige KGaA	8		
3. Eintritt oder Wegfall von Voraussetzungen während des Geschäftsjahres	9	dd) Abgelaufenes Geschäftsjahr	24
4. Negativbericht	10	c) Maßnahmen	25, 26
III. Adressat, zeitlicher Rahmen und Kosten der Berichtspflicht	11–13	3. Einzelangaben	27–30
		a) Rechtsgeschäfte (S. 3)	27, 28
1. Adressat	11	b) Maßnahmen (S. 3)	29
2. Frist	12	c) Nachteilsausgleich (S. 4)	30
3. Kosten	13	VI. Allgemeine Grundsätze der Berichterstattung (Abs. 2)	31–33
IV. Rechtsfolgen fehlender oder fehlerhafter Berichterstattung	14, 15	1. Grundsätze einer „gewissenhaften und getreuen Rechenschaft"	31
1. Zwangsgeld	14	2. Konkretisierung	32, 33
2. Sonstige	15	VII. Schlußerklärung (Abs. 3)	34–37
V. Inhalt des Abhängigkeitsberichts (Abs. 1)	16–33	1. Zweck	34
		2. Inhalt (S. 1 und 2)	35, 36
1. Überblick	16	3. Aufnahme in den Lagebericht (S. 3)	37

I. Einführung

1. Inhalt und Zweck der Vorschrift. Nach Abs. 1 S. 1 der Vorschrift hat der Vorstand der abhängigen Gesellschaft in den ersten drei Monaten des Geschäftsjahres einen Bericht über die Beziehungen der Gesellschaft zu verbundenen Unternehmen aufzustellen. Der *Inhalt dieses sog. Abhängigkeitsberichts* ist in Abs. 1 S. 2 bis 4 geregelt. Zu berichten ist danach vor allem über die auf Veranlassung des herrschenden Unternehmens vorgenommenen Rechtsgeschäfte und Maßnahmen. Abs. 2 umschreibt generalklauselartig die *Sorgfaltsanforderungen,* die der Vorstand im Zusammenhang mit der Erstellung des Berichts einzuhalten hat; danach muß die Berichterstattung insbesondere wahrheitsgemäß und vollständig sein. Nach Abs. 3 hat der Bericht eine *Schlußerklärung* des Vorstands zu enthalten, die in den Lagebericht aufzunehmen und somit gem. § 175 Abs. 2 der Hauptversammlung vorzulegen und gem. § 325 HGB bekanntzumachen ist.

2 Die Verpflichtung zur Erstellung eines Abhängigkeitsberichts steht in unmittelbarem Zusammenhang mit §§ 311, 317 und soll zunächst dazu beitragen, daß nachteilige Veranlassungen nur gegen Nachteilsausgleich und damit in Übereinstimmung mit § 311 erfolgen. Zugleich sollen den außenstehenden Aktionären und Gläubigern Informationen verschafft werden, damit sie von ihrer nach §§ 317 Abs. 4, 318 Abs. 4 (jew. iVm. § 309 Abs. 4) bestehenden Möglichkeit zur Geltendmachung von Ansprüchen der abhängigen Gesellschaft gegen das herrschende Unternehmen und die Organwalter der Gesellschaft auch tatsächlich Gebrauch machen können.[1] Freilich unterliegt der Abhängigkeitsbericht *nicht* der *Publizität* (Rdnr. 4 f.). Zur Verwirklichung des auf **Effektivierung der §§ 311, 317** gerichteten Schutzzwecks binden die §§ 312 bis 314, 318 vielmehr neben dem Vorstand auch den *Abschlußprüfer* (s. aber auch § 313 Rdnr. 3 f. betr. die sog. kleine AG) und den *Aufsichtsrat* der abhängigen Gesellschaft in das Pflichtenprogramm im Zusammenhang mit der Erstellung und Prüfung des Berichts ein. Die damit **verbundenen Haftungsrisiken aller Beteiligten** sowie das Recht des Aktionärs, unter den Voraussetzungen des § 315 die Bestellung eines *Sonderprüfers* zu beantragen, sollen eine wahrheitsgemäße Berichterstattung und damit die Einhaltung der sich aus § 311 ergebenden Schranken der legitimen Einflußnahme durch das herrschende Unternehmen gewährleisten. Zugleich sollen sie den Aktionären und Gläubigern Gewißheit darüber verschaffen, daß, sofern nichts anderes verlautbart wird, Ansprüche gem. §§ 317, 318 nicht bestehen und somit die Ausübung der Klagebefugnisse gem. §§ 317 Abs. 4, 318 Abs. 4 iVm. § 309 Abs. 4 nicht veranlaßt ist.

3 Der Verpflichtung zur Erstellung eines Abhängigkeitsberichts kommt mithin eine Schlüsselrolle innerhalb des Systems der §§ 311 ff. zu.[2] Das rechtspolitische Urteil über die Konzeption des Gesetzgebers des Jahres 1965 fällt freilich überwiegend negativ aus (vgl. vor § 311 Rdnr. 8); dabei wird insbesondere darauf hingewiesen, daß die Geltendmachung von Schadensersatzansprüchen gegen das herrschende Unternehmen durch Aktionäre oder Gläubiger der abhängigen Gesellschaft (Rdnr. 2), wiewohl §§ 317 Abs. 4, 309 Abs. 4 entsprechende Klagemöglichkeiten vorsehen, *mangels Publizität* des Berichts tatsächlich kaum jemals in Betracht kommt (s. noch Rdnr. 4). Neuerdings wird freilich zunehmend auf die **präventive Wirkung** hingewiesen, die von der – sämtliche beteiligten Personen betreffenden und schadensersatzbewehrten (Rdnr. 2) – Verpflichtung zur Erstellung des Abhängigkeitsberichts ausgeht.[3] Nicht zu bestreiten ist in der Tat, daß die Verpflichtung aus § 312 die Stellung des Vorstands der abhängigen Gesellschaft gegenüber dem herrschenden Unternehmen zu stärken vermag. Berücksichtigt man, daß die Verpflichtung zur Offenlegung des Berichts zum Nachteil der Gesellschaft und damit letztlich auch zum Nachteil der außenstehenden Aktionäre ginge (Rdnr. 4), ferner, daß gerade die Vertraulichkeit des Berichts den Vorstand zur offenen Information ermutigen sollte, so sprechen gute Gründe dafür, auf die Funktionsfähigkeit des internen Berichtssystems zu vertrauen und von einer Totalrevision der §§ 312 ff. abzusehen.[4]

4 **2. Zur Frage der Publizität des Berichts. a) Grundsatz.** Mit Rücksicht auf die Geheimhaltungsinteressen der abhängigen Gesellschaft verlangt das Gesetz keine Offenle-

---

[1] Begr. RegE bei *Kropff* S. 410 f.
[2] Vgl. bereits vor § 311 Rdnr. 4 f.; ferner BGH NJW 1997, 1855, 1856; OLG Braunschweig AG 1996, 271, 272; LG Traunstein ZIP 1993, 1551; *Emmerich/Sonnenschein* § 21 II 1.
[3] Vgl. vor § 311 Rdnr. 8 mit Nachw. in Fn. 20 sowie namentlich *Hommelhoff* ZHR 156 (1992), 295 ff.; WP-Hdb., Bd. I, Rdnr. F 695; zust. BGH NJW 1997, 1855, 1856; LG Traunstein ZIP 1993, 1511.
[4] Vgl. Fn. 3, ferner *Hommelhoff* Gutachten S. 59; s. aber auch *Koppensteiner*, Festschrift für Steindorff, S. 79, 109.

gung des Berichts.⁵ Im Unterschied zur Schlußerklärung gem. Abs. 3 (Rdnr. 34, 37) und zu dem unter den Voraussetzungen des § 315 zu erstellenden Sonderprüfungsbericht (§ 315 Rdnr. 2) ist der Abhängigkeitsbericht vielmehr ausschließlich für den Abschluß- bzw. Sonderprüfer und für den Aufsichtsrat der abhängigen Gesellschaft bestimmt; auch das herrschende Unternehmen soll von seinem Inhalt allenfalls über seine Repräsentanten im Aufsichtsrat der abhängigen Gesellschaft Kenntnis erlangen.⁶ Die Satzung der Gesellschaft kann davon nicht abweichen; die §§ 312 ff. enthalten vielmehr eine – iSv. § 23 Abs. 5 S. 2 abschließende und damit – **zwingende Regelung** der Problematik.⁷ Auch Gläubiger und außenstehende Aktionäre, die gem. §§ 317 Abs. 4, 309 Abs. 4 das herrschende Unternehmen auf Schadensersatz in Anspruch nehmen, haben keinen Anspruch auf Vorlage des Berichts.⁸ Der *Konkursverwalter* der abhängigen Gesellschaft kann dagegen über den Abhängigkeitsbericht verfügen.⁹ Des weiteren bestimmt § 145 Abs. 1, daß die nach § 315 zu bestellenden *Sonderprüfer* den Bericht einsehen können, was über § 145 Abs. 4 auch den außenstehenden Aktionären und Gläubigern zugute kommt (§ 315 Rdnr. 3, 13).

b) **Auskunftsrecht des Aktionärs.** Das allgemeine Auskunftsrecht des Aktionärs erfährt durch die §§ 312 f. **keine Einschränkungen**.¹⁰ Andererseits begründen dem herrschenden Unternehmen außerhalb der Hauptversammlung gegebene Informationen regelmäßig **kein erweitertes Auskunftsrecht** des außenstehenden Aktionärs iSd. § 131 Abs. 4. Denn die hM geht zu Recht davon aus, daß bei Bestehen eines *faktischen Konzerns* solche Informationen nicht mit Rücksicht auf die Aktionärseigenschaft des herrschenden Unternehmens erteilt werden, sondern die – in §§ 311 ff. als zulässig erachtete (vor § 311 Rdnr. 6 ff.) – *einheitliche Leitung* der Konzernunternehmen ermöglichen sollen. Die Möglichkeit einheitlicher Leitung wäre aber dem herrschenden Unternehmen genommen, würde jede ihm erteilte Information ein erweitertes Informationsrecht und damit die Verpflichtung zur Offenlegung von Unternehmensinterna begründen.¹¹ Der (klarstellenden) Vorschrift des § 131 Abs. 4 S. 3 läßt sich nichts Gegenteiliges entnehmen.¹² Anderes gilt bei bloßer *Abhängigkeit* gem. § 17 oder bei Mehrheitsbeteiligung gem. § 16; in diesen Fällen begründen dem herrschenden Unternehmen gewährte Informationen ein erweitertes Auskunftsrecht der außenstehenden Aktionäre.¹³

II. Voraussetzungen der Berichtspflicht

1. **Abhängigkeit.** Die Berichtspflicht steht im Zusammenhang mit der Verpflichtung zum Nachteilsausgleich gem. § 311 und knüpft wie diese an das Bestehen eines Abhängigkeitsverhältnisses iSd. § 17 oder eines Konzerns iSd. § 18 an (§ 311 Rdnr. 4). Auf das Vorhandensein außenstehender Aktionäre kommt es nicht an; auch im Fall einer abhängigen **Einpersonen-AG** ist maW ein Bericht zu erstellen.¹⁴ Gem. ausdrücklicher Klarstellung in Abs. 1 S. 1 entfällt die Berichtspflicht bei Bestehen eines *Beherrschungsvertrags* (§ 311

---

⁵ Wohl einhM, s. *Kropff* in *Geßler/Hefermehl* Rdnr. 6 ff.; *Krieger* in MünchHdb. AG § 69 Rdnr. 72; *Hüffer* Rdnr. 38; *Emmerich/Sonnenschein* § 21 II 1. Zu der im Entwurf einer 9. Richtlinie (Konzernrichtlinie) vorgesehenen Pflicht zur Veröffentlichung des sog. Sonderberichts s. *Maul* DB 1985, 1749, 1751 f.
⁶ *Kropff* in *Geßler/Hefermehl* Rdnr. 9.
⁷ *Kropff* in *Geßler/Hefermehl* Rdnr. 7; *Krieger* in MünchHdb. AG § 69 Rdnr. 72.
⁸ OLG Düsseldorf AG 1988, 275, 277; *Kropff* in *Geßler/Hefermehl* Rdnr. 8; *Hüffer* Rdnr. 38.
⁹ *Kropff* in *Geßler/Hefermehl* Rdnr. 8.
¹⁰ *Koppensteiner* in Kölner Kommentar Rdnr. 4; *Emmerich/Sonnenschein* § 21 II 2; *Strohn* S. 144 ff.; aA KG NJW 1972, 2307, 2309 f. (kein Auskunftsrecht hinsichtlich solcher Vorgänge, über die im Abhängigkeitsbericht zu berichten ist).
¹¹ Zutr. *Zöllner* in Kölner Kommentar § 131 Rdnr. 69; *Hüffer* § 131 Rdnr. 38; *Decher* ZHR 158 (1994), 473, 483 ff.; *Kropff* DB 1967, 2204, 2205; aA namentlich *Eckardt* in *Geßler/Hefermehl* § 131 Rdnr. 48 und *Koppensteiner* in Kölner Kommentar Rdnr. 5, jew. mit weit. Nachw.
¹² *Decher* ZHR 158 (1994), 473, 485 f.; *Hüffer* § 131 Rdnr. 39; s. ferner *Hoffmann-Becking*, Festschrift für Rowedder, 1994, S. 155, 169.
¹³ *Zöllner* in Kölner Kommentar § 131 Rdnr. 68; *Hüffer* § 131 Rdnr. 38.
¹⁴ Wohl unstr., s. nur *Kropff* in *Geßler/Hefermehl* Rdnr. 15; *Koppensteiner* in Kölner Kommentar Rdnr. 6.

Rdnr. 6); § 323 Abs. 1 S. 3 bestimmt darüber hinaus, daß die §§ 311–318 auch bei *Eingliederung* der abhängigen Gesellschaft unanwendbar sind (s. § 311 Rdnr. 6). Bei *qualifizierter faktischer Konzernierung* (vor § 311 Rdnr. 20 ff.) sowie bei Bestehen eines Unternehmensvertrags iSd. § 292 bewendet es dagegen bei der Anwendbarkeit der §§ 312 ff. (§ 311 Rdnr. 6). Bei Vorliegen eines *Gewinnabführungsvertrags* schließlich sind die §§ 312–315 und damit auch § 318 (s. § 316 Rdnr. 5) gem. ausdrücklicher Bestimmung in § 316 unanwendbar. Was die Person des herrschenden Unternehmens betrifft, so gilt auch im Anwendungsbereich der §§ 312 ff. der funktionale Unternehmensbegriff des § 15. Ein Abhängigkeitsbericht ist deshalb auch in den Fällen zu erstellen, in denen die Gesellschaft von einer **natürlichen Person** oder von einer **juristischen Person des öffentlichen Rechts** abhängig ist;[15] im zuletzt genannten Fall gelten freilich Besonderheiten hinsichtlich des *Inhalts* des Berichts (Rdnr. 23). Gem. § 28 a S. 1 EGAktG sind die Vorschriften über herrschende Unternehmen und damit auch die §§ 312 ff. betr. die Berichtspflicht allerdings nicht auf die (vormalige) **Treuhandanstalt** anzuwenden. Entsprechendes gilt für die **Bundesanstalt für vereinigungsbedingte Sonderaufgaben**; auch deren Beteiligungsunternehmen sind keine mit ihr oder mit dem Bund verbundene Unternehmen und damit nicht berichtspflichtig gem. § 312.[16]

7 Bei **mehrfacher Abhängigkeit** (§ 311 Rdnr. 5, § 15 Rdnr. 23 ff.) ist über die Beziehungen zu jedem herrschenden Unternehmen zu berichten (Rdnr. 22). Für den Regelfall der koordinierten Beherrschung eines Gemeinschaftsunternehmens genügt zwar ein *einheitlicher Bericht;* ihm muß sich aber entnehmen lassen, auf Veranlassung und im Interesse welches Unternehmens die berichtspflichtigen Vorgänge erfolgten.[17] Entsprechendes gilt bei mittelbarer Abhängigkeit (§ 311 Rdnr. 7). Bei **mehrstufigen Abhängigkeitsverhältnissen** (§ 311 Rdnr. 7 ff.) ist für jedes Abhängigkeitsverhältnis ein Bericht zu erstellen. Doch gilt auch insoweit, daß die von der Mutter und der Tochter abhängige Enkel-AG einen *einheitlichen Bericht* erstellen kann, sofern dieser das veranlassende und das begünstigte Unternehmen konkret benennt.[18] Soweit innerhalb der mehrstufigen Unternehmensverbindung ein Beherrschungs- oder Gewinnabführungsvertrag besteht oder eine Gesellschaft eingegliedert ist, entfällt die Berichtspflicht (s. Rdnr. 6 sowie näher § 311 Rdnr. 8 ff.).

8 **2. Abhängige KGaA.** Wiewohl § 312 lediglich vom „Vorstand" der abhängigen Gesellschaft spricht, finden §§ 312 ff. nicht nur auf die abhängige AG, sondern auch auf die abhängige[19] KGaA Anwendung.[20] Dafür spricht namentlich der auf Effektivierung der §§ 311, 317 gerichtete Schutzzweck der §§ 312 ff. (Rdnr. 2); ihm kommt im Fall einer abhängigen KGaA gleichermaßen Bedeutung zu. Entsprechend § 283 ist der Abhängigkeitsbericht in diesem Fall von den persönlich haftenden Gesellschaftern bzw. von deren Organwaltern aufzustellen.[21]

9 **3. Eintritt oder Wegfall von Voraussetzungen während des Geschäftsjahres.** Ein Abhängigkeitsbericht ist grundsätzlich auch dann zu erstellen, wenn die Voraussetzungen der

---

[15] Vgl. für Unternehmen der öffentlichen Hand BGHZ 69, 334, 338 ff. = NJW 1978, 104; BGH NJW 1997, 1855, 1856; *Koppensteiner* in Kölner Kommentar Rdnr. 39; *Hüffer* Rdnr. 3. Näher zur Qualifizierung von juristischen Personen des öffentlichen Rechts und von natürlichen Personen als Unternehmen § 15 Rdnr. 22 ff.

[16] Vgl. § 1 VO v. 20.12. 1994, BGBl. I S. 3913 (AusführungsVO zum Gesetz zur abschließenden Erfüllung der verbliebenen Aufgaben der Treuhandanstalt, BGBl. 1994 I, S. 2062).

[17] *Koppensteiner* in Kölner Kommentar Rdnr. 9; *Krieger* in MünchHdb. AG § 69 Rdnr. 74; *Gansweid* S. 184; *Haesen* S. 53 f.

[18] *Kropff* in Geßler/Hefermehl § 311 Rdnr. 188; *Koppensteiner* in Kölner Kommentar Rdnr. 8; *Krieger* in MünchHdb. AG § 69 Rdnr. 74; *Rehbinder* ZGR 1977, 581, 594 f.; *Haesen* S. 48; aA *Bayer*, Festschrift für Ballerstedt, S. 157, 181.

[19] Auch insoweit gelten die allg. Grundsätze, s. § 15 Rdnr. 21 (betr. die Unternehmenseigenschaft); s. aber auch *Mertens*, Festschrift für Claussen, S. 297 ff., dem zufolge eine KGaA mit einer anderweitig unternehmerisch tätigen Personengesellschaft als Komplementärin dann nicht berichtspflichtig sein soll, wenn die KGaA satzungsmäßig am Ergebnis der Komplementärin so beteiligt wird, als hätte diese ihr gesamtes Vermögen in die KGaA eingebracht.

[20] Heute ganz hM, s. *Koppensteiner* in Kölner Kommentar Rdnr. 7; *Kropff* in Geßler/Hefermehl Rdnr. 14; *Hüffer* Rdnr. 5; *Mertens*, Festschrift für Claussen, S. 297 f.; aA noch Gail Wpg 1966, 425, 429; *Werner* NB 1967 Heft 4 S. 1, 12.

[21] *Hüffer* Rdnr. 5; *Mertens* (Fn. 20).

Berichtspflicht nur während eines Teils des Geschäftsjahres vorgelegen haben. Die Berichtspflicht besteht dann allerdings nur für den **(Rumpf-)Zeitraum,** in dem die Voraussetzungen des § 312 vorgelegen haben. Für die Begründung oder den Wegfall der *Abhängigkeit* ist dies weithin anerkannt,[22] doch hat Entsprechendes hat auch bei einem *Wechsel der Rechtsform* zu gelten.[23] Hinsichtlich des Verhältnisses der §§ 312 ff. zu §§ 291 ff., 319 ff. (Rdnr. 6) ist freilich zu differenzieren (s. noch § 316 Rdnr. 3). Was zunächst die *Beendigung* eines **Beherrschungs- oder Gewinnabführungsvertrags** oder einer **Eingliederung** (Rdnr. 6) während des laufenden Geschäftsjahres betrifft, so wird auch in diesem Fall die Berichtspflicht mit Wirkung ex nunc begründet; zu berichten ist also über die Vorgänge nach Beendigung des Vertrags bzw. der Eingliederung.[24] Bei *Abschluß* eines entsprechenden Vertrags oder Eingliederung der Gesellschaft während des laufenden Geschäftsjahres hat das herrschende Unternehmen gem. §§ 302, 322 Abs. 1, 324 Abs. 3 auch für die vor Vertragsschluß bzw. Eingliederung begründeten Verluste bzw. Verbindlichkeiten einzustehen (§ 302 Rdnr. 37, § 322 Rdnr. 5, § 324 Rdnr. 9). Die Berichtspflicht entfällt deshalb für das gesamte Geschäftsjahr.[25] Voraussetzung ist allerdings, daß die Maßnahme bis zum Ende des Geschäftsjahres in das Handelsregister eingetragen und damit wirksam geworden ist oder ein Gewinnabführungsvertrag mit *Rückwirkung* für das bereits abgelaufene Geschäftsjahr geschlossen wird (dazu § 294 Rdnr. 28).

4. Negativbericht. Ein Abhängigkeitsbericht ist auch dann aufzustellen, wenn für das abgelaufene Geschäftsjahr keine berichtspflichtigen Vorgänge zu verzeichnen sind. In diesem Fall haben der Bericht und die Schlußerklärung eine entsprechende Negativerklärung zu enthalten.[26] Dieser Bericht ist dann Gegenstand der Prüfung nach §§ 313, 314 und ggf. Grundlage der Haftung des Vorstands und des Aufsichtsrats nach § 318. Zur Schlußerklärung s. Rdnr. 35.

III. Adressat, zeitlicher Rahmen und Kosten der Berichtspflicht

1. Adressat. Nach Abs. 1 S. 1 ist der Abhängigkeitsbericht vom Vorstand bzw. von den Komplementären[27] (Rdnr. 8) der abhängigen Gesellschaft aufzustellen. Wie in § 91 ist auch in § 312 der Vorstand als Organ der abhängigen Gesellschaft angesprochen; der Bericht ist maW von der abhängigen Gesellschaft aufzustellen, die sich dazu ihres Vorstands zu bedienen hat. Die Erstellung des Abhängigkeitsberichts fällt in die **Gesamtverantwortung des Vorstands.**[28] Der Vorstand kann sich zwar der Hilfe anderer Personen bedienen; eine Delegation kommt jedoch nicht in Betracht (s. noch § 313 Rdnr. 7).[29] Der Bericht ist, wie aus §§ 318 Abs. 1, 407 Abs. 1 folgt, von sämtlichen Mitgliedern des Vorstands und damit auch von stellvertretenden Mitgliedern zu unterzeichnen.[30] Maßgebend ist die Zusammensetzung des Vorstands in dem nach Abs. 1 S. 1 relevanten (Rdnr. 12) *Zeitpunkt der Berichterstellung*.[31] Bei einem **Vorstandswechsel** kann das neue Mitglied des Vorstands nicht gel-

---

[22] Kropff in *Geßler/Hefermehl* Rdnr. 16 ff.; *Koppensteiner* in Kölner Kommentar Rdnr. 11 ff.; *A/D/S* Rdnr. 23 ff.; *Hüffer* Rdnr. 6; *Krieger* in MünchHdb. AG § 69 Rdnr. 75; s. ferner *IdW/HFA* Wpg. 1992, 91, 92 (Nr. 14); WP-Hdb., Bd. I, Rdnr. F 711.
[23] Vgl. *Koppensteiner, Hüffer* und *Krieger,* jew. aaO (Fn. 22); aA aber *Kropff* in *Geßler/Hefermehl* Rdnr. 18 f., der in diesem Fall einen Bericht (bzw. bei einer Umwandlung einer AG bzw. KGaA in eine Gesellschaft anderer Rechtsform: den Wegfall der Berichtspflicht) für das gesamte Geschäftsjahr fordert.
[24] *Koppensteiner* in Kölner Kommentar Rdnr. 14; *Hüffer* Rdnr. 7; für den Beherrschungsvertrag auch *Kropff* in *Geßler/Hefermehl* Rdnr. 22 (anders für den Gewinnabführungsvertrag *ders.* § 316 Rdnr. 7, s. dazu noch § 316 Rdnr. 3).
[25] *Kropff* in *Geßler/Hefermehl* Rdnr. 20 f.; *Koppensteiner* in Kölner Kommentar Rdnr. 13 (s. aber auch *dens.*

§ 316 Rdnr. 2); *Krieger* in MünchHdb. AG § 69 Rdnr. 75; *Hüffer* Rdnr. 7; *IdW/HFA* Wpg. 1992, 91, 92 (Nr. 12); WP-Hdb., Bd. I, Rdnr. F 712.
[26] Wohl einhM, s. *Koppensteiner* in Kölner Kommentar Rdnr. 10; *Kropff* in *Geßler/Hefermehl* Rdnr. 24, 75; *Krieger* in MünchHdb. AG § 69 Rdnr. 83; *Hüffer* Rdnr. 8; *IdW/HFA* Wpg. 1992, 91, 92 (Nr. 17); WP-Hdb., Bd. I, Rdnr. F 706.
[27] Vgl. Rdnr. 8; im folgenden ist nur vom Vorstand die Rede, doch gelten die Ausführungen entsprechend für die Komplementäre der KGaA.
[28] *A/D/S* Rdnr. 78; *Emmerich/Sonnenschein* § 21 III 1; *Hüffer* Rdnr. 2.
[29] *Koppensteiner* in Kölner Kommentar Rdnr. 21.
[30] *A/D/S* Rdnr. 78; *Hüffer* Rdnr. 2.
[31] BGH NJW 1997, 1855, 1856; *Emmerich/Sonnenschein* § 21 III 1.

tend machen, es sei über die berichtspflichtigen Vorgänge nicht informiert. Dies gilt auch bei vollständigem Vorstandswechsel.[32]

12   **2. Frist.** Nach Abs. 1 S. 1 ist der (auf das abgelaufene Geschäftsjahr bezogene) Abhängigkeitsbericht in den ersten drei Monaten des Geschäftsjahres aufzustellen; Stichtag ist grundsätzlich (s. aber auch Rdnr. 9) derjenige des Jahresabschlusses. Der enge, sowohl in § 264 Abs. 1 S. 2 HGB als auch in §§ 313, 314 zum Ausdruck kommende Zusammenhang zwischen der Verpflichtung zur Aufstellung des Jahresabschlusses und derjenigen zur Aufstellung des Abhängigkeitsberichts sowie die in § 312 Abs. 3 S. 3 vorgesehene Aufnahme der Schlußerklärung in den Lagebericht sprechen allerdings für eine **Anpassung der Frist** des Abs. 1 S. 1 an eine von § 264 Abs. 1 S. 2 HGB abweichende Frist betreffend die Erstellung des Jahresabschlusses.[33] Neben Versicherungsunternehmen, für die § 341a Abs. 1 und 5 HGB Sonderregeln enthält, sind davon insbesondere **kleine Aktiengesellschaften iSv. § 267 Abs. 1 HGB** betroffen; sie haben gem. § 264 Abs. 1 S. 3 HGB den Jahresabschluß ggf. erst binnen sechs Monaten aufzustellen, so daß sich auch die Frist des Abs. 1 S. 1 entsprechend verlängert.

13   **3. Kosten.** Die Aufstellung und Prüfung des Abhängigkeitsberichts hat nach §§ 312 ff. durch die abhängige Gesellschaft selbst oder auf deren Veranlassung zu erfolgen; ihr fallen deshalb auch die Kosten der Aufstellung und Prüfung des Berichts zur Last. Ob und auf welcher Grundlage die abhängige Gesellschaft das herrschende Unternehmen auf Ausgleich der ihr entstehenden Kosten in Anspruch nehmen kann, ist noch nicht abschließend geklärt. Wiewohl es an einer *Veranlassung* iSd. § 311 Abs. 1 fehlt (s. § 311 Rdnr. 12 ff.), handelt es sich bei diesen Kosten doch um eine spezifische Folge der Abhängigkeit, so daß eine **entsprechende Anwendung der §§ 311, 317** geboten und somit das herrschende Unternehmen auch insoweit zum Nachteilsausgleich verpflichtet ist.[34]

IV. Rechtsfolgen fehlender oder fehlerhafter Berichterstattung

14   **1. Zwangsgeld.** Gem. § 407 Abs. 1 ist die Verpflichtung des Vorstands (Rdnr. 11) zur Aufstellung des Abhängigkeitsberichts durch Festsetzung von Zwangsgeld seitens des Registergerichts durchzusetzen. Die Möglichkeit zur Festsetzung von Zwangsgeld entfällt nicht bereits mit der **Feststellung des Jahresabschlusses;**[35] dies folgt schon daraus, daß der Abhängigkeitsbericht trotz der in Abs. 3 S. 3 vorgesehenen Aufnahme der Schlußerklärung in den Lagebericht kein Bestandteil des Jahresabschlusses ist (s. Rdnr. 15) und auch im übrigen der zwischen Abhängigkeitsbericht und Jahresabschluß bestehende Zusammenhang (Rdnr. 12) keineswegs umfassender Natur ist. Vor dem Hintergrund des auf die erleichterte Geltendmachung von Ansprüchen der abhängigen Gesellschaft durch die Aktionäre gerichteten Schutzzwecks des § 312 (Rdnr. 2) ist vielmehr davon auszugehen, daß das Zwangsgeldverfahren in der Regel *bis zur Verjährung* etwaiger Ansprüche aus §§ 317, 318 betrieben werden kann.[36] Jeder Aktionär der abhängigen Gesellschaft kann die Festsetzung eines Zwangsgelds beantragen; im Fall einer ablehnenden Verfügung des Registergerichts stehen **jedem Aktionär Beschwerde und Rechtsbeschwerde** gem. §§ 20, 27 FGG zu.[37]

15   **2. Sonstige.** Unterbleibt die Aufstellung eines Abhängigkeitsberichts oder entspricht der vom Vorstand aufgestellte Bericht nicht den Anforderungen des § 312, so haften die Mit-

---

[32] *Döllerer*, Festschrift für Semler, S. 441, 448 ff.
[33] Zutr. *Hüffer* Rdnr. 9; s. ferner *A/D/S* Rdnr. 5.
[34] Zutr. *Bode* AG 1995, 261, 269 f.; ihm zust. auch *Hüffer* Rdnr. 39; *Emmerich/Sonnenschein* § 21 III 2.
[35] BGH NJW 1997, 1855, 1856; OLG Braunschweig AG 1996, 271, 272; LG Traunstein ZIP 1993, 1551; *Koppensteiner* in Kölner Kommentar Rdnr. 23; *Hüffer* Rdnr. 10; *Krieger* in MünchHdb. AG § 69 Rdnr. 76; aA AG Bremen DB 1976, 1760;

A/D/S Rdnr. 103; *Mertens* AG 1996, 241, 247 ff.; s. ferner OLG Köln AG 1978, 171, 172.
[36] OLG Braunschweig, LG Traunstein, *Koppensteiner* und *Hüffer*, jew. aaO (Fn. 35); s. ferner BGH NJW 1997, 1855, 1856 („auf jeden Fall bis zum Ablauf der fünfjährigen Verjährungsfrist").
[37] Überzeugend BGH NJW 1997, 1855 mit weit. Nachw.

glieder des Vorstands nach Maßgabe des § 318 Abs. 1, 3 und 4 auf **Schadensersatz.** Der *Aufsichtsrat* hat in dem nach § 171 Abs. 2 zu erstattenden Bericht über die Prüfung des Jahresabschlusses und des Lageberichts auf das Fehlen eines Abhängigkeitsberichts hinzuweisen.[38] Ist der *Abschlußprüfer* der Ansicht, daß ein Abhängigkeitsbericht aufzustellen ist, so hat er gem. § 323 Abs. 3 HGB das Testat einzuschränken;[39] sowohl der Vorstand als auch der Abschlußprüfer können eine Entscheidung nach § 324 HGB herbeiführen (§ 313 Rdnr. 8). Ein Beschluß, der dem Vorstand trotz Nichterstellung eines Abhängigkeitsberichts Entlastung erteilt, ist gem. § 243 Abs. 1 anfechtbar.[40] Da der Abhängigkeitsbericht kein Bestandteil des Jahresabschlusses ist (Rdnr. 37), hat sein Fehlen oder seine Unvollständigkeit nicht automatisch die **Nichtigkeit des Jahresabschlusses** zur Folge.[41] Ist aber der Jahresabschluß ebenfalls unvollständig, was insbesondere bei fehlender Aktivierung eines Schadensersatzanspruchs gem. § 317 der Fall ist, so kann sich seine Nichtigkeit aus § 256 Abs. 1 Nr. 1 iVm. Abs. 5 S. 1 Nr. 2, S. 3 ergeben;[42] die Nichtigkeit des Jahresabschlusses hat wiederum gem. § 139 BGB die Nichtigkeit der *Vorlage* desselben durch den Vorstand, der den Jahresabschluß und den Abhängigkeitsbericht billigenden *Aufsichtsratsbeschlüsse* und der zu den Prüfungsberichten abgegebenen *Schlußerklärungen* des Aufsichtsrats gem. § 171 Abs. 2 S. 4, Abs. 3, § 314 Abs. 3 zur Folge.[43] Die Nichterstellung eines Abhängigkeitsberichts kann schließlich den Tatbestand einer *qualifizierten faktischen Abhängigkeit* begründen (vor § 311 Rdnr. 35). Zu den Rechtsfolgen mangelhafter Berichterstattung s. noch §§ 313 Abs. 2 und 4 (§ 313 Rdnr. 20, 24 ff.), 314 Abs. 2 und 3 (§ 314 Rdnr. 8 ff.) und 318 (§ 318 Rdnr. 3 ff., 11).

V. Inhalt des Abhängigkeitsberichts (Abs. 1)

1. Überblick. Nach Abs. 1 S. 1 ist ein Bericht über die „Beziehungen der Gesellschaft zu verbundenen Unternehmen" aufzustellen. Der Inhalt des Berichts wird in Abs. 1 S. 2 bis 4 präzisiert: Abs. 1 S. 2 benennt zunächst die *berichtspflichtigen Vorgänge* und enthält damit eine Konkretisierung der Beziehungen iSd. Abs. 1 S. 1. In Abs. 1 S. 3 und 4 werden sodann bestimmte *Einzelangaben* angeführt, deren Aufnahme in den Abhängigkeitsbericht die Beurteilung des nachteiligen Charakters der berichtspflichtigen Vorgänge und des Ausgleichs ermöglichen soll. Die berichtspflichtigen Vorgänge gehen deutlich über die nach § 311 ausgleichspflichtigen Rechtsgeschäfte und Maßnahmen hinaus. Insbesondere kommt es nach § 312 Abs. 1 weder auf den **nachteiligen Charakter** des Rechtsgeschäfts oder der Maßnahme noch auf die **Veranlassung** durch das herrschende Unternehmen an. Damit soll insbesondere die *Transparenz* der Beziehungen der abhängigen Gesellschaft zu den mit ihr verbundenen Unternehmen gesteigert werden. Zugleich trägt das Gesetz dem Umstand Rechnung, daß bei Bestehen eines Abhängigkeitsverhältnisses eine gewisse Wahrscheinlichkeit für die tatsächliche Ausnutzung des Verhandlungs- und Machtungleichgewichts durch das herrschende Unternehmen spricht. Gegenstand der Prüfung gem. §§ 313 ff. und der an diese anknüpfenden Verhaltenspflichten sollen deshalb auch solche Rechtsgeschäfte und Maßnahmen sein, die nach Einschätzung durch das herrschende Unternehmen oder durch die abhängige Gesellschaft nicht nachteilig oder nicht veranlaßt und damit auch nicht ausgleichspflichtig sind. In der Tat vermag der Abhängigkeitsbericht nur so die ihm zugedachten Funktionen (Rdnr. 2 f.) zu erfüllen.

---

[38] *Kropff* in *Geßler/Hefermehl* Rdnr. 27; *Koppensteiner* in Kölner Kommentar Rdnr. 22; *Krieger* in MünchHdb. AG § 69 Rdnr. 76; *Hüffer* Rdnr. 10.
[39] *Koppensteiner, Krieger* und *Hüffer*, jew. aaO (Fn. 38); s. ferner *IdW/HFA* Wpg. 1992, 91, 93 (Nr. 3). Zur entsprechenden Rechtslage vor Inkrafttreten des Bilanzrichtlinie-Gesetzes s. *Kropff* in *Geßler/Hefermehl* Rdnr. 26.
[40] BGHZ 62, 193, 194 f. = NJW 1974, 855; LG Berlin AG 1997, 183, 184 f.; *Krieger* in MünchHdb. AG § 69 Rdnr. 76. *Kropff* in *Geßler/Hefermehl* Rdnr. 28.
[41] BGHZ 124, 111, 121 f. = NJW 1994, 520; OLG Köln AG 1993, 86, 87.
[42] BGHZ 124, 111, 119 = NJW 1994, 520; BGH WM 1998, 510, 512.
[43] BGHZ 124, 111, 116, 119 ff. = NJW 1994, 520; kritisch dazu *Kropff* ZGR 1994, 628, 635 ff.

17 **2. Berichtspflichtige Vorgänge (S. 2). a) Verhältnis zwischen „Rechtsgeschäft" und „Maßnahme".** Anders als § 311 unterscheidet § 312 auch in der Sache zwischen „Rechtsgeschäften" und „Maßnahmen". So muß zwar sowohl über Rechtsgeschäfte als auch über Maßnahmen stets dann berichtet werden, wenn diese auf Veranlassung oder im Interesse des herrschenden oder eines mit ihm verbundenen Unternehmens getätigt werden; über *Rechtsgeschäfte* muß darüber hinaus unabhängig von Veranlassung und Interesse auch dann berichtet werden, wenn sie mit dem herrschenden oder einem mit ihm verbundenen Unternehmen vorgenommen werden. Darüber hinaus ist nach dem Wortlaut des Abs. 1 S. 2 zwar über unterlassene Maßnahmen, nicht aber über unterlassene Rechtsgeschäfte zu berichten. Unterschiede bestehen schließlich hinsichtlich der nach Abs. 1 S. 3 erforderlichen Einzelangaben (Rdnr. 27 ff.). Aus diesen Gründen bedarf es nicht nur der Abgrenzung zwischen Rechtsgeschäft und Maßnahme. Es stellt sich vielmehr die Frage nach dem Verhältnis beider Begriffe zueinander. Diese Frage ist schon mit Blick auf den Wortlaut des Abs. 1 S. 2, der von „anderen Maßnahmen" spricht, dahin gehend zu beantworten, daß der Begriff der **Maßnahme der Oberbegriff** und das Rechtsgeschäft mithin eine besondere Art der Maßnahme ist.[44] Daraus wiederum folgt zum einen, daß auch über *unterlassene Rechtsgeschäfte* zu berichten ist (Rdnr. 20). Zum anderen sind die auf „Maßnahmen" bezogenen *Einzelangaben* iSd. Abs. 1 S. 3 auf „Rechtsgeschäfte" zu erstrecken, wenn die Angabe von Leistung und Gegenleistung nicht ausreicht, um den nachteiligen Charakter des Rechtsgeschäfts verläßlich zu klären (Rdnr. 28).

18 **b) Rechtsgeschäfte. aa) Begriff.** Der Begriff des Rechtsgeschäfts iSd. Abs. 1 S. 2 stimmt mit demjenigen des Bürgerlichen Rechts überein und umfaßt jeden Tatbestand, der aus mindestens einer Willenserklärung besteht und an den die Rechtsordnung den Eintritt des gewollten rechtlichen Erfolgs knüpft.[45] Neben Verträgen (Rdnr. 19) und anderen mehrseitigen Rechtsgeschäften werden mithin **auch einseitige Rechtsgeschäfte** erfaßt, etwa die Anfechtung, Kündigung, Aufrechnung oder die Ausübung eines sonstigen Gestaltungsrechts.[46] Der Vorschrift des Abs. 1 S. 3, der zufolge im Fall eines Rechtsgeschäfts Leistung und Gegenleistung anzugeben sind, läßt sich schon mit Rücksicht auf das Verhältnis zwischen dem Begriff des Rechtsgeschäfts und dem der Maßnahme nichts Gegenteiliges entnehmen (Rdnr. 17). Von dem herrschenden Unternehmen und der abhängigen Gesellschaft gefaßte **Beschlüsse** sind gleichfalls berichtspflichtig; davon betroffen ist insbesondere die Beschlußfassung in einer gemeinsam beherrschten Tochter- bzw. Enkelgesellschaft. **Rechtsgeschäftsähnliche Handlungen** sind schließlich ebenfalls in den Abhängigkeitsbericht aufzunehmen.

19 Was zwischen dem herrschenden Unternehmen und der abhängigen Gesellschaft geschlossene **Verträge** betrifft, so ist sowohl über gegenseitige Verträge als auch über **einseitig verpflichtende** und unvollkommen zweiseitig verpflichtende Verträge zu berichten.[47] Die Vorschrift des Abs. 1 S. 3 steht dem nicht entgegen (Rdnr. 17); vielmehr können insbesondere einseitig und unvollkommen zweiseitig verpflichtende Verträge nachteiligen Charakter haben und sind somit vom Schutzzweck des § 312 erfaßt. Auch auf den **Inhalt** des Vertrags kommt es nicht an. Neben Zuwendungsgeschäften unterliegen deshalb auch Tätigkeits- oder Unterlassungspflichten begründende Verträge der Berichtspflicht.[48] Im Fall

---

[44] Vgl. bereits § 311 Rdnr. 24; ferner *Kropff* in *Geßler/Hefermehl* Rdnr. 41 ff.; *Koppensteiner* in Kölner Kommentar Rdnr. 27; *A/D/S* Rdnr. 41a; *Haesen* S. 80 f.

[45] *Koppensteiner* in Kölner Kommentar Rdnr. 31; *Hüffer* Rdnr. 13.

[46] HM, s. *Koppensteiner* in Kölner Kommentar Rdnr. 34; *A/D/S* Rdnr. 41a; *Krieger* in MünchHdb. AG § 69 Rdnr. 78; *Hüffer* Rdnr. 13; *Goerdeler* Wpg. 1966, 113, 125; *IdW/HFA* Wpg. 1992, 91, 92 (Nr. 3); aA – gegen die Einbeziehung von Gestaltungserklärungen – namentlich *Kropff* in *Geßler/Hefermehl* Rdnr. 45, 47 f.; ferner *Rasner* BB 1966, 1043, 1044 und *Meier* Wpg. 1968, 64, 65 (jew. für Beschränkung auf gegenseitige Verträge).

[47] HM, s. *Kropff* in *Geßler/Hefermehl* Rdnr. 47; *Koppensteiner* in Kölner Kommentar Rdnr. 32; *Emmerich/Sonnenschein* § 21 IV 2 b; *Haesen* S. 72 f.; *Klussmann* DB 1967, 1487, 1488; aA *Rasner* BB 1966, 1043, 1044; *Meier* Wpg. 1968, 64, 65.

[48] *Kropff* in *Geßler/Hefermehl* Rdnr. 47; *Koppensteiner* in Kölner Kommentar Rdnr. 33; *A/D/S* Rdnr. 41a; *Hüffer* Rdnr. 13.

eines **Rahmenvertrags** ist sowohl über diesen als auch über das die konkrete Leistungsverpflichtung begründende Ausführungsgeschäft zu berichten.[49] Bloße **Erfüllungsgeschäfte** sind dagegen mit Rücksicht auf den Schutzzweck des § 312 grundsätzlich (s. aber auch Rdnr. 24) von der Berichtspflicht auszunehmen, soweit sie sich in dem Vollzug des bereits im Verpflichtungsgeschäft vereinbarten Pflichtenprogramms erschöpfen und deshalb keinen darüber hinausgehenden Nachteil begründen können.[50] Anderes gilt für *rechtsgrundlose* Verfügungen,[51] ferner für Verfügungsgeschäfte, die – etwa infolge der Mangelhaftigkeit der gelieferten Sache – nicht als vollständige oder ordnungsgemäße Erfüllung der Leistungsverpflichtung des herrschenden Unternehmens anzusehen sind; letztere sind unter dem Gesichtspunkt einer *unterlassenen Maßnahme* berichtspflichtig.[52] Davon zu unterscheiden ist der Fall, daß das Verpflichtungsgeschäft keine Vorkehrungen gegen eine Veränderung der tatsächlichen Umstände enthält, ein gewissenhafter Geschäftsleiter aber auf einer entsprechenden Abrede – etwa einer Preisanpassungsklausel – bestanden hätte. Dann entspricht die Leistung des herrschenden Unternehmens dem unverändert fortbestehenden Vertrag, so daß sich ein Bericht über die Erfüllung erübrigt; freilich kann in einem solchen Fall das Verpflichtungsgeschäft nachteiligen Charakter haben.[53]

bb) **Vornahme durch abhängige Gesellschaft.** Zu berichten ist nur über die durch die abhängige Gesellschaft vorgenommenen Rechtsgeschäfte. Voraussetzung ist also, daß die abhängige Gesellschaft selbst eine Willenserklärung abgegeben hat. Von § 312 nicht erfaßt sind somit zum einen einseitige Rechtsgeschäfte des herrschenden Unternehmens gegenüber der abhängigen Gesellschaft,[54] zum anderen Rechtsgeschäfte, die von einer **Tochtergesellschaft der berichtspflichtigen Gesellschaft** vorgenommen werden und an denen letztere nicht beteiligt ist.[55] Allerdings kann eine berichtspflichtige *Maßnahme* (Rdnr. 25) vorliegen, wenn die Repräsentanten der berichtspflichtigen (Tochter-)Gesellschaft die Vornahme des Rechtsgeschäfts durch die Enkelgesellschaft aktiv oder durch Nichtausübung von Einwirkungsmöglichkeiten gefördert haben.[56] Zu denken ist dabei insbesondere an die direkte Einflußnahme der Muttergesellschaft auf die Enkelgesellschaft; stimmt der mit Repräsentanten der berichtspflichtigen Tochtergesellschaft besetzte Aufsichtsrat der Enkelgesellschaft gem. § 111 Abs. 4 der Vornahme des Rechtsgeschäfts zu, so handelt es sich dabei um eine Maßnahme der Tochter-AG iSd. § 312 Abs. 1 S. 2, 2. Alt. Auch über **unterlassene Rechtsgeschäfte** ist zu berichten. Dafür spricht der Schutzzweck des § 312, kann doch mit dem Unterlassen eines Rechtsgeschäfts ebenso eine Benachteiligung der abhängigen Gesellschaft einhergehen wie mit der Vornahme eines Rechtsgeschäfts oder mit dem Unterlassen einer sonstigen Maßnahme (s. bereits Rdnr. 17).[57]

cc) **Beteiligung, Veranlassung durch oder Interesse des herrschenden oder eines mit ihm verbundenen Unternehmens.** Abs. 1 zieht den Kreis der berichtspflichtigen Rechtsgeschäfte sehr weit. Erfaßt werden zum einen sämtliche Rechtsgeschäfte der abhängigen Gesellschaft *mit dem herrschenden Unternehmen oder einem mit ihm verbundenen Unternehmen,* zum anderen sämtliche Rechtsgeschäfte, die die abhängige Gesellschaft zwar *mit einem Dritten,* aber auf Veranlassung oder im Interesse des herrschenden oder eines mit ihm verbundenen Unternehmens vornimmt. Dahinter steht der Gedanke, daß in all' diesen Fällen die Umstände des Vertragsschlusses den **Verdacht einer Benachteiligung** der

---

[49] Zutr. *Koppensteiner* in Kölner Kommentar Rdnr. 48 mit weit. Nachw.
[50] HM, s. *Koppensteiner* in Kölner Kommentar Rdnr. 49; *Kropff* in *Geßler/Hefermehl* Rdnr. 66; *Hüffer* Rdnr. 14; *IdW/HFA* Wpg. 1992, 91, 92 (Nr. 4); aA *van Venrooy* DB 1980, 385 ff.; *Emmerich/Sonnenschein* § 21 IV 2 b.
[51] *Koppensteiner* in Kölner Kommentar Rdnr. 50.
[52] WP-Hdb., Bd. I, Rdnr. F 722; s. ferner *IdW/HFA* Wpg. 1992, 91, 92 (Nr. 4); aA – gegen Berichtspflicht – wohl die in Fn. 50 genannten Vertreter der hM.
[53] Insoweit zutr. *Hüffer* Rdnr. 14.
[54] *Kropff* in *Geßler/Hefermehl* Rdnr. 53.
[55] Im Grundsatz hM, s. *Kropff* in *Geßler/Hefermehl* Rdnr. 54; *Koppensteiner* in Kölner Kommentar Rdnr. 47; *Hüffer* Rdnr. 15.
[56] Vgl. *Kropff* in *Geßler/Hefermehl* Rdnr. 53 (freilich weitergehend); wie hier auch *Koppensteiner* in Kölner Kommentar Rdnr. 47; *Hüffer* Rdnr. 15.
[57] *Kropff* in *Geßler/Hefermehl* Rdnr. 52; *Koppensteiner* in Kölner Kommentar Rdnr. 28, 37; *Krieger* in MünchHdb. AG § 69 Rdnr. 78; *Hüffer* Rdnr. 16.

abhängigen Gesellschaft nahelegen. Die Aufzählung ist abschließend. Rechtsgeschäfte der abhängigen Gesellschaft mit einem Unternehmen, das nur mit ihr und nicht mit dem herrschenden Unternehmen verbunden ist, sind somit nur unter der Voraussetzung erfaßt, daß sie im Interesse oder auf Veranlassung des herrschenden Unternehmens vorgenommen werden.[58]

22 Was den Kreis der mit dem herrschenden Unternehmen **verbundenen Unternehmen** betrifft, so bestimmt sich dieser nicht nach § 271 Abs. 2 HGB, sondern nach § 15.[59] Einzubeziehen ist somit auch der Tatbestand der *mehrstufigen Abhängigkeit* (Rdnr. 7; § 311 Rdnr. 7), so daß – die Anwendbarkeit der §§ 311 ff. im jeweiligen Abhängigkeitsverhältnis unterstellt (dazu § 311 Rdnr. 8 ff.) – auch über Rechtsgeschäfte (iSd. Abs. 1 S. 2) der berichtspflichtigen Tochtergesellschaft mit der von ihr (und von der Muttergesellschaft) abhängigen Enkelgesellschaft zu berichten ist.[60] Bei *mehrfacher Abhängigkeit* (Rdnr. 7; § 311 Rdnr. 5) ist über die Beziehungen zu allen herrschenden und mit ihnen verbundenen Unternehmen zu berichten.[61] Ob und inwieweit im Fall einer Abhängigkeit von einer **juristischen Person des öffentlichen Rechts** (Rdnr. 6) bereits der Kreis der mit dieser verbundenen Unternehmen (und nicht erst derjenige der betroffenen Rechtsgeschäfte, s. Rdnr. 23) einzuschränken ist, ist umstritten, dürfte jedoch zu verneinen sein.[62]

23 Neben den mit dem herrschenden oder einem mit ihm verbundenen Unternehmen *vorgenommenen* (Rdnr. 20) Rechtsgeschäften erfaßt Abs. 1 S. 2 auch *Drittgeschäfte* der abhängigen Gesellschaft, sofern sie von ihr auf Veranlassung oder im Interesse eines dieser Unternehmen vorgenommen werden. Was zunächst den Begriff der **Veranlassung** iSd. Abs. 1 S. 2 betrifft, so entspricht er demjenigen des § 311 Abs. 1 (dazu § 311 Rdnr. 12 ff.).[63] Das der Veranlassung gleichstehende **Interesse** des herrschenden oder eines mit ihm verbundenen Unternehmens an der Vornahme des Rechtsgeschäfts ist nach zutr., freilich umstrittener Ansicht sowohl bei entsprechender *objektiver Interessenlage*[64] als auch bei Vorliegen einer *Begünstigungsabsicht* der abhängigen Gesellschaft[65] anzunehmen.[66] In beiden Fällen erfordert der Schutzzweck des § 312 (Rdnr. 2 f.) die Aufnahme des Rechtsgeschäfts in den Bericht. Bei Abhängigkeit von einer **juristischen Person des öffentlichen Rechts** gelten freilich Besonderheiten (s. bereits Rdnr. 22). Insoweit folgt die Berichtspflicht nicht bereits daraus, daß die Vornahme des Rechtsgeschäfts (oder die Maßnahme, s. Rdnr. 25 f.) zugleich im *öffentlichen Interesse* liegt. Vor dem Hintergrund, daß die Berichtspflicht an das Vorliegen eines gewissen Nachteilsverdachts geknüpft ist (Rdnr. 21), und in Übereinstimmung mit einer entsprechenden Andeutung im VEBA/Gelsenberg-Urteil des BGH[67] wird man vielmehr verlangen müssen, daß nach den Gesamtumständen begründete Zweifel bestehen, ob der Vorstand einer unabhängigen Gesellschaft das Geschäft unter

---

[58] *Kropff* in *Geßler/Hefermehl* Rdnr. 56; *Koppensteiner* in Kölner Kommentar Rdnr. 41; *Hüffer* Rdnr. 19.
[59] *Kropff* in *Geßler/Hefermehl* Rdnr. 55; *Hüffer* Rdnr. 18; *Krieger* in MünchHdb. AG § 69 Rdnr. 79; näher dazu *Ulmer,* Festschrift für Goerdeler, 1987, S. 623, 637 f.
[60] *Kropff* in *Geßler/Hefermehl* Rdnr. 57; *Koppensteiner* in Kölner Kommentar Rdnr. 42; WP-Hdb., Bd. I, Rdnr. F 718; näher dazu *Haesen* S. 30 ff. Zur Frage, ob ein einheitlicher Bericht erstellt werden kann, s. Rdnr. 7.
[61] *Koppensteiner* in Kölner Kommentar Rdnr. 43; *Hüffer* Rdnr. 19. Zur Frage, ob ein einheitlicher Bericht erstellt werden kann, s. Rdnr. 7.
[62] Für Beschränkung auf erwerbswirtschaftlich tätige Unternehmen sowie auf solche, die derselben Stelle angehören bzw. von ihr abhängig sind wie die abhängige Gesellschaft selbst aber *Koppensteiner* in Kölner Kommentar Rdnr. 44; s. ferner *Lutter/Timm* BB 1978, 836, 841; *Kropff* ZHR 144 (1980), 74, 95 f. Allg. dazu § 15 Rdnr. 22 ff.

[63] *Krieger* in MünchHdb. AG § 69 Rdnr. 79; im Grundsatz auch *Koppensteiner* in Kölner Kommentar Rdnr. 40, *Hüffer* Rdnr. 20, die freilich die von ihnen für Vorstandsdoppelmandate befürwortete unwiderlegbare Veranlassungsvermutung (dazu § 311 Rdnr. 23) im Rahmen des § 312 nicht zur Anwendung bringen wollen; einschränkend – gegen Einbeziehung von Veranlassungen durch Hauptversammlungsbeschluß (§ 311 Rdnr. 18 f.) – *Kropff* in *Geßler/Hefermehl* Rdnr. 63.
[64] Für Beschränkung auf diesen Fall *Kropff* in *Geßler/Hefermehl* Rdnr. 62; *Koppensteiner* in Kölner Kommentar Rdnr. 38.
[65] Für Beschränkung auf diesen Fall A/D/S Rdnr. 47; WP-Hdb., Bd. I Rdnr. F 736; *IdW/HFA* Wpg. 1992, 91, 93 (Nr. 9).
[66] *Krieger* in MünchHdb. AG § 69 Rdnr. 79; ihm folgend auch *Hüffer* Rdnr. 21.
[67] BGHZ 69, 334, 343 = NJW 1978, 104: Beschränkung des Abhängigkeitsberichts „auf das nach dem Zweck der Vorschrift tatsächlich Erforderliche".

Berücksichtigung des § 93 Abs. 1 vorgenommen hätte.⁶⁸ Auf durch die öffentliche Hand *veranlaßte* Rechtsgeschäfte oder Maßnahmen läßt sich dies freilich ebensowenig übertragen wie auf Eigengeschäfte der öffentlichen Hand oder der mit ihr verbundenen Unternehmen (Rdnr. 22) mit der abhängigen Gesellschaft; insoweit ist umfassend zu berichten.

dd) Abgelaufenes Geschäftsjahr. Berichtspflichtig sind die im abgelaufenen Geschäftsjahr vorgenommenen und unterlassenen (s. Rdnr. 20) Rechtsgeschäfte. Maßgebend ist der Zeitpunkt des **Zustandekommens des jeweiligen Rechtsgeschäfts**, bei Verträgen also der Eintritt der Bindungswirkung, bei einseitigen Rechtsgeschäften die Abgabe der Willenserklärung durch die abhängige Gesellschaft.⁶⁹ Für *unterlassene* Rechtsgeschäfte ist auf den Zeitpunkt abzustellen, in dem der gewissenhafte Geschäftsleiter einer unabhängigen Gesellschaft gehandelt hätte.⁷⁰ Auf die bilanzielle Erfassung des Rechtsgeschäfts oder auf den Zeitpunkt derselben kommt es nicht an.⁷¹ Zeitigt das Rechtsgeschäft auch noch im Folgejahr Auswirkungen, so ist gleichwohl nicht mehr zu berichten. Lagen die Voraussetzungen der Berichtspflicht zwar noch nicht bei Vornahme des Verpflichtungsgeschäfts, wohl aber bei Vornahme des Erfüllungsgeschäfts (Rdnr. 19) vor, so ist ausnahmsweise über das Erfüllungsgeschäft zu berichten.⁷² Wurde über ein berichtspflichtiges Rechtsgeschäft nicht berichtet, so kann der Vorstand gem. §§ 76 Abs. 1, 93 Abs. 1 S. 1 verpflichtet sein, das Rechtsgeschäft in den für das Folgejahr zu erstellenden Bericht aufzunehmen.⁷³

c) Maßnahmen. Neben Rechtsgeschäften sind nach Abs. 1 S. 2 auch „andere Maßnahmen" berichtspflichtig. Der **Begriff** umfaßt jede Handlung oder Unterlassung, die, ohne rechtsgeschäftlichen Charakter zu haben, *Auswirkungen auf die Vermögens- oder Ertragslage* der abhängigen Gesellschaft haben *kann*.⁷⁴ In diesem weiten Begriff der Maßnahme kommt der Zweck der Berichtspflicht zum Ausdruck: Der Bericht soll ein möglichst vollständiges Bild der Beziehungen der abhängigen Gesellschaft zum herrschenden Unternehmen und der mit ihm verbundenen Unternehmen vermitteln und damit eine geeignete Grundlage für die Ermittlung des nachteiligen Charakters und der Vollwertigkeit des Ausgleichs schaffen. Unter den Begriff der Maßnahme fallen beispielsweise⁷⁵ Investitionsentscheidungen, Änderungen in der Produktion, Finanzierungsentscheidungen, die Stillegung von Betriebsteilen und die Durchführung oder das Unterlassen von Forschungsvorhaben. Nach Abs. 1 S. 2, 2. Alt. besteht die Berichtspflicht nur unter der Voraussetzung, daß die abhängige Gesellschaft die Maßnahme auf **Veranlassung** oder im **Interesse** des herrschenden Unternehmens oder eines mit ihm *verbundenen Unternehmens* getroffen oder unterlassen (s. dazu Rdnr. 17, 20) hat. Daraus ergibt sich allerdings keine Einschränkung der Berichtspflicht; denn anders als ein Rechtsgeschäft kann eine Maßnahme schon begrifflich nicht „mit" einem Unternehmen getroffen werden.⁷⁶ Hinsichtlich der Tatbestandsmerkmale Veranlassung, Interesse und verbundene Unternehmen kann im übrigen auf die Ausführungen in Rdnr. 22 f. betr. die entsprechenden Voraussetzungen berichtspflichtiger Rechtsgeschäfte verwiesen werden.

Wie das Rechtsgeschäft (Rdnr. 20) muß auch die Maßnahme *von der abhängigen Gesellschaft* selbst getroffen worden sein; eine Maßnahme des herrschenden Unternehmens oder eines mit ihm verbundenen Unternehmens *gegenüber* der abhängigen Gesellschaft ge-

---

⁶⁸ Zutr. *Kropff* ZHR 144 (1980), 74, 96; *Koppensteiner* in Kölner Kommentar Rdnr. 39; *Hüffer* Rdnr. 22; s. ferner *Emmerich,* Das Wirtschaftsrecht der öffentlichen Unternehmen, 1970, S. 228; *Lutter/Timm* BB 1978, 836, 841.

⁶⁹ Vgl. *Krieger* in MünchHdb. AG § 69 Rdnr. 80; *Hüffer* Rdnr. 17; aA wohl *Kropff* in Geßler/Hefermehl Rdnr. 64 (stets Abgabe der Willenserklärung der abhängigen Gesellschaft).

⁷⁰ Zutr. *Krieger* in MünchHdb. AG § 69 Rdnr. 80; anders *Kropff* in Geßler/Hefermehl Rdnr. 64 (Zeitpunkt, in dem die Maßnahme ohne die Einwirkung vorgenommen worden wäre).

⁷¹ *A/D/S* Rdnr. 55; *Hüffer* Rdnr. 17.

⁷² *Krieger* in MünchHdb. AG § 69 Rdnr. 80.

⁷³ Zutr. *Hüffer* Rdnr. 17.

⁷⁴ *Kropff* in *Geßler/Hefermehl* Rdnr. 49; *A/D/S* Rdnr. 42; *Krieger* in MünchHdb. AG § 69 Rdnr. 78; *Hüffer* Rdnr. 23; *Goerdeler* Wpg. 1966, 113, 125; aA *Koppensteiner* in Kölner Kommentar Rdnr. 35, dem zufolge auf das Merkmal der Vermögensgefährdung zu verzichten ist.

⁷⁵ Vgl. *IdW/HFA* Wpg. 1992, 91, 92 (Nr. 6), wo freilich auch einige Maßnahmen mit rechtsgeschäftlichem Charakter (nämlich Kündigung, Vertragsanpassung und Unterlassen eines Rechtsgeschäfts) genannt werden.

⁷⁶ *Koppensteiner* in Kölner Kommentar Rdnr. 26.

nügt nicht. Was schließlich den zeitlichen Rahmen betrifft, so soll es nach verbreiteter Ansicht darauf ankommen, daß die *erste Ausführungshandlung* im **vergangenen Geschäftsjahr** vorgenommen worden ist.[77] Entsprechend der Rechtslage bei Rechtsgeschäften (Rdnr. 24) sollte freilich auf den Zeitpunkt abgestellt werden, in dem die Willensbildung der abhängigen Gesellschaft abgeschlossen und die Entscheidung für die Durchführung der Maßnahme getroffen ist.[78] Über die Durchführung ist dann nur in dem Fall zu berichten, daß sie von der Ausgangsentscheidung abweicht.[79] Bei einer *unterlassenen* Maßnahme ist schließlich auf den Zeitpunkt abzustellen, in dem der gewissenhafte Geschäftsleiter einer unabhängigen Gesellschaft gehandelt hätte (Rdnr. 24).

27 **3. Einzelangaben. a) Rechtsgeschäfte (S. 3).** Auf der Grundlage des Berichts soll festgestellt werden können, ob eine von der abhängigen Gesellschaft getroffene oder unterlassene Maßnahme (im weiten Sinne, s. Rdnr. 17) nachteiligen Charakter hat und die Nachteile ausgeglichen worden sind. Zu diesem Zweck schreibt das Gesetz in Abs. 1 S. 3 bestimmte Einzelangaben vor, wobei es sich hinsichtlich der getroffenen oder unterlassenen (Rdnr. 20) Rechtsgeschäfte vom Regelfall des **gegenseitigen Vertrags** hat leiten lassen. Insoweit muß die Angabe von **Leistung und Gegenleistung** so detailliert sein, daß Abschlußprüfer und Aufsichtsrat zur Überprüfung der Angemessenheit des Leistungsaustauschs imstande sind. Anzugeben sind deshalb sämtliche Umstände, die für die Beurteilung der Angemessenheit von Relevanz sind, hinsichtlich der *Leistung* also insbesondere deren Art, Umfang, Menge und Vorkosten, hinsichtlich des *Preises* dessen Höhe, etwaige Nachlässe und die Modalitäten der Erbringung.[80] Je nach Lage des Falles hat der Vorstand darüber hinaus darzulegen, aus welchen Gründen er das Verhältnis zwischen Leistung und Gegenleistung als angemessen erachtet;[81] umgekehrt muß der Bericht Angaben über die nach Ansicht des Vorstands nachteiligen Rechtsgeschäfte enthalten.[82]

28 Bei **einseitig verpflichtenden** und unvollkommen zweiseitig verpflichtenden Verträgen (Rdnr. 19) ist zunächst anzugeben, daß es an einer Gegenleistung fehlt; des weiteren ist ggf. darzulegen, weshalb das Rechtsgeschäft gleichwohl als angemessen anzusehen ist.[83] Soweit ausnahmsweise über *Erfüllungsgeschäfte* zu berichten ist (Rdnr. 19), sind Ursache und Ausmaß der nicht vollständigen Erfüllung bzw. die Gründe für die rechtsgrundlose Leistung darzulegen. **Einseitige Rechtsgeschäfte** sind unter Angabe von Gründen zu erläutern.[84] Über *unterlassene* Rechtsgeschäfte (Rdnr. 17, 20) ist dagegen im Rahmen der sonstigen Maßnahmen (Rdnr. 29) zu berichten.

29 **b) Maßnahmen (S. 3).** Bei sonstigen Maßnahmen sind zunächst die **Gründe** anzugeben, die die Gesellschaft zur Vornahme bzw. zum Unterlassen der Maßnahme bewogen haben. Maßgebend sind die *Motive der abhängigen Gesellschaft*.[85] Darüber hinaus sind die **Vor- und Nachteile** für die Gesellschaft anzugeben, und zwar jeweils für sich und nach Möglichkeit *beziffert*.[86] Maßgebend sind die im Zeitpunkt der Vornahme der Maßnahme erwarteten Vor- und Nachteile.[87] Der Begriff des Nachteils iSd. § 312 Abs. 1 S. 3 ist nicht mit dem Nachteilsbegriff des § 311 (§ 311 Rdnr. 25 ff.) identisch; denn er besagt noch nichts hinsichtlich des Gesamtcharakters der Maßnahme. Insgesamt müssen die Angaben dem Abschlußprüfer und dem Aufsichtsrat eine verläßliche Grundlage für die Beurteilung der Maßnahme liefern. Zum unterlassenen Rechtsgeschäft s. Rdnr. 28.

---

[77] Vgl. *Kropff* in *Geßler/Hefermehl* Rdnr. 64; *Krieger* in MünchHdb. AG § 69 Rdnr. 80.
[78] Zutr. *A/D/S* Rdnr. 56; *Hüffer* Rdnr. 25.
[79] *Hüffer* Rdnr. 25; s. ferner Rdnr. 19 zur Frage, ob das Erfüllungsgeschäft der Berichtspflicht unterliegt.
[80] So im Grundsatz und mit Unterschieden im Detail *Kropff* in *Geßler/Hefermehl* Rdnr. 65; *Koppensteiner* in Kölner Kommentar Rdnr. 58; *Krieger* in MünchHdb. AG § 69 Rdnr. 81; *A/D/S* Rdnr. 66 f.; *Hüffer* Rdnr. 27; *IdW/HFA* Wpg. 1992, 91, 93 (Nr. 10).

[81] *Kropff* in *Geßler/Hefermehl* Rdnr. 65; *Krieger* in MünchHdb. AG § 69 Rdnr. 81.
[82] *Koppensteiner* in Kölner Kommentar Rdnr. 58.
[83] *Koppensteiner* in Kölner Kommentar Rdnr. 58.
[84] *Koppensteiner* in Kölner Kommentar Rdnr. 58; *Hüffer* Rdnr. 28.
[85] *Kropff* in *Geßler/Hefermehl* Rdnr. 69.
[86] *Koppensteiner* in Kölner Kommentar Rdnr. 60; *Kropff* in *Geßler/Hefermehl* Rdnr. 70; *Hüffer* Rdnr. 29.
[87] *Kropff* in *Geßler/Hefermehl* Rdnr. 71.

c) Nachteilsausgleich (S. 4). Für den Fall, daß ein Rechtsgeschäft oder eine Maßnahme 30 nachteiligen Charakter iSd. § 311 Abs. 1 hat (dazu § 311 Rdnr. 25 ff.), ist schließlich nach § 312 Abs. 1 S. 4 anzugeben, wie der Nachteil ausgeglichen worden ist. Anzugeben ist zunächst, ob der Nachteil *tatsächlich* (§ 311 Rdnr. 45 f.) oder durch Begründung eines *Rechtsanspruchs* (§ 311 Rdnr. 47 f.) ausgeglichen worden ist. Darüber hinaus müssen Einzelangaben gemacht werden, die die Beurteilung der Angemessenheit des Ausgleichs erlauben; regelmäßig bedarf es deshalb einer **Bezifferung der** der abhängigen Gesellschaft gewährten **Vorteile.**[88]

VI. Allgemeine Grundsätze der Berichterstattung (Abs. 2)

1. Grundsätze einer „gewissenhaften und getreuen Rechenschaft". Abs. 2 bestimmt, 31 daß der Bericht den Grundsätzen einer „gewissenhaften und getreuen Rechenschaft" zu entsprechen hat, und enthält damit eine selbstverständliche Regelung. Daß nämlich der Abhängigkeitsbericht wahrheitsgemäß zu erstellen ist und eine vollständige und übersichtliche Darstellung der Beziehungen innerhalb des Unternehmensverbunds zu enthalten hat (s. Rdnr. 32), ergibt sich schon aus dessen Zweck: Soll der Bericht dem Abschlußprüfer und dem Aufsichtsrat eine Überprüfung der Verbundbeziehungen ermöglichen, so müssen nicht nur *sämtliche* berichtspflichtigen Vorgänge erfaßt sein; vielmehr darf der Informationsgehalt des Berichts nicht durch die Art der Darstellung beeinträchtigt werden.[89] Das Problem liegt denn auch weniger in der Bestimmung der aus der Generalklausel des Abs. 2 abzuleitenden Einzelgrundsätze als vielmehr darin, diese Grundsätze in das rechte Verhältnis zueinander zu bringen. So liegt es auf der Hand, daß eine detaillierte und getrennte Berichterstattung über eine Vielzahl von Bagatell- und Routinevorgängen auf Kosten der Übersichtlichkeit geht; umgekehrt vermag eine zusammenfassende Berichterstattung, soweit sie sich auch auf komplexere Vorgänge bezieht, die an sich gebotene Überprüfung einer jeden Einzelmaßnahme nicht zu gewährleisten.

2. Konkretisierung. Dem **Vollständigkeitsgebot** kommt im Hinblick auf den Zweck 32 des § 312 (Rdnr. 2, 31) besondere Bedeutung zu. Es gebietet, daß der Bericht *aus sich heraus verständlich* ist und dem Abschlußprüfer oder dem Aufsichtsrat eine zutreffende Beurteilung sämtlicher berichtspflichtiger Vorgänge ermöglicht.[90] Gegebenenfalls muß der Vorstand über die nach Abs. 1 der Vorschrift gebotenen Angaben hinausgehende Ausführungen machen. Eine *Verweisung* auf andere Unterlagen ist nur insoweit statthaft, als diese dem Prüfer bzw. dem Aufsichtsrat zur Verfügung stehen.[91] Aufgrund des Vollständigkeitsgebots obliegt dem Vorstand eine *Dokumentations- und Organisationspflicht* (s. bereits § 311 Rdnr. 51); insbesondere hat er durch geeignete Vorkehrungen dafür Sorge zu tragen, daß sich die im Bericht enthaltenen Angaben anhand der Aufzeichnungen der Gesellschaft nachprüfen lassen.[92]

Der Abhängigkeitsbericht muß **klar und übersichtlich** gegliedert sein; denn eine ungegliederte Zusammenstellung der nach Abs. 1 berichtspflichtigen Vorgänge ermöglicht keine 33 zuverlässige Überprüfung der Verbundbeziehungen.[93] Bei einem verzweigten Unternehmensverbund ist dem Bericht über die Einzelmaßnahmen eine *Verbundübersicht* voranzustellen.[94] In jedem Fall bedarf es der genauen Bezeichnung des herrschenden Unternehmens; soweit für die Überprüfung des Berichts erforderlich, sind ferner die mit dem herrschenden Unternehmen verbundenen Unternehmen zu benennen.[95] Eine **zusammenfas-**

---

[88] *Koppensteiner* in Kölner Kommentar Rdnr. 62; *Hüffer* Rdnr. 30.
[89] Zutr. *Koppensteiner* in Kölner Kommentar Rdnr. 16.
[90] *Kropff* in Geßler/Hefermehl Rdnr. 34; *Koppensteiner* in Kölner Kommentar Rdnr. 18.
[91] *Kropff* in Geßler/Hefermehl Rdnr. 35; *Koppensteiner* in Kölner Kommentar Rdnr. 18.
[92] *Koppensteiner* in Kölner Kommentar Rdnr. 17; *A/D/S* Rdnr. 102; *Hüffer* Rdnr. 32.
[93] Wohl einhM, s. *Koppensteiner* in Kölner Kommentar Rdnr. 16; *Kropff* in Geßler/Hefermehl Rdnr. 33 f.
[94] Zutr. *Kropff* in Geßler/Hefermehl Rdnr. 40; *Hüffer* Rdnr. 33; de lege ferende für Generalberichtsteil *Hommelhoff* Gutachten S. 54 f.
[95] Vgl. die Nachw. in Fn. 94.

sende Berichterstattung** ist immer dann zulässig, wenn und soweit eine weitere Aufgliederung keinen zusätzlichen Informationswert hätte. Davon betroffen sind namentlich wiederkehrende, stets zu gleichen Bedingungen vorgenommene Rechtsgeschäfte und Maßnahmen; diesbezüglich erhöht eine Gruppenbildung die Übersichtlichkeit und ist zumindest zulässig, wenn nicht sogar geboten.[96] Entsprechendes gilt für sog. Bagatellfälle.[97]

VII. Schlußerklärung (Abs. 3)

34 1. Zweck. Gem. Abs. 3 S. 1 hat der Vorstand am Schluß des Berichts zu erklären, ob die Gesellschaft bei Rechtsgeschäften stets eine angemessene Gegenleistung erhielt und durch andere Maßnahmen nicht benachteiligt wurde, des weiteren, ob ein etwaiger Nachteil ausgeglichen worden ist. Dieses Erfordernis einer Schlußerklärung soll den Vorstand zu einer eindeutigen und **zusammenfassenden persönlichen Bewertung** der im Abhängigkeitsbericht mitgeteilten Tatsachen zwingen. Dies wiederum soll dem Vorstand in Erinnerung rufen, daß er ungeachtet des Abhängigkeitsverhältnisses zur eigenverantwortlichen Leitung der Gesellschaft (s. § 311 Rdnr. 3, 50 f.) und zur Wahrung von deren Interessen verpflichtet ist. Das Erfordernis einer Schlußerklärung soll es dem Vorstand also letztlich erleichtern, einem unangemessenen Verlangen des herrschenden Unternehmens *nicht* nachzukommen, und damit zur Verwirklichung des auf **Prävention** gerichteten Zwecks des Abhängigkeitsberichts (Rdnr. 3) beitragen.[98] Die in Abs. 3 S. 3 vorgeschriebene Aufnahme in den Lagebericht (Rdnr. 37) stellt die **Publizität** der Schlußerklärung sicher; sie steht damit im unmittelbaren Zusammenhang mit dem Recht eines jeden Aktionärs, gem. § 315 S. 1 Nr. 3 eine Sonderprüfung zu beantragen. Da der Abhängigkeitsbericht auch Angaben über nicht durch das herrschende Unternehmen *veranlaßte* Rechtsgeschäfte und Maßnahmen enthält, ergibt sich zwar aus einer Schlußerklärung des Inhalts, daß Nachteile eingetreten und nicht ausgeglichen worden sind, nicht zwangsläufig die Ausgleichs- und Schadensersatzverpflichtung des herrschenden Unternehmens gem. §§ 311, 317. Doch besteht dann Anlaß für eine erneute Prüfung der Verbundbeziehungen.

35 2. Inhalt (S. 1 und 2). Der Inhalt der Schlußerklärung ist in Abs. 3 S. 1 und 2 bestimmt. Anders als § 313 Abs. 3 betr. die Erklärung des Abschlußprüfers schreibt § 312 Abs. 3 keine bestimmte Erklärungsformel vor;[99] dadurch ist es möglich, Sondersituationen auch durch den Inhalt der Schlußerklärung Rechnung zu tragen.[100] Im einzelnen muß der Vorstand gem. Abs. 3 S. 1 erklären, ob die Gesellschaft bei *Rechtsgeschäften* stets eine angemessene *Gegenleistung* erhielt und durch sonstige *Maßnahmen* nicht **benachteiligt** wurde. Was die Beurteilung der von der abhängigen Gesellschaft vorgenommenen oder unterlassenen (s. Rdnr. 17, 20) Rechtsgeschäfte betrifft, so hat Abs. 3 S. 1 ebenso wie Abs. 2 S. 3 (dazu Rdnr. 27 f.) den gegenseitigen Vertrag im Auge. Eine sachliche Einschränkung der Schlußerklärung geht damit allerdings nicht einher; hinsichtlich sonstiger Rechtsgeschäfte ist der nachteilige Charakter vielmehr auf andere Weise festzustellen (Rdnr. 28; § 311 Rdnr. 32 ff.) und die Schlußerklärung entsprechend zu formulieren. Hat die Erklärung iSd. Abs. 3 S. 1 den Inhalt, daß die Gesellschaft benachteiligt wurde, so hat der Vorstand gem. Abs. 3 S. 2 zu erklären, ob die **Nachteile ausgeglichen** worden sind oder nicht. In diesem Zusammenhang sind auch dem Einzelausgleich nicht zugängliche nachteilige Maßnahmen zu berücksichtigen (§ 311 Rdnr. 28, 37); der Vorstand hat dann zu erklären, daß nicht sämtliche Nachteile ausgeglichen worden sind.[101] Sind keine berichtspflichtigen Rechtsgeschäfte oder Maßnahmen angefallen, so ist dies in der Schlußerklärung anzugeben (vgl. Rdnr. 10).

---

[96] Wohl einhM, s. *Koppensteiner* in Kölner Kommentar Rdnr. 54; *Kropff* in *Geßler/Hefermehl* Rdnr. 37; *Krieger* in MünchHdb. AG § 69 Rdnr. 81; *Hüffer* Rdnr. 34; aus der frühen Diskussion s. *Goerdeler* Wpg. 1966, 113, 124; *Rasner* BB 1966, 1043, 1044 f.
[97] Vgl. die Nachw. in Fn. 96.
[98] Begr. RegE bei *Kropff* S. 412.

[99] Zu Formulierungsvorschlägen s. *A/D/S* Rdnr. 91.
[100] Etwa bei komplettem Vorstandswechsel (dazu Rdnr. 11), näher zum Inhalt der Erklärung in diesem Fall *Döllerer*, Festschrift für Semler, S. 441, 450 f.
[101] So auch *Koppensteiner* in Kölner Kommentar Rdnr. 69.

In der Schlußerklärung ist gem. Abs. 3 S. 1 darauf hinzuweisen, daß die Beurteilung aufgrund der dem Vorstand bei Vornahme oder Unterlassung des Rechtsgeschäfts oder der anderen Maßnahme **bekannten Umstände** erfolgt. Was den *Zeitpunkt* der Vornahme oder der Unterlassung des Rechtsgeschäfts oder der Maßnahme betrifft, deckt sich dies mit dem Nachteilsbegriff des § 311 (§ 311 Rdnr. 29). Dem Vorstand bei Vornahme oder Unterlassung der Maßnahme unbekannte, für ihn aber *erkennbare* Umstände können dagegen zwar den nachteiligen Charakter des Rechtsgeschäfts oder der Maßnahme begründen (§ 311 Rdnr. 25 ff.), sind aber nach dem Wortlaut des Abs. 3 S. 1 auch dann nicht in der Schlußerklärung zu berücksichtigen, wenn sie dem Vorstand nunmehr bekannt sind. Dem Vorstand bleibt es danach erspart, sich in der Schlußerklärung mangelnder Sorgfalt bezichtigen zu müssen.[102] Vor dem Hintergrund des Schutzzwecks der Schlußerklärung (Rdnr. 34) erscheint dies als problematisch; die besseren Gründe sprechen deshalb für die Annahme eines **Redaktionsversehens**.[103]

36

3. **Aufnahme in den Lagebericht (S. 3).** Die Schlußerklärung des Vorstands ist gem. Abs. 3 S. 3 in den nach §§ 264 Abs. 1, 289 HGB aufzustellenden Lagebericht aufzunehmen; sie erlangt damit Publizität nach Maßgabe der §§ 325 ff. HGB und bildet die Grundlage für einen Antrag auf Sonderprüfung gem. § 315 S. 1 Nr. 3 (Rdnr. 34). Handelt es sich um eine **kleine AG iSd. § 267 Abs. 1 HGB**, die gem. § 264 Abs. 1 S. 3 HGB zur Aufstellung eines Lageberichts nicht verpflichtet ist, so ist die Schlußerklärung in den *Anhang* aufzunehmen.[104] Wird die Schlußerklärung nicht in den Lagebericht (im Fall der kleinen AG iSd. § 267 Abs. 1 HGB: in den Anhang) aufgenommen, so hat der Abschlußprüfer sein Testat iSd. § 322 HGB einzuschränken.[105] Dagegen hat ein Verstoß gegen Abs. 3 S. 3 schon deshalb nicht die Nichtigkeit des Jahresabschlusses zur Folge, weil der Lagebericht nicht zum Inhalt des Jahresabschlusses gehört, sondern einen eigenständigen Teil der Rechnungslegung bildet.[106]

37

§ 313 Prüfung durch den Abschlußprüfer

(1) Ist der Jahresabschluß durch einen Abschlußprüfer zu prüfen, so ist gleichzeitig mit dem Jahresabschluß und dem Lagebericht auch der Bericht über die Beziehungen zu verbundenen Unternehmen dem Abschlußprüfer vorzulegen. Er hat zu prüfen, ob
 1. die tatsächlichen Angaben des Berichts richtig sind,
 2. bei den im Bericht aufgeführten Rechtsgeschäften nach den Umständen, die im Zeitpunkt ihrer Vornahme bekannt waren, die Leistung der Gesellschaft nicht unangemessen hoch war; soweit sie dies war, ob die Nachteile ausgeglichen worden sind,
 3. bei den im Bericht aufgeführten Maßnahmen keine Umstände für eine wesentlich andere Beurteilung als die durch den Vorstand sprechen.
§ 320 Abs. 1 Satz 2 und Abs. 2 Satz 1 und 2 des Handelsgesetzbuchs gilt sinngemäß. Die Rechte nach dieser Vorschrift hat der Abschlußprüfer auch gegenüber einem Konzernunternehmen sowie gegenüber einem abhängigen oder herrschenden Unternehmen.

---

[102] Vgl. *Kropff* in *Geßler/Hefermehl* Rdnr. 80; *Haesen* S. 102.
[103] So auch *Koppensteiner* in Kölner Kommentar Rdnr. 65; aA die hM, s. neben den Nachw. in Fn. 102 noch *Hüffer* Rdnr. 36; *Krieger* in MünchHdb. AG § 69 Rdnr. 82. Vgl. auch Rdnr. 35 zur Frage, ob dem Einzelausgleich nicht zugängliche nachteilige Maßnahmen (deren Vornahme die Haftung gem. § 93 begründet, s. § 311 Rdnr. 50) zu berücksichtigen sind.

[104] Zutr. *A/D/S* Rdnr. 88; WP-Hdb., Bd. I, Rdnr. F 742.
[105] *Koppensteiner* in Kölner Kommentar Rdnr. 70; *Hüffer* Rdnr. 37.
[106] BGHZ 124, 111, 121 f. = NJW 1994, 520; BGH NJW 1997, 1855, 1856; OLG Köln ZIP 1993, 110, 112.

(2) Der Abschlußprüfer hat über das Ergebnis der Prüfung schriftlich zu berichten. Stellt er bei der Prüfung des Jahresabschlusses, des Lageberichts und des Berichts über die Beziehungen zu verbundenen Unternehmen fest, daß dieser Bericht unvollständig ist, so hat er auch hierüber zu berichten. Der Abschlußprüfer hat seinen Bericht zu unterzeichnen und dem Vorstand vorzulegen.

(3) Sind nach dem abschließenden Ergebnis der Prüfung keine Einwendungen zu erheben, so hat der Abschlußprüfer dies durch folgenden Vermerk zum Bericht über die Beziehungen zu verbundenen Unternehmen zu bestätigen:

Nach meiner/unserer pflichtmäßigen Prüfung und Beurteilung bestätige ich/ bestätigen wir, daß

1. die tatsächlichen Angaben des Berichts richtig sind,
2. bei den im Bericht aufgeführten Rechtsgeschäften die Leistung der Gesellschaft nicht unangemessen hoch war oder Nachteile ausgeglichen worden sind,
3. bei den im Bericht aufgeführten Maßnahmen keine Umstände für eine wesentlich andere Beurteilung als die durch den Vorstand sprechen.

Führt der Bericht kein Rechtsgeschäft auf, so ist Nummer 2, führt er keine Maßnahme auf, so ist Nummer 3 des Vermerks fortzulassen. Hat der Abschlußprüfer bei keinem im Bericht aufgeführten Rechtsgeschäft festgestellt, daß die Leistung der Gesellschaft unangemessen hoch war, so ist Nummer 2 des Vermerks auf diese Bestätigung zu beschränken.

(4) Sind Einwendungen zu erheben oder hat der Abschlußprüfer festgestellt, daß der Bericht über die Beziehungen zu verbundenen Unternehmen unvollständig ist, so hat er die Bestätigung einzuschränken oder zu versagen. Hat der Vorstand selbst erklärt, daß die Gesellschaft durch bestimmte Rechtsgeschäfte oder Maßnahmen benachteiligt worden ist, ohne daß die Nachteile ausgeglichen worden sind, so ist dies in dem Vermerk anzugeben und der Vermerk auf die übrigen Rechtsgeschäfte oder Maßnahmen zu beschränken.

(5) Der Abschlußprüfer hat den Bestätigungsvermerk mit Angabe von Ort und Tag zu unterzeichnen. Der Bestätigungsvermerk ist auch in den Prüfungsbericht aufzunehmen.

Übersicht

	Rdnr.		Rdnr.
I. Einführung	1, 2	4. Umfang der Prüfung	15, 16
1. Inhalt und Zweck der Vorschrift	1	5. Einsichts- und Auskunftsrecht (S. 3 und 4)	17, 18
2. Änderung durch Art. 2 BiRiLiG	2	III. Berichtspflicht (Abs. 2)	19, 20
II. Prüfungspflicht (Abs. 1)	3–18	1. Funktion und Verfahren	19
1. Anwendungsbereich (S. 1)	3–5	2. Inhalt des Berichts	20
2. Einleitung des Prüfungsverfahrens (S. 1)	6–8	IV. Bestätigungsvermerk (Abs. 3–5)	21–26
3. Gegenstand der Prüfung (S. 2)	9–14	1. Funktion und Verfahren	21
a) Richtigkeit der tatsächlichen Angaben	9	2. Erteilung (Abs. 3)	22, 23
b) Rechtsgeschäfte	10–12	3. Einschränkung oder Versagung (Abs. 4)	24–26
c) Maßnahmen	13, 14		

I. Einführung

1 **1. Inhalt und Zweck der Vorschrift.** Die Vorschrift regelt die Prüfung des Abhängigkeitsberichts durch den Abschlußprüfer der Gesellschaft. Im einzelnen nennt Abs. 1 zunächst die *Voraussetzungen* der Prüfungspflicht; zugleich konkretisiert er den *Umfang* der Prüfung. Abs. 2 bestimmt, daß über das Ergebnis der Prüfung schriftlich zu *berichten* ist.

Prüfung durch den Abschlußprüfer   2, 3   § 313

Abs. 3 bis 5 der Vorschrift regeln die Erteilung, Einschränkung oder Versagung des *Bestätigungsvermerks* des Prüfers sowie die Aufnahme des Vermerks in den gem. Abs. 2 zu erstellenden Prüfungsbericht. Ausweislich der Gesetzesmaterialien dient die Prüfung durch den Abschlußprüfer der Vorbereitung und Ergänzung der nach § 314 obligatorischen Prüfung des Berichts durch den *Aufsichtsrat* der Gesellschaft. Zur Einführung einer zusätzlichen Prüfung sah sich der Gesetzgeber nicht allein aufgrund der möglicherweise fehlenden Sachkunde der Mitglieder des Aufsichtsrats veranlaßt. Im Vordergrund stand vielmehr die nicht von der Hand zu weisende Befürchtung, daß der zumeist mit Repräsentanten des herrschenden Unternehmens besetzte Aufsichtsrat ungeachtet der in § 314 angelegten Haftungsrisiken befangen und damit zu einer **unabhängigen, aus Sicht der abhängigen Gesellschaft erfolgenden Prüfung** schwerlich in der Lage ist.[1] Die Vorschrift soll demnach die Verwirklichung der dem Abhängigkeitsbericht zugedachten Funktionen gewährleisten, dh. die Stellung des Vorstands der abhängigen Gesellschaft stärken und – im Zusammenspiel mit § 315 S. 1 Nr. 1 – den gem. § 317 Abs. 4 iVm. § 309 Abs. 4 klagebefugten Aktionären und Gläubigern die Durchsetzung etwaiger Schadensersatzansprüche ermöglichen (§ 312 Rdnr. 2 f.). Inwieweit der Abschlußprüfer dieser Aufgabe angesichts der von ihm erhofften Erteilung weiterer Prüfungsaufträge gerecht werden kann, ist freilich umstritten.[2]

2. Änderung durch Art. 2 BiRiLiG. Die Vorschrift hat durch Art. 2 BiRiLiG[3] eine Reihe von Änderungen erfahren. Die wesentliche Änderung ist *mittelbar* erfolgt, nämlich durch die Vorschrift des § 316 Abs. 1 S. 1 HGB; sie ist deshalb von Bedeutung für § 313 Abs. 1, weil die Prüfungspflicht hinsichtlich des Abhängigkeitsberichts an die Prüfungspflicht hinsichtlich des *Jahresabschlusses* gebunden ist. Infolge der Neufassung des § 316 Abs. 1 S. 1 HGB, wonach nur der *Jahresabschluß* einer großen oder mittelgroßen Kapitalgesellschaft iSd. § 267 Abs. 2, 3 HGB zu prüfen ist, sind nunmehr kleine Gesellschaften iSd. § 267 Abs. 1 HGB dem Anwendungsbereich des § 313 entzogen. Dies begegnet gravierenden Bedenken und sollte alsbald korrigiert werden (Rdnr. 3 f.). Unproblematisch sind dagegen die Änderungen, die § 313 unmittelbar erfahren hat. So ist die in der alten Fassung des § 313 enthaltene Verweisung auf die (durch das BiRiLiG aufgehobenen) §§ 162, 165 aF durch eine solche auf § 320 HGB ersetzt und das Auskunftsrecht, welches sich zuvor aus § 165 Abs. 4 AktG aF ergab, in Abs. 1 S. 4 geregelt worden.

II. Prüfungspflicht (Abs. 1)

1. Anwendungsbereich (S. 1). Vor dem Hintergrund des Normzwecks des § 313 (Rdnr. 1) wäre es an sich konsequent, entspräche der Anwendungsbereich der in Abs. 1 normierten Prüfungspflicht demjenigen des § 312. Da allerdings die Pflicht zur Prüfung des Abhängigkeitsberichts gem. Abs. 1 S. 1 *unselbständiger Bestandteil der gesetzlichen* Verpflichtung zur Prüfung des Jahresabschlusses ist, letztere aber gem. § 316 Abs. 1 S. 1 HGB nur bezüglich mittelgroßer und großer Kapitalgesellschaften iSd. § 267 Abs. 2 und 3 HGB besteht, sind **kleine Aktiengesellschaften iSd. § 267 Abs. 1 HGB** dem Anwendungsbereich des § 313 entzogen. Einen sachlich einleuchtenden Grund für die Erstreckung der – als solcher unbedenklichen und naheliegenden – Bestimmung des Anwendungsbereichs der Pflicht zur Prüfung des Jahresabschlusses auf das Recht faktischer Unternehmensverbindungen gibt es nicht. Vielmehr liegt es auf der Hand, daß die aus der Abhängigkeit resultierenden Gefahren für die Gläubiger und außenstehenden Aktionäre größenunabhängig sind und deshalb bei kleinen Gesellschaften iSd. § 267 Abs. 1 HGB (zumindest) gleichermaßen begegnen.[4] Bedenkt man, daß die Prüfung des Abhängigkeitsberichts durch den Abschlußprüfer eine *zentrale*

---

[1] Begr. RegE bei *Kropff* S. 413; s. ferner *Kropff* in Geßler/Hefermehl Rdnr. 1; *Haesen* S. 120 ff.
[2] Skeptisch *Koppensteiner* in Kölner Kommentar Rdnr. 3; optimistisch *Kropff* in Geßler/Hefermehl Rdnr. 2. Vgl. dazu bereits vor § 311 Rdnr. 8, § 312 Rdnr. 3.
[3] Gesetz v. 16. 12. 1985, BGBl. I, 2355.
[4] Zutr. *Hommelhoff* Gutachten G S. 55 f.; s. ferner bereits *Kropff*, Festschrift für Goerdeler, S. 259, 271 f.; *ders.* ZGR 1988, 558, 560 ff.

Funktion innerhalb des Schutzsystems der §§ 311 ff. einnimmt, indem sie nicht nur die fehlende Publizität des Abhängigkeitsberichts ausgleicht (§ 312 Rdnr. 2, 4), sondern darüber hinaus im unmittelbaren Zusammenhang mit dem Recht auf Sonderprüfung gem. § 315 (s. § 315 Rdnr. 2) steht, so erscheint es geboten, bereits de lege lata[5] nach Möglichkeiten zur Beseitigung dieses – bei Schaffung der §§ 316 Abs. 1 S. 1, 267 Abs. 1 HGB offensichtlich übersehenen und in §§ 313, 314 schlicht nachvollzogenen[6] – Schutzdefizits zu suchen (Rdnr. 4).

4 Zunächst bietet es sich an, die Verpflichtung zur Prüfung des Abhängigkeitsberichts auch auf den Fall zu erstrecken, daß eine *satzungsmäßige Verpflichtung* zur Prüfung des Jahresabschlusses besteht.[7] Fehlt es an einer entsprechenden Satzungsbestimmung, so sollte der Vorzug einer Lösung gegeben werden, die die *Vertraulichkeit* des Abhängigkeitsberichts wahrt (s. § 312 Rdnr. 4). In Anlehnung an §§ 253, 254 des Referentenentwurfs eines GmbH-Gesetzes von 1969[8] sollte deshalb für die kleine AG eine Verpflichtung zur **eigenständigen,** also unabhängig von der Prüfung des Jahresabschlusses erfolgenden **Prüfung des Abhängigkeitsberichts** angenommen werden.[9] Hinsichtlich des Gegenstands, des Umfangs und der Durchführung der Prüfung sollten auch insoweit die Vorschriften des § 313 entsprechend herangezogen werden; die Vorschrift des § 313 Abs. 2 S. 2 (Rdnr. 16) ist in diesem Fall freilich weitgehend gegenstandslos. Zur analogen Anwendung des § 270 Abs. 3 s. Rdnr. 5.

5 Abweichend von der Rechtslage vor Inkrafttreten des BiRiLiG[10] findet § 313 auch auf die **Liquidationsgesellschaft** Anwendung. Gem. § 270 Abs. 3 kann allerdings das gem. § 14 iVm. § 145 FGG zuständige Amtsgericht von der Verpflichtung zur Prüfung des Jahresabschlusses befreien. Soweit es sich um eine große oder mittelgroße Gesellschaft handelt, entfällt damit zwar auch die Verpflichtung zur Erstellung des Abhängigkeitsberichts; doch darf das Gericht die Befreiung nicht erteilen, wenn die Voraussetzungen des § 270 Abs. 3 zwar hinsichtlich des Jahresabschlusses, nicht aber hinsichtlich des Abhängigkeitsberichts vorliegen. Handelt es sich um eine kleine Gesellschaft, so liegt es nahe, § 270 Abs. 3 auf die hier befürwortete (Rdnr. 4) Pflicht zur eigenständigen Prüfung des Abhängigkeitsberichts analog anzuwenden.

6 **2. Einleitung des Prüfungsverfahrens (S. 1).** Gem. Abs. 1 S. 1 hat der Vorstand den von ihm aufgestellten Abhängigkeitsbericht *gleichzeitig mit dem Jahresabschluß* und dem Lagebericht dem Abschlußprüfer zu übergeben. Gem. § 312 Abs. 1 S. 1 iVm. § 264 Abs. 1 S. 2 HGB hat dies grundsätzlich (s. aber auch § 312 Rdnr. 12) innerhalb der ersten drei Monate des neuen Geschäftsjahres zu erfolgen. Die Prüfung des Abhängigkeitsberichts ist im unmittelbaren Anwendungsbereich des § 313 stets und ausnahmslos **Aufgabe des Abschlußprüfers;** handelt es sich um eine kleine AG iSv. § 267 Abs. 1 HGB, so ist nach hier vertretener Ansicht (Rdnr. 4) eine *zur Abschlußprüfung befähigte Person* mit der Prüfung des Abhängigkeitsberichts zu betrauen. Ein gesonderter Prüfungsauftrag wird – vorbehaltlich der kleinen AG (Rdnr. 4) – nicht erteilt. Die Verpflichtung zur Prüfung des Abhängigkeitsberichts ist gem. Abs. 1 S. 1 vielmehr Bestandteil der vom Abschlußprüfer übernommenen Pflicht zur Prüfung des Jahresabschlusses;[11] die Vorschrift des Abs. 1 S. 1 ergänzt mithin diejenige des § 317 HGB betreffend den Gegenstand und den Umfang der Abschlußprüfung. Demgemäß bestimmt sich auch die **Verantwortlichkeit und Haftung des Prüfers** nach §§ 403, 404 Abs. 1 Nr. 2, §§ 323, 333 HGB.

7 Die **Zuständigkeit** des Abschlußprüfers **ist zwingend;** die Erteilung eines gesonderten Auftrags zur Prüfung des Abhängigkeitsberichts, sei es an den Abschlußprüfer oder an ei-

---

[5] Zu entsprechenden Vorschlägen de lege ferenda s. die Nachw. in Fn. 4; ferner *Hüffer* Rdnr. 2; WP-Hdb., Bd. I, Rdnr. F 761.
[6] Näher dazu *Kropff,* Festschrift für Goerdeler, S. 259, 272.
[7] Zutr. *Kropff* ZGR 1988, 558, 561 f.
[8] *BdJ* (Hrsg.), RefE eines Gesetzes über Gesellschaften mit beschränkter Haftung, 1969.
[9] AA *Kropff* ZGR 1988, 558, 565 ff., der sich statt dessen für ein Einsichtsrecht der außenstehenden Aktionäre analog § 51 a GmbHG ausspricht.
[10] Dazu *Kropff* in *Geßler/Hefermehl* Rdnr. 8.
[11] *Kropff* in *Geßler/Hefermehl* Rdnr. 4; A/D/S Rdnr. 5.

nen Dritten, ist nicht möglich.¹² Mit Rücksicht auf die Verpflichtung des herrschenden Unternehmens zum Ersatz der von der abhängigen Gesellschaft im Zusammenhang mit den §§ 312 ff. getätigten *Aufwendungen* (§ 312 Rdnr. 13) bedarf es freilich eines gesonderten Ausweises der Kosten der Prüfung des Abhängigkeitsberichts.¹³ Besonderheiten gelten wiederum für die kleine AG (Rdnr. 4). Sofern nicht deren *Satzung* die Prüfung des *Jahresabschlusses* vorsieht, ist ein Auftrag speziell zur Prüfung des Abhängigkeitsberichts zu erteilen. Sowohl für die große und mittelgroße AG als auch für die kleine AG gilt, daß der Prüfer nicht beauftragt werden kann, den Abhängigkeitsbericht aufzustellen.¹⁴

Die Verpflichtung zur Aushändigung des Abhängigkeitsberichts kann gem. § 407 Abs. 1 im **Zwangsgeldverfahren** durchgesetzt werden (s. § 312 Rdnr. 14 f., dort auch zu weiteren Sanktionen). Bestehen Meinungsverschiedenheiten über die *Notwendigkeit eines Abhängigkeitsberichts,* so können Vorstand und Abschlußprüfer eine **Entscheidung gem. § 324 HGB** herbeiführen.¹⁵ Meinungsverschiedenheiten, die sich auf den *Inhalt* und die *Vollständigkeit* des Berichts beziehen, können dagegen nicht mittels des Verfahrens nach § 324 HGB beigelegt werden.¹⁶

3. Gegenstand der Prüfung (S. 2). a) Richtigkeit der tatsächlichen Angaben. Abs. 1 S. 2 Nr. 1 definiert den Gegenstand der Prüfung zunächst dahin gehend, daß die tatsächlichen Angaben des Abhängigkeitsberichts auf ihre Richtigkeit zu überprüfen sind. Unter „tatsächlichen Angaben" sind **in der Vergangenheit liegende und objektiv nachprüfbare Vorgänge** zu verstehen; im Abhängigkeitsbericht enthaltene Bewertungen und Prognosen sind somit von S. 2 Nr. 1 nicht erfaßt.¹⁷ Die Grenzen zwischen Tatsachenangaben und Werturteilen sind allerdings fließend. In Zweifelsfällen hat der Prüfer auf Klarstellung hinzuwirken.¹⁸ Zu prüfen ist insbesondere, ob die im Bericht genannten *Rechtsgeschäfte* wirklich und zu den angegebenen Konditionen vorgenommen und die im Bericht genannten *Maßnahmen* wirklich und unter den genannten Umständen getroffen oder unterlassen worden sind.¹⁹ Eine Überprüfung des Berichts auf die **Vollständigkeit** der tatsächlichen Angaben gehört dagegen, wie sich sowohl dem Wortlaut des S. 2 Nr. 1–3 („richtig", „im Bericht aufgeführten Rechtsgeschäften" bzw. „Maßnahmen") als auch dem Abs. 2 entnehmen läßt, nicht zum Prüfungsgegenstand.²⁰ Stößt der Prüfer allerdings auf Lücken im Bericht, so ist er gehalten, ihnen nach Maßgabe des Abs. 2 S. 2 nachzugehen (Rdnr. 16).

b) Rechtsgeschäfte. Die im Bericht aufgeführten Rechtsgeschäfte sind gem. Abs. 1 S. 2 Nr. 2 zunächst darauf zu überprüfen, ob „die Leistung der Gesellschaft nicht unangemessen hoch war". Insoweit obliegt dem Abschlußprüfer mithin die **Bewertung** der im Abhängigkeitsbericht dokumentierten Rechtsgeschäfte. Dabei hat die Vorschrift des Abs. 1 S. 2 Nr. 2 ebenso wie diejenige des § 312 Abs. 1 S. 3 (§ 312 Rdnr. 27 f.) den praktischen Regelfall des Austauschvertrags im Auge. Eine Begrenzung des Prüfungsumfangs läßt sich dem allerdings nicht entnehmen (s. bereits § 312 Rdnr. 18). Vielmehr bezieht sich Abs. 1 S. 2 Nr. 2 auf *sämtliche Rechtsgeschäfte* (s. im einzelnen § 312 Rdnr. 18 ff.), im Unterschied zu § 312 Abs. 1 freilich nur auf die im Abhängigkeitsbericht *dokumentierten* (Rdnr. 9). Dem Abschluß-

---

¹² *Kropff* in *Geßler/Hefermehl* Rdnr. 9; *Hüffer* Rdnr. 4.
¹³ Zutr. *Hüffer* Rdnr. 3.
¹⁴ Wohl einhM, s. *A/D/S* Rdnr. 7; *Hüffer* Rdnr. 4. Vgl. auch BGH NJW 1997, 2178 (Beratung in wirtschaftlichen und steuerlichen Angelegenheiten ist mit Abschlußprüfung durch denselben Wirtschaftsprüfer grundsätzlich vereinbar, kann jedoch nach Art und Umfang im Einzelfall eine unzulässige Mitwirkung iSd. § 319 Abs. 2 Nr. 5 HGB darstellen); dazu *Hommelhoff* ZGR 1997, 550.
¹⁵ HM, s. *Kropff* in *Geßler/Hefermehl* Rdnr. 6; *Krieger* in MünchHdb. AG § 69 Rdnr. 76; *Hüffer* Rdnr. 3; für analoge Anwendung *Koppensteiner* in Kölner Kommentar Rdnr. 8.

¹⁶ Vgl. bereits Begr. RegE bei *Kropff* S. 415; *Kropff* in *Geßler/Hefermehl* Rdnr. 7.
¹⁷ Wohl einhM, s. *Koppensteiner* in Kölner Kommentar Rdnr. 11; *Kropff* in *Geßler/Hefermehl* Rdnr. 13 f.; *Krieger* in MünchHdb. AG § 69 Rdnr. 84; *Hüffer* Rdnr. 5.
¹⁸ Zutr. *Kropff* in *Geßler/Hefermehl* Rdnr. 14.
¹⁹ *Hüffer* Rdnr. 5.
²⁰ Vgl. bereits Begr. RegE bei *Kropff* S. 414; ferner *Kropff* in *Geßler/Hefermehl* Rdnr. 24 f.; *Koppensteiner* in Kölner Kommentar Rdnr. 11, 17; *Krieger* in MünchHdb. AG § 69 Rdnr. 85; *Hüffer* Rdnr. 5; mißverständlich *Baumbach/Hueck* Rdnr. 6.

prüfer obliegt denn auch nach Abs. 1 S. 2 Nr. 2 die Prüfung, ob das Rechtsgeschäft **nachteiligen Charakter** iSd. § 311 Abs. 1 hat.[21] Zu prüfen ist demnach, ob das Rechtsgeschäft auch vom gewissenhaften und sorgfältigen Vorstand einer unabhängigen AG hätte vorgenommen werden dürfen (§ 311 Rdnr. 25 ff.). Über *unterlassene Rechtsgeschäfte* ist im Rahmen der sonstigen Maßnahmen zu berichten (§ 312 Rdnr. 20, 28); die Prüfung beurteilt sich demzufolge nach § 313 Abs. 1 S. 2 Nr. 3 (Rdnr. 13 f.).

11 Aus der Anknüpfung an den Nachteilsbegriff erklärt sich zunächst die – in Abs. 1 S. 2 Nr. 2 ausdrücklich betonte – Maßgeblichkeit des **Zeitpunkts der Vornahme des Rechtsgeschäfts.** Der nachteilige Charakter des Rechtsgeschäfts ist demnach auf der Grundlage der dem Vorstand bekannten und *erkennbaren*[22] Umstände zu ermitteln; erst später auftretende und bei pflichtgemäßer Sorgfalt nicht erkennbare Entwicklungen bleiben außer Betracht.[23] Des weiteren ist den Bewertungsschwierigkeiten, die dem Nachteilsbegriff und damit auch dem in Abs. 1 S. 2 Nr. 2 enthaltenen Prüfungsauftrag immanent sind (§ 311 Rdnr. 32 ff.), durch Anerkennung eines gewissen **Beurteilungsspielraums** Rechnung zu tragen.[24] Der Wortlaut des Gesetzes bringt dies dadurch zum Ausdruck, daß allein zu prüfen ist, ob die Leistung der Gesellschaft „nicht unangemessen hoch" war. Entscheidend ist danach, ob die Vornahme des Rechtsgeschäfts bei vernünftiger kaufmännischer Betrachtung als *vertretbar* erscheint. Geringfügige Abweichungen können außer Betracht bleiben.

12 Ergibt sich aus dem Inhalt des Abhängigkeitsberichts (§ 312 Rdnr. 30, 35) oder aufgrund der Prüfung durch den Abschlußprüfer, daß die Leistung der Gesellschaft „unangemessen hoch" ist, das Rechtsgeschäft also nachteiligen Charakter hat (Rdnr. 11), so ist nach Abs. 1 S. 2 Nr. 2, 2. Halbs. zu prüfen, ob der Nachteil ausgeglichen worden ist. Mit dem Begriff des **Nachteilsausgleichs** nimmt Abs. 1 S. 2 Nr. 2 Bezug auf § 311 Abs. 2. Zu berücksichtigen sind demnach ein tatsächlich erfolgter Ausgleich und die Begründung eines entsprechenden Rechtsanspruchs.[25] Erst nach Schluß des Geschäftsjahres eingeräumte Vorteile berechtigen nicht zur Erteilung des uneingeschränkten Bestätigungsvermerks iSd. Abs. 3 S. 2 Nr. 2. Davon betroffen ist insbesondere ein auf Veranlassung des Abschlußprüfers gewährter Ausgleich.[26] Da im Ausgleichsvertrag iSd. § 311 Abs. 2 Art und Umfang der als Ausgleich zugesagten Vorteile bestimmt werden müssen (§ 311 Rdnr. 48), ist es ausgeschlossen, daß die Konkretisierung des Ausgleichsanspruchs von den Feststellungen des Abschlußprüfers abhängig gemacht wird.[27] Auch im Zusammenhang mit dem Nachteilsausgleich kommt dem Abschlußprüfer ein *Bewertungsspielraum* zu. Zu prüfen ist also, ob der Nachteil im Hinblick auf den gewährten Vorteil nicht unangemessen hoch war (Rdnr. 11).[28] Maßgebend ist der Zeitpunkt der Vorteilsgewährung (§ 311 Rdnr. 43). Ist das Rechtsgeschäft einem Einzelausgleich nicht zugänglich, so ist das Testat einzuschränken (s. Rdnr. 14).

13 c) **Maßnahmen.** Soweit der Bericht sonstige Maßnahmen anführt (§ 312 Rdnr. 25 f.), hat der Abschlußprüfer gem. Abs. 1 S. 2 Nr. 3 nur zu prüfen, ob keine Umstände für eine wesentlich andere Beurteilung als die des Vorstands sprechen. Damit trägt das Gesetz bewußt[29] dem Umstand Rechnung, daß im Fall sonstiger Maßnahmen die Beurteilung des nachteiligen Charakters und die Bezifferung des Nachteils mit besonderen Schwierigkeiten

---

[21] *Kropff* in *Geßler/Hefermehl* Rdnr. 15; *A/D/S* Rdnr. 22 f.

[22] *Kropff* in *Geßler/Hefermehl* Rdnr. 15; *Koppensteiner* in Kölner Kommentar Rdnr. 12; *Hüffer* Rdnr. 7; zur entsprechenden (dort freilich umstrittenen) Rechtslage im Zusammenhang mit der Berichtspflicht des Vorstands s. § 312 Rdnr. 36.

[23] Vgl. die Nachw. in Fn. 22.

[24] Vgl. bereits Begr. RegE bei *Kropff* S. 414; ferner *Kropff* in *Geßler/Hefermehl* Rdnr. 16; *A/D/S* Rdnr. 22; WP-Hdb., Bd. I Rdnr. F 764.

[25] Vgl. statt aller *Koppensteiner* in Kölner Kommentar Rdnr. 14.

[26] *Kropff* in *Geßler/Hefermehl* Rdnr. 18; *Koppensteiner* in Kölner Kommentar Rdnr. 14; *Hüffer* Rdnr. 8.

[27] So aber *A/D/S* § 311 Rdnr. 71; dagegen auch *Koppensteiner* in Kölner Kommentar Rdnr. 14; *Hüffer* Rdnr. 8, der statt dessen vorschlägt, den bezifferten Ausgleichsvertrag unter der auflösenden Bedingung einer beanstandungsfreien Prüfung des Rechtsgeschäfts abzuschließen (wodurch freilich die Beteiligten nicht von der Bezifferung des Ausgleichs entlastet werden, sollte das Rechtsgeschäft nachteilig sein).

[28] *Kropff* in *Geßler/Hefermehl* Rdnr. 18; *Krieger* in MünchHdb. AG § 69 Rdnr. 85; *Hüffer* Rdnr. 8.

[29] Vgl. Begr. RegE bei *Kropff* S. 414 f.

verbunden ist. Der Abschlußprüfer soll deshalb nicht gezwungen werden, sein Ermessen an die Stelle des **unternehmerischen Ermessens des Vorstands** zu setzen. Damit begrenzt das Gesetz zugleich die Verantwortlichkeit des Prüfers (s. Rdnr. 6). Im einzelnen hat der Abschlußprüfer zunächst die Angaben, die der Vorstand gem. § 312 Abs. 1 S. 3 zu machen hat (§ 312 Rdnr. 29), auf ihre Schlüssigkeit und Überzeugungskraft hin zu überprüfen.[30] Zu fragen ist also, ob die Angaben des Vorstands die Maßnahme als *vertretbar* erscheinen lassen. In einem zweiten Schritt hat der Abschlußprüfer im Bericht nicht angegebene, ihm aber bekannte Gründe und Erwägungen in die Betrachtung einzubeziehen; insoweit geht es weniger um die Ermittlung weiterer Tatsachen (Rdnr. 15 f.) als um die Einbringung der besonderen Sachkunde des Prüfers.[31] Sind solche zusätzlichen Umstände gegeben, so ist zu prüfen, ob die Vornahme der Maßnahme gleichwohl als noch vertretbar erscheint. Insoweit ist die persönliche Einschätzung des Prüfers gefragt. Im Abhängigkeitsbericht nicht angeführte, bei der Beurteilung aber berücksichtigte Umstände braucht der Prüfer nicht zu beweisen.[32]

In die Prüfung gem. Abs. 1 S. 2 Nr. 3 ist auch ein etwaiger **Nachteilsausgleich** einzubeziehen. Ist also die Maßnahme nach der Erklärung des Vorstands oder nach dem Ergebnis der Prüfung nachteilig, so ist zu prüfen, ob Ausgleich gem. § 311 Abs. 2 erfolgt ist. Insoweit findet Abs. 1 S. 2 Nr. 2 entsprechende Anwendung; zu untersuchen ist also, ob der Nachteil im Verhältnis zu dem gewährten Vorteil nicht unangemessen hoch war.[33] Läßt sich der Nachteil nicht quantifizieren und ist somit die nachteilige Maßnahme dem Einzelausgleich nach § 311 nicht zugänglich (§ 311 Rdnr. 28, 37, 39), so ist der Bestätigungsvermerk entsprechend einzuschränken. Jedenfalls in Fällen dieser Art kommt deshalb dem Abschlußprüfer durchaus die Aufgabe zu, auf die Entstehung einer (rechtswidrigen, s. vor § 311 Rdnr. 43 f.) **qualifizierten faktischen Unternehmensverbindung** aufmerksam zu machen.[34] Was den für die Prüfung maßgeblichen **Zeitpunkt** betrifft, so ist auch im Rahmen des Abs. 1 S. 2 Nr. 3 auf denjenigen der Vornahme bzw. des Unterlassens der Maßnahme sowie ggf. auf denjenigen der Vorteilsgewährung abzustellen (Rdnr. 11 f.).

4. Umfang der Prüfung. Dem Abschlußprüfer obliegt nicht die Prüfung, ob der Abhängigkeitsbericht den Vorgaben des § 312 entsprechend aufgestellt wurde; insbesondere gebietet Abs. 1 S. 2 Nr. 1 grundsätzlich **keine Vollständigkeitsprüfung** (s. Rdnr. 9, aber auch Rdnr. 16). Gegenstand der Prüfung sind vielmehr der Abhängigkeitsbericht und die in ihm dokumentierten Verbundbeziehungen.[35] Die Prüfung erfolgt somit retrograd. Bei umfangreichen Geschäftsbeziehungen darf der Prüfer die nach Abs. 1 S. 2 Nr. 1 erforderliche Überprüfung der Richtigkeit der Tatsachen (Rdnr. 9) auf **Stichproben** beschränken.[36] Davon darf freilich nur im Zusammenhang mit Routinevorgängen Gebrauch gemacht werden. Vorfälle von außergewöhnlicher Bedeutung sind dagegen stets einer Einzelprüfung zu unterziehen.

Der Vorschrift des Abs. 2 S. 2 läßt sich entnehmen, daß der Abschlußprüfer über ihm bekannte Lücken des Abhängigkeitsberichts nicht hinweggehen darf.[37] Denn nach dieser Vorschrift hat der Prüfer, sofern er bei Prüfung des Jahresabschlusses, des Lageberichts

---

[30] *Kropff* in *Geßler/Hefermehl* Rdnr. 20; *Koppensteiner* in Kölner Kommentar Rdnr. 15.
[31] *Kropff* in *Geßler/Hefermehl* Rdnr. 21.
[32] *Koppensteiner* in Kölner Kommentar Rdnr. 15.
[33] *Koppensteiner* in Kölner Kommentar Rdnr. 16; *Kropff* in *Geßler/Hefermehl* Rdnr. 22; *Krieger* in MünchHdb. AG § 69 Rdnr. 85.
[34] Weitergehend *Kropff*, Festschrift für Goerdeler, S. 259, 273 (Hinweis auf qualifizierte faktische Konzernierung auch in den Fällen, in denen aufgrund des nur eingeschränkten Prüfungsmaßstabs die Prüfung gem. § 313 Abs. 1 S. 2 noch durchführbar ist, obschon der Einzelausgleich aufgrund der Breite und Vielfalt der Konzerneinwirkungen nicht mehr nachprüfbar ist); dagegen *Deilmann* S. 113 ff. – Zum Vorliegen einer qualifizierten faktischen Abhängigkeit bei Versagen des Einzelausgleichssystems s. vor § 311 Rdnr. 27 ff., 33 ff.
[35] *Kropff* in *Geßler/Hefermehl* Rdnr. 29; *Hüffer* Rdnr. 10.
[36] Begr. RegE bei *Kropff* S. 414; *Koppensteiner* in Kölner Kommentar Rdnr. 20; *Krieger* in MünchHdb. AG § 69 Rdnr. 85; zur entsprechenden Praxis s. *A/D/S* Rdnr. 45.
[37] *Kropff* in *Geßler/Hefermehl* Rdnr. 25; *Koppensteiner* in Kölner Kommentar Rdnr. 17; *Hüffer* Rdnr. 11; *A/D/S* Rdnr. 46 ff.

und des Abhängigkeitsberichts feststellt, daß letzterer unvollständig ist, auch hierüber zu berichten (Rdnr. 20). Der Prüfer hat deshalb **allen Verdachtsmomenten nachzugehen.** Davon betroffen sind zum einen die im Abhängigkeitsbericht *dokumentierten* Rechtsgeschäfte und Maßnahmen. Insoweit ist zu überprüfen, ob alle für die Beurteilung wesentlichen Umstände angegeben sind.[38] Erlauben die im Bericht angegebenen Tatsachen keine verläßliche Überprüfung der verzeichneten Rechtsgeschäfte und Maßnahmen, so muß der Prüfer auf Ergänzung bestehen. Zum anderen hat der Abschlußprüfer auch allen ihm aus seiner Tätigkeit für die abhängige Gesellschaft bekannten, im Abhängigkeitsbericht aber *nicht dokumentierten* Rechtsgeschäften und Maßnahmen bzw. entsprechenden Verdachtsmomenten nachzugehen.[39] In beiden Fällen haben Mängel des Berichts die Einschränkung oder Versagung des Testats zur Folge (Rdnr. 24 ff.).

17 **5. Einsichts- und Auskunftsrecht (S. 3 und 4).** Gem. Abs. 1 S. 2 hat der Abschlußprüfer auch im Zusammenhang mit der Prüfung des Abhängigkeitsberichts die in § 320 Abs. 1 S. 2, Abs. 2 S. 1 und 2 HGB genannten Einsichts- und Auskunftsrechte. Der Vorstand der abhängigen Gesellschaft muß danach dem Abschlußprüfer sämtliche prüfungsrelevanten Unterlagen und Gegenstände zur Verfügung stellen (Abs. 1 S. 3 iVm. § 320 Abs. 1 S. 2 HGB) und ihm die für eine sorgfältige Prüfung des Berichts notwendigen Auskünfte und Nachweise erteilen (Abs. 1 S. 3 iVm. § 320 Abs. 2 S. 1 HGB). Gem. Abs. 1 S. 3 iVm. § 320 Abs. 2 S. 2 HGB hat der Abschlußprüfer das Auskunftsrecht des § 320 Abs. 2 S. 1 HGB gegebenenfalls auch schon *vor Aufstellung des Abhängigkeitsberichts.* Eine entsprechende **Zwischenprüfung** kommt namentlich im Hinblick auf die vom Vorstand ergriffenen Maßnahmen zur vollständigen Erfassung und Dokumentation der Verbundbeziehungen (§ 311 Rdnr. 51) in Betracht. Des weiteren kann der Abschlußprüfer auf der Grundlage des § 320 Abs. 2 S. 2 HGB einen Überblick über den Kreis der verbundenen Unternehmen beanspruchen, sofern nicht bereits der Abhängigkeitsbericht eine entsprechende Verbundübersicht enthält (§ 312 Rdnr. 33).[40] Die Erfüllung der aus Abs. 1 S. 3 folgenden Pflichten kann gem. § 407 Abs. 1 mittels Zwangsgeld durchgesetzt werden. Die unrichtige oder verschleiernde Darstellung ist gem. § 400 Abs. 1 Nr. 2 mit Strafe bedroht.

18 Nach der durch das BiRiLiG (Rdnr. 2) eingefügten Vorschrift des Abs. 1 S. 4 hat der Abschlußprüfer die in § 320 Abs. 1 S. 2, Abs. 2 S. 1 und 2 HGB geregelten Rechte (Rdnr. 17) auch gegenüber einem **Konzernunternehmen** sowie gegenüber einem **abhängigen oder herrschenden Unternehmen.** Der Kreis der informationspflichtigen Unternehmen bestimmt sich – ausgehend von der Sicht der abhängigen Gesellschaft – nach §§ 17, 18 und deckt sich somit nicht mit den berichtsrelevanten Unternehmensverbindungen (§ 312 Rdnr. 21 ff.). De lege lata ist die fehlende Abstimmung des Abs. 1 S. 4 mit § 312 Abs. 1 S. 2 und 3 freilich hinzunehmen.[41] Gem. § 407 Abs. 1 kann auch gegenüber den nach Abs. 1 S. 4 auskunftspflichtigen Unternehmen das Zwangsgeldverfahren betrieben werden; die unrichtige oder verschleiernde Darstellung ist auch insoweit gem. § 400 Abs. 1 Nr. 2 strafbar. Handelt es sich um ein *ausländisches verbundenes Unternehmen,* so kann zwar die zwangsweise Durchsetzung des Einsichts- und Auskunftsrechts Schwierigkeiten bereiten.[42] Da jedoch der Abschlußprüfer für den Fall, daß sich prüfungsrelevante Tatsachen nicht feststellen lassen, sein Testat einzuschränken hat (Rdnr. 24 ff.), was wiederum eine Sonderprüfung gem. § 315 S. 1 Nr. 1 zur Folge haben kann, wird sich die Frage einer zwangsweisen Durchsetzung regelmäßig nicht stellen.

---

[38] *Kropff* in *Geßler/Hefermehl* Rdnr. 27; *Koppensteiner* in Kölner Kommentar Rdnr. 18.
[39] *Kropff* in *Geßler/Hefermehl* Rdnr. 30; *Koppensteiner* in Kölner Kommentar Rdnr. 17.
[40] *Koppensteiner* in Kölner Kommentar Rdnr. 9; *Hüffer* Rdnr. 12; *A/D/S* Rdnr. 56.
[41] *Koppensteiner* in Kölner Kommentar Rdnr. 9; *Krieger* in MünchHdb. AG § 69 Rdnr. 86; *Hüffer* Rdnr. 13; zur früheren Rechtslage (Rdnr. 2) s. *Kropff* in *Geßler/Hefermehl* Rdnr. 35.
[42] Näher *Koppensteiner* in Kölner Kommentar Rdnr. 10, WP-Hdb., Bd. I, Rdnr. 776, jew. mit weit. Nachw.

III. Berichtspflicht (Abs. 2)

1. Funktion und Verfahren. Gem. Abs. 2 S. 1 hat der Abschlußprüfer über das Ergebnis der Prüfung zu berichten. Obschon der Bericht gem. Abs. 2 S. 3 dem Vorstand der abhängigen Gesellschaft vorzulegen ist, besteht seine Funktion doch in der Vorbereitung und Unterstützung der nach § 314 obligatorischen Prüfung des Abhängigkeitsberichts durch den *Aufsichtsrat* der Gesellschaft (Rdnr. 1). Der Vorstand hat denn auch gem. § 314 Abs. 1 S. 1 den Prüfungsbericht dem Aufsichtsrat vorzulegen. Wie der Abhängigkeitsbericht wird auch der Prüfungsbericht **nicht offengelegt**. Eine Einschränkung oder Versagung des *Bestätigungsvermerks* (Rdnr. 21 ff.) gibt jedoch gem. § 315 S. 1 Nr. 1 jedem Aktionär das Recht, eine Sonderprüfung zu beantragen (§ 315 Rdnr. 4). Der Prüfungsbericht ist gem. Abs. 2 S. 1 und 3 schriftlich abzufassen und vom Prüfer zu unterzeichnen. 19

2. Inhalt des Berichts. Abs. 2 S. 1 umschreibt den Inhalt des Berichts nur dahin gehend, daß über das **Ergebnis der Prüfung** zu berichten ist. Dazu zählt auch die Feststellung, daß der Gesellschaft nachteilige Maßnahmen einem Einzelausgleich nicht zugänglich sind und damit ggf. eine qualifizierte faktische Unternehmensverbindung gegeben ist (Rdnr. 14). Die Vorschrift des Abs. 2 S. 2 stellt klar, daß die vom Abschlußprüfer festgestellte **Unvollständigkeit** des Abhängigkeitsberichts gleichfalls zum Ergebnis der Prüfung zählt und damit berichtspflichtig ist (Rdnr. 16). Im übrigen empfiehlt es sich, den Bericht entsprechend den in Abs. 1 S. 2 bestimmten Prüfungsgegenständen zu gliedern.[43] Das Ergebnis der Prüfung ist zu begründen; anzugeben ist, worauf sich die Beurteilung des Prüfers stützt.[44] Zu berichten ist auch über die Kooperationsbereitschaft des Vorstands,[45] ferner über die Abgrenzung der in die Berichterstattung einbezogenen Verbundunternehmen.[46] 20

IV. Bestätigungsvermerk (Abs. 3–5)

1. Funktion und Verfahren. Gem. Abs. 3 und 4 hat die Abschlußprüfung in die Erteilung eines uneingeschränkten oder eingeschränkten Bestätigungsvermerks oder in die Versagung eines solchen Vermerks zu münden. Der Inhalt des Bestätigungsvermerks ist in Abs. 3 detailliert geregelt; dadurch soll sichergestellt sein, daß das Prüfungsergebnis möglichst vollständig auch im Bestätigungsvermerk zum Ausdruck kommt. Die besondere Bedeutung des Bestätigungsvermerks resultiert daraus, daß er, anders als der Prüfungsbericht (Rdnr. 19), gem. § 314 Abs. 2 S. 3 in den **Bericht des Aufsichtsrats an die Hauptversammlung** aufzunehmen ist und damit Publizität erlangt (§ 314 Rdnr. 9). Damit wird zugleich sichergestellt, daß die Aktionäre von ihrem Recht auf Beantragung einer **Sonderprüfung** gem. § 315 S. 1 Nr. 1 auch tatsächlich Gebrauch machen können. Der Bestätigungsvermerk ist gem. Abs. 5 S. 1 vom Abschlußprüfer unter Angabe von Ort und Tag zu **unterschreiben**. Sind mehrere Abschlußprüfer bestellt worden, so müssen sie alle unterschreiben.[47] Gem. Abs. 5 S. 2 ist der Vermerk in den Prüfungsbericht aufzunehmen und damit gem. § 314 Abs. 1 S. 1 dem Aufsichtsrat vorzulegen, der ihn wiederum in seinen Bericht an die Hauptversammlung aufzunehmen und eine Versagung des Vermerks ausdrücklich mitzuteilen hat (§ 314 Rdnr. 8 f.). 21

2. Erteilung (Abs. 3). Der Abschlußprüfer ist gem. Abs. 3 S. 1 zur Erteilung eines uneingeschränkten Bestätigungsvermerks verpflichtet, wenn nach dem Prüfungsergebnis keine Einwendungen zu erheben sind. Der Wortlaut des uneingeschränkten Bestätigungsvermerks ist in Abs. 3 S. 2 vorgeschrieben. Er lehnt sich an den Gegenstand der Prüfung an (Rdnr. 9 ff.) und bringt damit das Prüfungsergebnis vollständig zum Ausdruck. Vorbehaltlich der in Abs. 3 S. 3 und 4 genannten Textabwandlungen (Rdnr. 23) kommt eine *generelle Ergänzung* des formalisierten Textes *nicht* in Betracht.[48] Denkbar sind allein Zusätze, die 22

---

[43] *Koppensteiner* in Kölner Kommentar Rdnr. 21; näher zum Inhalt A/D/S Rdnr. 67 ff.
[44] IdW/HFA Wpg. 1992, 91, 93 (Nr. III. 8).
[45] WP-Hdb., Bd. I, Rdnr. 778.
[46] IdW/HFA Wpg. 1992, 91, 93 (Nr. III. 8).
[47] *Hüffer* Rdnr. 16.
[48] *Kropff* in Geßler/Hefermehl Rdnr. 49; A/D/S Rdnr. 83; *Krieger* in MünchHdb. AG § 69 Rdnr. 87

der besonderen Problematik des Einzelfalls, etwa der Beurteilung einer Maßnahme, Rechnung tragen und den Positivbefund des Vermerks nicht in Frage stellen.[49] Eine Einbeziehung des Grades der Leitungsdichte in den Inhalt des Vermerks ist auch de lege ferenda entbehrlich,[50] wenn man nur mit den Grenzen einer nach § 311 zulässigen Einflußnahme Ernst macht (§ 311 Rdnr. 28, 37, 39); insbesondere der Problematik der **qualifizierten faktischen Abhängigkeit** kann durch die – im Hinblick auf die Unmöglichkeit des Einzelausgleichs (s. vor § 311 Rdnr. 27 ff., 33 ff.) gebotene – Einschränkung oder Versagung des Bestätigungsvermerks Rechnung getragen werden.

23 Der in Abs. 3 S. 2 vorgeschriebene, sich an die Prüfungsgegenstände des Abs. 1 S. 2 anlehnende Wortlaut des Testats ist gem. *Abs. 3 S. 3* dem **Inhalt des Abhängigkeitsberichts** und der damit verbundenen Einschränkung des Prüfungsgegenstands (s. Rdnr. 15) anzupassen. So ist der in Abs. 3 S. 2 Nr. 2 enthaltene Teil des Vermerks wegzulassen, wenn der Abhängigkeitsbericht kein Rechtsgeschäft aufführt; führt der Vorstandsbericht keine Maßnahme auf, so ist Abs. 3 S. 2 Nr. 3 fortzulassen. Werden weder Rechtsgeschäfte noch Maßnahmen aufgeführt und bestehen im übrigen keine Einwendungen gegen den **Negativbericht** des Vorstands, so hat das Testat gem. Abs. 3 S. 2 Nr. 1 die Richtigkeit der tatsächlichen Angaben zu bestätigen.[51] *Abs. 3 S. 4* schließlich betrifft den Fall, daß der Vorstandsbericht zwar Rechtsgeschäfte aufführt, der Abschlußprüfer aber deren *Angemessenheit* bestätigen kann. Dann ist der mit „oder" beginnende Teil des Vermerks gem. Abs. 3 S. 2 Nr. 2 fortzulassen. Die negative Schlußerklärung des Vorstands schließlich (§ 312 Rdnr. 35) hat die Einschränkung des Testats zur Folge (Rdnr. 26).

24 **3. Einschränkung oder Versagung (Abs. 4).** Hat die Prüfung ergeben, daß Einwendungen gegen den Abhängigkeitsbericht zu erheben sind oder der Bericht *unvollständig* ist (Rdnr. 16), so ist der Bestätigungsvermerk gem. Abs. 4 S. 1 einzuschränken oder gar zu versagen. Während im Fall der Einschränkung die Formel des Abs. 3 S. 2 um einen **einschränkenden Zusatz** zu erweitern ist (Rdnr. 25), kennt § 313 – im Unterschied zu § 322 Abs. 2, 4 HGB – **keinen besonderen Versagungsvermerk**. Es genügt vielmehr, daß sich die Versagung dem Prüfungsbericht entnehmen läßt.[52] Gem. § 314 Abs. 2 S. 3 muß der Aufsichtsrat der Hauptversammlung die Versagung ausdrücklich mitteilen, so daß eine analoge Anwendung des § 322 Abs. 2, 4 HGB nicht veranlaßt ist. Eine **Begründung** der *Einschränkung* im Vermerk selbst ist zwar möglich und zweckmäßig, jedoch in § 313 nicht vorgeschrieben; ein Begründungszwang läßt sich auch nicht aus § 322 Abs. 3 S. 3 HGB herleiten.[53] Anderes gilt dagegen für den *Prüfungsbericht*. Er dient der Vorbereitung der Prüfung des Abhängigkeitsberichts durch den Aufsichtsrat (Rdnr. 1) und hat deshalb die Gründe für die *Einschränkung oder Versagung* des Testats darzulegen (Rdnr. 20).[54] Einschränkung und Versagung rechtfertigen gem. § 315 S. 1 Nr. 1 jeweils die Anordnung der **Sonderprüfung.**

25 Bei der **Entscheidung zwischen der Einschränkung und der Versagung** hat der Abschlußprüfer das Informationsinteresse der außenstehenden Aktionäre und der Gläubiger zu berücksichtigen.[55] Er hat insbesondere zu berücksichtigen, daß sich dem eingeschränk-

---

(Fn. 305); *Hüffer* Rdnr. 17; aA *Koppensteiner* in Kölner Kommentar Rdnr. 22 (für Ergänzung des Inhalts, daß die Folgen nachteiliger Maßnahmen ausgeglichen sind).

[49] *A/D/S* Rdnr. 83; WP-Hdb., Bd. I, Rdnr. F 781; IdW/HFA Wpg. 1992, 91, 94 (Nr. III. 10); *Hüffer* Rdnr. 17.

[50] Dafür aber *Hommelhoff* Gutachten G S. 56, wonach in den Vermerk die Erklärung aufgenommen werden soll, daß die Gesellschaft nach der pflichtgemäß gebildeten Überzeugung des Abschlußprüfers nicht unzulässig in den Konzernverbund einbezogen worden ist; s. ferner *Kropff*, Festschrift für Goerdeler, S. 259, 277 f.; skeptisch *Hüffer* Rdnr. 17.

[51] *Koppensteiner* in Kölner Kommentar Rdnr. 25; *A/D/S* Rdnr. 84 f.; *Hüffer* Rdnr. 18.

[52] *Koppensteiner* in Kölner Kommentar Rdnr. 29; zur Rechtslage vor Inkrafttreten des BiRiLiG (Rdnr. 2) s. bereits *Kropff* in *Geßler/Hefermehl* Rdnr. 45.

[53] *A/D/S* Rdnr. 87; IdW/HFA Wpg. 1992, 91, 93 f. (Nr. III. 10); *Hüffer* Rdnr. 19; aA – für analoge Anwendung des § 322 Abs. 3 S. 3 HGB – *Koppensteiner* in Kölner Kommentar Rdnr. 26.

[54] *Hüffer* Rdnr. 19.

[55] *Koppensteiner* in Kölner Kommentar Rdnr. 27; *A/D/S* Rdnr. 88; krit. *Kropff* in *Geßler/Hefermehl* Rdnr. 56.

ten Testat zugleich entnehmen läßt, *unter welchem Gesichtspunkt* Einwendungen bestehen. Demgegenüber erschöpft sich der Aussagegehalt einer Versagung des Testats darin, *daß* Einwendungen bestehen. Beziehen sich also die Einwendungen auf einzelne *abgrenzbare Teilgebiete oder Sachverhalte,* ohne die Ordnungsmäßigkeit der Berichterstattung im übrigen in Frage zu stellen, so kann und sollte der Abschlußprüfer das Testat einschränken.[56] Sind dagegen die Einwendungen so zahlreich oder umfangreich, daß sie sich nicht in einem einschränkenden Zusatz ausdrücken lassen, so ist das Testat zu versagen.

Der Fall einer **negativen Schlußerklärung** des Vorstands ist in Abs. 4 S. 2 besonders geregelt. Hat der Vorstand gem. § 312 Abs. 3 S. 2 erklärt, daß die Gesellschaft benachteiligt und der Nachteil nicht vollständig ausgeglichen worden sei (§ 312 Rdnr. 35), so ist dies auch in dem Bestätigungsvermerk des Abschlußprüfers anzugeben. Der Bestätigungsvermerk ist sodann auf die übrigen Rechtsgeschäfte oder Maßnahmen zu beschränken; einer Überprüfung der von der negativen Schlußerklärung des Vorstands betroffenen Rechtsgeschäfte und Maßnahmen bedarf es nicht. Die Vorschrift erklärt sich daraus, daß für eine Einschränkung des Testats kein Raum ist, wenn der Vorstand selbst einzelne Rechtsgeschäfte oder Maßnahmen beanstandet. Seiner Funktion nach enthält deshalb Abs. 4 S. 2 einen *besonderen Fall der Vermerkseinschränkung.* Die Aufnahme der negativen Schlußerklärung des Vorstands in den Bestätigungsvermerk des Prüfers verschafft dem aller Wahrscheinlichkeit vorliegenden (s. § 312 Rdnr. 34) Verstoß gegen § 311 **Publizität;** denn gem. § 314 Abs. 2 S. 3 hat der Aufsichtsrat den Bestätigungsvermerk und damit auch die negative Schlußerklärung in seinen Bericht an die Hauptversammlung aufzunehmen. Da das Testat keine Einschränkung enthält, begründet die negative Schlußerklärung als solche gem. § 315 S. 1 Nr. 3 das Recht auf *Sonderprüfung.*

26

§ 314 Prüfung durch den Aufsichtsrat

(1) Der Vorstand hat den Bericht über die Beziehungen zu verbundenen Unternehmen und, wenn der Jahresabschluß durch einen Abschlußprüfer zu prüfen ist, den Prüfungsbericht des Abschlußprüfers zusammen mit den in § 170 angegebenen Vorlagen dem Aufsichtsrat vorzulegen. Jedes Aufsichtsratsmitglied hat das Recht, von den Berichten Kenntnis zu nehmen. Die Berichte sind auch jedem Aufsichtsratsmitglied auf Verlangen auszuhändigen, soweit der Aufsichtsrat nichts anderes beschlossen hat.

(2) Der Aufsichtsrat hat den Bericht über die Beziehungen zu verbundenen Unternehmen zu prüfen und in seinem Bericht an die Hauptversammlung (§ 171 Abs. 2) über das Ergebnis der Prüfung zu berichten. Ist der Jahresabschluß durch einen Abschlußprüfer zu prüfen, so hat der Aufsichtsrat in diesem Bericht ferner zu dem Ergebnis der Prüfung des Berichts über die Beziehungen zu verbundenen Unternehmen durch den Abschlußprüfer Stellung zu nehmen. Ein von dem Abschlußprüfer erteilter Bestätigungsvermerk ist in den Bericht aufzunehmen, eine Versagung des Bestätigungsvermerks ausdrücklich mitzuteilen.

(3) Am Schluß des Berichts hat der Aufsichtsrat zu erklären, ob nach dem abschließenden Ergebnis seiner Prüfung Einwendungen gegen die Erklärung des Vorstands am Schluß des Berichts über die Beziehungen zu verbundenen Unternehmen zu erheben sind.

(4) Ist der Jahresabschluß durch einen Abschlußprüfer zu prüfen, so hat der Abschlußprüfer auf Verlangen des Aufsichtsrats an dessen Verhandlung über den Bericht über die Beziehungen zu verbundenen Unternehmen teilzunehmen.

---

[56] *A/D/S* Rdnr. 88; WP-Hdb., Bd. I, Rdnr. F 780; *Hüffer* Rdnr. 19.

Übersicht

	Rdnr.		Rdnr.
I. Einführung	1, 2	**III. Prüfungs- und Berichtspflicht**	6–11
1. Normzweck	1	1. Prüfung	6, 7
2. Überblick	2	2. Bericht	8, 9
II. Prüfungsverfahren	3–5	3. Schlußerklärung	10
1. Vorlage durch den Vorstand	3	4. Sanktionen	11
2. Informationsrecht und -obliegenheit	4		
3. Teilnahme des Abschlußprüfers	5		

I. Einführung

1 **1. Normzweck.** Die Vorschrift regelt die Prüfung des Abhängigkeitsberichts durch den Aufsichtsrat der abhängigen Gesellschaft. Sie ist den Vorschriften der §§ 170 f. betr. die Vorlage und Prüfung des Jahresabschlusses nachgebildet. Die obligatorische Prüfung des Abhängigkeitsberichts soll den Vorstand zu ordnungsgemäßer Berichterstattung veranlassen. Wenn auch der Aufsichtsrat zumeist mit Repräsentanten des herrschenden Unternehmens besetzt sein wird, so läßt doch die **Mitverantwortung der Aufsichtsratsmitglieder** erwarten, daß diese, zumal die mit den Gegebenheiten des Unternehmensverbunds vertrauten Repräsentanten des herrschenden Unternehmens, auf die zutreffende Wiedergabe der Verbundbeziehungen hinwirken. Zwar wird es regelmäßig nicht zur Geltendmachung von Schadensersatzansprüchen gegen Vorstand und Aufsichtsrat kommen, wenn der Aufsichtsrat an sich bestehende Einwendungen gegen die Schlußerklärung nicht erhebt und es somit nicht zu einer Sonderprüfung gem. § 315 S.1 Nr.2 kommt. Dies ändert sich aber bei Insolvenz der abhängigen Gesellschaft; dann nämlich kann der Konkurs- bzw. Insolvenzverwalter über den Abhängigkeitsbericht verfügen (§ 312 Rdnr.4) und etwaige Schadensersatzansprüche geltend machen. – Die Vorschrift ist durch Art.2 BiRiLiG (§ 313 Rdnr.2) geändert worden. Dabei wurde allerdings nur der Vorschrift des § 267 Abs.1 HGB, der zufolge die kleine AG dem Anwendungsbereich des § 313 entzogen ist (§ 313 Rdnr.2 ff.), Rechnung getragen.

2 **2. Überblick.** In Abs.1 ist zunächst die Vorlage des Abhängigkeitsberichts und eines etwaigen Prüfungsberichts des Abschlußprüfers geregelt. Zugleich ist sichergestellt, daß jedes Aufsichtsratsmitglied die zur Prüfung erforderlichen Informationen erhält. Die Prüfungspflicht selbst ist zusammen mit der Pflicht zur Berichterstattung in Abs.2 und 3 geregelt. Die Berichtspflicht sorgt für die **Publizität** des *Prüfungsergebnisses* und des *Bestätigungsvermerks des Abschlußprüfers*. Die Vorschrift steht deshalb in unmittelbarem Zusammenhang mit dem Recht auf Sonderprüfung gem. § 315 S.1 Nr.1–3.

II. Prüfungsverfahren

3 **1. Vorlage durch den Vorstand.** Nach Abs.1 S.1 ist der Vorstand der abhängigen Gesellschaft verpflichtet, den von ihm aufgestellten *Abhängigkeitsbericht* zusammen mit dem nach Maßgabe des § 313 erstellten *Prüfungsbericht* des Abschlußprüfers[1] und den *in § 170 Abs.1 genannten Vorlagen* (also dem Jahresabschluß, dem Lagebericht und dem Bericht des Abschlußprüfers über die Prüfung des Jahresabschlusses) dem Aufsichtsrat vorzulegen. Der **Zeitpunkt der Vorlage** ergibt sich aus Abs.1 S.1 iVm. § 170 Abs.1 S.1 und 2: Vorzulegen ist unverzüglich, gem. § 121 Abs.1 S.1 BGB also ohne schuldhaftes Zögern, nach

---

[1] Zur Frage, ob der Abhängigkeitsbericht einer AG, die kleine Kapitalgesellschaft iSd. § 267 Abs.1 HGB ist und deshalb gem. § 316 Abs.1 S.1 HGB von der obligatorischen Prüfung des Jahresabschlusses befreit ist, gem. § 313 zu prüfen ist, s. § 313 Rdnr.2 ff.

Aufstellung des Jahresabschlusses und des Abhängigkeitsberichts, im Fall einer Prüfung unverzüglich nach Eingang des Prüfungsberichts des Abschlußprüfers.[2] Gem. § 407 Abs. 1 S. 1 kann die Verpflichtung zur Vorlage im Zwangsgeldverfahren durchgesetzt werden. Im Hinblick auf die Vorschrift des Abs. 1 S. 3 (Rdnr. 4) empfiehlt sich in jedem Fall die Vorlage zu Händen des *Aufsichtsratsvorsitzenden;* vorbehaltlich eines Beschlusses iSd. Abs. 1 S. 3 kann der Vorstand aber auch jedem Aufsichtsratsmitglied die Unterlagen aushändigen.[3]

2. Informationsrecht und -obliegenheit. Gem. Abs. 1 S. 2 hat *jedes Mitglied* des Aufsichtsrats das Recht, von den überlassenen Unterlagen (Rdnr. 3) Kenntnis zu nehmen. Dieses **Einsichtsrecht** kann weder durch die Satzung der Gesellschaft noch durch Beschluß des Aufsichtsrats eingeschränkt werden. Es trägt vielmehr der Mitverantwortung des Aufsichtsrats (s. Rdnr. 11) für den Inhalt des Abhängigkeitsbericht Rechnung, die wiederum gem. § 107 Abs. 3 S. 2 nicht auf einen Ausschuß übertragen werden kann. Im Hinblick auf die mögliche Haftung der Aufsichtsratsmitglieder (Rdnr. 11) obliegt es diesen, von dem Einsichtsrecht Gebrauch zu machen; eine durchsetzbare Verpflichtung zur Einsichtnahme besteht dagegen nicht. Die Vorschrift des Abs. 1 S. 3 gewährt darüber hinaus jedem Aufsichtsratsmitglied das Recht auf **Aushändigung** der in Abs. 1 S. 1 genannten Berichte; sie stellt *dieses* Recht aber zugleich unter den Vorbehalt eines abweichenden Aufsichtsratsbeschlusses und verschafft damit der Gesellschaft die Möglichkeit, der Gefahr einer Weitergabe vertraulicher Dokumente gegenzusteuern. Auch unabhängig von einem entsprechenden Beschluß des Aufsichtsrats wird allerdings die aus § 93 Abs. 1 S. 2, 116 folgende **Verschwiegenheitspflicht** der Aufsichtsratsmitglieder durch die Vorschrift des § 314 nicht berührt.

3. Teilnahme des Abschlußprüfers. Für den Fall, daß der Jahresabschluß und damit auch der Abhängigkeitsbericht prüfungspflichtig ist (§ 313 Rdnr. 2 ff.), ist der Abschlußprüfer nach Abs. 4 verpflichtet, *auf Verlangen des Aufsichtsrats* an dessen Verhandlungen über den Abhängigkeitsbericht teilzunehmen. Die Vorschrift entspricht derjenigen des § 171 Abs. 1 S. 2 aF betreffend den Jahresabschluß, den Lagebericht und den Gewinnverwendungsvorschlag.[4] Während aber **§ 171 Abs. 1 S. 2** durch **Art. 1 Nr. 23 KonTraG** (Einleitung Rdn. 17) dahin geändert worden ist, daß der Abschlußprüfer auch *unabhängig von einem Verlangen* des Aufsichtsrats, also grundsätzlich und vorbehaltlich einer davon abweichenden Entscheidung des Aufsichtsrats, an den Verhandlungen des Aufsichtsrats oder eines Ausschusses teilzunehmen und über die wesentlichen Ergebnisse seiner Prüfung *zu berichten* hat, ist § 314 Abs. 4 unverändert geblieben. Vor dem Hintergrund des in § 313 Abs. 1, aber auch in dem Zusammenspiel zwischen § 171 Abs. 1 S. 2 und § 314 deutlich zum Ausdruck kommenden engen Zusammenhangs zwischen Jahresabschluß und Abhängigkeitsbericht erscheint es veranlaßt, die Änderungen des § 171 Abs. 1 S. 2 – unabhängig von einem Verlangen des Aufsichtsrats bestehende Teilnahme- und Berichtspflicht – jedenfalls dann auf § 314 Abs. 4 zu erstrecken, wenn der Gesamtaufsichtsrat oder ein Ausschuß (s. aber Rdnr. 6) in einer Sitzung über Jahresabschluß und Abhängigkeitsbericht verhandeln. – Bei *isolierter Prüfung des Abhängigkeitsberichts* (§ 313 Rdnr. 3 f.) ist Abs. 4 entsprechend anwendbar; für die entsprechende Geltung der in § 171 Abs. 1 S. 2 enthaltenen Neuerungen ist insoweit freilich kein Raum.

III. Prüfungs- und Berichtspflicht

1. Prüfung. Gem. Abs. 2 S. 1 besteht die Pflicht des Aufsichtsrats zunächst in der Prüfung des Abhängigkeitsberichts. Diese Pflicht kann gem. § 107 Abs. 3 S. 2 nicht auf einen Ausschuß übertragen werden. Im Unterschied zu der in § 313 geregelten Prüfungspflicht des Abschlußprüfers (§ 313 Rdnr. 15 f.) bezieht sich die Prüfungspflicht des Aufsichtsrats auch

---

[2] *Koppensteiner* in Kölner Kommentar Rdnr. 3; *Hüffer* Rdnr. 2.

[3] *Kropff* in Geßler/Hefermehl § 170 Rdnr. 6.

[4] Näher dazu *Hüffer* § 171 Rdnr. 11.

auf die **Vollständigkeit und Richtigkeit** des Berichts.[5] Was die Intensität der Prüfung betrifft, so braucht der Aufsichtsrat grundsätzlich **keine eigenen Recherchen** vorzunehmen. Der Aufsichtsrat genügt seiner Prüfungspflicht vielmehr bereits dadurch, daß er den Abhängigkeitsbericht unter Zugrundelegung des *Prüfungsberichts des Abschlußprüfers* und seiner *eigenen Informationen,* Kenntnisse und Erfahrungen einer sorgfältigen Würdigung unterzieht.[6] Soweit sich danach Beanstandungen ergeben, ist diesen allerdings durch das Ergreifen weiterer Prüfungsmaßnahmen nachzugehen.

7 Bei der Prüfung des Abhängigkeitsberichts müssen sich die Aufsichtsratsmitglieder von den **Interessen der abhängigen Gesellschaft** leiten lassen; insbesondere müssen sie den nachteiligen Charakter der im Abhängigkeitsbericht erfaßten Rechtsgeschäfte und Maßnahmen sowie die Angemessenheit von Ausgleichsleistungen aus der Sicht der abhängigen Gesellschaft beurteilen. Dies gilt auch für die *Repräsentanten* des herrschenden Unternehmens. Etwaige Insiderinformationen müssen sie auch dann berücksichtigen, wenn dies den Interessen des herrschenden Unternehmens zuwiderläuft.[7] Schon während des laufenden Geschäftsjahres hat der Aufsichtsrat darauf hinzuwirken, daß der Vorstand seiner Pflicht zur **Erfassung und Dokumentation** aller berichtspflichtigen Vorgänge nachkommt (§ 311 Rdnr. 51 f.).

8 **2. Bericht.** Gem. Abs. 2 S. 1 hat der Aufsichtsrat der Hauptversammlung über das Ergebnis seiner Prüfung des Abhängigkeitsberichts zu berichten. Dieser Bericht ist Bestandteil des schriftlichen Berichts, den der Aufsichtsrat gem. § 171 Abs. 2 über den Jahresabschluß, den Lagebericht, den Gewinnverwendungsvorschlag und die Prüfung der Geschäftsführung zu erstatten hat. Als **Bestandteil des nach § 171 Abs. 2 zu erstattenden Berichts** unterliegt der Abhängigkeitsbericht zugleich den Vorschriften der §§ 171 Abs. 3, 175 Abs. 2.[8] Der Bericht ist mithin binnen eines Monats nach Zugang der Vorlagen (Rdnr. 3) dem Vorstand zuzuleiten, der ihn wiederum auszulegen und jedem Aktionär auf Verlangen eine Abschrift zu erteilen hat.

9 Der Inhalt des Aufsichtsratsberichts ergibt sich zum einen aus Abs. 2 S. 1 – danach hat der Aufsichtsrat das Ergebnis seiner eigenen Prüfung darzulegen –, zum anderen aus Abs. 2 S. 2 und 3. Gem. Abs. 2 S. 2 hat der Aufsichtsrat zu dem Ergebnis der Prüfung des Abhängigkeitsberichts durch die Abschlußprüfer Stellung zu nehmen, vorausgesetzt, eine solche Prüfung ist nach Gesetz oder Satzung vorgeschrieben (§ 313 Rdnr. 3 f.). Darüber hinaus ist gem. Abs. 2 S. 3 ein vom Abschlußprüfer erteilter **Bestätigungsvermerk** in den Aufsichtsratsbericht aufzunehmen; die Versagung des Testats ist ausdrücklich mitzuteilen. Auf diesem Weg erfahren die Aktionäre von dem *Ergebnis* der Prüfung durch den Abschlußprüfer; damit werden sie zugleich über die Möglichkeit unterrichtet, **gem. § 315 S. 1 Nr. 1 und 3** Antrag auf **Sonderprüfung** zu stellen (s. § 315 Rdnr. 4). Der Prüfungsbericht selbst wird nicht offengelegt (§ 313 Rdnr. 19, 21). Hat der Vorstand keinen Abhängigkeitsbericht aufgestellt, ist der Aufsichtsrat aber der Meinung, die Voraussetzungen des § 312 lägen vor, so ist über diesen Umstand an die Hauptversammlung zu berichten (§ 318 Rdnr. 11).

10 **3. Schlußerklärung.** Der Bericht des Aufsichtsrats über die Prüfung des Abhängigkeitsberichts hat gem. Abs. 3 mit einer Erklärung zu schließen, in der mitgeteilt wird, ob gegen die *Schlußerklärung des Vorstands* (§ 312 Rdnr. 34 ff.) Einwendungen zu erheben sind. Die Notwendigkeit einer eindeutigen Schlußerklärung des Aufsichtsrats ergibt sich aus dem Recht auf Beantragung einer **Sonderprüfung gem. § 315 S. 1 Nr. 2**. Aus diesem Zusammenhang sowie aus der entsprechenden Rechtslage nach § 313 (§ 313 Rdnr. 11, 13) folgt, daß **kleinere Beanstandungen** zwar in den Bericht des Aufsichtsrats aufzunehmen sind, aber nicht zur Erhebung von Einwendungen in der Schlußerklärung selbst verpflichten.[9]

---

[5] Wohl einhM, s. *Kropff* in *Geßler/Hefermehl* Rdnr. 6; *Koppensteiner* in Kölner Kommentar Rdnr. 5; *Hüffer* Rdnr. 4; *Krieger* in MünchHdb. AG § 69 Rdnr. 88.
[6] Näher *Kropff* in *Geßler/Hefermehl* Rdnr. 8; s. ferner *Koppensteiner* in Kölner Kommentar Rdnr. 5; *Krieger* in MünchHdb. AG § 69 Rdnr. 88.

[7] *Koppensteiner* in Kölner Kommentar Rdnr. 6; *Hüffer* Rdnr. 4.
[8] *Kropff* in *Geßler/Hefermehl* Rdnr. 9; *Hüffer* Rdnr. 5.
[9] Zutr. *Hüffer* Rdnr. 6.

Sonderprüfung § 315

4. Sanktionen. Die schuldhafte Verletzung der in § 314 geregelten Pflichten macht die 11
Mitglieder des Aufsichtsrats **nach § 318 Abs. 2 schadensersatzpflichtig** (näher § 318
Rdnr. 11). Die Wirksamkeit eines Aufsichtsratsbeschlusses über den Abhängigkeitsbericht
beurteilt sich nach allgemeinen Grundsätzen.[10] Ist der Beschluß des Aufsichtsrats über die
Feststellung des *Jahresabschlusses* unwirksam,[11] so hat dies gem. § 139 BGB im Zweifel auch
die **Unwirksamkeit des Beschlusses** über den Abhängigkeitsbericht zur Folge.[12]

§ 315 Sonderprüfung

Auf Antrag eines Aktionärs hat das Gericht Sonderprüfer zur Prüfung der geschäftlichen Beziehungen der Gesellschaft zu dem herrschenden Unternehmen oder einem mit ihm verbundenen Unternehmen zu bestellen, wenn
1. der Abschlußprüfer den Bestätigungsvermerk zum Bericht über die Beziehungen zu verbundenen Unternehmen eingeschränkt oder versagt hat,
2. der Aufsichtsrat erklärt hat, daß Einwendungen gegen die Erklärung des Vorstands am Schluß des Berichts über die Beziehungen zu verbundenen Unternehmen zu erheben sind,
3. der Vorstand selbst erklärt hat, daß die Gesellschaft durch bestimmte Rechtsgeschäfte oder Maßnahmen benachteiligt worden ist, ohne daß die Nachteile ausgeglichen worden sind.
Wenn sonstige Tatsachen vorliegen, die den Verdacht einer pflichtwidrigen Nachteilszufügung rechtfertigen, kann der Antrag auch von Aktionären gestellt werden, deren Anteile zusammen den zwanzigsten Teil des Grundkapitals oder den anteiligen Betrag von einer Million Deutsche Mark erreichen, wenn sie glaubhaft machen, daß sie seit mindestens drei Monaten vor dem Tage der Antragstellung Inhaber der Aktien sind. Gegen die Entscheidung ist die sofortige Beschwerde zulässig. Hat die Hauptversammlung zur Prüfung derselben Vorgänge Sonderprüfer bestellt, so kann jeder Aktionär den Antrag nach § 142 Abs. 4 stellen.

Übersicht

	Rdnr.		Rdnr.
I. Einführung	1–3	III. Bestellung des Sonderprüfers	10, 11
1. Inhalt und Zweck der Vorschrift	1, 2	1. Bestellung durch das Gericht	10
2. Verhältnis zu §§ 142 ff.	3	2. Verfahren	11
II. Voraussetzungen der Sonderprüfung	4–9	IV. Gegenstand und Durchführung der Sonderprüfung	12, 13
1. Tatbestände des S. 1	4, 5	1. Gegenstand	12
a) Erklärung gem. Nr. 1 bis 3	4	2. Durchführung	13
b) Weitere Voraussetzungen	5	V. Gerichtliche Bestellung eines anderen Sonderprüfers (S. 4)	14, 15
2. Tatbestand des S. 2	6–9	1. Normzweck und Verhältnis zu § 142 Abs. 4	14
a) Allgemeines	6	2. Prüfung derselben Vorgänge	15
b) Verdacht pflichtwidriger Nachteilszufügung	7		
c) Weitere Voraussetzungen	8		
d) Mißbrauch	9		

---

[10] Zur Unanwendbarkeit der §§ 243 ff. s. BGHZ 122, 342, 347 ff. = NJW 1993, 2307, 2308; 124, 111, 115 = NJW 1994, 520; BGH ZIP 1997, 883 f.
[11] Dies wiederum ist bereits bei Nichtigkeit des Jahresabschlusses gem. § 256 Abs. 1 Nr. 1, Abs. 5 S. 1 Nr. 2, S. 3 der Fall, s. BGHZ 124, 111, 116 = NJW 1994, 520; BGH WM 1998, 510, 512.
[12] BGHZ 124, 111, 122 f. = NJW 1994, 520; näher dazu *Kropff* ZGR 1994, 628, 639 ff.

I. Einführung

1. Inhalt und Zweck der Vorschrift. Nach § 315 S.1 hat jeder Aktionär das Recht, bei Vorliegen eines der in Nr.1–3 genannten Tatbestände die gerichtliche Bestellung eines Sonderprüfers zur Prüfung der geschäftlichen Beziehungen der Gesellschaft zu dem herrschenden Unternehmen oder einem mit ihm verbundenen Unternehmen zu beantragen. Die durch **Art.1 Nr.31 KonTraG** (Einleitung Rdn.17) eingefügte und durch **Art.3 § 1 Nr.8 EuroEG** geänderte (Einleitung Rdnr.21) Vorschrift des § 315 S.2 ergänzt den Katalog des S.1 um einen generalklauselartigen Sonderprüfungstatbestand. Gegen die Entscheidung des Gerichts ist nach § 315 S.3 die sofortige Beschwerde zulässig. In S.4 wird schließlich dem Umstand Rechnung getragen, daß die §§ 142 ff. *neben* § 315 anwendbar sind (Rdnr.3) und es deshalb bereits zur Bestellung eines Sonderprüfers durch die *Hauptversammlung* gekommen sein kann; bei Vorliegen eines Tatbestands gem. S.1 Nr.1–3, S.2 soll deshalb jeder Aktionär Antrag auf Bestellung eines *anderen Sonderprüfers* durch das Gericht stellen können.

Die Vorschrift des § 315 bezweckt, die **Durchsetzung von Schadensersatzansprüchen** aus §§ 317, 318 zu **erleichtern;** mittelbar will sie dazu beitragen, daß die in §§ 311, 312 bestimmten Verhaltensanforderungen eingehalten werden und es deshalb – auch im Hinblick auf § 315 – erst gar nicht zur Entstehung von Schadensersatzansprüchen kommt.[1] Einer Vorschrift nach Art des § 315 bedarf es vor dem Hintergrund, daß der Abhängigkeitsbericht und der Prüfungsbericht des Abschlußprüfers nicht offengelegt und somit darin dokumentierte Beanstandungen nicht publik werden (s. § 312 Rdnr.4, § 313 Rdnr.19). § 315 S.1 gewährt deshalb *jedem Aktionär* bei Vorliegen eines näher bezeichneten Anfangsverdachts die Möglichkeit, eine erneute Überprüfung der Verbundbeziehungen durchzusetzen. Der Antrag nach S.2 kann dagegen nur von einer *qualifizierten Minderheit* von Aktionären gestellt werden. Kommt es zur Sonderprüfung, so ist der Sonderprüfungsbericht nach § 145 Abs.4 S.3 zum Handelsregister einzureichen, wo er gem. § 9 HGB von jedermann und damit auch von den Gläubigern und außenstehenden Aktionären eingesehen werden kann. Der Sonderprüfungsbericht verschafft also den Aktionären und Gläubigern[2] die zur Geltendmachung der Ansprüche aus §§ 317, 318 erforderlichen **Informationen;** er kompensiert das infolge der Vertraulichkeit des Abhängigkeits- und Prüferberichts bestehende Informationsdefizit.

2. Verhältnis zu §§ 142 ff. Bei der Sonderprüfung gem. § 315 handelt es sich um einen besonderen Anwendungsfall der allgemeinen Sonderprüfung iSd. §§ 142 ff. Die Vorschriften der §§ 142 ff. sind deshalb *insoweit* anwendbar, als § 315 keine spezielle Regelung enthält. Letzteres ist freilich in verschiedener Hinsicht der Fall. So ist nach § 315 S.1 *jeder Aktionär* antragsberechtigt; des in § 142 Abs.2 S.1 vorausgesetzten Quorums bedarf es insoweit also nicht. Aber auch das nach S.2 erforderliche Quorum bleibt hinter demjenigen des § 142 Abs.2 S.1 zurück. Des weiteren ist nach § 315 – wiederum abweichend von § 142 Abs.2 – ein vorgeschalteter *Beschluß der Hauptversammlung* nicht erforderlich. Ferner unterscheiden sich §§ 142, 315 hinsichtlich des Prüfungsgegenstands (s. Rdnr.12, 15). Schließlich typisiert § 315 S.1 die *Voraussetzungen,* bei deren Vorliegen eine Sonderprüfung beantragt werden kann; „Tatsachen" iSd. § 142 Abs.2 S.1 müssen also insoweit nicht zusätzlich nachgewiesen werden. Die §§ 142 ff. finden allerdings nicht nur subsidiär, sondern auch *neben* § 315 Anwendung. Dies bedeutet, daß sowohl bei Vorliegen als auch bei Nichtvorliegen der Voraussetzungen des § 315 ein Sonderprüfer nach § 142 bestellt werden kann (s. noch Rdnr.15). Vor dem Hintergrund des neuen S.2 (Rdn. 6 ff.) kommt freilich der zuerst genannten Möglichkeit keine nennenswerte Bedeutung mehr zu.

---

[1] *Kropff* in *Geßler/Hefermehl* Rdnr.1; *Koppensteiner* in Kölner Kommentar Rdnr.1; *Hüffer* Rdnr.1; *Noack* Wpg. 1994, 225.

[2] Vgl. aber auch Rdnr.5 mit Fn.3.

II. Voraussetzungen der Sonderprüfung

1. Tatbestände des S. 1. a) Erklärung gem. Nr. 1 bis 3. Nach § 315 S. 1 hat das Gericht einen Sonderprüfer zu bestellen, wenn dies von einem Aktionär beantragt wird (Rdnr. 5) und einer der in Nr. 1–3 geregelten Tatbestände gegeben ist. Nur das Vorliegen dieser Voraussetzungen ist vom Gericht zu prüfen. Was die in S. 1 Nr. 1–3 genannten Tatbestände betrifft, so kommt es allein auf die Abgabe einer der dort genannten Erklärungen an; das Gericht hat nicht zu prüfen, ob die Erklärung zutrifft. Das Vorliegen einer Erklärung iSd. S. 1 Nr. 1–3 läßt sich dem **Bericht des Aufsichtsrats** an die Hauptversammlung (§ 314 Rdnr. 8 f.) entnehmen. Denn in diesen Bericht ist gem. § 314 Abs. 2 S. 3 ein vom Abschlußprüfer erteilter Bestätigungsvermerk und damit auch eine Einschränkung desselben aufzunehmen; eine Versagung des Testats ist mitzuteilen. Dies verschafft die Information über den Tatbestand des *S. 1 Nr. 1* (§ 314 Rdnr. 9). Die negative Schlußerklärung des Vorstands, die gem. *S. 1 Nr. 3* die Sonderprüfung rechtfertigt, ist nach § 313 Abs. 4 S. 2 in den Bestätigungsvermerk des Abschlußprüfers aufzunehmen, so daß auch sie über § 314 Abs. 2 S. 3 Eingang in den Bericht des Aufsichtsrats findet (§ 313 Rdnr. 26, § 314 Rdnr. 9). Zudem ist sie gem. § 312 Abs. 3 S. 3 Teil des Lageberichts (§ 312 Rdnr. 34, 37). Der Tatbestand des *S. 1 Nr. 2* schließlich knüpft unmittelbar an die Schlußerklärung des Aufsichtsrats an, die wiederum nach § 314 Abs. 3 Bestandteil des Aufsichtsratsberichts ist (§ 314 Rdnr. 10).

b) Weitere Voraussetzungen. Nach § 315 S. 1 kann der Antrag auf Sonderprüfung von **jedem Aktionär**, aber auch nur von einem Aktionär[3] gestellt werden. Der Besitz einer Aktie genügt. Im Unterschied zu § 315 S. 2, § 142 Abs. 2 S. 2 bedarf es für den Antrag nach § 315 S. 1 keiner **Mindestbesitzzeit**.[4] Dies erklärt sich aus der genauen Umschreibung der Sonderprüfungstatbestände; liegen die Voraussetzungen eines Tatbestands des S. 1 Nr. 1 bis 3 vor, so besteht auch unabhängig von der Dauer des Aktienbesitzes und den Motiven des Aktienerwerbs Anlaß für eine neuerliche Prüfung der Verbundbeziehungen. Auch bedarf es gem. § 315 S. 1 – wiederum in Abweichung von § 142 Abs. 2 S. 2 – nicht der **Hinterlegung** der Aktie.[5] Denn das Hinterlegungserfordernis des § 142 Abs. 2 S. 2 dient allein der Ermittlung und Erhaltung des nach § 142 Abs. 2 S. 1 erforderlichen Quorums, ist also im Rahmen des § 315 gegenstandslos (zur Rechtslage nach § 315 S. 2 s. Rdnr. 8). Dem Antragsteller obliegt es freilich, seine Eigenschaft als Aktionär nachzuweisen, sei es durch Hinterlegungsurkunde oder anderweitig, etwa durch Depotauszug. Mit Veräußerung seiner Aktien während des Antragsverfahrens verliert er die Antragsbefugnis. Die **Begründung des Antrags** kann sich in dem Hinweis auf das Vorliegen einer der Tatbestände des S. 1 erschöpfen. Eine **Befristung** des Antragsrechts ist in § 315 zwar nicht vorgesehen. Vor dem Hintergrund des Normzwecks der Vorschrift (Rdnr. 2) wird man aber davon auszugehen haben, daß der Antrag nur bis zum Eintritt der Verjährung etwaiger Ansprüche aus §§ 317, 318 gestellt werden kann (s. auch § 312 Rdnr. 14). Eine *Verwirkung* des Antragsrechts und damit eine weitere Verkürzung der Antragsfrist kommt dagegen im Hinblick auf die Formalisierung der Sonderprüfungstatbestände ebenso wenig in Betracht[6] wie der Einwand der rechtsmißbräuchlichen Antragstellung (Rdnr. 9). Zuständig ist das Amtsgericht des Gesellschaftssitzes, s. § 14 iVm. § 145 Abs. 1 FGG und dazu noch Rdnr. 10.

2. Tatbestand des S. 2. a) Allgemeines. Die neue (Rdnr. 1) Vorschrift des § 315 S. 2 gewährt einer qualifizierten Minderheit von Aktionären (Rdnr. 8) das Recht, auch unabhän-

---

[3] Näher zum Leerlaufen des § 315 im Fall der Einpersonen-AG und zur damit verbundenen Gefährdung der Gläubigerinteressen *Koppensteiner* in Kölner Kommentar Rdnr. 4.

[4] *Koppensteiner* in Kölner Kommentar Rdnr. 3; *Kropff* in Geßler/Hefermehl Rdnr. 12 f.; *Hüffer* Rdnr. 2; *Krieger* in MünchHdb. AG § 69 Rdnr. 89; *Noack* Wpg. 1994, 225, 234 f.; aA *Würdinger* in Großkomm. z. AktG[3] Anm. 4.

[5] Vgl. die Nachw. in Fn. 4.

[6] AA *Noack* Wpg. 1994, 225, 234 f.: Verwirkung des Antragsrechts, wenn Antrag erst gestellt wird, nachdem bereits der nächsten Hauptversammlung über das Ergebnis der Prüfung des Abhängigkeitsberichts für das folgende Geschäftsjahr berichtet wurde.

gig vom Vorliegen einer der in S.1 Nr.1 bis 3 genannten Tatbestände die gerichtliche Bestellung von Sonderprüfern zu beantragen. Die in der Praxis so gut wie nie gegebenen Einzeltatbestände des S.1 werden mithin um einen generalklauselartigen Tatbestand ergänzt, der das Recht auf Sonderprüfung und damit letztlich die Durchsetzung von Schadensersatzansprüchen nach §§ 317, 318 (Rdn. 2) effektivieren soll.[7] Mittelbar soll § 315 S.2 wohl auch dazu beitragen, die Vorschriften der §§ 311 ff. zu einer „gleichwertigen Vorkehrung" im Sinne des Art.3 Abs.1 des Entwurfs einer **Richtlinie über Übernahmeangebote** (vor § 311 Rdnr.12) aufzuwerten und damit die gesetzliche Einführung eines Pflichtangebots entbehrlich machen. Mit Blick auf das – zumal in der Publikums-AG nur selten aufzubringende – Quorum (Rdnr.8) sprechen indes nach wie vor die besseren Gründe dafür, die Richtlinie nach ihrer Verabschiedung durch ein Gesetz über Pflichtangebote umzusetzen.[8]

7   **b) Verdacht pflichtwidriger Nachteilszufügung.** Wesentliche Voraussetzung ist nach § 315 S.2 das Vorliegen von **Tatsachen,** die den Verdacht einer pflichtwidrigen Nachteilszufügung rechtfertigen. Der Gesetzgeber hat insoweit bewußt auf den Wortlaut des § 142 Abs.2 S.1 a.E. zurückgegriffen, so daß die zu dieser Vorschrift entwickelten Grundsätze auch im Rahmen des § 315 S.2 herangezogen werden können. Auch nach § 315 S.2 müssen also die Antragsteller *Tatsachen* behaupten, die den Verdacht – im Fall des § 315 S.2 den Verdacht einer ausgleichspflichtigen, aber nicht nach § 311 ausgeglichenen Maßnahme nachteiligen Charakters – rechtfertigen. Der Glaubhaftmachung oder des Beweises bedarf es allerdings nicht.[9] Es genügt vielmehr, daß die Tatsachen den genannten Verdacht zur Überzeugung des Gerichts indizieren oder das Gericht zur Amtsermittlung gem. § 12 FGG veranlassen.[10]

8   **c) Weitere Voraussetzungen.** Der Antrag nach S.2 kann allerdings nicht von jedem Aktionär gestellt werden. Wie § 258 Abs.2 setzt vielmehr auch § 315 S.2 voraus, daß die antragstellenden Aktionäre mindestens **5 % des Grundkapitals** oder den *anteiligen*[11] Betrag von einer Million DM (bzw. 500 000 Euro, s. Einleitung Rdnr.21) auf sich vereinigen. Unerheblich ist, ob das Quorum von einem oder von mehreren Aktionären erreicht wird. Auch kommt es nicht darauf an, daß die Aktionäre eine entsprechende *Stimmrechtsmacht* auf sich vereinigen. Insbesondere sind Vorzugsaktien und aus sonstigen Gründen, etwa nach §§ 71 b, 134, 135 vom Stimmrecht ausgeschlossene Aktien zu berücksichtigen, und zwar sowohl bei Berechnung des Quorums als auch im Rahmen des Grundkapitals. Wie §§ 142 Abs.2 S.2, 258 Abs.2 S.4 setzt auch § 315 S.2 eine **Vorbesitzzeit von drei Monaten** voraus; maßgebend ist der Tag der Antragstellung. Durch dieses Erfordernis soll vermieden werden, daß Aktien eigens zu dem Zweck gekauft werden, eine Sonderprüfung zu veranlassen (s. noch Rdnr.9). Nach § 142 Abs.2 S.3 (Rdnr.3) *genügt* zur **Glaubhaftmachung** eine eidesstattliche Versicherung vor einem Notar; doch kann die Glaubhaftmachung auch anderweitig erfolgen. In § 315 S.2 nicht vorgesehen ist die **Hinterlegung** der Aktien. Doch wird man dies nicht im Sinne eines Dispenses von § 142 Abs.2 S.2 zu verstehen haben (s. Rdn. 3). Jedenfalls bewendet es auch im Rahmen des § 315 S.2 dabei, daß die Antragsteller *auch noch während des gerichtlichen Verfahrens* antragsbefugt sein müssen.

9   **d) Mißbrauch.** Auch für den Antrag nach S.2 ist eine *Befristung* nicht vorgesehen; grundsätzlich kann er deshalb bis zum Eintritt der Verjährung etwaiger Ansprüche aus §§ 317, 318 gestellt werden (Rdnr.5). Anders als der Antrag nach S.1 kann freilich der Antrag nach S.2 auch unabhängig von der Verjährung der Ansprüche aus §§ 317, 318 dem Ein-

---

[7] Vgl. dazu auch die Beschlußempfehlung der Abteilung Wirtschaftsrecht des 59. DJT, in Verhandlungen des 59. DJT Hannover 1992, Band II, S. R 186/188; ferner die Stellungnahme des Gemeinsamen Arbeitsausschusses des BDI und weiterer Verbände zum vorangegangenen, auf die Glaubhaftmachung der Vorbesitzzeit noch verzichtenden Referentenentwurf eines KonTraG (ZIP 1996, 2129, 2138 f.), WM 1997, 490, 496.

[8] Näher dazu *Habersack/Mayer* ZIP 1997, 2141 ff. mit weit. Nachw.

[9] *Hüffer* § 142 Rdnr.20.

[10] *Hefermehl* in Geßler/Hefermehl § 142 Rdnr.24; *Hüffer* Rdnr.20.

[11] Der Wortlaut berücksichtigt bereits das Gesetz über die Zulassung von Stückaktien, s. Einleitung Rdnr.18.

wand des Rechtsmißbrauchs ausgesetzt sein.[12] Im Hinblick auf das nach § 315 S.2 erforderliche Quorum (Rdnr.8) werden Fälle dieser Art zwar nicht häufig vorkommen. Doch hindert dies nicht daran, nach Lage des Falles die zur Frage eines **Mißbrauchs des Anfechtungsrechts** aus § 245 Nr.1 entwickelten Grundsätze entsprechend heranzuziehen.[13] Ein danach mißbräuchlicher Antrag ist unbegründet.[14]

III. Bestellung des Sonderprüfers

1. Bestellung durch das Gericht. Liegen die Voraussetzungen des S.1 oder diejenigen des S.2 vor (Rdnr.4 ff.), so muß das Gericht einen oder mehrere Sonderprüfer bestellen. Die **Auswahl** der Sonderprüfer erfolgt durch das Gericht; dabei ist die Vorschrift des § 143 zu beachten. Im Hinblick auf den Prüfungsgegenstand (Rdnr.12) wird daher zwar nicht zwangsläufig, wohl aber in aller Regel ein Wirtschaftsprüfer oder eine Wirtschaftsprüfergesellschaft bestellt werden.[15] Die Bestellungsverbote des § 319 Abs.2 und 3 HGB finden gem. § 143 Abs.2 Anwendung. Wird dem Antrag stattgegeben, so sind die Sonderprüfer namentlich zu bezeichnen. Gem. § 142 Abs.5 sind vor der Entscheidung der Antragsteller und die Gesellschaft als *Beteiligte* und zudem der *Aufsichtsrat* der Gesellschaft anzuhören.[16]

2. Verfahren. Zuständig ist das Amtsgericht des Gesellschaftssitzes, s. § 14 iVm. § 145 Abs.1 FGG. Gem. § 17 Nr.2 a ist die Entscheidung dem Richter vorbehalten. Der Richter entscheidet im FGG-Verfahren. Wird dem Antrag stattgegeben, so trägt nach § 146 die Gesellschaft die **Kosten** des Verfahrens.[17] Gegen die Entscheidung ist nach S.3 die **sofortige Beschwerde** gem. § 22 FGG gegeben. Zur Anhörung der Beteiligten und des Aufsichtsrats der Gesellschaft s. Rdnr.10.

IV. Gegenstand und Durchführung der Sonderprüfung

1. Gegenstand. Gegenstand der Sonderprüfung sind die Beziehungen der abhängigen Gesellschaft zu dem herrschenden Unternehmen oder einem mit ihm verbundenen Unternehmen. Die Prüfung erstreckt sich also nur auf die Beziehungen der Gesellschaft zu dem oder den **vom Gericht bestimmten Unternehmen,** also nicht notwendigerweise auf die gesamten Verbundbeziehungen.[18] Innerhalb dieses Rahmens sind allerdings *sämtliche Sachverhalte* zu überprüfen, aus denen sich ein Nachteil iSd. § 311 ergeben kann.[19] In *zeitlicher Hinsicht* beschränkt sich die Prüfung auf das Geschäftsjahr, auf das sich der – gem. S.1 Nr.1–3 oder S.2 beanstandete – Abhängigkeitsbericht bezieht. Zu prüfen ist demnach, ob der Abhängigkeitsbericht die Beziehungen zu dem im Prüfungsauftrag bezeichneten Unternehmen *richtig und vollständig* wiedergibt; insoweit geht § 315 über § 313 Abs.1 S.2 hinaus (s. § 313 Rdnr.9 ff.). Im übrigen gelten die allgemeinen Grundsätze über die Bewertung von Rechtsgeschäften und Maßnahmen durch den Abschlußprüfer (§ 313 Rdnr.10 ff.) entsprechend.[20]

2. Durchführung. Die Durchführung der Sonderprüfung beurteilt sich nach §§ 142 ff. **Aufklärungen und Nachweise** können die Sonderprüfer nur nach Maßgabe des § 142

---

[12] AG Düsseldorf ZIP 1988, 970 – Feldmühle; *Hirte* ZIP 1988, 953, 954 ff.; *Hüffer* § 142 Rdnr.21.
[13] Grundlegend BGHZ 107, 296, 308 ff. = NJW 1989, 2689; BGH NJW 1990, 322; 1992, 569; ZIP 1992, 1391; *K. Schmidt* in Großkomm. z. AktG⁴ § 245 Rdnr.47 ff.; *Hüffer* § 245 Rdnr.22 ff.; *Boujong*, Festschrift für Kellermann, 1991, S.1 ff.
[14] So zu § 142 Abs.2 zutr. *Hirte* ZIP 1988, 953, 956; *Hüffer* § 142 Rdnr.21; aA AG Düsseldorf ZIP 1988, 970 – Feldmühle. Zur Unbegründetheit der mißbräuchlich erhobenen Anfechtungsklage s. BGH ZIP 1992, 1391.
[15] *Koppensteiner* in Kölner Kommentar Rdnr.5; *Kropff* in Geßler/Hefermehl Rdnr.15; *Hüffer* Rdnr.4.
[16] *Kropff* in Geßler/Hefermehl Rdnr.14; *Hüffer* Rdnr.4; aA hinsichtlich des Aufsichtsrats *Würdinger* in Großkomm. z. AktG³ Anm.3.
[17] Zu den Kosten der Prüfung s. noch Rdnr.13.
[18] *Krieger* in MünchHdb. AG § 69 Rdnr.89; *Hüffer* Rdnr.6.
[19] *Kropff* in Geßler/Hefermehl Rdnr.17; *Koppensteiner* in Kölner Kommentar Rdnr.7; *Krieger* in MünchHdb. AG § 69 Rdnr.89; *Hüffer* Rdnr.6; *Noack* Wpg. 1994, 224, 227 ff.
[20] Eingehend dazu *Krag* BB 1988, 1850 ff.

Abs. 2 und 3 verlangen, also von der abhängigen Gesellschaft, von Konzernunternehmen und von abhängigen oder herrschenden Unternehmen (s. § 313 Rdnr. 18). Hinsichtlich der **Kosten** der Sonderprüfung gilt § 146. Danach ist also die Gesellschaft Kostenschuldnerin, doch kann sie ggf. bei ihren *Organwaltern Regreß* nehmen.[21] Ein Regreß beim Antragsteller kommt im Hinblick auf die Tatbestandsvoraussetzungen des § 315 S. 1 und 2 regelmäßig nicht in Betracht. Gem. § 145 Abs. 4 S. 1 ist über das Ergebnis der Sonderprüfung **schriftlich zu berichten.**[22] § 145 Abs. 4 S. 2 bestimmt ausdrücklich, daß von der Berichtspflicht auch solche zur Beurteilung des Vorgangs erforderlichen Tatsachen nicht ausgenommen sind, deren Bekanntwerden geeignet ist, der Gesellschaft oder einem verbundenen Unternehmen einen nicht unerheblichen Nachteil zuzufügen. Dem Grundsatz der **Vollständigkeit** des Berichts gebührt also der Vorrang gegenüber dem Geheimhaltungsinteresse der abhängigen Gesellschaft oder eines verbundenen Unternehmens. Die durch § 145 Abs. 4 S. 3–5 sichergestellte **Publizität** des Berichts (Rdnr. 2) soll alle Beteiligten motivieren, den – nicht offenzulegenden (§ 312 Rdnr. 4) – Abhängigkeitsbericht entsprechend den gesetzlichen Vorschriften aufzustellen. Hinsichtlich der **Verantwortlichkeit** der Sonderprüfer verweist § 144 auf § 323 HGB.

V. Gerichtliche Bestellung eines anderen Sonderprüfers (S. 4)

14   **1. Normzweck und Verhältnis zu § 142 Abs. 4.** Die Vorschrift des § 315 schließt es nicht aus, daß die **Hauptversammlung** von sich aus nach § 142 Abs. 1 Sonderprüfer bestellt (Rdnr. 3). Im Hinblick auf das Stimmrecht des herrschenden Unternehmens kann es deshalb zur Bestellung eines der Gesellschaft genehmen Sonderprüfers und damit zur Vereitelung des Rechts aus § 315 kommen. Um dem vorzubeugen, spricht S. 4 das nach § 142 Abs. 4 im allgemeinen an ein bestimmtes Quorum gebundene Recht, die Bestellung eines anderen Sonderprüfers zu beantragen, **jedem Aktionär** zu. Unerheblich ist, ob der Aktionär seinerseits den Antrag nach § 315 S. 1 stellen könnte. Voraussetzung ist vielmehr, daß die Hauptversammlung zur Überprüfung derselben Vorgänge (Rdnr. 15) Sonderprüfer bestellt hat und einer der in § 142 Abs. 4 S. 1 genannten Gründe für die Bestellung eines anderen Sonderprüfers vorliegt. Hinsichtlich des Verfahrens findet § 142 Abs. 5 Anwendung.

15   **2. Prüfung derselben Vorgänge.** Nach S. 4 setzt das Antragsrecht des Einzelaktionärs voraus, daß die Hauptversammlung Sonderprüfer „zur Prüfung derselben Vorgänge" bestellt hat. Da allerdings eine Sonderprüfung nach § 142 nur zur Prüfung *bestimmter Vorgänge* angeordnet werden kann, die Sonderprüfung nach § 315 dagegen die gesamten geschäftlichen Beziehungen zu einem oder mehreren anderen Unternehmen erfaßt (Rdnr. 12), kann der Antrag nach S. 4 immer dann gestellt werden, wenn der von der Hauptversammlung bestimmte Prüfungsgegenstand auch Gegenstand der umfassenden Prüfung nach § 315 wäre.[23] Des weiteren ist davon auszugehen, daß ein gegenständlich beschränkter Prüfungsauftrag der Hauptversammlung das Recht, eine umfassende Sonderprüfung nach S. 1 und 2 zu beantragen, nicht ausschließt. Das Gericht muß dann durch Auslegung des Antrags oder Rückfrage beim Aktionär klären, ob *nur die Auswechslung des Sonderprüfers* (Antrag gem. S. 4 iVm. § 142 Abs. 4) oder *auch die Erweiterung des Prüfungsgegenstands* auf die gesamten geschäftlichen Beziehungen zum herrschenden Unternehmen oder einem mit ihm verbundenen Unternehmen (Antrag gem. S. 1, 2) gewollt ist.

---

[21] Näher *Noack* Wpg. 1994, 225, 236, *Bode* AG 1995, 261, 264 f., jew. mit weit. Nachw.
[22] Näher *Noack* Wpg. 1994, 224, 234.
[23] Vgl. dazu sowie zum Folgenden *Kropff* in Geßler/Hefermehl Rdnr. 21.

§ 316 Kein Bericht über Beziehungen zu verbundenen Unternehmen bei Gewinnabführungsvertrag

§§ 312 bis 315 gelten nicht, wenn zwischen der abhängigen Gesellschaft und dem herrschenden Unternehmen ein Gewinnabführungsvertrag besteht.

Übersicht

	Rdnr.		Rdnr.
I. Inhalt und Zweck der Vorschrift	1	III. Rechtsfolgen	5, 6
II. Tatbestand	2–4	1. Unanwendbarkeit der §§ 312–315, 318	5
1. Gewinnabführungsvertrag	2	2. Anwendbarkeit der §§ 311, 317	6
2. Vertragsbeginn oder -ende während des Geschäftsjahres	3		
3. Mehrstufige Unternehmensverbindung	4		

I. Inhalt und Zweck der Vorschrift

Die Vorschrift erklärt die §§ 312–315 betreffend die Aufstellung und Prüfung eines Abhängigkeitsberichts für unanwendbar, wenn zwischen der abhängigen Gesellschaft und dem herrschenden Unternehmen ein Gewinnabführungsvertrag besteht. Sie ergänzt damit §§ 311 Abs.1, 323 Abs.1 S.3, wonach die §§ 311 bis 318 bei Bestehen eines Beherrschungsvertrags und bei Eingliederung der abhängigen Gesellschaft unanwendbar sind (s. § 311 Rdnr. 6). Eigenständige Bedeutung kommt der Vorschrift deshalb nur im Zusammenhang mit dem Abschluß eines **isolierten Gewinnabführungsvertrags** zu (dazu § 291 Rdnr. 48 f.). Da das herrschende Unternehmen auch in diesem Fall den Vorschriften der **§§ 300 bis 307** unterliegt, die abhängige Gesellschaft, ihre Aktionäre und Gläubiger also in gleichem Maße wie bei Bestehen eines Beherrschungsvertrags geschützt sind, erübrigt sich die mit Aufwendungen verbundene Aufstellung und Prüfung eines Abhängigkeitsberichts.[1] Die §§ 311, 317 finden dagegen Anwendung (Rdnr. 6). 1

II. Tatbestand

1. Gewinnabführungsvertrag. Die Vorschrift setzt das Bestehen eines isolierten (Rdnr.1) Gewinnabführungsvertrags zwischen der abhängigen Gesellschaft und dem herrschenden Unternehmen voraus. Die Grundsätze über die **fehlerhafte Gesellschaft** sind anwendbar; auch ein fehlerhafter, aber durchgeführter Gewinnabführungsvertrag (§ 291 Rdnr. 25 ff.) hat also die Unanwendbarkeit der §§ 312–315 zur Folge. Auf **andere Unternehmensverträge** iSd. § 292, insbes. auf die Gewinngemeinschaft und den Teilgewinnabführungsvertrag, findet § 316 keine Anwendung; schon mit Rücksicht auf die Unanwendbarkeit der §§ 300 ff. (Rdnr.1) hat es also bei Geltung der §§ 312 ff. zu bewenden.[2] Auch auf **Verlustübernahmeverträge** (§ 291 Rdnr. 50 f.) ist § 316 nicht anwendbar.[3] Ihnen fehlt bereits die Eigenschaft eines Unternehmensvertrags, so daß auch eine Eintragung in das Handelsregister, wie sie nach § 294 für Unternehmensverträge vorgeschrieben ist, nicht in Betracht kommt. Es ist demnach nicht gewährleistet, daß die *Gläubiger* von der Verlustübernahmepflicht und der Befreiung von der Verpflichtung zur Aufstellung eines Abhängigkeitsberichts Kenntnis nehmen können. Im Fall der mehrgliedrigen AG kommt hinzu, daß jedenfalls das in § 306 vorgesehene Spruchstellenverfahren nicht durch vertragliche Abrede zugunsten der außenstehenden *Aktionäre* eröffnet werden kann. 2

---

[1] Vgl. Begr. RegE bei *Kropff* S. 418.
[2] Statt aller *Hüffer* Rdnr. 2.
[3] Ganz hM, s. *Kropff* in *Geßler/Hefermehl* Rdnr. 5; *Koppensteiner* in Kölner Kommentar Rdnr. 4; *Hüffer* Rdnr. 2; *Haesen* S. 62 ff.; aA *Bachmayr* BB 1967, 135 ff.

§ 316 3–5   3. Buch. 2. Teil. 2. Abschn. Verantwortl. ohne Beherrschungsvertrag

3   **2. Vertragsbeginn oder -ende während des Geschäftsjahres.** Fällt der Beginn oder das Ende des Gewinnabführungsvertrags in das laufende Geschäftsjahr, so beurteilt sich die Anwendbarkeit des § 316 danach, ob und inwieweit die Gläubiger und außenstehenden Aktionäre der abhängigen Gesellschaft nach §§ 300ff. geschützt sind und sich deshalb die Aufstellung eines Abhängigkeitsberichts erübrigt (s. Rdnr. 1 sowie bereits § 312 Rdnr. 9). Was zunächst den **Abschluß des Vertrags** während des laufenden Geschäftsjahres betrifft, so ist das herrschende Unternehmen gem. §§ 302, 303 auch insoweit zu Verlustübernahme oder Sicherheitsleistung verpflichtet, als der Jahresfehlbetrag auf die *vor Vertragsbeginn begründeten Verluste* zurückzuführen ist (§ 302 Rdnr. 37). Da die außenstehenden Aktionäre durch §§ 304ff. geschützt werden, sind die §§ 312–315, 318 in diesem Fall hinsichtlich des *gesamten Geschäftsjahres* unanwendbar.[4] Voraussetzung ist allerdings, daß der Gewinnabführungsvertrag bis zum Ende des Geschäftsjahres in das Handelsregister eingetragen ist. Dem gleich steht der Fall, daß der Gewinnabführungsvertrag mit **Rückwirkung** für das bereits abgelaufene Geschäftsjahr geschlossen wird.[5] Fällt dagegen das **Ende des Vertrags** in das laufende Geschäftsjahr, so ist das herrschende Unternehmen nur insoweit nach §§ 302, 303 verpflichtet, als die Verluste und Verbindlichkeiten vor Beendigung des Gewinnabführungsvertrags begründet worden sind (§ 302 Rdnr. 38). Demzufolge muß die Berichtspflicht mit Wirkung ex nunc aufleben; zu berichten ist dann über die nach Beendigung des Vertrags und damit im weiteren Verlauf des Geschäftsjahres anfallenden Rechtsgeschäfte und Maßnahmen.[6]

4   **3. Mehrstufige Unternehmensverbindung.** Bei einer mehrstufigen Unternehmensverbindung hat § 316 die Unanwendbarkeit der § 312–315, 318 (nur) im Verhältnis zwischen der abhängigen Gesellschaft und dem am Gewinnabführungsvertrag beteiligten Unternehmen zur Folge (näher § 311 Rdnr. 8ff.). Anderes gilt nur bei einer *durchgehenden Kette von Gewinnabführungsverträgen;* dann finden die §§ 312ff., 318 insgesamt und damit auch im vertragslosen Verhältnis zwischen der Mutter und der Enkel-AG keine Anwendung (§ 311 Rdnr. 8). Bei Abschluß eines **Gewinnabführungsvertrags zwischen Tochter- und Enkelgesellschaft** hat es dagegen bei der Anwendbarkeit der §§ 312–315, 318 im Verhältnis zwischen der Enkel- und der Muttergesellschaft zu bewenden (§ 311 Rdnr. 9).[7] Soweit demgegenüber von der hM auf die Geltung der §§ 311, 317 im Verhältnis zwischen der Enkel-AG auf der einen Seite und der Tochter- und Muttergesellschaft auf der anderen Seite hingewiesen wird,[8] vermag dies nicht zu überzeugen. Denn es ist anerkannt, daß die Aufstellung und Prüfung des Abhängigkeitsberichts die Geltendmachung von Ansprüchen aus § 317 erleichtern, wenn nicht gar erst ermöglichen soll (§ 312 Rdnr. 2); bei isolierter Geltung der §§ 311, 317 wird es dagegen kaum zur Geltendmachung von Schadensersatzansprüchen kommen (s. Rdnr. 6).

III. Rechtsfolgen

5   **1. Unanwendbarkeit der §§ 312–315, 318.** Besteht zwischen der abhängigen Gesellschaft und dem herrschenden Unternehmen ein isolierter (Rdnr. 1) Gewinnabführungsvertrag, so finden die §§ 312–315 betreffend die Verpflichtung zur Aufstellung und Prüfung des Ab-

---

[4] *Kropff* in *Geßler/Hefermehl* Rdnr. 6, § 312 Rdnr. 20f.; *Koppensteiner* in Kölner Kommentar § 312 Rdnr. 13 (s. aber auch *dens.* § 316 Rdnr. 2); *Hüffer* Rdnr. 4; *Krieger* in MünchHdb. AG § 69 Rdnr. 75; IdW/HFA Wpg. 1992, 91, 92 (Nr. 12); WP-Hdb., Bd. I, Rdnr. F 712.
[5] *Kropff, Koppensteiner* und *Hüffer*, jew. aaO (Fn. 4); zur Möglichkeit, den Gewinnabführungsvertrag mit Rückwirkung zu schließen, s. § 294 Rdnr. 28.
[6] *Koppensteiner* in Kölner Kommentar Rdnr. 2; *Hüffer* Rdnr. 5; aA *Kropff* in *Geßler/Hefermehl* Rdnr. 7 (Berichtspflicht hinsichtlich des gesamten Geschäftsjahres).

[7] Zutr. *Kronstein* BB 1967, 637, 641; aA die hM, s. *Koppensteiner* in Kölner Kommentar Rdnr. 3; *Kropff* in *Geßler/Hefermehl* Rdnr. 8; *Hüffer* Rdnr. 3.
[8] Vgl. die Fn. 7 genannten Vertreter der Gegenansicht, darunter auch *Koppensteiner*, der freilich in anderem Zusammenhang (Rdnr. 1) die isolierte (also unabhängig von einem Abhängigkeitsbericht anzunehmende) Geltung der §§ 311, 317 als „systemwidrig, überflüssig und praktisch obsolet" erklärt.

hängigkeitsberichts keine Anwendung. Dies wiederum hat die Unanwendbarkeit des § 318 zur Folge.[9] Fehlt es nämlich an einer Verpflichtung zur Aufstellung eines Abhängigkeitsberichts, so ist ein an diese Verpflichtung anknüpfender Haftungstatbestand gegenstandslos.

2. Anwendbarkeit der §§ 311, 317. Die Anwendbarkeit der §§ 311, 317 wird durch § 316 nicht berührt.[10] Zwar kann nicht geleugnet werden, daß die Geltendmachung von Ansprüchen aus § 317 von eher theoretischer Bedeutung ist. Denn im Hinblick auf die Verpflichtung des herrschenden Unternehmens zum Verlustausgleich sind ohnehin nur etwaige Ansprüche gegen die *gesetzlichen Vertreter* des herrschenden Unternehmens (§ 317 Rdnr. 15 ff.) von Interesse. Zudem sehen sich die Gläubiger und außenstehenden Aktionäre der abhängigen Gesellschaft bei Fehlen eines Abhängigkeitsberichts aus praktischen Gegebenheiten außerstande, Schadensersatzansprüche gem. § 317 Abs. 4 iVm. § 309 Abs. 4 geltend zu machen (Rdnr. 4). Gleichwohl ist kein Grund dafür ersichtlich, die §§ 311, 317 von vornherein für unanwendbar zu erklären. Denn zumindest bei Insolvenz der abhängigen Gesellschaft mag es zur Geltendmachung von Ansprüchen aus § 317 Abs. 1 und 3 kommen.

6

§ 317 Verantwortlichkeit des herrschenden Unternehmens und seiner gesetzlichen Vertreter

(1) Veranlaßt ein herrschendes Unternehmen eine abhängige Gesellschaft, mit der kein Beherrschungsvertrag besteht, ein für sie nachteiliges Rechtsgeschäft vorzunehmen oder zu ihrem Nachteil eine Maßnahme zu treffen oder zu unterlassen, ohne daß es den Nachteil bis zum Ende des Geschäftsjahrs tatsächlich ausgleicht oder der abhängigen Gesellschaft einen Rechtsanspruch auf einen zum Ausgleich bestimmten Vorteil gewährt, so ist es der Gesellschaft zum Ersatz des ihr daraus entstehenden Schadens verpflichtet. Es ist auch den Aktionären zum Ersatz des ihnen daraus entstehenden Schadens verpflichtet, soweit sie, abgesehen von einem Schaden, der ihnen durch Schädigung der Gesellschaft zugefügt worden ist, geschädigt worden sind.

(2) Die Ersatzpflicht tritt nicht ein, wenn auch ein ordentlicher und gewissenhafter Geschäftsleiter einer unabhängigen Gesellschaft das Rechtsgeschäft vorgenommen oder die Maßnahme getroffen oder unterlassen hätte.

(3) Neben dem herrschenden Unternehmen haften als Gesamtschuldner die gesetzlichen Vertreter des Unternehmens, die die Gesellschaft zu dem Rechtsgeschäft oder der Maßnahme veranlaßt haben.

(4) § 309 Abs. 3 bis 5 gilt sinngemäß.

Übersicht

	Rdnr.		Rdnr.
I. Einführung	1, 2	c) Unterbliebener Nachteilsausgleich	6
1. Inhalt der Vorschrift	1	d) Rechtsnatur der Haftung	7
2. Schutzzweck	2	2. Gläubiger	8, 9
II. Haftung des herrschenden Unternehmens (Abs. 1 und 2)	3–14	a) Gesellschaft (Abs. 1 S. 1)	8
		b) Aktionäre (Abs. 1 S. 2)	9
1. Anspruchsvoraussetzungen	3–7	3. Rechtsfolgen	10–13
a) Tatbestand des § 311 Abs. 1	3, 4	a) Schadensersatz	10, 11
b) Nachteil im besonderen (Abs. 2)	5	b) Unterlassung	12, 13
		4. Beweislast	14

---

[9] EinhM, s. *Kropff* in Geßler/Hefermehl Rdnr. 9; *Hüffer* Rdnr. 6.

[10] *Kropff* in Geßler/Hefermehl Rdnr. 9; *Würdinger* in Großkomm. z. AktG³ Anm. 1; *Hüffer* Rdnr. 6; aA *Koppensteiner* in Kölner Kommentar Rdnr. 1.

	Rdnr.		Rdnr.
III. Haftung der gesetzlichen Vertreter (Abs. 3)	15–18	V. Verzicht, Vergleich und Verjährung (Abs. 4)	21, 22
1. Schuldner	15, 16	1. Verzicht und Vergleich	21
2. Haftungsgrund	17	2. Verjährung	22
3. Rechtsfolgen	18	VI. Verhältnis zu anderen Vorschriften	23, 24
IV. Aktivlegitimation und Geltendmachung der Ansprüche (Abs. 4)	19, 20	1. Grundsatz	23
1. Ansprüche der Gesellschaft	19	2. Konkretisierung	24
2. Ansprüche der außenstehenden Aktionäre	20		

I. Einführung

1 **1. Inhalt der Vorschrift.** Die Vorschrift regelt die Verantwortlichkeit des herrschenden Unternehmens und seiner gesetzlichen Vertreter bei Verletzung der aus § 311 folgenden Verhaltenspflichten. Nach Abs. 1 ist das herrschende Unternehmen der Gesellschaft und den unmittelbar betroffenen außenstehenden Aktionären zum **Schadensersatz** verpflichtet, wenn es die abhängige Gesellschaft zu einer nachteiligen Maßnahme iSd. § 311 veranlaßt hat, ohne den Nachteil gem. § 311 Abs. 2 auszugleichen. Die Haftung entfällt nach Abs. 2, wenn sich ein ordentlicher und gewissenhafter Geschäftsleiter einer unabhängigen Gesellschaft nicht anders verhalten hätte; in diesem Fall fehlt es freilich bereits an einem Nachteil iSd. § 311 (Rdnr. 5). Der Haftung wegen kompensationsloser nachteiliger Einflußnahme unterliegen nach Abs. 3 auch die für die Einflußnahme verantwortlichen *gesetzlichen Vertreter* des herrschenden Unternehmens. Sie haften gemeinsam mit dem herrschenden Unternehmen als Gesamtschuldner. Abs. 4 nimmt schließlich die Vorschriften des § 309 Abs. 3–5 betreffend die Möglichkeit eines Verzichts und Vergleichs, die Verjährung und die *Geltendmachung* des Schadensersatzanspruchs in Bezug.

2 **2. Schutzzweck.** Die Vorschrift des § 317 knüpft an diejenige des § 311 an und verfolgt den Zweck, Verstöße gegen letztere zu sanktionieren und damit zum Schutz der Gesellschaft, der außenstehenden Aktionäre und der Gläubiger gegen die aus der Abhängigkeit resultierenden Gefahren beizutragen. Insbesondere die in Abs. 3 angeordnete persönliche Haftung der gesetzlichen Vertreter soll bewirken, daß von einer nachteiligen Einflußnahme auf die abhängige Gesellschaft abgesehen, jedenfalls aber ein **Nachteil nach Maßgabe des § 311 Abs. 2 ausgeglichen** wird. Besondere Bedeutung kommt dabei der in Abs. 4 iVm. § 309 Abs. 4 vorgesehenen Möglichkeit der Gläubiger und außenstehenden Aktionäre zu, die Schadensersatzansprüche der Gesellschaft geltend zu machen. Sie steht wiederum im Zusammenhang mit der Vorschrift des § 315, der zufolge die Aktionäre bei begründetem Anlaß eine Sonderprüfung der Verbundbeziehungen beantragen und (nur) dadurch zur Offenlegung von Haftungstatbeständen beitragen können (s. § 315 Rdnr. 2). Die den §§ 312 ff. eigenen Schwächen schlagen auf § 317 durch, woraus sich die geringe praktische Bedeutung der Vorschrift erklärt.[1]

II. Haftung des herrschenden Unternehmens (Abs. 1 und 2)

3 **1. Anspruchsvoraussetzungen. a) Tatbestand des § 311 Abs. 1.** Nach Abs. 1 ist das herrschende Unternehmen der Gesellschaft und ihren außenstehenden Aktionären zum Schadensersatz verpflichtet, wenn es den Tatbestand des § 311 Abs. 1 verwirklicht, ohne den *nach § 311 Abs. 2 gebotenen Nachteilsausgleich* zu erbringen. Voraussetzung für die Anwendbarkeit des § 317 ist also zunächst das Bestehen eines *Abhängigkeitsverhältnisses* iSd. § 17 (§ 311 Rdnr. 4 f., 7 ff.; zur Nichtgeltung der §§ 311, 317 bei Bestehen eines Beherrschungsvertrags

---

[1] Vgl. die Nachw. bei *Emmerich/Sonnenschein* § 22 I (Fn. 5); ferner *Hommelhoff* Gutachten G S. 67, der sich de lege ferenda für ein FGG-Verfahren ausspricht.

sowie bei Eingliederung s. § 311 Rdnr. 6).² Des weiteren muß das herrschende Unternehmen die abhängige Gesellschaft dazu *veranlaßt* haben (§ 311 Rdnr. 12 ff.), ein für sie *nachteiliges* (§ 311 Rdnr. 25 ff.) *Rechtsgeschäft* (§ 311 Rdnr. 24) oder eine nachteilige *Maßnahme* (§ 311 Rdnr. 24) *vorzunehmen oder zu unterlassen* (§ 311 Rdnr. 24). Liegen die Voraussetzungen des § 311 Abs. 1 vor und kommt es nicht zum Nachteilsausgleich (Rdnr. 6), so entsteht die Schadensersatzverpflichtung. Auf ein **Verschulden** des herrschenden Unternehmens kommt es nicht an (Rdnr. 5).

Wie § 311 kommt § 317 auch in den Fällen **mehrfacher oder mittelbarer Abhängigkeit** zur Anwendung (§ 311 Rdnr. 5, 7). Haftungsschuldner ist das herrschende Unternehmen, das die nachteilige Maßnahme veranlaßt hat (§ 311 Rdnr. 5); dies beurteilt sich aus der Sicht der abhängigen Gesellschaft (§ 311 Rdnr. 13). Geht die Veranlassung von mehreren herrschenden Unternehmen aus und kommt es nicht zum Nachteilsausgleich, so haften diese – gemeinsam mit den verantwortlichen gesetzlichen Vertretern (Rdnr. 15 ff.) – als **Gesamtschuldner.** Davon betroffen ist insbesondere der Fall der mehrfachen Abhängigkeit (s. § 311 Rdnr. 5). Eine Veranlassung durch mehrere Unternehmen kommt aber auch im Rahmen von mehrstufigen Unternehmensverbindungen (§ 311 Rdnr. 7 ff.) in Betracht (s. noch Rdnr. 17).

b) Nachteil im besonderen (Abs. 2). Nach Abs. 2 entfällt die Ersatzpflicht des herrschenden Unternehmens und mit ihr diejenige der gesetzlichen Vertreter aus Abs. 3, wenn auch der Vorstand einer unabhängigen Gesellschaft das für den Schadenseintritt kausale Rechtsgeschäft oder die sonstige Maßnahme getroffen oder unterlassen hätte. Nach zutr. Ansicht versteht sich die in Abs. 2 ausgesprochene Rechtsfolge allerdings von selbst; denn unter den genannten Voraussetzungen fehlt es schon an einem relevanten, dh. nicht ausgeglichenen *Nachteil* iSd. § 311 Abs. 1 (s. § 311 Rdnr. 25) und damit am objektiven Haftungstatbestand des Abs. 1.³ Daraus ergibt sich zugleich, daß Abs. 2 *keine Exculpationsmöglichkeit* begründet. Aber auch im übrigen haftet das herrschende Unternehmen ohne Rücksicht auf sein **Verschulden.**⁴ Maßgebend ist allein die *Veranlassung* zu der nachteiligen Maßnahme, die wiederum nicht einmal ein entsprechendes Bewußtsein des herrschenden Unternehmens erfordert (§ 311 Rdnr. 13). Eine Pflichtverletzung ist demgegenüber zwar auf seiten des *Vorstands* der abhängigen Gesellschaft erforderlich, doch geht diese in dem – in Abs. 2 definierten – Nachteilsbegriff der §§ 311, 317 auf. Von Bedeutung ist die Vorschrift des Abs. 2 freilich im Zusammenhang mit der Verteilung der **Darlegungs- und Beweislast** (Rdnr. 14, 18). Insoweit stellt sie sicher, daß das herrschende Unternehmen nicht besser steht als der Vorstand der abhängigen Gesellschaft, der seinerseits bei Vorliegen der Voraussetzungen des § 317 Abs. 1 S. 1 regelmäßig nach § 93 Abs. 2 S. 1 und 2 aufgrund vermuteter Pflichtverletzung haftet (s. § 311 Rdnr. 50). Auch im Verhältnis zum herrschenden Unternehmen braucht der Kläger also die Pflichtverletzung des Vorstands der abhängigen Gesellschaft nicht darzulegen und zu beweisen.

c) Unterbliebener Nachteilsausgleich. Die Haftung des herrschenden Unternehmens setzt des weiteren voraus, daß die der abhängigen Gesellschaft zugefügten Nachteile nicht bis zum Ende des Geschäftsjahres ausgeglichen werden, sei es tatsächlich oder durch Begründung eines entsprechenden Rechtsanspruchs der abhängigen Gesellschaft (s. § 311 Rdnr. 38 ff.). Vor dem Hintergrund der *Privilegierungsfunktion* des § 311, der zufolge es dem herrschenden Unternehmen gestattet ist, sein anderweitiges unternehmerisches Interesse auch gegenüber einem gegenläufigen Eigenwillen der abhängigen Gesellschaft durchzusetzen, sofern nur deren Vermögensinteressen gewahrt werden (vor § 311 Rdnr. 2; § 311

---

² Vgl. OLG Düsseldorf AG 1991, 106, 108 (nur herrschendes Unternehmen kann Schuldner gem. Abs. 1 sein).

³ *Kropff* in Geßler/Hefermehl Rdnr. 28; *Koppensteiner* in Kölner Kommentar Rdnr. 14; im Ergebnis auch *Hüffer* Rdnr. 11 (Nachteil sei unter den Voraussetzungen des Abs. 2 keine Abhängigkeitsfolge).

⁴ *Koppensteiner* in Kölner Kommentar Rdnr. 14; *Hüffer* Rdnr. 5; *Emmerich/Sonnenschein* § 22 II 1; im Grundsatz auch *Kropff* in Geßler/Hefermehl Rdnr. 29, der allerdings Veranlassungsbewußtsein des herrschenden Unternehmens verlangt; aA – für Verschuldenserfordernis – *Würdinger* in Großkomm. z. AktG³ Anm. 5; *Brüggemeier* AG 1988, 93, 100.

Rdnr. 2f.), handelt es sich bei dem unterbliebenen Nachteilsausgleich um das zentrale, die *Rechtswidrigkeit* der Maßnahme und damit die **Haftung begründende Tatbestandsmerkmal** des § 317.[5] Dem Wortlaut des Abs. 3 läßt sich nichts Gegenteiliges entnehmen. Wenn dort auf die Veranlassung als solche abgestellt wird, so dient dies allein der Bestimmung der verantwortlichen und deshalb neben dem herrschenden Unternehmen haftenden gesetzlichen Vertreter; hinsichtlich des Haftungsgrundes dagegen knüpft auch Abs. 3 an Abs. 1 S. 1 und damit an den unterbliebenen Nachteilsausgleich an.

7 **d) Rechtsnatur der Haftung.** Die Haftung des herrschenden Unternehmens ist in Abs. 1 und 2 im Sinne einer **verschuldensunabhängigen Veranlassungshaftung** konzipiert (Rdnr. 5). Entgegen der hM handelt es sich allerdings nicht um eine Organhaftung.[6] Dem steht bereits entgegen, daß das herrschende Unternehmen weder die Stellung eines Organs noch Leitungsmacht in Form eines Weisungsrechts hat (s. vor § 311 Rdnr. 7; § 311 Rdnr. 50). Diese Voraussetzungen einer Organhaftung lassen sich auch nicht unter Hinweis auf § 317 Abs. 2 begründen. Denn diese Vorschrift nimmt auf das Verhalten des *Leitungsorgans der abhängigen Gesellschaft* Bezug, um daran die Veranlassungshaftung des herrschenden Unternehmens und seiner gesetzlichen Vertreter zu knüpfen. Wie § 117[7] enthält vielmehr auch § 317 einen besonderen **Deliktstatbestand;** § 317 enthält somit eine Verschärfung gegenüber dem allgemeinen Deliktstatbestand des § 117. Zwar ließe sich die nachteilige Einflußnahme durch das *herrschende Unternehmen* auch im Sinne einer *Treupflichtverletzung* sanktionieren. Die Vorschrift des Abs. 3 zeigt jedoch, daß der Ansatz des Gesetzgebers ein anderer ist (s. noch Rdnr. 9).

8 **2. Gläubiger. a) Gesellschaft (Abs. 1 S. 1).** Der Ersatzanspruch aus Abs. 1 S. 1 steht der Gesellschaft zu. Die Geltendmachung des Anspruchs ist an sich Sache der Gesellschaft, die dabei entweder vom Vorstand oder – im Fall des § 112 – vom Aufsichtsrat vertreten wird. Darüber hinaus kann der Anspruch der Gesellschaft nach Maßgabe des Abs. 4 iVm. § 309 Abs. 4 sowohl von jedem Aktionär als auch von den Gläubigern geltend gemacht werden (Rdnr. 19).

9 **b) Aktionäre (Abs. 1 S. 2).** Gem. Abs. 1 S. 2 ist das herrschende Unternehmen unter den Voraussetzungen des Abs. 1 S. 1 (Rdnr. 3 ff.) auch gegenüber den Aktionären ersatzpflichtig, soweit ihnen ein eigener, nicht auf der Minderung des Gesellschaftsvermögens beruhender und damit durch Geltendmachung des Anspruchs der Gesellschaft zu kompensierender Schaden erwächst. Auch für den Schaden der Aktionäre haften zudem die für die Einflußnahme verantwortlichen *gesetzlichen Vertreter* des herrschenden Unternehmens (Rdnr. 15 ff.). Die Vorschrift des Abs. 1 S. 2 ist derjenigen des § 117 Abs. 1 S. 2 nachgebildet. Sie versteht sich als Ausprägung der Grundsätze der Kapitalerhaltung und der Zweckbindung des Gesellschaftsvermögens, denen zufolge der Ausgleich eines am Gesellschaftsvermögen entstandenen Schadens nur durch Leistung an die Gesellschaft beansprucht werden kann.[8] Nach Abs. 1 S. 2 zu ersetzen ist deshalb nur der *unmittelbare,* **über den** durch die Mitgliedschaft vermittelten **Reflexschaden hinausgehende Eigenschaden** des Aktionärs.[9] Die Geltendmachung dieses Anspruchs ist Sache des Aktionärs, der dabei Leistung an sich selbst verlangen kann (Rdnr. 20). Was den Reflexschaden betrifft, so wird dieser durch den Anspruch der *Gesellschaft* kompensiert. Die Geltendmachung dieses Anspruchs kann nach

---

[5] Zutr. *Kropff* in Geßler/Hefermehl Rdnr. 11 ff.; *Hüffer* Rdnr. 6; *Luchterhandt* ZHR 133 (1970), 1, 36 ff.; aA – für Veranlassung der nachteiligen Maßnahme als Haftungsgrund – *Koppensteiner* in Kölner Kommentar Rdnr. 8; *Beuthien* DB 1969, 1781, 1783; *Möhring,* Festschrift für Schilling, S. 253, 265; *Kellmann* ZGR 1974, 220, 221 ff.

[6] So aber *Kropff* in Geßler/Hefermehl Rdnr. 4 f.; *Koppensteiner* in Kölner Kommentar Rdnr. 5; *Baumbach/Hueck* Rdnr. 6; *Möhring,* Festschrift für Schilling, S. 253, 263.

[7] Vgl. BGH NJW 1992, 3167, 3172.

[8] Näher BGH NJW 1987, 1077; BGHZ 105, 121, 130 ff.; BGH NJW 1995, 1739, 1746 f.; LG Hamburg ZIP 1997, 1409, 1410 f.; *Brandes,* Festschrift für Fleck, 1988, S. 13 ff.; *G. Müller,* Festschrift für Kellermann, 1991, S. 317 ff.

[9] Vgl. dazu im Zusammenhang mit § 117 Abs. 1 S. 2 BGH NJW 1992, 3167, 3171 f.; BGHZ 94, 55, 58 f. = NJW 1985, 1777; ferner BGH AG 1987, 126, 128; OLG Düsseldorf ZIP 1997, 27 ff.

§§ 317 Abs. 4, 309 Abs. 4 auch durch die Aktionäre erfolgen (Rdnr. 8, 19 f.). Einen eigenen, wenn auch nur auf Leistung an die Gesellschaft gerichteten Anspruch auf Ersatz des Reflexschadens haben die Aktionäre dagegen nicht.[10]

3. Rechtsfolgen. a) Schadensersatz. Nach Abs. 1 S. 1 und 2 haftet das herrschende Unternehmen auf Schadensersatz. Handelt es sich bei dem herrschenden Unternehmen um eine *Gesellschaft,* so beurteilt es sich nach deren Organisations- und Haftungsverfassung, ob und inwieweit die *Mitglieder* für die Verbindlichkeit aus § 317 Abs. 1 haften. Der **Inhalt** des Anspruchs bestimmt sich nach §§ 249 ff. BGB. Gem. § 249 S. 1 BGB ist deshalb der Schaden primär im Wege der **Naturalrestitution** auszugleichen.[11] Das herrschende Unternehmen ist also ggf. zur Rückabwicklung eines nachteiligen Rechtsgeschäfts oder zur Rückgängigmachung einer sonstigen Maßnahme verpflichtet. Soweit Naturalrestitution unmöglich ist, hat das herrschende Unternehmen gem. § 251 Abs. 1 S. 1 BGB **Geldersatz** zu leisten (s. noch Rdnr. 11). Dessen Höhe kann zwar nach Maßgabe des **§ 287 ZPO** geschätzt werden. Der Bereich richterlicher Schadensschätzung ist jedoch verlassen, soweit der Tatbestand der **qualifizierten faktischen Abhängigkeit** betroffen ist (vor § 311 Rdnr. 20 ff.).[12] Denn letzterer ist dadurch gekennzeichnet, daß die nachteilige Einflußnahme *auch unter Rückgriff auf § 287 ZPO* einem Einzelausgleich nicht zugänglich ist und deshalb der Verlustausgleich entsprechend § 302 an die Stelle des Einzelausgleichs gem. §§ 311, 317 tritt (vor § 311 Rdnr. 33 ff., 39 ff.). Ist dagegen eine nachteilige Maßnahme oder ein nachteiliges Rechtsgeschäft zwar nicht dem *Nachteilsausgleich* gem. § 311, wohl aber dem Einzelausgleich gem. § 317, § 287 ZPO zugänglich, so ist für die Annahme einer qualifizierten faktischen Abhängigkeit kein Raum (§ 311 Rdnr. 28, 37).

Der Schaden der Gesellschaft ist zunächst anhand allgemeiner Grundsätze zu ermitteln. Er ist auch insoweit zu ersetzen, als er den – aus der Sicht ex ante zu bestimmenden – Nachteil übersteigt.[13] Bleibt der Schaden infolge günstiger Entwicklung hinter dem Nachteil zurück, so ist als **Mindestschaden** der **Betrag des Nachteils** zu ersetzen.[14] Dies folgt aus dem Normzweck des § 317 (Rdnr. 2) und aus dem – auch im Rahmen dieser Vorschrift maßgeblichen – normativen Schadensbegriff; beide schließen es aus, eine im Zeitpunkt der nachteiligen Einflußnahme nicht vorhersehbare Entwicklung zugunsten des herrschenden Unternehmens zu berücksichtigen.[15] Was den **Zeitpunkt der Entstehung** des Schadensersatzanspruchs betrifft, so ist zu differenzieren. Ist die nachteilige Maßnahme dem Nachteilsausgleich gem. § 311 Abs. 2 zugänglich, so entsteht der Anspruch erst mit fruchtlosem Ablauf des Geschäftsjahres (Rdnr. 6). Handelt es sich dagegen um eine *nicht dem Nachteilsausgleich zugängliche* Maßnahme, so kann sofort Schadensersatz verlangt werden;[16] denn in diesem Fall ist die nachteilige Einflußnahme per se rechtswidrig (§ 311 Rdnr. 28, 37, 39). Der Schadensersatzanspruch ist zu aktivieren. Unterbleibt die **Aktivierung,** so führt dies unter den weiteren Voraussetzungen des § 256 Abs. 5 S. 1 Nr. 2, S. 3 zur *Nichtigkeit des Jahresabschlusses* und der den Jahresabschluß und den Abhängigkeitsbericht billigenden Aufsichtsratsbeschlüsse (§ 312 Rdnr. 15).[17]

---

[10] Die Rechtslage unterscheidet sich somit von derjenigen bei Verletzung der Treupflicht, s. BGHZ 129, 136, 165 f.

[11] *Koppensteiner* in Kölner Kommentar Rdnr. 18; *Hüffer* Rdnr. 9.

[12] *Ulmer* ZHR 148 (1984), 391, 425; *Hüffer* Rdnr. 9; im Grundsatz auch *Koppensteiner* in Kölner Kommentar Rdnr. 19; aA noch *Lutter* ZGR 1982, 244, 267; *Schulze-Osterloh* ZGR 1983, 123, 152 ff.

[13] *Kropff* in Geßler/Hefermehl Rdnr. 19; *Koppensteiner* in Kölner Kommentar Rdnr. 16; *Hüffer* Rdnr. 7; *Krieger* in MünchHdb. AG § 69 Rdnr. 91; aA *Möhring,* Festschrift für Schilling, S. 253, 265. – Zur Unterscheidung zwischen Nachteil und Schaden s. § 311 Rdnr. 30.

[14] *Beuthien* DB 1969, 1781, 1783 ff.; *Kropff* in Geßler/Hefermehl Rdnr. 21 f.; *Hüffer* Rdnr. 7; *Krieger* in MünchHdb. AG § 69 Rdnr. 91; aA *Koppensteiner* in Kölner Kommentar Rdnr. 17.

[15] Zutr. *Hüffer* Rdnr. 7; nur im Ergebnis *Beuthien* und *Kropff,* jew. aaO (Fn. 14), die auf den Haftungsgrund des § 317 abstellen, den sie in der nachteiligen Einflußnahme als solcher und nicht im unterbliebenen Nachteilsausgleich erblicken (s. dazu Rdnr. 6).

[16] *Kropff* in Geßler/Hefermehl Rdnr. 15.

[17] BGHZ 124, 111, 119 ff. = NJW 1994, 520; BGH WM 1998, 510, 512; s. dazu aber auch *Kropff* ZGR 1994, 628, 635 ff.

12 b) **Unterlassung.** Im Ergebnis ist es weithin anerkannt, daß die abhängige Gesellschaft das herrschende Unternehmen auf Unterlassung solcher Maßnahmen in Anspruch nehmen kann, die dem **Nachteilsausgleich gem. § 311 Abs. 2 nicht zugänglich** sind und deren Rechtswidrigkeit somit von vornherein feststeht (§ 311 Rdnr. 28, 39).[18] Entsprechendes ist in dem Fall anzunehmen, daß das herrschende Unternehmen *offensichtlich zum Nachteilsausgleich nicht bereit oder nicht imstande* ist.[19] Die Grundlage des Unterlassungsanspruchs ist freilich nicht geklärt. Als zutreffend erscheint es, den Anspruch unmittelbar aus § 317 herzuleiten:[20] Kommt ein Nachteilsausgleich nicht in Betracht, so ist der Geltungsbereich des § 311 und damit der Bereich erlaubter Einflußnahme verlassen. Der Schutzzweck des § 317 und das Zusammenspiel dieser Vorschrift mit derjenigen des § 311 (Rdnr. 2) gebieten es in einem solchen Fall, der abhängigen Gesellschaft die Abwehr einer per se rechtswidrigen Einflußnahme zu ermöglichen. Der Annahme eines zusätzlichen **Beseitigungsanspruchs** bedarf es dagegen nicht.[21] Da nämlich in den genannten Fällen die abhängige Gesellschaft unabhängig von einem Verschulden des herrschenden Unternehmens (Rdnr. 7) Schadensersatz beanspruchen kann und dieser Anspruch primär auf Naturalrestitution und damit auf Rückgängigmachung der Maßnahme gerichtet ist (Rdnr. 10), käme einem Beseitigungsanspruch i. e. S. ohnehin keine eigenständige Bedeutung zu.

13 Die *außenstehenden Aktionäre* sind gem. Abs. 4 iVm. § 309 Abs. 4 zur **Geltendmachung** auch des Unterlassungsanspruchs befugt (dazu Rdnr. 19). Soweit die Aktionäre Gefahr laufen, *unmittelbar* geschädigt zu werden, können sie zudem nach Abs. 1 S. 2 aus eigenem Recht auf Unterlassung klagen (Rdnr. 9). Ein Unterlassungsanspruch der *Gläubiger* läßt sich dagegen aus Abs. 4 iVm. § 309 Abs. 4 nicht herleiten (Rdnr. 19). Ist die fragliche Maßnahme dem Einzelausgleich im Wege des *Schadensersatzes nicht zugänglich,* so hat ihr Vollzug die **qualifizierte faktische Abhängigkeit** der Gesellschaft zur Folge (vor § 311 Rdnr. 25 ff., 33 ff.). Auch dagegen können sich die außenstehenden Aktionäre durch Geltendmachung von Unterlassungs- und Beseitigungsansprüchen wehren (vor § 311 Rdnr. 43).

14 4. **Beweislast.** Die in Abs. 1 genannten Anspruchsvoraussetzungen (Rdnr. 3 f.) sind vom Kläger darzulegen und ggf. zu beweisen. Das Bestehen eines *Abhängigkeitsverhältnisses* wird allerdings unter den Voraussetzungen des § 17 Abs. 2 vermutet. Hinsichtlich der *Veranlassung* durch das herrschende Unternehmen kommen dem Kläger Beweiserleichterungen nach Maßgabe der Ausführungen in § 311 Rdnr. 21 ff. zugute, hinsichtlich des durch die nachteilige Einflußnahme verursachten *Schadens*[22] die Vorschrift des § 287 ZPO. Gem. Abs. 2 obliegt es dagegen dem herrschenden Unternehmen bzw. dem nach Abs. 3 in Anspruch genommenen gesetzlichen Vertreter, *den nachteiligen Charakter* des Rechtsgeschäfts bzw. der Maßnahme zu widerlegen (Rdnr. 5). Will oder kann der Beklagte diesen Nachweis nicht erbringen, so kann er seiner Inanspruchnahme dadurch entgehen, daß er die Gewährung eines *Ausgleichs* gem. § 311 Abs. 2 darlegt und beweist.[23]

III. Haftung der gesetzlichen Vertreter (Abs. 3)

15 1. **Schuldner.** Gem. Abs. 3 haften neben dem herrschenden Unternehmen als *Gesamtschuldner* (Rdnr. 18) die gesetzlichen Vertreter, die die Gesellschaft zu dem nachteiligen Rechtsgeschäft oder der nachteiligen Maßnahme veranlaßt haben. Wiewohl der Wortlaut des Abs. 3 nicht eindeutig ist, ist mit der hM davon auszugehen, daß es sich um die gesetzlichen Vertreter des *herrschenden Unternehmens* handeln muß; die gesetzlichen Vertreter des

---

[18] *Kropff* in *Geßler/Hefermehl* Rdnr. 23; *Koppensteiner* in Kölner Kommentar Rdnr. 21; *Hüffer* Rdnr. 10; *Emmerich/Sonnenschein* § 22 II 2.
[19] *Hüffer* Rdnr. 10.
[20] Für § 311 iVm. § 823 Abs. 2 BGB *Kropff* und *Koppensteiner,* jew. aaO (Fn. 18); für Herleitung aus der mitgliedschaftlichen Treupflicht *Hüffer* Rdnr. 10.

[21] Dafür aber *Koppensteiner* in Kölner Kommentar Rdnr. 23.
[22] Für Darlegungs- und Beweislast des Klägers auch die hM, s. *Kropff* in *Geßler/Hefermehl* Rdnr. 26; *Hüffer* Rdnr. 12; aA wohl *Koppensteiner* in Kölner Kommentar Rdnr. 26.
[23] *Kropff* in *Geßler/Hefermehl* Rdnr. 27; *Hüffer* Rdnr. 12.

davon ggf. zu unterscheidenden veranlassenden Unternehmens haften allenfalls aus § 117.[24] Der Begriff des gesetzlichen Vertreters ist – entsprechend demjenigen des herrschenden Unternehmens – rechtsformneutral gewählt und erfaßt diejenigen Personen, die für die **organschaftliche Geschäftsführung und Vertretung** des herrschenden Unternehmens zuständig sind. Im Fall einer GmbH oder AG sind dies die Geschäftsführer oder die Mitglieder des Vorstands, im Fall einer *Personengesellschaft* die geschäftsführungs- und vertretungsberechtigten Gesellschafter. Die Ausübung einer der genannten Funktionen genügt. Ist also ein Gesellschafter des als Personengesellschaft verfaßten herrschenden Unternehmens zwar zur Geschäftsführung, nicht aber zur organschaftlichen Vertretung berechtigt, so steht dies seiner Haftung gem. Abs. 3 schon deshalb nicht entgegen, weil die Veranlassung iSd. §§ 311, 317 nicht als Willenserklärung zu qualifizieren ist und somit Vertretungsmacht nicht voraussetzt (§ 311 Rdnr. 13).

Dem Normzweck des Abs. 3 (Rdnr. 2) entspricht es, in den Fällen, in denen es sich bei dem gesetzlichen Vertreter um eine juristische Person oder um eine atypische Personengesellschaft handelt, die Haftung auf die mittelbar handelnden **natürlichen Personen** zu erstrecken. Im Fall einer GmbH & Co. KG haftet also neben der Komplementär-GmbH auch deren Geschäftsführer (§ 309 Rdnr. 12). Im Unterschied zu § 309 Abs. 1 ist der Einzelkaufmann in Abs. 3 nicht besonders hervorgehoben; dies deshalb, weil der Inhaber des einzelkaufmännischen Unternehmens bereits nach Abs. 1 haftet. Nicht zu den gesetzlichen Vertretern zählen die Mitglieder des **Aufsichtsrats**,[25] ferner Prokuristen, Handlungsbevollmächtigte und sonstige Personen, die aufgrund **abgeleiteter Vertretungsmacht** zur Vertretung des herrschenden Unternehmens berechtigt sind. Diese Personen können jedoch ggf. nach § 117 in Anspruch genommen werden.[26]

2. Haftungsgrund. Gem. Abs. 3 haften nur diejenigen gesetzlichen Vertreter des herrschenden Unternehmens (Rdnr. 15 f.), die die abhängige Gesellschaft zu dem Rechtsgeschäft oder der sonstigen Maßnahme veranlaßt haben. Die übrigen gesetzlichen Vertreter bleiben also haftungsfrei.[27] Der Begriff der **Veranlassung** entspricht demjenigen in Abs. 1 und in § 311 Abs. 1 S. 1 (§ 311 Rdnr. 12 ff.). Eine unmittelbar durch den gesetzlichen Vertreter erfolgende Einflußnahme auf die abhängige Gesellschaft ist nicht erforderlich. Es genügt vielmehr jede Form der **mittelbaren Einflußnahme**, sei es, daß der gesetzliche Vertreter *Angestellte* des herrschenden Unternehmens sehenden Auges gewähren läßt oder gar anweist, auf die abhängige Gesellschaft Einfluß zu nehmen, oder daß er im Rahmen einer *mehrstufigen Unternehmensverbindung* (§ 311 Rdnr. 7 ff.) das Leitungsorgan einer zwischengeschalteten Gesellschaft zur Einflußnahme auf die Enkel-AG veranlaßt; im zuletzt genannten Fall haften dann Mutter- und Tochtergesellschaft nach Abs. 1 S. 1, die verantwortlichen gesetzlichen Vertreter beider Gesellschaften nach Abs. 3. Die nur unzureichende **Organisation oder Überwachung** der nachgeordneten Stellen begründet dagegen als solche noch keine Haftung gem. Abs. 3.[28]

3. Rechtsfolgen. Die Haftung der gesetzlichen Vertreter tritt gem. Abs. 3 neben die Haftung des herrschenden Unternehmens sowie ggf. diejenige seiner Mitglieder (Rdnr. 10). Herrschendes Unternehmen und gesetzliche Vertreter haften der abhängigen Gesellschaft als *Gesamtschuldner* gem. §§ 421 ff. BGB. Die Vorschriften des **Abs. 1 S. 2, Abs. 2 und 4 finden** auch auf die Haftung der gesetzlichen Vertreter **Anwendung:** Die gesetzlichen Vertreter sind also unter Umständen auch den *Aktionären* zum Schadensersatz verpflichtet (Rdnr. 9). Sie haben den nachteiligen Charakter der Maßnahme zu widerlegen sowie ggf. die Ausgleichsgewährung darzulegen und zu beweisen (Rdnr. 14). Die Gläubiger und Aktionäre

---

[24] Begr. RegE bei *Kropff* S. 419; *Koppensteiner* in Kölner Kommentar Rdnr. 32.
[25] *Kropff* in Geßler/Hefermehl Rdnr. 39; *Hüffer* Rdnr. 13; aA *Wälde* DB 1972, 2289, 2292.
[26] Vgl. dazu Begr. RegE bei *Kropff* S. 419.

[27] *Kropff* in Geßler/Hefermehl Rdnr. 41; *Koppensteiner* in Kölner Kommentar Rdnr. 32; *Hüffer* Rdnr. 14; *Krieger* in MünchHdb. AG § 69 Rdnr. 94.
[28] HM, s. *Kropff* in Geßler/Hefermehl Rdnr. 41; *Krieger* in MünchHdb. AG § 69 Rdnr. 94; *Hüffer* Rdnr. 14; aA *Koppensteiner* in Kölner Kommentar Rdnr. 33; *Eschenbruch* Rdnr. 4205.

§ 317 19–21   3. Buch. 2. Teil. 2. Abschn. Verantwortl. ohne Beherrschungsvertrag

können die Ansprüche der abhängigen Gesellschaft gegen die gesetzlichen Vertreter nach Maßgabe des Abs. 4 iVm. § 309 Abs. 4 geltend machen (Rdnr. 19). Verjährung, Verzicht und Vergleich beurteilen sich nach den Ausführungen in Rdnr. 21 f. Auch die gesetzlichen Vertreter haften der abhängigen Gesellschaft und den Aktionären auf Unterlassung (Rdnr. 12 f.).

IV. Aktivlegitimation und Geltendmachung der Ansprüche (Abs. 4)

19 **1. Ansprüche der Gesellschaft.** Die Geltendmachung der Ansprüche der Gesellschaft gegen das herrschende Unternehmen und seine gesetzlichen Vertreter erfolgt grundsätzlich durch den *Vorstand* (Rdnr. 8); bei Konkurs bzw. Insolvenz[29] der Gesellschaft ist die Geltendmachung Sache des Konkurs- bzw. Insolvenzverwalters. Gem. Abs. 4 iVm. § 309 Abs. 4 S. 1 und 2 können die Ansprüche zudem vom einzelnen **Aktionär** geltend gemacht werden, der allerdings nur *Leistung an die Gesellschaft* verlangen kann. Nach zutr. Ansicht handelt es sich dabei um einen Fall **gesetzlicher Prozeßstandschaft.**[30] Die Einzelklagebefugnis des Aktionärs tritt an die Stelle des Verfolgungsrechts aus § 147 Abs. 1.[31] Gem. Abs. 4 iVm. § 309 Abs. 4 S. 3 können die Ansprüche des weiteren durch die **Gläubiger** der Gesellschaft geltend gemacht werden, soweit sie von dieser keine Befriedigung erlangen können (§ 309 Rdnr. 42). Anders als der Aktionär kann der Gläubiger Leistung an sich selbst verlangen; er klagt aus eigenem Recht (§ 309 Rdnr. 42). Schon deshalb, aber auch wegen des primär auf vermögensmäßige Befriedigung gerichteten Interesses des Gläubigers bezieht sich sein Verfolgungsrecht nicht auf etwaige *Unterlassungsansprüche* der Gesellschaft (Rdnr. 12 f.). Bei Konkurs bzw. **Insolvenz der abhängigen Gesellschaft** werden gem. Abs. 4 iVm. § 309 Abs. 4 S. 5 nicht nur die Ansprüche der Gesellschaft, sondern auch das *Klagerecht der Aktionäre und das Verfolgungsrecht der Gläubiger* durch den Konkurs- bzw. Insolvenzverwalter ausgeübt. Dies bedeutet insbesondere, daß die Vorschrift des § 309 Abs. 4 S. 4 betr. die Unbeachtlichkeit eines Verzichts oder Vergleichs (Rdnr. 21) *insoweit auch zugunsten des Konkurs- bzw. Insolvenzverwalters* zur Anwendung gelangt (§ 309 Rdnr. 39). Der Konkurs- bzw. Vergleichsverwalter kann sich allerdings seinerseits vergleichen (Rdnr. 21).

20 **2. Ansprüche der außenstehenden Aktionäre.** Die Geltendmachung der Ansprüche aus Abs. 1 S. 2, Abs. 3 iVm. Abs. 1 S. 2 gegen das herrschende Unternehmen (Rdnr. 9) und die gesetzlichen Vertreter (Rdnr. 18) ist Sache der Aktionäre. Diese klagen insoweit nicht als Prozeßstandschafter, sondern aus **eigenem Recht;** § 309 Abs. 4 S. 1 und 2 (Rdnr. 19) findet keine Anwendung.

V. Verzicht, Vergleich und Verjährung (Abs. 4)

21 **1. Verzicht und Vergleich.** Ein Verzicht auf und ein Vergleich über die Ansprüche der Gesellschaft aus Abs. 1 und 3 ist gem. Abs. 4 nur unter den in § 309 Abs. 3 genannten Voraussetzungen möglich. Voraussetzung ist danach zunächst der Ablauf einer **Frist von drei Jahren** seit Entstehung des Anspruchs; dies entspricht dem § 93 Abs. 4 S. 3. Zudem ist ein **Sonderbeschluß** der außenstehenden Aktionäre erforderlich; ihm darf nicht eine Minderheit von 10 % des vertretenen Grundkapitals widersprochen haben. Die Dreijahresfrist (nur sie) gilt gem. Abs. 4 iVm. § 309 Abs. 3 S. 2 nicht, wenn der Ersatzpflichtige, also das herrschende Unternehmen oder sein gesetzlicher Vertreter, *zahlungsunfähig* ist und ein Vergleich zur Abwendung oder Beseitigung des Konkurs- bzw. **Insolvenzverfahrens**[32] geschlossen oder die Ersatzpflicht im Insolvenzplan geregelt wird (§ 309 Rdnr. 35). Soweit nach Abs. 4 iVm. § 309 Abs. 3 S. 1 ein Verzicht oder Vergleich vereinbart werden kann, berührt dies zwar gem. Abs. 4 iVm. § 309 Abs. 4 S. 4 nicht das Verfolgungsrecht der Gläubiger

---

[29] Zur Anpassung des Wortlauts des § 309 Abs. 3 S. 2, Abs. 4 S. 5 an die zum 1.1. 1999 in Kraft tretende InsO s. Art. 47 Nr. 18 EGInsO v. 5. 10. 1994, BGBl. I, S. 2911, 2931.
[30] *Hüffer* Rdnr. 16, § 309 Rdnr. 21; aA *Mertens,* Festschrift für Fleck, 1988, S. 209, 218. Näher dazu sowie zur Frage der entsprechenden Anwendung des § 247 § 309 Rdnr. 41.
[31] *Koppensteiner* in Kölner Kommentar Rdnr. 27; *Hüffer* Rdnr. 16; aA *Kropff* in Geßler/Hefermehl Rdnr. 30.
[32] Vgl. Fn. 29.

(Rdnr. 19). Der *Konkurs-* bzw. *Insolvenzverwalter* ist allerdings auch insoweit, als er das Verfolgungsrecht der Gläubiger ausübt, nicht an die Beschränkungen des § 309 Abs. 3 S. 2, Abs. 4 S. 4 gebunden.[33] Er kann sich vielmehr gem. Abs. 4 iVm. § 309 Abs. 4 S. 5 auch mit Wirkung gegenüber den Gläubigern und den Aktionären vergleichen.

2. Verjährung. Die Ansprüche der abhängigen Gesellschaft und der außenstehenden Aktionäre gegen das herrschende Unternehmen und seine gesetzlichen Vertreter verjähren gem. Abs. 4 iVm. § 309 Abs. 5 in **fünf Jahren**. Davon betroffen sind auch das Klagerecht der Aktionäre und das Verfolgungsrecht der Gläubiger (Rdnr. 19). Fristbeginn und Fristberechnung beurteilen sich nach §§ 198, 187 Abs. 1, 188 Abs. 2 BGB.[34]

VI. Verhältnis zu anderen Vorschriften

1. Grundsatz. Die Haftung des herrschenden Unternehmens und seiner gesetzlichen Vertreter gem. § 317 hat **keinen Einfluß auf die Organisations- und Finanzverfassung** der abhängigen Gesellschaft. Dies beruht darauf, daß im Anwendungsbereich des § 317 die Nichtgewährung des Nachteilsausgleichs und damit die Rechtswidrigkeit der Einflußnahme feststeht (s. Rdnr. 6); auf die Privilegierungsfunktion des § 311 (§ 311 Rdnr. 2) ist mithin keine Rücksicht mehr zu nehmen. Die zu § 311 geltenden Grundsätze (§ 311 Rdnr. 50 ff.) lassen sich deshalb auf § 317 nicht übertragen.[35]

2. Konkretisierung. Sobald die Rechtswidrigkeit der Maßnahme feststeht, finden **§§ 76, 93, 116** uneingeschränkt Anwendung (s. § 311 Rdnr. 50 ff.). Vorstand und Aufsichtsrat haften mithin neben den nach § 317 Verantwortlichen (§ 318 Rdnr. 3 ff.). Auch die Vorschriften der §§ 57, 60, 62 betreffend das Verbot der Einlagenrückgewähr und die Kapitalbindung finden neben § 317 Anwendung (§ 311 Rdnr. 55). Das herrschende Unternehmen und seine gesetzlichen Vertreter haften ggf. aus § 117, das herrschende Unternehmen zudem aus **Treupflichtverletzung** (§ 311 Rdnr. 54). Die Vorschrift des § 243 findet schon neben § 311 und erst recht neben § 317 Anwendung (§ 311 Rdnr. 53).

§ 318 Verantwortlichkeit der Verwaltungsmitglieder der Gesellschaft

(1) Die Mitglieder des Vorstands der Gesellschaft haften neben den nach § 317 Ersatzpflichtigen als Gesamtschuldner, wenn sie es unter Verletzung ihrer Pflichten unterlassen haben, das nachteilige Rechtsgeschäft oder die nachteilige Maßnahme in den Bericht über die Beziehungen der Gesellschaft zu verbundenen Unternehmen aufzuführen oder anzugeben, daß die Gesellschaft durch das Rechtsgeschäft oder die Maßnahme benachteiligt wurde und der Nachteil nicht ausgeglichen worden war. Ist streitig, ob sie die Sorgfalt eines ordentlichen und gewissenhaften Geschäftsleiters angewandt haben, so trifft sie die Beweislast.

(2) Die Mitglieder des Aufsichtsrats der Gesellschaft haften neben den nach § 317 Ersatzpflichtigen als Gesamtschuldner, wenn sie hinsichtlich des nachteiligen Rechtsgeschäfts oder der nachteiligen Maßnahme ihre Pflicht, den Bericht über die Beziehungen zu verbundenen Unternehmen zu prüfen und über das Ergebnis der Prüfung an die Hauptversammlung zu berichten (§ 314), verletzt haben; Absatz 1 Satz 2 gilt sinngemäß.

(3) Der Gesellschaft und auch den Aktionären gegenüber tritt die Ersatzpflicht nicht ein, wenn die Handlung auf einem gesetzmäßigen Beschluß der Hauptversammlung beruht.

(4) § 309 Abs. 3 bis 5 gilt sinngemäß.

---

[33] Vgl. zu § 93 Abs. 5 RGZ 74, 428, 430; *Hefermehl* in *Geßler/Hefermehl* § 93 Rdnr. 82.
[34] Näher dazu BGHZ 100, 228, 231 ff. = NJW 1987, 1887; 124, 27, 29 f. = NJW 1994, 323.
[35] *Koppensteiner* in Kölner Kommentar Rdnr. 39; *Hüffer* Rdnr. 17; *Krieger* in MünchHdb. AG § 69 Rdnr. 96.

Übersicht

	Rdnr.		Rdnr.
I. Einführung	1, 2	5. Entsprechende Geltung des § 309 Abs. 3–5	7
1. Inhalt und Zweck der Vorschrift	1	6. Verhältnis zu § 93	8–10
2. Kritik	2	a) Geltung des § 93 neben § 318	8
II. Haftung der Mitglieder des Vorstands	3–10	b) Überlagerung des § 93 durch § 318	9, 10
1. Gläubiger und Schuldner	3	III. Haftung der Mitglieder des Aufsichtsrats	11, 12
2. Haftungstatbestand	4	1. Haftungstatbestand	11
3. Rechtsfolgen	5	2. Sonstiges	12
4. Hauptversammlungsbeschluß	6		

I. Einführung

1. Inhalt und Zweck der Vorschrift. Die Vorschrift regelt die Verantwortlichkeit des Vorstands und des Aufsichtsrats der abhängigen Gesellschaft für die Verletzung der nach §§ 312, 314 bestehenden Pflichten im Zusammenhang mit der Aufstellung und Prüfung des Abhängigkeitsberichts. Ihr Zweck besteht darin, die Organwalter der abhängigen Gesellschaft zur **ordnungsgemäßen Erfüllung** ihrer **Berichts- und Prüfungspflichten** anzuhalten und damit zum Schutz der abhängigen Gesellschaft, ihrer Gläubiger und außenstehenden Aktionäre gegen die aus der Abhängigkeit resultierenden Gefahren beizutragen. Die Vorschrift steht deshalb im unmittelbaren Zusammenhang mit §§ 312, 314. Mittelbar geht es ihr aber um die Durchsetzung der aus § 311 folgenden Grenzen der Einflußnahme, sei es auch nur über die Verwirklichung des Rechts auf Sonderprüfung gem. § 315 und damit über die Geltendmachung der Ansprüche aus § 318.

2. Kritik. Die Vorschrift ist auf berechtigte Kritik gestoßen.[1] Die geltende Fassung des § 318 ist auf die Möglichkeit des *gestreckten Nachteilsausgleichs* nach § 311 Abs. 2 zurückzuführen. Der noch im RegE[2] vorgesehene *umfassende Haftungstatbestand* nach Art des § 310 Abs. 1 ließ sich mit § 311 Abs. 2 und dem Umstand, daß der Vorstand der abhängigen Gesellschaft den Nachteilsausgleich *nicht erzwingen* kann (§ 311 Rdnr. 49), nicht vereinbaren, so daß sich der Gesetzgeber zur Schaffung eines **an die Berichts- und Prüfungspflichten anknüpfenden** Haftungstatbestands veranlaßt sah. Eigenständige Bedeutung kommt der Vorschrift des § 318 freilich nur insoweit zu, als nach ihr Vorstand und Aufsichtsrat auch den *Aktionären* zum Schadensersatz verpflichtet sind (Rdnr. 3, 5), ferner insoweit, als sie in Abs. 4 die sinngemäße Geltung des § 309 Abs. 3–5 anordnet (Rdnr. 7). Im übrigen aber sind Aufstellung und Prüfung des Abhängigkeitsberichts Bestandteil der Geschäftsführungs- und Überwachungsaufgabe, so daß Pflichtverletzungen bereits von §§ 93, 116 erfaßt wären. Die Anknüpfung an die Berichts- und Prüfungspflichten könnte denn auch zu dem Fehlschluß verleiten, daß § 318 lex specialis zu §§ 93, 116 sei (Rdnr. 8). Zudem bereitet die Anknüpfung an die Verletzung der Prüfungs- und Berichtspflicht Probleme bei der Bestimmung des *Inhalts des Anspruchs* (Rdnr. 5). Mißglückt ist schließlich der in Abs. 3 vorgesehene Haftungsausschluß (Rdnr. 6).

II. Haftung der Mitglieder des Vorstands

1. Gläubiger und Schuldner. Gläubiger des Anspruchs aus § 318 Abs. 1 ist primär die abhängige **Gesellschaft**; ihr Anspruch kann gem. Abs. 4 iVm. § 309 Abs. 4 von jedem Aktionär und von den Gläubigern geltend gemacht werden (Rdnr. 7). Darüber hinaus hat jeder außenstehende **Aktionär** einen Anspruch auf Ersatz seines eigenen, nicht durch die Mitgliedschaft vermittelten Vermögensschadens (§ 317 Rdnr. 9; s. ferner Rdnr. 10).[3] Schuld-

---

[1] Eingehend *Kropff* in Geßler/Hefermehl Rdnr. 2 ff.
[2] Vgl. *Kropff* S. 420.
[3] Vgl. Begr. RegE bei *Kropff* S. 420; ferner *Kropff* in Geßler/Hefermehl Rdnr. 10; *Hüffer* Rdnr. 2.

ner der Ersatzverpflichtung sind nach Abs. 1 die **Mitglieder des Vorstands** der abhängigen Gesellschaft. Im Hinblick auf die **Gesamtverantwortung** des Vorstands für die Aufstellung des Abhängigkeitsberichts (§ 312 Rdnr. 11) unterliegen der Haftung aus Abs. 1 S. 1 *sämtliche Mitglieder,* die dem Vorstand in dem nach § 312 Abs. 1 S. 1 relevanten Zeitpunkt der Berichterstattung (§ 312 Rdnr. 11) angehören.

2. **Haftungstatbestand.** Die Haftung nach Abs. 1 S. 1 setzt in ihrem *objektiven* Tatbestand zunächst voraus, daß das herrschende Unternehmen den **Tatbestand des § 317 Abs. 1 S. 1** verwirklicht, herrschendes Unternehmen und gesetzliche Vertreter also gem. § 317 Abs. 1 und 3 gesamtschuldnerisch haften. Dies folgt aus dem Wortlaut des Abs. 1 S. 1, dem zufolge die Mitglieder des Vorstands „neben den nach § 317 Ersatzpflichtigen als Gesamtschuldner" haften. Voraussetzung ist also, daß ein nach § 311 an sich gebotener Nachteilsausgleich unterblieben ist.[4] Es genügt, daß ein Anspruch aus § 317 besteht; nicht erforderlich ist, daß er auch geltend gemacht wird. Des weiteren setzt Abs. 1 S. 1 eine **Verletzung der Berichtspflicht des § 312** durch den Vorstand voraus. Eine solche liegt gem. Abs. 1 S. 1 bei *Unvollständigkeit* des Berichts vor. Dies wiederum ist der Fall, wenn einzelne nachteilige Maßnahmen oder Rechtsgeschäfte entweder nicht aufgeführt oder nicht als nachteilig gekennzeichnet werden, ferner, wenn verschwiegen wird, daß ein nach § 311 gebotener Nachteilsausgleich nicht erfolgt ist. Der Unvollständigkeit sind die *Unrichtigkeit* und das gänzliche *Fehlen eines Abhängigkeitsberichts* gleichzustellen.[5] In subjektiver Hinsicht setzt die Haftung gem. ausdrücklicher Bestimmung in Abs. 1 S. 2 und im Unterschied zur Haftung nach § 317 Abs. 1 und 3 (s. § 317 Rdnr. 5) **Verschulden** voraus. Fahrlässigkeit genügt allerdings. Der Kläger hat den objektiven Tatbestand des Abs. 1 S. 1 darzulegen und zu beweisen; hinsichtlich des Erfordernisses des unterbliebenen Nachteilsausgleichs kommen ihm auch im Rahmen des § 318 die zu § 317 geltenden Beweiserleichterungen (§ 317 Rdnr. 14) zugute. Dem in Anspruch genommenen Mitglied des Vorstands obliegt gem. Abs. 1 S. 2 der **Nachweis,** daß die Verletzung der Berichtspflicht auch bei Aufbringung der nach Abs. 1 S. 2, § 93 Abs. 1 S. 1 gebotenen Sorgfalt nicht hätte erkannt werden können.

3. **Rechtsfolgen.** Liegen die Voraussetzungen des Abs. 1 vor (Rdnr. 4), so haften die Mitglieder des Vorstands neben den nach § 317 Abs. 1 und 3 Verantwortlichen, also neben dem herrschenden Unternehmen und seinen gesetzlichen Vertretern, als *Gesamtschuldner* auf **Schadensersatz.** Der **Inhalt** des Anspruchs bestimmt sich nach §§ 249 ff. BGB. Allerdings knüpft die Haftung nach § 318 Abs. 1 an die *Verletzung der Berichtspflicht* und nicht an den Vollzug der nachteiligen Einflußnahme an (s. Rdnr. 2). Zu ersetzen ist deshalb nach der Gesetz gewordenen Fassung des § 318 nur der durch die unrichtige oder unvollständige Berichterstattung entstehende Schaden. Die Bezugnahme auf § 317 in Abs. 1 S. 1 und die Anordnung *gesamtschuldnerischer* Haftung vermögen daran nichts zu ändern. Was den *durch die kompensationslos gebliebene Einflußnahme als solche* entstandenen Schaden betrifft, so kann allerdings auf § 93 zurückgegriffen werden (Rdnr. 8). Auf die daraus folgende Ersatzpflicht sind zudem die Sonderregeln des § 318 entsprechend anzuwenden (Rdnr. 9 f.). Im Ergebnis sind deshalb die nach § 317 Verantwortlichen und die Mitglieder des Vorstands der Gesellschaft als Gesamtschuldner (Rdnr. 10) verpflichtet, die nicht nach § 311 gerechtfertigte Maßnahme rückgängig zu machen. – *Gläubiger* des Anspruchs sind die Gesellschaft und – bei Vorliegen der Voraussetzungen des § 317 Abs. 1 S. 2 (Rdnr. 3) – die außenstehenden Aktionäre.

4. **Hauptversammlungsbeschluß.** Nach Abs. 3 tritt die Haftung gegenüber der Gesellschaft und den Aktionären nicht ein, wenn die „Handlung" auf einem gesetzmäßigen Beschluß der Hauptversammlung beruht. Die Vorschrift ist den §§ 93 Abs. 4 S. 1, 117 Abs. 2 S. 3 nachgebildet. Ihr kommt im Rahmen des § 318 freilich **keine Bedeutung** zu.[6] Da näm-

---

[4] *Kropff* in *Geßler/Hefermehl* Rdnr. 5; *Koppensteiner* in Kölner Kommentar Rdnr. 4.
[5] HM, s. *Kropff* in *Geßler/Hefermehl* Rdnr. 6; *Koppensteiner* in Kölner Kommentar Rdnr. 5; *Hüffer* Rdnr. 3; aA *Würdinger* in Großkomm. z. AktG³ Anm. 4.
[6] *Kropff* in *Geßler/Hefermehl* Rdnr. 9; *Koppensteiner* in Kölner Kommentar Rdnr. 7; *Hüffer* Rdnr. 7.

lich die Haftung nach Abs. 1 an die *Verletzung der Berichtspflicht* des § 312 anknüpft, diese Berichtspflicht aber auf Gesetz beruht und nicht zur Disposition der Hauptversammlung steht, ist ein gesetzmäßiger Beschluß, gerichtet auf die Befreiung von der Pflicht zur ordnungsgemäßen Berichterstattung, nicht möglich. Wird gleichwohl ein entsprechender Beschluß gefaßt, ist dieser gem. § 241 Nr. 3 nichtig.[7] Die nach allem gegenstandslose Vorschrift des Abs. 3 war bereits Bestandteil des RegE und ist nach der Abänderung des § 318 Abs. 1 (s. Rdnr. 2) versehentlich nicht gestrichen worden. Aber auch auf der Grundlage der alten Fassung des § 318 wäre die Vorschrift schon deshalb verfehlt, weil eine „Veranlassung" iSd. § 311 Abs. 1 auch durch Beschluß der Hauptversammlung erfolgen kann (§ 311 Rdnr. 18 f.) und der Vorstand verpflichtet wäre, den Eintritt der Bestandskraft des Beschlusses zu verhindern (s. Rdnr. 10).[8]

7 **5. Entsprechende Geltung des § 309 Abs. 3–5.** Wie § 317 Abs. 4 nimmt auch § 318 Abs. 4 hinsichtlich der Möglichkeit eines Verzichts oder Vergleichs, der Verjährung und der Geltendmachung des Schadensersatzanspruchs durch Aktionäre und Gläubiger auf § 309 Abs. 3 bis 5 Bezug. Auf die Ausführungen in § 317 Rdnr. 19 bis 22 wird verwiesen.

8 **6. Verhältnis zu § 93. a) Geltung des § 93 neben § 318.** Die Vorschrift des § 318 Abs. 1 regelt allein die Verantwortlichkeit des Vorstands für die Verletzung der *Berichtspflicht* des § 312, nicht aber die Verantwortlichkeit für die *sonstigen Pflichten,* die sich für den Vorstand der Gesellschaft infolge und trotz des Abhängigkeitsverhältnisses ergeben (s. § 311 Rdnr. 50 f.). Schon mit Rücksicht auf die Pflicht des Vorstands zur eigenverantwortlichen Leitung der Gesellschaft (§ 311 Rdnr. 3; vor § 311 Rdnr. 6 f.) ist der ganz hM darin zuzustimmen, daß § 318 den allgemeinen Haftungstatbestand des § 93 nicht verdrängt.[9] § 318 ist deshalb zwar insoweit lex specialis zu § 93, als es um die Verletzung der Berichtspflicht geht; für die Verletzung sonstiger Pflichten haftet der Vorstand dagegen nach § 93.

9 **b) Überlagerung des § 93 durch § 318.** Soweit die Mitglieder des Vorstands für die Verletzung der sich *aus der Abhängigkeit der Gesellschaft ergebenden Pflichten* nach § 93 haften (Rdnr. 8), sind die **in § 318 enthaltenen Sonderregeln entsprechend anzuwenden.**[10] Dafür spricht, daß die allgemeine Vorschrift des § 93 auf die Verwaltung einer unabhängigen Gesellschaft zugeschnitten ist, die spezifischen Gefahren der Abhängigkeit iSv. § 17 also nicht berücksichtigt. Es kommt hinzu, daß damit der ursprünglichen Absicht des Gesetzgebers, die Vorschrift des § 318 im Sinne eines umfassenden Haftungstatbestands zu konzipieren (Rdnr. 2), zumindest partiell Geltung verschafft werden kann. Dem läßt sich auch nicht entgegenhalten, der Gesetzgeber habe von seinem ursprünglichen Vorhaben bewußt Abstand genommen. Denn mit der Anknüpfung an die Verletzung der Berichtspflicht wollte der Gesetzgeber allein dem Umstand Rechnung tragen, daß der Vorstand nicht weisungsgebunden ist; nicht aber sollten die abhängigkeitsspezifischen Besonderheiten negiert werden (s. auch Rdnr. 5). Daraus folgt allerdings zugleich, daß § 93 nur insoweit durch § 318 modifiziert wird, als der Vorstand die **sich aus dem Abhängigkeitsverhältnis ergebenden Pflichten** verletzt (dazu § 311 Rdnr. 50 f.).[11]

10 Aus dem in Rdnr. 9 Gesagten folgt zunächst, daß die Mitglieder des Vorstands und die nach § 317 Abs. 1, 3 Ersatzpflichtigen als **Gesamtschuldner** haften (s. auch Rdnr. 5). Die Mitglieder des Vorstands haben des weiteren bei Verletzung einer abhängigkeitsspezifischen Sorgfaltspflicht einen etwaigen **Eigenschaden der Aktionäre** auszugleichen (s. Rdnr. 3). *Verzicht* und *Vergleich* setzen einen **Sonderbeschluß** der außenstehenden Aktionäre gem. Abs. 4 iVm. § 309 Abs. 3 voraus (§ 317 Rdnr. 21). Der Anspruch der Gesellschaft kann

---

[7] *Koppensteiner* in Kölner Kommentar Rdnr. 8.
[8] *Koppensteiner* in Kölner Kommentar Rdnr. 7.
[9] *Kropff* in *Geßler/Hefermehl* Rdnr. 12; *Koppensteiner* in Kölner Kommentar Rdnr. 10; *Hüffer* Rdnr. 9; *Krieger* in MünchHdb. AG § 69 Rdnr. 98; *Geßler,* Festschrift für Westermann, S. 145, 158 ff.; *Pickardt* S. 91 ff., 108 ff.; aA *Luchterhandt* ZHR 133 (1970), 1, 42 ff.

[10] HM, s. *Kropff* in *Geßler/Hefermehl* Rdnr. 14 ff.; *Koppensteiner* in Kölner Kommentar Rdnr. 11; *Hüffer* Rdnr. 10; *Krieger* in MünchHdb. AG § 69 Rdnr. 98; aA *Baumbach/Hueck* Rdnr. 7.
[11] Zutr. *Kropff* in *Geßler/Hefermehl* Rdnr. 14.

Verantwortlichkeit der Verwaltungsmitglieder der Gesellschaft **11, 12 § 318**

von jedem Aktionär und von den Gläubigern nach Maßgabe des Abs. 4 iVm. **§ 309 Abs. 4** geltend gemacht werden (§ 317 Rdnr. 19, 21). Was dagegen den Haftungsausschluß des § 93 Abs. 4 S. 1 betrifft, so kommt er im Hinblick auf die entsprechende Vorschrift des § 318 Abs. 3 (Rdnr. 6) zwar auch in Abhängigkeitsverhältnissen zur Anwendung; insoweit wird also § 93 nicht durch § 318 modifiziert.[12] Ein **Beschluß,** der den Vorstand der abhängigen Gesellschaft von seinen Pflichten nach § 311 befreit, ist aber zumindest anfechtbar. Wird er infolge des Ablaufs der Anfechtungsfrist „gesetzmäßig" iSv. §§ 93 Abs. 4 S. 1, 318 Abs. 3, so haften die Mitglieder des Vorstands aufgrund der Nichtausübung ihres Anfechtungsrechts nach § 245 Nr. 5 und können sich deshalb gem. § 93 nicht auf den Hauptversammlungsbeschluß berufen.[13] Hinsichtlich des herrschenden Unternehmens bleibt es dabei, daß eine „Veranlassung" auch durch Hauptversammlungsbeschluß erfolgen kann (§ 311 Rdnr. 18 f.).

III. Haftung der Mitglieder des Aufsichtsrats

1. Haftungstatbestand. Nach Abs. 2 haften die Mitglieder des Aufsichtsrats neben den nach Abs. 1 und § 317 Verantwortlichen als Gesamtschuldner, wenn sie die **Prüfungs- und Berichtspflichten des § 314** verletzt haben. Eine Pflichtverletzung liegt insbesondere darin, daß der Aufsichtsrat den Abhängigkeitsbericht nicht mit der gebotenen Sorgfalt auf unausgeglichen gebliebene Nachteile überprüft (§ 314 Rdnr. 6 f.) oder der Bericht an die Hauptversammlung unvollständig oder unrichtig ist (§ 314 Rdnr. 8 f.). Die Berichtspflicht ist deshalb auch dann verletzt, wenn der Aufsichtsrat nicht mitteilt, daß der Vorstand zu Unrecht keinen Abhängigkeitsbericht aufgestellt hat.[14] Der Haftungstatbestand entspricht im übrigen demjenigen des Abs. 1, setzt also neben einer Verletzung der Prüfungs- und Berichtspflicht die Verwirklichung des *Tatbestands des § 317 Abs. 1 S. 1* und *Verschulden* des Aufsichtsratsmitglieds voraus (Rdnr. 4); letzteres wird allerdings gem. S. 2 auch im Rahmen des Abs. 2 vermutet. 11

2. Sonstiges. Die Haftung der Aufsichtsratsmitglieder beurteilt sich im übrigen nach den in Rdnr. 3, 5 ff. getroffenen Feststellungen. Auch § 318 Abs. 2 verdrängt nicht den allgemeinen Haftungstatbestand des § 116 (Rdnr. 8). Soweit der Aufsichtsrat *abhängigkeitsspezifische Pflichten* verletzt, kommt es zur Modifizierung der §§ 116, 93 durch § 318 (Rdnr. 9 f.). 12

Dritter Teil. Eingegliederte Gesellschaften

Schrifttum (Auswahl): *Bernhardt,* Die Abfindung von Aktionären nach neuem Recht, BB 1966, 257; *Bokelmann,* Eintragung eines Beschlusses: Prüfungskompetenz des Registerrichters bei Nichtanfechtung, rechtsmißbräuchlicher Anfechtungsklage und bei Verschmelzung, DB 1994, 1341; *Bork,* Beschlußverfahren und Beschlußkontrolle nach dem Referentenentwurf eines Gesetzes zur Bereinigung des Umwandlungsrechts, ZGR 1993, 343; *ders.,* Das Unbedenklichkeitsverfahren nach § 16 Abs. 3 UmwG, in Lutter (Hrsg.), Verschmelzung – Spaltung – Formwechsel, Kölner Umwandlungsrechtstage, 1995, S. 261; *Boujong,* Rechtsmißbräuchliche Aktionärsklagen vor dem Bundesgerichtshof, Festschrift für Kellermann, 1991, S. 1; *Bülow,* Einrede der Aufrechenbarkeit für Personengesellschafter, Bürgen und Hauptgesellschaft im Eingliederungskonzern, ZGR 1988, 192; *Decher,* Die Überwindung der Registersperre nach § 16 Abs. 3 UmwG, AG 1997, 388; *Ebenroth,* Die Erweiterung des Auskunftsgegenstands im Recht der verbundenen Unternehmen, AG 1970, 104; *Emmerich/Sonnenschein,* Konzernrecht, 6. Aufl. 1997, § 7; *Frisinger,* Wahlrechte bei der Abfindung nach §§ 320 Abs. 5 AktG, 15 Abs. 1 UmwG und Beendigung des Schwebezustands, BB 1972, 819; *Geßler,* Die Haftung der Hauptgesellschaft bei der Eingliederung, ZGR 1978, 251; *Hirte,* Die Behandlung unbegründeter oder mißbräuchlicher Gesellschafterklagen im Referentenentwurf eines Umwandlungsgesetzes, DB 1993, 77; *Hoffmann-Becking,* Das neue Verschmelzungsrecht in der Praxis, Festschrift für Fleck, 1988, S. 105; *Hommelhoff,* Die Konzernleitungspflicht, 1982; *ders.,* Zur Kontrolle strukturändernder Gesellschafterbeschlüsse, ZGR 1990, 447; *ders.,* Minderheitenschutz bei Umstrukturierungen, ZGR 1993, 452; *Kamprad/Römer,* Die Abfindung der außenstehenden Aktionäre bei der Eingliederung durch Mehrheitsbeschluß nach § 320 AktG, AG

---

[12] So auch *Kropff* in *Geßler/Hefermehl* Rdnr. 21; *Koppensteiner* in Kölner Kommentar Rdnr. 11.
[13] Vgl. die Nachw. in Fn. 12.
[14] *Kropff* in *Geßler/Hefermehl* Rdnr. 7; *Koppensteiner* in Kölner Kommentar Rdnr. 5; *Hüffer* Rdnr. 6.

1990, 486; *Kley/Lehmann,* Probleme der Eingliederungshaftung, DB 1972, 1421; *Lutter,* Aktienerwerb von Rechts wegen: Aber welche Aktien?, Festschrift für Mestmäcker, 1996, S. 943; *Martens,* Die rechtliche Behandlung von Options- und Wandlungsrechten anläßlich der Eingliederung der verpflichteten Gesellschaft, AG 1992, 209; *Prael,* Eingliederung und Beherrschungsvertrag als körperschaftliche Rechtsgeschäfte, 1978; *E. Rehbinder,* Gesellschaftsrechtliche Probleme mehrstufiger Unternehmensverbindungen, ZGR 1977, 581; *Riegger/Schockenhoff,* Das Unbedenklichkeitsverfahren zur Eintragung der Umwandlung ins Handelsregister, ZIP 1997, 2105; *Rodloff,* Ungeschriebene sachliche Voraussetzungen der aktienrechtlichen Mehrheitseingliederung, Diss. Berlin 1991; *Chr. Schmid,* Das umwandlungsrechtliche Unbedenklichkeitsverfahren und die Reversibilität registrierter Verschmelzungsbeschlüsse, ZGR 1997, 493; *Sonnenschein,* Die Eingliederung im mehrstufigen Konzern, BB 1975, 1088; *Timm/Schick,* Zwingende „Verschmelzungssperre" nach § 345 Abs. 2 Satz 1 AktG bei anhängigen Anfechtungsverfahren?, DB 1990, 1221; *dies.,* Die Auswirkungen der routinemäßigen Geltendmachung der Abfindung durch die Depotbanken auf die Rechte der außenstehenden Aktionäre bei der Mehrheitseingliederung, WM 1994, 185; *Timm/Schöne,* Abfindung in Aktien: Das Gebot der Gattungsgleichheit, Festschrift für Kropff, 1997, S. 315; *Veit,* Unternehmensverträge und Eingliederung als aktienrechtliche Instrumente der Unternehmensverbindung, 1974.

§ 319 Eingliederung

(1) Die Hauptversammlung einer Aktiengesellschaft kann die Eingliederung der Gesellschaft in eine andere Aktiengesellschaft mit Sitz im Inland (Hauptgesellschaft) beschließen, wenn sich alle Aktien der Gesellschaft in der Hand der zukünftigen Hauptgesellschaft befinden. Auf den Beschluß sind die Bestimmungen des Gesetzes und der Satzung über Satzungsänderungen nicht anzuwenden.

(2) Der Beschluß über die Eingliederung wird nur wirksam, wenn die Hauptversammlung der zukünftigen Hauptgesellschaft zustimmt. Der Beschluß über die Zustimmung bedarf einer Mehrheit, die mindestens drei Viertel des bei der Beschlußfassung vertretenen Grundkapitals umfaßt. Die Satzung kann eine größere Kapitalmehrheit und weitere Erfordernisse bestimmen. Absatz 1 Satz 2 ist anzuwenden.

(3) Von der Einberufung der Hauptversammlung der zukünftigen Hauptgesellschaft an, die über die Zustimmung zur Eingliederung beschließen soll, sind in dem Geschäftsraum dieser Gesellschaft zur Einsicht der Aktionäre auszulegen
1. der Entwurf des Eingliederungsbeschlusses;
2. die Jahresabschlüsse und die Lageberichte der beteiligten Gesellschaften für die letzten drei Geschäftsjahre;
3. ein ausführlicher schriftlicher Bericht des Vorstands der zukünftigen Hauptgesellschaft, in dem die Eingliederung rechtlich und wirtschaftlich erläutert und begründet wird (Eingliederungsbericht).

Auf Verlangen ist jedem Aktionär der zukünftigen Hauptgesellschaft unverzüglich und kostenlos eine Abschrift der in Satz 1 bezeichneten Unterlagen zu erteilen. In der Hauptversammlung sind diese Unterlagen auszulegen. Jedem Aktionär ist in der Hauptversammlung auf Verlangen Auskunft auch über alle im Zusammenhang mit der Eingliederung wesentlichen Angelegenheiten der einzugliedernden Gesellschaft zu geben.

(4) Der Vorstand der einzugliedernden Gesellschaft hat die Eingliederung und die Firma der Hauptgesellschaft zur Eintragung in das Handelsregister anzumelden. Der Anmeldung sind die Niederschriften der Hauptversammlungsbeschlüsse und ihre Anlagen in Ausfertigung oder öffentlich beglaubigter Abschrift beizufügen.

(5) Bei der Anmeldung nach Absatz 4 hat der Vorstand zu erklären, daß eine Klage gegen die Wirksamkeit eines Hauptversammlungsbeschlusses nicht oder nicht fristgemäß erhoben oder eine solche Klage rechtskräftig abgewiesen oder zurückgenommen worden ist; hierüber hat der Vorstand dem Registergericht auch nach der Anmeldung Mitteilung zu machen. Liegt die Erklärung nicht vor, so darf die Eingliederung nicht eingetragen werden, es sei denn, daß die klageberechtigten Aktionäre durch notariell

beurkundete Verzichtserklärung auf die Klage gegen die Wirksamkeit des Hauptversammlungsbeschlusses verzichten.

(6) Der Erklärung nach Absatz 5 Satz 1 steht es gleich, wenn nach Erhebung einer Klage gegen die Wirksamkeit eines Hauptversammlungsbeschlusses das für diese Klage zuständige Landgericht auf Antrag der Gesellschaft, gegen deren Hauptversammlungsbeschluß sich die Klage richtet, durch rechtskräftigen Beschluß festgestellt hat, daß die Erhebung der Klage der Eintragung nicht entgegensteht. Der Beschluß nach Satz 1 darf nur ergehen, wenn die Klage gegen die Wirksamkeit des Hauptversammlungsbeschlusses unzulässig oder offensichtlich unbegründet ist oder wenn das alsbaldige Wirksamwerden der Eingliederung nach freier Überzeugung des Gerichts unter Berücksichtigung der Schwere der mit der Klage geltend gemachten Rechtsverletzungen zur Abwendung der vom Antragsteller dargelegten wesentlichen Nachteile für die Gesellschaft und ihre Aktionäre vorrangig erscheint. Der Beschluß kann in dringenden Fällen ohne mündliche Verhandlung ergehen. Die vorgebrachten Tatsachen, aufgrund derer der Beschluß nach Satz 2 ergehen kann, sind glaubhaft zu machen. Gegen den Beschluß findet die sofortige Beschwerde statt. Erweist sich die Klage als begründet, so ist die Gesellschaft, die den Beschluß erwirkt hat, verpflichtet, dem Antragsgegner den Schaden zu ersetzen, der ihm aus einer auf dem Beschluß beruhenden Eintragung der Eingliederung entstanden ist.

(7) Mit der Eintragung der Eingliederung in das Handelsregister des Sitzes der Gesellschaft wird die Gesellschaft in die Hauptgesellschaft eingegliedert.

Übersicht

	Rdnr.
I. Einführung	1–4
1. Die §§ 319 ff. im Überblick	1–3
a) Gesetzesgeschichte	1
b) Inhalt der §§ 319 ff.	2
c) Status der eingegliederten Gesellschaft; Verhältnis zu §§ 293 ff., 311 ff.	3
2. Inhalt des § 319	4
II. Allgemeine Voraussetzungen der Eingliederung	5–7
1. Rechtsform der beteiligten Gesellschaften	5
2. Sitz der beteiligten Gesellschaften	6
3. Eigentum an allen Aktien	7
III. Eingliederungsbeschluß (Abs. 1)	8, 9
1. Allgemeines	8
2. Beschlußverfahren und -inhalt	9
IV. Zustimmungsbeschluß (Abs. 2)	10–12
1. Normzweck	10
2. Beschlußerfordernisse, Beschlußverfahren und -inhalt	11
3. Mehrstufige Unternehmensverbindung	12
V. Information der Aktionäre (Abs. 3)	13–17
1. Überblick	13
2. Eingliederungsbericht	14, 15
3. Auskunftsrecht	16, 17
VI. Anmeldung zur Eintragung, Registerverfahren und Eintragung (Abs. 4–7)	18–33
1. Überblick	18
2. Anmeldung (Abs. 4)	19
3. Negativerklärung (Abs. 5)	20–25
a) Funktion	20
b) Inhalt (S.1)	21, 22
c) „Registersperre" (S.2)	23–25
4. Unbedenklichkeitsverfahren (Abs. 6)	26–32
a) Allgemeines	26
b) Unbedenklichkeit	27–29
c) Zuständigkeit und Verfahren	30
d) Rechtsfolgen	31, 32
aa) Ersetzung der Negativerklärung	31
bb) Schadensersatz	32
5. Eintragung (Abs. 7)	33

I. Einführung

1. Die §§ 319 ff. im Überblick. a) Gesetzesgeschichte. Die durch das AktG 1965 neu 1 geschaffenen §§ 319–327 regeln die sog. Eingliederung einer AG in eine andere AG. Sie sind durch **Art. 6 Nr. 10 bis 12 des Gesetzes zur Bereinigung des Umwandlungsrechts**

§ 319 2–4   Drittes Buch. Dritter Teil. Eingegliederte Gesellschaften

v. 28.10. 1994[1] nicht unwesentlich geändert worden. Hervorzuheben sind die Neuregelung der *„Registersperre"* durch § 319 Abs. 5, die Einführung des Unbedenklichkeitsverfahrens des § 319 Abs. 6 zum Zwecke der Überwindung der „Registersperre", ferner die Einführung eines *Eingliederungsberichts* gem. § 319 Abs. 3 Nr. 3 sowie für die Mehrheitseingliederung die Einführung einer *Eingliederungsprüfung* gem. § 320 Abs. 3, schließlich die Entschlackung des § 320 aF betreffend die Mehrheitseingliederung durch Schaffung der – in der Sache freilich nicht neuen – §§ 320 a, b. Durch **Art. 2 Bilanzrichtlinien-Gesetz** v. 19.12. 1985[2] wurde bereits die Vorschrift des § 325 betreffend die Befreiung der eingegliederten Gesellschaft von der Pflicht zur Offenlegung des Jahresabschlusses aufgehoben.

2   **b) Inhalt der §§ 319 ff.** Die §§ 319 bis 320 b regeln zunächst die *Voraussetzungen* der Eingliederung und das Eingliederungsverfahren. Dabei unterscheiden sie zwischen der Eingliederung einer hundertprozentigen Tochter (§ 319) und der Eingliederung durch Mehrheitsbeschluß (§§ 320–320 b). Im zuletzt genannten Fall hat die Eingliederung das Ausscheiden der *Minderheitsaktionäre* und den Übergang der Aktien auf die Hauptgesellschaft zur Folge; die ausgeschiedenen Aktionäre haben Anspruch auf Abfindung gem. § 320 b. Mit der Eingliederung erlangt die Hauptgesellschaft gem. § 323 Abs. 1 das Recht zur Erteilung von *Weisungen;* zudem heben §§ 323 Abs. 2, 324 die Grundsätze der Kapitalaufbringung und -erhaltung partiell auf. Der mit §§ 323, 324 verbundenen Gefährdung der Interessen der *Gläubiger* der eingegliederten Gesellschaft tragen die Vorschriften der §§ 321 f. dadurch Rechnung, daß sie den Altgläubigern Anspruch auf Sicherheitsleistung gewähren und die Haftung der Hauptgesellschaft für sämtliche Verbindlichkeiten der eingegliederten Gesellschaft anordnen. Hinzu kommt nach § 324 Abs. 3 die Verpflichtung der Hauptgesellschaft zum Verlustausgleich. § 326 erstreckt das Auskunftsrecht des Aktionärs der Hauptgesellschaft auf die Angelegenheiten der eingegliederten Gesellschaft. Die Beendigung der Eingliederung und deren Folgen sind schließlich in § 327 geregelt.

3   **c) Status der eingegliederten Gesellschaft; Verhältnis zu §§ 293 ff., 311 ff.** Die eingegliederte Gesellschaft verliert durch die Eingliederung nicht ihre **Rechtspersönlichkeit;** sie besteht vielmehr als juristische Person fort.[3] Gem. § 323 erlangt die Hauptgesellschaft allerdings ein **umfassendes Weisungsrecht,** das über das mit einem Beherrschungsvertrag verbundene Weisungsrecht deutlich hinausgeht und der eingegliederten Gesellschaft den Charakter einer „rechtlich selbständigen Betriebsabteilung" verleiht.[4] Das Konzernverhältnis, das gem. § 18 Abs. 1 S. 2 durch die Eingliederung begründet wird, kommt deshalb in seinen Wirkungen einer Verschmelzung iSd. §§ 2 ff. UmwG durchaus nahe.[5] Infolge des Fortbestands der eingegliederten Gesellschaft als juristische Person kommt es zwar nicht zu einer Gesamtrechtsnachfolge. Der mit dem umfassenden Weisungsrecht und der Lockerung der Grundsätze über die Kapitalaufbringung und -erhaltung verbundenen Gefährdung der Gläubiger tragen jedoch die Vorschriften der §§ 321, 322, 324 Abs. 3 Rechnung (Rdnr. 2). Vor diesem Hintergrund ist es nur konsequent, daß nach §§ 323 Abs. 1 S. 3, 324 Abs. 2 im Verhältnis zwischen der Hauptgesellschaft und der eingegliederten Gesellschaft die Vorschriften der §§ 311 ff. und – bei Bestehen eines Gewinnabführungsvertrags oder eines Vertrags iSd. § 292 Abs. 1 Nr. 1, 2 – die §§ 293–296, 298–303 keine Anwendung finden. Bei einer **mehrstufigen Unternehmensverbindung** beurteilt sich die Anwendbarkeit der §§ 293 ff., 311 ff. nach den Ausführungen in § 311 Rdnr. 7 ff.

4   **2. Inhalt des § 319.** Die Vorschrift des § 319 regelt die Voraussetzungen und das Verfahren der Eingliederung einer Aktiengesellschaft, deren Aktien sich zu *hundert Prozent* in der

---

[1] BGBl. I, S. 3210, 3262 f.; s. dazu auch Begr. RegE, BT-Drucks. 12/6699, S. 179 f.
[2] BGBl. I, S. 2355; s. dazu auch Begr. RegE, BT-Drucks. 10/4268, S. 120 f.
[3] Zu den damit möglicherweise verbundenen Vorteilen gegenüber einer Verschmelzung (Erhaltung des Firmennamens und von Vorstand und Aufsichtsrat; geringere verkehrsteuerliche Belastung) s. *Krieger* in MünchHdb. AG § 73 Rdnr. 1.
[4] Begr. RegE bei *Kropff* S. 429, 431.
[5] Begr. RegE bei *Kropff* S. 421; *Koppensteiner* in Kölner Kommentar Vorb. Rdnr. 3; *Semler/Grunewald* in *Geßler/Hefermehl* Vorb. Rdnr. 2.

Hand einer anderen Aktiengesellschaft, der sog. (zukünftigen) Hauptgesellschaft, befinden. Abs. 1 statuiert zunächst die Voraussetzungen auf seiten der *einzugliedernden Gesellschaft*. Abs. 2 bestimmt, daß die Hauptversammlung der *Hauptgesellschaft* der Eingliederung zustimmen muß. Für die notwendige *Information* der Aktionäre der Hauptgesellschaft sorgt Abs. 3. Das Registerverfahren ist in Abs. 4 bis 7 geregelt. Abs. 4 bestimmt zunächst, daß die Eingliederung und die Firma der Hauptgesellschaft vom Vorstand der abhängigen Gesellschaft zur Eintragung in das *Handelsregister* anzumelden sind. Voraussetzung für die Eintragung ist nach Abs. 5 die Abgabe einer sog. Negativerklärung durch den Vorstand der einzugliedernden Gesellschaft; deren Fehlen begründet grundsätzlich eine „Registersperre". Nach Abs. 6 kann die Negativerklärung ausnahmsweise durch Beschluß des Prozeßgerichts ersetzt werden. Abs. 7 ordnet schließlich die konstitutive Wirkung der Eintragung an. – Gem. ausdrücklicher Klarstellung in § 320 Abs. 1 S. 3 finden die Vorschriften des § 319 Abs. 1 S. 2, Abs. 2 bis 7 auch auf die in §§ 320–320b geregelte Eingliederung durch *Mehrheitsbeschluß* Anwendung.

II. Allgemeine Voraussetzungen der Eingliederung

1. Rechtsform der beteiligten Gesellschaften. Eine Eingliederung setzt nach Abs. 1 S. 1 zunächst voraus, daß die *einzugliedernde Gesellschaft* die **Rechtsform einer AG** hat. Die Eingliederung einer KGaA ist demnach nicht möglich; sie wäre unvereinbar mit § 278 Abs. 2 und der persönlichen Haftung des Komplementärs.[6] Auch die *künftige Hauptgesellschaft* muß nach Abs. 1 S. 1 die Rechtsform einer AG haben. Dies erklärt sich aus der in § 322 angeordneten Haftung der Hauptgesellschaft für die Verbindlichkeiten der einzugliedernden Gesellschaft; die Gläubiger sollen auch insoweit in den Genuß der strengen aktienrechtlichen Grundsätze über die Kapitalaufbringung und -erhaltung kommen.[7] Nach bislang wohl einhM soll die **Eingliederung in eine KGaA** ausgeschlossen sein.[8] Dagegen bestehen allerdings Bedenken. Zwar mag es sein, daß die persönliche Haftung des Komplementärs „teilweise die Funktion des Grundkapitals als Kreditunterlage" übernimmt. Entscheidend ist jedoch allein, daß auch die KGaA, was die Aufbringung und Erhaltung des satzungsmäßigen Garantiekapitals betrifft, gem. § 278 Abs. 3 denselben Bindungen unterliegt wie eine AG. Auf die Höhe des Grundkapitals kann es dabei nicht ankommen; die Eingliederung in eine AG ist denn auch in dem Fall zulässig, daß das Grundkapital der Gesellschaft nicht über das gesetzliche Mindestkapital hinausgeht. Es sprechen deshalb gute Gründe für eine erweiternde Auslegung des Abs. 1 S. 1 und damit für die Zulässigkeit der Eingliederung in eine KGaA, und zwar unabhängig davon, ob die Gesellschaft über eine natürliche Person als Komplementär verfügt.[9] Der Zustimmungsbeschluß der KGaA (Rdnr. 10 ff.) bedarf gem. § 285 Abs. 2 S. 1 der Zustimmung der Komplementäre.

2. Sitz der beteiligten Gesellschaften. Die einzugliedernde Gesellschaft und die künftige Hauptgesellschaft müssen ihren Sitz im Inland haben. Für die einzugliedernde Gesellschaft versteht sich dies von selbst; die Eingliederung einer Gesellschaft mit Sitz im Ausland unterläge nicht dem deutschen Recht.[10] Für die künftige Hauptgesellschaft ist dies in Abs. 1 S. 1 ausdrücklich bestimmt. Soweit der Gesetzgeber damit dem Umstand Rechnung tragen wollte, daß die ausländischen Vorschriften zum Schutz der Gläubiger ggf. hinter dem Standard des AktG zurückbleiben, kommt dem zwar für die Mitgliedstaaten der EU angesichts der fortgeschrittenen Rechtsangleichung keine entscheidende Bedeutung mehr zu. Gleichwohl hat es bei der ausdrücklichen Bestimmung des Abs. 1 S. 1 zu bewenden. Weder das Diskrimi-

---

[6] *Koppensteiner* in Kölner Kommentar Vorb. Rdnr. 6; *Würdinger* in Großkomm. z. AktG³ Anm. 2.
[7] Begr. RegE bei *Kropff* S. 422; *Würdinger* in Großkomm. z. AktG³ Anm. 1.
[8] *Koppensteiner* in Kölner Kommentar Vorb. Rdnr. 5; *Hüffer* Rdnr. 4; *Emmerich/Sonnenschein* § 7 II 1; *Veit* S. 54 f.; *Ebenroth* AG 1970, 104, 108.
[9] Zur Zulässigkeit der KGaA mit einer GmbH als einzigem Komplementär s. BGH NJW 1997, 1923.
[10] Zutr. *Hüffer* Rdnr. 4.

7 **3. Eigentum an allen Aktien.** Eine Eingliederung nach § 319 setzt des weiteren voraus, daß sich alle Aktien der einzugliedernden Gesellschaft „in der Hand der zukünftigen Hauptgesellschaft befinden." Die künftige Hauptgesellschaft muß somit Inhaber aller Mitgliedschaften und damit Eigentümer sämtlicher Aktien sein. Die Zurechnungsnorm des **§ 16 Abs. 4 findet keine Anwendung.**[11] Eine Eingliederung nach § 319 ist somit auch dann ausgeschlossen, wenn es sich bei dem außenstehenden Aktionär um eine sonstige Tochtergesellschaft der künftigen Hauptgesellschaft handelt. Sie ist ferner dann ausgeschlossen, wenn die einzugliedernde Gesellschaft **eigene Aktien** hält.[12] Die *Verpflichtung* der künftigen Hauptgesellschaft zur Übertragung von Aktien der einzugliedernden Gesellschaft steht allerdings der Vornahme einer Eingliederung gem. § 319 nicht entgegen.[13] Auch treuhänderisch gebundenes Eigentum, insbesondere **Sicherungseigentum,** und bereits verkauftes Eigentum genügen also. Die künftige Hauptgesellschaft läuft in einem solchen Fall zwar Gefahr, daß sie entweder ihre schuldrechtlichen Bindungen verletzt oder die Eingliederung gem. **§ 327 Abs. 1 Nr. 3** mit Übertragung auch nur einer Aktie endet. Schon aus Gründen der Rechtssicherheit hat es jedoch bei der Maßgeblichkeit der formalen Eigentümerstellung zu bewenden, zumal die künftige Hauptgesellschaft, wenn sie trotz ihrer Verpflichtung zur Anteilsübertragung eingliedert, nicht schutzwürdig ist.[14] Ist die Hauptgesellschaft nicht Alleineigentümer, so ist ein gleichwohl gefaßter Eingliederungsbeschluß (Rdnr. 8 f.) anfechtbar gem. § 243 Abs. 1 (s. noch § 320 Rdnr. 6);[15] zu einem Erwerb gem. § 320 a kommt es in diesem Fall allerdings auch nicht mit Ablauf der Anfechtungsfrist. Nach den Grundsätzen über die **fehlerhafte Gesellschaft** kommt eine Rückabwicklung der auf **anfechtbarem Eingliederungsbeschluß** (§ 320b Rdnr. 15 ff.) beruhenden, aber eingetragenen[16] und durchgeführten Eingliederung nicht in Betracht.[17] Dies gilt auch bei Amtslöschung gem. §§ 242 Abs. 2 S. 3, 241 Nr. 6, mag sie vor oder nach Ablauf der Frist des § 242 Abs. 2 S. 1 erfolgt sein.[18] – Zur Eingliederung durch Mehrheitsbeschluß s. §§ 320 ff.

III. Eingliederungsbeschluß (Abs. 1)

8 **1. Allgemeines.** Nach Abs. 1 S. 1 erfolgt die Eingliederung auf der Grundlage eines Beschlusses der Hauptversammlung der einzugliedernden Gesellschaft. Der Abschluß eines *Eingliederungsvertrags* ist nicht erforderlich.[19] Wird gleichwohl ein solcher Vertrag geschlossen, so erschöpft er sich in der Begründung eines schuldrechtlichen Rechtsverhältnisses; strukturändernde Elemente und der Charakter eines Organisationsvertrags fehlen ihm gänzlich.

---

[11] EinhM, s. bereits Begr. RegE bei *Kropff* S. 422 f.; ferner *Koppensteiner* in Kölner Kommentar Vorb. Rdnr. 9; *Semler/Grunewald* in *Geßler/Hefermehl* Rdnr. 2; *Emmerich/Sonnenschein* § 7 II 1.

[12] *Koppensteiner* in Kölner Kommentar Vorb. Rdnr. 11; *Semler/Grunewald* in *Geßler/Hefermehl* Rdnr. 2; *Emmerich/Sonnenschein* § 7 II 1; *Hüffer* Rdnr. 4; *Krieger* in MünchHdb. AG § 73 Rdnr. 7; s. demgegenüber zur Mehrheitseingliederung § 320 Rdnr. 6.

[13] *Semler/Grunewald* in Geßler/Hefermhl Rdnr. 3; *Krieger* in MünchHdb. AG § 73 Rdnr. 7; *Emmerich/Sonnenschein* § 7 II 1; aA *Koppensteiner* in Kölner Kommentar Vorb. Rdnr. 10; zumindest tendenziell auch *Hüffer* Rdnr. 4.

[14] AA *Koppensteiner* in Kölner Kommentar Vorb. Rdnr. 10.

[15] AA – für Nichtigkeit gem. § 241 Nr. 3 – *Semler/Grunewald* in *Geßler/Hefermehl* Rdnr. 4; *Hüffer* Rdnr. 4.

[16] Vgl. zu diesem Erfordernis BGH ZIP 1996, 225, 226 f. = DStR 1996, 1056 mit Anm. *Goette* (betr. die Verschmelzung).

[17] *Semler/Grunewald* in *Geßler/Hefermehl* Rdnr. 4; aA *Köhler* ZGR 1985, 307, 321. Näher zur Lehre von der fehlerhaften Gesellschaft und zu ihrer Anwendbarkeit auf Organisationsakte *K. Schmidt*, Gesellschaftsrecht, 3. Aufl. 1997, § 6; *ders.* in Großkomm. z. AktG[4] § 248 Rdnr. 7; zum fehlerhaften Unternehmensvertrag s. BGHZ 103, 1 = NJW 1988, 1326; 116, 37 = NJW 1992, 213; § 291 Rdnr. 25 ff.

[18] Gegen die Möglichkeit der Heilung gem. § 242 Abs. 2 S. 1 aber *Semler/Grunewald* in *Geßler/Hefermehl* Rdnr. 4; *U. Stein* ZGR 1994, 472, 487, 489 f. mit weit. Nachw.

[19] Vgl. OLG München AG 1993, 430; *Emmerich/Sonnenschein* § 7 II 2; *Hüffer* Rdnr. 3.

Ungeachtet des Erfordernisses eines Zustimmungsbeschlusses gem. Abs. 2 (Rdnr. 10 ff.) handelt es sich somit bei der Eingliederung um einen *innergesellschaftlichen Vorgang*. Der Beschluß kommt entsprechend allgemeinen Grundsätzen dadurch zustande, daß der *Vorstand* als gesetzlicher Vertreter der künftigen Hauptgesellschaft deren Stimmrechte ausübt. Im Hinblick auf die Stellung der künftigen Hauptgesellschaft als Alleinaktionär (Rdnr. 7) hat der Vorgang zwar den Charakter eines „Formalakts" (s. Rdnr. 9).[20] Dies ist freilich keine Besonderheit des Eingliederungsbeschlusses. De iure ist vielmehr auch der Eingliederungsbeschluß ein Akt der **Willensbildung** der einzugliedernden Gesellschaft; im Hinblick auf den **Grundlagencharakter** der Eingliederung, der in einer Überlagerung der Satzung der einzugliedernden Gesellschaft durch die §§ 319 ff. zum Ausdruck kommt, ordnet Abs. 1 S. 1 für diesen Akt der Willensbildung die Zuständigkeit der Hauptversammlung an.[21]

2. Beschlußverfahren und -inhalt. Nach Abs. 1 S. 2 finden die §§ 179 ff. sowie etwaige Bestimmungen der Satzung über Satzungsänderungen auf den Eingliederungsbeschluß keine Anwendung. Dies entspricht der Vorschrift des § 293 Abs. 1 S. 4 betreffend den Beschluß über die Zustimmung zu einem Unternehmensvertrag (s. § 293 Rdnr. 23). Der Eingliederungsbeschluß unterliegt somit den allgemeinen Regeln über Hauptversammlungsbeschlüsse. Die allgemeinen Voraussetzungen der Eingliederung (Rdnr. 5 ff.) müssen vorliegen. Da die künftige Hauptgesellschaft notwendigerweise Alleinaktionär der einzugliedernden Gesellschaft ist (Rdnr. 7), ist die Hauptversammlung stets **Vollversammlung iSd. § 121 Abs. 6.** Der Beschluß kann somit auch ohne Einhaltung der Bestimmungen der §§ 121 ff. betreffend die Einberufung der Hauptversammlung gefaßt werden. Unter den Voraussetzungen des § 130 Abs. 1 S. 3 bedarf der Eingliederungsbeschluß zudem nicht der notariellen Beurkundung; insoweit ist von Bedeutung, daß das Gesetz für den Eingliederungsbeschluß keine besondere Mehrheit vorschreibt (s. noch § 320 Rdnr. 7). Es genügt vielmehr, daß der Vorstand als gesetzlicher Vertreter der zukünftigen Hauptgesellschaft die Eingliederungserklärung als Inhalt des Beschlusses zur **Niederschrift** abgibt und der Aufsichtsratsvorsitzende die Niederschrift unterzeichnet.[22] Ein **Teilnehmerverzeichnis** iSd. § 129 ist dagegen schon mit Rücksicht auf Abs. 4 S. 2 iVm. § 130 Abs. 3 unentbehrlich.[23] Was den **Inhalt** des Beschlusses betrifft, so erschöpft er sich in der Verlautbarung der Eingliederung der Gesellschaft. Angaben über die Organisationsstruktur des Eingliederungskonzerns, insbesondere über die Aufgabenaufteilung und den Grad der (De-)Zentralisierung, braucht der Beschluß nicht zu enthalten.[24] Die Eingliederung eines „Teils" der Gesellschaft, etwa eines Betriebes oder des von der Gesellschaft betriebenen Unternehmens, ist nicht möglich.[25] Im Fall eines Beschlußmangels gem. §§ 241 ff. kommen die Grundsätze über die **fehlerhafte Gesellschaft** zur Anwendung (Rdnr. 7). Zur Beschlußanfechtung s. noch § 320 b Rdnr. 15 ff.

IV. Zustimmungsbeschluß (Abs. 2)

1. Normzweck. Gem. Abs. 2 S. 1 wird der Eingliederungsbeschluß der einzugliedernden Gesellschaft (Rdnr. 8 f.) nur wirksam, wenn ihm die Hauptversammlung der zukünftigen Hauptgesellschaft zustimmt. Die Notwendigkeit der Mitwirkung der Hauptversammlung erklärt sich für sämtliche Fälle der Eingliederung aus der Haftung der Hauptgesellschaft für die Verbindlichkeiten der eingegliederten Gesellschaft und der Verpflichtung zur Ver-

---

[20] So Begr. RegE bei *Kropff* S. 422.
[21] *Koppensteiner* in Kölner Kommentar Rdnr. 2 aE; *Hüffer* Rdnr. 3; näher *Prael* S. 96 ff. (104 ff.); s. für Unternehmensverträge auch BGHZ 122, 211, 217 = NJW 1993, 1976.
[22] Zur weiterhin möglichen Erklärung zur notariellen Niederschrift s. *Koppensteiner* in Kölner Kommentar Rdnr. 3.
[23] *Koppensteiner* in Kölner Kommentar Rdnr. 3 aE; *Würdinger* in Großkomm. z. AktG³ Anm. 10; aA *Semler/Grunewald* in *Geßler/Hefermehl* Rdnr. 5; *Hüffer* Rdnr. 5.
[24] *Koppensteiner* in Kölner Kommentar Rdnr. 5, 7; *Semler/Grunewald* in *Geßler/Hefermehl* Rdnr. 6; *Hüffer* Rdnr. 5; *Krieger* in MünchHdb. AG § 73 Rdnr. 8; aA *Hommelhoff* S. 354 ff.
[25] Vgl. statt aller *Semler/Grunewald* in *Geßler/Hefermehl* Rdnr. 7.

lustübernahme, für die Eingliederung durch Mehrheitsbeschluß zudem aus der Abfindungsverpflichtung gem. § 320b Abs. 1 S. 2 (s. noch § 320 Rdnr. 4, § 320b Rdnr. 4 ff.).[26] Diese Rechtsfolgen der Eingliederung soll der Vorstand der künftigen Hauptgesellschaft nicht ohne Mitwirkung der Hauptversammlung begründen können. Die Vorschrift des Abs. 2 S. 1 entspricht damit derjenigen des § 293 Abs. 2 S. 1 (s. § 293 Rdnr. 36).

11   **2. Beschlußerfordernisse, Beschlußverfahren und -inhalt.** Die Beschlußerfordernisse sind in Abs. 2 S. 2 bis 4 genannt; sie entsprechen den Anforderungen, die **§ 293 Abs. 2 S. 2, Abs. 1 S. 2 bis 4** für den Beschluß über die Zustimmung zu einem Beherrschungs- oder Gewinnabführungsvertrag aufstellt (§ 293 Rdnr. 23 ff., 36). Insbesondere sind gem. Abs. 2 S. 4 iVm. Abs. 1 S. 2 die für Satzungsänderungen geltenden Regeln des AktG und der Satzung auch auf den Zustimmungsbeschluß nicht anwendbar. Der Beschluß bedarf einer Mehrheit von mindestens ¾ des bei der Beschlußfassung vertretenen Grundkapitals; die Satzung kann weitere Erfordernisse bestimmen. Hinsichtlich des Beschlußverfahrens finden die allgemeinen Vorschriften der §§ 121 ff. Anwendung. Der Inhalt des Beschlusses kann sich auf die Zustimmung zum Eingliederungsbeschluß und – im Fall der Mehrheitseingliederung – zu dem Abfindungsangebot beschränken.[27] Die **Reihenfolge** von Eingliederungs- und Zustimmungsbeschluß ist unerheblich. Der Zustimmungsbeschluß kann also dem Eingliederungsbeschluß auch vorangehen.[28] Auch hinsichtlich etwaiger **Beschlußmängel** ist der Zustimmungsbeschluß unabhängig von dem Eingliederungsbeschluß zu beurteilen (§ 320b Rdnr. 15 f.); in Ermangelung eines Eingliederungsvertrags (Rdnr. 8) ist der Zustimmungsbeschluß nicht deshalb anfechtbar, weil die allgemeinen Voraussetzungen der Eingliederung (Rdnr. 5 ff.) nicht vorliegen oder der *Eingliederungsbeschluß* an einem sonstigen Beschlußmangel leidet.[29] Wie der Eingliederungsbeschluß (§ 320b Rdnr. 21) bedarf auch der Zustimmungsbeschluß keiner *sachlichen Rechtfertigung* (§ 320 Rdnr. 4, § 320b Rdnr. 5). Im Fall einer Mehrheitseingliederung können die Aktionäre der Hauptgesellschaft allerdings die *Unangemessenheit des Abfindungsangebots* geltend machen (§ 320b Rdnr. 16). Darüber hinaus kann die Anfechtung des Zustimmungsbeschlusses insbesondere auf eine Verletzung der besonderen *Informationspflichten* gem. § 319 Abs. 3 (Rdnr. 13 ff.), § 320 Abs. 2, 4 (§ 320 Rdnr. 9 ff.) gestützt werden. Die Anfechtung des Zustimmungsbeschlusses kann auch noch nach Eintragung der Eingliederung (Rdnr. 33) erfolgen.[30] Die Grundsätze über die fehlerhafte Gesellschaft finden Anwendung (Rdnr. 7). Zur Beschlußanfechtung s. noch § 320b Rdnr. 15 f.

12   **3. Mehrstufige Unternehmensverbindung.** Kommt es zur Eingliederung einer Enkel-AG in eine Tochter-AG, so ist fraglich, ob es zusätzlich zu dem Zustimmungsbeschluß der Tochter eines Zustimmungsbeschlusses der Mutter-AG bedarf. Dies ist jedenfalls für den Fall zu verneinen, daß die Tochter-AG ihrerseits noch nicht in die Mutter-AG eingegliedert ist.[31] Ist dagegen bereits die Tochter-AG in die Mutter-AG eingegliedert, so belastet die nachfolgende Eingliederung der Enkel-AG in die Tochter-AG die Mutter-AG mittelbar mit den Verbindlichkeiten und Verlusten auch der Enkel-AG; denn diese begründen dann entsprechende Verbindlichkeiten und Verluste der Tochter-AG, für die die Mutter-AG gem. §§ 322, 324 Abs. 3 einzustehen hat. Es sprechen deshalb gute Gründe für die Annahme einer *Pflicht des Mutter-Vorstands,* die Ausübung des Stimmrechts in der Hauptversammlung der Tochter-AG von der Zustimmung der Anteilseigner abhängig zu machen.[32]

---

[26] Vgl. bereits Begr. RegE bei *Kropff* S. 422; ferner *Koppensteiner* in Kölner Kommentar Rdnr. 5; *Hüffer* Rdnr. 6; *Emmerich/Sonnenschein* § 7 II 3; *Sonnenschein* BB 1975, 1088, 1089; aA *Hommelhoff* S. 346 ff., 354 ff.
[27] *Koppensteiner* in Kölner Kommentar Rdnr. 7; *Semler/Grunewald* in *Geßler/Hefermehl* Rdnr. 12; *Hüffer* Rdnr. 8; aA *Hommelhoff* S. 354 ff.
[28] OLG München AG 1993, 430; *Semler/Grunewald* in *Geßler/Hefermehl* Rdnr. 12; *Krieger* in Münch-Hdb. AG § 73 Rdnr. 9.
[29] Zutr. OLG München AG 1993, 430 mit Hinweis darauf, daß der Zustimmungsbeschluß bei Unwirksamkeit des Eingliederungsbeschlusses gegenstandslos ist.
[30] AA *Prael* S. 113 f.
[31] Vgl. *Krieger* in MünchHdb. AG § 69 Rdnr. 11; *Emmerich/Sonnenschein* § 7 III 7 a; s. ferner § 293 Rdnr. 10 ff.
[32] So auch *Koppensteiner* in Kölner Kommentar Rdnr. 6; *Semler/Grunewald* in *Geßler/Hefermehl*

Die hM ist allerdings der Ansicht, daß der **Beschluß der Mutter-AG kein Wirksamkeitserfordernis** ist, ihm vielmehr nur für das Innenverhältnis Bedeutung zukommt (s. aber auch vor § 311 Rdnr. 18).[33] Der Sache nach handelt es sich um einen Anwendungsfall der „Holzmüller"-Doktrin.[34] Dementsprechend ist die Mitwirkung der Hauptversammlung der Mutter-AG nur bei nennenswerter Bedeutung der Eingliederung der Enkel-AG für den Gesamtkonzern erforderlich (s. vor § 311 Rdnr. 13 ff.).[35]

V. Information der Aktionäre (Abs. 3)

1. Überblick. Die 1994 neu geschaffene (Rdnr. 1) Vorschrift des Abs. 3 stellt sicher, daß sich die *Aktionäre der zukünftigen Hauptgesellschaft* die für die Beschlußfassung nach Abs. 2 erforderlichen Informationen beschaffen können. Die Informationsmöglichkeiten nach neuem Recht gehen wesentlich über diejenigen nach § 319 aF hinaus; dieser sah in Abs. 2 S. 5 lediglich – das in Abs. 3 S. 4 unverändert übernommene – erweiterte *Auskunftsrecht* der Aktionäre vor (Rdnr. 16 f.). Die wichtigste Neuerung besteht in der Einführung eines *Eingliederungsberichts* (Rdnr. 14 f.). Darüber hinaus bestimmt Abs. 3 S. 1 Nr. 1 bis 3, S. 3, daß der Eingliederungsbericht, der Entwurf des Eingliederungsbeschlusses (Rdnr. 8 f.) und die Jahresabschlüsse und Lageberichte der beteiligten Gesellschaften für die letzten drei Geschäftsjahre von der Einberufung der Hauptversammlung an in dem Geschäftsraum der zukünftigen Hauptgesellschaft und sodann in der Hauptversammlung *auszulegen* sind. Gem. Abs. 3 S. 2 hat jeder Aktionär der zukünftigen Hauptgesellschaft Anspruch auf unverzügliche und kostenlose Erteilung einer *Abschrift* der nach S. 1 Nr. 1 bis 3 auszulegenden Unterlagen. Abs. 3 S. 1 bis 3 betreffend die **Verpflichtung zur Auslage** der Unterlagen und **zur Erteilung von Abschriften** ist im wesentlichen den §§ 293 f., 293 g Abs. 1 und 3 nachgebildet; auf die Erläuterungen zu diesen Vorschriften wird verwiesen. Ein Verstoß gegen Abs. 3 hat unter den weiteren Voraussetzungen des § 243 Abs. 1 die **Anfechtbarkeit** des Zustimmungsbeschlusses zur Folge (Rdnr. 11, 14, 17; § 320 b Rdnr. 16).

2. Eingliederungsbericht. Die Vorschrift des Abs. 3 S. 1 Nr. 3 regelt die Verpflichtung zur *Auslage* und damit zugleich die Verpflichtung zur Erstellung eines sog. Eingliederungsberichts. Der Bericht ist zusammen mit den in Abs. 3 S. 1 Nr. 1 und 2 genannten Unterlagen (Rdnr. 13) von der Einberufung der Hauptversammlung an im Geschäftsraum der zukünftigen Hauptgesellschaft und sodann in der Hauptversammlung *auszulegen;* gem. Abs. 3 S. 2 ist jedem Aktionär auf Verlangen eine *Abschrift* zu erteilen (Rdnr. 13). Die Berichtspflicht folgt dem **Vorbild des § 293 a** betreffend den Unternehmensvertrag und des **§ 8 UmwG** betreffend die Verschmelzung. Entspricht der Bericht nicht den Anforderungen des Abs. 3 S. 1 Nr. 3 (iVm. § 320 Abs. 4, s. § 320 Rdnr. 10 f.) oder fehlt er ganz, so begründet dies die **Anfechtbarkeit** des Zustimmungsbeschlusses, im Fall des § 320 Abs. 4 zudem ggf. diejenige des Eingliederungsbeschlusses (§ 320 b Rdnr. 20).[36] Einer *Eingliederungsprüfung* bedarf es allerdings gem. § 320 Abs. 3 nur in den Fällen der Eingliederung durch Mehrheitsbeschluß (§ 320 Rdnr. 13 ff.).

Adressat der Berichtspflicht ist der *Vorstand der zukünftigen Hauptgesellschaft.* Wie im Fall des § 293 a ist der Vorstand als *Kollegialorgan* angesprochen (näher § 293 a Rdnr. 11 ff.). Eine Berichtspflicht des Vorstands der *einzugliedernden Gesellschaft* erübrigt sich dagegen im Hinblick auf die Beteiligungsverhältnisse (Rdnr. 7); für die Mehrheitseingliederung sieht § 320 Abs. 4 S. 1 lediglich die Auslage des Berichts des Vorstands der zukünftigen Hauptgesellschaft vor (§ 320 Rdnr. 10). Hinsichtlich der **Form** des Eingliederungsberichts bestimmt

---

Rdnr. 14; *Hüffer* Rdnr. 7; *Rehbinder* ZGR 1977, 581, 617 f.; weitergehend – für Wirksamkeitserfordernis – *Sonnenschein* BB 1975, 1088, 1091 f.; aA – gegen Notwendigkeit einer Mitwirkung – *Krieger* in MünchHdb. AG § 73 Rdnr. 11.
[33] Vgl. die Nachw. in Fn. 32.
[34] BGHZ 83, 122; näher dazu vor § 311 Rdnr. 13 ff.

[35] So auch *Semler/Grunewald* und *Hüffer,* jew. aaO (Fn. 32).
[36] Vgl. für die Verschmelzung BGHZ 107, 296, 302 f. = NJW 1989, 2689; BGH ZIP 1990, 168, 170; zum Kausalitätserfordernis s. BGHZ 107, 296, 307; OLG Karlsruhe WM 1989, 1134, 1140; strenger *Messer,* Festschrift für Quack, 1991, S. 321, 331 f.

Abs. 3 S. 1 Nr. 3 in Übereinstimmung mit § 293 a, daß der Bericht schriftlich abzufassen und damit insbesondere von sämtlichen Mitgliedern des Vorstands zu unterzeichnen ist (§ 293 a Rdnr. 13). Was den **Berichtsinhalt** betrifft, so ist gem. Abs. 3 S. 1 Nr. 3 die Eingliederung in rechtlicher und wirtschaftlicher Hinsicht ausführlich zu erläutern und zu begründen. Gegenstand der Berichtspflicht ist somit allein die *Eingliederung* als solche, im Fall der Mehrheitseingliederung zudem der Abfindungsanspruch der Minderheitsaktionäre (§ 320 Rdnr. 11). Im übrigen ist § 319 Abs. 3 S. 1 Nr. 3 auch insoweit dem § 293 a Abs. 1 nachgebildet. Auf die Ausführungen in § 293 a Rdnr. 10 ff. kann deshalb mit der Maßgabe verwiesen werden, daß sich der Inhalt des Eingliederungsberichts an der für die Aktionäre der zukünftigen Hauptgesellschaft zentralen Eingliederungsfolge, nämlich der Haftung gem. § 322 und der Verlustausgleichspflicht gem. 324 Abs. 3, ausrichten muß.[37] Im Unterschied zu § 293 a Abs. 2, § 8 Abs. 2 UmwG enthält § 319 Abs. 3 S. 1 Nr. 3 keine **Schutzklausel**. Da sich diesbezüglich den Materialien nichts entnehmen läßt[38] und auch im übrigen kein Sachgrund für eine über § 8 UmwG hinausgehende Berichtspflicht zu erkennen ist, kann davon ausgegangen werden, daß es sich um ein Redaktionsversehen handelt; es ist durch analoge Anwendung der § 293 a Abs. 2, § 8 Abs. 2 UmwG zu korrigieren.[39] Entsprechendes ist für die Möglichkeit eines **Verzichts auf den Vorstandsbericht** anzunehmen. Auch insoweit ist wohl die besondere Regelungstechnik des § 319 Abs. 3 S. 1 Nr. 3, nämlich die stillschweigende Anordnung der Berichtspflicht im Zusammenhang mit der Verpflichtung zur *Auslage* des Berichts (Rdnr. 14), ursächlich für die versehentlich unterbliebene Aufnahme einer Vorschrift nach Art der § 293 a Abs. 3, § 8 Abs. 3 UmwG. Für die Annahme eines Redaktionsversehens spricht auch die Vorschrift des § 320 Abs. 3, die ausdrücklich die Möglichkeit eines Verzichts auf die *Eingliederungsprüfung* entsprechend § 293 a Abs. 3 vorsieht (§ 320 Rdnr. 16). Vor diesem Hintergrund bietet sich hinsichtlich des Verzichts auf den *Eingliederungsbericht* die entsprechende Anwendung des § 293 a Abs. 3 an; abweichend von § 8 Abs. 3 UmwG bedürfen somit die Verzichtserklärungen der Aktionäre der zukünftigen Hauptgesellschaft und der Aktionäre der einzugliedernden Gesellschaft – im Fall des § 319 ist dies lediglich die zukünftige Hauptgesellschaft (Rdnr. 7) – nur der *öffentlichen Beglaubigung*.

16 **3. Auskunftsrecht.** Nach Abs. 3 S. 4 ist jedem Aktionär in der Hauptversammlung, die gem. Abs. 2 über die Zustimmung zur Eingliederung entscheidet, auf Verlangen Auskunft auch über alle im Zusammenhang mit der Eingliederung wesentlichen Angelegenheiten der einzugliedernden Gesellschaft zu geben. Eine wortgleiche Bestimmung enthielt bereits § 319 Abs. 2 S. 5 aF (Rdnr. 1, 13). Die Bestimmung des Kreises der „wesentlichen Angelegenheiten" hat sich an der für die Aktionäre maßgeblichen Rechtsfolge, nämlich der Haftung gem. §§ 322, 324 Abs. 3 und der damit verbundenen Gefahr einer Verwässerung des Anteilswerts, zu orientieren. Vor diesem Hintergrund sind sämtliche Angelegenheiten der einzugliedernden Gesellschaft „wesentlich", die Rückschlüsse auf die Vermögens-, Ertrags- und Liquiditätslage der einzugliedernden Gesellschaft erlauben;[40] die Ausführungen in § 293 g Rdnr. 9 ff. betreffend das entsprechende Auskunftsrecht nach § 293 g Abs. 3 gelten sinngemäß.

17 Das Auskunftsrecht gem. Abs. 3 S. 4 ist – ebenso wie dasjenige gem. § 326 – eine besondere Ausprägung des allgemeinen Auskunftsrechts nach § 131. Unter den Voraussetzungen des § 131 Abs. 3 hat deshalb der Vorstand grundsätzlich das Recht zur **Auskunftsverweigerung**. Eine Ausnahme ist allerdings für den Tatbestand des § 131 Abs. 3 Nr. 1 anzuerkennen (s. auch § 293 g Rdnr. 11 f. mit weit. Nachw.).[41] Im Hinblick auf §§ 322, 324 Abs. 3 kann den Aktionären die erbetene Auskunft jedenfalls nicht mit der Begründung verweigert

---

[37] *Hüffer* Rdnr. 11.
[38] Vgl. Begr. RegE, BT-Drucks. 12/6699 S. 179.
[39] So auch *Hüffer* Rdnr. 11.
[40] Näher *Ebenroth* AG 1970, 104, 108 f.; s. ferner *Koppensteiner* in Kölner Kommentar Rdnr. 8.
[41] So auch *Koppensteiner* in Kölner Kommentar Rdnr. 8; *Würdinger* in Großkomm. z. AktG³ Anm. 14; im Grundsatz (s. sogleich im Text und in Fn. 42) auch *Semler/Grunewald* in Geßler/Hefermehl Rdnr. 11 und *Hüffer* Rdnr. 12; aA *Krieger* in Münch-Hdb. AG § 73 Rdnr. 10.

werden, daß die Offenlegung einer negativen Vermögens-, Ertrags- oder Liquiditätslage *als solche* geeignet ist, der einzugliedernden Gesellschaft einen nicht unerheblichen Nachteil zuzufügen. Einzelaspekte der drohenden oder bereits realisierten Risiken brauchen allerdings nicht offengelegt zu werden.[42] Hinsichtlich des Auskunftsrechts gem. § 326 findet § 131 Abs. 3 Nr. 1 uneingeschränkt Anwendung (§ 326 Rdnr. 3). Im Fall einer Verletzung des Auskunftsrechts ist der Zustimmungsbeschluß anfechtbar gem. § 243 Abs. 1, 4.[43] Entsprechend § 293 g Abs. 2 S. 1 ist der Vorstand zudem zur **Erläuterung** des Eingliederungsvorhabens verpflichtet.[44]

VI. Anmeldung zur Eintragung, Registerverfahren und Eintragung (Abs. 4 bis 7)

1. Überblick. Gem. Abs. 7 erlangt die Eingliederung erst durch Eintragung in das Handelsregister der einzugliedernden Gesellschaft Wirksamkeit (Rdnr. 33). Das bei der Eintragung zu beachtende Registerverfahren ist durch Art. 6 Nr. 10 des Gesetzes zur Bereinigung des Umwandlungsrechts (Rdnr. 1) erheblich geändert worden und nunmehr Gegenstand der Abs. 5 und 6. Bereits nach § 319 Abs. 3 S. 2 aF war vom Vorstand eine sog. *Negativerklärung* abzugeben; diese ist von § 319 Abs. 5 S. 1 n. F. in freilich modifizierter, nämlich an § 16 Abs. 2 S. 1 UmwG angepaßter Form übernommen worden (Rdnr. 20 ff.). Fehlt die Negativerklärung, so begründet dies nach dem neu gefaßten Abs. 5 S. 2 grundsätzlich eine „*Registersperre*" (Rdnr. 23 ff.). Die Vorschrift des Abs. 6 sieht allerdings ein *Unbedenklichkeitsverfahren* vor, mit dem die bei Fehlen der Negativerklärung eingreifende „Registersperre" ausnahmsweise überwunden werden kann (Rdnr. 26 ff.). Die *Anmeldung* zur Eintragung ist nunmehr in Abs. 4 geregelt (Rdnr. 19); die Vorschrift entspricht der des § 319 Abs. 3 S. 1 und 3 aF.

2. Anmeldung (Abs. 4). Gem. Abs. 4 S. 1 hat der Vorstand der einzugliedernden Gesellschaft die Eingliederung und die Firma der Hauptgesellschaft zur Eintragung in das Handelsregister anzumelden. Die Anmeldung erfolgt mithin nur bei dem für die einzugliedernde Gesellschaft zuständigen Registergericht. Eine Anmeldung bei dem Registergericht der zukünftigen *Hauptgesellschaft* ist dagegen in Abs. 4 nicht vorgesehen und zur Wirksamkeit der Eingliederung auch nicht erforderlich;[45] insoweit bewendet es vielmehr bei § 130 Abs. 5. Die Anmeldung der Eingliederung kann gem. § 407 Abs. 2 S. 1 nicht im Wege des Zwangsgeldverfahrens erzwungen werden; dies erklärt sich aus der konstitutiven Wirkung der Eintragung (Rdnr. 33). Der Vorstand ist jedoch gem. § 83 Abs. 2 der *Gesellschaft* gegenüber zur Anmeldung verpflichtet. Gem. Abs. 4 S. 2 sind der Anmeldung die Niederschriften beider Hauptversammlungsbeschlüsse (Rdnr. 8 f., 10 ff.) und ihre Anlagen (iSd. § 130 Abs. 3)[46] beizufügen, und zwar entweder in Ausfertigung oder in öffentlich beglaubigter Abschrift.

3. Negativerklärung (Abs. 5). a) Funktion. In Ermangelung einer dem § 20 Abs. 2 UmwG entsprechenden Vorschrift schließt zwar die Eintragung der Verschmelzung die Geltendmachung von Beschlußmängeln keineswegs aus (Rdnr. 33). Da jedoch eine **Rückabwicklung** der einmal vollzogenen Eingliederung mit Rücksicht auf die Grundsätze über die fehlerhafte Gesellschaft (Rdnr. 7) regelmäßig nicht in Betracht kommt (Rdnr. 32 f.), sucht das Gesetz durch das Erfordernis einer sog. Negativerklärung des Vorstands der ein-

---

[42] So auch *Semler/Grunewald* (Fn. 41); enger wohl *Hüffer* Rdnr. 12, dem zufolge der Ausschlußgrund nur hinsichtlich der bereits begründeten *Verbindlichkeiten* nicht anzuwenden ist.
[43] Zur Kausalität der Auskunftsverweigerung s. BGHZ 122, 211, 238 f. = NJW 1993, 1976 mit weit. Nachw.
[44] *Koppensteiner* in Kölner Kommentar Rdnr. 10; *Semler/Grunewald* in *Geßler/Hefermehl* Rdnr. 9; *Krieger* in MünchHdb. AG § 73 Rdnr. 10; *Hüffer* Rdnr. 12; aA *Würdinger* in Großkomm. z. AktG³ Anm. 14.

[45] *Koppensteiner* in Kölner Kommentar Rdnr. 13; *Semler/Grunewald* in *Geßler/Hefermehl* Rdnr. 15; *Hüffer* Rdnr. 13; aA *Hommelhoff* S. 359, freilich auf der Grundlage seines Verständnisses vom Normzweck des Abs. 2 (s. Fn. 24).
[46] Ein etwaiger Gewinnabführungsvertrag oder Vertrag iSd. § 292 Abs. 1 Nr. 1, 2 muß gem. § 324 Abs. 2 (iVm. § 294 Abs. 1 S. 2) nicht beigefügt werden.

zugliedernden Gesellschaft die Eintragung einer auf unwirksamer oder anfechtbarer Grundlage basierenden Eingliederung und die damit verbundene Gefährdung oder gar Vereitelung des Rechts zur Geltendmachung von Beschlußmängeln zu verhindern.[47] Ist auch nur einer der beiden Hauptversammlungsbeschlüsse (Rdnr. 8 ff.) angegriffen worden, so kann eine solche Negativerklärung nicht abgegeben und deshalb die Eingliederung grundsätzlich nicht eingetragen werden (s. Rdnr. 23 ff., aber auch Rdnr. 26 ff.). Das Eintragungsverfahren ist dann vielmehr bis zur Entscheidung über den Beschlußmangel auszusetzen (Rdnr. 23).

21 b) **Inhalt (S. 1).** Gem. Abs. 5 S. 1, 1. Halbs. hat sich der Vorstand *über sämtliche Klagen zu erklären*, die *gegen die Wirksamkeit* des Eingliederungs- oder Zustimmungsbeschlusses (Rdnr. 8 ff.) erhoben worden sind oder erhoben werden können. Davon betroffen sind die Anfechtungsklage gem. §§ 243, 248 und die Nichtigkeitsklage gem. § 249. Die allgemeine Feststellungsklage des § 256 ZPO, gerichtet auf Feststellung der Unwirksamkeit oder Nichtigkeit eines Hauptversammlungsbeschlusses, ist dagegen nicht „gegen die Wirksamkeit eines Hauptversammlungsbeschlusses" gerichtet und löst somit nicht die Registersperre des Abs. 5 aus.[48] Ist auch nur gegen einen der beiden Beschlüsse (Rdnr. 8 ff.) rechtzeitig Anfechtungs- oder Nichtigkeitsklage erhoben und nicht rechtskräftig abgewiesen oder zurückgenommen worden, so kann die Erklärung nicht abgegeben und die Eingliederung nicht eingetragen werden. Hinsichtlich der *Klagefristen* gelten die allgemeinen Grundsätze; eine dem § 14 Abs. 1 UmwG entsprechende Vorschrift kennen die §§ 319 ff. nicht. Eine Anfechtungsklage muß deshalb innerhalb der Monatsfrist des § 246 Abs. 1 erhoben worden sein. Die Anmeldung kann allerdings bereits vor Ablauf der Anfechtungsfrist erfolgen (Rdnr. 22). Hinsichtlich der Nichtigkeitsklage laufen keine besonderen Fristen; insbesondere die Dreijahresfrist des § 242 Abs. 2 ist schon deshalb unbeachtlich, weil ihr Lauf die Eintragung in das Handelsregister voraussetzt. Der Klagerücknahme iSd. Abs. 5 S. 1, 1. Halbs. steht die *Erledigung der Hauptsache* gleich.[49]

22 Gem. Abs. 5 S. 1, 2. Halbs. hat der Vorstand dem Registergericht darüber Mitteilung zu machen, daß eine der in Abs. 5 S. 1, 1. Halbs. genannten Tatsachen nach der Anmeldung eingetreten ist. Damit trägt das Gesetz dem Umstand Rechnung, daß die Anmeldung und mit ihr die Abgabe der Negativerklärung gem. Abs. 5 S. 1, 1. Halbs. auch schon vor Ablauf der Klagefrist erfolgen kann. Die Negativerklärung bezieht sich in diesem Fall auf den Zeitpunkt ihrer Abgabe. Die Vorschrift des Abs. 5 S. 1, 2. Halbs. ist zwar allgemein gehalten, kann sich aber nur auf die nachträgliche Klageerhebung beziehen[50] und hat insoweit vor allem die **nach Anmeldung** und Abgabe einer Negativerklärung erfolgte Erhebung einer **Anfechtungsklage** im Auge. Im Interesse des Klägers[51] hat in diesem Fall die nachträgliche Mitteilung durch den Vorstand die Außerkraftsetzung der zunächst abgegebenen Negativerklärung und damit den Eintritt der „Registersperre" (Rdnr. 23 ff.) zur Folge. Es empfiehlt sich deshalb, mit der Anmeldung und der Abgabe der Negativerklärung bis zum Ablauf der ohnehin kurz bemessenen *Anfechtungsfristen* zuzuwarten. Jedenfalls darf, wie sich auch Abs. 5 S. 2, 2. Halbs. entnehmen läßt (Rdnr. 24), das Registergericht nicht vor Ablauf der Anfechtungsfristen eintragen.

23 c) „**Registersperre**" **(S. 2).** Fehlt die Negativerklärung oder macht der Vorstand Mitteilung gem. Abs. 5 S. 1, 2. Halbs. (Rdnr. 22), so darf die Eingliederung grundsätzlich (s. Rdnr. 24, 26 ff.) nicht eingetragen werden. Abs. 5 S. 2 bestimmt dies nunmehr – ebenso wie § 16 Abs. 2 S. 2 UmwG – ausdrücklich, doch war die „Registersperre" bereits unter

---

[47] Vgl. im Zusammenhang mit § 16 Abs. 2 UmwG auch *Bork* ZGR 1993, 343, 359 f.; *Hirte* DB 1993, 77.
[48] So zu § 16 Abs. 2 UmwG *K. Schmidt* in Großkomm. z. AktG³ § 249 Rdnr. 35; aA *Hüffer* Rdnr. 14. Zur allgemeinen Feststellungsklage s. noch *K. Schmidt* aaO Rdnr. 34 ff.; *Hüffer* § 249 Rdnr. 3, 12, 21.
[49] Zutr. *Hüffer* Rdnr. 14; zu § 319 Abs. 3 S. 2 aF auch *Semler/Grunewald* in Geßler/Hefermehl Rdnr. 16. Zur Erledigung des Anfechtungsprozesses s. *Hüffer* § 248 Rdnr. 16.
[50] Bei nachträglicher Abweisung oder Rücknahme einer Klage konnte zunächst gar keine Negativerklärung abgegeben werden.
[51] Vgl. Begr. RegE, BT-Drucks. 12/6699 S. 88.

Geltung der §§ 319 Abs. 3 S. 2, 345 Abs. 2 S. 1 aF anerkannt.[52] Unter Geltung des § 319 Abs. 5 und 6 darf das *Registergericht* allerdings in keinem Fall die Erfolgsaussichten der Beschlußmängelklage beurteilen; die allgemeine Vorschrift des § 127 FGG findet demnach insoweit keine Anwendung, als sie bei schwebender Anfechtungsklage die Eintragung in das Ermessen des Registergerichts stellt (s. Rdnr. 26). Die Negativerklärung ist **Eintragungsvoraussetzung.** Sofern sie nicht durch einen Klageverzicht (Rdnr. 24 f.) oder einen Beschluß des *Prozeßgerichts* (Rdnr. 26 ff.) ersetzt wird, darf die Eintragung nicht erfolgen. Fehlt die Negativerklärung, so hat das Registergericht gem. § 26 S. 2 HRV den Vorstand durch Zwischenverfügung und unter Fristsetzung aufzufordern, die Erklärung nachzureichen. Kann der Vorstand die Erklärung aufgrund der Rechtshängigkeit einer Beschlußmängelklage nicht abgeben, so ist das Eintragungsverfahren gem. § 127 FGG auszusetzen.[53]

Gem. Abs. 5 S. 2, 2. Halbs. darf die Eingliederung ausnahmsweise auch bei Fehlen einer Negativerklärung eingetragen werden, wenn alle klageberechtigten Aktionäre in notariell beurkundeter Form einen **Klageverzicht** erklären. Dies entspricht § 16 Abs. 2 S. 2, 2. Halbs. UmwG und soll die *Beschleunigung der Eingliederung* ermöglichen. Insbesondere Gesellschaften mit kleinem Aktionärskreis sollen die Eintragung auch schon vor Ablauf der Anfechtungsfrist des § 246 Abs. 1 erreichen können; dies ist deshalb von Bedeutung, weil auch bei einer vor Ablauf der Anfechtungsfrist erfolgten Anmeldung das Registergericht erst mit Fristablauf eintragen darf (Rdnr. 22). Gegenstand des Verzichts ist das Recht eines jeden Aktionärs, etwaige Beschlußmängel mittels Anfechtungs- oder Nichtigkeitsklage (s. Rdnr. 21) geltend zu machen.[54] Voraussetzung ist, daß es noch *nicht zur Klageerhebung gekommen* ist. Andernfalls bleibt nur die Möglichkeit einer Klagerücknahme und einer darauf gestützten Negativerklärung gem. Abs. 5 S. 1 S. 1.

Abs. 5 S. 2 S. 2, 2. Halbs. spricht zwar von der Wirksamkeit „des" Hauptversammlungsbeschlusses, bezieht sich aber sowohl auf den Eingliederungsbeschluß (Rdnr. 8 f.) als auch auf den Zustimmungsbeschluß (Rdnr. 10 ff.). Im Fall einer **Mehrheitseingliederung** gem. §§ 320 ff. ist deshalb neben einem Verzicht der Aktionäre der zukünftigen Hauptgesellschaft ein Verzicht der *Minderheitsaktionäre* der einzugliedernden Gesellschaft erforderlich. Ein Verzicht der zukünftigen Hauptgesellschaft erscheint dagegen entbehrlich. Nicht erforderlich ist des weiteren ein Verzicht der nach § 245 Nr. 4 gleichfalls zur Anfechtung berechtigten Vorstände der beiden Gesellschaften. Liegen die Voraussetzungen des Abs. 5 S. 2, 2. Halbs. vor, so ist dadurch nur die Negativerklärung ersetzt und damit *eine* Eintragungsvoraussetzung erfüllt. Die **Prüfungspflicht** des Registergerichts bleibt also unberührt.[55]

4. Unbedenklichkeitsverfahren (Abs. 6). a) Allgemeines. Nach Abs. 6 S. 1 steht der Negativerklärung die durch rechtskräftigen Beschluß getroffene Feststellung gleich, daß die Erhebung einer Klage gegen den Eingliederungs- oder Zustimmungsbeschluß (Rdnr. 8 ff.) die Eintragung des angegriffenen Beschlusses nicht hindert. Das Gesetz will dadurch für den Fall, daß die Beschlußmängelklage unzulässig oder offensichtlich unbegründet ist oder das alsbaldige Wirksamwerden der Maßnahme vorrangig erscheint, eine **Überwindung der „Registersperre"** (Rdnr. 23 ff.) ermöglichen. Unter Geltung des § 319 Abs. 3 S. 2 aF (Rdnr. 18, 23) hatte zwar bereits der BGH für den Fall der Unzulässigkeit oder offensichtlichen Unbegründetheit der Klage die Möglichkeit der Eintragung der Maßnahme eröffnet.[56] Die Vorschrift des Abs. 6 distanziert sich jedoch in mehrfacher Hinsicht von der alten Rechtslage. So sieht sie in S. 2 die Möglichkeit eines Unbedenklichkeitsbeschlusses auch für den Fall vor, daß die Klage zwar weder unzulässig noch offensichtlich unbegründet ist, das Interesse der Gesellschaft an der Eintragung aber gleichwohl vorrangig erscheint (Rdnr. 29). Vor allem aber bedarf es nach Abs. 6 S. 1 eines besonderen Beschlusses des *Pro-*

---

[52] Vgl. zu § 345 Abs. 2 S. 1 aF BGHZ 112, 9, 12 ff. = NJW 1990, 2747 mit weit. Nachw.; zu § 319 Abs. 3 S. 2 aF *Semler/Grunewald* in *Geßler/Hefermehl* Rdnr. 16; *Koppensteiner* in Kölner Kommentar Rdnr. 12.

[53] Vgl. BGHZ 112, 9, 25 f. = NJW 1990, 2747.
[54] *Hüffer* Rdnr. 16.
[55] *Bork* in *Lutter* UmwG, § 16 Rdnr. 13; eingehend zur Prüfungspflicht *Bokelmann* DB 1994, 1341 ff.
[56] BGHZ 112, 9, 23 ff. = NJW 1990, 2747.

zeßgerichts; demgegenüber hatte nach altem Recht das *Registergericht* im Rahmen des Eintragungsverfahrens über die Unzulässigkeit oder offensichtliche Unbegründetheit der Klage zu befinden.[57] Im Unterschied zur Rechtslage nach §§ 16 Abs.3, 20 UmwG ist die auf der Grundlage eines Unbedenklichkeitsbeschlusses erfolgte Eintragung nicht irreversibel (Rdnr. 33). Der Beschluß hat deshalb den Charakter einer *einstweiligen Anordnung*.[58]

27 **b) Unbedenklichkeit.** Neben der *Rechtshängigkeit* einer Klage gegen die Wirksamkeit des Eingliederungs- oder Zustimmungsbeschlusses (Rdnr. 8 ff.) und einem *Antrag der Gesellschaft,* deren Beschluß angegriffen wird, setzt der Erlaß eines Beschlusses das Vorliegen eines sog. *Unbedenklichkeitstatbestands* voraus. Abs. 6 S. 2 enthält eine abschließende Aufzählung dieser Tatbestände. Was zunächst den Tatbestand der **Unzulässigkeit der Klage** betrifft, so hat das Prozeßgericht auf der Grundlage des gem. Abs. 6 S. 4 glaubhaft gemachten Tatsachenvortrags (Rdnr. 30) die Zulässigkeit des Hauptsacheverfahrens vollumfänglich und ohne Beschränkung auf offensichtliche Mängel zu überprüfen. Kommt das Gericht zu dem Ergebnis, daß die Klage unzulässig ist und der Zulässigkeitsmangel nicht behoben werden kann,[59] so kann es den Beschluß erlassen. Da in diesem Fall regelmäßig auch die Hauptsache entscheidungsreif ist, kommt dem Beschluß Bedeutung vor allem im Hinblick auf ein etwaiges Rechtsmittel gegen das Urteil und die dadurch bedingte Unmöglichkeit der Abgabe einer Negativerklärung durch den Vorstand zu.

28 Als zweiten Tatbestand nennt Abs.6 S.4 die **offensichtliche Unbegründetheit** der Klage. Unerheblich ist, worauf die *Unbegründetheit* beruht. Im Fall einer Anfechtungsklage kommen der Ablauf der Anfechtungsfrist des § 246 Abs.1, die mißbräuchliche Ausübung des Anfechtungsrechts,[60] vor allem aber das Nichtvorliegen des geltend gemachten Beschlußmangels in Betracht. Die Unbegründetheit muß *offensichtlich,* dh. für das Prozeßgericht ohne weiteres erkennbar sein. So liegt es insbesondere, wenn die Unbegründetheit bereits auf der Grundlage des unstreitigen oder gem. Abs.6 S.4 glaubhaft gemachten Vortrags und ohne die Notwendigkeit, streitige Rechtsfragen zu klären, zweifelsfrei festgestellt werden kann.[61] Offensichtlichkeit ist aber auch in dem Fall gegeben, daß die Unbegründetheit, insbesondere das Vorliegen eines Mißbrauchs, „durch entsprechende gerichtliche Ermittlungen unschwer feststellbar ist oder bereits zuvor in einem anderen Verfahren... eindeutig festgestellt worden ist" und damit auf der Hand liegt.[62]

29 Ein Unbedenklichkeitsbeschluß kommt schließlich unter der Voraussetzung in Betracht, daß das **Interesse der Gesellschaft** und ihrer Aktionäre an der Eintragung der Eingliederung höher zu bewerten ist als das Interesse des Klägers an einem Aufschub der Maßnahme. Dabei ist das Vorliegen der vom Kläger behaupteten Beschlußmängel zu unterstellen und zu fragen, ob die mit einem weiteren Aufschub verbundenen Nachteile so schwer wiegen, daß sie die Eintragung rechtfertigen, mag sich auch herausstellen, daß der Beschluß tatsächlich rechtswidrig und deshalb der Kläger im wesentlichen auf die Geltendmachung von Schadensersatz (Rdnr. 32) verwiesen ist.[63] Das Prozeßgericht hat danach die Interessen der Gesellschaft und ihrer Aktionäre und die vom Kläger geltend gemachte

---

[57] Vgl. zu den vor Schaffung des UmwG angestellten Reformüberlegungen insbesondere *Hommelhoff,* ZGR 1990, 447, 469 ff.; *ders.* ZGR 1993, 452, 467 ff.; ferner *Bork* ZGR 1993, 343, 356 ff.; *Boujong,* Festschrift für Kellermann, S.1, 12 ff.; *Hirte* DB 1993, 77, 79 f.; *Timm/Schick* DB 1990, 1221, 1223 f.

[58] Vgl. demgegenüber zu § 16 Abs.3 UmwG *Bork* (Fn. 55) § 16 Rdnr.17.

[59] So zu Recht *Bork* (Fn.55) § 16 Rdnr.18.

[60] Zur Unbegründetheit der Klage in diesem Fall s. BGHZ 107, 296, 308 ff. = NJW 1989, 2689; 112, 9, 23 f. = NJW 1990, 2747.

[61] *Bork* (Fn.55) § 16 Rdnr.19; *Hüffer* Rdnr.18; näher dazu *Decher* AG 1997, 388, 389 ff.; s. ferner OLG Stuttgart ZIP 1997, 75, 76; OLG Frankfurt a.M. WM 1996, 534, 536; OLG Frankfurt a.M. ZIP 1997, 1291; LG Hanau AG 1996, 90, 91.

[62] So zu § 345 Abs.2 S.1 aF BGHZ 112, 9, 24 = NJW 1990, 2747; für Fortgeltung auch unter § 319 Abs.6 S.2 *Hüffer* Rdnr.18; s. ferner OLG Frankfurt a.M. WM 1996, 534, 536; aA *Bork* (Fn. 55) § 16 Rdnr.19.

[63] Vgl. dazu sowie zum Folgenden (mit zahlreichen Abweichungen im Detail) Begr. RegE, BT-Drucks.12/6699 S.89 f.; *Bork* in Lutter, Verschmelzung – Spaltung – Formwechsel, S.261, 269 ff.; *Decher* AG 1997, 388, 391 ff.; *Riegger/Schockenhoff* ZIP 1997, 2105, 2108 ff.; *Chr. Schmid* ZGR 1997, 493, 497 ff.

Rechtsverletzung zu gewichten und gegeneinander *abzuwägen*. Dabei kommt auf seiten des Klägers der Schwere der behaupteten Rechtsverletzung, auf seiten der Gesellschaft und ihrer Aktionäre den mit einer weiteren Verzögerung verbundenen wirtschaftlichen Nachteilen ausschlaggebende Bedeutung zu. Macht der Kläger einen Nichtigkeitsgrund iSd. § 241 oder die Verletzung einer den Schutz öffentlicher Interessen bezweckenden Vorschrift geltend, so wird ein Unbedenklichkeitsbeschluß nicht in Betracht kommen.[64] Bei sonstigen Inhaltsmängeln kommt es ganz auf die Umstände des Einzelfalls an. Wird dagegen ein *formaler Beschlußmangel* geltend gemacht und läßt sich dieser gegebenenfalls in der nächsten Hauptversammlung beheben, so wird zumeist das Interesse der Gesellschaft an der alsbaldigen Eintragung dominieren.[65] Allerdings setzt sich auch ein Formalfehler gegen einen „unwesentlichen" Nachteil durch.[66] Abs. 6 S. 4 bestimmt ausdrücklich, daß das Gericht die Vor- und Nachteile nach seiner *freien Überzeugung* zu gewichten und gegeneinander abzuwägen hat; dem Gericht wird damit größtmögliche Entscheidungsfreiheit eingeräumt.[67]

c) Zuständigkeit und Verfahren. Gem. Abs. 6 S. 1 ist das **Gericht der Hauptsache** zuständig, im Regelfall (s. aber auch Rdnr. 21) einer Anfechtungs- oder Nichtigkeitsklage also gem. §§ 246 Abs. 3 S. 1, 249 Abs. 1 S. 1 ausschließlich das Landgericht, in dessen Bezirk die Gesellschaft ihren Sitz hat. Gem. Abs. 6 S. 3 kann der Beschluß in dringenden Fällen auch ohne mündliche Verhandlung ergehen. Dem Kläger der Hauptsache ist jedoch in jedem Fall rechtliches Gehör zu gewähren, so daß der Verzicht auf die mündliche Verhandlung regelmäßig keine Beschleunigung ermöglicht und deshalb nur in Ausnahmefällen in Betracht kommt.[68] Das Verfahren unterliegt der ZPO, nicht dem FGG.[69] Gem. Abs. 6 S. 4 hat die Gesellschaft die Tatsachen, die einen der in Abs. 6 S. 2 genannten Tatbestände der Unbedenklichkeit ergeben (Rdnr. 27 ff.), glaubhaft zu machen. Gem. § 294 ZPO kann sie sich demnach aller Beweismittel einschließlich der Versicherung an Eides Statt bedienen; eine Beweisaufnahme, die nicht sofort erfolgen kann, ist allerdings unstatthaft. Das Gericht entscheidet gem. Abs. 6 S. 1 durch *Beschluß*. Dieser ist schon im Hinblick auf die Möglichkeit sofortiger Beschwerde, aber auch zur Information des Registergerichts mit Gründen zu versehen. Gegen den Beschluß, mag er dem Antrag stattgeben oder nicht, findet gem. Abs. 6 S. 5 die sofortige Beschwerde nach Maßgabe der §§ 577 f., 567 ff. ZPO statt.

d) Rechtsfolgen. aa) Ersetzung der Negativerklärung. Der rechtskräftige Beschluß ersetzt gem. Abs. 6 S. 1 die Negativerklärung des Vorstands (Rdnr. 20 ff.) und damit an sich nur eine von mehreren Eintragungsvoraussetzungen. Soweit das Prozeßgericht allerdings vom Kläger geltend gemachte Beschlußmängel geprüft und einen Gesetzes- oder Satzungsverstoß verneint hat, ist das Registergericht daran gebunden.[70]

bb) Schadensersatz. Durch einen Beschluß iSd. Abs. 6 S. 1 wird das anhängige Beschlußmängelverfahren nicht berührt. Wird der Klage stattgegeben, so steht zwar nicht die zwischenzeitlich erfolgte *Eintragung* (Rdnr. 33), wohl aber die Lehre von der fehlerhaften Gesellschaft (s. Rdnr. 7) einer Rückabwicklung der bereits vollzogenen Eingliederung entgegen. Gem. Abs. 6 S. 6 ist aber die Gesellschaft, die den Antrag gem. Abs. 6 S. 1 gestellt hat, verpflichtet, dem Antragsgegner, dh. dem obsiegenden Kläger des Anfechtungs- oder Nichtigkeitsverfahrens, den Schaden zu ersetzen, der ihm aus der auf dem Beschluß beruhenden Eintragung der Eingliederung entstanden ist. Verschulden der Gesellschaft ist nicht erforderlich. Der Inhalt des Anspruchs bestimmt sich nach §§ 249 ff. BGB. Zu ersetzen sind zumindest die Kosten des Beschlußverfahrens. Darüber hinaus ist dem Kläger insoweit Geldersatz zu leisten, als er infolge der Eintragung und des Vollzugs der Eingliederung einen Vermögensschaden erlitten hat. Die Verpflichtung des Vorstands, das Eingliederungs-

---

[64] *Bork* (Fn. 55) § 16 Rdnr. 22.
[65] Zutr. OLG Stuttgart ZIP 1997, 75, 77.
[66] Vgl. zum Erfordernis des „wesentlichen" Nachteils auch OLG Frankfurt a.M. ZIP 1997, 1291, 1292 (betr. § 16 Abs. 3 UmwG).
[67] Begr. RegE, BT-Drucks. 12/6699 S. 90.
[68] *Bork* (Fn. 55) § 16 Rdnr. 26.
[69] Begr. RegE, BT-Drucks. 12/6699 S. 90.; s. ferner *Dehmer* UmwR § 16 Rdnr. 43.
[70] Näher *Bork* (Fn. 55) § 16 Rdnr. 30 f.; *ders.* (Fn. 63) S. 261, 265 f.; s. ferner *Bokelmann* DB 1994, 1341, 1345 ff.

33 5. **Eintragung (Abs. 7).** Gem. Abs. 7 wird die Eingliederung mit Eintragung derselben in das Handelsregister der einzugliedernden Gesellschaft wirksam; die Eintragung hat also **konstitutive Wirkung**. Einzutragen sind die Eingliederung und die Firma der Hauptgesellschaft (s. Rdnr. 19). Eine Eintragung der Eingliederung in das Handelsregister der Hauptgesellschaft ist nicht vorgesehen (Rdnr. 19). Die *Bekanntmachung* hat nach Maßgabe des § 10 HGB durch das Registergericht der eingegliederten Gesellschaft zu erfolgen. In die Bekanntmachung ist gem. § 321 Abs. 1 S. 2 auf das Recht der Gläubiger auf Sicherheitsleistung hinzuweisen. Etwaige **Mängel der Eingliederung** (§ 320b Rdnr. 15 ff.) werden – anders als im Fall der Verschmelzung[72] – durch die Eintragung nicht geheilt.[73] Dies ist insbesondere für den Fall von Bedeutung, daß die Negativerklärung durch einen Beschluß nach Abs. 6 ersetzt wird (Rdnr. 26 ff.). Die Heilung der *Nichtigkeit* gem. § 241 Nr. 1, 3 oder 4 beurteilt sich nach § 242 Abs. 2. Kommt es zur rechtskräftigen Feststellung von Beschlußmängeln, so steht zwar einer Rückabwicklung der Eingliederung regelmäßig die Lehre von der fehlerhaften Gesellschaft entgegen (s. Rdnr. 7, 20); der Vorstand hat jedoch das Eingliederungsverhältnis mit sofortiger Wirkung zu kündigen (Rdnr. 32). Die Eingliederung hat die Beendigung eines zwischen der Hauptgesellschaft und der eingegliederten Gesellschaft bestehenden **Beherrschungsvertrags** zur Folge (§ 320 Rdnr. 5, § 320b Rdnr. 18, § 297 Rdnr. 34 f.). Zur Beschlußanfechtung s. noch § 320b Rdnr. 15 ff.

§ 320 Eingliederung durch Mehrheitsbeschluß

(1) Die Hauptversammlung einer Aktiengesellschaft kann die Eingliederung der Gesellschaft in eine andere Aktiengesellschaft mit Sitz im Inland auch dann beschließen, wenn sich Aktien der Gesellschaft, auf die zusammen fünfundneunzig vom Hundert des Grundkapitals entfallen, in der Hand der zukünftigen Hauptgesellschaft befinden. Eigene Aktien und Aktien, die einem anderen für Rechnung der Gesellschaft gehören, sind vom Grundkapital abzusetzen. Für die Eingliederung gelten außer § 319 Abs. 1 Satz 2, Abs. 2 bis 7 die Absätze 2 bis 4.

(2) Die Bekanntmachung der Eingliederung als Gegenstand der Tagesordnung ist nur ordnungsgemäß, wenn
1. sie die Firma und den Sitz der zukünftigen Hauptgesellschaft enthält,
2. ihr eine Erklärung der zukünftigen Hauptgesellschaft beigefügt ist, in der diese den ausscheidenden Aktionären als Abfindung für ihre Aktien eigene Aktien, im Falle des § 320b Abs. 1 Satz 3 außerdem eine Barabfindung anbietet.

Satz 1 Nr. 2 gilt auch für die Bekanntmachung der zukünftigen Hauptgesellschaft.

(3) Die Eingliederung ist durch einen oder mehrere sachverständige Prüfer (Eingliederungsprüfer) zu prüfen. Diese werden von dem Vorstand der zukünftigen Hauptgesellschaft bestellt. § 293a Abs. 3, §§ 293c bis 293e sind sinngemäß anzuwenden.

(4) Die in § 319 Abs. 3 Satz 1 bezeichneten Unterlagen sowie der Prüfungsbericht nach Absatz 3 sind jeweils von der Einberufung der Hauptversammlung an, die über die Zustimmung zur Eingliederung beschließen soll, in dem Geschäftsraum der einzugliedernden Gesellschaft und der Hauptgesellschaft zur Einsicht der Aktionäre auszu-

---

[71] Vgl. demgegenüber Begr. RegE, BT-Drucks. 12/6699 S. 179, wonach eine dem § 16 Abs. 3 S. 6, 2. Halbs. UmwG entsprechende Vorschrift nicht aufgenommen wurde, weil einer Rückgängigmachung der Eingliederung „wirtschaftlich und rechtlich nichts entgegensteht (§ 327 AktG)."

[72] Vgl. § 20 Abs. 2 UmwG, ferner Fn. 71.
[73] Eingehend zur Prüfungskompetenz des Registerrichters *Bokelmann* DB 1994, 1341 ff.

legen. In dem Eingliederungsbericht sind auch Art und Höhe der Abfindung nach § 320 b rechtlich und wirtschaftlich zu erläutern und zu begründen; auf besondere Schwierigkeiten bei der Bewertung der beteiligten Gesellschaften sowie auf die Folgen für die Beteiligungen der Aktionäre ist hinzuweisen. § 319 Abs. 3 Satz 2 bis 4 gilt sinngemäß für die Aktionäre beider Gesellschaften.

(5)–(7) *(aufgehoben)*

Übersicht

	Rdnr.		Rdnr.
I. Einführung	1, 2	a) Hauptversammlung der einzugliedernden Gesellschaft	8
1. Inhalt und Zweck der Vorschrift	1	b) Hauptversammlung der zukünftigen Hauptgesellschaft	9
2. Gesetzesgeschichte	2	2. Pflicht zur Auslage (Abs. 4 S. 1)	10
II. Grundlagen	3–5	3. Erweiterter Eingliederungsbericht (Abs. 4 S. 2)	11
1. Rechtsnatur der Mehrheitseingliederung	3	4. Sinngemäße Geltung des § 319 Abs. 3 S. 2 bis 4 (Abs. 4 S. 3)	12
2. Verhältnis zu § 319	4, 5	V. Eingliederungsprüfung (Abs. 3)	13–16
III. Beteiligungserfordernisse (Abs. 1 S. 1)	6, 7	1. Zweck	13
1. Kapitalbeteiligung	6	2. Bestellung, Auswahl, Stellung und Verantwortlichkeit der Prüfer	14
2. Stimmenmehrheit	7	3. Gegenstand der Prüfung	15
IV. Information der Aktionäre (Abs. 2 und 4)	8–12	4. Prüfungsbericht	16
1. Bekanntmachung der Tagesordnung (Abs. 2)	8, 9		

I. Einführung

1. Inhalt und Zweck der Vorschrift. Die Vorschrift des § 320 ermöglicht die Eingliederung durch Mehrheitsbeschluß. Ausweislich der Materialien soll die Eingliederung nämlich nicht daran scheitern, „daß sich noch eine kleine Minderheit von Aktien in den Händen bekannter oder unbekannter Aktionäre befindet" (s. noch Rdnr. 3).[1] Sie kann deshalb nach Abs. 1 S. 1 auch dann beschlossen werden, wenn die zukünftige Hauptgesellschaft zwar nicht Alleinaktionär der einzugliedernden Gesellschaft ist, wohl aber zumindest 95% des Grundkapitals hält. Abs. 1 S. 2 präzisiert das Mehrheitserfordernis. Das *Verfahren* der Mehrheitseingliederung ist in Abs. 2 bis 4 geregelt; zudem bestimmt Abs. 1 S. 3, daß die Vorschriften des § 319 Abs. 1 Satz 2, Abs. 2 bis 7 auch auf die Mehrheitseingliederung Anwendung finden. Gem. § 320a hat die Mehrheitseingliederung den Verlust der Mitgliedschaft der Minderheitsaktionäre und den *Übergang dieser Anteile* auf die Hauptgesellschaft zur Folge. Die ausgeschiedenen Aktionäre der eingegliederten Gesellschaft haben Anspruch auf *Abfindung* nach Maßgabe des § 320b. Die gegen die Zulässigkeit der Mehrheitseingliederung und den mit ihr verbundenen Verlust der Mitgliedschaft erhobenen *verfassungsrechtlichen Bedenken* haben sich als unbegründet erwiesen.[2]

2. Gesetzesgeschichte. Die Vorschrift ist vor allem durch **Art. 6 Nr. 11, 12 des Gesetzes zur Bereinigung des Umwandlungsrechts** v. 28.10.1994[3] umgestaltet worden. Dabei ist, dem Vorbild der §§ 9, 60 UmwG, §§ 293b bis 293e folgend, die obligatorische *Eingliederungsprüfung* eingeführt worden (Rdnr. 13 ff.).[4] Aus redaktionellen Gründen ist zudem der Inhalt des unübersichtlichen § 320 aF auf drei Vorschriften aufgeteilt worden. Das Aus-

---

[1] Begr. RegE bei *Kropff* S. 424.
[2] BVerfGE 14, 263, 273 ff. = NJW 1962, 1667; BGH WM 1974, 713, 716; OLG Celle WM 1972, 1004, 1010 f.; *Koppensteiner* in Kölner Kommentar vor § 319 Rdnr. 7; *Semler/Grunewald* in Geßler/Hefermehl Rdnr. 3.
[3] BGBl. I S. 3210, 3263.
[4] S. dazu Begr. RegE, BT-Drucks. 12/6699, S. 179; zur abweichenden Rechtslage nach § 320a.F. s. OLG Hamm AG 1993, 93.

scheiden und die Abfindung der Minderheitsaktionäre sind nunmehr in §§ 320a, b geregelt, die freilich weitgehend der Regelung in § 320 Abs. 4 bis 7 aF entsprechen. Die Vorschrift des § 320 Abs. 3 aF ist durch Abs. 4 S. 3 iVm. § 319 Abs. 3 S. 3 ersetzt worden. Durch Art. 1 Nr. 38 des Gesetzes über die Zulassung von **Stückaktien** (Einleitung Rdnr. 18) sind in § 320 Abs. 1 S. 1 die Wörter „im Gesamtnennbetrag von fünfundneunzig vom Hundert des Grundkapitals" durch die Wörter „auf die zusammen fünfundneunzig vom Hundert des Grundkapitals entfallen", ersetzt worden. Durch diese Änderung ist allerdings lediglich der Zulässigkeit der nennwertlosen Aktie Rechnung getragen worden; eine sachliche Änderung ist damit nicht verbunden. Entsprechendes gilt für die durch **Art. 1 Nr. 28a KonTraG** (Einleitung Rdnr. 17) erfolgte Klarstellung in § 320 Abs. 3 S. 1, daß die Eingliederungsprüfung auch durch *einen* Prüfer durchgeführt werden kann.

II. Grundlagen

3   **1. Rechtsnatur der Mehrheitseingliederung.** Bei der Mehrheitseingliederung handelt es sich um einen besonderen Fall des in **§ 319** geregelten **Grundtatbestands** der Eingliederung.[5] Die Besonderheiten der Mehrheitseingliederung resultieren denn auch allein daher, daß die abhängige Gesellschaft über *Minderheitsaktionäre* verfügt. Dem Gesetzgeber erschien einerseits der Fortbestand dieser Mitgliedschaften als unvereinbar mit den weitreichenden Folgen der Eingliederung für die Organisations- und Finanzverfassung der abhängigen Gesellschaft (§ 319 Rdnr. 3). Andererseits wollte er die Eingliederung nicht an der Existenz einer kleinen Minderheit scheitern lassen (Rdnr. 1). In § 320 mußten deshalb die Mehrheitserfordernisse klargestellt (Rdnr. 6f.), vor allem aber Vorkehrungen zum Schutz der Minderheitsaktionäre geschaffen werden (Rdnr. 8ff.). Davon abgesehen sind aber die Vorschriften des § 319 grundsätzlich auch auf die Mehrheitseingliederung anwendbar (Rdnr. 4). Auch die Mehrheitseingliederung erfolgt somit auf der Grundlage eines Eingliederungsbeschlusses der einzugliedernden Gesellschaft (§ 319 Rdnr. 8f.) und eines Zustimmungsbeschlusses der zukünftigen Hauptgesellschaft (§ 319 Rdnr. 10ff.); ein Eingliederungsvertrag ist auch in § 320 nicht vorgesehen (§ 319 Rdnr. 8).

4   **2. Verhältnis zu § 319.** Abs. 1 S. 3 bestimmt ausdrücklich, daß die Vorschriften des § 319 Abs. 1 S. 2, Abs. 2 bis 7 auch auf die Mehrheitseingliederung Anwendung finden. Was § 319 Abs. 1 S. 1 betrifft, so werden deren Voraussetzungen hinsichtlich der **Rechtsnatur und des Sitzes der beteiligten Gesellschaften** (§ 319 Rdnr. 5f.) bereits von § 320 Abs. 1 S. 1 ausdrücklich übernommen. Das in § 319 Abs. 1 S. 1 zudem enthaltene Erfordernis eines Anteilsbesitzes von 100% (§ 319 Rdnr. 7) ist im Fall der Mehrheitseingliederung naturgemäß nicht einschlägig; insoweit tritt § 320 Abs. 1 S. 1 und 2 an die Stelle des § 319 Abs. 1 S. 1 (Rdnr. 6f.). Im übrigen finden gem. Abs. 1 S. 3 iVm. § 319 Abs. 1 S. 2 auch auf den **Eingliederungsbeschluß** die Bestimmungen des Gesetzes und der Satzung über Satzungsänderungen keine Anwendung (§ 319 Rdnr. 9). Infolge der Existenz von Minderheitsaktionären ist die Hauptversammlung der einzugliedernden Gesellschaft allerdings nicht per se Vollversammlung iSd. § 121 Abs. 6. Ggf. müssen also sämtliche Bestimmungen der §§ 121ff. eingehalten werden; § 320 Abs. 2 stellt zudem besondere Anforderungen an die Bekanntmachung der Tagesordnung (Rdnr. 8f.). Der Eingliederungsbeschluß bedarf keiner sachlichen Rechtfertigung (§ 320b Rdnr. 21). Gem. Abs. 1 S. 3 iVm. § 319 Abs. 2 wird er auch im Fall der Mehrheitseingliederung nur mit **Zustimmung** durch die Hauptversammlung der künftigen Hauptgesellschaft wirksam (s. § 319 Rdnr. 10ff.). Dies ist von Bedeutung für die nach § 320b gebotene Abfindung der ausscheidenden Aktionäre; sie darf den Aktionären der Hauptgesellschaft nicht zum Nachteil gereichen (§ 320b Rdnr. 5). Ungeachtet der Verschiebung der Beteiligungsquoten, die mit der nach § 320b Abs. 2 gebotenen Aufnahme neuer Aktionäre verbunden sein kann (§ 320b Rdnr. 5, 7), gilt allerdings auch für den Zustimmungsbeschluß, daß er als solcher selbst im Fall der Mehrheitseingliederung

---

[5] So auch *Hüffer* Rdnr. 2.

keiner sachlichen Rechtfertigung bedarf.[6] Die Aktionäre der Hauptgesellschaft können allerdings die Unangemessenheit der Abfindung im Wege der Anfechtung des Zustimmungsbeschlusses geltend machen (§ 320b Rdnr. 16).

Was die **Information** der Aktionäre der zukünftigen *Hauptgesellschaft* betrifft, so ist § 319 Abs. 3 zu beachten (§ 319 Rdnr. 13 ff.). § 320 Abs. 4 begründet entsprechende Informationsmöglichkeiten der Minderheitsaktionäre der *einzugliedernden Gesellschaft* und dehnt zudem die Berichtspflicht auf die nach § 320b zu gewährende Abfindung aus (Rdnr. 10 ff.). Hinsichtlich der Anmeldung, des Registerverfahrens und der Eintragung gelten im Fall der Mehrheitseingliederung keine Besonderheiten. Die **Anmeldung** hat also gem. Abs. 1 S. 3 iVm. § 319 Abs. 4 durch den Vorstand der einzugliedernden Gesellschaft zu erfolgen (§ 319 Rdnr. 19). Der Vorstand hat die **Negativerklärung** iSd. § 319 Abs. 5 S. 1 abzugeben (§ 319 Rdnr. 20 ff.); vorbehaltlich eines *Klageverzichts* der Aktionäre der Hauptgesellschaft und der außenstehenden Aktionäre der einzugliedernden Gesellschaft (§ 319 Rdnr. 24) begründet das Fehlen der Erklärung die **„Registersperre"** des § 319 Abs. 5 S. 2 (§ 319 Rdnr. 23, 25). Auch im Fall der Mehrheitseingliederung kann die „Registersperre" allerdings durch das Unbedenklichkeitsverfahren des § 319 Abs. 6 überwunden werden (§ 319 Rdnr. 26 ff.). Gem. Abs. 1 S. 3 iVm. § 319 Abs. 7 wird die Eingliederung erst mit **Eintragung** in das Handelsregister der einzugliedernden Gesellschaft wirksam (§ 319 Rdnr. 33). Etwaige Beschlußmängel (§ 320b Rdnr. 15 ff.) werden dadurch nicht geheilt (§ 319 Rdnr. 33); § 320b Abs. 2 schließt allerdings die Anfechtung des Eingliederungsbeschlusses aus, soweit sie auf die Unangemessenheit der Abfindungsregelung gestützt wird (§ 320b Rdnr. 17 f.). Die Eintragung hat die Beendigung eines zwischen der Hauptgesellschaft und der eingegliederten Gesellschaft bestehenden **Beherrschungsvertrags** zur Folge. Ein Sonderbeschluß der außenstehenden Aktionäre ist nicht erforderlich; insbesondere findet § 295 Abs. 2 auf die nachfolgende Eingliederung keine entsprechende Anwendung.[7] Ein bereits eingeleitetes Spruchstellenverfahren nach § 306 ist jedoch fortzuführen (§ 320b Rdnr. 18).

III. Beteiligungserfordernisse (Abs. 1 S. 1)

1. Kapitalbeteiligung. Die Eingliederung durch Mehrheitsbeschluß setzt nach Abs. 1 S. 1 voraus, daß sich Aktien, auf die zusammen **95% des Grundkapitals** entfallen (Rdnr. 2), in der Hand der zukünftigen Hauptgesellschaft befinden. Wie im Fall des § 319 findet eine Zurechnung entsprechend § 16 Abs. 4 nicht statt (§ 319 Rdnr. 7).[8] Die zukünftige Hauptgesellschaft muß vielmehr Eigentümer der Aktien sein (§ 319 Rdnr. 7). Gem. Abs. 1 S. 2 sind allerdings **eigene Aktien** der einzugliedernden Gesellschaft und Aktien, die von einem Dritten *für Rechnung* der einzugliedernden Gesellschaft gehalten werden, vom Grundkapital abzusetzen. Wie insbesondere die abweichende Beurteilung im Fall der Eingliederung nach § 319 zeigt (§ 319 Rdnr. 7), steht die mit Abs. 1 S. 2 verbundene Abschwächung des Beteiligungserfordernisses im Zusammenhang mit dem in § 320a angeordneten **Erwerb auch dieser Anteile** durch die Hauptgesellschaft.[9] Eine über den Wortlaut des Abs. 1 S. 2 hinausgehende Nichtberücksichtigung von Aktien kommt allerdings nicht in Betracht. Bei der Ermittlung der erforderlichen Kapitalmehrheit sind somit auch solche Aktien zu berücksichtigen, die ein von der einzugliedernden Gesellschaft abhängiges Unternehmen auf eigene Rechnung hält, ferner solche, die ein Dritter für Rechnung dieses Unterneh-

---

[6] Vgl. OLG München AG 1993, 430, 431; *Semler/Grunewald* in *Geßler/Hefermehl* Rdnr. 13; aA *Hirte*, Bezugsrechtsausschluß und Konzernbildung, 1986, S. 149; *Rodloff* S. 185 ff.
[7] BGH WM 1974, 713, 715 f.; OLG Celle WM 1972, 1004, 1011; OLG Celle DB 1973, 1118; *Emmerich/Sonnenschein* § 7 III 2 c; aA *Bayer* ZGR 1993, 599, 604 f.

[8] *Koppensteiner* in Kölner Kommentar Rdnr. 3; *Hüffer* Rdnr. 3; *Krieger* in MünchHdb. AG § 73 Rdnr. 14.
[9] Zutr. *Semler/Grunewald* in *Geßler/Hefermehl* Rdnr. 4; *Hüffer* Rdnr. 3; aA *Koppensteiner* in Kölner Kommentar Rdnr. 4 (Zusammenhang mit § 71 b, s. dazu sogleich im Text)

mens hält. Soweit in § 71d etwas anderes bestimmt ist, läßt sich daraus für § 320 nichts herleiten;[10] denn § 320 Abs. 1 S. 2 steht nicht im Zusammenhang mit § 71b, ordnet also die Nichtberücksichtigung nicht deshalb an, weil und soweit aus den Anteilen keine Rechte geltend gemacht werden können. Verfügt die zukünftige Hauptgesellschaft nicht über die erforderliche Kapitalmehrheit, so ist der Eingliederungsbeschluß lediglich anfechtbar gem. § 243 Abs. 1 (s. auch § 319 Rdnr. 7; § 320b Rdnr. 15 ff.).[11] Zur Rechtslage bei der Begebung von Options- und Wandlungsrechten s. § 320b Rdnr. 8.

2. Stimmenmehrheit. Umstritten ist, ob die Eingliederung durch Mehrheitsbeschluß neben der Kapitalmehrheit in Höhe von 95% eine entsprechende Stimmenmehrheit voraussetzt.[12] Mit Blick auf den klaren Wortlaut des Abs. 1 S. 1 ist dies zu verneinen.[13] Auch dem Umstand, daß § 320 für den *Eingliederungsbeschluß* keine besondere Mehrheit vorschreibt, läßt sich nicht entnehmen, der Gesetzgeber sei von einer Stimmenmehrheit der zukünftigen Hauptgesellschaft in Höhe von 95% ausgegangen. Bleibt also die Stimmenmehrheit hinter der Kapitalmehrheit zurück, wozu es durch Ausgabe von Vorzugsaktien sowie durch Vereinbarung eines Höchststimmrechts kommen kann, so steht dies der Mehrheitseingliederung nicht entgegen. Für den Eingliederungsbeschluß genügt somit auch im Fall des § 320 die *einfache Mehrheit der Stimmen* (s. § 319 Rdnr. 9).

IV. Information der Aktionäre (Abs. 2 und 4)

1. Bekanntmachung der Tagesordnung (Abs. 2). a) Hauptversammlung der einzugliedernden Gesellschaft. Abs. 2 S. 1 stellt besondere Anforderungen an die Bekanntmachung der Tagesordnung der Hauptversammlung der einzugliedernden Gesellschaft. Diese sind – ebenso wie die sonstigen Vorschriften der §§ 121 ff. – auch dann einzuhalten, wenn die Voraussetzungen einer Vollversammlung gem. § 121 Abs. 6 vorliegen, neben der zukünftigen Hauptgesellschaft also sämtliche Minderheitsaktionäre erschienen sind. Abs. 2 S. 1 verdrängt demnach § 121 Abs. 6; zugleich ergänzt er § 124. Neben der **Firma und dem Sitz** der zukünftigen Hauptgesellschaft (Abs. 2 S. 1 Nr. 1) muß die Bekanntmachung gem. Abs. 2 S. 1 Nr. 2 eine Erklärung dieser Gesellschaft enthalten, in der diese den Minderheitsaktionären der einzugliedernden Gesellschaft als Abfindung *eigene Aktien,* im Fall des § 320b Abs. 1 S. 3 nach Wahl der Aktionäre eigene Aktien oder eine *Barabfindung* anbietet. Die Vorschrift des Abs. 2 S. 1 bezweckt die frühzeitige Information der Minderheitsaktionäre über die Identität des Abfindungsschuldners und den Inhalt des Abfindungsangebots; insbesondere sollen die Aktionäre in Ruhe entscheiden können, ob sie die Angemessenheit der angebotenen Abfindung gem. § 320b Abs. 2 S. 2 iVm. § 306 gerichtlich überprüfen lassen wollen.[14] Vor diesem Hintergrund ist ein **konkretes und vollständiges**[15] **Abfindungsangebot** unverzichtbar; den Aktionären müssen maW. das *Umtauschverhältnis* sowie ggf. die *Höhe der Barabfindung* bereits in der Bekanntmachung der Tagesordnung mitgeteilt werden.[16] Der Ordnungsmäßigkeit der Bekanntmachung und damit der Wirksamkeit des Eingliederungsbeschlusses (Rdnr. 4) steht es jedoch nicht entgegen, daß das Angebot in der Hauptversammlung, die über die Eingliederung zu entscheiden hat, im Hinblick auf eine bevorstehende Kapitalerhöhung der zukünftigen Hauptgesellschaft oder aus anderen

---

[10] So aber *Koppensteiner* in Kölner Kommentar Rdnr. 4; dagegen zu Recht *Semler/Grunewald* in *Geßler/Hefermehl* Rdnr. 4; *Hüffer* Rdnr. 4.
[11] Vgl. OLG Hamm AG 1994, 376, 377 f.; AG 1980, 79, 81; aA *Koppensteiner* in Kölner Kommentar Rdnr. 7, dem zufolge der Beschluß keine rechtlichen Wirkungen entfaltet.
[12] Dafür *Koppensteiner* in Kölner Kommentar Rdnr. 6 im Anschluß an *v. Godin/Wilhelmi* Anm. 3; dagegen die hM, s. *Semler/Grunewald* in *Geßler/Hefermehl* Rdnr. 9; *Krieger* in MünchHdb. AG § 73 Rdnr. 14; *Hüffer* Rdnr. 4; *Emmerich/Sonnenschein*

§ 7 III 1; offengelassen von OLG Hamm AG 1994, 376, 377.
[13] Vgl. die Nachw. in Fn. 12.
[14] Vgl. Begr. RegE bei *Kropff* S. 424; ferner BGH WM 1974, 713, 714; *Semler/Grunewald* in *Geßler/Hefermehl* Rdnr. 5.
[15] Daran fehlt es, wenn Spitzenbeträge möglich sind und ihre Behandlung unklar bleibt, s. LG Berlin AG 1996, 230, 232; *Hüffer* Rdnr. 7 a. E.
[16] *Koppensteiner* in Kölner Kommentar Rdnr. 8; *Semler/Grunewald* in *Geßler/Hefermehl* Rdnr. 5; *Hüffer* Rdnr. 7.

Eingliederung durch Mehrheitsbeschluß　　　　　　　　　　　　　　9–12 § 320

Gründen *erhöht* wird.[17] Genügt die Bekanntmachung nicht den Anforderungen des Abs. 2 S. 1, so darf gem. § 124 Abs. 4 S. 1 über die Eingliederung nicht beschlossen werden. Ein gleichwohl gefaßter Beschluß ist **gem. § 243 Abs. 1 anfechtbar** (s. noch § 320b Rdnr. 20).[18]

b) **Hauptversammlung der zukünftigen Hauptgesellschaft.** Gem. § 319 Abs. 2 bedarf der Eingliederungsbeschluß der Zustimmung durch die Hauptversammlung der zukünftigen Hauptgesellschaft (Rdnr. 4; § 319 Rdnr. 10 ff.). Abs. 2 S. 2 nimmt darauf Bezug und bestimmt, daß auch der Bekanntmachung der zukünftigen Hauptgesellschaft eine Erklärung über die geplante Abfindung (Rdnr. 8) beizufügen ist. Damit soll den Aktionären die Möglichkeit verschafft werden, sich frühzeitig über einen für ihr Abstimmungsverhalten wesentlichen Gesichtspunkt, nämlich die auf die Hauptgesellschaft zukommende Abfindungsbelastung, zu informieren.[19] Ein Verstoß gegen die Vorschrift begründet die Anfechtbarkeit des Beschlusses (Rdnr. 8 a. E., § 320b Rdnr. 16).   9

2. **Pflicht zur Auslage (Abs. 4 S. 1).** Die Vorschrift des Abs. 4 S. 1 nimmt auf § 319 Abs. 3 S. 1 Bezug und paßt die dort geregelte Pflicht der zukünftigen Hauptgesellschaft zur Auslage bestimmter Unterlagen (§ 319 Rdnr. 13 ff.) den Besonderheiten der Mehrheitseingliederung an. Damit auch die Minderheitsaktionäre der *einzugliedernden Gesellschaft* von den Unterlagen Kenntnis nehmen können, wird zunächst die Pflicht zur Auslage auf diese Gesellschaft erstreckt. Zusätzlich erweitert Abs. 4 S. 1 den Katalog der von beiden Gesellschaften auszulegenden Unterlagen auf den nach Abs. 3 iVm. § 293e zu erstellenden *Prüfungsbericht* (Rdnr. 16). Was den Ort der Auslage betrifft, so bezieht sich Abs. 4 S. 1 ebenso wie § 319 Abs. 3 S. 1 auf den Geschäftsraum der Gesellschaft; die Verpflichtung zur Auslage in der jeweiligen Hauptversammlung ergibt sich aus Abs. 4 S. 3 iVm. § 319 Abs. 3 S. 3 (Rdnr. 12). Zur Beschlußanfechtung s. § 319 Rdnr. 13 f., 320b Rdnr. 15 ff.   10

3. **Erweiterter Eingliederungsbericht (Abs. 4 S. 2).** Abs. 4 S. 2 greift die in § 319 Abs. 3 S. 1 Nr. 3 geregelte Pflicht des *Vorstands der zukünftigen Hauptgesellschaft* zur Erstellung eines Eingliederungsberichts (§ 319 Rdnr. 14 f.) auf und bestimmt, daß in diesem Bericht auch Art und Höhe der Abfindung, die den Minderheitsaktionären der einzugliedernden Gesellschaft gem. § 320b zu gewähren ist, zu erläutern und zu begründen sind. Die Vorschrift trägt den mit der Abfindungsverpflichtung verbundenen **Bewertungsschwierigkeiten** Rechnung. Sie bezweckt eine entsprechende Information sowohl der Aktionäre der zukünftigen Hauptgesellschaft als auch der außenstehenden Aktionäre der einzugliedernden Gesellschaft. Der Vorstand der *einzugliedernden Gesellschaft* ist zwar nicht berichtspflichtig; der erweiterte Bericht ist jedoch auch von dieser Gesellschaft auszulegen (Rdnr. 10). Die Vorschrift entspricht derjenigen des § 293a Abs. 1; auf die Ausführungen in § 293a Rdnr. 16 ff. wird verwiesen. Abs. 2 und 3 des § 293a finden entsprechende Anwendung (§ 319 Rdnr. 15). Zur Beschlußanfechtung s. § 319 Rdnr. 13 f., § 320b Rdnr. 15 ff.   11

4. **Sinngemäße Geltung des § 319 Abs. 3 S. 2 bis 4 (Abs. 4 S. 3).** Abs. 4 S. 3 bestimmt, daß § 319 Abs. 3 S. 2 bis 4 für die Aktionäre beider Gesellschaft sinngemäß gilt. Dies bedeutet, daß nicht nur die Aktionäre der zukünftigen Hauptgesellschaft (s. § 319 Rdnr. 13), sondern auch die Aktionäre der einzugliedernden Gesellschaft Anspruch auf kostenlose *Erteilung von Abschriften* der in § 319 Abs. 3 S. 1 Nr. 1–3 genannten Unterlagen und des *Prüfungsberichts* (Rdnr. 10, 16) haben. Des weiteren folgt aus Abs. 4 S. 3 iVm. § 319 Abs. 3 S. 3, daß diese Unterlagen (einschließlich des Prüfungsberichts, s. Rdnr. 10) sowohl in der Hauptversammlung der zukünftigen Hauptgesellschaft als auch in derjenigen der einzugliedernden Gesellschaft *auszulegen* sind. Ein dem *erweiterten Auskunftsrecht* der Aktionäre der zukünftigen   12

---

[17] So für die bevorstehende Kapitalerhöhung BGH WM 1974, 713, 714 f.; OLG Celle WM 1972, 1004, 1009 f.; *Koppensteiner* in Kölner Kommentar Rdnr. 8; für Erhöhung aus sonstigen Gründen auch *Krieger* in MünchHdb. AG § 73 Rdnr. 15; *Semler/Grunewald* in Geßler/Hefermehl Rdnr. 5; *Hüffer* Rdnr. 7; *Emmerich/Sonnenschein* § 7 III 3.

[18] Begr. RegE bei *Kropff* S. 424; ferner BGH WM 1974, 713, 714; OLG Celle WM 1972, 1004, 1009; *Semler/Grunewald* in Geßler/Hefermehl Rdnr. 6.

[19] Begr. RegE bei *Kropff* S. 425; *Koppensteiner* in Kölner Kommentar Rdnr. 9.

Hauptgesellschaft (§ 319 Rdnr. 16 f.) entsprechendes Auskunftsrecht der Aktionäre der einzugliedernden Gesellschaft war bis zur Änderung des § 320 (Rdnr. 2) in § 320 Abs. 3 aF vorgesehen. Nunmehr ergibt es sich aus Abs. 4 S. 3 iVm. § 319 Abs. 3 S. 4; danach ist jedem Aktionär der einzugliedernden Gesellschaft auf Verlangen Auskunft auch über die im Zusammenhang mit der Eingliederung wesentlichen Angelegenheiten der zukünftigen Hauptgesellschaft zu geben (s. § 319 Rdnr. 16 f.). Zur Beschlußanfechtung s. § 319 Rdnr. 16 f., § 320 b Rdnr. 15 ff.

V. Eingliederungsprüfung (Abs. 3)

13 1. **Zweck.** Die wesentliche sachliche Änderung des § 320 (Rdnr. 2) besteht in der Einführung einer obligatorischen Eingliederungsprüfung nach dem Vorbild der §§ 9, 60 Abs. 1, 2 UmwG, §§ 293 b ff. Eine solche Prüfung war dem alten Recht fremd.[20] Auch § 320 Abs. 3 S. 1 n. F. schreibt sie nur für die *Mehrheitseingliederung* vor und trägt damit dem Umstand Rechnung, daß es (nur, s. § 319 Rdnr. 7) bei dieser Form der Eingliederung zur Entstehung von Abfindungsansprüchen kommt.[21] Wie die Prüfung des Unternehmensvertrags gem. §§ 293 b ff. bezweckt auch die Eingliederungsprüfung die **Entlastung des Spruchstellenverfahrens;** die Prüfung der Eingliederung durch einen sachverständigen und unabhängigen Prüfer, dessen Auswahl sich nach Abs. 3 S. 3 iVm. § 293 d Abs. 1 S. 1, § 319 HGB beurteilt, soll eine gerichtliche Überprüfung der Angemessenheit der Abfindung abkürzen oder gar entbehrlich machen.[22] Die Möglichkeit eines **Verzichts auf die Eingliederungsprüfung** folgt aus Abs. 3 S. 3, der – ebenso wie § 293 b Abs. 2 – die sinngemäße Anwendung des § 293 a Abs. 3 bestimmt und damit die Prüfung bei Vorliegen von öffentlich beglaubigten *Verzichtserklärungen sämtlicher Aktionäre* der zukünftigen Hauptgesellschaft und der einzugliedernden Gesellschaft für entbehrlich erklärt (§ 293 a Rdnr. 24). Durch Art. 1 Nr. 28 a KonTraG (Einleitung Rdnr. 17) ist in § 320 Abs. 3 S. 1 klargestellt worden, daß die Prüfung durch **einen oder mehrere Prüfer** zu erfolgen hat und somit für mehrere oder alle beteiligten Unternehmen ein gemeinsamer Prüfer bestellt werden kann. Dies entspricht der Rechtslage nach §§ 9, 10 UmwG betreffend die Verschmelzung (s. ferner § 293 b Rdnr. 1). Zur Beschlußanfechtung s. § 320 b Rdnr. 15 ff.

14 2. **Bestellung, Auswahl, Stellung und Verantwortlichkeit der Prüfer.** Die Eingliederungsprüfer werden gem. Abs. 3 S. 2 *vom Vorstand der zukünftigen Hauptgesellschaft bestellt.* Dies weicht sowohl von § 60 Abs. 2 S. 1 UmwG als auch von § 293 c Abs. 1 S. 1 ab. Im übrigen erklärt Abs. 3 S. 3 die Vorschriften des § 293 c betreffend die Bestellung der Vertragsprüfer für entsprechend anwendbar. Der Vorstand der zukünftigen Hauptgesellschaft kann somit auch die gerichtliche Bestellung der Eingliederungsprüfer beantragen (§ 293 c Rdnr. 7 ff.). Bei der *Auswahl* der Eingliederungsprüfer sind gem. Abs. 3 S. 3 iVm. § 293 d die Vorschriften des § 319 HGB zu beachten. Die Eingliederungsprüfer haben gem. Abs. 3 S. 3 iVm. § 293 d Abs. 1 S. 1 das *Auskunftsrecht* des § 320 Abs. 1 S. 2, Abs. 2 S. 1 und 2 HGB; gem. Abs. 3 S. 3 iVm. § 293 d Abs. 1 S. 2 besteht es gegenüber beiden Gesellschaften sowie den jeweiligen abhängigen und herrschenden Unternehmen (§ 293 d Rdnr. 6, 8). Hinsichtlich der *Verantwortlichkeit* der Eingliederungsprüfer verweist Abs. 3 S. 3 auf § 293 d Abs. 2; die Haftung richtet sich somit nach § 323 HGB und besteht gegenüber beiden Gesellschaften und deren Aktionären (§ 293 d Rdnr. 9 ff.).

15 3. **Gegenstand der Prüfung.** Gegenstand der Eingliederungsprüfung ist nach Abs. 3 S. 1 die „Eingliederung". Die Prüfung muß sich somit auf die in §§ 319, 320 genannten **Voraussetzungen der Mehrheitseingliederung** (Rdnr. 4 f., 6 ff.) und, wie auch aus Abs. 3 S. 3 iVm. § 293 e Abs. 1 S. 2 und 3 folgt, auf die Angemessenheit der **Abfindung** erstrecken (§ 293 b Rdnr. 4, 10, 12 f.). Dagegen ist die *Zweckmäßigkeit* der Eingliederung zwar Gegenstand des Eingliederungsberichts (§ 319 Rdnr. 15, § 293 a Rdnr. 10, 14 f.), nicht aber der Eingliede-

---

[20] Vgl. OLG Hamm AG 1993, 93.
[21] Vgl. Begr. RegE, BT-Drucks. 12/6699 S. 179.
[22] Vgl. Begr. RegE, BT-Drucks. 12/6699 S. 178.

rungsprüfung.[23] Die Frage, ob und inwieweit sich die Prüfung auf den **Eingliederungsbericht** (Rdnr. 11, § 319 Rdnr. 14 f.) zu erstrecken hat, ist für die Verschmelzungsprüfung gem. § 9 UmwG[24] und für die Vertragsprüfung gem. § 293 b (s. § 293 b Rdnr. 10) umstritten; auch für die Eingliederungsprüfung muß die Frage als noch nicht abschließend geklärt bezeichnet werden.[25] Mit Blick auf die Entlastungsfunktion der Prüfung (Rdnr. 13) und den engen Zusammenhang zwischen dem Berichtsinhalt und der Abfindungsregelung (Rdnr. 11) sprechen die besseren Gründe für die Erstreckung der Prüfung auf den Eingliederungsbericht, soweit dieser Ausführungen zur Rechtmäßigkeit der Eingliederung und zur Angemessenheit der Abfindung enthält.[26]

4. Prüfungsbericht. Gem. Abs. 3 S. 3 iVm. § 293 e haben die Eingliederungsprüfer über das Ergebnis der Prüfung schriftlich zu berichten. Der Inhalt des Berichts bestimmt sich nach § 293 e (§ 293 e Rdnr. 5 ff.). Über die in § 293 e Abs. 2 enthaltene Verweisungsnorm gelangen die **Schutzklausel** des § 293 a Abs. 2 (§ 293 e Rdnr. 23) und die **Verzichtsmöglichkeit** des § 293 a Abs. 3 (§ 319 Rdnr. 15, § 293 e Rdnr. 22) auch hinsichtlich des Prüfungsberichts zur Anwendung. 16

§ 320 a Wirkungen der Eingliederung

Mit der Eintragung der Eingliederung in das Handelsregister gehen alle Aktien, die sich nicht in der Hand der Hauptgesellschaft befinden, auf diese über. Sind über diese Aktien Aktienurkunden ausgegeben, so verbriefen sie bis zu ihrer Aushändigung an die Hauptgesellschaft nur den Anspruch auf Abfindung.

I. Inhalt und Zweck der Vorschrift

Die Vorschrift regelt die speziellen Rechtsfolgen einer Mehrheitseingliederung iSd. § 320. Sie bestimmt in S. 1, daß die Hauptgesellschaft mit der Eintragung der Eingliederung die Mitgliedschaften der außenstehenden Aktionäre der eingegliederten Gesellschaft erwirbt und damit **Alleinaktionär** dieser Gesellschaft wird. Etwaige Aktienurkunden verbriefen gem. S. 2 der Vorschrift bis zu ihrer Aushändigung an die Hauptgesellschaft den Anspruch auf Abfindung, der den ausgeschiedenen Aktionären nach § 320 b als Ausgleich für die verlorene Mitgliedschaft zusteht. Die Vorschrift knüpft an § 320 an, der zufolge die Eingliederung zwar nicht an der Existenz einer kleinen Minderheit scheitern soll, ein Fortbestand der Mitgliedschaft außenstehender Aktionäre jedoch angesichts der Auswirkungen der Eingliederung auf die Finanz- und Organisationsverfassung der eingegliederten Gesellschaft nicht in Betracht kommt (§ 320 Rdnr. 1, 3). Sie entspricht § 320 Abs. 4 aF (§ 319 Rdnr. 1, § 320 Rdnr. 2). 1

II. Übergang der Mitgliedschaften (S. 1)

1. Voraussetzungen. Nach S. 1 gehen die Mitgliedschaften mit **Eintragung** der Eingliederung in das Handelsregister der eingegliederten Gesellschaft über. Dies entspricht der in §§ 320 Abs. 1 S. 3, 319 Abs. 7 angeordneten konstitutiven Wirkung der Eintragung (§ 320 Rdnr. 5, § 319 Rdnr. 33). Neben der Eintragung müssen allerdings auch die **sonstigen** Voraussetzungen der Eingliederung vorliegen.[1] Bei Nichtigkeit des Eingliederungs- oder Zustimmungsbeschlusses (§ 319 Rdnr. 8 ff.) findet also ein Übergang der Aktien nur 2

---

[23] *Hüffer* Rdnr. 12; näher § 293 b Rdnr. 11 ff.
[24] Dazu *Lutter* in *Lutter* UmwG § 9 Rdnr. 12 mit weit. Nachw.
[25] Für Erstreckung der Eingliederungsprüfung auf den Bericht LG Berlin AG 1996, 230, 232 f.; *Hüffer* Rdnr. 12; *Emmerich/Sonnenschein* § 7 III 2 a.
[26] In diesem Sinne für die Verschmelzung namentlich *Hoffmann-Becking*, Festschrift für Fleck, S. 105, 122; zu weit. Nachw. s. § 293 b Rdnr. 10.
[1] *Koppensteiner* in Kölner Kommentar § 320 Rdnr. 16.

unter der Voraussetzung statt, daß Heilung gem. § 242 Abs. 2 eingetreten ist (vgl. § 319 Rdnr. 33). Im Fall der Anfechtbarkeit eines Beschlusses gem. § 243 Abs. 1 kommt es regelmäßig erst gar nicht zur Eintragung der Eingliederung (§ 319 Rdnr. 20 ff.); die Frage eines Übergangs der Aktien stellt sich dann nicht (s. aber auch § 319 Rdnr. 33). Auch im Fall einer Mehrheitseingliederung bedarf der Eingliederungsbeschluß allerdings keiner sachlichen Rechtfertigung (§ 320 b Rdnr. 21). Zum Schicksal von Options- und Wandlungsrechten s. § 320 b Rdnr. 8.

3   **2. Übergang kraft Gesetzes.** Liegen die Voraussetzungen des S. 1 vor (Rdnr. 2), so gehen sämtliche Mitgliedschaften, die sich nicht in der Hand der Hauptgesellschaft befinden, auf diese über. Das Gesetz spricht zwar vom Übergang der Aktien, meint aber, wie sich aus S. 2 (Rdnr. 4) und dem Normzweck des § 320 a (Rdnr. 1) ergibt, nicht das Eigentum an den Aktienurkunden. Von dem Übergang der Mitgliedschaften sind **auch eigene Aktien** der eingegliederten Gesellschaft betroffen, ferner Aktien, die ein Dritter für Rechnung der eingegliederten Gesellschaft gehalten hat.[2] Die Hauptgesellschaft wird also Alleinaktionär der eingegliederten Gesellschaft und kann damit von ihrem Weisungsrecht nach § 323 Gebrauch machen, ohne auf die Belange von Mitaktionären Rücksicht nehmen zu müssen. Der Übergang der Mitgliedschaft vollzieht sich kraft Gesetzes; die Vornahme eines Verfügungsgeschäfts ist weder erforderlich noch möglich.[3] Die ausgeschiedenen Aktionäre haben gem. § 320 b Anspruch auf Abfindung; auch dieser Anspruch entsteht kraft Gesetzes (§ 320 b Rdnr. 3).

III. Eigentum an den Aktienurkunden (S. 2)

4   **1. Verbriefung des Abfindungsanspruchs.** Sind über die Mitgliedschaften Aktienurkunden ausgegeben, so kommt es nach S. 2 zu einer vorübergehenden (Rdnr. 5) Auswechslung des verbrieften Rechts. Dadurch weicht S. 2 von § 952 Abs. 2 BGB ab, wonach die Aktienurkunden, nachdem sie die Mitgliedschaften nicht mehr verbriefen und damit ihre Eigenschaft als Inhaber- oder Orderpapier verloren haben,[4] in das Eigentum der Hauptgesellschaft übergehen würden. Demgegenüber bestimmt S. 2, daß die über die Migliedschaften ausgestellten Aktienurkunden bis zu ihrer Aushändigung an die Hauptgesellschaft (Rdnr. 5) den Anspruch auf Abfindung gem. § 320 b verbriefen, also ihre Eigenschaft als Inhaber- oder Orderpapier behalten und damit weiterhin im **Eigentum der ausgeschiedenen Aktionäre** stehen. Eine Übertragung des Eigentums an den Urkunden verschafft dem Erwerber nur das verbriefte Recht, also den Anspruch auf die Abfindung; auch der Erwerber ist zudem – Zug um Zug gegen Gewährung der Abfindung – zur Aushändigung der Urkunde an die Hauptgesellschaft verpflichtet (Rdnr. 5). Ein **gutgläubiger Erwerb** der *Mitgliedschaft* zu Lasten der Hauptgesellschaft findet schon deshalb nicht statt, weil der ausgeschiedene Aktionär weiterhin Eigentümer der Urkunde und damit hinsichtlich des Gegenstands der Verfügung Berechtigter ist. Etwaige **Belastungen** der Mitgliedschaft setzen sich entsprechend § 1287 S. 2 BGB im Wege der dinglichen Surrogation an dem Anspruch auf Abfindung fort.[5] Auf *Zwischenscheine* iSd. § 8 Abs. 4 ist S. 2 entsprechend anzuwenden.[6]

5   **2. Rechtsfolgen der Aushändigung.** Mit Eintragung der wirksamen Eingliederung sind die ausgeschiedenen Aktionäre zur Aushändigung der Urkunden an die Hauptgesellschaft *verpflichtet*;[7] die Hauptgesellschaft schuldet ihrerseits Gewährung der Abfindung gem. § 320 b. Beide Ansprüche können nach Maßgabe der §§ 273, 274 BGB geltend gemacht werden. Die Eigentumsverhältnisse an den Urkunden beurteilen sich nach § 797 S. 2 BGB.[8] Danach erwirbt die **Hauptgesellschaft das Eigentum** an den Urkunden mit

---

[2] EinhM, s. *Semler/Grunewald* in *Geßler/Hefermehl* § 320 Rdnr. 15.
[3] S. statt aller *Hüffer* Rdnr. 2.
[4] Zutr. *Hüffer* Rdnr. 3.
[5] *Semler/Grunewald* in *Geßler/Hefermehl* § 320 Rdnr. 15.
[6] *Hüffer* Rdnr. 3.
[7] *Koppensteiner* in Kölner Kommentar § 320 Rdnr. 17; *Krieger* in MünchHdb. AG § 73 Rdnr. 18.
[8] *Timm/Schick* WM 1994, 185, 186 f.; *Hüffer* Rdnr. 3.

Abfindung der ausgeschiedenen Aktionäre **§ 320b**

Gewährung der Abfindung,[9] regelmäßig also zeitgleich mit der Aushändigung der Urkunden. Die Urkunden verbriefen nun wieder die Mitgliedschaften.[10] Die während des Schwebezustands verbrieften Rechte, nämlich die Abfindungsansprüche der ausgeschiedenen Aktionäre, sind durch Erfüllung erloschen. Eine **Kraftloserklärung** nicht ausgehändigter Urkunden gem. § 73 kommt schon deshalb nicht in Betracht,[11] weil die Urkunden regelmäßig bis zur Aushändigung die Abfindungsansprüche der ausgeschiedenen Aktionäre verbriefen. Sind die Abfindungsansprüche ausnahmsweise vor Aushändigung erloschen, so kann die Hauptgesellschaft aufgrund des von ihr erworbenen Eigentums Herausgabe der Urkunden verlangen. Im übrigen bleibt es ihr unbenommen, auf Aushändigung der Urkunden Zug um Zug gegen Gewährung der Abfindung zu klagen.

§ 320b Abfindung der ausgeschiedenen Aktionäre

(1) Die ausgeschiedenen Aktionäre der eingegliederten Gesellschaft haben Anspruch auf angemessene Abfindung. Als Abfindung sind ihnen eigene Aktien der Hauptgesellschaft zu gewähren. Ist die Hauptgesellschaft eine abhängige Gesellschaft, so sind den ausgeschiedenen Aktionären nach deren Wahl eigene Aktien der Hauptgesellschaft oder eine angemessene Barabfindung zu gewähren. Werden als Abfindung Aktien der Hauptgesellschaft gewährt, so ist die Abfindung als angemessen anzusehen, wenn die Aktien in dem Verhältnis gewährt werden, in dem bei einer Verschmelzung auf eine Aktie der Gesellschaft Aktien der Hauptgesellschaft zu gewähren wären, wobei Spitzenbeträge durch bare Zuzahlungen ausgeglichen werden können. Die Barabfindung muß die Verhältnisse der Gesellschaft im Zeitpunkt der Beschlußfassung ihrer Hauptversammlung über die Eingliederung berücksichtigen. Die Barabfindung sowie bare Zuzahlungen sind von der Bekanntmachung der Eintragung der Eingliederung an mit jährlich zwei vom Hundert über dem jeweiligen Diskontsatz der Deutschen Bundesbank zu verzinsen; die Geltendmachung eines weiteren Schadens ist nicht ausgeschlossen.

(2) Die Anfechtung des Beschlusses, durch den die Hauptversammlung der eingegliederten Gesellschaft die Eingliederung der Gesellschaft beschlossen hat, kann nicht auf § 243 Abs. 2 oder darauf gestützt werden, daß die von der Hauptgesellschaft nach § 320 Abs. 2 Nr. 2 angebotene Abfindung nicht angemessen ist. Ist die angebotene Abfindung nicht angemessen, so hat das in § 306 bestimmte Gericht auf Antrag die angemessene Abfindung zu bestimmen. Das gleiche gilt, wenn die Hauptgesellschaft eine Abfindung nicht oder nicht ordnungsgemäß angeboten hat und eine hierauf gestützte Anfechtungsklage innerhalb der Anfechtungsfrist nicht erhoben oder zurückgenommen oder rechtskräftig abgewiesen worden ist.

(3) Antragsberechtigt ist jeder ausgeschiedene Aktionär. Der Antrag kann nur binnen zwei Monaten nach dem Tage gestellt werden, an dem die Eintragung der Eingliederung in das Handelsregister nach § 10 des Handelsgesetzbuchs als bekanntgemacht gilt. Für das Verfahren gilt § 306 sinngemäß.

---

[9] Näher dazu MünchKomm-*Hüffer*, BGB³, § 797 Rdnr. 5 ff.;
[10] *Koppensteiner* in Kölner Kommentar § 320 Rdnr. 17.
[11] AA *Krieger* in MünchHdb. AG § 73 Rdnr. 18; *Semler/Grunewald* in Geßler/Hefermehl § 320 Rdnr. 15; wie hier *Hüffer* Rdnr. 3.

§ 320 b 1-4 Drittes Buch. Dritter Teil. Eingegliederte Gesellschaften

Übersicht

	Rdnr.		Rdnr.
I. Einführung	1, 2	4. Verzinsung; Verzugsschaden (Abs. 1 S. 6)	13
1. Inhalt und Zweck der Vorschrift	1	5. Verjährung	14
2. Gesetzesgeschichte	2	**III. Beschlußmängel**	15–21
II. Anspruch auf angemessene Abfindung (Abs. 1)	3–14	1. Überblick	15
1. Entstehung	3	2. Zustimmungsbeschluß	16
2. Gläubiger und Schuldner	4	3. Eingliederungsbeschluß	17–21
3. Inhalt	5–12	a) Unangemessenes Abfindungsangebot	17, 18
a) Abfindungsarten	5–11	b) Fehlendes oder nicht ordnungsgemäßes Abfindungsangebot	19
aa) Regelabfindung (Abs. 1 S. 2)	5–8	c) Sonstige Beschlußmängel	20, 21
bb) Wahlrecht (Abs. 1 S. 3)	9–11		
b) Bewertung (Abs. 1 S. 4 und 5)	12		

I. Einführung

1 **1. Inhalt und Zweck der Vorschrift.** Nach Abs. 1 S. 1 haben die ausgeschiedenen Aktionäre der durch Mehrheitsbeschluß gem. § 320 eingegliederten Gesellschaft Anspruch auf Abfindung. Dadurch soll der mit der Mehrheitseingliederung verbundene Verlust der Mitgliedschaft in der eingegliederten Gesellschaft ausgeglichen werden; § 320 b steht somit im unmittelbaren Zusammenhang mit § 320 a und regelt wie dieser die spezifischen Rechtsfolgen der Mehrheitseingliederung. Der Inhalt des Abfindungsanspruchs ist in Abs. 1 S. 2 bis 6 bestimmt. Abs. 2 und 3 schränken die Anfechtbarkeit des Eingliederungsbeschlusses ein und verweisen die ausgeschiedenen Aktionäre bezüglich der Geltendmachung der Unangemessenheit des Abfindungsangebots auf das Spruchstellenverfahren des § 306. Die Vorschrift des § 320 b enthält **zwingendes Recht.** Eine analoge Anwendung auf die Vermögensübertragung gem. § 179 a oder auf die förmliche Änderung des Unternehmensgegenstands kommt nicht in Betracht.[1]

2 **2. Gesetzesgeschichte.** Die Vorschrift hat die in § 320 Abs. 5 bis 7 aF enthaltene Regelung übernommen (§ 320 Rdnr. 2). Eine sachliche Änderung hat sich dabei nur hinsichtlich des Anspruchs der ausgeschiedenen Aktionäre auf *Verzinsung* einer etwaigen Barabfindung ergeben. Nach § 320 b Abs. 1 S. 6 ist der Betrag mit 2% über dem Diskontsatz zu verzinsen (Rdnr. 13); demgegenüber gewährte § 320 Abs. 5 S. 6 aF einen Anspruch auf Festverzinsung in Höhe von 5%. Ein vom Gemeinsamen Arbeitsausschuß des BDI und anderer Verbände vorgelegter Gesetzgebungsvorschlag, dessen Kern in der Einführung einer erleichterten Abfindung der ausgeschiedenen Aktionäre liegt,[2] wurde vom Gesetzgeber des KonTraG (Einleitung Rdnr. 17) nicht aufgegriffen.

II. Anspruch auf angemessene Abfindung (Abs. 1)

3 **1. Entstehung.** Der Anspruch auf Abfindung entsteht gem. Abs. 1 S. 1 mit der Eintragung der wirksamen Eingliederung (§ 319 Rdnr. 33, § 320 Rdnr. 5). Er entsteht **kraft Gesetzes,** setzt also im Unterschied zu dem in § 305 geregelten Anspruch (§ 305 Rdnr. 16 ff.) nicht den Abschluß eines Abfindungsvertrags voraus.[3] Dies entspricht dem in § 320 a bestimmten gesetzlichen Übergang der Mitgliedschaften auf die Hauptgesellschaft (§ 320 a Rdnr. 2 f.); der damit verbundene Rechtsnachteil wird durch § 320 b kompensiert.

4 **2. Gläubiger und Schuldner.** Schuldner des Abfindungsanspruchs ist stets die **Hauptgesellschaft.** Dies gilt auch in dem Fall, daß die außenstehenden Aktionäre ausnahmsweise,

---

[1] OLG Stuttgart AG 1997, 137 f.; *Henze,* Festschrift für Boujong, 1996, S. 233, 249 f.
[2] Abgedruckt in WM 1997, 490, 496 f., 500.
[3] *Koppensteiner* in Kölner Kommentar § 320 Rdnr. 18; *Hüffer* Rdnr. 2.

nämlich bei Eingliederung einer Enkelgesellschaft in eine bereits eingegliederte Tochtergesellschaft (Rdnr. 10), Anspruch auf Abfindung in Aktien der Muttergesellschaft haben. Gläubiger des Anspruchs sind die aus der eingegliederten Gesellschaft **ausgeschiedenen Aktionäre**. Hat die *eingegliederte Gesellschaft* eigene Aktien gehalten (s. § 320a Rdnr. 3), so kann also auch sie Abfindung gem. Abs. 1 S. 2 und 3 (Rdnr. 5) beanspruchen.[4] Die einmal an die eingegliederte Gesellschaft geleistete Abfindung steht freilich gem. § 323 zur Disposition der Hauptgesellschaft, so daß der Frage keine allzu große praktische Bedeutung zukommt.

3. Inhalt. a) Abfindungsarten. aa) Regelabfindung (Abs. 1 S. 2). Gem. Abs. 1 S. 2 sind den ausgeschiedenen Aktionären als Regelabfindung eigene Aktien der Hauptgesellschaft zu gewähren. Vorbehaltlich des Abs. 1 S. 3 (Rdnr. 9 ff.) haben die ausgeschiedenen Aktionäre somit *keinen Anspruch auf Barabfindung*.[5] Dies gilt auch für die *eingegliederte Gesellschaft* (Rdnr. 4). Insoweit sollte auch § 71 d S. 2 der Abfindung in Aktien der Hauptgesellschaft nicht entgegenstehen. Für Neufälle kann der Vorschrift des § 71 d S. 2 mit Hilfe der durch Art. 1 Nr. 4 KonTraG (Einleitung Rdnr. 17) eingefügten Ziffer 8 des § 71 Abs. 1 Rechnung getragen werden; für Altfälle ist die Vorschrift des § 71 Abs. 1 Nr. 3 entsprechend anzuwenden.[6] Die zur Erfüllung ihrer Abfindungsverpflichtungen benötigten eigenen Aktien kann die Hauptgesellschaft entweder gem. § 71 Abs. 1 Nr. 3, 8 erwerben oder durch eine bedingte Kapitalerhöhung gem. § 192 Abs. 2 Nr. 2 schaffen. Obschon sich im Fall des § 192 Abs. 2 Nr. 2 die Beteiligungsverhältnisse in der Hauptgesellschaft verschieben, bedarf weder der Zustimmungsbeschluß (§ 319 Rdnr. 10 ff.) noch der Kapitalerhöhungsbeschluß einer sachlichen Rechtfertigung (§ 320 Rdnr. 4). Der Zustimmungsbeschluß kann jedoch wegen Unangemessenheit der Abfindung angefochten werden (Rdnr. 16).

Noch nicht abschließend geklärt ist die Frage, welcher Art die den ausgeschiedenen Aktionären zu gewährenden Aktien sein müssen. Insbesondere fragt sich, ob die angebotenen Aktien der Hauptgesellschaft und die nach § 320a auf die Hauptgesellschaft übergegangenen Aktien der **gleichen Gattung** angehören müssen. In Übereinstimmung mit der Rechtslage nach § 305 Abs. 2 Nr. 1 und 2 (s. § 305 Rdnr. 11) ist dies im Grundsatz zu bejahen.[7] Die Abfindung in Aktien der Muttergesellschaft hat somit sicherzustellen, daß die ausgeschiedenen Aktionäre weder hinsichtlich der mitgliedschaftlichen *Vermögensrechte* noch hinsichtlich der *Teilhaberechte* einen Rechtsnachteil erleiden. Umgekehrt sollen sie durch die Abfindung *keinen Vorteil* erlangen, zumal sich dieser zum Nachteil der *bisherigen Aktionäre der Hauptgesellschaft* auswirken würde (s. Rdnr. 7, 16).[8] Das Abfindungsangebot muß somit sowohl in vermögensmäßiger Hinsicht als auch hinsichtlich der Teilhaberechte dem an den Belangen der ausgeschiedenen Aktionäre und der Aktionäre der Hauptgesellschaft auszurichtenden **Gleichbehandlungsgebot** genügen.[9] Vor diesem Hintergrund ist ein Umtausch von Stammaktien in Vorzugsaktien iSd. §§ 139 ff. grundsätzlich (s. aber Rdnr. 7) ebenso unzulässig wie ein Umtausch von Vorzugsaktien in Stammaktien.

Bei Bemessung des Umtauschverhältnisses ist allerdings auf eine etwaige **Verschiebung der Stimmrechtsverhältnisse** Rücksicht zu nehmen. Hat etwa die Hauptgesellschaft sowohl Stamm- als auch Vorzugsaktien ausgegeben, die eingegliederte Gesellschaft dagegen ausschließlich Stammaktien, so würde eine Abfindung ausschließlich in Stammaktien den ausgeschiedenen Aktionären einen Gewinn an Stimmrechtsmacht bescheren. Es ist deshalb

---

[4] *Koppensteiner* in Kölner Kommentar § 320 Rdnr. 18; *Semler/Grunewald* in *Geßler/Hefermehl* § 320 Rdnr. 17; *Hüffer* Rdnr. 2; aA *Würdinger* in Großkomm. z. AktG³ § 320 Anm. 12; *Krieger* in Münch-Hdb. AG § 73 Rdnr. 18.

[5] Wohl einhM, s. etwa OLG Hamm AG 1993, 93, 94.

[6] Zutr. *Hüffer* Rdnr. 3; aA – für Barabfindung – *Semler/Grunewald* in *Geßler/Hefermehl* § 320 Rdnr. 17.

[7] Näher zum Folgenden *Lutter*, Festschrift für Mestmäcker, S. 943, 948 ff.; ders. in *Lutter* UmwG

§ 5 Rdnr. 10 ff.; s. ferner *Timm/Schöne*, Festschrift für Kropff, S. 315, 319 ff.; weitergehend – generell für Abfindung in der Gattung der übergegangenen Aktien – die bislang hM, s. *Koppensteiner* in Kölner Kommentar § 320 Rdnr. 22; *Semler/Grunewald* in *Geßler/Hefermehl* § 320 Rdnr. 22; *Krieger* in Münch-Hdb. AG § 73 Rdnr. 19.

[8] Zutr. *Lutter* (Fn. 7).

[9] *Lutter* (Fn. 7).

gerechtfertigt und zur Wahrung der Interessen der Aktionäre der Hauptgesellschaft sogar geboten, anteilig in Vorzugsaktien abzufinden.[10] Im umgekehrten Fall – nur die eingegliederte Gesellschaft hat Vorzugsaktien ausgegeben – darf die Hauptgesellschaft zwar in Stammaktien abfinden;[11] zwischen Stamm- und Vorzugsaktien bestehende Wertunterschiede sind jedoch zu berücksichtigen.

8 Von der eingegliederten Gesellschaft begebene und im Zeitpunkt der Eingliederung noch nicht ausgeübte oder zwar ausgeübte, aber noch nicht bediente **Optionen auf Aktien** sind analog §§ 320 a, b, §§ 23, 36 Abs. 1 UmwG durch entsprechende Rechte gegen die Hauptgesellschaft zu ersetzen.[12] Auch insoweit sind die Grundsätze der Gattungsgleichheit und der Gleichbehandlung (Rdnr. 7 f.) zu beachten; den Abfindungsberechtigten sind also je nach Ausgestaltung des gegen die eingegliederte Gesellschaft gerichteten Rechts Options- oder Wandelanleihen oder reine Optionsrechte zu gewähren. Bei Berechnung der nach § 320 Abs. 1 erforderlichen Kapitalmehrheit (§ 320 Rdnr. 6) sind die Optionsrechte zwar nicht zu berücksichtigen; entsprechend § 320 Abs. 1 dürfen sich aber die begebenen Optionen ihrerseits auf nicht mehr als 5 % des Grundkapitals beziehen.[13] Auf von der eingegliederten Gesellschaft ausgegebene **Genußrechte** ist die Eingliederung dagegen ohne Einfluß. Solche Rechte begründen ein gewöhnliches Gläubigerrecht; zu einem mitgliedschaftlichen Rechtsverhältnis können sie nicht erstarken.[14] Für den notwendigen Schutz der Gläubiger sorgen deshalb die §§ 321 f.

9 **bb) Wahlrecht (Abs. 1 S. 3).** Ist die Hauptgesellschaft ihrerseits abhängige Gesellschaft iSd. § 17, so ist den ausgeschiedenen Aktionäre gem. § 320 b Abs. 1 S. 3 entweder eine Abfindung in Aktien der *Hauptgesellschaft* oder eine **Barabfindung** zu gewähren. Damit stellt das Gesetz sicher, daß die ausgeschiedenen Aktionäre nicht gezwungen sind, erneut Mitglieder einer abhängigen Gesellschaft zu werden.[15] Entsprechend diesem Normzweck gelangt § 320 b Abs. 1 S. 3 auch bei Abhängigkeit von einer *Gebietskörperschaft* zur Anwendung.[16] Anders als im Fall des § 305 Abs. 2 Nr. 2 (§ 305 Rdnr. 13 f.) haben die *ausgeschiedenen Aktionäre* hinsichtlich der Art der Abfindung ein Wahlrecht; das Abfindungsangebot der Hauptgesellschaft muß also beide Formen der Abfindung enthalten und die Wahl den ausgeschiedenen Aktionären überlassen. Aber auch in sonstiger Hinsicht weicht § 320 b Abs. 1 S. 3 von § 305 Abs. 2 Nr. 2 ab. So haben die ausgeschiedenen Aktionäre nach Abs. 1 S. 3 kein Wahlrecht, wenn die Hauptgesellschaft zwar in *Mehrheitsbesitz* iSd. § 16 steht, aber nicht abhängig ist. Vor allem aber sieht Abs. 1 S. 3 keine Abfindung in Aktien der die Hauptgesellschaft beherrschenden oder mit Mehrheit an ihr beteiligten Gesellschaft vor. Obschon Sachgründe für diese Abweichungen von § 305 Abs. 2 Nr. 2 nicht ersichtlich sind[17] und eine einheitliche Abfindungsregelung zu wünschen wäre, hat es de lege lata bei dem eindeutigen Wortlaut des Abs. 1 S. 3 zu bewenden.[18] Eine Ausnahme ist allein für die mehrstufige Eingliederung anzuerkennen (Rdnr. 10).

10 Besonderheiten gelten bei Eingliederung einer Enkel-AG in eine bereits eingegliederte Tochter-AG. Für die sog. **mehrstufige Eingliederung** „von oben nach unten" (s. § 319

---

[10] *Lutter* (Fn. 7) S. 950 f. bzw. Rdnr. 12; *Hüffer* § 320 b Rdnr. 4, § 305 Rdnr. 11; aA *Timm/Schöne*, Festschrift für Kropff, S. 315, 322 ff. (328).

[11] *Lutter* (Fn. 7) S. 950 f. bzw. Rdnr. 13; *Hüffer* § 320 b Rdnr. 4, § 305 Rdnr. 11 mit zutr. Hinweis darauf, daß der Vorzug in diesem Fall auch ohne Zustimmung der Vorzugsaktionäre gem. § 141 Abs. 1 aufgehoben werden kann; näher zum zuletzt genannten Aspekt *Kiem* ZIP 1997, 1627, 1628 f. betr. die Verschmelzung. AA *Timm/Schöne*, Festschrift für Kropff, S. 315, 328 ff.

[12] BGH ZIP 1998, 560; OLG München ZIP 1993, 1001, 1004 = WM 1993, 1285; eingehend *Martens* AG 1992, 209, 211 ff.; ferner *Hüffer* Rdnr. 4; *Emmerich/Sonnenschein* § 7 III 6 c; aA offenbar OLG Hamm AG 1994, 376, 378 (Rechte richten sich weiterhin gegen die eingegliederte Gesellschaft); ferner *Würdinger* in Großkomm. z. AktG³ § 320 Anm. 25; wohl auch *Semler/Grunewald* in Geßler/Hefermehl § 327 Rdnr. 9.

[13] So wohl auch BGH ZIP 1998, 560, 561.

[14] BGHZ 119, 305, 309 f., 316 ff.; *Habersack* ZHR 151 (1991), 378, 383 f., 391 ff.

[15] Begr. RegE bei *Kropff* S. 425.

[16] BGHZ 69, 334, 338 ff. = NJW 1978, 104; näher dazu § 15 Rdnr. 22 ff., § 17 Rdnr. 4 ff.

[17] Vgl. *Bernhardt* BB 1966, 257, 259 f.; *Kamprad/Römer* AG 1990, 486, 487 ff.; *Koppensteiner* in Kölner Kommentar § 320 Rdnr. 19.

[18] So auch *Semler/Grunewald* in Geßler/Hefermehl § 320 Rdnr. 19; *Hüffer* Rdnr. 6; aA – für Zulässigkeit des Angebots von Aktien der die Hauptgesellschaft beherrschenden oder an ihr mehrheitlich beteiligten Gesellschaft – *Kamprad/Römer* AG 1990, 486, 487 f.

Rdnr. 12) folgt nämlich bereits aus § 327 Abs. 1 Nr. 3, daß eine Abfindung in Aktien der Tochter-AG, also der Hauptgesellschaft iSd. § 320b Abs. 1 S. 3, nicht in Betracht kommen kann; denn andernfalls fände die Eingliederung der Tochter-AG in die Mutter-AG ihr Ende, sollte auch nur *ein* aus der Enkel-AG ausgeschiedener Aktionär anstelle der Barabfindung die Abfindung in Aktien der Tochter-AG wählen. Mit der ganz hM[19] ist deshalb davon auszugehen, daß für diese Form der mehrstufigen Eingliederung eine Abfindung in Aktien der Mutter-AG zulässig ist; die Tochter-AG ist deshalb ausnahmsweise berechtigt, den ausgeschiedenen Aktionären nach deren Wahl Aktien der *Mutter-AG* oder eine Barabfindung zu gewähren (s. noch Rdnr. 18). Keine Probleme bereitet dagegen die mehrstufige Eingliederung „von unten nach oben", also die Eingliederung der Enkel-AG in die ihrerseits noch nicht in die Mutter-AG eingegliederte Tochter-AG. In diesem Fall bewendet es bei § 320b Abs. 1 S. 3. Mit Eingliederung der Tochter-AG in die Mutter-AG erhalten die aus der Enkel-AG ausgeschiedenen Aktionäre, die sich für die Abfindung in Aktien der Tochter entschieden haben, sodann die Möglichkeit, für den Verlust ihrer Mitgliedschaft in der Tochter-AG Aktien der Mutter-AG (oder eine Barabfindung) zu erhalten.

11 Auf den Abfindungsanspruch gem. Abs. 1 S. 3 finden die Vorschriften der **§§ 262ff. BGB** über die Wahlschuld Anwendung.[20] Übt ein ausgeschiedener Aktionär (als wahlberechtigter Gläubiger iSd. §§ 262ff. BGB) sein Wahlrecht nicht aus, so kann die Hauptgesellschaft ihn gem. § 264 Abs. 2 BGB unter Bestimmung einer angemessenen Frist zur Vornahme der Wahl auffordern; nach § 264 Abs. 2 S. 2 BGB geht das Wahlrecht mit fruchtlosem Ablauf der Frist auf die Hauptgesellschaft über. Hinsichtlich der Bemessung der Frist ist auf **§ 305 Abs. 4 S. 2 und 3** (§ 305 Rdnr. 23f.) zurückzugreifen.[21] Die Hauptgesellschaft muß also eine Frist von *mindestens zwei Monaten* setzen; läuft ein gerichtliches Verfahren zur Überprüfung der Abfindung, so müssen dem ausgeschiedenen Aktionär zumindest zwei Monate *nach Beendigung des Verfahrens* verbleiben. Der Hauptgesellschaft ist es gestattet, eine entsprechende Befristung des Wahlrechts bereits in das Abfindungsangebot aufzunehmen.

12 b) **Bewertung (Abs. 1 S. 4 und 5).** Nach Abs. 1 S. 1 haben die ausgeschiedenen Aktionäre Anspruch auf *angemessene* Abfindung. Bei einer Abfindung in *Aktien* der Hauptgesellschaft ist nach Abs. 1 S. 4 die sog. **Verschmelzungswertrelation** und damit das Umtauschverhältnis maßgebend, das bei einer Verschmelzung der beiden Gesellschaften angemessen wäre.[22] Sofern danach ein glatter Umtausch nicht möglich ist, „können" Spitzenbeträge durch *bare Zuzahlung* ausgeglichen werden; die Zuzahlung ist dann in das Abfindungsangebot aufzunehmen. Bei Bemessung der Barabfindung sind gem. Abs. 1 S. 5 die Verhältnisse der eingegliederten Gesellschaft, also deren Wert, im Zeitpunkt der *Vornahme des Eingliederungsbeschlusses* (§ 319 Rdnr. 8f.) maßgebend. Die Vorschriften des Abs. 1 S. 4 und 5 entsprechen damit denjenigen des § 305 Abs. 3 S. 1 und 2; auf die Ausführungen in § 305 Rdnr. 30ff. wird verwiesen.

13 4. **Verzinsung; Verzugsschaden (Abs. 1 S. 6).** Barabfindungen (Rdnr. 9) und bare Zuzahlungen (Rdnr. 12) sind gem. Abs. 1 S. 6, 1. Halbs. vom Tag der *Bekanntmachung* der Eintragung der Eingliederung an (§ 319 Rdnr. 33) mit 2% über dem jeweiligen Diskontsatz zu verzinsen. Die ausgeschiedenen Aktionäre erlangen auf diesem Weg Ausgleich dafür, daß sie gem. § 320a S. 1 unmittelbar mit Eintragung der Eingliederung ihre Mitgliedschaf-

---

[19] BGH, Urteil v. 30. 3. 1998, II ZR 12/97; OLG Nürnberg AG 1996, 229, 230; OLG Nürnberg AG 1997, 136; LG Dortmund AG 1995, 518, 519; LG Dortmund AG 1996, 426, 427; Semler/Grunewald in Geßler/Hefermehl § 320 Rdnr. 20; Krieger in Münch-Hdb. AG § 73 Rdnr. 19; Hüffer Rdnr. 6; Emmerich/Sonnenschein § 7 III 7b; E. Rehbinder ZGR 1977, 581, 614f.; Kamprad/Römer AG 1990, 486, 489; aA namentlich Koppensteiner in Kölner Kommentar § 320 Rdnr. 20.

[20] Koppensteiner in Kölner Kommentar § 320 Rdnr. 27; Semler/Grunewald in Geßler/Hefermehl § 320 Rdnr. 23.

[21] Frisinger BB 1972, 819, 820f.; Koppensteiner in Kölner Kommentar § 320 Rdnr. 28; Semler/Grunewald in Geßler/Hefermehl § 320 Rdnr. 23.

[22] Zu den Bewertungsschwierigkeiten s. etwa OLG Düsseldorf AG 1995, 84; ferner Bayer ZIP 1997, 1613, 1617f. mit weit. Nachw. (betr. die Verschmelzung).

ten verlieren. *Verzug* der Hauptgesellschaft ist nicht erforderlich. Gem. § 263 Abs. 2 BGB (Rdnr. 11) besteht der Anspruch auch für den Zeitraum, in dem die Aktionäre ihr *Wahlrecht* (Rdnr. 9 ff.) noch nicht ausgeübt haben.[23] Mit Rücksicht auf § 266 BGB bleibt der Anspruch auch dann in voller Höhe bestehen, wenn sich der ausgeschiedene Aktionär weigert, eine von der Hauptgesellschaft angebotene **Teilleistung** anzunehmen.[24] – Gem. Abs. 1 S. 6, 2. Halbs. kann der ausgeschiedene Aktionär zwar auch Ersatz eines durch Abs. 1 S. 6, 1. Halbs. nicht ausgeglichenen Schadens verlangen. Doch ist die Vorschrift selbst keine Anspruchsgrundlage. Sie stellt vielmehr nur klar, daß insbesondere § 286 BGB durch den Anspruch auf Verzinsung nicht verdrängt wird. Ersatz eines weiteren Schadens kann somit nur bei **Verzug der Hauptgesellschaft** beansprucht werden.[25]

14   **5. Verjährung.** Der Anspruch auf Abfindung verjährt gem. § 195 BGB in dreißig Jahren.[26] Gem. § 198 S. 1 BGB beginnt die Verjährung mit Entstehung des Anspruchs. Dies ist gem. § 320a S. 1, § 320b Abs. 1 S. 1 der Zeitpunkt der **Eintragung** der Eingliederung (§ 319 Rdnr. 33). Aus dem in Abs. 1 S. 6, 1. Halbs. für maßgeblich erachteten Zeitpunkt der Bekanntmachung läßt sich nichts Gegenteiliges entnehmen.[27]

III. Beschlußmängel

15   **1. Überblick.** Abs. 2 S. 1 bestimmt, daß die Anfechtung des *Eingliederungsbeschlusses* nicht auf § 243 Abs. 2 oder auf die *Unangemessenheit* der von der Hauptgesellschaft angebotenen Abfindung gestützt werden kann, und enthält somit eine Einschränkung des § 243 Abs. 1. Statt dessen werden die ausgeschiedenen Aktionäre durch Abs. 2 S. 2, Abs. 3 auf das Spruchstellenverfahren des § 306 verwiesen (Rdnr. 17 ff.). Entsprechendes gilt gem. Abs. 2 S. 3 für den Fall, daß ein *Abfindungsangebot fehlt* und der Eingliederungsbeschluß in Bestandskraft erwachsen ist; auch dann steht das Spruchstellenverfahren zur Verfügung (Rdnr. 19). Hinsichtlich *sonstiger Mängel des Eingliederungsbeschlusses* bewendet es dagegen bei den allgemeinen Vorschriften der §§ 241 ff. (Rdnr. 20 f.). In Abs. 2 und 3 überhaupt nicht geregelt sind etwaige Mängel des *Zustimmungsbeschlusses*; auch sie können somit nach allgemeinen Vorschriften geltend gemacht werden (Rdnr. 16).

16   **2. Zustimmungsbeschluß.** Mängel des Zustimmungsbeschlusses (§ 319 Rdnr. 10 ff.) können nach Maßgabe der §§ 241 ff. geltend gemacht werden; Abs. 2 und 3 enthalten insoweit keine Regelung. In Betracht kommt insbesondere die Anfechtung wegen Verletzung der in § 319 Abs. 3, § 320 Abs. 2 bis 4 geregelten *Informations-, Prüfungs- und Berichtspflichten*.[28] Der Zustimmungsbeschluß bedarf zwar ebenso wie ein etwaiger Kapitalerhöhungsbeschluß iSd. § 192 Abs. 2 Nr. 2 keiner sachlichen Rechtfertigung (Rdnr. 5, § 320 Rdnr. 4). Die Aktionäre der Hauptgesellschaft können die Anfechtung des Zustimmungsbeschlusses aber auch auf die **Unangemessenheit der Abfindung** oder auf einen *sonstigen Verstoß gegen* § 320b (s. Rdnr. 6 f.) stützen.[29] Mängel des Eingliederungsbeschlusses sind dagegen ohne Einfluß auf den Zustimmungsbeschluß (§ 319 Rdnr. 11).

---

[23] *Koppensteiner* in Kölner Kommentar § 320 Rdnr. 24; *Semler/Grunewald* in *Geßler/Hefermehl* § 320 Rdnr. 25; *Hüffer* Rdnr. 7; *Frisinger* BB 1972, 819, 822.

[24] *Semler/Grunewald* in *Geßler/Hefermehl* § 320 Rdnr. 25; aA *Würdinger* in Großkomm. z. AktG³ § 320 Anm. 15.

[25] *Semler/Grunewald* in *Geßler/Hefermehl* § 320 Rdnr. 26; *Hüffer* Rdnr. 7; aA *Koppensteiner* in Kölner Kommentar § 320 Rdnr. 25.

[26] Wohl einhM, s. *Koppensteiner* in Kölner Kommentar § 320 Rdnr. 27.

[27] AA *Würdinger* in Großkomm. z. AktG³ § 320 Anm. 15; wie hier dagegen *Semler/Grunewald* in *Geßler/Hefermehl* § 320 Rdnr. 24; zweifelnd *Koppensteiner* in Kölner Kommentar § 320 Rdnr. 27.

[28] Vgl. etwa LG Berlin AG 1996, 230, 231 f., 232 f. (fehlerhafte Bekanntmachung der Tagesordnung und fehlerhafter Eingliederungsprüfungsbericht).

[29] Vgl. für die Verschmelzung BGHZ 112, 9, 19 = NJW 1990, 2747; *Grunewald* in *Geßler/Hefermehl* § 352c Rdnr. 8 f.; *Bork* in *Lutter* UmwG § 14 Rdnr. 14 mit weit. Nachw.; einschränkend OLG Hamm WM 1988, 1164, 1169 (Geltendmachung der Unangemessenheit des Umtauschverhältnisses nur unter der Voraussetzung, daß auch ein begleitender Kapitalerhöhungsbeschluß angefochten wird); aA *Mertens* AG 1990, 20, 23 f. S. ferner für die Eingliederung LG Berlin AG 1996, 230, 232; *Semler/Grunewald* in *Geßler/Hefermehl* § 320 Rdnr. 13.

3. Eingliederungsbeschluß. a) Unangemessenes Abfindungsangebot. Nach Abs. 2 S. 1 **17** kann die Anfechtung des Eingliederungsbeschlusses nicht auf § 243 Abs. 2 oder auf die Unangemessenheit (iSd. Abs. 1 S. 4 und 5, s. Rdnr. 12, ferner Rdnr. 19) der angebotenen Abfindung gestützt werden. Statt dessen können die ausgeschiedenen Aktionäre gem. Abs. 2 S. 2, Abs. 3 die Festsetzung der angemessenen Abfindung durch das in § 306 bestimmte Gericht beantragen. Die Einleitung dieses sog. **Spruchstellenverfahrens** kann gem. Abs. 3 S. 1 von jedem **ausgeschiedenen Aktionär** beantragt werden. Vor dem Hintergrund der §§ 319 Abs. 5, 7, 320a S. 1 bedeutet dies, daß das Spruchstellenverfahren vor erfolgter Eintragung nicht eingeleitet werden kann, ferner, daß jede Anfechtung des Zustimmungs- oder Eingliederungsbeschlusses das Spruchstellenverfahren hinausschiebt. Es ist somit durch Abs. 3 S. 1 ausgeschlossen, daß ein Spruchstellenverfahren eingeleitet wird, bevor feststeht, daß es zur (konstitutiv wirkenden, s. § 319 Rdnr. 33) Eintragung der Eingliederung kommt. Der Antragssteller muß gem. Abs. 3 S. 1 im Zeitpunkt der Eintragung der Eingliederung Aktionär der eingegliederten Gesellschaft gewesen sein; ein *Gesamtrechtsnachfolger* steht ihm gleich.[30] Der Nachweis der Antragsberechtigung kann durch Vorlage der Aktienurkunde oder durch eine entsprechende Depotbescheinigung erfolgen.[31] Hinsichtlich der **Antragsfrist** enthält Abs. 3 S. 2 eine dem § 304 Abs. 4 S. 2 entsprechende Vorschrift (§ 304 Rdnr. 84).

Gem. Abs. 3 S. 3 gilt für das **Verfahren** die Vorschrift des § 306 sinngemäß. Es kann des- **18** halb auf die Erläuterungen zu § 306 verwiesen werden.[32] Ein bei Eintragung der Eingliederung *rechtshängiges Spruchstellenverfahren gem. §§ 304f., 306* wird trotz Beendigung des Beherrschungsvertrags (§ 320 Rdnr. 5) fortgeführt (s. § 306 Rdnr. 38).[33] Entsprechendes gilt bei mehrstufiger Eingliederung (§ 319 Rdnr. 12): Ein hinsichtlich der Abfindung der aus der Enkel-AG ausgeschiedenen Aktionäre anhängiges Spruchstellenverfahren wird nicht durch die nachfolgende Eingliederung der Tochter-AG in die Mutter-AG beendet.[34] Da allerdings eine Abfindung in Aktien der (zwischenzeitlich eingegliederten) Tochter-AG regelmäßig nicht mehr in Betracht kommt (s. Rdnr. 10), obliegt es der Tochter-AG, das Abfindungsangebot anzupassen, dh. Aktien der Mutter-AG anzubieten (Rdnr. 10). – Wird durch das Gericht eine höhere Abfindung festgesetzt, so kommt dies sämtlichen ausgeschiedenen Aktionären zugute, also auch denjenigen, die bereits ihre Aktienurkunden gegen Leistung der angebotenen Abfindung ausgehändigt haben (§ 320a Rdnr. 4f.). Letztere haben mithin einen sog. **Abfindungsergänzungsanspruch** (s. § 305 Rdnr. 66).[35]

b) Fehlendes oder nicht ordnungsgemäßes Abfindungsangebot. Gem. Abs. 2 S. 3 **19** kann die Einleitung des Spruchstellenverfahrens (Rdnr. 17 f.) auch dann beantragt werden, wenn die Hauptgesellschaft entgegen Abs. 1 S. 1 bis 3 eine Abfindung nicht oder nicht ordnungsgemäß angeboten hat und eine hierauf gestützte Anfechtungsklage entweder nicht innerhalb der Frist des § 246 Abs. 1 erhoben oder zwar erhoben, aber zurückgenommen oder rechtskräftig abgewiesen worden ist. In all diesen Fällen schließt zwar Abs. 2 S. 1 eine Anfechtung des Eingliederungsbeschlusses nicht aus (Rdnr. 20). Das **Spruchstellenverfahren** steht dann aber **subsidiär** zur Verfügung. Von Abs. 2 S. 3 erfaßt ist zunächst der Fall, daß eine Abfindung überhaupt nicht angeboten worden ist; dann fehlt es bereits an einer ordnungsgemäßen Bekanntmachung gem. § 320 Abs. 2 S. 1 (§ 320 Rdnr. 8). Darüber hinaus bezieht sich Abs. 2 S. 3 auf sämtliche Fälle, in denen die angebotene Abfindung ihrer *Art* nach nicht den Vorgaben des Abs. 1 S. 2 und 3 entspricht, sei es, daß das Angebot einer Bar-

---

[30] Nicht dagegen ein Einzelrechtsnachfolger, s. *Semler/Grunewald* in *Geßler/Hefermehl* § 320 Rdnr. 28; *Hüffer* Rdnr. 10; aA *Timm/Schick* WM 1994, 185, 187 f.
[31] Näher *Timm/Schick* WM 1994, 185, 188 f.
[32] Zur Unzulässigkeit von Zwischenverfügungen s. OLG Düsseldorf ZIP 1997, 1420.
[33] BGH ZIP 1997, 1193, 1194 f. (betr. Kündigung des Beherrschungsvertrags); OLG Düsseldorf AG 1995, 85, 86; *W. Meilicke* AG 1995, 181, 183 ff.; *Emmerich/Sonnenschein* § 7 III 3; aA OLG Karlsruhe AG 1994, 139, 140; OLG Zweibrücken AG 1994, 563, 564.
[34] OLG Celle AG 1973, 405; OLG Düsseldorf AG 1996, 475; *Hecker/Wenger* ZBB 1995, 322, 333 ff.; *W. Meilicke* AG 1995, 181, 186 ff.
[35] HM, s. *Koppensteiner* in Kölner Kommentar § 320 Rdnr. 31; *Semler/Grunewald* in *Geßler/Hefermehl* § 320 Rdnr. 30; *Krieger* in MünchHdb. AG § 73 Rdnr. 22; *Hüffer* Rdnr. 10; aA *Vogt* Wpg. 1969, 585, 586 f.

abfindung fehlt, daß Aktien einer anderen Gesellschaft als der Hauptgesellschaft angeboten werden (s. aber Rdnr. 10) oder daß die angebotenen Aktien ihrer Gattung nach zu beanstanden sind (Rdnr. 6 f.).[36] Bleibt dagegen die *Höhe* der angebotenen Abfindung hinter den Anforderungen des Abs. 1 S. 4 und 5 zurück (Rdnr. 12), so findet Abs. 2 S. 1 Anwendung (Rdnr. 17 f.).

20   c) **Sonstige Beschlußmängel.** Vorbehaltlich des Abs. 2 S. 1 (Rdnr. 17 f.) beurteilt sich die Anfechtbarkeit und Nichtigkeit des Eingliederungsbeschlusses nach den allgemeinen Vorschriften der §§ 241 ff. Eine Anfechtung kommt somit in Betracht, wenn die in § 320 Abs. 1 genannten Voraussetzungen einer Mehrheitseingliederung fehlen,[37] wenn der *Eingliederungsbericht* des Vorstandes der Hauptgesellschaft (§ 319 Rdnr. 14 f., 320 Rdnr. 11) oder der *Prüfungsbericht* des Eingliederungsprüfers (§ 320 Rdnr. 13 ff.) Mängel aufweisen und damit eine ordnungsgemäße Auslage gem. § 320 Abs. 4 S. 1 nicht erfolgt ist,[38] ferner bei *Bekanntmachungsfehlern* (§ 320 Rdnr. 8) und bei einer Verletzung des *Auskunftsrechts* der Aktionäre gem. § 319 Abs. 3 S. 4 iVm. § 320 Abs. 4 S. 3 (§ 320 Rdnr. 12).[39] Des weiteren kann die Anfechtung des Eingliederungsbeschlusses darauf gestützt werden, daß die Hauptgesellschaft eine *Abfindung* nicht oder nicht ordnungsgemäß angeboten hat;[40] gem. Abs. 2 S. 3 steht in diesen Fällen zudem subsidiär das Spruchstellenverfahren zur Verfügung (Rdnr. 19). Die Anfechtung des Eingliederungsbeschlusses hat grundsätzlich die „Registersperre" des § 319 Abs. 5 S. 2 zur Folge (s. § 319 Rdnr. 22 ff., 26 ff.).

21   Der Eingliederungsbeschluß bedarf auch im Fall der Mehrheitseingliederung **keiner sachlichen Rechtfertigung**; seine Anfechtung kann somit nicht auf die (angebliche) Unangemessenheit der Maßnahme gestützt werden (s. auch § 293 Rdnr. 35).[41] Den §§ 320 ff. läßt sich vielmehr die Wertung entnehmen, daß einerseits die Eingliederung nicht an der Existenz einer kleinen Minderheit scheitern soll, andererseits ein Verbleib der Minderheit in der eingegliederten AG mit Rücksicht auf §§ 323, 324 nicht in Betracht kommt. Ganz abgesehen davon, daß sich Kriterien für die Beurteilung der Angemessenheit der Eingliederung ohnehin nicht bestimmen lassen, hat sich der Gesetzgeber somit bewußt für das Kompensationsmodell des § 320 b entschieden. Die Mehrheitseingliederung kann zwar **im Einzelfall treuwidrig** und aus diesem Grund anfechtbar gem. § 243 Abs. 1 sein. Dies ist aber nicht schon deshalb der Fall, weil die Eingliederung auch zu dem Zweck eingesetzt wird, sich einer lästigen Minderheit zu entledigen.[42] Ein Mißbrauch liegt jedoch vor, wenn die Eingliederung ausschließlich zum Zweck des Ausschlusses der Minderheit eingesetzt wird; davon kann ausgegangen werden, wenn es kurze Zeit nach der Eingliederung zur Aufnahme von neuen Aktionären und damit zur Beendigung der Eingliederung gem. § 327 Abs. 1 Nr. 3 kommt.[43]

§ 321 Gläubigerschutz

(1) **Den Gläubigern der eingegliederten Gesellschaft, deren Forderungen begründet worden sind, bevor die Eintragung der Eingliederung in das Handelsregister bekanntgemacht worden ist, ist, wenn sie sich binnen sechs Monaten nach der Bekanntma-**

---

[36] Zur Gattungsverschiedenheit s. OLG Hamm AG 1994, 376, 378.
[37] Vgl. OLG Hamm AG 1980, 79, 81; OLG Hamm AG 1994, 376, 377 f.
[38] Vgl. für den Zustimmungsbeschluß LG Berlin AG 1996, 230, 231 f.
[39] Vgl. OLG Hamm AG 1980, 79, 81.
[40] BGHZ 69, 334, 335, 343 f. = NJW 1978, 104; OLG Hamm AG 1994, 376, 378; zur Anfechtung des Zustimmungsbeschlusses in diesem Fall s. LG Berlin AG 1996, 230, 232.

[41] HM, s. *Koppensteiner* in Kölner Kommentar § 320 Rdnr. 13; *Semler/Grunewald* in Geßler/Hefermehl § *320 Rdnr. 10; Hüffer* Rdnr. 8; *Krieger* in MünchHdb. AG § 73 Rdnr. 15; *Lutter* ZGR 1981, 171, 180; *Timm* ZGR 1987, 403, 436; *Hirte,* Bezugsrechtsausschluß und Konzernbildung, 1986, S. 142 f.; aA *Rodloff* S. 44 ff.
[42] So auch *Veit* S. 71; *Semler/Grunewald* in Geßler/Hefermehl § 320 Rdnr. 12; vgl. dazu auch *Martens* AG 1992, 209.
[43] *Semler/Grunewald* (Fn. 42); *Hirte* (Fn. 41) S. 152.

chung zu diesem Zweck melden, Sicherheit zu leisten, soweit sie nicht Befriedigung verlangen können. Die Gläubiger sind in der Bekanntmachung der Eintragung auf dieses Recht hinzuweisen.

(2) Das Recht, Sicherheitsleistung zu verlangen, steht Gläubigern nicht zu, die im Falle des Konkurses ein Recht auf vorzugsweise Befriedigung aus einer Deckungsmasse haben, die nach gesetzlicher Vorschrift zu ihrem Schutz errichtet und staatlich überwacht ist.

Übersicht

	Rdnr.		Rdnr.
I. Einführung	1, 2	2. Schuldner	5
1. Inhalt und Zweck der Vorschrift	1	3. Sonstige Voraussetzungen	6
2. Änderung durch Art. 47 Nr. 19 EGInsO	2	4. Inhalt des Anspruchs	7
II. Anspruch auf Sicherheitsleistung	3–8	5. Recht auf vorzugsweise Befriedigung (Abs. 2)	8
1. Gläubiger	3, 4		

I. Einführung

1. Inhalt und Zweck der Vorschrift. Die Vorschrift begründet einen Anspruch der Altgläubiger der eingegliederten Gesellschaft auf Sicherheitsleistung. Sie trägt dadurch dem Umstand Rechnung, daß das Vermögen der eingegliederten Gesellschaft und damit die den Gläubigern zur Verfügung stehende Haftungsmasse nach §§ 323, 324 weitgehend dem Zugriff der Hauptgesellschaft offensteht.[1] Zwar haftet die Hauptgesellschaft gem. § 322 für sämtliche Verbindlichkeiten der eingegliederten Gesellschaft. Die Realisierung dieser Haftung steht und fällt jedoch mit der Solvenz der Hauptgesellschaft. § 321 sichert die Gläubiger auch schon vor Eintritt der Fälligkeit ihrer Forderungen und versteht sich somit als **Ergänzung zu § 322**. Vergleichbare Vorschriften finden sich in § 225 Abs. 1 betr. die Kapitalherabsetzung, § 303 Abs. 1 und 2 betr. die Beendigung des Beherrschungs- und Gewinnabführungsvertrags und § 22 UmwG betr. die Verschmelzung. Die Vorschrift ist **zwingend** in dem Sinne, daß sie nicht durch Vereinbarung zwischen der eingegliederten Gesellschaft und der Hauptgesellschaft oder gar durch die Satzung einer der beiden Gesellschaften abbedungen werden kann. *Gläubiger und Schuldner* des Anspruchs (Rdnr. 3, 5) können dagegen einvernehmlich eine von § 321 abweichende Vereinbarung treffen.

2. Änderung durch Art. 47 Nr. 19 EGInsO. Die Vorschrift hat durch Art. 47 Nr. 19 Einführungsgesetz zur Insolvenzordnung eine redaktionelle Änderung erfahren.[2] Danach werden in § 321 Abs. 2 die Worte „des Konkurses" durch die Worte „des Insolvenzverfahrens" ersetzt. Gem. Art. 110 Abs. 1 EGInsO tritt diese Änderung am 1.1.1999 in Kraft.

II. Anspruch auf Sicherheitsleistung

1. Gläubiger. Anspruch auf Sicherheitsleistung hat nach Abs. 1 S. 1 jeder Gläubiger der eingegliederten Gesellschaft, dessen Forderung vor Bekanntmachung der Eintragung der Eingliederung in das Handelsregister (§ 319 Rdnr. 33, § 320 Rdnr. 5) begründet worden ist. Geschützt sind somit sämtliche **Altgläubiger;** auf den Entstehungsgrund der Forderung kommt es nicht an. Gläubiger, deren Forderung nach Bekanntmachung der Eintragung begründet worden sind, können zwar die Hauptgesellschaft aus § 322 in Anspruch nehmen; sie haben jedoch auch dann keinen Anspruch auf Sicherheitsleistung, wenn in der Bekanntmachung entgegen Abs. 1 S. 2 (Rdnr. 6) nicht auf den Anspruch auf Sicherheitsleistung hingewiesen worden ist. Was den für die Begründung der Forderung maßgebenden

---

[1] Vgl. Begr. RegE bei *Kropff* S. 425 f.   [2] BGBl. 1994 I S. 2, 911, 2931.

Zeitpunkt der Bekanntmachung der Eintragung betrifft, so bestimmt sich dieser nach § 10 Abs. 2 HGB. Zu diesem Zeitpunkt muß die Forderung *begründet,* dh. ihr Rechtsgrund gelegt worden sein.[3] Dies entspricht der Rechtslage nach §§ 225 Abs. 1 S. 1, 303 Abs. 1 S. 1; auf die Ausführungen in § 303 Rdnr. 10 wird verwiesen.

4 Nach Abs. 1 S. 1 hat allerdings ein Gläubiger, der **Befriedigung** verlangen kann, keinen Anspruch auf Sicherheitsleistung. Ein solcher Gläubiger hat es vielmehr in der Hand, seine Forderung gegen die eingegliederte Gesellschaft durchzusetzen; eines zusätzlichen Anspruchs auf Sicherheitsleistung bedarf es nicht. Davon betroffen ist insbesondere der Gläubiger einer bereits fälligen Forderung. Entsprechendes gilt aber auch für den Fall, daß zwar Befriedigung nicht verlangt werden kann, dies aber auf Umstände in der Person des Gläubigers, etwa auf die Nichterbringung der von ihm geschuldeten Gegenleistung, zurückzuführen ist.[4] Dagegen besteht Anspruch auf Sicherheitsleistung, wenn der Gläubiger zwar von einem mithaftenden *Dritten,* nicht aber von der eingegliederten Gesellschaft Befriedigung verlangen kann.[5]

5 **2. Schuldner.** Schuldner des Anspruchs auf Sicherheitsleistung ist der Schuldner des zu sichernden Anspruchs, also die **eingegliederte Gesellschaft**.[6] Die *Haftung der Hauptgesellschaft* nach § 322 erstreckt sich allerdings auch auf die Verpflichtung der eingegliederten Gesellschaft zur Sicherheitsleistung (§ 322 Rdnr. 5 f.).

6 **3. Sonstige Voraussetzungen.** Ein Anspruch auf Sicherheitsleistung setzt nach Abs. 1 S. 1 die **Eingliederung** und damit die konstitutiv wirkende (§ 319 Rdnr. 33, § 320 Rdnr. 5) Eintragung derselben voraus. Des weiteren muß der Gläubiger binnen einer *Frist von sechs Monaten* nach Bekanntmachung der Eintragung bei der eingegliederten Gesellschaft seinen Anspruch auf Sicherheitsleistung anmelden. Im Hinblick auf diese **Ausschlußfrist** bestimmt Abs. 1 S. 2, daß die Gläubiger in der Bekanntmachung der Eintragung auf ihr Recht aus Abs. 1 S. 1 hinzuweisen sind. Die Frist läuft allerdings auch, wenn der Hinweis unterbleibt;[7] die Gläubiger haben dann ggf. Ansprüche aus Staatshaftung. Wegen sämtlicher Einzelheiten wird verwiesen auf § 303 Rdnr. 15 ff.

7 **4. Inhalt des Anspruchs.** Der Inhalt des Anspruchs auf Sicherheitsleistung bestimmt sich grundsätzlich nach §§ 232 ff. BGB. Soweit nach §§ 232 Abs. 2, 239 BGB Sicherheit auch mittels selbstschuldnerischer **Bürgschaft** geleistet werden kann, kommt allerdings die *Hauptgesellschaft* als Bürge nicht in Betracht; denn sie haftet den Altgläubigern bereits aus § 322.[8]

8 **5. Recht auf vorzugsweise Befriedigung (Abs. 2).** Der Ausschlußgrund des Abs. 2 entspricht demjenigen des § 303 Abs. 2; auf die Ausführungen in § 303 Rdnr. 25 f. wird verwiesen.

§ 322 Haftung der Hauptgesellschaft

(1) Von der Eingliederung an haftet die Hauptgesellschaft für die vor diesem Zeitpunkt begründeten Verbindlichkeiten der eingegliederten Gesellschaft den Gläubigern dieser Gesellschaft als Gesamtschuldner. Die gleiche Haftung trifft sie für alle Verbindlichkeiten der eingegliederten Gesellschaft, die nach der Eingliederung be-

---

[3] Näher dazu im Zusammenhang mit der Haftung des ausgeschiedenen OHG-Gesellschafters *Staub/ Habersack* HGB § 128 Rdnr. 62 ff.; *Schlegelberger/ K. Schmidt* HGB § 128 Rdnr. 48 ff.; *Heymann/Emmerich* HGB § 128 Rdnr. 50 ff.
[4] Näher *Semler/Grunewald* in *Geßler/Hefermehl* Rdnr. 3.
[5] *Semler/Grunewald* in *Geßler/Hefermehl* Rdnr. 3; aA die hM zur Rechtslage bei der Verschmelzung, s. *Dehmer* UmwR, § 22 Rdnr. 17 mit weit. Nachw.

[6] *Koppensteiner* in Kölner Kommentar Rdnr. 3; *Semler/Grunewald* in *Geßler/Hefermehl* Rdnr. 8; *Hüffer* Rdnr. 3; *Emmerich/Sonnenschein* § 7 IV 1.
[7] *Semler/Grunewald* in *Geßler/Hefermehl* Rdnr. 9; *Hüffer* Rdnr. 2.
[8] EinhM, s. *Koppensteiner* in Kölner Kommentar Rdnr. 4; *Semler/Grunewald* in *Geßler/Hefermehl* Rdnr. 10.

gründet werden. Eine entgegenstehende Vereinbarung ist Dritten gegenüber unwirksam.

(2) Wird die Hauptgesellschaft wegen einer Verbindlichkeit der eingegliederten Gesellschaft in Anspruch genommen, so kann sie Einwendungen, die nicht in ihrer Person begründet sind, nur insoweit geltend machen, als sie von der eingegliederten Gesellschaft erhoben werden können.

(3) Die Hauptgesellschaft kann die Befriedigung des Gläubigers verweigern, solange der eingegliederten Gesellschaft das Recht zusteht, das ihrer Verbindlichkeit zugrunde liegende Rechtsgeschäft anzufechten. Die gleiche Befugnis hat die Hauptgesellschaft, solange sich der Gläubiger durch Aufrechnung gegen eine fällige Forderung der eingegliederten Gesellschaft befriedigen kann.

(4) Aus einem gegen die eingegliederte Gesellschaft gerichteten vollstreckbaren Schuldtitel findet die Zwangsvollstreckung gegen die Hauptgesellschaft nicht statt.

Übersicht

	Rdnr.		Rdnr.
I. Einführung	1, 2	III. Einwendungen (Abs. 2 und 3)	10–15
1. Inhalt und Zweck der Vorschrift	1	1. Persönliche Einwendungen	10
2. Mehrstufige Unternehmensverbindung	2	2. Abgeleitete Einwendungen	11, 12
		3. Gestaltungsrechte	13–15
II. Haftung der Hauptgesellschaft (Abs. 1)	3–9	a) Anfechtung	13
		b) Aufrechnung	14
1. Akzessorischer Charakter	3, 4	c) Sonstige	15
2. Reichweite	5	IV. Zwangsvollstreckung (Abs. 4)	16–17
3. Inhalt	6	1. Grundsatz	16
4. Regreß	7	2. Einwand der Haftung	17
5. Abweichende Vereinbarungen	8		
6. Ausweis im Jahresabschluß	9		

I. Einführung

1. Inhalt und Zweck der Vorschrift. Die Vorschrift ordnet die gesamtschuldnerische (s. aber Rdnr. 3 ff.) Haftung der Hauptgesellschaft für die vor oder während der Eingliederung begründeten Verbindlichkeiten der eingegliederten Gesellschaft an. Sie steht im Zusammenhang mit §§ 323, 324, denen zufolge das Vermögen der eingegliederten Gesellschaft weitgehend zur Disposition der Hauptgesellschaft steht und zudem wesentliche Vorschriften über die Kapitalaufbringung und -erhaltung außer Kraft gesetzt sind, und schafft einen Ausgleich für die mit diesen Vorschriften einhergehende Gefährdung der Gläubigerinteressen. Im einzelnen regelt Abs. 1 die *Reichweite* und den *zwingenden Charakter* der Haftung. Abs. 2 spricht der Hauptgesellschaft das Recht zu, neben ihren eigenen *Einwendungen* auch die Einwendungen der eingegliederten Gesellschaft geltend zu machen; nach Abs. 3 kann sich die Hauptgesellschaft zudem auf bestimmte *Gestaltungsrechte* der eingegliederten Gesellschaft einredeweise berufen. Abs. 4 schließlich verlangt für die *Zwangsvollstreckung* gegen die Hauptgesellschaft einen gegen diese gerichteten Titel.

2. Mehrstufige Unternehmensverbindung. Im Rahmen mehrstufiger Unternehmensverbindungen (§ 311 Rdnr. 7 ff.) findet § 322 zwar – wie die §§ 319 ff. insgesamt – nur im Verhältnis zwischen der jeweiligen Hauptgesellschaft und der in diese eingegliederten Gesellschaft Anwendung. Zu den Verbindlichkeiten der eingegliederten Gesellschaft, für die die Hauptgesellschaft nach Abs. 1 einzustehen hat, zählen aber auch solche aus §§ 302 f., 317, 322. Im mehrstufigen Eingliederungskonzern (§ 319 Rdnr. 12) haftet somit die Mutter-AG für die Verbindlichkeiten auch der Enkel-AG, soweit die Tochter-AG für deren

Verbindlichkeiten gem. § 322 einzustehen hat.[1] Sind Tochter- und Enkelgesellschaft über einen Beherrschungs- oder Gewinnabführungsvertrag verbunden oder besteht zwischen ihnen eine qualifizierte faktische Abhängigkeit (vor § 311 Rdnr. 16 ff., 35 ff.), so haftet die Mutter-AG gem. § 322 für die aus §§ 302 ff. folgenden Verbindlichkeiten der Tochter. Bei einfacher Abhängigkeit der Enkel- von der Tochtergesellschaft hat die Mutter-AG für etwaige Verpflichtungen der eingegliederten Tochter aus § 317 einzustehen.

II. Haftung der Hauptgesellschaft (Abs. 1)

3 **1. Akzessorischer Charakter.** Die Vorschrift des § 322 hat die Haftung der Hauptgesellschaft bewußt in **enger Anlehnung** an die „gesetzliche Regelung vergleichbarer Gesamtschuldverhältnisse, namentlich **an die §§ 128, 129 HGB**" ausgestaltet.[2] Dies ist zu dem Zweck geschehen, Rechtsprechung und Lehre zu diesen Vorschriften heranziehen zu können.[3] Vor diesem Hintergrund bietet es sich an, die Auslegung des § 322 an dem *heutigen Verständnis* von der in §§ 128, 129 HGB geregelten Haftung der Gesellschafter einer OHG auszurichten. Das Schrifttum sieht allerdings Bedenken gegen ein solches Vorgehen.[4] Diese Bedenken haben ihre Grundlage darin, daß einerseits § 128 S. 1 HGB zwar ein Gesamtschuldverhältnis *zwischen den Gesellschaftern* untereinander, nach heute ganz hM nicht aber ein solches zwischen der *OHG und ihren Gesellschaftern* begründet,[5] die Vorschrift des Abs. 1 sich andererseits nur an dem Verhältnis zwischen Gesellschafts- und Gesellschafterschuld orientieren kann. Die ausdrückliche Anordnung einer „*gesamtschuldnerischen*" Haftung der Hauptgesellschaft steht somit aus heutiger Sicht im Widerspruch zu der beabsichtigten Anlehnung an § 128 HGB und kann daher nur als Irrtum des Gesetzgebers bezeichnet werden.[6] Die Frage ist denn im wesentlichen, ob dieser Irrtum zu korrigieren ist, ob sich also der im RegE erklärte Wille des Gesetzgebers gegen den Wortlaut des Abs. 1 S. 1 durchzusetzen vermag. Bedeutung kommt dem insbesondere für den Inhalt der Haftung und den Regreß der Hauptgesellschaft zu (Rdnr. 6 f.); demgegenüber enthält § 322 Abs. 2 und 3 eindeutig eine Abbedingung des § 425 BGB (Rdnr. 11).

4 Die besseren Gründe sprechen für eine – den Willen des historischen Gesetzgebers Geltung verschaffende – **korrigierende Auslegung des § 322 Abs. 1 S. 1:** Die Haftung der Hauptgesellschaft ist, nicht anders als die Haftung der OHG-Gesellschafter, akzessorischer Natur. Wollte man demgegenüber am mißglückten Wortlaut des Abs. 1 S. 1 festhalten und ein Gesamtschuldverhältnis zwischen Hauptgesellschaft und eingegliederter Gesellschaft annehmen, so hätte dies zur Folge, daß die §§ 421 ff. die Vorschriften des Abs. 2 und 3 überlagern; da letztere aber unzweifelhaft Grundsätze akzessorischer Haftung verkörpern (Rdnr. 11 ff.), würde dies zu einer – aus systematischen Gründen kaum wünschenswerten – Vermengung von Gesamtschuld- und Akzessorietätsdogmen führen. Aber auch die in § 322 nicht geregelte Rechtslage nach Inanspruchnahme der Hauptgesellschaft spricht eindeutig für den akzessorischen Charakter der Haftung der Hauptgesellschaft. Denn die Heranziehung der Grundsätze über den Regreß des OHG-Gesellschafters führt zwanglos zu dem – im Ergebnis allein stimmigen – Regreß in voller Höhe (Rdnr. 7). Demgegenüber sieht sich die Gegenansicht gezwungen, den auch von ihr gewünschten Totalregreß der Hauptgesellschaft mit der Kopfteilregel des – vorliegend schon im Ansatz unpassenden – § 426 BGB in Einklang zu bringen und damit

---

[1] *Rehbinder* ZGR 1977, 581, 615; *Sonnenschein* BB 1975, 1088, 1090; *Koppensteiner* in Kölner Kommentar Rdnr. 6.
[2] Begr. RegE bei *Kropff* S. 426; s. dazu auch *Geßler* ZGR 1978, 251, 252, 255 f.
[3] *v. Godin/Wilhelmi* Anm. 2 (*Wilhelmi* war Berichterstatter des BT-Rechtsausschusses).
[4] Vgl. namentlich *Koppensteiner* in Kölner Kommentar Rdnr. 3 ff.; *Semler/Grunewald* in *Geßler/Hefermehl* Rdnr. 5 („nicht sehr hilfreich"); *Hüffer* Rdnr. 2 ff.

[5] BGHZ 47, 376, 378 ff. = NJW 1967, 2155; 104, 76, 78 = NJW 1988, 1976; *Schlegelberger/K. Schmidt* HGB § 128 Rdnr. 16 f.; *Staub/Habersack* HGB § 128 Rdnr. 20 ff.; *Heymann/Emmerich* HGB § 128 Rdnr. 5; *Baumbach/Hopt* HGB § 128 Rdnr. 19 f. („unechtes Gesamtschuldverhältnis").
[6] So ausdrücklich *Geßler* ZGR 1978, 251, 260.

Haftung der Hauptgesellschaft   5–7   § 322

die Annahme eines Gesamtschuldverhältnisses letztlich auch insoweit wieder zu korrigieren.

2. Reichweite. Nach Abs.1 S.1 haftet die Hauptgesellschaft für alle **vor der Eintragung** 5
der Eingliederung (§ 319 Rdnr. 33) **begründeten Verbindlichkeiten** der eingegliederten Gesellschaft. Auf den Zeitpunkt der Bekanntmachung der Eintragung kommt es somit – anders als im Fall des § 303 Abs.1 S.1 – nicht an. Auch für § 322 gilt, daß eine Forderung schon dann begründet ist, wenn der *Rechtsgrund* für den betreffenden Anspruch gelegt ist;[7] auf die diesbezüglichen Ausführungen in § 303 Rdnr. 10 wird verwiesen. Nach Abs.1 S.2 haftet die Hauptgesellschaft des weiteren für sämtliche Verbindlichkeiten der eingegliederten Gesellschaft, die **nach der Eingliederung** begründet werden. Von der Haftung *ausgenommen* sind somit allein Verbindlichkeiten, die *nach erfolgter Eintragung der Beendigung der Eingliederung und Ablauf der Schonfrist des § 15 Abs. 2 S. 2 HGB* (s. § 327 Rdnr. 10) begründet werden. Vorbehaltlich der sich aus Abs.1 S.2 ergebenden zeitlichen Grenzen erstreckt sich die Haftung der Hauptgesellschaft auf sämtliche Verbindlichkeiten der eingegliederten Gesellschaft; auf den **Rechtsgrund** der Verbindlichkeit kommt es also nicht an (s. bereits Rdnr. 2). Zur Sonderverjährung nach Beendigung der Eingliederung s. Rdnr. 10, § 327 Rdnr. 11 f.

3. Inhalt. Der Inhalt der Haftung der Hauptgesellschaft entspricht grundsätzlich demjenigen 6
der Verbindlichkeit der eingegliederten Gesellschaft.[8] Auf der Grundlage der hier befürworteten Akzessorietät der Haftung (Rdnr. 3 f.) folgt dies schon aus der **Maßgeblichkeit der zu § 128 HGB entwickelten Grundsätze**.[9] Für die Annahme einer auf Erfüllung gerichteten Haftung spricht aber neben dem Grundsatz der Akzessorietät[10] insbesondere der auf den Schutz der Gläubiger der eingegliederten Gesellschaft gerichtete Zweck des § 322. Die Hauptgesellschaft kann somit grundsätzlich auf *Erfüllung* in Anspruch genommen werden; ein etwaiges Unvermögen der Hauptgesellschaft ist allein über § 283 BGB zu berücksichtigen.[11] Etwas anderes gilt allerdings für den Fall, daß die eingegliederte Gesellschaft die Vornahme einer *unvertretbaren Handlung,* namentlich die Abgabe einer Willenserklärung, oder ein *Unterlassen* schuldet; denn eine solche Leistung kann nicht durch einen anderen erbracht werden.

4. Regreß. Dem Willen des Gesetzgebers und dem akzessorischen Charakter der Haftung 7
(Rdnr. 3 f.) entsprechend beurteilt sich der Regreß der vom Gläubiger in Anspruch genommenen Hauptgesellschaft gegen die eingegliederte Gesellschaft nach den zu § 128 HGB entwickelten Grundsätzen. Demgegenüber soll zwar nach ganz hM die Vorschrift des § 426 BGB über den Gesamtschuldnerausgleich anwendbar sein; abweichend von dem Prinzip des Ausgleichs nach Köpfen soll allerdings die Hauptgesellschaft in der Regel vollen Regreß nehmen können, da in § 322 „etwas anderes bestimmt" sei.[12] Im Ergebnis bestehen deshalb keine nennenswerten Unterschiede zwischen der hier vertretenen Ansicht und der Ansicht der hM. Auf der Grundlage der hier vertretenen Ansicht hat die Hauptgesellschaft, nachdem sie vom Gläubiger nach § 322 in Anspruch genommen wor-

---

[7] Näher dazu im Zusammenhang mit der Haftung des ausgeschiedenen OHG-Gesellschafters *Staub/Habersack* HGB § 128 Rdnr. 62 ff.; *Schlegelberger/K.Schmidt* HGB § 128 Rdnr. 48 ff.; *Heymann/Emmerich* HGB § 128 Rdnr. 50 ff.

[8] So im Ergebnis auch *Geßler* ZGR 1978, 251, 260 ff.; *Würdinger* in Großkomm. z. AktG[3] Anm.1; *Semler/Grunewald* in *Geßler/Hefermehl* Rdnr. 6 f.; *Emmerich/Sonnenschein* § 7 IV 2; *Hüffer* Rdnr. 4; *Krieger* in MünchHdb. AG § 73 Rdnr.25; aA – für Haftung auf das Interesse – *Koppensteiner* in Kölner Kommentar Rdnr. 7 ff.; *Kley/Lehmann* DB 1972, 1421, 1422.

[9] Demgegenüber herrschen im Schrifttum Überlegungen vor, den Inhalt der Haftung aus dem (vermeintlichen) Gesamtschuldverhältnis abzuleiten oder mit diesem in Einklang zu bringen, vgl. namentlich *Koppensteiner* in Kölner Kommentar Rdnr. 7 ff.; *Hüffer* Rdnr. 4; *Krieger* in MünchHdb. AG § 73 Rdnr.25; s. ferner *Semler/Grunewald* in *Geßler/Hefermehl* Rdnr. 4.

[10] Dazu im Zusammenhang mit der Bürgschaft *Staudinger/Horn* BGB vor § 765 Rdnr. 14; MünchKomm-*Habersack* BGB § 765 Rdnr. 79.

[11] Näher dazu sowie zum Folgenden *Staub/Habersack* HGB § 128 Rdnr. 30 ff. mit weit. Nachw.

[12] *Semler/Grunewald* in *Geßler/Hefermehl* Rdnr. 18; *Hüffer* Rdnr. 6; *Emmerich/Sonnenschein* § 7 IV 2; *Kley/Lehmann* DB 1972, 1421; die Existenz von Ausgleichsansprüchen überhaupt verneinend *Würdinger* DB 1972, 1565, 1566; offenlassend *Bülow* ZGR 1988, 192, 205 f.

den ist,[13] einen **Erstattungsanspruch aus § 670 BGB**; dieser tritt an die Stelle des Anspruchs aus § 110 HGB, den der Gesellschafter nach seiner Inanspruchnahme gegen die OHG erlangt.[14] Zusätzlich erwirbt die Hauptgesellschaft die Forderung des Gläubigers gegen die eingegliederte Gesellschaft im Wege der **cessio legis**; diese erfolgt – wiederum in Übereinstimmung mit dem OHG-Recht[15] – auf der Grundlage des entsprechend heranzuziehenden § 774 Abs. 1 BGB und verschafft der Hauptgesellschaft etwaige Vorzugs- und Nebenrechte. Entsprechend § 774 Abs. 1 S. 3 BGB ist die Hauptgesellschaft allerdings auch insoweit, als sie den Regreß auf die im Wege der cessio legis übergegangene Forderung stützt, nur im Rahmen des Innenverhältnisses berechtigt. Kraft des dadurch begründeten **Vorrangs des Innenverhältnisses** kann die eingegliederte Gesellschaft somit nicht nur gegenüber dem Anspruch aus § 670 BGB, sondern auch gegenüber der übergegangenen Forderung einwenden, daß die Verbindlichkeit, aufgrund derer die Hauptgesellschaft in Anspruch genommen wurde, auf Veranlassung der Hauptgesellschaft (s. § 323 Rdnr. 2 ff., 6) entstanden ist.[16]

8 **5. Abweichende Vereinbarungen.** Nach Abs. 1 S. 3 kann die Hauptgesellschaft Dritten gegenüber ihre Haftung nicht durch Vereinbarung mit der eingegliederten Gesellschaft abbedingen. Dies entspricht der Vorschrift des § 128 S. 2 HGB. Wie § 128 S. 2 HGB steht aber auch § 322 Abs. 1 S. 3 haftungsausschließenden oder -beschränkenden Vereinbarungen zwischen der Hauptgesellschaft und dem *Gläubiger* sowie solchen zwischen der eingegliederten Gesellschaft und dem Gläubiger zugunsten der Hauptgesellschaft nicht entgegen.[17]

9 **6. Ausweis im Jahresabschluß.** Die aus § 322 folgenden Verbindlichkeiten sind nur für den Fall und nur insoweit zu passivieren, als eine Inanspruchnahme der Hauptgesellschaft droht.[18] Die Ausgleichsansprüche der Hauptgesellschaft (Rdnr. 8) sind dann zwar zu aktivieren; bei deren Bewertung ist allerdings das Risiko eines Ausfalls zu berücksichtigen. Im übrigen ist weder eine Passivierung noch ein Vermerk „unter der Bilanz" iSv. § 251 HGB erforderlich. Bei den Verbindlichkeiten aus § 322 handelt es sich vielmehr um **sonstige finanzielle Verpflichtungen,** die gem. § 285 Nr. 3 HGB in den Anhang aufzunehmen sind.[19]

III. Einwendungen (Abs. 2 und 3)

10 **1. Persönliche Einwendungen.** Es versteht sich von selbst, daß die Hauptgesellschaft sämtliche persönlichen, also auf *ihrem Rechtsverhältnis zum Gläubiger* beruhenden Einwendungen und Einreden geltend machen kann. Dazu gehören auch solche Einwendungen und Einreden, die ihre Grundlage in einer zugunsten der Hauptgesellschaft getroffenen Vereinbarung zwischen der eingegliederten Gesellschaft und dem Gläubiger haben.[20] In Abs. 2 ist dies – ebenso wie in § 129 Abs. 1 HGB – vorausgesetzt. Die Hauptgesellschaft kann also beispielsweise Erlaß, Stundung oder Verjährung gem. § 195 BGB oder § 327 Abs. 4[21] geltend machen, ferner den Einwand der Arglist oder der Kollusion. Dagegen hat die Hauptgesellschaft nicht die Einrede der Vorausklage; sie haftet vielmehr primär.

---

[13] Vor Inanspruchnahme kann die Hauptgesellschaft. § 257 BGB Freistellung verlangen.
[14] Dazu BGHZ 37, 299, 301 f. = NJW 1962, 1863; BGH NJW 1984, 2290 f.; *Staub/Habersack* HGB § 128 Rdnr. 43; *Schlegelberger/K. Schmidt* HGB § 128 Rdnr. 31.
[15] *Habersack* AcP 198 (1998), 152 ff.; *Staub/Habersack* HGB § 128 Rdnr. 43; *Schlegelberger/K. Schmidt* HGB § 128 Rdnr. 31; *Koller/Roth/Morck* HGB § 128 Rdnr. 8; aA noch BGHZ 39, 319, 323 f. = NJW 1963, 1873; *Baumbach/Hopt* HGB § 128 Rdnr. 25.
[16] Näher zu § 774 Abs. 1 S. 3 BGB sowie zu den Einwendungen und Einreden der eingegliederten Gesellschaft *Staudinger/Horn* BGB § 774 Rdnr. 33 ff.; MünchKomm-*Habersack* BGB § 774 Rdnr. 20 f.

[17] Wohl unstr., s. *Semler/Grunewald* in *Geßler/Hefermehl* Rdnr. 2; näher zu dem möglichen Inhalt solcher Vereinbarungen sowie zur Möglichkeit einer konkludenten Vereinbarung *Staub/Habersack* HGB § 128 Rdnr. 15 f.
[18] *Semler/Grunewald* in *Geßler/Hefermehl* Rdnr. 19; *Hüffer* Rdnr. 7.
[19] Vgl. neben den Nachw. in Fn. 18 noch *Ellrott* in Beck'scher Bilanzkommentar, 3. Aufl. 1995, § 285 Rdnr. 62.
[20] *Geßler* ZGR 1978, 251, 267; *Koppensteiner* in Kölner Kommentar Rdnr. 18.
[21] Vgl. zur Verjährung gem. § 195 BGB die – auf § 322 uneingeschränkt übertragbaren – Ausführungen bei *Staub/Habersack* HGB § 129 Rdnr. 6 ff. mit weit. Nachw.

2. Abgeleitete Einwendungen.

2. Abgeleitete Einwendungen. Abs. 2 ist § 129 Abs. 1 HGB nachgebildet und gestattet es der Hauptgesellschaft, neben ihren persönlichen Einwendungen und Einreden (Rdnr. 10) auch solche der eingegliederten Gesellschaft geltend zu machen. Damit weicht das Gesetz von dem für Gesamtschuldverhältnisse geltenden, in 425 BGB eigens betonten Grundsatz der Einzelwirkung ab und bringt den akzessorischen Charakter der Haftung der Hauptgesellschaft (Rdnr. 3 f.) unmißverständlich zum Ausdruck. Auch die hM greift denn, soweit es um die Auslegung von Abs. 2 geht, auf die zu § 129 HGB entwickelten Grundsätze zurück. Dem akzessorischen Charakter der Haftung entspricht es, daß ein **Fortfall der Einwendung** der eingegliederten Gesellschaft – etwa infolge des Ablaufs von Gewährleistungs- oder Verjährungsfristen – auch zu Lasten der Hauptgesellschaft wirkt, also zur Folge hat, daß sich auch die Hauptgesellschaft nicht mehr auf die Einwendung berufen kann. Abweichend von § 768 Abs. 2 BGB, aber in Übereinstimmung mit § 129 Abs. 1 HGB gilt dies auch für den Fall, daß der Fortfall der Einwendung auf einem *Verzicht* der eingegliederten Gesellschaft beruht.[22]

Nach Abs. 2 kann sich die Hauptgesellschaft zB auf das Erlöschen des Schuldverhältnisses, auf ein Zurückbehaltungsrecht oder auf die allgemeine Mängeleinrede der eingegliederten Gesellschaft berufen. Des weiteren kann die Hauptgesellschaft **Verjährung** der gegen die eingegliederte Gesellschaft gerichteten Forderung geltend machen. Dies ist deshalb von Bedeutung, weil die Verpflichtung aus § 322 Abs. 1 – vorbehaltlich des § 327 Abs. 4 – der Regelverjährung des § 195 BGB unterliegt (Rdnr. 10). Was die Wirkung einer *Unterbrechungshandlung* betrifft, so sind abgeleitete und persönliche Verjährungseinrede strikt auseinanderzuhalten. Eine Unterbrechung der Verjährung der gegen die *eingegliederte Gesellschaft* gerichteten Forderung entfaltet deshalb zwar insoweit Wirkung gegenüber der Hauptgesellschaft, als es um deren Recht zur Geltendmachung *abgeleiteter* Einwendungen und Einreden geht; die *persönliche Einrede* der Verjährung (Rdnr. 10) wird dagegen nur durch eine gegen die Hauptgesellschaft gerichtete Unterbrechungsmaßnahme berührt.[23] Umgekehrt kann die Hauptgesellschaft, nachdem der Gläubiger ihr gegenüber die Verjährung unterbrochen hat, einwenden, daß die gegen die eingegliederte Gesellschaft gerichtete Forderung nunmehr verjährt sei.[24] Auch der **Erlaß** der Schuld der eingegliederten Gesellschaft begründet eine abgeleitete Einwendung. Ein Erlaßvertrag zwischen dem Gläubiger und der eingegliederten Gesellschaft, der zufolge die Verpflichtung der Hauptgesellschaft fortbestehen soll, ist allerdings aus Gründen der Akzessorietät selbst dann unwirksam, wenn die Hauptgesellschaft dem zustimmt.[25]

3. Gestaltungsrechte. a) Anfechtung. Dem Vorbild des § 129 Abs. 2 HGB entsprechend bestimmt Abs. 3 S. 1, daß die Hauptgesellschaft zur Leistungsverweigerung berechtigt ist, solange die eingegliederte Gesellschaft zur Anfechtung ihrer Willenserklärung gem. §§ 119, 123 BGB und damit zur Beseitigung des die Forderung des Gläubigers begründenden Rechtsverhältnisses berechtigt ist. Auch darin kommt der akzessorische Charakter der Haftung zum Ausdruck: Der Gläubiger soll die Hauptgesellschaft nicht in Anspruch nehmen können, solange der Bestand des „Hauptschuldverhältnisses" noch in der Schwebe ist. Die Befugnis zur Anfechtung begründet somit eine zeitweilige Einrede der Hauptgesellschaft. Die Einrede entfällt zwar mit Erlöschen des Anfechtungsrechts, doch kann die Hauptgesellschaft gem. § 323 den Vorstand der eingegliederten Gesellschaft an-

---

[22] *Koppensteiner* in Kölner Kommentar Rdnr. 17; *Semler/Grunewald* in Geßler/Hefermehl Rdnr. 11; *Hüffer* Rdnr. 9; aA *Geßler* ZGR 1978, 251, 267.

[23] So zu § 129 HGB *Staub/Habersack* HGB § 129 Rdnr. 7; aA die ganz hM zu § 129 HGB, s. BGHZ 73, 217, 222 ff. = NJW 1979, 1361; 78, 114, 119 f. = NJW 1981, 175; 104, 76, 71 f. = NJW 1988, 1976; *Schlegelberger/K. Schmidt* HGB § 129 Rdnr. 8; *Heymann/Emmerich* HGB § 128 Rdnr. 10 a.

[24] So zu § 129 HGB *Staub/Habersack* HGB § 129 Rdnr. 8; aA die ganz hM, s. *Semler/Grunewald* in Geßler/Hefermehl Rdnr. 11; *Hüffer* Rdnr. 9; zu § 129 HGB

s. BGHZ 104, 76, 80 ff. = NJW 1988, 1976; *Schlegelberger/K. Schmidt* HGB § 129 Rdnr. 9; *Heymann/Emmerich* HGB § 128 Rdnr. 10 a; *Baumbach/Hopt* HGB § 129 Rdnr. 2.

[25] Vgl. zu §§ 128 f. HGB *Staub/Habersack* HGB § 128 Rdnr. 21; aA BGHZ 47, 376, 378 ff. = NJW 1967, 2155 (unwirksam ist nur der ohne Zustimmung des OHG-Gesellschafters vereinbarte Vorbehalt der Haftung aus § 128 HGB); dem BGH zust. *Heymann/Emmerich* HGB § 128 Rdnr. 7 a; für § 322 auch *Semler/Grunewald* in Geßler/Hefermehl Rdnr. 11; *Koppensteiner* in Kölner Kommentar Rdnr. 16.

weisen, das Anfechtungsrecht fristgemäß auszuüben.²⁶ Zur Ausübung des Anfechtungsrechts ist die Hauptgesellschaft allerdings nicht befugt. Kommt es zur Anfechtung, so hat die Hauptgesellschaft nach Abs. 1 für etwaige Ansprüche des Gläubigers aus §§ 122, 812 BGB einzustehen.

14 **b) Aufrechnung.** Nach Abs. 3 S. 2 kann die Hauptgesellschaft die Befriedigung des Gläubigers verweigern, solange sich der *Gläubiger* durch Aufrechnung gegen eine fällige Forderung der eingegliederten Gesellschaft befriedigen kann. Die Vorschrift ist dem § 129 Abs. 3 HGB nachgebildet und bringt wie diese die Rechtslage bei Bestehen von Aufrechnungsverboten nur unzureichend zum Ausdruck. Mit Rücksicht auf die Entstehungsgeschichte des § 322 bietet es sich an, auf die zu § 129 Abs. 3 HGB entwickelten Grundsätze abzustellen.²⁷ Danach steht der Hauptgesellschaft die zeitweilige Einrede nur unter der Voraussetzung zu, daß die **eingegliederte Gesellschaft zur Aufrechung befugt ist**. Ist dagegen der *Gläubiger* zur Aufrechnung befugt, unterliegt aber die eingegliederte Gesellschaft einem vertraglichen oder gesetzlichen Aufrechnungsverbot, so ist die Einrede der Aufrechenbarkeit nicht gegeben.²⁸ – Gem. § 323 kann die Hauptgesellschaft den Vorstand der eingegliederten Gesellschaft anweisen, die Aufrechnung zu erklären. Zur Ausübung der Aufrechnungsbefugnis ist sie dagegen nicht berechtigt. In Abs. 3 S. 2 nicht geregelt ist allerdings die Befugnis der Hauptgesellschaft, die Forderung des Gläubigers durch Aufrechnung mit einer *eigenen Forderungen* zum Erlöschen zu bringen; sie ergibt sich aus §§ 387 ff. BGB.

15 **c) Sonstige.** Auf andere Gestaltungsrechte der eingegliederten Gesellschaft ist Abs. 3 **entsprechend anwendbar.**²⁹ Voraussetzung ist, daß die Ausübung des Gestaltungsrechts das Erlöschen der Verbindlichkeit der eingegliederten Gesellschaft zur Folge hat, mag auch ein Ersatzanspruch an deren Stelle treten (s. (Rdnr. 13). Die Hauptgesellschaft kann sich somit insbesondere auf ein *Rücktrittsrecht* der eingegliederten Gesellschaft berufen.

IV. Zwangsvollstreckung (Abs. 4)

16 **1. Grundsatz.** Abs. 4 bringt die Selbstverständlichkeit zum Ausdruck, daß die Zwangsvollstreckung in das Vermögen der Hauptgesellschaft nur auf der Grundlage eines gegen diese Gesellschaft gerichteten Titels erfolgt. Der Gesetzgeber des *HGB* hatte durchaus Anlaß, eine entsprechende Vorschrift in § 129 Abs. 4 HGB aufzunehmen, herrschte doch seinerzeit noch die Ansicht vor, daß zwischen Verbindlichkeiten der OHG und solchen ihrer Gesellschafter nicht zu unterscheiden sei. Für die Haftung der – gem. §§ 319 Abs. 1 S. 1, 320 Abs. 1 S. 1 stets als juristische Person verfaßten – Hauptgesellschaft aus § 322 hätte es dagegen insoweit einer Übernahme der in § 129 HGB getroffenen Regelung nicht bedurft.

17 **2. Einwand der Haftung.** Vollstreckt der Gläubiger auf der Grundlage eines gegen die eingegliederte Gesellschaft gerichteten Titels in Gegenstände, die im Eigentum der Hauptgesellschaft stehen, so hat letztere an sich die Drittwiderspruchsklage des § 771 ZPO. Vor dem Hintergrund der in § 322 Abs. 1 angeordneten Haftung der Hauptgesellschaft für die titulierte Forderung ist es dem Gläubiger jedoch zu gestatten, den Widerspruch unter Hinweis auf § 322 Abs. 1 zu entkräften.³⁰ Vorbehaltlich persönlicher Einwendungen der Hauptgesellschaft ist in diesem Fall die Drittwiderspruchsklage gem. § 242 BGB als unbegründet abzuweisen.

---

²⁶ Weshalb die Vorschrift wohl überflüssig ist, zutr. *Koppensteiner* in Kölner Kommentar Rdnr. 19.
²⁷ So auch die ganz hM, s. *Koppensteiner* in Kölner Kommentar Rdnr. 20 f.; *Semler/Grunewald* in Geßler/Hefermehl Rdnr. 15; *Hüffer* Rdnr. 11; *Geßler* ZGR 1978, 251, 268; *Bülow* ZGR 1988, 192, 208 f.
²⁸ Vgl. zu § 129 Abs. 3 HGB BGHZ 42, 396, 397 f. = NJW 1965, 627; *Staub/Habersack* HGB § 129 Rdnr. 23; *Schlegelberger/K. Schmidt* HGB § 129 Rdnr. 21; offengelassen noch von BGHZ 38, 122, 128 = NJW 1963, 244, 245.

²⁹ Vgl. zu § 129 Abs. 2 und 3 HGB *Staub/Habersack* HGB § 129 Rdnr. 21; *Heymann/Emmerich* HGB § 129 Rdnr. 12 a.
³⁰ Vgl. zu § 129 Abs. 4 HGB *Noack* DB 1970, 1817; *Staub/Habersack* HGB § 129 Rdnr. 27; *Schlegelberger/K. Schmidt* HGB § 129 Rdnr. 25; s. ferner BGHZ 80, 296, 302 = NJW 1981, 1835 (betr. § 419 BGB); BGHZ 100, 95, 105 = NJW 1987, 1880 (betr. Einwand, daß der widersprechende Sicherungsnehmer zur Rückübertragung des Sicherungsguts verpflichtet sei).

§ 323 Leitungsmacht der Hauptgesellschaft und Verantwortlichkeit der Vorstandsmitglieder

(1) Die Hauptgesellschaft ist berechtigt, dem Vorstand der eingegliederten Gesellschaft hinsichtlich der Leitung der Gesellschaft Weisungen zu erteilen. § 308 Abs. 2 Satz 1, Abs. 3, §§ 309, 310 gelten sinngemäß. §§ 311 bis 318 sind nicht anzuwenden.

(2) Leistungen der eingegliederten Gesellschaft an die Hauptgesellschaft gelten nicht als Verstoß gegen die §§ 57, 58 und 60.

Übersicht

	Rdnr.		Rdnr.
I. Inhalt und Zweck der Vorschrift	1	III. Verantwortlichkeit	8–11
II. Leitungsmacht der Hauptgesellschaft	2–7	1. Vorstand der Hauptgesellschaft	8
1. Weisungsrecht	2–5	2. Hauptgesellschaft	9
a) Umfang	2, 3	3. Organwalter der eingegliederten Gesellschaft	10
b) Ausübung	4, 5	4. Unanwendbarkeit der §§ 311 ff.	11
2. Folgepflicht	6		
3. Nichterteilung von Weisungen	7		

I. Inhalt und Zweck der Vorschrift

Die Vorschrift spricht der Hauptgesellschaft das Recht zur **umfassenden Leitung** der 1 eingegliederten Gesellschaft zu und hebt zudem die im allgemeinen durch §§ 57, 58, 60 gewährleistete Bindung des Vermögens der eingegliederten Gesellschaft auf. Sie bringt damit zum Ausdruck, daß die eingegliederte Gesellschaft infolge der Eingliederung den Status einer „rechtlich selbständigen Betriebsabteilung" erlangt.[1] Hinsichtlich der **Verantwortlichkeit** des Vorstands von Hauptgesellschaft und eingegliederter Gesellschaft finden zwar gem. Abs. 1 S. 2 die Vorschriften der §§ 309, 310 entsprechende Anwendung. Nennenswerte praktische Bedeutung kommt diesen Haftungstatbeständen im Fall der Eingliederung allerdings nicht zu. Der mit der umfassenden Leitungsbefugnis und der Möglichkeit des Zugriffs auf das Vermögen der eingegliederten Gesellschaft einhergehenden Gefährdung der *Gläubigerinteressen* begegnet der Gesetzgeber denn auch bereits mit der in § 322 angeordneten Haftung der Hauptgesellschaft für sämtliche Verbindlichkeiten der eingegliederten Gesellschaft. Interessen von *Minderheitsaktionären* sind durch § 323 schon deshalb nicht betroffen, weil die Hauptgesellschaft gem. §§ 319, 320a S. 1, 327 Abs. 1 Nr. 3 stets Alleinaktionär der eingegliederten Gesellschaft ist.

II. Leitungsmacht der Hauptgesellschaft

1. Weisungsrecht. a) Umfang. Das Weisungsrecht der Hauptgesellschaft ist umfassen- 2 der Natur. Es gestattet der Hauptgesellschaft die Erteilung selbst solcher nachteiliger Weisungen, die nicht durch Belange der Hauptgesellschaft oder eines mit ihr verbundenen Unternehmens gedeckt sind, und geht insoweit über das nach § 308 bestehende Weisungsrecht hinaus (s. § 308 Rdnr. 26 ff.); § 308 Abs. 1 S. 2 findet also keine Anwendung.[2] Im Hinblick auf die Haftung nach § 322 und das Fehlen von Minderheitsaktionären (Rdnr. 1) sind der Hauptgesellschaft sogar die **Existenz der eingegliederten Gesellschaft gefährdende** oder vernichtende Weisungen gestattet.[3] Von dem Weisungsrecht unberührt bleibt freilich

---

[1] S. bereits § 319 Rdnr. 3; ferner Begr. RegE bei *Kropff* S. 427.
[2] S. bereits Begr. RegE bei *Kropff* S. 427; ferner *Koppensteiner* in Kölner Kommentar Rdnr. 2; *Hüffer* Rdnr. 3; einschränkend *Semler/Grunewald* in Geßler/ Hefermehl Rdnr. 4; aA *Emmerich/Sonnenschein* § 7 V 1.
[3] HM, s. *Koppensteiner* in Kölner Kommentar Rdnr. 4; *Semler/Grunewald* in Geßler/Hefermehl Rdnr. 2; *Krieger* in MünchHdb. AG § 73 Rdnr. 27; *Hüffer* Rdnr. 3. Allgemein zur Frage eines Bestandsschutzes der Einpersonen-Kapitalgesellschaft *Ulmer* ZHR 148 (1984), 391 ff. (der freilich die Eingliede-

die Vorschrift des § 92 Abs. 2; bei Zahlungsunfähigkeit oder Überschuldung ist somit der Vorstand der eingegliederten Gesellschaft verpflichtet, Konkursantrag zu stellen, mag die Konkursreife auch unmittelbar durch den Vollzug einer nachteiligen Weisung veranlaßt sein. Unzulässig sind allerdings Weisungen, mit denen die eingegliederte Gesellschaft zu einem **gesetzwidrigen** Verhalten (s. aber noch Rdnr. 3) veranlaßt werden soll (§ 308 Rdnr. 47 f.); insoweit besteht auch keine Folgepflicht der eingegliederten Gesellschaft (Rdnr. 6). Entsprechendes gilt für **satzungswidrige** Weisungen. Demgemäß bestimmt Abs. 1 S. 2 iVm. § 308 Abs. 3, daß es auch innerhalb der eingegliederten Gesellschaft grundsätzlich bei den Zustimmungsvorbehalten des § 111 Abs. 4 S. 2 bewendet (§ 308 Rdnr. 57 f.).

3   Abs. 2 bestimmt, daß Leistungen der eingegliederten Gesellschaft an die Hauptgesellschaft nicht als Verstoß gegen §§ 57, 58, 60 gelten. Mit dieser Fiktion wird die aktienrechtliche **Kapitalbindung aufgehoben** und der Hauptgesellschaft der Zugriff auf das Vermögen der eingegliederten Gesellschaft selbst insoweit gestattet, als das Vermögen zur Deckung des Grundkapitals erforderlich ist (s. noch § 324 Rdnr. 7). Die Vorschrift entspricht derjenigen des § 291 Abs. 3 und setzt wie diese die *rechtmäßige* Ausübung der Weisungsbefugnis voraus; diesem Vorbehalt kommt freilich im Rahmen des § 323 keine große praktische Bedeutung zu (Rdnr. 2). Der Hauptgesellschaft ist es nach § 323 auch gestattet, die eingegliederte Gesellschaft zur Abführung des von ihr erzielten **Gewinns** anzuweisen. Die Vorschrift des § 324 Abs. 2 steht dem nicht entgegen; denn sie erleichtert lediglich den – ggf. zur Begründung einer steuerlichen Organschaft gem. § 14 KStG erforderlichen (Einleitung Rdnr. 24) – Abschluß eines Gewinnabführungsvertrags, besagt aber nicht, daß die Verlagerung von Gewinnen allein auf der Grundlage eines solchen Vertrags zulässig ist.[4] Gem. § 324 Abs. 3 ist die Hauptgesellschaft zum **Verlustausgleich** verpflichtet (§ 324 Rdnr. 9).

4   **b) Ausübung.** Zur Erteilung von Weisungen **berechtigt** ist nach Abs. 1 S. 1 allein die Hauptgesellschaft; sie wird dabei durch ihren Vorstand vertreten. Übertragung und *Delegation* des Weisungsrechts kommen nur nach Maßgabe der Ausführungen in § 308 Rdnr. 10 ff. in Betracht. Dabei hat es auch im Fall einer *mehrstufigen Eingliederung* (§ 319 Rdnr. 12) zu bewenden. Eine Delegation des Weisungsrechts der Tochter-AG auf die Mutter-AG, als deren Folge die Mutter-AG unmittelbar gegenüber der Enkel-AG weisungsbefugt wäre, ist somit nicht zulässig; denn andernfalls würde die Prüfungskompetenz und -pflicht des Vorstands der Tochter-AG (Rdnr. 6) ausgeblendet.[5] Die Hauptgesellschaft ist zur Erteilung von Weisungen *nicht verpflichtet* (s. noch Rdnr. 7).[6] Anderes gilt aber für den Vorstand der Hauptgesellschaft; er kann gegenüber der Hauptgesellschaft zur Ausübung des Weisungsrechts verpflichtet sein und haftet bei Nichtausübung nach Maßgabe des § 93 auf Schadensersatz (vgl. vor § 311 Rdnr. 7).[7]

5   **Weisungsempfänger** ist der *Vorstand* der eingegliederten Gesellschaft. Wie der Beherrschungsvertrag (§ 308 Rdnr. 13 f.) begründet somit auch die Eingliederung kein Weisungsrecht der Hauptgesellschaft gegenüber dem Vorstand nachgeordneten Stellen. Dazu bedarf es vielmehr zunächst einer entsprechenden *Weisung* des Vorstands der eingegliederten Gesellschaft (§ 308 Rdnr. 14).[8] Diese kann freilich auch ohne Beachtung des – für die Eingliederung ohnehin nicht geltenden (Rdnr. 6) – Vorbehalts des § 308 Abs. 2 S. 2, letzter Halbs.

---

rung als „Sonderfall" bezeichnet); *M. Winter* ZGR 1994, 570 ff.
[4] Zutr. *Koppensteiner* in Kölner Kommentar Rdnr. 3, § 324 Rdnr. 8 f.; *Semler/Grunewald* in *Geßler/Hefermehl* Rdnr. 3; *Hüffer* § 324 Rdnr. 4; *Emmerich/Sonnenschein* § 7 V 2; *Krieger* in MünchHdb. AG § 73 Rdnr. 31; aA *Ballerstedt* ZHR 137 (1973), 388, 401 f.; *v. Godin/Wilhelmi* Anm. 2; *Veit* S. 171.
[5] So zu Recht *Semler/Grunewald* in *Geßler/Hefermehl* Rdnr. 6; *Hüffer* Rdnr. 2; aA *Rehbinder* ZGR 1977, 581, 616 f., *Koppensteiner* in Kölner Kommentar Rdnr. 9; *Krieger* in MünchHdb. AG § 73 Rdnr. 27.

[6] *Semler/Grunewald* in *Geßler/Hefermehl* Rdnr. 10; *Krieger* in MünchHdb. AG § 73 Rdnr. 27; *Hüffer* Rdnr. 2; *Emmerich/Sonnenschein* § 7 V 1.
[7] *Semler/Grunewald* in *Geßler/Hefermehl* Rdnr. 10; weitergehend *Hommelhoff* S. 352 ff.; *Krieger* in MünchHdb. AG § 73 Rdnr. 27.
[8] Dazu *Koppensteiner* in Kölner Kommentar Rdnr. 10, *Veit* S. 159, die zu Recht davon ausgehen, daß der Vorstand zu einer entsprechenden Delegation nicht durch die Hauptgesellschaft angewiesen werden kann.

(dazu § 308 Rdnr. 41 f.) geschehen.⁹ Mit Rücksicht auf die Grenzen der Folgepflicht (Rdnr. 6) kann das Weisungsrecht nicht durch eine umfassende **Bevollmächtigung** der Hauptgesellschaft durch die eingegliederte Gesellschaft ersetzt werden (s. § 308 Rdnr. 24).¹⁰

2. Folgepflicht. Gem. Abs. 1 S. 2 iVm. § 308 Abs. 2 S. 1 ist der Vorstand der eingegliederten Gesellschaft verpflichtet, die Weisungen der Hauptgesellschaft zu befolgen. Im Fall eines Zustimmungsvorbehalts iSd. § 111 Abs. 4 S. 2 ist nach Maßgabe des Abs. 1 S. 2 iVm. § 308 Abs. 3 zu verfahren (§ 308 Rdnr. 57 f.). Die Folgepflicht ist Spiegelbild der Weisungsbefugnis der Hauptgesellschaft und reicht daher so weit wie diese. § 308 Abs. 1 S. 2, Abs. 2 S. 2 findet keine Anwendung (Rdnr. 2); der Vorstand der eingegliederten Gesellschaft darf deshalb die Befolgung selbst dann nicht verweigern, wenn die Weisung *offensichtlich* nicht den Belangen der Hauptgesellschaft oder einer konzernverbundenen Gesellschaft dient. Durch die Erteilung einer solchen Weisung macht sich allerdings der *Vorstand der Hauptgesellschaft* dieser gegenüber zumeist schadensersatzpflichtig (Rdnr. 8). Unabhängig davon hat der Vorstand der eingegliederten Gesellschaft die Auswirkungen einer jeden Weisung auf die eingegliederte Gesellschaft zu überprüfen und die Hauptgesellschaft auf die besondere Schädlichkeit einer Maßnahme hinzuweisen.¹¹ Wie das Weisungsrecht wird auch die Folgepflicht nur durch zwingende **gesetzliche Vorschriften** und durch die Satzung der eingegliederten Gesellschaft begrenzt (Rdnr. 2). Der Vorstand ist also zur Befolgung gesetzes- oder satzungswidriger Weisungen weder berechtigt noch verpflichtet.

3. Nichterteilung von Weisungen. Soweit Weisungen nicht erteilt werden, bewendet es bei der Geltung des § 76. Der Vorstand ist also berechtigt und verpflichtet, die eingegliederte Gesellschaft in eigener Verantwortung zu leiten. Dabei hat er die Leitung am **Interesse der eingegliederten Gesellschaft** auszurichten.¹² Dies gilt auch für den Fall, daß Gesellschafts- und Konzerninteresse voneinander abweichen. Eine Pflicht des Vorstands, vor Durchführung einer solchen Maßnahme die Hauptgesellschaft zu konsultieren, läßt sich *de iure* nicht begründen.¹³

III. Verantwortlichkeit

1. Vorstand der Hauptgesellschaft. Die Mitglieder des Vorstands der Hauptgesellschaft haben gem. Abs. 1 S. 2 iVm. § 309 Abs. 1 bei der Erteilung von Weisungen die Sorgfalt eines ordentlichen und gewissenhaften Geschäftsleiters auszuüben. Bei schuldhafter Verletzung dieser Pflicht sind sie gem. Abs. 1 S. 2 iVm. § 309 Abs. 2 der *eingegliederten Gesellschaft* zu Schadensersatz verpflichtet. Hinsichtlich der Verjährung und Geltendmachung des Anspruchs sowie der Möglichkeit eines Verzichts oder Vergleichs finden gem. Abs. 1 S. 2 die Vorschriften des § 309 Abs. 3 bis 5 Anwendung. Freilich ordnet Abs. 1 S. 2 nur die *sinngemäße* Anwendung des § 309 an. Dem kommt namentlich hinsichtlich der Bestimmung der Sorgfaltsanforderungen Bedeutung zu. Insoweit ist zu berücksichtigen, daß die Hauptgesellschaft zur Erteilung selbst solcher Weisungen berechtigt ist, die für die eingegliederte Gesellschaft nachteilig und nicht durch ein Konzerninteresse gedeckt sind (Rdnr. 2 f.). Vor diesem Hintergrund kommt eine Haftung aus Abs. 1 S. 2 iVm. § 309 nur unter der Voraussetzung in Betracht, daß der Vorstand der Hauptgesellschaft die **Grenzen des Weisungs-**

---

⁹ Zutr. *Hüffer* Rdnr. 2; aA – gegen die Zulässigkeit einer generellen Vorstandsweisung – *Semler/Grunewald* in *Geßler/Hefermehl* Rdnr. 7.
¹⁰ So zu Recht *Semler/Grunewald* in *Geßler/Hefermehl* Rdnr. 7; *Hüffer* Rdnr. 2; aA *Würdinger* in Großkomm. z. AktG³ Anm. 2; *Koppensteiner* in Kölner Kommentar Rdnr. 11; *Krieger* in MünchHdb. AG § 73 Rdnr. 27.
¹¹ Zutr. *Koppensteiner* in Kölner Kommentar Rdnr. 7; *Baumbach/Hueck* Rdnr. 9; weitergehend (Hinweispflicht auch bei einfachem Nachteil) *Semler/Grunewald* in *Geßler/Hefermehl* Rdnr. 7; *Krieger* in MünchHdb. AG § 73 Rdnr. 28.
¹² *Semler/Grunewald* in *Geßler/Hefermehl* Rdnr. 9; aA – für Maßgeblichkeit des Konzerninteresses – *Koppensteiner* in Kölner Kommentar Rdnr. 8, § 308 Rdnr. 48.
¹³ AA – für Annahme einer solchen Pflicht, freilich ohne Benennung einer Grundlage – *Koppensteiner* in Kölner Kommentar Rdnr. 8, § 308 Rdnr. 49; *Semler/Grunewald* in *Geßler/Hefermehl* Rdnr. 9.

rechts überschreitet,[14] also eine gesetzes- oder satzungswidrige Weisung erteilt (Rdnr. 2) oder den Vorstand der eingegliederten Gesellschaft übergeht (Rdnr. 5). Im Verhältnis zur *Hauptgesellschaft* kommt allerdings eine Haftung des Vorstands auch bei Erteilung einer rechtmäßigen Weisung in Betracht. So wird der Vorstand regelmäßig aus § 93 in Anspruch genommen werden können, wenn er eine nachteilige Weisung erteilt, die nicht durch ein Interesse der Hauptgesellschaft oder eines mit ihr und der eingegliederten Gesellschaft konzernverbundenen Unternehmens gedeckt ist.

9 **2. Hauptgesellschaft.** Für ein Fehlverhalten ihres Vorstands hat die Hauptgesellschaft der eingegliederten Gesellschaft einzustehen.[15] Anspruchsgrundlage ist allerdings weder § 31 BGB[16] – er ist bloße Zurechnungsnorm – noch § 31 BGB iVm. Abs. 1 S. 2, § 309.[17] Was § 309 betrifft, so regelt er allein die Sorgfaltspflichten des *Vorstands;* auch § 31 BGB ist nicht imstande, diese Pflichten zu solchen der Hauptgesellschaft zu machen. Es bietet sich deshalb an, die Haftung der Hauptgesellschaft auf die **mitgliedschaftliche Treupflicht** (iVm. § 31 BGB) zu stützen. Für diese bleibt auch im Fall der Eingliederung ein Anwendungsbereich, und zwar insoweit, als die Grenzen des Weisungsrechts überschritten werden (s. Rdnr. 2, 8) und damit das fortbestehende Eigeninteresse der eingegliederten Gesellschaft verletzt wird.

10 **3. Organwalter der eingegliederten Gesellschaft.** Gem. Abs. 1 S. 2 haften die Mitglieder des Vorstands und des Aufsichtsrats der eingegliederten Gesellschaft für ein Fehlverhalten im Zusammenhang mit der Befolgung von Weisungen entsprechend § 310. Auch insoweit kommt eine Haftung nur für den Fall in Betracht, daß die Hauptgesellschaft eine *unverbindliche* Weisung erteilt hat; in sinngemäßer Anwendung des § 310 Abs. 3 bedeutet dies, daß Vorstand und Aufsichtsrat allenfalls bei Befolgung einer gesetzes- oder satzungswidrigen Weisung haften. Gem. Abs. 1 S. 2, § 310 Abs. 1 haften sie als Gesamtschuldner neben der Hauptgesellschaft und deren Vorstandsmitgliedern. Die Vorschriften des § 309 Abs. 3 bis 5 (Rdnr. 8) finden gem. Abs. 1 S. 2, § 310 Abs. 4 auch insoweit Anwendung. Gem. Abs. 1 S. 2, § 310 Abs. 2 schließt die Billigung der Maßnahme durch den Aufsichtsrat die Haftung nicht aus. Entsprechendes gilt für die Billigung der Maßnahme durch die Hauptversammlung (s. § 310 Rdnr. 15); für § 323 folgt dies schon daraus, daß die Hauptgesellschaft Alleinaktionär ist und sich über die Grenzen des Weisungsrechts nicht hinwegsetzen kann. Für ein Fehlverhalten, welches nicht im Zusammenhang mit der Befolgung von Weisungen steht, haften Vorstand und Aufsichtsrat der eingegliederten Gesellschaft nach Maßgabe der §§ 93, 116.

11 **4. Unanwendbarkeit der §§ 311 ff.** Abs. 1 S. 3 stellt klar,[18] daß die §§ 311 bis 318 betr. die einfache Abhängigkeit im Verhältnis zwischen Hauptgesellschaft und eingegliederter Gesellschaft keine Anwendung finden. Vor dem Hintergrund des Rechts zur Erteilung auch nachteiliger Weisungen und der Regelung der Verantwortlichkeit der Beteiligten in Abs. 1 S. 2, §§ 309 f. versteht sich die Nichtgeltung der §§ 311, 317, 318 freilich von selbst. Was den in §§ 312 ff. geregelten Abhängigkeitsbericht betrifft, so macht seine Erstellung und Prüfung angesichts der Haftung der Hauptgesellschaft nach § 322 keinen Sinn.

---

[14] Zutr. *Semler/Grunewald* in *Geßler/Hefermehl* Rdnr. 11; aA *Koppensteiner* in Kölner Kommentar Rdnr. 14; *Veit* S. 165.

[15] Im Ergebnis wohl einhM, s. *Koppensteiner* in Kölner Kommentar Rdnr. 17; *Semler/Grunewald* in *Geßler/Hefermehl* Rdnr. 15; *Baumbach/Hueck* Rdnr. 5; *Hüffer* Rdnr. 5; *Emmerich/Sonnenschein* § 7 V 4.

[16] So *Koppensteiner, Semler/Grunewald* und *Baumbach/Hueck,* jew. aaO (Fn. 15).

[17] So *Hüffer* und *Emmerich/Sonnenschein,* jew. aaO (Fn. 15).

[18] S. Begr. RegE bei *Kropff* S. 427.

§ 324 Gesetzliche Rücklage. Gewinnabführung. Verlustübernahme

(1) Die gesetzlichen Vorschriften über die Bildung einer gesetzlichen Rücklage, über ihre Verwendung und über die Einstellung von Beträgen in die gesetzliche Rücklage sind auf eingegliederte Gesellschaften nicht anzuwenden.

(2) Auf einen Gewinnabführungsvertrag, eine Gewinngemeinschaft oder einen Teilgewinnabführungsvertrag zwischen der eingegliederten Gesellschaft und der Hauptgesellschaft sind die §§ 293 bis 296, 298 bis 303 nicht anzuwenden. Der Vertrag, seine Änderung und seine Aufhebung bedürfen der schriftlichen Form. Als Gewinn kann höchstens der ohne die Gewinnabführung entstehende Bilanzgewinn abgeführt werden. Der Vertrag endet spätestens zum Ende des Geschäftsjahrs, in dem die Eingliederung endet.

(3) Die Hauptgesellschaft ist verpflichtet, jeden bei der eingegliederten Gesellschaft sonst entstehenden Bilanzverlust auszugleichen, soweit dieser den Betrag der Kapitalrücklagen und der Gewinnrücklagen übersteigt.

Übersicht

	Rdnr.		Rdnr.
I. Einführung	1, 2	III. Unternehmensverträge (Abs. 2)	5–8
1. Inhalt der Vorschrift	1	1. Gewinnabführungsvertrag	5–7
2. Normzweck	2	a) Anwendbare Vorschriften	5
		b) Abschluß, Änderung und Beendigung	6
II. Rücklagen (Abs. 1)	3, 4	c) Abzuführender Gewinn	7
1. Keine Pflicht zur Bildung oder Erhaltung einer gesetzlichen Rücklage	3	2. Sonstige Unternehmensverträge	8
2. Reichweite	4	IV. Verlustübernahme (Abs. 3)	9

I. Einführung

1. Inhalt der Vorschrift. Die Vorschrift trägt dem Umstand Rechnung, daß die eingegliederte Gesellschaft den Status einer rechtlich selbständigen Betriebsabteilung hat (§ 319 Rdnr. 3). Sie stellt deshalb in Abs. 1 und 3 das *Vermögen der Gesellschaft* bis zur Grenze des durch das *Grundkapital* gebundenen Vermögens zur Disposition der Hauptgesellschaft. Die Hauptgesellschaft ist zwar nicht daran gehindert, durch die Erteilung von Weisungen selbst das durch die Grundkapitalziffer gebundene Vermögen der eingegliederten Gesellschaft an sich zu ziehen (§ 323 Rdnr. 3); doch ist sie nach Abs. 3 zum *Verlustausgleich* verpflichtet, soweit das Grundkapital nicht mehr gedeckt ist. Abs. 2 der Vorschrift erleichtert den Abschluß bestimmter Unternehmensverträge zwischen der Hauptgesellschaft und der eingegliederten Gesellschaft; dem kommt vor allem im Zusammenhang mit dem – zur Begründung einer steuerlichen Organschaft erforderlichen – Abschluß eines *Gewinnabführungsvertrags* Bedeutung zu. Abs. 3 der Vorschrift ist durch das Bilanzrichtliniengesetz[1] geringfügig geändert worden. 1

2. Normzweck. § 324 steht im unmittelbaren Zusammenhang mit § 323. Während § 323 die Umgestaltung der *Organisationsverfassung* der eingegliederten Gesellschaft und die weitgehende Außerkraftsetzung zentraler aktienrechtlicher Grundsätze und der bei Abhängigkeitsverhältnissen im allgemeinen eingreifenden Schutzmechanismen anordnet, stellt § 324 die eingegliederte Gesellschaft von der Pflicht zur Bildung und Dotierung gesetzlicher Rücklagen frei und verpflichtet die Hauptgesellschaft demgemäß nur insoweit zum Verlustausgleich, als das Grundkapital der eingegliederten Gesellschaft nicht mehr gedeckt ist. Durch die Notwendigkeit eines dem Grundkapital entsprechenden Vermögens will das Gesetz verhindern, „daß die eingegliederte Gesellschaft ständig ein ihr Grundkapi- 2

---
[1] BGBl. 1985 I, S. 2355.

tal nicht erreichendes Reinvermögen ausweist".² Die Notwendigkeit selbst einer solch eingeschränkten Vermögensbindung ist allerdings nicht ohne weiteres erkennbar.³ Wie § 323 (s. § 323 Rdnr. 1) ist nämlich auch § 324 vor dem Hintergrund zu sehen, daß die Hauptgesellschaft notwendigerweise Alleinaktionär der eingegliederten Gesellschaft ist (§ 319 Rdnr. 7, § 320a Rdnr. 1, § 327 Rdnr. 6) und gem. § 322 für deren Verbindlichkeiten einzustehen hat; *Gläubiger- und Aktionärsinteressen* werden also durch die Möglichkeit des Zugriffs auf das Vermögen der eingegliederten Gesellschaft nicht tangiert.

II. Rücklagen (Abs. 1)

3 **1. Keine Pflicht zur Bildung oder Erhaltung einer gesetzlichen Rücklage.** Abs. 1 erklärt die Vorschrift des § 150 betreffend die gesetzliche Rücklage hinsichtlich der eingegliederten Gesellschaft für unanwendbar. Abweichend von § 150 Abs. 1 und 2 ist die eingegliederte Gesellschaft somit nicht verpflichtet, eine gesetzliche Rücklage zu bilden und zu dotieren; demgemäß findet die Vorschrift des § 300 selbst dann keine Anwendung, wenn zwischen der Hauptgesellschaft und der eingegliederten Gesellschaft ein Gewinnabführungsvertrag besteht (Rdnr. 5 ff.). Eine bereits vorhandene gesetzliche Rücklage darf aufgelöst und zu anderen als den in § 150 Abs. 3 und 4 genannten Zwecken verwandt werden; sie darf insbesondere als Gewinn an die Hauptgesellschaft abgeführt werden.⁴ Abs. 1 ist im Zusammenhang mit der in § 323 Abs. 2 erfolgten Außerkraftsetzung der §§ 57, 58 und 60 zu sehen (dazu § 323 Rdnr. 3). Von den aktienrechtlichen Grundsätzen über die Kapitalaufbringung und -erhaltung bleibt danach innerhalb der eingegliederten Gesellschaft im wesentlichen nur die Notwendigkeit eines Grundkapitals, dessen Deckung durch die Verlustausgleichspflicht gem. § 324 Abs. 3 abgesichert wird (Rdnr. 9).

4 **2. Reichweite.** Von Abs. 1 unberührt bleiben etwaige Bestimmungen der **Satzung** über die Bildung, Dotierung und Verwendung von Rücklagen.⁵ Sie sind also zu beachten, solange sie nicht geändert oder aufgehoben worden sind. Des weiteren findet Abs. 1 keine Anwendung auf **Kapitalrücklagen** gem. § 272 Abs. 2 HGB.⁶ Insoweit hat die durch das Bilanzrichtliniengesetz erfolgte Änderung des Begriffs der gesetzlichen Rücklage zu einer Änderung auch des § 324 Abs. 1 geführt; im Hinblick auf Abs. 3 (Rdnr. 9) kommt dem allerdings nur geringe praktische Bedeutung zu. Darlehen und sonstige Finanzierungsmaßnahmen der Hauptgesellschaft unterliegen schließlich nicht den Regeln über den **Eigenkapitalersatz**.⁷ Für eine Umqualifizierung der als Fremdkapital überlassenen Mittel in Quasi-Eigenkapital besteht angesichts der Haftung der Hauptgesellschaft nach § 322 keine Notwendigkeit; die §§ 322, 323 Abs. 2, 324 Abs. 1 bringen vielmehr zum Ausdruck, daß die unmittelbare Außenhaftung der Hauptgesellschaft an die Stelle der im allgemeinen geltenden Grundsätze über die Finanzierung der Aktiengesellschaft und die Finanzierungsfolgenverantwortung der Aktionäre treten. Entsprechendes gilt für die Überlassung von gewillkürtem, also das Grundkapital ergänzendem Eigenkapital; insbesondere im Rahmen eines **Finanzplankredits** überlassene Mittel⁸ können von der Hauptgesellschaft jederzeit abgezogen werden.

---

² Vgl. Begr. RegE bei *Kropff* S. 429.
³ In diesem Sinne auch *Koppensteiner* in Kölner Kommentar Rdnr. 3 („ohne eigentlichen rechtspolitischen Sinn"); *Veit* S. 106 f.; *Prael* S. 99 f.; s. aber auch *Hüffer* Rdnr. 1 mit Betonung des rechtspolizeilichen Interesses, nicht bloße Gesellschaftsmäntel am Rechtsverkehr teilnehmen zu lassen; um einen Mantel handelt es sich aber bei der eingegliederten Gesellschaft gerade nicht.
⁴ Wohl allgM., s. *Koppensteiner* in Kölner Kommentar Rdnr. 9; *Semler/Grunewald* in *Geßler/Hefermehl* Rdnr. 3.

⁵ Vgl. bereits Begr. RegE bei *Kropff* S. 428; s. ferner *Koppensteiner* in Kölner Kommentar Rdnr. 4; *Semler/Grunewald* in *Geßler/Hefermehl* Rdnr. 3.
⁶ *Koppensteiner* in Kölner Kommentar Rdnr. 5; *Semler/Grunewald* in *Geßler/Hefermehl* Rdnr. 4; *Hüffer* Rdnr. 3.
⁷ *Hommelhoff* WM 1984, 1105, 1117; *Rümker* ZGR 1988, 494, 500; *Semler/Grunewald* in *Geßler/Hefermehl* Rdnr. 13; *Hüffer* Rdnr. 8.
⁸ Näher dazu *Habersack* ZHR 161 (1997), 457 ff. mit weit. Nachw.

III. Unternehmensverträge (Abs. 2)

1. Gewinnabführungsvertrag. a) Anwendbare Vorschriften. Die Eingliederung begründet als solche zwar keine Pflicht zur Gewinnabführung, doch kann die Hauptgesellschaft gem. § 323 Abs. 1 S. 1 durch Erteilung einer entsprechenden Weisung den Gewinn der eingegliederten Gesellschaft an sich ziehen. Der Abschluß eines Gewinnabführungsvertrags zwischen der Hauptgesellschaft und der eingegliederten Gesellschaft ist denn auch **keine strukturändernde Maßnahme;** er hat vielmehr allenfalls die Funktion, eine steuerliche Organschaft zu begründen (§ 323 Rdnr. 3; Einleitung Rdnr. 24). Demgemäß erklärt Abs. 2 S. 1 die Schutzvorschriften der §§ 293 bis 296, 298 bis 303 für nicht anwendbar. Der *Abschluß* eines Gewinnabführungsvertrags bedarf somit weder eines Hauptversammlungsbeschlusses gem. § 293 Abs. 1 und 2 noch der Anmeldung und Eintragung gem. §§ 294, 298; die Berichts- und Prüfungspflichten der §§ 293 a ff. finden keine Anwendung. *Änderung und Aufhebung* des Vertrags können ohne Einhaltung der in §§ 295, 296 genannten Voraussetzungen erfolgen. An die Stelle der §§ 300 bis 303 treten die §§ 321, 322, 324 Abs. 2 S. 3, Abs. 3 (s. Rdnr. 3, 7, 8). Da die – in § 324 Abs. 2 S. 1 nicht erwähnten – §§ 304 bis 306 schon in Ermangelung von Minderheitsaktionären nicht einschlägig sind (Rdnr. 2) und § 307 seine Entsprechung in §§ 327 Abs. 1 Nr. 3, 324 Abs. 2 S. 4 hat (Rdnr. 6), ist von den Vorschriften der §§ 293 bis 307 allein für diejenige des § 297 betreffend die **Kündigung** des Vertrags aus wichtigem Grund Raum. Freilich zeitigt die Beendigung des Gewinnabführungsvertrags, von der möglichen Aufhebung der steuerlichen Organschaft abgesehen, keine nennenswerten Rechtsfolgen, so daß ein wichtiger Grund kaum jemals vorliegen wird.[9] Zur Nichtgeltung des § 299 s. Rdnr. 6.

b) Abschluß, Änderung und Beendigung. Gem. Abs. 2 S. 2 kann der Gewinnabführungsvertrag abweichend von §§ 293 ff. (Rdnr. 5) durch Einhaltung der einfachen **Schriftform** abgeschlossen, geändert und beendet werden. Da die Vorschrift des § 299 gemäß ausdrücklicher Anordnung in § 324 Abs. 2 S. 1 keine Anwendung findet, kann die Hauptgesellschaft der eingegliederten Gesellschaft entsprechende **Weisungen** erteilen. Zur Beendigung des Gewinnabführungsvertrags wird es im allgemeinen allenfalls durch vertraglich vorbehaltene ordentliche (s. Rdnr. 5) Kündigung seitens der Hauptgesellschaft oder durch Aufhebungsvereinbarung kommen. Abs. 2 S. 4 bestimmt zudem, daß der Gewinnabführungsvertrag spätestens mit Ablauf des Geschäftsjahres endet, in dem die **Eingliederung endet.** Dieses Junktim erklärt sich zunächst daraus, daß der erweiterte Umfang der Gewinnabführung (Rdnr. 7) nur im Hinblick auf die – mit Beendigung der Eingliederung gleichfalls entfallende – Haftung der Hauptgesellschaft nach § 322 hingenommen werden kann.[10] Es kommt hinzu, daß der Gewinnabführungsvertrag, nachdem die Eingliederung gem. § 327 ihr Ende gefunden hat und die §§ 323, 324 keine Anwendung mehr finden, den Charakter einer strukturändernden Maßnahme annimmt und damit die Verpflichtung zur Gewinnabführung nur unter Beachtung der Schutzvorschriften der §§ 293 ff. begründet werden soll.[11] Eine Vereinbarung, der zufolge die Gewinnabführung in dem nach § 301 zulässigen Umfang fortgesetzt werden soll, wäre aus dem zuletzt genannten Grund unwirksam.[12]

c) Abzuführender Gewinn. Gem. Abs. 2 S. 3 kann der Gewinnabführungsvertrag die eingegliederte Gesellschaft höchstens zur Abführung des andernfalls, dh. ohne die vertragliche Verpflichtung entstehenden **Bilanzgewinns** iSd. § 158 Abs. 1 S. 1 Nr. 5 verpflichten. Damit wird zugleich die Vorschrift des § 301 abbedungen, der zufolge im allgemeinen, also außerhalb von Eingliederungsverhältnissen, allenfalls der um einen etwaigen Verlustvortrag und die nach § 300 in die Rücklagen einzustellenden Beträge *verminderte Jahresüberschuß* abgeführt werden kann. § 324 Abs. 1 erlaubt demgegenüber sogar die Auflösung der gesetzlichen Rücklage und Abführung derselben als Teil des Bilanzgewinns (Rdnr. 3). Die

---

[9] So zu Recht *Koppensteiner* in Kölner Kommentar Rdnr. 10.
[10] Begr. RegE bei *Kropff* S. 428.
[11] *Koppensteiner* in Kölner Kommentar Rdnr. 10.
[12] Zutr. *Semler/Grunewald* in *Geßler/Hefermehl* Rdnr. 8; ihnen zust. auch *Hüffer* Rdnr. 6.

§ 326 1   Drittes Buch. Dritter Teil. Eingegliederte Gesellschaften

unternehmensvertraglich begründete Gewinnverlagerung wird somit allein durch das Grundkapital der Gesellschaft (Rdnr. 4) begrenzt. Im übrigen wird das Weisungsrecht der Hauptgesellschaft durch Abschluß eines Gewinnabführungsvertrags nicht eingeschränkt;[13] durch Weisung gem. § 323 Abs. 1 S. 1 kann also die Hauptgesellschaft auch das zur Deckung des Grundkapitals erforderliche Vermögen an sich ziehen (Rdnr. 9; § 323 Rdnr. 3).

8   2. **Sonstige Unternehmensverträge.** Die Vorschriften des Abs. 2 S. 1 bis 4 (Rdnr. 5 bis 7) finden auch auf eine **Gewinngemeinschaft** (§ 292 Rdnr. 6 ff.) und einen **Teilgewinnabführungsvertrag** (§ 292 Rdnr. 16 ff.) zwischen der Hauptgesellschaft und der eingegliederten Gesellschaft Anwendung. In § 324 nicht geregelt sind dagegen der *Beherrschungsvertrag* und die in § 292 Abs. 1 Nr. 3 genannten Unternehmensverträge. Dies erklärt sich daraus, daß der Abschluß eines solchen Vertrags angesichts des umfassenden Weisungsrechts der Hauptgesellschaft nach § 323 ohne Sinn ist.[14] Ein Beherrschungsvertrag endet denn auch mit der Eingliederung der abhängigen Gesellschaft (§ 320 Rdnr. 5).

IV. Verlustübernahme (Abs. 3)

9   Gem. § 324 Abs. 3 ist die Hauptgesellschaft verpflichtet, jeden bei der eingegliederten Gesellschaft sonst (also ohne Aktivierung des Ausgleichsanspruchs) entstehenden Bilanzverlust auszugleichen, soweit dieser den Betrag der Kapital- und der Gewinnrücklagen übersteigt. Die Hauptgesellschaft ist somit nur insoweit zum Ausgleich verpflichtet, als der Verlust nicht mehr durch *Rücklagen, gleich welcher Art,* gedeckt werden kann. Neben der gesetzlichen Rücklage (Rdnr. 3 f.) können auch die **Kapitalrücklage** und etwaige **Gewinnrücklagen** zur Verlustdeckung herangezogen werden, mögen diese auch *vor der Eingliederung gebildet* worden sein. Die Verlustausgleichspflicht nach Abs. 3 bleibt damit wesentlich hinter derjenigen nach § 302 zurück; sie stellt allein sicher, daß das Grundkapital der eingegliederten Gesellschaft gedeckt ist (Rdnr. 2). Der Hauptgesellschaft bleibt es zudem unbenommen, sich der Verpflichtung zum Verlustausgleich durch **vereinfachte Kapitalherabsetzung** gem. § 229 zu entziehen.[15] Zur Berechnung und Geltendmachung des Anspruchs auf Verlustausgleich s. im einzelnen § 302 Rdnr. 28 ff.

§ 325 (*aufgehoben,* s. § 319 Rdnr. 1)

§ 326 Auskunftsrecht der Aktionäre der Hauptgesellschaft

Jedem Aktionär der Hauptgesellschaft ist über Angelegenheiten der eingegliederten Gesellschaft ebenso Auskunft zu erteilen wie über Angelegenheiten der Hauptgesellschaft.

I. Inhalt und Zweck der Vorschrift

1   Die Vorschrift erstreckt das Auskunftsrecht der Hauptgesellschaft auf die Angelegenheiten der eingegliederten Gesellschaft. Sie **ergänzt § 131,** insbesondere dessen Abs. 1 S. 2, und bezweckt, die Aktionäre der Hauptgesellschaft über die Angelegenheiten der eingegliederten Gesellschaft so zu informieren, als ob sie deren Mitglieder wären.[1] Darin kommt der Status der eingegliederten Gesellschaft als einer „rechtlich selbständigen Betriebsabteilung"

---

[13] *Koppensteiner* in Kölner Kommentar Rdnr. 9; *Semler/Grunewald* in *Geßler/Hefermehl* Rdnr. 9; *Hüffer* Rdnr. 5.
[14] Eingehend OLG Celle WM 1972, 1004, 1011; vgl. auch *Koppensteiner* in Kölner Kommentar Rdnr. 7 mit berechtigtem Hinweis darauf, daß Entsprechendes auch für die Gewinngemeinschaft und den Teilgewinnabführungsvertrag gilt.
[15] Vgl. bereits Begr. RegE bei *Kropff* S. 429; *Emmerich/Sonnenschein* § 7 V 3.
[1] Begr. RegE bei *Kropff* S. 431.

(§ 319 Rdnr. 3) der Hauptgesellschaft zum Ausdruck. Auf eine entsprechende Erweiterung der **Berichtspflicht** nach § 90 hat der Gesetzgeber zu Recht verzichtet; denn es versteht sich von selbst, daß der Vorstand der Hauptgesellschaft seinem Aufsichtsrat auch über die Angelegenheiten der eingegliederten Gesellschaft zu berichten hat.[2]

II. Auskunftsrecht

1. Berechtigter und Verpflichteter. Nach § 326 kann **jeder Aktionär der Hauptgesellschaft** Auskunft auch über die Angelegenheiten der eingegliederten Gesellschaft verlangen. Zur Erteilung der Auskunft verpflichtet ist die Hauptgesellschaft; sie handelt gem. § 131 Abs. 1 S. 1 durch den **Vorstand,** der sich die Informationen ggf. durch Erteilung einer Weisung an den Vorstand der eingegliederten Gesellschaft beschaffen kann. Der Vorstand kann sich zur Erfüllung dieser Verpflichtung auch des *Vorstands der eingegliederten Gesellschaft* oder einer anderen Hilfsperson bedienen; er muß sich dann aber dessen Ausführungen erkennbar zu eigen machen.[3]

2. Inhalt. § 326 erweitert das allgemeine Auskunftsrecht des Aktionärs der Hauptgesellschaft. Dem Aktionär ist danach, abweichend von § 131 Abs. 1 S. 2, nicht nur über die rechtlichen und geschäftlichen Beziehungen der Hauptgesellschaft zur eingegliederten Gesellschaft Auskunft zu erteilen. Die eingegliederte Gesellschaft ist vielmehr in bezug auf das Auskunftsrecht wie eine Betriebsabteilung der Hauptgesellschaft zu behandeln. Hinsichtlich des Rechts zur **Auskunftsverweigerung** bewendet es bei § 131 Abs. 3;[4] für eine restriktive Auslegung des § 131 Abs. 3 Nr. 1 besteht – anders als im Zusammenhang mit dem erweiterten Auskunftsrecht des § 319 Abs. 3 S. 4 (§ 319 Rdnr. 17) – kein Anlaß. Im **mehrstufigen Eingliederungskonzern** (§ 319 Rdnr. 12) erstreckt sich das Informationsrecht der Aktionäre der Mutter-AG entsprechend § 326 auf sämtliche Angelegenheiten der Enkel-AG.[5] Im übrigen kann über Tochtergesellschaften der eingegliederten Gesellschaft nur insoweit Auskunft verlangt werden, als handelte es sich um eine Tochtergesellschaft der Hauptgesellschaft.[6]

§ 327 Ende der Eingliederung

(1) Die Eingliederung endet
1. durch Beschluß der Hauptversammlung der eingegliederten Gesellschaft,
2. wenn die Hauptgesellschaft nicht mehr eine Aktiengesellschaft mit Sitz im Inland ist,
3. wenn sich nicht mehr alle Aktien der eingegliederten Gesellschaft in der Hand der Hauptgesellschaft befinden,
4. durch Auflösung der Hauptgesellschaft.

(2) Befinden sich nicht mehr alle Aktien der eingegliederten Gesellschaft in der Hand der Hauptgesellschaft, so hat die Hauptgesellschaft dies der eingegliederten Gesellschaft unverzüglich schriftlich mitzuteilen.

(3) Der Vorstand der bisher eingegliederten Gesellschaft hat das Ende der Eingliederung, seinen Grund und seinen Zeitpunkt unverzüglich zur Eintragung in das Handelsregister des Sitzes der Gesellschaft anzumelden.

---

[2] Begr. RegE bei *Kropff* S. 431.
[3] Zutr. *Semler/Grunewald* in *Geßler/Hefermehl* Rdnr. 4; *Hüffer* Rdnr. 2; enger – für Erfordernis der Zustimmung der Aktionäre zu einem solchen Vorgehen – *Koppensteiner* in Kölner Kommentar Rdnr. 2; ähnlich *Baumbach/Hueck* Rdnr. 2 und *Veit* S. 169 (Möglichkeit des Widerspruchs).
[4] *Krieger* in MünchHdb. AG § 73 Rdnr. 36; *Hüffer* Rdnr. 3.
[5] *Semler/Grunewald* in *Geßler/Hefermehl* Rdnr. 3; aA wohl *Hüffer* Rdnr. 3.
[6] *Semler/Grunewald* (Fn. 5); näher *Kort* ZGR 1987, 46, 54 f.

(4) Die Ansprüche gegen die frühere Hauptgesellschaft aus Verbindlichkeiten der bisher eingegliederten Gesellschaft verjähren in fünf Jahren seit dem Tage, an dem die Eintragung des Endes der Eingliederung in das Handelsregister nach § 10 des Handelsgesetzbuchs als bekanntgemacht gilt, sofern nicht der Anspruch gegen die bisher eingegliederte Gesellschaft einer kürzeren Verjährung unterliegt. Wird der Anspruch des Gläubigers erst nach dem Tage, an dem die Eintragung des Endes der Eingliederung in das Handelsregister als bekanntgemacht gilt, fällig, so beginnt die Verjährung mit dem Zeitpunkt der Fälligkeit.

Übersicht

	Rdnr.		Rdnr.
I. **Einführung**	1–3	III. **Pflichten der Beteiligten**	9, 10
1. Inhalt und Zweck der Vorschrift	1, 2	1. Mitteilung (Abs. 2)	9
2. Zwingendes Recht	3	2. Anmeldung zum Handelsregister (Abs. 3)	10
II. **Beendigungsgründe (Abs. 1)**	4–8	IV. **Nachhaftung und Verjährung (Abs. 4)**	11, 12
1. Beschluß (Nr. 1)	4	1. Grundsatz	11
2. Rechtsnatur und Sitz der Hauptgesellschaft (Nr. 2)	5	2. Dauerschuldverhältnisse im besonderen	12
3. Aufnahme eines weiteren Aktionärs (Nr. 3)	6		
4. Auflösung der Hauptgesellschaft (Nr. 4)	7		
5. Sonstige	8		

I. Einführung

1 1. **Inhalt und Zweck der Vorschrift.** Die Vorschrift regelt die Beendigung der Eingliederung. Abs. 1 nennt *vier Tatbestände,* bei deren Vorliegen die Eingliederung ihr Ende findet. Diese lassen sich in zwei Gruppen einteilen:[1] So endet die Eingliederung nach Abs. 1 Nr. 1 mit entsprechendem Beschluß der Hauptversammlung der eingegliederten Gesellschaft, nach Abs. 1 Nr. 2 bis 4 dagegen mit Wegfall der in § 319 Abs. 1 S. 1 genannten und in Abs. 1 Nr. 4 präzisierten Voraussetzungen in der Person der Hauptgesellschaft. Nach Abs. 2 hat die Hauptgesellschaft der eingegliederten Gesellschaft *Mitteilung* zu machen, wenn sie nicht mehr Alleinaktionär und damit der Tatbestand des Abs. 1 Nr. 3 gegeben ist. Die Pflicht zur *Anmeldung* der Beendigung zum Handelsregister ist Gegenstand des Abs. 3. Abs. 4 schließlich regelt die *Nachhaftung* der früheren Hauptgesellschaft für die Verbindlichkeiten der bisher eingegliederten Gesellschaft.

2 Die Vorschrift steht in unmittelbarem **Zusammenhang mit §§ 319 Abs. 1 S. 1, 320 a, 322.** So will es Abs. 1 Nr. 1 der Hauptgesellschaft ermöglichen, sich jederzeit durch entsprechenden Beschluß der Haftungsrisiken aus § 322 zu entledigen. Abs. 1 Nr. 2 und 3 machen den Bestand der Eingliederung vom Vorliegen der in § 319 Abs. 1 S. 1 genannten Voraussetzungen bzw. vom Fortbestand der Stellung der Hauptgesellschaft als Alleinaktionär abhängig. Abs. 1 Nr. 4 schließlich präzisiert die Anforderungen, die nach § 319 Abs. 1 S. 1 an die Rechtsnatur der Hauptgesellschaft zu stellen sind. Aus den genannten Gründen tritt die Beendigung des Eingliederungsverhältnisses unmittelbar mit Vorliegen eines der Tatbestände des Abs. 1 ein; die Eintragung in das Handelsregister hat nur deklaratorische Bedeutung (Rdnr. 10). Im Hinblick auf die Verlustausgleichsverpflichtung der Hauptgesellschaft gem. § 324 Abs. 3 ist auf den Stichtag der Beendigung der Eingliederung eine *Zwischenbilanz* aufzustellen (näher dazu § 302 Rdnr. 38). Für den Schutz der Gläubiger der bisher eingegliederten Gesellschaft sorgen Abs. 3, § 15 Abs. 1 HGB (Rdnr. 10).

---

[1] Vgl. *v. Godin/Wilhelmi* Anm. 1; *Koppensteiner* in Kölner Kommentar Rdnr. 1.

Ende der Eingliederung 3–6 § 327

2. Zwingendes Recht. Die Vorschrift des § 327 enthält zwingendes Recht. Durch Vertrag oder Satzung können somit weder die Tatbestände des Abs. 1 abbedungen noch weitere Beendigungsgründe geschaffen werden.[2] Allerdings enthält Abs. 1 keine abschließende Regelung der *gesetzlichen* Beendigungsgründe; vielmehr findet die Eingliederung auch dann ihr Ende, wenn es in der Person der eingegliederten Gesellschaft an einer der Voraussetzungen des § 319 fehlt (Rdnr. 8). 3

II. Beendigungsgründe (Abs. 1)

1. Beschluß (Nr. 1). Nach Abs. 1 Nr. 1 endet die Eingliederung durch Beschluß der Hauptversammlung der eingegliederten Gesellschaft. Da die Hauptgesellschaft notwendigerweise *Alleinaktionär* der eingegliederten Gesellschaft ist (§ 320 a Rdnr. 1), steht der Fortbestand der Eingliederung praktisch im Belieben des Vorstands der Hauptgesellschaft. Entsprechend der Rechtslage bei Aufhebung eines Unternehmensvertrags (§ 296 Rdnr. 9 f.) und unter Berücksichtigung des Umstands, daß die Beendigung der Eingliederung für die Hauptgesellschaft keine wirtschaftlichen Risiken birgt, vielmehr sogar die Haftung aus § 322 mit Wirkung ex nunc entfällt (Rdnr. 11 f.), bedarf der Beschluß zu seiner Wirksamkeit nicht der Zustimmung der Hauptversammlung der Hauptgesellschaft.[3] Auch die Voraussetzungen einer Vorlagepflicht im Sinne der „Holzmüller"-Rechtsprechung (vor § 311 Rdnr. 13 ff.) sind nicht gegeben; denkbar ist allein, daß der Vorstand gem. § 111 Abs. 4 die Zustimmung des Aufsichtsrats der Hauptgesellschaft einzuholen hat. Die Eingliederung endet mit der Beschlußfassung (Rdnr. 2), sofern nicht die Beendigung zu einem späteren, kalendermäßig bestimmten Termin beschlossen wird.[4] Eine *rückwirkende Beendigung* ist nicht möglich.[5] 4

2. Rechtsnatur und Sitz der Hauptgesellschaft (Nr. 2). Den Gläubigern sollen die Eingliederung und deren Folgen nur unter der Voraussetzung zugemutet werden, daß sie ihre Ansprüche aus § 322 gegen eine in Deutschland ansässige und den strengen aktienrechtlichen Vorschriften über die Kapitalsicherung unterliegende AG verfolgen können (§ 319 Rdnr. 5 f.). Aus diesem Grund[6] endet die Eingliederung gem. Abs. 1 Nr. 2, wenn die Hauptgesellschaft nicht mehr eine AG mit Sitz im Inland ist und damit eine der in § 319 Abs. 1 S. 1 bestimmten Voraussetzungen der Eingliederung entfällt. Geht man mit der hM davon aus, daß die Verlegung des Sitzes in das Ausland die *Auflösung* der Gesellschaft zur Folge hat,[7] so ergibt sich die Beendigung der Eingliederung in diesem Fall auch aus Abs. 1 Nr. 4. Nach hier vertretener Ansicht (§ 319 Rdnr. 5) führt allerdings die Umwandlung der Hauptgesellschaft in eine *KGaA* nicht zur Beendigung der Eingliederung. Zur Änderung der Rechtsform der eingegliederten Gesellschaft s. Rdnr. 8. 5

3. Aufnahme eines weiteren Aktionärs (Nr. 3). Gem. Abs. 1 Nr. 3 endet die Eingliederung, wenn sich nicht mehr alle Aktien der eingegliederten Gesellschaft in der Hand der Hauptgesellschaft befinden, die Hauptgesellschaft also nicht mehr Inhaber sämtlicher Mitgliedschaften ist (§ 319 Rdnr. 7). Dem liegt die – auch in § 320 a zum Ausdruck kommende – Überlegung zugrunde, daß sich die Existenz von Minderheitsaktionären mit der durch §§ 323, 324 geprägten Finanz- und Organisationsverfassung der eingegliederten Gesell- 6

---

[2] *Koppensteiner* in Kölner Kommentar Rdnr. 5 f.; *Semler/Grunewald* in *Geßler/Hefermehl* Rdnr. 15 f.; *Krieger* in MünchHdb. AG § 73 Rdnr. 37; *Hüffer* Rdnr. 2.
[3] Wohl einhM, s. bereits Begr. RegE bei *Kropff* S. 432; s. ferner *Koppensteiner* in Kölner Kommentar Rdnr. 7; *Semler/Grunewald* in *Geßler/Hefermehl* Rdnr. 2.
[4] Zutr. *Semler/Grunewald* in *Geßler/Hefermehl* Rdnr. 3; aA – gegen die Möglichkeit hinausgeschobener Beendigung – *Krieger* in MünchHdb. AG § 73 Rdnr. 38.

[5] EinhM, s. *Semler/Grunewald* in *Geßler/Hefermehl* Rdnr. 4; *Krieger* in MünchHdb. AG § 73 Rdnr. 38; zur entsprechenden Rechtslage bei Beendigung des Unternehmensvertrags s. § 296 Rdnr. 12 ff.
[6] *Semler/Grunewald* in *Geßler/Hefermehl* Rdnr. 5; *Hüffer* Rdnr. 3.
[7] BGHZ 25, 134, 144 = NJW 1957, 1433; BayObLGZ 1992, 113, 116 = AG 1992, 456; näher zum Ganzen *Staudinger/Großfeld*, BGB, 13. Bearbeitung, Internationales Gesellschaftsrecht Rdnr. 552 ff., 605 ff., aber auch *Knobbe-Keuk* ZHR 154 (1990), 325, 334 ff., 350 ff. für die Sitzverlegung innerhalb der EU.

schaft nicht in Einklang bringen läßt. Unerheblich ist zum einen, *wie* es zur Aufnahme eines weiteren Aktionärs gekommen ist. Von Abs. 1 Nr. 3 werden also die Anteilsveräußerung, der Erwerb eines Anteils im Rahmen einer Kapitalerhöhung und die Bedienung einer Option (s. aber § 320b Rdnr. 8) gleichermaßen erfaßt.[8] Unerheblich ist aber auch die *Person* des neuen Aktionärs. Die Eingliederung endet also auch dann, wenn eine andere Tochtergesellschaft der früheren Hauptgesellschaft oder die eingegliederte Gesellschaft selbst eine Mitgliedschaft erwirbt (§ 319 Rdnr. 7). Unerheblich ist schließlich die *Höhe der Beteiligung* des neuen Aktionärs. Die Eingliederung endet somit bei Übertragung auch nur einer Aktie. Sie endet aber auch bei Übertragung *sämtlicher Anteile* durch eine inländische AG (bzw. KGaA, s. § 319 Rdnr. 5); obschon es in diesem Fall an der Existenz eines Minderheitsaktionärs fehlt, kommt eine Fortsetzung der Eingliederung mit dem Anteilserwerber als neue Hauptgesellschaft im Hinblick auf § 319 Abs. 2 nicht in Betracht. – Die Hauptgesellschaft hat der eingegliederten Gesellschaft nach Abs. 2 davon Mitteilung zu machen, daß sie nicht mehr Alleinaktionär ist (Rdnr. 9).

7 **4. Auflösung der Hauptgesellschaft (Nr. 4).** Gem. Abs. 1 Nr. 4 endet die Eingliederung des weiteren durch Auflösung der Hauptgesellschaft. Nach der Vorstellung des Gesetzgebers soll eine Liquidationsgesellschaft nicht Hauptgesellschaft sein und Leitungsmacht über eine „rechtlich selbständige Betriebsabteilung" (§ 319 Rdnr. 3) ausüben können.[9] Davon betroffen sind allein die Tatbestände der §§ 262, 396. Was dagegen die **Umwandlung der Hauptgesellschaft** iSd. § 1 Abs. 1 Nr. 1 bis 4 UmwG betrifft, so führt sie in *keinem Fall* zur Beendigung der Eingliederung nach *Abs. 1 Nr. 4* (s. aber noch Rdnr. 8).[10] Die *Verschmelzung* der Hauptgesellschaft *auf eine andere AG* hat vielmehr nach § 20 Abs. 1 Nr. 1 UmwG den Übergang des Eingliederungsverhältnisses auf die übernehmende AG zur Folge;[11] im Hinblick auf das Beschlußerfordernis des § 13 UmwG steht dem – abweichend von der Rechtslage bei Einzelrechtsnachfolge in sämtliche Anteile (Rdnr. 6) – die Vorschrift des § 319 Abs. 2 nicht entgegen. Die Verschmelzung der Hauptgesellschaft auf eine Gesellschaft *anderer Rechtsform* ist dagegen – ebenso wie der *Formwechsel* der Hauptgesellschaft in eine Gesellschaft anderer Rechtsform – nach Abs. 1 Nr. 2 zu beurteilen (Rdnr. 5). *Abspaltung* (*§ 123 Abs. 2 UmwG*) und *Ausgliederung* (*§ 123 Abs. 3 UmwG*) auf der Ebene der Hauptgesellschaft lassen die Eingliederung unberührt. Vor dem Hintergrund, daß Interessen außenstehender Aktionäre auf der Ebene der abhängigen Gesellschaft nicht betroffen sind (Rdnr. 6), die Aktionäre der Hauptgesellschaft gem. §§ 125 S. 1, 13 UmwG der Spaltung zustimmen müssen und die Gläubiger der eingegliederten Gesellschaft hinsichtlich ihrer Ansprüche aus §§ 321, 322 nach §§ 133 f. UmwG sämtliche an der Spaltung beteiligten Rechtsträger in Anspruch nehmen können, sollte es möglich sein, daß der Spaltungs- und Übernahmevertrag auch den Übergang des Eingliederungsverhältnisses auf einen übernehmenden oder neuen Rechtsträger in der Rechtsform der AG oder KGaA (Rdnr. 5; § 319 Rdnr. 5) vorsieht.[12] Dementsprechend hat auch die *Aufspaltung* der Hauptgesellschaft (§ 123 Abs. 1 UmwG) gem. § 131 Abs. 1 Nr. 1, 2 UmwG den Übergang des Eingliederungsverhältnisses auf eine im Spaltungsplan genannte AG oder KGaA (Rdnr. 5; § 319 Rdnr. 5) und das Erlöschen der vormaligen Hauptgesellschaft zur Folge.[13]

---

[8] *Koppensteiner* in Kölner Kommentar Rdnr. 12; *Semler/Grunewald* in *Geßler/Hefermehl* Rdnr. 9.

[9] Begr. RegE bei *Kropff* S. 432; s. ferner *Koppensteiner* in Kölner Kommentar Rdnr. 14; *Semler/Grunewald* in *Geßler/Hefermehl* Rdnr. 11; *Hüffer* Rdnr. 3. – Zur entsprechenden Rechtslage beim Unternehmensvertrag s. § 297 Rdnr. 46.

[10] Anders für Verschmelzung und Umwandlung nach altem Umwandlungsrecht Begr. RegE bei *Kropff* S. 432; *Koppensteiner* in Kölner Kommentar Rdnr. 15; *Würdinger* in Großkomm. z. AktG³ Anm. 6, § 320 Anm. 23b; Nachw. zur Gegenansicht s. in Fn. 11.

[11] So zum alten Recht bereits *Semler/Grunewald* in *Geßler/Hefermehl* Rdnr. 11; zust. auch *Hüffer* Rdnr. 4; zur vergleichbaren Rechtslage im Zusammenhang mit Unternehmensverträgen *Grunewald* in Lutter UmwG § 20 Rdnr. 34 mit weit. Nachw.

[12] Zum Schicksal des Beherrschungsvertrags bei Spaltung des herrschenden Unternehmens s. § 297 Rdnr. 43 mit weit. Nachw.

[13] Vgl. auch § 297 Rdnr. 43 betr. den Beherrschungsvertrag.

5. Sonstige. In § 327 nicht geregelt ist der Wegfall einer der in § 319 Abs.1 S.1 genannten Voraussetzungen in der Person der *eingegliederten Gesellschaft*. Gleichwohl ist mit der hM davon auszugehen, daß die Eingliederung auch in diesem Fall endet. Davon betroffen ist insbesondere der **Formwechsel der eingegliederten Gesellschaft** in einen Rechtsträger anderer Rechtsform (s. § 319 Rdnr. 5).[14] Bei **Verschmelzung** der eingegliederten Gesellschaft ist zu differenzieren. Bei Verschmelzung *auf eine andere AG* ergibt sich die Beendigung der Eingliederung aus dem in § 20 Abs.1 Nr.2 UmwG angeordneten Erlöschen des übertragenden Rechtsträgers. Der Vorschrift des § 20 Abs.1 Nr.1 UmwG läßt sich für diesen Fall schon deshalb nichts Gegenteiliges entnehmen, weil es in der Person des übernehmenden Rechtsträgers an einem Eingliederungsbeschluß fehlt.[15] Bei Verschmelzung auf einen Rechtsträger *anderer Rechtsform* ergibt sich die Beendigung der Eingliederung zudem aus der sinngemäßen Anwendung des Abs.1 Nr.2. Die Verschmelzung eines anderen Rechtsträgers *auf die eingegliederte Gesellschaft* führt gem. Abs.1 Nr.3 zur Beendigung der Eingliederung, sofern nicht der übertragende Rechtsträger eine 100%-ige Tochter-AG der Hauptgesellschaft ist und die Hauptgesellschaft somit gem. § 20 Abs.1 Nr.3 UmwG auch nach Abfindung Alleinaktionär der eingegliederten Gesellschaft bleibt. Kommt es schließlich unter Beteiligung der eingegliederten Gesellschaft zu einer *Verschmelzung durch Neugründung* gem. §§ 36 ff. UmwG, so endet die Eingliederung schon deshalb, weil es in der Person des neuen Rechtsträgers, mag er auch die Rechtsform der AG haben, am Vorliegen eines Eingliederungsbeschlusses fehlt. **Abspaltung und Ausgliederung** auf der Ebene der eingegliederten Gesellschaft lassen zwar die Eingliederung unberührt; mit Blick auf die *Aktionäre der Hauptgesellschaft* kommt allerdings eine Überleitung der Eingliederung auf einen anderen (neuen oder bestehenden) Rechtsträger nicht in Betracht.[16] Demgemäß erlischt die Eingliederung auch bei **Aufspaltung** der eingegliederten Gesellschaft.[17] Entsprechend der Rechtslage beim Beherrschungs- und Gewinnabführungsvertrag (§ 297 Rdnr. 46) endet die Eingliederung schließlich durch **Auflösung** der eingegliederten Gesellschaft, insbesondere also durch Eröffnung des Konkurs- bzw. Insolvenzverfahrens, nach hM (s. Rdnr. 7) aber auch durch Verlegung des Sitzes in das Ausland.

III. Pflichten der Beteiligten

1. Mitteilung (Abs. 2). Nach Abs. 2 hat die Hauptgesellschaft der eingegliederten Gesellschaft unverzüglich (iSd. § 121 BGB) und schriftlich mitzuteilen, daß sich nicht mehr alle Aktien in ihrer Hand befinden und damit die Eingliederung gem. Abs.1 Nr.3 beendet ist. Dadurch soll sichergestellt werden, daß die eingegliederte Gesellschaft von der Beendigung, die sich im Fall des Abs.1 Nr.3 außerhalb des Handelsregisters und ohne ihre Mitwirkung vollzieht, Kenntnis erlangt und der Pflicht zur Anmeldung (Rdnr.10) nachkommen kann. Maßgeblich ist der Zeitpunkt, in dem es zum Erwerb der ersten Aktie durch einen außenstehenden Aktionär kommt (Rdnr.6); dieser Zeitpunkt ist in der Mitteilung anzugeben.[18] Die schuldhafte Verletzung der Mitteilungspflicht verpflichtet zum Ersatz eines etwaigen Schadens der eingegliederten Gesellschaft (s. ferner Rdnr.10).[19] Für die übrigen Beendigungsgründe konnte § 327 schon deshalb auf die Statuierung von Mitteilungspflichten verzichten, weil die eingegliederte Gesellschaft von einem Beschluß iSd. Abs.1 Nr.1 ohnehin Kenntnis hat und von den Tatbeständen des Abs.1 Nr.2 und 4 aufgrund der Bekanntmachung des Registergerichts Kenntnis erlangen kann.[20]

---

[14] *Würdinger* in Großkomm. z. AktG³ Anm. 3 b; *Semler/Grunewald* in *Geßler/Hefermehl* Rdnr. 12; *Hüffer* Rdnr. 4; *Emmerich/Sonnenschein* § 7 VI 1 b; aA *Koppensteiner* in Kölner Kommentar Rdnr. 11.

[15] Zur entsprechenden Rechtslage im Zusammenhang mit Beherrschungsverträgen s. § 297 Rdnr. 36 ff.

[16] Zum Einfluß von Spaltungen der abhängigen Gesellschaft auf den Bestand des Beherrschungsvertrags s. § 297 Rdnr. 43 mit weit. Nachw.

[17] Zum Schicksal von Beherrschungsverträgen s. erneut § 297 Rdnr. 43 mit weit. Nachw.

[18] *Koppensteiner* in Kölner Kommentar Rdnr. 13; v. *Godin/Wilhelmi* Anm. 4.

[19] *Semler/Grunewald* in *Geßler/Hefermehl* Rdnr. 10.

[20] Begr. RegE bei *Kropff* S. 432.

10   **2. Anmeldung zum Handelsregister (Abs. 3).** Der Vorstand der bisher eingegliederten Gesellschaft ist gem. Abs. 3 verpflichtet, die Tatsache der Beendigung der Eingliederung, den Grund und den Zeitpunkt der Beendigung zur Eintragung in das Handelsregister anzumelden. Anders als die Eintragung der Eingliederung (§ 319 Rdnr. 33) hat die Eintragung der Beendigung **nur deklaratorische Bedeutung;**[21] die Eintragung soll demnach für die Richtigkeit des Handelsregisters sorgen. Die Anmeldung hat unverzüglich iSd. § 121 BGB zu erfolgen; sie kann gem. § 14 HGB im Zwangsgeldverfahren durchgesetzt werden. Die Eintragung der Beendigung erfolgt – ebenso wie die Eintragung der Eingliederung (§ 319 Rdnr. 33) – ausschließlich im Handelsregister des Sitzes der bisher eingegliederten Gesellschaft. Die Eintragung ist gem. § 10 HGB bekanntzumachen. Die Vorschrift des **§ 15 HGB** findet Anwendung. Die frühere Hauptgesellschaft kann somit unter den Voraussetzungen des § 15 Abs. 1 und 2 HGB von den Gläubigern aus § 322, bei Verletzung der Mitteilungspflicht nach Abs. 2 (Rdnr. 9) zudem von der bisher eingegliederten Gesellschaft aus § 324 Abs. 3 auch insoweit in Anspruch genommen werden, als die Verbindlichkeiten bzw. Verluste der bisher eingegliederten Gesellschaft nach dem Ende der Eingliederung begründet worden sind (vgl. § 322 Rdnr. 5). Bei Bekanntmachung eines unrichtigen Beendigungszeitpunkts gilt § 15 Abs. 3 HGB.

IV. Nachhaftung und Verjährung (Abs. 4)

11   **1. Grundsatz.** Trotz Beendigung der Eingliederung haftet die frühere Hauptgesellschaft gem. § 322 für die bis zum Ablauf der Frist des § 15 Abs. 2 S. 2 HGB (Rdnr. 10) begründeten Verbindlichkeiten der bisher eingegliederten Gesellschaft fort. Gem. § 327 Abs. 4 S. 1 kann sich allerdings die frühere Hauptgesellschaft nach Ablauf von fünf Jahren, beginnend mit dem Zeitpunkt der *Bekanntmachung* der Eintragung (Rdnr. 10) iSd. § 10 Abs. 2 HGB, auf Verjährung berufen. Wird der Anspruch des Gläubigers gegen die eingegliederte Gesellschaft erst nach dem in § 10 Abs. 2 HGB bestimmten Zeitpunkt fällig, so beginnt die Sonderverjährung des Anspruchs aus § 322 gem. Abs. 4 S. 2 erst mit dem Zeitpunkt der Fälligkeit. Wie § 159 HGB aF (Rdnr. 12) regelt auch § 327 Abs. 4 die **persönliche Einrede** der Verjährung der Forderung des Gläubigers gegen die frühere Hauptgesellschaft (§ 322 Rdnr. 10). Die Befugnis zur Geltendmachung *abgeleiteter Einreden* (§ 322 Rdnr. 11 ff.) bleibt unberührt; Abs. 4 S. 1, letzter Halbs. sagt dies ausdrücklich, indem er der früheren Hauptgesellschaft das Recht zuspricht, sich auf die bereits vor Ablauf von fünf Jahren erfolgte Verjährung der gegen die bisher eingegliederte Gesellschaft gerichteten Forderung zu berufen.[22]

12   **2. Dauerschuldverhältnisse im besonderen.** Die Vorschrift des § 327 Abs. 4 ist dem § 159 aF HGB nachgebildet.[23] Zu der an sich naheliegenden Anpassung an § 160 HGB durch das NachhaftungsbegrenzungsG v. 18. 3. 1994[24] ist es nicht gekommen. Nach dem Wortlaut des § 327 Abs. 4 unterliegt somit die frühere Hauptgesellschaft der Gefahr einer „Endloshaftung" für die Ansprüche aus vor Beendigung der Eingliederung begründeten Dauerschuldverhältnissen.[25] Ihr sollte auch de lege lata nicht durch **Rückgriff auf die zu § 159 aF HGB entwickelten Grundsätze,**[26] sondern durch analoge Anwendung der Enthaftungsvorschrift des § 160 HGB begegnet werden.[27]

---

[21] AllgM, s. bereits Begr. RegE bei *Kropff* S. 432; ferner *Emmerich/Sonnenschein* § 7 VI 2.
[22] Vgl. dazu für §§ 128, 129, 159 HGB BGH NJW 1982, 2443; *Brandes*, Festschrift für Stimpel, 1985, S. 105, 113 ff.
[23] Begr. RegE bei *Kropff* S. 432.
[24] BGBl. I, 560.
[25] Eingehend zur Problematik *K. Schmidt* Gesellschaftsrecht § 51 mit weit. Nachw. auch zum alten Recht.
[26] Dazu BGHZ 70, 132, 137; BGH NJW 1985, 1899; BGHZ 87, 286 ff.; *Ulmer/Wiesner* ZHR 144 (1980), 393 ff.; *Schlegelberger/K. Schmidt* § 159 a. F. Rdnr. 33 ff.; *Staub/Habersack* HGB, § 160 Rdnr. 38 ff.; *Heymann/Emmerich* HGB § 128 Rdnr. 61 ff.
[27] So auch *Hüffer* Rdnr. 7.

Vierter Teil.
Wechselseitig beteiligte Unternehmen

§ 328 Beschränkung der Rechte

(1) Sind eine Aktiengesellschaft oder Kommanditgesellschaft auf Aktien und ein anderes Unternehmen wechselseitig beteiligte Unternehmen, so können, sobald dem einen Unternehmen das Bestehen der wechselseitigen Beteiligung bekannt geworden ist oder ihm das andere Unternehmen eine Mitteilung nach § 20 Abs. 3 oder § 21 Abs. 1 gemacht hat, Rechte aus den Anteilen, die ihm an dem anderen Unternehmen gehören, nur für höchstens den vierten Teil aller Anteile des anderen Unternehmens ausgeübt werden. Dies gilt nicht für das Recht auf neue Aktien bei einer Kapitalerhöhung aus Gesellschaftsmitteln. § 16 Abs. 4 ist anzuwenden.

(2) Die Beschränkung des Absatzes 1 gilt nicht, wenn das Unternehmen seinerseits dem anderen Unternehmen eine Mitteilung nach § 20 Abs. 3 oder § 21 Abs. 1 gemacht hatte, bevor es von dem anderen Unternehmen eine solche Mitteilung erhalten hat und bevor ihm das Bestehen der wechselseitigen Beteiligung bekannt geworden ist.

(3) In der Hauptversammlung einer börsennotierten Gesellschaft kann ein Unternehmen, dem die wechselseitige Beteiligung gemäß Absatz 1 bekannt ist, sein Stimmrecht zur Wahl von Mitgliedern in den Aufsichtsrat nicht ausüben.

(4) Sind eine Aktiengesellschaft oder Kommanditgesellschaft auf Aktien und ein anderes Unternehmen wechselseitig beteiligte Unternehmen, so haben die Unternehmen einander unverzüglich die Höhe ihrer Beteiligung und jede Änderung schriftlich mitzuteilen.

Schrifttum: S. o. bei § 19 sowie *Emmerich,* Zur Problematik der wechselseitigen Beteiligungen, Festschrift H. Westermann, 1974, S. 55; *M. Kayser-Eichberg,* Die wechselseitige Beteiligung nach deutschem Aktienrecht als Leitlinie einer europäischen Harmonisierung, Diss. Köln 1969; *Krieger* Handbuch § 68F II (S. 731 ff.); *Nierhaus,* Die wechselseitige Beteiligung von Aktiengesellschaften, Diss. München 1961; *Kerstin Schmidt,* Die wechselseitigen Beteiligungen im Gesellschafts- und Kartellrecht, 1995, S. 75 ff.

Übersicht

	Rdnr.		Rdnr.
I. Überblick	1, 2	V. Ungeregelte Fälle	14–16
II. Zweck	3–5	VI. Rechtsfolgen	17–20
III. Anwendungsbereich	6, 7	1. Ausübungssperre	17–19
IV. Geregelte Fälle	8–13	2. Mitteilungspflicht	20
1. § 328 Abs. 1	9		
2. § 328 Abs. 2	10		
3. Bösgläubigkeit	11–13		

I. Überblick

§ 328 regelt zusammen mit § 19 die wechselseitigen Beteiligungen.[1] Die Definition der wechselseitigen Beteiligungen ergibt sich für beide Vorschriften aus § 19 Abs. 1.[2] Aus § 19 Abs. 4 folgt zugleich, daß man zwei verschiedene Erscheinungsformen von wechselseitigen Beteiligungen zu unterscheiden hat, für die sich die Bezeichnungen einfache und qualifi-

---

[1] Vgl. die Überschrift zum 4. Teil des 3. Buchs des AktG.
[2] S. deshalb o. § 19 Rdnr. 5 ff.

zierte wechselseitige Beteiligungen eingebürgert haben. Um eine qualifizierte wechselseitige Beteiligung handelt es sich, wenn die wechselseitig beteiligten Unternehmen (i.S. des § 19 Abs.1) zusätzlich durch eine einseitige oder beiderseitige Mehrheitsbeteiligung oder Abhängigkeitsbeziehung verbunden sind (§ 19 Abs.2 und 3).[3] Ist dies der Fall, so untersteht die betreffende wechselseitige Beteiligung allein dem Regime des § 19 Abs.2 und 3, nicht hingegen dem § 328 (§ 19 Abs.4). Dagegen ist auf die einfachen wechselseitigen Beteiligungen allein § 328 anzuwenden. Eine Übergangsvorschrift für einfache wechselseitige Beteiligungen, die bereits bei Inkrafttreten des AktG im Jahre 1966 bestanden, findet sich in § 6 EGAktG. Abs.3 des § 328 ist durch das Gesetz zur Kontrolle und Transparenz im Unternehmensbereich (KonTraG) von 1998[4] in das Gesetz eingefügt worden, um die zu Recht als besonders schädlich eingestuften Verwaltungsstimmrechte noch mehr als bisher schon zurückzudrängen.[5]

§ 328 baut nach dem Gesagten (o. Rdnr.1) unmittelbar auf § 19 auf. Enge Beziehungen bestehen außerdem zu den Mitteilungspflichten aufgrund der §§ 20 Abs.3 und 21 Abs.1, wie schon aus der zweimaligen Bezugnahme auf diese Vorschriften im Text des § 328 (s. Abs.1 S.1 und Abs.2) deutlich wird. Diese beiden Mitteilungspflichten sind seinerzeit nicht zuletzt zu dem Zweck eingeführt worden, wechselseitige Beteiligungen nach Möglichkeit aufzudecken. Fällt wie in der Regel die Mitteilungspflicht aufgrund des § 20 Abs.3 mit der nach § 20 Abs.1 zusammen oder liegen zugleich die Voraussetzungen des § 21 Abs.1 vor, so muß außerdem das Ausübungsverbot aufgrund der §§ 20 Abs.7 und 21 Abs.4 beachtet werden, das so lange eingreift, wie das mitteilungspflichtige Unternehmen seiner Mitteilungspflicht nicht nachgekommen ist, weil hieran letztlich die gesetzliche Regelung des § 328 anknüpft.

II. Zweck

§ 328 verfolgt in erster Linie den Zweck, die Rechte aus wechselseitigen Beteiligungen nach Möglichkeit auf höchstens 25% der Anteile an dem anderen Unternehmen zu beschränken, um der Gefahr unkontrollierbarer Verwaltungsstimmrechte zu begegnen.[6] Diesem Zweck hätte es freilich am meisten entsprochen, die Rechte aus wechselseitigem Anteilsbesitz generell zu beschränken. Solchem Konzept folgt das Gesetz jedoch nur in dem neuen Abs.3 der Vorschrift, der erst 1998 in das Gesetz eingefügt wurde. Im übrigen liegt dem § 328 jedoch ein anderes Konzept zugrunde, da das Gesetz sich hier zugleich den Schutz desjenigen Unternehmens angelegen sein läßt, das die wechselseitige Beteiligung nicht verhindern konnte, weil es als erstes an dem anderen die kritische Beteiligung von mehr als 25% erworben hat oder das doch am längsten gutgläubig hinsichtlich der wechselseitigen Beteiligung war.[7]

Wegen dieses widersprüchlichen Konzepts ist die gesetzliche Regelung insgesamt unnötig kompliziert ausgefallen. Ihre praktische Bedeutung blieb aus demselben Grund bislang gering, dies auch deshalb, weil die in der Praxis vorherrschenden ringförmigen oder zirkulären wechselseitigen Beteiligungen, von wenigen Ausnahmefällen abgesehen, durch § 328 nicht erfaßt werden können, ganz abgesehen davon, daß nach wie vor die Masse der wechselseitigen Beteiligungen – trotz ständigen Ausbaus der Mitteilungspflichten – unbekannt sein dürfte.

In bestimmten Fallgestaltungen kann die gesetzliche Regelung sogar kontraproduktive Wirkungen zeitigen, wie bereits den Gesetzesverfassern klar war.[8] Denn sobald ein Unter-

---

[3] S. im einzelnen o. § 19 Rdnr. 8, 12 ff.
[4] BGBl. 1998 I, S.786.
[5] S. die Begr. zu dem RegE des KonTraG, BT-Dr. 13 (1998)/9712, S.25; *Seibert* WM 1997, 1, 7.
[6] S.o. § 19 Rdnr. 4 sowie die Begr. zum RegE, bei *Kropff* S.433 f.; zum Zweck des § 328 Abs.4 s. noch u. Rdnr.20.

[7] S. die Begr. zum RegE, bei *Kropff* AktG S.434; *Emmerich*, Festschrift H. Westermann, S. 55, 71 m. Nachw.
[8] S. die Begr. zum RegE, bei *Kropff* AktG S.434 u.; anders aber *K. Schmidt*, Beteiligungen, S.77 f.

nehmen von der Ausübungssperre aufgrund des § 328 Abs.1 betroffen wird, dürfte es in der Regel alles daran setzen, so schnell wie möglich eine Mehrheitsbeteiligung an dem anderen Unternehmen zu erwerben, weil dies der einzige Weg ist, auf dem es der Ausübungssperre nach § 328 Abs.1 nachträglich wieder entgehen kann (s. § 19 Abs.4; vgl. aber § 71 d S.2). Es verwundert daher nicht, daß ein Gesetz, das derart unsinnige Konsequenzen hat, heute auf einhellige Kritik stößt.[9] Diese Kritik hat auch durch die geringfügigen Änderungen, die das KonTraG von 1998 gebracht hat, nichts von ihrer Berechtigung verloren.

III. Anwendungsbereich

Der Anwendungsbereich des § 328 beschränkt sich auf wechselseitig beteiligte Unternehmen im Sinne des § 19 Abs.1 unter Einschluß einer deutschen AG oder KGaA.[10] § 328 ist mithin nur anwendbar, wenn es sich um eine Unternehmensverbindung zwischen einer deutschen AG oder KGaA und einer anderen Kapitalgesellschaft mit Sitz im Inland handelt, die dadurch gekennzeichnet ist, daß die verbundenen Unternehmen (s. § 15) aneinander jeweils mit mehr als 25% beteiligt sind, wobei allein Anteile an dem Kapital des anderen Unternehmens berücksichtigt werden. Die Berechnung richtet sich gemäß § 19 Abs.1 S.2 nach § 16 Abs.1 S.2 und § 16 Abs.4.[11]

Die Beschränkung des Anwendungsbereichs der §§ 19 Abs.1 und 328 auf Kapitalgesellschaften mit Sitz im Inland hat zur Folge, daß wechselseitige Beteiligungen mit Unternehmen anderer Rechtsform und mit ausländischen Unternehmen von § 328 ebensowenig wie schon von § 19 erfaßt werden.[12] Die Behandlung dieser Fälle ist daher umstritten.[13]

IV. Geregelte Fälle

§ 328 verfolgt, wie gezeigt (o. Rdnr.3), einen doppelten Zweck, auf der einen Seite die Beschränkung der Rechte aus dem über 25% hinausgehenden Anteilsbesitz der wechselseitig aneinander beteiligten Unternehmen, um wechselseitige Beteiligungen zurückzudrängen, auf der anderen Seite aber auch den Schutz desjenigen Unternehmens, das die wechselseitige Beteiligung nicht verhindern konnte, weil es als erstes die kritische Beteiligung von mehr als 25% an dem anderen erwarb, oder das doch am längsten gutgläubig war. Dementsprechend sind vor allem die folgenden Fallgestaltungen zu unterscheiden, wobei als „erstes" Unternehmen durchweg dasjenige bezeichnet werden soll, das als erstes die kritische Beteiligung an dem anderen erwarb, und als „zweites" dasjenige, das sich erst anschließend mit mehr als 25% an dem ersten Unternehmen beteiligte.

1. § 328 Abs.1. Wenn ein Unternehmen als erstes an einem anderen (das seinerseits bereits an ihm zu *weniger* als 25% beteiligt sein kann) die kritische Beteiligung von mehr als 25% erwirbt, werden seine Rechte aus dieser Beteiligung nach § 328 Abs.1 nicht beschränkt, *vorausgesetzt*, daß es seiner Mitteilungspflicht aufgrund der §§ 20 Abs.1 und 21 Abs.1 unverzüglich nachkommt (s. §§ 20 Abs.7 und 21 Abs.4). Die Beschränkung der Rechte aus dem über 25% hinausgehenden Anteilsbesitz aufgrund des § 328 Abs.1 S.1 sowie aus dem neuen § 328 Abs.3 trifft folglich in diesem Fall allein das andere (zweite) Unternehmen, sobald es seinerseits eine Beteiligung von mehr als 25% an dem ersten Unternehmen erwirbt, vorausgesetzt, daß es ebenfalls seiner Mitteilungspflicht aufgrund der §§ 20 Abs.1 und 21 Abs.1 nachkommt.[14] Der Grund für diese Regelung ist darin zu sehen,

---

[9] *Emmerich,* Festschrift H. Westermann, S. 55, 71 ff.; *Emmerich/Sonnenschein* Konzernrecht § 5 V; *Hüffer* Rdnr.1; *Koppensteiner* in Kölner Kommentar Rdnr.3.
[10] Wegen der Einzelheiten s.o. § 19 Rdnr.5 ff.; *Hüffer* Rdnr.2; *Grunewald* in Geßler/Hefermehl Rdnr.4; *Koppensteiner* in Kölner Kommentar Rdnr.5; *Krieger* Handbuch § 68 Rdnr.93 f.
[11] S. dazu im einzelnen o. § 19 Rdnr.6 f.
[12] *Koppensteiner* in Kölner Kommentar Rdnr.5; *Krieger* Handbuch § 68 Rdnr.105 f.
[13] S.o. § 19 Rdnr.15 f.; *Krieger* (Fn.12); für die GmbHs *Scholz/Emmerich,* GmbHG, § 44 Anhang Rdnr.75–87; *K. Schmidt,* Beteiligungen, S.80 ff.
[14] Ebenso die Begr. zum RegE, bei *Kropff* AktG S.434; *Emmerich,* Festschrift H. Westermann, S. 55, 71; *Emmerich/Sonnenschein* Konzernrecht § 5 V 2 a;

daß hier das zweite Unternehmen aufgrund der rechtzeitigen Mitteilung seitens des ersten ohne weiteres in der Lage gewesen wäre, die wechselseitige Beteiligung zu verhindern, indem es auf den Erwerb weiterer Anteile an dem ersten Unternehmen verzichtet hätte. Begründet es gleichwohl willentlich eine wechselseitige Beteiligung, so muß es sich dann, gleichsam „zur Strafe", dh. als Sanktion die Beschränkung seiner Rechte aufgrund des § 328 Abs. 1 und Abs. 3 gefallen lassen. Bei dem neuen Abs. 3 des § 328 ist überdies zu beachten, daß er sich nur auf kritische Beteiligungen an börsennotierten Gesellschaften iS des § 3 Abs. 2 bezieht, wobei es freilich keine Rolle spielt, ob das zweite Unternehmen gleichfalls börsennotiert (i.S. des § 3 Abs. 2) ist oder nicht..[15]

10 2. § 328 Abs. 2. Unterläßt in dem genannten Fall (o. Rdnr. 9) das erste Unternehmen die gebotene rechtzeitige Mitteilung seiner Beteiligung aufgrund der §§ 20 Abs. 3 und 21 Abs. 2, so kann sich das *zweite* Unternehmen trotz nachträglicher Begründung der wechselseitigen Beteiligung immer noch sämtliche Rechte aus seinem Anteilsbesitz erhalten, wenn es jetzt – nach Erwerb der kritischen Beteiligung von mehr als 25 % – seinerseits dem ersten Unternehmen eine Mitteilung nach § 20 Abs. 3 oder § 21 Abs. 1 macht, **solange** es selbst noch **gutgläubig** hinsichtlich des Bestandes der wechselseitigen Beteiligung ist (§ 328 Abs. 2).[16] Schädlich ist zudem nur die *positive Kenntnis* der wechselseitigen Beteiligung, wofür eine bloße Mitteilung nach § 20 *Abs. 1* durch das andere (erste) Unternehmen nicht genügt, weil sich allein daraus mit Rücksicht auf die besondere Zurechnungsvorschrift des § 20 Abs. 2 noch nicht unmittelbar die Kenntnis einer kritischen Beteiligung von mehr als 25 % ergeben muß.[17] Den Grund für diese eigenartige Regelung hat man darin zu sehen, daß hier das zweite Unternehmen mangels Kenntnis von der Beteiligung des ersten Unternehmens an ihm in einer Höhe von mehr als 25 % die Entstehung der wechselseitigen Beteiligung nicht verhindern konnte und deshalb auch nicht durch das Ausübungsverbot aufgrund des § 328 Abs. 1 „bestraft" werden soll.

11 3. **Bösgläubigkeit.** Besteht bereits eine wechselseitige Beteiligung und liegt keiner der bisher besprochenen Fälle vor (o. Rdnr. 9 f.), so trifft die Beschränkung der Rechte aufgrund des § 328 Abs. 1 und Abs. 3 jedenfalls dasjenige Unternehmen, das als erstes *positive* Kenntnis von der wechselseitigen Beteiligung erlangt und dadurch bösgläubig wird. Keine Rolle spielt dabei, worauf diese Kenntnis beruht, entweder auf einer Mitteilung des anderen Unternehmens nach den §§ 20 Abs. 3 und 21 Abs. 1 oder auf einer sonstigen Quelle.[18]

12 Ein derartiger Fall ist im Grunde nur vorstellbar, wenn *beide* wechselseitig aneinander beteiligten Unternehmen ihren Mitteilungspflichten aufgrund des § 20 Abs. 1 und Abs. 3 sowie des § 21 Abs. 1 *nicht* oder mit Verspätung nachkommen. Im ersten Fall greift dann freilich in aller Regel bereits die Ausübungssperre aufgrund der §§ 20 Abs. 7 und 21 Abs. 4 oder aufgrund des § 28 WpHG ein. Unklar ist außerdem, wie in dem verbleibenden Fall die Einhaltung der Ausübungssperre aufgrund des § 328 Abs. 1 und Abs. 3 kontrolliert werden soll.[19] Diese Hinweise machen (nochmals) deutlich, wie wenig durchdacht im Grunde die ganze Konzeption des § 328 ist.

13 Schließlich ist noch der Fall vorstellbar, daß die erste Mitteilung von einem wechselseitig beteiligten Unternehmen erst *nach* Eintritt seiner Bösgläubigkeit gemacht wird. In diesem Fall greift zu seinen Gunsten nicht mehr § 328 Abs. 2 ein; ebensowenig ist freilich zugunsten des anderen Unternehmens § 328 Abs. 1 anwendbar, weil es an der rechtzeitigen eigenen Mitteilung vor der Mitteilung des anderen Unternehmens fehlt. Folglich unterliegen

---

Hüffer Rdnr. 6; *Koppensteiner* in Kölner Kommentar Rdnr. 10; *Krieger* Handbuch § 68 Rdnr. 101.
[15] S. die Begr. zum RegE des KonTraG, BT-Dr. 13 (1998)/9712, S. 25.
[16] *Emmerich,* Festschrift H. Westermann, S. 55, 71; *Grunewald* in Geßler/Hefermehl Rdnr. 6 f., 10; *Koppensteiner* in Kölner Kommentar Rdnr. 7.

[17] *Hüffer* Rdnr. 3; *Krieger* Handbuch § 68 Rdnr. 98.
[18] S. *Emmerich,* Festschrift H. Westermann S. 55, 71; *Emmerich/Sonnenschein* § 5 V 2 a; *Grunewald* in Geßler/Hefermehl Rdnr. 6; *Krieger* Handbuch § 68 Rdnr. 97 f.
[19] S. *Emmerich,* Festschrift H. Westermann, S. 55, 71.

in diesem Fall *beide* Unternehmen der Ausübungssperre aufgrund des § 328 Abs. 1 und des § 328 Abs. 3.[20]

V. Ungeregelte Fälle

Die perfektionistische und in sich widersprüchliche gesetzliche Regelung hat es mit sich gebracht, daß eine Vielzahl von Fallgestaltungen, insbesondere bei Einschaltung ausländischer oder dritter Unternehmen oder von Unternehmen anderer Rechtsform, ungeregelt geblieben ist. Für zwei Fallgestaltungen ist dies besonders auffällig:

Wenn *beide* wechselseitig beteiligten Unternehmen die gebotenen Mitteilungen aufgrund der §§ 20 Abs. 3 und 21 Abs. 1 unterlassen, ist nach allgemeiner Meinung § 328 Abs. 1 und Abs. 3 entsprechend anzuwenden, sofern nicht schon die Ausübungsverbote aufgrund der §§ 20 Abs. 7 und 21 Abs. 4 oder des § 28 WpHG eingreifen.[21] Das muß schon deshalb so sein, um sonst naheliegende Umgehungsversuche zu verhindern. Sind die Unternehmen bösgläubig, so greifen ohnehin die Abs. 1 und 2 sowie des § 328 ein (s. o. Rdnr. 14).

§ 328 Abs. 1 und 3 ist außerdem entsprechend anwendbar, wenn die Unternehmen die Mitteilungen *gleichzeitig* machen. Der Grund ist wiederum der, daß man nur so Umgehungsversuchen der Unternehmen begegnen kann.[22]

VI. Rechtsfolgen

1. Ausübungssperre. § 328 enthält für einfache wechselseitige Beteiligungen zwei Rechtsfolgen. Zunächst greift unter den genannten Voraussetzungen (o. Rdnr. 9 ff.) die Ausübungssperre des § 328 Abs. 1 und 3 ein. Danach können zunächst Rechte aus den Anteilen, die dem betroffenen Unternehmen an dem anderen Unternehmen gehören, nur für höchstens 25 % aller Anteile des anderen Unternehmens ausgeübt werden (§ 328 Abs. 1 S. 1; zu § 328 Abs. 3 s. u. Rdnr. 19). Ausgenommen ist lediglich das Recht auf neue Aktien bei einer Kapitalerhöhung aus Gesellschaftsmitteln (§ 328 Abs. 1 S. 2). Dieselben Beschränkungen treffen zugerechnete Aktien im Besitze Dritter, wobei vor allem an Aktien zu denken ist, die von einem Treuhänder oder von abhängigen Unternehmen für das betroffene Unternehmen gehalten werden (§§ 328 Abs. 1 S. 3, 16 Abs. 4).[23] Trifft die Ausübungssperre gleichzeitig das betroffene Unternehmen und Dritte, deren Anteilsbesitz ihm nach § 328 Abs. 1 S. 3 in Verbindung mit § 16 Abs. 4 zugerechnet wird, so soll nach überwiegender Meinung die Ausübungssperre quotal auf den eigenen und den zugerechneten Anteilsbesitz aufgeteilt werden, sofern sich die beteiligten Unternehmen nicht auf eine andere Verteilung einigen oder in einem Vertragskonzern das herrschende Unternehmen von seinem Weisungsrecht nach § 308 Gebrauch macht.[24]

Die Ausübungssperre aufgrund des § 328 Abs. 1 S. 1 gilt für sämtliche Verwaltungs- und Vermögensrechte, die mit dem Anteilsbesitz verbunden sind, namentlich also für das Stimmrecht, für das Bezugsrecht auf junge Aktien im Falle einer Kapitalerhöhung gegen Einlagen sowie für den Anspruch auf Dividende oder auf den Liquidationserlös.[25] Die Regelung entspricht der des § 20 Abs. 7, so daß wegen der Einzelheiten auf die Ausführungen

---

[20] Ebenso *Emmerich/Sonnenschein* Konzernrecht § 5 V 2 b; *Grunewald* in Geßler/Hefermehl Rdnr. 8; *Koppensteiner* in Kölner Kommentar Rdnr. 11; *Krieger* Handbuch § 68 Rdnr. 101 (2. Abs.).

[21] *Emmerich*, Festschrift H. Westermann, S. 55, 71; *Emmerich/Sonnenschein* § 5 V 2 b; *Koppensteiner* in Kölner Kommentar Rdnr. 9, 12.

[22] *Emmerich*, Festschrift H. Westermann, S. 55, 71; *Emmerich/Sonnenschein* Konzernrecht § 5 V 2 b; *Grunewald* in Geßler/Hefermehl Rdnr. 8; *Koppensteiner* in Kölner Kommentar Rdnr. 12; *Krieger* Handbuch § 68 Rdnr. 101 2. Abs..

[23] *Grunewald* in Geßler/Hefermehl Rdnr. 12.

[24] S. *Hüffer* Rdnr. 5; *Koppensteiner* in Kölner Kommentar Rdnr. 15; *Krieger* Handbuch § 68 Rdnr. 100.

[25] So schon die Begr. zum RegE, bei *Kropff* AktG S. 433 (2. Abs.); *Grunewald* in Geßler/Hefermehl Rdnr. 9; *Koppensteiner* in Kölner Kommentar Rdnr. 13; *Krieger* Handbuch § 68 Rdnr. 29.

zu dieser Vorschrift verwiesen werden kann.²⁶ Die Beschränkung tritt ein, sobald der Tatbestand des § 328 Abs. 1 erfüllt ist, und betrifft dann das gesamte laufende Geschäftsjahr.²⁷

19 Seit 1998 ergibt sich außerdem eine *weitere Ausübungssperre* aus dem durch das KonTraG in das Gesetz eingefügten § 328 Abs. 3. Danach kann ein Unternehmen, dem die wechselseitige Beteiligung gemäß § 328 Abs. 1 bekannt ist, so daß es der Ausübungssperre unterliegt (o. Rdnr. 17 f.), in der Hauptversammlung einer börsennotierten Gesellschaft im Sinne des § 3 Abs. 2 sein Stimmrecht zur Wahl von Mitgliedern in den Aufsichtsrat der anderen Gesellschaft *generell* nicht ausüben. Dadurch sollen die als besonders schädlich eingestuften Verwaltungsstimmrechte noch mehr als bisher schon zurückgedrängt werden (s. o. Rdnr. 1). In diesem speziellen Fall erfaßt also die Ausübungssperre nicht nur wie sonst nach § 328 Abs. 1 den über 25% hinausgehenden Anteilsbesitz, sondern *sämtliche* Anteile der durch die Ausübungssperre betroffenen Gesellschaft, wodurch in der Tat die Attraktivität von wechselseitigen Beteiligungen eingeschränkt werden dürfte. Keine Rolle spielt dabei, ob die betroffene Gesellschaft ebenfalls börsennotiert ist oder nicht (o. Rdnr. 9). Offen ist hingegen, ob auch hier die Zurechnungsvorschrift des *§ 16 Abs. 4* anwendbar ist (s. § 328 Abs. 1 S. 3 und dazu o. Rdnr. 17). Die Frage dürfte wohl zu verneinen sein, da in § 328 Abs. 3 eine Bezugnahme auf § 16 Abs. 4 fehlt, wodurch jedoch der Umgehung des neuen § 328 Abs. 3 Tür und Tor geöffnet werden muß.

20 **2. Mitteilungspflicht.** Die zweite Rechtsfolge einer einfachen wechselseitigen Beteiligung neben der Ausübungssperre aufgrund der Abs. 1 und 3 des § 328 besteht in der erweiterten Mitteilungspflicht nach § 328 Abs. 4. Danach sind die wechselseitig beteiligten Unternehmen verpflichtet, einander unverzüglich die Höhe ihrer Beteiligung und jede Änderung schriftlich mitzuteilen, während die Mitteilungspflichten aufgrund der §§ 20 und 21 immer nur bei Überschreitung oder Unterschreitung bestimmter Beteiligungsschwellen eingreifen. Durch diese erweiterte Mitteilungspflicht sollte erreicht werden, daß wechselseitig beteiligte Unternehmen stets über den Stand und die Entwicklung der wechselseitigen Beteiligungen unterrichtet sind, um den damit verbundenen Gefahren rechtzeitig begegnen zu können.²⁸ Aus demselben Grund ist in § 328 Abs. 4 auch wohl darauf verzichtet worden, hier ebenfalls nach dem Vorbild der durch das 3. Finanzmarktförderungsgesetz von 1998²⁹ in das Gesetz eingefügten Vorschriften der §§ 20 Abs. 8 und 21 Abs. 5 börsennotierte Gesellschaften im Sinne des § 21 Abs. 2 WpHG von den Mitteilungspflichten auszunehmen. Der Gesetzeszweck ist gleichwohl nicht erreicht worden, wozu auch beigetragen haben dürfte, daß das Gesetz keine Sanktionen bei einer Verletzung der besonderen Mitteilungspflichten nach § 328 Abs. 3 enthält.³⁰ Man kann zwar durchaus § 328 Abs. 3 als Schutzgesetz im Sinne des § 823 Abs. 2 BGB interpretieren;³¹ doch ändert dies nichts an dem geschilderten Befund.

---

[26] S. o. § 20 Rdnr. 20 ff.; *Grunewald* in Geßler/Hefermehl Rdnr. 11.
[27] *Grunewald* in Geßler/Hefermehl Rdnr. 10.
[28] So die Begr. zum RegE, bei *Kropff* AktG S. 435.
[29] BGBl. I, S. 529, 567.
[30] S. *Hüffer* Rdnr. 7; *Koppensteiner* in Kölner Kommentar Rdnr. 16.
[31] So *Grunewald* in Geßler/Hefermehl Rdnr. 13.

Anhang

Aktiengesetz

Vom 6. September 1965 (BGBl. I S. 1089)
(BGBl. III 4121–1)

Änderungen des Gesetzes

Lfd. Nr.	Änderndes Gesetz	Datum	Fundstelle	Geänderte Paragraphen	Art der Änderg.
–1.– 13.	Änderungsgesetze bis einschließlich Gesetz vom 29. 3. 1983 nur noch in den Anmerkungen nachgewiesen.				
14.	Gesetz zur Durchführung der Vierten, Siebenten und Achten Richtlinie des Rates der Europäischen Gemeinschaften zur Koordinierung des Gesellschaftsrechts (Bilanzrichtlinien-Gesetz – BiRiLiG)	19. 12. 1985	BGBl. I 2355	30 Überschrift, 33 Abs. 5 Satz 1, 49, 58 Abs. 1 Sätze 1 und 2, Abs. 2 Sätze 1 und 3, Abs. 3 Satz 1, 59 Abs. 2 Satz 2, 71 Abs. 2 Satz 2, 71a Abs. 1 Satz 2, 86 Abs. 2 Satz 1, 98 Abs. 2 Satz 1 Nr. 7, 99 Abs. 1 und Abs. 3 Satz 6, 101 Abs. 2 Satz 1, 104 Abs. 1 Satz 3 Nr. 4, 107 Abs. 3 Satz 2, 119 Abs. 1 Nr. 4, 120 Abs. 3 Satz 2, 131 Abs. 3 Nr. 4, 143 Abs. 2, 144, 150, 152, 158, 160, 170 Abs. 1 und Abs. 2 Satz 2 Nr. 2, 171 Abs. 1 und Abs. 2 Satz 3, 173 Abs. 2 und 3, 174 Abs. 2 Nr. 3, 175 Abs. 1 Satz 1 und Abs. 2 Satz 1, 176 Überschrift, Abs. 1 Satz 3 und Abs. 2, 199 Abs. 2 Satz 1, 204 Abs. 3 Satz 1, 206 Satz 2, 207 Abs. 1, 208, 209 Abs. 1, Abs. 2 Satz 1, Abs. 3 Satz 1, Abs. 4 Satz 1 und Abs. 5 Satz 1, 229 Abs. 1 Satz 1 und Abs. 2 Satz 1, 230 Satz 1, 231, 232, 233 Abs. 1 Satz 1, Abs. 2 Satz 4 und Abs. 3, 234 Abs. 1, 236, 237 Abs. 3 Nr. 2, 240, 241 Nr. 6, 242 Abs. 2 Satz 3, 251 Abs. 2 Satz 2, 254 Abs. 1 und Abs. 2 Satz 2, 256 Abs. 1 Nr. 2, 3 und 4, Abs. 4, Abs. 5 Sätze 2 und 3, Abs. 6 Satz 1, 257 Abs. 2 Satz 2, 258 Abs. 1 Satz 1 Nr. 2 und	Satz 3, Abs. 2 Satz 2,

Anh. AktG Aktiengesetz

Lfd. Nr.	Änderndes Gesetz	Datum	Fundstelle	Geänderte Paragraphen	Art der Änderg.
				Abs. 3 Satz 1, Abs. 4 Sätze 2 und 3, Abs. 5, 259 Abs. 1 Satz 2, Abs. 2 Satz 1 Nr. 2, Abs. 4, 261 Abs. 1 Sätze 2 bis 4 und 6, Abs. 3 Satz 2, 270, 275 Abs. 3 Satz 2, 283 Nr. 9, 286 Überschrift, Abs. 2 Sätze 1, 3 und 4, Abs. 4, 288 Abs. 1 Satz 2, 300, 301 Satz 2, 302 Abs. 1, 304 Abs. 2 Satz 1, 313 Überschrift Abs. 1 und 2, Abs. 3 Sätze 1 und 4, Abs. 4 Satz 1 und Abs. 5 Satz 1, 314 Abs. 1 Satz 1, Abs. 2 Sätze 2 und 3, Abs. 4, 315 Satz 1 Nr. 1, 324 Abs. 3, 337, 340 b Abs. 2 Satz 4, Abs. 3 und Abs. 5 Satz 1, 340 d Abs. 2 Nr. 2, 348 Abs. 1 und Abs. 2 Satz 2, 400 Abs. 1 Nr. 1 und 2 (neu), 404 Abs. 1, 405 Abs. 1 Nr. 3, 407 Abs. 1	geänd.
				58 Abs. 2a, 131 Abs. 1 Satz 3, 313 Abs. 1 Satz 4	eingef.
				143 Abs. 3, 148, 149, 150a, 151, 153 bis 157, 159, 161 bis 169, 170 Abs. 2 Satz 2 Nr. 4, 177, 178, 256 Abs. 4 Satz 2, 325, 329 bis 336, 338, 400 Abs. 1 Nr. 2 und 4, 405 Abs. 1 Nr. 5	aufgeh.
15.	Gesetz zur Änderung des Betriebsverfassungsgesetzes, über Sprecherausschüsse der leitenden Angestellten und zur Sicherung der Montan-Mitbestimmung	20.12.1988	BGBl. I 2312	98 Abs. 2 Satz 1 Nrn. 5 und 6, Abs. 3, 99 Abs. 2 Satz 2, 104 Abs. 1 Satz 3 Nrn. 2 und 3, Abs. 4 Satz 4, 250 Abs. 2 Nrn. 2 und 3, 252 Abs. 1	geänd.
16.	Gesetz zur Änderung des Arbeitsgerichtsgesetzes und anderer arbeitsrechtlicher Vorschriften (Arbeitsgerichtsgesetz-Änderungsgesetz)	26.6.1990	BGBl. I 1206	98 Abs. 2 Satz 1 Nrn. 5 und 6, 104 Abs. 1 Satz 3 Nrn. 2 und 3, Abs. 4 Satz 4, 250 Abs. 2 Nrn. 2 und 3, 252 Abs. 1	geänd.
17.	Gesetz zur Reform des Rechts der Vormundschaft und Pflegschaft für Volljährige (Betreuungsgesetz – BtG)	12.9.1990	BGBl. I 2002	37 Abs. 2 Satz 1, 81 Abs. 3 Satz 1, 265 Abs. 2 Satz 2	geänd.
				76 Abs. 3 Satz 2, 100 Abs. 1 Satz 2	eingef.
18.	Gesetz zur Durchführung der Richtlinie des Rates der Europäischen Gemeinschaften über	30.11.1990	BGBl. I 2570	256 Abs. 1 Nr. 1 131 Abs. 3 Nr. 6 und Abs. 4 Satz 3, 176 Abs. 1 Satz 4, 256	geänd.

Aktiengesetz AktG Anh.

Lfd. Nr.	Änderndes Gesetz	Datum	Fundstelle	Geänderte Paragraphen	Art der Änderg.
	den Jahresabschluß und den konsolidierten Abschluß von Banken und anderen Finanzinstituten (Bankbilanzrichtlinie-Gesetz)			Abs. 5 Satz 4, 258 Abs. 1a	eingef.
19.	Fünfte Zuständigkeitsanpassungs-Verordnung	26. 2. 1993	BGBl. I 278	128 Abs. 6 Satz 1	geänd.
20.	Gesetz zur Durchführung der Elften gesellschaftsrechtlichen Richtlinie des Rates der Europäischen Gemeinschaften und über Gebäudeversicherungsverhältnisse	22. 7. 1993	BGBl. I 1282	80 Abs. 4 42 bis 44	eingef. aufgeh.
21.[1)]	Gesetz zur Durchführung der Richtlinie des Rates der Europäischen Gemeinschaften über den Jahresabschluß und den konsolidierten Abschluß von Versicherungsunternehmen (Versicherungsbilanzrichtlinie-Gesetz – VersRiLiG)	24. 6. 1994	BGBl. I 1377	209 Abs. 5 Satz 2, 256 Abs. 5 Satz 4	geänd.
22.	Gesetz über den Wertpapierhandel und zur Änderung börsenrechtlicher und wertpapierrechtlicher Vorschriften (Zweites Finanzmarktförderungsgesetz)	26. 7. 1994	BGBl. I 1749	8 Abs. 1 Satz 1 und Abs. 2, 71 Abs. 1 Nrn. 2, 5 und 6, Abs. 2 Sätze 1 und 3, 71 d Satz 1 71 Abs. 1 Nr. 7	geänd. eingef.
23.	Gesetz für kleine Aktiengesellschaften und zur Deregulierung des Aktienrechts	2. 8. 1994	BGBl. I 1961	2, 31 Abs. 5, 34 Abs. 3, 37 Abs. 4 Nr. 4, 40 Abs. 2, 58 Abs. 2 Satz 2, 130 Abs. 5, 182 Abs. 2 Satz 1, 188 Abs. 3 Nr. 2, 222 Abs. 2 Satz 1, 241 Nr. 1, 256 Abs. 3 Nr. 1, 340c Abs. 3 Satz 1, 399 Abs. 1 Nr. 1 10 Abs. 5, 36 Abs. 2 Satz 2, 42, 57 Abs. 3, 121 Abs. 4 und 6, 124 Abs. 1 Satz 3, 130 Abs. 1 Satz 3, 186 Abs. 3 Satz 4, 242 Abs. 2 Satz 4 58 Abs. 5 Bisheriger § 121 Abs. 4 wird Abs. 5	geänd. eingef. aufgeh.

[1)] Das Versicherungsbilanzrichtlinie-Gesetz dient der Umsetzung der Richtlinie 91/674/ EWG des Rates vom 19. Dezember 1991 über den Jahresabschluß und den konsolidierten Abschluß von Versicherungsunternehmen (ABl. EG Nr. L 374 S. 7) und einiger Bestimmungen der Richtlinie 92/49/EWG des Rates vom 18. Juni 1992 zur Koordinierung der Rechts- und Verwaltungsvorschriften für die Direktversicherung (mit Ausnahme der Lebensversicherung) sowie zur Änderung der Richtlinien 73/239/EWG und 88/357/EWG (ABl. EG Nr. L 228 S. 1) und der Richtlinie 92/96/EWG des Rates vom 10. November 1992 zur Koordinierung der Rechts- und Verwaltungsvorschriften für die Direktversicherung (Lebensversicherung) sowie zur Änderung der Richtlinien 79/267/EWG und 90/619/EWG (ABl. EG Nr. L 360 S. 1).

Lfd. Nr.	Änderndes Gesetz	Datum	Fundstelle	Geänderte Paragraphen	Art der Änderg.
24.	Einführungsgesetz zur Insolvenzordnung (EGInsO)	5.10.1994	BGBl. I 2911	50 Satz 2, 62 Abs. 2 Satz 2, 87 Abs. 3, 92 Abs. 2, 93 Abs. 4 Satz 4 und Abs. 5 Satz 4, 117 Abs. 5 Satz 3, 225 Abs. 1 Satz 3, 233 Abs. 2 Satz 3, 262 Abs. 1 Nrn. 3 und 4, 263 Satz 2, 264 Abs. 1, 274 Abs. 2 Nr. 1, 283 Nr. 14, 289 Abs. 2 Nr. 1 und Abs. 3 Satz 1, 302 Abs. 3 Satz 2, 303 Abs. 2, 309 Abs. 3 Satz 2 und Abs. 4 Satz 5, 321 Abs. 2, 347 Abs. 2, 385 q Sätze 1 und 2, 401 Abs. 1 Nr. 2	geänd.
				262 Abs. 1 Nr. 6, 263 Satz 4, 264 Abs. 2, 289 Abs. 2 Nr. 3 und Abs. 6 Sätze 3 und 4, 290 Abs. 3	eingef.
				Bisheriger § 264 Abs. 2 wird Abs. 3	
25.	Gesetz zur Bereinigung des Umwandlungsrechts (UmwBerG)	28.10.1994	BGBl. I 3210	71 Abs. 1 Nr. 3, 295 Abs. 1 Satz 2, 305 Abs. 3 Satz 2, 306 Abs. 1 Satz 2, 319 Abs 3, 320 Abs. 1 Satz 3, Abs. 2 Nr. 2, Abs. 3 und 4, 399 Abs. 2, 407 Abs. 1 Satz 1, Abs. 2 Satz 1	geänd.
				179 a, 293 a bis 293 g, 305 Abs. 3 Satz 3, 306 Abs. 4 Satz 10, 319 Abs. 4 bis 6, 320 Abs. 4, 320 a, 320 b	eingef.
				99 Abs. 6 Satz 7, 211 Abs. 2, 293 Abs. 3 Sätze 2 bis 6 und Abs. 4, 306 Abs. 7 Satz 7, 319 Abs. 2 Satz 5, 320 Abs. 5 bis 7, Viertes Buch (§§ 339 bis 393)	aufgeh.
				Bisheriger § 99 Abs. 6 Sätze 8 bis 10 werden Sätze 7 bis 9, § 306 Abs. 7 Sätze 8 und 9 werden Sätze 7 und 8, 319 Abs. 4 wird Abs. 7	
26.	Begleitgesetz zum Gesetz zur Umsetzung von EG-Richtlinien zur Harmonisierung bank- und wertpapieraufsichtsrechtlicher Vorschriften	22.10.1997	BGBl. I 2567	54 Abs. 3 Satz 1, 70 Satz 1, 71 Abs. 1 Nr. 7, 71 a Abs. 1 Satz 2, 71 e Abs. 1 Satz 2, 89 Abs. 6, 115 Abs. 5, 131 Abs. 3 Satz 1 Nr. 6, 186 Abs. 5, 256 Abs. 5 Satz 4, 258 Abs. 1 a	geänd.
				125 Abs. 5, 128 Abs. 7, 129 Abs. 5, 135 Abs. 12	eingef.

Aktiengesetz　　　　　　　　　　　　　　　　　　　　　　　　AktG Anh.

Lfd. Nr.	Änderndes Gesetz	Datum	Fundstelle	Geänderte Paragraphen	Art der Änderg.
27.	Gesetz zur weiteren Fortentwicklung des Finanzplatzes Deutschland (Drittes Finanzmarktförderungsgesetz)	24. 3. 1998	BGBl. I 529	20 Abs. 7, 21 Abs. 4 20 Abs. 8, 21 Abs. 5	geänd. eingef.
28.	Gesetz über die Zulassung von Stückaktien (Stückaktiengesetz – StückAG)	25. 3. 1998	BGBl. I 590	6, 8 Überschrift sowie Abs. 1 und 2, 9 Abs. 1, 10 Abs. 2 Satz 1, 16 Abs. 2 Sätze 1 und 2, 19 Abs. 1 Satz 1, 20 Abs. 3, 21 Abs. 1 Satz 1, 23 Abs. 2 Nr. 2 und Abs. 3 Nr. 4, 27 Abs. 1 Satz 1 und Abs. 3 Satz, 34 Abs. 1 Nr. 2, 36a Abs. 1 und Abs. 2 Satz 3, 38 Abs. 2 Satz 2, 54 Abs. 1 und 2, 60 Abs. 1, 71 Abs. 2 Sätze 1 und 3 sowie Abs. 3 Satz 1, 71 c Abs. 2, 71 d Satz 3, 71 e Abs. 1 Satz 2 und Abs. 2 Satz 1, 80 Abs. 1 Satz 3, 93 Abs. 3 Nr. 4, 103 Abs. 3 Satz 3, 113 Abs. 3 Satz 1, 120 Abs. 1 Satz 2, 122 Abs. 2, 134 Abs. 1 Satz 1, 139 Abs. 2, 142 Abs. 2 Satz 1 und Abs. 4 Satz 1, 147 Abs. 3 Satz 2, 152 Abs. 1 Satz 2, 160 Abs. 1 Nr. 2 Sätze 1 und 2, Nr. 3, 182 Abs. 3, 183 Abs. 1 Satz 1, Abs. 2 Satz 3 und Abs. 3 Satz 3, 185 Abs. 1 Satz 1 und Satz 3 Nr. 3, 194 Abs. 1 Satz 1, Abs. 2 Satz 3 und Abs. 4 Satz 3, 198 Abs. 1 Satz 3, 199 Abs. 2 Sätze 1 und 2, 205 Abs. 2 Satz 1, Abs. 3 Satz 3 und Abs. 4 Satz 4, 207 Abs. 2 Satz 1, 212 Satz 1, 214 Abs. 1 Satz 1, 215 Abs. 2 Sätze 1 bis 3, 217 Abs. 1, 218 Satz 2, 220 Satz 1, 222 Abs. 4, 237 Abs. 3 und 5, 238 Satz 1, 254 Abs. 2 Satz 3, 258 Abs. 2 Satz 3, 260 Abs. 1 Satz 1 und Abs. 3 Satz 4, 265 Abs. 3 Satz 1, 268 Abs. 4 Satz 2, 271 Abs. 2 und Abs. 3 Sätze 1 und 2, 280 Abs. 1 Satz 2, 304 Abs. 1 Satz 1 und Abs. 2 Sätze 2 und 3, 320 Abs. 1 Satz 1, 405 Abs. 1 Nr. 1 und 3 8 Abs. 3 und 4, 182 Abs. 1 Satz 5, 192 Abs. 3 Satz 2,	geänd.

Lfd. Nr.	Änderndes Gesetz	Datum	Fundstelle	Geänderte Paragraphen	Art der Änderg.
29.	Gesetz zur Kontrolle und Transparenz im Unternehmensbereich (KonTraG)	27. 4. 1998	BGBl. I 786	202 Abs. 3 Satz 3, 207 Abs. 2 Satz 2 Bish. § 8 Abs. 3 und 4 werden Abs. 5 und 6 3 Überschrift, 10 Abs. 5, 58 Abs. 2 Satz 2, 71 Abs. 2 Sätze 1 und 3, Abs. 3 Satz 1, 71 d Satz 1, 73 Abs. 3 Satz 1, 90 Abs. 1 Nr. 1, 91 Überschrift, 100 Abs. 2 Satz 1 Nrn. 1 und 3, Satz 2, 110 Abs. 3, 124 Abs. 3 Satz 3, 127 Satz 3, 128 Überschrift, Abs. 2 Sätze 2 und 5 sowie Abs. 6 Satz 1, 129 Überschrift, 130 Abs. 1 Satz 3, 134 Abs. 1 Satz 2, 135 Abs. 3 Satz 1, 147 Abs. 4 Sätze 1 und 2, 160 Abs. 1 Nr. 5, 170 Abs. 3 Sätze 1 und 2, 171 Abs. 1 Sätze 1 und 2 sowie Abs. 2 Satz 2, 192 Abs. 2 Nr. 3 und Abs. 3, 209 Abs. 4 Satz 2, 293 b Abs. 1, 293 c Abs. 1 Satz 4 (neu), 320 Abs. 3 Satz 1, 337 Abs. 1 3 Abs. 2, 71 Abs. 1 Nr. 8 und Abs. 3 Satz 3, 91 Abs. 2, 100 Abs. 2 Satz 3, 111 Abs. 2 Satz 3, 122 Abs. 1 Satz 3, 125 Abs. 1 Sätze 2 und 3, 128 Abs. 2 Satz 6, 129 Abs. 1 Satz 1, 135 Abs. 1 Satz 3 und Abs. 2 Satz 6, 147 Abs. 3, 193 Abs. 2 Nr. 4, 293 c Abs. 1 Satz 2, 315 Satz 2, 328 Abs. 3 12 Abs. 2 Satz 2, 170 Abs. 1 Satz 2 Bish. § 129 Abs. 1 Satz 1 wird Satz 2, 147 Abs. 2 wird Abs. 1 Satz 4, Abs. 3 wird Abs. 2, 293 c Abs. 1 Sätze 2 bis 4 werden Sätze 3 bis 5, 315 Satz 2 wird Satz 3, 328 Abs. 3 wird Abs. 4	eingef. geänd. eingef. aufgeh.
30.	Gesetz zur Einführung des Euro (Euro-Einführungsgesetz – EuroEG)	9. 6. 1998	BGBl. I 1242	6, 7, 8 Abs. 2 Sätze 1 und 4, 76 Abs. 2 Satz 2, 95 Satz 4, 103 Abs. 3 Satz 3, 120 Abs. 1 Satz 2, 122 Abs. 2, 142 Abs. 2 Satz 1 und Abs. 4 Satz 1, 147 Abs. 2 Satz 2 und Abs. 3 Satz 1, 254 Abs. 2 Satz 3, 258 Abs. 2	geänd.

Aktiengesetz AktG Anh.

Lfd. Nr.	Änderndes Gesetz	Datum	Fundstelle	Geänderte Paragraphen	Art der Änderg.
31.	Gesetz zur Neuregelung des Kaufmanns- und Firmenrechts und zur Änderung anderer handels- und gesellschaftsrechtlicher Vorschriften (Handelsrechtsreformgesetz – HRefG)	22. 6. 1998	BGBl. I 1474	Satz 3, 260 Abs.1 Satz 1 und Abs.3 Satz 4, 265 Abs.3 Satz 1, 315 Satz 2 4, 40 Abs.1 Nr.3, 42, 279, 281 38 Abs.3	geänd. eingef.

Vorbemerkung

Die Änderungen des Einführungsgesetz zur Insolvenzordnung (EGInsO) vom 5. 10. 1994 (BGBl. I S.2911), Inkrafttreten: 1. 1. 1999 wurden in Fußnoten nachgewiesen. Die Änderungen durch das Gesetz zur Einführung des Euro (Euro-Einführungsgesetz – EuroEG) vom 9. 6. 1998 (BGBl. I S.1242) Inkrafttreten: 1. 1. 1999, sind im Text in eckigen Klammern aufgenommen.

Anh. AktG

Aktiengesetz

Inhaltsübersicht

Erstes Buch. Aktiengesellschaft (§§ 1–277)

§§

Erster Teil. Allgemeine Vorschriften	1–22
Zweiter Teil. Gründung der Gesellschaft	23–53
Dritter Teil. Rechtsverhältnisse der Gesellschaft und der Gesellschafter	53a–75
Vierter Teil. Verfassung der Aktiengesellschaft	76–147
1. Abschnitt. Vorstand	76–94
2. Abschnitt. Aufsichtsrat	95–116
3. Abschnitt. Benutzung des Einflusses auf die Gesellschaft	117
4. Abschnitt. Hauptversammlung	118–147
1. Unterabschnitt. Rechte der Hauptversammlung	118–120
2. Unterabschnitt. Einberufung der Hauptversammlung	121–128
3. Unterabschnitt. Verhandlungsniederschrift. Auskunftsrecht	129–132
4. Unterabschnitt. Stimmrecht	133–137
5. Unterabschnitt. Sonderbeschluß	138
6. Unterabschnitt. Vorzugsaktien ohne Stimmrecht	139–141
7. Unterabschnitt. Sonderprüfung. Geltendmachung von Ersatzansprüchen	142–147
Fünfter Teil. Rechnungslegung. Gewinnverwendung	150–176
1. Abschnitt. Jahresabschluß und Lagebericht	150–160
2. Abschnitt. Prüfung des Jahresabschlusses	170, 171
1. Unterabschnitt. Prüfung durch Abschlußprüfer *(aufgehoben)*	
2. Unterabschnitt. Prüfung durch den Aufsichtsrat	170, 171
3. Abschnitt. Feststellung des Jahresabschlusses. Gewinnverwendung	172–176
1. Unterabschnitt. Feststellung des Jahresabschlusses	172, 173
2. Unterabschnitt. Gewinnverwendung	174
3. Unterabschnitt. Ordentliche Hauptversammlung	175, 176
4. Abschnitt. Bekanntmachung des Jahresabschlusses *(aufgehoben)*	
Sechster Teil. Satzungsänderung. Maßnahmen der Kapitalbeschaffung und Kapitalherabsetzung	179–240
1. Abschnitt. Satzungsänderung	179–181
2. Abschnitt. Maßnahmen der Kapitalbeschaffung	182–221
1. Unterabschnitt. Kapitalerhöhung gegen Einlagen	182–191
2. Unterabschnitt. Bedingte Kapitalerhöhung	192–201
3. Unterabschnitt. Genehmigtes Kapital	202–206
4. Unterabschnitt. Kapitalerhöhung aus Gesellschaftsmitteln	207–220
5. Unterabschnitt. Wandelschuldverschreibungen. Gewinnschuldverschreibungen	221
3. Abschnitt. Maßnahmen der Kapitalherabsetzung	222–240
1. Unterabschnitt. Ordentliche Kapitalherabsetzung	222–228
2. Unterabschnitt. Vereinfachte Kapitalherabsetzung	229–236
3. Unterabschnitt. Kapitalherabsetzung durch Einziehung von Aktien	237–239
4. Unterabschnitt. Ausweis der Kapitalherabsetzung	240
Siebenter Teil. Nichtigkeit von Hauptversammlungsbeschlüssen und des festgestellten Jahresabschlusses. Sonderprüfung wegen unzulässiger Unterbewertung	241–261
1. Abschnitt. Nichtigkeit von Hauptversammlungsbeschlüssen	241–255
1. Unterabschnitt. Allgemeines	241–249
2. Unterabschnitt. Nichtigkeit bestimmter Hauptversammlungsbeschlüsse	250–255
2. Abschnitt. Nichtigkeit des festgestellten Jahresabschlusses	256, 257
3. Abschnitt. Sonderprüfung wegen unzulässiger Unterbewertung	258–261

Aktiengesetz AktG Anh.

§§

Achter Teil. Auflösung und Nichtigerklärung der Gesellschaft 262–277
   1. Abschnitt. Auflösung 262–274
      1. Unterabschnitt. Auflösungsgründe und Anmeldung 262, 263
      2. Unterabschnitt. Abwicklung 264–274
   2. Abschnitt. Nichtigerklärung der Gesellschaft 275–277

Zweites Buch. Kommanditgesellschaft auf Aktien (§§ 278–290)

Drittes Buch. Verbundene Unternehmen (§§ 291–337)

Erster Teil. Unternehmensverträge 291–307
   1. Abschnitt. Arten von Unternehmensverträgen 291, 292
   2. Abschnitt. Abschluß, Änderung und Beendigung von Unternehmensverträgen 293–299
   3. Abschnitt. Sicherung der Gesellschaft und der Gläubiger 300–303
   4. Abschnitt. Sicherung der außenstehenden Aktionäre bei Beherrschungs- und Gewinnabführungsverträgen 304–307
Zweiter Teil. Leitungsmacht und Verantwortlichkeit bei Abhängigkeit von Unternehmen 308–318
   1. Abschnitt. Leitungsmacht und Verantwortlichkeit bei Bestehen eines Beherrschungsvertrags 308–310
   2. Abschnitt. Verantwortlichkeit bei Fehlen eines Beherrschungsvertrags 311–318
Dritter Teil. Eingegliederte Gesellschaften 319–327
Vierter Teil. Wechselseitig beteiligte Unternehmen 328
Fünfter Teil. Rechnungslegung im Konzern 337

Viertes Buch. Sonder-, Straf- und Schlußvorschriften (§§ 394–410)

Erster Teil. Sondervorschriften bei Beteiligung von Gebietskörperschaften 394, 395
Zweiter Teil. Gerichtliche Auflösung 396–398
Dritter Teil. Straf- und Bußgeldvorschriften. Schlußvorschriften 399–410

Der Bundestag hat mit Zustimmung des Bundesrates das folgende Gesetz beschlossen:

Erstes Buch. Aktiengesellschaft
Erster Teil. Allgemeine Vorschriften

§ 1. Wesen der Aktiengesellschaft. (1) ¹Die Aktiengesellschaft ist eine Gesellschaft mit eigener Rechtspersönlichkeit. ²Für die Verbindlichkeiten der Gesellschaft haftet den Gläubigern nur das Gesellschaftsvermögen.

(2) Die Aktiengesellschaft hat ein in Aktien zerlegtes Grundkapital.

§ 2.[1] **Gründerzahl.** An der Feststellung des Gesellschaftsvertrags (der Satzung) müssen sich eine oder mehrere Personen beteiligen, welche die Aktien gegen Einlagen übernehmen.

§ 3.[2] **Formkaufmann; Börsennotierung.** (1) Die Aktiengesellschaft gilt als Handelsgesellschaft, auch wenn der Gegenstand des Unternehmens nicht im Betrieb eines Handelsgewerbes besteht.

(2) Börsennotiert im Sinne dieses Gesetzes sind Gesellschaften, deren Aktien an einem Markt gehandelt werden, der von staatlich anerkannten Stellen geregelt und überwacht wird, regelmäßig stattfindet und für das Publikum mittelbar oder unmittelbar zugänglich ist.

§ 4.[3] **Firma.** Die Firma der Aktiengesellschaft muß, auch wenn sie nach § 22 des Handelsgesetzbuchs oder nach anderen gesetzlichen Vorschriften fortgeführt wird, die Bezeichnung „Aktiengesellschaft" oder eine allgemein verständliche Abkürzung dieser Bezeichnung enthalten.

§ 5. Sitz. (1) Sitz der Gesellschaft ist der Ort, den die Satzung bestimmt.

(2) Die Satzung hat als Sitz in der Regel den Ort, wo die Gesellschaft einen Betrieb hat, oder den Ort zu bestimmen, wo sich die Geschäftsleitung befindet oder die Verwaltung geführt wird.

§ 6.[4] **Grundkapital.** Das Grundkapital muß auf einen Nennbetrag in *Deutscher Mark [ab 1.1. 1999 Euro]* lauten.

§ 7. Mindestnennbetrag des Grundkapitals. Der Mindestnennbetrag des Grundkapitals ist *einhunderttausend Deutsche Mark [ab 1.1. 1999 fünfzigtausend Euro]*.

§ 8.[4] **Form und Mindestbeträge der Aktien.** (1) Die Aktien können entweder als Nennbetragsaktien oder als Stückaktien begründet werden.

(2) ¹Nennbetragsaktien müssen auf mindestens *fünf Deutsche Mark [ab 1.1. 1999 einen Euro]* lauten. ²Aktien über einen geringeren Nennbetrag sind nichtig. ³Für den Schaden aus der Ausgabe sind die Ausgeber den Inhabern als Gesamtschuldner verantwortlich. ⁴Höhere Aktiennennbeträge müssen auf volle *fünf Deutsche Mark [ab 1.1. 1999 einen Euro]* lauten.

(3) ¹Stückaktien lauten auf keinen Nennbetrag. ²Die Stückaktien einer Gesellschaft sind am Grundkapital in gleichem Umfang beteiligt. ³ Der auf die einzelne Aktie entfallende anteilige Betrag des Grundkapitals darf fünf Deutsche Mark nicht unterschreiten. ⁴Absatz 2 Satz 2 und 3 findet entsprechende Anwendung.

(4) Der Anteil am Grundkapital bestimmt sich bei Nennbetragsaktien nach dem Verhältnis ihres Nennbetrags zum Grundkapital, bei Stückaktien nach der Zahl der Aktien.

(5) Die Aktien sind unteilbar.

(6) Diese Vorschriften gelten auch für Anteilscheine, die den Aktionären vor der Ausgabe der Aktien erteilt werden (Zwischenscheine).

---

[1] § 2 geänd. durch G v. 2.8. 1994 (BGBl. I S.1961).
[2] § 3 Überschrift neugef., Abs.2 angef. durch KonTraG v. 27.4. 1998 (BGBl. I S.786).
[3] § 4 neugef. durch Art.8 HRefG v. 22.6. 1998 (BGBl. I S.1474).
[4] § 6 geänd., § 8 Überschrift neugef., Abs.1 und 2 neugef., Abs.3 und 4 eingef., bish. Abs.3 und 4 werden Abs.5 und 6 durch StückAG v. 25.3. 1998 (BGBl. I S.590).

Aktiengesetz §§ 9–16 AktG Anh.

§ 9.[1] **Ausgabebetrag der Aktien.** (1) Für einen geringeren Betrag als den Nennbetrag oder den auf die einzelne Stückaktie entfallenden anteiligen Betrag des Grundkapitals dürfen Aktien nicht ausgegeben werden (geringster Ausgabebetrag).

(2) Für einen höheren Betrag ist die Ausgabe zulässig.

§ 10.[2] **Aktien und Zwischenscheine.** (1) Die Aktien können auf den Inhaber oder auf Namen lauten.

(2) ¹Sie müssen auf Namen lauten, wenn sie vor der vollen Leistung des Ausgabebetrags ausgegeben werden. ²Der Betrag der Teilleistungen ist in der Aktie anzugeben.

(3) Zwischenscheine müssen auf Namen lauten.

(4) ¹Zwischenscheine auf den Inhaber sind nichtig. ²Für den Schaden aus der Ausgabe sind die Ausgeber den Inhabern als Gesamtschuldner verantwortlich.

(5) In der Satzung kann der Anspruch des Aktionärs auf Verbriefung seines Anteils ausgeschlossen oder eingeschränkt werden.

§ 11. Aktien besonderer Gattung. ¹Die Aktien können verschiedene Rechte gewähren, namentlich bei der Verteilung des Gewinns und des Gesellschaftsvermögens. ²Aktien mit gleichen Rechten bilden eine Gattung.

§ 12.[3] **Stimmrecht. Keine Mehrstimmrechte.** (1) ¹Jede Aktie gewährt das Stimmrecht. ²Vorzugsaktien können nach den Vorschriften dieses Gesetzes als Aktien ohne Stimmrecht ausgegeben werden.

(2) Mehrstimmrechte sind unzulässig.

§ 13. Unterzeichnung der Aktien. ¹Zur Unterzeichnung von Aktien und Zwischenscheinen genügt eine vervielfältigte Unterschrift. ²Die Gültigkeit der Unterzeichnung kann von der Beachtung einer besonderen Form abhängig gemacht werden. ³Die Formvorschrift muß in der Urkunde enthalten sein.

§ 14. Zuständigkeit. Gericht im Sinne dieses Gesetzes ist, wenn nichts anderes bestimmt ist, das Gericht des Sitzes der Gesellschaft.

§ 15. Verbundene Unternehmen. Verbundene Unternehmen sind rechtlich selbständige Unternehmen, die im Verhältnis zueinander in Mehrheitsbesitz stehende Unternehmen und mit Mehrheit beteiligte Unternehmen (§ 16), abhängige und herrschende Unternehmen (§ 17), Konzernunternehmen (§ 18), wechselseitig beteiligte Unternehmen (§ 19) oder Vertragsteile eines Unternehmensvertrags (§§ 291, 292) sind.

§ 16.[4] **In Mehrheitsbesitz stehende Unternehmen und mit Mehrheit beteiligte Unternehmen.** (1) Gehört die Mehrheit der Anteile eines rechtlich selbständigen Unternehmens einem anderen Unternehmen oder steht einem anderen Unternehmen die Mehrheit der Stimmrechte zu (Mehrheitsbeteiligung), so ist das Unternehmen ein in Mehrheitsbesitz stehendes Unternehmen, das andere Unternehmen ein an ihm mit Mehrheit beteiligtes Unternehmen.

(2) ¹Welcher Teil der Anteile einem Unternehmen gehört, bestimmt sich bei Kapitalgesellschaften nach dem Verhältnis des Gesamtnennbetrags der ihm gehörenden Anteile zum Nennkapital, bei Gesellschaften mit Stückaktien nach der Zahl der Aktien. ²Eigene Anteile sind bei Kapitalgesellschaften vom Nennkapital, bei Gesellschaften mit Stückaktien von der Zahl der Aktien abzusetzen. ³Eigenen Anteilen des Unternehmens stehen Anteile gleich, die einem anderen für Rechnung des Unternehmens gehören.

(3) ¹Welcher Teil der Stimmrechte einem Unternehmen zusteht, bestimmt sich nach dem Verhältnis der Zahl der Stimmrechte, die es aus den ihm gehörenden Anteilen ausüben kann, zur Gesamtzahl aller Stimmrechte. ²Von der Gesamtzahl aller Stimmrechte sind die Stimmrechte aus eigenen Anteilen sowie aus Anteilen, die nach Absatz 2 Satz 3 eigenen Anteilen gleichstehen, abzusetzen.

---

[1] § 9 Abs. 1 neugef. durch StückAG v. 25.3.1998 (BGBl. I S.590).
[2] § 10 Abs. 5 angef. durch G v. 2.8.1994 (BGBl. I S.1961), Abs.2 Satz 1 geänd. durch StückAG v. 25.3. 1998 (BGBl. I S.590), Abs. 5 geänd. durch KonTraG v. 27.4.1998 (BGBl. S.786).
[3] § 12 Abs.2 Satz 2 aufgeh. durch KonTraG v. 27.4.1998 (BGBl. I S.786).
[4] § 16 Abs.2 Sätze 1 und 2 geänd. durch StückAG v. 25.3.1998 (BGBl. I S.590).

(4) Als Anteile, die einem Unternehmen gehören, gelten auch die Anteile, die einem von ihm abhängigen Unternehmen oder einem anderen für Rechnung des Unternehmens oder eines von diesem abhängigen Unternehmens gehören und, wenn der Inhaber des Unternehmens ein Einzelkaufmann ist, auch die Anteile, die sonstiges Vermögen des Inhabers sind.

§ 17. Abhängige und herrschende Unternehmen. (1) Abhängige Unternehmen sind rechtlich selbständige Unternehmen, auf die ein anderes Unternehmen (herrschendes Unternehmen) unmittelbar oder mittelbar einen beherrschenden Einfluß ausüben kann.

(2) Von einem in Mehrheitsbesitz stehenden Unternehmen wird vermutet, daß es von dem an ihm mit Mehrheit beteiligten Unternehmen abhängig ist.

§ 18. Konzern und Konzernunternehmen. (1) ¹Sind ein herrschendes und ein oder mehrere abhängige Unternehmen unter der einheitlichen Leitung des herrschenden Unternehmens zusammengefaßt, so bilden sie einen Konzern; die einzelnen Unternehmen sind Konzernunternehmen. ²Unternehmen, zwischen denen ein Beherrschungsvertrag (§ 291) besteht oder von denen das eine in das andere eingegliedert ist (§ 319), sind als unter einheitlicher Leitung zusammengefaßt anzusehen. ³Von einem abhängigen Unternehmen wird vermutet, daß es mit dem herrschenden Unternehmen einen Konzern bildet.

(2) Sind rechtlich selbständige Unternehmen, ohne daß das eine Unternehmen von dem anderen abhängig ist, unter einheitlicher Leitung zusammengefaßt, so bilden sie auch einen Konzern; die einzelnen Unternehmen sind Konzernunternehmen.

§ 19.[1] **Wechselseitig beteiligte Unternehmen.** (1) ¹Wechselseitig beteiligte Unternehmen sind Unternehmen mit Sitz im Inland in der Rechtsform einer Kapitalgesellschaft, die dadurch verbunden sind, daß jedem Unternehmen mehr als der vierte Teil der Anteile des anderen Unternehmens gehört. ²Für die Feststellung, ob einem Unternehmen mehr als der vierte Teil der Anteile des anderen Unternehmens gehört, gilt § 16 Abs. 2 Satz 1, Abs. 4.

(2) Gehört einem wechselseitig beteiligten Unternehmen an dem anderen Unternehmen eine Mehrheitsbeteiligung oder kann das eine auf das andere Unternehmen unmittelbar oder mittelbar einen beherrschenden Einfluß ausüben, so ist das eine als herrschendes, das andere als abhängiges Unternehmen anzusehen.

(3) Gehört jedem der wechselseitig beteiligten Unternehmen an dem anderen Unternehmen eine Mehrheitsbeteiligung oder kann jedes auf das andere unmittelbar oder mittelbar einen beherrschenden Einfluß ausüben, so gelten beide Unternehmen als herrschend und als abhängig.

(4) § 328 ist auf Unternehmen, die nach Absatz 2 oder 3 herrschende oder abhängige Unternehmen sind, nicht anzuwenden.

§ 20.[2] **Mitteilungspflichten.** (1) ¹Sobald einem Unternehmen mehr als der vierte Teil der Aktien einer Aktiengesellschaft mit Sitz im Inland gehört, hat es dies der Gesellschaft unverzüglich schriftlich mitzuteilen. ²Für die Feststellung, ob dem Unternehmen mehr als der vierte Teil der Aktien gehört, gilt § 16 Abs. 2 Satz 1, Abs. 4.

(2) Für die Mitteilungspflicht nach Absatz 1 rechnen zu den Aktien, die dem Unternehmen gehören, auch Aktien,

1. deren Übereignung das Unternehmen, ein von ihm abhängiges Unternehmen oder ein anderer für Rechnung des Unternehmens oder eines von diesem abhängigen Unternehmens verlangen kann;
2. zu deren Abnahme das Unternehmen, ein von ihm abhängiges Unternehmen oder ein anderer für Rechnung des Unternehmens oder eines von diesem abhängigen Unternehmens verpflichtet ist.

(3) Ist das Unternehmen eine Kapitalgesellschaft, so hat es, sobald ihm ohne Hinzurechnung der Aktien nach Absatz 2 mehr als der vierte Teil der Aktien gehört, auch dies der Gesellschaft unverzüglich schriftlich mitzuteilen.

(4) Sobald dem Unternehmen eine Mehrheitsbeteiligung (§ 16 Abs. 1) gehört, hat es auch dies der Gesellschaft unverzüglich schriftlich mitzuteilen.

---

[1] § 19 Abs. 1 Satz 1 geänd. durch StückAG v. 25. 3. 1998 (BGBl. I S. 590).
[2] § 20 Abs. 7 neugef., Abs. 8 angef. durch Art. 15 G v. 24. 3. 1998 (BGBl. I S. 529), Abs. 3 geänd. durch StückAG v. 25. 3. 1998 (BGBl. I S. 590).

Aktiengesetz §§ 21–23 AktG Anh.

(5) Besteht die Beteiligung in der nach Absatz 1, 3 oder 4 mitteilungspflichtigen Höhe nicht mehr, so ist dies der Gesellschaft unverzüglich schriftlich mitzuteilen.

(6) ¹Die Gesellschaft hat das Bestehen einer Beteiligung, die ihr nach Absatz 1 oder 4 mitgeteilt worden ist, unverzüglich in den Gesellschaftsblättern bekanntzumachen; dabei ist das Unternehmen anzugeben, dem die Beteiligung gehört. ²Wird der Gesellschaft mitgeteilt, daß die Beteiligung in der nach Absatz 1 oder 4 mitteilungspflichten Höhe nicht mehr besteht, so ist auch dies unverzüglich in den Gesellschaftsblättern bekanntzumachen.

(7) ¹Rechte aus Aktien, die einem nach Absatz 1 oder 4 mitteilungspflichtigen Unternehmen gehören, bestehen für die Zeit, für die das Unternehmen die Mitteilungspflicht nicht erfüllt, weder für das Unternehmen noch für ein von ihm abhängiges Unternehmen oder für einen anderen, der für Rechnung des Unternehmens oder eines von diesem abhängigen Unternehmens handelt. ²Dies gilt nicht für Ansprüche nach § 58 Abs. 4 und § 271, wenn die Mitteilung nicht vorsätzlich unterlassen wurde und nachgeholt worden ist.

(8) Die Absätze 1 bis 7 gelten nicht für Aktien einer börsennotierten Gesellschaft im Sinne des § 21 Abs. 2 des Wertpapierhandelsgesetzes.

§ 21.[1] **Mitteilungspflichten der Gesellschaft.** (1) ¹Sobald der Gesellschaft mehr als der vierte Teil der Anteile einer anderen Kapitalgesellschaft mit Sitz im Inland gehört, hat sie dies dem Unternehmen, an dem die Beteiligung besteht, unverzüglich schriftlich mitzuteilen. ²Für die Feststellung, ob der Gesellschaft mehr als der vierte Teil der Anteile gehört, gilt § 16 Abs. 2 Satz 1, Abs. 4 sinngemäß.

(2) Sobald der Gesellschaft eine Mehrheitsbeteiligung (§ 16 Abs. 1) an einem anderen Unternehmen gehört, hat sie dies dem Unternehmen, an dem die Mehrheitsbeteiligung besteht, unverzüglich schriftlich mitzuteilen.

(3) Besteht die Beteiligung in der nach Absatz 1 oder 2 mitteilungspflichtigen Höhe nicht mehr, hat die Gesellschaft dies dem anderen Unternehmen unverzüglich schriftlich mitzuteilen.

(4) ¹Rechte aus Anteilen, die einer nach Absatz 1 oder 2 mitteilungspflichtigen Gesellschaft gehören, bestehen nicht für die Zeit, für die sie die Mitteilungspflicht nicht erfüllt. ²§ 20 Abs. 7 Satz 2 gilt entsprechend.

(5) Die Absätze 1 bis 4 gelten nicht für Aktien einer börsennotierten Gesellschaft im Sinne des § 21 Abs. 2 des Wertpapierhandelsgesetzes.

§ 22. Nachweis mitgeteilter Beteiligungen. Ein Unternehmen, dem eine Mitteilung nach § 20 Abs. 1, 3 oder 4, § 21 Abs. 1 oder 2 gemacht worden ist, kann jederzeit verlangen, daß ihm das Bestehen der Beteiligung nachgewiesen wird.

Zweiter Teil. Gründung der Gesellschaft

§ 23.[2] **Feststellung der Satzung.** (1) ¹Die Satzung muß durch notarielle Beurkundung festgestellt werden. ²Bevollmächtigte bedürfen einer notariell beglaubigten Vollmacht.

(2) In der Urkunde sind anzugeben

1. die Gründer;
2. bei Nennbetragsaktien der Nennbetrag, bei Stückaktien die Zahl, der Ausgabebetrag und, wenn mehrere Gattungen bestehen, die Gattung der Aktien, die jeder Gründer übernimmt;
3. der eingezahlte Betrag des Grundkapitals.

(3) Die Satzung muß bestimmen

1. die Firma und den Sitz der Gesellschaft;
2. den Gegenstand des Unternehmens; namentlich ist bei Industrie- und Handelsunternehmen die Art der Erzeugnisse und Waren, die hergestellt und gehandelt werden sollen, näher anzugeben;

---

[1] § 21 Abs. 4 neugef., Abs. 5 angef. durch Art. 15 G v. 24. 3. 1998 (BGBl. I S. 529), Abs. 1 Satz 1 geänd. durch StückAG v. 25. 3. 1998 (BGBl. I S. 590).
[2] § 23 Abs. 1 Sätze 1 und 2 geänd. durch G v. 28. 8. 1969 (BGBl. I S. 1513), Abs. 3 Nrn. 5 und 6 aufgeh., Abs. 4 eingef., bish. Abs. 4 wird Abs. 5 durch G v. 15. 8. 1969 (BGBl. I S. 1146), Abs. 2 neugef., Abs. 3 Nrn. 5 und 6 angef. durch G v. 13. 12. 1978 (BGBl. I S. 1959), Abs. 2 Nr. 2 geänd., Abs. 3 Nr. 4 neugef. durch StückAG v. 25. 3. 1998 (BGBl. I S. 590).

3. die Höhe des Grundkapitals;
4. die Zerlegung des Grundkapitals entweder in Nennbetragsaktien oder in Stückaktien, bei Nennbetragsaktien deren Nennbeträge und die Zahl der Aktien jeden Nennbetrags, bei Stückaktien deren Zahl, außerdem, wenn mehrere Gattungen bestehen, die Gattung der Aktien und die Zahl der Aktien jeder Gattung;
5. ob die Aktien auf den Inhaber oder auf den Namen ausgestellt werden;
6. die Zahl der Mitglieder des Vorstands oder die Regeln, nach denen diese Zahl festgelegt wird.

(4) Die Satzung muß ferner Bestimmungen über die Form der Bekanntmachungen der Gesellschaft enthalten

(5) ¹Die Satzung kann von den Vorschriften dieses Gesetzes nur abweichen, wenn es ausdrücklich zugelassen ist. ²Ergänzende Bestimmungen der Satzung sind zulässig, es sei denn, daß dieses Gesetz eine abschließende Regelung enthält.

§ 24.[1] **Umwandlung von Aktien.** Die Satzung kann bestimmen, daß auf Verlangen eines Aktionärs seine Inhaberaktie in eine Namensaktie oder seine Namensaktie in eine Inhaberaktie umzuwandeln ist.

§ 25. Bekanntmachungen der Gesellschaft. ¹Bestimmt das Gesetz oder die Satzung, daß eine Bekanntmachung der Gesellschaft durch die Gesellschaftsblätter erfolgen soll, so ist sie in den Bundesanzeiger einzurücken. ²Daneben kann die Satzung andere Blätter als Gesellschaftsblätter bezeichnen.

§ 26.[2] **Sondervorteile. Gründungsaufwand.** (1) Jeder einem einzelnen Aktionär oder einem Dritten eingeräumte besondere Vorteil muß in der Satzung unter Bezeichnung des Berechtigten festgesetzt werden.

(2) Der Gesamtaufwand, der zu Lasten der Gesellschaft an Aktionäre oder an andere Personen als Entschädigung oder als Belohnung für die Gründung oder ihre Vorbereitung gewährt wird, ist in der Satzung gesondert festzusetzen.

(3) ¹Ohne diese Festsetzung sind die Verträge und die Rechtshandlungen zu ihrer Ausführung der Gesellschaft gegenüber unwirksam. ²Nach der Eintragung der Gesellschaft in das Handelsregister kann die Unwirksamkeit nicht durch Satzungsänderung geheilt werden.

(4) Die Festsetzungen können erst geändert werden, wenn die Gesellschaft fünf Jahre im Handelsregister eingetragen ist.

(5) Die Satzungsbestimmungen über die Festsetzungen können durch Satzungsänderung erst beseitigt werden, wenn die Gesellschaft dreißig Jahre im Handelsregister eingetragen ist und wenn die Rechtsverhältnisse, die den Festsetzungen zugrunde liegen, seit mindestens fünf Jahren abgewickelt sind.

§ 27.[3] **Sacheinlagen. Sachübernahmen.** (1) ¹Sollen Aktionäre Einlagen machen, die nicht durch Einzahlung des Ausgabebetrags der Aktien zu leisten sind (Sacheinlagen), oder soll die Gesellschaft vorhandene oder herzustellende Anlagen oder andere Vermögensgegenstände übernehmen (Sachübernahmen), so müssen in der Satzung festgesetzt werden der Gegenstand der Sacheinlage oder der Sachübernahme, die Person, von der die Gesellschaft den Gegenstand erwirbt, und der Nennbetrag, bei Stückaktien die Zahl der bei der Sacheinlage zu gewährenden Aktien oder die bei der Sachübernahme zu gewährende Vergütung. ²Soll die Gesellschaft einen Vermögensgegenstand übernehmen, für den eine Vergütung gewährt wird, die auf die Einlage eines Aktionärs angerechnet werden soll, so gilt dies als Sacheinlage.

(2) Sacheinlagen oder Sachübernahmen können nur Vermögensgegenstände sein, deren wirtschaftlicher Wert feststellbar ist; Verpflichtungen zu Dienstleistungen können nicht Sacheinlagen oder Sachübernahmen sein.

(3) ¹Ohne eine Festsetzung nach Absatz 1 sind Verträge über Sacheinlagen und Sachübernahmen und die Rechtshandlungen zu ihrer Ausführung der Gesellschaft gegenüber unwirksam. ²Ist die Ge-

---

[1] § 24 neugef. durch G v. 13.12.1978 (BGBl. I S.1959).
[2] § 26 Abs.1 geänd. durch G v. 13.12.1978 (BGBl. I S.1959).
[3] § 27 Abs.1 Satz 2 und neuer Abs.2 eingef., bish. Abs.2 bis 4 werden Abs.3 bis 5, neuer Abs.3 geänd. durch G v. 13.12.1978 (BGBl. I S.1959), Abs.1 Satz 1 und Abs.3 Satz 3 geänd. durch StückAG v. 25.3.1998 (BGBl. I S.590).

sellschaft eingetragen, so wird die Gültigkeit der Satzung durch diese Unwirksamkeit nicht berührt. ³Ist die Vereinbarung einer Sacheinlage unwirksam, so ist der Aktionär verpflichtet, den Ausgabebetrag der Aktie einzuzahlen.

(4) Nach Eintragung der Gesellschaft in das Handelsregister kann die Unwirksamkeit nicht durch Satzungsänderung geheilt werden.

(5) Für die Änderung rechtswirksam getroffener Festsetzungen gilt § 26 Abs. 4, für die Beseitigung der Satzungsbestimmungen § 26 Abs. 5.

§ 28. Gründer. Die Aktionäre, die die Satzung festgestellt haben, sind die Gründer der Gesellschaft.

§ 29. Errichtung der Gesellschaft. Mit der Übernahme aller Aktien durch die Gründer ist die Gesellschaft errichtet.

§ 30.[1] **Bestellung des Aufsichtsrats, des Vorstands und des Abschlußprüfers.** (1) ¹Die Gründer haben den ersten Aufsichtsrat der Gesellschaft und den Abschlußprüfer für das erste Voll- oder Rumpfgeschäftsjahr zu bestellen. ²Die Bestellung bedarf notarieller Beurkundung.

(2) Auf die Zusammensetzung und die Bestellung des ersten Aufsichtsrats sind die Vorschriften über die Bestellung von Aufsichtsratsmitgliedern der Arbeitnehmer nicht anzuwenden.

(3) ¹Die Mitglieder des ersten Aufsichtsrats können nicht für längere Zeit als bis zur Beendigung der Hauptversammlung bestellt werden, die über die Entlastung für das erste Voll- oder Rumpfgeschäftsjahr beschließt. ²Der Vorstand hat rechtzeitig vor Ablauf der Amtszeit des ersten Aufsichtsrats bekanntzumachen, nach welchen gesetzlichen Vorschriften der nächste Aufsichtsrat nach seiner Ansicht zusammenzusetzen ist; §§ 96 bis 99 sind anzuwenden.

(4) Der Aufsichtsrat bestellt den ersten Vorstand.

§ 31.[2] **Bestellung des Aufsichtsrats bei Sachgründung.** (1) ¹Ist in der Satzung als Gegenstand einer Sacheinlage oder Sachübernahme die Einbringung oder Übernahme eines Unternehmens oder eines Teils eines Unternehmens festgesetzt worden, so haben die Gründer nur so viele Aufsichtsratsmitglieder zu bestellen, wie nach den gesetzlichen Vorschriften, die nach ihrer Ansicht nach der Einbringung oder Übernahme für die Zusammensetzung des Aufsichtsrats maßgebend sind, von der Hauptversammlung ohne Bindung an Wahlvorschläge zu wählen sind. ²Sie haben jedoch, wenn dies nur zwei Aufsichtsratsmitglieder sind, drei Aufsichtsratsmitglieder zu bestellen.

(2) Der nach Absatz 1 Satz 1 bestellte Aufsichtsrat ist, soweit die Satzung nichts anderes bestimmt, beschlußfähig, wenn die Hälfte, mindestens jedoch drei seiner Mitglieder an der Beschlußfassung teilnehmen.

(3) ¹Unverzüglich nach der Einbringung oder Übernahme des Unternehmens oder des Unternehmensteils hat der Vorstand bekanntzumachen, nach welchen gesetzlichen Vorschriften nach seiner Ansicht der Aufsichtsrat zusammengesetzt sein muß. ²§§ 97 bis 99 gelten sinngemäß. ³Das Amt der bisherigen Aufsichtsratsmitglieder erlischt nur, wenn der Aufsichtsrat nach anderen als den von den Gründern für maßgebend gehaltenen Vorschriften zusammenzusetzen ist oder wenn die Gründer drei Aufsichtsratsmitglieder bestellt haben, der Aufsichtsrat aber auch aus Aufsichtsratsmitgliedern der Arbeitnehmer zu bestehen hat.

(4) Absatz 3 gilt nicht, wenn das Unternehmen oder der Unternehmensteil erst nach der Bekanntmachung des Vorstands nach § 30 Abs. 3 Satz 2 eingebracht oder übernommen wird.

(5) § 30 Abs. 3 Satz 1 gilt nicht für die nach Absatz 3 bestellten Aufsichtsratsmitglieder der Arbeitnehmer.

§ 32. Gründungsbericht. (1) Die Gründer haben einen schriftlichen Bericht über den Hergang der Gründung zu erstatten (Gründungsbericht).

(2) ¹Im Gründungsbericht sind die wesentlichen Umstände darzulegen, von denen die Angemessenheit der Leistungen für Sacheinlagen oder Sachübernahmen abhängt. ²Dabei sind anzugeben
1. die vorausgegangenen Rechtsgeschäfte, die auf den Erwerb durch die Gesellschaft hingezielt haben;

---

[1] § 30 Überschrift, Abs. 1 Satz 1 geänd. durch BiRiLiG v. 19.12. 1985 (BGBl. I S. 2355), Abs. 1 Satz 2 geänd. durch G v. 28.8. 1969 (BGBl. I S. 1513).

[2] § 31 Abs. 5 neugef. durch G v. 2.8. 1994 (BGBl. I S. 1961).

2. die Anschaffungs- und Herstellungskosten aus den letzten beiden Jahren;
3. beim Übergang eines Unternehmens auf die Gesellschaft die Betriebserträge aus den letzten beiden Geschäftsjahren.

(3) Im Gründungsbericht ist ferner anzugeben, ob und in welchem Umfang bei der Gründung für Rechnung eines Mitglieds des Vorstands oder des Aufsichtsrats Aktien übernommen worden sind und ob und in welcher Weise ein Mitglied des Vorstands oder des Aufsichtsrats sich einen besonderen Vorteil oder für die Gründung oder ihre Vorbereitung eine Entschädigung oder Belohnung ausbedungen hat.

§ 33.[1] **Gründungsprüfung. Allgemeines.** (1) Die Mitglieder des Vorstands und des Aufsichtsrats haben den Hergang der Gründung zu prüfen.

(2) Außerdem hat eine Prüfung durch einen oder mehrere Prüfer (Gründungsprüfer) stattzufinden, wenn
1. ein Mitglied des Vorstands oder des Aufsichtsrats zu den Gründern gehört oder
2. bei der Gründung für Rechnung eines Mitglieds des Vorstands oder des Aufsichtsrats Aktien übernommen worden sind oder
3. ein Mitglied des Vorstands oder des Aufsichtsrats sich einen besonderen Vorteil oder für die Gründung oder ihre Vorbereitung eine Entschädigung oder Belohnung ausbedungen hat oder
4. eine Gründung mit Sacheinlagen oder Sachübernahmen vorliegt.

(3) ¹Die Gründungsprüfer bestellt das Gericht nach Anhörung der Industrie- und Handelskammer. ²Gegen die Entscheidung ist die sofortige Beschwerde zulässig.

(4) Als Gründungsprüfer sollen, wenn die Prüfung keine anderen Kenntnisse fordert, nur bestellt werden
1. Personen, die in der Buchführung ausreichend vorgebildet und erfahren sind;
2. Prüfungsgesellschaften, von deren gesetzlichen Vertretern mindestens einer in der Buchführung ausreichend vorgebildet und erfahren ist.

(5) ¹Als Gründungsprüfer darf nicht bestellt werden, wer nach § 143 Abs. 2 nicht Sonderprüfer sein kann. ²Gleiches gilt für Personen und Prüfungsgesellschaften, auf deren Geschäftsführung die Gründer oder Personen, für deren Rechnung die Gründer Aktien übernommen haben, maßgebenden Einfluß haben.

§ 34.[2] **Umfang der Gründungsprüfung.** (1) Die Prüfung durch die Mitglieder des Vorstands und des Aufsichtsrats sowie die Prüfung durch die Gründungsprüfer haben sich namentlich darauf zu erstrecken,
1. ob die Angaben der Gründer über die Übernahme der Aktien, über die Einlagen auf das Grundkapital und über die Festsetzungen nach §§ 26 und 27 richtig und vollständig sind;
2. ob der Wert der Sacheinlagen oder Sachübernahmen den geringsten Ausgabebetrag der dafür zu gewährenden Aktien oder den Wert der dafür zu gewährenden Leistungen erreicht.

(2) ¹Über jede Prüfung ist unter Darlegung dieser Umstände schriftlich zu berichten. ²In dem Bericht ist der Gegenstand jeder Sacheinlage oder Sachübernahme zu beschreiben sowie anzugeben, welche Bewertungsmethoden bei der Ermittlung des Wertes angewandt worden sind.

(3) ¹Je ein Stück des Berichts der Gründungsprüfer ist dem Gericht und dem Vorstand einzureichen. ²Jedermann kann den Bericht bei dem Gericht einsehen.

§ 35.[3] **Meinungsverschiedenheiten zwischen Gründern und Gründungsprüfern. Vergütung und Auslagen der Gründungsprüfer.** (1) Die Gründungsprüfer können von den Gründern alle Aufklärungen und Nachweise verlangen, die für eine sorgfältige Prüfung notwendig sind.

(2) ¹Bei Meinungsverschiedenheiten zwischen den Gründern und den Gründungsprüfern über den Umfang der Aufklärungen und Nachweise, die von den Gründern zu gewähren sind, entscheidet das Gericht. ²Die Entscheidung ist unanfechtbar. ³Solange sich die Gründer weigern, der Entscheidung nachzukommen, wird der Prüfungsbericht nicht erstattet.

---

[1] § 33 Abs. 5 Satz 1 geänd. durch BiRiLiG v. 19.12. 1985 (BGBl. I S. 2355).
[2] § 34 Abs. 2 Satz 2 angef. durch G v. 13.12. 1978 (BGBl. I S. 1959), Abs. 3 neugef. durch G v. 2.8. 1994 (BGBl. I S. 1961), Abs. 1 Nr. 2 geänd. durch StückAG v. 25.3. 1998 (BGBl. I S. 590).
[3] § 35 Abs. 1 eingef., bish. Abs. 1 und 2 werden Abs. 2 und 3 durch G v. 4.7. 1980 (BGBl. I S. 836).

Aktiengesetz §§ 36–37 AktG Anh.

(3) ¹Die Gründungsprüfer haben Anspruch auf Ersatz angemessener barer Auslagen und auf Vergütung für ihre Tätigkeit. ²Die Auslagen und die Vergütung setzt das Gericht fest. ³Gegen die Entscheidung ist die sofortige Beschwerde zulässig. ⁴Die weitere Beschwerde ist ausgeschlossen. ⁵Aus der rechtskräftigen Entscheidung findet die Zwangsvollstreckung nach der Zivilprozeßordnung statt.

§ 36.[1) **Anmeldung der Gesellschaft.** (1) Die Gesellschaft ist bei dem Gericht von allen Gründern und Mitgliedern des Vorstands und des Aufsichtsrats zur Eintragung in das Handelsregister anzumelden.

(2) ¹Die Anmeldung darf erst erfolgen, wenn auf jede Aktie, soweit nicht Sacheinlagen vereinbart sind, der eingeforderte Betrag ordnungsgemäß eingezahlt worden ist (§ 54 Abs. 3) und, soweit er nicht bereits zur Bezahlung der bei der Gründung angefallenen Steuern und Gebühren verwandt wurde, endgültig zur freien Verfügung des Vorstands steht. ²Wird die Gesellschaft nur durch eine Person errichtet, so hat der Gründer zusätzlich für den Teil der
Geldeinlage, der den eingeforderten Betrag übersteigt, eine Sicherung zu bestellen.

§ 36a.[2) **Leistung der Einlagen.** (1) Bei Bareinlagen muß der eingeforderte Betrag (§ 36 Abs. 2) mindestens ein Viertel des geringsten Ausgabebetrags und bei Ausgabe der Aktien für einen höheren als diesen auch den Mehrbetrag umfassen.

(2) ¹Sacheinlagen sind vollständig zu leisten. ²Besteht die Sacheinlage in der Verpflichtung, einen Vermögensgegenstand auf die Gesellschaft zu übertragen, so muß diese Leistung innerhalb von fünf Jahren nach der Eintragung der Gesellschaft in das Handelsregister zu bewirken sein. ³Der Wert muß dem geringsten Ausgabebetrag und bei Ausgabe der Aktien für einen höheren als diesen auch dem Mehrbetrag entsprechen.

§ 37.[3) **Inhalt der Anmeldung.** (1) ¹In der Anmeldung ist zu erklären, daß die Voraussetzungen des § 36 Abs. 2 und des § 36a erfüllt sind; dabei sind der Betrag, zu dem die Aktien ausgegeben werden, und der darauf eingezahlte Betrag anzugeben. ²Es ist nachzuweisen, daß der eingezahlte Betrag endgültig zur freien Verfügung des Vorstands steht. ³Ist der Betrag durch Gutschrift auf ein Konto der Gesellschaft oder des Vorstands bei der Deutschen Bundesbank oder einem Kreditinstitut (§ 54 Abs. 3) eingezahlt worden, so ist der Nachweis durch eine schriftliche Bestätigung des Instituts zu führen. ⁴Für die Richtigkeit der Bestätigung ist das Institut der Gesellschaft verantwortlich. ⁵Sind von dem eingezahlten Betrag Steuern und Gebühren bezahlt worden, so ist dies nach Art und Höhe der Beträge nachzuweisen.

(2) ¹In der Anmeldung haben die Vorstandsmitglieder zu versichern, daß keine Umstände vorliegen, die ihrer Bestellung nach § 76 Abs. 3 Satz 3 und 4 entgegenstehen, und daß sie über ihre unbeschränkte Auskunftspflicht gegenüber dem Gericht belehrt worden sind. ²Die Belehrung nach *§ 51 Abs. 2 des Gesetzes über das Zentralregister und das Erziehungsregister in der Fassung der Bekanntmachung vom 22. Juli 1976 (BGBl. I S. 2005)*[4) kann auch durch einen Notar vorgenommen werden.

(3) In der Anmeldung ist ferner anzugeben, welche Vertretungsbefugnis die Vorstandsmitglieder haben.

(4) Der Anmeldung sind beizufügen
1. die Satzung und die Urkunden, in denen die Satzung festgestellt worden ist und die Aktien von den Gründern übernommen worden sind;
2. im Fall der §§ 26 und 27 die Verträge, die den Festsetzungen zugrunde liegen oder zu ihrer Ausführung geschlossen worden sind, und eine Berechnung des der Gesellschaft zur Last fallenden Gründungsaufwands; in der Berechnung sind die Vergütungen nach Art und Höhe und die Empfänger einzeln anzuführen;

[1) § 36 Abs. 2 Satz 2 aufgeh. durch G v. 13.12.1978 (BGBl. I S.1959), neuer Satz 2 angef. durch G v. 2.8.1994 (BGBl. I S.1961).
[2) § 36a eingef. durch G v. 13.12.1978 (BGBl. I S.1959), Abs. 1, Abs. 2 Satz 3 geänd. durch StückAG v. 25.3.1998 (BGBl. I S.590).
[3) § 37 neuer Abs. 2 eingef., bish. Abs. 2 bis 4 wird Abs. 3 bis 5 durch G v. 15.8.1969 (BGBl. I S.1146), Abs. 1 Satz 1 geänd. durch G v. 13.12.1978 (BGBl. I S.1959), neuer Abs. 2 eingef., bish. Abs. 2 bis 5 wird Abs. 3 bis 6 durch G v. 4.7.1980 (BGBl. I S.836), Abs. 2 Satz 1 geänd. durch Art. 7 § 32 BtG v. 12.9.1990 (BGBl. I S.2002), Abs. 4 Nr. 4 geänd. durch G v. 2.8.1994 (BGBl. I S.1961).
[4) Nunmehr § 53 Abs. 2 des Bundeszentralregistergesetzes idF der Bek. v. 21.9.1984 (BGBl. I S.1229, ber. 1985 I S.195).

3. die Urkunden über die Bestellung des Vorstands und des Aufsichtsrats;
4. der Gründungsbericht und die Prüfungsberichte der Mitglieder des Vorstands und des Aufsichtsrats sowie der Gründungsprüfer nebst ihren urkundlichen Unterlagen;
5. wenn der Gegenstand des Unternehmens oder eine andere Satzungsbestimmung der staatlichen Genehmigung bedarf, die Genehmigungsurkunde.

(5) Die Vorstandsmitglieder haben ihre Namensunterschrift zur Aufbewahrung beim Gericht zu zeichnen.

(6) Die eingereichten Schriftstücke werden beim Gericht in Urschrift, Ausfertigung oder öffentlich beglaubigter Abschrift aufbewahrt.

§ 38.[1]) **Prüfung durch das Gericht.** (1) ¹Das Gericht hat zu prüfen, ob die Gesellschaft ordnungsgemäß errichtet und angemeldet ist. ²Ist dies nicht der Fall, so hat es die Eintragung abzulehnen.

(2) ¹Das Gericht kann die Eintragung auch ablehnen, wenn die Gründungsprüfer erklären oder es offensichtlich ist, daß der Gründungsbericht oder der Prüfungsbericht der Mitglieder des Vorstands und des Aufsichtsrats unrichtig oder unvollständig ist oder den gesetzlichen Vorschriften nicht entspricht. ²Gleiches gilt, wenn die Gründungsprüfer erklären oder das Gericht der Auffassung ist, daß der Wert der Sacheinlagen oder Sachübernahmen nicht unwesentlich hinter dem geringsten Ausgabebetrag der dafür zu gewährenden Aktien oder dem Wert der dafür zu gewährenden Leistungen zurückbleibt.

(3) Wegen einer mangelhaften, fehlenden oder nichtigen Bestimmung der Satzung darf das Gericht die Eintragung nach Absatz 1 nur ablehnen, soweit diese Bestimmung, ihr Fehlen oder ihre Nichtigkeit
1. Tatsachen oder Rechtsverhältnisse betrifft, die nach § 23 Abs. 3 oder auf Grund anderer zwingender gesetzlicher Vorschriften in der Satzung bestimmt sein müssen oder die in das Handelsregister einzutragen oder von dem Gericht bekanntzumachen sind,
2. Vorschriften verletzt, die ausschließlich oder überwiegend zum Schutze der Gläubiger der Gesellschaft oder sonst im öffentlichen Interesse gegeben sind, oder
3. die Nichtigkeit der Satzung zur Folge hat.

§ 39.[2]) **Inhalt der Eintragung.** (1) ¹Bei der Eintragung der Gesellschaft sind die Firma und der Sitz der Gesellschaft, der Gegenstand des Unternehmens, die Höhe des Grundkapitals, der Tag der Feststellung der Satzung und die Vorstandsmitglieder anzugeben. ²Ferner ist einzutragen, welche Vertretungsbefugnis die Vorstandsmitglieder haben.

(2) Enthält die Satzung Bestimmungen über die Dauer der Gesellschaft oder über das genehmigte Kapital, so sind auch diese Bestimmungen einzutragen.

§ 40.[3]) **Bekanntmachung der Eintragung.** (1) In die Bekanntmachung der Eintragung sind außer deren Inhalt aufzunehmen
1. die Festsetzungen nach § 23 Abs. 3 und 4, §§ 24, 25 Satz 2, §§ 26 und 27 sowie Bestimmungen der Satzung über die Zusammensetzung des Vorstands;
2. der Ausgabebetrag der Aktien;

Fassung der Nr. 3 bis 31. 12. 1998:
3. Name, Beruf und Wohnort der Gründer;

Fassung der Nr. 3 ab 1. 1. 1999:
3. Name und Wohnort der Gründer;
4. Name, Beruf und Wohnort der Mitglieder des ersten Aufsichtsrats.

(2) Zugleich ist bekanntzumachen, daß die mit der Anmeldung eingereichten Schriftstücke, namentlich die Prüfungsberichte der Mitglieder des Vorstands und des Aufsichtsrats sowie der Gründungsprüfer, bei dem Gericht eingesehen werden können.

---
[1]) § 38 Abs. 2 Satz 2 geänd. durch StückAG v. 25. 3. 1998 (BGBl. I S. 590), Abs. 3 angef. durch Art. 8 HRefG v. 22. 6. 1998 (BGBl. I S. 1474).
[2]) § 39 Abs. 1 Satz 2 eingef., Abs. 2 geänd. durch G v. 15. 8. 1969 (BGBl. I S. 1146).
[3]) § 40 Abs. 1 Nr. 1 neugef. durch G v. 15. 8. 1969 (BGBl. I S. 1146), Abs. 2 geänd. durch G v. 2. 8. 1994 (BGBl. I S. 1961), **Abs. 1 Nr. 3 geänd. mWv 1. 1. 1999** durch Art. 8 HRefG v. 22. 6. 1998 (BGBl. I S. 1474).

Aktiengesetz §§ 41–46 AktG Anh.

§ 41. Handeln im Namen der Gesellschaft vor der Eintragung. Verbotene Aktienausgabe. (1) ¹Vor der Eintragung in das Handelsregister besteht die Aktiengesellschaft als solche nicht. ²Wer vor der Eintragung der Gesellschaft in ihrem Namen handelt, haftet persönlich; handeln mehrere, so haften sie als Gesamtschuldner.

(2) Übernimmt die Gesellschaft eine vor ihrer Eintragung in ihrem Namen eingegangene Verpflichtung durch Vertrag mit dem Schuldner in der Weise, daß sie an die Stelle des bisherigen Schuldners tritt, so bedarf es zur Wirksamkeit der Schuldübernahme der Zustimmung des Gläubigers nicht, wenn die Schuldübernahme binnen drei Monaten nach der Eintragung der Gesellschaft vereinbart und dem Gläubiger von der Gesellschaft oder dem Schuldner mitgeteilt wird.

(3) Verpflichtungen aus nicht in der Satzung festgesetzten Verträgen über Sondervorteile, Gründungsaufwand, Sacheinlagen oder Sachübernahmen kann die Gesellschaft nicht übernehmen.

(4) ¹Vor der Eintragung der Gesellschaft können Anteilsrechte nicht übertragen, Aktien oder Zwischenscheine nicht ausgegeben werden. ²Die vorher ausgegebenen Aktien oder Zwischenscheine sind nichtig. ³Für den Schaden aus der Ausgabe sind die Ausgeber den Inhabern als Gesamtschuldner verantwortlich.

§ 42.[1) **Einpersonen-Gesellschaft.** Gehören alle Aktien allein oder neben der Gesellschaft einem Aktionär, ist unverzüglich eine entsprechende Mitteilung unter Angabe von Name, Vorname, Geburtsdatum und Wohnort des alleinigen Aktionärs zum Handelsregister einzureichen.

§§ 43, 44.[2) *(aufgehoben)*

§ 45. Sitzverlegung. (1) Wird der Sitz der Gesellschaft im Inland verlegt, so ist die Verlegung beim Gericht des bisherigen Sitzes anzumelden.

(2) ¹Wird der Sitz aus dem Bezirk des Gerichts des bisherigen Sitzes verlegt, so hat dieses unverzüglich von Amts wegen die Verlegung dem Gericht des neuen Sitzes mitzuteilen. ²Der Mitteilung sind die Eintragungen für den bisherigen Sitz sowie die bei dem bisher zuständigen Gericht aufbewahrten Urkunden beizufügen. ³Das Gericht des neuen Sitzes hat zu prüfen, ob die Verlegung ordnungsgemäß beschlossen und § 30 des Handelsgesetzbuchs beachtet ist. ⁴Ist dies der Fall, so hat es die Sitzverlegung einzutragen und hierbei die ihm mitgeteilten Eintragungen ohne weitere Nachprüfung in sein Handelsregister zu übernehmen. ⁵Mit der Eintragung wird die Sitzverlegung wirksam. ⁶Die Eintragung ist dem Gericht des bisherigen Sitzes mitzuteilen. ⁷Dieses hat die erforderlichen Löschungen von Amts wegen vorzunehmen.

(3) Wird in den ersten zwei Jahren nach der Eintragung der Gesellschaft in das Handelsregister des ursprünglichen Sitzes eine Sitzverlegung aus dem Bezirk des Gerichts des bisherigen Sitzes eingetragen, so sind in der Bekanntmachung der Eintragung alle Angaben nach § 40 Abs. 1 zu veröffentlichen.

(4) ¹Wird der Sitz an einen anderen Ort innerhalb des Bezirks des Gerichts des bisherigen Sitzes verlegt, so hat das Gericht zu prüfen, ob die Sitzverlegung ordnungsgemäß beschlossen und § 30 des Handelsgesetzbuchs beachtet ist. ²Ist dies der Fall, so hat es die Sitzverlegung einzutragen. ³Mit der Eintragung wird die Sitzverlegung wirksam.

§ 46. Verantwortlichkeit der Gründer. (1) ¹Die Gründer sind der Gesellschaft als Gesamtschuldner verantwortlich für die Richtigkeit und Vollständigkeit der Angaben, die zum Zwecke der Gründung der Gesellschaft über Übernahme der Aktien, Einzahlung auf die Aktien, Verwendung eingezahlter Beträge, Sondervorteile, Gründungsaufwand, Sacheinlagen und Sachübernahmen gemacht worden sind. ²Sie sind ferner dafür verantwortlich, daß eine zur Annahme von Einzahlungen auf das Grundkapital bestimmte Stelle (§ 54 Abs. 3) hierzu geeignet ist und daß die eingezahlten Beträge zur freien Verfügung des Vorstands stehen. ³Sie haben, unbeschadet der Verpflichtung zum Ersatz des sonst entstehenden Schadens, fehlende Einzahlungen zu leisten und eine Vergütung, die nicht unter den Gründungsaufwand aufgenommen ist, zu ersetzen.

(2) Wird die Gesellschaft von Gründern durch Einlagen, Sachübernahmen oder Gründungsaufwand vorsätzlich oder aus grober Fahrlässigkeit geschädigt, so sind ihr alle Gründer als Gesamtschuldner zum Ersatz verpflichtet.

[1)] § 42 aufgeh. durch Art. 3 G v. 22.7. 1993 (BGBl. I S. 1282) und neu eingef. durch G v. 2.8. 1994 (BGBl. I S. 1961), geänd. durch Art. 8 HRefG v. 22.6. 1998 (BGBl. I S. 1474).
[2)] §§ 43 und 44 aufgeh. durch Art. 3 G v. 22.7. 1993 (BGBl. I S. 1282).

(3) Von diesen Verpflichtungen ist ein Gründer befreit, wenn er die die Ersatzpflicht begründenden Tatsachen weder kannte noch bei Anwendung der Sorgfalt eines ordentlichen Geschäftsmannes kennen mußte.

(4) Entsteht der Gesellschaft ein Ausfall, weil ein Aktionär zahlungsunfähig oder unfähig ist, eine Sacheinlage zu leisten, so sind ihr zum Ersatz als Gesamtschuldner die Gründer verpflichtet, welche die Beteiligung des Aktionärs in Kenntnis seiner Zahlungsunfähigkeit oder Leistungsunfähigkeit angenommen haben.

(5) ¹Neben den Gründern sind in gleicher Weise Personen verantwortlich, für deren Rechnung die Gründer Aktien übernommen haben. ²Sie können sich auf ihre eigene Unkenntnis nicht wegen solcher Umstände berufen, die ein für ihre Rechnung handelnder Gründer kannte oder kennen mußte.

§ 47. Verantwortlichkeit anderer Personen neben den Gründern. Neben den Gründern und den Personen, für deren Rechnung die Gründer Aktien übernommen haben, ist als Gesamtschuldner der Gesellschaft zum Schadenersatz verpflichtet,

1. wer bei Empfang einer Vergütung, die entgegen den Vorschriften nicht in den Gründungsaufwand aufgenommen ist, wußte oder nach den Umständen annehmen mußte, daß die Verheimlichung beabsichtigt oder erfolgt war, oder wer zur Verheimlichung wissentlich mitgewirkt hat;
2. wer im Fall einer vorsätzlichen oder grobfahrlässigen Schädigung der Gesellschaft durch Einlagen oder Sachübernahmen an der Schädigung wissentlich mitgewirkt hat;
3. wer vor Eintragung der Gesellschaft in das Handelsregister oder in den ersten zwei Jahren nach der Eintragung die Aktien öffentlich ankündigt, um sie in den Verkehr einzuführen, wenn er die Unrichtigkeit oder Unvollständigkeit der Angaben, die zum Zwecke der Gründung der Gesellschaft gemacht worden sind (§ 46 Abs. 1), oder die Schädigung der Gesellschaft durch Einlagen oder Sachübernahmen kannte oder bei Anwendung der Sorgfalt eines ordentlichen Geschäftsmannes kennen mußte.

§ 48. Verantwortlichkeit des Vorstands und des Aufsichtsrats. ¹Mitglieder des Vorstands und des Aufsichtsrats, die bei der Gründung ihre Pflichten verletzen, sind der Gesellschaft zum Ersatz des daraus entstehenden Schadens als Gesamtschuldner verpflichtet; sie sind namentlich dafür verantwortlich, daß eine zur Annahme von Einzahlungen auf die Aktien bestimmte Stelle (§ 54 Abs. 3) hierzu geeignet ist, und daß die eingezahlten Beträge zur freien Verfügung des Vorstands stehen. ²Für die Sorgfaltspflicht und Verantwortlichkeit der Mitglieder des Vorstands und des Aufsichtsrats bei der Gründung gelten im übrigen §§ 93 und 116 mit Ausnahme von § 93 Abs. 4 Satz 3 und 4 und Abs. 6.

§ 49.[1]) **Verantwortlichkeit der Gründungsprüfer.** § 323 Abs. 1 bis 4 des Handelsgesetzbuchs über die Verantwortlichkeit des Abschlußprüfers gilt sinngemäß.

§ 50.[2]) **Verzicht und Vergleich.** ¹Die Gesellschaft kann auf Ersatzansprüche gegen die Gründer, die neben diesen haftenden Personen und gegen die Mitglieder des Vorstands und des Aufsichtsrats (§§ 46 bis 48) erst drei Jahre nach der Eintragung der Gesellschaft in das Handelsregister und nur dann verzichten oder sich über sie vergleichen, wenn die Hauptversammlung zustimmt und nicht eine Minderheit, deren Anteile zusammen den zehnten Teil des Grundkapitals erreichen, zur Niederschrift Widerspruch erhebt. ²Die zeitliche Beschränkung gilt nicht, wenn der Ersatzpflichtige zahlungsunfähig ist und sich zur Abwendung oder Beseitigung des Konkursverfahrens mit seinen Gläubigern vergleicht.

§ 51. Verjährung der Ersatzansprüche. ¹Ersatzansprüche der Gesellschaft nach den §§ 46 bis 49 verjähren in fünf Jahren. ²Die Verjährung beginnt mit der Eintragung der Gesellschaft in das Handelsregister oder, wenn die zum Ersatz verpflichtende Handlung später begangen worden ist, mit der Vornahme der Handlung.

§ 52.[3]) **Nachgründung.** (1) ¹Verträge der Gesellschaft, nach denen sie vorhandene oder herzustellende Anlagen oder andere Vermögensgegenstände für eine den zehnten Teil des Grundkapitals übersteigen-

---

[1]) § 49 geänd. durch BiRiLiG v. 19.12.1985 (BGBl. I S.2355).
[2]) § 50 Satz 2 wird durch das EGInsO vom 5.10.1994 (BGBl. I S.2911) mWv. 1.1.1999 wie folgt gefaßt: „Die zeitliche Beschränkung gilt nicht, wenn der Ersatzpflichtige zahlungsunfähig ist und sich zur Abwendung des Insolvenzverfahrens mit seinen Gläubigern vergleicht oder wenn die Ersatzpflicht in einem Insolvenzplan geregelt wird."
[3]) § 52 Abs. 10 geänd. durch G v. 13.12.1978 (BGBl. I S.1959).

Aktiengesetz § 53 AktG Anh.

gende Vergütung erwerben soll, und die in den ersten zwei Jahren seit der Eintragung der Gesellschaft in das Handelsregister geschlossen werden, werden nur mit Zustimmung der Hauptversammlung und durch Eintragung in das Handelsregister wirksam. ²Ohne die Zustimmung der Hauptversammlung oder die Eintragung im Handelsregister sind auch die Rechtshandlungen zu ihrer Ausführung unwirksam.

(2) ¹Ein Vertrag nach Absatz 1 bedarf der schriftlichen Form, soweit nicht eine andere Form vorgeschrieben ist. ²Er ist von der Einberufung der Hauptversammlung an, die über die Zustimmung beschließen soll, in dem Geschäftsraum der Gesellschaft zur Einsicht der Aktionäre auszulegen. ³Auf Verlangen ist jedem Aktionär unverzüglich eine Abschrift zu erteilen. ⁴In der Hauptversammlung ist der Vertrag auszulegen. ⁵Der Vorstand hat ihn zu Beginn der Verhandlung zu erläutern. ⁶Der Niederschrift ist er als Anlage beizufügen.

(3) ¹Vor der Beschlußfassung der Hauptversammlung hat der Aufsichtsrat den Vertrag zu prüfen und einen schriftlichen Bericht zu erstatten (Nachgründungsbericht). ²Für den Nachgründungsbericht gilt sinngemäß § 32 Abs. 2 und 3 über den Gründungsbericht.

(4) ¹Außerdem hat vor der Beschlußfassung eine Prüfung durch einen oder mehrere Gründungsprüfer stattzufinden. ²§ 33 Abs. 3 bis 5, §§ 34, 35 über die Gründungsprüfung gelten sinngemäß.

(5) ¹Der Beschluß der Hauptversammlung bedarf einer Mehrheit, die mindestens drei Viertel des bei der Beschlußfassung vertretenen Grundkapitals umfaßt. ²Wird der Vertrag im ersten Jahre nach der Eintragung der Gesellschaft in das Handelsregister geschlossen, so müssen außerdem die Anteile der zustimmenden Mehrheit mindestens ein Viertel des gesamten Grundkapitals erreichen. ³Die Satzung kann an Stelle dieser Mehrheiten größere Kapitalmehrheiten und weitere Erfordernisse bestimmen.

(6) ¹Nach Zustimmung der Hauptversammlung hat der Vorstand den Vertrag zur Eintragung in das Handelsregister anzumelden. ²Der Anmeldung ist der Vertrag in Urschrift, Ausfertigung oder öffentlich beglaubigter Abschrift mit dem Nachgründungsbericht und dem Bericht der Gründungsprüfer mit den urkundlichen Unterlagen beizufügen.

(7) Bestehen gegen die Eintragung Bedenken, weil die Gründungsprüfer erklären oder weil es offensichtlich ist, daß der Nachgründungsbericht unrichtig oder unvollständig ist oder den gesetzlichen Vorschriften nicht entspricht oder daß die für die zu erwerbenden Vermögensgegenstände gewährte Vergütung unangemessen hoch ist, so kann das Gericht die Eintragung ablehnen.

(8) ¹Bei der Eintragung genügt die Bezugnahme auf die eingereichten Urkunden. ²In der Bekanntmachung der Eintragung sind aufzunehmen der Tag des Vertragsabschlusses und der Zustimmung der Hauptversammlung sowie der zu erwerbende Vermögensgegenstand, die Person, von der die Gesellschaft ihn erwirbt, und die zu gewährende Vergütung.

(9) Vorstehende Vorschriften gelten nicht, wenn der Erwerb der Vermögensgegenstände den Gegenstand des Unternehmens bildet oder wenn sie in der Zwangsvollstreckung erworben werden.

(10) Ein Vertrag nach Absatz 1 ist, gleichviel ob er vor oder nach Ablauf von zwei Jahren seit der Eintragung der Gesellschaft in das Handelsregister geschlossen ist, nicht deshalb unwirksam, weil ein Vertrag der Gründer über denselben Gegenstand nach § 27 Abs. 3 der Gesellschaft gegenüber unwirksam ist.

§ 53. Ersatzansprüche bei der Nachgründung. ¹Für die Nachgründung gelten die §§ 46, 47, 49 bis 51 über die Ersatzansprüche der Gesellschaft sinngemäß. ²An die Stelle der Gründer treten die Mitglieder des Vorstands und des Aufsichtsrats. ³Sie haben die Sorgfalt eines ordentlichen und gewissenhaften Geschäftsleiters anzuwenden. ⁴Soweit Fristen mit der Eintragung der Gesellschaft in das Handelsregister beginnen, tritt an deren Stelle die Eintragung des Vertrags über die Nachgründung.

Dritter Teil.
Rechtsverhältnisse der Gesellschaft und der Gesellschafter

§ 53a.[1] **Gleichbehandlung der Aktionäre.** Aktionäre sind unter gleichen Voraussetzungen gleich zu behandeln.

§ 54.[2] **Hauptverpflichtung der Aktionäre.** (1) Die Verpflichtung der Aktionäre zur Leistung der Einlagen wird durch den Ausgabebetrag der Aktien begrenzt.

(2) Soweit nicht in der Satzung Sacheinlagen festgesetzt sind, haben die Aktionäre den Ausgabebetrag der Aktien einzuzahlen.

(3) ¹Der vor der Anmeldung der Gesellschaft eingeforderte Betrag kann nur in gesetzlichen Zahlungsmitteln oder durch Gutschrift auf ein Konto bei einem Kreditinstitut oder einem nach § 53 Abs. 1 Satz 1 oder § 53b Abs. 1 Satz 1 oder Abs. 7 des Gesetzes über das Kreditwesen tätigen Unternehmen der Gesellschaft oder des Vorstands zu seiner freien Verfügung eingezahlt werden. ²Forderungen des Vorstands aus diesen Einzahlungen gelten als Forderungen der Gesellschaft.

§ 55. Nebenverpflichtungen der Aktionäre. (1) ¹Ist die Übertragung der Aktien an die Zustimmung der Gesellschaft gebunden, so kann die Satzung Aktionären die Verpflichtung auferlegen, neben den Einlagen auf das Grundkapital wiederkehrende, nicht in Geld bestehende Leistungen zu erbringen. ²Dabei hat sie zu bestimmen, ob die Leistungen entgeltlich oder unentgeltlich zu erbringen sind. ³Die Verpflichtung und der Umfang der Leistungen sind in den Aktien und Zwischenscheinen anzugeben.

(2) Die Satzung kann Vertragsstrafen für den Fall festsetzen, daß die Verpflichtung nicht oder nicht gehörig erfüllt wird.

§ 56.[3] **Keine Zeichnung eigener Aktien; Aktienübernahme für Rechnung der Gesellschaft oder durch ein abhängiges oder in Mehrheitsbesitz stehendes Unternehmen.** (1) Die Gesellschaft darf keine eigenen Aktien zeichnen.

(2) ¹Ein abhängiges Unternehmen darf keine Aktien der herrschenden Gesellschaft, ein in Mehrheitsbesitz stehendes Unternehmen keine Aktien der an ihm mit Mehrheit beteiligten Gesellschaft als Gründer oder Zeichner oder in Ausübung eines bei einer bedingten Kapitalerhöhung eingeräumten Umtausch- oder Bezugsrechts übernehmen. ²Ein Verstoß gegen diese Vorschrift macht die Übernahme nicht unwirksam.

(3) ¹Wer als Gründer oder Zeichner oder in Ausübung eines bei einer bedingten Kapitalerhöhung eingeräumten Umtausch- oder Bezugsrechts eine Aktie für Rechnung der Gesellschaft oder eines abhängigen oder in Mehrheitsbesitz stehenden Unternehmens übernommen hat, kann sich nicht darauf berufen, daß er die Aktie nicht für eigene Rechnung übernommen hat. ²Er haftet ohne Rücksicht auf Vereinbarungen mit der Gesellschaft oder dem abhängigen oder in Mehrheitsbesitz stehenden Unternehmen auf die volle Einlage. ³Bevor er die Aktie für eigene Rechnung übernommen hat, stehen ihm keine Rechte aus der Aktie zu.

(4) ¹Werden bei einer Kapitalerhöhung Aktien unter Verletzung der Absätze 1 oder 2 gezeichnet, so haftet auch jedes Vorstandsmitglied der Gesellschaft auf die volle Einlage. ²Dies gilt nicht, wenn das Vorstandsmitglied beweist, daß es kein Verschulden trifft.

§ 57.[4] **Keine Rückgewähr, keine Verzinsung der Einlagen.** (1) ¹Den Aktionären dürfen die Einlagen nicht zurückgewährt werden. ²Als Rückgewähr von Einlagen gilt nicht die Zahlung des Erwerbspreises beim zulässigen Erwerb eigener Aktien.

(2) Den Aktionären dürfen Zinsen weder zugesagt noch ausgezahlt werden.

(3) Vor Auflösung der Gesellschaft darf unter die Aktionäre nur der Bilanzgewinn verteilt werden.

---

[1] § 53a eingef. durch G v. 13.12. 1978 (BGBl. I S.1959).
[2] § 54 Abs.3 Satz 1 neugef. durch Art.4 BegleitG v. 22.10. 1997 (BGBl. I S.2567), Abs.1 und 2 geänd. durch StückAG v. 25.3. 1998 (BGBl. I S.590).
[3] § 56 neugef., § 57 Abs.3 aufgeh. durch G v. 13.12. 1978 (BGBl. I S.1959) und neu eingef. durch G v. 2.8. 1994 (BGBl. I S.1961).
[4] § 56 neugef., § 57 Abs.3 aufgeh. durch G v. 13.12. 1978 (BGBl. I S.1959) und neu eingef. durch G v. 2.8. 1994 (BGBl. I S.1961).

§ 58.[1) **Verwendung des Jahresüberschusses.** (1) [1]Die Satzung kann nur für den Fall, daß die Hauptversammlung den Jahresabschluß feststellt, bestimmen, daß Beträge aus dem Jahresüberschuß in andere Gewinnrücklagen einzustellen sind. [2]Auf Grund einer solchen Satzungsbestimmung kann höchstens die Hälfte des Jahresüberschusses in andere Gewinnrücklagen eingestellt werden. [3]Dabei sind Beträge, die in die gesetzliche Rücklage einzustellen sind, und ein Verlustvortrag vorab vom Jahresüberschuß abzuziehen.

(2) [1]Stellen Vorstand und Aufsichtsrat den Jahresabschluß fest, so können sie einen Teil des Jahresüberschusses, höchstens jedoch die Hälfte, in andere Gewinnrücklagen einstellen. [2]Die Satzung kann Vorstand und Aufsichtsrat zur Einstellung eines größeren oder kleineren Teils, bei börsennotierten Gesellschaften nur eines größeren Teils des Jahresüberschusses ermächtigen. [3]Auf Grund einer solchen Satzungsbestimmung dürfen Vorstand und Aufsichtsrat keine Beträge in andere Gewinnrücklagen einstellen, wenn die anderen Gewinnrücklagen die Hälfte des Grundkapitals übersteigen oder soweit sie nach der Einstellung die Hälfte übersteigen würden. [4]Absatz 1 Satz 3 gilt sinngemäß.

(2 a) [1]Unbeschadet der Absätze 1 und 2 können Vorstand und Aufsichtsrat den Eigenkapitalanteil von Wertaufholungen bei Vermögensgegenständen des Anlage- und Umlaufvermögens und von bei der steuerrechtlichen Gewinnermittlung gebildeten Passivposten, die nicht im Sonderposten mit Rücklageanteil ausgewiesen werden dürfen, in andere Gewinnrücklagen einstellen. [2]Der Betrag dieser Rücklagen ist entweder in der Bilanz gesondert auszuweisen oder im Anhang anzugeben.

(3) [1]Die Hauptversammlung kann im Beschluß über die Verwendung des Bilanzgewinns weitere Beträge in Gewinnrücklagen einstellen oder als Gewinn vortragen. [2]Sie kann ferner, wenn die Satzung sie hierzu ermächtigt, auch eine andere Verwendung als nach Satz 1 oder als die Verteilung unter die Aktionäre beschließen.

(4) Die Aktionäre haben Anspruch auf den Bilanzgewinn, soweit er nicht nach Gesetz oder Satzung, durch Hauptversammlungsbeschluß nach Absatz 3 oder als zusätzlicher Aufwand auf Grund des Gewinnverwendungsbeschlusses von der Verteilung unter die Aktionäre ausgeschlossen ist.

§ 59.[2) **Abschlagszahlung auf den Bilanzgewinn.** (1) Die Satzung kann den Vorstand ermächtigen, nach Ablauf des Geschäftsjahrs auf den voraussichtlichen Bilanzgewinn einen Abschlag an die Aktionäre zu zahlen.

(2) [1]Der Vorstand darf einen Abschlag nur zahlen, wenn ein vorläufiger Abschluß für das vergangene Geschäftsjahr einen Jahresüberschuß ergibt. [2]Als Abschlag darf höchstens die Hälfte des Betrags gezahlt werden, der von dem Jahresüberschuß nach Abzug der Beträge verbleibt, die nach Gesetz oder Satzung in Gewinnrücklagen einzustellen sind. [3]Außerdem darf der Abschlag nicht die Hälfte des vorjährigen Bilanzgewinns übersteigen.

(3) Die Zahlung eines Abschlags bedarf der Zustimmung des Aufsichtsrats.

§ 60.[3) **Gewinnverteilung.** (1) Die Anteile der Aktionäre am Gewinn bestimmen sich nach ihren Anteilen am Grundkapital.

(2) [1]Sind die Einlagen auf das Grundkapital nicht auf alle Aktien in demselben Verhältnis geleistet, so erhalten die Aktionäre aus dem verteilbaren Gewinn vorweg einen Betrag von vier vom Hundert der geleisteten Einlagen. [2]Reicht der Gewinn dazu nicht aus, so bestimmt sich der Betrag nach einem entsprechend niedrigeren Satz. [3]Einlagen, die im Laufe des Geschäftsjahrs geleistet wurden, werden nach dem Verhältnis der Zeit berücksichtigt, die seit der Leistung verstrichen ist.

(3) Die Satzung kann eine andere Art der Gewinnverteilung bestimmen.

§ 61. Vergütung von Nebenleistungen. Für wiederkehrende Leistungen, zu denen Aktionäre nach der Satzung neben den Einlagen auf das Grundkapital verpflichtet sind, darf eine den Wert der Leistungen nicht übersteigende Vergütung ohne Rücksicht darauf gezahlt werden, ob ein Bilanzgewinn ausgewiesen wird.

[1)] § 58 Abs. 1 Sätze 1 und 2, Abs. 2 Sätze 1 und 3, Abs. 3 Satz 1 geänd., Abs. 2 a eingef. durch BiRiLiG v. 19.12. 1985 (BGBl. I S. 2355), Abs. 2 Satz 2 neugef., Abs. 5 aufgeh. durch G v. 2. 8. 1994 (BGBl. I S. 1961), Abs. 2 Satz 2 geänd. durch KonTraG v. 27. 4. 1998 (BGBl. I S. 786).
[2)] § 59 Abs. 2 Satz 2 geänd. durch BiRiLiG v. 19.12. 1985 (BGBl. I S. 2355).
[3)] § 60 Abs. 1 geänd. durch StückAG v. 25. 3. 1998 (BGBl. I S. 590).

§ 62.[1) 2)] **Haftung der Aktionäre beim Empfang verbotener Leistungen.**

(1) ¹Die Aktionäre haben der Gesellschaft Leistungen, die sie entgegen den Vorschriften dieses Gesetzes von ihr empfangen haben, zurückzugewähren. ²Haben sie Beträge als Gewinnanteile bezogen, so besteht die Verpflichtung nur, wenn sie wußten oder infolge von Fahrlässigkeit nicht wußten, daß sie zum Bezuge nicht berechtigt waren.

(2) ¹Der Anspruch der Gesellschaft kann auch von den Gläubigern der Gesellschaft geltend gemacht werden, soweit sie von dieser keine Befriedigung erlangen können. ²Ist über das Vermögen der Gesellschaft das Konkursverfahren eröffnet, so übt während dessen Dauer der Konkursverwalter das Recht der Gesellschaftsgläubiger gegen die Aktionäre aus.

(3) Die Ansprüche nach diesen Vorschriften verjähren in fünf Jahren seit dem Empfang der Leistung.

§ 63. Folgen nicht rechtzeitiger Einzahlung. (1) ¹Die Aktionäre haben die Einlagen nach Aufforderung durch den Vorstand einzuzahlen. ²Die Aufforderung ist, wenn die Satzung nichts anderes bestimmt, in den Gesellschaftsblättern bekanntzumachen.

(2) ¹Aktionäre, die den eingeforderten Betrag nicht rechtzeitig einzahlen, haben ihn vom Eintritt der Fälligkeit an mit fünf vom Hundert für das Jahr zu verzinsen. ²Die Geltendmachung eines weiteren Schadens ist nicht ausgeschlossen.

(3) Für den Fall nicht rechtzeitiger Einzahlung kann die Satzung Vertragsstrafen festsetzen.

§ 64. Ausschluß säumiger Aktionäre. (1) Aktionären, die den eingeforderten Betrag nicht rechtzeitig einzahlen, kann eine Nachfrist mit der Androhung gesetzt werden, daß sie nach Fristablauf ihrer Aktien und der geleisteten Einzahlungen für verlustig erklärt werden.

(2) ¹Die Nachfrist muß dreimal in den Gesellschaftsblättern bekanntgemacht werden. ²Die erste Bekanntmachung muß mindestens drei Monate, die

letzte mindestens einen Monat vor Fristablauf ergehen. ³Zwischen den einzelnen Bekanntmachungen muß ein Zeitraum von mindestens drei Wochen liegen. ⁴Ist die Übertragung der Aktien an die Zustimmung der Gesellschaft gebunden, so genügt an Stelle der öffentlichen Bekanntmachungen die einmalige Einzelaufforderung an die säumigen Aktionäre; dabei muß eine Nachfrist gewährt werden, die mindestens einen Monat seit dem Empfang der Aufforderung beträgt.

(3) ¹Aktionäre, die den eingeforderten Betrag trotzdem nicht zahlen, werden durch Bekanntmachung in den Gesellschaftsblättern ihrer Aktien und der geleisteten Einzahlungen zugunsten der Gesellschaft für verlustig erklärt. ²In der Bekanntmachung sind die für verlustig erklärten Aktien mit ihren Unterscheidungsmerkmalen anzugeben.

(4) ¹An Stelle der alten Urkunden werden neue ausgegeben; diese haben außer den geleisteten Teilzahlungen den rückständigen Betrag anzugeben. ²Für den Ausfall der Gesellschaft an diesem Betrag oder an den später eingeforderten Beträgen haftet ihr der ausgeschlossene Aktionär.

§ 65. Zahlungspflicht der Vormänner. (1) ¹Jeder im Aktienbuch verzeichnete Vormann des ausgeschlossenen Aktionärs ist der Gesellschaft zur Zahlung des rückständigen Betrags verpflichtet, soweit dieser von seinen Nachmännern nicht zu erlangen ist. ²Von der Zahlungsaufforderung an einen früheren Aktionär hat die Gesellschaft seinen unmittelbaren Vormann zu benachrichtigen. ³Daß die Zahlung nicht zu erlangen ist, wird vermutet, wenn sie nicht innerhalb eines Monats seit der Zahlungsaufforderung und der Benachrichtigung des Vormanns eingegangen ist. ⁴Gegen Zahlung des rückständigen Betrags wird die neue Urkunde ausgehändigt

(2) ¹Jeder Vormann ist nur zur Zahlung der Beträge verpflichtet, die binnen zwei Jahren eingefordert werden. ²Die Frist beginnt mit dem Tage, an dem die Übertragung der Aktie zum Aktienbuch der Gesellschaft angemeldet wird.

(3) ¹Ist die Zahlung des rückständigen Betrags von Vormännern nicht zu erlangen, so hat die Gesellschaft die Aktie unverzüglich zum amtlichen Börsenpreis durch Vermittlung eines Kursmaklers und beim Fehlen eines Börsenpreises durch öffentliche Versteigerung zu verkaufen. ²Ist von der Versteige-

---

[1)] § 62 Abs. 1 Satz 2 geänd., Satz 3 aufgeh. durch G v. 13.12.1978 (BGBl. I S.1959), Abs.1 Satz 2 geänd. durch G v. 25.10.1982 (BGBl. I S.1425).

[2)] § 62 Abs.2 Satz 2 wird mWv. 1.1.1999 durch das EGInsO v. 5.10.1994 (BGBl. I S.2911) wie folgt gefaßt: „Ist über das Vermögen der Gesellschaft das Insolvenzverfahren eröffnet, so übt während dessen Dauer der Insolvenzverwalter oder der Sachwalter das Recht der Gesellschaftsgläubiger gegen die Aktionäre aus."

rung am Sitz der Gesellschaft kein angemessener Erfolg zu erwarten, so ist die Aktie an einem geeigneten Ort zu verkaufen. ³Zeit, Ort und Gegenstand der Versteigerung sind öffentlich bekanntzumachen. ⁴Der ausgeschlossene Aktionär und seine Vormänner sind besonders zu benachrichtigen; die Benachrichtigung kann unterbleiben, wenn sie untunlich ist. ⁵Bekanntmachung und Benachrichtigung müssen mindestens zwei Wochen vor der Versteigerung ergehen.

§ 66. Keine Befreiung der Aktionäre von ihren Leistungspflichten.

(1) ¹Die Aktionäre und ihre Vormänner können von ihren Leistungspflichten nach den §§ 54 und 65 nicht befreit werden. ²Gegen eine Forderung der Gesellschaft nach den §§ 54 und 65 ist die Aufrechnung nicht zulässig.

(2) Absatz 1 gilt entsprechend für die Verpflichtung zur Rückgewähr von Leistungen, die entgegen den Vorschriften dieses Gesetzes empfangen sind, für die Ausfallhaftung des ausgeschlossenen Aktionärs sowie für die Schadenersatzpflicht des Aktionärs wegen nicht gehöriger Leistung einer Sacheinlage.

(3) Durch eine ordentliche Kapitalherabsetzung oder durch eine Kapitalherabsetzung durch Einziehung von Aktien können die Aktionäre von der Verpflichtung zur Leistung von Einlagen befreit werden, durch eine ordentliche Kapitalherabsetzung jedoch höchstens in Höhe des Betrags, um den das Grundkapital herabgesetzt worden ist.

§ 67. Eintragung im Aktienbuch. (1) Namensaktien sind unter Bezeichnung des Inhabers nach Namen, Wohnort und Beruf in das Aktienbuch der Gesellschaft einzutragen.

(2) Im Verhältnis zur Gesellschaft gilt als Aktionär nur, wer als solcher im Aktienbuch eingetragen ist.

(3) ¹Ist jemand nach Ansicht der Gesellschaft zu Unrecht als Aktionär in das Aktienbuch eingetragen worden, so kann die Gesellschaft die Eintragung nur löschen, wenn sie vorher die Beteiligten von der beabsichtigten Löschung benachrichtigt und ihnen eine angemessene Frist zur Geltendmachung eines Widerspruchs gesetzt hat. ²Widerspricht ein Beteiligter innerhalb der Frist, so hat die Löschung zu unterbleiben.

(4) Diese Vorschriften gelten sinngemäß für Zwischenscheine.

(5) Jedem Aktionär ist auf Verlangen Einsicht in das Aktienbuch zu gewähren.

§ 68. Übertragung von Namensaktien. Umschreibung im Aktienbuch. (1) ¹Namensaktien können durch Indossament übertragen werden. ²Für die Form des Indossaments, den Rechtsausweis des Inhabers und seine Verpflichtung zur Herausgabe gelten sinngemäß Artikel 12, 13 und 16 des Wechselgesetzes.

(2) ¹Die Satzung kann die Übertragung an die Zustimmung der Gesellschaft binden. ²Die Zustimmung erteilt der Vorstand. ³Die Satzung kann jedoch bestimmen, daß der Aufsichtsrat oder die Hauptversammlung über die Erteilung der Zustimmung beschließt. ⁴Die Satzung kann die Gründe bestimmen, aus denen die Zustimmung verweigert werden darf.

(3) ¹Geht die Namensaktie auf einen anderen über, so ist dies bei der Gesellschaft anzumelden. ²Die Aktie ist vorzulegen und der Übergang nachzuweisen. ³Die Gesellschaft vermerkt den Übergang im Aktienbuch.

(4) Die Gesellschaft ist verpflichtet, die Ordnungsmäßigkeit der Reihe der Indossamente und der Abtretungserklärungen, aber nicht die Unterschriften zu prüfen.

(5) Diese Vorschriften gelten sinngemäß für Zwischenscheine.

§ 69. Rechtsgemeinschaft an einer Aktie. (1) Steht eine Aktie mehreren Berechtigten zu, so können sie die Rechte aus der Aktie nur durch einen gemeinschaftlichen Vertreter ausüben.

(2) Für die Leistungen auf die Aktie haften sie als Gesamtschuldner.

(3) ¹Hat die Gesellschaft eine Willenserklärung dem Aktionär gegenüber abzugeben, so genügt, wenn die Berechtigten der Gesellschaft keinen gemeinschaftlichen Vertreter benannt haben, die Abgabe der Erklärung gegenüber einem Berechtigten. ²Bei mehreren Erben eines Aktionärs gilt dies nur für Willenserklärungen, die nach Ablauf eines Monats seit dem Anfall der Erbschaft abgegeben werden.

§ 70.¹⁾ Berechnung der Aktienbesitzzeit. ¹Ist die Ausübung von Rechten aus der Aktie davon abhängig, daß der Aktionär während eines bestimmten Zeitraums Inhaber der Aktie gewesen ist, so steht

---

¹⁾ § 70 Satz 1 geänd. durch Art. 4 BegleitG v. 22.10. 1997 (BGBl. I S.2567), Satz 2 geänd. durch G v. 29.3. 1983 (BGBl. I S.377).

dem Eigentum ein Anspruch auf Übereignung gegen ein Kreditinstitut, Finanzdienstleistungsinstitut oder ein nach § 53 Abs. 1 Satz 1 oder § 53b Abs. 1 Satz 1 oder Abs. 7 des Gesetzes über das Kreditwesen tätiges Unternehmen gleich. ²Die Eigentumszeit eines Rechtsvorgängers wird dem Aktionär zugerechnet, wenn er die Aktie unentgeltlich, von seinem Treuhänder, als Gesamtrechtsnachfolger, bei Auseinandersetzung einer Gemeinschaft oder bei einer Bestandsübertragung nach § 14 des Versicherungsaufsichtsgesetzes oder § 14 des Gesetzes über Bausparkassen erworben hat.

§ 71.[1] **Erwerb eigener Aktien.** (1) ¹Die Gesellschaft darf eigene Aktien nur erwerben,

1. wenn der Erwerb notwendig ist, um einen schweren, unmittelbar bevorstehenden Schaden von der Gesellschaft abzuwenden,
2. wenn die Aktien Personen, die im Arbeitsverhältnis zu der Gesellschaft oder einem mit ihr verbundenen Unternehmen stehen oder standen, zum Erwerb angeboten werden sollen,
3. wenn der Erwerb geschieht, um Aktionäre nach § 305 Abs. 2, § 320b oder nach § 29 Abs. 1, § 125 Satz 1 in Verbindung mit § 29 Abs. 1, § 207 Abs. 1 Satz 1 des Umwandlungsgesetzes abzufinden,
4. wenn der Erwerb unentgeltlich geschieht oder ein Kreditinstitut mit dem Erwerb eine Einkaufskommission ausführt,
5. durch Gesamtrechtsnachfolge,
6. auf Grund eines Beschlusses der Hauptversammlung zur Einziehung nach den Vorschriften über die Herabsetzung des Grundkapitals,
7. wenn sie ein Kreditinstitut, Finanzdienstleistungsinstitut oder Finanzunternehmen ist, aufgrund eines Beschlusses der Hauptversammlung zum Zwecke des Wertpapierhandels. ²Der Beschluß muß bestimmen, daß der Handelsbestand der zu diesem Zweck zu erwerbenden Aktien fünf vom Hundert des Grundkapitals am Ende jeden Tages nicht übersteigen darf; er muß den niedrigsten und höchsten Gegenwert festlegen. ³Die Ermächtigung darf höchstens 18 Monate gelten; oder
8. aufgrund einer höchstens 18 Monate geltenden Ermächtigung der Hauptversammlung, die den niedrigsten und höchsten Gegenwert sowie den Anteil am Grundkapital, der zehn vom Hundert nicht übersteigen darf, festlegt. ²Als Zweck ist der Handel in eigenen Aktien ausgeschlossen. ³§ 53a ist auf Erwerb und Veräußerung anzuwenden. ⁴Erwerb und Veräußerung über die Börse genügen dem. ⁵Eine andere Veräußerung kann die Hauptversammlung beschließen; § 186 Abs. 3, 4 und § 193 Abs. 2 Nr. 4 sind in diesem Fall entsprechend anzuwenden. ⁶Die Hauptversammlung kann den Vorstand ermächtigen, die eigenen Aktien ohne weiteren Hauptversammlungsbeschluß einzuziehen.

(2) ¹Auf die zu den Zwecken nach Absatz 1 Nr. 1 bis 3, 7 und 8 erworbenen Aktien dürfen zusammen mit anderen Aktien der Gesellschaft, welche die Gesellschaft bereits erworben hat und noch besitzt, nicht mehr als zehn vom Hundert des Grundkapitals entfallen. ²Dieser Erwerb ist ferner nur zulässig, wenn die Gesellschaft die nach § 272 Abs. 4 des Handelsgesetzbuchs vorgeschriebene Rücklage für eigene Aktien bilden kann, ohne das Grundkapital oder eine nach Gesetz oder Satzung zu bildende Rücklage zu mindern, die nicht zu Zahlungen an die Aktionäre verwandt werden darf. ³In den Fällen des Absatzes 1 Nr. 1, 2, 4, 7 und 8 ist der Erwerb nur zulässig, wenn auf die Aktien der Ausgabebetrag voll geleistet ist.

(3) ¹In den Fällen des Absatzes 1 Nr. 1 und 8 hat der Vorstand die nächste Hauptversammlung über die Gründe und den Zweck des Erwerbs, über die Zahl der erworbenen Aktien und den auf sie entfallenden Betrag des Grundkapitals, über deren Anteil am Grundkapital sowie über den Gegenwert der Aktien zu unterrichten. ²Im Falle des Absatzes 1 Nr. 2 sind die Aktien innerhalb eines Jahres nach ihrem Erwerb an die Arbeitnehmer auszugeben. ³Im Falle des Absatzes 1 Nr. 8 hat die Gesellschaft das Bundesaufsichtsamt für den Wertpapierhandel unverzüglich von der Ermächtigung zu unterrichten.

(4) ¹Ein Verstoß gegen die Absätze 1 oder 2 macht den Erwerb eigener Aktien nicht unwirksam. ²Ein schuldrechtliches Geschäft über den Erwerb eigener Aktien ist jedoch nichtig, soweit der Erwerb gegen die Absätze 1 oder 2 verstößt.

---

[1] § 71 neugef. durch G v. 13.12.1978 (BGBl. I S. 1959), Abs. 2 Satz 2 geänd. durch BiRiLiG v. 19.12.1985 (BGBl. I S. 2355), Abs. 1 Nrn. 2, 5 und 6 geänd., Nr. 7 angef., Abs. 2 Sätze 1 und 3 geänd. durch Art. 5 G v. 26.7.1994 (BGBl. I S. 1749), Abs. 1 Nr. 3 neugef. durch Art. 6 UmwBerG v. 28.10.1994 (BGBl. I S. 3210), Abs. 1 Nr. 7 geänd. durch Art. 4 BegleitG v. 22.10.1997 (BGBl. I S. 2567), Abs. 2 Satz 1 neugef., Satz 3 und Abs. 3 Satz 1 geänd. durch StückAG v. 25.3.1998 (BGBl. I S. 590), Abs. 1 Nr. 8 angef., Abs. 2 Sätze 1 und 3, Abs. 3 Satz 1 geänd., Satz 3 angef. durch KonTraG v. 27.4.1998 (BGBl. I S. 786).

Aktiengesetz §§ 71a–72 AktG Anh.

§ 71a.[1] **Umgehungsgeschäfte.** (1) ¹Ein Rechtsgeschäft, das die Gewährung eines Vorschusses oder eines Darlehens oder die Leistung einer Sicherheit durch die Gesellschaft an einen anderen zum Zweck des Erwerbs von Aktien dieser Gesellschaft zum Gegenstand hat, ist nichtig. ²Dies gilt nicht für Rechtsgeschäfte im Rahmen der laufenden Geschäfte von Kreditinstituten oder Finanzdienstleistungsinstituten sowie für die Gewährung eines Vorschusses oder eines Darlehens oder für die Leistung einer Sicherheit zum Zweck des Erwerbs von Aktien durch Arbeitnehmer der Gesellschaft oder eines mit ihr verbundenen Unternehmens; auch in diesen Fällen ist das Rechtsgeschäft jedoch nichtig, wenn bei einem Erwerb der Aktien durch die Gesellschaft diese die nach § 272 Abs. 4 des Handelsgesetzbuchs vorgeschriebene Rücklage für eigene Aktien nicht bilden könnte, ohne das Grundkapital oder eine nach Gesetz oder Satzung zu bildende Rücklage zu mindern, die nicht zu Zahlungen an die Aktionäre verwandt werden darf.

(2) Nichtig ist ferner ein Rechtsgeschäft zwischen der Gesellschaft und einem anderen, nach dem dieser berechtigt oder verpflichtet sein soll, Aktien der Gesellschaft für Rechnung der Gesellschaft oder eines abhängigen oder eines in ihrem Mehrheitsbesitz stehenden Unternehmens zu erwerben, soweit der Erwerb durch die Gesellschaft gegen § 71 Abs. 1 oder 2 verstoßen würde.

§ 71b.[2] **Rechte aus eigenen Aktien.** Aus eigenen Aktien stehen der Gesellschaft keine Rechte zu.

§ 71c.[2] **Veräußerung und Einziehung eigener Aktien.** (1) Hat die Gesellschaft eigene Aktien unter Verstoß gegen § 71 Abs. 1 oder 2 erworben, so müssen sie innerhalb eines Jahres nach ihrem Erwerb veräußert werden.

(2) Entfallen auf die Aktien, welche die Gesellschaft nach § 71 Abs. 1 in zulässiger Weise erworben hat und noch besitzt, mehr als zehn vom Hundert des Grundkapitals, so muß der Teil der Aktien, der diesen Satz übersteigt, innerhalb von drei Jahren nach dem Erwerb der Aktien veräußert werden.

(3) Sind eigene Aktien innerhalb der in den Absätzen 1 und 2 vorgesehenen Fristen nicht veräußert worden, so sind sie nach § 237 einzuziehen.

§ 71d.[3],[4] **Erwerb eigener Aktien durch Dritte.** ¹Ein im eigenen Namen, jedoch für Rechnung der Gesellschaft handelnder Dritter darf Aktien der Gesellschaft nur erwerben oder besitzen, soweit dies der Gesellschaft nach § 71 Abs. 1 Nr. 1 bis 5, 7 und 8 und Abs. 2 gestattet wäre. ²Gleiches gilt für den Erwerb oder den Besitz von Aktien der Gesellschaft durch ein abhängiges oder ein im Mehrheitsbesitz der Gesellschaft stehendes Unternehmen sowie für den Erwerb oder den Besitz von Aktien durch einen Dritten, der im eigenen Namen, jedoch für Rechnung eines abhängigen oder eines im Mehrheitsbesitz der Gesellschaft stehenden Unternehmens handelt. ³Bei der Berechnung des Anteils am Grundkapital nach § 71 Abs. 2 Satz 1 und § 71c Abs. 2 gelten diese Aktien als Aktien der Gesellschaft. ⁴Im übrigen gelten § 71 Abs. 3 und 4, §§ 71a bis 71c sinngemäß. ⁵Der Dritte oder das Unternehmen hat der Gesellschaft auf ihr Verlangen das Eigentum an den Aktien zu verschaffen. ⁶Die Gesellschaft hat den Gegenwert der Aktien zu erstatten.

§ 71e.[1],[5] **Inpfandnahme eigener Aktien.** (1) ¹Dem Erwerb eigener Aktien nach § 71 Abs. 1 und 2, § 71d steht es gleich, wenn eigene Aktien als Pfand genommen werden. ²Jedoch darf ein Kreditinstitut oder Finanzdienstleistungsinstitut im Rahmen der laufenden Geschäfte eigene Aktien bis zu dem in § 71 Abs. 2 Satz 1 bestimmten Anteil am Grundkapital als Pfand nehmen. ³§ 71a gilt sinngemäß.

(2) ¹Ein Verstoß gegen Absatz 1 macht die Inpfandnahme eigener Aktien unwirksam, wenn auf sie der Ausgabebetrag noch nicht voll geleistet ist. ²Ein schuldrechtliches Geschäft über die Inpfandnahme eigener Aktien ist nichtig, soweit der Erwerb gegen Absatz 1 verstößt.

§ 72. Kraftloserklärung von Aktien im Aufgebotsverfahren. (1) ¹Ist eine Aktie oder ein Zwischenschein abhanden gekommen oder vernichtet, so kann die Urkunde im Aufgebotsverfahren nach

---

[1] § 71a eingef. durch G v. 13.12. 1978 (BGBl. I S.1959), Abs.1 Satz 2 geänd. durch BiRiLiG v. 19.12. 1985 (BGBl. I S.2355), Abs.1 Satz 2 geänd. durch Art. 4 BegleitG v. 22.10. 1997 (BGBl. I S.2567).
[2] §§ 71b bis 71c eingef. durch G v. 13.12. 1978 (BGBl. I S.1959), § 71c Abs.2 geänd. durch StückAG v. 25.3. 1998 (BGBl. I S.590).
[3] §§ 71b bis 71e eingef. durch G v. 13.12. 1978 (BGBl. I S.1959), § 71c Abs.2 geänd. durch StückAG v. 25.3. 1998 (BGBl. I S.590).
[4] § 71d Satz 1 geänd. durch Art. 5 G v. 26.7. 1994 (BGBl. I S.1749), Satz 3 geänd. durch StückAG v. 25.3. 1998 (BGBl. I S.590), Satz 1 geänd. durch KonTraG v. 27.4. 1998 (BGBl. I S.786).
[5] § 71e Abs.1 Satz 2 geänd. durch Art. 4 BegleitG v. 22.10. 1997 (BGBl. I S.2567), Abs.1 Satz 2, Abs.2 Satz 1 geänd. durch StückAG v. 25.3. 1998 (BGBl. I S.590).

der Zivilprozeßordnung für kraftlos erklärt werden. ²§ 799 Abs. 2 und § 800 des Bürgerlichen Gesetzbuchs gelten sinngemäß.

(2) Sind Gewinnanteilscheine auf den Inhaber ausgegeben, so erlischt mit der Kraftloserklärung der Aktie oder des Zwischenscheins auch der Anspruch aus den noch nicht fälligen Gewinnanteilscheinen.

(3) Die Kraftloserklärung einer Aktie nach §§ 73 oder 226 steht der Kraftloserklärung der Urkunde nach Absatz 1 nicht entgegen.

§ 73.[1]) **Kraftloserklärung von Aktien durch die Gesellschaft.** (1) ¹Ist der Inhalt von Aktienurkunden durch eine Veränderung der rechtlichen Verhältnisse unrichtig geworden, so kann die Gesellschaft die Aktien, die trotz Aufforderung nicht zur Berichtigung oder zum Umtausch bei ihr eingereicht sind, mit Genehmigung des Gerichts für kraftlos erklären. ²Beruht die Unrichtigkeit auf einer Änderung des Nennbetrags der Aktien, so können sie nur dann für kraftlos erklärt werden, wenn der Nennbetrag zur Herabsetzung des Grundkapitals herabgesetzt ist. ³Namensaktien können nicht deshalb für kraftlos erklärt werden, weil die Bezeichnung des Aktionärs unrichtig geworden ist. ⁴Gegen die Entscheidung des Gerichts ist die sofortige Beschwerde zulässig; eine Anfechtung der Entscheidung, durch die die Genehmigung erteilt wird, ist ausgeschlossen.

(2) ¹Die Aufforderung, die Aktien einzureichen, hat die Kraftloserklärung anzudrohen und auf die Genehmigung des Gerichts hinzuweisen. ²Die Kraftloserklärung kann nur erfolgen, wenn die Aufforderung in der in § 64 Abs. 2 für die Nachfrist vorgeschriebenen Weise bekanntgemacht worden ist. ³Die Kraftloserklärung geschieht durch Bekanntmachung in den Gesellschaftsblättern. ⁴In der Bekanntmachung sind die für kraftlos erklärten Aktien so zu bezeichnen, daß sich aus der Bekanntmachung ohne weiteres ergibt, ob eine Aktie für kraftlos erklärt ist.

(3) ¹An Stelle der für kraftlos erklärten Aktien sind, vorbehaltlich einer Satzungsregelung nach § 10 Abs. 5, neue Aktien auszugeben und dem Berechtigten auszuhändigen oder, wenn ein Recht zur Hinterlegung besteht, zu hinterlegen. ²Die Aushändigung oder Hinterlegung ist dem Gericht anzuzeigen.

(4) Soweit zur Herabsetzung des Grundkapitals Aktien zusammengelegt werden, gilt § 226.

§ 74. Neue Urkunden an Stelle beschädigter oder verunstalteter Aktien oder Zwischenscheine. ¹Ist eine Aktie oder ein Zwischenschein so beschädigt oder verunstaltet, daß die Urkunde zum Umlauf nicht mehr geeignet ist, so kann der Berechtigte, wenn der wesentliche Inhalt und die Unterscheidungsmerkmale der Urkunde noch sicher zu erkennen sind, von der Gesellschaft die Erteilung einer neuen Urkunde gegen Aushändigung der alten verlangen. ²Die Kosten hat er zu tragen und vorzuschießen.

§ 75. Neue Gewinnanteilscheine. Neue Gewinnanteilscheine dürfen an den Inhaber des Erneuerungsscheins nicht ausgegeben werden, wenn der Besitzer der Aktie oder des Zwischenscheins der Ausgabe widerspricht; sie sind dem Besitzer der Aktie oder des Zwischenscheins auszuhändigen, wenn er die Haupturkunde vorlegt.

Vierter Teil. Verfassung der Aktiengesellschaft

Erster Abschnitt. Vorstand

§ 76.[2]) **Leitung der Aktiengesellschaft.** (1) Der Vorstand hat unter eigener Verantwortung die Gesellschaft zu leiten.

(2) ¹Der Vorstand kann aus einer oder mehreren Personen bestehen. ²Bei Gesellschaften mit einem Grundkapital von mehr als drei Millionen *Deutsche Mark* [*ab 1. 1. 1999*] Euro] hat er aus mindestens zwei Personen zu bestehen, es sei denn, die Satzung bestimmt, daß er aus einer Person besteht. ³Die Vorschriften über die Bestellung eines Arbeitsdirektors bleiben unberührt.[3])

---

[1]) § 73 Abs. 3 Satz 1 geänd. durch KonTraG v. 27. 4. 1998 (BGBl. I S. 786).
[2]) § 76 Abs. 3 Sätze 2 und 3 angef. durch G v. 4. 7. 1980 (BGBl. I S. 836), Satz 2 eingef. durch Art. 7 § 32 BtG v. 12. 9. 1990 (BGBl. I S. 2002).
[3]) G über die Mitbestimmung der Arbeitnehmer (Mitbestimmungsgesetz – MitbestG) v. 4. 5. 1976 (BGBl. I S. 1153), geänd. durch G v. 26. 6. 1990 (BGBl. I S. 1206) und Art. 12 UmwBerG v. 28. 10. 1994 (BGBl. I S. 3210) – §§ 1 bis 7 abgedruckt in Anm. zu § 96 Abs. 1 AktG –. G über die Mitbestimmung der Arbeitneh-

Aktiengesetz §§ 77–80 AktG Anh.

(3) ¹Mitglied des Vorstands kann nur eine natürliche, unbeschränkt geschäftsfähige Person sein. ²Ein Betreuter, der bei der Besorgung seiner Vermögensangelegenheiten ganz oder teilweise einem Einwilligungsvorbehalt (§ 1903 des Bürgerlichen Gesetzbuchs) unterliegt, kann nicht Mitglied des Vorstands sein. ³Wer wegen einer Straftat nach den §§ 283 bis 283d des Strafgesetzbuchs verurteilt worden ist, kann auf die Dauer von fünf Jahren seit der Rechtskraft des Urteils nicht Mitglied des Vorstands sein; in die Frist wird die Zeit nicht eingerechnet, in welcher der Täter auf behördliche Anordnung in einer Anstalt verwahrt worden ist. ⁴Wem durch gerichtliches Urteil oder durch vollziehbare Entscheidung einer Verwaltungsbehörde die Ausübung eines Berufs, Berufszweiges oder Gewerbezweiges untersagt worden ist, kann für die Zeit, für welche das Verbot wirksam ist, bei einer Gesellschaft, deren Unternehmensgegenstand ganz oder teilweise mit dem Gegenstand des Verbots übereinstimmt, nicht Mitglied des Vorstands sein.

§ 77. Geschäftsführung. (1) ¹Besteht der Vorstand aus mehreren Personen, so sind sämtliche Vorstandsmitglieder nur gemeinschaftlich zur Geschäftsführung befugt. ²Die Satzung oder die Geschäftsordnung des Vorstands kann Abweichendes bestimmen; es kann jedoch nicht bestimmt werden, daß ein oder mehrere Vorstandsmitglieder Meinungsverschiedenheiten im Vorstand gegen die Mehrheit seiner Mitglieder entscheiden.

(2) ¹Der Vorstand kann sich eine Geschäftsordnung geben, wenn nicht die Satzung den Erlaß der Geschäftsordnung dem Aufsichtsrat übertragen hat oder der Aufsichtsrat eine Geschäftsordnung für den Vorstand erläßt. ²Die Satzung kann Einzelfragen der Geschäftsordnung bindend regeln. ³Beschlüsse des Vorstands über die Geschäftsordnung müssen einstimmig gefaßt werden.

§ 78. Vertretung. (1) Der Vorstand vertritt die Gesellschaft gerichtlich und außergerichtlich.

(2) ¹Besteht der Vorstand aus mehreren Personen, so sind, wenn die Satzung nichts anderes bestimmt, sämtliche Vorstandsmitglieder nur gemeinschaftlich zur Vertretung der Gesellschaft befugt. ²Ist eine Willenserklärung gegenüber der Gesellschaft abzugeben, so genügt die Abgabe gegenüber einem Vorstandsmitglied.

(3) ¹Die Satzung kann auch bestimmen, daß einzelne Vorstandsmitglieder allein oder in Gemeinschaft mit einem Prokuristen zur Vertretung der Gesellschaft befugt sind. ²Dasselbe kann der Aufsichtsrat bestimmen, wenn die Satzung ihn hierzu ermächtigt hat. ³Absatz 2 Satz 2 gilt in diesen Fällen sinngemäß.

(4) ¹Zur Gesamtvertretung befugte Vorstandsmitglieder können einzelne von ihnen zur Vornahme bestimmter Geschäfte oder bestimmter Arten von Geschäften ermächtigen. ²Dies gilt sinngemäß, wenn ein einzelnes Vorstandsmitglied in Gemeinschaft mit einem Prokuristen zur Vertretung der Gesellschaft befugt ist.

§ 79. Zeichnung durch Vorstandsmitglieder. Vorstandsmitglieder zeichnen für die Gesellschaft, indem sie der Firma der Gesellschaft oder der Benennung des Vorstands ihre Namensunterschrift hinzufügen.

§ 80.[1]) **Angaben auf Geschäftsbriefen.** (1) ¹Auf allen Geschäftsbriefen, die an einen bestimmten Empfänger gerichtet werden, müssen die Rechtsform und der Sitz der Gesellschaft, das Registergericht des Sitzes der Gesellschaft und die Nummer, unter der die Gesellschaft in das Handelsregister eingetragen ist, sowie alle Vorstandsmitglieder und der Vorsitzende des Aufsichtsrats mit dem Familiennamen und mindestens einem ausgeschriebenen Vornamen angegeben werden. ²Der Vorsitzende des Vor-

---

mer in den Aufsichtsräten und Vorständen der Unternehmen des Bergbaus und der Eisen und Stahl erzeugenden Industrie (sog. Montan-MitbestimmungsG) v. 21.5. 1951 (BGBl. I S.347), geänd. durch G v. 15.7. 1957 (BGBl. I S.714), v. 6.9. 1965 (BGBl. I S.1185), v. 21.5. 1981 (BGBl. I S.441), v. 19.12. 1985 (BGBl. I S.2355), Art.57 G v. 26.2. 1993 (BGBl. I S.278) und Art.3 § 8 EuroEG v. 9.6. 1998 (BGBl. I S.1242) sowie Ergänzung durch G zur Verlängerung der Auslaufzeiten in der Montan-Mitbestimmung v. 23.7. 1987 (BGBl. I S.1676). Beachte auch G zur Ergänzung des G über die Mitbestimmung der Arbeitnehmer in den Aufsichtsräten und Vorständen der Unternehmen des Bergbaus und der Eisen und Stahl erzeugenden Industrie (sog. MitbestimmungsergänzungsG) v. 7.8. 1956 (BGBl. I S.707), geänd. durch G v. 15.7. 1957 (BGBl. I S.714), v. 6.9. 1965 (BGBl. I S.1185), v. 27.4. 1967 (BGBl. I S.505), v. 21.5. 1981 (BGBl. I S.441), v. 19.12. 1985 (BGBl. I S.2355), v. 20.12. 1988 (BGBl. I S.2312), Art.12 UmwBerG v. 28.10. 1994 (BGBl. I S.3210) und Art.3 § 9 EuroEG v. 9.6. 1998 (BGBl. I S.1242).

[1]) § 80 neugef. durch G v. 15.8. 1969 (BGBl. I S.1146), Abs.4 angef. durch Art.3 G v. 22.7. 1993 (BGBl. I S.1282), Abs.1 Satz 3 geänd. durch StückAG v. 25.3. 1998 (BGBl. I S.590).

stands ist als solcher zu bezeichnen. ³Werden Angaben über das Kapital der Gesellschaft gemacht, so müssen in jedem Falle das Grundkapital sowie, wenn auf die Aktien der Ausgabebetrag nicht vollständig eingezahlt ist, der Gesamtbetrag der ausstehenden Einlagen angegeben werden.

(2) Der Angaben nach Absatz 1 Satz 1 und 2 bedarf es nicht bei Mitteilungen oder Berichten, die im Rahmen einer bestehenden Geschäftsverbindung
ergehen und für die üblicherweise Vordrucke verwendet werden, in denen lediglich die im Einzelfall erforderlichen besonderen Angaben eingefügt zu werden brauchen.

(3) ¹Bestellscheine gelten als Geschäftsbriefe im Sinne des Absatzes 1. ²Absatz 2 ist auf sie nicht anzuwenden.

(4) ¹Auf allen Geschäftsbriefen und Bestellscheinen, die von einer Zweigniederlassung einer Aktiengesellschaft mit Sitz im Ausland verwendet werden, müssen das Register, bei dem die Zweigniederlassung geführt wird, und die Nummer des Registereintrags angegeben werden; im übrigen gelten die Vorschriften der Absätze 1 bis 3, soweit nicht das ausländische Recht Abweichungen nötig macht. ²Befindet sich die ausländische Gesellschaft in Abwicklung, so sind auch diese Tatsache sowie alle Abwickler anzugeben.

§ 81.[1] **Änderung des Vorstands und der Vertretungsbefugnis seiner Mitglieder.** (1) Jede Änderung des Vorstands oder der Vertretungsbefugnis eines Vorstandsmitglieds hat der Vorstand zur Eintragung in das Handelsregister anzumelden.

(2) Der Anmeldung sind die Urkunden über die Änderung in Urschrift oder öffentlich beglaubigter Abschrift für das Gericht des Sitzes der Gesellschaft beizufügen.

(3) ¹Die neuen Vorstandsmitglieder haben in der Anmeldung zu versichern, daß keine Umstände vorliegen, die ihrer Bestellung nach § 76 Abs. 3 Satz 3 und 4 entgegenstehen, und daß sie über ihre unbeschränkte Auskunftspflicht gegenüber dem Gericht belehrt worden sind. ²§ 37 Abs. 2 Satz 2 ist anzuwenden.

(4) Die neuen Vorstandsmitglieder haben ihre Namensunterschrift zur Aufbewahrung beim Gericht zu zeichnen.

§ 82. Beschränkungen der Vertretungs- und Geschäftsführungsbefugnis. (1) Die Vertretungsbefugnis des Vorstands kann nicht beschränkt werden.

(2) Im Verhältnis der Vorstandsmitglieder zur Gesellschaft sind diese verpflichtet, die Beschränkungen einzuhalten, die im Rahmen der Vorschriften über die Aktiengesellschaft die Satzung, der Aufsichtsrat, die Hauptversammlung und die Geschäftsordnungen des Vorstands und des Aufsichtsrats für die Geschäftsführungsbefugnis getroffen haben.

§ 83. Vorbereitung und Ausführung von Hauptversammlungsbeschlüssen. (1) ¹Der Vorstand ist auf Verlangen der Hauptversammlung verpflichtet, Maßnahmen, die in die Zuständigkeit der Hauptversammlung fallen, vorzubereiten. ²Das gleiche gilt für die Vorbereitung und den Abschluß von Verträgen, die nur mit Zustimmung der Hauptversammlung wirksam werden. ³Der Beschluß der Hauptversammlung bedarf der Mehrheiten, die für die Maßnahmen oder für die Zustimmung zu dem Vertrag erforderlich sind.

(2) Der Vorstand ist verpflichtet, die von der Hauptversammlung im Rahmen ihrer Zuständigkeit beschlossenen Maßnahmen auszuführen.

§ 84.[2] **Bestellung und Abberufung des Vorstands.** (1) ¹Vorstandsmitglieder bestellt der Aufsichtsrat auf höchstens fünf Jahre. ²Eine wiederholte Bestellung oder Verlängerung der Amtszeit, jeweils für höchstens fünf Jahre, ist zulässig. ³Sie bedarf eines erneuten Aufsichtsratsbeschlusses, der frühestens ein Jahr vor Ablauf der bisherigen Amtszeit gefaßt werden kann. ⁴Nur bei einer Bestellung auf weniger als fünf Jahre kann eine Verlängerung der Amtszeit ohne neuen Aufsichtsratsbeschluß vorgesehen werden, sofern dadurch die gesamte Amtszeit nicht mehr als fünf Jahre beträgt. ⁵Dies gilt sinngemäß für den Anstellungsvertrag; er kann jedoch vorsehen, daß er für den Fall einer Verlängerung der Amtszeit bis zu deren Ablauf weitergilt.

---

[1] § 81 Abs. 1 und 2 geänd. durch G v. 15. 8. 1969 (BGBl. I S. 1146), neuer Abs. 3 eingef., bish. Abs. 3 wird Abs. 4 durch G v. 4. 7. 1980 (BGBl. I S. 836), Abs. 3 Satz 1 geänd. durch Art. 7 § 32 BtG v. 12. 9. 1990 (BGBl. I S. 2002).

[2] § 84 Abs. 4 geänd. durch G v. 4. 5. 1976 (BGBl. I S. 1153).

Aktiengesetz §§ 85–87 AktG Anh.

(2) Werden mehrere Personen zu Vorstandsmitgliedern bestellt, so kann der Aufsichtsrat ein Mitglied zum Vorsitzenden des Vorstands ernennen.

(3) ¹Der Aufsichtsrat kann die Bestellung zum Vorstandsmitglied und die Ernennung zum Vorsitzenden des Vorstands widerrufen, wenn ein wichtiger Grund vorliegt. ²Ein solcher Grund ist namentlich grobe Pflichtverletzung, Unfähigkeit zur ordnungsmäßigen Geschäftsführung oder Vertrauensentzug durch die Hauptversammlung, es sei denn, daß das Vertrauen aus offenbar unsachlichen Gründen entzogen worden ist. ³Dies gilt auch für den vom ersten Aufsichtsrat bestellten Vorstand. ⁴Der Widerruf ist wirksam, bis seine Unwirksamkeit rechtskräftig festgestellt ist. ⁵Für die Ansprüche aus dem Anstellungsvertrag gelten die allgemeinen Vorschriften.

(4) Die Vorschriften des Gesetzes über die Mitbestimmung der Arbeitnehmer in den Aufsichtsräten und Vorständen der Unternehmen des Bergbaus und der Eisen und Stahl erzeugenden Industrie vom 21. Mai 1951 (Bundesgesetzbl. I S. 347) – Montan-Mitbestimmungsgesetz – über die besonderen Mehrheitserfordernisse für einen Aufsichtsratsbeschluß über die Bestellung eines Arbeitsdirektors oder den Widerruf seiner Bestellung bleiben unberührt.

§ 85. Bestellung durch das Gericht. (1) ¹Fehlt ein erforderliches Vorstandsmitglied, so hat in dringenden Fällen das Gericht auf Antrag eines Beteiligten das Mitglied zu bestellen. ²Gegen die Entscheidung ist die sofortige Beschwerde zulässig.

(2) Das Amt des gerichtlich bestellten Vorstandsmitglieds erlischt in jedem Fall, sobald der Mangel behoben ist.

(3) ¹Das gerichtlich bestellte Vorstandsmitglied hat Anspruch auf Ersatz angemessener barer Auslagen und auf Vergütung für seine Tätigkeit. ²Einigen sich das gerichtlich bestellte Vorstandsmitglied und die Gesellschaft nicht, so setzt das Gericht die Auslagen und die Vergütung fest. ³Gegen die Entscheidung ist die sofortige Beschwerde zulässig. ⁴Die weitere Beschwerde ist ausgeschlossen. ⁵Aus der rechtskräftigen Entscheidung findet die Zwangsvollstreckung nach der Zivilprozeßordnung statt.

§ 86.¹⁾ **Gewinnbeteiligung der Vorstandsmitglieder.** (1) ¹Den Vorstandsmitgliedern kann für ihre Tätigkeit eine Beteiligung am Gewinn gewährt werden. ²Sie soll in der Regel in einem Anteil am Jahresgewinn der Gesellschaft bestehen.

(2) ¹Wird den Vorstandsmitgliedern ein Anteil am Jahresgewinn der Gesellschaft gewährt, so berechnet sich der Anteil nach dem Jahresüberschuß, vermindert um einen Verlustvortrag aus dem Vorjahr und um die Beträge, die nach Gesetz oder Satzung aus dem Jahresüberschuß in Gewinnrücklagen einzustellen sind. ²Entgegenstehende Festsetzungen sind nichtig.

§ 87.²⁾ **Grundsätze für die Bezüge der Vorstandsmitglieder.** (1) ¹Der Aufsichtsrat hat bei der Festsetzung der Gesamtbezüge des einzelnen Vorstandsmitglieds (Gehalt, Gewinnbeteiligungen, Aufwandsentschädigungen, Versicherungsentgelte, Provisionen und Nebenleistungen jeder Art) dafür zu sorgen, daß die Gesamtbezüge in einem angemessenen Verhältnis zu den Aufgaben des Vorstandsmitglieds und zur Lage der Gesellschaft stehen. ²Dies gilt sinngemäß für Ruhegehalt, Hinterbliebenenbezüge und Leistungen verwandter Art.

(2) ¹Tritt nach der Festsetzung eine so wesentliche Verschlechterung in den Verhältnissen der Gesellschaft ein, daß die Weitergewährung der in Absatz 1 Satz 1 aufgeführten Bezüge eine schwere Unbilligkeit für die Gesellschaft sein würde, so ist der Aufsichtsrat, im Fall des § 85 Abs. 3 das Gericht auf Antrag des Aufsichtsrats, zu einer angemessenen Herabsetzung berechtigt. ²Durch eine Herabsetzung wird der Anstellungsvertrag im übrigen nicht berührt. ³Das Vorstandsmitglied kann jedoch seinen Anstellungsvertrag für den Schluß des nächsten Kalendervierteljahrs mit einer Kündigungsfrist von sechs Wochen kündigen.

(3) ¹Wird über das Vermögen der Gesellschaft das Konkursverfahren eröffnet und kündigt der Konkursverwalter den Anstellungsvertrag eines Vorstandsmitglieds, so kann es Ersatz für den Schaden, der ihm durch die Aufhebung des Dienstverhältnisses entsteht, nur für zwei Jahre seit dem Ablauf des Dienstverhältnisses verlangen. ²Gleiches gilt, wenn über die Gesellschaft das gerichtliche Vergleichsverfahren eröffnet wird und die Gesellschaft den Anstellungsvertrag kündigt.

---

¹⁾ § 86 Abs. 2 Satz 1 geänd. durch BiRiLiG v. 19. 12. 1985 (BGBl. I S. 2355).
²⁾ § 87 Abs. 3 wird mWv. 1. 1. 1999 durch das EGInsO v. 5. 10. 1994 (BGBl. I S. 2911) wie folgt gefaßt:
„(3) Wird über das Vermögen der Gesellschaft das Insolvenzverfahren eröffnet und kündigt der Insolvenzverwalter den Anstellungsvertrag eines Vorstandsmitglieds, so kann es Ersatz für den Schaden, der ihm durch die Aufhebung des Dienstverhältnisses entsteht, nur für zwei Jahre seit dem Ablauf des Dienstverhältnisses verlangen."

§ 88. Wettbewerbsverbot. (1) ¹Die Vorstandsmitglieder dürfen ohne Einwilligung des Aufsichtsrats weder ein Handelsgewerbe betreiben noch im Geschäftszweig der Gesellschaft für eigene oder fremde Rechnung Geschäfte machen. ²Sie dürfen ohne Einwilligung auch nicht Mitglied des Vorstands oder Geschäftsführer oder persönlich haftender Gesellschafter einer anderen Handelsgesellschaft sein. ³Die Einwilligung des Aufsichtsrats kann nur für bestimmte Handelsgewerbe oder Handelsgesellschaften oder für bestimmte Arten von Geschäften erteilt werden.

(2) ¹Verstößt ein Vorstandsmitglied gegen dieses Verbot, so kann die Gesellschaft Schadenersatz fordern. ²Sie kann statt dessen von dem Mitglied verlangen, daß es die für eigene Rechnung gemachten Geschäfte als für Rechnung der Gesellschaft eingegangen gelten läßt und die aus Geschäften für fremde Rechnung bezogene Vergütung herausgibt oder seinen Anspruch auf die Vergütung abtritt.

(3) ¹Die Ansprüche der Gesellschaft verjähren in drei Monaten seit dem Zeitpunkt, in dem die übrigen Vorstandsmitglieder und die Aufsichtsratsmitglieder von der zum Schadenersatz verpflichtenden Handlung Kenntnis erlangen. ²Sie verjähren ohne Rücksicht auf diese Kenntnis in fünf Jahren seit ihrer Entstehung.

§ 89.[1]) **Kreditgewährung an Vorstandsmitglieder.** (1) ¹Die Gesellschaft darf ihren Vorstandsmitgliedern Kredit nur auf Grund eines Beschlusses des Aufsichtsrats gewähren. ²Der Beschluß kann nur für bestimmte Kreditgeschäfte oder Arten von Kreditgeschäften und nicht für länger als drei Monate im voraus gefaßt werden. ³Er hat die Verzinsung und Rückzahlung des Kredits zu regeln. ⁴Der Gewährung eines Kredits steht die Gestattung einer Entnahme gleich, die über die dem Vorstandsmitglied zustehenden Bezüge hinausgeht, namentlich auch die Gestattung der Entnahme von Vorschüssen auf Bezüge. ⁵Dies gilt nicht für Kredite, die ein Monatsgehalt nicht übersteigen.

(2) ¹Die Gesellschaft darf ihren Prokuristen und zum gesamten Geschäftsbetrieb ermächtigten Handlungsbevollmächtigten Kredit nur mit Einwilligung des Aufsichtsrats gewähren. ²Eine herrschende Gesellschaft darf Kredite an gesetzliche Vertreter, Prokuristen oder zum gesamten Geschäftsbetrieb ermächtigte Handlungsbevollmächtigte eines abhängigen Unternehmens nur mit Einwilligung ihres Aufsichtsrats, eine abhängige Gesellschaft darf Kredite an gesetzliche Vertreter, Prokuristen oder zum gesamten Geschäftsbetrieb ermächtigte Handlungsbevollmächtigte des herrschenden Unternehmens nur mit Einwilligung des Aufsichtsrats des herrschenden Unternehmens gewähren. ³Absatz 1 Satz 2 bis 5 gilt sinngemäß.

(3) ¹Absatz 2 gilt auch für Kredite an den Ehegatten oder an ein minderjähriges Kind eines Vorstandsmitglieds, eines anderen gesetzlichen Vertreters, eines Prokuristen oder eines zum gesamten Geschäftsbetrieb ermächtigten Handlungsbevollmächtigten. ²Er gilt ferner für Kredite an einen Dritten, der für Rechnung dieser Personen oder für Rechnung eines Vorstandsmitglieds, eines anderen gesetzlichen Vertreters, eines Prokuristen oder eines zum gesamten Geschäftsbetrieb ermächtigten Handlungsbevollmächtigten handelt.

(4) ¹Ist ein Vorstandsmitglied, ein Prokurist oder ein zum gesamten Geschäftsbetrieb ermächtigter Handlungsbevollmächtigter zugleich gesetzlicher Vertreter oder Mitglied des Aufsichtsrats einer anderen juristischen Person oder Gesellschafter einer Personenhandelsgesellschaft, so darf die Gesellschaft der juristischen Person oder der Personenhandelsgesellschaft Kredit nur mit Einwilligung des Aufsichtsrats gewähren; Absatz 1 Satz 2 und 3 gilt sinngemäß. ²Dies gilt nicht, wenn die juristische Person oder die Personenhandelsgesellschaft mit der Gesellschaft verbunden ist oder wenn der Kredit für die Bezahlung von Waren gewährt wird, welche die Gesellschaft der juristischen Person oder der Personenhandelsgesellschaft liefert.

(5) Wird entgegen den Absätzen 1 bis 4 Kredit gewährt, so ist der Kredit ohne Rücksicht auf entgegenstehende Vereinbarungen sofort zurückzugewähren, wenn nicht der Aufsichtsrat nachträglich zustimmt.

(6) Ist die Gesellschaft ein Kreditinstitut oder Finanzdienstleistungsinstitut, auf das § 15 des Gesetzes über das Kreditwesen anzuwenden ist, gelten anstelle der Absätze 1 bis 5 die Vorschriften des Gesetzes über das Kreditwesen.

§ 90.[2]) **Berichte an den Aufsichtsrat.** (1) ¹Der Vorstand hat dem Aufsichtsrat zu berichten über

1. die beabsichtigte Geschäftspolitik und andere grundsätzliche Fragen der Unternehmensplanung (insbesondere die Finanz-, Investitions- und Personalplanung);

---

[1]) § 89 Abs. 6 neugef. durch Art. 4 BegleitG v. 22. 10. 1997 (BGBl. I S. 2567).
[2]) § 90 Abs. 1 Nr. 1 neugef. durch KonTraG v. 27. 4. 1998 (BGBl. I S. 786).

Aktiengesetz §§ 91, 92 AktG Anh.

2. die Rentabilität der Gesellschaft, insbesondere die Rentabilität des Eigenkapitals;
3. den Gang der Geschäfte, insbesondere den Umsatz, und die Lage der Gesellschaft;
4. Geschäfte, die für die Rentabilität oder Liquidität der Gesellschaft von erheblicher Bedeutung sein können.

²Außerdem ist dem Vorsitzenden des Aufsichtsrats aus sonstigen wichtigen Anlässen zu berichten; als wichtiger Anlaß ist auch ein dem Vorstand bekanntgewordener geschäftlicher Vorgang bei einem verbundenen Unternehmen anzusehen, der auf die Lage der Gesellschaft von erheblichem Einfluß sein kann.

(2) Die Berichte nach Absatz 1 Satz 1 Nr. 1 bis 4 sind wie folgt zu erstatten:
1. die Berichte nach Nummer 1 mindestens einmal jährlich, wenn nicht Änderungen der Lage oder neue Fragen eine unverzügliche Berichterstattung gebieten;
2. die Berichte nach Nummer 2 in der Sitzung des Aufsichtsrats, in der über den Jahresabschluß verhandelt wird;
3. die Berichte nach Nummer 3 regelmäßig, mindestens vierteljährlich;
4. die Berichte nach Nummer 4 möglichst so rechtzeitig, daß der Aufsichtsrat vor Vornahme der Geschäfte Gelegenheit hat, zu ihnen Stellung zu nehmen.

(3) ¹Der Aufsichtsrat kann vom Vorstand jederzeit einen Bericht verlangen über Angelegenheiten der Gesellschaft, über ihre rechtlichen und geschäftlichen Beziehungen zu verbundenen Unternehmen sowie über geschäftliche Vorgänge bei diesen Unternehmen, die auf die Lage der Gesellschaft von erheblichem Einfluß sein können. ²Auch ein einzelnes Mitglied kann einen Bericht, jedoch nur an den Aufsichtsrat, verlangen; lehnt der Vorstand die Berichterstattung ab, so kann der Bericht nur verlangt werden, wenn ein anderes Aufsichtsratsmitglied das Verlangen unterstützt.

(4) Die Berichte haben den Grundsätzen einer gewissenhaften und getreuen Rechenschaft zu entsprechen.

(5) ¹Jedes Aufsichtsratsmitglied hat das Recht, von den Berichten Kenntnis zu nehmen. ²Soweit die Berichte schriftlich erstattet worden sind, sind sie auch jedem Aufsichtsratsmitglied auf Verlangen auszuhändigen, soweit der Aufsichtsrat nichts anderes beschlossen hat. ³Der Vorsitzende des Aufsichtsrats hat die Aufsichtsratsmitglieder über die Berichte nach Absatz 1 Satz 2 spätestens in der nächsten Aufsichtsratssitzung zu unterrichten.

§ 91.[1]) **Organisation; Buchführung.** (1) Der Vorstand hat dafür zu sorgen, daß die erforderlichen Handelsbücher geführt werden.

(2) Der Vorstand hat geeignete Maßnahmen zu treffen, insbesondere ein Überwachungssystem einzurichten, damit den Fortbestand der Gesellschaft gefährdende Entwicklungen früh erkannt werden.

§ 92.[2]) **Vorstandspflichten bei Verlust, Überschuldung oder Zahlungsunfähigkeit.** (1) Ergibt sich bei Aufstellung der Jahresbilanz oder einer Zwischenbilanz oder ist bei pflichtmäßigem Ermessen anzunehmen, daß ein Verlust in Höhe der Hälfte des Grundkapitals besteht, so hat der Vorstand unverzüglich die Hauptversammlung einzuberufen und ihr dies anzuzeigen.

(2) ¹Wird die Gesellschaft zahlungsunfähig, so hat der Vorstand ohne schuldhaftes Zögern, spätestens aber drei Wochen nach Eintritt der Zahlungsunfähigkeit, die Eröffnung des Konkursverfahrens oder des gerichtlichen Vergleichsverfahrens zu beantragen. ²Dies gilt sinngemäß, wenn das Vermögen der Gesellschaft nicht mehr die Schulden deckt. ³Der Antrag ist nicht schuldhaft verzögert, wenn der Vorstand die Eröffnung des gerichtlichen Vergleichsverfahrens mit der Sorgfalt eines ordentlichen und gewissenhaften Geschäftsleiters betreibt.

(3) ¹Nachdem die Zahlungsunfähigkeit der Gesellschaft eingetreten ist oder sich ihre Überschuldung ergeben hat, darf der Vorstand keine Zahlungen leisten. ²Dies gilt nicht von Zahlungen, die auch nach diesem Zeitpunkt mit der Sorgfalt eines ordentlichen und gewissenhaften Geschäftsleiters vereinbar sind.

---

[1]) § 91 Überschrift neugef., Abs. 2 angef. durch KonTraG v. 27.4.1998 (BGBl. I S. 786).
[2]) § 92 Abs. 2 wird mWv. 1.1.1999 durch das EGInsO v. 5.10.1994 (BGBl. I S. 2911) wie folgt gefaßt:
„(2) Wird die Gesellschaft zahlungsunfähig, so hat der Vorstand ohne schuldhaftes Zögern, spätestens aber drei Wochen nach Eintritt der Zahlungsunfähigkeit, die Eröffnung des Insolvenzverfahrens zu beantragen. Dies gilt sinngemäß, wenn sich eine Überschuldung der Gesellschaft ergibt."

§ 93.[1)] [2)] **Sorgfaltspflicht und Verantwortlichkeit der Vorstandsmitglieder.** (1) ¹Die Vorstandsmitglieder haben bei ihrer Geschäftsführung die Sorgfalt eines ordentlichen und gewissenhaften Geschäftsleiters anzuwenden. ²Über vertrauliche Angaben und Geheimnisse der Gesellschaft, namentlich Betriebs- oder Geschäftsgeheimnisse, die ihnen durch ihre Tätigkeit im Vorstand bekanntgeworden sind, haben sie Stillschweigen zu bewahren.

(2) ¹Vorstandsmitglieder, die ihre Pflichten verletzen, sind der Gesellschaft zum Ersatz des daraus entstehenden Schadens als Gesamtschuldner verpflichtet. ²Ist streitig, ob sie die Sorgfalt eines ordentlichen und gewissenhaften Geschäftsleiters angewandt haben, so trifft sie die Beweislast.

(3) Die Vorstandsmitglieder sind namentlich zum Ersatz verpflichtet, wenn entgegen diesem Gesetz

1. Einlagen an die Aktionäre zurückgewährt werden,
2. den Aktionären Zinsen oder Gewinnanteile gezahlt werden,
3. eigene Aktien der Gesellschaft oder einer anderen Gesellschaft gezeichnet, erworben, als Pfand genommen oder eingezogen werden,
4. Aktien vor der vollen Leistung des Ausgabebetrags ausgegeben werden,
5. Gesellschaftsvermögen verteilt wird,
6. Zahlungen geleistet werden, nachdem die Zahlungsunfähigkeit der Gesellschaft eingetreten ist oder sich ihre Überschuldung ergeben hat,
7. Vergütungen an Aufsichtsratsmitglieder gewährt werden,
8. Kredit gewährt wird,
9. bei der bedingten Kapitalerhöhung außerhalb des festgesetzten Zwecks oder vor der vollen Leistung des Gegenwerts Bezugsaktien ausgegeben werden.

(4) ¹Der Gesellschaft gegenüber tritt die Ersatzpflicht nicht ein, wenn die Handlung auf einem gesetzmäßigen Beschluß der Hauptversammlung beruht. ²Dadurch, daß der Aufsichtsrat die Handlung gebilligt hat, wird die Ersatzpflicht nicht ausgeschlossen. ³Die Gesellschaft kann erst drei Jahre nach der Entstehung des Anspruchs und nur dann auf Ersatzansprüche verzichten oder sich über sie vergleichen, wenn die Hauptversammlung zustimmt und nicht eine Minderheit, deren Anteile zusammen den zehnten Teil des Grundkapitals erreichen, zur Niederschrift Widerspruch erhebt. ⁴Die zeitliche Beschränkung gilt nicht, wenn der Ersatzpflichtige zahlungsunfähig ist und sich zur Abwendung oder Beseitigung des Konkursverfahrens mit seinen Gläubigern vergleicht.

(5) ¹Der Ersatzanspruch der Gesellschaft kann auch von den Gläubigern der Gesellschaft geltend gemacht werden, soweit sie von dieser keine Befriedigung erlangen können. ²Dies gilt jedoch in anderen Fällen als denen des Absatzes 3 nur dann, wenn die Vorstandsmitglieder die Sorgfalt eines ordentlichen und gewissenhaften Geschäftsleiters gröblich verletzt haben; Absatz 2 Satz 2 gilt sinngemäß. ³Den Gläubigern gegenüber wird die Ersatzpflicht weder durch einen Verzicht oder Vergleich der Gesellschaft noch dadurch aufgehoben, daß die Handlung auf einem Beschluß der Hauptversammlung beruht. ⁴Ist über das Vermögen der Gesellschaft das Konkursverfahren eröffnet, so übt während dessen Dauer der Konkursverwalter das Recht der Gläubiger gegen die Vorstandsmitglieder aus.

(6) Die Ansprüche aus diesen Vorschriften verjähren in fünf Jahren.

§ 94. Stellvertreter von Vorstandsmitgliedern. Die Vorschriften für die Vorstandsmitglieder gelten auch für ihre Stellvertreter.

[1)] § 93 Abs. 3 Nr. 4 geänd. durch StückAG v. 25. 3. 1998 (BGBl. I S. 590).
[2)] § 93 wird mWv. 1. 1. 1999 durch das EGInsO v. 5. 10. 1994 (BGBl. I S. 2911) wie folgt geändert:
a) Absatz 4 Satz 4 wird wie folgt gefaßt:
„Die zeitliche Beschränkung gilt nicht, wenn der Ersatzpflichtige zahlungsunfähig ist und sich zur Abwendung des Insolvenzverfahrens mit seinen Gläubigern vergleicht oder wenn die Ersatzpflicht in einem Insolvenzplan geregelt wird."
b) Absatz 5 Satz 4 wird wie folgt gefaßt:
„Ist über das Vermögen der Gesellschaft das Insolvenzverfahren eröffnet, so übt während dessen Dauer der Insolvenzverwalter oder der Sachwalter das Recht der Gläubiger gegen die Vorstandsmitglieder aus."

Aktiengesetz §§ 95, 96 AktG Anh.

Zweiter Abschnitt. Aufsichtsrat

§ 95.[3] **Zahl der Aufsichtsratsmitglieder.** ¹Der Aufsichtsrat besteht aus drei Mitgliedern. ²Die Satzung kann eine bestimmte höhere Zahl festsetzen. ³Die Zahl muß durch drei teilbar sein. ⁴Die Höchstzahl der Aufsichtsratsmitglieder beträgt bei Gesellschaften mit einem Grundkapital

bis zu 3 000 000 Deutsche Mark [ab 1.1.1999 1 500 000 Euro] neun,
von mehr als 3 000 000 Deutsche Mark [ab 1.1.1999 1 500 000 Euro] fünfzehn,
von mehr als 20 000 000 Deutsche Mark [ab 1.1.1999 10 000 000 Euro] einundzwanzig.

⁵Durch die vorstehenden Vorschriften werden hiervon abweichende Vorschriften des Gesetzes über die Mitbestimmung der Arbeitnehmer vom 4. Mai 1976 (Bundesgesetzbl. I S. 1153), des Montan-Mitbestimmungsgesetzes und des Gesetzes zur Ergänzung des Gesetzes über die Mitbestimmung der Arbeitnehmer in den Aufsichtsräten und Vorständen der Unternehmen des Bergbaus und der Eisen und Stahl erzeugenden Industrie vom 7. August 1956 (Bundesgesetzbl. I S. 707) – Mitbestimmungsergänzungsgesetz – nicht berührt.

§ 96.[4] **Zusammensetzung des Aufsichtsrats.** (1) Der Aufsichtsrat setzt sich zusammen bei Gesellschaften, für die das Mitbestimmungsgesetz gilt, aus Aufsichtsratsmitgliedern der Aktionäre und der Arbeitnehmer,[5]

---

[3] § 95 Satz 5 neugef. durch G v. 4.5.1976 (BGBl. I S.1153).
[4] § 96 Abs. 1 neugef. durch G v. 4.5.1976 (BGBl. I S.1153).
[5] **Beachte hierzu die §§ 1 bis 7 G über die Mitbestimmung der Arbeitnehmer (MitbestimmungsG – MitbestG) v. 4.5.1976 (BGBl. I S.1153):**

„Erster Teil. Geltungsbereich

§ 1. Erfaßte Unternehmen. (1) In Unternehmen, die
1. in der Rechtsform einer Aktiengesellschaft, einer Kommanditgesellschaft auf Aktien, einer Gesellschaft mit beschränkter Haftung, einer bergrechtlichen Gewerkschaft mit eigener Rechtspersönlichkeit oder einer Erwerbs- und Wirtschaftsgenossenschaft betrieben werden und
2. in der Regel mehr als 2000 Arbeitnehmer beschäftigen,
haben die Arbeitnehmer ein Mitbestimmungsrecht nach Maßgabe dieses Gesetzes.

(2) Dieses Gesetz ist nicht anzuwenden auf die Mitbestimmung in Organen von Unternehmen, in denen die Arbeitnehmer nach
1. dem Gesetz über die Mitbestimmung der Arbeitnehmer in den Aufsichtsräten und Vorständen der Unternehmen des Bergbaus und der Eisen und Stahl erzeugenden Industrie vom 21. Mai 1951 (Bundesgesetzbl. I S. 347) – Montan-Mitbestimmungsgesetz –, zuletzt geändert durch das Einführungsgesetz zum Aktiengesetz vom 6. September 1965 (Bundesgesetzbl. I S.1185), oder
2. dem Gesetz zur Ergänzung des Gesetzes über die Mitbestimmung der Arbeitnehmer in den Aufsichtsräten und Vorständen der Unternehmen des Bergbaus und der Eisen und Stahl erzeugenden Industrie vom 7. August 1956 (Bundesgesetzbl. I S.707) – Mitbestimmungsergänzungsgesetz –, zuletzt geändert durch das Gesetz zur Änderung des Gesetzes zur Ergänzung des Gesetzes über die Mitbestimmung der Arbeitnehmer in den Aufsichtsräten und Vorständen der Unternehmen des Bergbaus und der Eisen und Stahl erzeugenden Industrie vom 27. April 1967 (Bundesgesetzbl. I S. 505),
ein Mitbestimmungsrecht haben.

(3) Die Vertretung der Arbeitnehmer in den Aufsichtsräten von Unternehmen, in denen die Arbeitnehmer nicht nach Absatz 1 oder nach den in Absatz 2 bezeichneten Gesetzen ein Mitbestimmungsrecht haben, bestimmt sich nach den Vorschriften des Betriebsverfassungsgesetzes 1952 (Bundesgesetzbl. I S. 681), zuletzt geändert durch das Betriebsverfassungsgesetz vom 15. Januar 1972 (Bundesgesetzbl. I S.13).

(4) ¹Dieses Gesetz ist nicht anzuwenden auf Unternehmen, die unmittelbar und überwiegend
1. politischen, koalitionspolitischen, konfessionellen, karitativen, erzieherischen, wissenschaftlichen oder künstlerischen Bestimmungen oder
2. Zwecken der Berichterstattung oder Meinungsäußerung, auf die Artikel 5 Abs.1 Satz 2 des Grundgesetzes anzuwenden ist,
dienen. ²Dieses Gesetz ist nicht anzuwenden auf Religionsgemeinschaften und ihre karitativen und erzieherischen Einrichtungen unbeschadet deren Rechtsform.

§ 2. Anteilseigner. Anteilseigner im Sinne dieses Gesetzes sind je nach der Rechtsform der in § 1 Abs.1 Nr.1 bezeichneten Unternehmen Aktionäre, Gesellschafter, Gewerken oder Genossen.

§ 3. Arbeitnehmer. (1) ¹Arbeitnehmer im Sinne dieses Gesetzes sind Arbeiter und Angestellte. ²Die in § 5 Abs. 2 des Betriebsverfassungsgesetzes bezeichneten Personen sind keine Arbeitnehmer im Sinne dieses Gesetzes.

bei Gesellschaften, für die das Montan-Mitbestimmungsgesetz gilt, aus Aufsichtsratsmitgliedern der Aktionäre und der Arbeitnehmer und aus weiteren Mitgliedern,

bei Gesellschaften, für die die §§ 5 bis 13 des Mitbestimmungsergänzungsgesetzes gelten, aus Aufsichtsratsmitgliedern der Aktionäre und der Arbeitnehmer und aus einem weiteren Mitglied,

---

(2) Arbeiter im Sinne dieses Gesetzes sind die in § 6 Abs.1 des Betriebsverfassungsgesetzes bezeichneten Arbeitnehmer.

(3) Angestellte im Sinne dieses Gesetzes sind
1. die in § 6 Abs.2 des Betriebsverfassungsgesetzes bezeichneten Arbeitnehmer mit Ausnahme der in § 5 Abs.3 des Betriebsverfassungsgesetzes bezeichneten leitenden Angestellten,
2. die in § 5 Abs.3 des Betriebsverfassungsgesetzes bezeichneten leitenden Angestellten.

§ 4. Kommanditgesellschaft. (1) ¹Ist ein in § 1 Abs.1 Nr.1 bezeichnetes Unternehmen persönlich haftender Gesellschafter einer Kommanditgesellschaft und hat die Mehrheit der Kommanditisten dieser Kommanditgesellschaft, berechnet nach der Mehrheit der Anteile oder der Stimmen, die Mehrheit der Anteile oder der Stimmen in dem Unternehmen des persönlich haftenden Gesellschafters inne, so gelten für die Anwendung dieses Gesetzes auf den persönlich haftenden Gesellschafter die Arbeitnehmer der Kommanditgesellschaft als Arbeitnehmer des persönlich haftenden Gesellschafters, sofern nicht der persönlich haftende Gesellschafter einen eigenen Geschäftsbetrieb mit in der Regel mehr als 500 Arbeitnehmern hat. ²Ist die Kommanditgesellschaft persönlich haftender Gesellschafter einer anderen Kommanditgesellschaft, so gelten auch deren Arbeitnehmer als Arbeitnehmer des in § 1 Abs.1 Nr.1 bezeichneten Unternehmens. ³Dies gilt entsprechend, wenn sich die Verbindung von Kommanditgesellschaften in dieser Weise fortsetzt.

(2) Das Unternehmen kann von der Führung der Geschäfte der Kommanditgesellschaft nicht ausgeschlossen werden

§ 5. Konzern. (1) ¹Ist ein in § 1 Abs.1 Nr.1 bezeichnetes Unternehmen herrschendes Unternehmen eines Konzerns (§ 18 Abs.1 des Aktiengesetzes), so gelten für die Anwendung dieses Gesetzes auf das herrschende Unternehmen die Arbeitnehmer der Konzernunternehmen als Arbeitnehmer des herrschenden Unternehmens. ²Dies gilt auch für die Arbeitnehmer eines in § 1 Abs.1 Nr.1 bezeichneten Unternehmens, das persönlich haftender Gesellschafter eines abhängigen Unternehmens (§ 18 Abs.1 des Aktiengesetzes) in der Rechtsform einer Kommanditgesellschaft ist.

(2) ¹Ist eine Kommanditgesellschaft, bei der für die Anwendung dieses Gesetzes auf den persönlich haftenden Gesellschafter die Arbeitnehmer der Kommanditgesellschaft nach § 4 als Arbeitnehmer des persönlich haftenden Gesellschafters gelten, herrschendes Unternehmen eines Konzerns (§ 18 Abs.1 des Aktiengesetzes), so gelten für die Anwendung dieses Gesetzes auf den persönlich haftenden Gesellschafter der Kommanditgesellschaft die Arbeitnehmer der Konzernunternehmen als Arbeitnehmer des persönlich haftenden Gesellschafters. ²Absatz 1 Satz 2 sowie § 4 Abs.2 sind entsprechend anzuwenden.

(3) Stehen in einem Konzern die Konzernunternehmen unter der einheitlichen Leitung eines anderen als eines in Absatz 1 oder 2 bezeichneten Unternehmens, beherrscht aber die Konzernleitung über ein in Absatz 1 oder 2 bezeichnetes Unternehmen oder über mehrere solcher Unternehmen andere Konzernunternehmen, so gelten die in Absatz 1 oder 2 bezeichneten und der Konzernleitung am nächsten stehenden Unternehmen, über die die Konzernleitung andere Konzernunternehmen beherrscht, für die Anwendung dieses Gesetzes als herrschende Unternehmen.

Zweiter Teil. Aufsichtsrat

Erster Abschnitt. Bildung und Zusammensetzung

§ 6. Grundsatz. (1) Bei den in § 1 Abs.1 bezeichneten Unternehmen ist ein Aufsichtsrat zu bilden, soweit sich dies nicht schon aus anderen gesetzlichen Vorschriften ergibt.

(2) ¹Die Bildung und die Zusammensetzung des Aufsichtsrats sowie die Bestellung und die Abberufung seiner Mitglieder bestimmen sich nach den §§ 7 bis 24 dieses Gesetzes und, soweit sich dies nicht schon aus anderen gesetzlichen Vorschriften ergibt, nach § 96 Abs.2, den §§ 97 bis 101 Abs.1 und 3 und den §§ 102 bis 106 des Aktiengesetzes mit der Maßgabe, daß die Wählbarkeit eines Prokuristen als Aufsichtsratsmitglied der Arbeitnehmer nur ausgeschlossen ist, wenn dieser dem zur gesetzlichen Vertretung des Unternehmens befugten Organ unmittelbar unterstellt und zur Ausübung der Prokura für den gesamten Geschäftsbereich des Organs ermächtigt ist. ²Andere gesetzliche Vorschriften und Bestimmungen der Satzung (des Gesellschaftsvertrags, des Statuts) über die Zusammensetzung des Aufsichtsrats sowie über die Bestellung und die Abberufung seiner Mitglieder bleiben unberührt, soweit Vorschriften dieses Gesetzes dem nicht entgegenstehen.

(3) ¹Auf Erwerbs- und Wirtschaftsgenossenschaften sind die §§ 100, 101 Abs.1 und 3 und die §§ 103 und 106 des Aktiengesetzes nicht anzuwenden. ²Auf die Aufsichtsratsmitglieder der Arbeitnehmer ist § 9 Abs.2 des Gesetzes betreffend die Erwerbs- und Wirtschaftsgenossenschaften nicht anzuwenden.

§ 7. Zusammensetzung des Aufsichtsrats. (1) ¹Der Aufsichtsrat eines Unternehmens
1. mit in der Regel nicht mehr als 10 000 Arbeitnehmern setzt sich zusammen aus je sechs Aufsichtsratsmitgliedern der Anteilseigner und der Arbeitnehmer;

Aktiengesetz § 96 AktG Anh.

bei Gesellschaften, für die § 76 Abs.1 des Betriebsverfassungsgesetzes 1952 gilt, aus Aufsichtsratsmitgliedern der Aktionäre und der Arbeitnehmer,[1)]
bei den übrigen Gesellschaften nur aus Aufsichtsratsmitgliedern der Aktionäre.

2. mit in der Regel mehr als 10000, jedoch nicht mehr als 20000 Arbeitnehmern setzt sich zusammen aus je acht Aufsichtsratsmitgliedern der Anteilseigner und der Arbeitnehmer;
3. mit in der Regel mehr als 20000 Arbeitnehmern setzt sich zusammen aus je zehn Aufsichtsratsmitgliedern der Anteilseigner und der Arbeitnehmer.

[2]Bei den in Satz 1 Nr.1 bezeichneten Unternehmen kann die Satzung (der Gesellschaftsvertrag, das Statut) bestimmen, daß Satz 1 Nr.2 oder 3 anzuwenden ist. [3]Bei den in Satz 1 Nr.2 bezeichneten Unternehmen kann die Satzung (der Gesellschaftsvertrag, das Statut) bestimmen, daß Satz 1 Nr.3 anzuwenden ist.

(2) Unter den Aufsichtsratsmitgliedern der Arbeitnehmer müssen sich befinden
1. in einem Aufsichtsrat, dem sechs Aufsichtsratsmitglieder der Arbeitnehmer angehören, vier Arbeitnehmer des Unternehmens und zwei Vertreter von Gewerkschaften;
2. in einem Aufsichtsrat, dem acht Aufsichtsratsmitglieder der Arbeitnehmer angehören, sechs Arbeitnehmer des Unternehmens und zwei Vertreter von Gewerkschaften;
3. in einem Aufsichtsrat, dem zehn Aufsichtsratsmitglieder der Arbeitnehmer angehören, sieben Arbeitnehmer des Unternehmens und drei Vertreter von Gewerkschaften.

(3) Die in Absatz 2 bezeichneten Arbeitnehmer des Unternehmens müssen das 18.Lebensjahr vollendet haben, ein Jahr dem Unternehmen angehören und die weiteren Wählbarkeitsvoraussetzungen des § 8 des Betriebsverfassungsgesetzes erfüllen.

(4) Die in Absatz 2 bezeichneten Gewerkschaften müssen in dem Unternehmen selbst oder in einem anderen Unternehmen vertreten sein, dessen Arbeitnehmer nach diesem Gesetz an der Wahl von Aufsichtsratsmitgliedern des Unternehmens teilnehmen."

[1)] **Beachte hierzu die folgenden noch geltenden Vorschriften des Betriebsverfassungsgesetzes 1952** v. 11.10. 1952 (BGBl. I S.681) – geänd. durch § 35 Abs.2 G v. 4.5. 1976 (BGBl. I S.1153), Art.86 G v. 14.12. 1976 (BGBl. I S.3341), Art.2 Nr.2 G v. 21.5. 1979 (BGBl. I S.545), Art.6 G v. 26.6. 1990 (BGBl. I S.1206) und Art.2 G v. 2.8. 1994 (BGBl. I S.1961) –, das mit Ausnahme der §§ 76 bis 77a, 81, 85 und 87 außer Kraft getreten ist durch § 129 Abs.1 BetriebsverfassungsG v. 15.1. 1972 (BGBl. I S.13):

„**§ 76.** (1) Der Aufsichtsrat einer Aktiengesellschaft oder einer Kommanditgesellschaft auf Aktien muß zu einem Drittel aus Vertretern der Arbeitnehmer bestehen.

(2) [1]Die Vertreter der Arbeitnehmer werden in allgemeiner, geheimer, gleicher und unmittelbarer Wahl von allen nach § 6 wahlberechtigten Arbeitnehmern der Betriebe des Unternehmens für die Zeit gewählt, die im Gesetz oder in der Satzung für die von der Hauptversammlung zu wählenden Aufsichtsratsmitglieder bestimmt ist. [2]Ist ein Vertreter der Arbeitnehmer zu wählen, so muß dieser in einem Betrieb des Unternehmens als Arbeitnehmer beschäftigt sein. [3]Sind zwei oder mehr Vertreter der Arbeitnehmer zu wählen, so müssen sich unter diesen mindestens zwei Arbeitnehmer aus den Betrieben des Unternehmens, darunter ein Arbeiter und ein Angestellter, befinden; § 10 Abs.3 gilt entsprechend. [4]Sind in den Betrieben des Unternehmens mehr als die Hälfte der Arbeitnehmer Frauen, so soll mindestens eine von ihnen Arbeitnehmervertreter im Aufsichtsrat sein. [5]Für die Vertreter der Arbeitnehmer gilt § 53 entsprechend.

(3) [1]Die Betriebsräte und die Arbeitnehmer können Wahlvorschläge machen. [2]Die Wahlvorschläge der Arbeitnehmer müssen von mindestens einem Zehntel der wahlberechtigten Arbeitnehmer der Betriebe des Unternehmens oder von mindestens einhundert wahlberechtigten Arbeitnehmern unterzeichnet sein.

(4) [1]An der Wahl der Vertreter der Arbeitnehmer für den Aufsichtsrat des herrschenden Unternehmens eines Konzerns (§ 18 Abs.1 Satz 1 und 2 des Aktiengesetzes) nehmen auch die Arbeitnehmer der Betriebe der übrigen Konzernunternehmen teil. [2]In diesen Fällen kann die Wahl durch Delegierte erfolgen.

(5) [1]Die Bestellung eines Vertreters der Arbeitnehmer zum Aufsichtsratsmitglied kann vor Ablauf der Wahlzeit auf Antrag der Betriebsräte oder von mindestens einem Fünftel der wahlberechtigten Arbeitnehmer der Betriebe des Unternehmens durch Beschluß der wahlberechtigten Arbeitnehmer widerrufen werden. [2]Der Beschluß bedarf einer Mehrheit, die mindestens drei Viertel der abgegebenen Stimmen umfaßt. [3]Auf die Beschlußfassung finden die Vorschriften der Absätze 2 und 4 Anwendung.

(6) [1]Auf Aktiengesellschaften, die weniger als fünfhundert Arbeitnehmer beschäftigen, finden die Vorschriften über die Beteiligung der Arbeitnehmer im Aufsichtsrat keine Anwendung; für Aktiengesellschaften, die vor dem 10. August 1994 eingetragen worden sind, gilt dies nur, wenn sie Familiengesellschaften sind. [2]Als Familiengesellschaften gelten solche Aktiengesellschaften, deren Aktionär eine einzelne natürliche Person ist oder deren Aktionäre untereinander im Sinne von § 15 Abs.1 Nr.2 bis 8, Abs.2 der Abgabenordnung verwandt oder verschwägert sind. [3]Dies gilt entsprechend für Kommanditgesellschaften auf Aktien.

§ 77. (1) *(abgedruckt in Anm. zu § 35 GmbHG; Nr.* **52**)
(2) *(betrifft Versicherungsvereine auf Gegenseitigkeit)*
(3) [1]Auf Erwerbs- und Wirtschaftsgenossenschaften mit mehr als fünfhundert Arbeitnehmern findet § 76 Anwendung; § 96 Abs.2 und die §§ 97 bis 99 des Aktiengesetzes sind entsprechend anzuwenden. [2]Das Statut

473

Anh. AktG §§ 97, 98   Aktiengesetz

(2) Nach anderen als den zuletzt angewandten gesetzlichen Vorschriften kann der Aufsichtsrat nur zusammengesetzt werden, wenn nach § 97 oder nach § 98 die in der Bekanntmachung des Vorstands oder in der gerichtlichen Entscheidung angegebenen gesetzlichen Vorschriften anzuwenden sind.

§ 97. Bekanntmachung über die Zusammensetzung des Aufsichtsrats.
(1) ¹Ist der Vorstand der Ansicht, daß der Aufsichtsrat nicht nach den für ihn maßgebenden gesetzlichen Vorschriften zusammengesetzt ist, so hat er dies unverzüglich in den Gesellschaftsblättern und gleichzeitig durch Aushang in sämtlichen Betrieben der Gesellschaft und ihrer Konzernunternehmen bekanntzumachen. ²In der Bekanntmachung sind die nach Ansicht des Vorstands maßgebenden gesetzlichen Vorschriften anzugeben. ³Es ist darauf hinzuweisen, daß der Aufsichtsrat nach diesen Vorschriften zusammengesetzt wird, wenn nicht Antragsberechtigte nach § 98 Abs. 2 innerhalb eines Monats nach der Bekanntmachung im Bundesanzeiger das nach § 98 Abs. 1 zuständige Gericht anrufen.

(2) ¹Wird das nach § 98 Abs. 1 zuständige Gericht nicht innerhalb eines Monats nach der Bekanntmachung im Bundesanzeiger angerufen, so ist der neue Aufsichtsrat nach der in der Bekanntmachung des Vorstands angegebenen gesetzlichen Vorschriften zusammenzusetzen. ²Die Bestimmungen der Satzung über die Zusammensetzung des Aufsichtsrats, über die Zahl der Aufsichtsratsmitglieder sowie über die Wahl, Abberufung und Entsendung von Aufsichtsratsmitgliedern treten mit der Beendigung der ersten Hauptversammlung, die nach Ablauf der Anrufungsfrist einberufen wird, spätestens sechs Monate nach Ablauf dieser Frist insoweit außer Kraft, als sie den nunmehr anzuwendenden gesetzlichen Vorschriften widersprechen. ³Mit demselben Zeitpunkt erlischt das Amt der bisherigen Aufsichtsratsmitglieder. ⁴Eine Hauptversammlung, die innerhalb der Frist von sechs Monaten stattfindet, kann an Stelle der außer Kraft tretenden Satzungsbestimmungen mit einfacher Stimmenmehrheit neue Satzungsbestimmungen beschließen.

(3) Solange ein gerichtliches Verfahren nach §§ 98, 99 anhängig ist, kann eine Bekanntmachung über die Zusammensetzung des Aufsichtsrats nicht erfolgen.

§ 98.[1] **Gerichtliche Entscheidung über die Zusammensetzung des Aufsichtsrats.** (1) ¹Ist streitig oder ungewiß, nach welchen gesetzlichen Vorschriften der Aufsichtsrat zusammenzusetzen ist, so entscheidet darüber auf Antrag ausschließlich das Landgericht (Zivilkammer), in dessen Bezirk die Gesellschaft ihren Sitz hat. ²Die Landesregierung kann die Entscheidung durch Rechtsverordnung für die Bezirke mehrerer Landgerichte einem der Landgerichte übertragen, wenn dies der Sicherung einer einheitlichen Rechtsprechung dient. ³Die Landesregierung kann die Ermächtigung auf die Landesjustizverwaltung übertragen.

(2) ¹Antragsberechtigt sind

1. der Vorstand,

2. jedes Aufsichtsratsmitglied,

---

kann nur eine durch drei teilbare Zahl von Aufsichtsratsmitgliedern festsetzen. ³Der Aufsichtsrat muß mindestens einmal im Kalendervierteljahr einberufen werden.

§ 77 a. Soweit nach §§ 76 oder 77 die Beteiligung von Arbeitnehmern im Aufsichtsrat eines herrschenden Unternehmens von dem Vorhandensein oder der Zahl von Arbeitnehmern abhängt, gelten die Arbeitnehmer der Betriebe eines Konzernunternehmens als Arbeitnehmer des herrschenden Unternehmens, wenn zwischen den Unternehmen ein Beherrschungsvertrag besteht oder das abhängige Unternehmen in das herrschende Unternehmen eingegliedert ist.

§ 81. (1) Auf Betriebe, die politischen, gewerkschaftlichen, konfessionellen, karitativen, erzieherischen, wissenschaftlichen, künstlerischen und ähnlichen Bestimmungen dienen, finden die §§ 76 und 77 keine Anwendung.

(2) Dieses Gesetz findet keine Anwendung auf Religionsgemeinschaften und ihre karitativen und erzieherischen Einrichtungen unbeschadet deren Rechtsform.

§ 85. (1) Die Vorschriften des Genossenschaftsgesetzes über die Zusammensetzung des Aufsichtsrats sowie über die Wahl und die Abberufung von Aufsichtsratsmitgliedern gelten insoweit nicht, als sie den Vorschriften dieses Gesetzes widersprechen.

(2) Die Vorschriften dieses Gesetzes über Vertreter der Arbeitnehmer im Aufsichtsrat finden keine Anwendung auf die in § 1 Abs. 1 des Mitbestimmungsgesetzes, die in § 1 des Montan-Mitbestimmungsgesetzes und die in den §§ 1 und 3 Abs. 1 des Mitbestimmungsergänzungsgesetzes bezeichneten Unternehmen."

[1] § 98 Abs. 2 Satz 1 Nrn. 4 und 5 neugef., Nr. 8 und Satz 2 angef. durch G v. 4.5.1976 (BGBl. I S.1153), Abs. 2 Satz 1 Nr. 7 geänd. durch BiRiLiG v. 19.12.1985 (BGBl. I S.2355), Abs. 2 Satz 1 Nrn. 5 und 6 sowie Abs. 3 geänd. durch Art. 4 G v. 20.12.1988 (BGBl. I S.2312), Abs. 2 Satz 1 Nrn. 5 und 6 geänd. durch Art. 7 G v. 26.6.1990 (BGBl. I S.1206).

Aktiengesetz § 99 AktG Anh.

3. jeder Aktionär,
4. der Gesamtbetriebsrat der Gesellschaft oder, wenn in der Gesellschaft nur ein Betriebsrat besteht, der Betriebsrat,
5. der Gesamtbetriebsrat eines anderen Unternehmens, dessen Arbeitnehmer nach den gesetzlichen Vorschriften, deren Anwendung streitig oder ungewiß ist, selbst oder durch Delegierte an der Wahl von Aufsichtsratsmitgliedern der Gesellschaft teilnehmen, oder, wenn in dem anderen Unternehmen nur ein Betriebsrat besteht, der Betriebsrat,
6. mindestens ein Zehntel oder einhundert der Arbeitnehmer, die nach den gesetzlichen Vorschriften, deren Anwendung streitig oder ungewiß ist, selbst oder durch Delegierte an der Wahl von Aufsichtsratsmitgliedern der Gesellschaft teilnehmen,
7. Spitzenorganisationen der Gewerkschaften, die nach den gesetzlichen Vorschriften, deren Anwendung streitig oder ungewiß ist, ein Vorschlagsrecht hätten,
8. Gewerkschaften, die nach den gesetzlichen Vorschriften, deren Anwendung streitig oder ungewiß ist, ein Vorschlagsrecht hätten.

²Ist die Anwendung des Mitbestimmungsgesetzes oder die Anwendung von Vorschriften des Mitbestimmungsgesetzes streitig oder ungewiß, so sind außer den nach Satz 1 Antragsberechtigten auch je ein Zehntel der wahlberechtigten Arbeiter, der wahlberechtigten in § 3 Abs. 3 Nr. 1 des Mitbestimmungsgesetzes bezeichneten Angestellten oder der wahlberechtigten leitenden Angestellten im Sinne des Mitbestimmungsgesetzes antragsberechtigt.

(3) Die Absätze 1 und 2 gelten sinngemäß, wenn streitig ist, ob der Abschlußprüfer das nach § 3 oder § 16 des Mitbestimmungsergänzungsgesetzes maßgebliche Umsatzverhältnis richtig ermittelt hat.

(4) ¹Entspricht die Zusammensetzung des Aufsichtsrats nicht der gerichtlichen Entscheidung, so ist der neue Aufsichtsrat nach den in der Entscheidung angegebenen gesetzlichen Vorschriften zusammenzusetzen. ²§ 97 Abs. 2 gilt sinngemäß mit der Maßgabe, daß die Frist von sechs Monaten mit dem Eintritt der Rechtskraft beginnt.

§ 99.[2] **Verfahren.** (1) Auf das Verfahren ist das Gesetz über die Angelegenheiten der freiwilligen Gerichtsbarkeit anzuwenden, soweit in den Absätzen 2 bis 5 nichts anderes bestimmt ist.

(2) ¹Das Landgericht hat den Antrag in den Gesellschaftsblättern bekanntzumachen. ²Der Vorstand und jedes Aufsichtsratsmitglied sowie die nach § 98 Abs. 2 antragsberechtigten Betriebsräte, Spitzenorganisationen und Gewerkschaften sind zu hören.

(3) ¹Das Landgericht entscheidet durch einen mit Gründen versehenen Beschluß. ²Gegen die Entscheidung findet die sofortige Beschwerde statt. ³Sie kann nur auf eine Verletzung des Gesetzes gestützt werden; die §§ 550, 551, 561, 563 der Zivilprozeßordnung gelten sinngemäß. ⁴Die Beschwerde kann nur durch Einreichung einer von einem Rechtsanwalt unterzeichneten Beschwerdeschrift eingelegt werden. ⁵Über sie entscheidet das Oberlandesgericht. ⁶§ 28 Abs. 2 und 3 des Gesetzes über die Angelegenheiten der freiwilligen Gerichtsbarkeit gilt entsprechend. ⁷Die weitere Beschwerde ist ausgeschlossen. ⁸Die Landesregierung kann durch Rechtsverordnung die Entscheidung über die Beschwerde für die Bezirke mehrerer Oberlandesgerichte einem der Oberlandesgerichte oder dem Obersten Landesgericht übertragen, wenn dies der Sicherung einer einheitlichen Rechtsprechung dient. ⁹Die Landesregierung kann die Ermächtigung auf die Landesjustizverwaltung übertragen.

(4) ¹Das Gericht hat seine Entscheidung dem Antragsteller und der Gesellschaft zuzustellen. ²Es hat sie ferner ohne Gründe in den Gesellschaftsblättern bekanntzumachen. ³Die Beschwerde steht jedem nach § 98 Abs. 2 Antragsberechtigten zu. ⁴Die Beschwerdefrist beginnt mit der Bekanntmachung der Entscheidung im Bundesanzeiger, für den Antragsteller und die Gesellschaft jedoch nicht vor der Zustellung der Entscheidung.

(5) ¹Die Entscheidung wird erst mit der Rechtskraft wirksam. ²Sie wirkt für und gegen alle. ³Der Vorstand hat die rechtskräftige Entscheidung unverzüglich zum Handelsregister einzureichen.

(6) ¹Für die Kosten des Verfahrens gilt die Kostenordnung. ²Für das Verfahren des ersten Rechtszugs wird das Vierfache der vollen Gebühr erhoben. ³Für den zweiten Rechtszug wird die gleiche Gebühr erhoben; dies gilt auch dann, wenn die Beschwerde Erfolg hat. ⁴Wird der Antrag oder die Beschwerde zurückgenommen, bevor es zu einer Entscheidung kommt, so ermäßigt sich die Gebühr auf die Hälf-

---

[2] § 99 Abs. 1 und Abs. 3 Satz 6 geänd durch BiRiLiG v. 19.12. 1985 (BGBl. I S.2355), Abs. 2 geänd. durch Art. 4 G v. 20.12. 1988 (BGBl. I S.2312), Abs. 6 Satz 7 aufgeh., bish. Sätze 8 bis 10 werden Sätze 7 bis 9 durch Art. 6 UmwBerG v. 28.10. 1994 (BGBl. I S.3210).

te. ⁵Der Geschäftswert ist von Amts wegen festzusetzen. ⁶Er bestimmt sich nach § 30 Abs. 2 der Kostenordnung mit der Maßgabe, daß der Wert regelmäßig auf einhunderttausend Deutsche Mark anzunehmen ist. ⁷Schuldner der Kosten ist die Gesellschaft. ⁸Die Kosten können jedoch ganz oder zum Teil dem Antragsteller auferlegt werden, wenn dies der Billigkeit entspricht. ⁹Kosten der Beteiligten werden nicht erstattet.

§ 100.[1)] **Persönliche Voraussetzungen für Aufsichtsratsmitglieder.**
(1) ¹Mitglied des Aufsichtsrats kann nur eine natürliche, unbeschränkt geschäftsfähige Person sein. ²Ein Betreuter, der bei der Besorgung seiner Vermögensangelegenheiten ganz oder teilweise einem Einwilligungsvorbehalt (§ 1903 des Bürgerlichen Gesetzbuchs) unterliegt, kann nicht Mitglied des Aufsichtsrats sein.

(2) ¹Mitglied des Aufsichtsrats kann nicht sein, wer
1. bereits in zehn Handelsgesellschaften, die gesetzlich einen Aufsichtsrat zu bilden haben, Aufsichtsratsmitglied ist,
2. gesetzlicher Vertreter eines von der Gesellschaft abhängigen Unternehmens ist, oder
3. gesetzlicher Vertreter einer anderen Kapitalgesellschaft ist, deren Aufsichtsrat ein Vorstandsmitglied der Gesellschaft angehört.

²Auf die Höchstzahl nach Satz 1 Nr. 1 sind bis zu fünf Aufsichtsratssitze nicht anzurechnen, die ein gesetzlicher Vertreter (beim Einzelkaufmann der Inhaber) des herrschenden Unternehmens eines Konzerns in zum Konzern gehörenden Handelsgesellschaften, die gesetzlich einen Aufsichtsrat zu bilden haben, inne hat. ³Auf die Höchstzahl nach Satz 1 Nr. 1 sind Aufsichtsratsämter im Sinne der Nummer 1 doppelt anzurechnen, für die das Mitglied zum Vorsitzenden gewählt worden ist.

(3) Die anderen persönlichen Voraussetzungen der Aufsichtsratsmitglieder der Arbeitnehmer sowie der weiteren Mitglieder bestimmen sich nach dem Mitbestimmungsgesetz, dem Montan-Mitbestimmungsgesetz, dem Mitbestimmungsergänzungsgesetz und dem Betriebsverfassungsgesetz 1952.

(4) Die Satzung kann persönliche Voraussetzungen nur für Aufsichtsratsmitglieder fordern, die von der Hauptversammlung ohne Bindung an Wahlvorschläge gewählt oder auf Grund der Satzung in den Aufsichtsrat entsandt werden.

§ 101.[2)] **Bestellung der Aufsichtsratsmitglieder.** (1) ¹Die Mitglieder des Aufsichtsrats werden von der Hauptversammlung gewählt, soweit sie nicht in den Aufsichtsrat zu entsenden oder als Aufsichtsratsmitglieder der Arbeitnehmer nach dem Mitbestimmungsgesetz, dem Mitbestimmungsergänzungsgesetz oder dem Betriebsverfassungsgesetz 1952 zu wählen sind. ²An Wahlvorschläge ist die Hauptversammlung nur gemäß §§ 6 und 8 des Montan-Mitbestimmungsgesetzes gebunden.

(2) ¹Ein Recht, Mitglieder in den Aufsichtsrat zu entsenden, kann nur durch die Satzung und nur für bestimmte Aktionäre oder für die jeweiligen Inhaber bestimmter Aktien begründet werden. ²Inhabern bestimmter Aktien kann das Entsendungsrecht nur eingeräumt werden, wenn die Aktien auf Namen lauten und ihre Übertragung an die Zustimmung der Gesellschaft gebunden ist. ³Die Aktien der Entsendungsberechtigten gelten nicht als eine besondere Gattung. ⁴Die Entsendungsrechte können insgesamt höchstens für ein Drittel der sich aus dem Gesetz oder der Satzung ergebenden Zahl der Aufsichtsratsmitglieder der Aktionäre eingeräumt werden. ⁵§ 4 Abs. 1 des Gesetzes über die Überführung der Anteilsrechte an der Volkswagenwerk Gesellschaft mit beschränkter Haftung in private Hand vom 21. Juli 1960 (Bundesgesetzbl. I S. 585), zuletzt geändert durch das Zweite Gesetz zur Änderung des Gesetzes über die Überführung der Anteilsrechte an der Volkswagenwerk Gesellschaft mit beschränkter Haftung in private Hand vom 31. Juli 1970 (Bundesgesetzbl. I S. 1149), bleibt unberührt.

(3) ¹Stellvertreter von Aufsichtsratsmitgliedern können nicht bestellt werden. ²Jedoch kann für jedes Aufsichtsratsmitglied mit Ausnahme des weiteren Mitglieds, das nach dem Montan-Mitbestimmungsgesetz oder dem Mitbestimmungsergänzungsgesetz auf Vorschlag der übrigen Aufsichtsratsmitglieder gewählt wird, ein Ersatzmitglied bestellt werden, das Mitglied des Aufsichtsrats wird, wenn das Aufsichtsratsmitglied vor Ablauf seiner Amtszeit wegfällt. ³Das Ersatzmitglied kann nur gleichzeitig mit

---

[1)] § 100 Abs. 3 geänd. durch G v. 4.5.1976 (BGBl. I S. 1153), Abs. 1 Satz 2 angef. durch Art. 7 § 32, BtG v. 12.9.1990 (BGBl. I S. 2002), Abs. 2 Satz 1 Nrn. 1 und 3, Satz 2 geänd., Satz 3 angef. durch KonTraG v. 27.4.1998 (BGBl. I S. 786).

[2)] § 101 Abs. 1 Sätze 1 und 2 geänd., Abs. 2 Satz 5 angef., Abs. 3 Satz 2 geänd. durch G v. 4.5.1976 (BGBl. I S. 1153), Abs. 2 Satz 1 geänd. durch BiRiLiG v. 19.12.1985 (BGBl. I S. 2355).

dem Aufsichtsratsmitglied bestellt werden. ⁴Auf seine Bestellung sowie die Nichtigkeit und Anfechtung seiner Bestellung sind die für das Aufsichtsratsmitglied geltenden Vorschriften anzuwenden.

§ 102. Amtszeit der Aufsichtsratsmitglieder. (1) ¹Aufsichtsratsmitglieder können nicht für längere Zeit als bis zur Beendigung der Hauptversammlung bestellt werden, die über die Entlastung für das vierte Geschäftsjahr nach dem Beginn der Amtszeit beschließt. ²Das Geschäftsjahr, in dem die Amtszeit beginnt, wird nicht mitgerechnet.

(2) Das Amt des Ersatzmitglieds erlischt spätestens mit Ablauf der Amtszeit des weggefallenen Aufsichtsratsmitglieds.

§ 103.³⁾ **Abberufung der Aufsichtsratsmitglieder.** (1) ¹Aufsichtsratsmitglieder, die von der Hauptversammlung ohne Bindung an einen Wahlvorschlag gewählt worden sind, können von ihr vor Ablauf der Amtszeit abberufen werden. ²Der Beschluß bedarf einer Mehrheit, die mindestens drei Viertel der abgegebenen Stimmen umfaßt. ³Die Satzung kann eine andere Mehrheit und weitere Erfordernisse bestimmen.

(2) ¹Ein Aufsichtsratsmitglied, das auf Grund der Satzung in den Aufsichtsrat entsandt ist, kann von dem Entsendungsberechtigten jederzeit abberufen und durch ein anderes ersetzt werden. ²Sind die in der Satzung bestimmten Voraussetzungen des Entsendungsrechts weggefallen, so kann die Hauptversammlung das entsandte Mitglied mit einfacher Stimmenmehrheit abberufen.

(3) ¹Das Gericht hat auf Antrag des Aufsichtsrats ein Aufsichtsratsmitglied abzuberufen, wenn in dessen Person ein wichtiger Grund vorliegt. ²Der Aufsichtsrat beschließt über die Antragstellung mit einfacher Mehrheit. ³Ist das Aufsichtsratsmitglied auf Grund der Satzung in den Aufsichtsrat entsandt worden, so können auch Aktionäre, deren Anteile zusammen den zehnten Teil des Grundkapitals oder den anteiligen Betrag von *zwei Millionen Deutsche Mark* [*ab 1.1. 1999* eine Million Euro] erreichen, den Antrag stellen. ⁴Gegen die Entscheidung ist die sofortige Beschwerde zulässig.

(4) Für die Abberufung der Aufsichtsratsmitglieder, die weder von der Hauptversammlung ohne Bindung an einen Wahlvorschlag gewählt worden sind noch auf Grund der Satzung in den Aufsichtsrat entsandt sind, gelten außer Absatz 3 das Mitbestimmungsgesetz, das Montan-Mitbestimmungsgesetz, das Mitbestimmungsergänzungsgesetz und das Betriebsverfassungsgesetz 1952.

(5) Für die Abberufung eines Ersatzmitglieds gelten die Vorschriften über die Abberufung des Aufsichtsratsmitglieds, für das es bestellt ist.

§ 104.⁴⁾ **Bestellung durch das Gericht.** (1) ¹Gehört dem Aufsichtsrat die zur Beschlußfähigkeit nötige Zahl von Mitgliedern nicht an, so hat ihn das Gericht auf Antrag des Vorstands, eines Aufsichtsratsmitglieds oder eines Aktionärs auf diese Zahl zu ergänzen. ²Der Vorstand ist verpflichtet, den Antrag unverzüglich zu stellen, es sei denn, daß die rechtzeitige Ergänzung vor der nächsten Aufsichtsratssitzung zu erwarten ist.³Hat der Aufsichtsrat auch aus Aufsichtsratsmitgliedern der Arbeitnehmer zu bestehen, so können auch den Antrag stellen

1. der Gesamtbetriebsrat der Gesellschaft oder, wenn in der Gesellschaft nur ein Betriebsrat besteht, der Betriebsrat, sowie, wenn die Gesellschaft herrschendes Unternehmen eines Konzerns ist, der Konzernbetriebsrat,
2. der Gesamtbetriebsrat eines anderen Unternehmens, dessen Arbeitnehmer selbst oder durch Delegierte an der Wahl teilnehmen, oder, wenn in dem anderen Unternehmen nur ein Betriebsrat besteht, der Betriebsrat,
3. mindestens ein Zehntel oder einhundert der Arbeitnehmer, die selbst oder durch Delegierte an der Wahl teilnehmen,
4. Spitzenorganisationen der Gewerkschaften, die das Recht haben, Aufsichtsratsmitglieder der Arbeitnehmer vorzuschlagen,
5. Gewerkschaften, die das Recht haben, Aufsichtsratsmitglieder der Arbeitnehmer vorzuschlagen.

---

³⁾ § 103 Abs. 4 geänd. durch G v. 4.5. 1976 (BGBl. I S.1153), Abs. 3 Satz 3 geänd. durch StückAG v. 25.3. 1998 (BGBl. I S.590).
⁴⁾ § 104 Abs.1 Satz 3 Nrn.1 und 2 neugef., Nr. 5 angef., Abs.1 Satz 4 eingef., bish. Satz 4 wird Satz 5, Abs.3 und Abs. 4 Satz 4 geänd. durch G v. 4.5. 1976 (BGBl. I S.1153), Abs.1 Satz 3 Nr. 4 geänd. durch BiRiLiG v. 19.12. 1985 (BGBl. I S.2355), Abs.1 Satz 3 Nrn.2 und 3 sowie Abs.4 Satz 4 geänd. durch Art. 4 G v. 20.12. 1988 (BGBl. I S.2312), Abs.1 Satz 3 Nrn.2 und 3, Abs.4 Satz 4 geänd. durch Art. 7 G v. 26.6. 1990 (BGBl. I S.1206).

⁴Hat der Aufsichtsrat nach dem Mitbestimmungsgesetz auch aus Aufsichtsratsmitgliedern der Arbeitnehmer zu bestehen, so sind außer den nach Satz 3 Antragsberechtigten auch je ein Zehntel der wahlberechtigten Arbeiter, der wahlberechtigten in § 3 Abs. 3 Nr. 1 des Mitbestimmungsgesetzes bezeichneten Angestellten oder der wahlberechtigten leitenden Angestellten im Sinne des Mitbestimmungsgesetzes antragsberechtigt. ⁵Gegen die Entscheidung ist die sofortige Beschwerde zulässig.

(2) ¹Gehören dem Aufsichtsrat länger als drei Monate weniger Mitglieder als die durch Gesetz oder Satzung festgesetzte Zahl an, so hat ihn das Gericht auf Antrag auf diese Zahl zu ergänzen. ²In dringenden Fällen hat das Gericht auf Antrag den Aufsichtsrat auch vor Ablauf der Frist zu ergänzen. ³Das Antragsrecht bestimmt sich nach Absatz 1. ⁴Gegen die Entscheidung ist die sofortige Beschwerde zulässig.

(3) Absatz 2 ist auf einen Aufsichtsrat, in dem die Arbeitnehmer ein Mitbestimmungsrecht nach dem Mitbestimmungsgesetz, dem Montan-Mitbestimmungsgesetz oder dem Mitbestimmungsergänzungsgesetz haben, mit der Maßgabe anzuwenden,

1. daß das Gericht den Aufsichtsrat hinsichtlich des weiteren Mitglieds, das nach dem Montan-Mitbestimmungsgesetz oder dem Mitbestimmungsergänzungsgesetz auf Vorschlag der übrigen Aufsichtsratsmitglieder gewählt wird, nicht ergänzen kann,
2. daß es stets ein dringender Fall ist, wenn dem Aufsichtsrat, abgesehen von dem in Nummer 1 genannten weiteren Mitglied, nicht alle Mitglieder angehören, aus denen er nach Gesetz oder Satzung zu bestehen hat.

(4) ¹Hat der Aufsichtsrat auch aus Aufsichtsratsmitgliedern der Arbeitnehmer zu bestehen, so hat das Gericht ihn so zu ergänzen, daß das für seine Zusammensetzung maßgebende zahlenmäßige Verhältnis hergestellt wird. ²Wenn der Aufsichtsrat zur Herstellung seiner Beschlußfähigkeit ergänzt wird, gilt dies nur, soweit die zur Beschlußfähigkeit nötige Zahl der Aufsichtsratsmitglieder die Wahrung dieses Verhältnisses möglich macht. ³Ist ein Aufsichtsratsmitglied zu ersetzen, das nach Gesetz oder Satzung in persönlicher Hinsicht besonderen Voraussetzungen entsprechen muß, so muß auch das vom Gericht bestellte Aufsichtsratsmitglied diesen Voraussetzungen entsprechen. ⁴Ist ein Aufsichtsratsmitglied zu ersetzen, bei dessen Wahl eine Spitzenorganisation der Gewerkschaften, eine Gewerkschaft oder die Betriebsräte ein Vorschlagsrecht hätten, so soll das Gericht Vorschläge dieser Stellen berücksichtigen, soweit nicht überwiegende Belange der Gesellschaft oder der Allgemeinheit der Bestellung des Vorgeschlagenen entgegenstehen; das gleiche gilt, wenn das Aufsichtsratsmitglied durch Delegierte zu wählen wäre, für gemeinsame Vorschläge der Betriebsräte der Unternehmen, in denen Delegierte zu wählen sind.

(5) Das Amt des gerichtlich bestellten Aufsichtsratsmitglieds erlischt in jedem Fall, sobald der Mangel behoben ist.

(6) ¹Das gerichtlich bestellte Aufsichtsratsmitglied hat Anspruch auf Ersatz angemessener barer Auslagen und, wenn den Aufsichtsratsmitgliedern der Gesellschaft eine Vergütung gewährt wird, auf Vergütung für seine Tätigkeit. ²Auf Antrag des Aufsichtsratsmitglieds setzt das Gericht die Auslagen und die Vergütung fest. ³Gegen die Entscheidung ist die sofortige Beschwerde zulässig. ⁴Die weitere Beschwerde ist ausgeschlossen. ⁵Aus der rechtskräftigen Entscheidung findet die Zwangsvollstreckung nach der Zivilprozeßordnung statt.

§ 105. Unvereinbarkeit der Zugehörigkeit zum Vorstand und zum Aufsichtsrat. (1) Ein Aufsichtsratsmitglied kann nicht zugleich Vorstandsmitglied, dauernd Stellvertreter von Vorstandsmitgliedern, Prokurist oder zum gesamten Geschäftsbetrieb ermächtigter Handlungsbevollmächtigter der Gesellschaft sein.

(2) ¹Nur für einen im voraus begrenzten Zeitraum, höchstens für ein Jahr, kann der Aufsichtsrat einzelne seiner Mitglieder zu Stellvertretern von fehlenden oder behinderten Vorstandsmitgliedern bestellen. ²Eine wiederholte Bestellung oder Verlängerung der Amtszeit ist zulässig, wenn dadurch die Amtszeit insgesamt ein Jahr nicht übersteigt. ³Während ihrer Amtszeit als Stellvertreter von Vorstandsmitgliedern können die Aufsichtsratsmitglieder keine Tätigkeit als Aufsichtsratsmitglied ausüben. ⁴Das Wettbewerbsverbot des § 88 gilt für sie nicht.

§ 106. Bekanntmachung der Änderungen im Aufsichtsrat. Der Vorstand hat jeden Wechsel der Aufsichtsratsmitglieder unverzüglich in den Gesellschaftsblättern bekanntzumachen und die Bekanntmachung zum Handelsregister einzureichen.

Aktiengesetz §§ 107–110 AktG Anh.

§ 107.[1] **Innere Ordnung des Aufsichtsrats.** (1) ¹Der Aufsichtsrat hat nach näherer Bestimmung der Satzung aus seiner Mitte einen Vorsitzenden und mindestens einen Stellvertreter zu wählen. ²Der Vorstand hat zum Handelsregister anzumelden, wer gewählt ist. ³Der Stellvertreter hat nur dann die Rechte und Pflichten des Vorsitzenden, wenn dieser behindert[2] ist.

(2) ¹Über die Sitzungen des Aufsichtsrats ist eine Niederschrift anzufertigen, die der Vorsitzende zu unterzeichnen hat. ²In der Niederschrift sind der Ort und der Tag der Sitzung, die Teilnehmer, die Gegenstände der Tagesordnung, der wesentliche Inhalt der Verhandlungen und die Beschlüsse des Aufsichtsrats anzugeben. ³Ein Verstoß gegen Satz 1 oder Satz 2 macht einen Beschluß nicht unwirksam. ⁴Jedem Mitglied des Aufsichtsrats ist auf Verlangen eine Abschrift der Sitzungsniederschrift auszuhändigen.

(3) ¹Der Aufsichtsrat kann aus seiner Mitte einen oder mehrere Ausschüsse bestellen, namentlich, um seine Verhandlungen und Beschlüsse vorzubereiten oder die Ausführung seiner Beschlüsse zu überwachen. ²Die Aufgaben nach Absatz 1 Satz 1, § 59 Abs. 3, § 77 Abs. 2 Satz 1, § 84 Abs. 1 Satz 1 und 3, Abs. 2 und Abs. 3 Satz 1, § 111 Abs. 3, §§ 171, 314 Abs. 2 und 3 sowie Beschlüsse, daß bestimmte Arten von Geschäften nur mit Zustimmung des Aufsichtsrats vorgenommen werden dürfen, können einem Ausschuß nicht an Stelle des Aufsichtsrats zur Beschlußfassung überwiesen werden.

§ 108. Beschlußfassung des Aufsichtsrats. (1) Der Aufsichtsrat entscheidet durch Beschluß.

(2) ¹Die Beschlußfähigkeit des Aufsichtsrats kann, soweit sie nicht gesetzlich geregelt ist, durch die Satzung bestimmt werden. ²Ist sie weder gesetzlich noch durch die Satzung geregelt, so ist der Aufsichtsrat nur beschlußfähig, wenn mindestens die Hälfte der Mitglieder, aus denen er nach Gesetz oder Satzung insgesamt zu bestehen hat, an der Beschlußfassung teilnimmt. ³In jedem Fall müssen mindestens drei Mitglieder an der Beschlußfassung teilnehmen. ⁴Der Beschlußfähigkeit steht nicht entgegen, daß dem Aufsichtsrat weniger Mitglieder als die durch Gesetz oder Satzung festgesetzte Zahl angehören, auch wenn das für seine Zusammensetzung maßgebende zahlenmäßige Verhältnis nicht gewahrt ist.

(3) ¹Abwesende Aufsichtsratsmitglieder können dadurch an der Beschlußfassung des Aufsichtsrats und seiner Ausschüsse teilnehmen, daß sie schriftliche Stimmabgaben überreichen lassen. ²Die schriftlichen Stimmabgaben können durch andere Aufsichtsratsmitglieder überreicht werden. ³Sie können auch durch Personen, die nicht dem Aufsichtsrat angehören, übergeben werden, wenn diese nach § 109 Abs. 3 zur Teilnahme an der Sitzung berechtigt sind.

(4) Schriftliche, telegrafische oder fernmündliche Beschlußfassungen des Aufsichtsrats oder eines Ausschusses sind nur zulässig, wenn kein Mitglied diesem Verfahren widerspricht.

§ 109. Teilnahme an Sitzungen des Aufsichtsrats und seiner Ausschüsse. (1) ¹An den Sitzungen des Aufsichtsrats und seiner Ausschüsse sollen Personen, die weder dem Aufsichtsrat noch dem Vorstand angehören, nicht teilnehmen. ²Sachverständige und Auskunftspersonen können zur Beratung über einzelne Gegenstände zugezogen werden.

(2) Aufsichtsratsmitglieder, die dem Ausschuß nicht angehören, können an den Ausschußsitzungen teilnehmen, wenn der Vorsitzende des Aufsichtsrats nichts anderes bestimmt.

(3) Die Satzung kann zulassen, daß an den Sitzungen des Aufsichtsrats und seiner Ausschüsse Personen, die dem Aufsichtsrat nicht angehören, an Stelle von verhinderten Aufsichtsratsmitgliedern teilnehmen können, wenn diese sie hierzu schriftlich ermächtigt haben.

(4) Abweichende gesetzliche Vorschriften bleiben unberührt.

§ 110.[3] **Einberufung des Aufsichtsrats.** (1) ¹Jedes Aufsichtsratsmitglied oder der Vorstand kann unter Angabe des Zwecks und der Gründe verlangen, daß der Vorsitzende des Aufsichtsrats unverzüglich den Aufsichtsrat einberuft. ²Die Sitzung muß binnen zwei Wochen nach der Einberufung stattfinden.

(2) Wird einem Verlangen, das von mindestens zwei Aufsichtsratsmitgliedern oder vom Vorstand geäußert ist, nicht entsprochen, so können die Antragsteller unter Mitteilung des Sachverhalts selbst den Aufsichtsrat einberufen.

---

[1] § 107 Abs. 3 Satz 2 geänd. durch BiRiLiG v. 19.12.1985 (BGBl. I S. 2355)
[2] Wohl richtig „verhindert".
[3] § 110 Abs. 3 neugef., durch KonTraG v. 27.4.1998 (BGBl. I S. 786).

(3) Der Aufsichtsrat soll einmal im Kalendervierteljahr, er muß einmal und bei börsennotierten Gesellschaften zweimal im Kalenderhalbjahr zusammentreten.

§ 111.[1)] **Aufgaben und Rechte des Aufsichtsrats.** (1) Der Aufsichtsrat hat die Geschäftsführung zu überwachen.

(2) ¹Der Aufsichtsrat kann die Bücher und Schriften der Gesellschaft sowie die Vermögensgegenstände, namentlich die Gesellschaftskasse und die Bestände an Wertpapieren und Waren, einsehen und prüfen. ²Er kann damit auch einzelne Mitglieder oder für bestimmte Aufgaben besondere Sachverständige beauftragen. ³Er erteilt dem Abschlußprüfer den Prüfungsauftrag für den Jahres- und den Konzernabschluß gemäß § 290 des Handelsgesetzbuchs.

(3) ¹Der Aufsichtsrat hat eine Hauptversammlung einzuberufen, wenn das Wohl der Gesellschaft es fordert. ²Für den Beschluß genügt die einfache Mehrheit.

(4) ¹Maßnahmen der Geschäftsführung können dem Aufsichtsrat nicht übertragen werden. ²Die Satzung oder der Aufsichtsrat kann jedoch bestimmen, daß bestimmte Arten von Geschäften nur mit seiner Zustimmung vorgenommen werden dürfen. ³Verweigert der Aufsichtsrat seine Zustimmung, so kann der Vorstand verlangen, daß die Hauptversammlung über die Zustimmung beschließt. ⁴Der Beschluß, durch den die Hauptversammlung zustimmt, bedarf einer Mehrheit, die mindestens drei Viertel der abgegebenen Stimmen umfaßt. ⁵Die Satzung kann weder eine andere Mehrheit noch weitere Erfordernisse bestimmen.

(5) Die Aufsichtsratsmitglieder können ihre Aufgaben nicht durch andere wahrnehmen lassen.

§ 112. Vertretung der Gesellschaft gegenüber Vorstandsmitgliedern. Vorstandsmitgliedern gegenüber vertritt der Aufsichtsrat die Gesellschaft gerichtlich und außergerichtlich.

§ 113.[2)] **Vergütung der Aufsichtsratsmitglieder.** (1) ¹Den Aufsichtsratsmitgliedern kann für ihre Tätigkeit eine Vergütung gewährt werden. ²Sie kann in der Satzung festgesetzt oder von der Hauptversammlung bewilligt werden. ³Sie soll in einem angemessenen Verhältnis zu den Aufgaben der Aufsichtsratsmitglieder und zur Lage der Gesellschaft stehen. ⁴Ist die Vergütung in der Satzung festgesetzt, so kann die Hauptversammlung eine Satzungsänderung, durch welche die Vergütung herabgesetzt wird, mit einfacher Stimmenmehrheit beschließen.

(2) ¹Den Mitgliedern des ersten Aufsichtsrats kann nur die Hauptversammlung eine Vergütung für ihre Tätigkeit bewilligen. ²Der Beschluß kann erst in der Hauptversammlung gefaßt werden, die über die Entlastung der Mitglieder des ersten Aufsichtsrats beschließt.

(3) ¹Wird den Aufsichtsratsmitgliedern ein Anteil am Jahresgewinn der Gesellschaft gewährt, so berechnet sich der Anteil nach dem Bilanzgewinn, vermindert um einen Betrag von mindestens vier vom Hundert der auf den geringsten Ausgabebetrag der Aktien geleisteten Einlagen. ²Entgegenstehende Festsetzungen sind nichtig.

§ 114. Verträge mit Aufsichtsratsmitgliedern. (1) Verpflichtet sich ein Aufsichtsratsmitglied außerhalb seiner Tätigkeit im Aufsichtsrat durch einen Dienstvertrag, durch den ein Arbeitsverhältnis nicht begründet wird, oder durch einen Werkvertrag gegenüber der Gesellschaft zu einer Tätigkeit höherer Art, so hängt die Wirksamkeit des Vertrags von der Zustimmung des Aufsichtsrats ab.

(2) ¹Gewährt die Gesellschaft auf Grund eines solchen Vertrags dem Aufsichtsratsmitglied eine Vergütung, ohne daß der Aufsichtsrat dem Vertrag zugestimmt hat, so hat das Aufsichtsratsmitglied die Vergütung zurückzugewähren, es sei denn, daß der Aufsichtsrat den Vertrag genehmigt. ²Ein Anspruch des Aufsichtsratsmitglieds gegen die Gesellschaft auf Herausgabe der durch die geleistete Tätigkeit erlangten Bereicherung bleibt unberührt; der Anspruch kann jedoch nicht gegen den Rückgewähranspruch aufgerechnet werden.

§ 115.[3)] **Kreditgewährung an Aufsichtsratsmitglieder.** (1) ¹Die Gesellschaft darf ihren Aufsichtsratsmitgliedern Kredit nur mit Einwilligung des Aufsichtsrats gewähren. ²Eine herrschende Gesellschaft darf Kredite an Aufsichtsratsmitglieder eines abhängigen Unternehmens nur mit Einwilligung ihres Aufsichtsrats, eine abhängige Gesellschaft darf Kredite an Aufsichtsratsmitglieder des herrschenden Unternehmens nur mit Einwilligung des Aufsichtsrats des herrschenden Unternehmens gewäh-

---

[1)] § 111 Abs. 2 Satz 3 angef. durch KonTraG v. 27. 4. 1998 (BGBl. I S. 786).
[2)] § 113 Abs. 3 Satz 1 geänd. durch StückAG v. 25. 3. 1998 (BGBl. I S. 590).
[3)] § 115 Abs. 5 neugef. durch Art. 4 BegleitG v. 22. 10. 1997 (BGBl. I S. 2567).

Aktiengesetz §§ 116, 117 AktG Anh.

ren. ³Die Einwilligung kann nur für bestimmte Kreditgeschäfte oder Arten von Kreditgeschäften und nicht für länger als drei Monate im voraus erteilt werden. ⁴Der Beschluß über die Einwilligung hat die Verzinsung und Rückzahlung des Kredits zu regeln. ⁵Betreibt das Aufsichtsratsmitglied ein Handelsgewerbe als Einzelkaufmann, so ist die Einwilligung nicht erforderlich, wenn der Kredit für die Bezahlung von Waren gewährt wird, welche die Gesellschaft seinem Handelsgeschäft liefert.

(2) Absatz 1 gilt auch für Kredite an den Ehegatten oder an ein minderjähriges Kind eines Aufsichtsratsmitglieds und für Kredite an einen Dritten, der für Rechnung dieser Personen oder für Rechnung eines Aufsichtsratsmitglieds handelt.

(3) ¹Ist ein Aufsichtsratsmitglied zugleich gesetzlicher Vertreter einer anderen juristischen Person oder Gesellschafter einer Personenhandelsgesellschaft, so darf die Gesellschaft der juristischen Person oder der Personenhandelsgesellschaft Kredit nur mit Einwilligung des Aufsichtsrats gewähren; Absatz 1 Satz 3 und 4 gilt sinngemäß. ²Dies gilt nicht, wenn die juristische Person oder die Personenhandelsgesellschaft mit der Gesellschaft verbunden ist oder wenn der Kredit für die Bezahlung von Waren gewährt wird, welche die Gesellschaft der juristischen Person oder der Personenhandelsgesellschaft liefert.

(4) Wird entgegen den Absätzen 1 bis 3 Kredit gewährt, so ist der Kredit ohne Rücksicht auf entgegenstehende Vereinbarungen sofort zurückzugewähren, wenn nicht der Aufsichtsrat nachträglich zustimmt.

(5) Ist die Gesellschaft ein Kreditinstitut oder Finanzdienstleistungsinstitut, auf das § 15 des Gesetzes über das Kreditwesen anzuwenden ist, gelten anstelle der Absätze 1 bis 4 die Vorschriften des Gesetzes über das Kreditwesen.

§ 116. Sorgfaltspflicht und Verantwortlichkeit der Aufsichtsratsmitglieder. Für die Sorgfaltspflicht und Verantwortlichkeit der Aufsichtsratsmitglieder gilt § 93 über die Sorgfaltspflicht und Verantwortlichkeit der Vorstandsmitglieder sinngemäß.

Dritter Abschnitt. Benutzung des Einflusses auf die Gesellschaft

§ 117.[1)] **Schadenersatzpflicht.** (1) ¹Wer vorsätzlich unter Benutzung seines Einflusses auf die Gesellschaft ein Mitglied des Vorstands oder des Aufsichtsrats, einen Prokuristen oder einen Handlungsbevollmächtigten dazu bestimmt, zum Schaden der Gesellschaft oder ihrer Aktionäre zu handeln, ist der Gesellschaft zum Ersatz des ihr daraus entstehenden Schadens verpflichtet. ²Er ist auch den Aktionären zum Ersatz des ihnen daraus entstehenden Schadens verpflichtet, soweit sie, abgesehen von einem Schaden, der ihnen durch Schädigung der Gesellschaft zugefügt worden ist, geschädigt worden sind.

(2) ¹Neben ihm haften als Gesamtschuldner die Mitglieder des Vorstands und des Aufsichtsrats, wenn sie unter Verletzung ihrer Pflichten gehandelt haben. ²Ist streitig, ob sie die Sorgfalt eines ordentlichen und gewissenhaften Geschäftsleiters angewandt haben, so trifft sie die Beweislast. ³Der Gesellschaft und auch den Aktionären gegenüber tritt die Ersatzpflicht der Mitglieder des Vorstands und des Aufsichtsrats nicht ein, wenn die Handlung auf einem gesetzmäßigen Beschluß der Hauptversammlung beruht. ⁴Dadurch, daß der Aufsichtsrat die Handlung gebilligt hat, wird die Ersatzpflicht nicht ausgeschlossen.

(3) Neben ihm haftet ferner als Gesamtschuldner, wer durch die schädigende Handlung einen Vorteil erlangt hat, sofern er die Beeinflussung vorsätzlich veranlaßt hat.

(4) Für die Aufhebung der Ersatzpflicht gegenüber der Gesellschaft gilt sinngemäß § 93 Abs. 4 Satz 3 und 4.

(5) ¹Der Ersatzanspruch der Gesellschaft kann auch von den Gläubigern der Gesellschaft geltend gemacht werden, soweit sie von dieser keine Befriedigung erlangen können. ²Den Gläubigern gegenüber wird die Ersatzpflicht weder durch einen Verzicht oder Vergleich der Gesellschaft noch dadurch aufgehoben, daß die Handlung auf einem Beschluß der Hauptversammlung beruht. ³Ist über das Vermögen

---

[1)] § 117 Abs. 5 Satz 3 wird mWv. 1.1. 1999 durch das EGInsO v. 5.10. 1994 (BGBl. I S. 2911) wie folgt gefaßt:
„Ist über das Vermögen der Gesellschaft das Insolvenzverfahren eröffnet, so übt während dessen Dauer der Insolvenzverwalter oder der Sachwalter das Recht der Gläubiger aus."

der Gesellschaft das Konkursverfahren eröffnet, so übt während dessen Dauer der Konkursverwalter das Recht der Gläubiger aus.

(6) Die Ansprüche aus diesen Vorschriften verjähren in fünf Jahren.

(7) Diese Vorschriften gelten nicht, wenn das Mitglied des Vorstands oder des Aufsichtsrats, der Prokurist oder der Handlungsbevollmächtigte durch Ausübung
1. des Stimmrechts in der Hauptversammlung,
2. der Leitungsmacht auf Grund eines Beherrschungsvertrags oder
3. der Leitungsmacht einer Hauptgesellschaft (§ 319), in die die Gesellschaft eingegliedert ist, zu der schädigenden Handlung bestimmt worden ist.

Vierter Abschnitt. Hauptversammlung

Erster Unterabschnitt. Rechte der Hauptversammlung

§ 118. Allgemeines. (1) Die Aktionäre üben ihre Rechte in den Angelegenheiten der Gesellschaft in der Hauptversammlung aus, soweit das Gesetz nichts anderes bestimmt.

(2) Die Mitglieder des Vorstands und des Aufsichtsrats sollen an der Hauptversammlung teilnehmen.

§ 119.[1] **Rechte der Hauptversammlung.** (1) Die Hauptversammlung beschließt in den im Gesetz und in der Satzung ausdrücklich bestimmten Fällen, namentlich über
1. die Bestellung der Mitglieder des Aufsichtsrats, soweit sie nicht in den Aufsichtsrat zu entsenden oder als Aufsichtsratsmitglieder der Arbeitnehmer nach dem Mitbestimmungsgesetz, dem Mitbestimmungsergänzungsgesetz oder dem Betriebsverfassungsgesetz 1952 zu wählen sind;
2. die Verwendung des Bilanzgewinns;
3. die Entlastung der Mitglieder des Vorstands und des Aufsichtsrats;
4. die Bestellung des Abschlußprüfers;
5. Satzungsänderungen;
6. Maßnahmen der Kapitalbeschaffung und der Kapitalherabsetzung;
7. die Bestellung von Prüfern zur Prüfung von Vorgängen bei der Gründung oder der Geschäftsführung;
8. die Auflösung der Gesellschaft.

(2) Über Fragen der Geschäftsführung kann die Hauptversammlung nur entscheiden, wenn der Vorstand es verlangt.

§ 120.[2] **Entlastung.** (1) ¹Die Hauptversammlung beschließt alljährlich in den ersten acht Monaten des Geschäftsjahrs über die Entlastung der Mitglieder des Vorstands und über die Entlastung der Mitglieder des Aufsichtsrats. ²Über die Entlastung eines einzelnen Mitglieds ist gesondert abzustimmen, wenn die Hauptversammlung es beschließt oder eine Minderheit es verlangt, deren Anteile zusammen den zehnten Teil des Grundkapitals oder den anteiligen Betrag von *zwei Millionen Deutsche Mark* [*ab 1.1. 1999 eine Million Euro*] erreichen.

(2) ¹Durch die Entlastung billigt die Hauptversammlung die Verwaltung der Gesellschaft durch die Mitglieder des Vorstands und des Aufsichtsrats. ²Die Entlastung enthält keinen Verzicht auf Ersatzansprüche.

(3) ¹Die Verhandlung über die Entlastung soll mit der Verhandlung über die Verwendung des Bilanzgewinns verbunden werden. ²Der Vorstand hat den Jahresabschluß, den Lagebericht und den Bericht des Aufsichtsrats der Hauptversammlung vorzulegen. ³Für die Auslegung dieser Vorlagen und für die Erteilung von Abschriften gilt § 175 Abs. 2 sinngemäß.

---

[1] § 119 Abs. 1 Nr. 1 geänd. durch G v. 4.5.1976 (BGBl. I S.1153), Nr. 4 geänd. durch BiRiLiG v. 19.12.1985 (BGBl. I S.2355).

[2] § 120 Abs. 3 Satz 2 geänd. durch BiRiLiG v. 19.12.1985 (BGBl. I S.2355), Abs. 1 Satz 2 geänd. durch StückAG v. 25.3.1998 (BGBl. I S.590).

Aktiengesetz §§ 121–123 **AktG Anh.**

Zweiter Unterabschnitt. Einberufung der Hauptversammlung

§ 121.[1)] **Allgemeines**. (1) Die Hauptversammlung ist in den durch Gesetz oder Satzung bestimmten Fällen sowie dann einzuberufen, wenn das Wohl der Gesellschaft es fordert.

(2) ¹Die Hauptversammlung wird durch den Vorstand einberufen, der darüber mit einfacher Mehrheit beschließt. ²Personen, die in das Handelsregister als Vorstand eingetragen sind, gelten als befugt. ³Das auf Gesetz oder Satzung beruhende Recht anderer Personen, die Hauptversammlung einzuberufen, bleibt unberührt.

(3) ¹Die Einberufung ist in den Gesellschaftsblättern bekanntzumachen. ²Sie muß die Firma, den Sitz der Gesellschaft, Zeit und Ort der Hauptversammlung und die Bedingungen angeben, von denen die Teilnahme an der Hauptversammlung und die Ausübung des Stimmrechts abhängen.

(4) ¹Sind die Aktionäre der Gesellschaft namentlich bekannt, so kann die Hauptversammlung mit eingeschriebenem Brief einberufen werden; der Tag der Absendung gilt als Tag der Bekanntmachung. ²Die §§ 125 bis 127 gelten sinngemäß.

(5) ¹Wenn die Satzung nichts anderes bestimmt, soll die Hauptversammlung am Sitz der Gesellschaft stattfinden.² Sind die Aktien der Gesellschaft an einer deutschen Börse zum amtlichen Handel zugelassen, so kann, wenn die Satzung nichts anderes bestimmt, die Hauptversammlung auch am Sitz der Börse stattfinden.

(6) Sind alle Aktionäre erschienen oder vertreten, kann die Hauptversammlung Beschlüsse ohne Einhaltung der Bestimmungen dieses Unterabschnitts fassen, soweit kein Aktionär der Beschlußfassung widerspricht.

§ 122.[2)] Einberufung auf Verlangen einer Minderheit. (1) ¹Die Hauptversammlung ist einzuberufen, wenn Aktionäre, deren Anteile zusammen den zwanzigsten Teil des Grundkapitals erreichen, die Einberufung schriftlich unter Angabe des Zwecks und der Gründe verlangen; das Verlangen ist an den Vorstand zu richten. ²Die Satzung kann das Recht, die Einberufung der Hauptversammlung zu verlangen, an den Besitz eines geringeren Anteils am Grundkapital knüpfen. ³§ 147 Abs.1 Satz 2 und 3 gilt entsprechend.

(2) In gleicher Weise können Aktionäre, deren Anteile zusammen den zwanzigsten Teil des Grundkapitals oder den anteiligen Betrag von *einer Millionen Deutsche Mark* [ab 1.1. 1999 500 000 Euro] erreichen, verlangen, daß Gegenstände zur Beschlußfassung einer Hauptversammlung bekanntgemacht werden.

(3) ¹Wird dem Verlangen nicht entsprochen, so kann das Gericht die Aktionäre, die das Verlangen gestellt haben, ermächtigen, die Hauptversammlung einzuberufen oder den Gegenstand bekanntzumachen. ²Zugleich kann das Gericht den Vorsitzenden der Versammlung bestimmen. ³Auf die Ermächtigung muß bei der Einberufung oder Bekanntmachung hingewiesen werden. ⁴Gegen die Entscheidung ist die sofortige Beschwerde zulässig.

(4) Die Gesellschaft trägt die Kosten der Hauptversammlung und im Fall des Absatzes 3 auch die Gerichtskosten, wenn das Gericht dem Antrag stattgegeben hat.

§ 123. Einberufungsfrist. (1) Die Hauptversammlung ist mindestens einen Monat vor dem Tage der Versammlung einzuberufen.

(2) ¹Die Satzung kann die Teilnahme an der Hauptversammlung oder die Ausübung des Stimmrechts davon abhängig machen, daß die Aktien bis zu einem bestimmten Zeitpunkt vor der Versammlung hinterlegt werden, ferner davon, daß sich die Aktionäre vor der Versammlung anmelden. ²Sieht die Satzung eine solche Bestimmung vor, so tritt für die Berechnung der Einberufungsfrist an die Stelle des Tages der Versammlung der Tag, bis zu dessen Ablauf die Aktien zu hinterlegen sind oder sich die Aktionäre vor der Versammlung anmelden müssen.

(3) ¹Hängt nach der Satzung die Teilnahme an der Hauptversammlung oder die Ausübung des Stimmrechts davon ab, daß die Aktien bis zu einem bestimmten Zeitpunkt vor der Versammlung hinterlegt werden, so genügt es, wenn sie nicht später als am zehnten Tage vor der Versammlung hinterlegt werden. ²Die Hinterlegung bei einem Notar oder bei einer Wertpapiersammelbank ist ausreichend.

[1)] § 121 Abs.4 eingef., bish. Abs.4 wird Abs.5, Abs.6 angef. durch G v. 2.8. 1994 (BGBl. I S.1961).
[2)] § 122 Abs.2 geänd. durch StückAG v. 25.3. 1998 (BGBl. I S. 590), Abs.1 Satz 3 angef. durch KonTraG v. 27.4. 1998 (BGBl. I S.786).

(4) Hängt nach der Satzung die Teilnahme an der Hauptversammlung oder die Ausübung des Stimmrechts davon ab, daß sich die Aktionäre vor der Versammlung anmelden, so genügt es, wenn sie sich nicht später als am dritten Tage vor der Versammlung anmelden.

§ 124.[1] **Bekanntmachung der Tagesordnung.** (1) ¹Die Tagesordnung der Hauptversammlung ist bei der Einberufung in den Gesellschaftsblättern bekanntzumachen. ²Hat die Minderheit nach der Einberufung der Hauptversammlung die Bekanntmachung von Gegenständen zur Beschlußfassung der Hauptversammlung verlangt, so genügt es, wenn diese Gegenstände binnen zehn Tagen nach der Einberufung der Hauptversammlung bekanntgemacht werden. ³§ 121 Abs. 4 gilt sinngemäß.

(2) ¹Steht die Wahl von Aufsichtsratsmitgliedern auf der Tagesordnung, so ist in der Bekanntmachung anzugeben, nach welchen gesetzlichen Vorschriften sich der Aufsichtsrat zusammensetzt, und ob die Hauptversammlung an Wahlvorschläge gebunden ist. ²Soll die Hauptversammlung über eine Satzungsänderung oder über einen Vertrag beschließen, der nur mit Zustimmung der Hauptversammlung wirksam wird, so ist auch der Wortlaut der vorgeschlagenen Satzungsänderung oder der wesentliche Inhalt des Vertrags bekanntzumachen.

(3) ¹Zu jedem Gegenstand der Tagesordnung, über den die Hauptversammlung beschließen soll, haben der Vorstand und der Aufsichtsrat, zur Wahl von Aufsichtsratsmitgliedern und Prüfern nur der Aufsichtsrat, in der Bekanntmachung der Tagesordnung Vorschläge zur Beschlußfassung zu machen. ²Dies gilt nicht, wenn die Hauptversammlung bei der Wahl von Aufsichtsratsmitgliedern nach § 6 des Montan-Mitbestimmungsgesetzes an Wahlvorschläge gebunden ist, oder wenn der Gegenstand der Beschlußfassung auf Verlangen einer Minderheit auf die Tagesordnung gesetzt worden ist. ³Der Vorschlag zur Wahl von Aufsichtsratsmitgliedern oder Prüfern hat deren Namen, ausgeübten Beruf und Wohnort anzugeben. ⁴Hat der Aufsichtsrat auch aus Aufsichtsratsmitgliedern der Arbeitnehmer zu bestehen, so bedürfen Beschlüsse des Aufsichtsrats über Vorschläge zur Wahl von Aufsichtsratsmitgliedern nur der Mehrheit der Stimmen der Aufsichtsratsmitglieder der Aktionäre; § 8 des Montan-Mitbestimmungsgesetzes bleibt unberührt.

(4) ¹Über Gegenstände der Tagesordnung, die nicht ordnungsgemäß bekanntgemacht sind, dürfen keine Beschlüsse gefaßt werden. ²Zur Beschlußfassung über den in der Versammlung gestellten Antrag auf Einberufung einer Hauptversammlung, zu Anträgen, die zu Gegenständen der Tagesordnung gestellt werden, und zu Verhandlungen ohne Beschlußfassung bedarf es keiner Bekanntmachung.

§ 125.[2] **Mitteilungen für die Aktionäre und an Aufsichtsratsmitglieder.** (1) ¹Der Vorstand hat binnen zwölf Tagen nach der Bekanntmachung der Einberufung der Hauptversammlung im Bundesanzeiger den Kreditinstituten und den Vereinigungen von Aktionären, die in der letzten Hauptversammlung Stimmrechte für Aktionäre ausgeübt oder die die Mitteilung verlangt haben, die Einberufung der Hauptversammlung, die Bekanntmachung der Tagesordnung und etwaige Anträge und Wahlvorschläge von Aktionären einschließlich des Namens des Aktionärs, der Begründung und einer etwaigen Stellungnahme der Verwaltung mitzuteilen. ²In der Mitteilung ist auf die Möglichkeiten der Ausübung des Stimmrechts durch einen Bevollmächtigten, auch durch eine Vereinigung von Aktionären, hinzuweisen. ³Bei börsennotierten Gesellschaften sind einem Vorschlag zur Wahl von Aufsichtsratsmitgliedern Angaben zu deren Mitgliedschaft in anderen gesetzlich zu bildenden Aufsichtsräten beizufügen; Angaben zu ihrer Mitgliedschaft in vergleichbaren in- und ausländischen Kontrollgremien von Wirtschaftsunternehmen sollen beigefügt werden.

(2) Die gleiche Mitteilung hat der Vorstand den Aktionären zu übersenden, die

1. eine Aktie bei der Gesellschaft hinterlegt haben,

2. es nach der Bekanntmachung der Einberufung der Hauptversammlung im Bundesanzeiger verlangen oder

3. als Aktionär im Aktienbuch der Gesellschaft eingetragen sind und deren Stimmrechte in der letzten Hauptversammlung nicht durch ein Kreditinstitut ausgeübt worden sind.

(3) Jedes Aufsichtsratsmitglied kann verlangen, daß ihm der Vorstand die gleichen Mitteilungen übersendet.

---

[1] § 124 Abs. 1 Satz 3 angef. durch G v. 2. 8. 1994 (BGBl. I S. 1961), Abs. 3 Satz 2 geänd., Satz 4 angef. durch G v. 4. 5. 1976 (BGBl. I S. 1153), Abs. 3 Satz 3 geänd. durch KonTraG v. 27. 4. 1998 (BGBl. I S. 786).
[2] § 125 Abs. 5 angef. durch Art. 4 BegleitG v. 22. 10. 1997 (BGBl. I S. 2567), Abs. 1 Sätze 2 und 3 angef. durch KonTraG v. 27. 4. 1998 (BGBl. I S. 786).

Aktiengesetz §§ 126–128 AktG Anh.

(4) Jeder Aktionär, der eine Aktie bei der Gesellschaft hinterlegt oder als Aktionär im Aktienbuch der Gesellschaft eingetragen ist, und jedes Aufsichtsratsmitglied kann verlangen, daß der Vorstand ihm die in der Hauptversammlung gefaßten Beschlüsse schriftlich mitteilt.

(5) Finanzdienstleistungsinstitute und die nach § 53 Abs.1 Satz 1 oder § 53b Abs.1 Satz 1 oder Abs.7 des Gesetzes über das Kreditwesen tätigen Unternehmen sind den Kreditinstituten nach Maßgabe der vorstehenden Absätze gleichgestellt.

§ 126. Anträge von Aktionären. (1) Anträge von Aktionären brauchen nach § 125 nur mitgeteilt zu werden, wenn der Aktionär binnen einer Woche nach der Bekanntmachung der Einberufung der Hauptversammlung im Bundesanzeiger der Gesellschaft einen Gegenantrag mit Begründung übersandt und dabei mitgeteilt hat, er wolle in der Versammlung einem Vorschlag des Vorstands und des Aufsichtsrats widersprechen und die anderen Aktionäre veranlassen, für seinen Gegenantrag zu stimmen.

(2) ¹Ein Gegenantrag und dessen Begründung brauchen nicht mitgeteilt zu werden,
1. soweit sich der Vorstand durch die Mitteilung strafbar machen würde,
2. wenn der Gegenantrag zu einem gesetz- oder satzungswidrigen Beschluß der Hauptversammlung führen würde,
3. wenn die Begründung in wesentlichen Punkten offensichtlich falsche oder irreführende Angaben oder wenn sie Beleidigungen enthält,
4. wenn ein auf denselben Sachverhalt gestützter Gegenantrag des Aktionärs bereits zu einer Hauptversammlung der Gesellschaft nach § 125 mitgeteilt worden ist,
5. wenn derselbe Gegenantrag des Aktionärs mit wesentlich gleicher Begründung in den letzten fünf Jahren bereits zu mindestens zwei Hauptversammlungen der Gesellschaft nach § 125 mitgeteilt worden ist und in der Hauptversammlung weniger als der zwanzigste Teil des vertretenen Grundkapitals für ihn gestimmt hat,
6. wenn der Aktionär zu erkennen gibt, daß er an der Hauptversammlung nicht teilnehmen und sich nicht vertreten lassen wird, oder
7. wenn der Aktionär in den letzten zwei Jahren in zwei Hauptversammlungen einen von ihm mitgeteilten Gegenantrag nicht gestellt hat oder nicht hat stellen lassen.

²Die Begründung braucht nicht mitgeteilt zu werden, wenn sie insgesamt mehr als einhundert Worte beträgt.

(3) Stellen mehrere Aktionäre zu demselben Gegenstand der Beschlußfassung Gegenanträge, so kann der Vorstand die Gegenanträge und ihre Begründungen zusammenfassen.

§ 127.[1]) **Wahlvorschläge von Aktionären.** ¹Für den Vorschlag eines Aktionärs zur Wahl von Aufsichtsratsmitgliedern oder von Abschlußprüfern gilt § 126 sinngemäß. ²Der Wahlvorschlag braucht nicht begründet zu werden. ³Der Vorstand braucht den Wahlvorschlag auch dann nicht mitzuteilen, wenn der Vorschlag nicht die Angaben nach § 124 Abs. 3 Satz 3 und § 125 Abs. 1 Satz 3 enthält.

§ 128.[2]) **Abstimmungsvorschlag im Aktionärsinteresse; Weitergabe von Mitteilungen.** (1) Verwahrt ein Kreditinstitut für Aktionäre Aktien der Gesellschaft, so hat es die Mitteilungen nach § 125 Abs.1 unverzüglich an sie weiterzugeben.

(2) ¹Beabsichtigt das Kreditinstitut, in der Hauptversammlung das Stimmrecht für Aktionäre auszuüben oder ausüben zu lassen, so hat es dem Aktionär außerdem eigene Vorschläge für die Ausübung des Stimmrechts zu den einzelnen Gegenständen der Tagesordnung mitzuteilen. ²Bei den Vorschlägen hat sich das Kreditinstitut vom Interesse des Aktionärs leiten zu lassen und organisatorische Vorkehrungen dafür zu treffen, daß Eigeninteressen aus anderen Geschäftsbereichen nicht einfließen; es hat ein Mitglied der Geschäftsleitung zu benennen, das die Einhaltung dieser Pflichten sowie die ordnungsgemäße Ausübung des Stimmrechts und deren Dokumentation zu überwachen hat. ³Das Kreditinstitut hat den Aktionär ferner um Erteilung von Weisungen für die Ausübung des Stimmrechts zu bitten und darauf hinzuweisen, daß es, wenn der Aktionär nicht rechtzeitig eine andere Weisung

---
[1]) § 127 Satz 3 geänd. durch KonTraG v. 27.4.1998 (BGBl. I S.786).
[2]) § 128 Abs.6 Satz 1 geänd. durch Art.36 G v. 26.2.1993 (BGBl. I S.278), Abs.7 angef. durch Art.4 BegleitG v. 22.10.1997 (BGBl. I S.2567), Überschrift, Abs.2 Satz 2 neugef., Satz 5 geänd., Satz 6 angef., Abs.6 Satz 1 geänd. durch KonTraG v. 27.4.1998 (BGBl. I S.786).

erteilt, das Stimmrecht entsprechend seinen nach Satz 1 mitgeteilten Vorschlägen ausüben werde. ⁴Das Kreditinstitut hat der Bitte um Erteilung von Weisungen ein Formblatt beizufügen, durch dessen Ausfüllung der Aktionär Weisungen für die Ausübung des Stimmrechts zu den einzelnen Gegenständen der Tagesordnung erteilen kann. ⁵Gehört ein Vorstandsmitglied oder ein Mitarbeiter des Kreditinstituts dem Aufsichtsrat der Gesellschaft oder ein Vorstandsmitglied oder ein Mitarbeiter der Gesellschaft dem Aufsichtsrat des Kreditinstituts an, so hat das Kreditinstitut auch dies mitzuteilen. ⁶Hält das Kreditinstitut an der Gesellschaft eine Beteiligung, die nach § 21 des Wertpapierhandelsgesetzes meldepflichtig ist, oder gehörte es einem Konsortium an, das die innerhalb von fünf Jahren zeitlich letzte Emission von Wertpapieren der Gesellschaft übernommen hat, so ist auch dies mitzuteilen.

(3) Soweit ein Aktionär nach Einberufung der Hauptversammlung dem Kreditinstitut zu den einzelnen Gegenständen der Tagesordnung schriftlich Weisungen für die Ausübung des Stimmrechts erteilt hat, braucht das Kreditinstitut keine eigenen Vorschläge nach Absatz 2 mitzuteilen und den Aktionär nicht um Erteilung von Weisungen zu bitten.

(4) Die Verpflichtung des Kreditinstituts zum Ersatz eines aus der Verletzung der Absätze 1 oder 2 entstehenden Schadens kann im voraus weder ausgeschlossen noch beschränkt werden.

(5) ¹Gehören einer Vereinigung von Aktionären Aktionäre der Gesellschaft als Mitglieder an, so hat die Vereinigung die Mitteilungen nach § 125 Abs. 1 an diese Mitglieder auf deren Verlangen unverzüglich weiterzugeben. ²Im übrigen gelten die Absätze 2 bis 4 für Vereinigungen von Aktionären entsprechend.

(6) ¹Das Bundesministerium der Justiz wird ermächtigt, im Einvernehmen mit dem Bundesministerium für Wirtschaft und dem Bundesministerium der Finanzen durch Rechtsverordnung

1. ein Formblatt für die Erteilung von Weisungen durch den Aktionär vorzuschreiben, das die Kreditinstitute und die Vereinigungen von Aktionären ihrer Bitte um Weisungen nach Absatz 2 Satz 3 beizufügen haben,

2. vorzuschreiben, daß die Gesellschaft den Kreditinstituten und den Vereinigungen von Aktionären die Aufwendungen für die Vervielfältigung der Mitteilungen und für ihre Übersendung an die Aktionäre oder an ihre Mitglieder zu ersetzen hat. Zur Abgeltung der Aufwendungen kann für jedes Schreiben nach Absatz 1 ein Pauschbetrag festgesetzt werden.[1)]

²Die Rechtsverordnung bedarf nicht der Zustimmung des Bundesrates.

(7) § 125 Abs. 5 gilt entsprechend.

Dritter Unterabschnitt. Verhandlungsniederschrift. Auskunftsrecht

§ 129.[2)] **Geschäftsordnung; Verzeichnis der Teilnehmer.** (1) ¹Die Hauptversammlung kann sich mit einer Mehrheit, die mindestens drei Viertel des bei der Beschlußfassung vertretenen Grundkapitals umfaßt, eine Geschäftsordnung mit Regeln für die Vorbereitung und Durchführung der Hauptversammlung geben. ²In der Hauptversammlung ist ein Verzeichnis der erschienenen oder vertretenen Aktionäre und der Vertreter von Aktionären mit Angabe ihres Namens und Wohnorts sowie des Betrags der von jedem vertretenen Aktien unter Angabe ihrer Gattung aufzustellen.

(2) ¹Sind einem Kreditinstitut oder einer in § 135 Abs. 9 bezeichneten Person Vollmachten zur Ausübung des Stimmrechts erteilt worden und übt der Bevollmächtigte das Stimmrecht im Namen dessen, den es angeht, aus, so sind der Betrag und die Gattung der Aktien, für die ihm Vollmachten erteilt worden sind, zur Aufnahme in das Verzeichnis gesondert anzugeben. ²Die Namen der Aktionäre, welche Vollmachten erteilt haben, brauchen nicht angegeben zu werden.

(3) ¹Wer von einem Aktionär ermächtigt ist, im eigenen Namen das Stimmrecht für Aktien auszuüben, die ihm nicht gehören, hat den Betrag und die Gattung dieser Aktien zur Aufnahme in das Verzeichnis gesondert anzugeben. ²Dies gilt auch für Namensaktien, als deren Aktionär der Ermächtigte im Aktienbuch eingetragen ist.

(4) ¹Das Verzeichnis ist vor der ersten Abstimmung zur Einsicht für alle Teilnehmer auszulegen. ²Es ist vom Vorsitzenden zu unterzeichnen.

(5) § 125 Abs. 5 gilt entsprechend.

[1)] VO über den Ersatz von Aufwendungen der Kreditinstitute v. 18.6.1968 (BGBl. I S.720), geänd. durch VO v. 24.3.1977 (BGBl. I S.501) und v. 17.11.1987 (BGBl. I S.2386).
[2)] § 129 Abs. 5 angef. durch Art. 4 BegleitG v. 22.10.1997 (BGBl. I S.2567), Überschrift neugef., Abs. 1 Satz 1 eingef. durch KonTraG v. 27.4.1998 (BGBl. I S.786).

Aktiengesetz §§ 130, 131 **AktG Anh.**

§ 130.[1]) **Niederschrift.** (1) ¹Jeder Beschluß der Hauptversammlung ist durch eine über die Verhandlung notariell aufgenommene Niederschrift zu beurkunden. ²Gleiches gilt für jedes Verlangen einer Minderheit nach § 120 Abs.1 Satz 2, §§ 137 und 147 Abs.1. ³Bei nicht börsennotierten Gesellschaften reicht eine vom Vorsitzenden des Aufsichtsrats zu unterzeichnende Niederschrift aus, soweit keine Beschlüsse gefaßt werden, für die das Gesetz eine Dreiviertel- oder größere Mehrheit bestimmt.

(2) In der Niederschrift sind der Ort und der Tag der Verhandlung, der Name des Notars sowie die Art und das Ergebnis der Abstimmung und die Feststellung des Vorsitzenden über die Beschlußfassung anzugeben.

(3) ¹Das Verzeichnis der Teilnehmer an der Versammlung sowie die Belege über die Einberufung sind der Niederschrift als Anlagen beizufügen. ²Die Belege über die Einberufung brauchen nicht beigefügt zu werden, wenn sie unter Angabe ihres Inhalts in der Niederschrift aufgeführt werden.

(4) ¹Die Niederschrift ist von dem Notar zu unterschreiben. ²Die Zuziehung von Zeugen ist nicht nötig.

(5) Unverzüglich nach der Versammlung hat der Vorstand eine öffentlich beglaubigte, im Falle des Absatzes 1 Satz 3 eine vom Vorsitzenden des Aufsichtsrats unterzeichnete Abschrift der Niederschrift und ihrer Anlagen zum Handelsregister einzureichen.

§ 131.[2]) **Auskunftsrecht des Aktionärs.** (1) ¹Jedem Aktionär ist auf Verlangen in der Hauptversammlung vom Vorstand Auskunft über Angelegenheiten der Gesellschaft zu geben, soweit sie zur sachgemäßen Beurteilung des Gegenstands der Tagesordnung erforderlich ist. ²Die Auskunftspflicht erstreckt sich auch auf die rechtlichen und geschäftlichen Beziehungen der Gesellschaft zu einem verbundenen Unternehmen. ³Macht eine Gesellschaft von den Erleichterungen nach § 266 Abs.1 Satz 3, § 276 oder § 288 des Handelsgesetzbuchs Gebrauch, so kann jeder Aktionär verlangen, daß ihm in der Hauptversammlung über den Jahresabschluß der Jahresabschluß in der Form vorgelegt wird, die er ohne Anwendung dieser Vorschriften hätte.

(2) Die Auskunft hat den Grundsätzen einer gewissenhaften und getreuen Rechenschaft zu entsprechen.

(3) ¹Der Vorstand darf die Auskunft verweigern,
1. soweit die Erteilung der Auskunft nach vernünftiger kaufmännischer Beurteilung geeignet ist, der Gesellschaft oder einem verbundenen Unternehmen einen nicht unerheblichen Nachteil zuzufügen;
2. soweit sie sich auf steuerliche Wertansätze oder die Höhe einzelner Steuern bezieht;
3. über den Unterschied zwischen dem Wert, mit dem Gegenstände in der Jahresbilanz angesetzt worden sind, und einem höheren Wert dieser Gegenstände, es sei denn, daß die Hautversammlung den Jahresabschluß feststellt;
4. über die Bilanzierungs- und Bewertungsmethoden, soweit die Angabe dieser Methoden im Anhang ausreicht, um ein den tatsächlichen Verhältnissen entsprechendes Bild der Vermögens-, Finanz- und Ertragslage der Gesellschaft im Sinne des § 264 Abs.2 des Handelsgesetzbuchs zu vermitteln; dies gilt nicht, wenn die Hauptversammlung den Jahresabschluß feststellt;
5. soweit sich der Vorstand durch die Erteilung der Auskunft strafbar machen würde;
6. soweit bei einem Kreditinstitut oder Finanzdienstleistungsinstitut Angaben über angewandte Bilanzierungs- und Bewertungsmethoden sowie vorgenommene Verrechnungen im Jahresabschluß, Lagebericht, Konzernabschluß oder Konzernlagebericht nicht gemacht zu werden brauchen.

²Aus anderen Gründen darf die Auskunft nicht verweigert werden.

(4) ¹Ist einem Aktionär wegen seiner Eigenschaft als Aktionär eine Auskunft außerhalb der Hauptversammlung gegeben worden, so ist sie jedem anderen Aktionär auf dessen Verlangen in der Hauptversammlung zu geben, auch wenn sie zur sachgemäßen Beurteilung des Gegenstands der Tagesordnung nicht erforderlich ist. ²Der Vorstand darf die Auskunft nicht nach Absatz 3 Satz 1 Nr.1 bis 4 verweigern. ³Sätze 1 und 2 gelten nicht, wenn ein Tochterunternehmen (§ 290 Abs.1, 2 des Handelsge-

---

[1]) § 130 Abs.1 Satz 1, Abs.2, Abs.4 Satz 1 geänd. durch G v. 28.8.1969 (BGBl. I S.1513), Abs.1 Satz 3 angef., Abs.5 geänd. durch G v. 2.8.1994 (BGBl. I S.1961), Abs.1 Satz 3 geänd. durch KonTraG v. 27.4.1998 (BGBl. I S.786).

[2]) § 131 Abs.1 Satz 3 angef., Abs.3 Nr.4 neugef. durch BiRiLiG v. 19.12.1985 (BGBl. I S.2355), Abs.3 Nr.6, Abs.4 Satz 3 angef. durch Art.2 G v. 30.11.1990 (BGBl. I S.2570), Abs.3 Nr.6 geänd. durch Art.4 BegleitG v. 22.10.1997 (BGBl. I S.2567).

setzbuchs), ein Gemeinschaftsunternehmen (§ 310 Abs. 1 des Handelsgesetzbuchs) oder ein assoziiertes Unternehmen (§ 311 Abs. 1 des Handelsgesetzbuchs) die Auskunft einem Mutterunternehmen (§ 290 Abs. 1, 2 des Handelsgesetzbuchs) zum Zwecke der Einbeziehung der Gesellschaft in den Konzernabschluß des Mutterunternehmens erteilt und die Auskunft für diesen Zweck benötigt wird.

(5) Wird einem Aktionär eine Auskunft verweigert, so kann er verlangen, daß seine Frage und der Grund, aus dem die Auskunft verweigert worden ist, in die Niederschrift über die Verhandlung aufgenommen werden.

§ 132. Gerichtliche Entscheidung über das Auskunftsrecht. (1) ¹Ob der Vorstand die Auskunft zu geben hat, entscheidet auf Antrag ausschließlich das Landgericht, in dessen Bezirk die Gesellschaft ihren Sitz hat. ²Ist bei dem Landgericht eine Kammer für Handelssachen gebildet, so entscheidet diese an Stelle der Zivilkammer. ³Die Landesregierung kann die Entscheidung durch Rechtsverordnung für die Bezirke mehrerer Landgerichte einem der Landgerichte übertragen, wenn dies der Sicherung einer einheitlichen Rechtsprechung dient. ⁴Die Landesregierung kann die Ermächtigung auf die Landesjustizverwaltung übertragen.

(2) ¹Antragsberechtigt ist jeder Aktionär, dem die verlangte Auskunft nicht gegeben worden ist, und, wenn über den Gegenstand der Tagesordnung, auf den sich die Auskunft bezog, Beschluß gefaßt worden ist, jeder in der Hauptversammlung erschienene Aktionär, der in der Hauptversammlung Widerspruch zur Niederschrift erklärt hat. ²Der Antrag ist binnen zwei Wochen nach der Hauptversammlung zu stellen, in der die Auskunft abgelehnt worden ist.

(3) ¹§ 99 Abs. 1, Abs. 3 Satz 1, 2, 4 bis 9 und Abs. 5 Satz 1 und 3 gilt sinngemäß. ²Die sofortige Beschwerde findet nur statt, wenn das Landgericht sie in der Entscheidung für zulässig erklärt. ³Es soll sie nur zulassen, wenn dadurch die Klärung einer Rechtsfrage von grundsätzlicher Bedeutung zu erwarten ist.

(4) ¹Wird dem Antrag stattgegeben, so ist die Auskunft auch außerhalb der Hauptversammlung zu geben. ²Aus der Entscheidung findet die Zwangsvollstreckung nach den Vorschriften der Zivilprozeßordnung statt.

(5) ¹Für die Kosten des Verfahrens gilt die Kostenordnung. ²Für das Verfahren des ersten Rechtszugs wird das Doppelte der vollen Gebühr erhoben. ³Für den zweiten Rechtszug wird die gleiche Gebühr erhoben; dies gilt auch dann, wenn die Beschwerde Erfolg hat. ⁴Wird der Antrag oder die Beschwerde zurückgenommen, bevor es zu einer Entscheidung oder einer vom Gericht vermittelten Einigung kommt, so ermäßigt sich die Gebühr auf die Hälfte. ⁵Der Geschäftswert ist von Amts wegen festzusetzen. ⁶Er bestimmt sich nach § 30 Abs. 2 der Kostenordnung mit der Maßgabe, daß der Wert regelmäßig auf zehntausend Deutsche Mark anzunehmen ist. ⁷Das mit dem Verfahren befaßte Gericht bestimmt nach billigem Ermessen, welchem Beteiligten die Kosten des Verfahrens aufzuerlegen sind.

Vierter Unterabschnitt. Stimmrecht

§ 133. Grundsatz der einfachen Stimmenmehrheit. (1) Die Beschlüsse der Hauptversammlung bedürfen der Mehrheit der abgegebenen Stimmen (einfache Stimmenmehrheit), soweit nicht Gesetz oder Satzung eine größere Mehrheit oder weitere Erfordernisse bestimmen.

(2) Für Wahlen kann die Satzung andere Bestimmungen treffen.

§ 134.[1) Stimmrecht. (1) ¹Das Stimmrecht wird nach Aktiennennbeträgen, bei Stückaktien nach deren Zahl ausgeübt. ²Für den Fall, daß einem Aktionär mehrere Aktien gehören, kann bei einer nichtbörsennotierten Gesellschaft die Satzung das Stimmrecht durch Festsetzung eines Höchstbetrags oder von Abstufungen beschränken. ³Die Satzung kann außerdem bestimmen, daß zu den Aktien, die dem Aktionär gehören, auch die Aktien rechnen, die einem anderen für seine Rechnung gehören. ⁴Für den Fall, daß der Aktionär ein Unternehmen ist, kann sie ferner bestimmen, daß zu den Aktien, die ihm gehören, auch die Aktien rechnen, die einem von ihm abhängigen oder ihn beherrschenden oder einem mit ihm konzernverbundenen Unternehmen oder für Rechnung solcher Unternehmen einem Dritten gehören. ⁵Die Beschränkungen können nicht für einzelne Aktionäre angeordnet werden. ⁶Bei der Berechnung einer nach Gesetz oder Satzung erforderlichen Kapitalmehrheit bleiben die Beschränkungen außer Betracht.

[1)] § 134 Abs. 1 Satz 1 geänd. durch StückAG v. 25. 3. 1998 (BGBl. I S. 590), Abs. 1 Satz 2 geänd. durch KonTraG v. 27. 4. 1998 (BGBl. I S. 786).

Aktiengesetz § 135 AktG Anh.

(2) ¹Das Stimmrecht beginnt mit der vollständigen Leistung der Einlage. ²Die Satzung kann bestimmen, daß das Stimmrecht beginnt, wenn auf die Aktie die gesetzliche oder höhere satzungsmäßige Mindesteinlage geleistet ist. ³In diesem Fall gewährt die Leistung der Mindesteinlage eine Stimme; bei höheren Einlagen richtet sich das Stimmenverhältnis nach der Höhe der geleisteten Einlagen. ⁴Bestimmt die Satzung nicht, daß das Stimmrecht vor der vollständigen Leistung der Einlage beginnt, und ist noch auf keine Aktie die Einlage vollständig geleistet, so richtet sich das Stimmenverhältnis nach der Höhe der geleisteten Einlagen; dabei gewährt die Leistung der Mindesteinlage eine Stimme. ⁵Bruchteile von Stimmen werden in diesen Fällen nur berücksichtigt, soweit sie für den stimmberechtigten Aktionär volle Stimmen ergeben. ⁶Die Satzung kann Bestimmungen nach diesem Absatz nicht für einzelne Aktionäre oder für einzelne Aktiengattungen treffen.

(3) ¹Das Stimmrecht kann durch einen Bevollmächtigten ausgeübt werden. ²Für die Vollmacht ist die schriftliche Form erforderlich und genügend. ³Die Vollmachtsurkunde ist der Gesellschaft vorzulegen und bleibt in ihrer Verwahrung.

(4) Die Form der Ausübung des Stimmrechts richtet sich nach der Satzung.

§ 135.[1]) **Ausübung des Stimmrechts durch Kreditinstitute und geschäftsmäßig Handelnde.**
(1) ¹Ein Kreditinstitut darf das Stimmrecht für Inhaberaktien, die ihm nicht gehören, nur ausüben oder ausüben lassen, wenn es schriftlich bevollmächtigt ist. ²In der eigenen Hauptversammlung darf das bevollmächtigte Kreditinstitut das Stimmrecht auf Grund der Vollmacht nur ausüben, soweit der Aktionär eine ausdrückliche Weisung zu den einzelnen Gegenständen der Tagesordnung erteilt hat. ³In der Hauptversammlung einer Gesellschaft, an der es mit mehr als fünf vom Hundert des Grundkapitals unmittelbar oder über eine Mehrheitsbeteiligung mittelbar beteiligt ist, darf es das Stimmrecht nur ausüben oder ausüben lassen, soweit der Aktionär eine ausdrückliche Weisung zu den einzelnen Gegenständen der Tagesordnung erteilt hat; dies gilt nicht, wenn es eigene Stimmrechte weder ausübt noch ausüben läßt.

(2) ¹Die Vollmacht darf nur einem bestimmten Kreditinstitut und nur für längstens fünfzehn Monate erteilt werden. ²Sie ist jederzeit widerruflich. ³Die Vollmachtsurkunde muß bei der Erteilung der Vollmacht vollständig ausgefüllt sein und darf keine anderen Erklärungen enthalten. ⁴Sie soll das Datum der Ausstellung enthalten. ⁵Die Frist in Satz 1 beginnt spätestens mit dem Tage der Ausstellung. ⁶Erbietet sich das Kreditinstitut zur Übernahme einer Vollmacht, so hat es auf andere Vertretungsmöglichkeiten (§ 125 Abs. 1 Satz 2) hinzuweisen.

(3) ¹Das bevollmächtigte Kreditinstitut darf Personen, die nicht seine Angestellten sind, nur unterbevollmächtigen, wenn die Vollmacht eine Unterbevollmächtigung ausdrücklich gestattet. ²Gleiches gilt für eine Übertragung der Vollmacht durch das bevollmächtigte Kreditinstitut.

(4) ¹Auf Grund der Vollmacht kann das Kreditinstitut das Stimmrecht unter Benennung des Aktionärs in dessen Namen ausüben. ²Wenn es die Vollmacht bestimmt, kann das Kreditinstitut das Stimmrecht auch im Namen dessen, den es angeht, ausüben. ³Übt das Kreditinstitut das Stimmrecht unter Benennung des Aktionärs in dessen Namen aus, ist die Vollmachtsurkunde der Gesellschaft vorzulegen und von dieser zu verwahren. ⁴Übt es das Stimmrecht im Namen dessen, den es angeht, aus, genügt zum Nachweis seiner Stimmberechtigung gegenüber der Gesellschaft die Erfüllung der in der Satzung für die Ausübung des Stimmrechts vorgesehenen Erfordernisse; enthält die Satzung darüber keine Bestimmungen, genügt die Vorlegung der Aktien oder einer Bescheinigung über die Hinterlegung der Aktien bei einem Notar oder einer Wertpapiersammelbank.

(5) Hat der Aktionär dem Kreditinstitut keine Weisung für die Ausübung des Stimmrechts erteilt, so hat das Kreditinstitut das Stimmrecht entsprechend seinen eigenen, den Aktionären nach § 128 Abs. 2 mitgeteilten Vorschlägen auszuüben, es sei denn, daß das Kreditinstitut den Umständen nach annehmen darf, daß der Aktionär bei Kenntnis der Sachlage die abweichende Ausübung des Stimmrechts billigen würde.

(6) Die Wirksamkeit der Stimmabgabe wird durch einen Verstoß gegen Absatz 1 Satz 2, Absätze 2, 3 und 5 nicht beeinträchtigt.

(7) ¹Ein Kreditinstitut darf das Stimmrecht für Namensaktien, die ihm nicht gehören, als deren Aktionär es aber im Aktienbuch eingetragen ist, nur auf Grund einer schriftlichen Ermächtigung, wenn es nicht als deren Aktionär eingetragen ist, nur unter Benennung des Aktionärs in dessen Namen auf Grund einer schriftlichen Vollmacht ausüben. ²Auf die Ermächtigung oder Vollmacht sind Absatz 1

---
[1]) § 135 Abs. 1 2 angef. durch Art. 4 BegleitG v. 22. 10. 1997 (BGBl. I S. 2567), Abs. 1 Satz 3 und Abs. 2 Satz 6 angef., Abs. 3 Satz 1 geänd. durch KonTraG v. 27. 4. 1998 (BGBl. I S. 786).

Satz 2, Absätze 2, 3 und 5, auf die Vollmacht außerdem Absatz 4 Satz 3 anzuwenden. ³Im übrigen gilt Absatz 6.

(8) Ist das Kreditinstitut bei der Ausübung des Stimmrechts von einer Weisung des Aktionärs oder, wenn der Aktionär keine Weisung erteilt hat, von seinem eigenen, dem Aktionär nach § 128 Abs. 2 mitgeteilten Vorschlag abgewichen, so hat es dies dem Aktionär mitzuteilen und die Gründe anzugeben.

(9) ¹Die Absätze 1 bis 8 gelten sinngemäß für die Ausübung des Stimmrechts durch
1. Vereinigungen von Aktionären,
2. Geschäftsleiter und Angestellte eines Kreditinstituts, wenn die ihnen nicht gehörenden Aktien dem Kreditinstitut zur Verwahrung anvertraut sind,
3. Personen, die sich geschäftsmäßig gegenüber Aktionären zur Ausübung des Stimmrechts in der Hauptversammlung erbieten.

²Dies gilt nicht, wenn derjenige, der das Stimmrecht ausüben will, gesetzlicher Vertreter oder Ehegatte des Aktionärs oder mit ihm bis zum vierten Grade verwandt oder verschwägert ist.

(10) ¹Ein Kreditinstitut ist verpflichtet, den Auftrag eines Aktionärs zur Ausübung des Stimmrechts in einer Hauptversammlung anzunehmen, wenn es für den Aktionär Aktien der Gesellschaft verwahrt und sich gegenüber Aktionären der Gesellschaft zur Ausübung des Stimmrechts in derselben Hauptversammlung erboten hat. ²Die Verpflichtung besteht nicht, wenn das Kreditinstitut am Ort der Hauptversammlung keine Niederlassung hat und der Aktionär die Übertragung der Vollmacht auf oder die Unterbevollmächtigung von Personen, die nicht Angestellte des Kreditinstituts sind, nicht gestattet hat.

(11) Die Verpflichtung des Kreditinstituts zum Ersatz eines aus der Verletzung der Absätze 1 bis 3, 5, 7, 8 oder 10 entstehenden Schadens kann im voraus weder ausgeschlossen noch beschränkt werden.

(12) § 125 Abs. 5 gilt entsprechend.

§ 136.[1]) **Ausschluß des Stimmrechts.** (1) ¹Niemand kann für sich oder für einen anderen das Stimmrecht ausüben, wenn darüber Beschluß gefaßt wird, ob er zu entlasten oder von einer Verbindlichkeit zu befreien ist oder ob die Gesellschaft gegen ihn einen Anspruch geltend machen soll. ²Für Aktien, aus denen der Aktionär nach Satz 1 das Stimmrecht nicht ausüben kann, kann das Stimmrecht auch nicht durch einen anderen ausgeübt werden.

(2) ¹Ein Vertrag, durch den sich ein Aktionär verpflichtet, nach Weisung der Gesellschaft, des Vorstands oder des Aufsichtsrats der Gesellschaft oder nach Weisung eines abhängigen Unternehmens das Stimmrecht auszuüben, ist nichtig. ²Ebenso ist ein Vertrag nichtig, durch den sich ein Aktionär verpflichtet, für die jeweiligen Vorschläge des Vorstands oder des Aufsichtsrats der Gesellschaft zu stimmen.

§ 137. Abstimmung über Wahlvorschläge von Aktionären. Hat ein Aktionär einen Vorschlag zur Wahl von Aufsichtsratsmitgliedern nach § 127 gemacht und beantragt er in der Hauptversammlung die Wahl des von ihm Vorgeschlagenen, so ist über seinen Antrag vor dem Vorschlag des Aufsichtsrats zu beschließen, wenn es eine Minderheit der Aktionäre verlangt, deren Anteile zusammen den zehnten Teil des vertretenen Grundkapitals erreichen.

Fünfter Unterabschnitt. Sonderbeschluß

§ 138. Gesonderte Versammlung. Gesonderte Abstimmung. ¹In diesem Gesetz oder in der Satzung vorgeschriebene Sonderbeschlüsse gewisser Aktionäre sind entweder in einer gesonderten Versammlung dieser Aktionäre oder in einer gesonderten Abstimmung zu fassen, soweit das Gesetz nichts anderes bestimmt. ²Für die Einberufung der gesonderten Versammlung und die Teilnahme an ihr sowie für das Auskunftsrecht gelten die Bestimmungen über die Hauptversammlung, für die Sonderbeschlüsse die Bestimmungen über Hauptversammlungsbeschlüsse sinngemäß. ³Verlangen Aktionäre, die an der Abstimmung über den Sonderbeschluß teilnehmen können, die Einberufung einer gesonderten Versammlung oder die Bekanntmachung eines Gegenstands zur gesonderten Abstimmung, so genügt es, wenn ihre Anteile, mit denen sie an der Abstimmung über den Sonderbeschluß teilnehmen können, zusammen den zehnten Teil der Anteile erreichen, aus denen bei der Abstimmung über den Sonderbeschluß das Stimmrecht ausgeübt werden kann.

---

[1]) § 136 Abs. 2 aufgeh., bish. Abs. 3 wird Abs. 2 durch G v. 25.10.1982 (BGBl. I S.1425).

Aktiengesetz §§ 139-142 AktG Anh.

Sechster Unterabschnitt. Vorzugsaktien ohne Stimmrecht

§ 139.[1)] **Wesen**. (1) Für Aktien, die mit einem nachzuzahlenden Vorzug bei der Verteilung des Gewinns ausgestattet sind, kann das Stimmrecht ausgeschlossen werden (Vorzugsaktien ohne Stimmrecht).

(2) Vorzugsaktien ohne Stimmrecht dürfen nur bis zur Hälfte des Grundkapitals ausgegeben werden.

§ 140. Rechte der Vorzugsaktionäre. (1) Die Vorzugsaktien ohne Stimmrecht gewähren mit Ausnahme des Stimmrechts die jedem Aktionär aus der Aktie zustehenden Rechte.

(2) ¹Wird der Vorzugsbetrag in einem Jahr nicht oder nicht vollständig gezahlt und der Rückstand im nächsten Jahr nicht neben dem vollen Vorzug dieses Jahres nachgezahlt, so haben die Vorzugsaktionäre das Stimmrecht, bis die Rückstände nachgezahlt sind. ²In diesem Fall sind die Vorzugsaktien auch bei der Berechnung einer nach Gesetz oder Satzung erforderlichen Kapitalmehrheit zu berücksichtigen.

(3) Soweit die Satzung nichts anderes bestimmt, entsteht dadurch, daß der Vorzugsbetrag in einem Jahr nicht oder nicht vollständig gezahlt wird, noch kein durch spätere Beschlüsse über die Gewinnverteilung bedingter Anspruch auf den rückständigen Vorzugsbetrag.

§ 141. Aufhebung oder Beschränkung des Vorzugs. (1) Ein Beschluß, durch den der Vorzug aufgehoben oder beschränkt wird, bedarf zu seiner Wirksamkeit der Zustimmung der Vorzugsaktionäre.

(2) ¹Ein Beschluß über die Ausgabe von Vorzugsaktien, die bei der Verteilung des Gewinns oder des Gesellschaftsvermögens den Vorzugsaktien ohne Stimmrecht vorgehen oder gleichstehen, bedarf gleichfalls der Zustimmung der Vorzugsaktionäre. ²Der Zustimmung bedarf es nicht, wenn die Ausgabe bei Einräumung des Vorzugs oder, falls das Stimmrecht später ausgeschlossen wurde, bei der Ausschließung ausdrücklich vorbehalten worden war und das Bezugsrecht der Vorzugsaktionäre nicht ausgeschlossen wird.

(3) ¹Über die Zustimmung haben die Vorzugsaktionäre in einer gesonderten Versammlung einen Sonderbeschluß zu fassen. ²Er bedarf einer Mehrheit, die mindestens drei Viertel der abgegebenen Stimmen umfaßt. ³Die Satzung kann weder eine andere Mehrheit noch weitere Erfordernisse bestimmen. ⁴Wird in dem Beschluß über die Ausgabe von Vorzugsaktien, die bei der Verteilung des Gewinns oder des Gesellschaftsvermögens den Vorzugsaktien ohne Stimmrecht vorgehen oder gleichstehen, das Bezugsrecht der Vorzugsaktionäre auf den Bezug solcher Aktien ganz oder zum Teil ausgeschlossen, so gilt für den Sonderbeschluß § 186 Abs. 3 bis 5 sinngemäß.

(4) Ist der Vorzug aufgehoben, so gewähren die Aktien das Stimmrecht.

Siebenter Unterabschnitt. Sonderprüfung. Geltendmachung von Ersatzansprüchen

§ 142.[2)] **Bestellung der Sonderprüfer**. (1) ¹Zur Prüfung von Vorgängen bei der Gründung oder der Geschäftsführung, namentlich auch bei Maßnahmen der Kapitalbeschaffung und Kapitalherabsetzung, kann die Hauptversammlung mit einfacher Stimmenmehrheit Prüfer (Sonderprüfer) bestellen. ²Bei der Beschlußfassung kann ein Mitglied des Vorstands oder des Aufsichtsrats weder für sich noch für einen anderen mitstimmen, wenn die Prüfung sich auf Vorgänge erstrecken soll, die mit der Entlastung eines Mitglieds des Vorstands oder des Aufsichtsrats oder der Einleitung eines Rechtsstreits zwischen der Gesellschaft und einem Mitglied des Vorstands oder des Aufsichtsrats zusammenhängen. ³Für ein Mitglied des Vorstands oder des Aufsichtsrats, das nach Satz 2 nicht mitstimmen kann, kann das Stimmrecht auch nicht durch einen anderen ausgeübt werden.

(2) ¹Lehnt die Hauptversammlung einen Antrag auf Bestellung von Sonderprüfern zur Prüfung eines Vorgangs bei der Gründung oder eines nicht über fünf Jahre zurückliegenden Vorgangs bei der Geschäftsführung ab, so hat das Gericht auf Antrag von Aktionären, deren Anteile zusammen den zehnten Teil des Grundkapitals oder den anteiligen Betrag von *zwei Millionen Deutsche Mark* [*ab 1.1. 1999* einer Million Euro] erreichen, Sonderprüfer zu bestellen, wenn Tatsachen vorliegen, die den Verdacht rechtfertigen, daß bei dem Vorgang Unredlichkeiten oder grobe Verletzungen des Gesetzes oder der Satzung vorgekommen sind. ²Die Antragsteller haben die Aktien bis zur Entscheidung über den Antrag zu hinterlegen und glaubhaft zu machen, daß sie seit mindestens drei Monaten vor dem Tage

---

[1)] § 139 Abs. 2 geänd. durch StückAG v. 25.3.1998 (BGBl. I S. 590).
[2)] § 142 Abs. 2 Satz 3 geänd. durch G v. 28.8.1969 (BGBl. I S.1513), Abs. 2 Satz 1 und Abs. 4 Satz 1 geänd. durch StückAG v. 25.3.1998 (BGBl. I S. 590).

der Hauptversammlung Inhaber der Aktien sind. ³Zur Glaubhaftmachung genügt eine eidesstattliche Versicherung vor einem Notar.

(3) Die Absätze 1 und 2 gelten nicht für Vorgänge, die Gegenstand einer Sonderprüfung nach § 258 sein können.

(4) ¹Hat die Hauptversammlung Sonderprüfer bestellt, so hat das Gericht auf Antrag von Aktionären, deren Anteile zusammen den zehnten Teil des Grundkapitals oder den anteiligen Betrag von *zwei Millionen Deutsche Mark [ab 1.1. 1999* einer Million Euro] erreichen, einen anderen Sonderprüfer zu bestellen, wenn dies aus einem in der Person des bestellten Sonderprüfers liegenden Grund geboten erscheint, insbesondere, wenn der bestellte Sonderprüfer nicht die für den Gegenstand der Sonderprüfung erforderlichen Kenntnisse hat, oder wenn Besorgnis der Befangenheit oder Bedenken gegen seine Zuverlässigkeit bestehen. ²Der Antrag ist binnen zwei Wochen seit dem Tage der Hauptversammlung zu stellen.

(5) ¹Das Gericht hat außer den Beteiligten auch den Aufsichtsrat und im Fall des Absatzes 4 den von der Hauptversammlung bestellten Sonderprüfer zu hören. ²Gegen die Entscheidung ist die sofortige Beschwerde zulässig.

(6) ¹Die vom Gericht bestellten Sonderprüfer haben Anspruch auf Ersatz angemessener barer Auslagen und auf Vergütung für ihre Tätigkeit. ²Die Auslagen und die Vergütung setzt das Gericht fest. ³Gegen die Entscheidung ist die sofortige Beschwerde zulässig. ⁴Die weitere Beschwerde ist ausgeschlossen. ⁵Aus der rechtskräftigen Entscheidung findet die Zwangsvollstreckung nach der Zivilprozeßordnung statt.

§ 143.[1]) **Auswahl der Sonderprüfer.** (1) Als Sonderprüfer sollen, wenn der Gegenstand der Sonderprüfung keine anderen Kenntnisse fordert, nur bestellt werden
1. Personen, die in der Buchführung ausreichend vorgebildet und erfahren sind;
2. Prüfungsgesellschaften, von deren gesetzlichen Vertretern mindestens einer in der Buchführung ausreichend vorgebildet und erfahren ist.

(2) ¹Sonderprüfer darf nicht sein, wer nach § 319 Abs. 2 des Handelsgesetzbuchs nicht Abschlußprüfer sein darf oder während der Zeit, in der sich der zu prüfende Vorgang ereignet hat, hätte sein dürfen. ²Eine Prüfungsgesellschaft darf nicht Sonderprüfer sein, wenn sie nach § 319 Abs. 3 des Handelsgesetzbuchs nicht Abschlußprüfer sein darf oder während der Zeit, in der sich der zu prüfende Vorgang ereignet hat, hätte sein dürfen.

(3) *(aufgehoben)*

§ 144.[1]) **Verantwortlichkeit der Sonderprüfer.** § 323 des Handelsgesetzbuchs über die Verantwortlichkeit des Abschlußprüfers gilt sinngemäß.

§ 145. Rechte der Sonderprüfer. Prüfungsbericht. (1) Der Vorstand hat den Sonderprüfern zu gestatten, die Bücher und Schriften der Gesellschaft sowie die Vermögensgegenstände, namentlich die Gesellschaftskasse und die Bestände an Wertpapieren und Waren, zu prüfen.

(2) Die Sonderprüfer können von den Mitgliedern des Vorstands und des Aufsichtsrats alle Aufklärungen und Nachweise verlangen, welche die sorgfältige Prüfung der Vorgänge notwendig macht.

(3) Die Sonderprüfer haben die Rechte nach Absatz 2 auch gegenüber einem Konzernunternehmen sowie gegenüber einem abhängigen oder herrschenden Unternehmen.

(4) ¹Die Sonderprüfer haben über das Ergebnis der Prüfung schriftlich zu berichten. ²Auch Tatsachen, deren Bekanntwerden geeignet ist, der Gesellschaft oder einem verbundenen Unternehmen einen nicht unerheblichen Nachteil zuzufügen, müssen in den Prüfungsbericht aufgenommen werden, wenn ihre Kenntnis zur Beurteilung des zu prüfenden Vorgangs durch die Hauptversammlung erforderlich ist. ³Die Sonderprüfer haben den Bericht zu unterzeichnen und unverzüglich dem Vorstand und zum Handelsregister des Sitzes der Gesellschaft einzureichen. ⁴Auf Verlangen hat der Vorstand jedem Aktionär eine Abschrift des Prüfungsberichts zu erteilen. ⁵Der Vorstand hat den Bericht dem Aufsichtsrat vorzulegen und bei der Einberufung der nächsten Hauptversammlung als Gegenstand der Tagesordnung bekanntzumachen.

§ 146. Kosten. Bestellt das Gericht Sonderprüfer, so trägt die Gesellschaft unbeschadet eines ihr nach den Vorschriften des bürgerlichen Rechts zustehenden Ersatzanspruchs die Gerichtskosten und die Kosten der Prüfung.

---

[1]) § 143 Abs. 2 neugef., Abs. 3 aufgeh., § 144 geänd. durch BiRiLiG v. 19.12. 1985 (BGBl. I S.2355).

Aktiengesetz §§ 147–150 AktG Anh.

§ 147.[1] **Geltendmachung von Ersatzansprüchen.** (1) ¹Die Eratzansprüche der Gesellschaft aus der Gründung gegen die nach den §§ 46 bis 48, 53 verpflichteten Personen oder aus der Geschäftsführung gegen die Mitglieder des Vorstands und des Aufsichtsrats oder aus § 117 müssen geltend gemacht werden, wenn es die Hauptversammlung mit einfacher Stimmenmehrheit beschließt oder es eine Minderheit verlangt, deren Anteile zusammen den zehnten Teil des Grundkapitals erreichen. ²Das Verlangen der Minderheit ist nur zu berücksichtigen, wenn glaubhaft gemacht wird, daß die Aktionäre, die die Minderheit bilden, seit mindestens drei Monaten vor dem Tage der Hauptversammlung Inhaber der Aktien sind. ³Zur Glaubhaftmachung genügt eine eidesstattliche Versicherung vor einem Notar. ⁴Der Ersatzanspruch soll binnen sechs Monaten seit dem Tage der Hauptversammlung geltend gemacht werden.

(2) ¹Zur Geltendmachung des Ersatzanspruchs kann die Hauptversammlung besondere Vertreter bestellen. ²Hat die Hauptversammlung die Geltendmachung des Ersatzanspruchs beschlossen oder eine Minderheit sie verlangt, so hat das Gericht (§ 14) auf Antrag von Aktionären, deren Anteile zusammen den zehnten Teil des Grundkapitals oder den anteiligen Betrag von *zwei Millionen Deutsche Mark* [*ab 1.1. 1999* einer Million Euro] erreichen, als Vertreter der Gesellschaft zur Geltendmachung des Ersatzanspruchs andere als die nach §§ 78, 112 oder nach Satz 1 zur Vertretung der Gesellschaft berufenen Personen zu bestellen, wenn ihm dies für eine gehörige Geltendmachung zweckmäßig erscheint. ³Gibt das Gericht dem Antrag statt, so trägt die Gesellschaft die Gerichtskosten. ⁴Gegen die Entscheidung ist die sofortige Beschwerde zulässig. ⁵Die gerichtlich bestellten Vertreter können von der Gesellschaft den Ersatz angemessener barer Auslagen und eine Vergütung für ihre Tätigkeit verlangen. ⁶Die Auslagen und die Vergütung setzt das Gericht fest. ⁷Gegen die Entscheidung ist die sofortige Beschwerde zulässig. ⁸Die weitere Beschwerde ist ausgeschlossen. ⁹Aus der rechtskräftigen Entscheidung findet die Zwangsvollstreckung nach der Zivilprozeßordnung statt.

(3) ¹Wird der Ersatzanspruch nicht nach Absatz 1 geltend gemacht, so hat das Gericht auf Antrag von Aktionären, deren Anteile zusammen den zwanzigsten Teil des Grundkapitals oder den anteiligen Betrag von *einer Million Deutsche Mark* [*ab 1.1. 1999* 500 000 Euro] erreichen, besondere Vertreter zu bestellen, wenn Tatsachen vorliegen, die den dringenden Verdacht rechtfertigen, daß der Gesellschaft durch Unredlichkeiten oder grobe Verletzungen des Gesetzes oder der Satzung Schaden zugefügt wurde. ²Absatz 1 Satz 2 bis 4 und Absatz 2 Satz 3 bis 9 finden entsprechende Anwendung. ³Der gerichtlich bestellte Vertreter hat den Ersatzanspruch geltend zu machen, soweit nach seiner pflichtgemäßen Beurteilung die Rechtsverfolgung eine hinreichende Aussicht auf Erfolg bietet.

(4) ¹Hat eine Minderheit die Geltendmachung des Ersatzanspruchs verlangt und hat die Gesellschaft, weil sie im Rechtsstreit ganz oder teilweise unterlegen ist, Kosten des Rechtsstreits zu tragen, so ist die Minderheit der Gesellschaft zur Erstattung dieser Kosten verpflichtet, soweit sie das aufgrund der Klage Erlangte übersteigen. ²Ist die Gesellschaft ganz unterlegen, so ist die Minderheit der Gesellschaft auch zur Erstattung der Gerichtskosten, die der Gesellschaft durch die Bestellung besonderer Vertreter nach Absatz 2 Satz 3 oder Absatz 3 Satz 1 entstanden sind, sowie der baren Auslagen und der Vergütung der besonderen Vertreter verpflichtet.

Fünfter Teil. Rechnungslegung.[2] Gewinnverwendung
Erster Abschnitt.[3] Jahresabschluß und Lagebericht

§§ 148, 149.[3] *(aufgehoben)*

§ 150.[3] **Gesetzliche Rücklage. Kapitalrücklage.** (1) In der Bilanz des nach den §§ 242, 264 des Handelsgesetzbuchs aufzustellenden Jahresabschlusses ist eine gesetzliche Rücklage zu bilden.

---

[1] § 147 Abs. 1 Satz 3 geänd. durch G v. 28. 8. 1969 (BGBl. I S. 1513), Abs. 3 Satz 3 eingef., bish. Sätze 3 bis 8 werden Sätze 4 bis 9, Abs. 4 Satz 2 geänd. durch G v. 15. 8. 1969 (BGBl. I S. 1171), Abs. 3 Satz 2 geänd. durch StückAG v. 25. 3. 1998 (BGBl. I S. 590), bish. Abs. 2 wird Satz 4 von Abs. 1, Abs. 3 wird Abs. 2, Abs. 3 eingef., Abs. 4 geänd. durch KonTraG v. 27. 4. 1998 (BGBl. I S. 786).

[2] Beachte hierzu auch G über die Rechnungslegung von bestimmten Unternehmen und Konzernen (sog. PublizitätsG) v. 15. 8. 1969 (BGBl. I S. 1189, ber. 1970 I S. 1113), geänd. durch G v. 2. 3. 1974 (BGBl. I S. 469), v. 29. 3. 1983 (BGBl. I S. 377), v. 19. 12. 1985 (BGBl. I S. 2355), v. 25. 7. 1988 (BGBl. I S. 1093), v. 30. 11. 1990 (BGBl. I S. 2570), Art. 3 G v. 24. 6. 1994 (BGBl. I S. 1377), Art. 9 UmwBerG v. 28. 10. 1994 (BGBl. I S. 3210) und Art. 3 KonTraG v. 27. 4. 1998 (BGBl. I S. 786), das für die in § 1 Abs. 1 dieses Gesetzes genannten Großunternehmen und die in § 11 Abs. 1 dieses Gesetzes genannten Großkonzerne gilt.

[3] Überschrift des Ersten Abschnitts und § 150 neugef., §§ 148 und 149 aufgeh. durch BiRiLiG v. 19. 12. 1985 (BGBl. I S. 2355).

(2) In diese ist der zwanzigste Teil des um einen Verlustvortrag aus dem Vorjahr geminderten Jahresüberschusses einzustellen, bis die gesetzliche Rücklage und die Kapitalrücklagen nach § 272 Abs. 2 Nr. 1 bis 3 des Handelsgesetzbuchs zusammen den zehnten oder den in der Satzung bestimmten höheren Teil des Grundkapitals erreichen.

(3) Übersteigen die gesetzliche Rücklage und die Kapitalrücklagen nach § 272 Abs. 2 Nr. 1 bis 3 des Handelsgesetzbuchs zusammen nicht den zehnten oder den in der Satzung bestimmten höheren Teil des Grundkapitals, so dürfen sie nur verwandt werden

1. zum Ausgleich eines Jahresfehlbetrags, soweit er nicht durch einen Gewinnvortrag aus dem Vorjahr gedeckt ist und nicht durch Auflösung anderer Gewinnrücklagen ausgeglichen werden kann;
2. zum Ausgleich eines Verlustvortrags aus dem Vorjahr, soweit er nicht durch einen Jahresüberschuß gedeckt ist und nicht durch Auflösung anderer Gewinnrücklagen ausgeglichen werden kann.

(4) ¹Übersteigen die gesetzliche Rücklage und die Kapitalrücklagen nach § 272 Abs. 2 Nr. 1 bis 3 des Handelsgesetzbuchs zusammen den zehnten oder den in der Satzung bestimmten höheren Teil des Grundkapitals, so darf der übersteigende Betrag verwandt werden

1. zum Ausgleich eines Jahresfehlbetrags, soweit er nicht durch einen Gewinnvortrag aus dem Vorjahr gedeckt ist;
2. zum Ausgleich eines Verlustvortrags aus dem Vorjahr, soweit er nicht durch einen Jahresüberschuß gedeckt ist;
3. zur Kapitalerhöhung aus Gesellschaftsmitteln nach den §§ 207 bis 220.

²Die Verwendung nach den Nummern 1 und 2 ist nicht zulässig, wenn gleichzeitig Gewinnrücklagen zur Gewinnausschüttung aufgelöst werden.

§§ 150a, 151.[1]) *(aufgehoben)*

§ 152.[1]) **Vorschriften zur Bilanz**.
(1) ¹Das Grundkapital ist in der Bilanz als gezeichnetes Kapital auszuweisen. ²Dabei ist der auf jede Aktiengattung entfallende Betrag des Grundkapitals gesondert anzugeben. ³Bedingtes Kapital ist mit dem Nennbetrag zu vermerken. ⁴Bestehen Mehrstimmrechtsaktien, so sind beim gezeichneten Kapital die Gesamtstimmenzahl der Mehrstimmrechtsaktien und die der übrigen Aktien zu vermerken.

(2) Zu dem Posten „Kapitalrücklage" sind in der Bilanz oder im Anhang gesondert anzugeben
1. der Betrag, der während des Geschäftsjahrs eingestellt wurde;
2. der Betrag, der für das Geschäftsjahr entnommen wird.

(3) Zu den einzelnen Posten der Gewinnrücklagen sind in der Bilanz oder im Anhang jeweils gesondert anzugeben
1. die Beträge, die die Hauptversammlung aus dem Bilanzgewinn des Vorjahrs eingestellt hat;
2. die Beträge, die aus dem Jahresüberschuß des Geschäftsjahrs eingestellt werden;
3. die Beträge, die für das Geschäftsjahr entnommen werden.

§§ 153–157.[1]) *(aufgehoben)*

§ 158.[1]) **Vorschriften zur Gewinn- und Verlustrechnung**.
(1) ¹Die Gewinn- und Verlustrechnung ist nach dem Posten „Jahresüberschuß/Jahresfehlbetrag" in Fortführung der Numerierung um die folgenden Posten zu ergänzen:
1. Gewinnvortrag/Verlustvortrag aus dem Vorjahr
2. Entnahmen aus der Kapitalrücklage
3. Entnahmen aus Gewinnrücklagen
    a) aus der gesetzlichen Rücklage
    b) aus der Rücklage für eigene Aktien
    c) aus satzungsmäßigen Rücklagen
    d) aus anderen Gewinnrücklagen

---

[1]) §§ 150a, 151, 153 bis 157 aufgeh., §§ 152 und 158 neugef. durch BiRiLiG v. 19.12.1985 (BGBl. I S.2355), § 152 Abs.1 Satz 2 neugef. durch StückAG v. 25.3.1998 (BGBl. I S.590).

4. Einstellungen in Gewinnrücklagen
   a) in die gesetzliche Rücklage
   b) in die Rücklage für eigene Aktien
   c) in satzungsmäßige Rücklagen
   d) in andere Gewinnrücklagen
5. Bilanzgewinn/Bilanzverlust.

²Die Angaben nach Satz 1 können auch im Anhang gemacht werden.

(2) ¹Von dem Ertrag aus einem Gewinnabführungs- oder Teilgewinnabführungsvertrag ist ein vertraglich zu leistender Ausgleich für außenstehende Gesellschafter abzusetzen; übersteigt dieser den Ertrag, so ist der übersteigende Betrag unter den Aufwendungen aus Verlustübernahme auszuweisen. ²Andere Beträge dürfen nicht abgesetzt werden.

§ 159.[1] *(aufgehoben)*

§ 160.[2] **Vorschriften zum Anhang.** (1) ¹In jedem Anhang sind auch Angaben zu machen über

1. den Bestand und den Zugang an Aktien, die ein Aktionär für Rechnung der Gesellschaft oder eines abhängigen oder eines im Mehrheitsbesitz der Gesellschaft stehenden Unternehmens oder ein abhängiges oder im Mehrheitsbesitz der Gesellschaft stehendes Unternehmen als Gründer oder Zeichner oder in Ausübung eines bei einer bedingten Kapitalerhöhung eingeräumten Umtausch- oder Bezugsrechts übernommen hat; sind solche Aktien im Geschäftsjahr verwertet worden, so ist auch über die Verwertung unter Angabe des Erlöses und die Verwendung des Erlöses zu berichten;
2. den Bestand an eigenen Aktien der Gesellschaft, die sie, ein abhängiges oder im Mehrheitsbesitz der Gesellschaft stehendes Unternehmen oder ein anderer für Rechnung der Gesellschaft oder eines abhängigen oder eines im Mehrheitsbesitz der Gesellschaft stehenden Unternehmens erworben oder als Pfand genommen hat; dabei sind die Zahl dieser Aktien und der auf sie entfallende Betrag des Grundkapitals sowie deren Anteil am Grundkapital, für erworbene Aktien ferner der Zeitpunkt des Erwerbs und die Gründe für den Erwerb anzugeben. ²Sind solche Aktien im Geschäftsjahr erworben oder veräußert worden, so ist auch über den Erwerb oder die Veräußerung unter Angabe der Zahl dieser Aktien, des auf sie entfallenden Betrags des Grundkapitals, des Anteils am Grundkapital und des Erwerbs- oder Veräußerungspreises, sowie über die Verwendung des Erlöses zu berichten;
3. die Zahl und bei Nennbetragsaktien den Nennbetrag der Aktien jeder Gattung, sofern sich diese Angaben nicht aus der Bilanz ergeben; davon sind Aktien, die bei einer bedingten Kapitalerhöhung oder einem genehmigten Kapital im Geschäftsjahr gezeichnet wurden, jeweils gesondert anzugeben;
4. das genehmigte Kapital;
5. die Zahl der Bezugsrechte gemäß § 192 Abs. 2 Nr. 3, der Wandelschuldverschreibungen und vergleichbaren Wertpapiere unter Angabe der Rechte, die sie verbriefen;
6. Genußrechte, Rechte aus Besserungsscheinen und ähnliche Rechte unter Angabe der Art und Zahl der jeweiligen Rechte sowie der im Geschäftsjahr neu entstandenen Rechte;
7. das Bestehen einer wechselseitigen Beteiligung unter Angabe des Unternehmens;
8. das Bestehen einer Beteiligung an der Gesellschaft, die ihr nach § 20 Abs. 1 oder 4 mitgeteilt worden ist; dabei ist anzugeben, wem die Beteiligung gehört und ob sie den vierten Teil aller Aktien der Gesellschaft übersteigt oder eine Mehrheitsbeteiligung (§ 16 Abs. 1) ist.

(2) Die Berichterstattung hat insoweit zu unterbleiben, als es für das Wohl der Bundesrepublik Deutschland oder eines ihrer Länder erforderlich ist.

§ 161.[3] *(aufgehoben)*

---

[1] § 159 aufgeh. durch BiRiLiG v. 19.12.1985 (BGBl. I S. 2355).
[2] § 160 neugef. durch BiRiLiG v. 19.12.1985 (BGBl. I S. 2355), Abs. 1 Nr. 2 Sätze 1 und 2 und Nr. 3 geänd. durch StückAG v. 25.3.1998 (BGBl. I S. 590), Abs. 1 Nr. 5 geänd. durch KonTraG v. 27.4.1998 (BGBl. I S. 786).
[3] §§ 161 bis 169 aufgeh. durch BiRiLiG v. 19.12.1985 (BGBl. I S. 2355).

Zweiter Abschnitt. Prüfung des Jahresabschlusses

Erster Unterabschnitt. Prüfung durch Abschlußprüfer

§§ 162–169.[1] *(aufgehoben)*

Zweiter Unterabschnitt. Prüfung durch den Aufsichtsrat

§ 170.[1)] **Vorlage an den Aufsichtsrat.** (1) Der Vorstand hat den Jahresabschluß und den Lagebericht unverzüglich nach ihrer Aufstellung dem Aufsichtsrat vorzulegen.

(2) ¹Zugleich hat der Vorstand dem Aufsichtsrat den Vorschlag vorzulegen, den er der Hauptversammlung für die Verwendung des Bilanzgewinns machen will. ²Der Vorschlag ist, sofern er keine abweichende Gliederung bedingt, wie folgt zu gliedern:

1. Verteilung an die Aktionäre . . . .
2. Einstellung in Gewinnrücklagen . . . .
3. Gewinnvortrag . . . .
4. Bilanzgewinn . . . .

(3) ¹Jedes Aufsichtsratsmitglied hat das Recht, von den Vorlagen und Prüfungsberichten Kenntnis zu nehmen. ²Die Vorlagen und Prüfungsberichte sind auch jedem Aufsichtsratsmitglied oder, soweit der Aufsichtsrat dies beschlossen hat, den Mitgliedern eines Ausschusses auszuhändigen.

§ 171.[2)] **Prüfung durch den Aufsichtsrat.** (1) ¹Der Aufsichtsrat hat den Jahresabschluß, den Lagebericht und den Vorschlag für die Verwendung des Bilanzgewinns zu prüfen, bei Mutterunternehmen im Sinne des § 290 des Handelsgesetzbuchs auch den Konzernabschluß und den Konzernlagebericht. ²Ist der Jahresabschluß durch einen Abschlußprüfer zu prüfen, so hat dieser an den Verhandlungen des Aufsichtsrats oder eines Ausschusses über diese Vorlagen teilzunehmen und über die wesentlichen Ergebnisse seiner Prüfung zu berichten.

(2) ¹Der Aufsichtsrat hat über das Ergebnis der Prüfung schriftlich an die Hauptversammlung zu berichten. ²In dem Bericht hat der Aufsichtsrat auch mitzuteilen, in welcher Art und in welchem Umfang er die Geschäftsführung der Gesellschaft während des Geschäftsjahrs geprüft hat; bei börsennotierten Gesellschaften hat er insbesondere anzugeben, welche Ausschüsse gebildet worden sind, sowie die Zahl seiner Sitzungen und die der Ausschüsse mitzuteilen. ³Ist der Jahresabschluß durch einen Abschlußprüfer zu prüfen, so hat der Aufsichtsrat ferner zu dem Ergebnis der Prüfung des Jahresabschlusses durch den Abschlußprüfer Stellung zu nehmen. ⁴Am Schluß des Berichts hat der Aufsichtsrat zu erklären, ob nach dem abschließenden Ergebnis seiner Prüfung Einwendungen zu erheben sind und ob er den vom Vorstand aufgestellten Jahresabschluß billigt.

(3) ¹Der Aufsichtsrat hat seinen Bericht innerhalb eines Monats, nachdem ihm die Vorlagen zugegangen sind, dem Vorstand zuzuleiten. ²Wird der Bericht dem Vorstand nicht innerhalb der Frist zugeleitet, hat der Vorstand dem Aufsichtsrat unverzüglich eine weitere Frist von nicht mehr als einem Monat zu setzen. ³Wird der Bericht dem Vorstand nicht vor Ablauf der weiteren Frist zugeleitet, gilt der Jahresabschluß als vom Aufsichtsrat nicht gebilligt.

Dritter Abschnitt. Feststellung des Jahresabschlusses. Gewinnverwendung

Erster Unterabschnitt. Feststellung des Jahresabschlusses

§ 172. Feststellung durch Vorstand und Aufsichtsrat. ¹Billigt der Aufsichtsrat den Jahresabschluß, so ist dieser festgestellt, sofern nicht Vorstand und Aufsichtsrat beschließen, die Feststellung

---

[1)] § 170 neugef., Abs. 2 Satz 2 Nr. 2 geänd., Nr. 4 aufgeh., Nr. 5 wird Nr. 4 durch BiRiLiG v. 19.12.1985 (BGBl. I S. 2355), Abs. 1 Satz 2 aufgeh., Abs. 3 Satz 1 geänd., Satz 2 neugef. durch KonTraG v. 27.4.1998 (BGBl. I S. 786).

[2)] § 171 Abs. 1 und 2 Satz 3 neugef. durch BiRiLiG v. 19.12.1985 (BGBl. I S. 2355), Abs. 1 Satz 1 geänd., Satz 2 neugef., Abs. 2 Satz 2 geänd. durch KonTraG v. 27.4.1998 (BGBl. I S. 786).

des Jahresabschlusses der Hauptversammlung zu überlassen. ²Die Beschlüsse des Vorstands und des Aufsichtsrats sind in den Bericht des Aufsichtsrats an die Hauptversammlung aufzunehmen.

§ 173.¹⁾ **Feststellung durch die Hauptversammlung.** (1) Haben Vorstand und Aufsichtsrat beschlossen, die Feststellung des Jahresabschlusses der Hauptversammlung zu überlassen, oder hat der Aufsichtsrat den Jahresabschluß nicht gebilligt, so stellt die Hauptversammlung den Jahresabschluß fest.

(2) ¹Auf den Jahresabschluß sind bei der Feststellung die für seine Aufstellung geltenden Vorschriften anzuwenden. ²Die Hauptversammlung darf bei der Feststellung des Jahresabschlusses nur die Beträge in Gewinnrücklagen einstellen, die nach Gesetz oder Satzung einzustellen sind.

(3) ¹Ändert die Hauptversammlung einen von einem Abschlußprüfer auf Grund gesetzlicher Verpflichtung geprüften Jahresabschluß, so werden vor der erneuten Prüfung nach § 316 Abs. 3 des Handelsgesetzbuchs von der Hauptversammlung gefaßte Beschlüsse über die Feststellung des Jahresabschlusses und die Gewinnverwendung erst wirksam, wenn auf Grund der erneuten Prüfung ein hinsichtlich der Änderungen uneingeschränkter Bestätigungsvermerk erteilt worden ist. ²Sie werden nichtig, wenn nicht binnen zwei Wochen seit der Beschlußfassung ein hinsichtlich der Änderungen uneingeschränkter Bestätigungsvermerk erteilt wird.

Zweiter Unterabschnitt. Gewinnverwendung

§ 174.²⁾ (1) ¹Die Hauptversammlung beschließt über die Verwendung des Bilanzgewinns. ²Sie ist hierbei an den festgestellten Jahresabschluß gebunden.

(2) In dem Beschluß ist die Verwendung des Bilanzgewinns im einzelnen darzulegen, namentlich sind anzugeben

1. der Bilanzgewinn;
2. der an die Aktionäre auszuschüttende Betrag;
3. die in Gewinnrücklagen einzustellenden Beträge;
4. ein Gewinnvortrag;
5. der zusätzliche Aufwand auf Grund des Beschlusses.

(3) Der Beschluß führt nicht zu einer Änderung des festgestellten Jahresabschlusses.

Dritter Unterabschnitt. Ordentliche Hauptversammlung

§ 175.²⁾ **Einberufung.** (1) ¹Unverzüglich nach Eingang des Berichts des Aufsichtsrats hat der Vorstand die Hauptversammlung zur Entgegennahme des festgestellten Jahresabschlusses und des Lageberichts sowie zur Beschlußfassung über die Verwendung eines Bilanzgewinns einzuberufen. ²Die Hauptversammlung hat in den ersten acht Monaten des Geschäftsjahrs stattzufinden.

(2) ¹Der Jahresabschluß, der Lagebericht, der Bericht des Aufsichtsrats und der Vorschlag des Vorstands für die Verwendung des Bilanzgewinns sind von der Einberufung an in dem Geschäftsraum der Gesellschaft zur Einsicht der Aktionäre auszulegen. ²Auf Verlangen ist jedem Aktionär unverzüglich eine Abschrift der Vorlagen zu erteilen.

(3) ¹Hat die Hauptversammlung den Jahresabschluß festzustellen, so gelten für die Einberufung der Hauptversammlung zur Feststellung des Jahresabschlusses und für die Auslegung der Vorlagen und die Erteilung von Abschriften die Absätze 1 und 2 sinngemäß. ²Die Verhandlungen über die Feststellung des Jahresabschlusses und über die Verwendung des Bilanzgewinns sollen verbunden werden.

(4) Mit der Einberufung der Hauptversammlung zur Entgegennahme des festgestellten Jahresabschlusses oder, wenn die Hauptversammlung den Jahresabschluß festzustellen hat, der Hauptversammlung zur Feststellung des Jahresabschlusses sind Vorstand und Aufsichtsrat an die in dem Bericht des Aufsichtsrats enthaltenen Erklärungen über den Jahresabschluß (§§ 172, 173 Abs. 1) gebunden.

§ 176.³⁾ **Vorlagen. Anwesenheit des Abschlußprüfers.** (1) ¹Der Vorstand hat der Hauptversammlung die in § 175 Abs. 2 angegebenen Vorlagen vorzulegen. ²Zu Beginn der Verhandlung soll der Vor-

---

¹⁾ § 173 Abs. 2 und 3 neugef. durch BiRiLiG v. 19.12. 1985 (BGBl. I S.2355).
²⁾ § 174 Abs. 2 Nr. 3 geänd., § 175 Abs. 1 Satz 1 und Abs. 2 Satz 1 geänd. durch BiRiLiG v. 19.12. 1985 (BGBl. I S.2355).
³⁾ § 176 Überschrift geänd., Abs. 1 Satz 3, Abs. 2 neugef. durch BiRiLiG v. 19.12. 1985 (BGBl. I S.2355), Abs. 1 Satz 4 angef. durch Art. 2 G v. 30.11. 1990 (BGBl. I S.2570).

stand seine Vorlagen, der Vorsitzende des Aufsichtsrats den Bericht des Aufsichtsrats erläutern. ³Der Vorstand soll dabei auch zu einem Jahresfehlbetrag oder einem Verlust Stellung nehmen, der das Jahresergebnis wesentlich beeinträchtigt hat. ⁴Satz 3 ist auf Kreditinstitute nicht anzuwenden.

(2) ¹Ist der Jahresabschluß von einem Abschlußprüfer zu prüfen, so hat der Abschlußprüfer an den Verhandlungen über die Feststellung des Jahresabschlusses teilzunehmen. ²Der Abschlußprüfer ist nicht verpflichtet, einem Aktionär Auskunft zu erteilen.

Vierter Abschnitt. Bekanntmachung des Jahresabschlusses

§§ 177, 178.[1) *(aufgehoben)*

Sechster Teil. Satzungsänderung. Maßnahmen der Kapitalbeschaffung und Kapitalherabsetzung

Erster Abschnitt. Satzungsänderung

§ 179. Beschluß der Hauptversammlung. (1) ¹Jede Satzungsänderung bedarf eines Beschlusses der Hauptversammlung. ²Die Befugnis zu Änderungen, die nur die Fassung betreffen, kann die Hauptversammlung dem Aufsichtsrat übertragen.

(2) ¹Der Beschluß der Hauptversammlung bedarf einer Mehrheit, die mindestens drei Viertel des bei der Beschlußfassung vertretenen Grundkapitals umfaßt. ²Die Satzung kann eine andere Kapitalmehrheit, für eine Änderung des Gegenstands des Unternehmens jedoch nur eine größere Kapitalmehrheit bestimmen. ³Sie kann weitere Erfordernisse aufstellen.

(3) ¹Soll das bisherige Verhältnis mehrerer Gattungen von Aktien zum Nachteil einer Gattung geändert werden, so bedarf der Beschluß der Hauptversammlung zu seiner Wirksamkeit der Zustimmung der benachteiligten Aktionäre. ²Über die Zustimmung haben die benachteiligten Aktionäre einen Sonderbeschluß zu fassen. ³Für diesen gilt Absatz 2.

§ 179 a.[2) **Verpflichtung zur Übertragung des ganzen Gesellschaftsvermögens.** (1) ¹Ein Vertrag, durch den sich eine Aktiengesellschaft zur Übertragung des ganzen Gesellschaftsvermögens verpflichtet, ohne daß die Übertragung unter die Vorschriften des Umwandlungsgesetzes fällt, bedarf auch dann eines Beschlusses der Hauptversammlung nach § 179, wenn damit nicht eine Änderung des Unternehmensgegenstandes verbunden ist. ²Die Satzung kann nur eine größere Kapitalmehrheit bestimmen.

(2) ¹Der Vertrag ist von der Einberufung der Hauptversammlung an, die über die Zustimmung beschließen soll, in dem Geschäftsraum der Gesellschaft zur Einsicht der Aktionäre auszulegen. ²Auf Verlangen ist jedem Aktionär unverzüglich eine Abschrift zu erteilen. ³In der Hauptversammlung ist der Vertrag auszulegen. ⁴Der Vorstand hat ihn zu Beginn der Verhandlung zu erläutern. ⁵Der Niederschrift ist er als Anlage beizufügen.

(3) Wird aus Anlaß der Übertragung des Gesellschaftsvermögens die Gesellschaft aufgelöst, so ist der Anmeldung der Auflösung der Vertrag in Ausfertigung oder öffentlich beglaubigter Abschrift beizufügen.

§ 180. Zustimmung der betroffenen Aktionäre. (1) Ein Beschluß, der Aktionären Nebenverpflichtungen auferlegt, bedarf zu seiner Wirksamkeit der Zustimmung aller betroffenen Aktionäre.

(2) Gleiches gilt für einen Beschluß, durch den die Übertragung von Namensaktien oder Zwischenscheinen an die Zustimmung der Gesellschaft gebunden wird.

§ 181.[3) **Eintragung der Satzungsänderung.** (1) ¹Der Vorstand hat die Satzungsänderung zur Eintragung in das Handelsregister anzumelden. ²Der Anmeldung ist der vollständige Wortlaut der Satzung beizufügen; er muß mit der Bescheinigung eines Notars versehen sein, daß die geänderten Be-

---

[1) §§ 177 und 178 aufgeh. durch BiRiLiG v. 19.12.1985 (BGBl. I S.2355).
[2) § 179a eingef. durch Art.6 UmwBerG v. 28.10.1994 (BGBl. I S.3210).
[3) § 181 Abs.1 Satz 2 eingef., bish. Satz 2 wird Satz 3 durch G v. 15.8.1969 (BGBl. I S.1146).

Aktiengesetz §§ 182, 183 AktG Anh.

stimmungen der Satzung mit dem Beschluß über die Satzungsänderung und die unveränderten Bestimmungen mit dem zuletzt zum Handelsregister eingereichten vollständigen Wortlaut der Satzung übereinstimmen. ³Bedarf die Satzungsänderung staatlicher Genehmigung, so ist der Anmeldung die Genehmigungsurkunde beizufügen.

(2) ¹Soweit nicht die Änderung Angaben nach § 39 betrifft, genügt bei der Eintragung die Bezugnahme auf die beim Gericht eingereichten Urkunden. ²Betrifft eine Änderung Bestimmungen, die ihrem Inhalt nach bekanntzumachen sind, so ist auch die Änderung ihrem Inhalt nach bekanntzumachen.

(3) Die Änderung wird erst wirksam, wenn sie in das Handelsregister des Sitzes der Gesellschaft eingetragen worden ist.

Zweiter Abschnitt. Maßnahmen der Kapitalbeschaffung

Erster Unterabschnitt. Kapitalerhöhung gegen Einlagen

§ 182.[1] **Voraussetzungen.** (1) ¹Eine Erhöhung des Grundkapitals gegen Einlagen kann nur mit einer Mehrheit beschlossen werden, die mindestens drei Viertel des bei der Beschlußfassung vertretenen Grundkapitals umfaßt. ²Die Satzung kann eine andere Kapitalmehrheit, für die Ausgabe von Vorzugsaktien ohne Stimmrecht jedoch nur eine größere Kapitalmehrheit bestimmen. ³Sie kann weitere Erfordernisse aufstellen. ⁴Die Kapitalerhöhung kann nur durch Ausgabe neuer Aktien ausgeführt werden. ⁵Bei Gesellschaften mit Stückaktien muß sich die Zahl der Aktien in demselben Verhältnis wie das Grundkapital erhöhen.

(2) ¹Sind mehrere Gattungen von stimmberechtigten Aktien vorhanden, so bedarf der Beschluß der Hauptversammlung zu seiner Wirksamkeit der Zustimmung der Aktionäre jeder Gattung. ²Über die Zustimmung haben die Aktionäre jeder Gattung einen Sonderbeschluß zu fassen. ³Für diesen gilt Absatz 1.

(3) Sollen die neuen Aktien für einen höheren Betrag als den geringsten Ausgabebetrag ausgegeben werden, so ist der Mindestbetrag, unter dem sie nicht ausgegeben werden sollen, im Beschluß über die Erhöhung des Grundkapitals festzusetzen.

(4) ¹Das Grundkapital soll nicht erhöht werden, solange ausstehende Einlagen auf das bisherige Grundkapital noch erlangt werden können. ²Für Versicherungsgesellschaften kann die Satzung etwas anderes bestimmen. ³Stehen Einlagen in verhältnismäßig unerheblichem Umfang aus, so hindert dies die Erhöhung des Grundkapitals nicht.

§ 183.[2] **Kapitalerhöhung mit Sacheinlagen.** (1) ¹Wird eine Sacheinlage (§ 27 Abs. 1 und 2) gemacht, so müssen ihr Gegenstand, die Person, von der die Gesellschaft den Gegenstand erwirbt, und der Nennbetrag, bei Stückaktien die Zahl der bei der Sacheinlage zu gewährenden Aktien im Beschluß über die Erhöhung des Grundkapitals festgesetzt werden. ²Der Beschluß darf nur gefaßt werden, wenn die Einbringung von Sacheinlagen und die Festsetzungen nach Satz 1 ausdrücklich und ordnungsgemäß (§ 124 Abs. 1) bekanntgemacht worden sind.

(2) ¹Ohne diese Festsetzung sind Verträge über Sacheinlagen und die Rechtshandlungen zu ihrer Ausführung der Gesellschaft gegenüber unwirksam. ²Ist die Durchführung der Erhöhung des Grundkapitals eingetragen, so wird die Gültigkeit der Kapitalerhöhung durch diese Unwirksamkeit nicht berührt. ³Der Aktionär ist verpflichtet, den Ausgabebetrag der Aktien einzuzahlen. ⁴Die Unwirksamkeit kann durch Satzungsänderung nicht geheilt werden, nachdem die Durchführung der Erhöhung des Grundkapitals in das Handelsregister eingetragen worden ist.

(3) ¹Bei der Kapitalerhöhung mit Sacheinlagen hat eine Prüfung durch einen oder mehrere Prüfer stattzufinden. ²§ 33 Abs. 3 bis 5, § 34 Abs. 2 und 3, § 35 gelten sinngemäß. ³Das Gericht kann die Eintragung ablehnen, wenn der Wert der Sacheinlage nicht unwesentlich hinter dem geringsten Ausgabebetrag der dafür zu gewährenden Aktien zurückbleibt.

---

[1] § 182 Abs. 2 Satz 1 geänd. durch G v. 2.8.1994 (BGBl. I S.1961), Abs. 1 Satz 5 angef., Abs. 3 geänd. durch StückAG v. 25.3. 1998 (BGBl. I S.590).
[2] § 183 Abs. 1 Satz 1 geänd., Abs. 3 angef. durch G v. 13.12. 1978 (BGBl. I S.1959), Abs. 1 Satz 1, Abs. 2 Satz 3 und Abs. 3 Satz 3 geänd. durch StückAG v. 25.3. 1998 (BGBl. I S.590).

Anh. AktG §§ 184–186

§ 184.[1)] **Anmeldung des Beschlusses.** (1) ¹Der Vorstand und der Vorsitzende des Aufsichtsrats haben den Beschluß über die Erhöhung des Grundkapitals zur Eintragung in das Handelsregister anzumelden. ²Der Bericht über die Prüfung von Sacheinlagen (§ 183 Abs. 3) ist der Anmeldung beizufügen.

(2) In der Anmeldung ist anzugeben, welche Einlagen auf das bisherige Grundkapital noch nicht geleistet sind und warum sie nicht erlangt werden können.

(3) *(aufgehoben)*

§ 185.[2)] **Zeichnung der neuen Aktien.** (1) ¹Die Zeichnung der neuen Aktien geschieht durch schriftliche Erklärung (Zeichnungsschein), aus der die Beteiligung nach der Zahl und bei Nennbetragsaktien dem Nennbetrag und, wenn mehrere Gattungen ausgegeben werden, der Gattung der Aktien hervorgehen muß. ²Der Zeichnungsschein soll doppelt ausgestellt werden. ³Er hat zu enthalten
1. den Tag, an dem die Erhöhung des Grundkapitals beschlossen worden ist;
2. den Ausgabebetrag der Aktien, den Betrag der festgesetzten Einzahlungen sowie den Umfang von Nebenverpflichtungen;
3. die bei einer Kapitalerhöhung mit Sacheinlagen vorgesehenen Festsetzungen und, wenn mehrere Gattungen ausgegeben werden, den auf jede Aktiengattung entfallenden Betrag des Grundkapitals;
4. den Zeitpunkt, an dem die Zeichnung unverbindlich wird, wenn nicht bis dahin die Durchführung der Erhöhung des Grundkapitals eingetragen ist.

(2) Zeichnungsscheine, die diese Angaben nicht vollständig oder die außer dem Vorbehalt in Absatz 1 Nr. 4 Beschränkungen der Verpflichtung des Zeichners enthalten, sind nichtig.

(3) Ist die Durchführung der Erhöhung des Grundkapitals eingetragen, so kann sich der Zeichner auf die Nichtigkeit oder Unverbindlichkeit des Zeichnungsscheins nicht berufen, wenn er auf Grund des Zeichnungsscheins als Aktionär Rechte ausgeübt oder Verpflichtungen erfüllt hat.

(4) Jede nicht im Zeichnungsschein enthaltene Beschränkung ist der Gesellschaft gegenüber unwirksam.

§ 186.[3)] **Bezugsrecht.** (1) ¹Jedem Aktionär muß auf sein Verlangen ein seinem Anteil an dem bisherigen Grundkapital entsprechender Teil der neuen Aktien zugeteilt werden. ²Für die Ausübung des Bezugsrechts ist eine Frist von mindestens zwei Wochen zu bestimmen.

(2) Der Vorstand hat den Ausgabebetrag und zugleich eine nach Absatz 1 bestimmte Frist in den Gesellschaftsblättern bekanntzumachen.

(3) ¹Das Bezugsrecht kann ganz oder zum Teil nur im Beschluß über die Erhöhung des Grundkapitals ausgeschlossen werden. ²In diesem Fall bedarf der Beschluß neben den in Gesetz oder Satzung für die Kapitalerhöhung aufgestellten Erfordernissen einer Mehrheit, die mindestens drei Viertel des bei der Beschlußfassung vertretenen Grundkapitals umfaßt. ³Die Satzung kann eine größere Kapitalmehrheit und weitere Erfordernisse bestimmen. ⁴Ein Ausschluß des Bezugsrechts ist insbesondere dann zulässig, wenn die Kapitalerhöhung gegen Bareinlagen zehn vom Hundert des Grundkapitals nicht übersteigt und der Ausgabebetrag den Börsenpreis nicht wesentlich unterschreitet.

(4) ¹Ein Beschluß, durch den das Bezugsrecht ganz oder zum Teil ausgeschlossen wird, darf nur gefaßt werden, wenn die Ausschließung ausdrücklich und ordnungsgemäß (§ 124 Abs. 1) bekanntgemacht worden ist. ²Der Vorstand hat der Hauptversammlung einen schriftlichen Bericht über den Grund für den teilweisen oder vollständigen Ausschluß des Bezugsrechts vorzulegen; in dem Bericht ist der vorgeschlagene Ausgabebetrag zu begründen.

(5) ¹Als Ausschluß des Bezugsrechts ist es nicht anzusehen, wenn nach dem Beschluß die neuen Aktien von einem Kreditinstitut oder einem nach § 53 Abs. 1 Satz 1 oder § 53b Abs. 1 Satz 1 oder Abs. 7 des Gesetzes über das Kreditwesen tätigen Unternehmen mit der Verpflichtung übernommen werden sollen, sie den Aktionären zum Bezug anzubieten. ²Der Vorstand hat das Bezugsangebot des Kreditinstituts oder Unternehmens im Sinne des Satzes 1 unter Angabe des für die Aktien zu leistenden Entgelts und einer für die Annahme des Angebots gesetzten Frist in den Gesellschaftsblättern bekanntzumachen; gleiches gilt, wenn die neuen Aktien von einem anderen als einem Kreditinstitut oder Unter-

---
[1)] § 184 Abs. 1 Satz 2 angef., Abs. 3 aufgeh. durch G v. 13.12.1978 (BGBl. I S.1959).
[2)] § 185 Abs. 1 Satz 1 und Satz 3 Nr. 3 geänd. durch StückAG v. 25.3.1998 (BGBl. I S.590).
[3)] § 186 Abs. 1 Satz 2 neugef., Abs. 4 Satz 2 angef. durch G v. 13.12.1978 (BGBl. I S.1959), Abs. 3 Satz 4 angef. durch G v. 2.8.1994 (BGBl. I S.1961), Abs. 5 geänd. durch Art. 4 BegleitG v. 22.10.1997 (BGBl. I S.2567).

Aktiengesetz §§ 187–192 AktG Anh.

nehmen im Sinne des Satzes 1 mit der Verpflichtung übernommen werden sollen, sie den Aktionären zum Bezug anzubieten.

§ 187. Zusicherung von Rechten auf den Bezug neuer Aktien.
(1) Rechte auf den Bezug neuer Aktien können nur unter Vorbehalt des Bezugsrechts der Aktionäre zugesichert werden.
(2) Zusicherungen vor dem Beschluß über die Erhöhung des Grundkapitals sind der Gesellschaft gegenüber unwirksam.

§ 188.[1]) **Anmeldung und Eintragung der Durchführung.** (1) Der Vorstand und der Vorsitzende des Aufsichtsrats haben die Durchführung der Erhöhung des Grundkapitals zur Eintragung in das Handelsregister anzumelden.
(2) ¹Für die Anmeldung gelten sinngemäß § 36 Abs. 2, § 36a und § 37 Abs. 1. ²Durch Gutschrift auf ein Konto des Vorstands kann die Einzahlung nicht geleistet werden.
(3) Der Anmeldung sind für das Gericht des Sitzes der Gesellschaft beizufügen
1. die Zweitschriften der Zeichnungsscheine und ein vom Vorstand unterschriebenes Verzeichnis der Zeichner, das die auf jeden entfallenden Aktien und die auf sie geleisteten Einzahlungen angibt;
2. bei einer Kapitalerhöhung mit Sacheinlagen die Verträge, die den Festsetzungen nach § 183 zugrunde liegen oder zu ihrer Ausführung geschlossen worden sind;
3. eine Berechnung der Kosten, die für die Gesellschaft durch die Ausgabe der neuen Aktien entstehen werden;
4. wenn die Erhöhung des Grundkapitals der staatlichen Genehmigung bedarf, die Genehmigungsurkunde.
(4) Anmeldung und Eintragung der Durchführung der Erhöhung des Grundkapitals können mit Anmeldung und Eintragung des Beschlusses über die Erhöhung verbunden werden.
(5) Die eingereichten Schriftstücke werden beim Gericht in Urschrift, Ausfertigung oder öffentlich beglaubigter Abschrift aufbewahrt.

§ 189. Wirksamwerden der Kapitalerhöhung. Mit der Eintragung der Durchführung der Erhöhung des Grundkapitals ist das Grundkapital erhöht.

§ 190.[2]) **Bekanntmachung.** ¹In die Bekanntmachung der Eintragung (§ 188) sind außer deren Inhalt der Ausgabebetrag der Aktien, die bei einer Kapitalerhöhung mit Sacheinlagen vorgesehenen Festsetzungen und ein Hinweis auf den Bericht über die Prüfung von Sacheinlagen (§ 183 Abs. 3) aufzunehmen. ²Bei der Bekanntmachung dieser Festsetzungen genügt die Bezugnahme auf die beim Gericht eingereichten Urkunden.

§ 191. Verbotene Ausgabe von Aktien und Zwischenscheinen. ¹Vor der Eintragung der Durchführung der Erhöhung des Grundkapitals können die neuen Anteilsrechte nicht übertragen, neue Aktien und Zwischenscheine nicht ausgegeben werden. ²Die vorher ausgegebenen neuen Aktien und Zwischenscheine sind nichtig. ³Für den Schaden aus der Ausgabe sind die Ausgeber den Inhabern als Gesamtschuldner verantwortlich.

Zweiter Unterabschnitt. Bedingte Kapitalerhöhung

§ 192.[3]) **Voraussetzungen.** (1) Die Hauptversammlung kann eine Erhöhung des Grundkapitals beschließen, die nur so weit durchgeführt werden soll, wie von einem Umtausch- oder Bezugsrecht Gebrauch gemacht wird, das die Gesellschaft auf die neuen Aktien (Bezugsaktien) einräumt (bedingte Kapitalerhöhung).
(2) Die bedingte Kapitalerhöhung soll nur zu folgenden Zwecken beschlossen werden:
1. zur Gewährung von Umtausch- oder Bezugsrechten an Gläubiger von Wandelschuldverschreibungen;

---

[1]) § 188 Abs. 2 Satz 1 geänd., Abs. 4 aufgeh., bish. Abs. 5 und 6 werden Abs. 4 und 5 durch G v. 13.12.1978 (BGBl. I S.1959), Abs. 3 Nr. 2 geänd. durch G v. 2.8. 1994 (BGBl. I S.1961).
[2]) § 190 Satz 1 neugef. durch G v. 13.12.1978 (BGBl. I S.1959).
[3]) § 192 Abs. 3 Satz 2 angef. durch StückAG v. 25.3.1998 (BGBl. I S.590), Abs. 2 Nr. 3 neugef., Abs. 3 Satz 1 geänd. durch KonTraG v. 27.4. 1998 (BGBl. I S.786).

2. zur Vorbereitung des Zusammenschlusses mehrerer Unternehmen;
3. zur Gewährung von Bezugsrechten an Arbeitnehmer und Mitglieder der Geschäftsführung der Gesellschaft oder eines verbundenen Unternehmens im Wege des Zustimmungs- oder Ermächtigungsbeschlusses.

(3) ¹Der Nennbetrag des bedingten Kapitals darf die Hälfte und der Nennbetrag des nach Absatz 2 Nr. 3 beschlossenen Kapitals den zehnten Teil des Grundkapitals, das zur Zeit der Beschlußfassung über die bedingte Kapitalerhöhung vorhanden ist, nicht übersteigen. ²§ 182 Abs. 1 Satz 5 gilt sinngemäß.

(4) Ein Beschluß der Hauptversammlung, der dem Beschluß über die bedingte Kapitalerhöhung entgegensteht, ist nichtig.

(5) Die folgenden Vorschriften über das Bezugsrecht gelten sinngemäß für das Umtauschrecht.

§ 193.[1] **Erfordernisse des Beschlusses.** (1) ¹Der Beschluß über die bedingte Kapitalerhöhung bedarf einer Mehrheit, die mindestens drei Viertel des bei der Beschlußfassung vertretenen Grundkapitals umfaßt. ²Die Satzung kann eine größere Kapitalmehrheit und weitere Erfordernisse bestimmen. ³§ 182 Abs. 2 und § 187 Abs. 2 gelten.

(2) Im Beschluß müssen auch festgestellt werden
1. der Zweck der bedingten Kapitalerhöhung;
2. der Kreis der Bezugsberechtigten;
3. der Ausgabebetrag oder die Grundlagen, nach denen dieser Betrag errechnet wird; sowie
4. bei Beschlüssen nach § 192 Abs. 2 Nr. 3 auch die Aufteilung der Bezugsrechte auf Mitglieder der Geschäftsführungen und Arbeitnehmer, Erfolgsziele, Erwerbs- und Ausübungszeiträume und Wartezeit für die erstmalige Ausübung (mindestens zwei Jahre).

§ 194.[2] **Bedingte Kapitalerhöhung mit Sacheinlagen.** (1) ¹Wird eine Sacheinlage gemacht, so müssen ihr Gegenstand, die Person, von der die Gesellschaft den Gegenstand erwirbt, und der Nennbetrag, bei Stückaktien die Zahl der bei der Sacheinlage zu gewährenden Aktien im Beschluß über die bedingte Kapitalerhöhung festgesetzt werden. ²Als Sacheinlage gilt nicht die Hingabe von Schuldverschreibungen im Umtausch gegen Bezugsaktien. ³Der Beschluß darf nur gefaßt werden, wenn die Einbringung von Sacheinlagen ausdrücklich und ordnungsgemäß (§ 124 Abs. 1) bekanntgemacht worden ist.

(2) ¹Ohne diese Festsetzung sind Verträge über Sacheinlagen und die Rechtshandlungen zu ihrer Ausführung der Gesellschaft gegenüber unwirksam. ²Sind die Bezugsaktien ausgegeben, so wird die Gültigkeit der bedingten Kapitalerhöhung durch diese Unwirksamkeit nicht berührt. ³Der Aktionär ist verpflichtet, den Ausgabebetrag der Bezugsaktien einzuzahlen. ⁴Die Unwirksamkeit kann durch Satzungsänderung nicht geheilt werden, nachdem die Bezugsaktien ausgegeben worden sind.

(3) Die Absätze 1 und 2 gelten nicht für die Einlage von Geldforderungen, die Arbeitnehmern der Gesellschaft aus einer ihnen von der Gesellschaft eingeräumten Gewinnbeteiligung zustehen.

(4) ¹Bei der Kapitalerhöhung mit Sacheinlagen hat eine Prüfung durch einen oder mehrere Prüfer stattzufinden. ²§ 33 Abs. 3 bis 5, § 34 Abs. 2 und 3, § 35 gelten sinngemäß. ³Das Gericht kann die Eintragung ablehnen, wenn der Wert der Sacheinlage nicht unwesentlich hinter dem geringsten Ausgabebetrag der dafür zu gewährenden Aktien zurückbleibt.

§ 195.[3] **Anmeldung des Beschlusses.** (1) Der Vorstand und der Vorsitzende des Aufsichtsrats haben den Beschluß über die bedingte Kapitalerhöhung zur Eintragung in das Handelsregister anzumelden.

(2) Der Anmeldung sind für das Gericht des Sitzes der Gesellschaft beizufügen
1. bei einer bedingten Kapitalerhöhung mit Sacheinlagen die Verträge, die den Festsetzungen nach § 194 zugrunde liegen oder zu ihrer Ausführung geschlossen worden sind, und der Bericht über die Prüfung von Sacheinlagen (§ 94 Abs. 4);

---

[1] § 193 Abs. 2 Nr. 4 angef. durch KonTraG v. 27.4. 1998 (BGBl. I S. 786).
[2] § 194 Abs. 4 angef. durch G v. 13.12. 1978 (BGBl. I S.1959), Abs. 1 Satz 1, Abs. 2 Satz 3 und Abs. 4 Satz 3 geänd. durch StückAG v. 25.3. 1998 (BGBl. I S. 590).
[3] § 195 Abs. 2 Nr. 1 neugef., bish. Abs. 3 aufgeh., Abs. 4 wird Abs. 3 durch G v. 13.12. 1978 (BGBl. I S.1959).

Aktiengesetz §§ 196–201 AktG Anh.

2. eine Berechnung der Kosten, die für die Gesellschaft durch die Ausgabe der Bezugsaktien entstehen werden;
3. wenn die Kapitalerhöhung der staatlichen Genehmigung bedarf, die Genehmigungsurkunde.

(3) Die eingereichten Schriftstücke werden beim Gericht in Urschrift, Ausfertigung oder öffentlich beglaubigter Abschrift aufbewahrt.

§ 196.[1] **Bekanntmachung der Eintragung.** ¹In die Bekanntmachung der Eintragung des Beschlusses über die bedingte Kapitalerhöhung sind außer deren Inhalt die Feststellungen nach § 193 Abs. 2, die nach § 194 bei der Einbringung von Sacheinlagen vorgesehenen Festsetzungen und ein Hinweis auf den Bericht über die Prüfung von Sacheinlagen (§ 194 Abs. 4) aufzunehmen. ²Für die Festsetzungen nach § 194 genügt die Bezugnahme auf die beim Gericht eingereichten Urkunden.

§ 197. Verbotene Aktienausgabe. ¹Vor der Eintragung des Beschlusses über die bedingte Kapitalerhöhung können die Bezugsaktien nicht ausgegeben werden. ²Ein Anspruch des Bezugsberechtigten entsteht vor diesem Zeitpunkt nicht. ³Die vorher ausgegebenen Bezugsaktien sind nichtig. ⁴Für den Schaden aus der Ausgabe sind die Ausgeber den Inhabern als Gesamtschuldner verantwortlich.

§ 198.[2] **Bezugserklärung.** (1) ¹Das Bezugsrecht wird durch schriftliche Erklärung ausgeübt. ²Die Erklärung (Bezugserklärung) soll doppelt ausgestellt werden. ³Sie hat die Beteiligung nach der Zahl und bei Nennbetragsaktien dem Nennbetrag und, wenn mehrere Gattungen ausgegeben werden, der Gattung der Aktien, die Feststellungen nach § 193 Abs. 2, die nach § 194 bei der Einbringung von Sacheinlagen vorgesehenen Festsetzungen sowie den Tag anzugeben, an dem der Beschluß über die bedingte Kapitalerhöhung gefaßt worden ist.

(2) ¹Die Bezugserklärung hat die gleiche Wirkung wie eine Zeichnungserklärung. ²Bezugserklärungen, deren Inhalt nicht dem Absatz 1 entspricht oder die Beschränkungen der Verpflichtung des Erklärenden enthalten, sind nichtig.

(3) Werden Bezugsaktien ungeachtet der Nichtigkeit einer Bezugserklärung ausgegeben, so kann sich der Erklärende auf die Nichtigkeit nicht berufen, wenn er auf Grund der Bezugserklärung als Aktionär Rechte ausgeübt oder Verpflichtungen erfüllt hat.

(4) Jede nicht in der Bezugserklärung enthaltene Beschränkung ist der Gesellschaft gegenüber unwirksam.

§ 199.[3] **Ausgabe der Bezugsaktien.** (1) Der Vorstand darf die Bezugsaktien nur in Erfüllung des im Beschluß über die bedingte Kapitalerhöhung festgesetzten Zwecks und nicht vor der vollen Leistung des Gegenwerts ausgeben, der sich aus dem Beschluß ergibt.

(2) ¹Der Vorstand darf Bezugsaktien gegen Wandelschuldverschreibungen nur ausgeben, wenn der Unterschied zwischen dem Ausgabebetrag der zum Umtausch eingereichten Schuldverschreibungen und dem höheren geringsten Ausgabebetrag der für sie zu gewährenden Bezugsaktien aus einer anderen Gewinnrücklage, soweit sie zu diesem Zweck verwandt werden kann, oder durch Zuzahlung des Umtauschberechtigten gedeckt ist. ²Dies gilt nicht, wenn der Gesamtbetrag, zu dem die Schuldverschreibungen ausgegeben sind, den geringsten Ausgabebetrag der Bezugsaktien insgesamt erreicht oder übersteigt.

§ 200. Wirksamwerden der bedingten Kapitalerhöhung. Mit der Ausgabe der Bezugsaktien ist das Grundkapital erhöht.

§ 201. Anmeldung der Ausgabe von Bezugsaktien. (1) Der Vorstand hat innerhalb eines Monats nach Ablauf des Geschäftsjahrs zur Eintragung in das Handelsregister anzumelden, in welchem Umfang im abgelaufenen Geschäftsjahr Bezugsaktien ausgegeben worden sind.

(2) ¹Der Anmeldung sind für das Gericht des Sitzes der Gesellschaft die Zweitschriften der Bezugserklärungen und ein vom Vorstand unterschriebenes Verzeichnis der Personen, die das Bezugsrecht ausgeübt haben, beizufügen. ²Das Verzeichnis hat die auf jeden Aktionär entfallenden Aktien und die auf sie gemachten Einlagen anzugeben.

---

[1] § 196 Satz 1 neugef. durch G v. 13.12.1978 (BGBl. I S.1959).
[2] § 198 Abs.1 Satz 3 geänd. durch StückAG v. 25.3.1998 (BGBl. I S.590).
[3] § 199 Abs.2 Satz 1 geänd. durch BiRiLiG v. 19.12.1985 (BGBl. I S.2355), Abs.2 Sätze 1 und 2 geänd. durch StückAG v. 25.3.1998 (BGBl. I S.590).

(3) In der Anmeldung hat der Vorstand zu erklären, daß die Bezugsaktien nur in Erfüllung des im Beschluß über die bedingte Kapitalerhöhung festgesetzten Zwecks und nicht vor der vollen Leistung des Gegenwerts ausgegeben worden sind, der sich aus dem Beschluß ergibt.

(4) Die eingereichten Schriftstücke werden beim Gericht in Urschrift, Ausfertigung oder öffentlich beglaubigter Abschrift aufbewahrt.

Dritter Unterabschnitt. Genehmigtes Kapital

§ 202.[1) **Voraussetzungen.** (1) Die Satzung kann den Vorstand für höchstens fünf Jahre nach Eintragung der Gesellschaft ermächtigen, das Grundkapital bis zu einem bestimmten Nennbetrag (genehmigtes Kapital) durch Ausgabe neuer Aktien gegen Einlagen zu erhöhen.

(2) [1]Die Ermächtigung kann auch durch Satzungsänderung für höchstens fünf Jahre nach Eintragung der Satzungsänderung erteilt werden. [2]Der Beschluß der Hauptversammlung bedarf einer Mehrheit, die mindestens drei Viertel des bei der Beschlußfassung vertretenen Grundkapitals umfaßt. [3]Die Satzung kann eine größere Kapitalmehrheit und weitere Erfordernisse bestimmen. [4]§ 182 Abs. 2 gilt.

(3) [1]Der Nennbetrag des genehmigten Kapitals darf die Hälfte des Grundkapitals, das zur Zeit der Ermächtigung vorhanden ist, nicht übersteigen. [2]Die neuen Aktien sollen nur mit Zustimmung des Aufsichtsrats ausgegeben werden. [3]§ 182 Abs. 1 Satz 5 gilt sinngemäß.

(4) Die Satzung kann auch vorsehen, daß die neuen Aktien an Arbeitnehmer der Gesellschaft ausgegeben werden.

§ 203. Ausgabe der neuen Aktien. (1) [1]Für die Ausgabe der neuen Aktien gelten sinngemäß, soweit sich aus den folgenden Vorschriften nichts anderes ergibt, §§ 185 bis 191 über die Kapitalerhöhung gegen Einlagen. [2]An die Stelle des Beschlusses über die Erhöhung des Grundkapitals tritt die Ermächtigung der Satzung zur Ausgabe neuer Aktien.

(2) [1]Die Ermächtigung kann vorsehen, daß der Vorstand über den Ausschluß des Bezugsrechts entscheidet. [2]Wird eine Ermächtigung, die dies vorsieht, durch Satzungsänderung erteilt, so gilt § 186 Abs. 4 sinngemäß.

(3) [1]Die neuen Aktien sollen nicht ausgegeben werden, solange ausstehende Einlagen auf das bisherige Grundkapital noch erlangt werden können. [2]Für Versicherungsgesellschaften kann die Satzung etwas anderes bestimmen. [3]Stehen Einlagen in verhältnismäßig unerheblichem Umfang aus, so hindert dies die Ausgabe der neuen Aktien nicht. [4]In der ersten Anmeldung der Durchführung der Erhöhung des Grundkapitals ist anzugeben, welche Einlagen auf das bisherige Grundkapital noch nicht geleistet sind und warum sie nicht erlangt werden können.

(4) Absatz 3 Satz 1 und 4 gilt nicht, wenn die Aktien an Arbeitnehmer der Gesellschaft ausgegeben werden.

§ 204.[2) **Bedingungen der Aktienausgabe.** (1) [1]Über den Inhalt der Aktienrechte und die Bedingungen der Aktienausgabe entscheidet der Vorstand, soweit die Ermächtigung keine Bestimmungen enthält. [2]Die Entscheidung des Vorstands bedarf der Zustimmung des Aufsichtsrats; gleiches gilt für die Entscheidung des Vorstands nach § 203 Abs. 2 über den Ausschluß des Bezugsrechts.

(2) Sind Vorzugsaktien ohne Stimmrecht vorhanden, so können Vorzugsaktien, die bei der Verteilung des Gewinns oder des Gesellschaftsvermögens ihnen vorgehen oder gleichstehen, nur ausgegeben werden, wenn die Ermächtigung es vorsieht.

(3) [1]Weist ein Jahresabschluß, der mit einem uneingeschränkten Bestätigungsvermerk versehen ist, einen Jahresüberschuß aus, so können Aktien an Arbeitnehmer der Gesellschaft auch in der Weise ausgegeben werden, daß die auf sie zu leistende Einlage aus dem Teil des Jahresüberschusses gedeckt wird, den nach § 58 Abs. 2 Vorstand und Aufsichtsrat in andere Gewinnrücklagen einstellen können. [2]Für die Ausgabe der neuen Aktien gelten die Vorschriften über eine Kapitalerhöhung gegen Bareinlagen, ausgenommen § 188 Abs. 2. [3]Der Anmeldung der Durchführung der Erhöhung des Grundkapitals ist außerdem der festgestellte Jahresabschluß mit Bestätigungsvermerk beizufügen. [4]Die Anmeldenden haben ferner die Erklärung nach § 210 Abs. 1 Satz 2 abzugeben.

[1)] § 202 Abs. 3 Satz 3 angef. durch StückAG v. 25.3.1998 (BGBl. I S. 590).
[2)] § 204 Abs. 3 Satz 1 geänd. durch BiRiLiG v. 19.12.1985 (BGBl. I S. 2355).

§ 205.[1] **Ausgabe gegen Sacheinlagen.** (1) Gegen Sacheinlagen dürfen Aktien nur ausgegeben werden, wenn die Ermächtigung es vorsieht.

(2) ¹Der Gegenstand der Sacheinlage, die Person, von der die Gesellschaft den Gegenstand erwirbt, und der Nennbetrag, bei Stückaktien die Zahl der bei der Sacheinlage zu gewährenden Aktien sind, wenn sie nicht in der Ermächtigung festgesetzt sind, vom Vorstand festzusetzen und in den Zeichnungsschein aufzunehmen. ²Der Vorstand soll die Entscheidung nur mit Zustimmung des Aufsichtsrats treffen.

(3) ¹Bei Ausgabe der Aktien gegen Sacheinlagen hat eine Prüfung durch einen oder mehrere Prüfer stattzufinden. ²§ 33 Abs. 3 bis 5, § 34 Abs. 2 und 3, § 35 gelten sinngemäß. ³Das Gericht kann die Eintragung ablehnen, wenn der Wert der Sacheinlage nicht unwesentlich hinter dem geringsten Ausgabebetrag der dafür zu gewährenden Aktien zurückbleibt.

(4) ¹Ohne die vorgeschriebene Festsetzung sind Verträge über Sacheinlagen und die Rechtshandlungen zu ihrer Ausführung der Gesellschaft gegenüber unwirksam. ²Gleiches gilt, wenn die Festsetzung des Vorstands nicht in den Zeichnungsschein aufgenommen ist. ³Ist die Durchführung der Erhöhung des Grundkapitals eingetragen, so wird die Gültigkeit der Kapitalerhöhung durch diese Unwirksamkeit nicht berührt. ⁴Der Aktionär ist verpflichtet, den Ausgabebetrag der Aktien einzuzahlen. ⁵Die Unwirksamkeit kann durch Satzungsänderung nicht geheilt werden, nachdem die Durchführung der Erhöhung des Grundkapitals in das Handelsregister eingetragen worden ist.

(5) Die Absätze 2 und 3 gelten nicht für die Einlage von Geldforderungen, die Arbeitnehmern der Gesellschaft aus einer ihnen von der Gesellschaft eingeräumten Gewinnbeteiligung zustehen.

§ 206.[2] **Verträge über Sacheinlagen vor Eintragung der Gesellschaft.** ¹Sind vor Eintragung der Gesellschaft Verträge geschlossen worden, nach denen auf das genehmigte Kapital eine Sacheinlage zu leisten ist, so muß die Satzung die Festsetzungen enthalten, die für eine Ausgabe gegen Sacheinlagen vorgeschrieben sind. ²Dabei gelten sinngemäß § 27 Abs. 3, 5, §§ 32 bis 35, 37 Abs. 4 Nr. 2, 4 und 5, § 38 Abs. 2, § 49 über die Gründung der Gesellschaft. ³An die Stelle der Gründer tritt der Vorstand und an die Stelle der Anmeldung und Eintragung der Gesellschaft die Anmeldung und Eintragung der Durchführung der Erhöhung des Grundkapitals.

Vierter Unterabschnitt. Kapitalerhöhung aus Gesellschaftsmitteln

§ 207.[3] **Voraussetzungen.** (1) Die Hauptversammlung kann eine Erhöhung des Grundkapitals durch Umwandlung der Kapitalrücklage und von Gewinnrücklagen in Grundkapital beschließen.

(2) ¹Für den Beschluß und für die Anmeldung des Beschlusses gelten § 182 Abs. 1, § 184 Abs. 1 sinngemäß. ²Gesellschaften mit Stückaktien können ihr Grundkapital auch ohne Ausgabe neuer Aktien erhöhen; der Beschluß über die Kapitalerhöhung muß die Art der Erhöhung angeben.

(3) Die Erhöhung kann erst beschlossen werden, nachdem der Jahresabschluß für das letzte vor der Beschlußfassung über die Kapitalerhöhung abgelaufene Geschäftsjahr (letzter Jahresabschluß) festgestellt ist.

(4) Dem Beschluß ist eine Bilanz zugrunde zu legen.

§ 208.[4] **Umwandlungsfähigkeit von Kapital- und Gewinnrücklagen.**

(1) ¹Die Kapitalrücklage und die Gewinnrücklagen, die in Grundkapital umgewandelt werden sollen, müssen in der letzten Jahresbilanz und, wenn dem Beschluß eine andere Bilanz zugrunde gelegt wird, auch in dieser Bilanz unter „Kapitalrücklage" oder „Gewinnrücklagen" oder im letzten Beschluß über die Verwendung des Jahresüberschusses oder des Bilanzgewinns als Zuführung zu diesen Rücklagen ausgewiesen sein. ²Vorbehaltlich des Absatzes 2 können andere Gewinnrücklagen und deren Zuführungen in voller Höhe, die Kapitalrücklage und die gesetzliche Rücklage sowie deren Zuführungen nur, soweit sie zusammen den zehnten oder den in der Satzung bestimmten höheren Teil des bisherigen Grundkapitals übersteigen, in Grundkapital umgewandelt werden.

---

[1] § 205 Abs. 3 eingef., bish. Abs. 3 und 4 werden Abs. 4 und 5 durch G v. 13.12.1978 (BGBl. I S.1959), Abs. 2 Satz 1, Abs. 3 Satz 3 und Abs. 4 Satz 4 geänd. durch StückAG v. 25.3.1998 (BGBl. I S.590).

[2] § 206 Satz 2 geänd. durch G v. 15.8.1969 (BGBl. I S.1146), v. 13.12.1978 (BGBl. I S.1959) und v. 19.12.1985 (BGBl. I S.2355).

[3] § 207 Abs. 1 geänd. durch BiRiLiG v. 19.12.1985 (BGBl. I S.2355), Abs. 2 Satz 1 geänd., Satz 2 angef. durch StückAG v. 25.3.1998 (BGBl. I S.590).

[4] § 208 neugef. durch BiRiLiG v. 19.12.1985 (BGBl. I S.2355).

(2) ¹Die Kapitalrücklage und die Gewinnrücklagen sowie deren Zuführungen können nicht umgewandelt werden, soweit in der zugrunde gelegten Bilanz ein Verlust einschließlich eines Verlustvortrags ausgewiesen ist. ²Gewinnrücklagen und deren Zuführungen, die für einen bestimmten Zweck bestimmt sind, dürfen nur umgewandelt werden, soweit dies mit ihrer Zweckbestimmung vereinbar ist.

§ 209.[1] **Zugrunde gelegte Bilanz.** (1) Dem Beschluß kann die letzte Jahresbilanz zugrunde gelegt werden, wenn die Jahresbilanz geprüft und die festgestellte Jahresbilanz mit dem uneingeschränkten Bestätigungsvermerk des Abschlußprüfers versehen ist und wenn ihr Stichtag höchstens acht Monate vor der Anmeldung des Beschlusses zur Eintragung in das Handelsregister liegt.

(2) ¹Wird dem Beschluß nicht die letzte Jahresbilanz zugrunde gelegt, so muß die Bilanz §§ 150, 152 dieses Gesetzes, §§ 242 bis 256, 264 bis 274, 279 bis 283 des Handelsgesetzbuchs entsprechen. ²Der Stichtag der Bilanz darf höchstens acht Monate vor der Anmeldung des Beschlusses zur Eintragung in das Handelsregister liegen.

(3) ¹Die Bilanz muß durch einen Abschlußprüfer darauf geprüft werden, ob sie §§ 150, 152 dieses Gesetzes, §§ 242 bis 256, 264 bis 274, 279 bis 283 des Handelsgesetzbuchs entspricht. ²Sie muß mit einem uneingeschränkten Bestätigungsvermerk versehen sein.

(4) ¹Wenn die Hauptversammlung keinen anderen Prüfer wählt, gilt der Prüfer als gewählt, der für die Prüfung des letzten Jahresabschlusses von der Hauptversammlung gewählt oder vom Gericht bestellt worden ist. ²Soweit sich aus der Besonderheit des Prüfungsauftrags nichts anderes ergibt, sind auf die Prüfung § 318 Abs. 1 Satz 3, § 319 Abs. 1 bis 3, § 320 Abs. 1, 2, §§ 321, 322 Abs. 5 und § 323 des Handelsgesetzbuchs entsprechend anzuwenden.

(5) ¹Bei Versicherungsgesellschaften wird der Prüfer vom Aufsichtsrat bestimmt; Absatz 4 Satz 1 gilt sinngemäß. ²Soweit sich aus der Besonderheit des Prüfungsauftrags nichts anderes ergibt, ist auf die Prüfung § 341 k des Handelsgesetzbuchs anzuwenden.

(6) Im Fall der Absätze 2 bis 5 gilt für die Auslegung der Bilanz und für die Erteilung von Abschriften § 175 Abs. 2 sinngemäß.

§ 210. Anmeldung und Eintragung des Beschlusses. (1) ¹Der Anmeldung des Beschlusses zur Eintragung in das Handelsregister ist für das Gericht des Sitzes der Gesellschaft die der Kapitalerhöhung zugrunde gelegte Bilanz mit Bestätigungsvermerk, im Fall des § 209 Abs. 2 bis 6 außerdem die letzte Jahresbilanz, sofern sie noch nicht eingereicht ist, beizufügen. ²Die Anmeldenden haben dem Gericht gegenüber zu erklären, daß nach ihrer Kenntnis seit dem Stichtag der zugrunde gelegten Bilanz bis zum Tag der Anmeldung keine Vermögensminderung eingetreten ist, die der Kapitalerhöhung entgegenstünde, wenn sie am Tag der Anmeldung beschlossen worden wäre.

(2) Das Gericht darf den Beschluß nur eintragen, wenn die der Kapitalerhöhung zugrunde gelegte Bilanz auf einen höchstens acht Monate vor der Anmeldung liegenden Stichtag aufgestellt und eine Erklärung nach Absatz 1 Satz 2 abgegeben worden ist.

(3) Das Gericht braucht nicht zu prüfen, ob die Bilanzen den gesetzlichen Vorschriften entsprechen.

(4) Bei der Eintragung des Beschlusses ist anzugeben, daß es sich um eine Kapitalerhöhung aus Gesellschaftsmitteln handelt.

(5) Die eingereichten Schriftstücke werden beim Gericht in Urschrift, Ausfertigung oder öffentlich beglaubigter Abschrift aufbewahrt.

§ 211.[2] **Wirksamwerden der Kapitalerhöhung.** (1) Mit der Eintragung des Beschlusses über die Erhöhung des Grundkapitals ist das Grundkapital erhöht.

(2) *(aufgehoben)*

§ 212.[3] **Aus der Kapitalerhöhung Berechtigte.** ¹Neue Aktien stehen den Aktionären im Verhältnis ihrer Anteile am bisherigen Grundkapital zu. ²Ein entgegenstehender Beschluß der Hauptversammlung ist nichtig.

---

[1] § 209 Abs. 1, Abs. 2 Satz 1 und Abs. 3 Satz 1 geänd., Abs. 4 Satz 1 neugef., Abs. 4 Satz 2 und Abs. 5 Satz 1 geänd. durch BiRiLiG v. 19.12.1985 (BGBl. I S. 2355), Abs. 5 Satz 2 geänd. durch Art. 2 VersRiLiG v. 24.6.1994 (BGBl. I S. 1377), Abs. 4 Satz 2 geänd. durch KonTraG v. 27.4.1998 (BGBl. I S. 786).
[2] § 211 Abs. 2 aufgeh. durch Art. 6 UmwBerG v. 28.10.1994 (BGBl. I S. 3210).
[3] § 212 Satz 1 geänd. durch StückAG v. 25.3.1998 (BGBl. I S. 590).

§ 213. Teilrechte. (1) Führt die Kapitalerhöhung dazu, daß auf einen Anteil am bisherigen Grundkapital nur ein Teil einer neuen Aktie entfällt, so ist dieses Teilrecht selbständig veräußerlich und vererblich.

(2) Die Rechte aus einer neuen Aktie einschließlich des Anspruchs auf Ausstellung einer Aktienurkunde können nur ausgeübt werden, wenn Teilrechte, die zusammen eine volle Aktie ergeben, in einer Hand vereinigt sind oder wenn sich mehrere Berechtigte, deren Teilrechte zusammen eine volle Aktie ergeben, zur Ausübung der Rechte zusammenschließen.

§ 214.[1)] **Aufforderung an die Aktionäre.** (1) [1]Nach der Eintragung des Beschlusses über die Erhöhung des Grundkapitals durch Ausgabe neuer Aktien hat der Vorstand unverzüglich die Aktionäre aufzufordern, die neuen Aktien abzuholen. [2]Die Aufforderung ist in den Gesellschaftsblättern bekanntzumachen. [3]In der Bekanntmachung ist anzugeben,
1. um welchen Betrag das Grundkapital erhöht worden ist,
2. in welchem Verhältnis auf die alten Aktien neue Aktien entfallen.

[4]In der Bekanntmachung ist ferner darauf hinzuweisen, daß die Gesellschaft berechtigt ist, Aktien, die nicht innerhalb eines Jahres seit der Bekanntmachung der Aufforderung abgeholt werden, nach dreimaliger Androhung für Rechnung der Beteiligten zu verkaufen.

(2) [1]Nach Ablauf eines Jahres seit der Bekanntmachung der Aufforderung hat die Gesellschaft den Verkauf der nicht abgeholten Aktien anzudrohen. [2]Die Androhung ist dreimal in Abständen von mindestens einem Monat in den Gesellschaftsblättern bekanntzumachen. [3]Die letzte Bekanntmachung muß vor dem Ablauf von achtzehn Monaten seit der Bekanntmachung der Aufforderung ergehen.

(3) [1]Nach Ablauf eines Jahres seit der letzten Bekanntmachung der Androhung hat die Gesellschaft die nicht abgeholten Aktien für Rechnung der Beteiligten zum amtlichen Börsenpreis durch Vermittlung eines Kursmaklers und beim Fehlen eines Börsenpreises durch öffentliche Versteigerung zu verkaufen. [2]§ 226 Abs. 3 Satz 2 bis 6 gilt sinngemäß.

(4) [1]Die Absätze 1 bis 3 gelten sinngemäß für Gesellschaften, die keine Aktienurkunden ausgegeben haben. [2]Die Gesellschaften haben die Aktionäre aufzufordern, sich die neuen Aktien zuteilen zu lassen.

§ 215.[1)] **Eigene Aktien. Teileingezahlte Aktien.** (1) Eigene Aktien nehmen an der Erhöhung des Grundkapitals teil.

(2) [1]Teileingezahlte Aktien nehmen entsprechend ihrem Anteil am Grundkapital an der Erhöhung des Grundkapitals teil. [2]Bei ihnen kann die Kapitalerhöhung nicht durch Ausgabe neuer Aktien ausgeführt werden, bei Nennbetragsaktien wird deren Nennbetrag erhöht. [3]Sind neben teileingezahlten Aktien volleingezahlte Aktien vorhanden, so kann bei volleingezahlten Nennbetragsaktien die Kapitalerhöhung durch Erhöhung des Nennbetrags der Aktien und durch Ausgabe neuer Aktien ausgeführt werden; der Beschluß über die Erhöhung des Grundkapitals muß die Art der Erhöhung angeben. [4]Soweit die Kapitalerhöhung durch Erhöhung des Nennbetrags der Aktien ausgeführt wird, ist sie so zu bemessen, daß durch sie auf keine Aktie Beträge entfallen, die durch eine Erhöhung des Nennbetrags der Aktien nicht gedeckt werden können.

§ 216. Wahrung der Rechte der Aktionäre und Dritter. (1) [1]Das Verhältnis der mit den Aktien verbundenen Rechte zueinander wird durch die Kapitalerhöhung nicht berührt. [2]Die Ausgabe neuer Mehrstimmrechtsaktien und die Erhöhung des Stimmrechts von Mehrstimmrechtsaktien auf Grund des Satzes 1 bedürfen keiner Zulassung nach § 12 Abs. 2 Satz 2.

(2) [1]Soweit sich einzelne Rechte teileingezahlter Aktien, insbesondere die Beteiligung am Gewinn oder das Stimmrecht, nach der auf die Aktie geleisteten Einlage bestimmen, stehen diese Rechte den Aktionären bis zur Leistung der noch ausstehenden Einlagen nur nach der Höhe der geleisteten Einlage, erhöht um den auf den Nennbetrag des Grundkapitals berechneten Hundertsatz der Erhöhung des Grundkapitals zu. [2]Werden weitere Einzahlungen geleistet, so erweitern sich diese Rechte entsprechend. [3]Im Fall des § 271 Abs. 3 gelten die Erhöhungsbeträge als voll eingezahlt.

(3) [1]Der wirtschaftliche Inhalt vertraglicher Beziehungen der Gesellschaft zu Dritten, die von der Gewinnausschüttung der Gesellschaft, dem Nennbetrag oder Wert ihrer Aktien oder ihres Grundkapi-

---

[1)] § 214 Abs. 1 Satz 1 geänd., § 215 Abs. 2 Sätze 1 und 3 geänd., Satz 2 neugef. durch StückAG v. 25.3.1998 (BGBl. I S. 590).

tals oder sonst von den bisherigen Kapital- oder Gewinnverhältnissen abhängen, wird durch die Kapitalerhöhung nicht berührt. ²Gleiches gilt für Nebenverpflichtungen der Aktionäre.

§ 217.[1] **Beginn der Gewinnbeteiligung.** (1) Neue Aktien nehmen, wenn nichts anderes bestimmt ist, am Gewinn des ganzen Geschäftsjahrs teil, in dem die Erhöhung des Grundkapitals beschlossen worden ist.

(2) ¹Im Beschluß über die Erhöhung des Grundkapitals kann bestimmt werden, daß die neuen Aktien bereits am Gewinn des letzten vor der Beschlußfassung über die Kapitalerhöhung abgelaufenen Geschäftsjahrs teilnehmen. ²In diesem Fall ist die Erhöhung des Grundkapitals zu beschließen, bevor über die Verwendung des Bilanzgewinns des letzten vor der Beschlußfassung abgelaufenen Geschäftsjahrs Beschluß gefaßt ist. ³Der Beschluß über die Verwendung des Bilanzgewinns des letzten vor der Beschlußfassung über die Kapitalerhöhung abgelaufenen Geschäftsjahrs wird erst wirksam, wenn das Grundkapital erhöht ist. ⁴Der Beschluß über die Erhöhung des Grundkapitals und der Beschluß über die Verwendung des Bilanzgewinns des letzten vor der Beschlußfassung über die Kapitalerhöhung abgelaufenen Geschäftsjahrs sind nichtig, wenn der Beschluß über die Kapitalerhöhung nicht binnen drei Monaten nach der Beschlußfassung in das Handelsregister eingetragen worden ist. ⁵Der Lauf der Frist ist gehemmt, solange eine Anfechtungs- oder Nichtigkeitsklage rechtshängig ist oder eine zur Kapitalerhöhung beantragte staatliche Genehmigung noch nicht erteilt ist.

§ 218.[1] **Bedingtes Kapital.** ¹Bedingtes Kapital erhöht sich im gleichen Verhältnis wie das Grundkapital. ²Ist das bedingte Kapital zur Gewährung von Umtauschrechten an Gläubiger von Wandelschuldverschreibungen beschlossen worden, so ist zur Deckung des Unterschieds zwischen dem Ausgabebetrag der Schuldverschreibungen und dem höheren geringsten Ausgabebetrag der für sie zu gewährenden Bezugsaktien insgesamt eine Sonderrücklage zu bilden, soweit nicht Zuzahlungen der Umtauschberechtigten vereinbart sind.

§ 219. Verbotene Ausgabe von Aktien und Zwischenscheinen. Vor der Eintragung des Beschlusses über die Erhöhung des Grundkapitals in das Handelsregister dürfen neue Aktien und Zwischenscheine nicht ausgegeben werden.

§ 220.[1] **Wertansätze.** ¹Als Anschaffungskosten der vor der Erhöhung des Grundkapitals erworbenen Aktien und der auf sie entfallenen neuen Aktien gelten die Beträge, die sich für die einzelnen Aktien ergeben, wenn die Anschaffungskosten der vor der Erhöhung des Grundkapitals erworbenen Aktien auf diese und auf die auf sie entfallenen neuen Aktien nach dem Verhältnis der Anteile am Grundkapital verteilt werden. ²Der Zuwachs an Aktien ist nicht als Zugang auszuweisen.

Fünfter Unterabschnitt. Wandelschuldverschreibungen. Gewinnschuldverschreibungen

§ 221.[2] (1) ¹Schuldverschreibungen, bei denen den Gläubigern ein Umtausch- oder Bezugsrecht auf Aktien eingeräumt wird (Wandelschuldverschreibungen), und Schuldverschreibungen, bei denen die Rechte der Gläubiger mit Gewinnanteilen von Aktionären in Verbindung gebracht werden (Gewinnschuldverschreibungen), dürfen nur auf Grund eines Beschlusses der Hauptversammlung ausgegeben werden. ²Der Beschluß bedarf einer Mehrheit, die mindestens drei Viertel des bei der Beschlußfassung vertretenen Grundkapitals umfaßt. ³Die Satzung kann eine andere Kapitalmehrheit und weitere Erfordernisse bestimmen. ⁴§ 182 Abs. 2 gilt.

(2) ¹Eine Ermächtigung des Vorstandes zur Ausgabe von Wandelschuldverschreibungen kann höchstens für fünf Jahre erteilt werden. ²Der Vorstand und der Vorsitzende des Aufsichtsrats haben den Beschluß über die Ausgabe der Wandelschuldverschreibungen sowie eine Erklärung über deren Ausgabe beim Handelsregister zu hinterlegen. ³Ein Hinweis auf den Beschluß und die Erklärung ist in den Gesellschaftsblättern bekanntzumachen.

(3) Absatz 1 gilt sinngemäß für die Gewährung von Genußrechten.

(4) ¹Auf Wandelschuldverschreibungen, Gewinnschuldverschreibungen und Genußrechte haben die Aktionäre ein Bezugsrecht. ²§ 186 gilt sinngemäß.

---

[1] § 217 Abs. 1, § 218 Satz 2, § 220 Satz 1 geänd. durch StückAG v. 25.3.1998 (BGBl. I S.590).
[2] § 221 Abs. 2 eingef., bish. Abs. 2 und 3 werden Abs. 3 und 4 durch G v. 13.12.1978 (BGBl. I S.1959).

Dritter Abschnitt. Maßnahmen der Kapitalherabsetzung

Erster Unterabschnitt. Ordentliche Kapitalherabsetzung

§ 222.[1)] **Voraussetzungen.** (1) ¹Eine Herabsetzung des Grundkapitals kann nur mit einer Mehrheit beschlossen werden, die mindestens drei Viertel des bei der Beschlußfassung vertretenen Grundkapitals umfaßt. ²Die Satzung kann eine größere Kapitalmehrheit und weitere Erfordernisse bestimmen.

(2) ¹Sind mehrere Gattungen von stimmberechtigten Aktien vorhanden, so bedarf der Beschluß der Hauptversammlung zu seiner Wirksamkeit der Zustimmung der Aktionäre jeder Gattung. ²Über die Zustimmung haben die Aktionäre jeder Gattung einen Sonderbeschluß zu fassen. ³Für diesen gilt Absatz 1.

(3) In dem Beschluß ist festzusetzen, zu welchem Zweck die Herabsetzung stattfindet, namentlich ob Teile des Grundkapitals zurückgezahlt werden sollen.

(4) ¹Die Herabsetzung des Grundkapitals erfordert bei Gesellschaften mit Nennbetragsaktien die Herabsetzung des Nennbetrags der Aktien. ²Soweit der auf die einzelne Aktie entfallende anteilige Betrag des herabgesetzten Grundkapitals den Mindestbetrag nach § 8 Abs. 2 Satz 1 oder Abs. 3 Satz 3 unterschreiten würde, erfolgt die Herabsetzung durch Zusammenlegung der Aktien. ³Der Beschluß muß die Art der Herabsetzung angeben.

§ 223. Anmeldung des Beschlusses. Der Vorstand und der Vorsitzende des Aufsichtsrats haben den Beschluß über die Herabsetzung des Grundkapitals zur Eintragung in das Handelsregister anzumelden.

§ 224. Wirksamwerden der Kapitalherabsetzung. Mit der Eintragung des Beschlusses über die Herabsetzung des Grundkapitals ist das Grundkapital herabgesetzt.

§ 225.[2)] **Gläubigerschutz.** (1) ¹Den Gläubigern, deren Forderungen begründet worden sind, bevor die Eintragung des Beschlusses bekanntgemacht worden ist, ist, wenn sie sich binnen sechs Monaten nach der Bekanntmachung zu diesem Zweck melden, Sicherheit zu leisten, soweit sie nicht Befriedigung verlangen können. ²Die Gläubiger sind in der Bekanntmachung der Eintragung auf dieses Recht hinzuweisen. ³Das Recht, Sicherheitsleistung zu verlangen, steht Gläubigern nicht zu, die im Fall des Konkurses ein Recht auf vorzugsweise Befriedigung aus einer Deckungsmasse haben, die nach gesetzlicher Vorschrift zu ihrem Schutz errichtet und staatlich überwacht ist.

(2) ¹Zahlungen an die Aktionäre dürfen auf Grund der Herabsetzung des Grundkapitals erst geleistet werden, nachdem seit der Bekanntmachung der Eintragung sechs Monate verstrichen sind und nachdem den Gläubigern, die sich rechtzeitig gemeldet haben, Befriedigung oder Sicherheit gewährt worden ist. ²Auch eine Befreiung der Aktionäre von der Verpflichtung zur Leistung von Einlagen wird nicht vor dem bezeichneten Zeitpunkt und nicht vor Befriedigung oder Sicherstellung der Gläubiger wirksam, die sich rechtzeitig gemeldet haben.

(3) Das Recht der Gläubiger, Sicherheitsleistung zu verlangen, ist unabhängig davon, ob Zahlungen an die Aktionäre auf Grund der Herabsetzung des Grundkapitals geleistet werden.

§ 226. Kraftloserklärung von Aktien. (1) ¹Sollen zur Durchführung der Herabsetzung des Grundkapitals Aktien durch Umtausch, Abstempelung oder durch ein ähnliches Verfahren zusammengelegt werden, so kann die Gesellschaft die Aktien für kraftlos erklären, die trotz Aufforderung nicht bei ihr eingereicht worden sind. ²Gleiches gilt für eingereichte Aktien, welche die zum Ersatz durch neue Aktien nötige Zahl nicht erreichen und der Gesellschaft nicht zur Verwertung für Rechnung der Beteiligten zur Verfügung gestellt sind.

(2) ¹Die Aufforderung, die Aktien einzureichen, hat die Kraftloserklärung anzudrohen. ²Die Kraftloserklärung kann nur erfolgen, wenn die Aufforderung in der in § 64 Abs. 2 für die Nachfrist vorgeschriebenen Weise bekanntgemacht worden ist. ³Die Kraftloserklärung geschieht durch Bekanntmachung in den Gesellschaftsblättern. ⁴In der Bekanntmachung sind die für kraftlos erklärten Aktien so

---

[1)] § 222 Abs. 2 Satz 1 geänd. durch G v. 2.8. 1994 (BGBl. I S.1961), Abs. 4 neugef. durch StückAG v. 25.3. 1998 (BGBl. I S.590).
[2)] In § 225 Abs. 1 Satz 3 werden die Worte „des Konkurses" durch die Worte „des Insolvenzverfahrens" mWv. 1.1. 1999 gem. EGInsO v. 5.10. 1994 (BGBl. I S.2911) ersetzt.

zu bezeichnen, daß sich aus der Bekanntmachung ohne weiteres ergibt, ob eine Aktie für kraftlos erklärt ist.

(3) ¹Die neuen Aktien, die an Stelle der für kraftlos erklärten Aktien auszugeben sind, hat die Gesellschaft unverzüglich für Rechnung der Beteiligten zum amtlichen Börsenpreis durch Vermittlung eines Kursmaklers und beim Fehlen eines Börsenpreises durch öffentliche Versteigerung zu verkaufen. ²Ist von der Versteigerung am Sitz der Gesellschaft kein angemessener Erfolg zu erwarten, so sind die Aktien an einem geeigneten Ort zu verkaufen. ³Zeit, Ort und Gegenstand der Versteigerung sind öffentlich bekanntzumachen. ⁴Die Beteiligten sind besonders zu benachrichtigen; die Benachrichtigung kann unterbleiben, wenn sie untunlich ist. ⁵Bekanntmachung und Benachrichtigung müssen mindestens zwei Wochen vor der Versteigerung ergehen. ⁶Der Erlös ist den Beteiligten auszuzahlen oder, wenn ein Recht zur Hinterlegung besteht, zu hinterlegen.

§ 227. Anmeldung der Durchführung. (1) Der Vorstand hat die Durchführung der Herabsetzung des Grundkapitals zur Eintragung in das Handelsregister anzumelden.

(2) Anmeldung und Eintragung der Durchführung der Herabsetzung des Grundkapitals können mit Anmeldung und Eintragung des Beschlusses über die Herabsetzung verbunden werden.

§ 228. Herabsetzung unter den Mindestnennbetrag. (1) Das Grundkapital kann unter den in § 7 bestimmten Mindestnennbetrag herabgesetzt werden, wenn dieser durch eine Kapitalerhöhung wieder erreicht wird, die zugleich mit der Kapitalherabsetzung beschlossen ist und bei der Sacheinlagen nicht festgesetzt sind.

(2) ¹Die Beschlüsse sind nichtig, wenn sie und die Durchführung der Erhöhung nicht binnen sechs Monaten nach der Beschlußfassung in das Handelsregister eingetragen worden sind. ²Der Lauf der Frist ist gehemmt, solange eine Anfechtungs- oder Nichtigkeitsklage rechtshängig ist oder eine zur Kapitalherabsetzung oder Kapitalerhöhung beantragte staatliche Genehmigung noch nicht erteilt ist. ³Die Beschlüsse und die Durchführung der Erhöhung des Grundkapitals sollen nur zusammen in das Handelsregister eingetragen werden.

Zweiter Unterabschnitt. Vereinfachte Kapitalherabsetzung

§ 229.¹⁾ Voraussetzungen. (1) ¹Eine Herabsetzung des Grundkapitals, die dazu dienen soll, Wertminderungen auszugleichen, sonstige Verluste zu decken oder Beträge in die Kapitalrücklage einzustellen, kann in vereinfachter Form vorgenommen werden. ²Im Beschluß ist festzusetzen, daß die Herabsetzung zu diesen Zwecken stattfindet.

(2) ¹Die vereinfachte Kapitalherabsetzung ist nur zulässig, nachdem der Teil der gesetzlichen Rücklage und der Kapitalrücklage, um den diese zusammen über zehn vom Hundert des nach der Herabsetzung verbleibenden Grundkapitals hinausgehen, sowie die Gewinnrücklagen vorweg aufgelöst sind. ²Sie ist nicht zulässig, solange ein Gewinnvortrag vorhanden ist.

(3) § 222 Abs. 1, 2 und 4, §§ 223, 224, 226 bis 228 über die ordentliche Kapitalherabsetzung gelten sinngemäß.

§ 230.¹⁾ Verbot von Zahlungen an die Aktionäre. ¹Die Beträge, die aus der Auflösung der Kapital- oder Gewinnrücklagen und aus der Kapitalherabsetzung gewonnen werden, dürfen nicht zu Zahlungen an die Aktionäre und nicht dazu verwandt werden, die Aktionäre von der Verpflichtung zur Leistung von Einlagen zu befreien. ²Sie dürfen nur verwandt werden, um Wertminderungen auszugleichen, sonstige Verluste zu decken und Beträge in die Kapitalrücklage oder in die gesetzliche Rücklage einzustellen. ³Auch eine Verwendung zu einem dieser Zwecke ist nur zulässig, soweit sie im Beschluß als Zweck der Herabsetzung angegeben ist.

§ 231.²⁾ Beschränkte Einstellung in die Kapitalrücklage und in die gesetzliche Rücklage. ¹Die Einstellung der Beträge, die aus der Auflösung von anderen Gewinnrücklagen gewonnen werden, in die gesetzliche Rücklage und der Beträge, die aus der Kapitalherabsetzung gewonnen werden, in die Kapitalrücklage ist nur zulässig, soweit die Kapitalrücklage und die gesetzliche Rücklage zusammen

---

¹⁾ § 229 Abs. 1 Satz 1 geänd., Abs. 2 Satz 1 neugef., § 230 Sätze 1 und 2 geänd. durch BiRiLiG v. 19.12.1985 (BGBl. I S. 2355).

²⁾ § 231 neugef., § 232 mit Überschr. geänd., § 233 Abs. 1 Satz 1 neugef., Abs. 2 Satz 4, Abs. 3 geänd. durch BiRiLiG v. 19.12.1985 (BGBl. I S. 2355).

zehn vom Hundert des Grundkapitals nicht übersteigen. ²Als Grundkapital gilt dabei der Nennbetrag, der sich durch die Herabsetzung ergibt, mindestens aber der in § 7 bestimmte Mindestnennbetrag. ³Bei der Bemessung der zulässigen Höhe bleiben Beträge, die in der Zeit nach der Beschlußfassung über die Kapitalherabsetzung in die Kapitalrücklage einzustellen sind, auch dann außer Betracht, wenn ihre Zahlung auf einem Beschluß beruht, der zugleich mit dem Beschluß über die Kapitalherabsetzung gefaßt wird.

§ 232.[1] **Einstellung von Beträgen in die Kapitalrücklage bei zu hoch angenommenen Verlusten.** Ergibt sich bei Aufstellung der Jahresbilanz für das Geschäftsjahr, in dem der Beschluß über die Kapitalherabsetzung gefaßt wurde, oder für eines der beiden folgenden Geschäftsjahre, daß Wertminderungen und sonstige Verluste in der bei der Beschlußfassung angenommenen Höhe tatsächlich nicht eingetreten oder ausgeglichen waren, so ist der Unterschiedsbetrag in die Kapitalrücklage einzustellen.

§ 233.[1) 2)] **Gewinnausschüttung. Gläubigerschutz.** (1) ¹Gewinn darf nicht ausgeschüttet werden, bevor die gesetzliche Rücklage und die Kapitalrücklage zusammen zehn vom Hundert des Grundkapitals erreicht haben. ²Als Grundkapital gilt dabei der Nennbetrag, der sich durch die Herabsetzung ergibt, mindestens aber der in § 7 bestimmte Mindestnennbetrag.

(2) ¹Die Zahlung eines Gewinnanteils von mehr als vier vom Hundert ist erst für ein Geschäftsjahr zulässig, das später als zwei Jahre nach der Beschlußfassung über die Kapitalherabsetzung beginnt. ²Dies gilt nicht, wenn die Gläubiger, deren Forderungen vor der Bekanntmachung der Eintragung des Beschlusses begründet worden waren, befriedigt oder sichergestellt sind, soweit sie sich binnen sechs Monaten nach der Bekanntmachung des Jahresabschlusses, auf Grund dessen die Gewinnverteilung beschlossen ist, zu diesem Zweck gemeldet haben. ³Einer Sicherstellung der Gläubiger bedarf es nicht, die im Fall des Konkurses ein Recht auf vorzugsweise Befriedigung aus einer Deckungsmasse haben, die nach gesetzlicher Vorschrift zu ihrem Schutz errichtet und staatlich überwacht ist. ⁴Die Gläubiger sind in der Bekanntmachung nach § 325 Abs. 1 Satz 2 oder Abs. 2 Satz 1 des Handelsgesetzbuchs auf die Befriedigung oder Sicherstellung hinzuweisen.

(3) Die Beträge, die aus der Auflösung von Kapital- und Gewinnrücklagen und aus der Kapitalherabsetzung gewonnen sind, dürfen auch nach diesen Vorschriften nicht als Gewinn ausgeschüttet werden.

§ 234.[3] **Rückwirkung der Kapitalherabsetzung.** (1) Im Jahresabschluß für das letzte vor der Beschlußfassung über die Kapitalherabsetzung abgelaufene Geschäftsjahr können das gezeichnete Kapital sowie die Kapital- und Gewinnrücklagen in der Höhe ausgewiesen werden, in der sie nach der Kapitalherabsetzung bestehen sollen.

(2) ¹In diesem Fall beschließt die Hauptversammlung über die Feststellung des Jahresabschlusses. ²Der Beschluß soll zugleich mit dem Beschluß über die Kapitalherabsetzung gefaßt werden.

(3) ¹Die Beschlüsse sind nichtig, wenn der Beschluß über die Kapitalherabsetzung nicht binnen drei Monaten nach der Beschlußfassung in das Handelsregister eingetragen worden ist. ²Der Lauf der Frist ist gehemmt, solange eine Anfechtungs- oder Nichtigkeitsklage rechtshängig ist oder eine zur Kapitalherabsetzung beantragte staatliche Genehmigung noch nicht erteilt ist.

§ 235.[4] **Rückwirkung einer gleichzeitigen Kapitalerhöhung.**

(1) ¹Wird im Fall des § 234 zugleich mit der Kapitalherabsetzung eine Erhöhung des Grundkapitals beschlossen, so kann auch die Kapitalerhöhung in dem Jahresabschluß als vollzogen berücksichtigt werden. ²Die Beschlußfassung ist nur zulässig, wenn die neuen Aktien gezeichnet, keine Sacheinlagen festgesetzt sind und wenn auf jede Aktie die Einzahlung geleistet ist, die nach § 188 Abs. 2 zur Zeit der Anmeldung der Durchführung der Kapitalerhöhung bewirkt sein muß. ³Die Zeichnung und die Einzahlung sind dem Notar nachzuweisen, der den Beschluß über die Erhöhung des Grundkapitals beurkundet.

---

[1] § 231 neugef., § 232 mit Überschr. geänd., § 233 Abs. 1 Satz 1 neugef., Abs. 2 Satz 4, Abs. 3 geänd. durch BiRiLiG v. 19.12. 1985 (BGBl. I S. 2355).
[2] Gem. EGInsO v. 5.10. 1994 (BGBl. I S. 2911) werden mWv. 1.1. 1999 in § 233 Abs. 2 Satz 3 die Worte „des Konkurses" durch die Worte „des Insolvenzverfahrens" ersetzt.
[3] § 234 Abs. 1 neugef., § 236 mit Überschrift geänd. durch BiRiLiG v. 19.12. 1985 (BGBl. I S. 2355).
[4] § 235 Abs. 1 Satz 3 geänd. durch G v. 28.8. 1969 (BGBl. I S. 1513).

(2) ¹Sämtliche Beschlüsse sind nichtig, wenn die Beschlüsse über die Kapitalherabsetzung und die Kapitalerhöhung und die Durchführung der Erhöhung nicht binnen drei Monaten nach der Beschlußfassung in das Handelsregister eingetragen worden sind. ²Der Lauf der Frist ist gehemmt, solange eine Anfechtungs- oder Nichtigkeitsklage rechtshängig ist oder eine zur Kapitalherabsetzung oder Kapitalerhöhung beantragte staatliche Genehmigung noch nicht erteilt ist. ³Die Beschlüsse und die Durchführung der Erhöhung des Grundkapitals sollen nur zusammen in das Handelsregister eingetragen werden.

§ 236.[1] **Offenlegung.** Die Offenlegung des Jahresabschlusses nach § 325 des Handelsgesetzbuchs darf im Fall des § 234 erst nach Eintragung des Beschlusses über die Kapitalherabsetzung, im Fall des § 235 erst ergehen, nachdem die Beschlüsse über die Kapitalherabsetzung und Kapitalerhöhung und die Durchführung der Kapitalerhöhung eingetragen worden sind.

Dritter Unterabschnitt. Kapitalherabsetzung durch Einziehung von Aktien

§ 237.[2] **Voraussetzungen.** (1) ¹Aktien können zwangsweise oder nach Erwerb durch die Gesellschaft eingezogen werden. ²Eine Zwangseinziehung ist nur zulässig, wenn sie in der ursprünglichen Satzung oder durch eine Satzungsänderung vor Übernahme oder Zeichnung der Aktien angeordnet oder gestattet war.

(2) ¹Bei der Einziehung sind die Vorschriften über die ordentliche Kapitalherabsetzung zu befolgen. ²In der Satzung oder in dem Beschluß der Hauptversammlung sind die Voraussetzungen für eine Zwangseinziehung und die Einzelheiten ihrer Durchführung festzulegen. ³Für die Zahlung des Entgelts, das Aktionären bei einer Zwangseinziehung oder bei einem Erwerb von Aktien zum Zwecke der Einziehung gewährt wird, und für die Befreiung dieser Aktionäre von der Verpflichtung zur Leistung von Einlagen gilt § 225 Abs. 2 sinngemäß.

(3) Die Vorschriften über die ordentliche Kapitalherabsetzung brauchen nicht befolgt zu werden, wenn Aktien, auf die der Ausgabebetrag voll geleistet ist,
1. der Gesellschaft unentgeltlich zur Verfügung gestellt oder
2. zu Lasten des Bilanzgewinns oder einer anderen Gewinnrücklage, soweit sie zu diesem Zweck verwandt werden können, eingezogen werden.

(4) ¹Auch in den Fällen des Absatzes 3 kann die Kapitalherabsetzung durch Einziehung nur von der Hauptversammlung beschlossen werden. ²Für den Beschluß genügt die einfache Stimmenmehrheit. ³Die Satzung kann eine größere Mehrheit und weitere Erfordernisse bestimmen. ⁴Im Beschluß ist der Zweck der Kapitalherabsetzung festzusetzen. ⁵Der Vorstand und der Vorsitzende des Aufsichtsrats haben den Beschluß zur Eintragung in das Handelsregister anzumelden.

(5) In den Fällen des Absatzes 3 ist in die Kapitalrücklage ein Betrag einzustellen, der dem auf die eingezogenen Aktien entfallenden Betrag des Grundkapitals gleichkommt.

(6) ¹Soweit es sich um eine durch die Satzung angeordnete Zwangseinziehung handelt, bedarf es eines Beschlusses der Hauptversammlung nicht. ²In diesem Fall tritt für die Anwendung der Vorschriften über die ordentliche Kapitalherabsetzung an die Stelle des Hauptversammlungsbeschlusses die Entscheidung des Vorstands über die Einziehung.

§ 238.[3] **Wirksamwerden der Kapitalherabsetzung.** ¹Mit der Eintragung des Beschlusses oder, wenn die Einziehung nachfolgt, mit der Einziehung ist das Grundkapital um den auf die eingezogenen Aktien entfallenden Betrag herabgesetzt. ²Handelt es sich um eine durch die Satzung angeordnete Zwangseinziehung, so ist, wenn die Hauptversammlung nicht über die Kapitalherabsetzung beschließt, das Grundkapital mit der Zwangseinziehung herabgesetzt. ³Zur Einziehung bedarf es einer Handlung der Gesellschaft, die auf Vernichtung der Rechte aus bestimmten Aktien gerichtet ist.

§ 239. Anmeldung der Durchführung. (1) ¹Der Vorstand hat die Durchführung der Herabsetzung des Grundkapitals zur Eintragung in das Handelsregister anzumelden. ²Dies gilt auch dann, wenn es sich um eine durch die Satzung angeordnete Zwangseinziehung handelt.

---

[1] § 234 Abs. 1 neugef., § 236 mit Überschrift geänd. durch BiRiLiG v. 19.12.1985 (BGBl. I S.2355).
[2] § 237 Abs. 2 Satz 2 eingef., bish. Satz 2 wird Satz 3 durch G v. 13.12.1978 (BGBl. I S.1959), Abs. 3 Nr. 2 und Abs. 5 geänd. durch BiRiLiG v. 19.12.1985 (BGBl. I S.2355), Abs. 3 und 5 geänd. durch StückAG v. 25.3.1998 (BGBl. I S.590).
[3] § 238 Satz 1 geänd. durch StückAG v. 25.3.1998 (BGBl. I S.590).

(2) Anmeldung und Eintragung der Durchführung der Herabsetzung können mit Anmeldung und Eintragung des Beschlusses über die Herabsetzung verbunden werden.

Vierter Unterabschnitt. Ausweis der Kapitalherabsetzung

§ 240.[1] ¹Der aus der Kapitalherabsetzung gewonnene Betrag ist in der Gewinn- und Verlustrechnung als „Ertrag aus der Kapitalherabsetzung" gesondert, und zwar hinter dem Posten „Entnahmen aus Gewinnrücklagen", auszuweisen. ²Eine Einstellung in die Kapitalrücklage nach § 229 Abs. 1 und § 232 ist als „Einstellung in die Kapitalrücklage nach den Vorschriften über die vereinfachte Kapitalherabsetzung" gesondert auszuweisen. ³Im Anhang ist zu erläutern, ob und in welcher Höhe die aus der Kapitalherabsetzung und aus der Auflösung von Gewinnrücklagen gewonnenen Beträge

1. zum Ausgleich von Wertminderungen,
2. zur Deckung von sonstigen Verlusten oder
3. zur Einstellung in die Kapitalrücklage

verwandt werden.

Siebenter Teil.
Nichtigkeit von Hauptversammlungsbeschlüssen und des festgestellten Jahresabschlusses. Sonderprüfung wegen unzulässiger Unterbewertung

Erster Abschnitt. Nichtigkeit von Hauptversammlungsbeschlüssen

Erster Unterabschnitt. Allgemeines

§ 241.[2] **Nichtigkeitsgründe.** Ein Beschluß der Hauptversammlung ist außer in den Fällen des § 192 Abs. 4, §§ 212, 217 Abs. 2, § 228 Abs. 2, § 234 Abs. 3 und § 235 Abs. 2 nur dann nichtig, wenn er

1. in einer Hauptversammlung gefaßt worden ist, die unter Verstoß gegen § 121 Abs. 2 und 3 oder 4 einberufen war,
2. nicht nach § 130 Abs. 1, 2 und 4 beurkundet ist,
3. mit dem Wesen der Aktiengesellschaft nicht zu vereinbaren ist oder durch seinen Inhalt Vorschriften verletzt, die ausschließlich oder überwiegend zum Schutze der Gläubiger der Gesellschaft oder sonst im öffentlichen Interesse gegeben sind,
4. durch seinen Inhalt gegen die guten Sitten verstößt,
5. auf Anfechtungsklage durch Urteil rechtskräftig für nichtig erklärt worden ist,
6. nach § 144 Abs. 2 des Gesetzes über die Angelegenheiten der freiwilligen Gerichtsbarkeit auf Grund rechtskräftiger Entscheidung als nichtig gelöscht worden ist.

§ 242.[3] **Heilung der Nichtigkeit.** (1) Die Nichtigkeit eines Hauptversammlungsbeschlusses, der entgegen § 130 Abs. 1, 2 und 4 nicht oder nicht gehörig beurkundet worden ist, kann nicht mehr geltend gemacht werden, wenn der Beschluß in das Handelsregister eingetragen worden ist.

(2) ¹Ist ein Hauptversammlungsbeschluß nach § 241 Nr. 1, 3 oder 4 nichtig, so kann die Nichtigkeit nicht mehr geltend gemacht werden, wenn der Beschluß in das Handelsregister eingetragen worden ist und seitdem drei Jahre verstrichen sind. ²Ist bei Ablauf der Frist eine Klage auf Feststellung der Nichtigkeit des Hauptversammlungsbeschlusses rechtshängig, so verlängert sich die Frist, bis über die Klage rechtskräftig entschieden ist oder sie sich auf andere Weise endgültig erledigt hat. ³Eine Löschung des Beschlusses von Amts wegen nach § 144 Abs. 2 des Gesetzes über die Angelegenheiten der freiwilligen Gerichtsbarkeit[1] wird durch den Zeitablauf nicht ausgeschlossen. ⁴Ist ein Hauptver-

---

[1] § 240 geänd. durch BiRiLiG v. 19.12.1985 (BGBl. I S.2355).
[2] § 241 Nr.6 geänd. durch BiRiLiG v. 19.12.1985 (BGBl. I S.2355), Nr.1 neugef. durch G v. 2.8.1994 (BGBl. I S.1961).
[3] § 242 Abs.2 Satz 3 geänd. durch BiRiLiG v. 19.12.1985 (BGBl. I S.2355), Abs.2 Satz 4 angef. durch G v. 2.8.1994 (BGBl. I S.1961).

sammlungsbeschluß wegen Verstoßes gegen § 121 Abs. 4 nach § 241 Nr. 1 nichtig, so kann die Nichtigkeit auch dann nicht mehr geltend gemacht werden, wenn der nicht geladene Aktionär den Beschluß genehmigt.

(3) Absatz 2 gilt entsprechend, wenn in den Fällen des § 217 Abs. 2, § 228 Abs. 2, § 234 Abs. 3 und § 235 Abs. 2 die erforderlichen Eintragungen nicht fristgemäß vorgenommen worden sind.

§ 243. Anfechtungsgründe. (1) Ein Beschluß der Hauptversammlung kann wegen Verletzung des Gesetzes oder der Satzung durch Klage angefochten werden.

(2) ¹Die Anfechtung kann auch darauf gestützt werden, daß ein Aktionär mit der Ausübung des Stimmrechts für sich oder einen Dritten Sondervorteile zum Schaden der Gesellschaft oder der anderen Aktionäre zu erlangen suchte und der Beschluß geeignet ist, diesem Zweck zu dienen. ²Dies gilt nicht, wenn der Beschluß den anderen Aktionären einen angemessenen Ausgleich für ihren Schaden gewährt.

(3) Auf eine Verletzung des § 128 kann die Anfechtung nicht gestützt werden.

(4) Für eine Anfechtung, die auf die Verweigerung einer Auskunft gestützt wird, ist es unerheblich, daß die Hauptversammlung oder Aktionäre erklärt haben oder erklären, die Verweigerung der Auskunft habe ihre Beschlußfassung nicht beeinflußt.

§ 244. Bestätigung anfechtbarer Hauptversammlungsbeschlüsse.[1] Die Anfechtung kann nicht mehr geltend gemacht werden, wenn die Hauptversammlung den anfechtbaren Beschluß durch einen neuen Beschluß bestätigt hat und dieser Beschluß innerhalb der Anfechtungsfrist nicht angefochten oder die Anfechtung rechtskräftig zurückgewiesen worden ist. ²Hat der Kläger ein rechtliches Interesse, daß der anfechtbare Beschluß für die Zeit bis zum Bestätigungsbeschluß für nichtig erklärt wird, so kann er die Anfechtung weiterhin mit dem Ziel geltend machen, den anfechtbaren Beschluß für diese Zeit für nichtig zu erklären.

§ 245. Anfechtungsbefugnis. Zur Anfechtung ist befugt

1. jeder in der Hauptversammlung erschienene Aktionär, wenn er gegen den Beschluß Widerspruch zur Niederschrift erklärt hat;

2. jeder in der Hauptversammlung nicht erschienene Aktionär, wenn er zu der Hauptversammlung zu Unrecht nicht zugelassen worden ist oder die Versammlung nicht ordnungsgemäß einberufen oder der Gegenstand der Beschlußfassung nicht ordnungsgemäß bekanntgemacht worden ist;

3. im Fall des § 243 Abs. 2 jeder Aktionär;

4. der Vorstand;

5. jedes Mitglied des Vorstands und des Aufsichtsrats, wenn durch die Ausführung des Beschlusses Mitglieder des Vorstands oder des Aufsichtsrats eine strafbare Handlung oder eine Ordnungswidrigkeit begehen oder wenn sie ersatzpflichtig werden würden.

§ 246. Anfechtungsklage. (1) Die Klage muß innerhalb eines Monats nach der Beschlußfassung erhoben werden.

(2) ¹Die Klage ist gegen die Gesellschaft zu richten. ²Die Gesellschaft wird durch Vorstand und Aufsichtsrat vertreten. ³Klagt der Vorstand oder ein Vorstandsmitglied, wird die Gesellschaft durch den Aufsichtsrat, klagt ein Aufsichtsratsmitglied, wird sie durch den Vorstand vertreten.

(3) ¹Zuständig für die Klage ist ausschließlich das Landgericht, in dessen Bezirk die Gesellschaft ihren Sitz hat. ²Die mündliche Verhandlung findet nicht vor Ablauf der Monatsfrist des Absatzes 1 statt. ³Mehrere Anfechtungsprozesse sind zur gleichzeitigen Verhandlung und Entscheidung zu verbinden.

(4) Der Vorstand hat die Erhebung der Klage und den Termin zur mündlichen Verhandlung unverzüglich in den Gesellschaftsblättern bekanntzumachen.

§ 247. Streitwert. (1) ¹Den Streitwert bestimmt das Prozeßgericht unter Berücksichtigung aller Umstände des einzelnen Falles, insbesondere der Bedeutung der Sache für die Parteien, nach billigem Ermessen. ²Er darf jedoch ein Zehntel des Grundkapitals oder, wenn dieses Zehntel mehr als eine Million Deutsche Mark beträgt, eine Million Deutsche Mark nur insoweit übersteigen, als die Bedeutung der Sache für den Kläger höher zu bewerten ist.

(2) ¹Macht eine Partei glaubhaft, daß die Belastung mit den Prozeßkosten nach dem gemäß Absatz 1 bestimmten Streitwert ihre wirtschaftliche Lage erheblich gefährden würde, so kann das Prozeßgericht

auf ihren Antrag anordnen, daß ihre Verpflichtung zur Zahlung von Gerichtskosten sich nach einem ihrer Wirtschaftslage angepaßten Teil des Streitwerts bemißt. ²Die Anordnung hat zur Folge, daß die begünstigte Partei die Gebühren ihres Rechtsanwalts ebenfalls nur nach diesem Teil des Streitwerts zu entrichten hat. ³Soweit ihr Kosten des Rechtsstreits auferlegt werden oder soweit sie diese übernimmt, hat sie die von dem Gegner entrichteten Gerichtsgebühren und die Gebühren seines Rechtsanwalts nur nach dem Teil des Streitwerts zu erstatten. ⁴Soweit die außergerichtlichen Kosten dem Gegner auferlegt oder von ihm übernommen werden, kann der Rechtsanwalt der begünstigten Partei seine Gebühren von dem Gegner nach dem für diesen geltenden Streitwert beitreiben.

(3) ¹Der Antrag nach Absatz 2 kann vor der Geschäftsstelle des Prozeßgerichts zur Niederschrift erklärt werden. ²Er ist vor der Verhandlung zur

Hauptsache anzubringen. ³Später ist er nur zulässig, wenn der angenommene oder festgesetzte Streitwert durch das Prozeßgericht heraufgesetzt wird. ⁴Vor der Entscheidung über den Antrag ist der Gegner zu hören.

§ 248.[1]) **Urteilswirkung.** (1) ¹Soweit der Beschluß durch rechtskräftiges Urteil für nichtig erklärt ist, wirkt das Urteil für und gegen alle Aktionäre sowie die Mitglieder des Vorstands und des Aufsichtsrats, auch wenn sie nicht Partei sind. ²Der Vorstand hat das Urteil unverzüglich zum Handelsregister einzureichen. ³War der Beschluß in das Handelsregister eingetragen, so ist auch das Urteil einzutragen. ⁴Die Eintragung des Urteils ist in gleicher Weise wie die des Beschlusses bekanntzumachen.

(2) Hatte der Beschluß eine Satzungsänderung zum Inhalt, so ist mit dem Urteil der vollständige Wortlaut der Satzung, wie er sich unter Berücksichtigung des Urteils und aller bisherigen Satzungsänderungen ergibt, mit der Bescheinigung eines Notars über diese Tatsache zum Handelsregister einzureichen.

§ 249. Nichtigkeitsklage. (1) ¹Erhebt ein Aktionär, der Vorstand oder ein Mitglied des Vorstands oder des Aufsichtsrats Klage auf Feststellung der Nichtigkeit eines Hauptversammlungsbeschlusses gegen die Gesellschaft, so gelten § 246 Abs. 2, Abs. 3 Satz 1, Abs. 4, §§ 247 und 248 sinngemäß. ²Es ist nicht ausgeschlossen, die Nichtigkeit auf andere Weise als durch Erhebung der Klage geltend zu machen.

(2) ¹Mehrere Nichtigkeitsprozesse sind zur gleichzeitigen Verhandlung und Entscheidung zu verbinden. ²Nichtigkeits- und Anfechtungsprozesse können verbunden werden.

Zweiter Unterabschnitt. Nichtigkeit bestimmter Hauptversammlungsbeschlüsse

§ 250.[2]) **Nichtigkeit der Wahl von Aufsichtsratsmitgliedern.** (1) Die Wahl eines Aufsichtsratsmitglieds durch die Hauptversammlung ist außer im Falle des § 241 Nr. 1, 2 und 5 nur dann nichtig, wenn

1. der Aufsichtsrat unter Verstoß gegen § 96 Abs. 2, § 97 Abs. 2 Satz 1 oder § 98 Abs. 4 zusammengesetzt wird;
2. die Hauptversammlung, obwohl sie an Wahlvorschläge gebunden ist (§§ 6 und 8 des Montan-Mitbestimmungsgesetzes), eine nicht vorgeschlagene Person wählt;
3. durch die Wahl die gesetzliche Höchstzahl der Aufsichtsratsmitglieder überschritten wird (§ 95);
4. die gewählte Person nach § 100 Abs. 1 und 2 bei Beginn ihrer Amtszeit nicht Aufsichtsratsmitglied sein kann.

(2) Für die Klage auf Feststellung, daß die Wahl eines Aufsichtsratsmitglieds nichtig ist, sind parteifähig

1. der Gesamtbetriebsrat der Gesellschaft oder, wenn in der Gesellschaft nur ein Betriebsrat besteht, der Betriebsrat, sowie, wenn die Gesellschaft herrschendes Unternehmen eines Konzerns ist, der Konzernbetriebsrat,
2. der Gesamtbetriebsrat eines anderen Unternehmens, dessen Arbeitnehmer selbst oder durch Delegierte an der Wahl von Aufsichtsratsmitgliedern der Gesellschaft teilnehmen, oder, wenn in dem anderen Unternehmen nur ein Betriebsrat besteht, der Betriebsrat,

---

[1]) § 248 Abs. 2 angef. durch G v. 15. 8. 1969 (BGBl. I S. 1146).
[2]) § 250 Abs. 3 Satz 1 geänd. durch G v. 15. 8. 1969 (BGBl. I S. 1146), Abs. 1 Nr. 2 geänd., Abs. 2 neugef., Abs. 3 Satz 1 geänd. durch G v. 4. 5. 1976 (BGBl. I S. 1153), Abs. 2 Nrn. 2 und 3 geänd. durch Art. 4 G v. 20. 12. 1988 (BGBl. I S. 2312), Abs. 2 Nrn. 2 und 3 geänd. durch Art. 7 G v. 26. 6. 1990 (BGBl. I S. 1206).

Anh. AktG §§ 251–254 Aktiengesetz

3. jede in der Gesellschaft oder in einem Unternehmen, dessen Arbeitnehmer selbst oder durch Delegierte an der Wahl von Aufsichtsratsmitgliedern der Gesellschaft teilnehmen, vertretene Gewerkschaft sowie deren Spitzenorganisation.

(3) ¹Erhebt ein Aktionär, der Vorstand, ein Mitglied des Vorstands oder des Aufsichtsrats oder eine in Absatz 2 bezeichnete Organisation oder Vertretung der Arbeitnehmer gegen die Gesellschaft Klage auf Feststellung, daß die Wahl eines Aufsichtsratsmitglieds nichtig ist, so gelten § 246 Abs. 2, Abs. 3 Satz 1, Abs. 4, §§ 247, 248 Abs. 1 Satz 2 und § 249 Abs. 2 sinngemäß. ²Es ist nicht ausgeschlossen, die Nichtigkeit auf andere Weise als durch Erhebung der Klage geltend zu machen.

§ 251.[1] **Anfechtung der Wahl von Aufsichtsratsmitgliedern.** (1) ¹Die Wahl eines Aufsichtsratsmitglieds durch die Hauptversammlung kann wegen Verletzung des Gesetzes oder der Satzung durch Klage angefochten werden. ²Ist die Hauptversammlung an Wahlvorschläge gebunden, so kann die Anfechtung auch darauf gestützt werden, daß der Wahlvorschlag gesetzwidrig zustande gekommen ist. ³§ 243 Abs. 4 und § 244 gelten.

(2) ¹Für die Anfechtungsbefugnis gilt § 245 Nr. 1, 2 und 4. ²Die Wahl eines Aufsichtsratsmitglieds, das nach dem Montan-Mitbestimmungsgesetz auf Vorschlag der Betriebsräte gewählt worden ist, kann auch von jedem Betriebsrat eines Betriebs der Gesellschaft, jeder in den Betrieben der Gesellschaft vertretenen Gewerkschaft oder deren Spitzenorganisation angefochten werden. ³Die Wahl eines weiteren Mitglieds, das nach dem Montan-Mitbestimmungsgesetz oder dem Mitbestimmungsergänzungsgesetz auf Vorschlag der übrigen Aufsichtsratsmitglieder gewählt worden ist, kann auch von jedem Aufsichtsratsmitglied angefochten werden.

(3) Für das Anfechtungsverfahren gelten §§ 246, 247 und 248 Abs. 1 Satz 2.

§ 252.[2] **Urteilswirkung.** (1) Erhebt ein Aktionär, der Vorstand, ein Mitglied des Vorstands oder des Aufsichtsrats oder eine in § 250 Abs. 2 bezeichnete Organisation oder Vertretung der Arbeitnehmer gegen die Gesellschaft Klage auf Feststellung, daß die Wahl eines Aufsichtsratsmitglieds durch die Hauptversammlung nichtig ist, so wirkt ein Urteil, das die Nichtigkeit der Wahl rechtskräftig feststellt, für und gegen alle Aktionäre und Arbeitnehmer der Gesellschaft, alle Arbeitnehmer von anderen Unternehmen, deren Arbeitnehmer selbst oder durch Delegierte an der Wahl von Aufsichtsratsmitgliedern der Gesellschaft teilnehmen, die Mitglieder des Vorstands und des Aufsichtsrats sowie die in § 250 Abs. 2 bezeichneten Organisationen und Vertretungen der Arbeitnehmer, auch wenn sie nicht Partei sind.

(2) ¹Wird die Wahl eines Aufsichtsratsmitglieds durch die Hauptversammlung durch rechtskräftiges Urteil für nichtig erklärt, so wirkt das Urteil für und gegen alle Aktionäre sowie die Mitglieder des Vorstands und Aufsichtsrats, auch wenn sie nicht Partei sind. ²Im Fall des § 251 Abs. 2 Satz 2 wirkt das Urteil auch für und gegen die nach dieser Vorschrift anfechtungsberechtigten Betriebsräte, Gewerkschaften und Spitzenorganisationen, auch wenn sie nicht Partei sind.

§ 253. Nichtigkeit des Beschlusses über die Verwendung des Bilanzgewinns. (1) ¹Der Beschluß über die Verwendung des Bilanzgewinns ist außer in den Fällen des § 173 Abs. 3, des § 217 Abs. 2 und des § 241 nur dann nichtig, wenn die Feststellung des Jahresabschlusses, auf dem er beruht, nichtig ist. ²Die Nichtigkeit des Beschlusses aus diesem Grunde kann nicht mehr geltend gemacht werden, wenn die Nichtigkeit der Feststellung des Jahresabschlusses nicht mehr geltend gemacht werden kann.

(2) Für die Klage auf Feststellung der Nichtigkeit gegen die Gesellschaft gilt § 249.

§ 254.[3] **Anfechtung des Beschlusses über die Verwendung des Bilanzgewinns.** (1) Der Beschluß über die Verwendung des Bilanzgewinns kann außer nach § 243 auch angefochten werden, wenn die Hauptversammlung aus dem Bilanzgewinn Beträge in Gewinnrücklagen einstellt oder als Gewinn vorträgt, die nicht nach Gesetz oder Satzung von der Verteilung unter die Aktionäre ausgeschlossen sind, obwohl die Einstellung oder der Gewinnvortrag bei vernünftiger kaufmännischer Beur-

---

[1] § 251 Abs. 2 Sätze 2 und 3 geänd. durch G v. 4. 5. 1976 (BGBl. I S. 1153), Abs. 3 geänd. durch G v. 15. 8. 1969 (BGBl. I S. 1146), Abs. 2 Satz 2 geänd. durch BiRiLiG v. 19. 12. 1985 (BGBl. I S. 2355).
[2] § 252 Abs. 1 neugef. durch G v. 4. 5. 1976 (BGBl. I S. 1153), Abs. 1 geänd. durch Art. 4 G v. 20. 12. 1988 (BGBl. I S. 2312), Abs. 1 geänd. durch Art. 7 G v. 26. 6. 1990 (BGBl. I S. 1206).
[3] § 254 Abs. 1 und Abs. 2 Sätze 2 und 3 geänd. durch BiRiLiG v. 19. 12. 1985 (BGBl. I S. 2355), Abs. 2 Satz 3 geänd. durch StückAG v. 25. 3. 1998 (BGBl. I S. 590).

Aktiengesetz §§ 255, 256 AktG Anh.

teilung nicht notwendig ist, um die Lebens- und Widerstandsfähigkeit der Gesellschaft für einen hinsichtlich der wirtschaftlichen und finanziellen Notwendigkeiten übersehbaren Zeitraum zu sichern und dadurch unter die Aktionäre kein Gewinn in Höhe von mindestens vier vom Hundert des Grundkapitals abzüglich von noch nicht eingeforderten Einlagen verteilt werden kann.

(2) ¹Für die Anfechtung gelten §§ 244 bis 248. ²Die Anfechtungsfrist beginnt auch dann mit der Beschlußfassung, wenn der Jahresabschluß nach § 316 Abs. 3 des Handelsgesetzbuchs erneut zu prüfen ist. ³Zu einer Anfechtung nach Absatz 1 sind Aktionäre nur befugt, wenn ihre Anteile zusammen den zwanzigsten Teil des Grundkapitals oder den anteiligen Betrag von *einer Million Deutsche Mark* [ab 1.1.1999 500 000 Euro] erreichen.

§ 255. Anfechtung der Kapitalerhöhung gegen Einlagen. (1) Der Beschluß über eine Kapitalerhöhung gegen Einlagen kann nach § 243 angefochten werden.

(2) ¹Die Anfechtung kann, wenn das Bezugsrecht der Aktionäre ganz oder zum Teil ausgeschlossen worden ist, auch darauf gestützt werden, daß der sich aus dem Erhöhungsbeschluß ergebende Ausgabebetrag oder der Mindestbetrag, unter dem die neuen Aktien nicht ausgegeben werden sollen, unangemessen niedrig ist. ²Dies gilt nicht, wenn die neuen Aktien von einem Dritten mit der Verpflichtung übernommen werden sollen, sie den Aktionären zum Bezug anzubieten.

(3) Für die Anfechtung gelten §§ 244 bis 248.

Zweiter Abschnitt. Nichtigkeit des festgestellten Jahresabschlusses

§ 256.[1]) **Nichtigkeit.** (1) Ein festgestellter Jahresabschluß ist außer in den Fällen des § 173 Abs. 3, § 234 Abs. 3 und § 235 Abs. 2 nichtig, wenn

1. er durch seinen Inhalt Vorschriften verletzt, die ausschließlich oder überwiegend zum Schutze der Gläubiger der Gesellschaft gegeben sind,
2. er im Falle einer gesetzlichen Prüfungspflicht nicht nach § 316 Abs. 1 und 3 des Handelsgesetzbuchs geprüft worden ist,
3. er im Falle einer gesetzlichen Prüfungspflicht von Personen geprüft worden ist, die nicht zum Abschlußprüfer bestellt sind oder nach § 319 Abs. 1 des Handelsgesetzbuchs oder nach Artikel 25 des Einführungsgesetzes zum Handelsgesetzbuche nicht Abschlußprüfer sind,
4. bei seiner Feststellung die Bestimmungen des Gesetzes oder der Satzung über die Einstellung von Beträgen in Kapital- oder Gewinnrücklagen oder über die Entnahme von Beträgen aus Kapital- oder Gewinnrücklagen verletzt worden sind.

(2) Ein von Vorstand und Aufsichtsrat festgestellter Jahresabschluß ist außer nach Absatz 1 nur nichtig, wenn der Vorstand oder der Aufsichtsrat bei seiner Feststellung nicht ordnungsgemäß mitgewirkt hat.

(3) Ein von der Hauptversammlung festgestellter Jahresabschluß ist außer nach Absatz 1 nur nichtig, wenn die Feststellung

1. in einer Hauptversammlung beschlossen worden ist, die unter Verstoß gegen § 121 Abs. 2 und 3 oder 4 einberufen war,
2. nicht nach § 130 Abs. 1, 2 und 4 beurkundet ist,
3. auf Anfechtungsklage durch Urteil rechtskräftig für nichtig erklärt worden ist.

(4) Wegen Verstoßes gegen die Vorschriften über die Gliederung des Jahresabschlusses sowie wegen der Nichtbeachtung von Formblättern, nach denen der Jahresabschluß zu gliedern ist, ist der Jahresabschluß nur nichtig, wenn seine Klarheit und Übersichtlichkeit dadurch wesentlich beeinträchtigt sind.

(5) ¹Wegen Verstoßes gegen die Bewertungsvorschriften ist der Jahresabschluß nur nichtig, wenn

1. Posten überbewertet oder
2. Posten unterbewertet sind und dadurch die Vermögens- und Ertragslage der Gesellschaft vorsätzlich unrichtig wiedergegeben oder verschleiert wird.

---

[1]) § 256 Abs. 1 Nr. 2 bis 4 neugef., Abs. 4 Satz 1 geänd., Satz 2 aufgeh., Abs. 5 Sätze 2 und 3, Abs. 6 Satz 1 geänd. durch BiRiLiG v. 19.12.1985 (BGBl. I S. 2355), Abs. 1 Nr. 1 geänd. durch Art. 2 G v. 30.11.1990 (BGBl. I S. 2570), Abs. 3 Nr. 1 neugef. durch G v. 2.8.1994 (BGBl. I S. 1961), Abs. 5 Satz 4 neugef. durch Art. 4 BegleitG v. 22.10.1997 (BGBl. I S. 2567).

²Überbewertet sind Aktivposten, wenn sie mit einem höheren Wert, Passivposten, wenn sie mit einem niedrigeren Betrag angesetzt sind, als nach §§ 253 bis 256 des Handelsgesetzbuchs in Verbindung mit §§ 279 bis 283 des Handelsgesetzbuchs zulässig ist. ³Unterbewertet sind Aktivposten, wenn sie mit einem niedrigeren Wert, Passivposten, wenn sie mit einem höheren Betrag angesetzt sind, als nach §§ 253 bis 256 des Handelsgesetzbuchs in Verbindung mit §§ 279 bis 283 des Handelsgesetzbuchs zulässig ist. ⁴Bei Kreditinstituten oder Finanzdienstleistungsinstituten liegt ein Verstoß gegen die Bewertungsvorschriften nicht vor, soweit die Abweichung nach den für sie geltenden Vorschriften, insbesondere den §§ 340e bis 340g des Handelsgesetzbuchs, zulässig ist; dies gilt entsprechend für Versicherungsunternehmen nach Maßgabe der für sie geltenden Vorschriften, insbesondere der §§ 341b bis 341h des Handelsgesetzbuchs.

(6) ¹Die Nichtigkeit nach Absatz 1 Nr. 1, 3 und 4, Absatz 2, Absatz 3 Nr. 1 und 2, Absatz 4 und 5 kann nicht mehr geltend gemacht werden, wenn seit der Bekanntmachung nach § 325 Abs. 1 Satz 2 oder Abs. 2 Satz 1 des Handelsgesetzbuchs im Bundesanzeiger in den Fällen des Absatzes 1 Nr. 3 und 4, des Absatzes 2 und des Absatzes 3 Nr. 1 und 2 sechs Monate, in den anderen Fällen drei Jahre verstrichen sind. ²Ist bei Ablauf der Frist eine Klage auf Feststellung der Nichtigkeit des Jahresabschlusses rechtshängig, so verlängert sich die Frist, bis über die Klage rechtskräftig entschieden ist oder sie sich auf andere Weise endgültig erledigt hat.

(7) Für die Klage auf Feststellung der Nichtigkeit gegen die Gesellschaft gilt § 249 sinngemäß.

§ 257.[1]) **Anfechtung der Feststellung des Jahresabschlusses durch die Hauptversammlung.** (1) ¹Die Feststellung des Jahresabschlusses durch die Hauptversammlung kann nach § 243 angefochten werden. ²Die Anfechtung kann jedoch nicht darauf gestützt werden, daß der Inhalt des Jahresabschlusses gegen Gesetz oder Satzung verstößt.

(2) ¹Für die Anfechtung gelten die §§ 244 bis 248. ²Die Anfechtungsfrist beginnt auch dann mit der Beschlußfassung, wenn der Jahresabschluß nach § 316 Abs. 3 des Handelsgesetzbuchs[2]) erneut zu prüfen ist.

Dritter Abschnitt. Sonderprüfung wegen unzulässiger Unterbewertung

§ 258.[2]) **Bestellung der Sonderprüfer.** (1) ¹Besteht Anlaß für die Annahme, daß

1. in einem festgestellten Jahresabschluß bestimmte Posten nicht unwesentlich unterbewertet sind (§ 256 Abs. 5 Satz 3) oder
2. der Anhang die vorgeschriebenen Angaben nicht oder nicht vollständig enthält und der Vorstand in der Hauptversammlung die fehlenden Angaben, obwohl nach ihnen gefragt worden ist, nicht gemacht hat und die Aufnahme der Frage in die Niederschrift verlangt worden ist,

so hat das Gericht auf Antrag Sonderprüfer zu bestellen. ²Die Sonderprüfer haben die bemängelten Posten darauf zu prüfen, ob sie nicht unwesentlich unterbewertet sind. ³Sie haben den Anhang darauf zu prüfen, ob die vorgeschriebenen Angaben nicht oder nicht vollständig gemacht worden sind und der Vorstand in der Hauptversammlung die fehlenden Angaben, obwohl nach ihnen gefragt worden ist, nicht gemacht hat und die Aufnahme der Frage in die Niederschrift verlangt worden ist.

(1a) Bei Kreditinstituten oder Finanzdienstleistungsinstituten kann ein Sonderprüfer nach Absatz 1 nicht bestellt werden, soweit die Unterbewertung oder die fehlenden Angaben im Anhang auf der Anwendung des § 340f des Handelsgesetzbuchs[3]) beruhen.

(2) ¹Der Antrag muß innerhalb eines Monats nach der Hauptversammlung über den Jahresabschluß gestellt werden. ²Dies gilt auch, wenn der Jahresabschluß nach § 316 Abs. 3 des Handelsgesetzbuchs erneut zu prüfen ist. ³Er kann nur von Aktionären gestellt werden, deren Anteile zusammen den zwanzigsten Teil des Grundkapitals oder den anteiligen Betrag von *einer Million Deutsche Mark* [*ab 1.1. 1999* 500 000 Euro] erreichen. ⁴Die Antragsteller haben die Aktien bis zur Entscheidung über den Antrag zu hinterlegen und glaubhaft zu machen, daß sie seit mindestens drei Mona-

---

[1]) § 257 Abs. 2 Satz 2 geänd. durch BiRiLiG v. 19.12. 1985 (BGBl. I S. 2355).
[2]) § 258 Abs. 1 Satz 1 Nr. 2 und Satz 3, Abs. 2 Satz 2, Abs. 3 Satz 1, Abs. 4 Sätze 2 und 3, Abs. 5 geänd. durch BiRiLiG v. 19.12. 1985 (BGBl. I S. 2355), Abs. 2 Satz 5 geänd. durch G v. 28.8. 1969 (BGBl. I S. 1513), Abs. 1a eingef. durch Art. 2 G v. 30.11. 1990 (BGBl. I S. 2570) und geänd. durch Art. 4 BegleitG v. 22.10. 1997 (BGBl. I S. 2567), Abs. 2 Satz 3 geänd. durch StückAG v. 25.3. 1998 (BGBl. I S. 590).
[3]) Nr. **50**.

Aktiengesetz §§ 259, 260 AktG Anh.

ten vor dem Tage der Hauptversammlung Inhaber der Aktien sind. ⁵Zur Glaubhaftmachung genügt eine eidesstattliche Versicherung vor einem Notar.

(3) ¹Vor der Bestellung hat das Gericht den Vorstand, den Aufsichtsrat und den Abschlußprüfer zu hören. ²Gegen die Entscheidung ist die sofortige Beschwerde zulässig.

(4) ¹Sonderprüfer nach Absatz 1 können nur Wirtschaftsprüfer und Wirtschaftsprüfungsgesellschaften sein. ²Für die Auswahl gilt § 319 Abs. 2 und 3 des Handelsgesetzbuchs sinngemäß. ³Der Abschlußprüfer der Gesellschaft und Personen, die in den letzten drei Jahren vor der Bestellung Abschlußprüfer der Gesellschaft waren, können nicht Sonderprüfer nach Absatz 1 sein.

(5) ¹§ 142 Abs. 6 über den Ersatz angemessener barer Auslagen und die Vergütung gerichtlich bestellter Sonderprüfer, § 145 Abs. 1 bis 3 über die Rechte der Sonderprüfer, § 146 über die Kosten der Sonderprüfung und § 323 des Handelsgesetzbuchs über die Verantwortlichkeit des Abschlußprüfers gelten sinngemäß. ²Die Sonderprüfer nach Absatz 1 haben die Rechte nach § 145 Abs. 2 auch gegenüber dem Abschlußprüfer der Gesellschaft.

§ 259.[1]) **Prüfungsbericht. Abschließende Feststellungen.** (1) ¹Die Sonderprüfer haben über das Ergebnis der Prüfung schriftlich zu berichten. ²Stellen die Sonderprüfer bei Wahrnehmung ihrer Aufgaben fest, daß Posten überbewertet sind (§ 256 Abs. 5 Satz 2), oder daß gegen die Vorschriften über die Gliederung des Jahresabschlusses verstoßen ist oder Formblätter nicht beachtet sind, so haben sie auch darüber zu berichten. ³Für den Bericht gilt § 145 Abs. 4 sinngemäß.

(2) ¹Sind nach dem Ergebnis der Prüfung die bemängelten Posten nicht unwesentlich unterbewertet (§ 256 Abs. 5 Satz 3), so haben die Sonderprüfer am Schluß ihres Berichts in einer abschließenden Feststellung zu erklären,
1. zu welchem Wert die einzelnen Aktivposten mindestens und mit welchem Betrag die einzelnen Passivposten höchstens anzusetzen waren;
2. um welchen Betrag der Jahresüberschuß sich beim Ansatz dieser Werte oder Beträge erhöht oder der Jahresfehlbetrag sich ermäßigt hätte.

²Die Sonderprüfer haben ihrer Beurteilung die Verhältnisse am Stichtag des Jahresabschlusses zugrunde zu legen. ³Sie haben für den Ansatz der Werte und Beträge nach Nummer 1 diejenige Bewertungs- und Abschreibungsmethode zugrunde zu legen, nach der die Gesellschaft die zu bewertenden Gegenstände oder vergleichbare Gegenstände zuletzt in zulässiger Weise bewertet hat.

(3) Sind nach dem Ergebnis der Prüfung die bemängelten Posten nicht oder nur unwesentlich unterbewertet (§ 256 Abs 5 Satz 3), so haben die Sonderprüfer am Schluß ihres Berichts in einer abschließenden Feststellung zu erklären, daß nach ihrer pflichtmäßigen Prüfung und Beurteilung die bemängelten Posten nicht unzulässig unterbewertet sind.

(4) ¹Hat nach dem Ergebnis der Prüfung der Anhang die vorgeschriebenen Angaben nicht oder nicht vollständig enthalten und der Vorstand in der Hauptversammlung die fehlenden Angaben, obwohl nach ihnen gefragt worden ist, nicht gemacht und ist die Aufnahme der Frage in die Niederschrift verlangt worden, so haben die Sonderprüfer am Schluß ihres Berichts in einer abschließenden Feststellung die fehlenden Angaben zu machen. ²Ist die Angabe von Abweichungen von Bewertungs- oder Abschreibungsmethoden unterlassen worden, so ist in der abschließenden Feststellung auch der Betrag anzugeben, um den der Jahresüberschuß oder Jahresfehlbetrag ohne die Abweichung, deren Angabe unterlassen wurde, höher oder niedriger gewesen wäre. ³Sind nach dem Ergebnis der Prüfung keine Angaben nach Satz 1 unterlassen worden, so haben die Sonderprüfer in einer abschließenden Feststellung zu erklären, daß nach ihrer pflichtmäßigen Prüfung und Beurteilung im Anhang keine der vorgeschriebenen Angaben unterlassen worden ist.

(5) Der Vorstand hat die abschließenden Feststellungen der Sonderprüfer nach den Absätzen 2 bis 4 unverzüglich in den Gesellschaftsblättern bekanntzumachen.

§ 260.[2]) **Gerichtliche Entscheidung über die abschließenden Feststellungen der Sonderprüfer.** (1) ¹Gegen abschließende Feststellungen der Sonderprüfer nach § 259 Abs. 2 und 3 können die Gesellschaft oder Aktionäre, deren Anteile zusammen den zwanzigsten Teil des Grundkapitals oder den anteiligen Betrag *von einer Million Deutsche Mark [ab 1.1.1999 500 000 Euro]* erreichen, innerhalb eines Monats nach der Veröffentlichung im Bundesanzeiger den Antrag auf Entscheidung durch das

---

[1]) § 259 Abs. 1 Satz 2 und Abs. 4 geänd., Abs. 2 Satz 1 Nr. 2 neugef. durch BiRiLiG v. 19.12. 1985 (BGBl. I S. 2355).
[2]) § 260 Abs. 1 Satz 1 und Abs. 3 Satz 4 geänd. durch StückAG v. 25. 3. 1998 (BGBl. I S. 590).

nach § 132 Abs. 1 zuständige Gericht stellen. ²§ 258 Abs. 2 Satz 4 und 5 gilt sinngemäß. ³Der Antrag muß auf Feststellung des Betrags gerichtet sein, mit dem die im Antrag zu bezeichnenden Aktivposten mindestens oder die im Antrag zu bezeichnenden Passivposten höchstens anzusetzen waren. ⁴Der Antrag der Gesellschaft kann auch auf Feststellung gerichtet sein, daß der Jahresabschluß die in der abschließenden Feststellung der Sonderprüfer festgestellten Unterbewertungen nicht enthielt.

(2) ¹Über den Antrag entscheidet das Gericht unter Würdigung aller Umstände nach freier Überzeugung. ²§ 259 Abs. 2 Satz 2 und 3 ist anzuwenden. ³Soweit die volle Aufklärung aller maßgebenden Umstände mit erheblichen Schwierigkeiten verbunden ist, hat das Gericht die anzusetzenden Werte oder Beträge zu schätzen.

(3) ¹§ 99 Abs. 1, Abs. 2 Satz 1, Abs. 3 und 5 gilt sinngemäß. ²Das Gericht hat seine Entscheidung der Gesellschaft und, wenn Aktionäre den Antrag nach Absatz 1 gestellt haben, auch diesen zuzustellen. ³Es hat sie ferner ohne Gründe in den Gesellschaftsblättern bekanntzumachen. ⁴Die Beschwerde steht der Gesellschaft und Aktionären zu, deren Anteile zusammen den zwanzigsten Teil des Grundkapitals oder den anteiligen Betrag *von einer Million Deutsche Mark* [ab 1.1. 1999 500 000 Euro] erreichen. ⁵§ 258 Abs. 2 Satz 4 und 5 gilt sinngemäß. ⁶Die Beschwerdefrist beginnt mit der Bekanntmachung der Entscheidung im Bundesanzeiger, jedoch für die Gesellschaft und, wenn Aktionäre den Antrag nach Absatz 1 gestellt haben, auch für diese nicht vor der Zustellung der Entscheidung.

(4) ¹Für die Kosten des Verfahrens gilt die Kostenordnung. ²Für das Verfahren des ersten Rechtszugs wird das Doppelte der vollen Gebühr erhoben. ³Für den zweiten Rechtszug wird die gleiche Gebühr erhoben; dies gilt auch dann, wenn die Beschwerde Erfolg hat. ⁴Wird der Antrag oder die Beschwerde zurückgenommen, bevor es zu einer Entscheidung kommt, so ermäßigt sich die Gebühr auf die Hälfte. ⁵Der Geschäftswert ist von Amts wegen festzusetzen. ⁶Die Kosten sind, wenn dem Antrag stattgegeben wird, der Gesellschaft, sonst dem Antragsteller aufzuerlegen. ⁷§ 247 gilt sinngemäß.

§ 261.¹⁾ Entscheidung über den Ertrag auf Grund höherer Bewertung.

(1) ¹Haben die Sonderprüfer in ihrer abschließenden Feststellung erklärt, daß Posten unterbewertet sind, und ist gegen diese Feststellung nicht innerhalb der in § 260 Abs. 1 bestimmten Frist der Antrag auf gerichtliche Entscheidung gestellt worden, so sind die Posten in dem ersten Jahresabschluß, der nach Ablauf dieser Frist aufgestellt wird, mit den von den Sonderprüfern festgestellten Werten oder Beträgen anzusetzen. ²Dies gilt nicht, soweit auf Grund veränderter Verhältnisse, namentlich bei Gegenständen, die der Abnutzung unterliegen, auf Grund der Abnutzung, nach §§ 253 bis 256 des Handelsgesetzbuchs in Verbindung mit §§ 279 bis 283 des Handelsgesetzbuchs oder nach den Grundsätzen ordnungsmäßiger Buchführung für Aktivposten ein niedrigerer Wert oder für Passivposten ein höherer Betrag anzusetzen ist. ³In diesem Fall sind im Anhang die Gründe anzugeben und in einer Sonderrechnung die Entwicklung des von den Sonderprüfern festgestellten Wertes oder Betrags auf den nach Satz 2 angesetzten Wert oder Betrag darzustellen. ⁴Sind die Gegenstände nicht mehr vorhanden, so ist darüber und über die Verwendung des Ertrags aus dem Abgang der Gegenstände im Anhang zu berichten. ⁵Bei den einzelnen Posten der Jahresbilanz sind die Unterschiedsbeträge zu vermerken, um die auf Grund von Satz 1 und 2 Aktivposten mit einem höheren Wert oder Passivposten mit einem niedrigeren Betrag angesetzt worden sind. ⁶Die Summe der Unterschiedsbeträge ist auf der Passivseite der Bilanz und in der Gewinn- und Verlustrechnung als „Ertrag auf Grund höherer Bewertung gemäß dem Ergebnis der Sonderprüfung" gesondert auszuweisen.

(2) ¹Hat das gemäß § 260 angerufene Gericht festgestellt, daß Posten unterbewertet sind, so gilt für den Ansatz der Posten in dem ersten Jahresabschluß, der nach Rechtskraft der gerichtlichen Entscheidung aufgestellt wird, Absatz 1 sinngemäß. ²Die Summe der Unterschiedsbeträge ist als „Ertrag auf Grund höherer Bewertung gemäß gerichtlicher Entscheidung" gesondert auszuweisen.

(3) ¹Der Ertrag aus höherer Bewertung nach Absätzen 1 und 2 rechnet für die Anwendung der §§ 58 und 86 Abs. 2 nicht zum Jahresüberschuß. ²Über die Verwendung des Ertrags abzüglich der auf ihn zu entrichtenden Steuern entscheidet die Hauptversammlung, soweit nicht in dem Jahresabschluß ein Bilanzverlust ausgewiesen wird, der nicht durch Kapital- oder Gewinnrücklagen gedeckt ist.

---

¹⁾ § 261 Abs. 1 Sätze 2 bis 4 und 6 sowie Abs. 3 Satz 2 geänd. durch BiRiLiG v. 19.12. 1985 (BGBl. I S.2355).

… Aktiengesetz §§ 262–264 AktG Anh.

Achter Teil.
Auflösung und Nichtigerklärung der Gesellschaft

Erster Abschnitt. Auflösung

Erster Unterabschnitt. Auflösungsgründe und Anmeldung

§ 262.[1),2] **Auflösungsgründe.** (1) Die Aktiengesellschaft wird aufgelöst

1. durch Ablauf der in der Satzung bestimmten Zeit;
2. durch Beschluß der Hauptversammlung; dieser bedarf einer Mehrheit, die mindestens drei Viertel des bei der Beschlußfassung vertretenen Grundkapitals umfaßt; die Satzung kann eine größere Kapitalmehrheit und weitere Erfordernisse bestimmen;
3. durch die Eröffnung des Konkursverfahrens über das Vermögen der Gesellschaft;
4. mit der Rechtskraft des Beschlusses, durch den die Eröffnung des Konkursverfahrens mangels einer den Kosten des Verfahrens entsprechenden Konkursmasse abgelehnt wird;
5. mit der Rechtskraft einer Verfügung des Registergerichts, durch welche nach § 144a des Gesetzes über die Angelegenheiten der freiwilligen Gerichtsbarkeit ein Mangel der Satzung festgestellt worden ist.

(2) Dieser Abschnitt gilt auch, wenn die Aktiengesellschaft aus anderen Gründen aufgelöst wird.

§ 263.[3),4] **Anmeldung und Eintragung der Auflösung.** ¹Der Vorstand hat die Auflösung der Gesellschaft zur Eintragung in das Handelsregister anzumelden. ²Dies gilt nicht in den Fällen der Eröffnung und der Ablehnung der Eröffnung des Konkursverfahrens (§ 262 Abs. 1 Nr. 3 und 4) sowie im Falle der gerichtlichen Feststellung eines Mangels der Satzung (§ 262 Abs. 1 Nr. 5). ³In diesen Fällen hat das Gericht die Auflösung und ihren Grund von Amts wegen einzutragen.

Zweiter Unterabschnitt. Abwicklung

§ 264.[4] **Notwendigkeit der Abwicklung.** (1) Nach der Auflösung der Gesellschaft findet die Abwicklung statt, wenn nicht über das Vermögen der Gesellschaft das Konkursverfahren eröffnet worden ist.

---

[1] § 262 Abs. 1 Nr. 5 eingef. durch G v. 15.8. 1969 (BGBl. I S.1146).
[2] Gem. EGInsO v. 5.10. 1994 (BGBl. I S 2911) wird § 262 mWv. 1.1. 1999 wie folgt geändert:
a) In der Nummer 3 werden die Worte „des Konkursverfahrens" durch die Worte „des Insolvenzverfahrens" ersetzt.
b) Die Nummer 4 wird wie folgt gefaßt:
„4. mit der Rechtskraft des Beschlusses, durch den die Eröffnung des Insolvenzverfahrens mangels Masse abgelehnt wird;".
c) Der Punkt am Ende der Nummer 5 wird durch einen Strichpunkt ersetzt; es wird folgende neue Nummer 6 angefügt:
„6. durch Löschung der Gesellschaft wegen Vermögenslosigkeit nach § 141a des Gesetzes über die Angelegenheiten der freiwilligen Gerichtsbarkeit."
[3] § 263 Satz 2 neugef. durch G v. 15.8. 1969 (BGBl. I S.1146).
[4] Gem. EGInsO v. 5.10. 1994 (BGBl. I S.2911) werden die §§ 263 u. 264 mWv. 1.1. 1999 wie folgt geändert:
§ 263 wird wie folgt geändert:
a) In Satz 2 werden die Worte „des Konkursverfahrens" durch die Worte „des Insolvenzverfahrens" ersetzt.
b) Es wird folgender neuer Satz 4 angefügt:
„Im Falle der Löschung der Gesellschaft (§ 262 Abs. 1 Nr. 6) entfällt die Eintragung der Auflösung."
§ 264 wird wie folgt geändert:
a) In Absatz 1 wird das Wort „Konkursverfahren" durch das Wort „Insolvenzverfahren" ersetzt.
b) Absatz 2 wird neuer Absatz 3.
c) Es wird folgender neuer Absatz 2 eingefügt:
„(2) Ist die Gesellschaft durch Löschung wegen Vermögenslosigkeit aufgelöst, so findet eine Abwicklung nur statt, wenn sich nach der Löschung herausstellt, daß Vermögen vorhanden ist, das der Verteilung unterliegt. Die Abwickler sind auf Antrag eines Beteiligten durch das Gericht zu ernennen."

(2) Soweit sich aus diesem Unterabschnitt oder aus dem Zweck der Abwicklung nichts anderes ergibt, sind auf die Gesellschaft bis zum Schluß der Abwicklung die Vorschriften weiterhin anzuwenden, die für nicht aufgelöste Gesellschaften gelten.

§ 265.[1)] **Abwickler.** (1) Die Abwicklung besorgen die Vorstandsmitglieder als Abwickler.

(2) [1]Die Satzung oder ein Beschluß der Hauptversammlung kann andere Personen als Abwickler bestellen. [2]Für die Auswahl der Abwickler gilt § 76 Abs. 3 Satz 3 und 4 sinngemäß. [3]Auch eine juristische Person kann Abwickler sein.

(3) [1]Auf Antrag des Aufsichtsrats oder einer Minderheit von Aktionären, deren Anteile zusammen den zwanzigsten Teil des Grundkapitals oder den anteiligen Betrag *von einer Million Deutsche Mark [ab 1.1. 1999 500000 Euro]* erreichen, hat das Gericht bei Vorliegen eines wichtigen Grundes die Abwickler zu bestellen und abzuberufen. [2]Die Aktionäre haben glaubhaft zu machen, daß sie seit mindestens drei Monaten Inhaber der Aktien sind. [3]Zur Glaubhaftmachung genügt eine eidesstattliche Versicherung vor einem Gericht oder Notar. [4]Gegen die Entscheidung ist die sofortige Beschwerde zulässig.

(4) [1]Die gerichtlich bestellten Abwickler haben Anspruch auf Ersatz angemessener barer Auslagen und auf Vergütung für ihre Tätigkeit. [2]Einigen sich der gerichtlich bestellte Abwickler und die Gesellschaft nicht, so setzt das Gericht die Auslagen und die Vergütung fest. [3]Gegen die Entscheidung ist die sofortige Beschwerde zulässig. [4]Die weitere Beschwerde ist ausgeschlossen. [5]Aus der rechtskräftigen Entscheidung findet die Zwangsvollstreckung nach der Zivilprozeßordnung statt.

(5) [1]Abwickler, die nicht vom Gericht bestellt sind, kann die Hauptversammlung jederzeit abberufen. [2]Für die Ansprüche aus dem Anstellungsvertrag gelten die allgemeinen Vorschriften.

(6) Die Absätze 2 bis 5 gelten nicht für den Arbeitsdirektor, soweit sich seine Bestellung und Abberufung nach den Vorschriften des Montan-Mitbestimmungsgesetzes bestimmen.

§ 266.[2)] **Anmeldung der Abwickler.** (1) Die ersten Abwickler sowie ihre Vertretungsbefugnis hat der Vorstand, jeden Wechsel der Abwickler und jede Änderung ihrer Vertretungsbefugnis haben die Abwickler zur Eintragung in das Handelsregister anzumelden.

(2) Der Anmeldung sind die Urkunden über die Bestellung oder Abberufung sowie über die Vertretungsbefugnis in Urschrift oder öffentlich beglaubigter Abschrift für das Gericht des Sitzes der Gesellschaft beizufügen.

(3) [1]In der Anmeldung haben die Abwickler zu versichern, daß keine Umstände vorliegen, die ihrer Bestellung nach § 265 Abs. 2 Satz 2 entgegenstehen, und daß sie über ihre unbeschränkte Auskunftspflicht gegenüber dem Gericht belehrt worden sind. [2]§ 37 Abs. 2 Satz 2 ist anzuwenden.

(4) Die Bestellung oder Abberufung von Abwicklern durch das Gericht wird von Amts wegen eingetragen.

(5) Die Abwickler haben ihre Namensunterschrift zur Aufbewahrung beim Gericht zu zeichnen, wenn sie dies nicht schon als Vorstandsmitglieder getan haben.

§ 267. Aufruf der Gläubiger. [1]Die Abwickler haben unter Hinweis auf die Auflösung der Gesellschaft die Gläubiger der Gesellschaft aufzufordern, ihre Ansprüche anzumelden. [2]Die Aufforderung ist dreimal in den Gesellschaftsblättern bekanntzumachen.

§ 268.[3)] **Pflichten der Abwickler.** (1) [1]Die Abwickler haben die laufenden Geschäfte zu beenden, die Forderungen einzuziehen, das übrige Vermögen in Geld umzusetzen und die Gläubiger zu befriedigen. [2]Soweit es die Abwicklung erfordert, dürfen sie auch neue Geschäfte eingehen.

(2) [1]Im übrigen haben die Abwickler innerhalb ihres Geschäftskreises die Rechte und Pflichten des Vorstands. [2]Sie unterliegen wie dieser der Überwachung durch den Aufsichtsrat.

(3) Das Wettbewerbsverbot des § 88 gilt für sie nicht.

[1)] § 265 Abs. 2 Satz 2 eingef. durch G v. 4.7. 1980 (BGBl. I S.836), Abs. 2 Satz 2 geänd. durch Art. 7 § 32 BtG v. 12.9. 1990 (BGBl. I S.2002), Abs. 6 Satz 1 geänd., Satz 2 aufgeh. durch G v. 4.5. 1976 (BGBl. I S.1153), Abs. 3 Satz 1 geänd. durch StückAG v. 25.3. 1998 (BGBl. I S.590).
[2)] § 266 Abs.1 neugef. durch G v. 15.8. 1969 (BGBl. I S.1146), Abs.3 eingef., bish. Abs.3 und 4 werden Abs.4 und 5 durch G v. 4.7. 1980 (BGBl. I S.836).
[3)] § 268 Abs.4 neugef. durch G v. 15.8. 1969 (BGBl. I S.1146), Abs.4 Satz 2 geänd. durch StückAG v. 25.3. 1998 (BGBl. I S.590).

(4) ¹Auf allen Geschäftsbriefen, die an einen bestimmten Empfänger gerichtet werden, müssen die Rechtsform und der Sitz der Gesellschaft, die Tatsache, daß die Gesellschaft sich in Abwicklung befindet, das Registergericht des Sitzes der Gesellschaft und die Nummer, unter der die Gesellschaft in das Handelsregister eingetragen ist, sowie alle Abwickler und der Vorsitzende des Aufsichtsrats mit dem Familiennamen und mindestens einem ausgeschriebenen Vornamen angegeben werden. ²Werden Angaben über das Kapital der Gesellschaft gemacht, so müssen in jedem Falle das Grundkapital sowie, wenn auf die Aktien der Ausgabebetrag nicht vollständig eingezahlt ist, der Gesamtbetrag der ausstehenden Einlagen angegeben werden. ³Der Angaben nach Satz 1 bedarf es nicht bei Mitteilungen oder Berichten, die im Rahmen einer bestehenden Geschäftsverbindung ergehen und für die üblicherweise Vordrucke verwendet werden, in denen lediglich die im Einzelfall erforderlichen besonderen Angaben eingefügt zu werden brauchen. ⁴Bestellscheine gelten als Geschäftsbriefe im Sinne des Satzes 1; Satz 3 ist auf sie nicht anzuwenden.

§ 269. Vertretung durch die Abwickler. (1) Die Abwickler vertreten die Gesellschaft gerichtlich und außergerichtlich.

(2) ¹Sind mehrere Abwickler bestellt, so sind, wenn die Satzung oder die sonst zuständige Stelle nichts anderes bestimmt, sämtliche Abwickler nur gemeinschaftlich zur Vertretung der Gesellschaft befugt. ²Ist eine Willenserklärung gegenüber der Gesellschaft abzugeben, so genügt die Abgabe gegenüber einem Abwickler.

(3) ¹Die Satzung oder die sonst zuständige Stelle kann auch bestimmen, daß einzelne Abwickler allein oder in Gemeinschaft mit einem Prokuristen zur Vertretung der Gesellschaft befugt sind. ²Dasselbe kann der Aufsichtsrat bestimmen, wenn die Satzung oder ein Beschluß der Hauptversammlung ihn hierzu ermächtigt hat. ³Absatz 2 Satz 2 gilt in diesen Fällen sinngemäß.

(4) ¹Zur Gesamtvertretung befugte Abwickler können einzelne von ihnen zur Vornahme bestimmter Geschäfte oder bestimmter Arten von Geschäften ermächtigen. ²Dies gilt sinngemäß, wenn ein einzelner Abwickler in Gemeinschaft mit einem Prokuristen zur Vertretung der Gesellschaft befugt ist.

(5) Die Vertretungsbefugnis der Abwickler kann nicht beschränkt werden.

(6) Abwickler zeichnen für die Gesellschaft, indem sie der Firma einen die Abwicklung andeutenden Zusatz und ihre Namensunterschrift hinzufügen.

§ 270.[1) Eröffnungsbilanz. Jahresabschluß und Lagebericht. (1) Die Abwickler haben für den Beginn der Abwicklung eine Bilanz (Eröffnungsbilanz) und einen die Eröffnungsbilanz erläuternden Bericht sowie für den Schluß eines jeden Jahres einen Jahresabschluß und einen Lagebericht aufzustellen.

(2) ¹Die Hauptversammlung beschließt über die Feststellung der Eröffnungsbilanz und des Jahresabschlusses sowie über die Entlastung der Abwickler und der Mitglieder des Aufsichtsrats. ²Auf die Eröffnungsbilanz und den erläuternden Bericht sind die Vorschriften über den Jahresabschluß entsprechend anzuwenden. ³Vermögensgegenstände des Anlagevermögens sind jedoch wie Umlaufvermögen zu bewerten, soweit ihre Veräußerung innerhalb eines übersehbaren Zeitraums beabsichtigt ist oder diese Vermögensgegenstände nicht mehr dem Geschäftsbetrieb dienen; dies gilt auch für den Jahresabschluß.

(3) ¹Das Gericht kann von der Prüfung des Jahresabschlusses und des Lageberichts durch einen Abschlußprüfer befreien, wenn die Verhältnisse der Gesellschaft so überschaubar sind, daß eine Prüfung im Interesse der Gläubiger und Aktionäre nicht geboten erscheint. ²Gegen die Entscheidung ist die sofortige Beschwerde zulässig.

§ 271.[2) Verteilung des Vermögens. (1) Das nach der Berichtigung der Verbindlichkeiten verbleibende Vermögen der Gesellschaft wird unter die Aktionäre verteilt.

(2) Das Vermögen ist nach den Anteilen am Grundkapital zu verteilen, wenn nicht Aktien mit verschiedenen Rechten bei der Verteilung des Gesellschaftsvermögens vorhanden sind.

(3) ¹Sind die Einlagen auf das Grundkapital nicht auf alle Aktien in demselben Verhältnis geleistet, so werden die geleisteten Einlagen erstattet und ein Überschuß nach den Anteilen am Grundkapital verteilt. ²Reicht das Vermögen zur Erstattung der Einlagen nicht aus, so haben die Aktionäre den Verlust nach ihren Anteilen am Grundkapital zu tragen; die noch ausstehenden Einlagen sind, soweit nötig, einzuziehen.

[1)] § 270 neugef. durch BiRiLiG v. 19.12.1985 (BGBl. I S.2355).
[2)] § 271 Abs.2 und 3 geänd. durch StückAG v. 25.3.1998 (BGBl. I S.590).

§ 272. Gläubigerschutz. (1) Das Vermögen darf nur verteilt werden, wenn ein Jahr seit dem Tage verstrichen ist, an dem der Aufruf der Gläubiger zum drittenmal bekanntgemacht worden ist.

(2) Meldet sich ein bekannter Gläubiger nicht, so ist der geschuldete Betrag für ihn zu hinterlegen, wenn ein Recht zur Hinterlegung besteht.

(3) Kann eine Verbindlichkeit zur Zeit nicht berichtigt werden oder ist sie streitig, so darf das Vermögen nur verteilt werden, wenn dem Gläubiger Sicherheit geleistet ist.

§ 273. Schluß der Abwicklung. (1) ¹Ist die Abwicklung beendet und die Schlußrechnung gelegt, so haben die Abwickler den Schluß der Abwicklung zur Eintragung in das Handelsregister anzumelden. ²Die Gesellschaft ist zu löschen.

(2) Die Bücher und Schriften der Gesellschaft sind an einen vom Gericht bestimmten sicheren Ort zur Aufbewahrung auf zehn Jahre zu hinterlegen.

(3) Das Gericht kann den Aktionären und den Gläubigern die Einsicht der Bücher und Schriften gestatten.

(4) ¹Stellt sich nachträglich heraus, daß weitere Abwicklungsmaßnahmen nötig sind, so hat auf Antrag eines Beteiligten das Gericht die bisherigen Abwickler neu zu bestellen oder andere Abwickler zu berufen. ²§ 265 Abs. 4 gilt.

(5) Gegen die Entscheidungen nach den Absätzen 2, 3 und 4 Satz 1 ist die sofortige Beschwerde zulässig.

§ 274.[1] Fortsetzung einer aufgelösten Gesellschaft. (1) ¹Ist eine Aktiengesellschaft durch Zeitablauf oder durch Beschluß der Hauptversammlung aufgelöst worden, so kann die Hauptversammlung, solange noch nicht mit der Verteilung des Vermögens unter die Aktionäre begonnen ist, die Fortsetzung der Gesellschaft beschließen. ²Der Beschluß bedarf einer Mehrheit, die mindestens drei Viertel des bei der Beschlußfassung vertretenen Grundkapitals umfaßt. ³Die Satzung kann eine größere Kapitalmehrheit und weitere Erfordernisse bestimmen.

(2) Gleiches gilt, wenn die Gesellschaft

1. durch die Eröffnung des Konkursverfahrens aufgelöst, das Konkursverfahren aber auf Antrag der Gesellschaft eingestellt oder nach rechtskräftiger Bestätigung eines Zwangsvergleichs aufgehoben worden ist;
2. durch die gerichtliche Feststellung eines Mangels der Satzung nach § 262 Abs. 1 Nr. 5 aufgelöst worden ist, eine den Mangel behebende Satzungsänderung aber spätestens zugleich mit der Fortsetzung der Gesellschaft beschlossen wird.

(3) ¹Die Abwickler haben die Fortsetzung der Gesellschaft zur Eintragung in das Handelsregister anzumelden. ²Sie haben bei der Anmeldung nachzuweisen, daß noch nicht mit der Verteilung des Vermögens der Gesellschaft unter die Aktionäre begonnen worden ist.

(4) ¹Der Fortsetzungsbeschluß wird erst wirksam, wenn er in das Handelsregister des Sitzes der Gesellschaft eingetragen worden ist. ²Im Falle des Absatzes 2 Nr. 2 hat der Fortsetzungsbeschluß keine Wirkung, solange er und der Beschluß über die Satzungsänderung nicht in das Handelsregister des Sitzes der Gesellschaft eingetragen worden sind; die beiden Beschlüsse sollen nur zusammen in das Handelsregister eingetragen werden.

Zweiter Abschnitt. Nichtigerklärung der Gesellschaft

§ 275.[2] Klage auf Nichtigerklärung. (1) ¹Enthält die Satzung keine Bestimmungen über die Höhe des Grundkapitals oder über den Gegenstand des Unternehmens oder sind die Bestimmungen der Satzung über den Gegenstand des Unternehmens nichtig, so kann jeder Aktionär und jedes Mitglied des

---

[1] § 274 Abs. 2 neugef., Abs. 4 Satz 2 eingef. durch G v. 15.8.1969 (BGBl. I S.1146). Gem. EGInsO v. 5.10. 1994 (BGBl. I S.2911) wird § 274 Abs. 2 Nr. 1 mWv. 1.1.1999 wie folgt gefaßt:
„1. durch die Eröffnung des Insolvenzverfahrens aufgelöst, das Verfahren aber auf Antrag des Schuldners eingestellt oder nach der Bestätigung eines Insolvenzplans, der den Fortbestand der Gesellschaft vorsieht, aufgehoben worden ist;".
[2] § 275 Abs. 1 Satz 1 neugef., Abs. 4 Satz 1 geänd. durch G v. 15.8.1969 (BGBl. I S.1146), Abs. 3 Satz 2 geänd. durch BiRiLiG v. 19.12.1985 (BGBl. I S.2355).

Aktiengesetz §§ 276–280 AktG Anh.

Vorstands und des Aufsichtsrats darauf klagen, daß die Gesellschaft für nichtig erklärt werde. ²Auf andere Gründe kann die Klage nicht gestützt werden.

(2) Kann der Mangel nach § 276 geheilt werden, so kann die Klage erst erhoben werden, nachdem ein Klageberechtigter die Gesellschaft aufgefordert hat, den Mangel zu beseitigen, und sie binnen drei Monaten dieser Aufforderung nicht nachgekommen ist.

(3) ¹Die Klage muß binnen drei Jahren nach Eintragung der Gesellschaft erhoben werden. ²Eine Löschung der Gesellschaft von Amts wegen nach § 144 Abs. 1 des Gesetzes über die Angelegenheiten der freiwilligen Gerichtsbarkeit wird durch den Zeitablauf nicht ausgeschlossen.

(4) ¹Für die Klage gelten § 246 Abs. 2 bis 4, §§ 247, 248 Abs. 1 Satz 1, § 249 Abs. 2 sinngemäß. ²Der Vorstand hat eine beglaubigte Abschrift der Klage und das rechtskräftige Urteil zum Handelsregister einzureichen. ³Die Nichtigkeit der Gesellschaft auf Grund rechtskräftigen Urteils ist einzutragen.

§ 276.[1)] **Heilung von Mängeln.** Ein Mangel, der die Bestimmungen über den Gegenstand des Unternehmens betrifft, kann unter Beachtung der Bestimmungen des Gesetzes und der Satzung über Satzungsänderungen geheilt werden.

§ 277. Wirkung der Eintragung der Nichtigkeit. (1) Ist die Nichtigkeit einer Gesellschaft auf Grund rechtskräftigen Urteils oder einer Entscheidung des Registergerichts in das Handelsregister eingetragen, so findet die Abwicklung nach den Vorschriften über die Abwicklung bei Auflösung statt.

(2) Die Wirksamkeit der im Namen der Gesellschaft vorgenommenen Rechtsgeschäfte wird durch die Nichtigkeit nicht berührt.

(3) Die Gesellschafter haben die Einlagen zu leisten, soweit es zur Erfüllung der eingegangenen Verbindlichkeiten nötig ist.

Zweites Buch. Kommanditgesellschaft auf Aktien

§ 278. Wesen der Kommanditgesellschaft auf Aktien. (1) Die Kommanditgesellschaft auf Aktien ist eine Gesellschaft mit eigener Rechtspersönlichkeit, bei der mindestens ein Gesellschafter den Gesellschaftsgläubigern unbeschränkt haftet (persönlich haftender Gesellschafter) und die übrigen an dem in Aktien zerlegten Grundkapital beteiligt sind, ohne persönlich für die Verbindlichkeiten der Gesellschaft zu haften (Kommanditaktionäre).

(2) Das Rechtsverhältnis der persönlich haftenden Gesellschafter untereinander und gegenüber der Gesamtheit der Kommanditaktionäre sowie gegenüber Dritten, namentlich die Befugnis der persönlich haftenden Gesellschafter zur Geschäftsführung und zur Vertretung der Gesellschaft, bestimmt sich nach den Vorschriften des Handelsgesetzbuchs über die Kommanditgesellschaft.

(3) Im übrigen gelten für die Kommanditgesellschaft auf Aktien, soweit sich aus den folgenden Vorschriften oder aus dem Fehlen eines Vorstands nichts anderes ergibt, die Vorschriften des Ersten Buchs über die Aktiengesellschaft sinngemäß.

§ 279.[2)] **Firma.** (1) Die Firma der Kommanditgesellschaft auf Aktien muß, auch wenn sie nach § 22 des Handelsgesetzbuchs oder nach anderen gesetzlichen Vorschriften fortgeführt wird, die Bezeichnung „Kommanditgesellschaft auf Aktien" oder eine allgemein verständliche Abkürzung dieser Bezeichnung enthalten.

(2) Wenn in der Gesellschaft keine natürliche Person persönlich haftet, muß die Firma, auch wenn sie nach § 22 des Handelsgesetzbuchs oder nach anderen gesetzlichen Vorschriften fortgeführt wird, eine Bezeichnung enthalten, welche die Haftungsbeschränkung kennzeichnet.

§ 280.[3)] **Feststellung der Satzung. Gründer.** (1) ¹Die Satzung muß von mindestens fünf Personen durch notarielle Beurkundung festgestellt werden. ²In der Urkunde sind bei Nennbetragsaktien der Nennbetrag, bei Stückaktien die Zahl, der Ausgabebetrag und, wenn mehrere Gattungen bestehen, die Gattung der Aktien anzugeben, die jeder Beteiligte übernimmt. ³Bevollmächtigte bedürfen einer notariell beglaubigten Vollmacht.

[1)] § 276 neugef. durch G v. 15.8.1969 (BGBl. I S.1146).
[2)] § 279 neugef. durch Art. 8 HRefG v. 22.6.1998 (BGBl. I S.1474).
[3)] § 280 Abs. 1 Sätze 1 und 3 geänd. durch G v. 28.8.1969 (BGBl. I S.1513), Abs. 1 Satz 2 geänd. durch StückAG v. 25.3.1998 (BGBl. I S.590).

(2) ¹Alle persönlich haftenden Gesellschafter müssen sich bei der Feststellung der Satzung beteiligen. ²Außer ihnen müssen die Personen mitwirken, die als Kommanditaktionäre Aktien gegen Einlagen übernehmen.

(3) Die Gesellschafter, die die Satzung festgestellt haben, sind die Gründer der Gesellschaft.

§ 281.[1] **Inhalt der Satzung.**
Fassung des Abs. 1 bis 31. 12. 1998:
(1) Die Satzung muß außer den Festsetzungen nach § 23 Abs. 3 und 4 den Namen, Vornamen, Beruf und Wohnort jedes persönlich haftenden Gesellschafters enthalten.
Fassung des Abs. 1 ab 1. 1. 1999:
(1) Die Satzung muß außer den Festsetzungen nach § 23 Abs. 3 und 4 den Namen, Vornamen und Wohnort jedes persönlich haftenden Gesellschafters enthalten.

(2) Vermögenseinlagen der persönlich haftenden Gesellschafter müssen, wenn sie nicht auf das Grundkapital geleistet werden, nach Höhe und Art in der Satzung festgesetzt werden.

(3) *(aufgehoben)*

§ 282.[2] **Eintragung der persönlich haftenden Gesellschafter.** ¹Bei der Eintragung der Gesellschaft in das Handelsregister sind statt der Vorstandsmitglieder die persönlich haftenden Gesellschafter anzugeben. ²Ferner ist einzutragen, welche Vertretungsbefugnis die persönlich haftenden Gesellschafter haben.

§ 283.[3] **Persönlich haftende Gesellschafter.** Für die persönlich haftenden Gesellschafter gelten sinngemäß die für den Vorstand der Aktiengesellschaft geltenden Vorschriften über

1. die Anmeldungen, Einreichungen, Erklärungen und Nachweise zum Handelsregister sowie über Bekanntmachungen;
2. die Gründungsprüfung;
3. die Sorgfaltspflicht und Verantwortlichkeit;
4. die Pflichten gegenüber dem Aufsichtsrat;
5. die Zulässigkeit einer Kreditgewährung;
6. die Einberufung der Hauptversammlung;
7. die Sonderprüfung;
8. die Geltendmachung von Ersatzansprüchen wegen der Geschäftsführung;
9. die Aufstellung und Vorlegung des Jahresabschlusses, des Lageberichts und des Vorschlags für die Verwendung des Bilanzgewinns;
10. die Prüfung des Jahresabschlusses;
11. die Rechnungslegung im Konzern;
12. die Ausgabe von Aktien bei bedingter Kapitalerhöhung, bei genehmigtem Kapital und bei Kapitalerhöhung aus Gesellschaftsmitteln;
13. die Nichtigkeit und Anfechtung von Hauptversammlungsbeschlüssen;
14. den Antrag auf Eröffnung des Konkursverfahrens oder des gerichtlichen Vergleichsverfahrens.

§ 284. Wettbewerbsverbot. (1)¹Ein persönlich haftender Gesellschafter darf ohne ausdrückliche Einwilligung der übrigen persönlich haftenden Gesellschafter und des Aufsichtsrats weder im Geschäftszweig der Gesellschaft für eigene oder fremde Rechnung Geschäfte machen noch Mitglied des Vorstands oder Geschäftsführer oder persönlich haftender Gesellschafter einer anderen gleichartigen Handelsgesellschaft sein. ²Die Einwilligung kann nur für bestimmte Arten von Geschäften oder für bestimmte Handelsgesellschaften erteilt werden.

---

[1]) § 281 Abs. 1 geänd. durch G v. 15. 8. 1969 (BGBl. I S. 1146), Abs. 3 aufgeh. durch G v. 13. 12. 1978 (BGBl. I S. 1959), **Abs. 1 geänd. mWv 1. 1. 1999** durch Art. 8 HRefG v. 22. 6. 1998 (BGBl. I S. 1474).
[2]) § 282 Satz 2 neugef. durch G v. 15. 8. 1969 (BGBl. I S. 1146).
[3]) § 283 Nr. 9 geänd. durch BiRiLiG v. 19. 12. 1985 (BGBl. I S. 2355).
Gem. EGInsO v. 5. 10. 1994 (BGBl. I S. 2911) wird § 283 Nr. 14 mWv. 1. 1. 1999 wie folgt gefaßt:
„14. den Antrag auf Eröffnung des Insolvenzverfahrens."

Aktiengesetz §§ 285, 286 **AktG Anh.**

(2) ¹Verstößt ein persönlich haftender Gesellschafter gegen dieses Verbot, so kann die Gesellschaft Schadensersatz fordern. ²Sie kann statt dessen von dem Gesellschafter verlangen, daß er die für eigene Rechnung gemachten Geschäfte als für Rechnung der Gesellschaft eingegangen gelten läßt und die aus Geschäften für fremde Rechnung bezogene Vergütung herausgibt oder seinen Anspruch auf die Vergütung abtritt.

(3) ¹Die Ansprüche der Gesellschaft verjähren in drei Monaten seit dem Zeitpunkt, in dem die übrigen persönlich haftenden Gesellschafter und die Aufsichtsratsmitglieder von der zum Schadensersatz verpflichtenden Handlung Kenntnis erlangen. ²Sie verjähren ohne Rücksicht auf diese Kenntnis in fünf Jahren seit ihrer Entstehung.

§ 285. Hauptversammlung. (1) ¹In der Hauptversammlung haben die persönlich haftenden Gesellschafter nur ein Stimmrecht für ihre Aktien. ²Sie können das Stimmrecht weder für sich noch für einen anderen ausüben bei Beschlußfassungen über

1. die Wahl und Abberufung des Aufsichtsrats;
2. die Entlastung der persönlich haftenden Gesellschafter und der Mitglieder des Aufsichtsrats;
3. die Bestellung von Sonderprüfern;
4. die Geltendmachung von Ersatzansprüchen;
5. den Verzicht auf Ersatzansprüche;
6. die Wahl von Abschlußprüfern.

³Bei diesen Beschlußfassungen kann ihr Stimmrecht auch nicht durch einen anderen ausgeübt werden.

(2) ¹Die Beschlüsse der Hauptversammlung bedürfen der Zustimmung der persönlich haftenden Gesellschafter, soweit sie Angelegenheiten betreffen, für die bei einer Kommanditgesellschaft das Einverständnis der persönlich haftenden Gesellschafter und der Kommanditisten erforderlich ist. ²Die Ausübung der Befugnisse, die der Hauptversammlung oder einer Minderheit von Kommanditaktionären bei der Bestellung von Prüfern und der Geltendmachung von Ansprüchen der Gesellschaft aus der Gründung oder der Geschäftsführung zustehen, bedarf nicht der Zustimmung der persönlich haftenden Gesellschafter.

(3) ¹Beschlüsse der Hauptversammlung, die der Zustimmung der persönlich haftenden Gesellschafter bedürfen, sind zum Handelsregister erst einzureichen, wenn die Zustimmung vorliegt. ²Bei Beschlüssen, die in das Handelsregister einzutragen sind, ist die Zustimmung in der Verhandlungsniederschrift oder in einem Anhang zur Niederschrift zu beurkunden.

§ 286.[1]) **Jahresabschluß. Lagebericht.** (1) ¹Die Hauptversammlung beschließt über die Feststellung des Jahresabschlusses. ²Der Beschluß bedarf der Zustimmung der persönlich haftenden Gesellschafter.

(2) ¹In der Jahresbilanz sind die Kapitalanteile der persönlich haftenden Gesellschafter nach dem Posten „Gezeichnetes Kapital" gesondert auszuweisen. ²Der auf den Kapitalanteil eines persönlich haftenden Gesellschafters für das Geschäftsjahr entfallende Verlust ist von dem Kapitalanteil abzuschreiben. ³Soweit der Verlust den Kapitalanteil übersteigt, ist er auf der Aktivseite unter der Bezeichnung „Einzahlungsverpflichtungen persönlich haftender Gesellschafter" unter den Forderungen gesondert auszuweisen, soweit eine Zahlungsverpflichtung besteht; besteht keine Zahlungsverpflichtung, so ist der Betrag als „Nicht durch Vermögenseinlagen gedeckter Verlustanteil persönlich haftender Gesellschafter" zu bezeichnen und gemäß § 268 Abs. 3 des Handelsgesetzbuchs auszuweisen. ⁴Unter § 89 fallende Kredite, die die Gesellschaft persönlich haftenden Gesellschaftern, deren Ehegatten oder minderjährigen Kindern oder Dritten, die für Rechnung dieser Personen handeln, gewährt hat, sind auf der Aktivseite bei den entsprechenden Posten unter der Bezeichnung „davon an persönlich haftende Gesellschafter und deren Angehörige" zu vermerken.

(3) In der Gewinn- und Verlustrechnung braucht der auf die Kapitalanteile der persönlich haftenden Gesellschafter entfallende Gewinn oder Verlust nicht gesondert ausgewiesen zu werden.

(4) § 285 Nr. 9 Buchstaben a und b des Handelsgesetzbuchs gilt für die persönlich haftenden Gesellschafter mit der Maßgabe, daß der auf den Kapitalanteil eines persönlich haftenden Gesellschafters entfallende Gewinn nicht angegeben zu werden braucht.

---

[1]) § 286 Überschrift, Abs. 2 Satz 1 und Abs. 4 geänd., Abs. 2 Sätze 3 und 4 neugef. durch BiRiLiG v. 19.12. 1985 (BGBl. I S. 2355).

§ 287. Aufsichtsrat. (1) Die Beschlüsse der Kommanditaktionäre führt der Aufsichtsrat aus, wenn die Satzung nichts anderes bestimmt.

(2) ¹In Rechtsstreitigkeiten, die die Gesamtheit der Kommanditaktionäre gegen die persönlich haftenden Gesellschafter oder diese gegen die Gesamtheit der Kommanditaktionäre führen, vertritt der Aufsichtsrat die Kommanditaktionäre, wenn die Hauptversammlung keine besonderen Vertreter gewählt hat. ²Für die Kosten des Rechtsstreits, die den Kommanditaktionären zur Last fallen, haftet die Gesellschaft unbeschadet ihres Rückgriffs gegen die Kommanditaktionäre.

(3) Persönlich haftende Gesellschafter können nicht Aufsichtsratsmitglieder sein.

§ 288.[1)] **Entnahmen der persönlich haftenden Gesellschafter. Kreditgewährung.** (1) ¹Entfällt auf einen persönlich haftenden Gesellschafter ein Verlust, der seinen Kapitalanteil übersteigt, so darf er keinen Gewinn auf seinen Kapitalanteil entnehmen. ²Er darf ferner keinen solchen Gewinnanteil und kein Geld auf seinen Kapitalanteil entnehmen, solange die Summe aus Bilanzverlust, Einzahlungsverpflichtungen, Verlustanteilen persönlich haftender Gesellschafter und Forderungen aus Krediten an persönlich haftende Gesellschafter und deren Angehörige die Summe aus Gewinnvortrag, Kapital- und Gewinnrücklagen sowie Kapitalanteilen der persönlich haftenden Gesellschafter übersteigt.

(2) ¹Solange die Voraussetzung von Absatz 1 Satz 2 vorliegt, darf die Gesellschaft keinen unter § 286 Abs. 2 Satz 4 fallenden Kredit gewähren. ²Ein trotzdem gewährter Kredit ist ohne Rücksicht auf entgegenstehende Vereinbarungen sofort zurückzugewähren.

(3) ¹Ansprüche persönlich haftender Gesellschafter auf nicht vom Gewinn abhängige Tätigkeitsvergütungen werden durch diese Vorschriften nicht berührt. ²Für eine Herabsetzung solcher Vergütungen gilt § 87 Abs. 2 Satz 1 sinngemäß.

§ 289.[2)] **Auflösung.** (1) Die Gründe für die Auflösung der Kommanditgesellschaft auf Aktien und das Ausscheiden eines von mehreren persönlich haftenden Gesellschaftern aus der Gesellschaft richten sich, soweit in den Absätzen 2 bis 6 nichts anderes bestimmt ist, nach den Vorschriften des Handelsgesetzbuchs über die Kommanditgesellschaft.

(2) Die Kommanditgesellschaft auf Aktien wird auch aufgelöst

1. mit der Rechtskraft des Beschlusses, durch den die Eröffnung des Konkursverfahrens mangels einer den Kosten des Verfahrens entsprechenden Konkursmasse abgelehnt wird;
2. mit der Rechtskraft einer Verfügung des Registergerichts, durch welche nach § 144a des Gesetzes über die Angelegenheiten der freiwilligen Gerichtsbarkeit ein Mangel der Satzung festgestellt worden ist.

(3) ¹Durch die Eröffnung des Konkursverfahrens über das Vermögen eines Kommanditaktionärs wird die Gesellschaft nicht aufgelöst. ²Die Gläubiger eines Kommanditaktionärs sind nicht berechtigt, die Gesellschaft zu kündigen.

(4) ¹Für die Kündigung der Gesellschaft durch die Kommanditaktionäre und für ihre Zustimmung zur Auflösung der Gesellschaft ist ein Beschluß der Hauptversammlung nötig. ²Gleiches gilt für den Antrag auf Auflösung der Gesellschaft durch gerichtliche Entscheidung. ³Der Beschluß bedarf einer Mehrheit, die mindestens drei Viertel des bei der Beschlußfassung vertretenen Grundkapitals umfaßt. ⁴Die Satzung kann eine größere Kapitalmehrheit und weitere Erfordernisse bestimmen.

[1)] § 288 Abs. 1 Satz 2 neugef. durch BiRiLiG v. 19.12. 1985 (BGBl. I S.2355).
[2)] § 289 Abs. 2 neugef. durch G v. 15.8. 1969 (BGBl. I S.1146).
Gem. EGInsO v. 5.10. 1994 (BGBl. I S.2911) wird § 289 mWv. 1.1. 1999 wie folgt geändert:
a) Absatz 2 Nr. 1 wird wie folgt gefaßt:
„1. mit der Rechtskraft des Beschlusses, durch den die Eröffnung des Insolvenzverfahrens mangels Masse abgelehnt wird;".
b) In Absatz 2 wird der Punkt am Ende der Nummer 2 durch einen Strichpunkt ersetzt; es wird folgende neue Nummer 3 angefügt:
„3. durch die Löschung der Gesellschaft wegen Vermögenslosigkeit nach § 141a des Gesetzes über die Angelegenheiten der freiwilligen Gerichtsbarkeit."
c) In Absatz 3 Satz 1 werden die Worte „des Konkursverfahrens" durch die Worte „des Insolvenzverfahrens" ersetzt.
d) An Absatz 6 werden folgende neue Sätze angefügt:
„In den Fällen des Absatzes 2 hat das Gericht die Auflösung und ihren Grund von Amts wegen einzutragen. Im Falle des Absatzes 2 Nr. 3 entfällt die Eintragung der Auflösung."

Aktiengesetz §§ 290–292 AktG Anh.

(5) Persönlich haftende Gesellschafter können außer durch Ausschließung nur ausscheiden, wenn es die Satzung für zulässig erklärt.

(6) ¹Die Auflösung der Gesellschaft und das Ausscheiden eines persönlich haftenden Gesellschafters ist von allen persönlich haftenden Gesellschaftern zur Eintragung in das Handelsregister anzumelden. ²§ 143 Abs. 3 des Handelsgesetzbuchs gilt sinngemäß.

§ 290[1]**. Abwicklung.** (1) Die Abwicklung besorgen alle persönlich haftenden Gesellschafter und eine oder mehrere von der Hauptversammlung gewählte Personen als Abwickler, wenn die Satzung nichts anderes bestimmt.

(2) Die Bestellung oder Abberufung von Abwicklern durch das Gericht kann auch jeder persönlich haftende Gesellschafter beantragen.

Drittes Buch. Verbundene Unternehmen

Erster Teil. Unternehmensverträge

Erster Abschnitt. Arten von Unternehmensverträgen

§ 291. Beherrschungsvertrag. Gewinnabführungsvertrag. (1) ¹Unternehmensverträge sind Verträge, durch die eine Aktiengesellschaft oder Kommanditgesellschaft auf Aktien die Leitung ihrer Gesellschaft einem anderen Unternehmen unterstellt (Beherrschungsvertrag) oder sich verpflichtet, ihren ganzen Gewinn an ein anderes Unternehmen abzuführen (Gewinnabführungsvertrag). ²Als Vertrag über die Abführung des ganzen Gewinns gilt auch ein Vertrag, durch den eine Aktiengesellschaft oder Kommanditgesellschaft auf Aktien es übernimmt, ihr Unternehmen für Rechnung eines anderen Unternehmens zu führen.

(2) Stellen sich Unternehmen, die voneinander nicht abhängig sind, durch Vertrag unter einheitliche Leitung, ohne daß dadurch eines von ihnen von einem anderen vertragschließenden Unternehmen abhängig wird, so ist dieser Vertrag kein Beherrschungsvertrag.

(3) Leistungen der Gesellschaft auf Grund eines Beherrschungs- oder eines Gewinnabführungsvertrags gelten nicht als Verstoß gegen die §§ 57, 58 und 60.

§ 292. Andere Unternehmensverträge. (1) Unternehmensverträge sind ferner Verträge, durch die eine Aktiengesellschaft oder Kommanditgesellschaft auf Aktien

1. sich verpflichtet, ihren Gewinn oder den Gewinn einzelner ihrer Betriebe ganz oder zum Teil mit dem Gewinn anderer Unternehmen oder einzelner Betriebe anderer Unternehmen zur Aufteilung eines gemeinschaftlichen Gewinns zusammenzulegen (Gewinngemeinschaft),

2. sich verpflichtet, einen Teil ihres Gewinns oder den Gewinn einzelner ihrer Betriebe ganz oder zum Teil an einen anderen abzuführen (Teilgewinnabführungsvertrag),

3. den Betrieb ihres Unternehmens einem anderen verpachtet oder sonst überläßt (Betriebspachtvertrag, Betriebsüberlassungsvertrag).

(2) Ein Vertrag über eine Gewinnbeteiligung mit Mitgliedern von Vorstand und Aufsichtsrat oder mit einzelnen Arbeitnehmern der Gesellschaft sowie eine Abrede über eine Gewinnbeteiligung im Rahmen von Verträgen des laufenden Geschäftsverkehrs oder Lizenzverträgen ist kein Teilgewinnabführungsvertrag.

(3) ¹Ein Betriebspacht- oder Betriebsüberlassungsvertrag und der Beschluß, durch den die Hauptversammlung dem Vertrag zugestimmt hat, sind nicht deshalb nichtig, weil der Vertrag gegen die §§ 57, 58 und 60 verstößt. ²Satz 1 schließt die Anfechtung des Beschlusses wegen dieses Verstoßes nicht aus.

---

[1]) Gem. EGInsO v. 5.10.1994 (BGBl. I S.2911) wird an § 290 mWv. 1.1.1999 folgender Abs.3 angefügt: „(3) Ist die Gesellschaft durch Löschung wegen Vermögenslosigkeit aufgelöst, so findet eine Abwicklung nur statt, wenn sich nach der Löschung herausstellt, daß Vermögen vorhanden ist, das der Verteilung unterliegt. Die Abwickler sind auf Antrag eines Beteiligten durch das Gericht zu ernennen."

Zweiter Abschnitt. Abschluß, Änderung und Beendigung von Unternehmensverträgen

§ 293.[1)] **Zustimmung der Hauptversammlung.** (1) ¹Ein Unternehmensvertrag wird nur mit Zustimmung der Hauptversammlung wirksam. ²Der Beschluß bedarf einer Mehrheit, die mindestens drei Viertel des bei der Beschlußfassung vertretenen Grundkapitals umfaßt. ³Die Satzung kann eine größere Kapitalmehrheit und weitere Erfordernisse bestimmen. ⁴Auf den Beschluß sind die Bestimmungen des Gesetzes und der Satzung über Satzungsänderungen nicht anzuwenden.

(2) ¹Ein Beherrschungs- oder ein Gewinnabführungsvertrag wird, wenn der andere Vertragsteil eine Aktiengesellschaft oder Kommanditgesellschaft auf Aktien ist, nur wirksam, wenn auch die Hauptversammlung dieser Gesellschaft zustimmt. ²Für den Beschluß gilt Absatz 1 Satz 2 bis 4 sinngemäß.

(3) Der Vertrag bedarf der schriftlichen Form.

(4) *(aufgehoben)*

§ 293 a.[1)] **Bericht über den Unternehmensvertrag.** (1) ¹Der Vorstand jeder an einem Unternehmensvertrag beteiligten Aktiengesellschaft oder Kommanditgesellschaft auf Aktien hat, soweit die Zustimmung der Hauptversammlung nach § 293 erforderlich ist, einen ausführlichen schriftlichen Bericht zu erstatten, in dem der Abschluß des Unternehmensvertrags, der Vertrag im einzelnen und insbesondere Art und Höhe des Ausgleichs nach § 304 und der Abfindung nach § 305 rechtlich und wirtschaftlich erläutert und begründet werden; der Bericht kann von den Vorständen auch gemeinsam erstattet werden. ²Auf besondere Schwierigkeiten bei der Bewertung der vertragschließenden Unternehmen sowie auf die Folgen für die Beteiligungen der Aktionäre ist hinzuweisen.

(2) ¹In den Bericht brauchen Tatsachen nicht aufgenommen zu werden, deren Bekanntwerden geeignet ist, einem der vertragschließenden Unternehmen oder einem verbundenen Unternehmen einen nicht unerheblichen Nachteil zuzufügen. ²In diesem Falle sind in dem Bericht die Gründe, aus denen die Tatsachen nicht aufgenommen worden sind, darzulegen.

(3) Der Bericht ist nicht erforderlich, wenn alle Anteilsinhaber aller beteiligten Unternehmen auf seine Erstattung durch öffentlich beglaubigte Erklärung verzichten.

§ 293 b.[2)] **Prüfung des Unternehmensvertrags.** (1) Der Unternehmensvertrag ist für jede vertragschließende Aktiengesellschaft oder Kommanditgesellschaft auf Aktien durch einen oder mehrere sachverständige Prüfer (Vertragsprüfer) zu prüfen, es sei denn, daß sich alle Aktien der abhängigen Gesellschaft in der Hand des herrschenden Unternehmens befinden.

(2) § 293 a Abs. 3 ist entsprechend anzuwenden.

§ 293 c.[3)] **Bestellung der Vertragsprüfer.** (1) ¹Die Vertragsprüfer werden von dem Vorstand der abhängigen Gesellschaft oder auf dessen Antrag vom Gericht bestellt. ²Sie können für alle vertragschließenden Unternehmen gemeinsam bestellt werden. ³Zuständig ist das Landgericht, in dessen Bezirk die abhängige Gesellschaft ihren Sitz hat. ⁴Ist bei dem Landgericht eine Kammer für Handelssachen gebildet, so entscheidet deren Vorsitzender an Stelle der Zivilkammer. ⁵Für den Ersatz von Auslagen und für die Vergütung der vom Gericht bestellten Prüfer gilt § 318 Abs. 5 des Handelsgesetzbuchs.

(2) ¹Die Landesregierung kann die Entscheidung durch Rechtsverordnung für die Bezirke mehrerer Landgerichte einem der Landgerichte übertragen, wenn dies der Sicherung einer einheitlichen Rechtsprechung dient. ²Die Landesregierung kann die Ermächtigung auf die Landesjustizverwaltung übertragen.

§ 293 d.[4)] **Auswahl, Stellung und Verantwortlichkeit der Vertragsprüfer.** (1) ¹Für die Auswahl und das Auskunftsrecht der Vertragsprüfer gelten § 319 Abs. 1 bis 3, § 320 Abs. 1 Satz 2 und Abs. 2

[1)] § 293 Abs. 3 Sätze 2 bis 6 sowie Abs. 4 aufgeh., § 293 a eingef. durch Art. 6 UmwBerG v. 28. 10. 1994 (BGBl. I S. 3210).

[2)] §§ 293 b bis 293 e eingef. durch Art. 6 UmwBerG v. 28. 10. 1994 (BGBl. I S. 3210), § 293 b Abs. 1 geänd. durch KonTraG v. 27. 4. 1998 (BGBl. I S. 786).

[3)] § 293 c Abs. 1 Satz 2 eingef., bish. Sätze 2 bis 4 werden Sätze 3 bis 5, neuer Satz 4 geänd. durch KonTraG v. 27. 4. 1998 (BGBl. I S. 786).

[4)] §§ 293 f und 293 g eingef., § 295 Abs. 1 Satz 2 geänd. durch Art. 6 UmwBerG v. 28. 10. 1994 (BGBl. I S. 3210).

Satz 1 und 2 des Handelsgesetzbuchs entsprechend. ²Das Auskunftsrecht besteht gegenüber den vertragschließenden Unternehmen und gegenüber einem Konzernunternehmen sowie einem abhängigen und einem herrschenden Unternehmen.

(2) ¹Für die Verantwortlichkeit der Vertragsprüfer, ihrer Gehilfen und der bei der Prüfung mitwirkenden gesetzlichen Vertreter einer Prüfungsgesellschaft gilt § 323 des Handelsgesetzbuchs entsprechend. ²Die Verantwortlichkeit besteht gegenüber den vertragschließenden Unternehmen und deren Anteilsinhabern.

§ 293 e.[1]) **Prüfungsbericht.** (1) ¹Die Vertragsprüfer haben über das Ergebnis der Prüfung schriftlich zu berichten. ²Der Prüfungsbericht ist mit einer Erklärung darüber abzuschließen, ob der vorgeschlagene Ausgleich oder die vorgeschlagene Abfindung angemessen ist. ³Dabei ist anzugeben,
1. nach welchen Methoden Ausgleich und Abfindung ermittelt worden sind;
2. aus welchen Gründen die Anwendung dieser Methoden angemessen ist;
3. welcher Ausgleich oder welche Abfindung sich bei der Anwendung verschiedener Methoden, sofern mehrere angewandt worden sind, jeweils ergeben würde; zugleich ist darzulegen, welches Gewicht den verschiedenen Methoden bei der Bestimmung des vorgeschlagenen Ausgleichs oder der vorgeschlagenen Abfindung und der ihnen zugrunde liegenden Werte beigemessen worden ist und welche besonderen Schwierigkeiten bei der Bewertung der vertragschließenden Unternehmen aufgetreten sind.

(2) § 293 a Abs. 2 und 3 ist entsprechend anzuwenden.

§ 293. f.[1]) **Vorbereitung der Hauptversammlung.** (1) Von der Einberufung der Hauptversammlung an, die über die Zustimmung zu dem Unternehmensvertrag beschließen soll, sind in dem Geschäftsraum jeder der beteiligten Aktiengesellschaften oder Kommanditgesellschaften auf Aktien zur Einsicht der Aktionäre auszulegen
1. der Unternehmensvertrag;
2. die Jahresabschlüsse und die Lageberichte der vertragschließenden Unternehmen für die letzten drei Geschäftsjahre;
3. die nach § 293 a erstatteten Berichte der Vorstände und die nach § 293 e erstatteten Berichte der Vertragsprüfer.

(2) Auf Verlangen ist jedem Aktionär unverzüglich und kostenlos eine Abschrift der in Absatz 1 bezeichneten Unterlagen zu erteilen.

§ 293. g.[1]) **Durchführung der Hauptversammlung.** (1) In der Hauptversammlung sind die in § 293 f Abs. 1 bezeichneten Unterlagen auszulegen.

(2) ¹Der Vorstand hat den Unternehmensvertrag zu Beginn der Verhandlung mündlich zu erläutern. ²Er ist der Niederschrift als Anlage beizufügen.

(3) Jedem Aktionär ist auf Verlangen in der Hauptversammlung Auskunft auch über alle für den Vertragschluß wesentlichen Angelegenheiten des anderen Vertragsteils zu geben.

§ 294. Eintragung. Wirksamwerden. (1) ¹Der Vorstand der Gesellschaft hat das Bestehen und die Art des Unternehmensvertrags sowie den Namen des anderen Vertragsteils, bei Teilgewinnabführungsverträgen außerdem die Vereinbarung über die Höhe des abzuführenden Gewinns, zur Eintragung in das Handelsregister anzumelden. ²Der Anmeldung sind der Vertrag sowie, wenn er nur mit Zustimmung der Hauptversammlung des anderen Vertragsteils wirksam wird, die Niederschrift dieses Beschlusses und ihre Anlagen in Urschrift, Ausfertigung oder öffentlich beglaubigter Abschrift beizufügen.

(2) Der Vertrag wird erst wirksam, wenn sein Bestehen in das Handelsregister des Sitzes der Gesellschaft eingetragen worden ist.

§ 295.[1]) **Änderung.** (1) ¹Ein Unternehmensvertrag kann nur mit Zustimmung der Hauptversammlung geändert werden. ²§§ 293 bis 294 gelten sinngemäß.

(2) ¹Die Zustimmung der Hauptversammlung der Gesellschaft zu einer Änderung der Bestimmungen des Vertrags, die zur Leistung eines Ausgleichs an die außenstehenden Aktionäre der Gesellschaft

---

[1]) §§ 293 f und 293 g eingef., § 295 Abs. 1 Satz 2 geänd. durch Art. 6 UmwBerG v. 28. 10. 1994 (BGBl. I S. 3210).

oder zum Erwerb ihrer Aktien verpflichten, bedarf, um wirksam zu werden, eines Sonderbeschlusses der außenstehenden Aktionäre. ²Für den Sonderbeschluß gilt § 293 Abs. 1 Satz 2 und 3. ³Jedem außenstehenden Aktionär ist auf Verlangen in der Versammlung, die über die Zustimmung beschließt, Auskunft auch über alle für die Änderung wesentlichen Angelegenheiten des anderen Vertragsteils zu geben.

§ 296. Aufhebung. (1) ¹Ein Unternehmensvertrag kann nur zum Ende des Geschäftsjahrs oder des sonst vertraglich bestimmten Abrechnungszeitraums aufgehoben werden. ²Eine rückwirkende Aufhebung ist unzulässig. ³Die Aufhebung bedarf der schriftlichen Form.

(2) ¹Ein Vertrag, der zur Leistung eines Ausgleichs an die außenstehenden Aktionäre oder zum Erwerb ihrer Aktien verpflichtet, kann nur aufgehoben werden, wenn die außenstehenden Aktionäre durch Sonderbeschluß zustimmen. ²Für den Sonderbeschluß gilt § 293 Abs. 1 Satz 2 und 3, § 295 Abs. 2 Satz 3 sinngemäß.

§ 297. Kündigung. (1) ¹Ein Unternehmensvertrag kann aus wichtigem Grunde ohne Einhaltung einer Kündigungsfrist gekündigt werden. ²Ein wichtiger Grund liegt namentlich vor, wenn der andere Vertragsteil voraussichtlich nicht in der Lage sein wird, seine auf Grund des Vertrags bestehenden Verpflichtungen zu erfüllen.

(2) ¹Der Vorstand der Gesellschaft kann einen Vertrag, der zur Leistung eines Ausgleichs an die außenstehenden Aktionäre der Gesellschaft oder zum Erwerb ihrer Aktien verpflichtet, ohne wichtigen Grund nur kündigen, wenn die außenstehenden Aktionäre durch Sonderbeschluß zustimmen. ²Für den Sonderbeschluß gilt § 293 Abs. 1 Satz 2 und 3, § 295 Abs. 2 Satz 3 sinngemäß.

(3) Die Kündigung bedarf der schriftlichen Form.

§ 298. Anmeldung und Eintragung. Der Vorstand der Gesellschaft hat die Beendigung eines Unternehmensvertrags, den Grund und den Zeitpunkt der Beendigung unverzüglich zur Eintragung in das Handelsregister anzumelden.

§ 299. Ausschluß von Weisungen. Auf Grund eines Unternehmensvertrags kann der Gesellschaft nicht die Weisung erteilt werden, den Vertrag zu ändern, aufrechtzuerhalten oder zu beenden.

Dritter Abschnitt. Sicherung der Gesellschaft und der Gläubiger

§ 300.[1] **Gesetzliche Rücklage.** In die gesetzliche Rücklage sind an Stelle des in § 150 Abs. 2 bestimmten Betrags einzustellen,

1. wenn ein Gewinnabführungsvertrag besteht, aus dem ohne die Gewinnabführung entstehenden, um einen Verlustvortrag aus dem Vorjahr geminderten Jahresüberschuß der Betrag, der erforderlich ist, um die gesetzliche Rücklage unter Hinzurechnung einer Kapitalrücklage innerhalb der ersten fünf Geschäftsjahre, die während des Bestehens des Vertrags oder nach Durchführung einer Kapitalerhöhung beginnen, gleichmäßig auf den zehnten oder den in der Satzung bestimmten höheren Teil des Grundkapitals aufzufüllen, mindestens aber der in Nummer 2 bestimmten Betrag;

2. wenn ein Teilgewinnabführungsvertrag besteht, der Betrag, der nach § 150 Abs. 2 aus dem ohne die Gewinnabführung entstehenden, um einen Verlustvortrag aus dem Vorjahr geminderten Jahresüberschuß in die gesetzliche Rücklage einzustellen wäre;

3. wenn ein Beherrschungsvertrag besteht, ohne daß die Gesellschaft auch zur Abführung ihres ganzen Gewinns verpflichtet ist, der zur Auffüllung der gesetzlichen Rücklage nach Nummer 1 erforderliche Betrag, mindestens aber der in § 150 Abs. 2 oder, wenn die Gesellschaft verpflichtet ist, ihren Gewinn zum Teil abzuführen, der in Nummer 2 bestimmte Betrag.

§ 301.[2] **Höchstbetrag der Gewinnabführung.** ¹Eine Gesellschaft kann, gleichgültig welche Vereinbarungen über die Berechnung des abzuführenden Gewinns getroffen worden sind, als ihren Gewinn höchstens den ohne die Gewinnabführung entstehenden Jahresüberschuß, vermindert um einen Verlustvortrag aus dem Vorjahr und um den Betrag, der nach § 300 in die gesetzliche Rücklage einzuzu-

---

[1] § 300 geänd. durch BiRiLiG v. 19.12. 1985 (BGBl. I S. 2355).
[2] § 301 Satz 2, § 302 Abs. 1 geänd. durch BiRiLiG v. 19.12. 1985 (BGBl. I S. 2355).

Aktiengesetz §§ 302–304 AktG Anh.

stellen ist, abführen. ²Sind während der Dauer des Vertrags Beträge in andere Gewinnrücklagen eingestellt worden, so können diese Beträge den anderen Gewinnrücklagen entnommen und als Gewinn abgeführt werden.

§ 302.[1),2] **Verlustübernahme.** (1) Besteht ein Beherrschungs- oder ein Gewinnabführungsvertrag, so hat der andere Vertragsteil jeden während der Vertragsdauer sonst entstehenden Jahresfehlbetrag auszugleichen, soweit dieser nicht dadurch ausgeglichen wird, daß den anderen Gewinnrücklagen Beträge entnommen werden, die während der Vertragsdauer in sie eingestellt worden sind.

(2) Hat eine abhängige Gesellschaft den Betrieb ihres Unternehmens dem herrschenden Unternehmen verpachtet oder sonst überlassen, so hat das herrschende Unternehmen jeden während der Vertragsdauer sonst entstehenden Jahresfehlbetrag auszugleichen, soweit die vereinbarte Gegenleistung das angemessene Entgelt nicht erreicht.

(3) ¹Die Gesellschaft kann auf den Anspruch auf Ausgleich erst drei Jahre nach dem Tage, an dem die Eintragung der Beendigung des Vertrags in das Handelsregister nach § 10 des Handelsgesetzbuchs als bekanntgemacht gilt, verzichten oder sich über ihn vergleichen. ²Dies gilt nicht, wenn der Ausgleichspflichtige zahlungsunfähig ist und sich zur Abwendung oder Beseitigung des Konkursverfahrens mit seinen Gläubigern vergleicht. ³Der Verzicht oder Vergleich wird nur wirksam, wenn die außenstehenden Aktionäre durch Sonderbeschluß zustimmen und nicht eine Minderheit, deren Anteile zusammen den zehnten Teil des bei der Beschlußfassung vertretenen Grundkapitals erreichen, zur Niederschrift Widerspruch erhebt.

§ 303.[2] **Gläubigerschutz.** (1) ¹Endet ein Beherrschungs- oder ein Gewinnabführungsvertrag, so hat der andere Vertragsteil den Gläubigern der Gesellschaft, deren Forderungen begründet worden sind, bevor die Eintragung der Beendigung des Vertrags in das Handelsregister nach § 10 des Handelsgesetzbuchs als bekanntgemacht gilt, Sicherheit zu leisten, wenn sie sich binnen sechs Monaten nach der Bekanntmachung der Eintragung zu diesem Zweck bei ihm melden. ²Die Gläubiger sind in der Bekanntmachung der Eintragung auf dieses Recht hinzuweisen.

(2) Das Recht, Sicherheitsleistung zu verlangen, steht Gläubigern nicht zu, die im Fall des Konkurses ein Recht auf vorzugsweise Befriedigung aus einer Deckungsmasse haben, die nach gesetzlicher Vorschrift zu ihrem Schutz errichtet und staatlich überwacht ist.

(3) ¹Statt Sicherheit zu leisten, kann der andere Vertragsteil sich für die Forderung verbürgen. ²§ 349 des Handelsgesetzbuchs über den Ausschluß der Einrede der Vorausklage ist nicht anzuwenden.

Vierter Abschnitt. Sicherung der außenstehenden Aktionäre bei Beherrschungs- und Gewinnabführungsverträgen

§ 304.[3] **Angemessener Ausgleich.** (1) ¹Ein Gewinnabführungsvertrag muß einen angemessenen Ausgleich für die außenstehenden Aktionäre durch eine auf die Anteile am Grundkapital bezogene wiederkehrende Geldleistung (Ausgleichszahlung) vorsehen. ²Ein Beherrschungsvertrag muß, wenn die Gesellschaft nicht auch zur Abführung ihres ganzen Gewinns verpflichtet ist, den außenstehenden Aktionären als angemessenen Ausgleich einen bestimmten jährlichen Gewinnanteil nach der für die Ausgleichszahlung bestimmten Höhe garantieren. ³Von der Bestimmung eines angemessenen Ausgleichs kann nur abgesehen werden, wenn die Gesellschaft im Zeitpunkt der Beschlußfassung ihrer Hauptversammlung über den Vertrag keinen außenstehenden Aktionär hat.

(2) ¹Als Ausgleichszahlung ist mindestens die jährliche Zahlung des Betrags zuzusichern, der nach der bisherigen Ertragslage der Gesellschaft und ihren künftigen Ertragsaussichten unter Berücksichtigung angemessener Abschreibungen und Wertberichtigungen, jedoch ohne Bildung anderer Gewinn-

---

[1] § 301 Satz 2, § 302 Abs. 1 geänd. durch BiRiLiG v. 19.12.1985 (BGBl. I S.2355).
[2] Gem. EGInsO v. 5.10.1994 (BGBl. I S.2911) wird **§ 302 Abs. 3 Satz 2** mWv. 1.1.1999 wie folgt gefaßt: „Dies gilt nicht, wenn der Ausgleichspflichtige zahlungsunfähig ist und sich zur Abwendung des Insolvenzverfahrens mit seinen Gläubigern vergleicht oder wenn die Ersatzpflicht in einem Insolvenzplan geregelt wird."; in **§ 303 Abs. 2** werden die Worte „des Konkurses" durch die Worte „des Insolvenzverfahrens" ersetzt.
[3] § 304 Abs. 2 Satz 1 geänd. durch BiRiLiG v. 19.12.1985 (BGBl. I S.2355), Abs. 1 Satz 1, Abs. 2 Sätze 2 und 3 geänd. durch StückAG v. 25.3.1998 (BGBl. I S.590).

rücklagen, voraussichtlich als durchschnittlicher Gewinnanteil auf die einzelne Aktie verteilt werden könnte. ²Ist der andere Vertragsteil eine Aktiengesellschaft oder Kommanditgesellschaft auf Aktien, so kann als Ausgleichszahlung auch die Zahlung des Betrags zugesichert werden, der unter Herstellung eines angemessenen Umrechnungsverhältnisses auf Aktien der anderen Gesellschaft jeweils als Gewinnanteil entfällt. ³Die Angemessenheit der Umrechnung bestimmt sich nach dem Verhältnis, in dem bei einer Verschmelzung auf eine Aktie der Gesellschaft Aktien der anderen Gesellschaft zu gewähren wären.

(3) ¹Ein Vertrag, der entgegen Absatz 1 überhaupt keinen Ausgleich vorsieht, ist nichtig. ²Die Anfechtung des Beschlusses, durch den die Hauptversammlung der Gesellschaft dem Vertrag oder einer unter § 295 Abs. 2 fallenden Änderung des Vertrags zugestimmt hat, kann nicht auf § 243 Abs. 2 oder darauf gestützt werden, daß der im Vertrag bestimmte Ausgleich nicht angemessen ist. ³Ist der im Vertrag bestimmte Ausgleich nicht angemessen, so hat das in § 306 bestimmte Gericht auf Antrag den vertraglich geschuldeten Ausgleich zu bestimmen, wobei es, wenn der Vertrag einen nach Absatz 2 Satz 2 berechneten Ausgleich vorsieht, den Ausgleich nach dieser Vorschrift zu bestimmen hat.

(4) ¹Antragsberechtigt ist jeder außenstehende Aktionär. ²Der Antrag kann nur binnen zwei Monaten seit dem Tage gestellt werden, an dem die Eintragung des Bestehens oder einer unter § 295 Abs. 2 fallenden Änderung des Vertrags im Handelsregister nach § 10 des Handelsgesetzbuchs als bekanntgemacht gilt.

(5) Bestimmt das Gericht den Ausgleich, so kann der andere Vertragsteil den Vertrag binnen zwei Monaten nach Rechtskraft der Entscheidung ohne Einhaltung einer Kündigungsfrist kündigen.

§ 305.[1)] **Abfindung.** (1) Außer der Verpflichtung zum Ausgleich nach § 304 muß ein Beherrschungs- oder ein Gewinnabführungsvertrag die Verpflichtung des anderen Vertragsteils enthalten, auf Verlangen eines außenstehenden Aktionärs dessen Aktien gegen eine im Vertrag bestimmte angemessene Abfindung zu erwerben.

(2) Als Abfindung muß der Vertrag,

1. wenn der andere Vertragsteil eine nicht abhängige und nicht in Mehrheitsbesitz stehende Aktiengesellschaft oder Kommanditgesellschaft auf Aktien mit Sitz im Inland ist, die Gewährung eigener Aktien dieser Gesellschaft,
2. wenn der andere Vertragsteil eine abhängige oder in Mehrheitsbesitz stehende Aktiengesellschaft oder Kommanditgesellschaft auf Aktien und das herrschende Unternehmen eine Aktiengesellschaft oder Kommanditgesellschaft auf Aktien mit Sitz im Inland ist, entweder die Gewährung von Aktien der herrschenden oder mit Mehrheit beteiligten Gesellschaft oder eine Barabfindung,
3. in allen anderen Fällen eine Barabfindung

vorsehen.

(3) ¹Werden als Abfindung Aktien einer anderen Gesellschaft gewährt, so ist die Abfindung als angemessen anzusehen, wenn die Aktien in dem Verhältnis gewährt werden, in dem bei einer Verschmelzung auf eine Aktie der Gesellschaft Aktien der anderen Gesellschaft zu gewähren wären, wobei Spitzenbeträge durch bare Zuzahlungen ausgeglichen werden können. ²Die angemessene Barabfindung muß die Verhältnisse der Gesellschaft im Zeitpunkt der Beschlußfassung ihrer Hauptversammlung über den Vertrag berücksichtigen. ³Sie ist nach Ablauf des Tages, an dem der Beherrschungs- oder Gewinnabführungsvertrag wirksam geworden ist, mit jährlich zwei vom Hundert über dem jeweiligen Diskontsatz der Deutschen Bundesbank zu verzinsen; die Geltendmachung eines weiteren Schadens ist nicht ausgeschlossen.

(4) ¹Die Verpflichtung zum Erwerb der Aktien kann befristet werden. ²Die Frist endet frühestens zwei Monate nach dem Tage, an dem die Eintragung des Bestehens des Vertrags im Handelsregister nach § 10 des Handelsgesetzbuchs als bekanntgemacht gilt. ³Ist ein Antrag auf Bestimmung des Ausgleichs oder der Abfindung durch das in § 306 bestimmte Gericht gestellt worden, so endet die Frist frühestens zwei Monate nach dem Tage, an dem die Entscheidung über den zuletzt beschiedenen Antrag im Bundesanzeiger bekanntgemacht worden ist.

(5) ¹Die Anfechtung des Beschlusses, durch den die Hauptversammlung der Gesellschaft dem Vertrag oder einer unter § 295 Abs. 2 fallenden Änderung des Vertrags zugestimmt hat, kann nicht darauf gestützt werden, daß der Vertrag keine angemessene Abfindung vorsieht. ²Sieht der Vertrag überhaupt keine oder eine den Absätzen 1 bis 3 nicht entsprechende Abfindung vor, so hat das in § 306 bestimm-

---

[1)] § 305 Abs. 3 Satz 2 geänd., Satz 3 angef. durch Art. 6 UmwBerG v. 28.10.1994 (BGBl. I S. 3210).

Aktiengesetz   §§ 306, 307 **AktG Anh.**

te Gericht auf Antrag die vertraglich zu gewährende Abfindung zu bestimmen. ³Dabei hat es in den Fällen des Absatzes 2 Nr. 2, wenn der Vertrag die Gewährung von Aktien der herrschenden oder mit Mehrheit beteiligten Gesellschaft vorsieht, das Verhältnis, in dem diese Aktien zu gewähren sind, wenn der Vertrag nicht die Gewährung von Aktien der herrschenden oder mit Mehrheit beteiligten Gesellschaft vorsieht, die angemessene Barabfindung zu bestimmen. ⁴§ 304 Abs. 4 und 5 gilt sinngemäß.

§ 306.[1]) **Verfahren.** (1) ¹Zuständig ist das Landgericht, in dessen Bezirk die Gesellschaft, deren außenstehende Aktionäre antragsberechtigt sind, ihren Sitz hat. ²§ 132 Abs. 1 Satz 2 bis 4 sowie § 306 Abs. 2 Satz 2 und 3 des Umwandlungsgesetzes sind anzuwenden.

(2) § 99 Abs. 1, Abs. 3 Satz 1, 2, 4 bis 9, Abs. 5 gilt sinngemäß.

(3) ¹Das Landgericht hat den Antrag in den Gesellschaftsblättern der Gesellschaft, deren außenstehende Aktionäre antragsberechtigt sind, bekanntzumachen. ²Außenstehende Aktionäre können noch binnen einer Frist von zwei Monaten nach dieser Bekanntmachung eigene Anträge stellen. ³Auf dieses Recht ist in der Bekanntmachung hinzuweisen.

(4) ¹Das Landgericht hat die Vertragsteile des Unternehmensvertrags zu hören. ²Es hat den außenstehenden Aktionären, die nicht Antragsteller nach § 304 Abs. 4 oder § 305 Abs. 5 sind oder eigene Anträge nach Absatz 3 Satz 2 gestellt haben, zur Wahrung ihrer Rechte einen gemeinsamen Vertreter zu bestellen, der die Stellung eines gesetzlichen Vertreters hat. ³Werden die Festsetzung des angemessenen Ausgleichs und die Festsetzung der angemessenen Abfindung beantragt, so hat es für jeden Antrag einen gemeinsamen Vertreter zu bestellen. ⁴Die Bestellung kann unterbleiben, wenn die Wahrung der Rechte dieser außenstehenden Aktionäre auf andere Weise sichergestellt ist. ⁵Die Bestellung des gemeinsamen Vertreters hat das Landgericht in den Gesellschaftsblättern bekanntzumachen. ⁶Der Vertreter kann von der Gesellschaft den Ersatz angemessener barer Auslagen und eine Vergütung für seine Tätigkeit verlangen. ⁷Die Auslagen und die Vergütung setzt das Landgericht fest. ⁸Es kann der Gesellschaft auf Verlangen des Vertreters die Zahlung von Vorschüssen aufgeben. ⁹Aus der Festsetzung findet die Zwangsvollstreckung nach der Zivilprozeßordnung statt. ¹⁰§ 308 Abs. 3 des Umwandlungsgesetzes ist anzuwenden.

(5) Das Landgericht hat seine Entscheidung den Vertragsteilen des Unternehmensvertrags sowie den Antragstellern nach § 304 Abs. 4, § 305 Abs. 5, den außenstehenden Aktionären, die eigene Anträge nach Absatz 3 Satz 2 gestellt haben, und, wenn ein gemeinsamer Vertreter bestellt ist, diesem zuzustellen.

(6) Der Vorstand der Gesellschaft hat die rechtskräftige Entscheidung ohne Gründe in den Gesellschaftsblättern bekanntzumachen.

(7) ¹Für die Kosten des Verfahrens gilt die Kostenordnung. ²Für das Verfahren des ersten Rechtszugs wird das Doppelte der vollen Gebühr erhoben. ³Für den zweiten Rechtszug wird die gleiche Gebühr erhoben; dies gilt auch dann, wenn die Beschwerde Erfolg hat. ⁴Wird der Antrag oder die Beschwerde zurückgenommen, bevor es zu einer Entscheidung kommt, so ermäßigt sich die Gebühr auf die Hälfte. ⁵Der Geschäftswert ist von Amts wegen festzusetzen. ⁶Er bestimmt sich nach § 30 Abs. 1 der Kostenordnung. ⁷Schuldner der Kosten sind die Vertragsteile des Unternehmensvertrags. ⁸Die Kosten können jedoch ganz oder zum Teil einem anderen Beteiligten auferlegt werden, wenn dies der Billigkeit entspricht.

§ 307. Vertragsbeendigung zur Sicherung außenstehender Aktionäre. Hat die Gesellschaft im Zeitpunkt der Beschlußfassung ihrer Hauptversammlung über einen Beherrschungs- oder Gewinnabführungsvertrag keinen außenstehenden Aktionär, so endet der Vertrag spätestens zum Ende des Geschäftsjahrs, in dem ein außenstehender Aktionär beteiligt ist.

---

[1]) § 306 Abs. 1 Satz 2 neugef., Abs. 4 Satz 10 angef., Abs. 7 Satz 7 aufgeh., bish. Sätze 8 und 9 werden Sätze 7 und 8 durch Art. 6 UmwBerG v. 28.10. 1994 (BGBl. I S. 3210).

Zweiter Teil. Leitungsmacht und Verantwortlichkeit bei Abhängigkeit von Unternehmen

Erster Abschnitt. Leitungsmacht und Verantwortlichkeit bei Bestehen eines Beherrschungsvertrags

§ 308. Leitungsmacht. (1) ¹Besteht ein Beherrschungsvertrag, so ist das herrschende Unternehmen berechtigt, dem Vorstand der Gesellschaft hinsichtlich der Leitung der Gesellschaft Weisungen zu erteilen. ²Bestimmt der Vertrag nichts anderes, so können auch Weisungen erteilt werden, die für die Gesellschaft nachteilig sind, wenn sie den Belangen des herrschenden Unternehmens oder der mit ihm und der Gesellschaft konzernverbundenen Unternehmen dienen.

(2) ¹Der Vorstand ist verpflichtet, die Weisungen des herrschenden Unternehmens zu befolgen. ²Er ist nicht berechtigt, die Befolgung einer Weisung zu verweigern, weil sie nach seiner Ansicht nicht den Belangen des herrschenden Unternehmens oder der mit ihm und der Gesellschaft konzernverbundenen Unternehmen dient, es sei denn, daß sie offensichtlich nicht diesen Belangen dient.

(3) ¹Wird der Vorstand angewiesen, ein Geschäft vorzunehmen, das nur mit Zustimmung des Aufsichtsrats der Gesellschaft vorgenommen werden darf, und wird diese Zustimmung nicht innerhalb einer angemessenen Frist erteilt, so hat der Vorstand dies dem herrschenden Unternehmen mitzuteilen. ²Wiederholt das herrschende Unternehmen nach dieser Mitteilung die Weisung, so ist die Zustimmung des Aufsichtsrats nicht mehr erforderlich; die Weisung darf, wenn das herrschende Unternehmen einen Aufsichtsrat hat, nur mit dessen Zustimmung wiederholt werden.

§ 309.[1]) **Verantwortlichkeit der gesetzlichen Vertreter des herrschenden Unternehmens.** (1) Besteht ein Beherrschungsvertrag, so haben die gesetzlichen Vertreter (beim Einzelkaufmann der Inhaber) des herrschenden Unternehmens gegenüber der Gesellschaft bei der Erteilung von Weisungen an diese die Sorgfalt eines ordentlichen und gewissenhaften Geschäftsleiters anzuwenden.

(2) ¹Verletzen sie ihre Pflichten, so sind sie der Gesellschaft zum Ersatz des daraus entstehenden Schadens als Gesamtschuldner verpflichtet. ²Ist streitig, ob sie die Sorgfalt eines ordentlichen und gewissenhaften Geschäftsleiters angewandt haben, so trifft sie die Beweislast.

(3) ¹Die Gesellschaft kann erst drei Jahre nach der Entstehung des Anspruchs und nur dann auf Ersatzansprüche verzichten oder sich über sie vergleichen, wenn die außenstehenden Aktionäre durch Sonderbeschluß zustimmen und nicht eine Minderheit, deren Anteile zusammen den zehnten Teil des bei der Beschlußfassung vertretenen Grundkapitals erreichen, zur Niederschrift Widerspruch erhebt. ²Die zeitliche Beschränkung gilt nicht, wenn der Ersatzpflichtige zahlungsunfähig ist und sich zur Abwendung oder Beseitigung des Konkursverfahrens mit seinen Gläubigern vergleicht.

(4) ¹Der Ersatzanspruch der Gesellschaft kann auch von jedem Aktionär geltend gemacht werden. ²Der Aktionär kann jedoch nur Leistung an die Gesellschaft fordern. ³Der Ersatzanspruch kann ferner von den Gläubigern der Gesellschaft geltend gemacht werden, soweit sie von dieser keine Befriedigung erlangen können. ⁴Den Gläubigern gegenüber wird die Ersatzpflicht durch einen Verzicht oder Vergleich der Gesellschaft nicht ausgeschlossen. ⁵Ist über das Vermögen der Gesellschaft das Konkursverfahren eröffnet, so übt während dessen Dauer der Konkursverwalter das Recht der Aktionäre und Gläubiger, den Ersatzanspruch der Gesellschaft geltend zu machen, aus.

(5) Die Ansprüche aus diesen Vorschriften verjähren in fünf Jahren.

§ 310. Verantwortlichkeit der Verwaltungsmitglieder der Gesellschaft. (1) ¹Die Mitglieder des Vorstands und des Aufsichtsrats der Gesellschaft haften neben dem Ersatzpflichtigen nach § 309 als

---

[1]) Gem. EGInsO v. 5.10. 1994 (BGBl. I S.2911) wird § 309 mWv. 1.1. 1999 wie folgt geändert:
a) Absatz 3 Satz 2 wird wie folgt gefaßt:
„Die zeitliche Beschränkung gilt nicht, wenn der Ersatzpflichtige zahlungsunfähig ist und sich zur Abwendung des Insolvenzverfahrens mit seinen Gläubigern vergleicht oder wenn die Ersatzpflicht in einem Insolvenzplan geregelt wird."
b) Absatz 4 Satz 5 wird wie folgt gefaßt:
„Ist über das Vermögen der Gesellschaft das Insolvenzverfahren eröffnet, so übt während dessen Dauer der Insolvenzverwalter oder der Sachverwalter das Recht der Aktionäre und Gläubiger, den Ersatzanspruch der Gesellschaft geltend zu machen, aus."

Aktiengesetz §§ 311–313 AktG Anh.

Gesamtschuldner, wenn sie unter Verletzung ihrer Pflichten gehandelt haben. ²Ist streitig, ob sie die Sorgfalt eines ordentlichen und gewissenhaften Geschäftsleiters angewandt haben, so trifft sie die Beweislast.

(2) Dadurch, daß der Aufsichtsrat die Handlung gebilligt hat, wird die Ersatzpflicht nicht ausgeschlossen.

(3) Eine Ersatzpflicht der Verwaltungsmitglieder der Gesellschaft besteht nicht, wenn die schädigende Handlung auf einer Weisung beruht, die nach § 308 Abs. 2 zu befolgen war.

(4) § 309 Abs. 3 bis 5 ist anzuwenden.

Zweiter Abschnitt. Verantwortlichkeit bei Fehlen eines Beherrschungsvertrags

§ 311. Schranken des Einflusses. (1) Besteht kein Beherrschungsvertrag, so darf ein herrschendes Unternehmen seinen Einfluß nicht dazu benutzen, eine abhängige Aktiengesellschaft oder Kommanditgesellschaft auf Aktien zu veranlassen, ein für sie nachteiliges Rechtsgeschäft vorzunehmen oder Maßnahmen zu ihrem Nachteil zu treffen oder zu unterlassen, es sei denn, daß die Nachteile ausgeglichen werden.

(2) ¹Ist der Ausgleich nicht während des Geschäftsjahrs tatsächlich erfolgt, so muß spätestens am Ende des Geschäftsjahrs, in dem der abhängigen Gesellschaft der Nachteil zugefügt worden ist, bestimmt werden, wann und durch welche Vorteile der Nachteil ausgeglichen werden soll. ²Auf die zum Ausgleich bestimmten Vorteile ist der abhängigen Gesellschaft ein Rechtsanspruch zu gewähren.

§ 312.[1) **Bericht des Vorstands über Beziehungen zu verbundenen Unternehmen.** (1) ¹Besteht kein Beherrschungsvertrag, so hat der Vorstand einer abhängigen Gesellschaft in den ersten drei Monaten des Geschäftsjahrs einen Bericht über die Beziehungen der Gesellschaft zu verbundenen Unternehmen aufzustellen. ²In dem Bericht sind alle Rechtsgeschäfte, welche die Gesellschaft im vergangenen Geschäftsjahr mit dem herrschenden Unternehmen oder einem mit ihm verbundenen Unternehmen oder auf Veranlassung oder im Interesse dieser Unternehmen vorgenommen hat, und alle anderen Maßnahmen, die sie auf Veranlassung oder im Interesse dieser Unternehmen im vergangenen Geschäftsjahr getroffen oder unterlassen hat, aufzuführen. ³Bei den Rechtsgeschäften sind Leistung und Gegenleistung, bei den Maßnahmen die Gründe der Maßnahme und deren Vorteile und Nachteile für die Gesellschaft anzugeben. ⁴Bei einem Ausgleich von Nachteilen ist im einzelnen anzugeben, wie der Ausgleich während des Geschäftsjahrs tatsächlich erfolgt ist, oder auf welche Vorteile der Gesellschaft ein Rechtsanspruch gewährt worden ist.

(2) Der Bericht hat den Grundsätzen einer gewissenhaften und getreuen Rechenschaft zu entsprechen.

(3) ¹Am Schluß des Berichts hat der Vorstand zu erklären, ob die Gesellschaft nach den Umständen, die ihm in dem Zeitpunkt bekannt waren, in dem das Rechtsgeschäft vorgenommen oder die Maßnahme getroffen oder unterlassen wurde, bei jedem Rechtsgeschäft eine angemessene Gegenleistung erhielt und dadurch, daß die Maßnahme getroffen oder unterlassen wurde, nicht benachteiligt wurde. ²Wurde die Gesellschaft benachteiligt, so hat er außerdem zu erklären, ob die Nachteile ausgeglichen worden sind. ³Die Erklärung ist auch in den Lagebericht aufzunehmen.

§ 313.[2) **Prüfung durch den Abschlußprüfer.** (1) ¹Ist der Jahresabschluß durch einen Abschlußprüfer zu prüfen, so ist gleichzeitig mit dem Jahresabschluß und dem Lagebericht auch der Bericht über die Beziehungen zu verbundenen Unternehmen dem Abschlußprüfer vorzulegen. ²Er hat zu prüfen, ob
1. die tatsächlichen Angaben des Berichts richtig sind,
2. bei den im Bericht aufgeführten Rechtsgeschäften nach den Umständen, die im Zeitpunkt ihrer Vornahme bekannt waren, die Leistung der Gesellschaft nicht unangemessen hoch war; soweit sie dies war, ob die Nachteile ausgeglichen worden sind,

---

[1) § 312 Abs. 3 Satz 3 geänd. durch BiRiLiG v. 19. 12. 1985 (BGBl. I S. 2355).
[2) § 313 Überschrift, Abs. 1 Satz 2, Abs. 3 Sätze 1 und 4, Abs. 4 Satz 1 und Abs. 5 Satz 1 geänd., Abs. 1 Sätze 1 und 3, Abs. 2 neugef., Abs. 1 Satz 4 angef. durch BiRiLiG v. 19. 12. 1985 (BGBl. I S. 2355).

3. bei den im Bericht aufgeführten Maßnahmen keine Umstände für eine wesentlich andere Beurteilung als die durch den Vorstand sprechen.

³§ 320 Abs. 1 Satz 2 und Abs. 2 Satz 1 und 2 des Handelsgesetzbuchs gilt sinngemäß. ⁴Die Rechte nach dieser Vorschrift hat der Abschlußprüfer auch gegenüber einem Konzernunternehmen sowie gegenüber einem abhängigen oder herrschenden Unternehmen.

(2) ¹Der Abschlußprüfer hat über das Ergebnis der Prüfung schriftlich zu berichten. ²Stellt er bei der Prüfung des Jahresabschlusses, des Lageberichts und des Berichts über die Beziehungen zu verbundenen Unternehmen fest, daß dieser Bericht unvollständig ist, so hat er auch hierüber zu berichten. ³Der Abschlußprüfer hat seinen Bericht zu unterzeichnen und dem Vorstand vorzulegen.

(3) ¹Sind nach dem abschließenden Ergebnis der Prüfung keine Einwendungen zu erheben, so hat der Abschlußprüfer dies durch folgenden Vermerk zum Bericht über die Beziehungen zu verbundenen Unternehmen zu bestätigen:

²Nach meiner/unserer pflichtmäßigen Prüfung und Beurteilung bestätige ich/ bestätigen wir, daß

1. die tatsächlichen Angaben des Berichts richtig sind,
2. bei den im Bericht aufgeführten Rechtsgeschäften die Leistung der Gesellschaft nicht unangemessen hoch war oder Nachteile ausgeglichen worden sind,
3. bei den im Bericht aufgeführten Maßnahmen keine Umstände für eine wesentlich andere Beurteilung als die durch den Vorstand sprechen.

³Führt der Bericht kein Rechtsgeschäft auf, so ist Nummer 2, führt er keine Maßnahme auf, so ist Nummer 3 des Vermerks fortzulassen. ⁴Hat der Abschlußprüfer bei keinem im Bericht aufgeführten Rechtsgeschäft festgestellt, daß die Leistung der Gesellschaft unangemessen hoch war, so ist Nummer 2 des Vermerks auf diese Bestätigung zu beschränken.

(4) ¹Sind Einwendungen zu erheben oder hat der Abschlußprüfer festgestellt, daß der Bericht über die Beziehungen zu verbundenen Unternehmen unvollständig ist, so hat er die Bestätigung einzuschränken oder zu versagen. ²Hat der Vorstand selbst erklärt, daß die Gesellschaft durch bestimmte Rechtsgeschäfte oder Maßnahmen benachteiligt worden ist, ohne daß die Nachteile ausgeglichen worden sind, so ist dies in dem Vermerk anzugeben und der Vermerk auf die übrigen Rechtsgeschäfte oder Maßnahmen zu beschränken.

(5) ¹Der Abschlußprüfer hat den Bestätigungsvermerk mit Angabe von Ort und Tag zu unterzeichnen. ²Der Bestätigungsvermerk ist auch in den Prüfungsbericht aufzunehmen.

§ 314.[1] **Prüfung durch den Aufsichtsrat.** (1) ¹Der Vorstand hat den Bericht über die Beziehungen zu verbundenen Unternehmen und, wenn der Jahresabschluß durch einen Abschlußprüfer zu prüfen ist, den Prüfungsbericht des Abschlußprüfers zusammen mit den in § 170 angegebenen Vorlagen dem Aufsichtsrat vorzulegen. ²Jedes Aufsichtsratsmitglied hat das Recht, von den Berichten Kenntnis zu nehmen. ³Die Berichte sind auch jedem Aufsichtsratsmitglied auf Verlangen auszuhändigen, soweit der Aufsichtsrat nichts anderes beschlossen hat.

(2) ¹Der Aufsichtsrat hat den Bericht über die Beziehungen zu verbundenen Unternehmen zu prüfen und in seinem Bericht an die Hauptversammlung (§ 171 Abs. 2) über das Ergebnis der Prüfung zu berichten. ²Ist der Jahresabschluß durch einen Abschlußprüfer zu prüfen, so hat der Aufsichtsrat in diesem Bericht ferner zu dem Ergebnis der Prüfung des Berichts über die Beziehungen zu verbundenen Unternehmen durch den Abschlußprüfer Stellung zu nehmen. ³Ein von dem Abschlußprüfer erteilter Bestätigungsvermerk ist in den Bericht aufzunehmen, eine Versagung des Bestätigungsvermerks ausdrücklich mitzuteilen.

(3) Am Schluß des Berichts hat der Aufsichtsrat zu erklären, ob nach dem abschließenden Ergebnis seiner Prüfung Einwendungen gegen die Erklärung des Vorstands am Schluß des Berichts über die Beziehungen zu verbundenen Unternehmen zu erheben sind.

(4) Ist der Jahresabschluß durch einen Abschlußprüfer zu prüfen, so hat der Abschlußprüfer auf Verlangen des Aufsichtsrats an dessen Verhandlung über den Bericht über die Beziehungen zu verbundenen Unternehmen teilzunehmen.

---

[1] § 314 Abs. 1 Satz 1, Abs. 2 Satz 3 geänd., Abs. 2 Satz 2 und Abs. 4 neugef. durch BiRiLiG v. 19.12. 1985 (BGBl. I S. 2355).

§ 315.[1]) **Sonderprüfung.** [1]Auf Antrag eines Aktionärs hat das Gericht Sonderprüfer zur Prüfung der geschäftlichen Beziehungen der Gesellschaft zu dem herrschenden Unternehmen oder einem mit ihm verbundenen Unternehmen zu bestellen, wenn

1. der Abschlußprüfer den Bestätigungsvermerk zum Bericht über die Beziehungen zu verbundenen Unternehmen eingeschränkt oder versagt hat,
2. der Aufsichtsrat erklärt hat, daß Einwendungen gegen die Erklärung des Vorstands am Schluß des Berichts über die Beziehungen zu verbundenen Unternehmen zu erheben sind,
3. der Vorstand selbst erklärt hat, daß die Gesellschaft durch bestimmte Rechtsgeschäfte oder Maßnahmen benachteiligt worden ist, ohne daß die Nachteile ausgeglichen worden sind.

[2]Wenn sonstige Tatsachen vorliegen, die den Verdacht einer pflichtwidrigen Nachteilszufügung rechtfertigen, kann der Antrag auch von Aktionären gestellt werden, deren Anteile zusammen den zwanzigsten Teil des Grundkapitals oder den anteiligen Betrag von *einer Million Deutsche Mark* [ab 1.1. 1999 500 000 Euro] erreichen, wenn sie glaubhaft machen, daß sie seit mindestens drei Monaten vor dem Tage der Antragstellung Inhaber der Aktien sind. [3]Gegen die Entscheidung ist die sofortige Beschwerde zulässig. [4]Hat die Hauptversammlung zur Prüfung derselben Vorgänge Sonderprüfer bestellt, so kann jeder Aktionär den Antrag nach § 142 Abs. 4 stellen.

§ 316. **Kein Bericht über Beziehungen zu verbundenen Unternehmen bei Gewinnabführungsvertrag.** §§ 312 bis 315 gelten nicht, wenn zwischen der abhängigen Gesellschaft und dem herrschenden Unternehmen ein Gewinnabführungsvertrag besteht.

§ 317. **Verantwortlichkeit des herrschenden Unternehmens und seiner gesetzlichen Vertreter.** (1) [1]Veranlaßt ein herrschendes Unternehmen eine abhängige Gesellschaft, mit der kein Beherrschungsvertrag besteht, ein für sie nachteiliges Rechtsgeschäft vorzunehmen oder zu ihrem Nachteil eine Maßnahme zu treffen oder zu unterlassen, ohne daß es den Nachteil bis zum Ende des Geschäftsjahrs tatsächlich ausgleicht oder der abhängigen Gesellschaft einen Rechtsanspruch auf einen zum Ausgleich bestimmten Vorteil gewährt, so ist es der Gesellschaft zum Ersatz des ihr daraus entstehenden Schadens verpflichtet. [2]Es ist auch den Aktionären zum Ersatz des ihnen daraus entstehenden Schadens verpflichtet, soweit sie, abgesehen von einem Schaden, der ihnen durch Schädigung der Gesellschaft zugefügt worden ist, geschädigt worden sind.

(2) Die Ersatzpflicht tritt nicht ein, wenn auch ein ordentlicher und gewissenhafter Geschäftsleiter einer unabhängigen Gesellschaft das Rechtsgeschäft vorgenommen oder die Maßnahme getroffen oder unterlassen hätte.

(3) Neben dem herrschenden Unternehmen haften als Gesamtschuldner die gesetzlichen Vertreter des Unternehmens, die die Gesellschaft zu dem Rechtsgeschäft oder der Maßnahme veranlaßt haben.

(4) § 309 Abs. 3 bis 5 gilt sinngemäß.

§ 318. **Verantwortlichkeit der Verwaltungsmitglieder der Gesellschaft.** (1) [1]Die Mitglieder des Vorstands der Gesellschaft haften neben den nach § 317 Ersatzpflichtigen als Gesamtschuldner, wenn sie es unter Verletzung ihrer Pflichten unterlassen haben, das nachteilige Rechtsgeschäft oder die nachteilige Maßnahme in dem Bericht über die Beziehungen der Gesellschaft zu verbundenen Unternehmen aufzuführen oder anzugeben, daß die Gesellschaft durch das Rechtsgeschäft oder die Maßnahme benachteiligt wurde und der Nachteil nicht ausgeglichen worden war. [2]Ist streitig, ob sie die Sorgfalt eines ordentlichen und gewissenhaften Geschäftsleiters angewandt haben, so trifft sie die Beweislast.

(2) Die Mitglieder des Aufsichtsrats der Gesellschaft haften neben den nach § 317 Ersatzpflichtigen als Gesamtschuldner, wenn sie hinsichtlich des nachteiligen Rechtsgeschäfts oder der nachteiligen Maßnahme ihre Pflicht, den Bericht über die Beziehungen zu verbundenen Unternehmen zu prüfen und über das Ergebnis der Prüfung an die Hauptversammlung zu berichten (§ 314), verletzt haben; Absatz 1 Satz 2 gilt sinngemäß.

(3) Der Gesellschaft und auch den Aktionären gegenüber tritt die Ersatzpflicht nicht ein, wenn die Handlung auf einem gesetzmäßigen Beschluß der Hauptversammlung beruht.

(4) § 309 Abs. 3 bis 5 gilt sinngemäß.

---

[1]) § 315 Satz 1 Nr. 1 geänd. durch BiRiLiG v. 19.12. 1985 (BGBl. I S. 2355), Satz 2 eingef., bish. Sätze 2 und 3 werden Sätze 3 und 4 durch KonTraG v. 27.4. 1998 (BGBl. I S. 786).

Dritter Teil. Eingegliederte Gesellschaften

§ 319.[1)] Eingliederung. (1) ¹Die Hauptversammlung einer Aktiengesellschaft kann die Eingliederung der Gesellschaft in eine andere Aktiengesellschaft mit Sitz im Inland (Hauptgesellschaft) beschließen, wenn sich alle Aktien der Gesellschaft in der Hand der zukünftigen Hauptgesellschaft befinden. ²Auf den Beschluß sind die Bestimmungen des Gesetzes und der Satzung über Satzungsänderungen nicht anzuwenden.

(2) ¹Der Beschluß über die Eingliederung wird nur wirksam, wenn die Hauptversammlung der zukünftigen Hauptgesellschaft zustimmt. ²Der Beschluß über die Zustimmung bedarf einer Mehrheit, die mindestens drei Viertel des bei der Beschlußfassung vertretenen Grundkapitals umfaßt. ³Die Satzung kann eine größere Kapitalmehrheit und weitere Erfordernisse bestimmen. ⁴Absatz 1 Satz 2 ist anzuwenden.

(3) ¹Von der Einberufung der Hauptversammlung der zukünftigen Hauptgesellschaft an, die über die Zustimmung zur Eingliederung beschließen soll, sind in dem Geschäftsraum dieser Gesellschaft zur Einsicht der Aktionäre auszulegen
1. der Entwurf des Eingliederungsbeschlusses;
2. die Jahresabschlüsse und die Lageberichte der beteiligten Gesellschaften für die letzten drei Geschäftsjahre;
3. ein ausführlicher schriftlicher Bericht des Vorstands der zukünftigen Hauptgesellschaft, in dem die Eingliederung rechtlich und wirtschaftlich erläutert und begründet wird (Eingliederungsbericht).

²Auf Verlangen ist jedem Aktionär der zukünftigen Hauptgesellschaft unverzüglich und kostenlos eine Abschrift der in Satz 1 bezeichneten Unterlagen zu erteilen. ³In der Hauptversammlung sind diese Unterlagen auszulegen. ⁴Jedem Aktionär ist in der Hauptversammlung auf Verlangen Auskunft auch über alle im Zusammenhang mit der Eingliederung wesentlichen Angelegenheiten der einzugliedernden Gesellschaft zu geben.

(4) ¹Der Vorstand der einzugliedernden Gesellschaft hat die Eingliederung und die Firma der Hauptgesellschaft zur Eintragung in das Handelsregister anzumelden. ²Der Anmeldung sind die Niederschriften der Hauptversammlungsbeschlüsse und ihre Anlagen in Ausfertigung oder öffentlich beglaubigter Abschrift beizufügen.

(5) ¹Bei der Anmeldung nach Absatz 4 hat der Vorstand zu erklären, daß eine Klage gegen die Wirksamkeit eines Hauptversammlungsbeschlusses nicht oder nicht fristgemäß erhoben oder eine solche Klage rechtskräftig abgewiesen oder zurückgenommen worden ist; hierüber hat der Vorstand dem Registergericht auch nach der Anmeldung Mitteilung zu machen. ²Liegt die Erklärung nicht vor, so darf die Eingliederung nicht eingetragen werden, es sei denn, daß die klageberechtigten Aktionäre durch notariell beurkundete Verzichtserklärung auf die Klage gegen die Wirksamkeit des Hauptversammlungsbeschlusses verzichten.

(6) ¹Der Erklärung nach Absatz 5 Satz 1 steht es gleich, wenn nach Erhebung einer Klage gegen die Wirksamkeit eines Hauptversammlungsbeschlusses das für diese Klage zuständige Landgericht auf Antrag der Gesellschaft, gegen deren Hauptversammlungsbeschluß sich die Klage richtet, durch rechtskräftigen Beschluß festgestellt hat, daß die Erhebung der Klage der Eintragung nicht entgegensteht. ²Der Beschluß nach Satz 1 darf nur ergehen, wenn die Klage gegen die Wirksamkeit des Hauptversamlungsbeschlusses unzulässig oder offensichtlich unbegründet ist oder wenn das alsbaldige Wirksamwerden der Eingliederung nach freier Überzeugung des Gerichts unter Berücksichtigung der Schwere der mit der Klage geltend gemachten Rechtsverletzungen zur Abwendung der vom Antragsteller dargelegten wesentlichen Nachteile für die Gesellschaft und ihre Aktionäre vorrangig erscheint. ³Der Beschluß kann in dringenden Fällen ohne mündliche Verhandlung ergehen. ⁴Die vorgebrachten Tatsachen, aufgrund derer der Beschluß nach Satz 2 ergehen kann, sind glaubhaft zu machen. ⁵Gegen den Beschluß findet die sofortige Beschwerde statt. ⁶Erweist sich die Klage als begründet, so ist die Gesellschaft, die den Beschluß erwirkt hat, verpflichtet, dem Antragsgegner den Schaden zu ersetzen, der ihm aus einer auf dem Beschluß beruhenden Eintragung der Eingliederung entstanden ist.

(7) Mit der Eintragung der Eingliederung in das Handelsregister des Sitzes der Gesellschaft wird die Gesellschaft in die Hauptgesellschaft eingegliedert.

[1)] § 319 Abs. 2 Satz 5 aufgeh., Abs. 3 neugef., Abs. 4 bis 6 eingef., bish. Abs. 4 wird Abs. 7 durch Art. 6 UmwBerG v. 28.10. 1994 (BGBl. I S.3210).

§ 320.[1] **Eingliederung durch Mehrheitsbeschluß.** (1) [1]Die Hauptversammlung einer Aktiengesellschaft kann die Eingliederung der Gesellschaft in eine andere Aktiengesellschaft mit Sitz im Inland auch dann beschließen, wenn sich Aktien der Gesellschaft, auf die zusammen fünfundneunzig vom Hundert des Grundkapitals entfallen, in der Hand der zukünftigen Hauptgesellschaft befinden. [2]Eigene Aktien und Aktien, die einem anderen für Rechnung der Gesellschaft gehören, sind vom Grundkapital abzusetzen. [3]Für die Eingliederung gelten außer § 319 Abs.1 Satz 2, Abs.2 bis 7 die Absätze 2 bis 4.

(2) [1]Die Bekanntmachung der Eingliederung als Gegenstand der Tagesordnung ist nur ordnungsgemäß, wenn

1. sie die Firma und den Sitz der zukünftigen Hauptgesellschaft enthält,
2. ihr eine Erklärung der zukünftigen Hauptgesellschaft beigefügt ist, in der diese den ausscheidenden Aktionären als Abfindung für ihre Aktien eigene Aktien, im Falle des § 320b Abs.1 Satz 3 außerdem eine Barabfindung anbietet.

[2]Satz 1 Nr.2 gilt auch für die Bekanntmachung der zukünftigen Hauptgesellschaft.

(3) [1]Die Eingliederung ist durch einen oder mehrere sachverständige Prüfer (Eingliederungsprüfer) zu prüfen. [2]Diese werden von dem Vorstand der zukünftigen Hauptgesellschaft bestellt. [3]§ 293a Abs.3, §§ 293c bis 293e sind sinngemäß anzuwenden.

(4) [1]Die in § 319 Abs.3 Satz 1 bezeichneten Unterlagen sowie der Prüfungsbericht nach Absatz 3 sind jeweils von der Einberufung der Hauptversammlung an, die über die Zustimmung zur Eingliederung beschließen soll, in dem Geschäftsraum der einzugliedernden Gesellschaft und der Hauptgesellschaft zur Einsicht der Aktionäre auszulegen. [2]In dem Eingliederungsbericht sind auch Art und Höhe der Abfindung nach § 320b rechtlich und wirtschaftlich zu erläutern und zu begründen; auf besondere Schwierigkeiten bei der Bewertung der beteiligten Gesellschaften sowie auf die Folgen für die Beteiligungen der Aktionäre ist hinzuweisen. [3]§ 319 Abs.3 Satz 2 bis 4 gilt sinngemäß für die Aktionäre beider Gesellschaften.

(5)–(7) *(aufgehoben)*

§ 320a.[2] **Wirkungen der Eingliederung.** [1]Mit der Eintragung der Eingliederung in das Handelsregister gehen alle Aktien, die sich nicht in der Hand der Hauptgesellschaft befinden, auf diese über. [2]Sind über diese Aktien Aktienurkunden ausgegeben, so verbriefen sie bis zu ihrer Aushändigung an die Hauptgesellschaft nur den Anspruch auf Abfindung.

§ 320b.[2] **Abfindung der ausgeschiedenen Aktionäre.** (1) [1]Die ausgeschiedenen Aktionäre der eingegliederten Gesellschaft haben Anspruch auf angemessene Abfindung. [2]Als Abfindung sind ihnen eigene Aktien der Hauptgesellschaft zu gewähren. [3]Ist die Hauptgesellschaft eine abhängige Gesellschaft, so sind den ausgeschiedenen Aktionären nach deren Wahl eigene Aktien der Hauptgesellschaft oder eine angemessene Barabfindung zu gewähren. [4]Werden als Abfindung Aktien der Hauptgesellschaft gewährt, so ist die Abfindung als angemessen anzusehen, wenn die Aktien in dem Verhältnis gewährt werden, in dem bei einer Verschmelzung auf eine Aktie der Gesellschaft Aktien der Hauptgesellschaft zu gewähren wären, wobei Spitzenbeträge durch bare Zuzahlungen ausgeglichen werden können. [5]Die Barabfindung muß die Verhältnisse der Gesellschaft im Zeitpunkt der Beschlußfassung ihrer Hauptversammlung über die Eingliederung berücksichtigen. [6]Die Barabfindung sowie bare Zuzahlungen sind von der Bekanntmachung der Eintragung der Eingliederung an mit jährlich zwei vom Hundert über dem jeweiligen Diskontsatz der Deutschen Bundesbank zu verzinsen; die Geltendmachung eines weiteren Schadens ist nicht ausgeschlossen.

(2) [1]Die Anfechtung des Beschlusses, durch den die Hauptversammlung der eingegliederten Gesellschaft die Eingliederung der Gesellschaft beschlossen hat, kann nicht auf § 243 Abs.2 oder darauf gestützt werden, daß die von der Hauptgesellschaft nach § 320 Abs.2 Nr.2 angebotene Abfindung nicht angemessen ist. [2]Ist die angebotene Abfindung nicht angemessen, so hat das in § 306 bestimmte Gericht auf Antrag die angemessene Abfindung zu bestimmen. [3]Das gleiche gilt, wenn die Hauptgesellschaft eine Abfindung nicht oder nicht ordnungsgemäß angeboten hat und eine hierauf gestützte Anfechtungsklage innerhalb der Anfechtungsfrist nicht erhoben oder zurückgenommen oder rechtskräftig abgewiesen worden ist.

---

[1] § 320 Abs.1 Satz 3, Abs.2 Nr.2 geänd., Abs.3 und 4 neugef., Abs.5 bis 7 aufgeh. durch Art.6 UmwBerG v. 28.10. 1994 (BGBl. I S.3210), Abs.1 Satz 1 geänd. durch StückAG v. 25.3. 1998 (BGBl. I S.590), Abs.3 Satz 1 geänd. durch KonTraG v. 27.4. 1998 (BGBl. I S.786).

[2] §§ 320a und 320b eingef. durch Art.6 UmwBerG v. 28.10. 1994 (BGBl. I S.3210).

(3) ¹Antragsberechtigt ist jeder ausgeschiedene Aktionär. ²Der Antrag kann nur binnen zwei Monaten nach dem Tage gestellt werden, an dem die Eintragung der Eingliederung in das Handelsregister nach § 10 des Handelsgesetzbuchs als bekanntgemacht gilt. ³Für das Verfahren gilt § 306 sinngemäß.

§ 321¹. Gläubigerschutz. (1) ¹Den Gläubigern der eingegliederten Gesellschaft, deren Forderungen begründet worden sind, bevor die Eintragung der Eingliederung in das Handelsregister bekanntgemacht worden ist, ist, wenn sie sich binnen sechs Monaten nach der Bekanntmachung zu diesem Zweck melden, Sicherheit zu leisten, soweit sie nicht Befriedigung verlangen können. ²Die Gläubiger sind in der Bekanntmachung der Eintragung auf dieses Recht hinzuweisen.

(2) Das Recht, Sicherheitsleistung zu verlangen, steht Gläubigern nicht zu, die im Falle des Konkurses ein Recht auf vorzugsweise Befriedigung aus einer Deckungsmasse haben, die nach gesetzlicher Vorschrift zu ihrem Schutz errichtet und staatlich überwacht ist.

§ 322. Haftung der Hauptgesellschaft. (1) ¹Von der Eingliederung an haftet die Hauptgesellschaft für die vor diesem Zeitpunkt begründeten Verbindlichkeiten der eingegliederten Gesellschaft den Gläubigern dieser Gesellschaft als Gesamtschuldner. ²Die gleiche Haftung trifft sie für alle Verbindlichkeiten der eingegliederten Gesellschaft, die nach der Eingliederung begründet werden. ³Eine entgegenstehende Vereinbarung ist Dritten gegenüber unwirksam.

(2) Wird die Hauptgesellschaft wegen einer Verbindlichkeit der eingegliederten Gesellschaft in Anspruch genommen, so kann sie Einwendungen, die nicht in ihrer Person begründet sind, nur insoweit geltend machen, als sie von der eingegliederten Gesellschaft erhoben werden können.

(3) ¹Die Hauptgesellschaft kann die Befriedigung des Gläubigers verweigern, solange der eingegliederten Gesellschaft das Recht zusteht, das ihrer Verbindlichkeit zugrunde liegende Rechtsgeschäft anzufechten. ²Die gleiche Befugnis hat die Hauptgesellschaft, solange sich der Gläubiger durch Aufrechnung gegen eine fällige Forderung der eingegliederten Gesellschaft befriedigen kann.

(4) Aus einem gegen die eingegliederte Gesellschaft gerichteten vollstreckbaren Schuldtitel findet die Zwangsvollstreckung gegen die Hauptgesellschaft nicht statt.

§ 323. Leitungsmacht der Hauptgesellschaft und Verantwortlichkeit der Vorstandsmitglieder. (1) ¹Die Hauptgesellschaft ist berechtigt, dem Vorstand der eingegliederten Gesellschaft hinsichtlich der Leitung der Gesellschaft Weisungen zu erteilen. ²§ 308 Abs. 2 Satz 1, Abs. 3, §§ 309, 310 gelten sinngemäß. ³§§ 311 bis 318 sind nicht anzuwenden.

(2) Leistungen der eingegliederten Gesellschaft an die Hauptgesellschaft gelten nicht als Verstoß gegen die §§ 57, 58 und 60.

§ 324.²⁾ Gesetzliche Rücklage. Gewinnabführung. Verlustübernahme. (1) Die gesetzlichen Vorschriften über die Bildung einer gesetzlichen Rücklage, über ihre Verwendung und über die Einstellung von Beträgen in die gesetzliche Rücklage sind auf eingegliederte Gesellschaften nicht anzuwenden.

(2) ¹Auf einen Gewinnabführungsvertrag, eine Gewinngemeinschaft oder einen Teilgewinnabführungsvertrag zwischen der eingegliederten Gesellschaft und der Hauptgesellschaft sind die §§ 293 bis 296, 298 bis 303 nicht anzuwenden. ²Der Vertrag, seine Änderung und seine Aufhebung bedürfen der schriftlichen Form. ³Als Gewinn kann höchstens der ohne die Gewinnabführung entstehende Bilanzgewinn abgeführt werden. ⁴Der Vertrag endet spätestens zum Ende des Geschäftsjahrs, in dem die Eingliederung endet.

(3) Die Hauptgesellschaft ist verpflichtet, jeden bei der eingegliederten Gesellschaft sonst entstehenden Bilanzverlust auszugleichen, soweit dieser den Betrag der Kapitalrücklagen und der Gewinnrücklagen übersteigt.

§ 325.³⁾ *(aufgehoben)*

§ 326. Auskunftsrecht der Aktionäre der Hauptgesellschaft. Jedem Aktionär der Hauptgesellschaft ist über Angelegenheiten der eingegliederten Gesellschaft ebenso Auskunft zu erteilen wie über Angelegenheiten der Hauptgesellschaft.

---

¹⁾ In § 321 Abs. 2 werden die Worte „des Konkurses" durch die Worte „des Insolvenzverfahrens" mWv. 1.1. 1999 durch EGInsO v. 5.10. 1994 ersetzt.
²⁾ § 324 Abs. 3 geänd. durch BiRiLiG v. 19.12. 1985 (BGBl. I S. 2355).
³⁾ § 325 aufgeh. durch BiRiLiG v. 19.12. 1985 (BGBl. I S. 2355).

Aktiengesetz §§ 327, 328 AktG Anh.

§ 327. Ende der Eingliederung. (1) Die Eingliederung endet
1. durch Beschluß der Hauptversammlung der eingegliederten Gesellschaft,
2. wenn die Hauptgesellschaft nicht mehr eine Aktiengesellschaft mit Sitz im Inland ist,
3. wenn sich nicht mehr alle Aktien der eingegliederten Gesellschaft in der Hand der Hauptgesellschaft befinden,
4. durch Auflösung der Hauptgesellschaft.

(2) Befinden sich nicht mehr alle Aktien der eingegliederten Gesellschaft in der Hand der Hauptgesellschaft, so hat die Hauptgesellschaft dies der eingegliederten Gesellschaft unverzüglich schriftlich mitzuteilen.

(3) Der Vorstand der bisher eingegliederten Gesellschaft hat das Ende der Eingliederung, seinen Grund und seinen Zeitpunkt unverzüglich zur Eintragung in das Handelsregister des Sitzes der Gesellschaft anzumelden.

(4) ¹Die Ansprüche gegen die frühere Hauptgesellschaft aus Verbindlichkeiten der bisher eingegliederten Gesellschaft verjähren in fünf Jahren seit dem Tage, an dem die Eintragung des Endes der Eingliederung in das Handelsregister nach § 10 des Handelsgesetzbuchs als bekanntgemacht gilt, sofern nicht der Anspruch gegen die bisher eingegliederte Gesellschaft einer kürzeren Verjährung unterliegt. ²Wird der Anspruch des Gläubigers erst nach dem Tage, an dem die Eintragung des Endes der Eingliederung in das Handelsregister als bekanntgemacht gilt, fällig, so beginnt die Verjährung mit dem Zeitpunkt der Fälligkeit.

Vierter Teil. Wechselseitig beteiligte Unternehmen

§ 328.[1] **Beschränkung der Rechte.** (1) ¹Sind eine Aktiengesellschaft oder Kommanditgesellschaft auf Aktien und ein anderes Unternehmen wechselseitig beteiligte Unternehmen, so können, sobald dem einen Unternehmen das Bestehen der wechselseitigen Beteiligung bekannt geworden ist oder ihm das andere Unternehmen eine Mitteilung nach § 20 Abs. 3 oder § 21 Abs. 1 gemacht hat, Rechte aus den Anteilen, die ihm an dem anderen Unternehmen gehören, nur für höchstens den vierten Teil aller Anteile des anderen Unternehmens ausgeübt werden. ²Dies gilt nicht für das Recht auf neue Aktien bei einer Kapitalerhöhung aus Gesellschaftsmitteln. ³§ 16 Abs. 4 ist anzuwenden.

(2) Die Beschränkung des Absatzes 1 gilt nicht, wenn das Unternehmen seinerseits dem anderen Unternehmen eine Mitteilung nach § 20 Abs. 3 oder § 21 Abs. 1 gemacht hatte, bevor es von dem anderen Unternehmen eine solche Mitteilung erhalten hat und bevor ihm das Bestehen der wechselseitigen Beteiligung bekannt geworden ist.

(3) In der Hauptversammlung einer börsennotierten Gesellschaft kann ein Unternehmen, dem die wechselseitige Beteiligung gemäß Absatz 1 bekannt ist, sein Stimmrecht zur Wahl von Mitgliedern in den Aufsichtsrat nicht ausüben.

(4) Sind eine Aktiengesellschaft oder Kommanditgesellschaft auf Aktien und ein anderes Unternehmen wechselseitig beteiligte Unternehmen, so haben die Unternehmen einander unverzüglich die Höhe ihrer Beteiligung und jede Änderung schriftlich mitzuteilen.

---

[1] § 328 Abs. 3 eingef., bish. Abs. 3 wird Abs. 4 durch KonTraG v. 27. 4. 1998 (BGBl. I S. 786).

Fünfter Teil. Rechnungslegung im Konzern[1]

§ 329–336.[2] *(aufgehoben)*

§ 337.[3] **Vorlage des Konzernabschlusses und des Konzernlageberichts.** (1) ¹Der Vorstand des Mutterunternehmens hat den Konzernabschluß und den Konzernlagebericht unverzüglich nach ihrer Aufstellung dem Aufsichtsrat des Mutterunternehmens vorzulegen. ²Im übrigen ist § 170 Abs. 3 anzuwenden.

(2) ¹Ist der Konzernabschluß auf den Stichtag des Jahresabschlusses des Mutterunternehmens aufgestellt worden, so sind der Konzernabschluß und der Konzernlagebericht der Hauptversammlung vorzulegen, die diesen Jahresabschluß entgegennimmt oder festzustellen hat. ²Weicht der Stichtag des Konzernabschlusses vom Stichtag des Jahresabschlusses des Mutterunternehmens ab, so sind der Konzernabschluß und der Konzernlagebericht der Hauptversammlung vorzulegen, die den nächsten auf den Stichtag des Konzernabschlusses folgenden Jahresabschluß entgegennimmt oder festzustellen hat.

(3) Auf die Auslegung des Konzernabschlusses und des Konzernlageberichts und die Erteilung von Abschriften ist § 175 Abs. 2, auf die Vorlage an die Hauptversammlung und die Berichterstattung des Vorstandes ist § 176 Abs. 1 entsprechend anzuwenden.

(4) Die Auskunftspflicht des Vorstands des Mutterunternehmens in der Hauptversammlung, der der Konzernabschluß und der Konzernlagebericht vorgelegt werden, erstreckt sich auch auf die Lage des Konzerns und der in den Konzernabschluß einbezogenen Unternehmen.

§ 338–393.[4] *(aufgehoben)*

Viertes Buch.[5]
Sonder-, Straf- und Schlußvorschriften
Erster Teil. Sondervorschriften bei Beteiligung von Gebietskörperschaften

§ 394. Berichte der Aufsichtsratsmitglieder. ¹Aufsichtsratsmitglieder, die auf Veranlassung einer Gebietskörperschaft in den Aufsichtsrat gewählt oder entsandt worden sind, unterliegen hinsichtlich der Berichte, die sie der Gebietskörperschaft zu erstatten haben, keiner Verschwiegenheitspflicht. ²Für vertrauliche Angaben und Geheimnisse der Gesellschaft, namentlich Betriebs- oder Geschäftsgeheimnisse, gilt dies nicht, wenn ihre Kenntnis für die Zwecke der Berichte nicht von Bedeutung ist.

§ 395. Verschwiegenheitspflicht. (1) Personen, die damit betraut sind, die Beteiligungen einer Gebietskörperschaft zu verwalten oder für eine Gebietskörperschaft die Gesellschaft, die Betätigung der Gebietskörperschaft als Aktionär oder die Tätigkeit der auf Veranlassung der Gebietskörperschaft gewählten oder entsandten Aufsichtsratsmitglieder zu prüfen, haben über vertrauliche Angaben und Geheimnisse der Gesellschaft, namentlich Betriebs- oder Geschäftsgeheimnisse, die ihnen aus Berichten nach § 394 bekanntgeworden sind, Stillschweigen zu bewahren; dies gilt nicht für Mitteilungen im dienstlichen Verkehr.

(2) Bei der Veröffentlichung von Prüfungsergebnissen dürfen vertrauliche Angaben und Geheimnisse der Gesellschaft, namentlich Betriebs- oder Geschäftsgeheimnisse, nicht veröffentlicht werden.

---

[1]) Beachte G über die Rechnungslegung von bestimmten Unternehmen und Konzernen (sog. PublizitätsG) v. 15.8. 1969 (BGBl. I S.1189, ber. 1970 I S.1113), geänd. durch G v. 2.3. 1974 (BGBl. I S.469), v. 29.3. 1983 (BGBl. I S.377), v. 19.12. 1985 (BGBl. I S.2355), v. 25.7. 1988 (BGBl. I S.1093), v. 30.11. 1990 (BGBl. I S.2570), Art.3 G v. 24.6. 1994 (BGBl. I S.1377), Art.9 UmwBerG v. 28.10. 1994 (BGBl. I S.3210) und Art.3 KonTraG v. 27.4. 1998 (BGBl. I S.786), das für die in § 1 Abs.1 dieses Gesetzes genannten Großunternehmen und die in § 11 Abs.1 dieses Gesetzes genannten Großkonzerne gilt.
[2]) §§ 329 bis 336 und §§ 338 bis 393 aufgeh. durch BiRiLiG v. 19.12. 1985 (BGBl. I S.2355).
[3]) § 337 Überschrift geänd., Abs.2 und 3 neugef., Abs.4 geänd. durch BiRiLiG v. 19.12. 1985 (BGBl. I S.2355), Abs.1 neugef. durch KonTraG v. 27.4. 1998 (BGBl. I S.786).
[4]) § 338 aufgeh. durch BiRiLiG v. 19.12. 1985 (BGBl. I S.2355).
[5]) Früheres Viertes Buch (§§ 339 bis 393) aufgeh., früheres Fünftes Buch wird Viertes Buch durch Art.6 UmwBerG v. 28.10. 1994 (BGBl. I S.3210).

Aktiengesetz §§ 396–400 AktG Anh.

Zweiter Teil. Gerichtliche Auflösung

§ 396. Voraussetzungen. (1) ¹Gefährdet eine Aktiengesellschaft oder Kommanditgesellschaft auf Aktien durch gesetzwidriges Verhalten ihrer Verwaltungsträger das Gemeinwohl und sorgen der Aufsichtsrat und die Hauptversammlung nicht für eine Abberufung der Verwaltungsträger, so kann die Gesellschaft auf Antrag der zuständigen obersten Landesbehörde des Landes, in dem die Gesellschaft ihren Sitz hat, durch Urteil aufgelöst werden. ²Ausschließlich zuständig für die Klage ist das Landgericht, in dessen Bezirk die Gesellschaft ihren Sitz hat.

(2) ¹Nach der Auflösung findet die Abwicklung nach den §§ 264 bis 273 statt. ²Den Antrag auf Abberufung oder Bestellung der Abwickler aus einem wichtigen Grund kann auch die in Absatz 1 Satz 1 bestimmte Behörde stellen.

§ 397. Anordnungen bei der Auflösung. Ist die Auflösungsklage erhoben, so kann das Gericht auf Antrag der in § 396 Abs. 1 Satz 1 bestimmten Behörde durch einstweilige Verfügung die nötigen Anordnungen treffen.

§ 398. Eintragung. ¹Die Entscheidungen des Gerichts sind dem Registergericht mitzuteilen. ²Dieses trägt sie, soweit sie eintragungspflichtige Rechtsverhältnisse betreffen, in das Handelsregister ein.

Dritter Teil. Straf- und Bußgeldvorschriften. Schlußvorschriften

§ 399.[1)] **Falsche Angaben.** (1) Mit Freiheitsstrafe bis zu drei Jahren oder mit Geldstrafe wird bestraft, wer

1. als Gründer oder als Mitglied des Vorstands oder des Aufsichtsrats zum Zweck der Eintragung der Gesellschaft über die Übernahme der Aktien, die Einzahlung auf Aktien, die Verwendung eingezahlter Beträge, den Ausgabebetrag der Aktien, über Sondervorteile, Gründungsaufwand, Sacheinlagen, Sachübernahmen und Sicherungen für nicht voll einbezahlte Geldeinlagen,
2. als Gründer oder als Mitglied des Vorstands oder des Aufsichtsrats im Gründungsbericht, im Nachgründungsbericht oder im Prüfungsbericht,
3. in der öffentlichen Ankündigung nach § 47 Nr. 3,
4. als Mitglied des Vorstands oder des Aufsichtsrats zum Zweck der Eintragung einer Erhöhung des Grundkapitals (§§ 182 bis 206) über die Einbringung des bisherigen, die Zeichnung oder Einbringung des neuen Kapitals, den Ausgabebetrag der Aktien, die Ausgabe der Bezugsaktien oder über Sacheinlagen,
5. als Abwickler zum Zweck der Eintragung der Fortsetzung der Gesellschaft in dem nach § 274 Abs. 3 zu führenden Nachweis oder
6. als Mitglied des Vorstands in der nach § 37 Abs. 2 Satz 1 oder § 81 Abs. 3 Satz 1 abzugebenden Versicherung oder als Abwickler in der nach § 266 Abs. 3 Satz 1 abzugebenden Versicherung

falsche Angaben macht oder erhebliche Umstände verschweigt.

(2) Ebenso wird bestraft, wer als Mitglied des Vorstands oder des Aufsichtsrats zum Zweck der Eintragung einer Erhöhung des Grundkapitals die in § 210 Abs. 1 Satz 2 vorgeschriebene Erklärung der Wahrheit zuwider abgibt.

§ 400.[2)] **Unrichtige Darstellung.** (1) Mit Freiheitsstrafe bis zu drei Jahren oder mit Geldstrafe wird bestraft, wer als Mitglied des Vorstands oder des Aufsichtsrats oder als Abwickler
1. die Verhältnisse der Gesellschaft einschließlich ihrer Beziehungen zu verbundenen Unternehmen in Darstellungen oder Übersichten über den Vermögensstand, in Vorträgen oder Auskünften in der

---

[1)] § 399 Abs. 1 geänd. durch Art. 4 und 5 G v. 25.6.1969 (BGBl. I S.645) und G v. 2.3.1974 (BGBl. I S.469), Nrn. 4 und 5 geänd., Nr. 6 angef. durch G v. 4.7.1980 (BGBl. I S.836), Abs. 1 Nr. 1 geänd. durch G v. 2.8.1994 (BGBl. I S.1961), Abs. 2 geänd. durch Art. 6 UmwBerG v. 28.10.1994 (BGBl. I S.3210).
[2)] § 400 geänd. durch Art. 4 und 5 G v. 25.6.1969 (BGBl. I S.645) und G v. 2.3.1974 (BGBl. I S.469), Abs. 1 Nr. 1 geänd., Nr. 2 aufgeh., bish. Nr. 3 wird Nr. 2 und geänd., Nr. 4 aufgeh. durch BiRiLiG v. 19.12.1985 (BGBl. I S.2355), Abs. 2 angef. durch G v. 4.7.1980 (BGBl. I S.836).

Hauptversammlung unrichtig wiedergibt oder verschleiert, wenn die Tat nicht in § 331 Nr. 1 des Handelsgesetzbuchs mit Strafe bedroht ist, oder

2. in Aufklärungen oder Nachweisen, die nach den Vorschriften dieses Gesetzes einem Prüfer der Gesellschaft oder eines verbundenen Unternehmens zu geben sind, falsche Angaben macht oder die Verhältnisse der Gesellschaft unrichtig wiedergibt oder verschleiert, wenn die Tat nicht in § 331 Nr. 4 des Handelsgesetzbuchs mit Strafe bedroht ist.

(2) Ebenso wird bestraft, wer als Gründer oder Aktionär in Aufklärungen oder Nachweisen, die nach den Vorschriften dieses Gesetzes einem Gründungsprüfer oder sonstigen Prüfer zu geben sind, falsche Angaben macht oder erhebliche Umstände verschweigt.

§ 401.[1),2)] **Pflichtverletzung bei Verlust, Überschuldung oder Zahlungsunfähigkeit.** (1) Mit Freiheitsstrafe bis zu drei Jahren oder mit Geldstrafe wird bestraft, wer es

1. als Mitglied des Vorstands entgegen § 92 Abs. 1 unterläßt, bei einem Verlust in Höhe der Hälfte des Grundkapitals die Hauptversammlung einzuberufen und ihr dies anzuzeigen, oder
2. als Mitglied des Vorstands entgegen § 92 Abs. 2 oder als Abwickler entgegen § 268 Abs. 2 Satz 1 unterläßt, bei Zahlungsunfähigkeit oder Überschuldung die Eröffnung des Konkursverfahrens oder des gerichtlichen Vergleichsverfahrens zu beantragen.

(2) Handelt der Täter fahrlässig, so ist die Strafe Freiheitsstrafe bis zu einem Jahr oder Geldstrafe.

§ 402.[1)] **Falsche Ausstellung oder Verfälschung von Hinterlegungsbescheinigungen.** (1) Wer über die Hinterlegung von Aktien oder Zwischenscheinen Bescheinigungen, die zum Nachweis des Stimmrechts in einer Hauptversammlung oder in einer gesonderten Versammlung dienen sollen, falsch ausstellt oder verfälscht, wird mit Freiheitsstrafe bis zu drei Jahren oder mit Geldstrafe bestraft, wenn die Tat nicht in anderen Vorschriften über Urkundenstraftaten mit schwererer Strafe bedroht ist.

(2) Ebenso wird bestraft, wer von einer falschen oder verfälschten Bescheinigung der in Absatz 1 bezeichneten Art zur Ausübung des Stimmrechts Gebrauch macht.

(3) Der Versuch ist strafbar.

§ 403.[3)] **Verletzung der Berichtspflicht.** (1) Mit Freiheitsstrafe bis zu drei Jahren oder mit Geldstrafe wird bestraft, wer als Prüfer oder als Gehilfe eines Prüfers über das Ergebnis der Prüfung falsch berichtet oder erhebliche Umstände im Bericht verschweigt.

(2) Handelt der Täter gegen Entgelt oder in der Absicht, sich oder einen anderen zu bereichern oder einen anderen zu schädigen, so ist die Strafe Freiheitsstrafe bis zu fünf Jahren oder Geldstrafe.

§ 404.[4)] **Verletzung der Geheimhaltungspflicht.** (1) Mit Freiheitsstrafe bis zu einem Jahr oder mit Geldstrafe wird bestraft, wer ein Geheimnis der Gesellschaft, namentlich ein Betriebs- oder Geschäftsgeheimnis, das ihm in seiner Eigenschaft als

1. Mitglied des Vorstands oder des Aufsichtsrats oder Abwickler,
2. Prüfer oder Gehilfe eines Prüfers

bekanntgeworden ist, unbefugt offenbart; im Falle der Nummer 2 jedoch nur, wenn die Tat nicht in § 333 des Handelsgesetzbuchs mit Strafe bedroht ist.

(2) ¹Handelt der Täter gegen Entgelt oder in der Absicht, sich oder einen anderen zu bereichern oder einen anderen zu schädigen, so ist die Strafe Freiheitsstrafe bis zu zwei Jahren oder Geldstrafe. ²Ebenso wird bestraft, wer ein Geheimnis der in Absatz 1 bezeichneten Art, namentlich ein Betriebs- oder Geschäftsgeheimnis, das ihm unter den Voraussetzungen des Absatzes 1 bekanntgeworden ist, unbefugt verwertet.

[1)] §§ 401 und 402 Abs. 1 geänd. durch Art. 4 und 5 G v. 25. 6. 1969 (BGBl. I S. 645) und G v. 2. 3. 1974 (BGBl. I S. 469).

[2)] In § 401 Abs. 1 Nr. 2 werden die Worte „des Konkursverfahrens oder des gerichtlichen Vergleichsverfahrens" durch die Worte „des Insolvenzverfahrens" mWv. 1. 1. 1999 gem. EGInsO v. 5. 10. 1994 (BGBl. I S. 2911) ersetzt.

[3)] § 403 geänd. durch Art. 4 und 5 G v. 25. 6. 1969 (BGBl. I S. 645) und G v. 2. 3. 1974 (BGBl. I S. 469), Abs. 2 früherer Satz 2 aufgeh. durch G v. 2. 3. 1974 (BGBl. I S. 469).

[4)] § 404 Abs. 1 neugef. durch BiRiLiG v. 19. 12. 1985 (BGBl. I S. 2355), Abs. 2 geänd. durch Art. 4 und 5 G v. 25. 6. 1969 (BGBl. I S. 645) und G v. 2. 3. 1974 (BGBl. I S. 469), Abs. 2 Satz 1 Halbsatz 2 und Abs. 3 früherer Satz 2 aufgeh. durch G v. 2. 3. 1974 (BGBl. I S. 469).

Aktiengesetz §§ 405, 406 **AktG Anh.**

(3) ¹Die Tat wird nur auf Antrag der Gesellschaft verfolgt. ²Hat ein Mitglied des Vorstands oder ein Abwickler die Tat begangen, so ist der Aufsichtsrat, hat ein Mitglied des Aufsichtsrats die Tat begangen, so sind der Vorstand oder die Abwickler antragsberechtigt.

§ 405.[1)] **Ordnungswidrigkeiten.** (1) Ordnungswidrig handelt, wer als Mitglied des Vorstands oder des Aufsichtsrats oder als Abwickler

1. Namensaktien ausgibt, in denen der Betrag der Teilleistung nicht angegeben ist, oder Inhaberaktien ausgibt, bevor auf sie der Ausgabebetrag voll geleistet ist,

2. Aktien oder Zwischenscheine ausgibt, bevor die Gesellschaft oder im Fall einer Kapitalerhöhung die Durchführung der Erhöhung des Grundkapitals oder im Fall einer bedingten Kapitalerhöhung oder einer Kapitalerhöhung aus Gesellschaftsmitteln der Beschluß über die bedingte Kapitalerhöhung oder die Kapitalerhöhung aus Gesellschaftsmitteln eingetragen ist,

3. Aktien oder Zwischenscheine ausgibt, die auf einen geringeren als den nach § 8 Abs. 2 Satz 1 zulässigen Mindestnennbetrag lauten oder auf die bei einer Gesellschaft mit Stückaktien ein geringerer anteiliger Betrag des Grundkapitals als der nach § 8 Abs. 3 Satz 3 zulässige Mindestbetrag entfällt, oder

4. a) entgegen § 71 Abs. 1 Nr. 1 bis 4 oder Abs. 2 eigene Aktien der Gesellschaft erwirbt oder, in Verbindung mit § 71 e Abs. 1, als Pfand nimmt,
   b) zu veräußernde eigene Aktien (§ 71 c Abs. 1 und 2) nicht anbietet oder
   c) die zur Vorbereitung der Beschlußfassung über die Einziehung eigener Aktien (§ 71 c Abs. 3) erforderlichen Maßnahmen nicht trifft.

(2) Ordnungswidrig handelt auch, wer als Aktionär oder als Vertreter eines Aktionärs die nach § 129 in das Verzeichnis aufzunehmenden Angaben nicht oder nicht richtig macht.

(3) Ordnungswidrig handelt ferner, wer

1. Aktien eines anderen, zu dessen Vertretung er nicht befugt ist, ohne dessen Einwilligung zur Ausübung von Rechten in der Hauptversammlung oder in einer gesonderten Versammlung benutzt,

2. zur Ausübung von Rechten in der Hauptversammlung oder in einer gesonderten Versammlung Aktien eines anderen benutzt, die er sich zu diesem Zweck durch Gewähren oder Versprechen besonderer Vorteile verschafft hat,

3. Aktien zu dem in Nummer 2 bezeichneten Zweck gegen Gewähren oder Versprechen besonderer Vorteile einem anderen überläßt,

4. Aktien eines anderen, für die er oder der von ihm Vertretene das Stimmrecht nach § 135 nicht ausüben darf, zur Ausübung des Stimmrechts benutzt,

5. Aktien, für die er oder der von ihm Vertretene das Stimmrecht nach § 20 Abs. 7, § 21 Abs. 4, §§ 71 b, 71 d Satz 4, § 134 Abs. 1, §§ 135, 136, 142 Abs. 1 Satz 2, § 285 Abs. 1 nicht ausüben darf, einem anderen zum Zweck der Ausübung des Stimmrechts überläßt oder solche ihm überlassene Aktien zur Ausübung des Stimmrechts benutzt,

6. besondere Vorteile als Gegenleistung dafür fordert, sich versprechen läßt oder annimmt, daß er bei einer Abstimmung in der Hauptversammlung oder in einer gesonderten Versammlung nicht oder in einem bestimmten Sinne stimme oder

7. besondere Vorteile als Gegenleistung dafür anbietet, verspricht oder gewährt, daß jemand bei einer Abstimmung in der Hauptversammlung oder in einer gesonderten Versammlung nicht oder in einem bestimmten Sinne stimme.

(4) Die Ordnungswidrigkeit kann mit einer Geldbuße bis zu fünfzigtausend Deutsche Mark geahndet werden.

§ 406.[2)] *(aufgehoben)*

[1)] § 405 Abs. 1 Nr. 3 geänd., Nr. 4 eingef., bish. Nr. 4 wird Nr. 5 durch G v. 13.12.1978 (BGBl. I S.1959), Nrn. 3 und 4 geänd., Nr. 5 aufgeh. durch BiRiLiG v. 19.12.1985 (BGBl. I S.2355), Abs. 3 Nr. 5 geänd. durch G v. 25.10.1982 (BGBl. I S.1425), Abs. 4 neugef. durch G v. 24.5.1968 (BGBl. I S.503), Abs. 1 Nrn. 1 und 3 geänd. durch StückAG v. 25.3.1998 (BGBl. I S.590).
[2)] § 406 aufgeh. durch G v. 24.5.1968 (BGBl. I S.503).

§ 407.[1] **Zwangsgelder.** (1) ¹Vorstandsmitglieder oder Abwickler, die § 52 Abs. 2 Satz 2 und 3, § 71 c, § 73 Abs. 3 Satz 2, §§ 80, 90, 104 Abs. 1, § 111 Abs. 2, § 145, §§ 170, 171 Abs. 3, §§ 175, 179 a Abs. 2 Satz 1 und 2, 214 Abs. 1, § 246 Abs. 4, § 259 Abs. 5, § 268 Abs. 4, § 270 Abs. 1, § 273 Abs. 2, §§ 293 f, 293 g Abs. 1, § 306 Abs. 6, § 312 Abs. 1, § 313 Abs. 1, § 314 Abs. 1 nicht befolgen, sind hierzu vom Registergericht durch Festsetzung von Zwangsgeld anzuhalten; § 14 des Handelsgesetzbuchs bleibt unberührt. ²Das einzelne Zwangsgeld darf den Betrag von zehntausend Deutsche Mark nicht übersteigen.

(2) ¹Die Anmeldungen zum Handelsregister nach den §§ 36, 45, 52, 181 Abs. 1, §§ 184, 188, 195, 210, 223, 237 Abs. 4, §§ 274, 294 Abs. 1, § 319 Abs. 3 werden durch Festsetzung von Zwangsgeld nicht erzwungen. ²Für die Einreichung der der Zahl der Zweigniederlassungen entsprechenden Stückzahl der Anmeldungen verbleibt es bei § 14 des Handelsgesetzbuchs.

§ 408. Strafbarkeit persönlich haftender Gesellschafter einer Kommanditgesellschaft auf Aktien. ¹Die §§ 399 bis 407 gelten sinngemäß für die Kommanditgesellschaft auf Aktien. ²Soweit sie Vorstandsmitglieder betreffen, gelten sie bei der Kommanditgesellschaft auf Aktien für die persönlich haftenden Gesellschafter.

§ 409. Geltung in Berlin *(gegenstandslos)*

§ 410. Inkrafttreten. Dieses Gesetz tritt am 1. Januar 1966 in Kraft.

---

[1] § 407 Überschrift, Abs. 1 Satz 1 Halbsatz 1, Abs. 1 Satz 2 und Abs. 2 Satz 1 geänd. durch G v. 2. 3. 1974 (BGBl. I S. 469), Abs. 1 Satz 1 geänd. durch G v. 13. 12. 1978 (BGBl. I S. 1959), v. 25. 10. 1982 (BGBl. I S. 1425) und BiRiLiG v. 19. 12. 1985 (BGBl. I S. 2355), Abs. 1 Satz 1, Abs. 2 Satz 1 geänd. durch Art. 6 UmwBerG v. 28. 10. 1994 (BGBl. I S. 3210).

Stichwortverzeichnis

Fette Zahlen = Paragraphen; magere Zahlen = Randnummern

A

Abfindung **305**; **320b**
- Abfindungsanspruch **vor 311**, 44; **320b**, 3 ff.
- Abfindungsergänzungsanspruch **295**, 28; **305**, 66 f.; **320b**, 18
- Anfechtung **305**, 62 f.
- Anwendungsbereich **305**, 8 f.
- Arten **320b**, 5 ff.
- Barabfindung **305**, 12 f., 15 f.; **320b**, 9
- Börsenkurs **305**, 34 f.
- Buchwert **305**, 33
- Erlöschen **305**, 29
- Fälligkeit **305**, 25
- Frist **305**, 23
- Gläubiger **305**, 16; **320b**, 4
- Höhe **305**, 30 ff.; **320b**, 12
- Kündigung **305**, 65
- Mängel **305**, 62 f.
- Mehrstufige Unternehmensverbindung **305**, 59 f.; **320b**, 10
- Paketpreis **305**, 34, 36
- Spitzenbeträge **305**, 57 f.; **320b**, 12
- Spruchstellenverfahren **305**, 64; **vor 311**, 44; **320b**, 15, 17 f.
- Stichtagsprinzip **305**, 41 f.
- Verbundvorteile **305**, 51 f.
- Verjährung des Abfindungsanspruchs **320b**, 14
- Verpflichteter **305**, 19 f.; **320b**, 4
- Vertrag zugunsten Dritter **305**, 22
- Wahlschuld **320b**, 11
- Zinsen **305**, 27 f.; **320b**, 13

Abhängige Gesellschaft **15**, 20 f.
Abhängigkeit **17**; **311 ff.**
- Dauer **17**, 9
- Definition **17**, 4 ff.
- einfache Einl., 6; **vor 311**, 1; **311 ff.**
- Grundlagen **17**, 14
- mehrfache **17**, 21, 23 ff.; **311**, 5, 15; **312**, 7, 22; **317**, 4
- mehrstufige **311**, 7 ff., 15; **312**, 7, 22
- Minderheitsbeteiligung **17**, 17
- Mittel **17**, 12
- mittelbare **17**, 20 ff.; **311**, 7; **312**, 7; **317**, 4
- negative Beherrschung **17**, 19
- qualifizierte faktische Einl., 11; **vor 311**, 20 ff.; **311**, 28; **312**, 15; **313**, 22; **317**, 10, 13
  s.a. qualifizierte faktische Unternehmensverbindung
- tatsächliche **17**, 13
- Umfang **17**, 7 ff.
- unmittelbare **17**, 20 ff.
- Vermutung **17**, 26 ff.; **311**, 4
- Zeitpunkt **17**, 11

Abhängigkeitsbericht **312**
- allgemeine Grundsätze **312**, 31 ff.
- Aufnahme in den Anhang **312**, 37
- Aufnahme in den Lagebericht **312**, 34, 37
- Aufstellungsverpflichteter **312**, 8, 11
- Bagatellfälle **312**, 33
- berichtspflichtige Vorgänge **312**, 16 ff.
- Berichtsnachholung **312**, 24
- Beschlüsse **312**, 18
- Bestätigungsvermerk **313**, 21 ff.
- Dokumentationspflicht **312**, 32
- Drittgeschäfte **312**, 23
- Einzelangaben **312**, 27 ff.
- einseitige Rechtsgeschäfte **312**, 18, 28
- einseitig verpflichtende Verträge **312**, 19, 28
- Erfüllungsgeschäfte **312**, 19, 24, 28
- fehlende/fehlerhafte Berichterstattung **312**, 14 f.; **313**, 20, 24 ff.; **314**, 8 ff.; **318**, 3 ff., 11
- Frist **312**, 12
- Gesamtverantwortung des Vorstands **312**, 11
- Gliederung **312**, 33
- herrschendes Unternehmen **312**, 6
- Inhalt **312**, 16 ff.
- Interesse des herrschenden/verbundenen Unternehmens **312**, 23
- juristische Person des öffentlichen Rechts **312**, 6, 22, 23
- KGaA **312**, 8
- kleine AG **312**, 12, 37; **313**, 3
- Kosten **312**, 13
- Maßnahmen **312**, 25 f.
- Nachteil **312**, 29
- Nachteilsausgleich **312**, 30
- Negativbericht **312**, 10
- Negativerklärung **312**, 10
- Nichtigkeit des Jahresabschlusses **312**, 15
- öffentliche Unternehmen **15**, 26
- Prüfung durch den Abschlußprüfer **313**
  s. Prüfung des Abhängigkeitsberichts durch den Abschlußprüfer
- Prüfung durch den Aufsichtsrat **314**
  s. Prüfung des Abhängigkeitsberichts durch den Aufsichtsrat
- Publizität **312**, 4 f., 34, 37
- Rahmenvertrag **312**, 19
- Rechtsgeschäfte **312**, 18 ff.
- rechtsgeschäftsähnliche Handlungen **312**, 18
- rechtspolitische Beurteilung **312**, 3
- Schadensersatz **312**, 15
- Schlußerklärung **312**, 34 ff.
- Sonderprüfung **315**
  s. Sonderprüfung
- Tochtergesellschaft **312**, 20
- unterlassene Maßnahmen **312**, 17, 19, 26
- unterlassene Rechtsgeschäfte **312**, 17, 20, 24, 28
- unvollkommen zweiseitig verpflichtende Verträge **312**, 28
- Veranlassung von Rechtsgeschäften **312**, 23
- verbundene Unternehmen **312**, 22
- Verbundübersicht **312**, 33
- Verfügungsgeschäfte **312**, 19
- Verhältnis zwischen „Rechtsgeschäft" und „Maßnahme" **312**, 17

549

Stichwortverzeichnis

fette Zahlen = Paragraphen

– Verträge **312**, 19
– Verweisungen **312**, 32
– Vollständigkeitsgebot **312**, 32
– Voraussetzungen der Berichtspflicht **312**, 6 f.
– Vorteil **312**, 29 f.
– Vorlageberechtigte **312**, 4
– Vorstandswechsel **312**, 11
– zusammenfassende Berichterstattung **312**, 33
– Zwangsgeld **312**, 14
– Zweck **312**, 2 f., 34
Absatzpreisverfahren **311**, 35
Abschluß von Unternehmensverträgen **293–294**
– Anfechtung **297**, 30; **304**, 77 f.
– Anwendungsbereich **293**, 4 ff.
– Aufsichtsrat **293**, 34
– Auskunftsrecht **293 g**, 9 f.
– Auslegung **293 f**; **293 g**, 3 f.
– Bedingung **293**, 18; **294**, 24; **297**, 29
– Befristung **297**, 33
– Bericht des Vorstandes **293 a**
– Bezeichnung **293**, 17
– Eintragung **294**
– Erläuterung **293 g**, 6 f.
– Form **293**, 21 f.
– Inhaltskontrolle **293**, 35, 38
– Mängel **293**, 19 f., 38
– Mehrheit **293**, 20
– mehrstufige Unternehmensverbindungen **293**, 10 ff.
– Nichtigkeit **291**, 25 ff.; **297**, 45
– Prüfung **293 b**
– Rücktritt **297**, 31 f.
– Vorlagepflicht **293**, 29, 31
– Wirksamwerden **294**, 22
– Zustimmung der Hauptversammlung **293**, 23, 36 f.; **297**, 45
Abwehransprüche **vor 311**, 43
Aktienrechtsreformen Einl, 17 ff.
Altverträge **vor § 291**, 4
Andere Unternehmensverträge **292**
Änderung von Unternehmensverträgen **295**
– Änderungskündigung **295**, 6
– Ausschluß von Weisungen **299**
– Begriff **295**, 4; **296**, 5
– Beitritt eines Dritten **295**, 11
– Dauer **295**, 6
– Parteiwechsel **295**, 11, 26
– Sonderbeschluß **295**, 22 ff.
– Typusänderung **295**, 10
– Vertragsbericht **295**, 21
– Vertragsüberprüfung **295**, 21
– Wirksamkeit **295**, 32, 34 f.
– Zustimmungsbeschluß **295**, 15 f.
Anfechtung von Unternehmensverträgen **297**, 23
Anmeldung von Unternehmensverträgen **293**, 31; **294**, 6 f., 25 f.
Anmeldung des Endes der Eingliederung **327**, 10
Anschlußantragsteller **306**, 9 f.
Anteilsmehrheit **16**, 8 f.
Aufhebung eines Unternehmensvertrags **296**
Auflösung einer Partei **297**, 46 f.
Aufsichtsrat **293**, 34; **299**, 8; **308**, 31, 57 f.; **309**, 14, 17 f.; **311**, 52; **314**
Ausfallhaftung **303**, 23 f.; **vor 311**, 39
Ausgleichsanspruch **304**; **vor 311**, 44
– Anfechtung **304**, 77 f.
– Anpassung **304**, 63 f.
– Anwendungsbereich **304**, 8 f.
– Außenstehende Aktionäre **304**, 13 ff.
– Beendigung **304**, 70 f.
– Fälligkeit **304**, 39, 51
– fester Ausgleich **304**, 22 f.
– Gewinnanteil **304**, 45 ff.
– Gläubiger, andere **304**, 12
– Kapitalerhöhung **304**, 66 f.
– Kapitalherabsetzung **304**, 69
– Kündigungsrecht **304**, 90 f.
– Mängel **304**, 72 f.
– mehrstufige Unternehmensverbindungen **304**, 52 ff., 74
– Spruchstellenverfahren **304**, 79 ff.; **306**; **vor 311**, 44
– Stichtagsprinzip **304**, 37 f.
– Unternehmensbewertung **304**, 34 ff.
– Umrechnungsverfahren **304**, 47 f.
– variabler Ausgleich **304**, 42 f.
– Verpflichteter **304**, 20 ff.
– Verschmelzungswertrelation **304**, 47 f.
– Wertsicherung **304**, 30, 63 ff.
Auskunftsrecht der Aktionäre **293 g**, 9 f.; **312**, 5; **326**
Auslegung der Unternehmensverträge **293 f**; **293 g**, 3 f.
Ausschluß von Weisungen **299**; **308**
Autokran-Urteil **vor 311**, 21
Außenstehende Aktionäre **295**, 27 ff.; **304**, 13 ff., 57, 60; **305**, 59 f.
Außerordentliche Kündigung eines Unternehmensvertrages **297**, 9, 15 ff.; **304**, 90 f.; **305**, 65

B

Banken **17**, 22
Beendigung von Unternehmensverträgen **296**; **297**; **307**
– Anfechtung **297**, 30
– Aufhebung **296**
– Auflösung einer Partei **297**, 46
– Ausschluß von Weisungen **299**; **308**
– Beteiligung eines außenstehenden Aktionärs **307**
– Eingliederung einer Partei **297**, 34 f.
– Eintragung **298**
– Kündigung **297**
– Rechtsfolgen **297**, 41 ff.
– Rücktritt **297**, 31
– Sicherheitsleistung **303**
– Spaltung **297**, 43
– Umwandlung **297**, 42
– Verlust der Unternehmenseigenschaft **297**, 50
– Vermögensübertragung **297**, 44
– Verschmelzung **297**, 36 ff.
– Zeitablauf **297**, 33
Beherrschungsvertrag **291**; **293–310**
– Abfindung **305**
– Abhängigkeitsbericht **312**, 6
– Änderung **295**
– atypische **291**, 20 ff.
– Aufhebung **296**
– Ausgleich **304**
– Auslegung **293**; **293 g**
– Ausschluß des Weisungsrechts **291**, 18 f.
– Beendigung **312**, 9
– Begriff **291**, 6 ff.
– Bericht des Vorstandes **293 a**

550

magere Zahlen = Randnummern

Stichwortverzeichnis

- Fehlerhafte **291**, 25 f.
- Haftung **302**, 8 ff.; **303**, 22 ff.
- Inhalt **291**, 14 ff.
- Internationale **291**, 30 ff.
- Kündigung **297**
- Leistungspflicht **291**, 24
- mehrstufige **291**, 34 f.; **311**, 8
- Organschaftsvertrag **291**, 22 ff.
- Parteien **291**, 7 ff.
- Prüfer **293 c**; **293 d**
- Prüfung **293 b**
- Prüfungsbericht **293 e**
- Rechtsnatur **291**, 22 ff.
- Rücklagen **300**
- Rückwirkender Abschluß **291**, 13; **294**, 27 f.
- Sicherheitsleistung **303**
- Teilbeherrschungsvertrag **291**, 16
- Umgehungsproblematik **292**, 46 ff.
- Unterstellung unter fremde Leitung **291**, 10 ff.
- Verlustübernahme **302**
- Weisungen **308**; **311**, 6, 8
- Wirksamkeit **294**, 22 f.

Bericht des Vorstandes über den Unternehmensvertrag **293 a**

Beseitigungsansprüche **vor 311**, 43

Bestellung der Vertragsprüfer **293 c**

Betriebsführungsverträge **292**
- Abgrenzung **291**, 56; **292**, 42 ff.
- Begriff **292**, 42 ff.
- Umgehungsproblematik **292**, 47 f.
- Unternehmensvertrag **292**, 45
- Verlustübernahme **302**, 24
- Zulässigkeit **292**, 44

Betriebspachtvertrag **292**, 29 ff.
- Begriff **292**, 30 f.
- Gegenleistung **292**, 8, 38
- Umgehungsproblematik **292**, 46 ff.
- Verbindung mit anderen Unternehmensverträgen **292**, 35
- Verlustübernahme **302**, 21 f., 45 f.

Betriebsüberlassungsvertrag **292**, 33 ff.; **302**, 45 f.
- Börsenkurs **305**, 34 f.
- Buchwert **305**, 33

Bilanzrecht Einl, 25

Buchführung **vor 311**, 35

Buchwert **311**, 35

Bundesanstalt für vereinigungsbedingte Sonderaufgaben **312**, 6

C

Cash-management **vor 311**, 34

E

Eigenkapitalersatz **324**, 4

Eingliederung Einl, 7; **319 ff.**
- Abhängigkeitsbericht **312**, 6 (s.a. daselbst)
- allgemeine Voraussetzungen **319**, 5 ff.
- als Beendigungsgrund **297**, 34 f.; **298**, 3
- Anmeldung zur Eintragung **319**, 19
- Anspruch auf Sicherheitsleistung **321**, 3 ff.
- Auflösung der Hauptgesellschaft **327**, 7
- Auskunftsrecht des Aktionärs **319**, 16
- Auslage von Unterlagen **319**, 13 ff.
- Beendigung **312**, 9; **327**
- durch Mehrheitsbeschluß **320 ff.** (s.a. daselbst)
- Einflußnahme **311**, 6

- Eingliederungsbericht **319**, 14 f.
- Eingliederungsbeschluß **319**, 8 f.
- Eintragung **319**, 33
- Gläubigerschutz **321**
- Haftung der Hauptgesellschaft **322** (s.a. daselbst)
- in eine KGaA **319**, 5
- Information der Aktionäre **319**, 12 ff.
- Leitungsmacht der Hauptgesellschaft **323**
  s.a. Weisungen
- mehrstufige Eingliederung **319**, 12; **320 b**, 10; **322**, 2; **323**, 4
- nachteilige Einflußnahmen **311**, 10
- Negativerklärung **319**, 20 ff.
- Registersperre **319**, 23 ff.
- Registerverfahren **319**, 20 ff.
- Rücklagen **324**, 3 f.
- Status der eingegliederten Gesellschaft **319**, 3
- Umwandlung der eingegliederten Gesellschaft **327**, 8
- Umwandlung der Hauptgesellschaft **327**, 7
- Unbedenklichkeitsverfahren **319**, 26 ff.
- Unternehmensverträge **324**, 5 ff.
- Verlustübernahme **324**, 9
- Weisungsrecht der Hauptgesellschaft **323**, 2 ff.
  s.a. Weisungen
- Zustimmungsbeschluß **319**, 10 ff.

Eingliederung durch Mehrheitsbeschluß **320 ff.**
- Abfindung der ausgeschiedenen Aktionäre **320 b**
  s.a. Abfindung
- Aktienurkunden **320 a**, 4 ff.
- Anfechtung des Eingliederungsbeschlusses **320**, 8; **320 b**, 20
- Auslage von Unterlagen **320**, 10
- Beteiligungserfordernisse **320**, 6 f.
- Eingliederungsbericht **320**, 11
- Eingliederungsbeschluß **320**, 4; **320 b**, 17 ff.
- Eingliederungsprüfer **320**, 14
- Eingliederungsprüfung **320**, 13 ff.
- Gesetzesgeschichte **320**, 2
- Information der Aktionäre **320**, 8 ff.
- Prüfungsbericht **320**, 16
- Rechtsnatur **320**, 3
- Übergang der Mitgliedschaften **320 a**, 2 f.
- Verhältnis zur allgemeinen Eingliederung **320**, 4 f.
- Wirkungen **320 a**
- Zustimmungsbeschluß **320 b**, 16

Einpersonen-AG **vor 311**, 24, 32; **312**, 6

Eintragung von Unternehmenverträgen **294**
- Anlagen **294**, 13 f.; **298**, 8
- Anmeldung **294**, 6 f.; **298**, 5
- Beendigung **298**
- Inhalt **294**, 21 ff.
- Prüfung **294**, 17 f.
- Registersperre **294**, 19
- Rückwirkung **294**, 27
- Wirkung **294**, 22 f.

Einzelpersonen als Unternehmen **15**, 11 ff.; **18**, 22; **20**, 6

Entherrschungsvertrag **17**, 31 ff.

Erläuterung des Unternehmensvertrages **293 g**, 6 f.

Ertragswert **305**, 39 f.

F

Fehlerhafte Gesellschaft **316**, 2

fehlerhafte Unternehmensverträge **291**, 25 ff.; **292**, 50; **243**, 19 f., 24, 38

551

Stichwortverzeichnis

fette Zahlen = Paragraphen

fester Ausgleich **304**, 22 f.
Form der Unternehmensverträge **293**, 21 f.
Fusionskontrolle **294**, 20

G

Gemeinsamer Vertreter **306**, 15 ff.
Gemeinschaftsrecht Einl, 22 f.
Gemeinschaftsunternehmen **17**, 23 ff.; **18**, 18; **291**, 45; **293**, 7; **293 b**, 7; **294**, 22; **295**, 11; **302**, 18; **303**, 14; **305**, 15; **308**, 7; **311**, 5
Genossenschaften **16**, 17; **302**, 26
Genußrechte **292**, 23; **304**, 12
Geschäftsführungsvertrag **291**, 54 f.; **300**, 16; **301**, 6; **302**, 20
Gewinnabführung **323**, 3
Gewinnabführungsvertrag **291**, 36 ff.
– Abfindung **305**
– Abhängigkeitsbericht **312**, 6; **316**
– Abschluß während eines Geschäftsjahres **316**, 3
– Anwendungsbereich **291**, 41
– Ausgleich **304**
– Begriff **291**, 36 ff.
– Beendigung **312**, 9
– bei Eingliederung **324**, 5 ff.
– bei einfacher Abhängigkeit **311**, 6, 10; **323**, 11
– Erscheinungsformen **291**, 45
– Gewinn **291**, 52; **301**, 7
– Höchstbetrag **301**, 7 ff.
– Inhalt **291**, 43
– isolierter **291**, 48; **316**, 1 f.
– Kette **316**, 4
– Rechtsnatur **291**, 42
– Rücklagen **300**, 9 ff.
– Rückwirkung **312**, 8
– Verlustübernahme **302**
– Vermögensbindung **291**, 62
– zugunsten Dritter **291**, 46 f.
Gewinngemeinschaft **292**, 6 ff.; **294**, 3, 23; **316**, 2; **324**, 8
Gewinnbeteiligung **292**, 25 ff.
Gläubigerschutz **302**; **303**; **321**
Gleichordnungskonzern **18**, 20 ff.; **291**, 60 ff.; **292**, 11
GmbH **293**, 9, 36; **293 a**, 8; **293 b**, 5; **293 c**, 4; **293 d**, 3; **294**, 5; **295**, 3; **296**, 7; **297**, 3; **298**, 5; **301**, 6; **302**, 26; **304**, 11; **305**, 8; **308**, 8; **309**, 6; **vor 311**, 21 f.

H

Haftung aus Konzernvertrauen **311**, 54
Haftung der gesetzlichen Vertreter des herrschenden Unternehmens **309**; **311**, 2; **317**, 15 ff.
– Aktionäre **309**, 39 f
– Anwendungsbereich **309**, 6
– Aufsichtsrat **309**, 14
– Beweislast **309**, 31, 34; **310**, 11 f.
– Einzelkaufmann **309**, 16
– gesetzliche Vertreter **309**, 12 f.; **317**, 15 f.
– Geltendmachung **309**, 38; **317**, 19 f.
– Gemeinschaftsunternehmen **309**, 10
– Gläubiger **309**, 42
– Haftungsgrund **317**, 17
– herrschendes Unternehmen **309**, 17 f.
– mehrstufige Unternehmensverbindungen **309**, 7
– öffentliche Unternehmen **309**, 15
– ordnungsmäßige Konzerngeschäftsführung **309**, 26
– praktische Bedeutung **317**, 2
– Rechtsfolgen **317**, 18
– Schaden **309**, 32 f.
– Schuldner **309**, 11 f.; **317**, 15 f.
– Sorgfaltspflichtverletzung **309**, 24 f., 28 f.
– Unterlassung von Weisungen **309**, 30
– Unzulässige Weisungen **309**, 29
– Vergleich **309**, 35; **317**, 21
– Verjährung **317**, 22
– Verzicht **309**, 35; **317**, 21
– Vorstands-Doppelmandate **309**, 19 f.
– Zweck **317**, 2
Haftung der Hauptgesellschaft **322**
– abweichende Vereinbarungen **322**, 8
– akzessorischer Charakter **322**, 3 f.
– Anfechtbarkeit des zugrundeliegenden Rechtsgeschäfts **322**, 13
– Aufrechnungsmöglichkeit **322**, 14
– Ausweis im Jahresabschluß **322**, 9
– Dauerschuldverhältnisse **327**, 12
– Drittwiderspruchsklage **322**, 17
– Einwendungen **322**, 10 ff.; **327**, 11
– Erlaß **322**, 12
– gesamtschuldnerische Haftung **322**, 3 ff.
– Gestaltungsrechte **322**, 13 ff.
– Inhalt **322**, 6
– Nachhaftung **327**, 11 f.
– Regreß **322**, 7
– Reichweite **322**, 5
– Verjährung **322**, 12
– Zwangsvollstreckung **322**, 16 f.
Haftung des herrschenden Unternehmens **302**, 8 ff.; **303**, 22 ff.; **311**, 2; **317**, 3 ff.
– Aktivierung des Schadensersatzanspruchs **317**, 11
– Beseitigungsanspruch **317**, 12
– Beweislast **317**, 5, 14
– Eigenschaden des Aktionärs **317**, 9
– Exkulpation **317**, 5
– Geldersatz **317**, 10
– Geltendmachung **317**, 13, 19 f.
– Gläubiger **317**, 8 f.
– Mindestschaden **317**, 11
– Naturalrestitution **317**, 10
– Organhaftung **317**, 7
– praktische Bedeutung **317**, 2
– Rechtsfolgen **317**, 10 ff.
– Rechtsnatur **317**, 7
– Reflexschaden **317**, 9
– Schaden **317**, 11
– Schadensersatzanspruch **317**, 10 f.
– Unterlassungsanspruch **317**, 12
– Vergleich **317**, 21
– Verjährung **317**, 22
– Verschulden **317**, 3, 5
– Verzicht **317**, 21
– Voraussetzungen **317**, 3 ff.
– Zweck **317**, 2
Haftung der Verwaltungsmitglieder der abhängigen Gesellschaft **310**; **318**
– Anspruch des Aktionärs **317**, 9; **318**, 3, 10
– Art der Haftung **318**, 5
– gesamtschuldnerische Haftung **318**, 5, 10
– Gläubiger **318**, 3
– Haftung der Aufsichtsratsmitglieder **318**, 11 f.
– Haftung der Vorstandsmitglieder **318**, 3 ff.
– Hauptversammlungsbeschluß **318**, 6
– Kritik der Haftungsregelung **318**, 2

magere Zahlen = Randnummern

Stichwortverzeichnis

- Schuldner **318**, 3
- Vergleich **318**, 7
- Verhältnis zu allgemeinen Haftungsregeln **318**, 8 f., 12
- Verjährung **318**, 7
- Verzicht **318**, 7
- Voraussetzungen **318**, 4
- Zweck **318**, 1

Höchstbetrag der Gewinnabführung **301**
Holdinggesellschaften **15**, 15 ff.
Holzmüller-Urteil **vor 311**, 13 ff., 43

I

Insolvenz der abhängigen Gesellschaft **vor 311**, 29, 38, 40; **317**, 19
Insolvenz des herrschenden Unternehmens **317**, 21
Internationaler Beherrschungsvertrag **291**, 30 ff.
Internationales Gesellschaftsrecht **311**, 11
Investitionsentscheidungen **311**, 36

K

Kapitalbindung **323**, 3
Kapitalisierungszinssatz **305**, 48 f.
Konzern
- faktischer Konzern **vor 311**, 2, 6 ff.; **311**, 4; **312**, 5
- Gleichordnungskonzern **18**, 20 ff.
- einheitliche Leitung **18**, 9 ff.; **312**, 5
- Einteilung **18**, 3
- Mehrseitigkeit **18**, 7
- organische Konzernverfassung **vor 311**, 3
- qualifizierter faktischer Konzern **vor 311**, 7, 20 ff. s.a. qualifizierte faktische Unternehmensverbindung
- Unterordnungskonzern **18**, 8 ff.
- Vermutung **18**, 27 ff.
- Zusammenfassung **18**, 15

Konzernbildungskontrolle **Einl**, 10, 12; **vor 311**, 9 ff.
- Ausgliederung **vor 311**, 14, 19
- Bagatellfälle **vor 311**, 15
- Bargründung **vor 311**, 16
- Berichtspflicht **vor 311**, 19
- Beteiligungserwerb **vor 311**, 16
- Beteiligungsveräußerung **vor 311**, 16
- Einbringungsbilanz **vor 311**, 19
- Hauptversammlungsbeschlüsse **vor 311**, 10
- Hauptversammlungszuständigkeit **vor 311**, 13 ff.
- Konzernbildungsklausel **vor 311**, 14
- Mitbestimmung **vor 311**, 19
- satzungsmäßige Vorkehrungen **vor 311**, 10
- Spaltungshaftung **vor 311**, 19
- Umwandlungsgesetz **vor 311**, 19
- Verhaltenspflichten **vor 311**, 19
- Vermögensveräußerung **vor 311**, 16
- Wettbewerbsverbot **vor 311**, 11

Konzernführung **vor 311**, 8
Konzerngeschäftsführung **309**, 26
Konzernhaftung **302**, 5, 8 ff.; **303**, 23 ff.
Konzernierungsformen **vor 311**, 6
Konzern im Konzern **18**, 17
Konzernintegration **311**, 37
Konzernleitung **vor 311**, 17
- Konzernleitungsmacht **vor 311**, 7
- Konzernleitungspflicht **vor 311**, 7
Konzernrecht **Einl**, 1 ff.
- Begriff **Einl**, 1
- Einfluß der Aktienrechtsreformen **Einl**, 17 ff.

- Regelungen des AktG **Einl**, 2 ff.
- historische Entwicklung **Einl**, 13 ff.
Konzernvertrauenshaftung **302**, 15
Konzernumlagen **vor 311**, 34; **311**, 31
Konzernvermutung **18**, 27 ff.
Konzernverrechnungspreise **vor 311**, 34; **311**, 31
Kostenaufschlagsverfahren **311**, 35
Kündigung von Unternehmensverträgen **295**
- Anwendungsbereich **295**, 3
- Außerordentliche Kündigung **295**, 9, 15 ff.
- Eintragung **298**
- Form **295**, 10, 25
- Frist **295**, 11, 26
- Ordentliche **295**, 4 ff.
- Rechtsfolgen **295**, 51 ff.
- Sonderbeschluß **295**, 8, 17
- Sonderkündigungsrecht (nach §§ 304, 305) **304**, 90 f.
- Teilkündigung **295**, 13
- Veräußerung der Beteiligung **295**, 24 f.
- Wichtiger Grund **295**, 19 ff.
- Zuständigkeit **295**, 7, 25

L

Leitung, einheitliche **18**, 9 ff.
Liquidationswert **305**, 55
Liquiditätszulage **303**, 12

M

Managementverträge **292**, 42
Marktpreis **311**, 34
Mediatisierung **vor 311**, 13
mehrgliedrige AG **316**, 2
Mehrheitsbeteiligung **16**
- Abhängigkeit **17**, 14
- Anteilsmehrheit **16**, 18 ff.
- Personengesellschaften **16**, 5
- Stimmenmehrheit **16**, 17 ff.
- Zurechnung **16**, 13 ff.
Mehrheitseingliederung
  s. Eingliederung durch Mehrheitsbeschluß
Mehrmütterorganschaft s. Gemeinschaftsunternehmen
Mehrstufige Unternehmensverbindung **291**, 34 ff., 44; **293**, 10 ff.; **303**, 4; **304**, 52 f., 74; **305**, 59 f.; **308**, 6, 12; **309**, 7; **311**, 7 ff., 15; **312**, 7; **316**, 4; **317**, 4, 11, 17; **319**, 12; **320 b**, 10; **322**, 2; **323**, 4; **326**, 3
Mitgliedschaftsschutz **vor 311**, 43
Mitteilungspflichten **20–22**
- Ausübungsverbot/Ausübungssperre **20**, 21 ff.; **21**, 7
- Bekanntmachung **20**, 18
- Bezugsrecht **20**, 30
- börsennotierte Gesellschaften **20**, 8
- der Hauptgesellschaft **327**, 9
- Dividendenanspruch **20**, 27 f.; **21**, 7
- Fälle **20**, 8; **21**, 4 ff.
- Inhalt **20**, 16
- nach dem WpHG **20**, 4
- Sanktionen **20**, 20 ff.
- Stimmrecht **20**, 25; **21**, 7
- Verpflichtete **20**, 5 f.

N

Nachteil **311**, 25 ff.
- Abgrenzung zum Schaden **311**, 30
- Abgrenzung zum Verlust **311**, 30

553

Stichwortverzeichnis

fette Zahlen = Paragraphen

- Begriff **311**, 25 ff.
- Beispiele **311**, 31
- Ermittlung **311**, 32 ff.
- ex-ante-Prognose **311**, 29
- Kompensationsgeschäft **311**, 27
- maßgebender Zeitpunkt **311**, 29
- nicht quantifizierbare **311**, 28, 42
- Quantifizierbarkeit **311**, 25
- Sorgfaltspflichtverletzung **311**, 26
- Vergleichsmaßstab **311**, 27
- Vorleistung der abhängigen Gesellschaft **311**, 43
- zu Lasten eines Dritten **311**, 39

Nachteilige Einflußnahmen **311**
- bei mehrstufigen Unternehmensverbindungen **311**, 7 ff.
- Beschlußanfechtung **311**, 3, 53
- gesamtschuldnerische Haftung **317**, 15, 18
- Grenzen **311**, 3
- Haftung s. Haftung des herrschenden Unternehmens sowie Haftung des gesetzlichen Vertreter des herrschenden Unternehmens
- Hauptversammlungsbeschluß **311**, 53
- Kapitalerhaltung **311**, 55
- mit Auslandsberührung **311**, 11
- Pflichten des Aufsichtsrats der abhängigen Gesellschaft **311**, 52; **314**, 7
- Pflichten des Vorstands der abhängigen Gesellschaft **311**, 50 f.
- Privilegierung **vor 311**, 2; **311**, 2 f, 49; **317**, 6
- Rechtfertigung **311**, 2
- Rechtswidrigkeit **311**, 2
- Schadensersatz **311**, 2
- Veranlassung zu Rechtsgeschäft oder Maßnahme **311**, 12 ff.; s.a. Veranlassung zu nachteiligem Rechtsgeschäft/nachteiliger Maßnahme
- Verbot **311**, 1
- Vermögensbindung **311**, 3
- Weisungsrecht **311**, 3

Nachteilsausgleich **vor 311**, 2, 7, 29, 30, 33; **311**, 38 ff.
- Begründung eines Rechtsanspruchs **311**, 47 f.
- Bestimmung der Ausgleichsart **311**, 46
- bilanzieller Ausgleich **311**, 41, 42
- Einzelausgleich **vor 311**, 33 ff.; **317**, 10
- Fehlen **311**, 38 ff.
- Formen **311**, 38, 41, 44 ff.
- Grenzen **311**, 39
- Kontokorrent **311**, 45
- nicht quantifizierbarer Nachteil **311**, 42
- nicht quantifizierbarer Vorteil **311**, 42
- Quantifizierbarkeit des Nachteils **311**, 39
- Rechtsnatur der Ausgleichspflicht **311**, 40
- tatsächlicher Ausgleich **311**, 45 f.
- Undurchsetzbarkeit der Ausgleichsverpflichtung **311**, 49
- Unmöglichkeit **311**, 3, 28, 39, 42
- Verrechnung **311**, 44
- Vertrag **311**, 47 f.
- Vorteil **311**, 41 ff.
- Wert des Vorteils **311**, 43
- Zeit **311**, 38, 44
- Zusage **311**, 42

Natürliche Personen als Unternehmen **15**, 6, 13 ff.; **vor 311**, 24; **312**, 6
negative Beherrschung **17**, 19
neutrales Vermögen **305**, 53 f.

O

Öffentliche Unternehmen **15**, 22 ff.; **308**, 18, 39; **309**, 15; **312**, 6
- Abfindung **305**, 9, 15
- Abhängigkeitsbericht **15**, 26; **312**, 6
- Beherrschungsvertrag **15**, 25
- Nachteilsausgleich **15**, 20
- Unternehmenseigenschaft **15**, 22 ff.

Ordentliche Kündigung eines Unternehmensvertrages **297**, 4 ff.
Organisationpflicht **311**, 16; **312**, 32
Organisationsvertrag **291**, 22 ff.
Organschaftserklärung **303**, 13

P

Passiver Konzerneffekt **311**, 31
Patronatserklärungen **303**, 10 f.
Personengesellschaften **15**, 5; **302**, 26; **317**, 15 f.
Privataktionäre **15**, 6 ff.; **20**, 6
Prüfung der Unternehmensverträge **293 e**
Prüfung des Abhängigkeitsberichts durch den Abschlußprüfer **313**
- Auskunftsrecht **313**, 17 f.
- Berichtspflicht **313**, 19 f.
- Bestätigungsvermerk **313**, 21 ff.
- Beurteilungsspielraum **313**, 11 f.
- Bewertung der Rechtsgeschäfte **313**, 10
- Einleitung des Prüfungsverfahrens **313**, 6 ff.
- Einsichtsrecht **313**, 17 f.
- Ermessen des Vorstands **313**, 13
- Gegenstand **313**, 9 ff., 15
- Haftung des Prüfers **313**, 6
- informationspflichtige Unternehmen **313**, 18
- kleine Aktiengesellschaft **313**, 3 f., 7
- Liquidationsgesellschaft **313**, 5
- Maßnahmen **313**, 13 f.
- Nachteiligkeit des Rechtsgeschäfts **313**, 10 f.
- Nachteilsausgleich **313**, 12, 14
- negative Schlußerklärung des Vorstands **313**, 26
- Negativbericht des Vorstands **313**, 23
- Prüfungsbericht **313**, 20, 24
- Rechtsgeschäfte **313**, 10 ff.
- Stichproben **313**, 15
- tatsächliche Angaben **313**, 9
- Umfang **313**, 15 f.
- unterlassene Rechtsgeschäfte **313**, 10
- Unvollständigkeit des Abhängigkeitsberichts **313**, 20
- Verantwortlichkeit des Prüfers **313**, 6
- Verdachtsmomente **313**, 16
- Vertraulichkeit **313**, 4
- Vollständigkeit der Angaben **313**, 9, 15 f.
- Zuständigkeit des Abschlußprüfers **313**, 7
- Zweck der Prüfungspflicht **313**, 1
- Zwischenprüfung **313**, 17

Prüfung des Abhängigkeitsberichts durch den Aufsichtsrat
- Aushändigungsrecht **314**, 4
- Berichtspflicht **314**, 6 f.
- Einsichtsrecht **314**, 4
- Informationsrecht und -obliegenheit **314**, 4
- Insiderinformationen **314**, 7
- Pflichtverletzungen **314**, 11
- Prüfungspflicht **314**, 6 f.
- Sanktionen **314**, 11
- Schlußerklärung **314**, 10

Stichwortverzeichnis

magere Zahlen = Randnummern

- Teilnahme des Abschlußprüfers **314**, 5
- Umfang der Prüfungspflicht **314**, 6
- Verfahren **314**, 3 ff.
- Verschwiegenheitspflicht **314**, 4
- Vorlage durch den Vorstand **314**, 3
- Zweck der Prüfungspflicht **314**, 1

Prüfungsbericht **293 e**; **293 f**, 6; **313**, 20, 24

Q

Qualifzierte faktische Unternehmensverbindung
- Abfindungsanspruch **vor 311**, 44
- Abhängigkeitsbericht **vor 311**, 35
- Abschlußprüfung **313**, 14
- Abwehransprüche **vor 311**, 43
- Altgläubiger **vor 311**, 41
- Ansprüche der abhängigen Gesellschaft **vor 311**, 39
- Ansprüche der außenstehenden Aktionäre **vor 311**, 43 f.
- Ansprüche der Gesellschafter des herschenden Unternehmens **vor 311**, 43
- Ansprüche der Gläubiger **vor 311**, 40 ff.
- Anwendbarkeit der §§ 302 ff. **vor 311**, 20
- Ausfallhaftung **vor 311**, 40
- Ausgleichsanspruch **vor 311**, 44
- Beseitigungsansprüche **vor 311**, 43
- Beweiserleichterungen **vor 311**, 35, 37 f.
- Beweislast **vor 311**, 37 f.
- Buchführung **vor 311**, 35
- Darlegungslast **vor 311**, 37 f.
- Einreden **vor 311**, 42
- Einwand rechtmäßigen Alternativverhaltens **vor 311**, 31
- Einwendungen **vor 311**, 42
- Einzelmaßnahmen **vor 311**, 25 f., 31, 36
- Entwicklung im GmbH-Recht **vor 311**, 21 f.
- Gestaltungsrechte der abhängigen Gesellschaft **vor 311**, 42
- Haftung der natürlichen Person **vor 311**, 24
- Insolvenz der abhängigen AG **vor 311**, 29, 38, 40
- Mißbrauch der Leitungsmacht **vor 311**, 25, 27 ff.
- nachteilige Einflußnahme **vor 311**, 25, 27 ff.; **311**, 6
- Nebenforderung **vor 311**, 41
- Neugläubiger **vor 311**, 41
- organisatorische Maßnahmen **vor 311**, 38
- personelle Verflechtungen **vor 311**, 29, 38
- Rechtsfolgen **vor 311**, 39 ff.
- Rechtswidrigkeit **vor 311**, 43
- Schadensersatzansprüche **vor 311**, 39
- Sicherheitsleistung **vor 311**, 40
- Subsidiarität **vor 311**, 25, 33
- Substantiierungslast **vor 311**, 37 f.
- Tatbestand **vor 311**, 23 ff.
- Umstrukturierung der abhängigen Gesellschaft **vor 311**, 30
- Unmöglichkeit des Einzelausgleichs **vor 311**, 33 ff.
- Veräußerung der Beteiligung **vor 311**, 29
- Verlustausgleichspflicht **vor 311**, 39
- Vermögenslosigkeit der abhängigen AG **vor 311**, 29, 40
- Verwirkung **vor 311**, 41
- Waschkorblage **vor 311**, 34

R

Rücklagen
- Abführung **301**, 11
- Beherrschungsvertrag **300**, 19
- bei der eingegliederten Gesellschaft **324**, 3 ff.
- Entnahmen **302**, 32 f.
- Geschäftsführungsvertrag **300**, 16
- Gewinnabführungsvertrag **300**, 9 ff.
- im Konzern **301**, 4
- stille Rücklagen **301**, 19
- Teilgewinnabführungsvertrag **300**, 17

Rücktritt von Unternehmensverträgen **297**, 31 ff.

Rückwirkung von Unternehmensverträgen **291**, 13, 43; **294**, 27 f.

S

Sicherheitsleistung
- Anwendungsbereich **303**, 3
- Art der Sicherheitsleistung **303**, 18 f.; **321**, 7
- Ausschluß **321**, 8
- Ausschlußfrist **321**, 6
- Ausfallhaftung **303**, 23 f.
- Ausnahmen **303**, 25 f.
- Begründung der Forderung **303**, 8, 10 f.
- Bürgschaft **303**, 18 f.; **321**, 7
- Gemeinschaftsunternehmen **303**, 14
- Gläubiger **321**, 3 f.
- Nachhaftung **303**, 11
- Meldung **303**, 13 f.
- Schuldner **321**, 5
- Schutzgesetz **303**, 22
- Stichtagsprinzip **303**, 8
- Voraussetzungen **303**, 6 ff.; **321**, 3 ff.

Sitztheorie **311**, 11

Sonderbeschluß der außenstehenden Aktionäre **295**, 22 ff.; **296**, 6, 16 f.; **297**, 8 f., 17; **302**, 52 f.

Sonderkündigungsrecht des herrschenden Unternehmens **304**, 90 f.; **305**, 65

Sonderprüfer
- Auswechslung **315**, 14 f.
- Bestellung **315**, 10 f., 14 f.
- Bestellungsverbote **315**, 10
- Einsicht in Abhängigkeitsbericht **312**, 4
- Verantwortlichkeit **315**, 13

Sonderprüfung **315**
- Antragsbefristung **315**, 5, 9
- Antragsbegründung **315**, 5
- Antragsberechtigung **315**, 5 f.
- auf Antrag einer Minderheit **315**, 6 ff.
- Aufklärungen **315**, 13
- Bericht **315**, 2, 13
- Durchführung **315**, 13
- Gegenstand **315**, 12
- Hauptversammlungsbeschluß **315**, 3
- Hinterlegung von Aktien **315**, 5, 8
- Informationsfunktion **315**, 2
- Kosten **315**, 13
- Mißbrauch des Antragsrechts **315**, 9
- Nachweise **315**, 13
- Quorum **315**, 3, 6, 8
- Verhältnis zur allgemeinen Sonderprüfung **315**, 3
- Verwirkung des Antragsrechts **315**, 5
- Voraussetzungen **315**, 4 ff.
- Zweck **315**, 2

555

Stichwortverzeichnis

fette Zahlen = Paragraphen

Spruchstellenverfahren 304, 79 ff.; 305, 64; 306
- Anschlußantragsteller 306, 9 f.
- Antragsberechtigte 304, 80 f.; 306, 7 ff.
- Antragsteller 306, 7 ff.
- Außergerichtliche Kosten 306, 35 f.
- Beendigung 306, 37 f.
- Beschwerderecht 306, 21, 31
- Beteiligte 306, 14 f.
- Entscheidung 304, 87 f.; 306, 27 ff.
- Erledigung 306, 26, 30, 37
- Gemeinsamer Vertreter 306, 15 f.
- Geschäftswert 306, 32 f.
- Kosten 306, 32 f.
- Rechtsmittel 306, 30 f.
- Verfahren 306, 24 ff.
- Zuständigkeit 306, 6
Steuerrecht Einl, 24
Stichtagsprinzip 304, 37; 305, 41 f.
Stiftungen 15, 11, 18; 16, 7
Stille Gesellschaft 292, 22, 27; 297, 5
Stimmenmehrheit 16, 17 ff.

T
Take-over-Richtlinie vor 311, 12
TBB-Urteil vor 311, 22, 26, 37
Teilbeherrschungsvertrag 291, 16
Teilgewinnabführungsvertrag 292, 16 ff., 36, 45; 294, 12; 300, 17; 301, 5, 9; 316, 2; 324, 8
Tiefbau-Urteil vor 311, 21
Treuhand 16, 12, 14
Treuhandanstalt 311, 4; 312, 6
Treupflicht 311, 1, 19, 53 f.; 317, 7, 24

U
Überlebensfähigkeit der abhängigen Gesellschaft 296, 25; 300, 1 ff.; 308, 49
Umgehungsproblematik 292, 46 f.; 294, 10
Umwandlung 297, 36 ff.; 327, 7
Unterbilanz vor 311, 39
Unternehmensbegriff 15, 6 ff.
- Abhängige Gesellschaft 15, 20 f.
- Begriff 15, 8 ff.
- Holding 15, 15 ff.
- Maßgebliche Beteiligung 15, 14
- Natürliche Personen 15, 11 ff.
- Öffentliche Unternehmen 15, 22 ff.
- Rechtsform 15, 11 f.
Unternehmensbewertung 304, 34 ff., 49; 305, 38 ff.
- Abzinsung 305, 47
- Ertragsschätzung 305, 44 f.
- Ertragswert 305, 39 f.
- Kapitalisierungszinssatz 305, 48 f.
- Liquidationswert 305, 55 f.
- Neutrales Vermögen 305, 53 f.
- Stichtagsprinzip 304, 37; 305, 41 f.
- Verbundvorteile 305, 51 f.
- Wurzeltheorie 305, 42 f.
Unternehmensverträge Einl, 4; 291 ff.
s.a. Abschluß/Änderung/Anfechtung/Auslegung/ außerordentliche Kündigung/Beendigung/Eintragung/Kündigung/Rücktritt von Unternehmensverträgen
s. ferner bei den einzelnen Arten von Unternehmensverträgen
Unternehmensvertragsbericht 293 a

unternehmerisches Ermessen 311, 32, 36
Unterordnungskonzern 18, 8 ff.

V
Variabler Ausgleich 304, 42 ff.
VEBA/Gelsenberg-Urteil 312, 23
Veranlassung zu nachteiligem Rechtsgeschäft/nachteiliger Maßnahme 311, 12 ff.
- Adressat 311, 16
- allgemeine Anweisungen 311, 12
- Auflösungsbeschluß 311, 19
- Begriff 311, 12 f.
- Beschluß über die Änderung des Unternehmensgegenstands 311, 19
- bei mehrfacher Abhängigkeit 311, 15
- bei mehrstufiger Abhängigkeit 311, 15
- besondere Formen 311, 17 ff.
- Beurteilungsperspektive 311, 13
- Bevollmächtigung des herschenden Unternehmens 311, 20
- Beweis des ersten Anscheins 311, 22
- Beweislast 311, 21 ff.
- Darlegungslast 311, 21 ff.
- Formen 311, 12
- Gewinnverwendungsbeschluß 311, 19
- Hauptversammlungsbeschluß 311, 18 f.
- Kausalitätserfordernis 311, 12, 24
- Maßnahme 311, 24
- personelle Verflechtungen 311, 17
- Richtlinien 311, 12
- Unterlassen eines Rechtsgeschäfts 311, 24
- Urheber 311, 14 f.
- Verflechtungen über den Aufsichtsrat 311, 23
- Verhältnis zum Weisungsbegriff 311, 12
- Vermutung 311, 23
- Verschmelzungsbeschluß 311, 18
- Vollmacht 311, 14
- Vorstandsdoppelmandate 311, 23
- Vorteil des verbundenen Unternehmens 311, 22
- Willenserklärung 311, 13
- Willensmängel 311, 13
- Wirkung 311, 24
Verbundene Unternehmen 15
Verbundvorteile 305, 51 f.
verdeckte Gewinnausschüttung 311, 33
Verein 15, 18; 16, 7
Verlustdeckungszusage 291, 50 f.
Verlustübernahme 302
- Abhängigkeitsbericht 316, 2
- Abschlagszahlungen 302, 41
- Abwicklungsverluste 302, 39
- Anspruch 302, 40 ff.
- Anwendungsbereich 302, 18 ff.
- bei der Eingliederung 324, 9
- bei qualifizierter faktischer Unternehmensverbindung vor 311, 39
- Betriebspachtvertrag 302, 21, 45 f.
- Dauer 302, 37
- Entnahmen 302, 32 f.
- Fälligkeit 302, 40
- Grundgedanke 302, 16
- Innenhaftung 302, 4
- Jahresfehlbetrag 302, 28 f.
- Sicherheitsleistung 303

magere Zahlen = Randnummern

Stichwortverzeichnis

- Sonderbeschluß der außenstehenden Aktionäre **302**, 52 f.
- Stichtagsbilanz **302**, 38 f.
- Vergleich **302**, 49 f.
- Verzicht **302**, 49 f.
- Vermutung der Abhängigkeit **17**, 26 ff.; **19**, 9, 12
- des Konzerns **18**, 27
- Vertragskonzern **291**; **293**; **300–310**
- Verschmelzung als Beendigungsgrund **297**, 36 ff.
- Verschmelzungswertrelation **304**, 47; **305**, 57
- Vertragsänderung **295**
- Vertragsbericht **293 a**; **293 f**, 6
- Vertragsprüfer **293 d–293 e**
- Aufgaben **293 b**; **293 e**
- Auskunftsrecht **293 d**, 8
- Ausschluß **293 d**, 4
- Auswahl **293 d**, 2 f.
- Bestellung **293 c**
- Haftung **293 d**, 11
- Prüfungsbericht **293 e**
- Prüfungsrecht **293 d**, 7
- Verantwortlichkeit **293 d**, 9 f.
- nur Wirtschaftsprüfer **293 d**, 3
- Vertragsprüfung **293 b**
- Video-Urteil **vor 311**, 21, 37

W

Wechselseitige Beteiligungen Einl, 8; **19**; **328**
- ausländische Unternehmen **19**, 16; **328**, 7
- Ausübungssperre **328**, 17 ff.
- Begriff **19**, 5
- Beschränkungen der Rechte **328**, 9 f.
- einfache wechselseitige Beteiligungen **19**, 12 f.
- Erscheinungsformen **19**, 2
- Gefahren **19**, 4
- Qualifizierte wechselseitige Beteiligungen **19**, 8 ff.
Wettbewerbsverbot **vor 311**, 11; **311**, 54
Weisungen **299**; **308**; **323**
- Adressat **308**, 13; **323**, 5
- Anwendungsbereich **308**, 4
- Aufsichtsrat **308**, 31, 57 f.
- Ausschluß **299**; **308**
- Bevollmächtigung **308**, 23 f.; **309**, 13; **323**, 5
- Delegation **308**, 10 f.; **309**, 13; **323**, 4
- Durchsetzung **308**, 54
- Folgepflicht **323**, 6
- Gewinnabführungsvertrag **308**, 32, 48
- Gemeinschaftsunternehmen **308**, 7
- Haftung der gesetzlichen Vertreter der Hauptgesellschaft **323**, 6, 8
- Haftung der gesetzlichen Vertreter des herrschenden Unternehmens **309**
- Haftung des herrschenden Unternehmens **309**
- Haftung der Verwaltungsmitglieder der abhängigen Gesellschaft **310**
- Haftung der Verwaltungsmitglieder der eingegliederten Gesellschaft **323**, 10
- Hauptversammlung **308**, 31
- Lebensfähigkeit der abhängigen Gesellschaft **308**, 49
- mehrstufige Unternehmensverbindungen **308**, 6, 12
- nachteilige Weisungen **308**, 34 f.; **323**, 6, 8
- Nichterteilung von Weisungen **323**, 7
- Prüfungsrecht des Vorstandes **308**, 41, 53; **310**, 8, 16
- Schadensersatz **308**, 55; **323**, 6
- Schranken **308**, 44 f.; **323**, 2, 5, 8
- Übertragung **308**, 12; **309**, 13; **323**, 4
- Umfang **308**, 26 f.; **323**, 2 f.
- Weisung **308**, 17 f.
- Weisungsberechtigung **308**, 9; **323**, 4
- Weisungspflicht **308**, 25; **323**, 4, 7
- Vertretungsmacht **308**, 23
- Vorstands-Doppelmandate **308**, 21, 53; **309**, 20; **vor 311**, 29; **311**, 17, 23
Wichtiger Grund **297**, 19 ff.
Wirksamkeit von Unternehmensverträgen **294**, 22 f.
Wurzeltheorie **305**, 42 f.

Buchanzeigen

Dehmer Umwandlungsgesetz, Umwandlungssteuergesetz

Erläutert von Dr. Hans Dehmer, Rechtsanwalt, Fachanwalt für Steuerrecht, Wirtschaftsprüfer, unter Mitwirkung im UmwG von Rolf-Christian Stratz, Rechtsanwalt, und Robert Hörtnagl, Rechtsanwalt

2., völlig neubearb. Auflage. 1996. XXIII, 1825 u. 4 Seiten. In Leinen DM 268,–
ISBN 3-406-39084-6

Das Umwandlungsrecht
ist eine Herausforderung für die Beratungspraxis, weil es Steuer-, Zivil- und Gesellschaftsrecht eng miteinander verknüpft. Hier gilt es, den Überblick zu behalten.

Der Kommentar
bietet eine ebenso komprimierte wie eingehende Darstellung des gesamten Umwandlungsrechts. Sowohl das Umwandlungsgesetz '95 als auch das Umwandlungssteuergesetz '95 sind vollständig erläutert. Das Werk enthält zahlreiche Fallbeispiele, mehrere schlagwortartige Übersichten in alphabetischer Reihenfolge, Bilanzbeispiele und Bilanzierungshinweise sowohl für die Handels- als auch die Steuerbilanz. Im handelsrechtlichen Teil ist die kaum überschaubare Stoffmenge auf ein vertretbares Maß zurückgeführt, gleichwohl sind alle wesentlichen Fragen angesprochen. Der steuerliche Teil stellt das geltende Steuerrecht prägnant dar, geht auf offene Fragen kritisch ein unter Berücksichtigung der Rechtsprechung und der Finanzverwaltung und stellt die erforderlichen Verbindungen zum Handelsrecht her. Ein Anhang mit einschlägigen Gesetzestexten, Fusionsrichtlinien und Verwaltungsanweisungen rundet die Darstellung ab.

Die 2. Auflage
kommentiert vollständig das Umwandlungsgesetz '95 und das Umwandlungssteuergesetz '95. Ausführlich dargestellt sind alle handelsrechtlichen Umwandlungsformen – Verschmelzung, Spaltung, Vermögensübertragung und Formwechsel –, darüber hinaus die wichtigsten Umstrukturierungen durch Einzelrechtsnachfolge (z.B. Betriebsaufspaltung, Anwachsung etc.). Das Umwandlungssteuergesetz '95 ist ausführlich und mit zahlreichen Praxisbeispielen erläutert, neben den Umwandlungen sind auch die steuerprivilegierten Einbringungsfälle nach §§ 20, 24 UmwStG eingehend erörtert.

Vorteilhaft
- Zivil-, Gesellschafts- und Steuerrecht in einem Band
- verläßliche Verdichtung der Flut von Rechtsprechung, Verwaltungsauffassungen und Literatur
- wissenschaftlich fundiert, ausgerichtet auf die Praxis
- Hinweise für die handelsrechtliche Vertragsgestaltung
- Übersichten, Bilanzbilder und Beispielsfälle erleichtern die Anwendung.

Die Benutzer
des Werks sind alle, die sich mit Umwandlungsrecht befassen und ein gutes Handwerkszeug zu schätzen wissen: Steuerberater, Wirtschaftsprüfer, Rechtsanwälte, Notare, Richter und Mitarbeiter der Finanzverwaltung sowie der Rechts- und Steuerabteilungen von Unternehmen und Verbänden.

Verlag C.H. Beck • 80791 München

Kompetent • Kompakt • Klar

Hüffer
Aktiengesetz

Erläutert von Dr. Uwe Hüffer, Professor an der Ruhr-Universität Bochum, Richter am Oberlandesgericht Hamm

3., neubearbeitete Auflage. 1997
XXIV, 1660 Seiten. In Leinen DM 198,–
ISBN 3-406-42282-9

Der Kurzkommentar zum Aktiengesetz
beantwortet alle Fragen sicher, schnell und weiterführend. Der kompakte Kommentar überzeugt durch
- große Praxisnähe
- wissenschaftliche Präzision
- klare Formulierungen
- systematische Übersichten
- ein vollständiges Verzeichnis der Rechtsprechung
- zahlreiche Querverweise.

Die 3. Auflage – dreifach empfehlenswert
- **Hochaktuell:** Rechtsprechung und Schrifttum auf dem Stand vom 1. 7. 1997
- **Vollständig:** Jetzt auch mit Erläuterung der §§ 394 bis 398 sowie des § 407 AktG
- **Zukunftsorientiert:** Sämtliche für das Aktienrecht relevanten Reformvorhaben sind in einem speziellen Schlußanhang dokumentiert und in den Erläuterungen berücksichtigt, z. B.:
   - Gesetz zur Kontrolle u. Transparenz im Unternehmensbereich (KonTraG)
   - Gesetz zur Umstellung des Gesellschaftsrechts auf den Euro (EuroGuG)
   - Einführung der Stückaktie

Der Autor,
Prof. Dr. Uwe Hüffer, Richter am Oberlandesgericht Hamm, ist umfassend ausgewiesener Gesellschaftsrechtler und erfahrener Kommentator.

Ein Gewinn
für Vorstände, Aufsichtsräte und in der Unternehmenspraxis tätige Juristen, für Rechtsanwälte, Richter, Steuerberater und Wirtschaftsprüfer sowie für Studenten und Referendare mit wirtschaftsrechtlichem Schwerpunkt.

Höchstes Lob
„… der Hüffer (ist) zum unentbehrlichen Handwerkszeug all derer geworden …, die sich schnell und sicher … informieren wollen und müssen … eine bewundernswerte Leistung."
Rechtsanwalt Prof. Dr. Theodor Heinsius, in: WPM 10/1996, zur Vorauflage

„Der Kommentar zeichnet sich … durch erstaunliche Vollständigkeit, Knappheit und Klarheit aus."
Prof. Dr. Volker Emmerich, in: JuS 8/1996, zur Vorauflage

„… in wohl einzigartiger Weise (sind hier) überblickartige Darstellung und zuverlässige Einzelkommentierung … miteinander verschränkt."
Rechtsanwalt Dr. Markus Brender, in: NJW 18/1996, zur Vorauflage

Verlag C. H. Beck • 80791 München